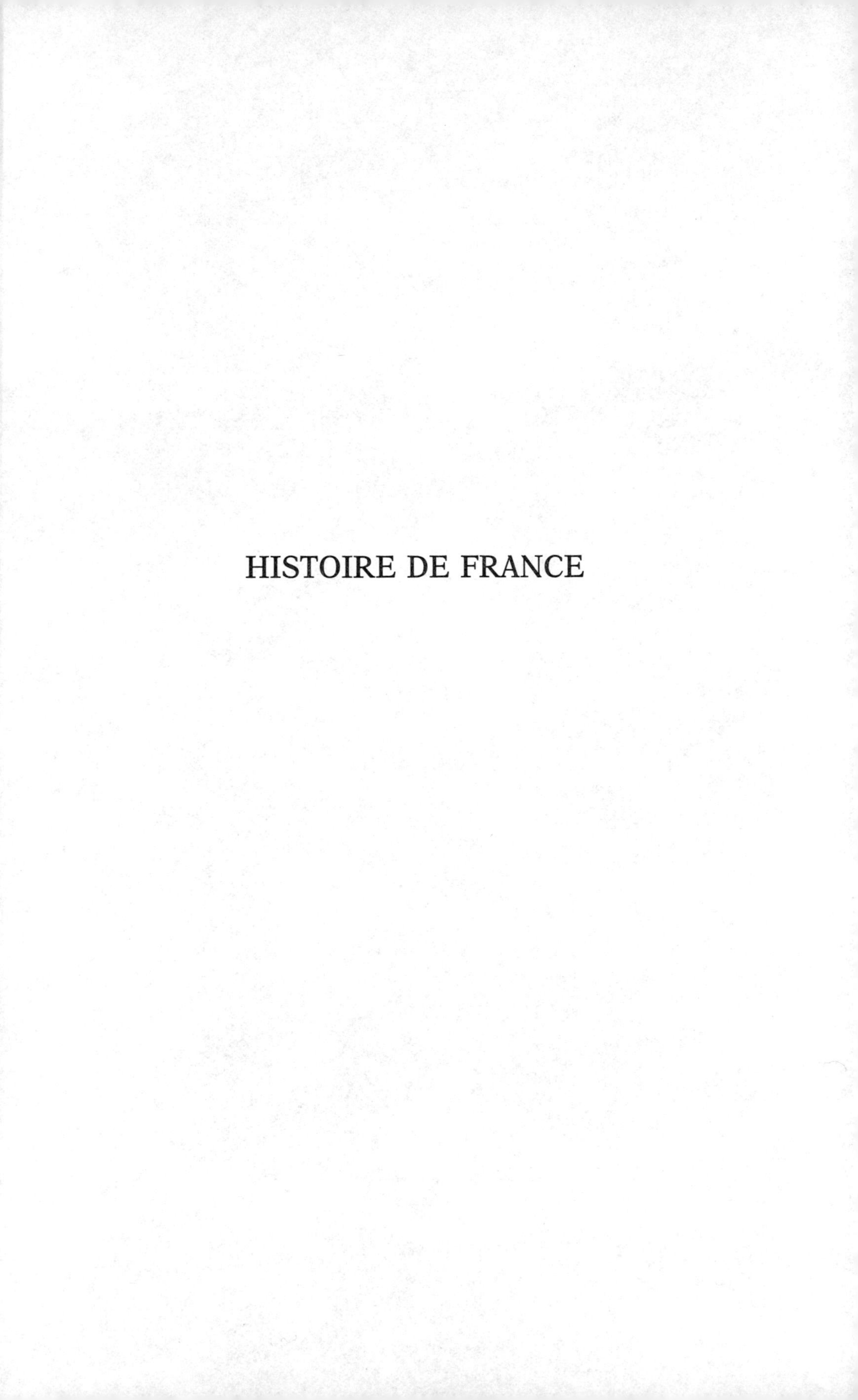

HISTOIRE DE FRANCE

MARC FERRO

HISTOIRE DE FRANCE

15, rue Soufflot, 75005 Paris

www.odilejacob.fr

ISBN 2-7381-0927-6

SOMMAIRE

HISTOIRE DE LA FRANCE ET ROMAN DE LA NATION 9
QUAND COMMENCE L'HISTOIRE DE LA FRANCE :
CLOVIS OU VERCINGÉTORIX ? 15
L'APPARITION DE LA FRANCE 19

I

Le roman de la nation

Chapitre premier : LES TEMPS DE L'ÉGLISE 25
Chapitre 2 : LES TEMPS DE LA MONARCHIE ABSOLUE 119
Chapitre 3 : LE TEMPS DES RÉVOLUTIONS ET DES EMPIRES COLONIAUX 205
Chapitre 4 : LE TEMPS DES PÉRILS 331
Chapitre 5 : LE TEMPS DES MUTATIONS 461

II

Les caractères originaux de la société française

LES GRANDES CRISES :
HISTOIRE DE FRANCE OU HISTOIRE DE L'EUROPE ? 485
Chapitre premier : CE PAYS ET LES AUTRES 487
Chapitre 2 : L'UNITÉ FRANÇAISE 505
Greffe des provinces, le creuset des populations : la centralisation et les caractères sacrés du pouvoir.
Chapitre 3 : DES TRAVAUX ET DES JOURS 553
Le travail ; la terre ; d'une économie, l'autre ; du goût pour la mode et les arts, instruction et santé, manières de vivre et de mourir.
Chapitre 4 : LA PART DES FEMMES 619
Chapitre 5 : LE GÉNIE DE LA GUERRE CIVILE 639
Religion et laïcité : gauche/droite ; doctrines de la suspicion et de la haine ; règlement des conflits sociaux ; rôle des intellectuels et des artistes ; le passé, enjeu politique, et les silences du déshonneur.
Chapitre 6 : LA FRANCE AU MIROIR 701
EST-CE LA FIN DE L'EXCEPTION FRANÇAISE ? 713

HISTOIRE DE LA FRANCE ET ROMAN DE LA NATION

À l'heure où s'écrit cette Histoire de France, la mondialisation et la construction de l'Europe aboutissent à une lente désagrégation de la souveraineté des États-nations, notamment en Europe ; or, par un mouvement différent, mais complémentaire, la revendication régionaliste met en cause leur identité, leur essence.

Ainsi, il est apparu urgent de revisiter l'histoire de ce pays, pour mieux comprendre à la fois comment ses habitants l'ont vécue, comment se sont comportés les différents éléments qui le constituent, et comment, aujourd'hui, ils analysent ce passé.

Mais l'enjeu est tout aussi bien de repérer les caractères originaux de cette histoire et de cette société, pour les comparer à ceux des pays voisins : on pourra ainsi vérifier comment les uns et les autres ont réagi aux défis du passé, à ceux de notre temps.

Car il est évident que l'histoire de ce pays, aujourd'hui, ne peut être seulement une histoire de la nation.

Elle est nécessairement comparative.

Dès la première question, *Quand commence l'histoire de France ?*, on peut vérifier que toute réponse a une fonction, que celle-ci peut être érudite et savante, mais qu'elle n'en est pas moins suspecte de parti pris. N'en est-il pas ainsi de la plupart des problèmes de cette histoire ?

Un premier détour doit le rappeler, car cette histoire-là est présente dans les mémoires et sa représentation agit sur la perception que la société a du reste du monde et d'elle-même.

D'Étienne Pasquier à Ernest Lavisse et ses successeurs apparaît la fonction de l'histoire qu'ils écrivent : éduquer le Prince à mieux gouverner en lui enseignant l'histoire à la place des anciens *exempla* et *moralia* ; réfléchir avec lui ou avec les gouvernants au sens et aux lois de l'histoire pour la mieux comprendre ; inventorier et classer les archives du Roy ou de la République pour donner à l'État-nation une mémoire, un argumentaire, une défense. Le souci de l'efficacité apparaît en tous les cas.

Alors qu'à l'époque grecque, selon Momigliano, les historiens étaient d'une certaine façon autonomes, la dépendance et ce service apparaissent sous le Haut Empire. La renaissance de ce phénomène daterait, pour Florence, de Leonardi Bruni, et pour la France, selon Guenée et Huppert, du XVe siècle également. Au XVIe siècle, Étienne Pasquier recommande aux historiens d'abandonner le latin et d'écrire français « pour être plus efficaces ». Trois siècles plus tard, en 1884, *La Tribune des instituteurs* jugeait que si l'enseignement de l'histoire n'a pas atteint un résultat, « le maître aura perdu son temps ». Ce résultat ? « Faire des patriotes sincères. »

Avant comme après la Révolution, cette fonction est indépendante du signe idéologique qui sous-tend l'institution dirigeante, qu'il s'agisse de l'Église, du roi, de la République. Chacune instruit sa vision de l'histoire, en constitue un foyer. Ainsi, il s'est développé plusieurs historiographies doubles qui se chevauchent et interfèrent. Par exemple, à partir du XVIe siècle, une histoire « catholique » et une histoire « protestante » de la Réforme et des guerres de Religion s'affrontent — qui ne glorifient pas les mêmes héros ; ensuite, plusieurs historiographies de la Révolution s'opposent ; avant que, sous la IIIe République, une version laïque et une version cléricale de l'histoire de France ne se livrent à une véritable « guerre des manuels » que Christian Amalvi a analysée. Chacune proclame des idéaux rigoureusement antinomiques mais qui poursuivent le même but, l'inculcation d'une morale patriotique, avec chacune son propre panthéon de héros : d'un côté sainte Geneviève, Vincent de Paul, Louis XVI, Mgr Affre, etc., de l'autre, Étienne Marcel, le jeune Bara, le général Kléber, etc. Cette valorisation de l'État-nation transgresse les régimes et les institutions puisque non seulement un panthéon commun les unifie — de Vercingétorix à Jeanne d'Arc et à Bayard — contre les mêmes personnages négatifs — des Bourguignons au connétable de Bourbon — mais chacune de ces historiographies récupère quelques héros qui appartiennent à l'autre : Charlemagne, Saint Louis et Henri IV, le cardinal Lavigerie d'un côté ; les généraux républicains fondateurs de l'empire colonial et l'anticlérical Clemenceau, en tant que Père la Victoire, de l'autre. On comprend que, scientifiquement, on ne peut pas juger fiable cette histoire : elle n'en constitue pas moins le sang et les nerfs de la société.

Autre dérive : l'histoire traditionnelle, officielle, s'est très vite présentée, en France mais aussi dans les autres pays européens, comme un discours d'histoire générale. Depuis les chrétiens de l'Antiquité jusqu'à Bossuet, les encyclopédistes, les positivistes, les marxistes, la vocation de ces historiens est de tenir un discours à valeur universelle.

Or, depuis un demi-siècle au moins, ce discours unitaire se meurt. Il sera mort d'avoir été le mirage de l'Europe qui le construisit à l'aune de son propre devenir.

Dans la Vulgate de cette histoire qu'expriment les grandes encyclopédies et les manuels scolaires de tous les pays européens, qui part de l'Égypte ancienne et, par la Grèce, Rome, Byzance, mène à l'époque contemporaine, les différents peuples de la terre n'avaient d'existence qu'à titre de *passagers* quand l'Europe se promenait par là, ou bien encore lorsqu'elle jugeait qu'écrivant le passé de ces peuples, ils finiraient par descendre d'elle. Exemplaire est, de ce point de vue, le cas de la Perse, ou plutôt du statut de son histoire. Dans les ouvrages du monde occidental tout entier, elle apparaît avec les Mèdes, puis disparaît avec la conquête arabe, pour réapparaître aux XIXe et XXe siècles dans son rapport avec les Russes et les Anglais (le traité de 1907), comme si, entre-temps, les Persans n'avaient pas eu d'histoire. Comme si, sous prétexte qu'à part Montesquieu on n'a plus parlé d'eux en Occident, leur devenir ne méritait pas d'être considéré. Aussi n'a-t-on rien compris à la révolution islamique de 1979.

Dans l'histoire traditionnelle, cet *européocentrisme s'applique*, si l'on peut dire, *aux peuples européens eux-mêmes*. D'une première façon puisque certains d'entre eux ne sont censés participer à l'histoire de l'Europe qu'occasionnellement : tel est le cas, par exemple, des Scandinaves. Dans l'histoire élaborée en France ou en Italie, Danois et Suédois apparaissent lors des invasions du IXe siècle, puis ils disparaissent et réapparaissent seulement lors de la guerre de Trente Ans, avec Gustave-Adolphe, comme si, eux non plus, entre ces deux épisodes espacés de cinq siècles, n'avaient pas d'histoire. Le cas des Russes est plus typique encore : les manuels scolaires d'Occident ne les font intervenir dans l'histoire qu'à partir du moment où leur État s'« européanise », c'est-à-dire sous Pierre le Grand. Quelquefois, le règne d'Ivan IV est rappelé parce qu'il « annonce » la puissance future des tsars. Mais jusqu'alors, la Russie est « en retard », en ce sens qu'elle n'est pas organisée à l'image de l'Europe.

En second lieu, cet européocentrisme s'applique aux États-nations de l'Europe elle-même en ce sens que le fil du récit historique suit le destin des nations-États qui ont assuré leur hégémonie sur l'histoire — de l'Europe, et du reste du monde : Empires romain et byzantin, carolingien, villes-États marchandes du Moyen Âge, prépondérance espagnole, française, puis anglaise. Apparemment, l'inventaire des valeurs qu'ils sont censés receler, et qui définissent la civilisation — unité nationale, centralisation, obéissance à la loi, industrialisation, instruction publique, démocratie —, fournit une sorte de *code du droit d'entrer dans l'Histoire* ; ainsi, à mesure que l'Europe étend son empire dans le monde, au XIXe siècle, il importe de glorifier ses activités contemporaines et un peu moins son passé qui ne comportait pas ces valeurs.

Mais ce n'est qu'une apparence. En vérité, le club fermé des nations-États, qui, naguère, se réservaient d'écrire l'histoire à leur image, glorifie, de fait, sa *virtu* plus que ses vertus. La preuve ? Le statut de l'histoire de la Suisse dans l'histoire générale. Alors que ce pays est censé incarner, précisément, les vertus et qualités bourgeoises que revendique la démocratie, que le régime démocratique qui est en application ne se limite pas à une forme de parlementarisme qui délègue le pouvoir aux représentants des partis politiques et à eux seuls, qu'existe dans ce pays un véritable *pluralisme culturel et linguistique*, l'histoire générale n'en retient que des stéréotypes : par exemple un jugement de Jean-Jacques Rousseau sur l'inaptitude des grands pays à appliquer la démocratie ; elle en retient aussi les piquiers, Calvin de Genève et Dada, autrement dit les trois moments de son histoire où la Suisse a menacé l'Église, la formation des États-nations et la morale, bref, l'ordre européen.

Enfin, on constate qu'édifiée sous le signe de la nation-État, l'histoire traditionnelle, en Occident au moins, ne prend en compte les différentes communautés ethniques ou politiques que jusqu'au moment où elles s'intègrent dans l'État qui les absorbe. En Allemagne aujourd'hui, par exemple, dans un des livres d'histoire les plus diffusés sur le marché, Hanovre n'est plus mentionné et disparaît après 1866, date du rattachement à la Prusse et à la Confédération de l'Allemagne du Nord. Il n'est plus fait état non plus, à aucun titre, du Wurtemberg après 1870, lorsque est proclamé l'Empire allemand. Le dispositif est différent dans des nations-États centralisées, telles la France et la Russie. Dans le cas de la France, que dit l'histoire du passé de la Savoie, par exemple ? Qu'elle a été transformée en deux départements en 1861. Or, cette principauté rattachée un temps au Piémont est dotée d'un riche passé, mais qu'en sait-on, à moins de lire des travaux d'histoire locale ? Cet exemple pourrait se multiplier, il vaut pour l'Alsace, la Corse, la Bretagne, etc. Sans parler des colonies, dont le passé était « obscur » à moins que leurs habitants « n'en aient pas eu ». Ce sont ces stéréotypes qui demeurent à travers le roman de la nation, lequel combine histoire officielle, œuvres d'imagination littéraire, images, films, etc. Il convient ainsi de le revisiter pour le reconnaître, mais de façon critique.

CET OUVRAGE COMPORTE AINSI DEUX PARTIES

La première partie, intitulée *Le roman de la nation,* retrace l'évolution de l'Histoire telle que les Français l'ont vécue, avec ce que la Mémoire en a conservé et l'imagination ressuscité. Cette Histoire et cette Mémoire retracent ainsi les problèmes auxquels les habitants de ce pays ont été confrontés, les épreuves qu'ils ont connues. Mais elle les analyse aussi avec le recul du temps.

Cette partie de l'ouvrage suit la chronologie des grands moments de cette histoire. On y examine successivement : les Temps de l'Église, les Temps de la monarchie absolue, les Temps des révolutions et de l'expansion coloniale, les Temps des périls, enfin les mutations ultimes de notre société.

Cette première partie comprend ainsi les épisodes qui les ont rendus mémorables : on y retrouve les Bourgeois de Calais, Roland et la retraite de Russie telle que la chante Victor Hugo, etc.

Cette forme d'histoire, nous le savons bien, a perdu une part de son autorité parce qu'elle est une représentation autant qu'un récit et une analyse... Pourtant, nous pensons qu'elle est aussi légitime que l'autre, plus scientifique et expérimentale sans doute, parce que, autant que celle-ci, elle constitue une force. Lorsque, au début de la Révolution, Camille Desmoulins met en garde contre « une Saint-Barthélemy des patriotes », ou bien lorsque, au cours de l'expédition de Suez, en 1956, le gouvernement français identifie Nasser à Hitler, et Israël à la « petite Tchécoslovaquie », ces références exercent une fonction, que l'analogie soit valable ou non. On multiplierait sans difficulté les exemples.

Oui, cette histoire-là est une force, comme il existe des forces économiques ou des croyances religieuses, et elle exerce une action sur la société, sur l'idée qu'elle se fait d'elle-même, sur son devenir. Elle participe ainsi à la constitution de l'identité foisonnante de la nation.

La deuxième partie de ce livre, intitulée *Les caractères originaux de la société française*, aborde précisément la formation de cette identité. Elle examine en quoi la société née de cette histoire s'est différenciée de celle de ses voisins.

De sorte que cette partie de l'ouvrage est nécessairement comparative.

On constate que, bien plus qu'ailleurs, la composition de sa population et la construction de son espace ont fait de ce pays un creuset où se sont plus ou moins confondues provinces et populations.

Bien d'autres traits différencient carrément la France des pays voisins. On pense à la nature du pouvoir, à ses liens d'origine avec l'Église, au rôle centralisateur de l'État, à la façon dont, avant comme après 1789, il stimule l'uniformisation du pays : quel contraste, ici avec l'Espagne, là avec l'Allemagne, ailleurs avec la Grande-Bretagne. D'autres particularités apparaissent : le génie de la guerre civile, la place du passé sans cesse réinvesti dans de nouvelles querelles, etc.

Quant aux travaux et aux jours des Français anonymes, tantôt ils présentent des traits bien à eux, tantôt ils se coulent dans un moule plus large : qu'il s'agisse de l'organisation du travail ou de l'économie, de la place de la religion ou de la famille, du statut de la femme, etc.

Il reste à se représenter le regard des autres. Vue de l'étranger, comment est perçue l'histoire de ce pays ? Là aussi, il s'agit d'une image changeante ; correspond-elle ou non à celle que les Français se font d'eux-mêmes ?

Quand commence l'histoire de la France ?

CLOVIS OU VERCINGÉTORIX ?

Lorsqu'il était écrit, dans les manuels de la IIIe République, que « nos ancêtres étaient les Gaulois », cette assertion n'était pas destinée à faire croire aux enfants des peuples colonisés qu'ils en étaient les descendants, comme on s'est plu à en gloser.

Elle voulait dire que nos ancêtres n'étaient pas les Francs.

Corrélativement, elle signifiait que le fondateur de la nation n'était pas Clovis, baptisé à Reims et fils de l'Église, qu'il figurait seulement un roi barbare, vainqueur d'autres rois barbares, qui avaient envahi la Gaule et se l'étaient soumise.

C'est au XIXe siècle que ce conflit des origines renaît et bat son plein, lorsque Charles X, sacré à Reims avec les restes miraculeusement retrouvés de la Sainte Ampoule, reçoit l'onction sainte des mains de Rémi, évêque de Reims, tandis que l'Église célèbre les retrouvailles de la religion et de la royauté.

« La France est née, il y a quatorze siècles, sur un champ de bataille d'un acte de foi et d'une victoire (...). Elle est née chrétienne ayant eu pour père Jésus-Christ et pour mère la Sainte Église. » Et le pape Pie X de proclamer, en 1907 : « Le baptême de Clovis marque la naissance de la nation. »

La défaite de 1870 s'expliquerait parce que « notre pauvre pays a trahi la cause de Dieu, et n'a pas conservé le serment de Clovis, de combattre l'anti-France, c'est-à-dire les sans-Dieu ».

Selon un mythe qui se construit dès le VIIe siècle, cette « nation » s'inscrirait, d'une part, dans une histoire qui remonte jusqu'à la chute de Troie, d'autre part, dans un sacré christianisé jalonné par des saints tels Clovis et plus tard Louis, Michel. Les Francs comme les Romains seraient issus de la plus ancienne des races connues, selon Frédégaire, et ils auraient pénétré en Gaule très tôt, au Xᵉ siècle avant J.-C.

Figure 1 — Les origines mythiques de la nation. Rédigées à partir de la fin du XIIIᵉ siècle, les *Grandes Chroniques de France* évoquent les origines troyennes et chrétiennes du peuple français en recourant à deux événements légendaires : depuis le départ de Troie (en haut) jusqu'au pseudo-sacre de Clovis, premier roi chrétien (en bas). (Paris, Bibliothèque nationale de France.)

Ainsi la naissance de la nation est double, comme celle de tout chrétien : l'histoire nationale avant Clovis serait celle d'un enfant sans baptême, et le baptême de Clovis par saint Rémi devient le moment essentiel de la naissance du royaume (Colette Beaune).

Alors que la tradition catholique fait ainsi de Clovis un saint, un modèle, l'archétype du roi chrétien, la tradition républicaine au contraire rappelle sa cruauté, sa violence et, surtout, que c'est un envahisseur, un étranger, « le prédécesseur des Prussiens », dit-on après

1871. Selon Eugène Sue, « lorsque les Francs sont venus, la Gaule a été ravagée, pillée, égorgée, asservie ; et les évêques ont partagé les dépouilles avec les conquérants ». « Nous portons leur nom, mais c'est de la vieille Gaule que nous sommes les enfants » ; et c'est Vercingétorix qui incarne l'âme du peuple et de la nation.

Simultanément, les Francs apparaissent les pères de l'aristocratie, qui revendique d'ailleurs d'en descendre, la monarchie française s'étant édifiée sur la domination des Gaulois par leurs conquérants et vainqueurs, le mythe des Francs « délivrant » les Gaulois de la domination romaine, construit par les jésuites Lacarry et Tournemine ayant fait ainsi long feu...

Dès lors, les hommes de 1789 peuvent juger que si les nobles et les monarchistes, comme ils le revendiquent, sont les descendants des Francs et de Clovis, la Révolution est aussi une libération, et Sieyès invite les émigrés à rester chez eux, « dans les bois et les forêts de l'ancienne Germanie ». Ainsi, le principe aristocratique et l'idée d'égalité recouvrent un substrat ethnique, qu'on les oppose ou qu'on procède à leur fusion. Observons toutefois que le Germanique Clovis fut sacré par le Gallo-Romain Rémi.

Désormais, toute tentative de faire de Clovis le père de la nation apparaît une manœuvre de l'Église ou de la papauté pour ressusciter ou préparer une réaction, voire une restauration contre le régime républicain et laïque issu de la Révolution.

Au vrai, si l'on passe des mythes aux faits, on parle peu de nation avant la fin du XVe siècle. La guerre, la famine et la peste, ces horreurs du XIVe siècle, ont créé un sentiment général d'insécurité. L'Empire s'est brisé dans sa lutte avec le sacerdoce, et l'un et l'autre ont dû accepter l'indépendance des États, tandis que la papauté a perdu ses prétentions théocratiques depuis son affrontement avec Philippe le Bel ; tout comme le clergé qui a perdu son prestige depuis le Grand Schisme au cours duquel on voit les papes s'excommunier entre eux. « Dans ce désarroi, la valeur nation, en formation depuis le XIIe siècle, surgit dans une sorte de vacuité et d'incertitude », juge Colette Beaune. Elle ressoude une société ébranlée et s'incarne bientôt dans des symboles, des institutions, des solidarités nouvelles.

Avant qu'on se dispute sur son identité et les origines de son histoire.

L'APPARITION DE LA FRANCE

Ce pays a-t-il toujours eu les mêmes caractères originaux, et ceux-ci se sont-ils manifestés uniformément dans tous les domaines, dans toutes les régions qui le constituent aujourd'hui ? On imagine volontiers que son identité a pu être multiple, changer avec le temps, et que, même si l'on observe des permanences, pas plus hier qu'aujourd'hui celle-ci n'est immobile.

En outre, pour mieux saisir l'apparition de la France, il convient de la situer dans un ensemble plus large, comparer ses traits propres à ceux des pays qui se sont constitués ; rompre chaque fois qu'il est nécessaire avec une histoire narcissique.

Par exemple, considérons ces pays à une époque très ancienne lorsque l'Empire romain se désagrège.

Ensuite, quel changement, et pas seulement ici, des structures de l'État, de la civilisation romaine elle-même... ? Celle-ci est à jamais effacée en Afrique, passe de la latinité à sa grécité d'origine en Orient, est barbarisée en Occident. Ces cités romaines, si magnifiques, avaient une apparence commune — avec thermes, forum, etc. —, mais leurs structures différaient ; l'Orient possédait de vraies villes tandis que l'Occident demeurait rural, les grands propriétaires vivant en ville dans un rapport de type colonial avec le cœur de l'Empire qui était à Antioche ou Alexandrie. En Gaule, par exemple, les villes étaient romaines mais la campagne préromaine. Et comme, avec les guerres, la défense du *limes*, cette ligne Maginot avant la lettre, le commerce avait dépéri, les ressources de l'État se tarirent, et les classes dirigeantes perdirent les moyens qui avaient assuré leur prestige. Les villes devinrent des coquilles vides, et, avec la pénétration franque et wisigothe, se constitua une civilisation mixte qui combina des éléments barbares et des vestiges de la civilisation romaine. L'adhésion au christianisme « absorba toutes les activités culturelles ».

La mutation dura quatre ou cinq siècles. En témoigne, explique Lucien Febvre, l'exemple de cet habitant de Lugdunum (Lyon). Au IVe siècle, il est chez lui à Rome et en Belgique, à Carthage aussi, et, s'il est sénateur, ce n'est pas un intrus dans les milieux cultivés d'Alep ou d'Antioche ; mais, s'il passe le Rhin ou le Danube, il est perdu, il est chez les Barbares. Cinq siècles plus tard, cet habitant de Lugdunum est chez lui à Trèves ou à Magdebourg, s'entretenant en latin avec les clercs, et pensant comme eux en latin. Mais il n'est plus chez lui à Alep, une cité arabisée, ni même à Ravenne, où il est chez les schismatiques, comme à Athènes ou Constantinople. Ainsi, un monde différent s'est constitué, fait de l'intégration des éléments nordiques, de structures sociales nouvelles à des dispositifs anciens.

Cette mutation dépasse évidemment le cadrage habituellement invoqué des changements de règnes ou de dynasties. Mais il est accompagné de la coupure en deux de l'Empire, de l'irruption de l'Islam, et naturellement de la pénétration barbare. Ces phénomènes contribuent à dessiner un monde nouveau car le morcellement de l'Empire en avait fragilisé les parties et rendu difficile la défense. À la façon dont en Afrique, en Orient, en Occident, la civilisation romaine s'efface, on peut se demander si elle n'avait pas été seulement le fait d'une petite élite, d'un simple vernis. Charlemagne fut « l'empereur romain » d'un Empire qui n'était plus romain. À son époque, le grand changement qu'on observe est bien qu'on passa alors d'un empire méditerranéen, dont la mer était le centre, à une sorte d'empire terrien dont la mer devenait la frontière, entre l'Ouest et l'Est, le Nord et le Sud.

Surtout, une mutation s'opéra à l'intérieur de ce territoire, le grand propriétaire devint une sorte de féodal, seigneur et protecteur contre les incursions sarrasines ou autres : les caractères ruraux ont pris la relève des traits urbains qui marquaient l'implantation de la romanité. Une société à économie fermée s'installe, que l'Église place sous surveillance grâce aux institutions dont elle dispose — évêchés, réseaux d'abbayes — et qui se juxtaposent à celles des États.

La croisade, « cette belle affaire que la foi apporta à la cupidité », joua le rôle d'un agent de brassage autant que d'unification entre Francs et Anglais, Allemands et Italiens. Elle a lieu au moment où l'Empire arabe se divise et affronte ses ennemis de l'extérieur, Turcs ou Mongols. Elle a lieu, aussi, au moment où la chrétienté occidentale reprend possession de la mer, réoccupant au XIe siècle la Sardaigne, la Sicile, la Corse. Cette coïncidence témoigne de sa vitalité guerrière, corollaire d'une régénération du commerce, puis des villes, par des marchands qui sont des guerriers. Tous ces traits valent pour le royaume franc, mais également pour les Flandres, l'Italie, le Saint Empire... À l'origine de cet éveil, on ne sait s'il faut voir une montée démographique, une poussée de natalité dont les données restent obscures.

Ce début d'expansion, à la fois intérieure — les défrichages, l'Europe devenant « son propre Far West » (Lucien Febvre) — et extérieure — la croisade —, l'émergence des villes, le régime seigneurial et les conflits entre les bourgeois, le seigneur, l'évêque et le monarque, voilà des traits qui, avec la scissiparité entre laïcité et cléricalité, donnent une figure identitaire à cette société.

La réalité sociale de l'Occident apparaît ainsi avant d'exister politiquement. Un ensemble se constitue, déjà différent dans ses traits des autres formations historiques, Byzance, l'Islam, le monde indien.

Dans cet ensemble, l'âge des cathédrales, les traits spécifiques de la France capétienne n'apparaissent pas encore (XIIe-XIIIe siècle).

Au XIVe siècle, un texte de Commynes montre que la notion de France, et non plus de royaume des Francs, celle d'Europe aussi se sont substituées à la notion de chrétienté. Évoquant le temps de Charles VII et de Louis XI, il écrit : « Au royaume de France, Dieu a créé pour lui servir de repoussoir et d'opposite les Anglais ; aux Anglais il a opposé les Écossais ; aux Espagnols, les Portugais. En Italie même chose, il y a des princes dont la plupart possèdent leurs terres sans titres (...) et en face d'eux, pour les tenir en haleine, il y a des villes de communauté, les villes marchandes et bourgeoises, Florence, Gênes, Venise ; mais en Allemagne c'est le même spectacle : c'est la maison d'Autriche contre Clèves. C'est Clèves contre Juliers, Hanséates contre le roi de Danemark. » Cette « machinerie », comme il la nomme, prend le pas sur les autres caractéristiques des siècles précédents, puisque même le pape, après le sac de Rome en 1529, doit se faire prince, tenir et agrandir un territoire de l'Église.

De fait, depuis qu'en 1453 Byzance a disparu, comment s'exprimer au nom du monde chrétien alors qu'il est plus déchiré que jamais, un siècle après le Grand Schisme, par la querelle protestante ? L'unité du monde chrétien ainsi disputée, la fragmentation apparaît dans tous les domaines. Au temps des cathédrales, alors plus ou moins unifié, succède une diversité qu'incarnent ici Botticelli, là Dürer, et des spécificités qui s'affirment dans le domaine du droit, de l'économie, etc. Derrière la « machinerie » des États qui commencent à se différencier les uns des autres, se profilent les nations, leurs valeurs s'inscrivant dans une sorte de vacuité liée au désarroi de l'Église avant et après le Grand Schisme.

Cette identité naissante des États se traduit par des différences culturelles de plus en plus revendiquées, par exemple la langue : outre-Manche, *l'anglais prend le pas sur le français*, réputée langue de l'aristocratie et de la Cour ; désormais la langue de Chaucer s'impose dans le droit et la politique. Entre Français et Anglais, *on observe le même divorce à table*. Aux noces d'Isabelle de France et de Richard II, pour le dîner final chacun fut servi suivant l'usage de son pays *(more suae patriae)*, viandes bouillies d'un côté, rôties de l'autre ; bière pour les Anglais, vin pour les Français, encore que l'aristocratie d'outre-Manche continuât à boire du bordeaux, mais il lui revint plus cher après la perte de la Guyenne où, comme en Normandie, on se refuse à parler anglais. Ainsi peu à peu apparaît la figure de la France. — Celle des Français aussi.

I

LE ROMAN DE LA NATION

Chapitre premier

LES TEMPS DE L'ÉGLISE

CHRONOLOGIE

DES GAULOIS AUX FRANCS

600 avant J.-C.	Les Grecs fondent Massilia (Marseille) et d'autres colonies : Agde, Antibes...
IVe s. avant J.-C.	Invasion de l'Italie par les « Gaulois », siège de Rome.
IIe s. avant J.-C.	Rome fonde la province de Narbonnaise.
113-110	En Gaule : invasion des Cimbres et des Teutons.
57-50	Conquête de la Gaule par les Romains — César et Vercingétorix.
96-180	Règne des Antonins — *Pax romana.*
258	Francs et Alamans franchissent le Rhin. Révolte de Postumus.
288	Révolte des Bagaudes.
303-312	Persécution des chrétiens sous Dioclétien.
325	Conversion de l'empereur Constantin.
364	Ammien Marcellin décrit l'arrivée des Barbares (Wisigoths, etc.).
395-430	Saint Augustin, évêque d'Hippone.
406-409	Invasion de la Gaule et de l'Espagne par les Vandales.
445-451	Attila et les Huns en Gaule.
476	Fin de l'Empire d'Occident.

L'invention de la Gaule

Les Romains ont appelé « Gaulois » les habitants d'un territoire qui se dénommaient eux-mêmes Arvernes, ou Bituriges, ou Vénètes, etc. Ils avaient procédé de même avec les Hellènes en les appelant Grecs. Plus tard, les Français ont agi de la même façon en dénommant Algérie un pays dont les habitants se disaient Arabes, ou Mozabites, ou Kabyles ; on multiplierait les exemples.

Il en a été de même pour les frontières de la Gaule. Elles ont été inventées par César qui, vers 50 avant J.-C., a délimité ce pays aux territoires qu'il avait conquis : jusqu'aux Pyrénées, au Rhin, aux Alpes Ce qu'on a appelé, plus tard, des frontières « naturelles », ce qui est une autre histoire. Car, à l'heure de sa conquête, cet espace n'était pas perçu comme tel par ses habitants, il était divisé en une soixantaine d'États ou de tribus.

Au plus, ces « Gaulois » se reconnaissaient comme Celtes, du nom que leur avaient donné les Grecs auparavant ; mais le monde celte dépassait les frontières de la Gaule et lors de leur irruption en Occident une partie de ces « Gaulois » avaient envahi l'Italie et menacé Rome autour du IVe siècle avant J.-C. La légende a conté — on s'en souvient grâce à Tite-Live — comment cette cité fut sauvée par les oies du Capitole qui, de nuit, réveillèrent ses défenseurs...

Pour ces siècles obscurs — avant la conquête romaine — se mêlent ainsi le mythe et la légende. Les sources écrites sont quasi inexistantes.

Aussi, il est significatif que, dans son *Histoire de France,* Georges Duby ait confié le chapitre sur la Gaule avant les Romains à un archéologue et non pas à un historien. On constate en effet qu'à part le texte de César, le *De bello Gallico,* on n'ait de témoignage sur la Gaule qu'à travers ce qu'aurait écrit Posidonius, qui visita le pays un demi-siècle avant lui et qu'ultérieurement a reproduit Strabon. Car, pour leur part, les Gaulois n'ont pas laissé de trace écrite de leur histoire avant les Romains.

On sait que les Gaulois étaient divisés en tribus dont le nom se reconnaît dans celui des villes et provinces de la France actuelle : tels les Andegavi, par exemple, qui avaient leur centre fortifié à Angers, future capitale de l'Anjou ; les Pictavi à Poitiers, en Poitou ; les Bituriges à Bourges en Berry, etc. On a pu parler d'une poussière de peuples que César divisait en trois ensembles, l'Aquitaine, la Celtique et la Belgique, différant par la langue, les lois et les coutumes. Il mettait à part la Narbonnaise, ouverte sur la Méditerranée, et qui avait été sous l'influence des Grecs dès le VIIe siècle, lorsque ceux de Phocée avaient fondé Massilia, mais aussi Nice, Antipolis (Antibes), Agathe (Agde). Ils avaient eu à lutter contre les Ligures, les Volsques, etc. C'est sans doute grâce aux Grecs de Marseille que les Gaulois apprirent à écrire avec des caractères grecs ; surtout, se développa le commerce tout au long du Rhône et à travers les Alpes de Provence. La « Province », à laquelle fait allusion César, était la Narbonnaise qui correspond à la Provence, au Languedoc et au Roussillon actuels et qui avait été successivement hellénisée en partie, puis conquise par les Romains dès le IIe siècle avant J.-C.

Il semble que la description des Gaulois que Strabon et Diodore de Sicile ont laissée, à partir de Posidonius ou de César, a été à l'origine des stéréotypes qu'ensuite les Gaulois ont pu intérioriser : irascibles, violents, vantards, irréfléchis, faciles à manier, assez simples et prêts à s'exposer au danger. Tite-Live reprend le trait, plus tard, en faisant des Gaulois des brutes, mais des brutes courageuses. Les caricatures des bandes dessinées d'*Astérix* reprennent quelques-uns de ces stéréotypes : surtout, elles figurent une population gauloise plus proche de la préhistoire que de la civilisation romaine, ce que l'état des sources met en cause.

Ainsi, la chasse ne tient qu'une faible part dans la nourriture, l'élevage est développé à des fins différenciées selon la taille des fermes, le porc arrivant en tête pour la viande, mais aussi les bœufs, les moutons ; et les chiens, notamment en Picardie. La Gaule « chevelue » était largement cultivée.

Le commerce était beaucoup plus développé qu'on ne l'a cru, les cités et les tribus vendant des cuirs, de l'étain, mais plus encore des esclaves ; dans le Sud du pays, près de Marseille, on change d'étalon pour passer de l'or à l'argent et aligner le poids des monnaies sur celles des Grecs ou des Romains. Ce qui témoigne de l'insertion du pays dans le monde méditerranéen et va contre le stéréotype de son isolement. De même, on a porté un regard caricatural sur les druides, caste sacerdotale, personnages à la fois aristocrates et savants, et non simples membres d'un village. Seuls les chevaliers et les druides comptent chez les Gaulois, écrit César, qui, lui, ne s'y trompe pas.

Toute tentative d'avoir une idée de la population de la Gaule se heurte à cette difficulté que pour l'évaluer on ne dispose que des écrits de César sur les batailles qu'il a livrées. Or, dans *La Guerre des Gaules*, César donne en chiffres des forces adverses une soixantaine de fois. Apparemment, cela devrait permettre une évaluation, même grossière, et donner une idée de la population du pays.

S'appuie-t-on sur les chiffres qu'il donne ? Il se serait battu contre 263 000 Helvètes et 105 000 alliés, et autres Gaulois. À Alésia, César parle de 80 000 Gaulois, mais la superficie du camp est évaluée à 140 hectares au plus, 47 au moins — ce qui rend ce montant improbable. En outre, comme pour Sulla auparavant, ses pertes dépassent rarement deux chiffres. L'autre méthode a consisté à observer qu'il évalue le nombre des « nations », ou « tribus » à une soixantaine. Juge-t-on que certaines avaient près de cinq cent mille habitants, d'autres dix fois moins... Les corrélations entre le nombre de combattants et celui du nombre présumé des habitants de chaque nation coïncide rarement.

De sorte que toute évaluation globale apparaît illusoire. Et si l'on s'arrête à une quinzaine de millions d'habitants, c'est un chiffre qui correspond à une moyenne des évaluations, toutes contestables, et rien de plus...

Il en va de la religion comme du reste : on ne la connaît, tels les dieux de la Gaule, que par ce que César a dit ou par des inscriptions qui datent de l'époque romaine ; « tout un peuple de dieux prit corps alors subitement ». Une poussière de dieux a-t-on même jugé... Toutefois, à part quelques-uns — tel Lug qui donne son nom à Lugdunum (Lyon), Laon et Lons, dieu forgeron, charpentier et poète —, il semble qu'il est rare qu'un même dieu se retrouve d'un bout à l'autre du pays, puisque avant sa conquête ces territoires ne semblent pas constituer un ensemble défini. Outre les dieux qui incarnent les forces naturelles et animales divinisées — le cheval, le serpent cornu, le taureau aux trois grues, dont on retrouve les représentations sur les monnaies —, la statuaire représente essentiellement des défunts héroïsés.

César nous dit qu'en tête des dieux, les Gaulois honoraient Mercure — inventeur de tous les arts, chef des routes et des voyages, grand maître des gains et du commerce. Son contemporain, le poète Lucain, parlant des peuples gaulois, cite les Trévises, les Ligures puis « ceux qui apaisent par un sang affreux le cruel Toutatis et l'horrible Esus aux autels sauvages, et Taranis, autel non moins cruel que celui de la Diane Scythigne ». À ces trois dieux de la guerre, de la forêt, du tonnerre, une tradition atteste qu'on sacrifiait des humains, mais il semble bien que ce fut exceptionnel, et ce cliché en nourrit d'autres, chez les Romains il s'entend : des crânes récupérés dans des sanctuaires à Gournay-sur-Aronde par exemple, un ossuaire à Ribemont-sur-Ancre contenant des corps de guerriers ficelés à des poteaux, signifient que ces Gaulois joignaient à leurs trophées enterrés le corps ou le crâne des guerriers vaincus.

POURQUOI LA CONQUÊTE ?

Il faut ainsi se résoudre à admettre que la conquête de la Gaule elle aussi ne nous est connue qu'à travers le regard des vainqueurs. Mais si la véracité scientifique en souffre, cela n'a en rien diminué la force historique de ce récit car la défaite de Vercingétorix a contribué, tout vaincu qu'il ait pu être, à enraciner l'idée de nation dans ce passé lointain et ainsi à la consolider.

À l'origine — lointaine — de la conquête, dit Cicéron, le souvenir de la descente de ces peuples qui arrivèrent jusqu'à Rome. « Malheur aux vaincus », se seraient-ils écriés lorsque les Romains les accusèrent de fraude dans la pesée de leur rançon ; auraient pris leur relève aux siècles suivants des équipées ligures, également l'équipée d'Hannibal qui, par l'Espagne, la Gaule et les Alpes, s'abat à son tour sur la péninsule italienne. La Gaule se situe ainsi, pour Rome, dans un contexte plus vaste, méditerranéen.

« Ces données n'excluent pas un autre regard : dans le *De Republica,* Cicéron rappelle que « nous défendons aux nations qui habitent au-delà des Alpes de cultiver l'olivier et la vigne : nous voulons ainsi augmenter la valeur de nos oliveraies et de nos vignobles. On dit bien que cette conduite est sage, non qu'elle est juste. Vous comprenez par là que la sagesse est en désaccord avec l'équité. »

Pour les Romains victorieux en Espagne, l'espace qui sépare de l'Italie est une zone incertaine qu'il faut maîtriser, où seule Marseille figure un allié sûr. Or Marseille se plaint des incursions des Salyens ; une fois vaincus, les chefs de ces Salyens se réfugièrent chez les Allobroges, qui refusèrent de les livrer ; l'expédition de Domitius Ahenobarbus suivit qui se heurta aux Arvernes, alors que les Éduens se rangeaient aux côtés des Romains, etc. On comprend que ce type d'engagements, défini comme « colonial » du temps des Romains, implique qu'il existe sur ces territoires des entités politiquement autonomes et qui s'associent, ou non, les unes aux autres...

Conquête, alliances croisées, soulèvements contre une occupation plus contraignante que les effets traditionnels des conflits entre « nations » de la Gaule, tel est bien le processus qui se perpétue jusqu'à un événement majeur, qui modifie l'équilibre intérieur des relations entre tribus gauloises : en 58, le projet des Helvètes d'accomplir une anabase, de quitter leur territoire pour s'installer plus à l'ouest, ailleurs. Était-ce dû à la pression des Suèves venus de l'Est ? Étant donné que seul César en témoigne, on sait seulement qu'il décida de les arrêter, en vue de Bibracte, la capitale des Éduens, qui dominait la vallée de la Saône, et que, vainqueur, il les renvoya chez eux.

Mais pour César, alors proconsul, le vrai danger était Arioviste, ce chef germain de la tribu des Suèves, qui se jugeait maître virtuel des pays au-delà du Rhône et du Rhin.

Selon César, les Gaulois qui firent appel à lui étaient terrorisés par ces Germains, « leur taille immense, leur incroyable valeur militaire (...) Bien des fois, nous nous sommes mesurés avec eux et le seul aspect de leur visage, le seul éclat de leur regard nous furent insoutenables ».

César les vainquit dans la plaine d'Alsace et massacra tous les Suèves qui cherchaient à franchir le Rhin y compris femmes et enfants. Seuls Arioviste et quelques hommes purent s'échapper et retrouver les restes de leur nation qui était demeurée outre-Rhin.

À son tour, l'Aquitaine enfin offrit sa soumission.

César jugea-t-il alors le pays réduit ? Il alla plus au nord, atteignit les bouches du Rhin par mer et s'en revint après avoir combattu jusque dans la région de Cologne. Puis il s'embarqua pour la Bretagne, c'est-à-dire l'Angleterre, à partir de Boulogne, y resta quelques semaines et y retourna l'année suivante après avoir imposé un tribut annuel aux Bretons, qui ne l'acquittèrent point.

Il avait procédé à ces expéditions parce qu'on disait alors que l'origine des Celtes se situait en Bretagne, que l'île constituait le cœur religieux de ce monde et que les druides y puisaient leur inspiration : il fallait que soit rompu le cordon entre la Bretagne et le continent, tout comme il avait fallu vaincre les Germains ou les Espagnols.

Ainsi, César tendait à reporter sur les voisins extérieurs les difficultés qu'il pouvait rencontrer dans son travail de conquête, celle-ci s'effectuant souvent, selon ses dires, à la demande de peuples qui se disaient eux-mêmes menacés. On découvre là encore un schéma colonial type, que l'Histoire a reproduit plusieurs fois depuis.

Il reste que les révoltes, qui se multipliaient et dont rendent comptent les exactions commises, finirent par rapprocher des peuples qui auraient pu se battre entre eux. Après l'ère des révoltes désordonnées des Nerviens, des Carnutes, des Éburons, vint celle d'une insurrection plus générale dont l'âme fut un Arverne, Vercingétorix.

VERCINGÉTORIX, L'HISTOIRE ET LE MYTHE

Pendant l'insurrection de la Gaule, qui commence en 53-52 par le massacre des marchands romains de Cenabum (Orléans), César, qui disposait de six légions en 58, en a désormais huit en 54 et onze à la fin de la guerre. Centurions et soldats rengagés formaient des cadres expérimentés. Des auxiliaires numides et la cavalerie des mercenaires germains complétaient cet ensemble. Surtout, son chef du génie, Mamurra, sut en toutes circonstances mener à bien des travaux de terrassement qui, avec les catapultes, cette artillerie de siège, surprenaient et paralysaient les Gaulois.

Ceux-ci, pourtant, se révoltent, ayant connaissance des difficultés que César rencontre à Rome : mais celui-ci, en plein hiver, décide néanmoins de traverser le Massif central enneigé pour surprendre les Gaulois qui assiégeaient les Boiens et délivrer ceux-ci, pour le principe, puisqu'ils étaient ses alliés les plus constants. Aux chefs gaulois réunis, Vercingétorix avait donné l'instruction de pratiquer la politique de la terre brûlée, seul moyen d'épuiser les forces ennemies. Mais les Gaulois ne purent se résoudre à anéantir Avaricum (Bourges), leur plus grande cité, après avoir consenti à détruire vingt villes en un seul jour... Bloquée, Avaricum fut prise et, dit-on, quarante mille hommes massacrés. L'idée de César était de se saisir un à un des camps gaulois : il avait réussi à Avaricum, il échoua à Gergovie, près de Clermont. Alors les Éduens, pourtant ennemis des Arvernes, se soulèvent, infligent une seconde défaite à César, et à Bibracte lancent à leur tour un appel général au soulèvement en reconnaissant à Vercingétorix le titre de chef suprême. Même aux confins de la Narbonnaise, les populations commencent à bouger, les Allobroges notamment. César parut alors résigné à évacuer la Gaule, et, de Langres, il marcha au sud. Mais la cavalerie germanique, qu'il avait fait appeler à la rescousse, vainquit les Gaulois qui, impatients de se battre, commirent l'imprudence d'engager seuls leur propre cavalerie, privant Vercingétorix des fruits escomptés de sa tactique.

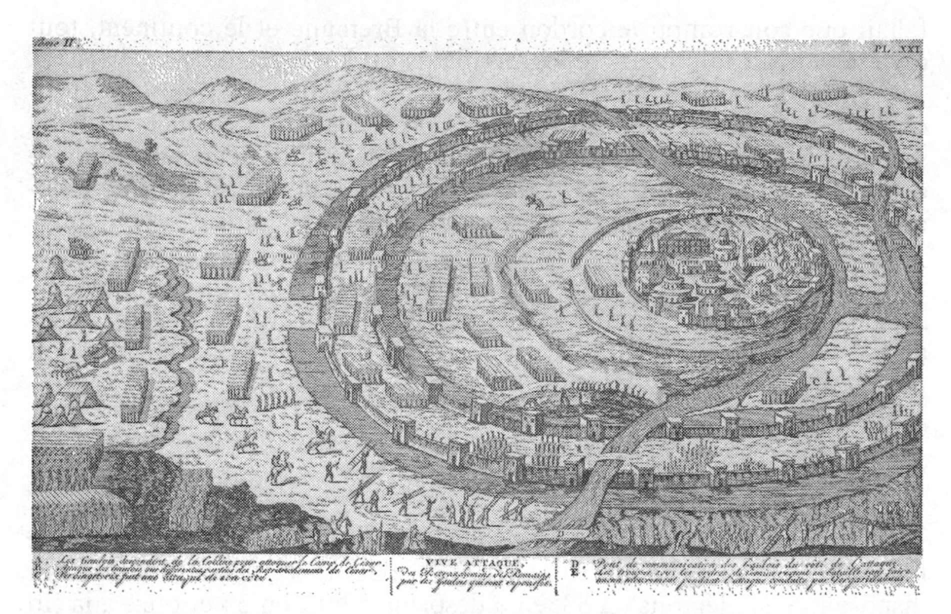

Figure 2 — Alésia. 52 avant Jésus-Christ. On voit mal comment 80 000 Gaulois auraient pu tenir dans cet espace. (Paris, musée Carnavalet.)

Bientôt Vercingétorix se trouva enfermé dans Alésia ; toutefois, à la différence du précédent de Gergovie, César disposait ici de toute son armée. Surtout, alors que la place demandait une vingtaine de mille hommes pour la défendre, Vercingétorix y fut encombré de quatre fois plus de bouches à nourrir — chiffres suspects, comme on a dit. Les armées de secours, comme lui, se heurtèrent aux retranchements construits par les Romains. La reddition du chef gaulois, grâce au récit de Dion Cassius, est entrée dans la légende — Sa véracité a été sérieusement mise en doute, depuis :

« Plutôt que fuir, espérant que l'amitié qui l'avait uni autrefois à César lui ferait obtenir grâce, il se rendit auprès de lui, sans avoir fait demander la paix par un héraut, et parut soudainement en sa présence, au moment où il siégeait dans son tribunal. Son apparition inspira quelque effroi, car il était d'une haute stature et il avait un aspect fort imposant sous les armes. Il se fit un profond silence. Le chef gaulois tomba aux genoux de César, et le supplia en lui pressant les mains sans proférer une parole. Cette scène excita la pitié des assistants (...). Loin d'être touché par cette infortune, César le jeta sur-le-champ dans les fers et le fit mettre plus tard à mort, après en avoir orné son triomphe. »

Après les Arvernes, les Bellovaques, les Carnutes se rendirent à leur tour, ceux-ci résistant plus que tous derrière Gutuater, un chef des druides qui fut pris et exécuté.

Puis vint le tour de l'Armorique et d'Uxellodunum (aujourd'hui dans le Lot), dont les défenseurs eurent les mains coupées sur l'ordre de Caninius, un des légats de César.

La Gaule était entièrement soumise sauf Marseille qui, dans le contexte de la rivalité entre Pompée et César, s'était d'abord rangée aux côtés du premier, dont elle n'avait eu qu'à se louer ; puis la cité grecque se déclara neutre, ce que Brutus, au nom de César, n'accepta pas, jusqu'à ce que celui-ci reconquière la ville, en lui laissant, eu égard à son glorieux passé, son nom et sa liberté.

La gloire de Vercingétorix procède d'un triple héritage. En premier lieu, comme on l'a dit, la réhabilitation des Gaulois s'est associée à la mise en cause d'une création de la France qui eût été le fait des Francs et de l'Église, le baptême de Clovis incarnant la véritable naissance de la nation. Au XIXe siècle, la réaction anti-aristocratique et les idées républicaines ont ainsi ressuscité les Gaulois et l'action héroïque de Vercingétorix.

En 1824, dans sa chanson *Les Esclaves gaulois*, Béranger déplore l'apathie des Français qui ne se sont pas encore débarrassés de leur monarque Louis XVIII, héritier des Francs. Et Balzac, en 1836, dans *Le Cabinet des antiques*, évoquant la révolution de 1789, prête ce propos au marquis d'Esgrignon, « dont le sang franc s'était conservé noble et fier (...) Les Gaulois triomphent ».

Cette remise en place a été réactivée par la défaite de 1870-1871 : Vercingétorix incarne désormais la résistance héroïque à l'occupant, sa défaite ne sonnant pas nécessairement comme la fin de l'indépendance, les révoltés gaulois des siècles ultérieurs attestant de la vitalité de cette nation.

Plus encore, cette défaite de Vercingétorix exerce une autre fonction : elle témoigne de l'ancienneté de la nation. « On parlait des Gaulois bien avant qu'on parlât des Germains. Ils avaient envahi l'Italie et la Grèce (...) avant seulement qu'on sût qu'il existait des Germains (...) Aucun pays de Nord ne remonte dans l'histoire aussi loin » (Charles Bigot, *Le Petit Français*, 1883, cité par Christian Amalvi).

Qualifié « premier héros de notre histoire nationale », Vercingétorix est désormais présenté comme l'unificateur, le père de l'unité nationale et défenseur de la patrie, dont les soldats de l'an II, Gambetta puis Clemenceau sont les héritiers.

Mais bientôt, avec le boulangisme, le nationalisme bascule de la gauche à la droite. Et Vercingétorix, l'homme au « sacrifice inutile », devient « le Christ sanglant du patriotisme ». Après 1918, le Chantecler des Gaules incarne l'ancêtre de nos Poilus et, sous Vichy, de leur chef, le maréchal Pétain. Mais il est également le premier de nos résistants pour de Gaulle : réconciliant ainsi tous les Français entre eux. Ainsi Vercingétorix incarne à la fois le peuple, la résistance et l'unité de la nation.

La grande mutation

C'est en 118 avant J.-C. que, pour la première fois, une cité, Narbonne, reçut une colonie de citoyens romains. Dès lors, l'influence de Marseille et celle de Rome pénétrèrent la Gaule « chevelue », et fut organisée la province de Narbonnaise avec sa via Domitienne reliant l'Italie à l'Espagne. Un demi-siècle plus tard, César achevait la conquête des Gaules, assurant leur greffe sur le monde méditerranéen.

Celle-ci devait durer le temps de l'Empire romain.

Pourtant, ce lien se dissolvait bientôt, et tandis que l'Empire se décomposait, la Gaule se dissociait à la fois de Rome et de la Méditerranée ; comme, du reste, toute une partie de l'Occident. Quelques siècles plus tard, il n'y avait plus grand-chose de commun entre l'Occident féodal et le reste de l'ancien Empire romain, cette économie-monde.

Comment les changements s'étaient-ils produits ?

DE LA ROMANISATION À LA DÉSINTÉGRATION DE L'ÉTAT

De Gibbon à Pirenne, de Montesquieu à Ferdinand Lot, on n'a cessé de s'interroger sur le « déclin » et la « chute » de l'Empire romain, sur l'irruption du Moyen Âge, un terme apparu ultérieurement. Le phénomène a-t-il été dû à des données propres à l'Empire, aussi bien en Gaule qu'ailleurs ; est-ce la conversion de l'Empire au christianisme, sous Constantin, en 330, qui a accéléré cette décomposition ; ou bien ces bouleversements sont-ils dus aux invasions barbares ; depuis quand — et lesquelles ?

Au lendemain de la conquête, César avait neutralisé le sentiment d'indépendance des Gaulois en ouvrant aux aristocrates la cité romaine et en accordant le droit latin à plusieurs villes de Narbonnaise. Pour ruiner la résistance de Marseille à l'assimilation, il avait démembré son territoire et créé une colonie romaine à Arles. Dès la fin de la République, le Sud de la Gaule était parcouru de voies romaines, la batellerie fluviale y était développée et le pays était parsemé de ces monuments qui survivent : arc d'Orange, arènes de Nîmes, etc. Lyon devenait une colonie latine et peu à peu disparaissait la civilisation celtique[1].

De toutes les langues des peuples conquis, c'est d'ailleurs le celtique de Gaule qui a le moins résisté (celui de Bretagne ayant été réintroduit au ve siècle par des immigrés venus d'Angleterre et qui avaient chassé

---

1. On peut considérer que les colons, les routes, le mortier et la concession de la citoyenneté furent les principaux agents du succès de la romanisation…

les Saxons). L'intégration de la Gaule au reste de l'Empire s'opéra également sur le terrain de l'économie où, grâce à ses forêts, le pays développa la charpenterie, la carrosserie, la tonnellerie, mais aussi la céramique et la verrerie.

La Gaule au temps de César et d'Auguste — *Cette carte figure la Gaule depuis le commencement de sa conquête par César jusqu'à son organisation par Auguste. La* Province *s'étend du lac Léman à la Garonne.*

Peu à peu, la connaissance d'une même langue, l'usage d'un même droit, la pratique des mêmes institutions, complètent cette romanisation.

Dans cet équilibre atteint au temps des Antonins, un premier craquement se fit sentir lorsque la pression des Alamans perça le *limes* qui entourait l'Empire, en Rhétie, atteignant Milan ; les Francs en profitant pour pénétrer la Gaule. En désaccord avec le fils de l'empereur

Gallien, Valérien, le général Postumus se souleva, se proclama empereur et exécuta Valérien. Conflit de pouvoir entre Romains, les Gaulois n'étaient concernés en rien.

Autre type d'alerte, due aux Gaulois cette fois, celle des Bagaudes, paysans révoltés de la région des Parisii, appelée entre-temps Lutèce, et que réduisit l'empereur Maximien vers 288, tandis que les Francs multipliaient à nouveau leurs incursions.

Or, ces révoltes de paysans, tout comme la pression des Barbares ou encore le sécessionnisme de la Gaule, ne constituaient pas un fait isolé. Au IIIe siècle, on le retrouve d'un bout à l'autre de l'Empire romain : par exemple, les paysans berbères révoltés ne cessent d'attaquer les villes de la côte africaine, les usurpations et sécessionnismes de généraux ne se comptent plus, dès lors qu'ils assurent la protection du *limes*. S'il est vrai qu'ici ou là, ces mouvements traduisent une résurrection de la résistance à la domination romaine, le plus important semble bien être l'opposition et l'hostilité croissantes qui se développent entre les villes et les campagnes, les cités romaines d'Occident étant seulement des points stratégiques, consommant sans trop produire et vivant grâce aux impôts. Et, comme avec ces guerres, le commerce avait dépéri, les ressources de l'État se tarirent et la classe dirigeante gréco-romaine perdit les moyens qui avaient assuré son prestige. Les villes devinrent des coquilles vides, elles commencèrent à se dépeupler, et la ruralisation ne cessa de gagner du terrain. Quant aux centres du pouvoir, ils passèrent des administrations civiles aux militaires qui soignaient avant tout leurs troupes, composées pour partie de Romains, de Gallo-Romains, de Barbares.

LA PART DU CHRISTIANISME

Devant cette montée simultanée du règne des soldats, de la poussée des Barbares, des révoltes intérieures, la division de l'Europe en quatre, par Dioclétien, ajouta à la désorganisation générale (285-324). Le culte impérial perd toute signification et sur ses ruines, sur l'indifférence envers l'État, renaissent ou se développent des religions qui prennent la relève d'un culte officiel dont l'inefficacité est désormais patente. Il s'agit de religions à mystères, hérésies elles-mêmes du culte de Zoroastre, tel le mithracisme dont le symbole est le sacrifice des taureaux ; ou encore le manichéisme qui montrait, après Manès, que le monde était en proie à la lutte entre le Bien et le Mal ; ou le christianisme enfin, hérésie juive qui peu à peu évinça les autres religions à mystères.

Méprisant les intérêts terrestres, les chrétiens apparaissaient au Prince comme de mauvais citoyens, au loyalisme douteux, dangereux pour l'ordre social. Dès l'époque de Trajan, comme les juifs précédemment, ils sont persécutés, bientôt exécutés s'ils n'abjurent pas. En 177, l'Église qui s'était formée à Lyon autour d'un noyau de chrétiens venus d'Asie fut victime d'une persécution au souvenir de laquelle est attaché le martyre de sainte Blandine, donnée aux lions. Le christianisme concernait précisément ces petites gens, cette plèbe désemparée des faubourgs des villes, aux campagnes harassées d'impôts. Il était évangéliste et humanitaire. Né dans les cités d'Orient, il gagna ces campagnes-là et comme ses idées pénétraient jusqu'à la cour impériale, Constantin se convertit, pensant consolider son trône en s'appuyant sur le christianisme, les campagnes et l'armée — sauf que celles-ci, en partie barbares, pouvaient être les adeptes d'une hérésie chrétienne.

Ainsi, autant qu'un élément destructeur, le christianisme contribua à la régénération de l'Empire, Constantin y trouvant le principe d'unité morale qui se substituait à la religion impériale, défaillante.

Or cette doctrine chrétienne — l'oubli des offenses, l'humilité, le pardon, etc. — dévalue la gloire et les biens du monde terrestre. Son principe était étranger à la pensée antique pour qui la politique et la religion ne constituent pas des sphères séparées — comme il en est, encore aujourd'hui, dans une partie du monde arabo-islamique. Avec le christianisme, s'opposent la cité terrestre et la cité de Dieu, comme l'a marqué saint Augustin, en 427, cette dernière ne vivant pas sous un idéal purement humain.

Un certain « Moyen Âge » commence dès que l'Église tente d'absorber le pouvoir des Princes, ce qu'on appelle « l'augustinisme politique », qu'exprime clairement le pape Grégoire le Grand en disant que « le royaume terrestre doit servir le royaume céleste » (590-604).

En christianisant l'ordre politique, Grégoire le Grand politisait le christianisme.

LES BARBARES : INVASION OU PÉNÉTRATION ?

« À cette époque, on eût dit qu'à travers tout le monde romain sonnaient les trompettes de la guerre. Les peuples les plus sauvages, pris de fureur, débordaient au-delà des frontières dont ils étaient les voisins : les Alamans pillaient les Gaules et les Rhéties, les Sarmates et les Quades la Pannonie ; les Pictes, les Saxons, les Scots ne cessaient de torturer les Bretons. (...) Des Goths pillards razziaient la Thrace (...). Le roi des Perses mettait la main sur l'Arménie. » Était-ce la poussée des Huns qui conduisit les Wisigoths, les Vandales, les Suèves à chercher refuge dans les Empires d'Orient et d'Occident ? Telle est en tous les cas l'impression que laisse à Ammien Marcellin, qui écrit en 364, l'arrivée des Barbares, qui ont fait irruption dès le IIIe siècle. Cette terreur vient-elle de leur violence, ou de cette coutume du wergeld, le prix du sang, qui fait payer à une victime ou à sa famille une somme proportionnelle à l'importance du préjudice qu'elle a subi ou à son importance sociale ? Un homme dans la force de l'âge « vaut » plus qu'une femme, un enfant, ou un vieillard. Les détails de cette loi révèlent bien les mœurs de ces Barbares : « Avoir frappé à la tête quelqu'un de telle sorte que le cerveau apparaisse et que les trois os qui le recouvrent soient à nu : trente sous. Avoir arraché à autrui une main, un œil, le nez : cent sous ; si la main reste pendante, soixante-trois sous », etc. Ce Germain est ainsi soldat, paysan aussi puisque la francisque est une arme de jet et un outil de défrichement. Sidoine Apollinaire nous dit que, « jetée à travers les airs, elle détermine l'endroit qu'elle frappera (...), qu'imprimer à leur bouclier un mouvement circulaire n'est qu'un jeu pour eux aussi bien que de lancer le javelot qu'ils ont brandi pour atteindre l'ennemi plutôt qu'eux ». Surtout, selon la légende, ces Germains auraient su forger des épées « capables de trancher des armures » et, de fait, ils sont passés maîtres dans la métallurgie des armes.

Cette supériorité technique leur donnait l'avantage dans les guerres, et, dans l'Empire romain en partie vide, au moins à ses marges, ils se sont installés tout en ayant traité avec les autorités romaines qui les prennent à leur service. La partie la plus ancienne de leur coutume, la loi salique, serait ainsi une sorte de pacte de paix, un règlement que les officiers de l'armée romaine stationnée sur le Rhin leur auraient imposé pour juguler leur violence et assurer la défense de l'Empire, avant que cet ensemble de prescriptions ne soit complété et devienne la loi des Francs.

Ainsi cette loi salique n'est pas explicitement barbare puisque sa rédaction est faite en latin, qu'elle est imprégnée de droit romain, qu'elle éclipse pourtant peu à peu. Elle date de bien avant Clovis, puisque aucun trait chrétien ne la marque. Pas plus que la loi gombette des Burgondes, écrite elle aussi en latin.

Cet exemple témoigne de l'interpénétration qui s'opère et qui conduit à nuancer la vision d'une opposition absolue entre Barbares et Romains. De fait, s'il subsiste des populations barbares regroupées autour de l'Empire romain, une partie de ces Barbares a pu pénétrer dans l'armée romaine de façon temporaire ; d'autres sont installés de façon définitive dans l'Empire, ayant une activité dans son organisation administrative ou militaire ; d'autres enfin sont entrés en groupe sous la direction d'un chef, ce sont les *foederati* qui ont conclu un traité avec l'empereur. À l'origine, ces *foederati* demeurent à l'extérieur des frontières, mais ils s'y installent peu à peu ; enfin, il y a des prisonniers de guerre barbares installés en Gaule comme *laeti* ou *gentilles* — cf. Gentilly ou Sarmaise, lieu des Sarmates —, c'est-à-dire comme colons agriculteurs et astreints au service militaire : au total, ces corps étrangers sont peu nombreux, 2 à 3 % de la population.

Certains chefs de *foederati* accèdent à des rangs militaires élevés, tel Théodoric, roi ostrogoth, ou le *magister militum* franc Edowic, qui sert Constantin III empereur contre Honorius, son rival. Ainsi, tandis que l'armée romaine se barbarise peu à peu, ces Barbares se romanisent, un double processus qui dure un siècle ou deux. Quand on découvre la tombe de Childéric, père de Clovis, en 1653, son corps porte le costume d'un haut dignitaire romain, mais il est inhumé en chef franc au milieu de ses armes et de ses chevaux.

En 406, quand les Vandales et les Burgondes attaquent sur le Rhin, ce sont des Francs qui sont aux côtés des Romains, comme ils sont à leur côté contre les Wisigoths. Le point important est sans doute que les Francs de Childéric et de Clovis faisaient partie des

Francs installés depuis longtemps en Gaule, et qui sont ensuite reconnus dans le royaume franc rhénan après avoir conquis la Gaule méridionale contre les Wisigoths. Ce royaume franc de Clovis s'est constitué à partir du Bassin parisien, ce qui explique que Paris ait été un de ses centres.

Ces envahisseurs — Francs, Wisigoths, Burgondes — ne provoquent pas nécessairement de grands heurts avec les Gallo-Romains — même si, soumis à la loi de « l'hospitalité », ils se voient céder une partie de leurs terres. Certains jugent que ces malheurs sont mérités par les vices de l'administration romaine qui pressurait les humbles. « Mieux vaudrait pour nous vivre sous la domination des braves Barbares wisigoths que de subir la tyrannie de ces curiales qui nous oppriment. » C'est là que se situe la vraie décadence d'un Empire romain qui ne remplit plus sa fonction civique. Sans doute, les cheveux des Burgondes sentent le beurre rance, et leur cuisine l'ail, mais on finit par s'en accommoder...

La fusion s'opère ainsi, les envahisseurs occupant les vides de l'Empire et y développant les activités rurales. « Changement de régime plutôt que conquête », a-t-on dit, la guerre opposant en Gaule Syagrius, un *rex* romain « barbarisé », à Clovis, un *rex* barbare « romanisé ».

L'irruption des Huns, en 451, contribue à rapprocher les Barbares germaniques de la population gallo-romaine. On en connaît les caractères par le récit de Jordanis, où interfèrent l'information et la légende, et qui les présente comme « se nourrissant de viande crue et de racines sauvages, se fabriquant, avec de la toile ou des peaux de rats, de mauvaises casaques ». Toujours à cheval, ils ne mettaient pied à terre ni pour manger ni pour boire. Au combat, ils chargeaient avec la vitesse de l'éclair, et au moment où l'adversaire s'apprêtait à les frapper, ils l'enlaçaient dans une courroie qui paralysait ses mouvements. Leur chef, Attila, répétait que « l'herbe ne repousse pas sous les pas de son cheval ». Il est vrai, en tous les cas, qu'ils semaient la terreur et que Aetius, aidé par les Francs, les Burgondes, les Armoricains et les Wisigoths, réussit à les vaincre aux champs Catalauniques, près de Troyes, « le ruisseau qui traversait la plaine, gorgé de sang, s'était transformé en torrent[1] ». Entre-temps, Paris avait été sauvé, disait-on, par une prédiction de sainte Geneviève, patronne de Lutèce, qui assura les habitants qu'ils n'auraient rien à craindre d'Attila, prédiction qui, de fait, se réalisa, car il emprunta un autre parcours. Elle devint objet de vénération publique et ses restes furent déposés à l'église Saint-Pierre-et-Saint-Paul, son souvenir devenant l'objet de

1. Chez les Turcs, le roman de la nation narre que, loin d'être une tornade dévastatrice, l'expansion des Huns fut une donnée essentielle, fondatrice de la société européo-asiatique : elle serait à l'origine des premières pratiques chevaleresques — comme en témoigneraient les *Nibelungen* —, de maintes coutumes et structures organisationnelles qui ont donné naissance après l'éclatement de l'Empire à des États qui existent depuis des siècles : celui des Magyars, des Géorgiens, etc. Le souvenir d'Attila demeure celui d'un souverain très bon, fort amène, celui d'une personnalité qui domine l'Histoire.

sculptures et de peintures innombrables, notamment par Puvis de Chavannes (1877).

Vers la fin du ve siècle, la Gaule est divisée entre les différents envahisseurs barbares qui ont mis la main sur ce territoire. Les Francs de la dynastie mérovingienne dominent au nord de la Somme, le Romain Aegidius et son fils Syagrius dominent la région entre Seine et Loire ; les Wisigoths ont construit un immense royaume de la Loire à l'Espagne ; y règnent Éric et Alaric ; les Burgondes règnent sur les vallées de la Saône et du Rhône, les Alamans en Alsace, Bade et Lorraine ; enfin, chassés des îles Britanniques par les Pictes, les Angles et les Saxons, les Bretons se sont réfugiés en Armorique.

LES NOCES DE L'ÉGLISE ET DE LA MONARCHIE : CLOVIS

Les Francs de Mérovée et de son fils Childéric étaient installés entre Somme et Loire, et, comme les autres Barbares, ils avaient aidé le Romain Aetius à chasser les Huns. Leur successeur Clovis se frotte à Syagrius, « roi des Romains », et entend élargir son propre royaume. Il le bat à Soissons. Syagrius vaincu se réfugie auprès du Wisigoth Alaric qui le livre à Clovis lequel le fait mettre à mort. Il avait entre quinze et vingt ans, ce qu'on sait parce que la *Chronique* de Grégoire de Tours, rédigée quelques décennies plus tard, date les événements de cinq ans en cinq ans, ce qui rend suspecte une chronologie détaillée. Le caractère de Clovis se révèle lors de l'incident du vase de Soissons : un évêque ayant réclamé à Clovis un de ses vases qui fait partie du butin, celui-ci, pour lui complaire, demande lors du partage qu'on le lui attribue. Un guerrier refuse et, de sa hache, brise le vase. Clovis ne dit rien, mais, un an plus tard, passant son armée en revue, il reproche à celui qui lui fit cet affront le mauvais état de ses armes, puis l'étend mort à ses pieds en disant : « Souviens-toi du vase de Soissons. »

L'épisode révèle aussi que Clovis entend ménager l'Église alors que les Wisigoths, Burgondes et Alamans ont adopté l'arianisme, une doctrine qui conteste que le Christ soit l'égal du Père, qu'il lui soit consubstantiel ; et qui critique les importants pouvoirs que détiennent les évêques. Païen, Clovis est neutre dans ce conflit, mais il épouse Clotilde, qui est catholique et fille du roi burgonde, et il dispose ainsi de l'appui des évêques, la seule autorité qui survivait, par-delà la déchéance de l'administration romaine. « Si vous gouvernez en accord avec les évêques, le territoire soumis à votre autorité ne s'en trouvera que mieux », lui écrit l'évêque de Reims, Rémi.

La tradition chrétienne, s'appuyant sur Grégoire de Tours, associe le baptême de Clovis à sa victoire sur les Alamans. « Ô Jésus-Christ, si tu m'accordes la victoire je croirais en toi et me ferais baptiser en ton nom. » Et, comme il disait ces mots, ajoute le chroniqueur, « les Alamans, tournant le dos, commencèrent à prendre la fuite », un récit qui reprend, terme pour terme, celui de l'empereur Constantin lors de la bataille du pont Milvius, lorsqu'il se convertit au christianisme en 312.

Quoi qu'il en soit, il y eut bien plusieurs batailles des Francs contre les Alamans, dont l'une à Tolbiac.

Et Clovis se fit baptiser à Reims, par l'évêque Rémi à qui miraculeusement une blanche colombe apporta dans son bec une ampoule remplie de saint chrême dans le bac où on l'immergea et qui lui dit : « Dépose tes colliers (amulettes), fier Sicambre » (et non pas : « Courbe la tête, fier Sicambre », comme on l'a mal traduit). « Adore ce que tu as brûlé, brûle ce que tu as adoré. »

L'exemple de Clovis fut suivi par son peuple, trois mille soldats, dit Grégoire de Tours, un chiffre qui donne une mesure du nombre des Francs, et qui témoigne aussi d'un mouvement solidaire.

Renforcé par cette alliance avec l'Église, Clovis réunit les Francs rhénans aux Francs saliens puis se retourne contre les Wisigoths dont il triomphe à Vouillé en 507. L'empereur romain d'Orient Anastase le félicite et lui octroie les insignes consulaires qui assurent la légitimité de son pouvoir dans la Gaule tout entière ; la cérémonie a lieu à Tours, dans la basilique de Saint-Martin, où Clovis revêt la tunique de pourpre et place sur sa tête un diadème ; « à cheval, il parcourt ensuite la ville et jette des pièces d'or et d'argent au peuple qui l'acclame ».

Conversion de conviction ou conversion politique, Clovis devenait le seul roi catholique du monde romain occidental, fils unique de l'Église, reconnu par le clergé comme son libérateur.

On comprend qu'à travers les siècles — et jusqu'à Jean-Paul II — l'Église ait voulu le glorifier, et faire naître avec lui la nation française pour autant qu'il avait unifié à son avantage le territoire qui correspondait à l'ancienne Gaule romaine que dirigeaient des rois barbares jusque-là hérétiques. S'y ajoute que Rémi, inspiré par l'esprit prophétique, prédit à Clovis et à sa postérité la pérennité royale, à condition de respecter la religion chrétienne. La France serait chrétienne ou elle ne serait pas.

Un mythe qui sera ultérieurement mis en cause.

LES MOINES, LA CONVERSION DES BARBARES (Ve-VIIIe SIÈCLES)

Alors qu'en Orient, où la campagne avait été christianisée la première, les paysans avaient été convertis avant les gens des villes, la situation était inverse en Gaule où, développée dans les villes romanisées, l'Église n'avait pas pu faire une aussi profonde impression sur les gens de la campagne, ces « pagani », païens, fidèles aux traditions immémoriales. Pour pénétrer les campagnes, il fallait quelque chose d'autre que l'épiscopat des cités : ce furent les moines.

Mais il n'y avait pas que cela.

Depuis l'Antiquité, il existait deux modèles d'Église.

Celui qui était né avec Constantin, premier empereur chrétien, d'une Église impériale : un seul Dieu, un seul empereur, pape avant la lettre d'une Église dont il était la tête. Et l'Église des apôtres, décrite par saint Luc, où la multitude des croyants n'a qu'un cœur et qu'une âme, et où tous les biens sont en commun. L'apparition des moines au IVe siècle répond à cette nécessité : créer une Église au sein de l'Église.

En effet, un mouvement de retrait de la vie sociale était né autour du IVe siècle, d'abord en Égypte et en Syrie, puis en Occident sous l'influence de Jean Cassien qui met la Gaule en contact direct avec la tradition des moines du désert égyptien, également grâce à l'action de saint Honorat, le fondateur des Lérins, le plus grand centre de la vie monastique au Ve siècle. Simultanément, dans le pays de Galles et en Irlande, où il n'y avait pas d'évêchés, le monastère prit cette place, et l'organisation monastique, ici liée aux tribus, s'y développa en y ajoutant une action spécifique, celle des pèlerins, qui répandirent les pratiques érémitiques des deux côtés de la Manche.

Ce fut ainsi comme missionnaires que les moines celtiques, puis anglo-saxons, contribuèrent à l'évangélisation des campagnes du continent. La colonie de Columban à Luxeuil, avec ses six cents moines, devint une métropole monastique qui essaima à Jumièges, Corbie, Saint-Wandrille, Saint-Gall, etc. Ce mouvement était animé par des paysans tel saint Valéry et il fit reporter sur les saints le culte qu'on rendait aux esprits de la nature. En Bretagne, les croix de ces saints prirent la place des menhirs, quelquefois eux-mêmes christianisés par l'ajout d'une petite croix. Cette association de l'ancienne culture et de la nouvelle ouvrit l'esprit des paysans aux influences chrétiennes.

Le monachisme eut pour effet, également, d'aider la papauté dans sa tâche de régénération du monde ecclésiastique.

Dans cette tâche, ce ne furent pas les moines irlandais ou anglo-saxons qui jouèrent le rôle principal, mais saint Benoît, fondateur du mont Cassin, dont la pratique, chez les Bénédictins, fut d'inspiration coopératiste et sociale et non ascétique comme l'était celle des ermites d'Égypte ou d'Irlande. Le monastère bénédictin est une sorte d'État en miniature, avec une hiérarchie, une vie économique organisée. Les Bénédictins rejettent les « moines paresseux », et suivent les préceptes de saint Augustin, veulent donner l'exemple du travail et plus encore de la prière.

Ce double mouvement reçut l'appui de saint Boniface, l'apôtre de la Germanie, qui s'entoura de missionnaires anglo-saxons et s'efforça, fort de son prestige, de réformer l'Église franque tout entière. La dynastie mérovingienne avait su épargner à la *Francia* l'invasion arabe, mais Charles Martel, maire du palais, avait récompensé ses partisans laïques en procédant à la sécularisation des biens de l'Église. « La religion est foulée aux pieds, écrit saint Boniface au pape Zacharie (...) Les bénéfices sont donnés à d'avides laïques ou à des clercs impudiques (...) Tous leurs crimes ne les empêchent pas de parvenir à la prêtrise. Avec de tels titres, ils montent de grade en grade, deviennent évêques (...) Et ceux d'entre eux qui peuvent se vanter de n'être ni fornicateurs, ni adultères, sont des ivrognes, des chasseurs, des soldats qui n'ont pas peur de verser le sang chrétien. »

Légat du Saint-Siège, Boniface réussit à faire patronner par les Carolingiens une réforme de l'Église. Celle-ci trouva dans la culture monastique les forces nécessaires pour se reconstituer sous l'égide du Prince.

Le grand changement qui survient, c'est que le trait essentiel de la nouvelle culture est son caractère religieux. Alors qu'au temps des Mérovingiens, et malgré l'alliance avec l'Église, l'État demeurait profane, l'Empire carolingien, pour sa part, mit en place un État théocratique qui fut l'expression politique de l'unité chrétienne.

Enfin, le développement du monachisme a eu un effet sur la signification du travail comme activité sociale. Par héritage gréco-romain, en effet, on s'enorgueillit de l'oisiveté dans une société qui vit du travail des esclaves, à moins que l'héritage barbare ne privilégie le mode de vie militaire. De son côté, l'héritage judéo-chrétien met l'accent sur la vie contemplative. Lorsque les bénédictins exigent, dans leur règle, la pratique du travail manuel, il s'agit d'une forme de pénitence. C'est parce que le travail manuel est lié à la chute, à la malédiction divine que les moines, pénitents professionnels, doivent donner cet exemple des mortifications...

Mais, observe Jacques Le Goff, le fait même que le type le plus élevé de perfection chrétienne, le moine, s'adonne au travail fait rejaillir sur cette activité une partie du prestige de celui qui la pratique. Le spectacle du moine au travail impressionne. « Le moine qui s'humilie dans le travail élève celui-ci. »

À QUELLE ÉPOQUE A-T-ON CESSÉ DE PARLER LATIN ?

Cette question se complète par une autre : quand a-t-on cessé de comprendre une langue qui, au témoignage d'Isidore de Séville (560-635), s'était déjà barbarisée ? En Gaule, semble-t-il, le latin avait complètement remplacé la langue celtique en moins de quatre siècles, l'Armorique exceptée. Mais, à la différence de la (Grande) Bretagne, le latin n'y disparaît pas en tant que langue parlée : sa continuité y atteste l'héritage romain — sauf que peu à peu la langue parlée s'est dissociée de la langue écrite. On recommanda aux évêques, notamment au concile de Tours en 813, de traduire leurs sermons en *rustica romana lingua* pour que tout le monde pût les comprendre. Deux siècles plus tôt, Césaire d'Arles « demandait déjà humblement que les oreilles des lettrés se contentent de supporter ses expressions rustiques sans se plaindre, afin que tout le troupeau du seigneur puisse recevoir la nourriture céleste dans un langage simple et terre à terre ». Encore un siècle plus tôt, Sidoine Apollinaire ne parlait pas de la même manière quand il avait affaire à des colons à la campagne et quand il s'entretenait avec ses amis à Clermont. Il y avait donc plutôt plusieurs formes d'une même langue, selon les différents milieux de la société, que des langues différentes. De fait, alors que l'école antique disparaissait en Gaule dès le début du VIe siècle, dans les grandes familles l'enseignement continua selon les lignes traditionnelles pendant un siècle ou plus encore. Mais peu à peu la rupture s'élargit et l'on note que dans l'Église, par exemple, les évêques portent de moins en moins de noms latins et de plus en plus de noms d'origine franque.

On comprend mieux ce trait en observant qu'aujourd'hui, pour les germanophones de Suisse alémanique, il y a une différence entre la langue parlée par les gens du pays et la langue écrite à leur intention dans les journaux.

Les textes parus à l'occasion des synodes que fait réunir Charlemagne permettent de constater un autre phénomène : il existe une différence évidente entre les différentes régions de la Gaule à cette époque. Ces synodes se sont réunis dans cinq villes : Arles, Chalon, Tours, Reims et Mayence. À Mayence, on recommande de prêcher dans une langue que puissent comprendre des fidèles puisque les laïques de l'archidiocèse ne comprenaient pas le latin. Pour Reims et Tours, on recommande de prêcher dans la langue du peuple ; ce qu'on ne dit pas pour Arles et la partie de l'archidiocèse de Lyon couverte par la législation de Chalon : car il va de soi, pour le clergé, que les fidèles comprendraient les homélies lues à haute voix pendant la messe. Ainsi, on a cessé de comprendre le latin dans le Nord de la Gaule ; et la différence s'accroît, par ailleurs, dans le reste du pays entre le latin, langue écrite de plus en plus figée, et la *romana rustica lingua*.

CHRONOLOGIE

DE CHARLEMAGNE ET DES CAROLINGIENS

713	Incursions arabes en Septimanie.
716-719	Victoires de Charles Martel sur les Neustriens, en Saxe, en Frise.
720-732	Les Arabes à Narbonne, Autun, Luxeuil.
732	Charles Martel, vainqueur des Arabes à Poitiers.
743	Avènement de Childéric III, dernier Mérovingien.
749	Aistulf, roi des Lombards, menace le pape à Rome.
751	Élection et sacre de Pépin le Bref.
	Prise de Ravenne par les Lombards.
754	Pépin le Bref sacré par Étienne.
755	Les Omeyyades en Espagne.
759	Reprise de Narbonne par les Francs.
764	Pépin le Bref à Toulouse.
768	Carloman et Charles succèdent à Pépin le Bref.
770	Mariages des Carolingiens avec des Lombards.
773-774	Charles en Italie.
775	Campagne répressive en Saxe.
778	Campagne d'Espagne, désastre de Roncevaux.
	Insurrection de Widukind en Saxe.
779	Capitulaire de Herstal.
779-790	Guerres répressives en Saxe.
781	Rencontre de Charles et d'Alcuin, un lettré.
788	Soumission de la Bavière.
791-799	Campagnes contre les Avars, conquête de l'Istrie.
794	Installation à Aix (-la-Chapelle).
800	Charlemagne à Rome, couronnement impérial.
801	Les Francs à Barcelone.
802	Capitulaire sur les *missi dominici.*
803	Campagne contre les Avars.
814	Mort de Charlemagne. Louis le Pieux lui succède.
823	Charles le Chauve (823-877).
840	Arrivée massive d'envahisseurs normands.
842-843	Serment de Strasbourg, traité de Verdun, partage de l'Empire.
855	Mort de Lothaire Ier, crise successorale.
885	Les Normands attaquent Paris.

888	Après la déposition de Charles le Gros, Carolingiens et Robertiens alternent sur le trône.
911	Traité de Saint-Clair-sur-Epte, Charles le Simple cède la Normandie.
987	Hugues Capet, un Robertien, inaugure la dynastie des Capétiens.

Charlemagne et les Carolingiens

CHARLEMAGNE, LA LÉGENDE ET L'HISTOIRE

Transfigurée par la légende, l'action de Charlemagne et des Carolingiens n'a cessé d'être un enjeu pour l'Histoire. Encore au XXe siècle, le régime nazi dénomma « Charlemagne » la légion qui devait incarner la lutte de l'Europe contre le bolchevisme.

La légende est ancienne. Et elle a dépassé les frontières de ce continent. À São Tomé, première colonie portugaise, au large du golfe de Guinée, les habitants de l'île, tous noirs évidemment, jouent depuis le XVIe siècle et encore aujourd'hui une geste théâtrale *La Tragédie de l'empereur Charlemagne* ou *Tchiloli*. Bien entendu, Charlemagne n'est jamais venu à São Tomé, mais pour les habitants il incarne le pouvoir, le roi du Portugal qui les a amenés de force ici et convertis. On lui demande justice des crimes commis en son nom. Dans la vérité de la geste, on retrouve les conversions forcées, la déportation des Saxons et le rôle de l'empereur, ce justicier.

D'autres légendes, plus proches de nous — *La Chanson de Roland* entre autres —, ont retenu de l'action de Charlemagne les guerres, et de l'homme le combattant de la foi. Alors que ces guerres se sont situées aux marges de ses États — en Saxe, en Bavière, en Lombardie, des deux côtés des Pyrénées —, on en a fait un défenseur de la « doulce France », qu'il a aussi protégée des incursions arabes et bientôt normandes, mais ces opérations-là n'ont été qu'occasionnelles...

Autre légende, mêlée à l'Histoire : Charlemagne, patron des écoliers, comme s'il avait été le fondateur des écoles. On connaît ce récit, qu'on nous a conté quand nous étions enfants, de Charlemagne visitant l'une d'elles, comme le ferait un inspecteur... Au vrai, c'est Notker le Bègue, moine à Saint-Gall, qui a inventé cette histoire en 884, soixante-dix ans, par conséquent, après la mort de Charlemagne. Cela n'exclut pas l'intérêt que l'empereur ait pu manifester pour l'enseignement du latin, alors que lui-même demandait à Alcuin, un clerc, de corriger ses propres devoirs d'écriture. Plusieurs de ses *Capitulaires* ont trait à la réorganisation des écoles, une insistance qui prouve son désir d'obtenir un résultat mais exprime peut-être aussi les résistances qui s'y opposent : « Pour interpréter les Saintes Écritures, rappelle-t-il dans une *Lettre*, il faut avoir un langage correct et une connaissance élémentaire du latin. Or, dans les saintes prières que les frères des monastères nous adressent à l'envi, nous avons reconnu un sens droit et un discours inculte » (*Lettre aux évêques*, citée dans Pierre Riché). Puis voilà que la Saint-Charlemagne, fête des écoles, apparaît un beau jour comme la manifestation d'une volonté de l'Université de Paris, née autour de 1200, de s'émanciper de l'autorité de l'évêque et du roi. On raconte alors qu'Alcuin aurait obtenu de Charlemagne le transfert de son école d'Aix-la-Chapelle à Paris. « L'Université améliore bientôt cette histoire », explique Jean Favier : Alcuin a fait directement transférer l'École de Rome à Paris. Déjà, ajoute Alexandre de Roer, à la fin du XIIIe siècle, soucieux de sa succession, Charlemagne aurait partagé les fonctions de la chrétienté entre les trois peuples de l'Empire : le sacerdoce à l'Italie, la prérogative de l'Empire aux Allemands, l'enseignement et la science à la France. Dès lors, il est bien le père de l'Université de Paris — « une légende paradoxale pour qui sait le peu de cas que faisait Paris de l'empereur ».

Quant à la canonisation de saint Charlemagne, avec l'accord de Pascal III, elle fut le fait de l'empereur Barberousse en 1165, qui déclara que « bien que le glaive ne lui ait pas arraché la vie (...) la volonté quotidienne de mourir pour la conversion des païens fit quand même de lui un martyr ».

Au reste, à sa mort, l'empereur ne s'appelait pas encore Charlemagne : son épitaphe funéraire porte non Charles le Grand *(Carolus Magnus)* mais Charles, grand et orthodoxe empereur *(Corpus Karoli magni atque orthodoxi imperatoris)*. Les monnaies d'époque attestent qu'à la différence des tableaux ultérieurs, de Dürer par exemple, Charles était imberbe : on est loin de la « barbe fleurie » de la légende.

Ainsi la légende obscurcit-elle la réalité des faits — pour les embellir. Mais les chroniqueurs qui les ont relatés en leur temps ne sont fiables qu'à demi. À côté des *Annales* du monastère de Lorsch qui constituent une sorte de source officielle, le principal témoin est bien Éginhard, ami de Charlemagne et son compagnon de la deuxième partie de sa vie. Sa *Vita Karoli*, qui date de 830 environ, ne manque pas de partialité. S'inspirant des *Vies* de Suétone, son portrait de l'empereur rappelle curieusement celui d'Auguste. On lui doit aussi l'image de ces rois mérovingiens traînés par des chars à bœufs — une manière de glorifier leurs successeurs ; surtout, il attribue à Charles bien des conquêtes acquises dès l'époque de Pépin, son père — par exemple, l'Aquitaine. Charles n'a pas annexé non plus les Pyrénées, ni ajouté « toute » l'Italie. Les Barbares n'ont pas payé tribut « jusqu'à la Vistule », et Haroun al-Rachid n'a jamais décidé de placer les Lieux saints sous sa protection...

Composées par des poètes, avec l'aide et la collaboration des clercs, les chansons de geste qui évoquent Charlemagne auraient ainsi pour berceau l'Église. Elles datent du XIIe siècle, voire du XIIIe, alors que leurs héros auraient vécu du VIIIe au Xe siècle. Chantées dans les grandes foires, telle celle du Lendit, où lors des pèlerinages, notamment le cycle de Guillaume d'Orange qui paraît se rattacher aux étapes de Saint-Jacques-de-Compostelle. Selon les trouvères du XIIIe siècle, on peut répartir ces soixante-dix ou quatre-vingts chansons en trois gestes principales. Girard de Vienne nous dit :

Figure 3 — Charlemagne en empereur, portant la maquette de l'église d'Aix-la-Chapelle, estampe anonyme du début du XVIIe siècle. Ce document illustre la permanence de la référence à l'Empire, incarné par Charlemagne, « empereur romain ». Comme le mythe le rapporte, il porte une barbe fleurie. (Paris, Bibliothèque nationale de France.)

N'eut que trois gestes en France, la garnie
Du roi de France est la plus magnifique
Et l'autre après, il faut que je le dise
Est de Doon à la barbe fleurie
La tierce geste qui mérite de l'estime
Fu de Garin de Monglane le Fier.

Celle de Doon de Mayence raconte la lutte de la féodalité : son prestige diminué, Charlemagne est dépeint sous les traits d'un souverain injuste et faible aux prises avec des vassaux aussi puissants que lui... Plus populaire est la geste de Guillaume d'Orange, vaincu par les Arabes à la bataille d'Aliscamps, près d'Arles, et dont l'héroïque épouse défend la ville d'Orange.

Mais la plus célèbre geste est celle de Charles le Grand, qui comprend entre autres le poème de *Berthe au grand pied*, et surtout *La Chanson de Roland* — partie la plus ancienne qui pourrait dater du XIe siècle.

Compagnon de Charlemagne pendant la campagne d'Espagne, placé à l'arrière-garde, Roland cst assailli par des forces supérieures ; « des Maures », dit la chanson, alors qu'il s'agit de Basques ou de Gascons ; le « traître » Ganelon dissuade le roi de retourner sur ses pas pour lui porter secours. « S'il souffle de son cor, c'est qu'il ne se bat pas, dit Ganelon ; il est trop fier pour appeler à l'aide. » Soufflant dans son cor d'ivoire, ayant à la main son épée Durandal, Roland meurt, ainsi assailli, et Charles ne cesse de se repentir de ne pas être venu le sortir de cette embuscade.

À l'époque romantique où, par réaction contre la révolution, on revalorise le Moyen Âge, Alfred de Vigny a régénéré le mythe de Roland, dans *Le Cor* (1825).

Tranquilles cependant, Charlemagne et ses preux
Descendaient la montagne et se parlaient entre eux.
L'armée applaudissait — Le luth du troubadour
S'accordait pour chanter les saules de l'Adour.
Le vin français coulait dans la coupe étrangère
Le soldat, en riant, parlait à la bergère.

Deux éclairs ont relui, puis deux autres encore
Ici on entendit le son lointain du cor
L'Empereur étonné se jetant en arrière
Suspend du destrier la marche aventurière
« Entendez-vous », dit-il... « Oui, ce sont des pasteurs

Rappelant les troupeaux épars sur les hauteurs. »
Et l'Empereur poursuit mais son front soucieux
Est plus sombre, plus noir que l'orage des cieux.
« Malheur ! c'est mon neveu ! Malheur ! car si Roland
Appelle à son secours, ce doit être en mourant. »

Dieu que le son du cor est triste au fond des bois...

Le poème d'Alfred de Vigny donnait une leçon de courage. On redécouvrit plus tard l'aspect patriotique de la *Chanson*, qui connut cinq éditions entre 1880 et 1900. Il y était question de la « doulce France », alors qu'il s'agissait d'une conquête extérieure, et de l'hérétique aussi ; surtout cette défaite appelait une revanche : d'où la place de la mort de Roland dans les manuels scolaires après la défaite de 1870, où le compagnon de Charlemagne — qui, d'ailleurs, à cette date n'était pas empereur — se place dans une galerie de héros, entre Vercingétorix et Du Guesclin.

Des Mérovingiens aux Carolingiens, quels sont les actes en rapport avec ces légendes ?

GRANDEUR ET DÉCADENCE DES CAROLINGIENS

Depuis les temps de Clovis, la monarchie franque des Mérovingiens s'était à la fois consolidée — face aux Alamans, aux Wisigoths, aux Ostrogoths — et affaiblie, en se divisant à la suite de querelles de succession. L'Austrasie à l'est, la Neustrie à l'ouest et l'Aquitaine au sud constituèrent bientôt trois ensembles autonomes, que prirent en main les maires du palais, administrateurs permanents, alors que les rois et les reines se combattaient, telles Brunehaut et Frédégonde, ces deux ennemies mortelles. Le royaume franc ne retrouve un calme apparent qu'au temps du roi Dagobert (622-639). Il intervint pour que soit vraiment respecté le jour du Seigneur en confisquant le tiers des biens de l'homme libre à la quatrième récidive, main droite coupée pour l'esclave à la deuxième récidive. La chanson du bon roi Dagobert, « qui mit sa culotte à l'envers », fut composée au XVIIIe siècle, sur le thème du monde à l'envers, où c'est le conseiller, saint Éloi, qui est grand et saint, contrairement à la tradition française qui voudrait que ce fût le monarque : il s'agit d'une chanson royaliste sans rapport avec une quelconque réalité, et qui vise à rendre aimable le retour des Bourbons.

La décadence de la dynastie mérovingienne permet à Pépin de Herstal, maire des trois royaumes, puis à son fils bâtard Charles, surnommé plus tard Martel, de réunifier le royaume franc — *regnum Francorum* — en triomphant, au nom de l'Austrasie, successivement des Neustriens, des Saxons, des Alamans, des Aquitains, des Sarrasins, à Poitiers en 732. À sa mort, en 741, non seulement l'unité du royaume est reconstituée, mais le rayonnement de la puissance franque largement accru.

Les princes austrasiens s'appellent désormais les « Carolingiens » en souvenir du vainqueur de Poitiers, un signe que pour les Francs ce fut une grande victoire qui sauvait le royaume des invasions arabes — un point de vue d'ailleurs que ne partageaient pas nécessairement les Aquitains. Fort de l'approbation du pape et de saint Boniface, qui répand l'huile sainte sur son front et le transforme en un élu du Seigneur, Pépin relègue Childéric, le dernier Mérovingien, dans un monastère. « Mieux vaut appeler roi celui qui exerce effectivement le pouvoir, afin que l'ordre ne soit pas troublé », telle aurait été la réponse du pape Zacharie à la question posée en 751 par un envoyé de Pépin le Bref.

Cet appui avait eu une contrepartie, car Pépin avait sauvé la papauté de la menace des Lombards, qui avaient pris Ravenne, et obtenu le titre de « patrice » des Romains. Son fils, Charles, bientôt appelé le Grand, se fait couronner à Pavie, héritant d'une partie du royaume lombard.

Simultanément, Charles veut assurer sa domination sur les peuples germaniques, au-delà du Rhin. Ses campagnes contre les Saxons furent la grande affaire du règne. Celle contre les Widukind constitua un des épisodes les plus cruels de la conquête carolingienne : après les baptêmes en masse de 777, en 782, Charlemagne fit passer par les armes quatre mille cinq cents Saxons et décréta la peine de mort contre quiconque n'accepterait pas la domination franque et la religion chrétienne.

Contre les récalcitrants, quand ils étaient trop nombreux, Charlemagne procéda à la *première grande déportation de l'ère chrétienne.*

La lutte contre les Arabes, dont les incursions n'avaient pas cessé depuis 713, les opérations en Italie du Nord contre les envahisseurs lombards qui menaçaient la papauté, la conversion forcée des Saxons — autant d'actions qui ne pouvaient que complaire à l'Église, au pape. « C'est toi qui te consacres à la défense de la chrétienté tout entière », lui dit Alcuin, ce lettré qui fut son compagnon. Bientôt Charles était invité à répondre à l'appel pressant du pape Léon III qui lui demandait secours après qu'il eut été rossé par des conjurés qui l'accusaient de parjure et d'adultère. Appelé à la rescousse, Charles se mit en marche, une fois de plus, vers l'Italie, sauva le pape, qui le couronna à Noël de l'an 800, « comme empereur gouvernant l'Empire romain ». Selon une version de la tradition, Charles avait protesté devant cette élévation, ce qui fut peut-être une manière de ne pas s'attirer les foudres de l'empereur de Byzance.

Effondrement de l'État lombard, annexion de ses territoires à l'État franc, protectorat établi sur Rome, couronnement impérial, ces succès sont accompagnés d'actes conciliants : ainsi Charles fait de l'Italie franque et de l'Aquitaine des vice-royautés, ce qui sauve les apparences en perpétuant l'existence de ces États. Néanmoins, ce titre d'empereur signifie que l'Occident est réunifié. L'empereur de Byzance dut bientôt reconnaître cette résurrection de l'Empire d'Occident : il consentit à l'appeler « mon frère ».

Ainsi, Charlemagne fut d'abord un guerrier, un conquérant de la foi, n'hésitant pas, comme à Verdun, à décapiter des otages, à mettre à mort ceux qui brûlaient les défunts suivant un rite païen, ceux qui dissimulaient qu'ils n'avaient pas reçu le baptême. Ce fut aussi un politique qui sut s'imposer au pape en le secourant par deux ou trois fois et en sachant protester de sa modestie lorsque, pour la couronne, le pape s'agenouilla devant lui. Pour combattre les hérétiques et les païens, il jugea ce titre d'empereur nécessaire car il lui donnait la stature d'un empereur romain.

Rome le consacre, et il fait d'Aix le cœur de cet Empire, dont la chapelle est construite à l'image de la Cité céleste. De là il veut « bien gouverner » en utilisant son ban, c'est-à-dire son droit, d'origine publique celui-là, de commander, punir, contraindre. Pour mieux assurer l'exécution de ses capitulaires, dont sont garants ses envoyés, les *missi dominici,* il divise l'Empire en plus de deux cents comtés dont les titulaires remplissent les fonctions de juge, de chef militaire et de percepteur d'impôts.

Son dispositif, fondé sur la fidélité, développe les liens privés qui constituent bientôt l'essence de la vassalité, puis du régime féodal.

VERDUN : LA TROISIÈME NAISSANCE DE LA FRANCE

Sa mort en 814 annonce la décadence de l'Empire. Lui succéda Louis le Pieux, dit « le Débonnaire » (débonnaire, c'est-à-dire de bonne aire, de haute naissance), qui dut se confesser et faire amende honorable à Attigny pour avoir fait crever les yeux de son neveu Bernard, roi d'Italie, et qui, ensuite, prétendit régler sa succession. L'Église y mit bon ordre.

C'est que l'Empire carolingien n'était romain que de façade, sans la cité romaine, sans ce réseau de villes et de routes, sans magistrats, mais avec de simples magnats territoriaux, ces comtes qui correspondaient aux chefs barbares plus qu'aux fonctionnaires d'un État organisé.

Seuls les grands personnages de l'Église carolingienne jouaient un rôle, prétendant incarner l'idéal d'un empire universel : par exemple, Agobard de Lyon demande l'établissement d'une législation chrétienne universelle pour qu'elle se substitue à la loi personnelle des Francs. Quant à l'empereur, il n'est plus le prince héréditaire, chef du peuple franc, mais un personnage semi-sacerdotal, oint par la grâce de Dieu pour gouverner l'Empire et protéger l'Église.

L'intervention de l'Église se manifesta de façon explicite lorsqu'elle déposa Louis le Pieux en 833, parce qu'il avait voulu donner un royaume à son troisième fils Charles, né de Judith sa deuxième épouse. Ce ne fut pas seulement le résultat d'un complot ourdi par ses deux premiers fils, mais aussi la prétention de l'Église à contrôler le fonctionnement de l'Empire, à dominer le pouvoir temporel.

Ainsi le clergé précéda le papauté dans cette conception théocratique du pouvoir. L'État n'était plus distinct de l'Église, il devenait une partie d'elle-même, formant ensemble « un seul corps régi par deux personnes suprêmes, le roi et le prêtre ».

L'État devenait un organe du pouvoir spirituel.

Pour consolider ce pouvoir sont publiées alors des (fausses) Décrétales, éditées par Isodore Mercator au milieu du IXe siècle, et qui veulent établir le droit des évêques d'en appeler au pape pour sauvegarder l'indépendance de l'Église si tant est que le pouvoir séculier la menace. Un peu plus tard, la Donation de Constantin — un faux lui aussi — affirme que la dignité de l'empereur tient au fait qu'il est couronné et consacré par le pape, Constantin lui ayant fait don de ses territoires. Ce qui, en outre, serait le fondement à l'existence des États de l'Église. La preuve qu'il s'agit de faux ne fut découverte qu'à la Renaissance.

Il reste que l'hégémonie que la papauté prétendit exercer sur la société de l'Europe occidentale lui vient moins de sa propre initiative que de celle des évêques.

Depuis la mort de Charlemagne, en 814, on avait ainsi abouti à une théocratie dont l'empereur était réputé le chef, mais dont le clergé aspirait à devenir le maître. Les querelles entre Louis le Pieux et ses fils répétaient celles qu'avaient connues les descendants de Clovis. Les Carolingiens finirent ainsi comme les Mérovingiens.

LA LANGUE ET L'IDENTITÉ DE LA NATION

Le traité de partage de l'Empire en 843, à Verdun, constitue un vrai tournant de l'histoire de l'Occident. Il n'est plus question d'unité, il y a désormais trois royaumes distincts, celui de France pour Charles et celui d'Allemagne pour Louis, et, entre les deux, un État tampon qui va des Flandres à l'Adriatique, pour Lothaire qui garde le titre d'empereur.

Pour la première fois dans l'Histoire, ce pacte de Verdun n'était pas écrit en latin, mais en français et en allemand, les deux langues comprises par la majorité des soldats présents.

Cet acte de décès de l'Empire, bien que l'idée impériale ait survécu, était également un nouvel acte de naissance de la France, de l'Allemagne, voire de l'Italie. Pour la France, sa troisième naissance, après Vercingétorix et Clovis.

Dans l'histoire des limites de la France, le fait que le traité de Verdun ait été écrit à la fois en allemand et en français a souvent été invoqué pour affirmer que c'est de ce moment-là que date l'existence de ces deux pays. Or, en ce qui concerne précisément le rôle attribué à la langue, ce n'est là qu'un effet de la mémoire historique. Car la langue n'a influencé que très tardivement — au XIXe siècle — le principe des découpages entre États, l'exemple de la Suisse, des Pays-Bas, de la Maison d'Autriche témoigne, s'il en était besoin, qu'elle n'a influé en rien sur leur création comme État, puis comme nation. À la veille de la Révolution, des régions de langue flamande font partie depuis longtemps de la France, alors que le Hainaut et la principauté de Liège, parlant français, faisaient partie du Saint-Empire.

Il est clair que l'argument d'une identité fondée sur la langue aurait nui à la constitution de l'« unité française ». Dans les traités qui portent sur la Lorraine, au XVIIe siècle, la différence linguistique n'est jamais évoquée dans les procès-verbaux.

C'est en Allemagne (puis en Europe centrale) que l'argumentaire linguistique a développé ses armes, ses cartes géographiques en particulier, ces deux derniers siècles surtout.

Dans sa réponse à Mommsen, s'agissant de l'Alsace et de la Lorraine, Fustel de Coulanges écrivait en 1870 : « Ce qui distingue les nations, ce n'est ni la race, ni la langue. Les hommes sentent dans leur cœur qu'ils sont un même peuple lorsqu'ils ont une communauté d'idées, d'intérêts, d'affections, de souvenirs et d'espérances. »

La République est demeurée fidèle à cette vision, même si ces dernières décennies, au nom du droit à la différence, certaines régions ou communautés mettent en cause les excès que peuvent commettre à la fois la centralisation et l'uniformisation des règles, des usages, des lois, des territoires — ou de la langue.

Quant à l'imposition de la langue française dans les actes publics, elle date de François Ier, de l'ordonnance de Villers-Cotterêts en 1539.

Au vrai, *elle visait à interdire l'usage du latin*, prescrivant celui de la langue maternelle ; les deux siècles suivants, ce fut une manière d'exclure l'Église de ses compétences anciennes tout en instituant la prééminence du français, langue de l'administration, en particulier dans ces provinces où la langue maternelle pouvait être source de particularisme, l'Alsace, la Flandre ou le Roussillon — au temps de Louis XIV.

Avec la révolution de 1789, le problème du nouveau pouvoir est de susciter l'adhésion populaire : pour expliquer le sens des lois nouvelles, le député Louis Roux propose de les traduire dans tous les patois, afin de les rendre intelligibles. De fait, l'idée est rejetée parce que les représentants en mission observent que les idiomes ne sont pas un simple obstacle passif mais le lieu d'une résistance propre qui diffuse la contre-révolution : « Le fédéralisme et la superstition parlent bas breton ; l'émigration et la haine de la République parlent allemand ; la contre-révolution parle l'italien, et le fanatisme parle le basque », écrit Barère en l'an II. Refusant de s'attaquer aux patois, il propose la nomination d'un instituteur de langue française dans chaque commune « pour donner lecture au peuple et traduire vocalement les lois de la République ».

De l'écrit, on est passé à la voix ; de la connaissance de la langue à la pédagogie de la Révolution. À l'origine de ce déplacement, il y a cette conviction de l'abbé Grégoire, père d'une enquête sur les patois : la quasi-identité entre l'esprit évangélique, la raison éclairée et la centralisation politique. Corollaire d'une politique d'unité nationale, le patois devient une sorte d'antiquité, objet de collection, folklore (de Certeau, D. Julia, J. Revel).

LA PORTÉE DES INVASIONS NORMANDES

Avec les invasions, normandes surtout, la fin de l'époque carolingienne constitue l'une de celles où, dans l'histoire du pays, a dominé le sentiment d'insécurité.

Sans doute, comme, en premier lieu, ils pillent les richesses de l'Église, de ses monastères, les témoignages sont le plus souvent d'origine ecclésiastique et portés à ne voir que l'aspect violent de cette invasion. Ermentaire, un moine de Saint-Philibert-de-Noirmoutier, en brosse un tableau effrayant, vers le milieu du IXe siècle : le chiffre des navires augmente, la multitude innombrable des Normands ne cesse de croître ; de tous côtés, les chrétiens sont victimes de massacres, de pillages, de dévastations, d'incendies... Ils prennent toutes les cités qu'ils traversent sans que personne ne leur résiste : Bordeaux, Angers, Tours ainsi qu'Orléans sont anéanties. Beaucoup de cendres de saints sont enlevées (...). Il n'y a pas de localité, pas de monastère qui soit respecté ; tous les habitants prennent la fuite et rares sont ceux qui osent dire : « Restez, restez, résistez, luttez pour votre pays, pour vos enfants, pour votre famille. Dans leur engourdissement, au milieu de leurs rivalités réciproques, ils rachètent au prix de tributs ce qu'ils auraient dû défendre les armes à la main et ils laissent sombrer le royaume des chrétiens. »

Le cliché qui domine est celui des pirates à l'état pur, sans autre loi que celle du meurtre et de la barbarie la plus effrénée.

Ils arrivent par groupes de trente à cent navires, plus quelquefois — deux cents, pour l'attaque de Paris en 885 —, l'été le plus souvent. De dépit, ils peuvent brûler une abbaye vide quand ils s'aperçoivent que les moines en ont tout emporté. Puis, ils bivouaquent pendant la mauvaise saison, attendant une occasion de repartir — ce qui constitue une première étape vers une installation.

Quant aux Francs, s'ils sont d'abord surpris et désarmés devant ces attaques soudaines, acceptant de payer tribut, peu à peu ils s'organisent, car les rançons servaient d'appât et pouvaient se renouveler indéfiniment. Ragnar Lodbrok se vante, à la cour du roi Orich, en 845, de n'avoir jamais vu de terre aussi riche qu'en France et de population aussi peu portée à la défendre. Lorsque les paysans voisins de l'abbaye de Pruni, en 882, voulurent la défendre, faute d'expérience militaire, ils se firent tous massacrer.

C'est Charles le Chauve qui organisa les débuts d'une résistance systématique en faisant fortifier les ponts et construire des *castra* pour protéger la vallée de la Seine, puis de la Loire, ainsi que Saint-Vaas, Saint-Omer, etc. Sommaires, les mesures défensives se révélèrent efficaces, car les Normands ne venaient pas pour faire une guerre de siège ; et les ondes de panique allèrent ainsi en se rétrécissant.

Tandis que les Suédois, ou Varègues, s'étaient attaqués à la Russie, ces Normands, ou Vikings, Norvégiens et Danois essentiellement, s'en étaient pris à l'Irlande, aux pays de la mer du Nord et de la Manche, d'aucuns font le tour de l'Espagne et poussent jusqu'en Italie. En 878, certains s'étaient fait reconnaître une partie de l'Angleterre par Alfred le Grand ; en 911, par le traité de Saint-Clair-sur-Epte, Charles le Simple leur cède les terres de la Basse-Seine, désormais appelée « Normandie », et fait duc Rollon, leur chef. Pour mieux s'intégrer au monde qu'il venait de se soumettre, Rollon se fit chrétien, ce que l'on peut considérer comme un acte politique.

Les historiens d'aujourd'hui ont tendance à relativiser le drame des invasions normandes à cause des chiffres fantaisistes donnés par les chroniqueurs, et à en voir les aspects positifs, aussi parce que les échanges avec la Scandinavie ont stimulé la croissance économique[1].

Partis de Normandie, des hommes de guerre qui ont conquis l'Angleterre en 1066 ont ramené des richesses qui ont permis d'édifier les chefs-d'œuvre de l'architecture romane que sont Saint-Étienne-de-Caen ou Saint-Georges-de-Boscherviller.

Voilà qui signale l'écart qui peut exister entre l'histoire vécue et l'Histoire telle qu'on l'analyse avec le recul.

---

1. On a pu considérer également que, présents de Novgorod à la Sicile, sur le front de toutes les mers, ils ont donné une frontière élargie à l'ancien Empire d'Occident, y incluant la Scandinavie. Ils ont intégré la façade atlantique de l'Europe dans un ensemble qui a constitué un nouveau bloc de navigation.

Surtout les Normands ont greffé l'Angleterre au continent suite à sa conquête par Guillaume le Conquérant. Il ne s'est pas agi là, comme pour les expéditions lointaines, en Sicile ou ailleurs, d'une entreprise plus ou moins improvisée. Entre la Normandie et l'autre rive de la Manche, les rapports étaient multiples et, dès le Xe siècle, un des descendants d'Alfred le Grand, le roi Ethelred, épousait une fille du duc de Normandie. À la mort du roi danois Cnut, Guillaume le Bâtard, dit « le Conquérant », intervint dans la guerre qui opposait les deux fils du roi défunt pour favoriser l'avènement d'Édouard, dit « le Confesseur » et fils d'Ethelred. Édouard apparut ainsi comme le fourier du duc de Normandie, et à sa mort, à l'appel, dit-il, de barons normands installés dans l'île par le Confesseur, Guillaume débarqua pour combattre Harold qu'Édouard aurait désigné comme son successeur. Par la force ? alors qu'Harold auparavant avait juré d'accepter un roi normand à la succession du Confesseur ? Entre ces deux serments, le pape trancha en faveur de Guillaume, qui débarqua en force et triompha de Harold à la bataille d'Hastings (1066) ; il annexa son royaume à son duché de Normandie.

Ainsi, des princes normands — déjà liés aux Capétiens et leur rendant hommage — règnent sur l'île considérée comme une possession extérieure. Le nouveau royaume s'édifie sur le modèle du fief normand, et passent la mer clunisiens et cisterciens, le français étant, avec le latin, langue officielle. La fusion s'exerce avec l'aide de la papauté qui favorise la mainmise de l'Église de France sur l'Angleterre.

Bientôt, cet ensemble anglo-normand menace, par sa puissance, le royaume capétien.

CHRONOLOGIE

LE TEMPS DES CAPÉTIENS

987	Élection et sacre d'Hugues Capet.
989	Début de la paix de Dieu en Aquitaine.
996	Sac de l'abbaye du mont Cassin par les Arabes.
996	Robert le Pieux, successeur d'Hugues Capet.
1022	Des hérétiques brûlés à Orléans.
1031	Henri Ier, roi de France.
1033	Famine. Mort d'Avicenne, génie scientifique d'origine persane.
1037	Construction de l'abbatiale de Jumièges.
1041	Organisation de la Trêve de Dieu.
1046	*Histoires,* de Raoul Glaber.
1053	Conquête normande de l'Italie méridionale, puis de la Sicile.
1059	Henri Ier, roi de France.
1060-1108	Philippe Ier, roi de France.
1066	Bataille d'Hastings. Guillaume de Normandie, roi d'Angleterre.
1071	Bataille de Manzikert, les Turcs en Asie Mineure.
1073	Grégoire VII, pape.
1077	Entrevue de Canossa, l'empereur Henri IV de Germanie s'humilie devant le pape.
1079	Écrits de Pierre Abélard : aucun livre ne doit être censuré ; il faut toujours écouter la raison.
1088	Béranger de Tours émet des doutes sur la transsubstantiation.
1095-1099	Urbain II au concile de Clermont. Première Croisade.
1098	Fondation de l'ordre des cisterciens par Robert de Molesme.
1099	Prise de Jérusalem.
1100	*Geste* de Guillaume d'Orange.
1108	Louis VI le Gros.
1108-1137	Charte de Lorris.
1115	Saint Bernard fonde Clairvaux.
1130	Construction de Cluny ; de la cathédrale de Sens.
1137	Mariage de Louis VII et d'Aliénor d'Aquitaine.
1147	IIe croisade, avec Louis VII.
1150	Fondation des Universités de Paris et Oxford.
1152	Deuxième mariage d'Aliénor d'Aquitaine, avec Henri II Plantagenêt.
1160-1170	Légende de *Tristan et Iseult,* de Béroul et Thomas.
1173	Valdès crée à Lyon la secte vaudoise.

1179-1224	Philippe II Auguste, roi de France.
1182	Mort de Chrétien de Troyes, auteur de *Lancelot* et de *Perceval.*
1189-1192	IIIe croisade : Philippe Auguste et Richard Cœur de Lion.
1198-1216	Innocent III, pape.
1204	IVe croisade. Sac de Constantinople et fondation d'un Empire latin.
1206-1227	Règne de Gengis Khan.
1209-1229	Croisade contre les albigeois.
1216	Création des ordres des dominicains et des franciscains.
1223	Louis VIII, roi de France.
1229	Inquisition dans le Languedoc.
1226-1270	Saint Louis.
1240	Début des invasions mongoles.
1242	Alexandre Nevski, vainqueur des chevaliers Teutoniques.
1244	Perte définitive de Jérusalem.
1245	Construction de la Sainte-Chapelle à Paris.
1248	Saint Louis à la croisade.
1258	Les Mongols à Bagdad.
1259-1267	Le dominicain Thomas d'Aquin réfute Averroès et veut accorder la foi et la raison.
1268	Les Angevins à Naples et en Sicile.
1270	Mort de Saint Louis. Philippe III le Hardi, roi de France.
1271-1292	Marco Polo en Chine.
1276	Jean de Meung achève *Le Roman de la rose.*
1282	Vêpres siciliennes.
1285	Philippe IV le Bel, roi de France.
1303	Philippe IV le Bel fait saisir le pape à Anagni.
1307	Procès des templiers.
1309	Exil des papes à Avignon. Joinville. *Vie de saint Louis.*
1314	Louis X le Hutin, roi de France.
1316	Jean Ier et Philippe V, rois de France.
1316	Construction du palais des papes à Avignon.
1320	Soumission des cathares.
1322	Charles IV le Bel, roi de France.
1323	Troubles sociaux dans les Flandres.
1328	Extinction des Capétiens. Avènement des Valois. Philippe VI.

Désintégration de l'empire, vitalité de la foi

Des territoires qui correspondent au royaume de Charles le Chauve, Laurent Theis a pu juger que, pour la période qui suit le partage de 843, on a pu écrire « tout et son contraire » : naissance de la féodalité et pourtant vigueur de l'administration royale, décomposition du royaume et pourtant cohésion de la France occidentale, abaissement de l'Église et pourtant contrôle de la royauté par les évêques, ravages exercés par les Normands et pourtant développement des échanges économiques et surtout culturels ; intervention grandissante de la papauté et pourtant apparition du gallicanisme.

Carolingiens ou mérovingiens, les rois francs avaient toujours divisé leur héritage. Les successeurs de Charlemagne firent de même, jusqu'à opérer une vraie tripartition, comme à Verdun en 843.

Ce qui ne signifie pas qu'en Francie, par exemple, le souverain exerce ses pouvoirs : l'État se décompose, la société se parcellise à l'avantage de quelques puissantes lignées.

Quelques autres traits se dégagent à côté de la montée en puissance, évidente, de l'aristocratie. En témoigne la multiplication des châteaux dont on a pu attester, pour ceux qui étaient antérieurs au Xe siècle, qu'ils émanent en majorité de la puissance publique et, qu'en Charente, par exemple, un seul sur douze est presque certainement une fortification privée ; en Provence et en Auvergne, ces forteresses privées vont se multiplier sans qu'on puisse juger s'ils protègent des Normands ou d'autres envahisseurs. En Champagne comme ailleurs, leur développement est un signe de l'éparpillement et de l'appropriation des pouvoirs de commandement. Le pouvoir se parcellise, même si bientôt quelques familles l'accaparent. Ces faiblesses expliquent que le trône ait pu passer aisément des Carolingiens aux Robertiens, que le transfert se soit fait, en alternance, d'une lignée à une autre, le principe héréditaire ne devenant effectif qu'après Hugues Capet. Selon Richer, témoin de son temps, Hugues Capet ne dissimulait pas qu'il avait agi criminellement et contre tout droit en dépouillant Charles du trône de ses pères pour s'en emparer lui-même. Il n'en rétablit pas moins, et vite, l'hérédité en faisant couronner et sacrer son fils Robert.

Les rois, carolingiens ou robertiens, n'ont plus aucune influence au sud de la Loire : en Gascogne, en Auvergne, en Septimanie, on ne voit plus de roi franc. Ce qui rend compte du choc que sera, plus tard, « la Croisade » contre les albigeois. Et même au nord de la Loire, ils sont rois de peu... On apprend ainsi, ailleurs, à se passer du roi, où c'est le comte qui fait la loi.

Un autre trait de cette époque est sans doute qu'avec la disparition des armées de serfs, faute de main-d'œuvre, les grands domaines sont ainsi abandonnés à la friche et les châtelains ou autres comtes cherchent à contrôler ces hommes en ayant pouvoir sur eux, plus qu'à acquérir ou à conserver des terres dont ils ne sauraient que faire.

Mais voilà que l'Église se divise aussi, entre séculiers et réguliers, ceux-ci se voulant, Odilon de Cluny notamment, guides de la chrétienté. En effet, l'épiscopat était trop étroitement mêlé à la vie temporelle, s'y incorporant même, à Marseille et Antibes par exemple, où deux frères géraient ensemble une fortune indivise, l'un en tant que seigneur de la terre, l'autre en tant que prélat. Ces évêques se comportaient de plus en plus comme des chevaliers. La réaction de pureté avec respect des valeurs spirituelles émane ainsi non plus des cathédrales mais des monastères.

Figure 4 — Un monastère : Saint-Martin du Canigou, Pyrénées-Orientales.

L'origine de ce mouvement, après ceux de saint Benoît et de saint Columban, au VIe siècle, revient à un second saint Benoît, abbé d'Aniane, au IXe siècle, qui met au point une organisation systématique de la vie monastique : le premier des ordres monastiques ainsi constitué avec un centre et de multiples succursales est Cluny, dont la maison mère est fondée en 909 par le comte de Mâcon, avec Bernon pour abbé, puis don Odilon, etc.

À Cluny, comme dans d'autres fondations, les moines se limitaient à une célébration liturgique ininterrompue. Au vu des violences qui régnaient dans la société, il fallait acheter le pardon de Dieu, à défaut de pouvoir observer les règles de l'Évangile. Cette « milice spirituelle »

(G. Duby) ajustait ses règles à l'esprit de l'aristocratie. Les moines ne possédaient rien, mais grâce à la fortune de l'ordre ils vivaient dans l'aisance et ne travaillaient pas de leurs mains. Un chevalier modèle de courage ou de violence, mauvais exemple, pouvait ainsi, sans déchoir, se transformer en un modèle de vertu.

Bientôt, devant la violence des guerres et règlements de comptes privés, « la millième année après la Passion du Seigneur, écrit Raoul Glaber, les évêques, les abbés et autres hommes voués à la sainte religion commencèrent, et d'abord dans les pays d'Aquitaine (...), à tenir des assemblées pour le rétablissement de la paix et pour l'institution de la sainte foi ». Dans le Sud du royaume, on l'a dit, il y avait moins qu'ailleurs encore d'autorité royale. Les premiers conciles de paix se tinrent à Charroux, en Poitou, puis à Narbonne, en 989-990 : la main sur les reliques, les clercs invitaient les chevaliers à prêter ce serment.

« Je n'envahirai une église en aucune façon (...) non plus les celliers qui sont dans enclos. Je n'attaquerai pas le clerc ou le moine ; je ne pillerai pas, ne capturerai pas le paysan ni le marchand ni le pèlerin ni la femme noble. »

Bientôt, à la guerre, s'imposera la trêve de Dieu, entre le mercredi soir et l'aube du lundi suivant... Mais qui l'observa vraiment ?...

Ainsi l'élan pouvait venir aussi bien des évêques que des moines. Ceux-ci, à Cluny, s'étaient mis adroitement sous la protection directe du pape. Au vrai, cela demeura une fiction jusqu'au jour où, première instance du monde chrétien, ce fut le pape lui-même qui voulut prendre en main la réforme de la société : le premier à agir à cette fin fut Grégoire VII.

Système féodal, régime seigneurial

À la fin de l'époque carolingienne — et après —, se dissolvent deux des fondements de la société, l'État et la propriété.

L'État s'était personnifié dans le roi barbare, qui introduit les règles de son droit. Il n'y a pas de séparation entre le domaine public et le domaine privé. Le lien de dépendance d'homme à homme, qui rappellerait la clientèle des temps de l'Empire romain, prend la relève de toutes les institutions. Liés par serment, les compagnons constituent un instrument de guerre et de conquête, et le roi tire ses comtes parmi les plus fidèles. À leur tour, ceux-ci s'attachent ceux dont ils se servent : ce sont les vassaux. En échange de leur dévouement, les vassaux reçoivent des terres, seule richesse dans un système où le numéraire est rare, et la jouissance de ces terres constitue leur bénéfice. On dénomme « fief » le bénéfice qu'un vassal tient de son *senior*, ou seigneur. Le serment du vassal et la remise du bénéfice instituent un contrat qui règle les rapports entre les hommes de telle sorte que l'autorité de l'État se dissout et disparaît.

L'important, c'est le caractère militaire de ce régime. Avant tout, le vassal est un guerrier : il combat à cheval, armé de la lance, de l'épée et de l'écu. Le cavalier est un chevalier qui est adoubé, c'est-à-dire armé, lors d'une cérémonie symbolique : le bain, la colée (tape sur le cou, donnée par le parrain), le simulacre de combat avec un mannequin en constituent les figures imposées.

Effet de l'insécurité qui accompagne les invasions, des divisions entre les princes de la dynastie régnante, la seigneurie apparaît ainsi comme un État en miniature, où la fidélité s'achète aux enchères. Chaque comte vit indépendant à une époque où le pays se hérisse de châteaux qui assurent la sécurité et l'autorité de ces seigneurs. Ainsi, à son origine, la féodalité se veut protectrice et elle crée simultanément un système d'encadrement hiérarchique où le vassal est soumis à son seigneur. Lors de l'hommage, le vassal s'agenouille, signe de soumission, mais de soumission volontaire : « Je le veux », dit-il alors avant que la cérémonie se poursuive par des gestes d'échange. Le baiser sur la bouche témoigne de l'égalité charnelle de ces partenaires qui deviennent ainsi à la fois parents et liés par un serment de subordination : « Je promets en ma foi d'être fidèle », dit le vassal. Une certaine solidarité s'instaure qu'accompagnent des mariages, de sorte que bientôt des liens horizontaux se croisent avec les rapports verticaux. Dans ce dispositif, le roi n'est que le seigneur des seigneurs, il est le suzerain ; sa souveraineté s'est pourtant vidée de son contenu. Les premiers rois capétiens, souverains en titre, sont, de fait, des suzerains qui essaient de sauver ce qui leur reste de souveraineté et qui « sous le déguisement féodal » s'efforcent d'en reconquérir la substance.

Parallèlement à l'État, la propriété également est en voie de dissolution, ce qui constitue le deuxième trait de l'époque féodale. L'esclavage ayant disparu, se met en place un système de concessions qui finit par être perpétuel, héréditaire. Ce bail à cens est une forme de possession distincte de la propriété, réduite à un droit éminent, c'est-à-dire à la faculté pour le propriétaire d'exiger des services. Cette seigneurie est un mode d'exploitation de la terre et des hommes qui permet au maître, le seigneur, d'imposer son pouvoir aux manants, paysans pour la majorité mais aussi bien aux habitants des villes.

Dans le cas d'une seigneurie foncière, le sol est divisé en deux portions : la grande exploitation, ou domaine, ou réserve d'une part, et les terres paysannes de l'autre, ou manses. Le tenancier est soumis envers son seigneur à des redevances et à des services, pour l'essentiel des journées de travail et des corvées. La seigneurie est ainsi comme « une vaste entreprise, écrit Marc Bloch, ferme et manufacture tout à la fois, mais ferme surtout où le salaire était généralement remplacé par des allocations en terre ».

Avec le temps, l'importance des corvées diminue : dans le village de Thiais, par exemple, elles passent de cent cinquante-six journées à dix, voire vingt ou trente si dans le manse habitent désormais plusieurs familles. La raison en est que le seigneur a de plus en plus réduit sa réserve, se transformant en rentier du sol.

Pendant les trois ou quatre siècles qui suivent la fin de l'époque carolingienne, vers 1200, le grand changement est l'accaparement de la justice par le seigneur. Il s'attribue le droit de ban qui consiste à ordonner. En 1319, cite Marc Bloch, le représentant d'un seigneur picard demande à un paysan d'aller couper du bois. Ce n'est point une corvée, le travail sera rémunéré à taux d'« ouvrier ». « L'homme refuse et la cour seigneuriale le frappe d'une amende car il a désobéi. Ce changement s'accompagne de la formation de monopoles seigneuriaux : moulin à eau, banalité du four et du pressoir : le droit de juger s'accompagne de la capacité à ordonner, à introduire de nouvelles charges, comme la dîme, ou dixième, et l'aide qui devient la taille permanente et fixe, à moins de s'aborner, c'est-à-dire de mettre une borne à cet impôt, devenu annuel. »

Le seigneur banal impose ainsi des péages et droits sur les marchandises ou tonlieux, toutes exactions que les paysans appellent « mauvaises coutumes ». Ils ne peuvent y échapper alors qu'il en est, tels les alleutiers, qui demeurent des « vilains » indépendants et échappent à la seigneurie foncière.

Au XIe siècle, ces alleutiers peuvent posséder 50 % des terres, en Ponthieu, mais à peine 10 % en Vermandois juste à côté.

À l'autre extrême, héritiers ou non des anciens non-libres de l'époque carolingienne, les serfs constituent, en Mâconnais, un groupe résiduel. Mais ailleurs ? Une différenciation s'opère, plus économique que juridique, entre les vilains, habitants d'un village, les rustres ou campagnards, les manants — astreints à résidence. Ceux-ci, libres ou pas libres, doivent payer le formariage pour se marier, la mainmorte pour hériter. Leur servitude se traduit par le droit de suite, s'ils quittent leur maître. En Poitou comme en Champagne, ces serfs sont nombreux ; il n'y en a guère en Normandie... Ainsi, asservis, tous les paysans sont dépendants, mais plus ou moins, et leurs rapports avec leur seigneur ne sont pas nécessairement hostiles. Car le châtelain protège, arbitre et fait régner la paix.

Bientôt, aux XIIIe et XIVe siècles, c'est par une crise des revenus seigneuriaux que rapports sociaux et régime féodal se modifient.

Mais au XIIe siècle la répartition des fonctions est bien celle-là ; il convient seulement d'y ajouter celle des clercs, comme en témoigne ce poème d'Étienne de Fougères :

Li clerc doivent por tous oser :
Li chevalier sans demorer
Deivent defendre et ennorer
Et li païsant laborer.

Plus que d'un régime, fixé par quelque constitution ou charte, il s'agit d'un système, cohérent certes mais qui évolue. On peut le définir par plusieurs traits.

D'abord, une relation de pouvoir sur la terre et sur les hommes liés à la résidence. La caractéristique des serfs était d'être liés à la terre ; au reste, le terme « paysan » n'existe pas, et l'on distingue les mots qui désignent un statut (*servi, colliberti*, etc.), et ceux qui désignent une résidence (*agricolae, rustici, coloni*, etc.). Le *dominium* est un rapport social qui établit un lien entre la terre et les hommes plus qu'un rapport entre paysans et seigneurs.

Le deuxième trait est l'existence et l'importance de parentés artificielles, dont le parrainage est la forme la plus connue mais qui vaut tant pour l'hommage, rite qui sacralise une hiérarchie d'égaux, que pour les vassaux — libres — les ministériales.

Le troisième trait caractériserait le système féodal comme un écosystème, qui intègre la guerre et le commerce dans son fonctionnement.

Enfin, la domination de l'Église caractérise, plus que les rapports juridiques, le système féodal. Le contrôle du système passe en tous ses éléments par l'Église, une Église de célibataires qui domine la production économique, les liens de parenté, la culture, l'assistance. Elle organise non seulement la reproduction mais les rapports de production du système féodal (A. Guerreau) et affirme sa maîtrise sur les trois fonctions du sacré, de la force et de la prospérité — que cherchent à s'approprier les rois.

Là se trouvent les conflits de l'époque féodale.

LES CHANGEMENTS DANS L'ART DE LA GUERRE

À l'époque des dernières invasions et de la féodalité, la diversité des menaces auxquelles étaient confrontés les Carolingiens et leurs successeurs donne une importance nouvelle à la mobilité des forces, ou à leur multiplicité. En découlent les caractéristiques de l'art de la guerre à l'époque des chevaliers, tant que le pouvoir est décentralisé : la prépondérance de la cavalerie lourde, l'expansion des archers et des arbalétriers, le développement et la multiplication des châteaux — le tout aux dépens de l'infanterie. La cavalerie est armée de pied en cap, étant entendu qu'une force puissante est une force toute en fer, l'armement entier de ces *armati* (hommes en armure) est en moyenne de vingt-cinq kilos, dont la coûteuse cotte de mailles. Une armée de cinq mille soldats transporte ainsi cent vingt-cinq tonnes de fer, dont le prix, en ce temps-là, est très élevé. Le cavalier médiéval dispose d'une petite équipe, « une lance », constituée par plusieurs aides et plusieurs montures. Selon les combats et les périodes, ils disposent de l'arc court, qui se tire contre la poitrine — c'est lui qui contribua à la victoire d'Hastings — ou de l'arc long, de deux mètres, qui se tire au niveau de l'oreille et peut traverser des cuissards, transpercer un cheval : l'arc long fut à l'origine des victoires des archers anglais au début de la guerre de Cent Ans. Mais c'est l'arbalète qui devient l'arme absolue, traversant les casques et cottes de mailles : Louis VI est le premier roi blessé par un carreau d'arbalète, Richard Cœur de Lion avait été tué par l'un d'eux.

Pour l'Église, les arbalétriers sont des parias, comme les hérétiques, et deviennent bientôt des professionnels — leur handicap est d'être lents, pour chaque carreau tiré l'arc de deux mètres peut décocher six flèches.

Figure 5 — Tournoi qui dura trente jours (Froissart : *Chroniques*). Miniature du XIVe siècle. (Paris, Bibliothèque de l'Arsenal.)

« Traîner un château à la queue de son cheval », selon les mots d'Otto de Freising, constitue un autre gage de puissance. L'irruption de ces châteaux est une innovation par rapport aux fortifications qui existaient jusque-là, tel le *limes* romain. Certes, il en existait auparavant, mais à partir du Xe siècle ils se distinguent par trois traits : ils sont nombreux, petits et ils sont hauts. Nombreux, leur densité peut atteindre un château tous les quinze kilomètres dans le Nord de la France. Construits d'abord en bois, ils le sont ensuite en pierre, et sur des buttes, le plus souvent loin des sites et des villages aménagés les plus solides, avec leurs hauts donjons et leurs enceintes concentriques, ils ne pouvaient être pris d'assaut ou brûlés. L'art du siège fit ainsi des progrès similaires, grâce aux catapultes et aux trébuchets : ces engins pouvaient lancer des projectiles de deux cent cinquante kilos à trois cents mètres ; progresse simultanément l'emploi de sapeurs, mineurs, béliers.

Pourtant, ces traits se modifient lorsque change le terrain et qu'apparaît la poudre. La victoire des archers à pied, à la bataille de Crécy en 1348, avait mis fin aux charges de la cavalerie lourde, percée de flèches. Le canon et le fusil, au XVe siècle, mirent fin au règne des archers ; mais, entre-temps, la hache puis la lance changèrent les conditions du combat quand les armées passaient de la plaine à la montagne : les piquiers se tenaient en hérisson, comme naguère la phalange macédonienne, mais ils savaient se déplacer.

Le grand changement se produisit au XVe siècle, dans les campagnes d'Italie de Charles VIII quand, avec le transport des canons, se déployèrent pour la première fois les trois armes : infanterie, cavalerie, artillerie.

Montée en puissance de la papauté

L'APPEL À LA CROISADE

Lancée en 1095, au concile de Clermont, par le pape Urbain II, l'appel à la croisade concerne tout le monde chrétien. Mais au départ les Francs y participent plus que les autres peuples. Et plus tard, c'est le souvenir des Francs que l'Islam a gardé de la conquête de Jérusalem. La chute d'Acre, en 1291, marque la fin de ces croisades ; mais le souvenir demeure, et, au XVIe siècle, on appelle IXe croisade la guerre que Philippe II fait aux Ottomans.

L'appel à la croisade se situe à partir des décisions qui venaient d'être prises à Plaisance et qui portaient sur la réforme morale de la société chrétienne. Outre l'excommunication du roi des Francs, Philippe Ier, pour n'avoir pas respecté les prescriptions de l'Église relatives au mariage, le pape avait surtout stigmatisé ceux qui ne respectaient pas la paix de Dieu. Mais l'appel portait beaucoup plus loin...

Car la paix de Dieu ne concernait pas les Infidèles, et à défaut de connaître le texte exact prononcé par Urbain II, on sait que c'était aussi un appel à la guerre sainte : les temps étaient passés où celle-ci, le djihad, était le monopole des musulmans. Contrairement à Jésus, Mahomet n'avait jamais prêché la non-violence. La chrétienté éprouva donc des difficultés à intégrer à son tour la guerre dans sa doctrine. Le premier, saint Augustin avait ouvert la voie en légitimant les guerres « justes » : il s'agissait de protéger sa patrie, en l'occurrence la communauté chrétienne, et c'est ainsi qu'au IXe siècle, Léon IV avait appelé à se défendre contre les Sarrasins. Plusieurs fois les papes promettent des récompenses spirituelles à ceux qui mourraient pour la défense de l'Église. Une autre légitimation de la « guerre juste » est de la considérer comme le contraire d'une conquête — ce qu'était le djihad —, comme une libération ou le rétablissement du droit bafoué ; le droit de tuer l'accompagne puisque c'est la punition réservée aux malfaiteurs. L'entreprise guerrière devient une entreprise sainte, une croisade, dès lors que c'est le pape, prince des Apôtres, qui en prend l'initiative.

Pourquoi cette croisade ? Pour sauver les chrétiens d'Orient — pas les Lieux saints — de leur situation dramatique, victimes des Turcs et des Arabes, de leur lutte pour la domination de ces régions, depuis Manzikert où les Turcs ont taillé en pièces les armées de Byzance et se sont établis sur les rives de l'Empire arabe en voie de désagrégation. En 1071, ils avaient pris Jérusalem au calife d'Égypte et pour les chrétiens la route des pèlerinages devenait de plus en plus ardue. Précisément, ce fut au retour de l'un d'entre eux, « un solitaire » du diocèse d'Amiens, dit Pierre l'Ermite, que prit corps cette idée d'ouvrir une route par la force : orateur de feu, il expliqua, à Clermont, que là-bas, Jésus lui serait, apparu en songe, lui enjoignant de retourner en Occident pour obtenir du pape une expédition militaire à l'occasion d'un concile.

Telle est la version traditionnelle qui pose quelques problèmes. D'abord, on note que ce ne sont pas les chrétiens d'Orient qui ont appelé le pape au secours, mais l'empereur byzantin. L'irruption des croisés, qu'on appelle « les Francs », choque ces chrétiens d'Orient en un temps où l'Islam était devenu tolérant, et où ces chrétiens ne se sentaient pas persécutés : c'étaient les guerres, elles seules, soit entre Arabes et Turcs, soit avec Byzance, qui mettaient en péril le tombeau du Christ. On note ensuite que le départ ayant été fixé pour une année après le concile de Clermont, au 15 août 1096, il y avait déjà sous les murs de Constantinople des chevaliers venus du Nord de la France, partis plus tôt et même peut-être avant l'appel du pape… « Deus le volt », Dieu le veut, s'était écriée la foule qui acclama Pierre l'Ermite et Urbain II…

Mais ce mouvement, attisé par des prédicateurs, ne partait-il pas de plus loin ? La croix rouge que les partants portaient sur l'épaule signifiait qu'ils étaient prêts à mourir, à faire un pèlerinage rédempteur. La rémission de tous les péchés était assurée à ceux qui mouraient avant d'atteindre Jérusalem, et des récompenses aux autres. L'élan mystique qui entraîne ces paysans d'Auvergne — puis d'autres régions de la chrétienté — vers cette destination inconnue demeure une énigme dont rendent compte seulement d'autres élans violents et imprévisibles des siècles ultérieurs… Au vrai, il s'agit d'un pèlerinage pénitentiel armé plus que d'une opération militaire de reconquête, pourtant menée comme la croisade des barons par quatre ou cinq armées de fanatiques.

Autre problème : les paysans qui répondirent à l'appel, lors de cette marche vers Jérusalem, coururent droit sur les Turcs, près de Nicée, et, méprisant tous les avertissements, furent tous exterminés. Plus heureux furent les chevaliers, lors d'une autre expédition, au courant des guerres contre les musulmans — auxquelles nombre d'entre eux avaient déjà participé, en Espagne — et qui finirent par s'ouvrir une voie jusqu'à Jérusalem.

Entre-temps, cette double marche s'était accompagnée de massacres : de juifs d'abord qu'on veut convertir de force, en Allemagne, puis de musulmans à Jérusalem. « Les chrétiens usèrent pleinement du droit du vainqueur, car leur objectif spirituel élevé justifiait la cruauté... On ne voyait partout que têtes volant en l'air, jambes sectionnées, bras coupés, corps débités en morceaux... Ils tuaient les enfants dans les bras de leurs mères pour exterminer cette race maudite comme Dieu, autrefois, avait souhaité que fussent exterminés les Amalécites », écrivait le jésuite Louis Mainbourg, à l'époque de Louis XIV.

Pour les Arabes, il n'y eut pas de « croisades » mais une tentative des Francs (Al Ifrandij) de ruiner les États musulmans, le terme de chrétiens (*nasrânî*) étant réservé à ceux qui jouissent, en pays d'Islam, du statut particulier de protégés. Cette confusion dit bien l'ignorance absolue que les protagonistes avaient les uns des autres ; en témoigne, par exemple, ce récit d'un copte (chrétien d'Égypte) sur une campagne contre Bethléem un siècle plus tard : « le maître d'Al Karak y massacra tous les habitants, les Francs (Faraudjï) comme les chrétiens (*nasrânî*) ».

Devant Jérusalem, il arriva douze à treize cents chevaliers avec leur suite, soit dix à quinze mille hommes, alors qu'on évaluait à cent cinquante mille le total des croisés partis d'Europe : tous étaient morts en Allemagne, en Hongrie, en Anatolie et plus encore autour d'Antioche, en Syrie, soit dans des combats, soit de faim ou de soif. Mais déjà relevés de leurs vœux, puisque le grand pèlerinage était accompli, dès leur arrivée à Jérusalem (1099), les croisés se taillent un État dont Godefroi de Bouillon a été élu chef, au grand désappointement du comte de Toulouse. À sa mort, Baudouin se dit roi de Jérusalem et avoué du Saint Sépulcre, divisant ce territoire en duchés, comtés, etc., imposant sa suzeraineté aux États de Tripoli, Édesse, Antioche.

Il s'agissait bien, aux yeux des Arabes comme des chrétiens, d'une reconquête, opérée en accord avec l'Empire byzantin. Mais le promoteur en avait bien été la papauté.

Et cette création des États francs de Syrie et de Palestine s'était effectuée à son initiative. Il fallait qu'elle efface celle de Pierre l'Ermite. Le motif religieux, conforté par l'idée que les chevaliers francs en partant à la croisade respectaient en Occident chrétien cette paix de Dieu que l'Église invoquait — et qu'ainsi ils s'activaient à une guerre sainte —, voilà qui ne pouvait que hausser le prestige du Saint-Père. Plusieurs armées s'étaient mises en marche à son appel, provenant de différentes parties de l'Europe, et le pape pouvait apparaître ainsi, et plus que jamais, comme le chef de la chrétienté. Ce qui rend compte aussi, pendant deux siècles, de ses tentatives de sauver ces États chrétiens, qui, à la différence de Byzance, ne sont pas, à son regard, schismatiques. Ce qui rend compte, également, des réactions de l'empereur, ainsi dessaisi de l'hégémonie qu'il était censé exercer. Cette rivalité devient bientôt centrale, puisque, vers 1250, Frédéric II libère Jérusalem reconquise par les musulmans, le pape l'excommunie, ce qui peut apparaître paradoxal...

Sept croisades ont suivi celle de 1095. Deux rois de France s'y sont impliqués plus que d'autres princes : Philippe Auguste pour la IIIe ; Saint Louis pour la VIIIe.

Mais pour l'Islam, il s'agissait bien, de la part du monde chrétien, d'une revanche à la conquête arabe, trois ou quatre siècles plus tôt. Et plus tard, le retour des Francs en Égypte, avec Bonaparte, en 1798, est bien aussi, pour eux, un retour après l'expulsion des chrétiens de Syrie et de Palestine au XIIIe siècle. Et à la décolonisation fait pendant la création d'Israël, assimilée par les Arabes aux royaumes francs de Jérusalem, qui, selon eux, au milieu du XXe siècle, doit disparaître comme avaient disparu les États francs de Syrie.

Qui donc prétend que « du passé il faut faire table rase » et qu'il faut savoir vivre au présent ?

Vues par les Arabes, les IIe et IIIe croisades prennent une figure contemporaine. Dans *Saladin* (1963), le cinéaste égyptien Youssef Chahine décrit une guerre qui évoque étrangement le conflit avec Israël et l'idéal panarabe qu'incarnait Nasser. Ainsi, l'oriflamme du sultan d'Égypte et de Syrie — dont on ne dit pas qu'il est kurde — porte l'aigle de la République arabe unie. La Palestine apparaît bien une province occupée par l'ennemi, mais il n'y a point de juifs... Quant à la victoire, qui permet à Saladin de reprendre Jérusalem, elle est à mettre au crédit de ces Arabes chrétiens qui viennent au secours des musulmans, et il s'agit, bien sûr, de l'appui que les chrétiens du Liban ont pu apporter à la cause anti-israélienne. Ajoutons que le « chevalier » Philippe Auguste est plus ou moins marqué du sceau de la lâcheté, et que la ruse permet toujours à l'Orient de l'emporter sur la force brute...

LE ROI DE FRANCE ENTRE LE SACERDOCE ET L'EMPIRE

Au XIe siècle, fait nouveau, le pape Grégoire VII souhaite réformer l'Église pour la rendre digne de *réformer le monde*. Il se proposa d'éliminer de la vie de l'Église l'action du pouvoir civil en soumettant rois et seigneurs à l'autorité du Saint-Siège. Autre proclamation, il déclarait que sur le plan politique l'Église était une monarchie dont il était le souverain (1073).

Dit autrement, il s'agissait d'instaurer l'autonomie de la classe des prêtres face à celle des guerriers. Elle devait ainsi se rénover et se délimiter elle-même, d'où cette lutte pour le célibat des prêtres. Elle devait fonder l'indépendance de la papauté en réservant l'élection du pontife aux cardinaux ; tout autant l'Église de Grégoire VII et de ses successeurs veut soustraire le clergé à la discrétion de l'aristocratie laïque pour ôter à l'empereur, aux rois et aux seigneurs la nomination et l'investiture des évêques. Ainsi, le pouvoir spirituel ne serait plus soumis au pouvoir temporel. À moins de le contrôler à son tour, ce qui, pour l'empereur, pouvait paraître outrageant.

Tout cela était entièrement nouveau. D'abord, parce que l'Église n'avait jamais été une monarchie. Son autorité s'appuyait sur des conciles où l'évêque de Rome ne comptait pas plus que les autres. Mais, avec la conquête arabe et la perte des évêchés d'Antioche, d'Alexandrie ou de Carthage, Rome prit une importance nouvelle que son évêque, qui se dénommait « pape » comme quelques autres, promut au titre de capitale de la chrétienté en s'appuyant bientôt sur, dit-on, la visite de Saint-Pierre et sur un faux, la Donation de Constantin.

Ensuite, c'était nouveau aussi parce que l'empereur de Constantinople traitait l'Église et les évêques sans le moindre égard. Sans doute, le pape de Rome pouvait y prêter moins d'importance depuis qu'il n'avait plus les moyens d'exercer son autorité, mais les nouveaux empereurs, à l'ouest, successeurs de Charlemagne, prétendaient garder les droits de leurs prédécesseurs, les princes et les barons assurant leur autorité sur les représentants locaux de l'Église et le pape restant à leur merci ; ainsi, le pape Sylvestre II tombait sous la coupe des seigneurs du Latium en 1003 et, après 1046, sous celle des empereurs allemands.

Ce conflit entre pouvoir temporel et pouvoir spirituel nourrit l'histoire politique de l'Occident pendant plusieurs siècles. Il s'illustre par la lutte, en Allemagne même, des guelfes et des gibelins, candidats à la couronne impériale, partisans et ennemis du pape ; par l'humiliation que connaît deux fois l'empereur Henri IV, à Canossa en 1077, puis Frédéric Barberousse à Venise. L'empereur a dû abandonner au pape l'investiture « par la crosse et par l'anneau », il promet de respecter la liberté des élections et des consécrations, mais conserve l'investiture « par le sceptre » du temporel des évêchés. La papauté semble définitivement victorieuse lorsque l'empereur Frédéric II est excommunié et déposé au concile de Lyon en 1250.

Victoire à la Pyrrhus, car dans ce combat séculaire le pape a négligé ou favorisé la montée d'un pouvoir nouveau, celui des rois. Et notamment celui du roi de France qui, depuis le sacre de Reims, demeure très respectueux de ses devoirs envers la papauté et l'Église — indépendamment de quelques conflits personnels, tel celui de Philippe Auguste avec Innocent III à l'occasion de son divorce. De sorte que, sous l'aile protectrice de la papauté, qui voit dans les Capétiens des alliés contre l'empereur, la monarchie française se renforce en s'appuyant sur la lente consolidation du domaine royal, et malgré la rudesse du conflit avec les Plantagenêts.

Mais les mêmes causes produisant les mêmes effets, c'est bientôt au tour de la monarchie française de se rebiffer devant les prétentions de la papauté.

Ce sont les légistes du roi qui ravivent le principe de l'ancien droit romain selon lequel la volonté du souverain faisait la loi : « Si veut le roi, si veut la loi. » Cela valait contrairement au droit féodal, mais contrairement aux prétentions de l'Église et de la papauté aussi bien.

En 1301, le pape Boniface VIII prétendit créer un évêché à Pamiers sans le consentement du roi de France, Philippe le Bel. C'est le conflit. Le conseiller du roi, Nogaret, part en Italie et enlève le pape à Anagni. Boniface meurt, Benoît IX lève l'excommunication, refuse d'absoudre Nogaret, qui le fait empoisonner. Philippe fait alors élire à sa place l'archevêque de Bordeaux, nommé Clément V, qu'il installe à Avignon (1309) sous sa protection. Ses successeurs, français, allaient y fixer près d'un siècle le siège de la papauté.

Ainsi, à la suite de ces conflits, les souverains et les États avaient affirmé leur indépendance vis-à-vis de la papauté, désormais abaissée et bientôt divisée par un Grand Schisme. Simultanément s'affirmait le principe de la séparation du pouvoir temporel et du pouvoir spirituel, la laïcité, par son premier théoricien, Marsile de Padoue, dans son *Defensor pacis* (1324).

L'essor des campagnes et des villes à l'heure des cathédrales

Écrite au XIIe siècle, *Moniage Guillaume*, dans la geste de Guillaume d'Orange, fait un tableau synthétique du renouveau dont il a été témoin. Jusque-là, écrit-il, « la terre n'était pas remplie de tant de gens qu'aujourd'hui, ni si bien cultivée ; et l'on ne voyait pas tant de riches domaines, tant de châteaux ni de villes opulentes. On faisait bien dix grandes lieues, voire quinze, sans rencontrer bourg, château ou ville où trouver un gîte. Paris était en ce temps-là fort petit » (cité par André Joris).

La geste met en place, en tout premier lieu, un essor démographique que confirme l'étude des chartes en Picardie ou en pays chartrain, par exemple, où l'on comptabilise, à partir du XIe-XIIe siècle, une moyenne de cinq enfants par ménage. On calcule que la population du royaume a plus ou moins doublé, ou triplé entre le XIe et le XIVe siècle, atteignant quinze millions d'habitants. Si les causes du phénomène demeurent obscures, les effets sont reconnus. Et d'abord cela aboutit à une extension de la surface cultivée, au développement des défrichements, à l'assèchement des marécages — en Flandre dès 1100 —, au nettoyage des lisières de la forêt, qu'on conserve pour son bois, la chasse, la pâture du petit bétail. « On lutte plus contre la ronce que contre le chêne » (Robert Fossier). Cela dit, le défrichement avait ses limites, le bois devenant une marchandise de prix. C'est ainsi qu'au cœur des défrichements sont nés nombre de nos villages, tous ces Bois-Saint-Denis, et autres Essarts-le-Roy. Or, tous ces hameaux ou villages deviennent les foyers d'une activité diversifiée. Dès le XIIe siècle, c'est à la campagne que l'industrie textile était la plus répandue : toiles de Bourgogne et de Franche-Comté, drap du Languedoc ; on y travaillait aussi le fer près d'Allevard, bientôt des couteaux près de Thiers, etc. Ces activités artisanales constituaient un revenu complémentaire pour les paysans — un trait qui se perpétue jusqu'au XIXe siècle.

Figure 6 — Un village médiéval, autour du château et de l'église. Cette image extraite de l'*Armorial* de Guillaume de Revel (xve siècle) montre l'implantation typique d'un noyau d'habitations au voisinage d'un château (ici, Coutrenon, en Auvergne). Les paysans se groupent à l'extérieur des deux enceintes, mais très près, afin de profiter de la protection qu'elles assurent. L'église est ensuite construite pour servir la paroisse ainsi formée. (Paris, Bibliothèque nationale de France.)

Tout autant, les instruments de labour se perfectionnent, la puissance de traction des attelages augmente, plus au nord de la Loire qu'au sud où les sols légers s'adaptent mieux à l'araire. Surtout, le collier rigide d'épaules, adapté aux chevaux, et le joug frontal des bœufs permettent d'atteler les animaux en file ; l'artisanat produit des socs en métal, des fers pour les chevaux et le forgeron devient bientôt le personnage central du village : selon R. Fossier, la Picardie n'en comptait aucun en 1100, elle en dénombre cent vingt-cinq aux xiie et xiiie siècles. Bien que la terre soit désormais « si bien cultivée », les rendements ne progressent guère, l'assolement triennal n'apparaissant que dans le Nord du pays — seuls les communautés riches ou les grands domaines la pratiquent. Cette colonisation, cet essor n'ont pas les mêmes traits selon qu'ils émanent de l'Église, des Seigneurs ou des communautés paysannes, ces dernières ayant pu précéder les deux autres.

La multiplicité des bourgs et des villes est présentée par *Moniage Guillaume* comme un des traits de cet essor du xiie siècle. On l'attribue d'abord à la réapparition du grand commerce méditerranéen, lié ou non aux Croisades, et qui a pour moteur les trois grandes cités italiennes, Venise, Pise, Gênes. L'autre pôle de la reprise des échanges est constitué par le développement des villes de Flandre et du Hainaut, Bruges, Gand, Huy, Arras. Tandis que celles-ci voient surtout se développer les activités industrieuses, métallurgie du bronze et du laiton, et draperie surtout grâce aux laines d'Angleterre, celles-là, d'Italie, sont avant tout consacrées au négoce des produits d'Orient.

En France, un premier type de villes est associé à la constitution de cet axe entre Italie et Flandres : ce sont les foires de Champagne et leurs quatre cités : Provins, Bar-sur-Aube, Lagny et Troyes surtout, « une chance française », dit F. Braudel. Leur succès est-il dû à l'action des comtes de Champagne, qui assurent aux marchands garanties et privilèges ? La foire du Lendit, près de Saint-Denis, celle de Montpellier, etc., se développent également dans ce contexte d'échanges. Pour les détourner des villes épiscopales Reims et Châlons ? Mais l'émergence de la plupart des autres villes — qui sont toutes loin d'atteindre la taille des cités de Flandre, d'Italie ou de Paris et qui étaient des « coquilles vides » au haut Moyen Âge — est liée à l'essor des campagnes voisines d'où vient l'essentiel des habitants. Ces villes se coulent dans le moule féodal, le seigneur ou l'évêque détenant le ban de la cité, dans la France méridionale surtout.

C'est ce que supportent de moins en moins les résidents — les « bourgeois » —, artisans ou marchands, ouvriers, et tous ceux qui forment des associations, confréries et autres fraternités, ghildes, hanses, conjurations. Les plus vigoureuses sont les communes, « nom nouveau, nom détestable », dit Guibert de Nogent, noble et abbé, et qui visent à affranchir la ville du lieu féodal. Célèbre est, en 1112, la révolte de Laon, contre son seigneur-évêque Gaudri : les bourgeois et le peuple prennent d'assaut le palais épiscopal, massacrent ses défenseurs et lynchent l'évêque découvert blotti dans un tonneau. L'armée royale de Louis VI le Gros réagit en force, reprend la ville, la met à sac et égorge un grand nombre de bourgeois (1112). Le plus souvent, un compromis s'élabore dont la charte de Lorris est un premier exemple, concédée par Louis VII en 1155 et qui sert de modèle à de nombreuses bourgades du royaume. Selon les termes de la charte, chaque communauté est plus ou moins émancipée... Bientôt, on distingue ainsi les villes franches où le pouvoir est partagé entre le seigneur et les habitants, ceux-ci restant soumis à leur statut antérieur pour tout ce que la charte ne précise pas ; à côté d'elles, différentes, les communes disposent d'un corps provincial autonome, issu d'une sorte de patriarcat, avec un maire à sa tête, mais la ville est rarement libre ; elle ne l'est guère plus sous la forme consulaire du Midi, où un collège régit les intérêts communs. Se voulant extra-féodale et dépositaire d'une sorte de droit populaire, la « bourgeoisie » commence à s'affirmer comme groupe social...

Il n'y a pas de ville, il n'y a pas de bourgade qui n'ait son église, ses églises, sa cathédrale. Or le fait frappant est bien que, dès le deuxième tiers du XIIe siècle, le pays — mais une partie de l'Occident aussi bien — se couvre de cathédrales.

La cathédrale de Sens ouvre la voie à la tradition romane avec un vaste plan sans transept, aux voûtes d'ogives mais bombées. Contemporain, le chœur de Saint-Denis contraste par sa légèreté et inaugure avec Sens ce premier art gothique. L'abbé Suger, ce conseiller de Louis VI et de Louis VII, en a exprimé la théorie : « Rendre immatériel ce qui est matériel par l'introduction de la lumière mise en rapport avec Dieu. » Jusque-là, en effet, héritée de Rome et du monde méditerranéen, l'église avait une largeur et une hauteur réduites, et des murs épais qui permettaient sans risque d'effondrement de lancer une voûte de pierre ; elle était également une protection contre la chaleur. Le culte des reliques avait conduit à la multiplication du nombre des autels. À Cluny comme ailleurs, le plan à déambulatoire et à chapelles rayonnantes constitua un modèle qui, globalement, se répandit largement plus au sud de la Loire qu'au nord. L'essor de cet art roman, trapu, puissant, n'est pas sans lien avec le développement du monachisme, qu'il s'agisse de Cluny ou de Cîteaux ; ses voûtes en berceau, ses tours, ses clochers constituent le modèle du plus grand nombre des églises de nos campagnes, l'Auvergne constituant avec l'église de Saint-Nectaire, Issoire, etc., un des foyers de rayonnement de l'art roman.

Associée au pouvoir du prince, la cathédrale gothique est aussi liée au développement des villes, et son élévation s'explique encore par la nécessité de dominer la demeure des hommes qui ne cesse de s'étendre. Le perfectionnement de la voûte d'arêtes avec croisée d'ogives constitue un progrès technique majeur qui permet de modifier du tout au tout le rapport entre la hauteur et la largeur de l'édifice. À Sens, il atteint déjà 1 sur 1,4 ; à Chartres 1 sur 2,6 ; à Beauvais, 1 sur 3,4, avec des hauteurs dessous voûte respectives de 24, 37 et 48 mètres.

Comme il s'agit « d'éclairer les esprits et de les mener par les vraies lumières à la lumière véritable dont le Christ est la véritable porte », dit l'abbé Suger, cet objectif rend compte de l'importance du rôle du vitrail, particulièrement visible à Laon ou à Noyon dont les cathédrales furent commencées à la même date que Notre-Dame de Paris. Outre leur beauté, ces vitraux permettent un apport de lumière plus nécessaire dans le Nord du pays que dans le Midi : mais cette donnée joue moins que les précédentes puisque bientôt, en Castille, les cathédrales de Tolède et Burgos s'inspirent de ce modèle gothique.

Le troisième fait nouveau est sans doute que, plus que de fresques ou de peintures, les cathédrales nouvelles sont peuplées de statues et de hauts-reliefs... Les saints, la Vierge, les anges sont là. Sauf que la verve du sculpteur volontiers s'émancipe comme s'il voulait se détacher du dogme pour affirmer la liberté de son art.

ÉMERGENCE D'UNE CULTURE URBAINE

Sur un même lieu, la ville médiévale différa complètement de la ville antique. Tous les monuments du passé ont disparu, à moins qu'à l'exemple de Reims le marché se soit établi sur l'ancien forum, symboliquement le commerce a pris la relève de la vie civique. La continuité topographique n'implique en rien une continuité de fonctions, les églises seules faisant exception.

Ainsi, alors que dans l'Antiquité l'opposition entre ville et campagne était mentalement très forte, opposant urbanité et rusticité, au Moyen Âge, l'opposition essentielle se situe entre courtoisie et vilainie, la ville ne sécrétant pas de modèles éthiques car les bourgeois veulent être « preux » comme les aristocrates — *cf.* les prud'hommes — et courtois...

Par contre, la ville élabore un modèle politique — la cité-État, plus développée en Italie et en Flandre qu'en France proprement dite où la monarchie la domestique. Elle crée également un modèle architectural — le gothique, un art urbain dont les chantiers dus à l'audace des évêques bâtisseurs au XIIIe siècle, loin d'être l'œuvre spontanée d'une multitude inspirée, comme le romantisme l'a donné à croire, ont été confiés à des professionnels de la pierre en nombre restreint...

Elle innove également dans l'ordre intellectuel où, à la différence des églises monastiques isolées, les écoles épiscopales adaptent aux besoins des citadins l'enseignement chrétien traditionnel en fondant une nouvelle méthode d'approche des problèmes : la scolastique. Jacques Le Goff cite Étienne de Tournai, qui, abbé de Sainte-Geneviève, s'en indigne : « On discute publiquement des mystères de la divinité, de l'incarnation du Verbe ; l'indivisible Trinité est coupée et mise en pièces aux carrefours (...). Autant de places publiques, autant de blasphèmes. »

La ville crée enfin un modèle religieux, la dévotion mendiante, qu'incarnent dominicains et franciscains. Les uns luttant contre l'hérésie, les autres contre l'argent. Un distique enregistra ce déplacement : Bernard aimait les vallées, Benoît les montagnes, François les bourgs, Dominique les grandes cités.

Pour ces religieux, le passage de la vie érémitique à la vie urbaine, qu'inaugurent les augustins, renvoyait à une opposition qui n'était plus celle de la ville et de la campagne, mais de la ville et du désert, c'est-à-dire la forêt. C'est à partir du XIIIe siècle que les mendiants sont entraînés dans le mouvement d'urbanisation, l'insuccès relatif du clergé séculier traditionnel suscitant leur déplacement. Pour les franciscains et les dominicains notamment, il s'agit aussi d'être le plus près possible de leurs ouailles, la prédication étant ainsi plus efficace, ce qui est d'autant plus nécessaire que les mœurs sont plus mauvaises ; enfin, jugent les mendiants, par les villes on touche mieux les campagnes qu'en sens inverse. 423 couvents furent fondés entre 1210 et 1275, 215 entre 1275 et 1350. Puis le nombre de ces fondations décline.

Dans le mouvement d'urbanisation que l'Europe chrétienne a connu, il n'y a pas eu, en France, de ville-État dominant les campagnes avoisinantes, comme en Italie ; néanmoins les villes ont plus ou moins exploité les campagnes environnantes ; par ailleurs elles ont connu émeutes et insurrections communales dès le XIIe siècle. Les franchises que les communautés urbaines obtiennent du prince se heurtaient souvent, comme à Besançon, à la résistance de l'évêque.

Surtout, on observe que le Midi, qui hérite d'un passé urbain ancien, a vu ses villes jouer un rôle moindre qu'en France du Nord. Surtout, le trait spécifique des villes, en France, a été leur subordination au pouvoir royal qui, en échange, a multiplié faveurs aux cités, avantages aux bourgeois. Dès Philippe le Bel, les monarques, en convoquant les représentants des villes aux assemblées du royaume, leur ont donné, en quelque sorte, à représenter face aux nobles et aux ecclésiastiques la « troisième fonction », celle de la prospérité économique.

Capétiens contre Plantagenêts (XIIe-XIIIe siècles)

Après coup, on a pu dénommer « première » guerre de Cent Ans le conflit qui a opposé les Capétiens et les Plantagenêts depuis le règne de Louis VII, au milieu du XIIe siècle, jusqu'à celui de Philippe Auguste et de Louis VIII, auxquels s'opposent Henri II Plantagenêt et ses successeurs, Richard Cœur de Lion, Jean sans Terre. Mais entre ce conflit et la guerre de Cent Ans proprement dite, qui commence en 1328 et s'achève en 1453, la différence est essentielle. Le premier de ces conflits oppose aux Capétiens des princes français, de la maison d'Anjou, qui ont leur assise en France, y séjournent l'essentiel de leur temps, et s'ils règnent en Angleterre aussi, c'est comme sur un territoire extérieur acquis un siècle plus tôt par leur ancêtre, duc de Normandie. Alors que pendant la guerre de Cent Ans proprement dite Édouard III d'Angleterre et Philippe VI de Valois sont, certes, eux aussi, tous deux français, le territoire sur lequel règne le premier est son assise essentielle, nettement différencié de la France, de sorte que la guerre entre les monarques commence à prendre l'allure d'un conflit entre deux nations.

Au temps des tout premiers Capétiens, le royaume était divisé entre une douzaine de grandes principautés que commande un prince qui a souvent le titre de duc, ou de comte. Chacune d'entre elles — Bourgogne, Flandre, Champagne, etc. — est une nébuleuse de comtés qui peuvent déléguer leur ban à des châtelains dont le pouvoir menace bientôt celui de leur suzerain. Avec Louis VI le Gros (1108-1137), les Capétiens résorbent dans leur principauté cette poussée châtelaine en constituant un domaine royal homogène et où, même s'ils règnent sur un petit territoire, ils sont tout-puissants. Ainsi, ils triomphent des sires de Coucy et de Montlhéry. Avec Louis VII le Jeune, ils en sortent et se heurtent aux fortes principautés sur lesquelles ils n'avaient qu'une autorité nominale, héritée du sacre et qui leur allie l'Église.

Monté sur le trône à l'âge de seize ans, en 1137, Louis disposait d'un territoire qu'on appelait la *Francia* et qui n'allait guère que du Vermandois au Bourbonnais. Par son mariage, il devint duc d'Aquitaine, sa femme Aliénor lui apportant des possessions qui allaient du Puy jusqu'à Bayonne. Or ce mariage fut malheureux parce que le monarque était à la fois amoureux passionné et jaloux, mais « un moine plus qu'un roi », disait Aliénor. Autant il était doux, rustre et pieux, autant elle était

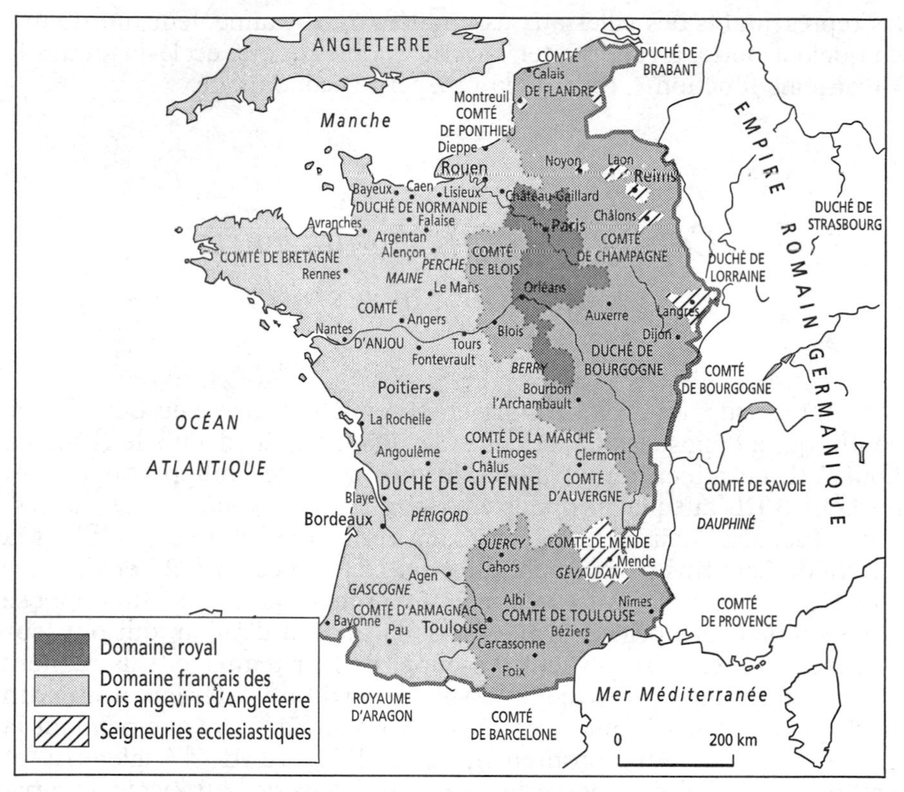

POSSESSIONS DE HENRI PLANTAGENÊT (1115-1189) — *À l'époque de Phillippe Auguste, les possessions des Angevins-Plantagenêts équivalent à celles des Capétiens, ces deux dynasties « françaises ».*

cultivée et coquette, peu croyante, et à l'aise au milieu des troubadours. Aliénor accompagna Louis VII à la croisade, mais elle y eut des rapports plus qu'étroits avec son oncle Raimond d'Aquitaine, prince d'Antioche.

Au malheur d'une croisade qui échoua ne pouvait s'ajouter pour le roi le déshonneur d'un retour humiliant : la séparation des époux fut accordée par l'Église, au prétexte qu'ils avaient été trop proches par le sang.

Pour la couronne du roi des Francs, ce fut une catastrophe, car Aliénor, qui avait vingt-sept ans, épousa aussitôt le jeune Henri de Plantagenêt, dix-neuf ans, un sanguin au cou de taureau et sensuel comme elle : or il était à la fois comte d'Anjou et duc de Normandie, et prêt à devenir en tant que tel roi d'Angleterre. En violation des usages féodaux, il ne vint pas quérir le consentement du roi, son suzerain, et devenait par cette alliance le plus puissant des princes d'Occident. C'était la guerre.

Louis VII avait une candeur de colombe, et il avait été naïf au point de laisser le comte d'Anjou commander ses armées en tant que sénéchal. L'autre était énergique et despotique, mais il s'usa dans un conflit avec ses clercs, d'abord, avec Thomas Becket ensuite, son Chancelier qui, passé archevêque, devint subitement une sorte de saint intraitable.

Henri II remportait ainsi des batailles, mais Louis VII gagnait des trêves, sachant toujours mettre l'Église de son côté.

Ainsi, il recueillit l'archevêque persécuté, puis pria sur sa tombe, après que les sbires de Henri II l'eurent assassiné.

Philippe a un tout autre caractère que son père, lui soustrayant le sceau dès l'âge de quinze ans pour gouverner seul et se débarrasser de la tutelle de sa mère, Adèle de Champagne, et de ses oncles. Afin de garder la confiance de l'Église, il persécute les juifs, un exemple que ses successeurs retiendront, puis les libère contre versement de grosses sommes au Trésor royal : coup double. Il réduit la Flandre en en séparant le Hainaut, en épousant, toujours à quinze ans, son héritière, puis annexe l'Artois et réduit les princes de Champagne. Il n'a pas vingt ans qu'il mérite déjà le surnom d'Auguste, du latin *augere*, qui accroît son patrimoine.

La faiblesse des Plantagenêts venait des querelles entre le vieil Henri II et ses fils, Henri le Jeune — qui mourut tôt —, Geoffroi de Bretagne, Richard dit « Cœur de Lion », et le dernier, Jean sans Terre. Surtout, ces frères se haïssaient les uns les autres et la reine Aliénor, brouillée avec son mari, ne manquait pas de souffler sur les braises. Philippe Auguste sut d'emblée jouer de ces rivalités et il réussit même à attirer le fils préféré d'Henri II, Jean sans Terre, dans une coalition contre son frère. Le vieux roi, malade, en reçut un tel choc qu'il en mourut.

Philippe Auguste avait noué avec Richard Cœur de Lion une amitié virile, desserrant l'étreinte des Plantagenêts sur ses propres possessions. Mais son frère Geoffroi étant mort avant son père, devenu nouveau monarque, c'était un rival d'une autre trempe que son père.

Il devait son surnom à des qualités chevaleresques : par exemple, à la mort de son père, il avait puni les barons du Maine et de l'Anjou qui l'avaient trahi, et récompensé des Anglais qui avaient été fidèles à son père, même contre lui.

Ni Richard, ni Philippe ne souhaitaient aller à la croisade, esquivant leur départ pour mieux se surveiller. L'alibi de Richard était qu'il ne saurait s'y rendre si son jeune frère Jean ne l'accompagnait pas. Contraints de partir, néanmoins, Philippe et Richard décidèrent de libérer ensemble le tombeau du Christ, un voyage qui devint l'occasion de multiples querelles, Philippe étant jaloux de Richard qui disposait de plus d'argent et de vaisseaux que lui. En Sicile, ils se rendirent aussi odieux l'un que l'autre, tout en continuant à se quereller et à se battre au point qu'en plein pèlerinage, ils furent obligés de signer un traité de paix comme s'ils continuaient à guerroyer en terre de France.

Tombés malades l'un et l'autre au siège de Saint-Jean-d'Acre, Philippe Auguste saisit la première occasion pour abandonner la croisade en disant qu'il allait mourir. Il partit sous les sarcasmes, n'ayant en tête que sa vengeance des affronts subis. Tout comme Richard, Philippe avait juré de ne pas faire de tort à l'autre pendant le séjour en Terre sainte. Mais, de retour en France, Philippe jugea que le serment ne valait plus, et il profita de son avance pour faire courir le bruit que

Saladin et Richard avaient voulu le faire assassiner, puis il s'installa en Artois et en Vermandois.

À son tour, Richard quitta la Terre sainte, une fois tombée la cité de Saint-Jean-d'Acre, mais il fut arrêté à son retour par le duc d'Autriche dont il avait jeté l'étendard dans la boue lors du siège de la ville : et le duc l'avait livré à l'empereur. Philippe ne pouvait laisser passer pareille aubaine. Il en profita pour substituer, comme son vassal, Jean sans Terre à Richard Cœur de Lion en échange de la Normandie. Simultanément, en janvier 1193, l'un et l'autre proposèrent 50 000 marcs au duc et 30 000 à l'empereur si Richard était retenu prisonnier jusqu'à la Saint-Michel, en septembre, et 1 000 de plus par mois supplémentaire. À défaut, ils verseraient 150 000 marcs d'un coup si Richard leur était livré. Effrayé, celui-ci accepta devant la diète de Mayence de devenir le vassal de l'empereur Henri VII, et versa plus de 100 000 livres que payèrent les Anglais pour le libérer.

Apprenant la nouvelle, Philippe dit à Jean sans Terre : « Prenez garde à vous, le diable est lâché... »

La guerre dura cinq ans, marqués par des pillages et des massacres, et menée par des chefs de bande, fléaux des paysans et des clercs, parmi lesquels Mercadier, un propriétaire du Périgord, côté Richard, et Philippe de Dreux, évêque de Beauvais, du côté du roi de France. Les trêves furent violées autant de fois qu'elles furent conclues, le pape Innocent III essayant de mettre fin à ces guerres sans batailles. Ainsi apparut un deuxième trait de ce conflit, le combat entre la livre sterling et la livre tournois. Mais cette fois ce fut Philippe « qui bailla au pape le plus de reliques (c'est-à-dire de l'argent) sans lesquelles, à Rome, on ne réussit point... il n'est pas besoin d'y chanter d'autres psaumes. Autrement, ce que peuvent dire lois et légistes ne vaut une pomme ».

Une fois de plus, la Normandie constitua un des enjeux du conflit. De retour de Terre sainte, Richard, qui l'avait reprise, y fit construire le château Gaillard pour protéger Rouen. Le fort était plus ou moins inspiré du krak des Chevaliers, en Syrie, il commandait la vallée de la Seine. « Je le prendrai, ses murs fussent-ils de fer », s'écria Philippe Auguste ; « Je le garderai, ses murs fussent-ils de beurre », répliqua Richard Cœur de Lion. Les Normands penchaient de son côté... « Bientôt s'en ira le roi de France », avait-on chanté à Verneuil, quand Richard était revenu. À Rouen, on pensait de même, au vu des libertés dont la ville pouvait jouir. Mais le duel entre les deux princes tourna court car Richard fut tué d'une flèche qui suppura lors du siège de Châlus, en Limousin, contre un de ses vassaux, à qui il disputait un trésor...

La succession de Richard posait un problème de droit : serait-ce son jeune frère Jean sans Terre qui hériterait, ou le fils de son frère aîné Geoffroi, Arthur de Bretagne ? L'occasion était fournie à Philippe Auguste de perpétuer la zizanie qui avait toujours régné chez les Plantagenêts. Il soutint Arthur, bien que l'Angleterre et la Normandie aient reconnu Jean sans Terre. La guerre reprit ainsi, les barons d'Aquitaine appelant à leur aide Philippe contre un suzerain qui se révélait aussi félon, à leurs yeux, que Richard avait été magnanime. Ce conflit fut marqué par l'incarcération du jeune Arthur au château de Falaise, assassiné, on ne sait pas trop comment, par les sbires de Jean sans Terre.

L'imagination populaire n'a pas manqué de reconstituer la scène. À genoux, l'enfant supplia son oncle de l'épargner. « Épargne le fils de ton frère, mon bon oncle, ton propre sang. » Le tyran l'aurait alors saisi par les cheveux, lui aurait plongé l'épée dans le ventre jusqu'à la garde, l'aurait retirée sanguinolente pour lui plonger la tête sans vie dans les flots de l'Ante qui roulait au bas du château...

Le crime tourna contre son auteur : déjà, la Bretagne s'était soulevée ; l'Anjou, le Maine et la Touraine suivirent. Bientôt la Normandie même commença de balancer. La guerre reprit avec le siège du château Gaillard (1203-1204) qui scella le sort de Rouen puis de la Normandie tout entière quand les Bretons attaquèrent, de l'ouest, par le Mont-Saint-Michel et Avranches. Les deux troupes firent leur jonction sous les murs de Caen. Ensuite, Philippe entreprit la conquête du Poitou où Thouars résista, comme Rouen avait tenté de le faire.

L'empire continental des Plantagenêts avait ainsi vécu, sauf la Guyenne.

Cette guerre n'avait cessé de coûter aux Anglais qui voulurent des limites à l'arbitraire royal en lui imposant une Grande Charte (1215).

Les succès de Philippe Auguste avaient eu pour effet d'inquiéter ses grands vassaux et ses voisins. Les comtes de Flandre et de Boulogne, l'empereur Otton IV de Brunswick et Jean sans Terre nouèrent une coalition dont le destin se joua à Bouvines, une des rares et vraies batailles de ces siècles de guerre ininterrompue. Le triomphe du roi Philippe qui ramène ses prisonniers à Paris enchaînés consacre la victoire de la monarchie sur les Plantagenêts ; leur seule assise sur le continent est toujours la Guyenne pour laquelle ils ne prêtent plus hommage.

La dissociation et la différenciation des terres et des hommes de chaque côté de la Manche ne devaient plus désormais cesser de s'affirmer. Bientôt, le roi des Francs s'appellera « roi de France ».

LA CROISADE DES ALBIGEOIS (1209-1244)

« Tuez-les tous, Dieu reconnaîtra les siens. » Cette apostrophe fameuse d'Arnaud Amalric, abbé général de Cîteaux et légat du pape, véritable chef de la croisade, aurait été prononcée à Béziers, en 1209, prélude, vrai ou apocryphe, à un terrible massacre. Cruelle, cette croisade fut aussi la première que l'Église prononça contre des chrétiens, alors que, jusqu'à cette date, ces expéditions avaient été réservées à la lutte contre l'Islam.

L'hérésie cathare que veut combattre Innocent III s'était développée depuis le milieu du XIIe siècle. Elle désignait les hérétiques du Languedoc dénommés « albigeois », bien qu'Albi n'ait pas été son principal foyer. Comme d'autres « hérétiques » des époques antérieures, les Cathares contestaient à la fois la légitimité de la papauté établie à

Rome[1] et la subversion des pratiques chrétiennes par un clergé trop avide d'honneurs et d'argent. Comme les vaudois, un siècle plus tôt, les cathares prêchent ascétisme et pauvreté.

Exigeants envers eux-mêmes, voulant conserver la pureté et la simplicité de l'Église antique, ils sont tolérants envers les pécheurs, mais rigoureux sur la doctrine : ils nient l'incarnation et la résurrection de la chair. Ils constituent une sorte de contre-Église, assez puissante pour inquiéter la papauté qui voit cette doctrine, parente de celle des Bogomiles, gagner l'Occident tout entier, et notamment les milieux instruits et cultivés des cités italiennes ou de la France méridionale.

Le comte Raimond VI de Toulouse — prince tolérant et ami des troubadours — se montrant sourd aux admonestations de ses évêques, ceux-ci font appel au pape, qui demande à Philippe Auguste d'intervenir et proclame la croisade. Trop occupé à combattre les Plantagenêts et l'empereur, le roi de France charge Simon de Montfort, un petit seigneur de l'Île-de-France, de soumettre la région. L'expédition prend l'allure d'une conquête barbare, des prédateurs venus de toute l'Europe, y compris des chevaliers Teutoniques, qui perpétuent de nombreux massacres. Le comte de Toulouse doit se soumettre, s'humilier, se joindre aux croisés. Mais Pierre II d'Aragon, fameux vainqueur des musulmans à Las Navas de Tolosa en 1212, intervient alors au nom de ses droits de suzerain sur certaines parties des régions entre Garonne et Rhône. Il est battu par Simon de Montfort à la bataille de Muret, en 1213, ce qui détache irréversiblement ces régions de leur suzerain d'Espagne.

Le comté de Toulouse n'étant pas vraiment soumis, à la croisade féodale de Simon de Montfort succède la croisade royale de Louis VIII qui s'empare du Languedoc septentrional, de Carcassonne à Beaucaire. La conférence de Meaux, en 1228, rétablit la paix entre le roi et le comte, mais confirme le passage du Languedoc dans le domaine propre du roi.

La lutte contre l'hérésie est désormais menée par l'Inquisition, que Saint Louis a installée dans cette fonction de répression. La résistance clandestine des cathares s'était manifestée par un acte de violence : ils avaient jeté dans un puits, à Cordes, les dominicains qui les persécutaient. Mais la force était désormais du côté de l'Église, du roi, et du comte — rallié à cette lutte contre les cathares. Ceux qui s'étaient réfugiés au château de Montségur, près de Foix, furent encerclés, refusèrent d'abjurer et furent brûlés vifs le 16 mars 1244.

Cet épisode marque la fin de la résistance armée des cathares et la fin aussi de la Croisade dite « des albigeois ».

Elle a laissé des traces profondes. À Auvezines, minuscule hameau près de Montgey et de Revel, dans le Tarn, le cimetière est orné d'une plaque sur laquelle on peut lire : « Ici, furent massacrés dix mille chevaliers Teutoniques ».

Une revanche de la mémoire ensanglantée.

---

1. Il n'avait pas encore été découvert qu'elle était fondée sur un faux, œuvre de l'évêque de Rome, la soi-disant Donation de Constantin.

LE NORD CONTRE LE MIDI

Depuis le XIIIe siècle, la Croisade des albigeois a été sujet d'histoire et de chansons, mais son rappel n'a pas toujours eu le même sens.

C'est le troubadour Guillaume de Tolède qui écrit la première *Chanson* en occitan, dès 1210.

Au nom du Père et du Fils et du Saint Esprit
Commence la chanson que fit Maître Guillaume
Il savait que le pays allait être brûlé et dévasté
Pour la folle croyance qu'on y avait admis...

Farouchement opposé aux croisés, tout en proclamant sa foi catholique, il évoque ainsi la mort de son chef, Simon de Montfort :

Il est dit dans l'épitaphe, pour qui sait bien lire
Qu'il est saint et martyr, qu'il doit ressusciter
Et porter la Couronne et siéger au Royaume...
Et moi, j'ai entendu dire que c'est ainsi qu'il en arrive
Si pour avoir tué des hommes et répandu du sang
Pour avoir perdu des âmes et consenti aux tueries
Pour avoir attisé le Mal et étouffé le bien,
Pour avoir tué des femmes et mis à mort des enfants
Un homme peut, en ce siècle, conquérir Jésus-Christ
Et doit alors porter la couronne et resplendir au Ciel...

Ce sont ainsi les horreurs de la croisade qu'évoquent les poètes, et notamment le sac de Béziers :

Ils sont plus de quinze mille
Ils entourent toute la ville pour démolir ses murs
Dans la grande église on se réfugia tous
Les prêtres et les clercs allèrent se vêtir
Et faire sonner les cloches, comme s'ils voulaient dire
La messe des morts, pour les funérailles d'un mort

Et tous ceux qui s'étaient mis dans l'église furent tués
Rien ne put les protéger, ni croix, ni autel, ni crucifix
De plus sauvage tuerie depuis le temps des Sarrasins
Je crois qu'il n'y en a pas eu (...)
Et les Français, bientôt saisis de rage
Apportèrent des torches pour faire un bûcher
Le feu prit à la cité, l'effroi se répandit
Et la ville tout entière fut brûlée de long en large.

Lorsque cette chanson est découverte et publiée par les romantiques en 1837, le mouvement félibrige, d'inspiration occitane, souligne les différences entre la sauvagerie du Nord et la douceur du Midi. La Croisade des albigeois incarne la lutte entre « Orgueil et Parage », c'est-à-dire entre barbarie et civilisation. Il n'est pas question des cathares.

L'image de la croisade revient pourtant en 1907 lorsque, avec la crise agricole, on évoque « l'égoïsme féroce des betteraviers du Nord, des gens du Nord... qui, avec d'autres, sacrifient le Midi, en dignes descendants de Simon de Montfort ». « Tous, au drapeau de la viticulture, comme au temps des anciennes croisades, notre armée campe aux pieds de Carcassès. Cause noble, cause sainte aussi. Nos ancêtres du XIIIe siècle tombaient en héros pour la défendre. Viticulteurs, mes frères, vous serez dignes d'eux. »

La renaissance du mouvement occitan, depuis les années 1960, s'accompagne nécessairement du rappel de la croisade. Pourtant, une dissociation s'opère et l'on conteste ce type de rapprochement :

« Et si on enterrait Raimond VII ? » propose une feuille parue en 1974... « À quoi bon exhiber les preuves que l'Occitanie était le pays le plus civilisé, quand nous étions "un vrai" pays, avec une "vraie langue", puisque ce temps est mort et ne reviendra plus (...) ? Visons-nous l'établissement d'une patrie d'oc, où de vrais flics occitans tabasseront avec de vraies matraques occitanes de vrais ouvriers occitans qui ont de vrais patrons occitans qui les exploitent vraiment ? »

Aujourd'hui, la représentation de la croisade qui domine ressortit plutôt à une mode et à un attrait nouveau du catharisme, des religions orientales, de ces sectes ésotériques dont le succès croît avec la faillite des valeurs. En témoigne le succès du *Bûcher de Montségur*, de Zoé Oldenbourg, paru en 1959, et *Les Cathares*, de Alain Decaux et Stellio Lorenzi, sorti à la télévision en 1966. En témoignent ces pèlerinages de touristes venus d'ailleurs, à Cordes ou à Montségur. Mais ni à Béziers ni à Montauban. Comme si on voulait retrouver les sources de la pureté.

CHRONOLOGIE

DU RÈGNE DE « LOUIS IX OU SAINT LOUIS »

1226	Mort de Louis VIII, père de Louis IX, qui, né en 1214, est mineur. Malgré les « Grands », Blanche de Castille, sa mère, prend la régence. Révolte des barons.
1229	Blanche de Castille achève dans le Midi l'œuvre de Louis VIII. L'hérésie est détruite par l'Inquisition.
1236	Louis IX est déclaré majeur ; pacifique, il est « obligé » de faire la guerre.
1242	Il triomphe de ses vassaux et du roi d'Angleterre à Taillebourg et à Saintes.
1248	D'une ardente piété, il part à la croisade et pense que le meilleur moyen de délivrer la Terre sainte est de conquérir l'Égypte ; il se présente à Damiette. « Impatient de se mesurer avec les ennemis du Christ, il se jette à la mer, et dans l'eau jusqu'au cou, l'épée haute, il marche vers le rivage. » (E. Lavisse)
1250	« Il remporte la victoire de Mansourah[1] où périt son frère, Robert d'Artois. Bientôt après, capturé et rançonné, il étonne ses vainqueurs par sa résistance et sa fierté. » (E. Lavisse)
1251	Mouvement des pastoureaux, jeunes bergers qui veulent aller à son secours et commettent des pillages.
1252	Mort de Blanche de Castille.
1254	Paix avec les Anglais.
1267	« Malheureusement, Louis IX se croise pour la deuxième fois » (E. Lavisse).
1270	Il meurt devant Tunis, victime de la peste.

1. La bataille de Mansourah est désormais considérée comme une défaite

Pourquoi « Saint » Louis ?

Il est le seul roi de France dont l'Église a fait un saint, un saint laïque par conséquent, un « superhomme » énonce Boniface VIII dans sa bulle de canonisation. Sacré, il l'était déjà nécessairement par sa fonction, qui le met en relation avec le surnaturel, avec Dieu, et qui est, plus que le couronnement, cette délégation de pouvoirs.

Saint, il le devint en 1297, vingt-sept ans après sa mort. Sa vie, tout se passe comme s'il l'avait programmée pour le devenir. Pourquoi « Saint Louis » ?

Au cours du sacre, il a prononcé une série de serments : de protéger l'Église, de faire régner la paix et la justice, de combattre les hérétiques, de défendre le royaume que Dieu lui a donné. Il n'est pas un roi-prêtre, demeure un laïque, même si, à l'instar des prêtres, il communie sous les deux espèces.

Il manifeste sa laïcité dans une sexualité contrôlée, qui est compatible avec le devoir royal de procréation, dans le domaine de la guerre qui doit être juste, mais qui est licite face aux Infidèles, saint de la paix par contre avec les monarques chrétiens ; il adopte un comportement de roi chrétien idéal qu'il s'efforce de rendre conforme aux *Miroirs* des princes rédigés à sa demande et en particulier celui du franciscain Guibert de Tournai ; c'est ainsi qu'étudier le vrai Saint Louis c'est aussi bien connaître ses modèles. Le premier est biblique, c'est Josias « qui tout enfant commença à chercher le Seigneur », le deuxième est capétien en s'appuyant sur les traits de charité de Robert le Pieux ; le troisième est plus lié à un modèle royal, celui des saints-rois — souffre-passion du haut Moyen Âge, rois confesseurs du XIe-XIIe —, mais Louis est surtout marqué par le modèle des ordres mendiants, voulant même devenir un de leurs frères, mais aussi un héros courtois saisi par la dévotion, un roi prud'homme, un « homme de valeur ».

Une autre approche permet de rendre compte de la nature de l'image de la royauté incarnée en Louis IX, Saint Louis. S'agissant de Robert le Pieux, précisément, l'évêque Adalbéron de Laon avait adressé à ce monarque un *poème* dont une formule énonçait que : la société est composée de trois ordres, ceux qui prient (*oratores*), ceux qui se battent (*bellatores*) et ceux qui travaillent (*laboratores*). Or le roi réunit en lui ces trois fonctions que les clercs ont introduites dans une lecture de la Bible, identifiant les trois fils de Noé, Sem, Japhet et Cham, aux trois groupes sociaux qui les incarnent. Dans sa bulle de canonisation de 1297, s'agissant de Louis IX, le pape Boniface VIII se réfère quelque peu à ce modèle.

Figure 7 — Le renforcement de la justice royale aux dépens des seigneurs. Cette scène, extraite de *Vie et miracles de Saint Louis* (1330-1340), de Guillaume de Saint-Pathus, représente Saint Louis condamnant le seigneur Enguerrand de Coucy, qui avait fait pendre trois nobles jouvenceaux. (Paris, Bibliothèque nationale de France.)

Comme le roi sacré, associé au clergé, son premier attribut est la justice, à laquelle renvoie l'image du roi la rendant sous un chêne, à Vincennes. « Il s'asseyait presque continûment par terre sur un tapis pour entendre les causes judiciaires, surtout celles des pauvres. » Sans doute s'agit-il aussi pour lui de substituer la justice royale à celle des féodaux ; ce recours qui se veut équitable n'en est pas moins perçu comme une qualité éminente du monarque, même s'il est cruel, « faisant brûler le nez et la lèvre à un bourgeois blasphémateur », parce que ses jugements étaient égaux pour tous.

Deuxième vertu, son esprit pacifique, que Louis IX a manifesté lorsque le royaume était en jeu, notamment en mettant fin au conflit avec l'Aragon par le traité de Corbeil, ce qui permet de mieux établir son pouvoir sur le Midi encore mal intégré au royaume : il renonce à la marche d'Espagne, le roi d'Aragon renonçant de son côté aux pays de Carcassonne, Millau, Toulouse. Il met fin, aussi, au conflit avec l'Angleterre par le traité de Paris en 1259, gardant la Normandie, l'Anjou, la Touraine, etc., mais abandonnant des domaines en Périgord, Saintonge ; Bordeaux, Bayonne et la Gascogne entraient dans la mouvance française, le roi d'Angleterre reconnaissant les tenir en fief du roi de France. Le royaume connut ainsi près de quinze années de paix.

Il réconcilia Bourgogne et Lorraine, arbitra bien d'autres conflits pour lesquels on fit appel à lui, notamment entre Henri III et ses barons anglais (où il ne fut pas équitable et favorisa le roi) — au point que son biographe Joinville peut écrire que « ce fut l'homme au monde qui travailla le plus pour mettre la paix entre ses sujets, et spécialement entre les riches hommes voisins et les princes du royaume ».

Il fut le grand « apaiseur » de son temps, et joua le rôle d'arbitre de la chrétienté.

Pacifique, redoutant la guerre et ses injustices, Saint Louis n'en remplit pas moins la fonction de guerrier, mais seulement contre des agresseurs — au tout début de son règne — et surtout contre les hérétiques et les Infidèles, objets de deux croisades.

Il donne de sa personne notamment à la bataille de Mansourah, s'occupe des fortifications à Jaffa, Césarée — mais aussi en Normandie au cas où la guerre reprendrait.

Enfin, il s'attache à la troisième fonction, pourvoyant largement en nourriture, et entre autres les pauvres, faisant lui-même l'aumône aux moines, ses frères, roi nourricier, mais plus encore roi aumônier. À chacune de ses « entrées » dans Paris, il y a distribution supplémentaire d'aumônes. Il fait construire l'hospice des Quinze-Vingts pour trois cents aveugles, fait distribuer muids de blé et harengs, et manifeste là une grande largesse. Dans son testament, il affecte ses biens meubles et les revenus des bois de son domaine aux victimes des exactions royales, à des ordres mendiants, à ses officiers. « Le roi bienfaiteur a éclipsé le roi thaumaturge », juge Jacques Le Goff, car les soixante-cinq miracles du corpus officiel de Saint Louis ont eu lieu après sa mort, auprès de son tombeau ; indépendamment de son pouvoir thaumaturgique en tant que roi. « Il a secouru ceux qui étaient contractés, leur a étendu leurs membres ; ceux qui étaient si courbés qu'ils touchaient presque la terre de leurs visages... » Et ceux qui sont guéris d'une maladie productrice de laideur, de pus et d'« ordure », fistules, ganglions, etc.

Si, par un penchant quasi obsessionnel, Saint Louis voue son règne à l'Église et au triomphe de la foi, il est aussi exigeant à l'égard de cette Église, stigmatisant ceux qui excèdent leur pouvoir spirituel, empiétant sur le sien, et ceux qui se montrent affamés de puissance, prêts à tout excommunier par exemple. Il n'en est pas moins intraitable avec les cathares et autres hérétiques, victimes des coups que leur porte l'Inquisition. Il n'est jusqu'aux Infidèles qu'il voudrait convertir : au moins est-ce ce qu'il dit être la raison de la croisade — mais c'est alors un captif qui parle, et on ne sait que penser de ces propos que rapporte Matthieu Paris. Et de fait, en Terre sainte, il en fut qui se convertirent.

Quant aux juifs, Saint Louis entend à la fois réprimer leur « conduite perverse » et les protéger, par un devoir comparable à celui qu'il exerce vis-à-vis des étrangers. Ils lui « répulsent » et ce sont des « ordures » qui souillent la terre de leur « venin ». Pour l'essentiel, c'est la première de ces actions qui l'emporte contre l'usure essentiellement, mais aussi, en brûlant le Talmud, pour les amener à se convertir. Pour un chrétien de l'époque, persécuter les juifs ne l'empêche pas d'être un saint. Il est plus qu'antijudaïque (être antisémite n'a pas de sens à cette époque), il est antijuif « faisant [néanmoins] le lit de l'antisémitisme chrétien, occidental, français » qui naîtra ultérieurement (J. Le Goff).

LE FRÈRE DE SAINT LOUIS ROI DE NAPLES : CHARLES D'ANJOU ET LES VÊPRES SICILIENNES

Devenu comte de Provence par son mariage, Charles, le plus jeune frère de Saint Louis, avait reçu en apanage l'Anjou et le Maine. Après avoir accompagné le roi à la croisade, il répondit à l'appel du pape Urbain IV, Guy Foulcois, un ancien conseiller de Saint Louis, qui lui offrit la couronne de Naples et de Sicile, dont la papauté était la suzeraine. Il s'agissait de la soustraire aux souverains souabes, les Hohenstaufen, ce qui constituait un nouvel épisode de la lutte, du sacerdoce et de l'Empire. La légende de Saint Louis le Pacifique voulait que le monarque se fût opposé à cette initiative. Jacques Le Goff se demande au contraire si ce n'est pas le roi qui a poussé son jeune frère à la conquête du royaume de Naples et de Sicile mais pour en faire une base de débarquement auquel il pense depuis qu'il a en tête de faire une nouvelle croisade.

Parvenu en Italie, Charles d'Anjou triomphe des Hohenstaufen à Tagliacuzzo et fait exécuter Conradin, leur dernier héritier.

Le séjour de Charles d'Anjou en Provence l'avait initié au gouvernement des cités méditerranéennes, où la diffusion du droit romain, le rôle des juristes, la place des assemblées dans les villes constituaient des pratiques peu familières à l'Anjou et au royaume de France. Il ne cessa d'y batailler, notamment contre Marseille. Or, la Sicile était un pays encore moins féodalisé, précocement urbanisé, fort de son mouvement communal, où l'on ne saurait s'accommoder d'une mainmise rude et peu civile. Jugée insupportable, elle rend compte du massacre des chevaliers français, lors des vêpres, en 1282, qui fit plusieurs milliers de victimes.

À Naples, Charles Ier cesse de se faire appeler « fils du roi de France », il met en avant une origine carolingienne totalement imaginaire qui permet de le dissocier à la fois des Capétiens et des Hohenstaufen, qui régnaient jusque-là à Naples.

Néanmoins, ce souverain demeure pour tous « fils de France » et à ce titre Dante le stigmatise : Capétiens et Angevins sont « deux surgeons d'une mauvaise plante née de la semence de l'usurpateur Hugues Capet ». On reproche surtout à Charles et aux Français, plus encore qu'à Robert son héritier qui essaie de s'italianiser, de demeurer rustres et violents. Les Provençaux en avaient jugé de même qui n'avaient eu de cesse de se révolter contre les Angevins.

Quand les Capétiens s'étaient installés à Naples, Louis IX pensait à sa croisade ; mais les Angevins avaient aussi une autre idée, semble-t-il : s'emparer des richesses de ces pays, comme aux temps de la IVe croisade...

Après les Vêpres siciliennes (1282), les Angevins avaient dû abandonner la Sicile au roi d'Aragon. Leur rivalité dura jusqu'en 1442 où, vaincus, les Angevins furent expulsés définitivement d'Italie. Un demi-siècle plus tard, Charles VIII allait essayer au nom de « ses droits » de reconquérir Naples, à défaut de la Sicile.

Philippe le Bel et les templiers : une « affaire » au Moyen Âge

Le procès des templiers, organisé par Philippe le Bel — petit-fils de Saint Louis et fils de Philippe III le Hardi —, qui se termine par leur exécution et la mise au bûcher de leur grand maître Jacques de Molay, à Paris, en 1314, constitue à la fois une des énigmes de l'Histoire et un exemple des pratiques de la raison d'État.

Il incarne également un tournant dans le fonctionnement de la monarchie, désormais conseillée par des légistes qui légitiment ses décisions en ne se fondant plus seulement sur la tradition vassalique mais sur les exigences d'un bon fonctionnement de l'État et de la société. Or le cas des templiers fait tache dans cette harmonie recherchée.

Le texte intégral de l'interrogatoire du grand maître de l'Ordre et de deux cent trente et un chevaliers ou frères servants, publié par Michelet en 1841, témoigne que, dans ce procès des templiers, tout semble se ramener aux accusations contre l'orthodoxie et la morale portées par un ancien de l'Ordre, Esquius Floyrac, de Béziers, qui porta plainte auprès du roi d'Aragon, qui ne donna pas suite, puis auprès du roi de France. Indifférents aux actes glorieux et héroïques des chevaliers du Temple en Terre sainte, l'accusation porte uniquement sur les travers de leur vie quotidienne à leur retour en France. Ces templiers ont-ils été hérétiques, idolâtres, sacrilèges, sodomites ? Dans le bon peuple, ils étaient certes discrédités. On y buvait « comme un templier », et en Allemagne, on allait « au Temple » quand on allait chez les catins. Ces rumeurs furent aggravées par la connaissance que l'on eut ensuite des aveux complets des templiers, au vrai obtenus par la « question ». « Si quelque chaleur naturelle poussait à l'incontinence, on leur donnait licence de se calmer avec d'autres frères. » « Me montrant une croix peinte dans un missel, avec l'effigie de Jésus-Christ, le frère Robert me dit de cracher sur elle. Comme j'étais épouvanté — témoigne un vieux prêtre picard reçu dans l'Ordre alors qu'il approchait de soixante-dix ans — je m'écriai, tout terrifié : "Ah sainte Marie, et pourquoi donc ? Je vous ai apporté tous mes biens, soit quarante livres de revenu foncier, et vous voulez me faire commettre un pareil péché ? Jamais." Alors le frère Robert dit : "Allons, comme vous êtes vieux, on vous fera grâce." »

Le scandale fut énorme et il emporta le Temple.

Pourtant, si pour les classes populaires, dûment informées, le crime était bien là, les aveux pour avoir la vie sauve reconnus, les véritables données du procès étaient ailleurs.

La véritable affaire commence en 1291, quand meurent à la croisade les derniers héros de l'Ordre chevaleresque et qu'avec la chute d'Acre, l'ordre du Temple ne sert plus à rien. Lorsque la papauté envisage une nouvelle croisade et, pour ce faire, imagine de fusionner les templiers et les hospitaliers, le grand maître Molay multiplie les obstacles ; ce chef d'armée — prince sans limites territoriales mais non sans domaine foncier, chef d'ordre religieux puissant comme un cardinal — défend bec et ongles son autonomie, oubliant que l'exceptionnelle générosité des fidèles n'avait pour raison que la croisade, et rien que la croisade. Or, l'Ordre était devenu une puissance financière qui jouait de sa richesse, et qui, premier scandale, avait refusé d'avancer les sommes nécessaires pour la rançon de Saint Louis : le sénéchal de Champagne Jean de Joinville dut en 1250 monter à bord de la galère du Temple la hache à la main pour se faire ouvrir les coffres du Trésor de guerre.

Pourtant, ce ne sont pas les raisons financières qui ont poussé le roi Philippe le Bel : il s'empare certes des biens des templiers pendant le procès mais les restitue ensuite aux hospitaliers à condition qu'ils se réforment...

Autre donnée : une fois reçue la plainte, Philippe IV avait pressé le pape d'en finir avec les templiers. Or Clément V temporisait, plus attentif à son projet de fusion des ordres, voire à une croisade, qu'à suivre la procédure d'un procès. Philippe le Bel, qui voulait se montrer empereur en son royaume, entendait que l'affaire fût menée bon train. Déjà il avait eu un conflit grave avec Boniface VIII, qui avait voulu rendre permanent cet impôt pontifical, les décimes, destiné à la croisade, alors qu'on n'en mène plus et au moment où il souhaitait les récupérer à son profit. Ensuite un second conflit éclata parce que l'évêque de Pamiers avait été nommé par le pape sans autorisation royale. Et le roi l'avait fait arrêter. Ce conflit de pouvoirs, opposant le sacerdoce et la monarchie, avait abouti à l'excommunication de Philippe le Bel en 1303. Soutenu par la puissante famille des Colonna, son conseiller Guillaume de Nogaret se rend en Italie et porte la main sur le pape à Anagni. Dans ces deux conflits, le roi s'affirmait comme le maître des finances et de la justice du royaume. Mais il se voulait aussi maître spirituel, et il mit fin aux tergiversations du successeur de Boniface, Clément V, en prenant sur lui d'arrêter tous les templiers. L'opération avait été menée dans le secret, atteignant toutes les commanderies, signe de l'efficacité nouvelle de l'appareil d'État. Ainsi dessaisie, la papauté perdait une bataille, mais également une bataille morale, et là pouvait se trouver l'enjeu de pareil procès.

Furent condamnés à être brûlés vifs ceux qui, n'espérant plus rien du pape, malgré leurs aveux, se ravisèrent après plusieurs années d'incarcération, déclarant leur innocence des faits qu'ils avaient avoués, et condamnés, dès lors, comme relaps.

Ni ce procès, ni ce conflit avec le pape ne signifiaient, comme on a pu le dire au XIXe siècle, qu'avec l'appui de ses légistes méridionaux, Philippe le Bel devenait le chantre d'un État laïque. Roi pieux, il pense son royaume plus qu'il ne pense la France, mais il entend définir la norme des comportements de ses sujets et il persécute tout ce qui n'est pas conforme à cette norme chrétienne : les Lombards, les juifs, les lépreux, les hérétiques — et par conséquent les templiers. Il ne veut pas être seulement le seigneur de ses vassaux, de son royaume, mais son souverain, ce qui avait provoqué un conflit avec la papauté puis, nécessairement, à sa mort, entraîna une réaction féodale.

S'est-il voulu un roi juste ? Il a laissé le souvenir d'un roi de fer, dur comme une statue.

LE SANG IMPUR DES « ROIS MAUDITS »

Plus que les historiens, les romanciers ont été fascinés par la suite criminelle qui a donné leur surnom aux derniers Capétiens : Alexandre Dumas le premier, Maurice Druon ensuite ont conté cette succession d'horreurs que Claude Barma a mise en scène durant les années 1970. L'imprécation serait venue des dernières paroles qu'avait prononcées le grand maître des templiers quand il monta sur le bûcher ; elles s'adressaient à Philippe le Bel, et à ses descendants. Elles concernaient Louis X le Hutin (le Querelleur) (1314-1316), Philippe V le Long (1316-1322), Charles IV le Bel (1322-1328) et aboutirent à cette crise de succession qui constitue l'une des causes de la guerre de Cent Ans.

Philippe le Bel n'eut pas de chance avec le sort de ses enfants. Sa fille Isabelle, mariée à Édouard II d'Angleterre, jugeait que son époux la délaissait ; il aimait la maçonnerie et encore plus les jeunes maçons. Est-ce envie ou colère : elle aurait aidé à dénoncer ses belles-sœurs, épouses de ses frères Louis, Philippe, Charles, qui, délaissées elles aussi, surent se distraire avec de jeunes amants. Le roi eut connaissance des parties qui se jouaient tout près de lui. Scandale ! Il fit arrêter les deux jouvenceaux qui furent écorchés vifs, châtrés, décapités et pendus au gibet public, leur sexe donné aux chiens. Quant aux belles-filles, elles furent enfermées. Marguerite, épouse de Louis — futur Louis X le Hutin —, Blanche, épouse de Charles — futur Charles IV —, et sa sœur Jeanne, femme de Philippe — futur Philippe le Long. Ces deux dernières appartenaient à la famille Artois-Bourgogne, filles de Mahaut d'Artois et d'Othon IV de Bourgogne. Est-ce cette dernière ou Robert III d'Artois, son neveu, qui accélérèrent la mort de Marguerite, pour que Jeanne, innocentée, devenue reine à la mort de Louis, qui semble avoir été empoisonné, et peut-être par les mêmes ? Tout comme ils avaient empoisonné le fils que Louis venait d'avoir de sa deuxième femme Clémence de Hongrie, et qui, sous le nom de Jean Ier, dit « le Posthume », mourut quelques jours après sa naissance.

Après Philippe le Bel, ce fut donc son fils aîné Louis X le Hutin qui régna, puis à sa suite, faute de fils vivant, son frère Philippe.

Or, le Hutin avait eu une fille de Marguerite, avant qu'elle ne le trompe, Jeanne. Par sa volonté, Jeanne avait été éloignée dans un couvent. Comme la suspicion portant sur la mère rejaillissait sur la fille, on se demanda si c'était une enfant légitime, et elle fut écartée de la succession.

Trois adultères, deux exécutions, peut-être trois assassinats dont on ne sait trop s'ils sont rumeur, histoire ou légende.

Le problème de la succession n'en était pas moins posé. Car depuis Hugues Capet jusqu'à Philippe le Bel, les monarques avaient toujours eu un descendant mâle, et leurs frasques, venues après coup, ne portaient pas à conséquence sur le principe de succession. Avec l'élimination de Jeanne comme héritière, la pureté du sang royal devenait un point de cristallisation du pouvoir. Mais en écartant Jeanne on créait un précédent : il instituait un principe de masculinité qui fit que, désormais, en France, on refusa d'accorder aux filles d'hériter de la couronne, alors que Philippe le Bel n'avait contribué à cette solution qu'en faveur de Philippe, son deuxième fils.

Le frère de Louis X, Philippe V, fut ainsi reconnu comme héritier virtuel, une ultime occasion pour les membres du Conseil de jouer un rôle dans la succession au trône. Ni lui, ni Charles, qui lui succéda suivant le même principe, n'eurent de descendant mâle.

Or, la sœur des trois rois défunts, Isabelle, avait eu un garçon d'Édouard II Plantagenêt, son mari. La rumeur rapporte qu'il l'aurait engrossée en ayant fait naître ses propres ardeurs par la présence au lit conjugal de son mignon. Quoi qu'il en soit, et pour rejeter la mainmise Plantagenêt sur le royaume de France, les barons écartèrent cette succession par les femmes et désignèrent comme roi, en 1328, Philippe, fils de Charles de Valois, le frère de Philippe le Bel. Il prit le nom de Philippe VI.

Ni Édouard III — fils d'Isabelle et Édouard II assassiné, semble-t-il, sur ordre d'Isabelle — ni un certain nombre de barons français, tel Robert d'Artois, ne reconnurent Philippe VI. Cette crise de succession, héritière de bien des drames, fut une des causes de la guerre de Cent Ans.

Les frasques des belle-filles de Philippe le Bel disent la sévérité qui s'abattit sur leurs amants. Mais elles disent aussi quelle liberté elles s'offraient en dehors du mariage. Dans la guerre entre le charnel et le spirituel, que menait l'église, une troisième instance était intervenue, — le monarque et le souci de sa lignée, de son sang. Car il semble bien au XIVe siècle, que l'influence rigoriste des moines fut sur le déclin, et qu'ainsi affranchi de cette tutelle ecclésiastique, le plaisir ait repris quelque peu ses droits.

En ce qui concerne les classes populaires des villes, et vu l'âge au mariage, tardif à l'époque, (autour de 28 et 26 ans), il semble que pour que le désir des hommes soit satisfait, l'église ait quelque peu géré la prostitution, afin de prévenir les risques d'inceste.

CHRONOLOGIE

LA GUERRE DE CENT ANS

1328	Mort de Charles IV. Philippe de Valois, régent, puis roi.
1337	Édouard III revendique la Couronne de France.
1340	Bataille de L'Écluse, destruction de la flotte française.
1346	Bataille de Crécy et siège de Calais.
1348-1350	Peste noire. Les flagellants.
1349	Acquisition du Dauphiné.
1350	Jean II le Bon.
1351	Première ordonnance contre les vagabonds et les truands.
1355	Débuts d'Étienne Marcel.
1356	Bataille de Poitiers. Captivité de Jean II en Angleterre.
1357	Du Guesclin. Jacqueries.
1359	Guerre générale. Le Grand-Ferré.
1360	Traité de Brétigny.
1362	Un des fils de Jean II, otage, s'évade. Grandes Compagnies.
1365	Charles V.
1369	Reprise de la guerre franco-anglaise. Marguerite de Flandre épouse Philippe, duc de Bourgogne.
1378	Début du Grand Schisme.
1380	Avènement de Charles VI. Mort de Du Guesclin.
1382	Victoire de Roosebeke sur les Flamands révoltés. Révolte des maillotins et des tuchins.
1392	Folie de Charles VI.
1396	Croisade contre les Turcs. Défaite du duc de Bourgogne à Nicopolis.
1404	Jean sans Peur contre Louis d'Orléans.
1407	Assassinat du duc d'Orléans.
1409	Concile de Pise. Déposition des deux papes ; un troisième est élu.
1413	Ordonnance cabochienne réformant l'État. Ceux qui ne veulent pas travailler sont identifiés à des criminels.
1414-1417	Concile de Constance.
1415	Bataille d'Azincourt.
1417-1418	Les Anglais en Normandie. Les Bourguignons à Paris.
1418	Massacre des Armagnacs. Le dauphin se proclame régent.
1419	Assassinat de Jean sans Peur au pont de Montereau.
1420	Traité de Troyes.

1422	Mort d'Henri V. Bedford régent. Mort de Charles VI. Charles VII « roi de Bourges ».
1428	Siège d'Orléans.
1429	Jeanne d'Arc. Délivrance d'Orléans. Sacre de Charles VII à Reims.
1430	Capture de Jeanne d'Arc.
1431	Supplice de Jeanne d'Arc. Henri VI sacré à Paris.
1435	Paix d'Arras avec le duc de Bourgogne.
1438	Pragmatique sanction de Bourges.
1440	La Praguerie.
1449	Reprise de la guerre franco-anglaise.
1453	Prise de Bordeaux. Début de la guerre des Deux-Roses. Chute de Constantinople.
1461	Mort de Charles VII.
1475	Traité de Picquigny. Fin de la guerre franco-anglaise

Guerre de Cent Ans ou cent ans de calamités

Plutôt que d'une guerre de Cent Ans, on a pu parler de cent ans de guerres et de calamités, les hostilités entre le roi de France Philippe VI de Valois et le roi d'Angleterre Édouard III commençant en 1337, et ce conflit dynastique ne s'achevant pas avant 1475 avec la paix de Picquigny. D'abord, parce que pendant ce laps de cent trente-huit ans il n'y a pas eu d'opérations militaires continues, que d'autres calamités se sont abattues, la peste noire essentiellement en 1348, puis en 1360-1362 ; ensuite, parce que cette guerre est la suite d'un autre conflit, qui a commencé en 1150 avec le mariage d'Aliénor d'Aquitaine et Henri II Plantagenêt, comte d'Anjou et bientôt roi d'Angleterre. Conflit purement féodal à l'origine, la guerre change de nature et peu à peu elle fait sourdre des deux côtés de la Manche un sentiment patriotique qu'en France incarne Jeanne d'Arc.

La paix signée sous Saint Louis avait laissé sans destination l'enjeu principal de ce conflit, la façade occidentale du royaume de France, depuis la Flandre et ses draperies jusqu'à la Bretagne, ses marins, la Guyenne et son vignoble. À cette date, on trouve des Flamands, des Bretons et des Gascons dans les deux camps.

Or en 1328, à la mort de Charles IV le Bel, la question dynastique est à l'origine d'un rebondissement du conflit.

CRÉCY, LES BOURGEOIS DE CALAIS, POITIERS, LE GRAND-FERRÉ

Comme après la mort de son époux, la veuve de Charles IV accoucha d'une fille, on reconnut Philippe ; et Édouard III lui rendit hommage mais « seulement de bouche et de parole, sans les mains », tant qu'on ne lui restituait pas la Guyenne. La guerre commença aussitôt à l'initiative des bourgeois des Flandres, battus à Cassel par les Français avec l'aide du comte de Flandre, et à l'occasion du procès en restitution de l'Artois, suite aux conflits et assassinats hérités des règnes précédents.

Crécy et les bourgeois de Calais

La Guyenne et la Flandre constituaient ainsi deux causes supplémentaires de conflit, sauf que pour l'Angleterre la victoire française de Cassel privait les éleveurs anglais de leur principal marché. Jean d'Artevelde fut convaincu que l'intérêt des Flamands était d'être aux côtés des Anglais : il fallait sauver l'industrie gantoise. Que le conflit éclate sur mer, à la bataille de L'Écluse, et les Flamands, en coinçant les Français, causent un désastre qui mit fin à l'armada prévue pour une croisade. Cette fois la victoire assurait aux Anglais la possibilité d'une chevauchée sur le continent. Leur armée, bien entraînée par les campagnes d'Écosse, puisait sa force dans ses archers, capables de tirer quatre flèches alors que les arbalétriers n'en tiraient qu'une. En 1346, à Crécy, après une longue marche fatigante, Philippe VI ne put se retenir d'engager la bataille en voyant les Anglais : « Si lui versa le sang, car trop les haïssait. » Les arbalétriers commencèrent le combat, mais la pluie détendit leurs cordes tandis que les archers tiraient à coup sûr ; « cette grêle de traits était si épaisse que ce semblait neige ». Les chevaliers français n'en pouvaient plus et n'en attaquèrent pas moins, « les coutilliers anglais pénétrant dans leurs rangs, coupant les jarrets des chevaux, blessant les chevaliers ou les tuant à leur aise ».

À quatre contre un, les chevaliers français s'étaient montrés trop sûrs de la victoire. « Ils chevauchèrent par orgueil et envie, sans ordre, jusqu'à ce qu'ils virent les Anglais rangés en trois lignes de bataille en ordre, qui les attendaient (...). Les arbalétriers génois décimés par les archers et mis en fuite. » Après quinze assauts, pour rompre les rangs des archers, la chevalerie céda. Chacun s'enfuit où il put, Philippe y compris. Trois mille huit cents combattants français restèrent sur le terrain.

Assiégé par Édouard III, Calais résistait. Au bout de quelques mois, « on y mangeait toutes ordures par droite famine », « les chiens, les chats, les chevaux ayant déjà été tous consommés ». Indécis, Philippe VI ne savait pas comment libérer la ville : il aurait bien livré bataille, et il finit par abandonner la place, de mauvaises nouvelles lui venant de Bretagne et d'Écosse. Jean de Vienne, qui défendait la place, essaya de parlementer ; Édouard lui répondit que ceux de Calais avaient fait mourir tant de ses hommes qu'ils mourraient tous...

À la fin, il se contenta d'exiger que six des bourgeois les plus notables, « nus pieds et nus chefs, en leurs linges draps tant seulement, les harts [la corde] au col, viennent ici et apportent les clefs de la ville et du château en leurs mains ».

Connaissant ce verdict, le peuple, réuni à son de cloches sous la halle, commença à crier et à pleurer si tendrement que Jean de Vienne en larmoya « *moult tendrement* » lui aussi...

« Alors se leva en pied le plus riche bourgeois de la ville de Calais. Il dit : "Grand pitié serait de laisser mourir un tel peuple, quand on peut trouver aucun moyen (...) J'ai si grande espérance d'avoir grâce et pardon envers notre Seigneur si je meurs pour ce peuple sauver, que je veux être le premier..." Cinq autres, s'offrirent à leur tour... »

Au sortir des murs de Calais, les six hommes crièrent : « Adieu, bonnes gens, priez pour nous ! » Le roi se tint tout coi et il commanda en anglais de leur couper la tête. Aux prières des bourgeois, il ne répondit rien. Alors la reine, bien que « durement enceinte », se jeta à ses pieds et le supplia de lui accorder la vie des six bourgeois. Édouard se laissa apitoyer. La reine emmena les bourgeois et leur fit bonne chair.

Exilés, les habitants de Calais quittèrent la ville. Édouard en distribua les hôtels à ses barons anglais. Philippe VI leur tint honneur en gratifiant de pensions les survivants...

Cet épisode fameux de la mémoire héroïque de la nation fut représenté par Rodin dans un bronze que commandita la ville de Calais (1895). Voulant rééditer ce geste, Pétain, en octobre 1941, pensa se rendre seul prisonnier aux Allemands à la place des otages de Châteaubriant... Mais Pucheu le dissuada d'accomplir un geste qui mettrait fin à sa politique de collaboration...

Poitiers

Après quelques années, la guerre reprend lorsque le Prince Noir, fils d'Édouard III, remonte de Guyenne pour rejoindre la Normandie et le Ponthieu. Avec des forces quatre fois plus importantes, Jean le Bon, roi depuis 1350, se porte à Poitiers où, à nouveau, les archers anglais anéantissent la cavalerie de l'héritier des Valois, au point que le roi et ses fils terminent le combat à pied. Est-ce parce que son père avait fui à Crécy que Jean II le Bon préféra se battre ainsi, ses fils à ses côtés ? La mémoire nationale a gardé le souvenir de ce combat courageux : « Père, prenez garde à gauche ! Père, prenez garde à droite ! » Plutôt se battre et être fait prisonnier que fuir... La fidélité, le courage, la loyauté, l'honneur, la vaillance surtout sont particulièrement valorisés ces décennies qui ont connu tant de retournements, de trahisons. Dans la noblesse, le besoin de rénover les liens personnels se fait sentir : à cette fin, Édouard III Plantagenêt a créé l'ordre de la Jarretière, et Jean II, avant Poitiers, l'ordre de l'Étoile. Le roi de France veut restaurer la mystique et la mythologie des modes de la chevalerie, se les approprier. À peine Jean II a-t-il été fait prisonnier que le pays se saigne pour payer sa rançon.

Et voici Du Guesclin, personnage héroïque, chargé, quelques années plus tard, des plus hautes fonctions de connétable par Charles V. Héritier des chevaliers bretons de la Table ronde, il entre au service du roi et remporte le premier grand succès des Valois, la bataille de Cocherel en 1364. Ensuite, le roi le charge de combattre les Grandes Compagnies, ces soldats professionnels et pillards, apparus avec les conflits entre Plantagenêts et Valois. Il entreprend la reconquête du territoire saisi par les Anglais à la paix de Brétigny en 1360 : Maine, Anjou, Poitou, Guyenne. Il incarne la libération du territoire avant Jeanne d'Arc. Pas étonnant qu'après la guerre de 1870-1871, la mémoire nationale ait honoré son souvenir.

Le Grand-Ferré

Le roman de la nation a gardé le souvenir du Grand-Ferré tel que l'a reproduit Michelet.

« Il y a un lieu assez fort près de Compiègne, lequel dépend du monastère de Saint-Corneille. Les habitants, voyant qu'il y avait péril pour eux si les Anglais s'en emparaient, l'occupèrent, avec la permission du régent et de l'abbé, et s'y établirent avec des armes et des vivres. Le capitaine, qu'ils s'étaient donné du consentement du régent, était un des leurs, un grand et bel homme, qu'on appelait Guillaume aux Alouettes. Il avait avec lui pour le servir un autre paysan d'une force de membres incroyable, d'une corpulence et d'une taille énorme, plein de vigueur et d'audace, mais, avec cette grandeur de corps, ayant une humble et petite opinion de lui-même. On l'appelait le Grand-Ferré. Le capitaine le tenait près de lui *comme sous le frein*, pour le lâcher à propos. Ils s'étaient donc mis là deux cents, tous laboureurs ou autres gens qui gagnaient humblement leur vie par le travail de leurs mains. Les Anglais, qui campaient à Creil, n'en tinrent compte, et dirent bientôt : "Chassons ces paysans, la place est forte et bonne à prendre." On ne s'aperçut pas de leur approche, ils trouvèrent les portes ouvertes et entrèrent hardiment. Ceux du dedans, qui étaient aux fenêtres, sont d'abord tout étonnés de voir ces gens armés. Le capitaine est bientôt entouré, blessé mortellement. Alors le Grand-Ferré et les autres se disent : "Descendons, vendons bien notre vie ; il n'y a pas de merci à attendre." Ils descendent en effet, sortent par plusieurs portes, et se mettent à frapper sur les Anglais, "comme s'ils battaient leur blé dans l'aire", les bras s'élevaient, s'abattaient, et chaque coup était mortel. Le Grand, voyant son maître et capitaine frappé à mort, gémit profondément, puis il se porta entre les Anglais et les siens qu'il dominait également des épaules, maniant une lourde hache, frappant et redoublant si bien qu'il fit place nette : il n'en touchait pas un qu'il ne fendît le casque ou n'abattît les bras. Voilà tous les Anglais qui se mettent à fuir : plusieurs sortent dans le fossé et se noient. Il avait tué en ce jour plus de quarante hommes. Échauffé par cette besogne, le Grand but de l'eau froide en quantité, et fut saisi de la fièvre. Il s'en alla à son village, regagna sa cabane et se mit au lit, non toutefois sans garder près de lui sa hache de fer qu'un homme ordinaire pouvait à peine lever. Les Anglais, ayant appris qu'il était malade, envoyèrent douze hommes pour le tuer. Sa femme les vit venir, et se mit à crier : "Ô mon pauvre le Grand, voilà les Anglais ! que faire ? ..." Lui, oubliant à l'instant son mal, il se lève, prend sa hache, et sort dans la petite cour : "Ah ! brigands, vous venez donc pour me prendre au lit ! vous ne me tenez pas encore..." Alors s'adossant au mur, il en tue cinq en un moment ; les autres s'enfuient ; mais il avait chaud, il but encore de l'eau froide : la fièvre le reprit plus fort, et au bout de quelques jours, ayant reçu les sacrements de l'Église, il sortit du siècle, et fut enterré au cimetière de son village. Il fut pleuré de tous ses compagnons, de tout le pays ; car, lui vivant, jamais les Anglais n'y seraient revenus. »

« Il est difficile de ne pas être touché de ce récit naïf », ajoute Michelet. Ce peuple est visiblement simple et brut encore, impétueux, aveugle, demi-homme, demi-taureau... Il ne sait ni garder ses portes, ni se garder lui-même de ses appétits. Quand il a battu l'ennemi comme blé en grange, quand il l'a suffisamment charpenté de sa hache, et qu'il a pris chaud à la besogne, le bon travailleur, il boit froid, et se couche pour mourir. Sous la rude éducation des guerres, sous la verge de l'Anglais, la brute va se faire homme. Se transfigurant : Jacques deviendra Jeanne, Jeanne la Vierge, la Pucelle.

La Pucelle ne tardera pas à dire : « Le cœur me saigne quand je vois le sang d'un François. »

Un tel mot suffirait pour marquer dans l'Histoire le vrai commencement de la France.

LA GRANDE PESTE

À l'épreuve de la guerre, de la famine qui l'avait précédée, s'était ajoutée la calamité de la peste survenue brutalement en 1348. Maladie inexorable, aux effets foudroyants sous ses deux formes, la peste bubonique et la peste pulmonaire, contagieuse et aux chances de survie quasi nulles. Selon Froissart, « La tierce partie du monde mourut », « sur vingt habitants, il n'en restait que deux en vie », dit Jean de Venette. Chiffres excessifs, bien sûr, mais qui donnent une mesure de la peur ressentie ; le fléau est bien là, qui désorganise la vie : à Bordeaux, par exemple, au lieu de cent soixante mille tonneaux de vin exportés d'ordinaire, les navires n'en enlèvent pas six mille dans l'année qui suit la vendange de 1348. La catastrophe suscite l'apparition de flagellants dans les Flandres, des pogroms de juifs en Alsace. Elle ne se limite pas au cataclysme de 1348, elle frappe de nouveau très fort en 1361 ; en Languedoc, on sait que le fléau ne se propage plus par grandes vagues mais s'installe souvent, pouvant se réveiller à chaque instant. En France, on comptabilise vingt-quatre poussées entre 1347 et 1536.

Ne sont épargnées que les régions montagneuses très isolées, tel le Rouergue, ou celles dont les populations sont les mieux nourries, et résistent mieux au fléau, dans les Pays-Bas ou en Lombardie. Les effets, combinés à ceux de la guerre ne concernent pas certes, que la France ; dans ce pays ils déterminent un reflux de la population de près d'un tiers : de 20 à 22 millions d'habitants en 1328, à 10 ou 12 vers 1450, fin du grand creux démographique, une coupure comme la France n'en a jamais connue.

Les affres de la guerre et de l'épidémie, l'insécurité causée par les raids des Grandes Compagnies, l'apparition de bandes de truands ; tant d'argent versé, avec, comme résultat, la défaite, le roi prisonnier et sa rançon à réunir, voilà qui rend le royaume de France « troublé et courroucé », et suscite une violente réaction populaire, qu'exprime ce cri que rapporte Froissart : « Dire que tous les nobles du royaume, chevaliers et écuyers, honnissaient et trahissaient le royaume et que ce serait grand bien qui tous les détruirait. »

ÉTIENNE MARCEL

Ainsi, la jacquerie et les troubles parisiens, que réussit à associer Étienne Marcel, prévôt des marchands de Paris, suscitent la première grande émotion réformatrice et anti-aristocratique de l'histoire de la monarchie. La figure d'Étienne Marcel a été récupérée, pour la combattre ou la défendre, par les ultras et les républicains, au lendemain de la Révolution française.

Les royalistes, après 1815, ont vu en lui l'incarnation de « l'homme du complot » qui profite des malheurs de la France pour ameuter la population contre ses maîtres. Simultanément, et en réponse, les libéraux, avec Sismondi, dans son *Histoire de France*, saluent sans réserve en Étienne Marcel le glorieux précurseur du gouvernement représentatif, et dans l'ordonnance de 1357, qui interdit les mutations monétaires et qu'il impose au dauphin, la première charte arrachée par la bourgeoisie à l'arbitraire monarchique ; il est l'homme qui a donné une première assise au principe de la souveraineté du peuple… une représentation qui l'emporte désormais. Sa célébrité est ainsi au zénith lors de la création de la IIIe République, jusqu'à être chantée dans *Étienne Marcel*, un opéra de Saint-Saëns (1879).

Au vrai, cette représentation d'Étienne Marcel ne correspond guère à la réalité. Le prévôt des marchands était un très riche bourgeois, bien plus lié à la noblesse et à la Cour qu'au peuple de Paris. Il appartenait même à ces familles dont les États du royaume demandent que le roi les mette à l'écart. Mais il se coupe de son milieu, a pour modèle les villes flamandes et rêve d'un grand destin, comme son allié, l'évêque de Laon Robert le Coq qui, lui, souhaite devenir Chancelier. Soulever les populations contre les aides — ces lourds impôts levés pour payer la rançon et la guerre — participe à ses méthodes qui n'excluent pas la violence. En 1358, devant le tout jeune dauphin effrayé — le futur Charles V —, il laisse la foule, qu'il a ameutée, mettre à mort les maréchaux de Champagne et de Normandie. Bientôt abandonné pour avoir cautionné l'alliance de Charles de Navarre — qui réprime les Jacques —, avec les Anglais, il est assassiné.

Son action n'en avait pas moins aidé à donner une certaine force aux instances qui contestaient l'absolutisme des princes et des rois guerriers et gaspilleurs. Dans l'immédiat, les Jacques n'en étaient pas moins massacrés, Charles V, qui savait réfléchir, réussissait à faire refluer les forces de la contestation avant de mourir. Son père, Jean le Bon, avait su rehausser l'honneur des Valois : prisonnier en Angleterre, une partie de la rançon payée, il avait été libéré, dirions-nous, sur parole. Ses fils demeurant toujours incarcérés et l'un d'entre eux, Charles, s'étant évadé, Jean II décida de retourner en Angleterre pour se constituer prisonnier : question d'honneur.

À partir du XIVe siècle, plutôt que de juger que les princes ont construit leur État en luttant contre la féodalité, on estimera qu'ils se sont aidés de la féodalité pour construire leur État.

En témoigne la création des ordres de Chevalerie — ordre de l'Étoile, ordre de Saint-Michel —, contrats personnels qui organisent un lien d'homme à homme en dehors de la féodalité.

Au XIVe siècle, la nouveauté est bien que cette féodalité ne joue plus un rôle exclusif.

Tandis que le pôle du souverain se renforce avec le développement de la religion royale, qui se manifeste par un cérémonial nouveau affecté aux entrées royales, simultanément un deuxième pôle se développe, celui des grands corps de l'État : conseillers aux enquêtes, conseillers aux requêtes, notaires du roi, maîtres de monnaie, etc., au point qu'on a pu évoquer la bureaucratisation spectaculaire du XIVe siècle, sous Charles V notamment. Au même moment, apparaissent des assemblées représentatives, qui pèsent assez pour que le roi, en 1355, promette de ne plus muer les monnaies sans le consentement des États Généraux ; mais ces victoires sont fugitives.

De sorte que la guerre a affaibli, certes, le monarque, mais n'a pas mis en danger son autorité ; il va désormais jouer aussi du patriotisme pour la renforcer.

Ce renforcement de l'autorité de l'État se traduit par le rejet et la chasse, au bas de la société, aux vagabonds, aux faux pauvres, aux carrons (nous dirions aux truands). La première ordonnance royale contre eux date de Jean le Bon et l'ordonnance cabochienne de 1413 vise explicitement "ceux qui ne veulent pas travailler". On craint surtout les bandes de ces "crocheteurs et coquillards" qui sévissent également en Bourgogne et en Provence, chez le roi René. On commence bientôt à les rafler pour les mettre dans la flotte royale avant que s'ouvre, au XVIIe siècle, le temps de leur "renfermement".

LE ROYAUME DÉCHIRÉ, LE ROYAUME DÉPECÉ

Les affres que connurent les habitants du royaume de France au lendemain du règne de Charles V le Sage n'avaient pas eu d'équivalent. Elles inaugurent ces temps à venir — guerres de religion au XVIe siècle, frondes du XVIIe, où s'exprime de façon particulière un des traits du génie de la nation : la guerre civile.

Sans doute, au même moment, l'Angleterre connaît avec Wycliff et les révoltes égalitaristes un mouvement social et religieux, tandis qu'en Italie, les Ciompi incarnent la révolte des artisans des villes contre ceux qui les exploitent. La Flandre connut avec d'Artevelde, elle aussi dès ce début de la guerre de Cent Ans, des mouvements sociaux nés dans les villes et qui expriment, comme à Paris au temps d'Étienne Marcel, le malaise et le mécontentement de la bourgeoisie naissante. Partout, ils sont débordés par les violences des plus malheureux qu'eux, ceux qu'on appelle « le commun », « la merdaille », et ceux qui vont plus outre : caimans et robeurs, maraudeurs et tuchins. La simultanéité de ces mouvements populaires essentiellement urbains pourtant fait problème car ils ne communiquent qu'à peine entre eux — sauf peut-être l'Angleterre avec la Flandre, et la Flandre avec Paris, ce dont Charles VI voulut se venger. Au moins traduisent-ils l'instabilité générale qui accompagne la montée des villes au moment où les autorités traditionnelles — les princes, l'église, les rois — les accablent de taxes pour mieux faire la guerre, l'église se divisant lors du grand schisme pendant qu'en France du moins, les Grandes Compagnies ruinent le pays en vivant de rapines...

La monarchie de Charles V y a trouvé son compte, pourtant, car cette technique de guerre avec des professionnels — une nouveauté — qu'a incarnée Du Guesclin, a permis la reconquête du territoire perdu aux débuts de la guerre de Cent Ans. Or, une fois les révoltes urbaines matées, l'œuvre de restauration s'effondre du fait de la folie du nouveau roi Charles VI qui ouvre la voie à des querelles entre les princes, ses oncles, et ajoute en France un autre volet au chapitre des violences et de la guerre.

Charles VI avait commencé son règne, pourtant, sous d'heureux auspices, triomphant des bourgeois flamands, du fils Artevelde à Roosebeke, un massacre (1382). « L'infanterie flamande avait avancé comme sanglier tout forcené », mais les deux ailes de l'armée royale se replièrent sur cette masse et la broyèrent. Les chevaliers écervelaient les têtes, les valets achevaient les blessés, ni « nulle pitié n'en avaient non plus que ce fussent chiens... Le plus grand nombre périt étouffé dans un vallon marécageux ». Vingt-cinq mille Flamands périrent, parmi eux d'Artevelde. Bruges se soumit mais le roi ne daigna pas entrer dans la ville, il incendia Courtrai et reprit les éperons dorés que les Flamands avaient arrachés aux premiers chevaliers français en 1302. Les Valois revendiquaient bien l'héritage des Capétiens.

Les villes de Flandre matées, Charles VI se retourna contre les Parisiens. Oubliant volontiers leurs révoltes passées, le prévôt et les bourgeois l'accueillirent porte de Saint-Denis, vêtus de leurs robes neuves. Le roi leur fit donner l'ordre de rentrer chez eux et avec douze mille hommes pénétra dans Paris comme une ville conquise. Il fit jeter en prison et exécuter Jean des Marès, avocat du roi et ancien chef des maillotins choisi par eux pour négocier avec Charles V. Les châtiments suivirent à Rouen, Montpellier et Toulouse surtout. « Le Languedoc n'avait pas subi de pareilles rigueurs depuis la Croisade des albigeois. »

La folie de Charles VI

Le voyage du roi en Languedoc n'avait été pour lui qu'une fête, une fête qui en avait suivi d'autres, celle de l'entrée de la reine Isabelle à Paris où se succédaient soupers, joutes, danses et entremets. Y a-t-il un lien entre cette vie échevelée et les signes de folie qu'il manifeste ? Ils le frappent d'abord lors de l'expédition de Bretagne, pour venger son compagnon, le connétable de Clisson victime d'un attentat. « Par une chaude journée d'août », Charles VI s'était engagé dans la forêt du Mans, lorsqu'un vieil homme, nu-tête, sans souliers, vêtu d'une simple cotte blanche, se jeta sur son cheval et dit : « Roi, ne chevauche pas plus avant, tu es trahi. » Quelques instants plus tard, s'étant endormi sur sa monture, un page laisse tomber sa lance sur le chapeau d'acier d'un de ses compagnons. Charles VI tressaillit soudain, crut voir des ennemis autour de lui et se lança l'épée au poing, tua et blessa quelques-uns de ses pages... Une fois calmé, sur ordre de ses oncles on le ramena sur une litière pour mieux le soustraire à Clisson et ses autres conseillers, ces « bureaucrates » que plus tard Michelet a dénommés « les marmousets » et dont s'était entouré Charles V. Le mal du roi reprit, pourtant, à l'occasion d'un charivari qu'il suscita selon l'usage pour les troisièmes noces d'une dame d'honneur de la reine, ce « bal des Sauvages » où il s'y déguisa, et qui s'acheva tragiquement par un feu qui prit aux maillots des fêtards enduits de poix : pour l'histoire, il est devenu le bal des Ardents.

Cette fois, les oncles et le frère se substituent bien au roi fou, qui demeure monarque encore trente ans, jusqu'à sa mort en 1422, et se livrent à une lutte pour le pouvoir qui s'ajoute à la guerre contre l'Angleterre qui reprend, et au conflit au sein de l'Église qui avait éclaté en 1378.

Le Grand Schisme

Installée en Avignon depuis Philippe le Bel, la papauté s'y était fortifiée et enrichie, s'y construisant des palais, y entretenant Pétrarque et toute une Cour, montrant une munificence qui, au vrai, ne choquait pas le poète en dépit des diatribes de Catherine de Sienne contre une Église qui se préoccupe de sa fiscalité plus que de foi ou de croisade. Cependant, la curie se francisait peu à peu puisque sur cent dix cardinaux créés entre 1316 et 1376, quatre-vingt-dix furent des Français.

Pourtant, la sécurité étant revenue à Rome, une double élection a lieu à la mort de Grégoire XI ; Clément VII s'installe à Avignon, Urbain VI à Rome. Chaque partie espère l'emporter par la « voie de fait », c'est-à-dire par la force, mais l'Université de Paris intervint par la voix de Gerson et organisa un référendum au cloître des Mathurins. Dix mille cédules furent déposées où l'on eut à choisir entre trois voies (*tres viae*) : le concile, le compromis entre les deux papes, ou la retraite de l'un d'entre eux. Clément VII venant à mourir, Pierre de Luna promet s'il est élu de déposer sa tiare. Mais cet Aragonais, « du pays des bonnes mules », une fois élu, déclare qu'il ne se désistera que si le pape de Rome fait de même. Il faut attendre un autre concile, à Constance, en 1414, pour qu'un seul pontife règne sur la chrétienté.

Ces trente-neuf années de schisme avaient eu pour effet de faire dépendre plus que jamais le clergé de chaque pays de son prince, les papes négociant avec les représentants des nations du concile. Le schisme a ainsi favorisé le développement d'Églises nationales, en France notamment. Un facteur de plus, qui, à terme, consolide l'idée de nation face au désarroi de l'Église chrétienne qui n'a plus l'autorité.

Armagnacs et Bourguignons

Le roi ayant douze ans à la mort de Charles V son père, en 1380, ses oncles, le duc de Bourgogne et le duc de Berry, l'avaient en quelque sorte mis sous leur tutelle. Mais avec l'appui de son jeune frère Louis d'Orléans, il s'émancipa dès son mariage avec Isabelle de Bavière, petite-fille de Visconti, « si fraîche, que le roi ne pouvait en ôter les yeux ». Il chasse ses oncles et leur substitue les anciens conseillers de son père, ces « marmousets » qui avaient juré de n'avoir qu'une volonté, une politique : réformer et obéir. En 1382, la folie du roi donna aux oncles l'occasion de se ressaisir du pouvoir, en se heurtant à Louis, qui avait désormais les mêmes appétits. Entre le frère et les oncles, la rivalité était fatale. Leurs principautés, réservées aux membres de la famille royale, se dénomment les apanages, dédommagement, ce « pain donné », par chaque roi, à son avènement. En principe, depuis la fin des Capétiens, ils retournent à la Couronne faute d'héritier mâle, mais ils ont tendance à se rendre autonomes et à se développer en États parallèles, même si le roi conserve la levée des impôts, la monnaie, la levée du ban. Comme dans les principautés héréditaires — la Bretagne, le Béarn, la principauté de Bourbon —, il s'y crée des Chambres des Comptes, des Chancelleries ; les princes fondent des ordres de chevalerie, tels celui du Porc-Épic par Louis d'Orléans, de l'Hermine par Jean de Bretagne, de la Toison d'Or par Philippe le Bon de Bourgogne. Bref, « les princes usurpent ainsi peu à peu les droits royaux », et ils veulent mettre la main sur les finances royales, ce qu'ils peuvent seuls en tant qu'oncles, frères ou germains (Claude Gauvard).

Au Conseil, Louis d'Orléans et Philippe le Hardi ne cessent de se heurter, tandis que Jean de Berry ne pense qu'à ses collections et Louis de Bourbon ne rêve que de croisade. Jean Juvénal des Ursins, archevêque de Reims et auteur d'une *Chronique de Charles VI,* écrit : « Et dès lors il y eut de grands grommelis et manières tenus entre eux bien étranges, tellement qu'on apercevait bien évidemment qu'il y avait haines mortelles. Et toute la principale cause était pour avoir le gouvernement du royaume et mêmement des finances. » Pourtant, jusqu'à la mort de Philippe le Hardi (1404), le conflit reste circonscrit ; mais fort du soutien des Parisiens et des bourgeois auprès de qui il se présente comme un réformateur qui abaissera les aides, c'est-à-dire les impôts, son fils Jean sans Peur fait assassiner Louis, duc d'Orléans, un crime qui ouvre les hostilités entre les Bourguignons et les Armagnacs — noms que prennent désormais les partisans d'Orléans sous la conduite de Bernard VII d'Armagnac, beau-frère du fils du duc assassiné.

Ce crime réclamait vengeance ; Jean sans Peur en reconnut la paternité, et il trouva ses apologistes parmi les universitaires, dont Jean Petit, à Paris, qui le justifie au nom de la lutte contre la tyrannie — un précédent qui annonce l'époque de Catherine de Médicis. Ainsi soutenu, Jean sans Peur regroupe un parti, les Bourguignons, qui se présente comme celui des libertés face aux traditionalistes, les Armagnacs.

Aussitôt, ceux-ci sont massacrés dans la capitale.

La bataille d'Azincourt (1415)

Successivement, Bourguignons et Armagnacs avaient recherché l'alliance avec l'Angleterre lui promettant de recouvrer le duché de Guyenne. Mort en 1413, Henri IV d'Angleterre n'avait pas donné suite à ces propositions. Mais son fils Henri V, doté d'autres ambitions, reprit les prétentions d'Édouard III à la Couronne de France et en informa Charles VI, lui demandant la main de sa fille, Catherine. Simultanément, il s'entendait avec Jean sans Peur pour acquérir, en cas de refus du roi, les domaines des Orléans-Armagnacs. Son expédition était prête, quatorze cents navires et trente mille hommes, et il se saisit d'Harfleur.

À Azincourt, malgré les conseils de Jean de Berry, qui, sachant la présence des archers anglais et se rappelant Poitiers, propose de renoncer à la bataille, la lourde cavalerie s'élance à trois contre un, menée par Charles d'Albret, comte de Dreux : c'est le massacre.

« Les Français avaient pris place dans la plaine ; ils avaient été à cheval toute la nuit (...) Il pleuvait (...). La terre était molle de telle manière qu'à grand-peine les chevaux se pouvaient mouvoir hors de la terre. Or ils étaient si chargés de harnais qu'ils ne pouvaient avancer (...). C'est alors que les archers anglais entrèrent en action, bien protégés par une palissade ; puis ils avancèrent abattant et occisant sans merci et à prendre prisonniers dont ils crurent être tous riches, car tous étaient grands seigneurs qui étaient à la bataille... Le roi d'Angleterre ordonna alors que chacun tuât son prisonnier... Toute la noblesse française fut ainsi tuée, et découpés têtes et visages qui était merveilleuse chose à voir. »

Côté français, il y eut plus de onze mille victimes, mille six cents côté anglais : le plus grand désastre de la chevalerie française.

On prête à Henri V ces mots : « Je ne crois pas que j'ai mérité de vaincre. Je crois plutôt que Dieu a voulu punir les Français. » Au vrai, ce fut la noblesse Armagnac qui fut décimée, et Paris s'ouvrit aussitôt aux Bourguignons, Rouen aux Anglais. Jean sans Peur noua alors une alliance avec Henri V.

Dans la capitale, les Armagnacs « furent à nouveau massacrés en tas comme porcs au milieu de la boue ». Le prévôt de Paris, Tangui du Châtel, sauva le dauphin en l'enveloppant de sa robe et en l'emmenant à la Bastille Saint-Antoine (mai 1418).

Les trois France

Devenu le chef de son parti, le jeune dauphin Charles, qui avait seize ans, négocia avec Jean sans Peur, qui après tant de retournements déclara qu'il ferait la guerre aux Anglais. Au pont de Montereau, pourtant, leur entretien fut orageux et, vengeance des Armagnacs, Jean sans Peur fut assassiné (1419).

Son fils Philippe le Bon renoua aussitôt alliance avec Henri V, la reine Isabeau s'associant à eux pour admettre qu'« Henri V ne prendrait plus le titre de roi de France, mais d'héritier du roi de France », en gardant la Normandie. « Il est devenu notre fils », déclarait Charles VI mourant, et épouserait Catherine, la sœur « du soi-disant dauphin », détrôné avant de régner.

Par ce traité de Troyes (1420), qu'approuvèrent les États Généraux à la demande de Charles VI, la Couronne de France passait ainsi sous la domination de l'Angleterre — ce que le dauphin refusa d'admettre en se réfugiant à Bourges, auprès du duc de Berry. Son rival, fils d'Henri et de Catherine, cet Henri VI, n'est qu'un bébé d'un an, mais son oncle, duc de Bedford, gouverne fortement en son nom. Il contrôle Paris, la Normandie et la Guyenne. À côté de lui, Philippe le Bon contrôle la Bourgogne, les Pays-Bas, la Champagne et les Flandres.

JEANNE D'ARC, PATRIOTE ET MARTYRE

Dans *Henry VI*, écrit autour de 1590, Shakespeare prête à Jeanne d'Arc, qui s'adresse au duc de Bourgogne, le vrai discours d'une patriote :

Regarde ton pays, vois la fertile France
Ses villes, ses cités, Vois-les défigurées
Par les destructions d'un cruel ennemi
Regarde-la comme une mère son enfant
Quand la mort vient fermer les doux yeux qui s'éteignent.
Vois le mal de langueur dont dépérit la France
Vois ses blessures, ses monstrueuses blessures
Que toi-même portas à son sein douloureux.
Ô tourne, tourne ailleurs ton épée acérée.
Frappe qui la meurtrit, ne meurtris pas qui l'aide.
Le sang pour peu qu'il perle au sein de ta patrie
Devrait plus t'attrister qu'étranger s'il ruisselle.

La leçon faite à Bourgogne, ici, compte moins que l'accent, au vrai patriotique. Napoléon le retrouve, en 1803, pour approuver l'initiative prise par les Orléanais de faire élever un nouveau monument à Jeanne d'Arc : « L'illustre Jeanne d'Arc a prouvé qu'il n'est point de miracle que le génie français ne puisse opérer lorsque l'indépendance nationale est menacée. Unie, la nation française n'a jamais été vaincue, mais nos voisins, abusant de la franchise et de la loyauté de notre caractère, semèrent constamment ces dissensions d'où naquirent les calamités de l'époque où vécut l'héroïne française et tous les désastres que rappelle notre histoire. »

Dans ce texte, la nation a pris la relève de la patrie. Dans ce texte aussi, le miracle est celui du génie de l'indépendance. Depuis la mort de Jeanne d'Arc en 1431, son procès et sa réhabilitation, ce texte est le premier hommage public rendu à la Pucelle par une autorité officielle. Pour qu'il ait fallu l'attendre si longtemps, quels enjeux l'action de Jeanne d'Arc avait-elle pu soulever ? On y reviendra.

Lorsque, en 1422, à quelques mois de distance, moururent Henri V d'Angleterre puis Charles VI de France, il y avait deux rois de France : le jeune Henri, futur Henri VI âgé d'un an, né du mariage de Henri V et de Catherine, roi de France et d'Angleterre ; le dauphin Charles, futur Charles VII déshérité par son père Charles VI, qui ne reconnaissait pas la légalité du traité de Troyes : un roi ne pouvait pas déshériter son fils légitime. Aussi la rumeur courait que, fils d'Isabeau de Bavière, reine volage, il n'était peut-être pas si légitime que cela...

Tandis que le duc de Bourgogne balançait entre un ralliement au dauphin ou au duc de Bedford, régent de Henri VI, le dauphin devait se réfugier en Berry pour combattre son rival qui occupait Paris.

Pourtant, celui que, par dérision, on dénomma « le roi de Bourges » n'était pas aussi démuni que la légende de Jeanne d'Arc l'a laissé accroire. Il contrôle tous les pays au sud de la Loire, sauf la Guyenne, et au sud-est lui sont fidèles Lyon et le Dauphiné. Le Parlement de Poitiers prend la relève de celui de Paris. Depuis Azincourt et Verneuil, un deuxième désastre pour les Armagnacs, tous les grands fiefs avaient perdu leurs chefs ; le duc de Bretagne et le comte de Foix avaient une attitude équivoque mais ne penchaient pas vers le duc de Bedford, comme il arrivait au duc de Bourgogne. Le dauphin dispose, certes, d'une vraie armée, mais se la disputent des favoris entre lesquels il ne sait pas trancher — Richemont, La Trémoille —, qui épuisent le Trésor. Manquant de caractère, le dauphin laisse gouverner sa belle-mère, Yolande d'Aragon, duchesse d'Anjou, qui essaie de lui gagner la Bretagne. Et pourtant ces faiblesses ne rallient pas pour autant les notables du pays à Bedford. Jean Favier calcule qu'à Paris, le nombre des magistrats fidèles au duc de Bourgogne passe de quatre-vingts à cinquante, entre 1418 et 1430 ; alors qu'au Parlement de Poitiers, la deuxième « capitale » du dauphin, il passe, dans le même temps, de vingt à quarante-trois... Ce n'est qu'un signe, mais il en existe d'autres, de l'hostilité d'une partie des populations à la régence de Bedford. En ce qui concerne l'Église, il ne s'agit pas de patriotisme, car elle ne résiste aux exigences de Bedford qu'au nom de ses libertés ; si on les respecte, elle priera pour le régent. La résistance populaire tient au fait qu'on supporte mal d'être gouverné par un étranger même s'il respecte les coutumes, laissant la plupart des fonctions civiles à des Français, qu'on dénomme les « reniés » — « fils d'Anglais » revient à dire « fils de pute ».

Les plus rétifs à cette domination sont les Normands, au point que les Anglais se sentent en insécurité dans la province qu'ils considèrent, par excellence, comme la leur : ils y livrent une vraie guerre contre des partisans qu'ils traquent comme des bêtes. Mais les sentiments qui affleurent sont de même nature dans la capitale où les bourgeois de Paris, Bourguignons de sympathie, n'appellent plus leurs adversaires les Armagnacs mais les Français ; d'ailleurs, « on murmurait fort » aux obsèques de Charles VI, à Notre-Dame, quand on vit que c'était Bedford qui faisait porter devant lui l'épée du défunt roi. *La Complainte des bons Français*, du Normand Robert Blondel, se fait l'écho de tous ces sentiments, tout comme Alain Chartier dans son *Quadrilogue invectif.* « La Dame France » qu'il voit s'avancer invective ses trois enfants, noblesse, clergé, tiers état, qui n'ont su que se quereller au lieu de la défendre...

« Quelles aspres parolles pouroye-je prendre pour vous reproucher votre ingratitude vers moy ? Car puis-je mettre au-devant que, après le lien de foy catholique, Nature vous a devant toute chose obligez au commun salut du pays de votre nativité et à la deffense de celle seigneurie, soulez laquelle Dieu vous a fait naistre et avoir vie... »

Ce patriotisme qu'il appelle de ses vœux, n'est-ce pas précisément Jeanne d'Arc qui l'incarne ?

Figure 8 — Jeanne au bûcher, miniature extraite des *Vigiles de Charles VII* (1848). Face à Jeanne d'Arc se dresse l'évêque Cauchon avec, à sa droite, l'huissier Jean Massien, qui porte une cagoule bleue et le bâton propre à sa charge. On identifie également, crucifix en main, le frère Martin Ladvenu, qui confessa Jeanne d'Arc et obtint l'autorisation de la faire communier avant l'exécution de la sentence. (Paris, Bibliothèque nationale de France.)

Fraîche et vigoureuse jeune fille, Jeanne d'Arc avait dix-huit ou dix-neuf ans lorsque des voix intérieures, qu'elle attribua à sainte Catherine et à saint Michel, lui commandèrent de porter secours au dauphin et de « bouter les Anglais hors de France ». À Domrémy, dans le Barrois, on se trouvait dans une zone qu'Armagnacs, Bourguignons et Anglais se disputaient, et le bétail de Domrémy avait même été enlevé, en 1425, par une bande de Bourguignons...

De sorte que pour cette fille de laboureur, un paysan aisé, les conflits en cours constituaient une réalité dont elle connaissait les données. Vive et déterminée, Jeanne obtint l'appui du seigneur de Baudricourt, un capitaine qui tenait la dernière place Armagnac dans la région, celle de Vaucouleurs. Apprenant que les Anglais faisaient le siège d'Orléans, une place stratégique, elle le convainquit que, « dût-elle aller trouver le dauphin sur ses genoux, elle irait ». Sa détermination fut la plus forte, par précaution il la fit exorciser par le curé de Vaucouleurs, et avec une petite troupe, un cheval, une épée et des lettres de créance, elle partit pour Chinon (février 1429). Là, introduite auprès du dauphin, toujours méfiant, elle lui aurait dit sa conviction qu'il était bien le fils de Charles VI. Quand le moine Séguin lui demanda ensuite quel langage parlaient sainte Catherine et sainte Marguerite, « Meilleurt que le vôtre », lui répondit-elle, à lui qui s'exprimait en patois limousin. Ayant obtenu une petite troupe, elle montre habileté et courage, entrain et caractère et assez de jugement pour qu'on la croie compétente en art militaire. Atteinte à l'épaule par un trait d'arbalète, elle repart à l'attaque, stupéfiant les Anglais, enthousiasmant ses premiers compagnons d'armes, à l'expérience éprouvée : Jean, duc d'Alençon, Gilles de Rais, La Hire. On fête la libération d'Orléans jusqu'à Brignoles et Toulouse où elle apparaît un tel miracle que le Capitoul propose de faire appel à Jeanne d'Arc pour remédier au fléau de la mutation des monnaies...

Le dauphin était reconnaissant envers Jeanne, mais sans élan, n'allant même pas voir les Orléanais, et dans les lettres royales indiquant la nouvelle, on se contentait de dire qu'« à ces explois esté la Pucelle, laquelle est venue devers nous ».

Après la victoire de Patay — « autant il viendra d'Anglais pour la menacer, autant tomberont morts à terre », rapporte un chroniqueur italien, Giovanni Da Molina — de fait, Bedford et Talbot sont à bout de ressources, et Jeanne convainc le dauphin d'aller maintenant se faire sacrer à Reims ; « Et qui eut veu ladicte pucelle accoler le roi a genoulx par les jambes et baiser le pied, pleurant à chaudes larmes en eust eu pitié » (17 juillet 1429).

La gloire de la Pucelle était au zénith ; le peuple, l'appelait « l'Angélique » et à Lagny on la fit venir pour ressusciter un enfant.

Elle avait rendu à Charles sa gloire perdue et restitué au royaume moult provinces, jusqu'au-delà de la Seine...

Après le triomphe du sacre, l'entourage de Charles VII et lui-même firent bon accueil à une ambassade de Philippe le Bon : une conférence s'ouvrit à Arras pour y négocier une trêve. Mais Jeanne partit avec le duc d'Alençon et, sans prendre avis de personne, elle poursuivit son projet : bouter les Anglais hors de France. Elle s'approcha de Saint-Denis, fut blessée à la cuisse sur les murs de Paris et Charles VII interdit à la Pucelle de renouveler l'attaque. À Lagny, à nouveau, en mars 1430, elle voulut combattre, et bientôt, devant le siège de Compiègne, elle tomba aux mains de l'ennemi, en l'occurrence des Anglo-Bourguignons. « N'en faisant qu'à sa tête », elle fut victime aussi de sa témérité.

Les Anglais étaient soulagés, qui avaient attribué leurs défaites à la présence d'une sorcière. De fait, Bedford la livra à l'évêque de Beauvais, Pierre Cauchon, l'Église étant seule compétente pour juger de ces crimes occultes et indicibles dont on chargeait seulement les hérétiques. Il faut qu'elle ait été sorcière pour que s'expliquent ces revers.

La conduite et l'action de Jeanne d'Arc ayant concerné les fondements du pouvoir, sa toute-puissance — celui de Henri VI comme celui de Charles VII —, l'accusation d'hérésie portait en elle une signification politique. Dans cette période où il existe deux rois de France et trois papes simultanément, il faut renforcer la légitimité du pouvoir, et que s'associent le trône et l'autel.

De son côté, Charles VII ne fait rien pour sauver la Pucelle ; il est même soulagé qu'elle ne l'oblige plus à la guerre à tout prix ; surtout, elle ne l'intéresse plus depuis qu'elle a perdu sa capacité à vaincre. En outre, les juristes et conseillers font comprendre au roi qu'il n'a pas intérêt à associer plus outre son trône à l'action d'une femme, d'une sorcière...

L'instruction du procès dura plusieurs semaines, et Pierre Cauchon qui, Bourguignon, jugeait Jeanne criminelle, étouffa quelques-unes des règles du droit, même appliqué aux hérétiques. Il passa sous silence toute l'enquête faite à Domrémy et qui était favorable à Jeanne, ne laissant même pas entendre qu'il y avait enquête ; il ne souffla mot non plus de l'enquête concluant une nouvelle fois à la virginité de la Pucelle. Aux interrogatoires, elle répondit avec verve : « Saint Michel, quand il lui était apparu, était-il nu ? — lui demandait-on. — Pensez-vous, répondit-elle, que Dieu n'ait pas de quoi le vêtir ? — Et qui, croyez-vous, qu'est le vrai pape ? — Est-ce qu'il y en a deux ? » répondit-elle.

Le libelle d'accusation, œuvre de Jean d'Estivet, la déclarait « lectrice de sorts, fausse prophétesse, mal pensante au sujet de notre foi catholique (parce qu'elle écoutait les saints au lieu d'obéir à l'Église), troublant et empêchant la paix, scandaleuse et séditieuse, altérée de sang humain »... Malgré les menaces, elle ne renia rien de sa mission, et comme elle refusait d'abjurer ses erreurs, sachant qu'elle serait livrée aux Anglais, brûlée vive, elle finit par confesser tout ce que l'on voulut. Pierre Cauchon la condamna alors à la prison perpétuelle. Les Anglais crièrent à la trahison, ce qu'ils voulaient c'était la mort.

Dans sa cellule, on lui avait laissé à sa portée des habits masculins, et, revoyant Cauchon, elle lui dit alors, les ayant mis, « que Dieu lui avait mandé par sainte Catherine et sainte Marguerite la grande pitié de la trayson que elle consenty en faisant l'abjuration pour sauver sa vie », et elle déclara que cette abjuration était un mensonge... Dès lors, elle est relapse, et perdue. Cauchon, qui avait craint les représailles anglaises, était fou de joie :

« Farewell, Farewell, dit-il à Warwick, il en faict, faictes bonne chière. »

« Hérétique, relapse, apostate », elle monta sur le bûcher en s'écriant que « la délivrance promise était la mort et que ses voix ne l'avaient pas trompée » (1431).

« La brave femme, que n'est-elle anglaise », avait dit un témoin d'outre-Manche, lors de son procès.

Le roi n'avait rien fait pour elle. En 1450, pourtant, il fit rouvrir son procès et elle fut réhabilitée. C'est que la paix était signée, les Anglais n'étaient plus là, et il ne fallait pas que son trône ait pu devoir quelque chose à une sorcière, à une hérétique... Le pape confirma cette réhabilitation en 1456. Mais elle ne fut plus honorée jusqu'aux temps de Bonaparte — une autre histoire[1].

L'Occident, capitale Bourgogne

Grâce à Jeanne d'Arc, le roi de Bourges était redevenu le roi de France ; mais il lui restait des provinces à recouvrer, Paris à reprendre, car les Anglais étaient toujours là. Certes, en Normandie, la naissance du sentiment patriotique créait une situation de plus en plus critique pour l'occupant, constamment aux prises avec des embuscades ; Charles VII put reprendre Rouen et bientôt Cherbourg après la bataille de Formigny (1450). Le recouvrement de la Guyenne fut plus épineux mais la mort de Talbot à la bataille de Castillon assura au roi Bordeaux et tout le Sud-Ouest. En 1453, il ne restait que Calais aux Anglais.

Simultanément, la puissance monarchique se restaurait, la vitalité de l'État s'affirmait. Le roi avait le clergé bien en main, le Parlement, l'Université lui étaient acquis — néanmoins les princes résistaient toujours : Bretagne, Anjou, Bourbon, Armagnac et, surtout, Bourgogne.

Oui, Bourgogne : parce que si la France sortait de ses ruines, ce duché était intact. Surtout, l'Angleterre connaissait à son tour un conflit dynastique, la guerre des Deux-Roses, commencée en 1455, et ce furieux règlement de comptes entre York — la rose blanche — et Lancaster — la rose rouge — rendait les Anglais impuissants sur le continent.

Ces données rendent compte de la montée en puissance et en gloire des ducs de Bourgogne.

« La France, a écrit Michelet, n'a pas d'élément plus liant que la Bourgogne, plus capable de réconcilier le Nord et le Midi. » Certes, mais le jugement vaut pour un historien du XIXe siècle, en un temps où la France est déjà une entité. Au XVe siècle, la Bourgogne se trouverait plutôt entre la France et l'Empire, héritage des partages de l'époque carolingienne.

Rien n'annonce le destin fabuleux de ce duché que le roi Jean II le Bon offre en apanage à son plus jeune fils Philippe, dit « le Hardi », dont le royaume sait quel courage et quelle vivacité d'esprit il sut montrer lors de la bataille de Poitiers, en 1356. Mais ce qui conféra au duc de Bourgogne une force inégalée fut sa liaison avec la Flandre, « le comté le plus

1. Voir plus loin, deuxième partie, chapitre 5 la section sur le passé, enjeu de guerre civile.

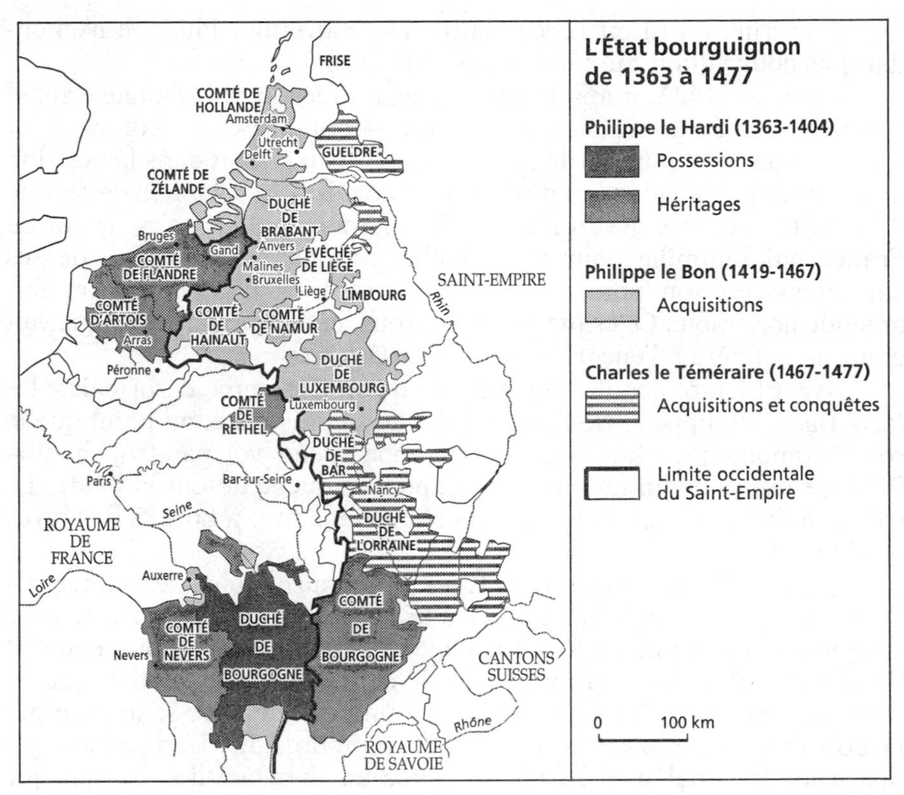

L'ÉTAT BOURGUIGNON (1363-1477) — *La Lorraine en est le centre de gravité, et il comprend les comtés les plus industrieux de l'Europe du Nord : Flandre et Artois.*

riche, le plus noble, et le plus grand de la chrétienté », nous dit Christine de Pisan. Les noces eurent lieu avec son héritière en 1369.

Pourtant, Bourgogne et Flandre n'avaient pas les mêmes intérêts : pour l'essentiel, les Flamands avaient besoin d'importer librement des laines d'Angleterre et ne tenaient pas à ce que Philippe, dans le cadre de sa fidélité envers les Valois, n'agisse contre les intérêts de sa plus riche province et de ses trois grandes cités, Gand, Bruges et Ypres. Leurs discordes, leur intérêt toutefois prirent le pas sur toute autre considération, et, sous Jean sans Peur, le fils de Philippe, la Flandre devint le centre de gravité du duché : comme elle voulait se rendre autonome du roi de France, au vu de son intérêt économique, la Bourgogne suivit. Dans la discorde des partis, alors qu'en France se développait un sentiment national qu'incarna bientôt Jeanne d'Arc, en Bourgogne inversement, le rédacteur du *Pastoralet* et de la *Geste des ducs de Bourgogne* témoigne que par le sentiment, on ne se sentait plus français. L'assassinat de Jean sans Peur, à Montereau, en 1419, par les sbires de Charles VII achève la séparation de Bourgogne. Question d'honneur, le fils de Jean, Philippe le Bon, passait du côté des Anglais et signait le traité de Troyes en 1420.

En vérité, en tirant l'épée contre son souverain, Philippe n'entendait pas pour autant faire le jeu des Anglais.

Ainsi, en 1422, après la mort prématurée du roi d'Angleterre, il refuse d'exercer la régence en France — qui passe à Bedford — et n'accepte pas non plus l'ordre de la Jarretière ; il se met dans la position d'un prince indépendant, et dès que sont acquises les victoires de Jeanne d'Arc il fait sa paix avec Charles VII. À Arras, en 1435, c'est le roi de France qui s'humilie pour faire oublier Montereau, lorsqu'un de ses conseillers, en son nom, s'agenouille devant le duc Philippe et fait amende honorable. Ce crime-là était absous, et on oubliait celui qu'avait commis son père à l'encontre de Louis d'Orléans.

Ayant bientôt acquis un ensemble qu'on dénomme désormais « les Pays-Bas », Philippe le Bon est au faîte de sa puissance, au point que le roi Sigismond juge que « le duc Philippe prend vol par trop haut ». Philippe refuse de lui faire hommage pour le duché de Luxembourg. Le roi allemand n'en peut mais, qui, à cette date, a trop à faire, à l'est, avec la révolte hussite.

Bien qu'il ait réuni des États Généraux pour ses différents domaines, qu'il se soit lancé dans une croisade contre les Turcs pour venger son père vaincu à Nicopolis, que la bannière de la Bourgogne ait flotté sur le Danube et la mer Noire, le duc, « étoile de la chevalerie et perle des vaillants », vise, pour être reconnu roi, de faire se joindre par la Lorraine ses possessions du Nord et de Bourgogne. L'ancienne capitale avait été Chalon, il l'avait remontée au nord à Dijon, rêvant que Nancy, toujours plus au nord, plus près des Flandres, prenne la relève. C'est sous les murs de cette ville que son fils Charles, dit « le Téméraire », sera retrouvé mort après sa campagne fatale contre les Suisses, les alliés de Louis XI, vingt ans plus tard.

L'apogée de la Bourgogne se situe à l'heure de Philippe le Bon. Sa Cour, la plus prestigieuse, dépasse celle de tous les États européens. Les artistes dédaignent les charmes de la cour de France et célèbrent la gloire du comte-duc, du grand duc d'Occident.

Ainsi après Aix-la-Chapelle, au temps de Charlemagne, après Poitiers, la capitale-troubadour d'Aliénor d'Aquitaine, après Paris, puis Bourges, ce fut au tour de Dijon de revendiquer la première place parmi les cités d'Occident.

Près de Dijon, le Moïse du Puits des Prophètes, à Champinol, l'effigie de Philippe le Hardi sculptée également par Claus Sluter au portail de cette même *chartreuse*, figurent parmi les chefs-d'œuvre reconnus de l'art universel. À Gand, c'est Jan Van Eyck qui joue à la Cour un rôle qui sera plus tard celui de Rubens auprès d'Albert d'Autriche. À Beaune, c'est Van der Weyden, à qui l'on doit son fameux retable. Ils accourent tous, chantés par Christine de Pisan et Eustache Deschamps, et célèbrent la gloire du grand duc d'Occident.

La Cour est une mer dont sourd
Vagues d'orgueil, d'envie, orage.

nous dit Jean Meschinot... S'y multiplient les fêtes et les banquets, le plus célèbre étant la fête du Faisan, en 1454, à Lille où Philippe le Bon et ses paladins prirent la croix. Le grand duc d'Occident avait été, plus que d'autres souverains, frappé par la chute de Constantinople, en 1453. Son évêque, Jean Germain de Chalon, ne réussit pas à convaincre Charles VII de mener avec lui une croisade. Il ira seul, selon l'usage. Une grande fête devait précéder toute grande décision. Au cours du festin, on découpa un oiseau rôti, revêtu à nouveau de ses plumes ; un chevalier le dépeça et, en souvenir de la Cène, chacun en reçut un morceau. Se nouait ainsi une solidarité de sang. Sauf que d'ordinaire, on présentait un paon, et qu'à Lille, on présente un faisan. On remit une couronne au duc, une fillette de douze ans, « princesse de la gloire », vêtue de soie violette et d'or baisa la couronne, la mit sur la tête du duc et les banquets succédèrent aux banquets. Les plats arrivaient du ciel, grâce à des poulies amarrées aux décors. Trompettes et jeux se succédèrent, également les porteurs de flambeaux.

Le programme était trop chargé. « À côté de la beauté païenne sans voiles, la vertu chrétienne se cachait pudiquement. La Sainte Église devait tolérer à côté d'elle Hercule, et même le parjure Jason. Tout était conçu en vue de l'énorme, de l'agitation passionnée correspondant à la tempête intérieure qui alors entraînait les hommes en tout sens. »

Le gothique se transformait en baroque (O. Cartellieri).

De la France des princes à la France du roi

Au terme de la « guerre de Cent Ans », la monarchie avait su se renforcer : ses malheurs y avaient contribué, car ils avaient développé un sentiment patriotique que l'administration royale avait exploité. Elle avait ainsi réussi à faire du mercenariat un monopole d'État alors que jusque-là il avait été livré à l'initiative des audacieux. Simultanément, pour assurer la libération du territoire, le roi avait fixé la taille et les États provinciaux l'avaient votée, comme il le demandait. Charles V et Charles VII avaient ainsi conquis le pouvoir sur l'armée et sur les finances, deux moyens essentiels dont ne disposaient pas leurs prédécesseurs.

En outre, attentif aux revenus du commerce, la monarchie s'entoure d'affairistes compétents, tel Jacques Cœur, dont la devise « à vaillans cuers, riens impossible » dit bien ce qu'un fils de pelletier de moyenne aisance peut devenir en spéculant sur les monnaies, en devenant le créancier des courtisans. Autant que l'inspirateur des frappes monétaires de Charles VII, ce fut un négociant qui comprit les besoins de luxe de la Cour et sut la pourvoir en produits d'Orient. L'acquisition de la Provence lui fit substituer Marseille à Montpellier comme port du Levant, et en tirer avantage. Les immenses profits acquis par ce brasseur

Figure 9 — Les travaux des champs devant le Louvre, illustration des *Très Riches Heures du duc de Berry* (XVe siècle). Avec ce prestigieux manuscrit apparaissent pour la première fois des représentations réalistes de l'architecture et du paysage. (Chantilly, musée Condé.)

d'affaires lui permirent de construire un somptueux palais à Bourges ; ses malversations le menèrent en prison mais il s'en évada pour mourir à Chio, les armes à la main.

L'aristocratie ne pouvait tolérer auprès du monarque un homme nouveau aussi puissant. Mais ce qu'incarnait Jacques Cœur survécut : le rôle du commerce des villes et des ports surtout, dans la vie économique du pays, et l'intérêt que la monarchie pouvait découvrir à sortir des dispositifs de la féodalité.

La guerre avec les Anglais était terminée et, croyait-on, bien terminée car outre-Manche Lancaster et York continuaient à s'entretuer. À Picquigny, en 1475, le jeune Louis XI se vantait d'« avoir plus aisément chassé les Anglais que son père car il les avait chassés à force de manger pâtés de venaison et de boire de bons vins ». Chacun chez soi, telle semblait être désormais la conviction de tous.

Néanmoins, jeux d'alliances et retournements avaient laissé des séquelles ; par exemple, Jean V d'Armagnac, allié de Talbot en Guyenne, avait manifesté sa déconvenue après sa défaite. Il devait bientôt être condamné par le Parlement de Paris, pour lèse-majesté, rébellion et inceste — il avait eu plusieurs enfants de sa sœur. Des vassaux plus modestes voulaient manifester leur indépendance lorsque Charles VII leur interdit toute construction ou réparation de châteaux forts sans autorisation et les écarta du Conseil : à leur tête, le duc de Bourbon organisa un soulèvement, la Praguerie, par allusion aux insurgés de Bohême, à laquelle se joignit le fils de Charles VII, Louis, brouillé avec son père à qui il reprochait sa liaison avec Agnès Sorel. Exilé en Dauphiné, Louis se conduit en prince autonome dotant Grenoble d'un Parlement, développant l'industrie, le commerce, et administrant sa province en souverain autoritaire et pointilleux, et déjà indépendant à l'âge de dix-huit ans, souvent en conflit avec les intérêts du royaume, allant jusqu'à soutenir les York quand son père se faisait l'ami des Lancaster, et les encourageant à envahir la France, puis se réfugiant chez Philippe le Bon et faisant ainsi ami-ami avec Bourgogne.

Bien sûr, la situation changea du tout au tout le jour où, en 1461, Louis devint roi, et où, plus que la Bretagne ou l'Anjou, c'était bien le grand duc d'Occident qui menaçait ses États.

Ce à quoi Louis avait participé contre Charles VII, la Praguerie, les mêmes conjurés, princes et autres féodaux, l'organisèrent contre lui. Les contemporains mettent en cause sa rouerie, le fait qu'il sait susciter la méfiance de tous ceux avec qui il traite ; que « d'entrée il ne pensa qu'aux vengeances », rapporte Commynes, contre ceux qui avaient servi son père. Cette ligue du Bien public soutenue par le clergé fait appel à l'opinion, qui présente le monarque comme un homme sans honneur, qui trahit tous ceux qui le servent, qui « aime l'argent plus que ses sujets, allié de l'étranger (en l'occurrence, le duc Sforza de Milan) pour détruire la bonne noblesse de France ». Cette ligue est dirigée à nouveau par le duc de Bourbon, plus ou moins soutenue par les Anglais et des princes allemands, par François duc de Bretagne, par Charles de France, le jeune frère de Louis ; mais c'est Charles le Téméraire, comte de Charolais et fils de Philippe le Bon, qui mène l'offensive contre le roi et menace Paris.

Le roi réussit à dissoudre la coalition en cédant la Normandie, apanage numéro un, à son jeune frère ; et à Montlhéry il se bat, et bien, car sous ses allures de malingre disgracieux et malade il est physiquement très courageux. Sûr de lui et joueur, comptant sur les ruses de ses discours enjôleurs — on l'appelait « la Sirène » —, il espère traiter d'homme à homme avec le jeune Charles le Téméraire, qu'il juge « una bestia », dit-il à Malleta, l'ambassadeur vénitien. Sans escorte, il le rencontre à Péronne lorsque éclate, à Liège, une émeute dont on dit qu'il l'avait fomentée contre le duc de Bourgogne. Pris au piège, le roi est arrêté et, grâce à l'intercession de Commynes — qui se fait payer au passage —, il conclut un traité honteux l'obligeant à accompagner Charles à Liège, en criant « Vive Bourgogne » à l'adresse de ceux qu'il avait soulevés contre le duc. Puis Charles fait incendier la cité rebelle (1468).

Cette humiliation attise la haine personnelle de Louis XI qui, au dire de Commynes, est « cette universelle araigne » qui manipule princes et États moyennant argent, souvent contre le Téméraire. De fait, il collabore au rétablissement des Lancaster, soutient les Suisses qui craignent l'expansionnisme bourguignon, intervient auprès de l'empereur Sigismond pour que Charles ne soit pas sacré roi. Mais dans cette politique il y allait de l'intérêt de chacune des parties.

Surtout, Louis XI voudrait éviter de nouvelles guerres et c'est le Téméraire qui les suscite : ainsi, il veut venger Charles de France, le frère de Louis, mort, dit-on, de façon suspecte, ce dont il accuse Louis XI. Il dévaste les pays entre Champagne et Normandie, assiégeant Beauvais, que défend une jeune femme, Jeanne Laisné, la Jeanne Hachette de la légende. Guerres et trêves se succèdent jusqu'à ce que Charles attaque Neuss, sur le Rhin, que vient défendre René duc de Lorraine, puis qu'il se lance contre les Suisses, subissant les deux désastres de Grandson et Morat en 1476, et trouve la mort, contre René de Lorraine, près de Nancy où on retrouve son cadavre, nu et défiguré, à demi mangé par les loups (1477).

La mort du Téméraire et la conquête de la Bourgogne, de l'Artois et de la Picardie signent le succès de Louis XI qui voit bientôt se précipiter un processus d'annexions, tant s'est rompu l'équilibre entre les féodaux et la Couronne. Les héritages de René d'Anjou et de Charles du Maine sont bientôt captés, avec l'Anjou, le Barrois et la Provence ; le Roussillon et la Cerdagne semblent tenus. Il reste la Bretagne qu'un mariage unit bientôt au fils de Louis XI.

Pourtant, ces indéniables succès et ce renforcement inouï de la Couronne n'allaient pas sans contreparties. Et celles-ci portaient loin...

Ainsi, contre Louis XI, Charles le Téméraire avait épousé Marguerite d'York, et bientôt sa fille convolait avec l'héritier de l'empereur Frédéric III, Maximilien. Le premier mariage n'eut pas de suite mais le second, si, car Philippe le Beau, fils de Maximilien, épousait Jeanne la Folle, fille d'Isabelle de Castille et de Ferdinand d'Aragon, dont Louis XI n'avait pas réussi à empêcher l'union.

Or, de Philippe le Beau et de Jeanne la Folle allait naître Charles Quint, de sorte que dès les temps de Louis XI se dessinait l'encerclement de la France par les Austro-Espagnols.

Chapitre 2
LES TEMPS DE LA MONARCHIE ABSOLUE

Une ère nouvelle ?

Peut-on considérer qu'avec la mort de Louis XI, une nouvelle ère commence dans l'histoire de la France ? Certes, pas si l'on observe seulement qu'une fois les princes vaincus, Charles VIII et ses successeurs ouvrent une ère de guerres à l'extérieur. Au vrai, la présence en Italie était une vieille histoire dont les Vêpres siciliennes, en 1282, rappelaient le souvenir, sans parler des expéditions qui traduisaient cette fascination pour les richesses de l'Italie et de l'Orient.

Le vrai changement se situe ailleurs.

Il s'exprime d'abord par la formidable mise en cause des autorités religieuses qu'incarnent les différents mouvements de réforme, et qui ébranlent jusqu'aux fondements de l'État.

Il s'exprime ensuite par l'élargissement du monde à la suite des grandes découvertes, qui aboutit à une expansion outre-mer : ce n'est pas le royaume de France qui l'anime, au départ, mais le changement de dimension de ses voisins modifie complètement la place de ce pays dans le contexte européen.

La conquête de l'Empire inca est contemporaine de Luther. Et c'est la même année que Jacques Cartier s'ouvre le Saint-Laurent et que Calvin publie l'*Institution chrétienne*.

Ces phénomènes commandent peu ou prou les transformations que le royaume de France va connaître jusqu'à la Révolution, et que caractérisent les progrès de l'absolutisme.

Un des traits qui marque l'évolution de l'État français entre l'avènement de Charles VIII et les temps de Henri IV — globalement le XVIe siècle — est bien en effet un retournement qui s'opère quant aux fonctions de la royauté.

Figure 10 — Jean Calvin (1509-1564), réformateur religieux et écrivain français. Gravure. (Paris, Bibliothèque nationale de France.)

La monarchie des débuts de la Renaissance s'édifie par la violence de guerres qui doivent légitimer l'obéissance au roi. Pendant les guerres d'Italie, le monarque se présente comme un roi de violence exposant son corps aux coups de l'ennemi. À Fornoue, Charles VIII est dépeint comme se battant l'épée au poing ; à Agnadel, Louis XII frappe avec acharnement ses ennemis. François Ier méprise la mort à Marignan. Et, comme à la bataille, s'expose au bûcher celui qui, hérétique, offense le monarque qui a juré de bannir l'hétérodoxie. Ces conquêtes, cette violence permettent et impliquent une sorte de « bond en avant de l'État » qui n'a plus à craindre les conspirations des apanagés des temps passés et utilise à son avantage la violence du monde de la noblesse.

Or, montre Denis Crouzet, on assiste à un renversement à partir de 1559. Il y a d'abord le coup d'arrêt donné à la guerre par le traité du

Cateau-Cambrésis. Henri II meurt dans un tournoi, juste fin pour un monarque persécuteur, disent les calvinistes. Le monarque distributeur de violence est ainsi devenu objet de violence. C'est bientôt le cœur du petit François II qui est exhumé avant d'être mordu à pleines dents par des soldats. Même agressivité des catholiques qui contestent les édits de pacification : la loi du roi ne saurait s'opposer à celle de Dieu. De sorte que désormais le roi du temps des guerres de Religion ne fonde plus sa sacralité sur sa capacité à exercer ou à réprimer la violence, mais sur sa volonté de maintenir la paix entre ses sujets. Telle est l'idée que défend le Chancelier, Michel de L'Hospital, et qu'essaient, à leur manière, de faire triompher Catherine de Médicis puis Henri III et dont le triomphe devait être le mariage biconfessionnel de la fille de Catherine et de Henri de Navarre, que brisent juste après les massacres de la Saint-Barthélemy.

CHRONOLOGIE

LE ROYAUME À L'ÉPOQUE DE LA RÉFORME ET DES GUERRES DE RELIGION

1476	Première bible sortie des presses parisiennes.
1477	Mort de Charles le Téméraire devant Nancy.
	Mariage de Maximilien d'Autriche et de Marie de Bourgogne.
1481	Institution de l'Inquisition en Espagne.
	Louis XI acquiert le Maine et la Touraine.
1483	Mort de Louis XI. Impression du *Décaméron* en France.
1487	Condamnation de Pic de La Mirandole par le pape.
	Mémoires de Commynes.
1491	Mariage de Charles VIII et d'Anne de Bretagne à la Couronne.
	Lefèvre d'Étaples : *Introduction à la Métaphysique d'Aristote.*
1492	Christophe Colomb traverse l'Atlantique.
	Alexandre VI Borgia pape.
	Prise de Grenade.
	Édit contre les juifs espagnols.
1494	Charles VIII en Italie. À Naples il porte le manteau impérial.
1497	Excommunication de Savonarole qui stigmatise les excès et les mœurs du pape Alexandre Borgia.
1498	Louis XII, mariage avec Anne de Bretagne.
1499	Louis XII en Italie.
1500	Érasme, premiers *Adages.*
1511	Jules II forme la Sainte Ligue. Érasme, *Éloge de la folie.*
1512	Bataille de Ravenne. Perte de l'Italie.
1515	Mort de Louis XII. François Ier gagne la guerre de Marignan. Il invite Léonard de Vinci en France, et fait la paix avec le pape Léon X.
1516	Paix « perpétuelle » entre la France et les cantons suisses.
	Machiavel, *Le Prince* ; Thomas More, *L'Utopie.*
1517	Publications des 95 *Thèses* de Luther.
1519	Candidature de François Ier à la couronne impériale. Camp du Drap d'or.
1521	Excommunication de Luther.
1522	Traduction de la Bible par Luther.
1523	Trahison du connétable de Bourbon. Zwingli réforme Zurich.
1524	Mort de Bayard.
1525	Bataille de Pavie. François Ier prisonnier.

1526	Ignace de Loyola, *Exercices spirituels.*
	Traité de Madrid.
1527	Sac de Rome par les troupes de Charles Quint.
1528	Traité de commerce franco-turc.
	Concile de Sens.
1529	Paix des Dames à Cambrai.
1530	François Ier crée le Collège de France.
	Diète et Confession d'Augsbourg.
	Conquête du Pérou.
1532	Rabelais, *Pantagruel.*
1534	Affaire des Placards.
	Expédition de Jacques Cartier au Canada.
1535	Massacre des anabaptistes à Münster.
1536	Charles Quint en Provence.
1538	Persécution contre les réformés en France.
	Entrevue d'Aigues-Mortes entre François Ier et Charles Quint.
1540	Le pape approuve la création de la Compagnie de Jésus.
1541	*L'Institution chrétienne* de Calvin traduite en français.
1545	Ouverture du concile de Trente.
1547	Mort de François Ier — Henri II lui succède.
1549	Du Bellay, *Défense et illustration de la langue française.*
1553	Siège de Metz — Exécution de Michel Servet. Ronsard, *Amours.*
1556	Abdication de Charles Quint.
1557	Bataille de Saint-Quentin.
1558	Mariage de Marie Stuart et du dauphin.
1559	Traité du Cateau-Cambrésis.
	Mort d'Henri II.
	Marguerite de Navarre, *L'Heptaméron.*
	Exécution du conseiller Anne Du Bourg.
1560	Conjuration d'Amboise.
	Édit de Romorantin.
	Michel de L'Hospital chancelier
	François II roi.
1561	Colloque de Poissy.
1562	Massacre des protestants à Wassy. Première guerre de Religion.
	Ronsard, *Discours des misères de ce temps.*
1563	Assassinat de François de Guise.
	Paix d'Amboise.

1564-1565	Voyage de Charles IX et de Catherine de Médicis à travers la France.
1569-1570	Troisième guerre de Religion et paix de Saint-Germain.
1572	Ronsard, *La Franciade.*
	Massacre des protestants à la Saint-Barthélemy.
	Abjuration de Henri de Navarre.
	Quatrième guerre de Religion.
1574	Mort de Charles IX. Henri III roi.
1576	Constitution de la Sainte Ligue.
	Sixième et septième guerres de Religion.
	Jean Bodin, *La République.*
1580	*Essais* de Montaigne.
1584	Mort du duc d'Anjou.
	Henri de Navarre déchu par le pape.
	Septième guerre de Religion.
1588	Journées des Barricades, États de Blois.
	Assassinat du duc de Guise et du cardinal de Lorraine.
1589	Mort d'Henri III. Henri IV ou Charles X. Mayenne, chef de la Ligue, 20 septembre. Henri IV, vainqueur à Arques.
1590	Bataille d'Ivry.
1591	La Ligue fait régner la terreur à Paris.
1593	Abjuration d'Henri IV.
	Henri IV couronné à Chartres.
	Le Parlement de Paris bannit les jésuites.
1595	Henri IV sauve la Bourgogne d'une invasion espagnole.
	Le pape fait la paix avec Henri IV. Le roi à Paris.
1598	Publication de l'édit de Nantes.
	Paix de Vervins.

Les sources de la révolution protestante

En Occident, de grandes détresses avaient frappé la société. Les pays français avaient connu plus de cent ans de calamités, et la guerre en premier lieu, discontinue, certes, mais qui avait multiplié les ravages. Ses fléaux étaient identifiés à ses responsables connus, mais pas ceux de la peste qui avait frappé et restait un mal mystérieux... Elle s'était abattue plus de vingt fois, soit à peu près tous les huit ans, entre 1347 et 1536. Ensuite, les poussées avaient été moindres, elles frappèrent ailleurs, à Londres surtout et en Italie, puis en Espagne, encore à Marseille en 1720. Entre 1347 et 1357, Albi et Castres avaient perdu la moitié de leur population, Paris ne compte plus que quarante mille âmes en 1450 : images de cauchemar, semblables à celles que cause un grand incendie, témoigne plus tard Daniel Defoe, lors de la peste de Londres en 1606.

Or, en ces temps de malheur dus à l'épidémie, à la guerre, où le Turc menace et où chaque jour on prie pour l'écarter, où n'était pas assurée la protection du prince lui-même, tant il en était qui s'entre-tuaient, seules l'Église et la religion constituaient pour chaque chrétien, selon la croyance de tous, un asile sinon une protection... Or, voilà que le schisme les déchire à son tour... Autant d'événements qui désorientent les esprits, suscitent angoisse et mauvaise conscience. On croit le monde près de sa fin et seule la foi aide à vivre.

Dès la naissance, avec son nom de baptême, qui passe souvent avant le nom de famille, le chrétien est enregistré par l'Église, comme il doit l'être avant sa mort, quand il appelle le prêtre qui souvent lui apporte des reliques ou lui porte le saint sacrement pendant qu'un enfant de chœur agite sa sonnette. Dans l'entre-deux, tout ce que l'homme accomplit porte l'empreinte de la religion. Il se met à table et le chef de famille récite le bénédicité, chacun fait le signe chrétien de la croix ; il fait cette croix sur la croûte de pain avant de l'entamer ; manger lard au carême, cuire chapon le vendredi — que de prescriptions... non respectées, elles entraînent le fouet, la bastonnade pendant les époques troublées. Qu'on se marie et ce sacrement confère la grâce, et le prêtre y ajoute une bénédiction ; qu'on soit malade, et la vraie guérison ne vient que de Dieu, directement ou par l'intercession des saints du Paradis ; et si c'est la peste qui a frappé, on fait des vœux à saint Sébastien, ou encore, s'il se peut, pèlerinage à Saint-Jacques-de-Compostelle, à Saint-Pierre-de-Rome... Dans la vie professionnelle aussi la religion est partout, car à Montpellier comme ailleurs, licence et doctorat se passent dans une église ; en 1521, François Ier, envisageant d'établir à l'hôtel de Nesle un collège pour l'enseignement du grec, y prévoit une chapelle.

Mais le cadre religieux accompagne également l'action des confréries de métier, elles ont leur chapelle et c'est à la messe que les tisserands, en 1358, chantent pour retarder l'heure du travail. Travailler est interdit le dimanche et durant les jours de fête.

Ainsi, l'Église et la religion se trouvent mêlées à tous les actes de la vie, et leurs serviteurs sont présents en toutes circonstances, consacrant les princes, auxiliaires de la justice...

Or, qu'un fléau frappe, telle la peste — mais il y en a d'autres —, et durant ces décennies où l'on glorifie aussi bien Jean sans Peur que Bayard le Chevalier sans Peur et sans reproche, l'Église de Dieu ne donne pas l'exemple de la vertu et du courage. Luther la fouette en ces termes lorsque la peste sévit à Wittenberg en 1539 :

« Ils fuient les uns après les autres et l'on peut à peine trouver quelqu'un pour soigner et consoler les malades. À mon avis, cette peur que le Diable met au cœur de ces pauvres gens est la peste la plus redoutable (...). C'est là sans doute le châtiment de leur mépris de l'Évangile et de leur horrible cupidité. » À coup sûr, cette « horrible cupidité » avait bien été un des motifs de la révolte de Luther. Léon X réalisait chaque année un demi-million de ducats par la vente de sinécures.

Dans ses rapports avec le peuple, l'autorité ecclésiastique se présentait sous des dehors légaux plus que pastoraux. Devant les tribunaux ecclésiastiques, la plupart des crimes pouvaient être rachetés par le paiement d'amendes ; l'octroi de dispenses pour les mariages aux degrés de parenté prohibés était un commerce qui rapportait gros, certains théologiens imaginant même des parentés « spirituelles », sans liens de sang, avec tarif dégressif... « Notez soigneusement que de tels privilèges et dispenses ne sont pas concédés aux pauvres », déclarait un dignitaire du Saint-Siège.

C'est sur le problème des indulgences liées au Purgatoire que la révolte de Luther explosa et contribua à l'embrasement d'une partie de l'Europe chrétienne. Le Purgatoire ne figurait pas dans les Écritures. Ce troisième lieu, entre Enfer et Paradis, avait été « inventé »... À partir du moment où, héritage de croyances multiples, il s'installe dans l'édifice de la religion chrétienne, la vie du croyant change puisqu'il pense que tout n'est pas joué à la mort. Ce lieu et ce temps intermédiaires apparaissent explicitement aux XIIe et XIIIe siècles, leur première définition pontificale date de 1254, mais son triomphe doit beaucoup à la gloire de *La Divine Comédie* de Dante dont les premiers cantiques, *l'Enfer* et *le Purgatoire*, sont achevés vers 1319. Lors du jubilé de 1300, Boniface VIII accorda l'indulgence plénière à tous ceux qui étaient morts pendant le pèlerinage, décidant ainsi la libération instantanée de toute peine pour certaines âmes du Purgatoire. C'était la première fois qu'était donnée aux vivants la possibilité de libérer les morts du Purgatoire : jusqu'alors, il fallait que les vivants acquièrent des mérites pour les transférer aux morts.

Mais bientôt l'Église transforme cette étape vers le salut en organisant la vente d'indulgences, chacune d'elles permettant pour d'autres ou pour soi de raccourcir le temps de la peine imposée par Dieu avant de franchir la porte du Paradis : offrandes à la Vierge, vénération des reliques, autant de possibilités offertes et qui permettent d'acheter des indulgences. Les 17 413 reliques déposées dans le château du duc de Saxe permettaient ainsi à leurs adorateurs de gagner 128 000 années sur le temps du Purgatoire. Il y avait parmi elles un rameau du buisson-ardent de Moïse, des fragments du berceau de Jésus et de ses langes, etc.

Développée sous Sixte IV et plus encore sous Léon X, cette vente éhontée qui exploite l'anxiété des hommes simples indigne Luther et rend compte de la force de son combat. Or, d'autres griefs avaient été adressés à l'Église, et Érasme notamment, dans *Éloge de la folie*, s'en était pris aux moines, censés se mortifier et prier pour le salut de l'humanité chrétienne. « Aujourd'hui, tout au contraire, ces pasteurs ne font que se bien nourrir. Ils estiment que la plus haute piété est de ne rien savoir, pas même lire. Quand ils braient comme des ânes dans les églises en chantant leurs psaumes qu'ils numérotent sans les comprendre, ils croient réjouir les oreilles des personnes célestes... [À moins] que de leur crasse et de leur mendicité beaucoup se fassent gloire, en beuglant aux portes pour avoir du pain (...), croyant rappeler les apôtres par de la saleté, de la grossièreté, de l'impudence, au grand dommage des autres mendiants. »

Mais pour les âmes tourmentées ces critiques sur la manière de vivre n'étaient rien à côté de celles qui portaient sur la manière de croire. Pour elles, seule la Bible pouvait offrir une autorité infaillible. Ce retour aux textes anciens, purs de tout détournement, mettait l'accent sur la religion intérieure, dévaluant ainsi la hiérarchie, les cérémonies, etc.

Au vrai, les critiques venaient de plus loin. L'an mille, il n'y avait pas eu de psychose générale ; il restait pourtant la crainte que Satan ne se libère, conformément aux promesses de l'Apocalypse. Les conflits entre le sacerdoce et l'Empire apparaissent comme « la propension puante au péché » dans ces temps hautement troublés, où l'on compte encore sur le monachisme, les cisterciens notamment, pour être sauvé. Parallèlement à la peur de l'apparition de l'Antéchrist est né aussi l'espoir d'un changement heureux qui pourrait venir d'une initiation des princes séculiers qui, en dépouillant l'Église de ses richesses, ferait à nouveau briller le clerc « comme de l'or pur » ; cette idée de purification fut soutenue par les nombreux écrits de Joachim de Flore, cet abbé de l'Italie du Sud qui divisa l'Histoire en trois États : celle du Père représentée par l'Ancien Testament, la vérité apparaissant sous l'ère du Fils grâce au Nouveau Testament, avant l'ère du Saint Esprit que les ordres monastiques instaureront en lieu et place de la hiérarchie religieuse. Ces idées sont largement défendues par une partie des franciscains, reprises dans le Sud de la France par le mouvement des béguins qui prévoient une persécution de l'Église, devenue « la grande prostituée babylonienne », Jean XII étant défini « comme l'Antéchrist mystique », qui fraie la voie au « grand Antéchrist ». Bientôt, après la peste de 1348, arrivent les flagellants qui veulent conjurer la crainte de ce châtiment divin qui provoquait la fin du monde. L'aile radicale du mouvement hussite en Bohême reprend ces idées que le Grand Schisme a ranimées.

Sans doute la tendance majeure allait à la critique du comportement de l'Église, mais bientôt, l'ordre profane était mis en cause à son tour. Courants qui, depuis les hérésies albigeoise et vaudoise, se croisent et s'additionnent à l'époque d'Érasme, de Luther et bientôt de Calvin.

Ce qui rend compte de l'écho que rencontrent ces écrits est, bien sûr, l'invention et le développement de l'imprimerie ; elle contribue à la diffusion de ces idées, même si les tirages de cette époque demeurent modestes. Surtout, on observe que la géographie française de l'imprimerie — en retard sur les pays voisins — reflète les données de l'ossature urbaine. Dans ces villes, et particulièrement celles dotées de ces universités qui se multiplient au XVe siècle, où il s'en fonde une trentaine en Europe occidentale, on diffuse d'abord des ouvrages religieux, en latin ou en langue nationale, la Bible, *L'Imitation de Jésus-Christ*, etc. Entre 1450 et 1500, trente mille impressions sont connues qui correspondent à dix ou quinze mille textes, ce qui rend difficile une appréciation du nombre réel de livres en circulation. La production annuelle varie de 198 livres en 1515 à 322 en 1549, le nombre de livres pieux étant à son zénith au début du siècle, et les classiques, humanistes grecs ou latins les dépassant dès 1528. On a estimé que quelque trente publications de Luther entre 1517 et 1520 dépassèrent trente mille exemplaires en allemand mais bientôt en français également. Ainsi le luthéranisme a bien été l'enfant du livre imprimé, et il s'est d'abord développé dans les villes. C'est là en effet que les tensions sociales, l'insécurité, la violence se sont manifestées avec le plus de force. Mais, en Allemagne, la révolte des paysans s'est aussi bien approprié la doctrine de Luther qui permettait une régénération, l'abolition des richesses de l'Église, l'annonce de ce monde meilleur où les humbles et les pauvres auraient la première place. C'est la Bible à la main que ces paysans mirent à feu et à sang, tels les Jacques en France, quelques décennies plus tôt, châteaux et monastères.

Ainsi, religieux avant tout, le mouvement de réforme ne saurait être ramené à une question sociale même s'il a pu y avoir, ici ou là, un lien entre pauvreté croissante et adhésion à la Réforme. Au contraire, en Aquitaine comme en Normandie, ce sont plutôt les notables, plus cultivés, qui suivent la tradition humaniste et s'insurgent contre le détournement de la loi. À Toulouse comme à Paris ou Bordeaux, le petit peuple resta catholique. Certes, la dévaluation du sacerdoce, la montée de l'esprit laïque rendent compte aussi du mouvement général, mais pour l'essentiel les abus qu'on condamne signifient qu'on ne reproche pas tant aux prêtres de mal vivre que de mal croire. Quand on qualifie la messe de « paillardise », l'idolâtrie de « prostitution », les églises de « bordels », le recours à ces mots crus vise précisément les pratiques du culte, elles d'abord. Le protestantisme insiste ainsi sur la justification par la foi et non par les œuvres ; sur l'infaillibilité de la Bible, et d'elle seule.

Directement en contact avec Dieu, leur bible à la main, les protestants vont s'impliquer eux-mêmes dans une régénération globale une fois libérés de leur angoisse : ils veulent fuir les excès et le mensonge, les cabarets et le vice, la danse et l'impudicité, le carnaval et les plaisirs.

Ainsi naquit, avec le devoir de travail, l'austérité protestante.

Cette ascèse du travail, ce rejet des œuvres, la croyance en la prédestination, autant de traits qui ont pu amener Max Weber, au début du XXe siècle, à juger que la dissociation ainsi instituée entre la foi, les récompenses éternelles, d'une part, et les activités terrestres, d'autre part, a détruit la morale économique du catholicisme, hostile au profit, contribuant de la sorte à l'essor du capitalisme. Une relation qu'il faut nuancer en observant que la Réforme a pu trouver un terrain plus favorable à son épanouissement là où existait déjà une dynamique du négoce et des activités bancaires, notamment à Amsterdam ou à Genève.

Entre Réforme et Contre-Réforme

Grâce aux humanistes, à Lefèvre d'Étaples et autres membres de haute culture du groupe de Meaux, traducteurs ou diffuseurs de la Bible, les chrétiens découvraient une morale. Mais dans ce monde que dominait la peur, celle du présent comme celle de l'au-delà, les plus angoissés des chrétiens cherchaient d'abord une foi. Pourrait-on l'atteindre grâce aux sacrements et aux chapelets, à la messe ou aux chemins de croix, par la foi ou par les œuvres ? Luther avait répondu à leur attente en prêchant que l'homme demeure toute sa vie indigne du salut, mais qu'il peut continuer à espérer en son sauveur et gagner son salut par la foi. Le message avait été reçu, sans qu'on le jugeât hérétique. La sœur de François Ier, Marguerite de Navarre, écrivait dans son *Dialogue en forme de vision nocturne* (1524) :

Ne faites pas comme infidèles font
Qui estiment par œuvres méritoires
Que Paradis justement gagné ont
Si de la foi ne vous voulez parer
Et Dieu vous en a indignation
Courir aux saints serait trop s'égarer
Mais quant à vous, quoi qu'on vous dise ou fasse
Soyez sûre qu'en liberté vous êtes
Si vous avez, de Dieu, l'amour et la grâce.

Sauf que les humanistes chrétiens œuvrent pour une réforme de l'Église, alors que Luther, Zwingli et Calvin rompent avec elle, en publiant les thèses de Wittenberg. Ils jugent durement le pouvoir qu'elle s'arroge de remettre les peines temporelles sans que le pécheur ait satisfait aux exigences de la pénitence, comme si celle-ci pouvait être ponctuelle, rachetable, par des indulgences notamment, alors qu'elle est le tissu même de la vie du chrétien...

Le procès de Luther s'était ouvert à Rome en 1518, mais déjà en Allemagne, les plus grandes cités rejetaient la suprématie pontificale, tout comme la Suède, l'Angleterre d'Henri VIII, etc. En Flandre, en 1523, Anvers mène au supplice les deux premiers martyrs de la Réforme protestante.

En France, dès 1519, l'imprimeur Froben informa Luther de l'envoi de six cents de ses ouvrages vers la France : « Ils sont vendus à Paris et même les docteurs de la Sorbonne en approuvent le contenu. » La conversion des lettrés suit à Noyon, Amiens, Metz, etc. Une congrégation de protestants se réunit au quartier Latin. Dans les villes et les bourgs, ces idées se répandent comme une traînée de poudre. Tout le pays est concerné sauf la Bretagne et le Centre. Mais en France les cités ne possédaient pas l'indépendance politique et spirituelle des cités de l'Empire, ou de Suisse ; les paysans, c'est-à-dire l'immense majorité de la population, continuaient à vénérer les saints, et dans une société encore féodale, l'impulsion des idées de la ville s'arrêtait aux portes du palais.

François Ier, de fait, n'était pas hostile, à l'origine, à ces idées, que chérissait sa sœur. En Allemagne, il s'allia bientôt aux princes protestants soulevés contre l'empereur mais il considérait comme un affront que les réformés eussent osé apposer des placards contre la messe jusque dans sa chambre à coucher d'Amboise. Profondément offensé, il autorisa les persécutions et, massivement, en furent bientôt victimes trois mille vaudois de Provence et des artisans protestants de Meaux. Bien des sympathisants durent s'exiler, à Genève, où prêchait Calvin ; parmi eux, Clément Marot, qui bientôt popularisa ses idées : ses *Psaumes* connurent cinquante éditions entre 1543 et 1563.

On repère ici une des données du succès de Calvin : la plupart de ses adeptes étaient des Français et, entre 1559 et 1581, Calvin envoya en France plus de cent vingt missionnaires, soixante-douze églises locales avaient dépêché des représentants au premier synode qui se tint à Paris ; en 1561, l'amiral de Coligny pouvait se prévaloir de l'existence de deux mille cent cinquante congrégations.

Là se trouvait la différence entre Luther et Calvin, dont les doctrines, à l'origine, étaient voisines. Le premier concluait, ou non, des accords avec les pouvoirs, prenant même leur parti durant la guerre des Paysans ; le second organisant des églises. Au départ, pourtant, Calvin s'était adressé au roi, publiant en français une traduction de son *Institutio religiosis christianae*, avec une préface à lui destinée :

« Je n'avais nulle honte à confesser que j'ai ici compris (i.e. ramassé) quasi une somme [i.e. un abrégé] de cette même doctrine laquelle nos adversaires estiment devoir être punie par prison, bannissement, proscription et feu (...). Bien sais-je de quels horribles rapports ils ont rempli vos oreilles et votre cœur, pour vous rendre notre cause odieuse... »

Homme d'action, Calvin veut susciter grâce à ses écrits une morale et une structure ecclésiastiques inédites qui modèleraient le chrétien réformé. Inquiète, la Faculté de théologie parisienne fait brûler un exemplaire de *L'Institution chrétienne*, mais des groupes clandestins se forment — composés pour l'essentiel de professeurs, moines, marchands, artisans, bref des gens instruits —, chantent des psaumes.

Or, le roi n'a pas été sensible à l'appel de Calvin, qui juge qu'il faut procéder au redressement de l'Église en acceptant désormais le martyre.

Adopter l'ordre calviniste suppose la constitution d'un consistoire qui rompe avec le papisme sur le plan dévotionnel, mais social aussi puisqu'une véritable ségrégation est exigée des fidèles, les mariages avec les papistes étant bientôt proscrits. Naturellement, le sermon exhortait l'assistance à se déprendre de toutes les superstitions papistes, à ce qu'en recevant la communion ils s'engageaient à ne plus participer à « l'abomination de la messe ».

Bientôt, le dixième environ de la population française avait adhéré au protestantisme, essentiellement au calvinisme plus qu'à l'évangélisme luthérien ; et ses martyrs allaient devenir des militants.

Pourtant, tous les chrétiens qui souhaitaient une réforme de l'Église ne se ralliaient pas nécessairement aux thèses de Luther ou de Calvin, n'approuvaient pas non plus la création d'Églises rivales. On distingue ainsi ceux qui visent avant tout à restaurer la grandeur de l'Église, voire de la papauté, de ceux qui se veulent aussi des militants, mais contre la Réforme. Les divisions ou les choix se font sur des problèmes particuliers, par exemple le refus, ou non, d'une religion du geste, de l'objet et du corps, la sensibilité des protestants étant surtout heurtée par le culte des reliques, la présence du corps du Christ dans l'hostie, les gestes multiples de la messe : s'agenouiller, se signer, etc. ; alors que pour d'autres ce rituel est un moment de grâce. Autre enjeu : l'accent mis sur la réforme sociale attire ainsi des paysans pauvres et des artisans vers l'anabaptisme ou le melchiorisme, qui, vers 1530, séduit un dixième de la population de Strasbourg, sensible aussi à un autre enseignement gnostique, à savoir que Jésus n'a pu être enfanté par Marie, que sa nature était unique et divine. L'idée de créer une communauté de biens est même mise en pratique à Münster. La crainte du chaos a aidé le catholicisme bien plus qu'elle n'a favorisé la Réforme.

Naturellement, les forces de résistance se manifestent, notamment en France, par l'organe de la Faculté de théologie de Paris qui trace les limites entre hérésie et orthodoxie. En 1522, on y dresse un index des livres interdits à la lecture pour tout bon catholique. En 1528, le concile de Sens établit le catalogue des points auxquels doit adhérer un vrai chrétien. Il doit croire et admettre : 1) le célibat des prêtres, 2) le culte des saints, 3) le culte des images, 4) l'utilité des œuvres à côté de la foi, 5) le libre arbitre de l'individu qui peut refuser la grâce divine, 6) les sept sacrements, 7) les vœux religieux, 8) le Purgatoire, 9) la présence réelle du Christ dans les espèces, 10) l'infaillibilité de l'Église, 11) l'autorité des conciles, 12) la tradition qui ajoute au texte biblique le droit de l'Église de trancher entre le sacré et le profane, 13) la légalité des institutions ecclésiastiques établies par Rome, 14) la nécessité de l'Église visible.

Ces points, inversés, disent ainsi la substance et les pratiques de la religion réformée...

Cette définition de l'orthodoxie par le concile témoigne d'une volonté de combattre que partagent le Parlement de Paris et le roi.

Mais, à côté de cette défense, d'autres données rendent compte de l'existence d'une volonté de restaurer le catholicisme dans sa pureté. À côté de la religion spiritualiste existe aussi une tradition mystique qui s'est développée en liaison avec le monachisme, particulièrement chez les chartreux. Les ordres mendiants se réforment, les capucins se répandent pour aider les pauvres... Mais c'est surtout le mysticisme espagnol qui devient le fer de lance de la Réforme catholique, un mouvement de masse littéraire qui compte près de trois mille œuvres imprimées ou en manuscrit et dont les figures dominantes sont Jean de la Croix et Thérèse d'Avila.

Plus encore, c'est l'action d'Ignace de Loyola et l'ascension des jésuites, reconnus par Paul III en 1540, qui marquent l'élan d'un renouveau au sein de l'orthodoxie. Passant d'un idéal de chevalerie militaire — dans la lutte contre les Turcs et autres musulmans — à un idéal de chevalerie spirituelle, Ignace de Loyola recherche le sens de la mission que Dieu lui a confiée... Faute de pouvoir convertir le monde musulman, il monte à la chapelle Saint-Denis de Montmartre, y fait vœu de pauvreté et de chasteté et d'absolue obéissance aux ordres du pape, quels qu'ils soient. Ses compagnons — Français, Espagnols, Portugais, Savoyards — ne se regroupent pas autour de lui mais de ses *Exercices spirituels (Exercita spiritualia)*, un manuel d'instruction qui encourage à suivre le Christ en recourant à des expériences mentales et à l'action apostolique.

Pour protéger la foi, les premiers jésuites se rendent d'abord en Italie ; dix ans plus tard, l'ordre comprend un millier de membres dont l'intelligence et la discipline partent à la reconquête de la chrétienté et du reste du monde... mais sous le drapeau de la papauté.

Cette reconquête catholique tout comme l'expansion de la Réforme ignorent chacune la tolérance, et bientôt deviennent également la couverture que prennent d'autres conflits.

Le concile de Trente (1545-1563) marque l'apogée de cette volonté de la papauté de reprendre en main la direction de l'Église et de définir la foi catholique. Il marque plus qu'une déclaration de guerre aux hérésies protestantes. Le concile place la tradition sur le même plan que la Bible, et ses projets éducatifs visent les clercs, eux seuls ; rien n'est fait pour accorder une responsabilité aux laïques dans la vie de l'Église. Alors que l'humanisme et les sciences se développent, il se concentre sur les rapports de l'homme et de Dieu. Son cléricalisme devait susciter, par réaction, la montée en force de l'anticléricalisme. Mais son examen global de tous les problèmes de la religion, du rapport de l'Église avec les États fait de ses canons et décrets un des monuments de réflexion pour l'histoire chrétienne.

Les rois de France et l'Empire de Charles Quint

À l'origine des guerres d'Italie, il y eut la tradition qui exigeait que Charles VIII fît valoir ses droits dynastiques sur le royaume de Naples. Il les héritait de la maison d'Anjou et devait en chasser la Couronne d'Aragon. Louis XII y ajouta les droits qu'il tenait de sa bisaïeule Valentine Visconti sur le duché de Milan. À ce titre, ces deux rois, et à leur suite François Ier, conquirent et perdirent en soixante ans quatre fois Naples, six fois Milan, une fois le Piémont.

À cette donnée s'ajoute le mirage des richesses de l'Italie. « On pouvait tirer des villes italiennes de façon presque inépuisable librairies, peintures, pierres de marbre et de porphyre. » Qui aspire à la gloire doit avoir une place au pays de Botticelli. Enfin, si la passion du gain anime Guillaume Briçonnet, général des Finances sous Charles VIII, puis Antoine Duprat, le Chancelier de François Ier, et si ce sont plutôt les romans de chevalerie qui ont nourri l'esprit de « Charles l'Affable », l'appel des Italiens rend compte aussi de ces expéditions au-delà des Alpes : Savonarole à Florence, qui stigmatise les turpitudes de son siècle et en particulier du pape Alexandre VI Borgia, voit dans les Français ces « hordes barbares » qui purifieront la péninsule de tous ses vices... Dominer l'Italie et Rome, n'est-ce pas ressusciter la gloire de l'Empire ?

Pour assurer la sécurité de son expédition et ses arrières, le jeune roi cède l'Artois et la Franche-Comté à Maximilien d'Autriche, le Roussillon et la Cerdagne à Ferdinand d'Aragon, ces acquisitions de Louis XI. Commynes et d'autres lui font comprendre qu'il cède la proie pour l'ombre... Mais un autre mirage s'ajoute au premier pour lui donner une morale : celui de la croisade et de reconstituer un royaume franc à Jérusalem ; ce qu'une fois arrivé à Naples, on oubliera. Pour la première fois, l'armée qui franchit les Alpes est constituée des trois éléments qui la définissent désormais, infanterie-cavalerie-artillerie ; cette nouveauté assure de premiers succès à la *furia francese*, mais des coalitions se nouent pour mettre fin à des pillages, à des violences, qui n'ont pas tardé à suivre une arrivée triomphale.

En Italie, on s'interroge sur l'apparition de cette puissance française et, après la défaite de Charles VIII à Fornoue, bien des marchands et des artistes vont franchir les Alpes dans ses fourgons pour faire fortune en France. Grâce au chevalier Bayard, « sans peur et sans reproche », et à Gaston de Foix, Louis XII a pris la relève, a occupé Milan, mais il meurt ; et son héritier, le jeune François, passe les Alpes à son tour avec trente mille hommes et triomphe d'une coalition antifrançaise suscitée par le pape Jules II avec Venise, la Castille : il bat à Marignan (1515) les mercenaires suisses que cette coalition avait pris à son service. « Ils jetèrent leurs piques, et crièrent *France* », écrit François Ier à sa mère...

Après celles de Jeanne d'Arc, c'est une des premières victoires « patriotiques » que chante la musique de Clément Janequin. Les gentilshommes l'écoutaient l'épée à la main et « il n'était celui qui ne se haussât sur ses orteils pour se rendre plus bragard et de plus riche taille ». En contrepoint, le connétable de Bourbon — qui, après cette victoire à laquelle il participe, passe aux Habsbourg — est considéré comme un traître, pas seulement à son suzerain, mais à la France.

À cette date où les monarques se perdent dans les mirages des richesses italiennes, plusieurs faits nouveaux étaient apparus, qui changèrent la situation...

Au plan militaire d'abord, l'intervention des piquiers suisses, celle des *tercios* castillans, la coordination des trois armes, dès le temps de Charles VIII, voilà d'abord qui modifie les caractères de la guerre.

Au plan politique surtout, le royaume de France, dont Louis XI avait renforcé la cohérence, devient la puissance dominante que craignaient ses voisins. Jusque-là son ennemi principal était l'Angleterre ; désormais, en 1519, avec l'avènement de Charles V, ce fut la maison des Habsbourg, qui contrôlait une partie du Saint-Empire, les Pays-Bas, la Franche-Comté, le Milanais, le royaume de Naples, la Sardaigne et l'Espagne. La France a changé d'ennemi principal et, en Europe, une nouvelle menace hégémonique apparaît.

Or, *au mirage français sur l'Italie correspond le mirage de Charles V sur la Bourgogne*. Bourguignon d'origine il est, bourguignon il se veut ; c'est à Dijon qu'il veut qu'on l'enterre, et c'est la Bourgogne qu'il veut restituer à sa famille.

Le duel a commencé très tôt, dès que la Couronne impériale s'offre à l'ambition de deux concurrents Charles et François, de par la volonté de Maximilien. Bien que descendant direct, Charles n'a que des vues lointaines sur les pays allemands qu'il ne connaît pas ; quant à François Ier, il entend d'abord rappeler qu'il est héritier de Charlemagne, ensuite, par le titre impérial... retrouver des droits sur le Milanais. Battu à cette élection, François Ier fit bonne figure et jura qu'il n'avait semé l'or que pour satisfaire ses électeurs... Au vrai, il déboursa plus que les Fugger, premiers banquiers de l'époque, n'avaient offert au futur Charles V...

Cette élection *était la première victoire de l'argent sur les habitudes féodales*. On savait qu'il avait déjà remporté des victoires sur la foi puisque, pour aller en Terre sainte, « il suffisait de payer Venise » et c'était comme si on y était.

Cette candidature de François Ier à l'Empire — un véritable typhon, a écrit Pierre Chaunu — ouvre une ère de méfiance et de haine qui ne prit fin qu'avec la mort d'un des protagonistes.

L'héritier de toutes les Couronnes est, sur la carte, bien plus puissant que François Ier. Outre la difficulté de passer d'une de ses dépendances à l'autre, le plus grave des handicaps le frappa : une partie de ses États se trouve près de « l'œil d'un cyclone générateur de bourrasques », le luthéranisme dont la tempête court avec une génération d'avance sur la France ainsi épargnée. Elle saisit Charles V de plein fouet : déchiré entre sa foi et le respect pour les luthériens, entre ses sujets des Pays-Bas et les Espagnols, et bourguignon avant tout...

L'impatient et impulsif François Ier passe à l'attaque. À Pavie, le roi se montre plus chevalier que stratège. Alors qu'il a une nette supériorité d'artillerie, François Ier lance ses cavaliers pour achever sa victoire ; mais comme ils sont dans l'œil de ses propres canons, ceux-ci sont réduits au silence, et la cavalerie se fait hacher ; le roi encerclé se rend au vice-roi de Naples, Charles de Lannoy, qui le fait prisonnier. Il écrit alors à sa mère, Louise de Savoie, la phrase devenue fameuse : « Tout est perdu, ne demeure que la vie sauve et l'honneur. » Six à huit mille nobles et hommes de troupe français étaient morts, car on tue ceux qui ne pourraient pas payer de rançon. Transporté en Castille où il demeure captif, François Ier doit, par le traité de Madrid, céder la Bourgogne, renoncer à l'Italie, rétablir Charles de Bourbon, promettre une flotte contre les Turcs.

À peine libéré, il juge avoir signé ce traité sous la contrainte, reprend la guerre, mais tandis que ses troupes sont victimes de la peste à Naples, celles de Charles V et de son frère Ferdinand subissent une grave défaite devant les Turcs à la bataille de Mohács.

Alors s'interposent la mère de François Ier, Louise de Savoie, et Marguerite d'Autriche, fille de Maximilien et tante de Charles V, qui se rencontrent à Cambrai : c'est la paix des Dames, et François Ier cède Arras, Lille, Tournai, la Flandre et l'Artois déliés de leur serment de vassalité ; mais les Habsbourg renoncent à la Bourgogne, et, dit Marguerite : « C'est grande vertu d'avoir su sacrifier à l'intérêt de ses peuples, un rêve aussi profondément ancré dans son cœur. »

Désormais, pourtant, quelque chose a changé : ce n'est plus le royaume de France qui, par sa force, inquiète ses voisins, mais c'est la puissance des Habsbourg qui encerclent le royaume de France ; ils perdent ainsi l'alliance anglaise que François n'avait pas su gagner, en 1520, lorsque, au Camp du Drap d'or, il avait voulu, par son faste, éblouir Henri VIII.

Une troisième guerre éclate en 1536-1538, une quatrième en 1542-1544, avec ces données, nouvelles, que François Ier se rapproche des Turcs au moment même où Charles V entreprend une croisade à Tunis. Apparemment scandaleuse, l'alliance pourtant impie choque moins qu'on pourrait l'imaginer tant c'est désormais le protestantisme qui apparaît au pape mettre en danger la chrétienté.

Quand François Ier meurt en 1547, aucune décision n'est en vue et la guerre reprend avec Henri II qui veut aider les princes protestants d'Allemagne et lance une attaque sur les Trois-Évêchés d'Empire, Metz, Toul et Verdun (1552). Usé par ces conflits, Charles V abdique et se retire dans le monastère de Yuste, en Espagne, où il meurt en 1558. Geste symbolique, renonçant à tous ses titres, le premier qu'il abandonne est celui de Grand Maître de l'ordre de la Toison d'or, attaché, à l'origine, à sa Bourgogne. Le mariage de son fils Philippe II d'Espagne avec Marie Tudor d'Angleterre met à nouveau en danger le royaume de France ; en 1557, les Espagnols prennent Saint-Quentin et les Français reprennent Calais aux Anglais.

À la paix du Cateau-Cambrésis, qu'Henri II signe pour se consacrer à la répression du protestantisme, la France garde Calais et les Trois-Évêchés, mais perd la Savoie et l'Italie, désormais sous influence espagnole.

À défaut de rapporter le Milanais à la Couronne, les guerres d'Italie et le conflit avec Charles V eurent pour effet de contribuer à l'introduction de la Renaissance en France. Les Italiens appelaient *Rinascita* ce retour à une civilisation antique qui aurait dégénéré et dont Pétrarque avait été un des premiers annonciateurs.

Ce n'est plus le christianisme qui a introduit une nouvelle ère de l'Histoire — faisant suite au paganisme —, mais, nouvelle manière de la diviser, la Renaissance qui met fin au *Medium Aevum* — le Moyen Âge, venu après l'Antiquité.

À la *maniera tedesca*, ou style gothique, doit se substituer alors *l'antica e buona maniera moderna*, le bon style moderne à l'antique. L'adaptation des préceptes de Vitruve devient ainsi la mode nouvelle, diffusée grâce à l'imprimerie, dans plusieurs traductions sous la direction de jeunes architectes, tel Raphaël, mais également en français, en castillan. La cour du palais Farnèse, à Rome, exemple parfait du nouveau style, s'inspire directement des ordres superposés du théâtre de Marcellus et du Colisée (dorique, ionique, corinthien). Mais il en est d'autres. Émerveillé par les monuments qu'il a vus à Florence, Rome et Naples, Charles VIII n'apprécie plus autant le château d'Amboise, qu'il avait fait rénover ; le comte d'Amboise, vice-roi de Milan sous Louis XII, lui aussi, fait reconstruire le château de Gaillon, dont les décors sculptés s'inspirent de la Renaissance ; le roi y figure en empereur romain. Les châteaux de Chenonceau, de Blois et de Chambord furent construits selon les idées d'architectes italiens, peut-être Domenico De Corlona, et Léonard de Vinci. Bientôt, l'arrivée à la cour de François Ier de Sebastiano Serlio et l'installation à Paris de Philibert Delorme et de Pierre Lescot, formés à l'italienne, donnent un élan nouveau aux palais royaux, au Louvre notamment ou au château d'Anet construit pour Diane de Poitiers. La cour de l'hôtel Assézat, à Toulouse, figure un exemple achevé de la période classique de cette Renaissance française ; l'élévation, avec ses trois ordres superposés s'inspirant du traité de Serlio, qui compare l'ordonnancement des ordres aux personnages d'une comédie.

Un des traits originaux de la Renaissance littéraire en France est sans doute, après le triomphe du *Gargantua* de Rabelais ou de la *Défense et illustration de la langue française* de Du Bellay en collaboration avec Ronsard, que peu à peu la prose va assurer à cette langue et à ses œuvres une primauté qui s'affirme au XVIIe siècle. Des *Essais* de Montaigne, aux *Mémoires* de Retz ou au *Discours* de Descartes, plus tard, se constitue une panoplie de genres nouveaux, en prose, alors que l'Angleterre ou l'Espagne perpétuent la primauté du haut-langage, de la poésie, voire d'une prose artistique. Contre une littérature réservée à quelques-uns, la société française privilégie la langue du dialogue et de la conversation. Il s'agit d'être clair, et cette manière devait assurer à la langue française une primauté dont bénéficièrent ultérieurement ses intellectuels (Marc Fumaroli).

Guerres civiles, ou de Religion

On a dénommé guerres de Religion les conflits qui ont déchiré la société française à l'époque de Catherine de Médicis et jusqu'à l'édit de Nantes (1560-1598). Le massacre de la Saint-Barthélemy, en 1572, en a incarné l'horreur. Or, si elle a ses raisons, cette dénomination n'est pas d'époque ; aujourd'hui on parlerait d'une guerre civile, la religion jouant pour beaucoup le rôle d'un alibi, d'un prétexte. « En ces divisions de la France, chacun se travaille à défendre sa cause (...) avec déguisement et mensonge », écrivait Montaigne dans les *Essais*. Comment en décider, alors que les contemporains évoquaient le « temps des troubles », comme plus tard, au milieu du XXe siècle, on parlait non de la guerre mais des « événements » d'Algérie.

Les succès de la Réforme inquiétaient Henri II au point que, par le traité du Cateau-Cambrésis (1559), il mit fin aux guerres d'Italie. Par l'édit de Compiègne, il avait créé une chambre ardente au sein du Parlement de Paris, avec, pour les protestants, une seule peine : la mort. Après qu'Henri II fut tué dans un tournoi, sa veuve, Catherine de Médicis, une Florentine plus ouverte aux controverses religieuses, cherche avant tout à calmer les passions pour sauvegarder l'avenir et l'héritage de ses fils — François II, qui meurt peu après, puis Charles IX.

À cette date, plus de vingt-cinq mille églises protestantes se sont dressées, que la persécution stimule, et qui gagnent peu à peu la noblesse. Ce protestantisme seigneurial, qu'incarne Jeanne d'Albret, reine de Navarre et épouse d'Antoine de Bourbon, excite le peuple protestant « qui peu à peu d'enclume devient marteau ».

Affaibli du fait de cette régence par une femme, le pouvoir royal avait à faire face aux prétentions des princes du sang, tels les Bourbons, notamment Antoine, marié à Jeanne d'Albret, reine de Navarre et protestante. Au nom de la religion, ils animent l'opposition contre les Guises, ces Grands de Lorraine qui couvent le jeune François II et continuent la répression, perpétuant la politique de son père. Ainsi fut brûlé vif en place de Grève Anne Du Bourg, conseiller-clerc du Parlement dont les dernières paroles en allant au supplice furent encore un témoignage de sa foi en la grâce souverainement efficace : « Mon Dieu, ne m'abandonne pas de peur que je t'abandonne » (1559). Aux Guises, aux Lorrains s'associent les Montmorency, profondément catholiques, et indignés pour leur part qu'à la Cour des psaumes se chantent jusque chez la princesse de Condé ou l'amiral de Coligny, défenseur de Saint-Quentin : le faubourg Saint-Germain est devenu une petite Genève.

Ainsi, deux camps s'affrontent qui, avec la paix extérieure, trouvent à leur service une soldatesque disponible, nobliaux ou pas, ces « gentils-hommes », comme disait le curé de Provins.

Catherine de Médicis cherche à neutraliser ces partis en les attirant à la Cour où leurs chefs peuvent être sous surveillance. Assez indifférente aux problèmes religieux, elle cherche à les résoudre, conseillée par son Chancelier Michel de L'Hospital, en suscitant arbitrages et réunions en commun, tel ce colloque de Poissy où les théologiens s'affrontent sans trouver de solution de compromis. Alors, elle leur impose l'édit de pacification d'Amboise qui autorise les protestants à célébrer publiquement leur culte — mais hors des enceintes des villes — et à tenir des synodes.

Les chefs de ces partis profitent aussi de la situation pour réagir contre l'absolutisme royal, si affirmé sous François Ier, et qui faisait fi des coutumes, privilèges et autres lois du royaume. Ce qui apparaît comme une forme de rébellion nobiliaire est bientôt une lutte pour le partage de la souveraineté, entre le roi, la noblesse, les États Généraux, réunis à Orléans où s'affrontent ceux qui exigent la réforme du clergé et ceux qui veulent extirper l'hérésie... Des « malcontents » peuvent ainsi se retrouver dans un camp ou dans l'autre, les idées protestantes mettant en cause jusqu'à la nature du pouvoir royal tandis qu'inversement les ultramontains condamnent l'indépendance croissante du monarque vis-à-vis du pape.

Pendant la période des Sept Guerres qui commencent avec les massacres des protestants par les catholiques à Wassy en 1562, les camps qui s'affrontent voient leur identité et leurs objectifs changer.

Au départ, il y a d'un côté les églises protestantes qui tendent à se constituer en société parallèle — surtout en Poitou, vallée du Rhône et de la Garonne. Dans ces régions, la noblesse a massivement adhéré à la nouvelle religion et les différents groupes sociaux suivent, surtout les plus instruits, avocats, gens d'affaires, artisans. Huguenots de religion, ils deviennent huguenots en politique. Pour leurs églises, l'enjeu est désormais de soustraire le roi à l'empire des Guises. Après le massacre de la Saint-Barthélemy, c'est la monarchie de droit divin qui est mise en cause, et progresse l'idée, avancée par Théodore de Bèze, que la souveraineté devrait appartenir au peuple qui, rappelle-t-on, autrefois élisait le roi.

Quant au parti d'en face, il se veut d'abord le parti de Dieu, appelant à massacrer les ennemis de l'ordre terrestre et divin, et s'agglomère autour des Montmorency, des Guises, des Montluc ; enrégimente les milieux populaires avant de se constituer en ligues qu'indignent les décrets pris par les « politiques » et qui accordent par des édits des droits aux huguenots. Il se veut le parti qui affirme la supériorité de l'Église sur l'État et réagit lui aussi à la montée de l'absolutisme.

Dans l'entre-deux, des voix s'élèvent qui essaient de mettre fin aux assassinats et aux massacres — celle du Chancelier Michel de L'Hospital, auteur de l'*Exhortation aux princes* puis de l'*Exhortation à la paix* (1568). À son tour, le duc d'Alençon, puis ceux qu'on appelle « les politiques » — dont Jean Bodin est un éminent théoricien, mais qui suscite moins l'intérêt que Michel de Montaigne dont les *Essais* ont paru à Bordeaux en 1580 — constituent un appel à la tolérance, à la modération. « Je suivrai le bon parti, jusqu'au feu exclusivement. »

Il est vrai que les massacres de Wassy (1562), l'assassinat de François de Guise (1563), l'attentat contre Coligny et son assassinat, la Saint-Barthélemy (1572), l'assassinat du duc de Guise (1588), celui d'Henri III (1589) avant celui de Henri IV en 1610 constituent un enchaînement de violences comme le pays n'en avait pas connu depuis l'époque des Armagnacs et des Bourguignons.

Mais ce sont bien les papistes, selon Agrippa d'Aubigné, qui ont massacré les plus faibles.

Je veux peindre la France, une mère affligée,
Qui est, entre ses bras, de deux enfants chargés
Le plus fort, orgueilleux, empoigne les deux bouts
Des tétins nourriciers ; puis à force de coups
D'ongles, de poings, de pieds, il brise le partage
Dont nature donnait à son besoin l'usage,
Fait dégât de doux lait qui doit nourrir les deux.

Le conflit avait commencé comme une lutte entre deux fractions de la noblesse, les Guises et les Condés, avec un coup de main raté, le « tumulte » d'Amboise, où La Renaudie n'avait pu se saisir des Guises. Mais il avait changé de nature avec les massacres de Wassy en 1562 qui firent vingt-trois morts et plus de cent blessés ; la troupe des Guises y passa à l'arquebuse les huguenots qui tenaient leur prêche en ville, malgré l'édit de janvier. Le duc voulut prendre d'assaut la grange où ils priaient. La nouvelle se répandit et commença une série de guerres, d'embuscades, d'attentats et de violences qu'illustrent les cruautés du baron Des Adrets se battant pour l'un ou l'autre camp, qui, à Montbrison, avait précipité des prisonniers dans un brasier ardent. Il expliquait à Agrippa d'Aubigné que « ces cruautés ne pouvant être pardonnées, ses soldats faisaient preuve, ensuite, d'une valeur extraordinaire ».

L'idée de l'amiral de Coligny, qui devient un des chefs du parti protestant à la mort d'Antoine de Bourbon, c'est de « jeter la guerre du dedans au dehors ».

De fait, les querelles françaises s'enchâssent dans un conflit qui dépasse les frontières du pays. Le pape et Philippe II d'Espagne, au faîte de sa puissance, sont engagés dans une lutte à mort contre l'hérésie, celle de Genève, essentiellement, car en Allemagne le luthéranisme s'est désormais associé aux princes et s'est intégré à l'ordre politique et social. À l'inverse, le calvinisme se révèle sans compromis dans sa lutte contre l'ordre papiste et son combat est une menace pour les monarques

— même si en France il se dit et se veut loyaliste. Pour Philippe II, l'ennemi principal se trouve aux Pays-Bas, révoltés contre l'Espagne en 1566, cette « année miraculeuse » (*heb wonderjaar*) où les gueux — au vrai, des notables, des bourgeois — se sont soulevés pour réclamer l'abolition de l'Inquisition, la liberté des cultes, se disant prêts à « se laver les mains dans le sang des prêtres »...

Contre l'insurrection des Pays-Bas soulevés d'Amsterdam à Valenciennes et Armentières, Philippe II fait venir ses *tercios*, la force militaire la plus redoutée de l'époque : ils passent de Milan à la Savoie, de la Savoie en Bugey et en Champagne et Lorraine, sous contrôle du roi d'Espagne ou de ses alliés : Catherine est inquiète au point de ne pas oser ne pas ravitailler ses troupes quand elles traversent la Champagne... À la tête des *tercios*, le duc d'Albe venge l'insulte faite à son monarque, y laissant pour plusieurs décennies le souvenir de cette peur des Espagnols que Jacques Feyder a décrite avec verve dans *La Kermesse héroïque* (1935). Or, tandis que Catherine, inquiète de la puissance de Philippe, veut éviter tout conflit, son jeune fils Charles IX et Coligny jugent au contraire qu'il faut aider Guillaume d'Orange et les Pays-Bas, même s'ils s'allient à l'Empire et à l'Angleterre dont la montée en puissance, sur mer, commence à inquiéter les Espagnols.

Ainsi, deux coalitions sont en train de se constituer qui comprennent chacune des États et des princes : Philippe II, la papauté, la reine d'Écosse, Marie Stuart, les Guises et Lorraines d'un côté ; Genève, les Pays-Bas, le Béarn, l'Angleterre, des princes allemands de l'autre ; Catherine de Médicis cherchant un point d'équilibre entre les deux, tandis que protestants et catholiques s'efforcent sur place de rompre le rapport de force.

Ce contexte international interfère en outre avec une politique des mariages princiers et des alliances qu'ils sont censés assurer. Ainsi, Catherine a marié sa fille au roi d'Espagne, tandis que Jeanne d'Albret et Antoine de Bourbon veulent unir leur fils Henri (le futur Henri IV) à la première fille de Catherine et Henri II, Marguerite, dite « la reine Margot », dont l'intelligence et les frasques ont inspiré à la fois Alexandre Dumas, les cinéastes qui les ont transcrites, ainsi que les actrices qui l'ont incarnée : Jeanne Moreau et Isabelle Adjani.

Au vrai, jamais les femmes n'ont joué un tel rôle dans la vie politique : Jeanne d'Albret, exemple de rigueur et d'intransigeance ; Marguerite, incarnation, au contraire, d'une liberté de la femme qui est peu en harmonie avec les violences et l'intransigeance de l'époque ; Catherine de Médicis, indifférente à ces querelles avant tout religieuses, mère diplomate qui veut caser ses enfants... La première de ces femmes, Jeanne d'Albret, mourut juste après le mariage de son fils avec Marguerite qui assista, quelques jours plus tard, à la Saint-Barthélemy, dont Catherine de Médicis fut, pour une part, responsable.

La Saint-Barthélemy (1572)

Dans l'examen des responsabilités de la Saint-Barthélemy, ce massacre des protestants par les catholiques le 24 août 1572, on met en cause la reine, le jeune monarque, quitte à faire intervenir directement ou pas le roi d'Espagne, d'autres personnages encore. Il est vrai que la campagne montée aux Pays-Bas par le jeune Charles IX — pour soutenir les protestants contre Philippe II en accord avec le ministre, lui-même protestant, Coligny, qui exerce un ascendant sur lui —, voilà qui ne manque pas d'irriter les milieux catholiques, les Guises, Lorraines, Montmorency, voire la reine mère, pacifique, étrangère aux haines de caractère religieux et qui craint que cette expédition n'ait des conséquences funestes pour la royauté française. La puissance de Philippe II est à son zénith, la victoire de Lépante lui a assuré un prestige inégalé ; alors que la France perpétue l'alliance turque, ce qui rend claire la position en pointe que prend l'expédition des Pays-Bas. Il faut mettre fin à tout cela, juge la reine, qui observe qu'au lieu de soutenir Charles IX aux Pays-Bas, ni l'Angleterre ni les princes protestants allemands ne montrent de zèle pour la cause. Cette politique n'est-elle pas irréfléchie ?

Le mariage entre Margot et Henri de Navarre avait voulu être, pour Catherine de Médicis, celui de la réconciliation entre les confessions. Est-ce donc la reine qui décide qu'il faut se débarrasser de Coligny et qui commandite le crime ? On le suppose, mais les Guises sont complices d'une manière ou d'une autre puisque c'est l'un des leurs qui passe à l'acte. Imaginer que Philippe II est à l'origine de l'attentat, ce dont aucun indice ni document ne témoigne, revient à éloigner de la famille royale les imputations qui pourraient la déconsidérer, et alimenter l'argumentaire des protestants. C'est aussi ne pas faire entrer en ligne de compte les virulents pamphlets et autres sermons que l'Église catholique multiplie dans sa passion antihuguenote et qui excitent le fanatisme des milieux populaires. Tels ceux du curé de Saint-Paul, à Paris, qui invective les protestants — ces « lépreux spirituels » — et appelle à une « sainte violence » : mais « Dieu frappera un bon coup et exterminera tout ». Quant au roi, il ne peut être vertueux « jusqu'à ce qu'on ait exterminé en France les ministres et les chefs de la fausse religion ».

Ainsi se conjuguent les effets d'un antagonisme au sommet entre chefs protestants et catholiques, dont l'enjeu est le contrôle du pouvoir, la définition des sources de sa légitimité d'une part — et dans ce conflit la religion n'a qu'une part relative —, et, d'autre part, un fanatisme venu d'en bas, qu'animent les Églises — la catholique romaine surtout qui

Figure 11 — Massacre de la Saint-Barthélemy en 1572. (Paris, Bibliothèque nationale de France, cabinet des Estampes.)

puise sa force dans les classes populaires, volontiers jalouses de la position sociale éminente de la société protestante.

À ce croisement a lieu d'abord un attentat.

Blessé d'un coup d'arquebuse, le 22 juin 1572, l'amiral de Coligny eut son bras gauche brisé et l'index de la main droite emporté. Impassible, il indiqua d'où venait le coup, et continua à marcher le long du Louvre... On le transporta dans son hôtel où il demanda à parler au roi, mais Catherine de Médicis voulut empêcher l'entretien seul à seul et elle transforma la visite en une démonstration solennelle de sympathie, suivant son fils avec la Cour, les princes du sang, et aussi tous les ennemis de l'amiral. Le coup avait manqué. Mais on sut tout de suite qu'un Guise avait loué tout exprès l'appartement d'où l'arquebusier avait tiré. Le roi criait vengeance, sa mère voulut le calmer et y réussit, mais il paraissait que l'attentat allait rouvrir la plaie de la guerre civile...

Il y eut, le 23, un conseil restreint où dominent les catholiques intransigeants, hostiles à la guerre contre l'Espagne. Le rôle du roi y apparaît difficile à évaluer... Cède-t-il à cette pression, en acceptant de faire de Coligny et des chefs huguenots les boucs émissaires du mécontentement qui sourd des milieux populaires ? Est-ce ainsi un massacre « politique » auquel il souscrit, admettant plus tard que Coligny avait plus d'autorité que lui ? En tous les cas, la décision est prise d'exécuter un nombre limité de chefs huguenots, ce qui marque la défaite des modérés, et la ruine du rapprochement que souhaitait Catherine de Médicis. Il reste que le 24, à un signal convenu, le duc de Guise court au logement de l'amiral avec une grosse troupe. « Es-tu bien l'amiral ? lui demande Besne, qui a pénétré dans la chambre où il est en convalescence. — Jeune homme, tu devrais avoir égard à ma vieillesse et à mon infirmité... Au moins si quelque homme et non pas ce goujat me faisait mourir ! » Besne lui passa son épée au travers du corps... Et d'en bas du logis, Guise, entendant le bruit des coups : « Besne, as-tu achevé ? — C'est fait », répondit-il. Ses compagnons saisirent le corps et l'auraient jeté par la fenêtre...

Suivit, au Louvre, le massacre des chefs protestants : « Leurs corps traînés par les rues, attachés à des cordes, comme bêtes mortes. »

La cloche du palais de justice sonna alors le glas, qui agit tel le signal d'un massacre général : il s'étendit à tous les quartiers de Paris, la population se joignant aux soldats. On traquait tous les huguenots, les tirant de leur maison, les précipitant par les fenêtres, les tuant à coups de piques et de poignards. Avant midi, il y avait déjà plus de deux mille personnes ainsi assassinées et jetées à la Seine... Des Allemands, des Flamands furent des victimes recherchées, les libraires aussi, leurs livres brûlés... Le pillage suivit.

Cette frénésie gagna aussitôt la province : dès le 24 août, elle a atteint La Charité, Meaux les 25 et 26, Bourges et Orléans le 26, Angers le 28, Lyon le 31, le reste du pays jusqu'au début septembre...

Il y a peut-être eu en tout dix mille morts, dont un cinquième environ à Paris.

A-t-on cru que c'était un ordre du roi ? Au moins est-ce ce que les Guises ont fait crier : « Le Roy le commande, c'est la volonté du Roy, c'est son exprès commandement. » A-t-on jugé que le roi remplissait, enfin, son devoir, en vidant le pays de « sa souillure » huguenote ? Pour beaucoup il s'agit bien d'une croisade. Quant au roi, en prescrivant aux gouverneurs de province, dès le 24, de maintenir l'édit de pacification, il signifiait ainsi qu'il entendait limiter le massacre aux chefs huguenots, ce qu'il assuma, du reste, le 26, en déclarant au Parlement qu'il avait voulu prévenir une conjuration huguenote.

En assumant ainsi les actes criminels commis par le peuple fanatisé, le monarque entend affirmer la toute-puissance royale. « Tout en se maculant du sang des victimes, la Couronne entérine cette exécution populaire car elle ne peut admettre avoir été dépassée ou contrainte par elle. »

Or, à d'autres époques de l'Histoire, dans un contexte différent le pouvoir a réagi de la même manière pour assumer sa légitimité ; n'est-ce pas, aussi, ce que font les dirigeants bolcheviques, en 1918, qui ont également encouragé des violences qui les ont dépassés... Le texte de Janine Garrisson sur les *Protestants au XVIe siècle* permet d'observer cette autre relation entre le crime, ses initiateurs et ses victimes.

« Lorsque demain, passée la stupeur horrifiée, s'élèveront les voix vengeuses des protestants, jamais elles ne mettront en cause le peuple, ses moines et ses quartiers de la boutique ou de la basse magistrature ;

elles voueront aux gémonies le prince qui a couvert de son nom l'opprobre des massacres. » Dans cette phrase, remplacez les protestants par les mencheviques ou autres militants révolutionnaires, et eux aussi vouent aux gémonies Lénine et son seul parti. Pas les classes populaires.

Ayant appris la Saint-Barthélemy, Philippe II en avait ri de plaisir — pour la première fois de sa vie, dit la chronique ; et Élisabeth et sa Cour accueillirent la nouvelle tout vêtus de grand deuil.

Imaginaire pourtant, la thèse du complot protestant fut ainsi mise sur pied. La Saint-Barthélemy lui donna consistance.

Mais pas sur le moment : la stupeur horrifiée paralysa les protestants au point que beaucoup se convertirent ou émigrèrent : il en arriva sept cents à Genève en septembre, six cents encore avant la fin de l'année ; d'autres réfugiés se rendirent vers le sud : La Rochelle, Nîmes, Montauban ; et ceux de Bordeaux gagnèrent le Béarn tandis que les Normands passaient en Angleterre : ainsi la carte du protestantisme se rétrécit et s'incrusta dans le Midi et le Centre-Ouest.

Mais, ultérieurement, cette Saint-Barthélemy, dénommée par les protestants « jours de Trahison », rend compte à la fois d'un renforcement de la conscience nationale — le roi, « tyran de la patrie » — et de la nécessité de se constituer en force de résistance, qui mène à la création d'un État séparatiste, ces Provinces-Unies du Midi, qui, « par provision et en attendant la juste volonté ou liberté du Roy avec rétablissement d'un bon État, la puissance et l'autorité publique sera revenue, gardée et conservée par le pays sur les avis et délibérations des États ». Ainsi se met en place une sorte d'État huguenot, auquel se rallient des catholiques horrifiés de ce qui s'est passé à la Saint-Barthélemy, et qui disposent d'un modèle : les Pays-Bas, cet État communal et princier, désormais indépendant, avec ses Chambres mi-parties.

Sauf qu'en France la formation de cet État demeurera en partie virtuelle si tant est que le monarque reviendrait à de justes pratiques.

Après trente années de guerres civiles et religieuses, c'est ce que réussit Henri IV.

VÉRITÉ HISTORIQUE ET MÉMOIRE ROMANESQUE

Alors que la Réforme, l'édit de Nantes et sa révocation, le destin des protestants ont alimenté la guerre civile franco-française de Voltaire à Michelet, de l'Action française aux commémorations du quadricentenaire en 1998, les horreurs de la Saint-Barthélemy et celles du temps de Charles IX ont alimenté plus encore les œuvres romanesques : ce sont elles qui, au XIXe siècle essentiellement, ont construit les images d'Épinal sur les « guerres de Religion ». Globalement, elles sont — sauf chez Balzac, un légitimiste — favorables aux protestants, pour autant qu'une identification s'est opérée entre République et protestantisme, entre catholicisme et absolutisme monarchique. Autant Alexandre Dumas, dans *La Reine Margot*, *La Dame de Montsoreau*, et Michel Zevaco, dans *Pardaillan*, demeurent relativement fidèles à leur documentation — les commentaires de Montluc, les œuvres de Brantôme, d'Agrippa d'Aubigné, etc. —, autant Ponson du Terrail bouscule les faits, valse avec la chronologie, faisant, par exemple, de Marguerite de Valois et de Henri de Navarre un vieux couple lors de la Saint-Barthélemy, alors qu'ils viennent de se marier ; et Henri d'Anjou y est déjà roi de Pologne, alors qu'il ne le devint qu'en 1573.

Mais le plus significatif est bien que les narrateurs et pamphlétaires dont s'inspirent ces romanciers ont forgé des images, fausses pour la plupart, mais qui ont gardé plus de réalité que la réalité : l'empoisonnement de Jeanne d'Albret, venue assister au mariage de son fils, avec une paire de gants commanditée par Catherine de Médicis à son parfumeur ; la défenestration de l'amiral de Coligny après son meurtre, et sa tête tranchée ; Charles IX « giboyant » avec une arquebuse les huguenots qui fuyaient les massacreurs, la fin tragique de Charles IX hanté par ces massacres ; sa phrase, le 24 : « Tuez-les tous, qu'il n'en reste plus un seul ! » Ces personnages du drame sont également présents avec la même enflure : la froide cruauté d'Henri de Guise, le génie infernal de la reine mère (Ponson du Terrail), sa main fine crispée au manche de la dague qu'elle portait toujours à la ceinture (Michel Zevaco) ; la faiblesse de Charles IX : « Faites ce que vous voudrez, je ne veux pas m'en mêler. »

Les films ont contribué à la survie de ces images, qu'il s'agisse du chevalier de Pardaillan, de la reine Margot, etc., et donc à une sorte de dépolitisation de la Saint-Barthélemy, qu'au contraire les historiens se sont efforcés de réévaluer, en rappelant à la fois le rôle du fanatisme populaire et les arrière-pensées politiques des huguenots et des papistes — loin de toute piété...

Le royaume démantelé, la royauté contestée

La Saint-Barthélemy eut les effets inverses des objectifs imaginés par ceux qui en furent les responsables : privé de ses chefs, le parti protestant s'organisa autrement. La reine avait cru neutraliser les conflits entre les maisons ducales ou princières en les maintenant près d'elle, à la cour. Les protestants y virent le piège dont ils avaient été les victimes. Loin de Paris — passé le choc de la Saint-Barthélemy —, de province et spontanément ils se régénérèrent.

La guerre reprend, de La Rochelle à Sancerre et aux villes de la Garonne qui s'arment, renforcent leurs murailles. Un traité est signé qui accorde la liberté de culte à La Rochelle, Nîmes, Montauban. Mais le contrecoup va plus loin... Après sa « trahison » de la Saint-Barthélemy, le roi est devenu un tyran. Gentilshommes et bourgeois réévaluent leur relation à la monarchie, et, loin du pouvoir central, il se constitue ainsi une sorte de contre-État huguenot, qu'on a pu dénommer « les Provinces-Unies du Midi » et dont la charte de fondation est instituée à Anduze et officialisée à l'assemblée de Millau (1573). Il se constitue ainsi une sorte de République fédérative qui couvre les pays du Midi et du centre-ouest, chaque province jouissant d'une autonomie au sein du pouvoir fédéral et ayant une assemblée qui s'apparente soit aux anciens États provinciaux — en Languedoc —, soit aux États particuliers en Rouergue, Agenais, Quercy. Si chaque élément de l'ensemble perpétue les institutions anciennes, leur association constitue une vraie révolution pour autant qu'ayant nommé un protecteur, le prince de Condé, elle détient aussi les droits régaliens que les monarques avaient récupérés au fil des temps.

On peut ainsi voir dans ces Provinces-Unies à la fois l'embryon d'un nouvel État, moderne, issu de la volonté populaire, tels les Pays-Bas, et une résurgence des temps féodaux pour autant que l'absolutisme monarchique y perd les conquêtes obtenues aux temps de François Ier.

À l'éclatement territorial qui signe la restauration des traditions liées au monde féodal, s'ajoute une mise en cause de la nature de la monarchie, doctrinale cette fois, émanant également des ligues catholiques ; dans l'esprit offensif de la Contre-Réforme, elles veulent assurer à l'Église, au pape, sa primauté sur les monarques. Ces déchirements suscitent une multiplicité d'écrits et de libelles politiques sur le rôle de la noblesse dans l'État, sur les libertés des citoyens, sur la place de la religion dans la cité, sur la légitimité du régicide. Tous ceux qui combattent l'absolutisme du monarque, et qu'on dénomme « monarchomaques », constituent le premier ensemble de théoriciens politiques de l'histoire du pays : François Hotman, avec son *Franco Gallia*, qui stigmatise cet Empire romain pour avoir dominé les Francs-Gaulois *(sic)*, une manière de critiquer la papauté ; Théodore de Bèze, dont *Le Droit des magistrats sur leurs sujets* vise à reconnaître aux sujets le libre choix de leur religion ; on attribue à La Boétie également des textes qui visent à montrer que la souveraineté doit appartenir au peuple, c'est-à-dire à ceux qui le représentent, tels les États Généraux, qui demeurent monarchiques mais pas absolutistes.

Ainsi, après un premier rejet de la tolérance, les guerres civiles avaient ajouté un deuxième enjeu à leur conflit, celui de la souveraineté que, brutalement, la Saint-Barthélemy avait fait se rejoindre, animant la colère et le ressentiment des huguenots.

Simultanément, le renouveau catholique lié à la Contre-Réforme sécrétait des formes nouvelles de dévotion, notamment au sein des confréries visant à créer une société idéale de croyants, mais préoccupée également de lutter contre les progrès du calvinisme et soucieuse de le montrer dans des processions. Pierre de L'Estoile observe à Paris, en 1583, l'arrivée de plusieurs centaines de pèlerins « vêtus de toile blanche, et en leurs mains les uns des cierges et chandelles de cire ardente, les autres des crois de bois, et marchaient deux à deux, chantant en la forme des pénitents »... Soif intense d'expiation, retournement de la violence contre soi, aspiration à vivre déjà dans l'au-delà...

Le nouveau roi, Henri III, qui ses dernières années de duc d'Anjou était passé roi de Pologne, s'enfuit littéralement de ce pays dès qu'il sut la mort de Charles IX ; Vienne comme Venise lui ménagèrent un accueil triomphal. Il était plus pressé de quitter Cracovie que de rejoindre Paris, puisqu'il s'attarda à Venise, s'y saoulant de plaisirs, achetant bijoux et parfums, et plus efféminé que jamais. Il n'en était pas moins autoritaire, combatif et soucieux de son rang, violent, et bientôt aux prises à la fois avec le parti protestant, dont Henri de Navarre était devenu le chef, avec les « malcontents » qui l'avaient rejoint, et avec son dernier frère.

Figure 12 — Prise de Cambrai en 1581. On comprend que l'intervention des canons rend désormais illusoires les murs qui assuraient la défense des villes. (Paris, Bibliothèque nationale de France.)

On raille ses compagnons, les « mignons », qui portent des cheveux longuets, frisés et refrisés par artifice, par-dessus leurs petits bonnets de velours, comme font les putains du bordel. Ils sentent le parfum et non la sueur des batailles ou la poudre à canon.

Pourtant, convaincu de la responsabilité que lui confère sa charge, croyant que ce sont ses péchés qui provoquent la colère de Dieu, il fonde la Confrérie des pénitents blancs de l'Association Notre-Dame, puis celle de la Mort et Passion de notre Seigneur Jésus-Christ. Toutes dévotions qui ne lui attirent pas la sympathie des catholiques ardents qui doutent de sa sincérité. Mais les troupes coalisées l'obligent à signer la paix de Monsieur, du nom de son jeune frère, et qui autorise la pratique du culte réformé partout, sauf à Paris, avec la création de places de sûreté. Cet édit de Beaulieu, en 1576, annonce en outre la réunion d'États Généraux, qui se tiennent bientôt à Blois et où se débat le pouvoir respectif des États et de la monarchie. S'y illustre le juriste Jean Bodin, dont l'argumentaire permet de réduire l'édit de Beaulieu au statut de loi du roi, alors que les États Généraux édictent les lois du royaume.

Ainsi se révélait l'incompatibilité entre le pouvoir des États Généraux — où les catholiques ultras étaient majoritaires — et la tolérance civile — le roi ayant reconnu qu'il n'avait pas les moyens d'entretenir une seule religion dans son royaume.

Ce sont ainsi les ultras — la Ligue — qui vont prendre les affaires en main.

La Ligue : Vervins et l'édit de Nantes

Avec le recul de l'Histoire, la date de 1598 marque la fin des guerres de Religion et l'édit de Nantes en signe le dénouement. Cet édit de tolérance paraît d'autant plus important qu'il fut aboli par Louis XIV en 1685, une date sinistre pour la mémoire protestante. Pourtant, en 1598, les contemporains n'attachèrent guère d'intérêt à l'édit : il avait été précédé de tant d'autres, dont, plus ou moins, il reprenait les termes. Par contre, le traité de Vervins, conclu au même moment avec l'Espagne, apparut d'abord faste, célébré comme la fin d'une menace qui pesait sur le pays.

Comment rendre compte de ce double regard ?

En 1584, avec la mort de Monsieur l'ancien duc d'Alençon devenu duc d'Anjou, et dernier fils d'Henri II, s'ouvre une crise de succession — car Henri III n'a pas eu d'enfant — et c'est Henri de Navarre, le huguenot, selon la loi salique, qui devient l'héritier de la Couronne, cousin d'Henri III au vingt-deuxième degré, un Bourbon qui descendait du sixième fils de Saint Louis. Pour les catholiques ultras, à la haine à l'égard d'Henri III, incapable d'assurer la primauté du catholicisme, s'associa désormais la peur du roi futur...

De cette conjonction naquit la Ligue, dont Henri de Guise fut le leader incontesté, qui signa le traité de Joinville avec les représentants de Philippe II et un certain nombre de princes français.

Parallèlement à cette coalition nobiliaire et catholique, une ligue bourgeoise et populaire se constitue à Paris, organisation secrète dirigée par les Seize (chefs des seize quartiers de Paris) et devenue assez puissante pour qu'Henri III évacue la capitale après que la population y eut dressé des barricades. Majoritaires aux États Généraux de Blois, en 1588, les ligueurs et leurs amis voulurent mettre les finances royales sous leur contrôle. Henri III, qui a été roi de Pologne, sait d'expérience comment le monarque ainsi contrôlé perd ses pouvoirs, comme il en a été naguère en Angleterre : il n'est plus le roi, il veut réagir.

Le désastre de l'Invincible Armada a amoindri l'Espagne, Henri de Navarre remporte des succès en Poitou, l'heure est venue d'abattre la tête de la Ligue et de frapper comme il a été fait lors de la Saint-Barthélemy à l'encontre des chefs du parti protestant ; Henri III organise avec soin l'assassinat du duc de Guise par sa garde privée, les Quarante-Cinq, épisode que le cinéma muet a célébré, dans un des tout premiers films historiques, celui de Charles Le Bargy. Puis Henri III fait exécuter son frère le cardinal de Guise.

L'annonce de l'assassinat « fit en une heure cent mille ligueurs ». La Sorbonne stigmatise le roi-tyran qui a violé la foi publique. À Paris et dans d'autres villes, les prédicateurs se déchaînent, une « vraie révolution des curés » qui s'appuie sur une population enflammée par une ferveur paroxystique ; mais qui repose également sur un mouvement municipal puissant et qui s'oppose à une fiscalité royale de plus en plus lourde. En exécutant, par exemple, le président Brisson, soupçonné de vouloir négocier, un certain nombre des Seize qui exercent un pouvoir tyrannique, avec des méthodes terroristes qui, pour certains, préfigurent celles de 1793. Le duc de Mayenne, frère du duc de Guise, lieutenant général du royaume par la grâce de la Ligue — qui s'était ainsi substituée au roi pour le nommer —, décide de mettre fin à ces violences. Il a peur que Philippe II n'installe sa fille sur le trône de France. Mais avec qui négocier ? Car à son tour Henri III vient d'être assassiné par un moine, Jacques Clément (1589).

Les esprits étaient exaspérés et il est difficile de décider si le mouvement des barricades qui était né avait eu pour initiateur Philippe II, les Guises ou plutôt le complot des Seize ; en tous les cas, il était plus encore défensif qu'offensif, face à l'intrusion de soldats du roi dans la ville. Or, l'assassinat du duc de Guise, celle du roi, l'arrestation du prévôt des marchands de Paris transforment la Sainte Ligue en une sorte de contre-pouvoir... Mais la présence de garnisons espagnoles à Paris suscite une réprobation qui favorise les conciliateurs, ou « politiques », ces notables qui, inquiets des excès de la Ligue, font triompher peu à peu une autre solution que l'extermination des protestants : revenir à la politique des édits pour autant que la Ligue renoncerait à vouloir convertir de force les hérétiques. Le nœud de la sécession ligueuse n'était pas d'essence religieuse, c'était également un mouvement de catholiques contre d'autres, les notables finissant par se retirer d'un mouvement qui mettait en danger leur hégémonie. Ces contradictions rendent compte du fait qu'on a pu juger à la fois que la Ligue était un mouvement révolutionnaire, par la mise en place de son dispositif « démocratique », et réactionnaire, moins par son fanatisme antiprotestant que par son attachement à la primauté du rôle de l'Église dans l'État.

Or, pendant ce temps, le charisme d'Henri de Navarre remportait maints succès. Dès la mort d'Henri III, en 1589, il s'est engagé à garder le royaume dans la confession catholique ; mais il lui faut partir de loin car le duc d'Épernon l'a abandonné pour se tailler une principauté autonome en Provence, La Trémoille a fait de même en Poitou. Par contre, tiennent bon, à ses côtés, les Provinces-Unies du Midi, quelques villes outre Bordeaux… Surtout, l'État royal, ses structures demeurent loyalistes puisqu'il est l'héritier légitime, et cet État s'est renforcé depuis Louis XI. Henri IV le tient bien contre ces prétendants qui se multiplient, Savoie, Lorraine, Charles X Bourbon, « roi » pour la Ligue (il meurt en 1590), le comte de Soissons, un autre Bourbon ; tous prêts à se saisir du trône pour de bon si Henri IV ne se convertit pas. « Ces convoitises effraient les politiques mais leur offrent en même temps un moyen de pression sur la conversion du roi. » Mais voici qu'à son tour la Bretagne se conduit selon la règle ligueuse, et bientôt la Bourgogne ; en Provence, les hommes d'Henri IV se heurtent à ceux de la Savoie et à ceux de la Ligue, que le duc de Mayenne dirige depuis Paris, sa capitale… Les soldats espagnols et flamands affluent à cet appel.

Henri IV décide alors, contre l'avis de tous, de frapper au cœur. Après une victoire décisive à Arques, en Normandie, il marche sur Paris et rencontre l'armée ligueuse à Ivry, sur l'Eure. Son allant, ses succès militaires à Poissy, à Meulan, l'engagent à affronter Mayenne avec deux mille cavaliers contre huit mille, huit mille fantassins contre douze mille. Mais la fortune l'avait aidé jusque-là et il se lance dans la bataille.

« Mes compagnons, Dieu est pour nous, voici ses ennemis et les nostres, voici vostre roi… À eux ! Si vos cornettes vous manquent, *ralliez-vous à mon panache blanc*, vous le trouverez au chemin de la victoire et de l'honneur. »

C'est la victoire de la fougue, et aussi de l'appel à « sa » noblesse contre « la faction des étrangers », et « s'il y a eu rébellion elle vient de la boue et de la fange du peuple, qu'elle a suscité et ému… »

Ivry est une victoire sans lendemain immédiat car, faisant le siège de Paris, Henri IV sent que la situation lui échappera si Philippe II, le duc de Savoie, Mayenne, le duc de Lorraine, réussissaient à s'entendre. De fait, Mayenne craint que la Ligue, qu'il dirige en principe, ne se serve de lui alors qu'il souhaite une solution monarchique, nobiliaire et française. Henri IV a parfaitement compris que l'heure de la conversion est venue — qui peut déclencher une dynamique de paix, voire de réconciliation —, qu'il ne peut plus y échapper.

Il annonce la mise en route de ce processus, qui dura deux ans, et passa par la réconciliation avec l'Église romaine, son sacre à Chartres — car Reims est aux mains des ligueurs —, son entrée dans la capitale et enfin l'absolution pontificale accordée en 1595.

Ce qui frappa le plus la mémoire populaire fut bien l'abjuration, le 25 juillet 1593.

Venue après les horreurs du siège de Paris, de la famine, la cérémonie eut l'aspect brillant d'une fête. Les rues qui menaient à la basilique de Saint-Denis étaient jonchées de fleurs. Le roi était précédé par des suisses, fifres et tambours sonnant, de la garde écossaise, de plus de cinq cents gentilshommes. Henri IV était « revestu d'un pourpoint de chausses de satin blanc, bas à attaches de soye blanche, et souliers blancs, d'un manteau et d'un chapeau noirs ». Malgré les défenses, sur son passage, on criait : « Vive le roi ! » À la porte de l'église, le roi se présente à l'archevêque de Bourges, assis sur une chaise couverte de damas blanc.

— Qui êtes-vous ?
— Je suis le roy.
— Que demandez-vous ?
— Je demande à estre reçu au giron de l'Église catholique, apostolique et romaine.
— Le voulez-vous ?
— Oui, je le veux et le désire.

Henri s'agenouilla, l'archevêque lui tendit l'anneau et l'introduisit dans l'église : il écouta la messe et, à genoux devant le grand autel, il réitéra son serment, sa rétractation, se confessa et communia...

« Vive le roy », criaient grands et petits qui « pleuraient tous de joye ». Le soir Henri IV galopa jusqu'au sommet de Montmartre pour contempler « ce Paris qui valait bien une messe ».

La conversion ruinait le parti de la Ligue.

Dans le *Dialogue du Maheustre et du Manant*, un texte qu'a fait oublier le succès de la *Satire Ménippée*, de même tendance, il était dit clairement, comme dans un testament politique, qu'« il ne fallait pas parler de loi salique, seul compte l'honneur de Dieu et de son Église (...). S'il plaît à Dieu de nous donner un roi de nation française, que son nom soit bénist ; si de Lorraine, que son nom soit bénist ; si espagnol, que son nom soit bénist (...). Nous n'affectons la nation, mais la religion... »

Or avec la conversion, ce discours n'est plus de mise.

Les États Généraux n'avaient pas pu « faire un autre roi » qu'Henri IV et désormais Mayenne se voyait accusé de mollesse par les ultras de la Ligue. Or, militairement, la partie était jouée...

Les adhésions à Henri IV se multipliaient et la Ligue se désagrégea. Paris réduit, les peuples retournent à l'obéissance, et il ne reste comme ennemi que les troupes espagnoles.

La grande idée d'Henri IV est de déclarer la guerre à Philippe II pour nationaliser un peu plus la monarchie.

Il l'emporte par son courage à la bataille de Fontaine-Française, il perd à Doullens, près de Cambrai, mais ces défaites n'arrêtent pas le mouvement qui, depuis l'abjuration, ramène au roi les derniers ligueurs, Mayenne y compris, qui se soumet et sollicite sa bonne grâce...

Cependant, l'Espagne n'en pouvait plus de ses guerres sur mer avec les Anglais et les Hollandais qui pillaient ses colonies. Élisabeth soutenait Henri IV, tout converti qu'il fût. L'heure était venue pour le roi de France et le roi d'Espagne d'enterrer la hache de guerre. Ce fut le traité de Vervins, qui rétablissait les clauses du Cateau-Cambrésis, le roi de

France recouvrant Calais, et le sort de la Bourgogne devant être défini ultérieurement. Mais l'essentiel était le retour à la paix, que signa Philippe II, qui mourut juste après (1598). Il resta à Sully de régénérer l'économie du pays.

L'édit de Nantes, de plus forte mémoire aujourd'hui, laisse aux protestants un goût de cendres, car il est clair, pour eux, qu'Henri IV n'a cherché qu'à rassurer les catholiques, comme sa conversion en témoignc. Ses compagnons, le futur duc de Sully, Duplessis-Mornay, l'ont jugée nécessaire, Agrippa d'Aubigné la déplora... L'édit, en effet, exprime le souhait d'un retour des protestants à la religion catholique. Très précis, ses cent quarante-huit articles assurent la liberté de culte où il existait en 1595, et surtout des garanties, soit cent cinquante places de sûreté, aux frais du roi... Le monarque entretient les ministres du culte et reconnaît les assemblées politiques des protestants si elles se tiennent devant le juge royal. On revenait ainsi à l'édit de Saint-Germain de 1562, avec de plus réelles garanties militaires.

Ces guerres avaient vu réapparaître les grands barons et l'autonomie de leur principauté, l'affaiblissement des protestants comme force alternative à la monarchie traditionnelle, la ruine aussi du parti papiste qui, avec l'Église, entendait perpétuer l'emprise qu'il exerçait sur la royauté. Si bien qu'au total, c'est cette dernière qui se trouvait, paradoxalement, renforcée au sortir de trente-cinq ans de guerres civiles et religieuses. Restaurateur de l'absolutisme, Henri IV ? L'hypothèse va se vérifier durant les décennies suivantes.

L'ASSASSINAT DU « BON ROI HENRI IV »

Le 14 mai 1610, dans l'après-midi, Henri IV sortit du Louvre en carrosse avec le duc d'Épernon ; il prit la rue de la Ferronnerie, très étroite, et la marche du carrosse fut entravée par un embarras de charrettes. Un homme en profita pour s'approcher et frapper le roi d'un premier coup de couteau. D'Épernon, qui lisait une lettre au roi, ne put s'interposer et l'homme porta un deuxième coup, mortel.

L'assassin, François Ravaillac, demeura sur place, son couteau à la main... D'Épernon empêcha qu'il fût tué par les gardes, il fut amené à l'hôtel de Retz, et bientôt jugé. L'assassin était convaincu des pires forfaits, « le crime de lèse-majesté divine et humaine au premier chef ». Il subit d'abord le supplice des brodequins, des coins étaient enfoncés à coups de marteau dans ses genoux et ses chevilles, sa main qui tenait le couteau fut brûlée au feu de soufre ; ensuite, il fut écartelé à l'aide de quatre chevaux... À peine fut-il mort que la foule se jeta sur les morceaux du corps, et on en fit du feu au coin des rues. Avant son supplice, Ravaillac dit à son confesseur qu'il était tout surpris de voir la foule déchaînée contre lui : « Je pensais que tout le peuple m'en aurait obligation, et je vois que c'est lui qui fournit les chevaux pour me déchirer. »

Figure 13 — Exécution de Ravaillac. (Paris, musée Carnavalet.)

François Ravaillac était-il seulement un exalté, comme l'énonce le roman de la nation ? Était-il même un isolé ? La tradition du bon roi Henri le répète ; Henri IV n'avait-il pas mis fin aux guerres de Religion ; restauré, grâce à Sully, « labourage et pâturages, assurant à chacun, le dimanche, sa poule au pot... » ? Mais sa gaieté, sa paillardise, ses frasques amoureuses ne sont pas du goût des dévots, surtout il s'est montré tolérant (au XVIe siècle, ce terme veut dire qu'on « accepte de supporter »), ce que vantent les chantres de la IIIe République...

S'il ne fut pas prouvé que Ravaillac fut l'homme d'un complot, il exprima le vœu d'une partie de cette opinion catholique. Ainsi, en Bretagne, le calvaire de Saint-Thégonnec, réalisé en 1610, comporte une statue du roi représenté en bourreau flagellant le Christ, une manière de dénoncer celui qui était né huguenot. En Lorraine, plus d'un se rêve Ravaillac. De fait, Henri IV attire la haine due à ses origines, à la méfiance dont il est l'objet au vu de sa mansuétude vis-à-vis des protestants depuis la promulgation de l'édit de Nantes. Les catholiques doutent de la sincérité de sa conversion — et Ravaillac est de ceux qui croient qu'il va faire la guerre au pape.

En l'honneur du duc de Mercœur, qui avait défendu la Hongrie contre les Turcs et combattu Henri IV en Bretagne à la demande de l'empereur, le poète Alphonse de Rambervillers écrivait :

Pour qu'au cœur des rois, l'Église se conserve
Que pour la maintenir, ils soient prêts au combat,
Qu'ils fassent de la Foi dépendre leur État
Et non pas qu'à l'État soit la Sainte Foi serve.

Figure 14 — Henri IV et la poule au pot. (Image d'Épinal.)

Tout est dit, le rabaissement de l'Église était bien le principal grief du parti catholique contre le roi Henri IV, et c'est pour cela qu'on soupçonne aussi bien les jésuites d'avoir armé la main de Ravaillac.

Au vrai, l'idée de régicide était plus ancienne. Elle couvait depuis la Saint-Barthélemy dont un « mauvais roi » avait dit assumer les crimes. Elle avait couvert l'assassinat de Henri III par Jacques Clément, et traversait les différentes positions religieuses. En étant allié aux pires ennemis de l'Église, les Provinces-Unies et l'Angleterre, et en préparant une guerre contre l'Espagne et les Habsbourg, le roi méritait, pour les anciens ligueurs, les dévots et le roi d'Espagne, le titre de « tyran usurpateur » et la mort[1].

1. L'analogie a-t-elle un sens ? Quand Gandhi est assassiné en 1948, le roman de la nation indienne dit également que ce fut par un isolé, un fanatique. Or, l'homme en question était membre d'un groupe hindouiste dévot hostile au parti du Congrès, et qui a pris sa relève au pouvoir en 1996... Comme les adversaires catholiques de l'édit de Nantes ont fini par le faire révoquer en 1685...

De la monarchie absolue à la Révolution française

Depuis Henri IV, la monarchie s'est renforcée en développant son appareil d'État, par la création d'une bureaucratie, et en se soumettant les Grands — un travail qu'après la régence de Marie de Médicis et de Concini menèrent à bonne fin Richelieu et Mazarin, la Fronde signant leur ultime résistance. Les États Généraux de 1614, sous Concini, furent bien les derniers.

Ce renforcement, la survivance des guerres de Religion s'enchâssèrent dans un conflit plus vaste, européen, la guerre de Trente Ans, à laquelle la France participa.

Le triomphe de Versailles, sous Louis XIV, incarna cette victoire de l'absolutisme, la concentration de la Cour y correspondant à la domestication de la noblesse. Simultanément, les dépenses qu'exigeaient ce faste ou ces guerres et la réduction des corps intermédiaires — parlements, villes, États — isolèrent le pouvoir suprême de ses sujets qui ployèrent sous le fardeau. Le règne du Grand Roi se termina dans la misère.

Si Versailles avait été la revanche de la Fronde, sa Cour devint, après 1715, la revanche sur le roi absolu. Sauf que, vis-à-vis du régent puis de monarques sans volonté politique, Paris reprit sa place et bientôt les parlements.

Versailles contre Paris, la partie devint inégale quand l'élite de la nation changea à son tour d'humeur et de caractère. Aux temps de Louis XIV, le monarque avait su choisir les plus aptes à le servir ou à le glorifier. Mais ses écrivains ne se risquaient pas à critiquer directement l'État, et ils se limitèrent, pour l'essentiel, à analyser les passions humaines. Au contraire, les philosophes du XVIIIe siècle ne s'intéressent qu'à l'État, à la chose publique. Ils constituèrent ce tribunal de l'opinion, qui jaugea et jugea le pouvoir, ce qui mena bientôt aux réformes, à la Révolution.

CHRONOLOGIE

LA FRANCE ET LA GUERRE DE TRENTE ANS (1618-1648)

1608-1609	En Allemagne, création de l'Union évangélique, protestante, qui unit le Bade, le Wurtemberg, puis le Brandebourg, l'Électeur palatin. S'allie avec le roi de France.
1610	Assassinat d'Henri IV.
	Création de la Sainte Ligue, derrière le duc de Bavière, les électeurs ecclésiastiques et les jésuites. S'allie avec le roi d'Espagne.
1610-1617	Marie de Médicis régente laisse sa favorite Leonora Galigaï et son mari Concini s'emparer des affaires de l'État.
1617	Assassinat de Concini, avec l'autorisation du jeune Louis XIII, âgé de seize ans.
1618	Défenestration de Prague : les protestants défenestrant les représentants du roi de Bohême, Ferdinand de Styrie, qui voulait réduire les libertés des protestants : « La guerre commence »...
1620	Tilly, commandant l'armée bavaroise, écrase les Tchèques à la Montagne Blanche.
1625-1629	Intervention du Danemark pour secourir les électeurs protestants. Wallenstein en vient à bout.
1625	Richelieu intervient dans la Valteline, entre le Milanais espagnol et le Tyrol autrichien, pour séparer Habsbourg d'Autriche et d'Espagne.
	Siège de La Rochelle par Richelieu contre les protestants.
1630	Gustave II Adolphe, roi de Suède, intervient pour prendre la relève du roi de Danemark. Il négocie avec l'envoyé de Richelieu. Campagne de Casal, en Italie.
1630	À la diète de Ratisbonne, le Père Joseph, envoyé de Richelieu, convainc les électeurs de ne pas élire Ferdinand empereur : « Le capucin m'a désarmé avec son chapelet et il a mis dans son capuchon les six bonnets électoraux », a commenté Ferdinand.
1631	Victoire de Gustave II Adolphe sur Tilly à Breitenfeld.
1632	Mort de Gustave II Adolphe.
1634	Les Suédois vaincus à Nördlingen.
	Alliance entre la France et la Suède, ainsi que la Savoie et les Suisses.
1635	Richelieu déclare la guerre à l'Espagne.
	La lutte de la maison de France et de la maison Habsbourg a repris, trente-sept ans après le traité de Vervins.
1636	Invasion de la Bourgogne par les impériaux.
	Invasion de la Picardie par les Espagnols qui arrivent jusqu'à Corbie et Pontoise.
1639	Turenne et le Suédois Wrangel essaient de coordonner leur stratégie

1640	La France reprend Arras.
1642	Révolte du Portugal contre l'Espagne.
	La France se saisit du Roussillon.
	Mort de Richelieu.
	Ferdinand III de Habsbourg ouvre des négociations à Münster et Osnabrück.
1643	Condé vainqueur des Espagnols à Rocroi.
1644	Condé et Turenne remportent des succès sur les impériaux à Fribourg.
1648	Turenne et Wrangel vainqueurs de Merci et des impériaux de Zusmarshausen.
	L'empereur signe la paix.
	La Fronde.
1648	Congrès de Westphalie. Les Français font leur demande en langue française, pas en latin : une innovation. Les négociations ont lieu à Münster (pour la France), à Osnabrück (pour la Suède).
24 oct. 1648	Traités de Westphalie ; reconnaissance du principe *Cujus regio, ejus religio* en Allemagne.
	Le roi de Suède occupe la Poméranie et siège à la diète allemande.
	La France se voit reconnaître les Trois-Évêchés, Pignerol et l'Alsace sauf Strasbourg.
	Le traité instituait le principe de l'équilibre européen.

De 1648 à 1659, la guerre se poursuivit entre la France et l'Espagne qui avait dû reconnaître l'indépendance des Pays-Bas. C'est l'époque de la Fronde où Condé passe aux Espagnols. À la paix des Pyrénées (1659), la France abandonne le Portugal et reçoit le Roussillon, la Cerdagne ainsi que Thionville ; et surtout l'Alsace, sauf Strasbourg. Le traité prévoit le mariage de Louis XIV avec Marie-Thérèse, fille de Philippe IV.

La journée des Dupes, intrigue de Cour ou crise politique ? (1630)

En apparence, tout a commencé à Lyon, en septembre 1630, avec la maladie du jeune roi Louis XIII qui règne sous le couvert de sa mère. Il a juste vingt-neuf ans, au retour de sa campagne de Casal, en Italie, et il est pris de fièvre, de dysenterie ; les médecins préviennent le confesseur et le roi reçoit le viatique, eucharistie administrée aux malades en danger de mort. « Voilà ce qu'a fait ce beau voyage », accuse Anne d'Autriche, sa femme, visant par là Richelieu : elle pressent que si le roi meurt, Gaston, son frère, lui succédera, et il sera chassé, exécuté : « Je ne sçay si je suis mort ou vif », écrit-il au maréchal de Schomberg qui avait mené la campagne de Casal. De fait, il est convenu que Troisvilles, capitaine des mousquetaires, lui « cassera la tête d'un coup de pistolet ».

L'irritation de la reine mère, Marie de Médicis, partait de plus loin. Aux temps de Concini, l'évêque de Luçon avait été son protégé, elle en avait fait un cardinal, l'avait introduit au Conseil, et voilà qu'au nom de l'État il menait les affaires à sa guise, ne lui laissant au mieux que les apparences du pouvoir ; ce que, pour sa part, acceptait Louis XIII pour autant que le cardinal exerçait un ascendant sur lui et qu'il jugeait que sa politique... haussait la Couronne, et l'État avec elle. Il avait fini par tolérer son ascension, alors qu'au départ il honnissait cette créature de Concini. De sorte qu'entre la reine mère, Richelieu et le roi, les rapports s'étaient inversés. Sauf que derrière Marie de Médicis, et contre Richelieu, tout un parti soutenait le garde des Sceaux, Michel de Marillac, hostile à la guerre contre les puissances catholiques, représentant des « dévots », et lui-même ancien protégé de Richelieu.

Or donc, à Lyon, l'abcès intestinal du roi crève, se vide, et Louis XIII, d'un coup, renaît, se sent bien : sa mère est près de lui qui l'objurgue de se débarrasser du cardinal. Marie de Médicis croit l'avoir convaincu. Le 10 novembre, au Luxembourg, la reine mère, qui exerçait une régence pendant la maladie du roi, signifie à Richelieu qu'elle lui retire la charge de surintendant de sa maison, de chef de son conseil et grand aumônier ; elle chasse les membres de sa famille que le cardinal avait placés auprès d'elle...

Le lendemain, mesurant sa disgrâce et pressentant que Marie de Médicis et son fils ne pouvaient que s'en entretenir, le cardinal entre par une porte dérobée dans les appartements de la reine, entend les imprécations contre lui : « Je gagerais que Leurs Majestés parlent de moi, dit-il en riant. — Oui », répond Marie de Médicis, qui l'abreuve d'un torrent d'injures, exprimant la haine qu'elle ressent pour lui. En présence du roi, le cardinal se met à genoux devant la reine mère, éclate en sanglots, baise sa robe, jure de partir pour ne plus affecter les relations d'un fils avec sa mère. Aussitôt après, Marie de Médicis communique à ses proches la bonne nouvelle, et annonce que le successeur du cardinal sera sans doute le garde des Sceaux, Michel de Marillac. À la Cour, la satisfaction est générale. C'est la fête.

Mais Louis XIII juge qu'une fois de plus, comme à l'époque de Concini, sa mère l'a traité comme quantité négligeable. Il part pour Versailles, où il convoque à la fois Richelieu et Michel de Marillac. Un instant le cardinal pense fuir mais sachant que « qui quitte la partie la perd », il se rend néanmoins à Versailles, où le roi lui fait entendre qu'il refuse sa démission, et qu'il respecte sa mère mais « est plus obligé à son État ». Marillac est destitué, son frère exécuté, dont l'armée de sept mille hommes pouvait se retourner contre le cardinal. La reine mère disgraciée doit se retirer, sous bonne garde, à Compiègne, puis aux Pays-Bas. Retournement de situation spectaculaire, « journée des dupes », lance le comte Bautru, dont le mot entre dans l'Histoire.

Au vrai, ces conflits de personnes ou d'autorité avaient également une portée plus large qui, pour une part, rendait compte de leur persistance. Marie de Médicis incarnait l'alliance espagnole, aussi avait-elle apprécié et approuvé Richelieu quand il avait détruit le parti protestant après le siège de La Rochelle et la paix d'Alès ; mais elle était hostile aux alliances que le cardinal avait nouées avec les princes protestants d'Allemagne, les rois de Danemark ou de Suède surtout, entrés dans la guerre contre l'empereur Habsbourg depuis 1618 — les débuts de ce qu'on appelle la « guerre de Trente Ans ».

Or, cette première grande guerre européenne ne se plaçait pas sous le signe de la religion — d'elle seule. Elle mettait aux prises, d'une part, les Habsbourg d'Autriche et d'Espagne et, d'autre part, ceux que menaçait cette hégémonie. Selon Richelieu, la Providence avait placé la France dans cette position géographique, elle devait s'opposer à ce que l'encerclement de la fille aînée de l'Église mette fin à son indépendance. D'où son intervention militaire en Valteline pour que les possessions des Habsbourg d'Allemagne et d'Italie ne communiquent plus, intervention en Lorraine et le long du Rhin aussi, pour que les premières ne puissent pas donner la main aux Pays-Bas espagnols. D'où son alliance avec les Provinces-Unies, les subsides envoyés au roi de Suède dont les campagnes offensives finissent par semer la terreur jusqu'en Alsace...

Émanant d'un cardinal, cette politique indignait le parti dévot, qu'animait Marillac. En outre, elle ruinait le pays, dont Richelieu disait qu'il préférait « prendre l'argent plutôt que le sang »... Les adversaires du cardinal incarnaient ainsi le parti de la paix, au lendemain d'une crise frumentaire et d'une disette graves, dans un pays qu'en outre venait de ravager une épidémie de peste, qui aurait accompagné le passage des armées : on cite le cas de Digne qui comptait dix mille habitants en 1628 et guère plus de quinze cents un an plus tard. De sorte qu'à la Cour comme à la ville la politique du cardinal était incomprise, en dépit des gazettes qu'il stipendiait et qui en exposaient les raisons, notamment par la plume de Théophraste Renaudot. Le roi, par contre, les approuvait, à condition qu'elles lui fussent soumises, ce que Richelieu ne manquait jamais de faire, même si, comme il l'a écrit, « les quatre pieds carrés du cabinet du roi me sont plus difficiles à conquérir que tous les champs de bataille de l'Europe ».

De sorte que la journée des Dupes marque le triomphe d'une politique sur une autre, le roi ayant tranché pour autant que les raisons du cardinal lui semblaient mieux fondées, et que celles de ses adversaires l'auraient dessaisi du contrôle qu'il exerçait sur les affaires, alors que les dévots constituaient un « parti » comme avaient pu l'être les protestants, et que leur action coordonnée menaçait l'autorité de la monarchie.

Comme si guerre et absolutisme avaient désormais leurs destins associés.

Richelieu, du roi-État à l'État-roi

Alors que depuis l'époque de Philippe le Bel les juristes avaient réussi à dissocier quelque peu la monarchie de l'Église, et à la rendre autonome tout en lui conservant son caractère sacré, la Réforme transforme radicalement ce rapport. À partir du moment où le catholicisme ne représente plus un principe d'union incontesté, l'État apparaît comme un substitut nécessaire dont la sacralisation devient, pour le monarque, une nécessité.

Richelieu incarne ce passage.

L'idée en avait été exprimée par Jean Bodin, dans sa *République*, qui distingue l'État comme entité, distinct du roi et distinct du peuple. Son existence est indispensable à la survie de la France, et il doit être au-dessus des lois, des coutumes ; il doit être souverain. Chez Richelieu, qui l'exprime dans son *Testament*, cette nécessité ressortit à une analyse qui puise à tous ces traités rédigés par des dominicains ou des jésuites, par Luther, Calvin, par Machiavel aussi bien. C'est cette analyse de la situation qu'il appelle « Raison ». Or, « celle-ci et l'Écriture sainte ont un même principe, car Dieu, qui en est la commune source, ne peut se contredire en ses enseignements ».

Pour répondre à cette nécessité, affirmer sa souveraineté, le monarque doit rompre avec la tradition, telles ces franchises ou privilégiées que provinces, corps ou individus peuvent tenir d'un contrat, d'une concession ou d'un usage. Le roi n'est pas tenu à sa loi, mais à la loi divine, à la Raison. Son omnipotence lui permet de ne pas confirmer gratuitement les privilèges des villes, par exemple : ainsi, depuis 1560, Toulouse paie 30 000 livres son exemption des tailles. Inversement, les privilèges deviennent le prix de la fidélité. Quant à la Raison, telle que Richelieu la définit, elle donne au monarque le droit de décider parce qu'il est informé, ce qui est le secret du roi. « La Raison doit être la règle et la conduite de l'État », affirme le *Testament politique* de Richelieu. La Raison, ainsi entendue, devient une médiation entre la souveraineté du roi et la souveraineté de Dieu.

De ce fait, le pouvoir du roi ne saurait être qu'absolu, « sa souveraineté n'est pas plus divisible qu'un point de géométrie ». Et plutôt que d'attribuer à Louis XIV cette formule : « L'État, c'est moi », il vaudrait mieux se référer à la parole, authentique celle-là : « *Ce n'est pas moi qui parle, c'est mon État.* » En laïcisant ainsi la politique, Richelieu s'attire nécessairement l'hostilité du parti dévot, qui s'oppose à la raison d'État, car la théorie du droit divin était un frein au pouvoir, puisqu'elle liait politique et religion et laissait à l'Église, au pape, un arbitrage. À ce parti appartiennent Bérulle, Marillac et Jansénius, qui stigmatisent cette légitimation de l'autorité. « On voudrait nous persuader que c'est un bon ménage de perdre le cœur des hommes pour conserver le corps de l'État », écrit Mathieu de Morgues ; tandis que Jansénius ajoute : « Les chrétiens croiront-ils qu'un État séculier et périssable le doive emporter sur la religion et son Église (...) ? Ceux qui n'aiment que la Vérité abhorrent cette croyance comme la perte du christianisme, le germe de l'athéisme, et la pierre fondamentale sur laquelle le diable pose le bâtiment qu'il veut élever sur la Terre à la ruine de l'Église du Fils de Dieu » (Jansénius, *Mars français*, 1637).

Pour Richelieu, la raison d'État doit assurer le salut public, loi suprême qui se subordonne toutes les autres, y compris les règles morales. Il veut l'assurer contre les grands, contre les protestants pour autant qu'ils constituent un État dans l'État, contre les Habsbourg qui, sous prétexte de défendre le catholicisme, veulent assurer leur hégémonie sur l'Église entière.

Ainsi, ce passage à l'État-roi s'accompagnait de l'autonomisation de la sphère du politique. La politique, l'État, l'équilibre européen, autant de domaines qu'avait voulu maîtriser la politique de Richelieu. Et qui donnent un socle à la raison d'État.

Ce passage, qui s'accentue sous Mazarin, ne va pas sans susciter des réactions, une résistance.

Non pas seulement celle des grands, voire celle des héritiers du parti ligueur, du parti des dévots... Mais de tous ceux qui situent leur obéissance dans le cadre d'une monarchie sacrée, et qui mettent en cause le glissement du pouvoir sur les ministres, agissant au nom de l'État : on assiste à des mouvements quasi synchrones, en France, contre Richelieu et Mazarin, en Espagne contre Olivares, en Angleterre contre Buckingham. L'affirmation et l'acceptation de la Majesté royale ne saurait être perçue comme le prolongement d'une souveraineté d'une autre nature, qu'il s'agisse de l'État ou de la nation, *a fortiori* du pouvoir populaire. D'où la gêne de Philippe d'Espagne, quelques décennies plus tôt, lorsque la municipalité de Cambrai, au nom du peuple de la cité, réalise une translation de souveraineté temporelle de l'évêque vers le roi... qu'il accepte néanmoins.

Quel sens avait la Fronde ? (1648-1652)

Il n'est guère de crise qui ait suscité autant d'analyses que la Fronde. Révolte contre les impôts royaux recouvrant aussitôt une mise en cause plus large des pouvoirs de l'État ? Relève de cette fronde parlementaire par les princes qui saisirent l'occasion de remettre en cause l'œuvre de Richelieu qui avait voulu « rabaisser l'orgueil des Grands » ? Le roi n'est qu'un enfant, son conseiller un étranger, les circonstances s'y prêtent. Croisement de cette Fronde des princes avec un consentement populaire contre « le Mazarin », l'impopulaire successeur du cardinal ? Comment définir cette crise qui voit le roi-enfant fuir dans Paris soulevé, et se réfugier à Saint-Germain ? ... « Maladie infantile de l'absolutisme », selon les uns ; cette guerre civile commença à Paris, comme elle avait commencé à Londres (en 1642), juge Voltaire, « pour un peu d'argent » ; révolte qui préfigure la Révolution ; conflit politique que complique la question sociale, mais il n'y a pas eu de fronde dans les provinces sans parlement, ou sans gouverneur, d'où ne peut se manifester d'opposition politique... donc politique d'abord.

Révolte sans enjeu véritable, simple jeu pour les uns, comme son nom le suggère, vraie guerre pour les autres, etc.

Déjà, dans ce catalogue, on observe un premier trait : la religion n'intervient pas. Alors qu'en Angleterre, précisément, la crise qui aboutit à l'exécution de Charles Ier et à l'avènement de Cromwell se situe sous le signe des passions confessionnelles, que le royaume de France sort des guerres où le fanatisme a imprimé sa marque, que bientôt sous Louis XIV la querelle janséniste et la révocation de l'édit de Nantes révèlent l'environnement de la Réforme ou de la Contre-Réforme. La crise de la Fronde émergerait-elle, aussi, de ces conflits-là ? L'appel à l'argumentaire religieux n'est, au moins dans les *Mazarinades,* qu'un instrument, et celles-ci n'ont en rien la religion comme objet.

Un autre diagnostic, dû à Ernst Kossmann, montre la Fronde sous un aspect en partie différent : « La Fronde présente un curieux spectacle de vivisection. L'une après l'autre, les parties constituantes du corps vivant (de la monarchie prétendue absolue) nous apparaissent. Populace, bourgeoisie, parlementaires, provinciaux nous montrent le mouvement discret de leurs rancunes et de leurs désirs. Assurément, leurs réalisations furent inexistantes ; mais nous voyons quels contrastes et quelles tensions se cachaient sous leur peau. »

La chronique des événements permet-elle de se faire une opinion ?

Comment rendre compte de ce qu'on a appelé « la Fronde », c'est-à-dire l'affaire du Taizé ? Il suffit d'imaginer ce qui pourrait se passer si, aujourd'hui, à Paris, on ressortait un décret de la IIIe République, non appliqué en son temps, mais exécutoire aujourd'hui, qui taxerait les immeubles construits depuis, au-delà des boulevards extérieurs (Batignolles, Rochechouart, etc.) jusqu'aux boulevards périphériques. « À peine de confiscation des matériaux, démolition des maisons et amende arbitraire »... L'édit datait de 1548, sa mise en officiels décidée en 1644 par Particelli d'Émery déclencha une émeute aux faubourgs Saint-Antoine et Saint-Germain, anciennes limites de Paris de l'époque d'Henri II. Le Toizé est amendé mais on lui ajoute un édit du tarif, et « aussitôt que le Parlement eut seulement murmuré, tout le monde s'éveilla », rapporte le cardinal de Retz. Omer Talon, avocat général, prononce alors une très violente harangue sur ces abus du pouvoir royal principalement depuis vingt-cinq ans et sur la misère du peuple. Le 13 mai 1648, par un arrêt d'union, le Parlement de Paris invitait la Chambre des comptes, la Cour des aides et le Grand Conseil à s'unir à lui dans la Chambre Saint Louis, afin de délibérer pour la « réformation de l'État ». Il était demandé de révoquer les intendants, de rétablir les officiers dans l'exercice de leurs charges, instamment les trésoriers pour empêcher que les tailles ne soient dépensées ailleurs qu'à la guerre, de les diminuer de 25 % ; de ne pas tenir les sujets du roi prisonniers plus de vingt-quatre heures sans être interrogés par un juge naturel — c'est-à-dire l'*habeas corpus* institué par les Anglais —, etc.

En quelque sorte, il s'agissait de démanteler l'État-Richelieu.

« La Cour se sentait touchée à la prunelle de l'œil », commente le cardinal de Retz. Anne d'Autriche et Mazarin feignirent de céder en renvoyant Particelli d'Émery, mais les victoires de Condé sur les Espagnols, à Lens, et celle de Turenne sur les impériaux à Zusmarshausen permettent de transformer ces succès sur le plan politique et, le 26 août 1648, à la faveur du Te Deum célébré pour les fêter, le Conseil d'En Haut décide d'arrêter les meneurs de l'opposition parlementaire, dont le conseiller Broussel, « blanchi entre les sacs de procès dans la poudre de la Grande Chambre ». Avec sa figure osseuse, sa moustache et sa barbe en brosse, pauvre et incorruptible, il était populaire. Ces frondeurs-là jouaient à la guerre, croyant ajouter un épisode à *L'Astrée*.

Ce fut l'émeute : en quelques heures, Paris se couvrit de barricades. Mazarin dut céder, libérer Broussel ; il fit revenir Condé près de Paris et, dans la nuit du 5 au 6 janvier 1649, il emmena la régente, le jeune enfant dauphin et la famille se réfugier à Saint-Germain-en-Laye : une fuite dont le futur Louis XIV conserva le souvenir d'une humiliation.

Pendant que Condé réduisait la ville par la force, les Grands s'associaient aux parlementaires pour résister aux armées royales ; s'illustrèrent dans cette Fronde Paul de Gondi, coadjuteur de l'archevêque de Paris qui aspirait à remplacer Mazarin, la belle duchesse de Longueville, sœur du prince de Condé. Les querelles de famille interférèrent ainsi avec la révolte bourgeoise, tandis que le peuple insurgé à son tour arrêtait les notables favorables à la monarchie. Est-ce cette intervention qui a inquiété les bourgeois notables qui avaient été à l'initiative du soulèvement ? Les ravages de la guerre, autour de la capitale, la tournure que les événements d'Angleterre prennent, avec l'exécution de Charles Ier en 1649, autant de données qui rendent compte du coup d'arrêt que les parlementaires jugent nécessaire d'apporter à leur révolte « pour ne pas se laisser emporter par les agitations du peuple inconstant ».

Figure 15 — Mazarinades. « Récit véritable du duel arrivé entre deux sœurs proches de Bordeaux, l'une pour avoir pris le parti et défendu la Fronde et l'autre l'Épée, dont l'avantage a été remporté par la belle frondeuse. » *Duel de femmes,* gravure de 1650. (Paris, Bibliothèque nationale de France.)

La paix de Rueil mit fin à cette Fronde.

Mais Condé en fut « malcontent » qu'on ne l'ait pas nommé connétable, ni Gondi cardinal... Vont-ils se soulever contre la reine ?

Dans *Nicomède,* composé cette année-là, Corneille pointe le conflit qui émerge et oppose le trop arrogant Condé à Anne d'Autriche et Mazarin :

Aussitôt qu'un sujet s'est rendu trop puissant
Encore qu'il soit sans crime, il n'est pas innocent
On n'attend point alors qu'il ose tout permettre
Et qui sait bien régner l'empêche prudemment
De mériter un juste et plus grand châtiment...

C'est le « coup d'État : la reine et Mazarin font arrêter Condé, ainsi que Longueville » (18 janvier 1650).

Aussitôt, c'est la révolte des nobles, cette Fronde des princes pour laver « ces blessures de l'honneur » : la duchesse de Longueville s'y illustre en soulevant les provinces dont son mari est gouverneur : Normandie, Guyenne, Bourgogne, Poitou ; Mlle de Montpensier s'empare d'Orléans, le vicomte de Turenne se prépare à délivrer les princes — avec l'aide des Espagnols. Cette « jeune Fronde » essaie de se rallier la « vieille Fronde »...

Jamais l'agitation n'a été telle — et la propagande : se multiplient alors ces pamphlets, ou *Mazarinades*, plus de cinq mille, que distribuent à Paris près de cent colporteurs. La plume y a pris la relève de la parole... contre Mazarin et la reine :

« Peuples, n'en doutez point, il est vrai qu'il la fout et que c'est par ce trou qu'elle nous canarde. »

Devant l'apparente coalition de ses ennemis, Mazarin feint de céder et se retire en Allemagne, certain que les Parisiens se brouilleront avec Condé. À la fin de 1650, près de Rethel, Turenne est battu par le maréchal César du Plessis-Praslin, qui incarne la noblesse seconde, peu soucieuse de trop favoriser les Grands... et il se rallie au jeune roi que le peuple de Paris était venu saluer... Entre-temps, Gondi, fait cardinal, s'est rallié, a changé de camp à son tour.

À l'été 1652, remontant de Bordeaux avec ses troupes, Condé se trouve pris entre l'armée royale et les murs de Paris où le Parlement ne veut pas le laisser rentrer. Condé semblait perdu quand, épisode fameux, Mlle de Montpensier, dite « la Grande Mademoiselle », fit donner du canon et ouvrir les portes de la capitale à Condé qui s'y réfugie. Les princes, les parlementaires, Gondi s'y querellent à nouveau. C'est ce qui, en fin de compte, assura le triomphe royal.

Condé avait dû quitter Paris, et, à la demande du Parlement, le jeune roi rentra avec sa mère dans la capitale au milieu de l'enthousiasme. Mazarin avait eu l'habileté de ne pas les accompagner, de ne revenir que six mois plus tard. On lui fit alors l'honneur, à l'Hôtel de Ville, d'un banquet où l'on but « à tous les Mazarins ».

Louis XIV, « l'État, c'est moi »

On peut juger que la France de la monarchie absolue se définit par la sacralisation de l'État, au nom d'une raison qui deviendra la raison d'État. L'abjuration d'Henri IV se trouve au départ de cette mutation parce qu'elle fait coïncider le salut personnel du souverain avec celui de la monarchie. Elle signifie aussi le triomphe de la raison sur les passions. Raison de Dieu, raison du roi.

Cette puissance nécessaire d'un État de raison s'explique en partie par le traumatisme des guerres de Religion. Il s'agit désormais de conserver tous ses sujets, en toute équité, indifféremment.

Joël Cornette a bien montré qu'après l'abjuration, suivie du sacre d'Henri IV, la seconde caractéristique du siècle est une métamorphose dans l'art de gouverner. On peut la dater des années 1630 — mobilisation militaire et dépenses vont de pair, ces dernières passant de 10 millions de livres à 100 millions en quelques années. Jusque-là, père du peuple, « le prince se transforme en exécuteur froid d'un État machine » dont la légitimation est sa simple survie. Maître des trois fonctions — la souveraineté, la guerre, la gestion de l'économie —, il appartient au roi de choisir laquelle lui paraît la plus utile à sa gloire, et cela lui appartient à lui seul, ni à la Cour, ni au Parlement. Il reste à faire la démonstration, par la force, de cette autorité, étant entendu que s'opposent encore la légalité délibératoire et critique des parlements et la légalité exécutive du prince.

Pivot d'un champ de forces, le Prince est censé agir dans l'intérêt d'un État qu'il incarne, et que doit commander la raison. Il s'agit de ne plus gouverner à partir de maximes, mais de l'expérience acquise par la connaissance du passé.

Or, dans un passé immédiat plusieurs conflits se sont croisés, qui pouvaient faire suite aux guerres dites « de Religion » ; ils peuvent se greffer sur la guerre de Trente Ans qui, à l'extérieur du royaume d'abord, oppose catholiques et protestants.

Certains des opposants à Richelieu — les dévots — jugent qu'en s'alliant à des princes protestants et plaçant ainsi l'intérêt de l'État au-dessus de celui de l'Église, il trahissait. Mais lorsque, sous la Fronde, le prince de Condé passe au service de l'Espagne, on considère qu'il s'agit d'une félonie d'ordre féodal — pas d'une trahison —, et un pardon peut suivre en 1659. Double signe d'une profonde mutation... qui signifie que c'est ainsi le roi, le roi seul, qui incarne la souveraineté, juge de l'intérêt de l'État ; ce qui rend compte de sa formule, « l'État, c'est moi ».

Il reste que tout ne ressortit pas à sa volonté, aux moyens de sa puissance ; l'État du pays à l'heure de Louis XIV n'a pas le bel ordonnancement que ses édits suggèrent.

Dans ses *Mémoires pour l'année 1661*, Louis XIV fit écrire : « Le désordre régnait partout. » Un jugement que savent reproduire, désormais, tous ceux qui se saisissent du pouvoir — rois, empereurs, présidents du Conseil, Premiers ministres... On trouve là le souci, relativement nouveau, de valoriser son action à venir...

À l'époque règne, a-t-on dit, une société d'ordres — noblesse, clergé, tiers-état —, encore que les roturiers riches entrent peu à peu dans la noblesse, et que le clergé comprenne des nobles — le haut clergé — et des enfants de roturiers — le bas clergé. Ainsi perçue, cette société se juge au rang de chacun — titres, estime, honneur, mariages. Mais, avec le recul, on peut y opposer aussi bien ceux qui possèdent — les nobles, les rentiers du sol, le roi, etc. — et ceux qui ne sont pas propriétaires. C'est ce qu'on a dénommé « un mode de production féodal », à quoi il faudrait ajouter les banquiers, manufacturiers qui annoncent le capitalisme. Mais ces distinctions n'ont pas de vraie correspondance avec les conflits en cours, même si elles en sous-entendent certains aspects : ce sont les solidarités qui sont vivantes, solidarités verticales — du prince à sa province, à ses villes —, ou encore les liens familiaux, qui rendent compte d'une bonne part des conflits, sous la Fronde notamment.

L'action de Louis XIV vise précisément à domestiquer ou à briser ces solidarités, ce qui est bien la continuation de l'œuvre de Richelieu et de Mazarin. D'ailleurs, le jeune Louis XIV, qui a vingt-deux ans en 1661, réunit autour de lui les serviteurs de l'ancien cardinal, qui n'étaient ni prélats, ni grands seigneurs, mais de bonne bourgeoisie ou de noblesse récente : Hugues de Lionne, Le Tellier, Fouquet, leur annonçant qu'il gouvernerait « seul, sans Premier ministre », et qu'il leur demanderait leur avis, leur avis seulement. Il en alla de même, ultérieurement, avec Colbert, Louvois ou Vauban.

Le désordre auquel il était fait allusion concerne la noblesse, celle d'épée ou de robe, et les paysans. Mais il est des actes qui émanent de la propre politique du monarque — les guerres, la persécution des protestants — et qui créent d'autres « désordres », sans parler des évolutions que l'État ne contrôle pas au long d'un règne qui dure cinquante-cinq ans.

Pour le roi, la tâche qu'il ressentait comme la plus nécessaire était bien la domestication de la noblesse de robe, de la grande noblesse qui avait tant agité le royaume pendant la Fronde. Les plus grandes familles se soumirent car elles avaient beaucoup à se faire pardonner, tels les Bourbons-Condés, ou bien elles acceptèrent de vivre à la Cour (voir plus loin), le roi leur faisant l'honneur de les envoyer à la tête de ses armées. Les plus petits furent brisés s'ils ne courbaient pas la tête et, en Auvergne, de Rouvre finit coupé en cinq morceaux (1670). Ce fut ainsi l'autorité personnelle du monarque qui triompha de la noblesse, mais la plus ancienne commença à se rebiffer quand elle se mit à craindre pour son identité au vu des nombreux anoblissements que le roi effectuait par la vente d'offices — pour se procurer de l'argent. La défense du sang noble devait se durcir après la mort de Louis XIV... première composante de la réaction aristocratique — au XVIIIe siècle, et qui s'annonce dès la régence de Gaston d'Orléans (1715).

Mettre fin aux jacqueries fut une tâche plus difficile, les révoltes contre l'impôt touchant le Bourbonnais, l'Auvergne, le Poitou, le Berry et le Béarn où l'on refusait de payer la gabelle : il fallut dix années pour briser ce soulèvement. Ce fut encore la gabelle et l'introduction du papier timbré qui rendent compte de la révolte de la Bretagne en 1674-1675. Mais après cette date les paysans ne bougèrent plus, sauf les malheureux « Tard-Avisés » du Quercy, en 1707, et, naturellement, les camisards des Cévennes, mais pour des raisons religieuses.

Ce furent les guerres incessantes, naturellement, qui rendirent le règne si lourd aux malheureux. Elles ne cessèrent pas de 1672 à 1678, sauf qu'elles coûtèrent plus d'argent qu'elles ne dévastèrent le pays car la plupart se situèrent hors des frontières du royaume ; mais les troupes prenaient leurs quartiers d'hiver à l'intérieur du royaume, et le poids de ces réquisitions était insupportable. En outre, ressuscitée par Louvois, la milice, recrutée de force, ajouta son impopularité au poids des impôts dus à la guerre. Elle fut réintroduite au moment même où Louis XIV levait deux nouveaux impôts, la capitation (1695) et le dixième (1710), qui, en principe, cherchaient à atteindre tous les sujets du roi, et pas seulement les roturiers, mais dont l'Église et les plus privilégiés réussirent à se faire exempter.

L'autre trait qui rend compte du poids que ces impôts représentaient pour la paysannerie tient au fait qu'ils frappaient une économie déprimée, ce dont Louis XIV et ses ministres n'avaient pas conscience, vu la perception qu'on avait à l'époque du fonctionnement de la société.

Établissant un bilan du règne de Louis XIV et dressant l'état de la société sous son règne, Pierre Goubert met en relief quelques traits que la mémoire de la nation n'avait pas retenus, mais que les recherches des historiens ont mis au jour : d'abord l'extrême inégalité de la condition des paysans qui comprend nombre de riches laboureurs et pas seulement des corvéables à merci ou des malheureux sans terre ; l'aisance, ensuite des curés de campagne, dont la qualité de vie s'améliore au cours du siècle ; la richesse de la haute noblesse, toujours plus élevée que celle de la bourgeoisie qui, alors, achète sa noblesse...

Quant à l'œuvre de la monarchie, elle a certes abouti en ce qui concerne la mise au pas des officiers royaux et parlements par les intendants, mais le ressentiment s'exprima — tel celui des nobles « de sang », une fois Louis XIV disparu. Surtout, on constate que si l'administration du royaume se fait plus précise, plus tatillonne — grâce à Colbert notamment —, ce qui manque le plus c'est bien l'uniformité. Sauf entre Seine et Loire (l'ancien domaine royal), presque toutes les provinces continuent à bénéficier de privilèges, les pays d'État notamment, suivant chacune des coutumes sans trop se soucier des ordonnances royales. Et puis, leur application met du temps à se mettre en place.

Sans doute, sous Louis XIV, en France, l'État s'est-il imposé très vite et plus fort qu'en Russie, où, disait-on en 1985, on n'appliquait toujours pas la réglementation de Pierre le Grand sur la vente des renards, mais c'est à ce parallèle que fait penser l'inertie d'une société qui se dispense, tant qu'elle peut, d'obéir aux règlements — et dépense son énergie à esquiver l'impôt.

Pourtant, écrasé d'impôts ou pas, le peuple français a fini par payer ces impôts, qui avaient triplé sous Richelieu et n'ont guère varié ensuite, sauf durant les guerres. Quant au monarque, en cas d'urgence, il a obtenu des prêts de ceux qui ne les paient pas, par l'intermédiaire de financiers qui, en échange, obtenaient prébendes et offices ; le roi ne remboursant souvent qu'une partie des intérêts, à moins que ce ne soit en monnaie dévaluée, ou de faire banqueroute.

Cet argent devait servir à la gloire du roi, disait Colbert. Celle-ci s'incarna dans les dépenses de Versailles, « le grand siècle de Louis XIV », disait Voltaire ; cette gloire s'incarna dans les guerres aussi bien.

Mais du règne l'histoire a retenu aussi les misères et la persécution des protestants.

Au vrai, un des traits de l'absolutisme remontait à une époque antérieure en se manifestant par la défiance du monarque envers les États Généraux, alors que ceux-ci avaient pris le caractère d'un véritable procédé de gouvernement depuis l'époque de Louis XI. Imposée au roi par la ligue du Bien public, d'origine aristocratique, l'institution joue un rôle réformateur et législatif. Les monarques font appel à eux dans les situations graves : François Ier, après sa captivité à Madrid, en 1527, Henri II après la défaite de Saint-Quentin en 1557 ; les États Généraux convoqués plusieurs fois pendant les guerres religieuses, en 1560 à Orléans, 1561 à Pontoise, 1576 à Blois, en 1593 à Paris, enfin en 1614. Henri IV, le premier, manifesta de la défiance envers une institution qui rappelait les souvenirs de la guerre civile. Mais les États provinciaux qui garantissaient leurs privilèges à certaines provinces se maintinrent jusqu'en 1789, tant en Bourgogne qu'en Languedoc, Bretagne, Bresse, Artois.

Quoi qu'il en soit, du XVe au XVIIe siècle, il serait excessif de voir dans ces États une force qui s'opposait en toute circonstance au pouvoir monarchique ; ils l'appuyaient autant qu'ils lui exprimaient des doléances, et ils aidèrent notamment la mise en contribution des revenus du clergé, le « don gratuit ». Qu'il existât une opposition entre l'exercice de la souveraineté et la participation de députés au gouvernement du royaume dans les États Généraux est une idée qui est née après coup, lorsque avec Louis XIV l'absolutisme a régné en maître.

LE CONTRASTE AVEC L'ANGLETERRE

Arrivé à son accomplissement, l'État absolutiste présente un contraste caractérisé avec le fonctionnement de la monarchie anglaise.

En France, les fondateurs de l'État eurent à surmonter les barrières que constituaient cloisonnements géographiques et langues, traditions anciennes de souveraineté, nécessité de maintenir une armée face à d'éventuels ennemis ; tout cela impliquait des négociations permanentes pour définir le régime et le poids des impôts. Rien de tout cela en Angleterre où le fisc et la loi sont plus centralisés.

Surtout, la différence est qu'en France, après 1614, les États Généraux cessent d'être convoqués, de sorte qu'il n'y a plus d'institutions centrales, représentatives. La royauté évite de solliciter le consentement de ses sujets et se repose sur des contrats privés, lesquels privilégient traitants et financiers qui nourrissent le crédit public ; en Angleterre, au contraire, le Parlement représente environ deux cent cinquante mille électeurs, qui, bien ou mal élus, participent au processus de décision politique de la nation, qui très tôt se débat en public, et est connu de tous, grâce à la presse dès les années 1740. Alors qu'en France, on fait constamment un mystère de l'état des finances, ce qui crée scandale quand Necker en rend compte en 1781, alors que toute une partie de la population, au moins dans les grandes villes, détient des titres de rente. Cet État géré dans le secret devient ainsi suspect, puisqu'il est traité comme une entreprise privée : cela rend compte des soupçons qui se télescopent — lorsqu'on manque de blé, naît cette croyance en un pacte de famine fomenté par le monarque, voire un trafic de sang par l'enlèvement d'enfants.

À Versailles, la Cour

L'installation de la Cour à Versailles a marqué plus que tout le règne de Louis XIV. Aucune autre Cour effectivement n'a disposé d'un tel renom, pas même celle de Philippe II : ultérieurement, la cour de Victoria en Angleterre, celle des Romanov en Russie furent les seules à présenter une magnificence comparable. Mais, avant Louis XIV, aucune, dans le monde chrétien tout au moins.

Jusque-là en effet, la cour de France était itinérante ; elle émergea aux temps de François Ier, avec l'arrivée d'artistes et d'intellectuels, et l'aménagement des châteaux de la Loire ; mais les guerres de Religion interrompirent le mouvement et, sous Richelieu ou Mazarin, la Cour fut celle des ministres plus que celle du monarque ; et une source de dissension plus que d'unité quand, avec Fouquet, un ministre voulait briller plus que le roi.

Regrouper la noblesse à la Cour avait pour but de la bien contrôler : il s'agissait de diminuer l'influence des nobles sur leurs terres ou dans leur province. Clairement exprimé, ce projet amène Louis XIV à se transporter de Saint-Germain à Versailles, plus vaste. Pour autant que Louis XIV fît de la présence des nobles un signe de fidélité, il n'était pire condamnation, de par sa bouche, que d'entendre : « C'est un homme que je ne vois jamais. » Cet arrêt était irrévocable.

Il fallait donc faire sa cour. Pour croquer ce comportement, prudent, La Bruyère feint de dépeindre les mœurs de quelque peuplade sauvage, du côté de la mer des Iroquois et des Hurons : « Ils ont leur dieu, ils ont leur roy. »

« Les Grands de la nation s'assemblent tous les jours à une certaine heure, dans un temple qu'ils nomment église [il s'agit de la chapelle du château de Versailles]. Les Grands forment un vaste cercle au pied de l'autel, et se font voir debout, le dos tourné directement aux prestres et les faces élevées vers leur roy, que l'on voit à genoux et à qui ils semblent avoir tout l'esprit et tout le cœur appliqué. On ne laisse pas de voir dans cet usage une espèce de subordination, car ce peuple paraît adorer le Prince et le Prince adorer Dieu... »

Dans *Les Obsèques de la lionne*, La Fontaine fait figurer ces courtisans :

Figure 16 — Louis XIV en costume royal dit à tort « costume de sacre » (1701). Peinture de Hyacinthe Rigaud (1659-1743). (Paris, musée du Louvre.)

Je définis la Cour un pays où les gens
Tristes, gais, prêts à tout, à tort indifférents
Sont ce qu'il plaît au Prince, ou, s'ils ne peuvent l'être
Tâchent au moins de le paraître :
Peuple caméléon, peuple singe du maître.

La vie quotidienne était rythmée par un programme de cérémonies, auxquelles participaient, selon leur rang, des privilégiés : entrées familières, quand le roi était encore au lit, étaient admis son médecin, son ancienne nourrice et d'autres serviteurs de ses besoins corporels ; grandes entrées, accordées aux membres directs de la famille, au Grand Chambellan ; ou simples, quand la chaise du monarque était placée devant sa table de travail. Il y avait aussi le grand couvert, quand la Cour assiste à son repas debout, le petit couvert, etc.

Sous Louis XIV, l'attribution d'un appartement était le signe même de la faveur royale. *L'état des logements* établi en 1722 recensait 364 appartements dans le château, dont 5 énormes pour le roi, et 256 pour la famille. Mais avec le temps l'accroissement de la famille diminue le nombre des appartements réservés aux courtisans ; le diminua aussi la construction de l'opéra, des salles de jeux, etc.

À Versailles, le problème des courtisans était d'avoir un appartement dans le château. Se contenter de quelques pièces dans un bâtiment en ville était une dégradation pour celui qui avait habité une aile du château. Le maréchal de Villars tirait gloire de la vague d'indignation qui s'était élevée quand il a dû se loger dans une auberge. Et, en 1709, Saint-Simon a menacé de se retirer à la campagne quand il a été privé de l'appartement que lui avait prêté son beau-frère.

On voit ici la différence avec l'Angleterre, à la Cour plus réduite ; le monarque n'a plus à domestiquer sa gentry, et celle-ci vit *sur ses terres* une bonne partie de l'année. C'est d'ailleurs elle qui donne l'exemple des manières de vivre, alors qu'en France c'est la cour du roi.

Ainsi, à la Cour, le problème des rangs régule l'ensemble des rapports entre les membres de la noblesse. Les lettres de *Madame*, la princesse palatine, montrent bien que l'exemple et la règle partent d'en haut... Le 27 décembre 1713, elle écrit :

« Mon fils est petit-fils de France. Les petits-fils de France sont au-dessus des princes du sang ; ils n'ont pas autant de privilèges que les enfants de France, mais ils en ont beaucoup plus que les princes du sang. Ainsi mon fils mange à la table du roi tandis que les princes du sang n'y mangent pas. Il n'a jamais pris le titre de premier prince du sang, car il n'est pas prince du sang mais petit-fils de France ; c'est pour cela qu'on l'appelle Altesse royale. Mais son fils qui est le premier prince du sang s'appelle Altesse sérénissime et non Altesse royale (...) Il faut avoir l'habitude de cette Cour pour bien faire ces différences. »

La princesse palatine n'a pas digéré que sa petite-fille vienne après les princesses du sang mariées — et ainsi naissent les cabales.

Saint-Simon précise les hiérarchies des postures : « Les petits-fils de France saluent les reines, s'asseyent devant elles, montent dans leurs carrosses — cela les princes du sang ne le peuvent pas... » Le duc de Lorraine prétendait avoir une chaise à bras devant Monsieur parce que l'empereur lui en accordait une... Mais il n'eut droit qu'à une chaise à dos.

Quant au château lui-même, il a été d'abord celui de ses jardins, confiés à Le Nôtre, et qui y a développé le thème apollinien du Roi-Soleil. Puis, quand le roi s'installe à Versailles, à l'allégorie mythologique succède, dans le palais même, une décoration qui représente le roi en sa personne et la souveraineté de son pouvoir absolu.

VOLTAIRE : « LE GÉNIE N'A QU'UN SIÈCLE... »

Cette Cour fut à son zénith de 1682 à 1710 ; après cette date, le roi vieillissant, l'éclat des années précédentes se ternit. Régent et courtisans, après 1715, préférèrent les éclats de Paris, et c'est à *l'Encyclopédie* qu'on fit sa cour, tandis que Louis XV, agressivement timide, se réfugia à Vincennes. Pour se moquer, il demandait à ses serviteurs d'imiter le coq pour le réveiller...

Mais auparavant c'est à cette Cour que s'illustra « le siècle de Louis XIV ». Voltaire en a montré les caractères uniques.

« C'est un temps digne de l'attention des temps à venir que celui où les héros de Corneille et de Racine, les personnages de Molière, les symphonies de Lulli, toutes nouvelles pour la nation, et (puisqu'il ne s'agit ici que des arts) les voix des Bossuet et des Bourdaloue se faisaient entendre à Louis XIV à un Condé, à un Turenne, à un Colbert, et à cette foule d'hommes supérieurs. Ce temps-là ne se retrouvera plus, où un duc de La Rochefoucauld, l'auteur des *Maximes*, au sortir de la conversation d'un Pascal, allait au théâtre de Corneille. Il ne s'éleva guère de génies depuis les beaux jours de ces artistes illustres ; la nature sembla se reposer. (...)

« Il est vrai que ceux qui sont venus depuis ont vu la carrière remplie. Ainsi, dans l'art de la tragédie. Il ne faut pas croire que les grandes passions tragiques et les grands sentiments puissent se varier à l'infini d'une manière neuve et frappante. Tout a ses bornes. La haute comédie a les siennes. Il n'y a dans la nature humaine qu'une douzaine, tout au plus, de caractères vraiment comiques et marqués de grands traits. L'abbé Du Bos, faute de génie, croit que les hommes de génie peuvent trouver encore une foule de nouveaux caractères : mais il faudrait que la nature en fît (...). Les couleurs éclatantes sont en petit nombre. L'éloquence de la chaire est dans ce cas : une fois énoncées, avec éloquence, les vérités morales, les tableaux des misères et des faiblesses humaines, des vanités de la grandeur, tout cela devient bien commun. On est réduit ou à imiter ou à s'égarer.

« Ainsi donc, le génie n'a qu'un siècle, après quoi il faut qu'il dégénère » (Voltaire, *Le Siècle de Louis XIV*).

Le mercantilisme de Colbert

La politique de Colbert constitue la variante française de ce qu'on appelle le mercantilisme, dont il a défini lui-même les principes entre 1664 et 1670 : « On demeurera facilement d'accord qu'il n'y a que l'abondance d'argent dans un État qui fasse la différence de sa grandeur et de sa puissance. » Cette idée est en corrélation avec une autre : « Il n'y a qu'une même quantité d'argent qui roule dans toute l'Europe... On ne peut augmenter l'argent dans le royaume qu'en même temps que l'on en ôte la même quantité dans les États voisins... Il faut attirer l'argent, le conserver, empêcher qu'il sorte. »

Ainsi, par ses jugements, Colbert pose qu'on ne peut être riche qu'aux dépens des autres, puisque la richesse n'augmente pas. De fait, une sorte d'angoisse monétaire règne depuis quelques décennies. Partout manquent les espèces d'or et d'argent : le ralentissement de la production des mines et la thésaurisation rendent compte du phénomène. Cette richesse n'augmente « pas plus que le nombre des bateaux puisque, dit Colbert, la population de chaque État demeurant stable, la consommation fait de même. »

Et il nie ainsi que ce serait la croissance.

Au vrai, ces idées existaient déjà depuis Barthélemy de Laffemas (1596), mais Colbert en a tiré les conséquences et les a mises en pratique avec persévérance pendant les vingt-deux années de son ministère. On peut ainsi lui attribuer une véritable politique économique.

Concrètement, celle-ci s'est traduite par l'intervention permanente de l'État dans le champ économique, qu'elle soit d'incitation ou de contrôle, étant entendu qu'on doit limiter les importations pour limiter les sorties de métal.

Ne pouvant compter sur une agriculture stagnante, l'effort s'est porté sur une politique industrielle que l'État doit maîtriser car il a seul une vue d'ensemble de la situation économique.

Colbert crée donc des manufactures destinées aux exportations, sachant que les capitaux privés font défaut, préférant s'investir dans des placements plus rentables, les prêts au monarque assurant des revenus plus considérables. Colbert juge également que, pour vendre, les manufactures doivent garantir une qualité de produits qui nécessite des contrôles : le règlement des draperies d'Amiens compte ainsi deux cent quarante-huit articles.

L'État se fait ainsi industriel et commerçant, et développe, entre autres, la manufacture de tapisserie des Gobelins dont Le Brun fut le premier directeur ; une manufacture de glaces, à Saint-Gobain en Picardie, « qui doit dépasser celle de Murano ».

Réglementation et incitation fournissent des résultats que salue l'ambassadeur de Venise : « Ce qu'il y a de curieux dans toutes les parties du monde se fabrique à présent en France, et telle est la vogue de ces produits que de toutes parts affluent les commandes pour s'en fournir. »

Surtout, il crée un corps d'inspecteurs des manufactures qui, grâce à l'action de Trudaine notamment, assure à cette politique une cohérence rarement atteinte et qui témoigne de l'efficacité de cette administration qui devient l'emblème de la monarchie absolutiste. Ils sont, d'une certaine façon, les ancêtres de nos fonctionnaires, puisqu'ils peuvent être révoqués, à la différence des officiers, et qu'ils essaient de rendre cette fonction héréditaire pour autant qu'elle est peu rémunérée. Ce qui compte surtout, c'est qu'ils sont les chantres de la qualité des produits, comme en témoigne le succès à l'étranger des toiles « Bretagnes », et que, sédentaires par décision royale, ils peuvent suivre l'évolution de leur fabrication. Bientôt, les fabricants considèrent ces contrôles comme une inquisition, d'autant que les goûts de la clientèle évoluent, et qu'elle est moins soucieuse de qualité que de nouveauté.

Par ailleurs, Colbert se fait le chantre des économies ; une tâche évidemment ingrate avec un monarque tel que Louis XIV : « Il faut épargner cinq sous aux choses non nécessaires, et jeter les millions quand il s'agit de votre gloire. »

Glorifiée, l'œuvre de Colbert l'a été entre autres raisons que l'homme n'était pas un aristocrate mais un simple bourgeois et que son ascension incarnait la montée du tiers état. Également parce que l'homme était hostile aux guerres incessantes que suscitait son roi, sans parler des dépenses de Cour dont il stigmatisait l'excès. Sauf à aider ceux qui glorifiaient le monarque, c'est-à-dire les architectes, écrivains ou artistes. Aussi fait-on retomber sur le roi la responsabilité de ces impôts trop lourds qui écrasent les paysans et le tiers.

Mais voilà que depuis deux ou trois décennies on jugerait plutôt que Colbert serait le père du dirigisme à la française, de cet interventionnisme de l'État que les libéraux actuels stigmatisent avec une telle violence — qu'il serait à l'origine du retard que la France aurait pris vis-à-vis de l'Angleterre ; un reproche qu'on lui fait dès le XVIIIe siècle lorsque la concurrence des produits d'outre-Manche devient une obsession pour les manufacturiers français : « Si l'industrie est poussée plus loin en Angleterre, cela vient de ce que les Anglais ne sont point gênés par les règlements ni par les inspections. » C'est la faute à Colbert.

Telles sont les données du procès.

Sauf qu'à y regarder de plus près, plus que contester une tutelle, les manufacturiers français demandaient une protection. Et qu'on les laisse faire...

De la persécution des protestants à la révocation de l'édit de Nantes

En 1685, par l'édit de Fontainebleau, Louis XIV révoquait l'édit de Nantes institué par le roi Henri IV en 1598. On y a vu la rupture d'une politique de tolérance qui aurait été la particularité de la monarchie française pendant près d'un siècle. De fait, en Europe régnait un principe reconnu depuis au moins les traités de Westphalie : que les sujets d'un prince devaient appliquer sa religion, qui devait être unique : *Cujus regio, ejus religio*. La France faisait exception, grâce à Henri IV et, à côté, l'Espagne avait donné auparavant le contre-exemple de l'intransigeance absolue, en vertu du principe « un roi, une loi, une foi » : elle avait chassé ou converti de force les musulmans d'Espagne, les morisques, ainsi que les juifs.

Durant ces années-là, l'empereur avait réussi à vaincre les Turcs devant Vienne, en 1683, et à apparaître, seul, comme le sauveur de la chrétienté. Louis XIV se trouvait en quelque sorte en retrait du rôle prééminent qu'il prétendait assumer : de sorte qu'éradiquer le protestantisme le situerait à la hauteur de son rival, et en convertissant ou chassant les hérétiques il serait en harmonie avec les us du royaume d'Espagne dont il convoitait l'héritage. À toutes ces données s'en ajoute une autre ; depuis la guerre de Hollande, en 1679, le roi s'est heurté à la coalition des puissances protestantes, et les Provinces-Unies, entre autres, apportent lcur appui aux huguenots français persécutés par le Grand Roi.

Ainsi, les protestants apparaissent comme un ennemi de l'intérieur — même si leur loyalisme fut sans défaut. Louvois n'est pas le dernier à pousser aux conversions forcées, par le moyen de dragonnades, le logement de la troupe imposé aux huguenots — à moins qu'ils ne se convertissent, pratique qu'il étend à la totalité du royaume.

En annonçant triomphalement la conversion des trois mille huit cents religionnaires d'Orthez qui se sont convertis, sur les quatre mille qu'il y avait, l'intendant du Béarn, Foucault, s'était distingué ; le duc de Noailles écrivait de son côté qu'« il ne savait plus que faire de ses troupes, parce que les lieux où il les destinait, en Languedoc, se convertissaient généralement, et cela va si vite que tout ce que peuvent faire ses troupes est de coucher une nuit dans les lieux où je les envoie ». Un intendant du Poitou, Marillac, dit lui aussi avoir obtenu trente-huit mille conversions en quelques jours. Louis XIV aurait blâmé ces violences quand il les avait connues.

Toutes ces données sont attestées et ont donné à croire que Louis XIV, dès son avènement, avait souhaité qu'il n'y ait qu'une seule religion en son royaume. On a bien pu juger que ces conversions avaient été si nombreuses et si faciles que l'édit de Nantes n'avait plus de raison d'être. Sa surprise serait venue ensuite de la résistance des protestants et de les voir prendre la route de l'exode...

L'intérêt des travaux de Janine Garrisson est d'avoir su élargir le champ, et de ne pas avoir limité à la politique de Louis XIV, à elle seule, une révocation dont les origines étaient plus anciennes et plus complexes. Déjà, sur le terrain de cette politique royale, on note qu'en se référant aux édits antérieurs — Saint-Germain, Amboise —, celui de Nantes énoncé par un Bourbon entend se raccorder aux Valois et aussi signifier que la religion d'État, la religion majoritaire, est le catholicisme. En 1599, la première chambre de l'édit, qui devait être composée de six réformés et treize catholiques, ne comprend de fait qu'un seul réformé pour seize catholiques. On se bat désormais par édits, mais minoritaire, bien des abjurations affaiblissent le camp réformé : celles du fils de Sully, du fils de Coligny, par exemple, et bien des pasteurs abandonnés quittent leur paroisse... Cette évaporation se chiffre : 2 millions de réformés environ, soit 10 % des Français en 1562, 1 250 000 en 1578 ; 956 000 vers 1670. Sous Louis XIII, et avant Richelieu, les chevauchées royales dans le Midi, le Béarn, etc., ont affaibli les protestants qui ont perdu près de quatre-vingts places de protection. Au siège de La Rochelle, on se méfie de l'ennemi de l'intérieur plus que de l'hérétique, soit qu'il veuille se constituer en République comme aux Pays-Bas, soit qu'il soit l'allié des ennemis du roi... En tant que tel, il est brisé.

Mais il y a le sentiment populaire, et derrière — ou non — les progrès de la Contre-Réforme. Le premier n'aime pas les gens différents et dans le Sud-Ouest — où Montpellier est une citadelle huguenote — il s'exprime :

Si Montpellier a de bons médecins
Nous avons de bons chirurgiens
Pour tirer le sang de leurs peaux
Au Diable soient les Huguenots
Exterminez-les,
Annihilez,
Exterminez-les...

Sous Louis XIII et ensuite, les incitations à la répression viennent toujours de la province : surveiller, contrôler les protestants fait partie des « œuvres » — les bonnes. Pendant quelques décennies — après 1630 —, la Compagnie du Saint-Sacrement y encourage, qui combat pied à pied hérétiques, juifs, musulmans, athées, libertaires et autres blasphémateurs. À son inquisition répondent les provocations huguenotes : on travaille les jours de fête du calendrier romain, on brocarde le saint sacrement à son passage. Alors, ici, les catholiques veulent obliger les médecins à s'accompagner d'un confesseur, là on exclut les protestants du notariat, ailleurs on dénonce, et la Compagnie juge, à Metz, que les hérétiques sont trop protégés ; or, sur ces problèmes-là, les parlements font bon ménage avec l'Église.

De là à accuser les protestants d'être forts et puissants, et faire naître la conviction qu'il faut réduire les huguenots, les « étouffer à petites goulées », jusqu'au jour où, la paix régnant, l'armée royale pourrait réduire et « nettoyer » l'intérieur du pays : c'est bien la situation au lendemain de la paix de Nimègue (1678). La répression systématique commence alors jusqu'à l'édit de Fontainebleau précédé de près d'une centaine de déclarations, arrêts, règlements de plus en plus coercitifs : suppression des académies protestantes, tel Sedan, puis Saumur ; fermetures et démolitions de cimetières, etc.

« Nos soins ont eu la fin que nous nous sommes proposée », disait le préambule de la révocation de 1685... « La majeure partie de nos sujets de la RPR (religion prétendue réformée) ont embrassé la catholique (...). L'exécution de l'édit de Nantes demeure ainsi inutile... » En plus, l'article 2 portait défense de l'exercice du culte en aucun lieu ou maison particulière ; l'article 4 ordonnait aux ministres qui ne voulaient pas se convertir de quitter le royaume dans les quinze jours, à peine des galères... L'article 12 disait qu'on pouvait garder sa religion à condition de n'en point faire exercice.

L'accueil en France fut unanimement enthousiaste. Seuls Vauban et Saint-Simon émirent des réserves ; Bossuet chanta les louanges du chancelier Le Tellier qui avait été un des principaux rédacteurs des édits d'intolérance, et du roi, ce « nouveau Constantin ». La papauté approuva aussi, mais mesurément.

L'exode qui suit, et les persécutions avec, constituent un précédent, que le sort des Israélites en 1940-1944 reproduit sauf qu'il ne s'est plus agi de convertir et qu'à l'époque de Vichy le bas clergé catholique a protégé les malheureux plus qu'il ne les a pourchassés — même si sa hiérarchie, sauf exception, demeura longtemps solidaire du régime.

Après 1685, fuyant la France, les huguenots cherchent refuge dans les États protestants : une quarantaine de villes les accueillent en Allemagne et en Alsace, Berlin surtout ; une vingtaine en Suisse, Berne et Genève surtout ; une trentaine aux Pays-Bas, Nimègue surtout ; une vingtaine en Angleterre, Londres surtout. La diaspora huguenote comprend aussi la Scandinavie, Le Cap, le Surinam, l'Amérique du Nord. Toutes les catégories sociales sont représentées : médecins, artisans, horlogers, gens du textile, soit un total de deux cent mille environ.

Ceux qui sont restés — six à huit cent mille -- résistent, en pratiquant un catholicisme de surface, ou bien naît un prophétisme tragique, convulsionnaire, quelquefois contraire à la tradition du protestantisme français, ou encore apparaît une résistance paysanne armée, dans les provinces en voie d'insurrection, qui relève des révoltes traditionnelles avec un accent religieux plus marqué. Ces camisards des Cévennes constituent une des figures de la résistance à l'intégration catholique et monarchique que finissent par écraser deux maréchaux du roi, Montrevel et Villars, vingt-huit ans après la révocation...

À peine réprimée, la région entre Nîmes et Montauban voit renaître, grâce au pasteur Antoine Court, venu de Genève, une Église « du désert », qui n'est tolérée que bien plus tard grâce à l'édit de tolérance de Malesherbes en 1787. Deux ans avant la Révolution, les protestants étaient réintégrés dans la communauté nationale.

Les misères du Grand Siècle

Illustre par sa grandeur et sa force, le règne de Louis XIV s'incarne dans la gloire de Versailles et de ses œuvres, dans ses conquêtes aussi qui donnent au royaume Lille, Besançon et Strasbourg. Mais c'est aussi celui de la persécution des protestants, l'ère des galériens et celle des plus grandes famines que la France ait connues.

Le pire, ce sont les famines qui frappent les campagnes. Ces catastrophes ont disparu en Angleterre, signe d'une économie agricole en voie d'amélioration. En France, « il y a des misères qui saisissent le cœur... On redoute l'hiver, on appréhende de vivre », écrit La Bruyère. « De simples bourgeois, seulement parce qu'ils sont riches, ont l'audace d'avaler en un seul morceau la nourriture de cent familles. » Les mendiants, on en voit le nombre s'accroître dès le milieu du règne, vers 1680. Le curé de Vicq, près de Montfort-l'Amaury, a noté qu'« au mois de janvier de la présente année, une si grande gelée que tous bleds et les arbres furent gelés, tous les espaliers perdus, tous les châtaigniers et noyers les plus gros moururent, beaucoup d'hommes eurent les pieds ou les mains gelés, qui se dépouillaient comme s'ils avaient bouilli dans l'eau (...). Le bled valait 9 ou 10 livres le septier auparavant (...), il en atteignit 72 en septembre ».

Venus des régions de l'Est, les loups ajoutèrent à la désolation générale, ils arrivaient par vagues, s'attaquaient aux hommes et en dévorèrent plus de cinq cents dans la région de Chartres-Maintenon.

Datées de 1680 ou de 1709, ces indications valent également pour d'autres années désastreuses, par exemple 1649 et 1661-1662.

Pourtant, si la mémoire populaire a gardé le souvenir de la famine de 1709, c'est bien celle de 1693-1694 qui fut la plus désastreuse, car elle n'a pas été locale mais a frappé le territoire national tout entier, et s'est combinée avec une épidémie d'autant plus mortelle que les hommes étaient affaiblis.

Marcel Lachiver a pu calculer qu'elle a fait un million et demi de morts, pour une population de vingt-neuf millions d'habitants et en un an. C'est la plus grande catastrophe démographique de l'histoire de la nation avec la peste de 1348.

L'hiver 1709 a également été meurtrier, mais il a fait moins de morts parce que l'orge et les céréales secondaires ont sauvé une partie des victimes et que les grains n'ont pas manqué comme en 1693-1694 ; ils ont vu seulement leurs prix augmenter terriblement aux dépens des plus démunis ; et puis le pouvoir, alerté par la crise précédente, a pu prendre des dispositions.

D'abord, ce sont les variations météorologiques qui sont en cause, résultat du « petit âge glaciaire » qu'a connu une partie de l'Europe. Mais l'appauvrissement des campagnes a joué son rôle également. Et Hippolyte Taine a pu écrire, au XIXe siècle, que le paysan français d'Ancien Régime « est comme un homme dans un étang, qui aurait de l'eau jusqu'à la bouche ». Ce qui signifie que sa position est fragile et qu'il peut être victime de la première calamité.

Cette fragilité tient moins aux faits de guerre eux-mêmes, qui préservent le territoire national, qu'à leur incidence fiscale, les impôts royaux ayant déjà triplé à l'époque de Richelieu et de Mazarin, et ne cessant d'augmenter. Ce sont ces charges qui sont d'ailleurs l'origine des grandes révoltes paysannes. Elle tient également à l'épidémie, la peste disparaissant — sauf l'accident marseillais de 1720 —, mais toutes les autres étant liées à la pauvreté et à la crise des subsistances : dysenterie, typhus, malaria surtout, notamment en Languedoc, mais chaque vague demeurant régionale. Cette fragilité tient encore aux mauvaises conditions de vie, la sous-alimentation ou la malnutrition étant chroniques dans les plaines à céréales, par exemple en Sologne avec ses poussées d'ergotisme dues à la consommation abusive de seigle, même si certaines montagnes disposent d'une alimentation plus équilibrée. Mais plus encore, ce sont les conditions d'habitation qui sont vicieuses : murs à peine enduits, ni carrelage ni pavage le plus souvent, chèvres, volailles et porcs partageant avec les hommes de sombres réduits entourés de cloaques fétides.

Certes, les faits de guerre ne se situent pas sur le territoire, mais les hécatombes de soldats s'ajoutent aux autres méfaits de la fin du règne. « De la faim, de la peste, de la guerre, délivrez-nous, Seigneur », dit le curé de ce temps-là. Ainsi, la guerre franco-espagnole en 1648-1659 avait fait 108 000 morts, la guerre de Hollande 342 000, la guerre de la ligue d'Augsbourg (1688-1697) 680 000, et la guerre de la Succession d'Espagne 1 251 000. Certes, il s'agit de victimes pour l'ensemble des belligérants. Il reste que l'ordre mince, inventé par Gustave II Adolphe et en pratique depuis la guerre de Trente Ans, a provoqué une multiplication des victimes : « Je n'ai jamais vu nulle part en un si petit espace un nombre aussi considérable de morts », écrit un officier présent à la bataille de Malplaquet (1709).

Victimes indirectes, appauvries par la guerre, les paysans subissent les impôts qui ne cessent de croître, de se multiplier. Mais le fait nouveau est que la monarchie brise désormais avec violence toute révolte, toute tentative d'y échapper.

Au XVIe siècle, déjà, les révoltes de croquants et de nu-pieds, entre 1589 et 1597, témoignaient de la lassitude paysanne à la fin des guerres de Religion. C'est dans le Sud-Ouest que le mouvement de résistance reprend en grand lorsque Richelieu fait tripler l'impôt et ce sont les éclats guerriers de la Guyenne, du Périgord aussi, qui prennent une allure insurrectionnelle. L'impunité des croquants gascons encourage les habitants du Rouergue, et Villefranche obtient un rabais sur les tailles. On commence à envoyer les rebelles aux galères.

Mais, a montré Y.-M. Bercé, la nouveauté est bien qu'après 1660 la répression, jusque-là circonstancielle et hasardeuse, devient exacte et terroriste. Le premier signe en est la révolte du Boulonnais, qui groupe trois mille paysans venus chasser les garnisons et qui refusent le maintien des tailles après la paix ; elle est sauvagement réprimée. La plupart des six cents prisonniers sont envoyés aux galères. Puis c'est le pays landais qui se révolte contre l'obligation d'acheter le sel au plus haut tarif ; puis le Vivarais, puis la Bretagne contre l'introduction de l'impôt du papier timbré. En 1675, le règne de Louis XIV ne connaît plus de troubles jusqu'à la révolte des camisards, dont l'origine est liée à la lutte contre le protestantisme, et à celle des tard-avisés du Quercy en 1707 qui regroupent dix à quinze mille paysans.

Désormais, les révoltes paysannes disparaissent jusqu'à la Révolution, mais au prix d'une terreur d'État qui est l'expression de son renforcement sous Louis XIV.

L'envoi aux galères est devenu l'emblème le plus durable de cette répression. Il atteint son apogée entre 1685 et 1748. Pour disposer de l'équipage de deux cent soixante hommes sur les galères ordinaires et de cent cinquante sur la *Reale*, Colbert est prêt à tous les expédients pour arriver à ses fins. Les esclaves, turcs ou autres, constituent 20 % des effectifs, les condamnés de droit commun vagabonds et autres révoltés comptent pour 40 %, les faux-sauniers et contrebandiers pour 15 % ; enfin, après 1685, les protestants pour 5 % environ.

Globalement, un homme sur deux est sorti vivant des galères après des peines qui pouvaient aller jusqu'à vingt ans — à une époque où la vie est plus courte qu'aujourd'hui. En outre, le pouvoir royal estime qu'il n'est pas tenu de respecter le terme des sentences. Pire, il marchande la liberté de ceux qui ont achevé leur peine.

À l'origine, l'envoi aux galères devait servir à la puissance et à la gloire de la monarchie, grâce à sa flotte de trente à quarante galères surtout postées en Méditerranée. Mais à la fin du règne, lorsque la guerre s'éloigne des côtes ou que la paix revient, la diversification des opérations militaires réduit leur participation à l'action. La fonction des galères est alors de pure répression : les forçats rament des galères immobiles : il y en a vingt-deux mille à Marseille qui, après 1713, rament pour rien. Et dans cette ville, un Marseillais sur six a été galérien.

Les galères sont bien « le plus grand pourrissoir d'hommes » de la France.

Les quatre saisons de Louis XIV

C'est Michelet qui a eu le premier l'idée de comparer le règne du « Grand Roi » aux saisons de l'année, évoquant plus particulièrement son automne.

La sève du *printemps* est celle d'un jeune homme éclatant de santé, infatigable à la chasse et à l'amour, peu livresque mais actif au travail, amateur éclairé de musique et de théâtre, orgueilleux et méfiant, comme l'expérience de la Fronde, enfant, lui avait appris à le devenir. C'est l'époque de l'organisation du pouvoir avec la division de l'ancien Conseil du roi, en quatre conseils : celui du gouvernement, ou Conseil d'en haut ou encore Conseil d'État, où se réunissent le monarque et trois ou quatre ministres ; le Conseil des dépêches qui reçoit et analyse la correspondance des intendants ; le Conseil des finances ; enfin le Conseil des parties, qui correspond à la Cour de Cassation d'aujourd'hui et à l'actuel Conseil d'État. Entre 1661 et 1715, les quatre cent quinze membres de ces conseils sont devenus une sorte de groupe social qui se reproduit par cooptation et endogamie. Ces années-là sont également celles du retour à l'ordre : les cours souveraines ne s'appellent plus que cours supérieures, les parlements doivent enregistrer les édits que le roi leur soumet et n'émettre des remontrances qu'après coup (remontrance signifie re-montrer, pour solliciter un aménagement)... « Les bruits des parlements sont si vieux qu'on ne s'en souvient plus », dit Colbert en

1679. La mise au pas concerne la noblesse, aussi bien, et la partie du clergé qui avait soutenu les Espagnols, aux temps de Richelieu et de Mazarin ; ainsi, la Compagnie du Saint-Sacrement fut dissoute en 1665, et le roi stigmatise ces dévots dont Molière se moque dans *Tartuffe*, que le jeune monarque soutient contre sa mère et l'Église... Il fait également brûler *Les Provinciales* par hostilité aux jansénistes. Sa jeunesse, c'est l'époque également de la répression des révoltes paysannes. À Paris, Louis XIV crée une intendance de police, confiée à La Reynie, qui contrôle attroupements et lieux de débauche, mais qui aussi surveille les livres et les libelles, qui bientôt iront se faire imprimer en Hollande.

Le printemps du roi, ce sont ses succès militaires, effets de son orgueil mais aussi de la puissance du pays, bien plus peuplé, bien plus armé que ses voisins, l'Espagne exceptée. Précisément, c'est avec elle que Louis XIV engage un conflit d'honneur, en exigeant des excuses de Philippe IV, parce que son ambassadeur était passé devant le sien lors d'une réception à Londres. L'audience des « excuses d'Espagne » fut une grande journée, commenta Louis XIV, « qui ne fait plus douter nos ennemis que notre Couronne ne soit la première de toute la chrétienté ». Il reste que, pour leur part, les vaisseaux anglais ont toujours refusé de saluer les premiers les vaisseaux français, comme Louis XIV l'avait exigé...

La première guerre fut due à la mort du roi d'Espagne dont Marie-Thérèse, épouse de Louis XIV, était la fille aînée. Au traité des Pyrénées, elle avait renoncé à être le successeur de son père moyennant une dot de 500 000 écus — que le roi d'Espagne n'avait jamais payée. Comme, en Flandre au moins, seul l'enfant d'un premier mariage pouvait hériter, donc Marie-Thérèse, Louis XIV envahit la province au nom de ce droit de dévolution. En 1668, au traité d'Aix-la-Chapelle, Louis XIV gardait la Flandre avec Lille, qui avait résisté, et Douai. Pour arrêter les Français, les Hollandais inondèrent leur pays, et leur stathouder, Guillaume d'Orange, sut former une coalition contre Louis XIV : la guerre de Hollande se transforma en une guerre européenne, contre l'Espagne à nouveau, et l'empereur. Turenne en Alsace surprit les impériaux en contournant les Vosges et en les battant à Turckheim, tandis qu'en Hollande, sur ordre de Louvois, Luxembourg brûlait un à un les villages, et leurs habitants avec. À la paix de Nimègue (1678), l'Espagne, qui avait perdu à nouveau la Franche-Comté, céda cette province ainsi que de nouvelles places en Flandre : Valenciennes, Maubeuge, Ypres, Cambrai, Saint-Omer. Vauban les fortifia pour qu'elles deviennent une série de boucliers qui défendraient Paris. En outre, comme la neutralité de Strasbourg avait été violée plusieurs fois par l'empereur, Louis XIV annexa la ville en 1680 « pour fermer l'entrée de la France aux Allemands ».

Ces années 1672-1678 — *l'été* — sont-elles celles de la gloire triomphante, qui se poursuivent encore une décennie ? Au plan extérieur, sans doute. Mais ces succès ont coûté cher et, dès 1673, la monarchie doit vendre à de petits officiers des exemptions de taille. Pour compléter le sou qui lui manque, elle doit imaginer et vendre des offices à demi fictifs : mesureurs de grains, vendeurs de marée, crieurs de porcs, etc. Il faut également recourir à l'emprunt et vendre une partie du domaine royal, baisser le montant des subventions promises aux manufactures.

Mais la gloire du siècle de Louis XIV est à son zénith, grâce, rappelle Voltaire, à tous ces créateurs : Molière de *L'École des femmes* (1662) au *Malade imaginaire* (1673) ; Racine d'*Andromaque* (1667) à *Phèdre* (1677) ; les derniers Corneille, d'*Agesilas* (1666) à *Suréna* (1674), onze des douze livres des *Fables* de La Fontaine (1668-1679) et Bossuet et Bourdaloue...

Mais aussi grâce à Versailles où le roi s'installe définitivement entre 1678 et 1682.

Est-ce parce qu'il a longtemps vécu dans le péché, et que la veuve Scarron, faite marquise de Maintenon, exige plus d'austérité dans sa conduite ? Est-ce que, roi très-chrétien, il entend discipliner l'Église et ses serviteurs ? Très pieux, il se veut défenseur de la religion catholique, apostolique et romaine, et, tel le grand Grégoire VII, il entend lui faire la leçon. « Serait-il juste que la noblesse donnât ses travaux et son sang (...) que le peuple portât encore lui seul toutes les dépenses de l'État, tandis que les ecclésiastiques, exempts par leur profession des dangers de la guerre (...) et du poids des familles, jouiraient dans leur abondance sans jamais rien contribuer aux besoins de l'État ? » Il en veut aussi « à leur débauche, à leur ignorance, à leur luxe », et il rend compte ainsi de la survie du protestantisme. Il juge que tout État ne doit avoir qu'une religion, et rien n'est pire à ses yeux que la liberté de conscience. Il persécute ainsi les jansénistes, chassant son ministre Arnauld de Pomponne, invite à s'exiler Le Nain et le Grand Arnauld.

Bien plus, pour maintenir les nominations, il s'en prend au pape dans l'affaire de la Régale, ordonnant à Louvois d'occuper Avignon.

Surtout, il veut extirper l'hérésie et met fin à l'édit de Nantes, par l'édit de Fontainebleau qui rendait illégale « la religion prétendue réformée ». Louis XIV, ivre de ses succès et de sa gloire, n'écoute plus que Louvois, le fils de Le Tellier, qui, certes, fit de l'armée royale l'outil le plus perfectionné de l'Europe, mais pousse le roi, qui en est d'accord, aux conquêtes, aux annexions, également à la persécution des protestants.

Désormais, Louis XIV se croit tout permis. Il institue la politique dite « des réunions » qui consistait à rechercher les régions qui avaient pu dépendre, dans un passé plus ou moins lointain, des provinces annexées en 1648 et 1678 : ainsi Montbéliard, pour la Franche-Comté ; une part du Luxembourg, pour les Trois-Évêchés, etc. Il s'y ajouta des opérations punitives, par exemple un bombardement de Gênes, qui fabriquait des galères pour le roi d'Espagne.

C'est en 1689, avec la création d'une grande coalition, que commence, selon Michelet, *l'automne* du Grand Roi. Ses excès suffisent à en rendre compte mais la victoire de l'empereur sur les Turcs le libérait à l'ouest, les États protestants s'indignaient de la persécution dont étaient victimes leurs coreligionnaires ; enfin la révolution de 1688 en

Angleterre plaçait sur ce trône Guillaume d'Orange. Louis XIV n'avait pas réussi à rendre le sien à Jacques II. « Seul contre tous », Louis XIV fit front, mais il disposait d'une armée de trois cent mille hommes, du jamais-vu, et ses généraux Luxembourg et Catinat obéirent à Louvois qui ordonna de dévaster le Palatinat : premier exemple d'un massacre et d'incendies collectifs, dont les Allemands gardèrent le souvenir.

Surnommé « le tapissier de Notre-Dame » au vu des drapeaux saisis à l'ennemi, Luxembourg remporta les victoires de Fleurus (1690), Steinkerque (1692), Neerwinden (1693), tandis que Catinat conquérait les États de Savoie. Le principal échec fut celui d'une descente de l'amiral Tourville en Angleterre, et d'une défaite à la Hougue (1692).

Au traité de Ryswick (1697), Louis XIV fit preuve d'une modération qui surprit. Il abandonna les conquêtes effectuées depuis la paix de Nimègue, ne demandant à garder que Strasbourg. Neuf années de guerre avaient épuisé le pays, mais aussi, on l'a vu, une terrible famine, due, entre autres, à une très mauvaise récolte (1693-1694). La mort faucha trois ou quatre fois plus d'hommes et femmes qu'en période habituelle. « La France n'est plus qu'un immense hôpital désolé », écrivait Fénelon, tandis que Vauban rédigeait sa *Dîme royale* pour une réforme générale des impôts...

La mort de Charles II d'Espagne devait ouvrir une crise — *l'hiver* — qui déboucha sur la plus longue des guerres : douze ans. Cette mort était attendue vu la faible santé du monarque, et parce qu'il n'avait pas d'enfant. L'héritier le plus proche était le petit-fils de Louis XIV, duc d'Anjou. Sachant bien, avec son ministre Torcy, que jamais les autres États européens n'accepteraient la confusion des deux Couronnes, Louis XIV s'entendit, en 1700, avec Guillaume III de Hollande et l'Angleterre pour qu'on donnât la succession espagnole à l'archiduc Charles, fils de l'empereur ; on en réserverait le royaume de Naples, le Milanais et la Sicile au petit-fils de Louis XIV. L'idée était de les échanger, plus tard, contre la Lorraine et la Savoie.

Mais Charles II, avant de mourir, en décida autrement. Pour sauvegarder l'unité de son empire, il institua le duc d'Anjou, second petit-fils de Louis XIV, seul héritier de la Couronne d'Espagne, en spécifiant seulement que les deux couronnes ne pourraient être réunies.

Louis XIV, ainsi, était placé devant un choix : respecter le « partage » conclu à Londres, ou accepter la succession pour son petit-fils. Après une longue hésitation, il se prononça pour l'acceptation.

« Le roi, rapporte Saint-Simon, fit ouvrir la porte de son cabinet et, passant majestueusement les yeux sur la nombreuse compagnie : “Messieurs, dit-il, en montrant le duc d'Anjou, voici le roi d'Espagne.” Et comme, plus tard, la guerre s'annonçait, il lança : “Puisqu'il me faut faire la guerre, mieux vaut la faire à mes ennemis qu'à mes enfants.” »

Il était responsable de ce retournement car les souverains européens, sauf l'empereur, avaient reconnu Philippe V. Mais Louis XIV rompit ensuite les termes d'acceptation du testament en garantissant à Philippe V ses droits éventuels à la Couronne de France. Il se saisissait des citadelles espagnoles des Pays-Bas et accueillit le fils de Jacques II,

Jacques III, qu'il salua roi d'Angleterre et accueillit à Saint-Germain-en-Laye.

Ce fut ainsi Guillaume qui fomenta une « grande alliance » entre l'Angleterre, l'Empire, les Provinces-Unies, les princes allemands, contre la France et l'Espagne. À cette coalition se joignit ensuite la Savoie. Ce fut John Churchill, duc de Marlborough, qui mena les opérations contre l'Espagne, conquérant Gibraltar. Du côté de l'Empire, le prince Eugène triompha de Villars à la deuxième bataille d'Höchstädt, puis du duc de Vendôme à Oudenaarde, les coalisés prenant Lille (1708). Devant ces échecs, Louis XIV demanda la paix mais ses armées, commandées par Villars, furent à nouveau vaincues à Malplaquet ; il la redemanda, refusa de détrôner son petit-fils, et abandonna l'Alsace et la Flandre (1709-1710). Le sort des armes se retourna alors : Vendôme vainquit les Anglo-Autrichiens en Espagne à Villaviciosa, l'Angleterre se retira de la guerre ; cependant que le prince Eugène marchait sur Paris, que Louis XIV jugeait sa capitale menacée, Villars réussit à vaincre le prince Eugène à Denain (1712) : cette fois, épuisés, impériaux, Anglais et Français acceptaient ensemble de négocier.

Au traité d'Utrecht (1713), Philippe V gardait l'Espagne et ses colonies, mais perdait au profit de l'empereur les Pays-Bas, le Milanais, le royaume de Naples et la Sardaigne. Il renonçait à ses droits sur la Couronne de France ; la France, semi-vaincue, perdait Terre-Neuve et l'Acadie tandis que l'Angleterre, grand vainqueur, obtenait surtout le monopole de la traite des Noirs dans l'Empire espagnol, l'*asiento*, et une sorte de point d'appui en Amérique espagnole, le vaisseau de permission. Elle gardait Gibraltar et acquérait Minorque. L'empereur d'Autriche était un autre vainqueur, qui signait la paix à Rastadt, refusant néanmoins d'abandonner ses droits sur l'Espagne.

Succession d'Espagne et surtout problèmes coloniaux allaient susciter d'autres guerres...

Le roi vieillissant avait plusieurs fois fait amende honorable et reconnu ses péchés. Sous l'influence de Mme de Maintenon, il devenait de plus en plus pieux, ce qui provoquait un retour à une sorte d'absolutisme catholique. Il se déchaînait contre Port-Royal, que le pape condamna par la bulle Unigenitus : deux mille personnes furent emprisonnées. Ces persécutions faisant suite à la guerre contre les camisards, et à la terrible famine de 1714 qui décima le bétail. *L'hiver* du roi fut un cycle de malheurs.

Alors que Saint-Simon jugeait que l'esprit du roi avait été « au-dessous du médiocre », que les autres courtisans s'aperçurent de « son faible plutôt que de son goût pour la gloire » et que le diagnostic est critique, celui de Voltaire ruisselle de déférente admiration... « Personne n'ignore avec quelle grandeur d'âme il vit approcher la mort. À son successeur, il tint ces paroles : "Tâchez de conserver la paix avec vos voisins : j'ai trop aimé la guerre, ne m'imitez pas en cela, non plus que dans les trop grandes dépenses que j'ai faites." (...) »

« Quoique la vie et la mort de Louis XIV eussent été glorieuses, il ne fut pas aussi regretté qu'il le méritait, ajoutait Voltaire. Nous avons vu ce même peuple qui, en 1686, avait demandé au ciel avec larmes la guérison de son roi malade, suivre son convoi funèbre avec des démonstrations bien différentes... On y buvait, on y chantait ou riait. (...) Quoiqu'on lui reprochât des petitesses, des duretés dans son zèle contre le jansénisme, de la faiblesse pour plusieurs femmes, trop de hauteur avec les étrangers dans ses succès, l'embrasement du Palatinat, les persécutions contre les réformés : cependant, mises dans la balance, ses grandes qualités l'ont emporté sur ses fautes (...), et malgré tout ce qu'on a écrit contre lui, on ne prononcera pas son nom sans respect, et sans concevoir, à ce nom, l'idée d'un siècle éternellement mémorable. »

Que penser de ce jugement ?

1715
Comme si une ère nouvelle commençait...

Que la fête commence de Bertrand Tavernier situe bien, à la Cour, la rupture que représente le règne du régent, ce débauché blasé, après les temps désormais moqués de vertu solennelle que prétendait incarner Mme de Maintenon ; sont de retour les comédiens-italiens qui l'avaient raillée dans *La Fausse Prude*, quelques années plus tôt, et avaient dû déguerpir.

L'heure est au triomphe du libertinage coquin qu'exprime avec *L'Embarquement pour Cythère* la grâce des toiles de Watteau, sacré prince des fêtes galantes. Voltaire se trompe quand il croit que les classiques ont clos, avec génie, l'étude des caractères ; c'est qu'il n'aime pas Marivaux, lequel dit « guetter dans le cœur humain toutes les niches différentes où peut se cacher l'amour (...) chacune de mes comédies le fait sortir d'une d'elles ». La grâce maniérée est en lui comme le style nouveau de robes taillées dans des étoffes légères ; l'heure est aux bals, à l'Opéra notamment, où le jeune Louis XV est plus à l'aise qu'au Conseil, bien que ce ne soit pas l'intelligence qui lui manque.

On comprend qu'inspirés par les toiles et les écrits lestes ou pervers de ce siècle-là, de Restif de La Bretonne à Fragonard ou Choderlos de Laclos, le cinéma français ait été lui aussi à la fête, en compagnie de *Benjamin* ou de Catherine Deneuve.

Mais, à la ville, quel changement aussi, puisque, à Paris la Cour est là — pour un temps — et qu'au bal le régent se mêle à la canaille.

Or, le principal est ailleurs : c'est l'irruption d'un nouveau venu, l'argent-papier, l'argent tout court.

L'ARGENT DU MAGICIEN JOHN LAW

Il est entré dans la vie des bourgeois — des moins bourgeois aussi comme en témoigne la gravure représentant la banque de Law, rue Quincampoix : des gens de toute condition y font la queue.

L'idée de John Law, banquier écossais ? Ayant compris que, gage de biens ou garantie d'une livraison future, la fonction de la monnaie est d'établir un lien entre son monde artificiel et le monde réel de la marchandise, il suffit de substituer le papier à l'or monnayé, puisque la valeur de celui-ci, à usages multiples, est supérieure à celle de l'or métal. Jouant, entre autres, sur cette différence, le papier permet d'accroître la circulation monétaire, de pallier la thésaurisation : bref, d'assurer la croissance, une manière de créer de la richesse, ce qu'avait ignoré Colbert. Pour susciter la confiance, il commence par escompter les effets de commerce à 6 %, alors qu'on prélevait 30 % ; puis, avec la caution de l'État, il transforme ses créanciers en actionnaires de compagnies qui trafiquent en Inde ou aux Antilles. Comme les receveurs de taille peuvent percevoir leurs impôts avec ces billets, le succès est fulgurant, on donne son or contre des actions, celle qui était cotée 500 livres en vaut bientôt 20 000.

Il a suffi, ensuite, que les banques rivales — celle des frères Pâris — veuillent faire rembourser spectaculairement, en or, deux princes du sang, gros porteurs, pour que la bulle éclate, car le temps n'avait pas été suffisant aux compagnies pour qu'elles rapportent des dividendes — et c'est la banqueroute.

Cette faillite allait saper pour longtemps la confiance des Français envers la Bourse, créée justement ces années-là. Elle avait ruiné bien des porteurs mais avait contribué aussi à éponger une partie de la dette de l'État. Surtout, cette irruption de l'argent facile, avec la spéculation, et l'apparition de nouveaux riches, avait contribué à bousculer l'ordonnancement social : ainsi, était-ce la fille d'un commissaire aux vivres, une bourgeoise, une financière enrichie, « la Poisson », qui devint la favorite de Louis XV — toute ruisselante de luxe et de grâce rose et bleue telle que Van Loo a peint Mme de Pompadour dans *La Belle Jardinière*.

Cet argent qui étourdit et fascine, John Law l'avait associé aux entreprises coloniales.

Voilà encore une nouveauté.

Mais l'essentiel, outre la lente amélioration de l'économie, c'est bien la naissance de l'esprit public et la crise qui le traverse.

Pourquoi des colonies ?

L'AVENTURE, LA TRAITE OU LA MORUE ?

Car, jusque-là en France, c'est la pêche à la morue, plus que le goût de l'aventure ou la lutte contre l'Islam, qui avait été à l'origine de la première colonisation aux Amériques.

Après les explorations de Jacques Cartier qui découvre la route du Saint-Laurent, à l'époque des guerres de Religion et de la lutte contre l'Espagne, les objectifs de la guerre coloniale avaient été purement militaires. Cette situation demeure jusqu'à ce que Champlain pose les jalons d'un véritable établissement colonial, dans un esprit cette fois anti-anglais. Mais c'est la pêche qui alimente le peuplement, et bientôt le commerce des fourrures prend sa relève.

Déjà Anglais et Français cherchent à s'appuyer sur différentes tribus indiennes — à moins qu'ils ne les combattent tout en voulant simultanément les convertir. La mesure de ces établissements est dite quand on rappelle qu'à l'époque de Richelieu — c'est-à-dire des luttes entre Iroquois, alliés aux Anglais, et Hurons, alliés aux Français —, Québec compte entre soixante et cent habitants — et Boston deux mille.

Au début, il n'y a pas de véritable « politique coloniale » de la monarchie française, montre bien Jean Meyer. Après l'époque des expéditions, aux fins de trouver des richesses, le Canada demeure une terre de « prestige religieux », une pure colonie catholique à opposer aux colonies hérétiques.

Si politique coloniale il devait y avoir, ce serait pour conquérir l'Empire espagnol ; ce qui, à l'époque de Philippe II, est évidemment un songe creux. Certes, l'attrait des produits tropicaux existe bien, d'où l'intérêt pour les Antilles, avec les avantages de la traite des Noirs, qui fournissent bientôt du tabac et du sucre, une manière d'intéresser financièrement la monarchie. Mais trop d'obstacles découragent les initiatives : la résistance caraïbe, la concurrence des flibustiers et autres rivaux, chacun se saisissant d'une « isle » — voilà qui demeure décevant pour le profit. D'un point de vue mercantiliste, ces possessions ne comptent guère ; on doit s'y maintenir toutefois, car on ne saurait laisser les « sauvages » abattre la puissance du Grand Roi.

Avec l'essor de Nantes, et bientôt de Bordeaux, la monarchie essaie de centraliser les activités coloniales en les faisant dépendre du secrétariat d'État à la Marine.

Le tournant se situe à l'époque de Colbert où plusieurs orientations sont assumées et mises en place.

La présence française au Canada est devenue terrienne, catholique, aboutissant à la constitution d'une sorte de petit empire militaire. Mais cette Louisiane, qui sur une carte « coince » les colonies anglaises de l'intérieur, ne prend de l'importance qu'à l'époque de Law (1720). Enfin, troisième orientation, dans les Antilles, se développe un tout petit impérialisme purement colonial, que la traite des Noirs alimente à partir de 1680, et que sur place des colons vont animer, en coordination avec les ports français et la monarchie qui les aide et les contrôle, sous l'égide de Seignelay.

LA RIVALITÉ FRANCO-ANGLAISE : UN MYTHE ?

Plus que toute autre confrontation, la rivalité franco-anglaise aux colonies a sans doute marqué la mémoire historique des Français : elle est ponctuée d'épreuves qui s'étendent sur près de deux siècles, telle « la perte de l'Inde et du Canada ». Une caractéristique définit cet antagonisme historique : Immanuel Wallerstein a bien mis en valeur qu'il se développe au moment où les conflits internes à chacun des deux pays comptent moins, désormais, que les conflits avec l'étranger. Bref, où l'intérêt de l'État prend le relais du conflit du monarque avec les féodaux, avec les notables, ou encore des problèmes religieux.

Ils deviennent des conflits entre nations ; et, aux colonies, les compagnies qui avaient été créées pour leur exploitation baissent pavillon devant les gouvernements.

Mais cette formulation laisse croire que dès l'origine se sont heurtées deux politiques coloniales bien définies, alors que l'Ancien Régime français, au moins, n'a connu qu'une succession de politiques au coup par coup ; ce n'est qu'à l'époque de l'impérialisme au XIXe siècle qu'effectivement les deux puissances se sont affrontées constamment pour la constitution d'un empire. Or une vision rétrospective de l'Histoire a fait remonter cet antagonisme au XVIIIe siècle.

Du XVIIe siècle à la chute de Napoléon, à l'occasion de conflits épars, l'Angleterre n'est pas particulièrement visée. À l'époque de Philippe II, ce serait plutôt l'Espagne dont on aimerait saisir une partie de l'Empire ; mais ensuite on s'allie avec elle pour qu'elle ne soit pas dépecée par l'Angleterre. Au XVIIe siècle, en Inde, ce sont les possessions des Hollandais qui sont visées les premières, mais les conflits armés y opposent les Français aux Anglais. Lorsque commence le brutal déclin de la Hollande, vers 1670, Louis XIV puis le régent et le cardinal Fleury regardent encore malgré tout l'Angleterre comme un allié de la France, mais faible. Cette sous-estimation de la puissance anglaise est ainsi apparue très tôt.

Autre trait : le conflit avec l'Angleterre n'est pas de même nature au Canada où il a des relents papistes, religieux en tout cas — et il s'y poursuit une guerre des religions ; alors qu'en Inde les objectifs sont commerciaux, purement commerciaux, avant d'être territoriaux.

En Inde, alors que Lenoir — le fondateur de Mahé, qui avait réussi à sauver les comptes de la Compagnie des Indes orientales à l'époque de la banqueroute de Law — avait été un administrateur, un commerçant avisé, son successeur, Dumas, n'eut plus avec les Indiens le comportement d'un marchand, mais celui d'un colonial ; il traita avec les nababs, interféra dans leurs conflits. Il fut ainsi l'initiateur d'une action purement politique qui échappa à la Compagnie et sollicita l'appui des ministres. Il en alla de même avec son successeur, Dupleix : ce fut leur politique qui suscita la riposte de la Compagnie anglaise. L'idée de Dumas, de 1735 à 1741, avait été d'organiser une milice indigène, les cipayes, de l'encadrer de Français et de transformer les comptoirs en citadelles tout en mettant ses troupes au service des princes alliés. Il devint ainsi puissant, se fit décerner le titre de nabab. Dupleix fit un pas de plus : il pensait que si la Compagnie, au lieu de se contenter du commerce et de l'occupation militaire d'une ou de plusieurs places, prenait sous sa protection des princes, ceux-ci lui concéderaient en échange soit des terres à exploiter, soit le revenu des impôts.

En ce sens, il fut *l'inventeur d'une conception du protectorat* qui allait être reprise en Égypte, un siècle plus tard, et au Maroc.

Par princes indiens interposés, il entre dans le jeu des querelles successorales au Carnatic et au Dekkan, les Anglais faisant de même ; mais l'Anglais Clive réussit à l'emporter sur les *condottieri* successifs de Dupleix. Certes, Dupleix contrôle de vastes territoires, mais ses conquêtes sont coûteuses et, à Paris comme à Londres, les Compagnies cherchent un compromis. Le commissaire Godeheu conclut à l'imprudence de Dupleix, qui est rappelé (1754). Le traité qui porte son nom sonne le glas de la politique conquérante.

Les Français Lally-Tollendal et Bussy essaient de reprendre pied en Inde, mais leur tentative est un échec, et de l'Inde, au traité de Paris, il ne reste à la France que les cinq comptoirs[1] — qu'elle avait, au reste, perdus militairement —, ce qui apparaît comme une réussite diplomatique de Choiseul...

Selon le jugement de Marc Vigie dans son ouvrage sur Dupleix, certes, celui-ci fut à la fois l'inventeur de l'armée coloniale et le promoteur d'une politique nouvelle ; mais il pécha par aveuglement, et son anglophobie se révéla maladresse.

De ce point de vue aussi, Dupleix fut un précurseur, car c'est à la suite de son rappel et de ses échecs que naît le mythe de « l'Inde perdue », que « nous ont prise les Anglais », alors qu'en vérité ce fut son action qui les amena à réagir quand ils n'étaient pas vraiment disposés à la conquérir. Dupleix devint un héros lorsque la France voulut se redonner un empire, après 1870, et que son souvenir (comme celui de Montcalm) ressuscita la haine des Anglais : entre 1881 et 1913 furent publiés quinze ouvrages sur Dupleix et la Compagnie française des Indes.

---

1. Pondichery, Chandernagor, Karikal, Mahé, Yanaon.

En Amérique du Nord, la rivalité franco-anglaise oppose, cette fois, des colons à d'autres colons. Mais la différence essentielle entre leurs situations respectives est que, globalement, côté français, la métropole s'intéresse peu à leur sort, alors que Londres, au contraire, est très actif dans la défense des anglophones d'Amérique. Pourquoi cette différence ?

D'abord parce que, pour l'opinion française, la mise en valeur de ces régions ne présente qu'un intérêt limité. « Que valent ces arpents de neige ? » interroge Voltaire, tandis que le ministre Choiseul en 1758 juge aussi qu'une lieue carrée aux Pays-Bas vaut mieux que tout le Canada. Et pendant la guerre de Sept Ans, lorsque le marquis de Montcalm lance un appel au secours après la chute de Fort Frontenac, le ministre de la Marine lui répond : « Quand le feu est à la maison, on ne s'occupe pas des écuries. »

Les Anglais, au contraire, ont une autre vision de l'Amérique du Nord. Pour eux, les colons constituent une main-d'œuvre et une clientèle qui leur expédient des matières premières à bon compte (bois, surtout) et des fourrures, et à qui ils vont vendre des produits manufacturés. Le système dit de « l'exclusif » doit ainsi fonctionner à l'avantage des entrepreneurs anglais — mais à condition que les colons d'Amérique ne fabriquent rien eux-mêmes, « pas même un clou », et qu'ils achètent ces produits en Grande-Bretagne.

Le gouvernement anglais ne cesse ainsi d'envoyer outre-mer des colons, alors que les Bourbons de France demeurent indifférents — depuis qu'est dépassé l'aspect religieux de la confrontation au Canada. De sorte que, vers 1740, alors que les colonies anglaises d'Amérique sont fortes de près d'un million d'habitants, on compte au plus quatre-vingt mille colons français, plus quelques milliers d'autres en Louisiane.

C'est cette poussée anglo-saxonne qui est à l'origine des conflits avec les Français plus que la politique de Londres — mais l'Angleterre soutient ses colons, l'opinion publique les encourage et se déchaîne contre les Français, alors que Versailles est indifférent.

Ce qui ajoute au ressentiment des Français fut la mesure prise par les Anglais qui, après la conquête de l'Acadie, procédèrent au « grand dérangement », c'est-à-dire à la dispersion des Acadiens, sept mille d'entre eux (sur dix mille) étant expédiés en Nouvelle-Angleterre et dans les autres colonies anglaises d'Amérique.

Lorsque les opérations reprennent, pendant la guerre de Sept Ans (1756-1763), les Anglais disposent d'une flotte très supérieure — cent cinquante-huit vaisseaux contre soixante environ — qui se saisit, d'emblée, de trois cents bâtiments français. La marine royale est ainsi impuissante à porter le moindre secours aux Canadiens français, déjà submergés par le nombre. Les qualités militaires du marquis de Montcalm retardant toutefois les succès anglo-américains. Ceux-ci occupent d'abord Fort Duquesne et Fort Frontenac pour couper le Canada de la Louisiane, tandis qu'à l'est la flotte de Boscawen occupe Louisbourg, la forteresse qui symbolise la présence française en Amérique du Nord (1758). Dans une bataille décisive menée par James Wolfe contre Montcalm, les deux chefs meurent devant Québec qui tombe aux mains des

Anglais. À Montréal enfin, le gouverneur, le marquis de Vaudreuil, cerné par les colonnes anglaises, doit capituler (1760).

Au traité de Paris (1763), le gouvernement de Louis XV, qui avait été obsédé par ses préoccupations continentales, abandonne l'outre-mer et perd le Canada au bénéfice de l'Angleterre, rétrocédant la Louisiane à son allié, l'Espagne. De ses immenses possessions américaines, la France ne garde plus qu'une partie, aux Caraïbes — qu'elle préfère au Canada.

Avec le recul, on juge que 1763 marque la fin de l'empire colonial français. Mais le regard des contemporains était différent : d'abord, la France gardait les Antilles, ce qui semblait l'essentiel ; ensuite, ses ministres comptaient bien reprendre pied au Canada — Choiseul et Vergennes s'y emploient.

C'est alors que commence la guerre d'indépendance des États-Unis, et le paradoxe est bien que c'est avec les colons, qui avaient été à l'origine de la défaite française, que Versailles s'allie — pour prendre sa revanche sur l'Angleterre. On comprend que, dans ces conditions, les Français du Canada aient pu vouloir demeurer à l'écart.

Et puis, une autre menace planait sur des colonies d'un deuxième type, celles à fort rapport économique, ces îles à sucre entre autres. Leur profit avait été considérable et, par exemple, côté français, elles n'avaient jamais été tant prospères qu'après la perte du Canada et de l'Inde, entre 1763 et 1789. Or, après 1800, les révoltes des Noirs, l'abolition de l'esclavage et de la traite pouvaient mettre en péril l'avenir de ces possessions. À Paris et à Londres, après la déclaration d'indépendance de Toussaint Louverture à Haïti on se demande — déjà... — s'il ne serait pas préférable que ces colonies fussent indépendantes, et qu'on commerce avantageusement avec elles.

1715-1789 : crise de conscience à la française

Jusqu'au milieu du XVIIIe siècle, on voyait dans les abus de la monarchie et de la vie sociale des infractions aux principes sur lesquels reposait le fonctionnement de l'État. Désormais, ce sont ces principes eux-mêmes que l'on combat au nom de la raison. C'est ainsi que naquit une idéologie que revendiquèrent les révolutionnaires. « Sans idéologie révolutionnaire, pas de révolution », jugeait Lénine à la veille de 1917. Il écrivait aussi que, pour qu'une révolution éclate, « il n'était point besoin qu'il y ait des révolutionnaires, il suffisait de laisser agir les dirigeants » — qui créeraient l'opportunité de cette révolution. Lénine parlait pour son temps ; mais son double diagnostic vaut pour la Révolution française, qui, de fait, fut bien portée par une idéologie, mais dont les auteurs — Montesquieu, Voltaire, etc. — n'étaient pas des révolutionnaires.

Or, à côté de la monarchie l'Église était également mise en cause par les jansénistes de Port-Royal qui avaient pris la relève, si l'on peut dire, des protestants du siècle précédent : on qualifia le jansénisme de « calvinisme rebouilli ». Leur exigence ascétique stigmatisait la facilité que constituait la « grâce suffisante », invoquée par les jésuites qui jugeaient qu'elle apporte à chacun le concours nécessaire pour faire le bien.

Au monastère de Port-Royal, où les jansénistes s'étaient retirés, on pratiquait l'humilité chrétienne mais on y étudiait aussi, et de façon indépendante, ce qui séduisait l'élite. En faisant condamner par le pape, en 1656, leur conception de la grâce, les jésuites s'assuraient l'appui de Richelieu puis de Mazarin qu'inquiétait l'indépendance d'esprit des Messieurs de Port-Royal, et notamment de Du Vergier de Hauranne, l'abbé Saint-Cyran, « plus dangereux que six armées ». *Les Provinciales* de Blaise Pascal furent brûlées par la main du bourreau. Persécutés par Louis XIV, ils furent condamnés une fois de plus par la bulle Unigenitus (1713).

LA PART DES JANSÉNISTES

Car l'enjeu de ce conflit portait loin.

En effet, les idées de Port-Royal contribuaient à désagréger les idéaux hérités du Moyen Âge, en opposant la religion à l'idéalisme aristocratique. L'idéalisme chevaleresque était un recul du christianisme devant les valeurs de la noblesse. La gloire humaine et la charité chrétienne cessant de s'affronter grâce à l'action régulatrice de l'Église, il existait une zone incertaine entre concupiscence et sainteté...

Ce lien du christianisme avec l'idéalisme aristocratique se trouvait dans l'œuvre de Corneille qui glorifie les beaux mouvements de l'homme. L'élévation de ses personnages, leur stoïcisme, déplaisent foncièrement aux jansénistes, qui dénoncent cette valorisation de la liberté humaine, de sa volonté, cette recherche du sublime, et qui s'en défient. Après Pascal, La Rochefoucauld, par ses *Maximes*, contribue à la démolition du héros.

Or, tous ces Jansénistes, les Arnauld, Pascal, Domat, appartiennent à la haute bourgeoisie : « Les gens d'épée nous appellent gens d'écritoire ; il faudrait nous appeler gens de tête, et eux gens de main », écrit Domat, magistrat et juriste. *Ils réfutent le système moral qui justifiait leur infériorité face à l'aristocratie.*

Mouvement politique, donc, ce jansénisme dont le parti est vaincu, une fois, deux fois, mais qui affirmait une certaine indépendance de la conscience liée à la rigueur morale, ce qu'ils appellent « raison », c'est-a-dire un principe de vérité. Les jansénistes récusent ainsi, implicitement, à la fois la monarchie pontificale, son infaillibilité avant tout, et la monarchie absolue, bref toute vérité venue d'ailleurs. Le principe d'insoumission devait porter loin : il représentait une protestation contre les puissances établies.

De sorte que le jansénisme est apparu comme une espèce d'arsenal (S. Deyon) de grande efficacité dont les parlements utilisent les munitions contre Rome et le roi, en stigmatisant les jésuites qui incarnent leur alliance : « Leur morale, leur théologie destructive de tout principe de religion et même de probité ».

Adossés aux parlements, gallicans par nature, les jansénistes ne s'abstraient plus du monde depuis que leurs idées courent la bourgeoisie et le bas clergé. À partir de 1728, le mouvement janséniste dispose d'une publication régulière : *Les Nouvelles ecclésiastiques*. Largement diffusées alors qu'elles sont interdites, elles lancent cette idée que l'Église n'appartient ni aux évêques ni aux clercs, et que les laïques ont le droit d'intervenir pour éliminer les mauvais pasteurs, et élire ceux jugés les plus dignes.

Cette idée de la souveraineté du peuple dans l'Église — que proposera en 1790 la Constitution civile du clergé — *précède l'idée de la souveraineté du peuple, de sa capacité à choisir ses dirigeants*, tous ses dirigeants.

L'APPARITION D'UNE VIE PUBLIQUE

À partir de la Régence, on assiste à la lente apparition d'une vie publique qui met en cause les pratiques du pouvoir.

Un premier changement se repère dans les campagnes où, aux rébellions flamboyantes contre les abus de la fiscalité royale, à laquelle on a fini par se soumettre, succède une contestation contre les « droits » que le seigneur a pu usurper (de guet et garde, de triage du bois, etc.), contre le curé décimateur et les exigences des fermiers. Ce changement de cible se traduit aussi par un changement de forme : au soulèvement armé s'ajoutent les procès.

Si l'on compare les doléances exprimées dans les cahiers des États Généraux de 1614 à ceux de 1789, on constate que si les protestations contre la lourdeur du fisc demeurent le grief essentiel, les problèmes du fonctionnement de la justice et du statut des offices arrivent bien derrière, en 1614 comme en 1789 ; le changement est ailleurs : en 1614, on exige une réforme religieuse alors qu'en 1789, comme elle s'est accomplie et qu'un certain détachement des pratiques religieuses s'est opéré, il n'en est guère question et le jugement négatif sur les prêtres a laissé la place au jugement négatif des prêtres sur leurs ouailles, jugées brutales. Il est vrai qu'une partie du clergé vient de la ville.

Dans les villes, le changement se situe d'abord dans les conflits du travail, qui existent dans presque tous les métiers (20 sur 27 à Nantes, 16 sur 16 à Lyon). Surtout, le nombre des conflits ne cesse de croître, passant du simple au double durant le XVIIIe siècle ; cette insubordination, à défaut d'intervenir sur le plan de la politique générale, crée des formes de solidarité qui aboutissent là aussi à la multiplication des procès.

Ainsi, à la ville comme à la campagne, les avocats jouent un rôle qui se développe : ils figurent en grand nombre aux États Généraux de 1789.

Surtout, en ville et à Paris en particulier, apparut une sphère littéraire autonome de la Cour et du pouvoir, dont les salons furent la forme première et qui devint un pôle culturel actif et puissant, avec ses partis et ses cabales, qui se saisit du pouvoir littéraire en dessaisissant le roi et sa Cour : le tournant se situe en 1754 avec l'élection de d'Alembert à l'Académie française contre le candidat de la Cour, grâce à la campagne de la marquise du Deffand et des affiliés de son salon. Surtout, ce petit monde, que relaient désormais les journaux, se politise au gré de la qualité des participants à ses cénacles — de Grimm à Diderot, de Turgot à Malesherbes ou l'abbé Raynal. Emmanuel Kant a bien défini la façon dont l'ordre ancien y a été ébranlé : « Notre siècle est particulièrement celui de la critique auquel il faut que tout se soumette. La *religion*, alléguant sa sainteté, et la *législation* sa majesté, veulent d'ordinaire y échapper ; mais alors elles excitent contre elles de justes soupçons et ne peuvent prétendre à cette sincère estime que la raison accorde seulement à ce qui a pu soutenir son libre et *public* examen. » Commentant cette note de Kant à sa *Préface* de la *Critique de la raison pure*, en 1781, Roger Chartier écrit : « Voilà qui annule la dichotomie radicale instituée par l'absolutisme entre le for intérieur, réglé par la conscience individuelle, et la raison d'État, commandée par des principes qui ne doivent rien à la morale commune », mutation qui a été massivement portée par les succès d'un côté de la République des lettres, de l'autre de la franc-maçonnerie, qui compte près de cinquante mille affiliés et qui, tout en étant ouverte aux trois ordres, exclut « ceux qui n'ont ni éducation ni aisance ». Gouverné par la morale et le goût de la discussion des choses de la vie publique, la franc-maçonnerie devient dès 1720 le lieu où se réalise, sous la protection du secret, une vraie possibilité de s'exprimer en toute liberté.

« ON PENSAIT COMME BOSSUET, ON PENSE COMME VOLTAIRE »

Le mouvement partait de plus loin. Dans *La Crise de la conscience européenne*, un ouvrage de 1935 qui a gardé toute sa vivacité, Paul Hazard évoque les autres traits qui opposent les temps de la monarchie absolue à ceux qui suivent, changements qu'il fait remonter au milieu du règne de Louis XIV, vers 1680. « La hiérarchie, la discipline, l'ordre que l'autorité se charge d'assurer, les dogmes qui règlent fermement la vie : voilà ce qu'aimaient les hommes du XVIIe siècle. Les contraintes, l'autorité, les dogmes, voilà ce que détestent leurs successeurs immédiats. Les premiers sont chrétiens, les autres antichrétiens. Les premiers croient au droit divin, et vivent à l'aise dans une société qui se divise en classes inégales ; les seconds croient au droit naturel et ne rêvent que d'égalité, la majorité des Français pensait comme Bossuet, elle pense désormais comme Voltaire. » Des devoirs envers Dieu, envers le prince, on est passé aux droits de la conscience individuelle, de la critique, de la raison ; aux droits de l'homme.

Aux données dont rendent compte les difficultés de la fin du règne s'en ajoutent d'autres. Et d'abord une connaissance élargie du monde : alors que Racine, Molière limitent leurs déplacements à ceux de la cour de leur roi, Montesquieu, Rousseau, Voltaire sont des errants qui parcourent l'Europe et s'interrogent sur la vie et l'humeur des autres peuples de la planète, tandis que foisonne la littérature de voyages : La Bruyère note que « cela fait perdre aux gens le peu de religion qui leur restait », mais cela les fait aussi comparer, réfléchir, critiquer. On défendait sa religion, son roi ou son Dieu — on ne cherchait pas la vérité, mais comment les glorifier plus encore : et sur ce terrain, la France de Louis XIV avait dépassé l'Italie, l'Espagne. Elle trônait par sa puissance, par le génie de ses écrivains puis de sa langue : à Rastadt, en 1714, celle-ci devient la langue de la diplomatie, tandis qu'on joue à Lima *Rodogune* de Corneille, et que Paris devient la ville à la mode.

Pourtant, du Nord pointait un concurrent, l'Angleterre. Or les Français durent concéder que les Anglais disposaient d'un privilège, celui de penser. À la France, les belles manières, à l'Angleterre l'audace de la réflexion qu'illustrent les noms de Locke, de Newton, de Swift. Bientôt ces idées essaimèrent en Allemagne, en France, mais volontiers traduites en français à moins qu'elles ne soient reprises par des Français réfugiés en Hollande et que la révocation de l'édit de Nantes ne soude ces pays du Nord, protestants, épris de liberté, contre la puissance française que la Révocation a déconsidérée, qu'elles ne se regroupent, sans nationalité d'origine, sous le nom de Lumières en lutte contre les obscurités de l'absolutisme.

Les acteurs de la Révolution française se sont réclamés du mouvement des Lumières et on a volontiers considéré que ses messages ont été ainsi à l'origine de la révolution de 1789. Mais on peut aussi bien estimer que c'est pour autant que la monarchie s'est désacralisée, désenchantée, a perdu son autorité que l'on écrit contre elle et que l'on est tout disposé à accueillir les propos cruels des pamphlets contre les monarques ; cela rend compte du fait que les écrits des philosophes, dont on se réclame, ont eu l'effet que la tradition a retenu.

Ainsi, c'est peut-être une illusion de voir dans les propos radicaux de Rousseau ou de l'abbé Mably l'origine du comportement violent des jacobins de la Terreur ; car c'est ne pas tenir compte de la spécificité des mouvements populaires, de leur violence propre, du cours des événements aussi bien, comme si tout s'était joué autour de textes à la fois prémonitoires et agents de l'Histoire, avant même que la Révolution ait eu lieu...

Aux siècles suivants, la tentation fut la même d'attribuer aux écrits de Marx, Bakounine, Lénine, à eux seuls, des comportements sociaux puis un processus historique en omettant le fait que ces textes s'appuyaient pour partie sur une prise en compte des émeutes paysannes et autres pogroms ou vastes mouvements de grève. Et qu'après 1917, comme après 1789, les événements ont échappé en partie à ceux qui s'en disaient les organisateurs.

LA MISE EN CAUSE DE L'« ANCIEN RÉGIME »

L'historienne anglaise B. Behrens a pris le risque de vouloir dater ce grand tournant : de l'année 1748. Évidemment, elle sait qu'une datation aussi précise prête à tous les sarcasmes, à toutes les controverses quand il s'agit d'un phénomène aussi complexe que la crise de l'Ancien Régime, dont les origines répondent à des données multiples et d'ancienneté différente. Pour proposer cette date, elle observe un certain nombre de corrélations : par exemple que dans l'*Encyclopédie*, à l'article « Épargne », Edmond Jean François Barbier pensait que l'année 1748 avait amené une révolution dans l'analyse des questions économiques, que depuis 1750, note le chancelier Maupeou, les parlements se montraient menaçants à l'égard de la royauté ; qu'en 1787, dans un discours à l'Académie française, l'historien Claude de Rulhière déclarait qu'en 1749 avait commencé une révolution dans les mœurs et les lettres — bref, qu'à partir de ces années-là, comme l'observait le comte de Ségur, s'opposer, critiquer devint une sorte de mode.

Au vrai, 1748 marque l'année du traité d'Aix-la-Chapelle, qui termine la guerre de la Succession d'Autriche, malgré les victoires de Maurice de Saxe, notamment à Fontenoy[1]. En 1741, face aux Anglais, une paix de lassitude fut signée, où l'on reproche au roi Louis XV de ne pas avoir profité de ses victoires pour acquérir les Pays-Bas et de « s'être battu pour le roi de Prusse » qui acquérait la Silésie. La France a ainsi perdu sa position hégémonique en Europe continentale ; et bientôt, sur mer, elle doit abandonner toute idée de domination après ses défaites en Inde et au Canada à la suite de la guerre de Sept Ans (1756-1763).

Dans cette lutte à foyers multiples, un vainqueur émergeait, l'Angleterre. Il était normal de s'interroger sur les causes de ses succès qu'on attribua au régime de ce pays.

Alors que jusque-là la monarchie française constituait, sous Louis XIV surtout, le modèle qui fascinait les autres souverains, désormais ce fut le régime anglais dont il fallait s'inspirer. C'est en Angleterre que s'était exilé Voltaire, que s'était rendu Montesquieu tandis que se multipliaient les traductions de Richardson, de Locke, de Toland, etc. Il s'opérait une comparaison incessante, au désavantage de la monarchie française, entre le fonctionnement du régime anglais et celui qui trônait à Versailles.

Sans doute la pensée anglaise avait-elle déjà pénétré en France grâce aux traductions faites par les protestants — Locke avait défendu l'idée d'un pacte social et préconisé la séparation des pouvoirs, le

1. Cette bataille est demeurée célèbre par les propos échangés entre Lord Hay et le comte d'Auteroche : « Messieurs les Gardes-Françaises, tirez les premiers », proposa l'Anglais, à qui il fut répondu : « Messieurs, à vous l'honneur. »

gouvernement devant être élu et garantir à la fois la liberté du peuple et la tolérance. En France même, dès l'époque de Louis XIV, Fénelon avait critiqué le despotisme du roi, son amour de la guerre. Il voudrait soumettre le roi aux lois, aux États Généraux, mais ceux-ci n'étaient pour lui que l'incarnation de la noblesse. À peine dix ans plus tard, en 1721, Montesquieu, dans ses *Lettres persanes*, fait une critique de l'absolutisme, en s'attaquant par l'ironie au monarque, mais aussi à ses sujets. « Le roi de France est le plus puissant prince de l'Europe ; il n'a point de mines d'or comme le roi d'Espagne, son voisin ; mais il a plus de richesses que lui, parce qu'il les tire de la vanité de ses sujets, plus inépuisable que les mines. (...) D'ailleurs, ce roi est un grand magicien ; il exerce son empire sur l'esprit même de ses sujets ; il les fait penser comme il veut. S'il n'a qu'un million d'écus dans son trésor, et qu'il en a besoin de deux, il n'a qu'à leur persuader qu'un écu en vaut deux, et ils le croient. Il peut leur mettre dans la tête qu'un morceau de papier vaut de l'argent, et ils en sont aussitôt convaincus. »

Cette allusion à la fixation arbitraire de la valeur des monnaies, à la première émission du papier, avant Law, en 1701, montre le procédé. Mais, pour l'essentiel, Montesquieu emprunte à Newton, à Descartes, à Bayle cette idée que la connaissance du fonctionnement des États ne peut procéder que de la Raison, c'est-à-dire d'une analyse scientifique du rapport entre les choses, et que toute autre approche est préjugée « fanatisme ». Ainsi construit-il son *Esprit des lois* — théorie de la séparation des pouvoirs inspirée de Locke et qui analyse les types de régime et en quelle mesure un bon gouvernement est celui qui vise à l'utilité sociale et au bonheur de l'humanité. Jugeant que la sauvegarde des privilèges est une garantie contre le despotisme, et qu'elle seule assure à la monarchie sa légitimité, Montesquieu observe que la démocratie peut être menacée par les ambitions individuelles, par le principe de « l'égalité extrême » qui conduit au despotisme d'un seul.

Monarchiste lui aussi, Voltaire s'en prend aux travers du régime, à l'intolérance et il s'illustre par sa lutte contre les injustices, par sa défense des malheureux. Il en alla ainsi dans l'affaire Calas, accusé d'avoir tué son fils pour l'empêcher de se convertir au catholicisme. Le Parlement de Toulouse, sans preuves sérieuses, le fit condamner à mort et exécuter (1762). Voltaire, à force de démarches, parvint à obtenir une révision du procès et la réhabilitation de Calas.

Homme d'action, présent sur tous les fronts de la lutte pour la tolérance, chantre d'un despotisme éclairé anticlérical avant tout, Voltaire n'est pas plus que Montesquieu un révolutionnaire, même si ses idées sapent l'ordre établi, et s'il est une sorte de pape des libertés. Comme d'Alembert, son allié, Voltaire vise « non à réformer les institutions mais à les faire fonctionner contre l'Église et en faveur des Lumières ». À leur réformisme s'oppose la vision radicale de J.-J. Rousseau, père de la pensée démocratique depuis son *Contrat social*, père aussi du concept de la souveraineté populaire.

Alors que Montesquieu et Voltaire incarnent un courant royaliste ne remettant pas en cause l'institution monarchique, le second affirmant, son déisme sans être antichrétien, et alors que J.-J. Rousseau se situe dans une perspective républicaine, il existe un autre courant, plus radical, égalitaire, panthéiste et matérialiste qui aurait quelques rapports avec la franc-maçonnerie. Il hérite de Descartes son esprit critique, de Spinoza cette identification de Dieu à la nature, et surtout cette mise en cause des pratiques religieuses et du régime monarchique, « l'art de tromper les hommes que seule la crainte permet d'asservir au pouvoir ». Plus ou moins né aux Pays-Bas et en Angleterre, ce courant serait à l'origine d'un violent pamphlet, *Le Traité des Trois Imposteurs*, qui vitupère Moïse, Jésus et Mahomet et propose de substituer la religion du savoir à celle de la peur. Idées qu'on retrouve chez d'Holbach et qui nourrit tout un courant de pensée, pendant la Révolution française et après.

Si les défaites avaient conduit à s'inspirer du modèle anglais, la victoire de 1776-1783, cette revanche qui aboutit à la naissance des États-Unis, amène à considérer avec admiration la Constitution américaine et la Déclaration des droits qui l'accompagnait. Guerre d'indépendance, mais aussi révolution, la naissance des États-Unis apporte une force nouvelle aux idées républicaines, mais aussi à un programme d'action, par la création de comités de sûreté, de comités de salut public.

Le marquis de Condorcet introduit, avec Lafayette et d'autres, ces idées tout en luttant pour la tolérance, comme Voltaire, pour l'abolition des corvées et la liberté économique, comme Turgot. Symbole même des Lumières, principal héritier des philosophes, Condorcet résume la revendication des savants et des écrivains à diriger l'opinion et il incarne plus encore que Montesquieu la convergence des valeurs de la science et de l'État réformateur.

Si bien que ces écrivains et philosophes, sans avoir été des précurseurs puisque leur but était moins de bouleverser l'ordre social ou de le protéger que de le moderniser et de le réformer, ont eu des idées qui n'en ont pas moins pénétré la société dirigeante au moment où la crise éclate, d'abord sous son aspect financier — le déficit et le danger de banqueroute de l'État ; ensuite sous son aspect institutionnel, lorsque, le roi ayant convoqué les États Généraux, l'Assemblée constituante rédige une Constitution.

Mais, à côté de ces hautes idées dont s'inspireront les « révolutionnaires » de 1789, il en est d'autres qui jouent également un rôle dévastateur : cette masse de libelles et de pamphlets à scandales, sur les maîtresses de Louis XV ou les débauches du clergé, qui inondent le marché du livre ; leurs auteurs, écrivains ratés ou frustrés, apparaîtront à la lumière, mêlant leurs désirs troubles aux aspirations plus élevées des élites.

Or, constate l'Allemand Storch, « tout le monde lit à Paris. On lit en voiture, à la promenade, au théâtre dans les entre-actes, au café, au bain. Dans les boutiques, femmes, enfants, ouvriers, apprentis lisent ; le dimanche, les gens qui s'assoient à la porte de leur maison lisent ; les laquais lisent derrière les voitures ; les cochers lisent sur leurs sièges et les soldats lisent au poste ». Vérité à Paris, vérité en province : on la vérifie à Châlons-sur-Marne où, à l'Académie, les notables cherchent dans les sciences les armes du progrès pour le relèvement de l'économie de la province, pour la réussite et la santé des individus. Selon Mallet du Pan, « dans les classes moyennes et inférieures, Rousseau a eu cent fois plus de lecteurs que Voltaire. C'est lui seul qui a inoculé chez les Français la doctrine de la souveraineté du peuple et de ses conséquences les plus cxtrêmes. (...) J'ai entendu Marat en 1788 lire et commenter le *Contrat social* dans les promenades publiques aux applaudissements d'un auditoire enthousiaste ».

Il aurait pu ajouter : « d'un auditoire populaire ».

LE DISCRÉDIT DES MONARQUES ET DES GRANDS

Bien sûr, le discrédit de la monarchie était aussi attaché à son monarque. Il se trouve que le jeune Louis XVI, dix-huit ans, marié à Marie-Antoinette, la plus jeune fille de Marie-Thérèse d'Autriche, quinze ans, n'arrive pas pendant sept ans à coucher avec elle. Elle le dit et le répète. Quand il devient roi, en 1774, la quatrième année de son mariage, c'est un monarque humilié dont se gaussent la Cour et la ville. La naissance d'une fille en 1778 n'y change rien. Sa passion pour la chasse, pour le travail manuel — la serrurerie —, voilà qui n'est pas en harmonie avec l'esprit du temps. En outre, ces efforts physiques le trahissent. « Mauvais serviteur de Vénus, il se donne des airs de Vulcain. » Certes, il reçoit la consécration du sacre à Reims, mais « le seul couronnement est désormais celui de l'opinion ». De plus, Marie-Antoinette, Autrichienne, est impopulaire parce que étrangère et parce que sa fuite dans des dévergondages ajoute à l'humiliation que ressentent ceux que concerne le sort de la nation.

Au vrai, il semble bien que la reine n'ait été pour rien dans ce scandale de l'affaire du Collier : c'est l'histoire d'une friponne, Mme de La Motte, qui a persuadé le cardinal de Rohan que la reine, dépensière, serait ravie s'il lui offrait un collier. Jouant les entremetteuses, elle eut le collier, en fit de l'argent, et le joaillier Boehmer présenta la facture à la reine ; et tout se découvrit. Furieux, Louis XVI fit condamner Mme de La Motte et envoya le cardinal à la Bastille. Mais, devant le Parlement, Rohan fut acquitté, et la foule applaudit.

Ce fut contre Marie-Antoinette que la haine se déchaîna, alimentée par les libelles ; ils se multiplièrent, l'usage étant alors d'inventer des aventures scabreuses et de les mettre au compte de personnages réels, ainsi discrédités. Des amants qu'on attribue à la reine, on n'a pas la moindre preuve, en dehors de la relation qu'elle a eue, tard, avec le comte de Fersen et qui semble attestée. Mais les libelles veulent l'ignorer. Un des plus répandus notait : « Antoinette formait le projet de devenir grosse ; c'était le point essentiel des instructions qui lui avaient été données à Vienne par la savante impératrice, sa mère. Elle permit à son auguste époux d'épuiser toutes ses ressources sur cet objet ; elles furent aussi courtes que vaines. Il fallut donc avoir recours à un amant. »

Objet d'une détestation générale, générée en bonne part par ces libelles, Marie-Antoinette est accusée à la fois d'avoir une sexualité déréglée, lourdement présente dans neuf pamphlets sur dix, d'avoir un caractère irréductiblement étranger — elle est autrichienne et nécessairement hait la France et les Français. Enfin on l'accuse d'avoir des ambitions politiques tout en prétendant mener à sa guise sa vie privée.

Le discrédit qui frappe le couple royal vient de loin et il porte plus large. Il vise les gens bien-nés, l'aristocratie aussi bien qui, pour faire la nique au roi, court elle-même à son suicide. Ainsi, en 1784, la représentation du *Mariage de Figaro* ayant été interdite à Versailles, la pièce de Beaumarchais est jouée au théâtre privé chez M. de Vaudreuil. Le monologue de Figaro y apparaît comme un signe avant-coureur de révolution.

« Parce que vous êtes un grand seigneur, vous vous croyez un grand génie ! Noblesse, fortune, un rang, des places, tout cela rend si fier ! Qu'avez-vous fait pour tant de biens ? Vous vous êtes donné la peine de naître, et rien de plus ; et du reste, homme assez ordinaire... »

Diagnostic valable pour les Grands, diagnostic valable pour les rois.

Crise financière : la brèche

C'est dans ce climat délétère qu'éclate une crise financière, accentuée et accélérée par les dépenses de la guerre d'Amérique. Au vrai, la banqueroute qui est à l'horizon est la conclusion d'un demi-siècle de mauvaise gestion et de dépenses inconsidérées : le gouvernement français n'a jamais été solvable depuis qu'en 1741 il s'est lancé dans la guerre de la Succession d'Autriche et seuls des expédients ont été utilisés pour alléger les dettes. La nouveauté révolutionnaire fut bien que ce déficit et son ampleur furent rendus publics et que l'opinion est intervenue pour contrecarrer ou soutenir le projet des ministres. Ce « coup d'État » fut le fait de Necker qui, dans son *Compte Rendu au Roi*, en 1781, dévoila les désordres et les abus, dénonçant les exigences des courtisans : pour la première fois, le pays apprit ce qu'on faisait de son argent. Ce *Compte Rendu* eut un succès prodigieux : on en vendit cent mille exemplaires.

Comme l'a bien vu J. Habermas, c'était l'ouverture dans le système absolutiste d'une brèche politiquement orientée où put s'introduire la sphère politique.

Auparavant, l'économiste Turgot avait échoué dans la plupart de ses tentatives de réformes : ses économies budgétaires avaient été contrecarrées par les notables ; l'ouverture du marché des céréales, par contre, avait aidé au développement des campagnes, Turgot étant le partisan écouté d'une exploitation de la terre plus efficace, mais cela suscita « la guerre des Farines », à l'initiative des spéculateurs qui, à l'occasion d'une mauvaise récolte, provoquèrent des émeutes en laissant croire que Turgot était à l'origine de la famine. Surtout, Turgot souhaitait rééquilibrer l'impôt pour que les paysans ne portent pas l'essentiel de la charge, ce qui les écrasait et finalement était contre-productif. Mais, là aussi, la résistance des privilégiés fit échouer ses tentatives. Enfin, Turgot entreprit de supprimer les corvées, qui pesaient uniquement sur les paysans, et il les remplaça par une autre contribution en argent — un impôt de plus —, mais c'était une brèche faite dans les privilèges de la noblesse et qui devait rendre moins dur aux roturiers le poids de l'ensemble de leurs contributions. Les paysans ne manquèrent pas de se réjouir.

Je n'irons plus aux chemins
Comme à la galère
Travailler soir et matin
Sans aucun salaire
Le Roi, je ne mentons pas
A mis la corvée à bas
Oh ! la bonne affaire.

Au vrai, cela ne dura pas...

Fatigué par ces difficultés, et par le harcèlement que ces réformes sécrétaient, le roi renvoya Turgot, ce qui fut salué comme une victoire des privilégiés et une défaite des philosophes (1776). Le sort de Necker, l'autre grand réformateur, ne fut pas meilleur. Son idée avait été d'alerter et de mobiliser l'opinion, de se servir d'elle : il usa de la loterie, emprunta, reprit les réformes de Turgot ; mais ce protestant était suspect au haut clergé. Il augmenta la portion congrue des curés, adoucit le régime des prisons, fonda des ateliers de charité. Mais il dut bientôt payer son coup d'éclat de 1781 et fut renvoyé à son tour. Son successeur, Joly de Fleury, tripla le vingtième, augmenta la taxe sur les tabacs, accrut le don gratuit du clergé, mais ne put réformer le régime des pensions dont Necker avait dénoncé les excès et les abus.

Cette résistance nobiliaire aux réformes tentées par les ministres, Calonne la rencontre à son tour. Pour donner à l'impôt une assise plus large, il entreprend une politique de grands travaux, qui offre du travail et facilite les échanges. Pour rétablir la confiance, il dépense, et dépense encore. « Il semblait, écrit le comte de Ségur, que l'on fût sous le charme d'un enchanteur. »

Son idée ? Dépenser pour faire croire que, finalement, l'État est riche, satisfaire les appétits des plus gourmands, créer un climat qui lui permette d'agir. Cette politique de facilité était un premier pas. Quand les emprunts eurent épuisé leurs possibilités, il proposa ses réformes et, en premier lieu, l'instauration d'une subvention territoriale payable par tous les propriétaires, quel que soit leur ordre, noblesse, clergé, tiers état.

Mais il voulait aller plus loin et, pour ce faire, il réunit une assemblée de notables — cent quarante-quatre —, qu'il avait choyés jusque-là, et, devant le vide des finances qu'il reconnut, il demanda comment les rétablir.

Les notables avaient compris ce qui les attendait. Une caricature célèbre a rendu compte de leur réaction : au buffet de la Cour, le greffier, un singe, s'adresse aux courtisans, oies, canards et dindonneaux : « Mes chers administrés, leur dit-il, je vous ai rassemblés pour savoir à quelle sauce vous voulez être mangés. » Et la basse-cour de répondre : « Mais ce n'est pas la question, nous ne voulons pas être mangés du tout. »

À son tour, Calonne fut renvoyé (1787).

En apprenant que ce fut Marie-Antoinette qui appela l'archevêque de Toulouse, Loménie de Brienne, à lui succéder, l'opinion comprit que c'était la reine qui portait la culotte. Le Parlement de Paris refusa d'enregistrer la subvention territoriale, cet impôt sur la terre payé par tous les propriétaires déclarant que seule la nation tout entière réunie dans les États Généraux pouvait consentir un impôt perpétuel. Exilé à Troyes, il reçut l'appui des autres parlements, de l'opinion, et il put rentrer triomphalement à Paris. Refusant de signer un autre édit, Louis XVI ordonna d'enregistrer l'édit malgré l'opposition du Parlement. « C'est illégal », déclara son cousin, le duc d'Orléans. « C'est légal, parce que je le veux », répondit le roi, un acte d'autorité qui rappela le caractère absolutiste de la monarchie française — bien que ce terme ne soit entré dans le vocabulaire qu'en 1797.

Louis XVI chargea alors le garde des Sceaux, Lamoignon, d'en finir avec les magistrats. Pour prévenir son action, le Parlement de Paris rendit l'arrêt du 3 mai 1788 qui rappelait que « la France est une monarchie gouvernée par le roi suivant les lois ; qu'est fondamental le droit de la nation d'accorder librement les subsides par l'organe des États Généraux régulièrement convoqués ». C'était la rupture.

Cette déclaration des droits de la nation fut cassée par le roi et il voulut faire arrêter les meneurs de l'opposition, d'Espremesnil et Montsabert. « Nous sommes tous d'Espremesnil et Montsabert », répondirent les parlementaires à l'officier chargé de les arrêter. Les parlements de province se solidarisèrent aussitôt avec celui de Paris, en particulier celui du Dauphiné : la troupe chargée de réprimer l'insurrection ainsi suscitée fut accueillie par des tuiles que les Grenoblois lui jetèrent du haut des toits (journée des Tuiles, 7 juin 1788). Au château de Vizille, deux parlementaires, Mounier et Barnave, réunirent alors des membres des trois ordres — clergé, noblesse, tiers état — qui décidèrent de ne pas payer d'impôts tant que ceux-ci n'auraient pas été votés par les États Généraux.

Devant cette situation, le clergé exigeant à son tour la réunion d'États Généraux, le roi céda et les convoqua pour le 1er mai 1789. Malgré cette concession, Brienne ne put trouver personne pour prêter de l'argent à l'État : c'était la banqueroute. Alors, nouvelle concession, Louis XVI dut rappeler Necker et, simultanément, congédier Brienne et Lamoignon.

La résistance des privilégiés avait abouti à la convocation des États Généraux, les premiers depuis 1614.

Ce qui frappe, dans ce récit, est évidemment le divorce croissant entre la société et le pouvoir monarchique, l'incapacité grandissante aussi de ce pouvoir à trouver les voies d'une solution aux problèmes financiers et autres qu'a suscités sa politique, la solidarité des trois ordres — et non leur antagonisme — face à l'arbitraire royal. À son tour, la bourgeoisie a pris conscience de ses droits.

Mais ce qui frappe également, outre l'opposition de tous à l'abolition de leurs privilèges, ceux des notables étant de loin les plus voyants et les plus injustes, c'est aussi que la politique du pouvoir, lorsque la crise éclate, emprunte ses recettes au discours des philosophes et autres physiocrates — ce qui n'empêche pas que ce sont les milieux dirigeants qui résistent aux réformes, et que c'est la réaction des privilégiés qui déclenche la révolution[1].

---

1. Autant est connue la comparaison, faite par Trotsky, entre Louis XVI et Nicolas II, imposant une réflexion sur la chute de l'Ancien Régime en France et en Russie, autant cette infiltration des idées réformatrices des milieux contestataires jusqu'au cœur du pouvoir se retrouve à la fin du régime communiste en URSS, l'exilé Sakharov, Gorbatchev et Iakovlev ayant des idées voisines. On y reviendra.

Chapitre 3

LE TEMPS DES RÉVOLUTIONS ET DES EMPIRES COLONIAUX

La révolution de 1789 constitue un tournant de l'Histoire en ce sens que, pour les contemporains, désormais rien ne fut plus comme avant. À la hiérarchie des ordres — noblesse, clergé, tiers-état —, à la subordination au monarque et aux manières de Cour se substituent l'égalité des citoyens, la souveraineté du peuple, des pratiques collectives nouvelles. Et l'idée de nation.

De ces événements date la naissance de la politique moderne, avec, entre autres, sa division gauche-droite, qui s'étendit hors de France et fit de la Révolution un événement universel.

Sans doute, la révolution américaine l'avait précédée, mais elle n'avait pas eu à combattre d'ennemi intérieur et put fonder une démocratie plus égalitaire que le régime qui s'institua ultérieurement en France. Ce fut aussi une guerre d'indépendance, ce qui rend compte, ultérieurement, de son écho en Amérique latine, et, plus tard, chez les peuples colonisés.

Un siècle après, la révolution de 1917 renvoya l'écho de la Révolution française, et, comme en 1789 pour les Français, en quelques mois, pour les Russes, rien ne fut plus comme avant.

La révolution de 1917 fut plus radicale que celle de 1789 mais on y retrouve le même processus qui fit passer la société d'une première phase où un élan généreux s'éleva pour la rendre plus juste à une phase où, faute d'y être parvenu, une terreur radicale tenta de s'imposer par la force au nom de la sauvegarde des acquis et des projets révolutionnaires.

En France, tout le siècle qui suivit 1789 vécut dans l'ombre de la grande Révolution qui semblait ne jamais avoir pu accomplir son projet. Celui-ci visait au développement de la citoyenneté : d'abord la citoyenneté civile — liberté de parole, de religion —, une justice égale, en bref, les droits de l'homme. Puis la citoyenneté politique, avec l'extension du droit de vote à des groupes de plus en plus larges. Enfin la citoyenneté sociale, bien comprise, s'étendit au droit à la santé, au bien-être, à l'instruction... La première l'emporta grâce à la révolution de 1789 ; la seconde prit un nouvel élan avec la révolution de 1848 ; la troisième n'aboutit qu'avec l'État-providence, au milieu du XXe siècle.

Parallèlement à cette histoire, restreinte dans son extension par la défaite de Napoléon, la France compensa l'échec de cette ambition hégémonique par l'acquisition d'un vaste empire colonial. Il donna une force nouvelle à cette mission qui, au nom des droits de l'homme, voulut mettre fin à l'esclavage, et qui s'est définie comme une conquête de la civilisation.

Pourtant, la montée de nouvelles grandes puissances, le déclin démographique du pays, sa difficulté à suivre le rythme contribuèrent à créer un climat de crise d'où sortit la Grande Guerre. Désormais, la nation française se sentit menacée dans son rayonnement, son rôle mondial, son existence même. Avant que les peuples colonisés ne mettent en doute la validité de sa mission.

Les révolutions de 1789

Avec la réunion des États Généraux, décidée par le roi en 1788, tout un cycle de changements brutaux mettent fin à ce qu'on appelle désormais « l'Ancien Régime » : révolution des notables, révolution bourgeoise, révolution populaire, qui correspondent plus ou moins à des ruptures d'ordre juridique, social, politique.

Aux États Généraux, le roi devait entendre les doléances de ses sujets. Ce fut « une bonne nouvelle ». En 1789, des *Cahiers* furent ainsi rédigés qui exprimaient les vœux des trois ordres : la noblesse, le clergé, le tiers-état. Le *Cahier* d'une petite paroisse, près de Saintes, exprime l'espérance que suscite cet appel du roi : « on ne dira plus si le roi savait, si le roi savait ! Le roi, le meilleur des rois, le père d'une grande et sage famille, saura. Tous les vices seront détruits. L'heureuse, la vertueuse industrie, la probité, la pudeur, l'honneur, la vertu, le patriotisme, la douceur, l'amitié, l'égalité, la concorde, le travail, la pitié, l'économie, toutes ces belles vertus seront honorées, la sagesse enfin régnera seule. L'amour réciproque des Princes et des sujets va élever ce trône seul digne du roi des Français ».

D'autres *Cahiers*, moins utopiques, expriment la rancœur que ressent le plus grand nombre vis-à-vis des privilégiés. Les habitants d'un village près de Sézanne réclament ainsi la fin de la société à ordres, un droit égal pour tous : « Nous, pauvres habitants, c'est nous qui de gré ou par la presse, servons le roi et la patrie. C'est nous qui payons les canons, les fusils, la charge du logement des gens de guerre sans avoir l'espoir de voir nos enfants parvenir aux grandes charges militaires ; la porte leur en est fermée. »

Si le premier de ces appels s'en remettait au monarque, le second s'en prenait à la noblesse ; un arbitrage de Louis XVI eût peut-être renouvelé les fastes de l'assemblée de Vizille où une sorte de révolution des notables, animée par Mounier, avait cherché à obtenir l'assentiment de tous les ordres à des concessions réciproques, et alors il se fût préparé une réforme « à l'anglaise ». Mais à Vizille le clergé et la noblesse avaient accepté de substituer le vote par tête au vote par ordre, ce qui ne destituait pas le tiers-état de toute capacité d'agir.

Car, avant même que se réunissent les États Généraux, là se trouvait bien le principal enjeu défini par l'abbé Sieyès dans sa brochure *Qu'est-ce que le tiers-état ?*, vendue à trente mille exemplaires en quatre semaines et qui avait connu un retentissement foudroyant.

« Le plan de cet écrit est assez simple, écrivait Sieyès. 1 — Qu'est-ce que le tiers-état ? Tout. 2 — Qu'a-t-il été jusqu'à présent dans l'ordre politique ? Rien. 3 — Que demande-t-il ? À y devenir quelque chose. »

De sorte qu'à la lutte contre le despotisme s'ajoute désormais, pour le tiers, une guerre contre les deux autres ordres — sauf que de grands seigneurs libéraux s'unissent à la bourgeoisie pour former avec lui un « parti patriote » : il comprend les marquis de La Fayette et de Condorcet, Talleyrand, évêque d'Autun, le comte de Mirabeau et l'abbé Sieyès qui passent pour appartenir à la « clientèle » du duc d'Orléans.

Quant au roi, il a accepté, certes, que les représentants du tiers-état voient leur nombre doubler pour qu'ils soient aussi nombreux que noblesse et clergé réunis, mais, en décidant de maintenir le vote par ordre, cette concession apparaît comme une duperie.

À Versailles, nouvelle déconvenue dans la grande salle de l'hôtel des Menus Plaisirs : le protocole a prévu des costumes chamarrés pour la noblesse, une tenue étincelante pour les membres du clergé, un costume noir et austère pour le tiers-état qui est parqué au fond de la salle de réunion face au roi. Une première querelle éclate pour savoir comment se vérifiera le pouvoir de chaque ordre : en commun, ou séparément, ce qui préjuge du fonctionnement ultérieur des débats. La tension monte après le discours du roi qui dénonce « les innovations exagérées » et ne revient pas sur le problème du vote par tête.

Le 10 juin, par la voix de Sieyès, le tiers-état invite les deux ordres privilégiés à se joindre à lui ; l'appel rencontre peu d'écho, sauf chez les curés ; le 17 juin, le tiers se confère le titre d'Assemblée nationale et s'attribue le consentement des impôts. Le roi fait fermer pour le tiers-état la porte des Menus Plaisirs, et les députés se réunissent dans la salle du Jeu de Paume où Mounier propose le fameux serment « de ne pas se séparer tant qu'ils n'auraient pas donné une Constitution à la France ».

Le 23 juin, le roi ne reconnut de droit au consentement qu'au clergé, mais pour les affaires religieuses seulement ; si le tiers-état voyait casser ses arrêtés, les mandats impératifs sur lesquels la noblesse s'appuyait pour imposer le vote par ordre et rejeter l'égalité fiscale étaient annulés également. Louis XVI essayait ainsi de jouer les arbitres, en se séparant de Necker qui lui avait conseillé d'accepter le vote par tête dans une future assemblée.

Surtout, ce 23 juin, il prescrivit aux trois ordres de se séparer, et quand le maître des cérémonies, Brézé, vint rappeler au tiers-état l'ordre du souverain, qui ne bougeait pas, l'illustre astronome Bailly membre des trois académies, répliqua : « La nation assemblée ne peut recevoir d'ordre », à quoi Mirabeau aurait ajouté : « Nous ne quitterons la place que par la force des baïonnettes. »

Devant cette détermination, la majorité du clergé et quarante-sept nobles rejoignirent le tiers. « Eh bien, qu'ils restent ! », aurait conclu Louis XVI.

En se dénommant « Assemblée constituante », le tiers-état, accomplissait une véritable révolution juridique.

À Vizille comme à Versailles, l'opposition entre le tiers-état et les privilégiés n'avait pas été aussi tranchée que le manifeste de Sieyès pouvait le laisser entendre. Un certain nombre de nobles libéraux, des membres du bas clergé également, s'étaient ralliés au principe du vote par tête et avaient rejoint le tiers-état. De sorte que ce fut le comportement de Louis XVI qui contribua à durcir la situation. Il y avait été encouragé par le comte d'Artois son frère cadet, par les amis de la reine qui, au vu des troubles qui se multipliaient à Paris et en province, le poussaient à ne pas accepter sa défaite.

Le renvoi de Necker, idole de la bourgeoisie d'affaires, l'arrivée de troupes à Paris constituèrent des signes menaçants, qui annonçaient, disait-on, une réaction aristocratique.

À Paris, ce fut bien la force populaire qui sauva l'existence même de l'Assemblée nationale. Enhardis par l'éloquence de Camille Desmoulins, qui dénonçait le péril d'une « Saint-Barthélemy des patriotes », les élus de Paris aux États Généraux créèrent une Garde nationale, avec La Fayette à sa tête ; et, à ce titre, coururent chercher des armes aux Invalides. Ces huit mille hommes déterminés et furieux faisaient contraste, pourtant sans armes, avec les troupes mornes et abattues qui se trouvaient aux Invalides. Les gardes-françaises, d'ailleurs, se solidarisèrent avec les manifestants, à la différence du Royal allemand.

Sitôt armés, les manifestants assaillirent la Bastille, sans doute pour en saisir les canons, également parce que sa présence était une menace pour le faubourg Saint-Antoine et son monde artisanal, à la pointe du combat contre l'absolutisme ; aussi parce que la Bastille était une prison, symbole d'un régime dont on ne voulait plus.

Ce 14 juillet, le gouverneur de Launay ne disposait que d'une garnison squelettique : trente Suisses et quatre-vingts à quatre-vingt-quinze invalides. Il tenta de parlementer, s'engageant à ne pas ouvrir le feu sur les manifestants s'ils ne l'attaquaient pas. Comme la foule avait pénétré dans le château, il y eut de l'affolement, la troupe tira, faisant une centaine de victimes. Lorsque de Launay voulut capituler, la foule envahit la prison, tua trois officiers, trois hommes, prit de Launay et l'exécuta ainsi que le prévôt des marchands, Flesselles, accusé de trahison. Leurs têtes furent promenées au bout des piques jusqu'au Palais Royal. Bailly fut nommé chef de la municipalité, et La Fayette placé à la tête de la Garde nationale.

Le roi capitula, annonçant aux députés le départ des troupes, le rappel de Necker, et sanctionnant sa défaite en acceptant de Bailly et de La Fayette la cocarde tricolore. En France comme à l'étranger, ces événements eurent un écho considérable. Paris avait gagné, le comte d'Artois prenait le chemin de l'émigration...

Mais après une révolution purement juridique, cette fois le sang avait coulé.

Figure 17 — La « Grande Peur ». L'écroulement de l'ordre social suscite un trouble violent, sur lequel se greffe le ressentiment, ancien, des paysans contre les seigneurs. De châteaux pillés en manoirs incendiés, les soulèvements de juillet-août 1789 touchent plus des deux tiers du territoire. Ils contribuent à convaincre l'Assemblée d'abolir les privilèges.

Le soulèvement de Paris fit-il tâche d'huile ? En tous les cas, dans les campagnes, la rumeur d'un complot aristocratique, une fausse nouvelle plausible, suscita la « Grande Peur », et les paysans s'attaquèrent aux châteaux, pour y brûler les terriers, c'est-à-dire les documents où se trouvaient inscrites les redevances à payer aux seigneurs. Au vrai, ce soulèvement exprimait la conjonction entre une prospérité perdue à laquelle une baisse des prix et une disette avaient mis fin, et une colère née de la crise du jour, qui prenait le relais d'un demi-siècle d'émeutes qui n'avaient pas cessé de se durcir durant les dernières décennies. Les préparatifs des États Généraux avaient été « une bonne nouvelle », et voici qu'est menacée l'abolition de ces droits féodaux sur laquelle on comptait.

Du 20 juillet au 6 août, la panique gagne aussi toute une partie du pays, suscitant le soulèvement des paysans, essentiellement contre leurs seigneurs, voire contre des bourgeois rentiers, des marchands de grain.

De sorte qu'alors que jusque-là une partie des nobles s'était ralliée à la bourgeoisie révolutionnaire, les excès de la paysannerie, ces violences détachèrent Mounier et ses amis du processus de radicalisation qui ne cessait de se renforcer. Après la nuit du 4 août, ils défendent désormais les prérogatives de la monarchie, d'où leur nom de « monarchiens ».

La *Nuit du 4 août* à l'Assemblée fut-elle un effet de la Grande Peur ? Le roman de la nation conte que l'Assemblée nationale, d'enthousiasme, y vota l'abolition des privilèges, au vrai de ses propres privilèges, droits féodaux, des villes et autres...

La concordance des dates montre bien que les violences de la Grande Peur suscitèrent un certain effroi chez les élus ; d'aucuns voulaient défendre par la force les droits de la propriété, les mêmes qu'avaient choqués les violences du 14 juillet. « Ce sang est-il si pur ? » interrogea Barnave, formule à l'origine, sans s'en douter, d'une strophe de *La Marseillaise* — lui-même devant être exécuté sous la Terreur...

Mais le parti du mouvement l'emporta, animé par les députés bretons et la noblesse libérale, tels le vicomte de Noailles ou le duc d'Aiguillon. Ils proposèrent l'égalité devant l'impôt, l'abolition des droits féodaux qui avaient le caractère d'une servitude personnelle, et de déclarer rachetables les autres. Sont ainsi abolis les droits de chasse, les cens, les champarts, mais aussi la dîme au clergé et la vénalité des offices.

De fait, le rachat n'eut pas vraiment lieu, mais cette suppression des corvées, de justices, des jurandes se fit bien dans un moment de générosité comme l'Histoire en compte peu. Surtout, se trouvait ainsi aboli l'ancien ordre juridique et social, hérité de plusieurs siècles, et dont on faisait table rase. C'était le triomphe de l'égalité devant la loi.

En ce sens, comme l'a bien vu François Furet, la Nuit du 4 août constitue bien l'événement le plus important de l'histoire de la nation, et pour autant que ces décisions, à la différence de la Constitution par exemple, eurent un caractère durable, séparant la propriété féodale de la propriété tout court, détruisant de fond en comble la société aristocratique.

Louis XVI ne sanctionnait ni les décrets issus de la Nuit du 4 août, ni la Déclaration des droits de l'homme, prélude à la Constitution. Il observait que des divergences apparaissaient entre ceux, désormais monarchiens, qui, préparant la Constitution, entendaient avec Mirabeau, Mounier, Barnave, etc., accorder au roi un droit de veto, et ceux qui entendaient et jugeaient que ce veto dût être seulement suspensif.

Cependant, à Paris, l'agitation ne cessait pas, car le pain demeurait rare et cher, les chômeurs étaient de plus en plus nombreux du fait du départ des nobles, d'étrangers qui, par peur des troubles, avaient congédié leurs domestiques. On rapportait ces difficultés et la pénurie à un complot. La nouvelle d'un banquet, à Versailles, où l'on acclama la famille royale en foulant aux pieds la cocarde tricolore et en arborant les couleurs de la reine, voilà qui mit le feu aux poudres. À l'instar du renvoi de Necker, cet outrage mit le branle à une marche sur Versailles, conduite par les femmes du faubourg Saint-Antoine, pour protester et demander du pain.

Un deuxième cortège se constitua, avec à sa tête La Fayette, qui devait demander le retour à Paris de la famille royale.

À Versailles, Louis XVI adressa de bonnes paroles au premier cortège, crut que le second venait seulement demander la sanction des décrets du 4 août, et, pour le reste, suspendit sa réponse au lendemain...

Déjà, au petit matin du 6 octobre, la foule pénétrait dans le château, atteignant l'antichambre de la reine où, une bagarre s'ensuivit ; La Fayette intervint alors au balcon du château avec, à ses côtés, la famille royale. On les acclama aux cris de : « À Paris ! ». Louis XVI dit alors : « Mes amis, j'irai à Paris avec ma femme et mes enfants. C'est à l'amour de mes bons et fidèles sujets que je confie ce que j'ai de plus précieux. »

Le cortège partit ainsi, le 6 octobre, ramenant « le boulanger, la boulangère et le petit mitron » ; La Fayette caracolait à leurs côtés.

La crise alimentaire qu'était censée résoudre ce retour cachait une nouvelle défaite du monarque. La dissidence des monarchiens, indignée de cette nouvelle violence, n'en réduisait guère la portée.

Quelques semaines plus tôt, le monarque absolu était à Versailles, entre les mains de sa noblesse. Désormais, il était à Paris, sous l'œil vigilant des classes populaires. Mais l'Assemblée s'y trouvait aussi...

L'espérance et la peur, la réaction défensive, la volonté punitive rendent compte de ces événements de 1789. Les traits en sont intelligibles et marquent l'histoire de la nation.

On constate qu'on les retrouve en Russie en 1917 : l'espérance de février correspond à la « bonne nouvelle » de 1789 — sauf qu'en France, les aspirations de la société se sont exprimées *avant* la révolution, alors qu'en Russie, ils s'expriment après la chute du tsarisme... Mais ne s'étaient-elles pas déjà exprimées en 1905 ? Quant à la peur de la répression, à la réaction défensive, on les retrouve aux temps de la guerre civile. La volonté punitive, en 1789 comme en 1917, ne cesse d'accroître ses exigences dès qu'on soupçonne de trahison ceux qui à Paris ou à Petrograd incarnaient un pouvoir qu'à vrai dire dépassent les événements.

La Déclaration des droits de l'homme et du citoyen

Le rôle de l'Assemblée constituante était de donner une Constitution à la France. Pour ce faire, elle s'organisa en commissions, mais elle légiféra sans ordre et sans plan, de sorte qu'on peut dire que cette Constitution fut le produit démocratique des douze cents députés qui apportaient spontanément amendements et propositions. D'une discussion, d'un « vote à la vapeur », sans appel nominal, on détruisit l'Ancien Régime comme à la diable.

Les députés furent unanimes à juger que la Constitution devait être précédée d'une Déclaration des droits de l'homme et du citoyen, « pour qu'elle soit fondée sur ces droits et qu'elle les protège » (Mounier). Cette idée leur venait des États-Unis qui, en 1778, avaient déjà fait précéder leur Constitution d'un *Bill of Rights*, lui-même inspiré des écrits de Locke. Cette Déclaration, votée le 26 août 1789, s'ouvrait par un préambule où l'on retrouve les signatures de Stanislas de Clermont-Tonnerre, président, et de Talleyrand, qui signe « l'év. d'Autun ». Ce préambule rappelait la nécessité pour l'avenir de confronter les actes du pouvoir exécutif et du pouvoir législatif aux principes de la Déclaration qui expose des droits « dont l'ignorance, l'oubli ou le mépris sont les seules causes des malheurs publics et de la corruption des gouvernements ».

Se plaçant sous les auspices de l'Être suprême, l'Assemblée nationale reconnaissait les droits suivants : que les hommes naissent et demeurent libres et égaux en droits, les distinctions sociales ne pouvant être fondées que sur l'utilité commune (1) ; que le principe de toute souveraineté réside essentiellement dans la nation ; nul corps, nul individu ne peut exercer d'autorité qui n'en émane expressément (3) ; que la liberté consiste à pouvoir faire tout ce qui ne nuit pas à autrui (4) ; que la loi est l'expression de la volonté générale et que tous peuvent y concourir selon leur capacité (6)[1] ; que nul homme ne peut être accusé, arrêté ni détenu que dans des cas déterminés par la loi ; que tout homme est présumé innocent jusqu'à ce qu'il ait été déclaré coupable ; s'il est jugé indispensable de l'arrêter, toute rigueur qui serait nécessaire pour s'assurer de sa personne doit être sévèrement réprimée par la loi (7) ; que nul ne doit être inquiété pour ses opinions, même religieuses (10) ; que la société a le droit de demander compte à tout agent public

1. Ce qui institue le suffrage censitaire en fonction du revenu.

de son administration (15) ; que, la propriété étant un droit inviolable et sacré, nul ne peut en être privé si ce n'est pour cause de nécessité publique et sous condition d'une juste indemnité (17).

Cette Déclaration devait être modifiée lors de la fondation de la Ire République, en 1793, où, à ces principes, s'ajoutèrent les droits au travail et à l'insurrection ; mais cette Constitution de 1793 ne fut pas appliquée. Par contre, celle de l'an III le fut, qui manifestait le mouvement de ressac de la Révolution, la propriété y étant définie comme la base de la société civilisée, et les droits des citoyens limités par l'énonciation de leurs devoirs.

En 1848, le droit au travail et la liberté de l'enseignement étaient ajoutés aux autres articles de la Déclaration. Cependant, on y affirmait le caractère absolu des droits individuels et le caractère relatif des droits sociaux, jugés constituer au fond des créances sur la société.

Avec le développement des idées sociales, et socialistes, on glissait du droit à ne pas voir entraver ses droits, « au droit à... » : le droit au travail, le droit à la santé, etc., se substituaient ou s'ajoutaient aux droits dits « naturels », aux droits civils, passifs, et politiques, actifs.

Le catalogue de ces droits s'élargissait : droit à des élections libres, à la libre expression de la pensée, à la liberté de réunion et d'association, droit syndical, droit à l'emploi. Bientôt ces droits « sociaux » prirent la relève des droits de l'homme tels qu'ils avaient été imaginés en 1789.

Ce fut l'URSS qui assuma cette rupture et définit ces derniers comme des droits « bourgeois », leur substituant en 1918 la Déclaration des droits des peuples travailleurs, et jugeant « formels » tous les autres. Lorsque, en 1948, l'ONU reprit la Déclaration universelle des droits de l'homme, l'URSS décida de s'abstenir. Les progrès du mouvement social en France amenèrent les nouveaux constituants, en 1946, à introduire l'idée que le droit à la propriété pouvait être relatif et à faire disparaître le droit à la liberté de l'enseignement. Mais cette Constitution de 1946 ne fut pas adoptée.

Depuis, la France conserve ces droits hérités de 1789, alors que la notion de droits de l'homme — régénérée en 1948 par René Cassin, à la suite des crimes commis pendant la guerre — s'élargissait, depuis la déclaration d'Helsinki en 1975, à la libre circulation des gens, à la défense des droits des minorités, et renouant ainsi avec les conceptions nées au XIXe siècle.

La chute de la monarchie

Il ne venait à l'esprit de personne, et certainement pas aux députés des États Généraux, qu'ils ouvraient l'ère d'une révolution, et qu'au cours de celle-ci, leur roi serait décapité et la monarchie abattue.

Certes, influencés par les Lumières, certains élus, tel l'abbé Sieyès, avaient des idées radicales, mais le désir d'« écraser l'infâme » propagé par Voltaire a eu beaucoup plus d'effets que l'idée démocratique propagée par J.-J. Rousseau. Une bonne partie de ces députés étaient familiers des conflits entre les parlements et le roi, entre jésuites et jansénistes, plus qu'ils ne connaissaient les textes des philosophes : absentes en 1789, ces idées-là n'apparurent qu'ultérieurement. Juristes pour un grand nombre, c'est la pratique du droit qui les anime, la résistance des faits aussi, plus que des conceptions générales ou des théories. « Le concept des Lumières est autant un produit de la Révolution que la Révolution est le produit des Lumières » (Roger Chartier).

Or, Louis XVI n'a pas joué de la haine que le tiers nourrissait contre la noblesse, tant il était paralysé par les intrigues de la Cour, et son inaction a contribué à rendre crédible au tiers cette idée qu'il était libre de faire ce que le génie de ses membres choisirait d'accomplir — rédiger une Constitution, décider de la répartition des impôts, rédiger une Constitution civile du clergé, etc.

Or Louis XVI n'entend pas qu'on limite ainsi ses pouvoirs.

Il est des députés, nobles ou pas — tels Mirabeau, Mounier —, qui le soutiennent et ont peur de l'appui que la « populace » a apporté une fois, deux fois à l'Assemblée constituante. En réunissant les États Généraux, ni Necker ni le roi n'imaginaient qu'il en sortirait une Constitution.

Louis XVI était décidé à réagir.

Il jugeait avoir subi trop d'avanies, et le corps même de sa personne avait été offensé. En juin 1789, comme le 5 et le 6 octobre, il avait été bousculé, et à Versailles, l'arrivée de La Fayette seule avait sauvé la reine de violences et d'outrages. Celui-ci, qui se voulait un nouveau Washington, avait déposé une déclaration des droits imitée de celle des Américains, qui avait demandé le départ des troupes royales avant le 14 juillet, puis ramené la famille royale à Paris, et était devenu un protecteur encombrant, « le maire du Palais », celui que Mirabeau, qui le jalousait, dénommait « Gilles César ». Se voulant à la fois conciliant et homme d'ordre, arbitre entre la monarchie et la nation, sa popularité est au zénith lors de la fête de la Fédération le 14 juillet 1790. Mais il recommande au général Bouillé de mettre fin aux troubles et aux mutineries de Nancy en particulier. Il s'aliène ainsi les Jacobins, le club révolutionnaire et donne ainsi des armes contre lui.

Louis XVI préfère les conseils de Mirabeau qu'il paye, et qui dit lui-même qu'il ne souhaite qu'une chose, « quand il ne serait plus propre à l'amour, devenir ministre »... Mais l'Assemblée se méfie de son talent : quand elle vote qu'aucun de ses membres ne pourra devenir ministre, c'est contre lui. Il devient ainsi une sorte de ministre secret qui veut instituer une monarchie renouvelée, séparer le monarque de la contre-révolution, arrêter le mouvement de la révolution.

De ce renouvellement, Louis XVI ne veut pas, même s'il s'y prête, contraint et forcé. Déjà, le veto que la Constitution de 1791 lui accorde est seulement suspensif ; ensuite, la Constitution civile du clergé heurte ses convictions, notamment le serment auquel doivent se soumettre les prêtres pour être reconnus par l'État. Atterré par la condamnation que lance contre cette constitution le pape Pie VI, solidaire des prêtres réfractaires, il n'admet qu'eux dans sa chapelle des Tuileries. Les « patriotes » s'en irritent et Marat, un journaliste, pressent que le roi va tenter quelque chose « contre la nation », fuir Paris, faire appel à l'étranger peut-être. Lorsqu'en avril 1791, pour Pâques, Louis XVI veut se rendre à Saint-Cloud, la Garde nationale et la foule l'en empêchent : « J'aimerais mieux être roi de Metz, dit Louis XVI, que de demeurer roi de France dans une telle position, mais cela finira bientôt. »

LA FUITE À VARENNES

Son idée ? Rejoindre précisément à Metz — quel lapsus ! — le marquis de Bouillé, qui dispose de troupes sûres ; et, appuyé sur quelques divisions autrichiennes, marcher sur Paris pour y rétablir son autorité, ses pouvoirs. Marie-Antoinette compte à bon droit sur l'appui de l'empereur d'Autriche, son frère, depuis que les monarques, inquiets de la contagion révolutionnaire, reviennent sur les réformes « éclairées » entreprises auparavant.

En outre, autre grief, l'abolition des droits féodaux lésait les princes allemands dits princes « possessionnés », qui conservaient des domaines en Alsace, et en appelaient aux traités de Westphalie ; l'Assemblée constituante répondit que l'Alsace était française, non à cause des traités, mais par la volonté de ses habitants... Il en alla de même en Avignon.

Ainsi, au nom des droits de l'homme, apparaissait le droit des nations.

Pour les monarques étrangers, il donnait à la France la possibilité d'annexer tous les pays qui souhaiteraient accomplir une révolution, au moment même où l'Assemblée constituante répudiait le droit de conquête.

Marie-Antoinette peut ainsi juger que les princes ont tous les motifs de soutenir son entreprise. Personnellement, elle hait La Fayette et les Constitutionnels ; en plus, Louis XVI et elle contrecarrent aussi la politique des émigrés, coupables de les avoir abandonnés. Intransigeante et fière, elle n'a aucune intention de traiter avec ces hommes nouveaux de la Révolution pour lesquels elle n'a que mépris. Elle déteste la foule mais a montré qu'elle n'en a pas peur.

« Louis XVI n'a qu'un homme, c'est sa femme », juge Mirabeau.

Le départ de la famille royale se prépare ainsi dans le secret, géré par Fersen, le comte suédois, son bon ami. Une berline spéciale a été aménagée, le roi se déguisera en domestique, de faux passeports aux noms de Durand ont été préparés. Tout se passe comme prévu, le soir du 21 juin 1791, sauf qu'on part avec retard, et que la berline, arrivée aux alentours de Varennes, ne trouve pas les relais convenus... Ses passagers avaient été reconnus par le fils d'un maître de poste, Drouet, qui, alerté par les rumeurs qui couraient depuis plusieurs mois, sonne l'alarme et fait arrêter le cortège à l'entrée de Varennes... tandis que les troupes de Bouillé l'attendaient à la sortie. Hébergé chez un marchand, le roi nie d'abord être le monarque, jusqu'à ce qu'un ancien domestique autrefois à Versailles et qui habitait Varennes soit convoqué comme témoin ; reconnaissant Louis XVI, il se jette à ses pieds, et à genoux dit : « Oh, Sire... »

Le roi parlemente, essaie de s'expliquer, mais les hommes de Varennes décident de ne pas relâcher la famille royale sans un ordre exprès de l'Assemblée. Pendant tout ce temps, l'alerte avait été donnée, le tocsin avait ameuté les paysans de toutes les bourgades du parcours, des troupes avaient fraternisé avec eux, l'humeur devenait menaçante. On se retrouvait aux pires moments de 1789. Lors du retour de la famille royale sur Paris, une fois transmis cet ordre par Pétion, le maire qui avait remplacé Bailly, le comte de Dampierre, vint saluer le cortège : les paysans le mirent à mort.

Ce retour se fit ainsi sous des auspices menaçants, sous la surveillance de municipalités « patriotes » et pourtant agrémenté d'une idylle romanesque : dans la berline, Pétion et Mme Élisabeth, sœur de Louis XVI, tombent amoureux, tandis qu'à l'arrivée Barnave, après Fersen, est séduit par le comportement de la reine. L'Assemblée nationale s'affole du tour pris par les événements qui mettent à mal l'édifice du « roi constitutionnel ». Avec Lameth, Le Chapelier, et derrière La Fayette, elle invente l'idée de l'enlèvement du roi, dont on voudrait sauvegarder la fonction, sinon la personne.

Ainsi apparaît, dans l'Histoire, l'idée d'une dissociation entre les deux corps du roi, le corporel étant abandonné au jugement, pas sa fonction... Le roi condamné, la monarchie ne le serait pas pour autant : on pourrait dire que la révolution alors serait achevée. Mais l'éloquence pathétique de Barnave ne parvient pas à faire passer la fable de l'enlèvement, et l'idée pointe que pour assurer le succès de la révolution il faut ainsi abolir la monarchie.

Au Club des Feuillants, où se réunissent les modérés, on veut modifier la Constitution, mais Louis XVI n'en a cure. Il joue le jeu à nouveau de prêter serment à la Constitution, mais continue à négocier avec l'empereur, avec les autres monarques. « Pour les uns, il n'est qu'un roi amnistié, pour le peuple un traître, pour la Révolution, un jouet » (Lamartine).

L'idée de remplacer Louis XVI par « des moyens constitutionnels », comme le propose Brissot, soulève la colère populaire... Cette fois, La Fayette et Bailly jugent qu'il faut mettre fin aux excès de la « canaille ». La Garde nationale tire sur les manifestants. Les massacres du Champ-de-Mars ouvrent un schisme au sein du parti patriote. D'un côté, les Feuillants, de l'autre les Jacobins et les Cordeliers, où un homme nouveau, Robespierre, incarne la volonté révolutionnaire.

LE PIÈGE DE LA GUERRE

On a appelé Fuite à Varennes le départ du roi, son interruption, son piteux retour. Les autres princes européens ne manquèrent pas de s'indigner et de menacer les révolutionnaires de représailles par une déclaration à Pillnitz, en août 1791. Or, à l'origine, il ne s'agissait pas d'une fuite, mais bien d'une opération qui devait aboutir à une reprise en mains, grâce aux armées de Bouillé. On le savait dans les milieux révolutionnaires ; pourtant, soucieux de mettre un terme au processus de radicalisation, les élus de la nation avaient affecté de croire à un « enlèvement », sauvegardant ainsi la nouvelle Constitution que s'était donnée la France.

Il restait que les émigrés, comte d'Artois en tête, et les princes allemands lésés dans leurs intérêts en Alsace réclamaient des sanctions auxquelles Léopold hésitait à procéder, de peur que ne s'étende la contagion révolutionnaire. Or c'est l'Assemblée législative, entrée en fonction depuis peu, qui exigea des mesures contre l'Électeur de Trèves qui avait laissé les émigrés se rassembler, et qui en appellerait à l'empereur s'il était menacé...

À l'Assemblée législative, pour autant que les Constituants n'étaient pas éligibles, des hommes nouveaux prirent la vedette qu'à l'époque on appela Brissotins, du nom de leur leader connu pour son action en faveur des Noirs, et qui se lia avec des députés de la Gironde, Vergniaud, Guadet, Gensonné — qu'on dénomma ultérieurement « les Girondins ».

En s'en prenant aux émigrés, ils mettraient Louis XVI devant un dilemme : qu'il oppose un veto à leurs propositions, et il serait déconsidéré, démasqué, cette fois pour de bon ; qu'il accepte leurs sanctions et le veto perdrait toute portée, il serait un monarque châtré. En en appelant aux peuples opprimés « au titre d'une croisade pour la liberté universelle », les Girondins ne pouvaient que raidir l'Électeur et l'Empereur...

« Les imbéciles, écrivait Marie-Antoinette au comte Fersen, ils ne voient pas que c'est nous servir. »

Au Club des Jacobins, entraîné par l'éloquence des Girondins, seul Robespierre fit face au courant : « Méfiez-vous, dit-il, de la résistance des peuples contre des missionnaires armés » ; et il s'étonna qu'on pût confier la conduite des opérations militaires à des personnages tels que Narbonne, l'amant de Mme de Staël — la fille de Necker, choisi par Louis XVI comme ministre de la Guerre, et à La Fayette, « l'homme du Champ-de-Mars ».

Mais piéger Louis XVI et soulever l'Europe contre ses princes constituaient des objectifs trop exaltants pour arrêter ces élans bellicistes.

Le roi et la reine, sûrs que le piège se refermerait sur la Révolution, acceptèrent de changer de ministres : ils y placèrent des Girondins, avec Servan à la place de Narbonne, Roland à l'Intérieur, dont l'épouse, tenant salon, était l'égérie des Girondins ; avec le général Dumouriez, un noble rallié à la révolution. Comme La Fayette, il espérait une campagne victorieuse qui lui permettrait de ramener le monarque, ainsi restauré, et au nom duquel il gouvernerait.

Sauf qu'il fallait un prétexte pour qu'éclate cette guerre, qui, pour les deux camps, ne serait qu'un instrument de leur politique. Les échanges de *Notes* n'aboutirent pas tant que régna Léopold, circonspect et pacifique. Il meurt subitement le 1er mars 1792, et son jeune successeur François II, absolutiste convaincu, somme alors le gouvernement français de rétablir dans leurs droits les princes possessionnés d'Alsace, de rendre le Comtat et Avignon au pape, de « réprimer en France ce qui pouvait inquiéter les autres États ».

Comme prévu, sur proposition du roi, l'assemblée vota la déclaration de guerre au « roi de Bohême et de Hongrie », c'est-à-dire à l'Autriche seule, jugeant que les princes d'Empire ne suivraient pas.

Au-delà de ces péripéties, cette crise avait eu pour effet d'échauffer les esprits. Les patriotes considéraient comme un affront les injonctions des monarques à se mêler des affaires intérieures du pays. De sorte que fusionnaient l'esprit révolutionnaire et l'amour de la nation, offensée, et c'est dans ce climat effervescent que pour aller combattre les émigrés, et leurs suppôts étrangers, Rouget de Lisle composa son *Chant de guerre pour l'armée du Rhin*, qui allait devenir *La Marseillaise*.

20 JUIN : JOURNÉE CONTRE « LE ROI VETO »

Cependant, la réaction défensive et punitive reprenait le dessus. Comme en 1789 et un peu partout, on mettait les riches à contribution pour pouvoir armer les patriotes. Couthon obtint de l'Assemblée que les seigneurs produisent leurs titres primitifs s'ils voulaient qu'on continue à leur payer des redevances, dont le rachat était en suspens depuis la Nuit du 4 août. Ces dispositions, jointes à une inflation galopante, à la pénurie en grains, sucre, savon, créèrent un nouveau motif de colère : en mai 1792, Jacques Roux, vicaire de Saint-Nicolas-des-Champs à Paris, réclama la mort pour les accapareurs.

La guerre avait mal commencé, car l'armée n'était pas prête, la moitié des neuf mille officiers avaient déjà émigré, à moins qu'ils ne désertent à la veille de la bataille que Dumouriez eût voulu engager. Le général Dillon fut massacré par ses troupes pour avoir ordonné leur retrait de ses forces, tandis que Marat excitait les soldats volontaires à se débarrasser de leurs généraux. À son tour, la trahison rôdait partout et le piège de la guerre risquait de se retourner contre ceux qui l'avaient suscitée.

La Fayette fit alors volte-face, et le roi se débarrassa de ses ministres girondins.

Alors, une fois de plus, comme le 14 juillet 1789, ce fut le peuple de Paris qui se leva, cette fois, pour sauver l'Assemblée législative, que La Fayette sommait de briser le mouvement démocratique. Celle-ci répondit en promulguant trois décrets : un sur le bannissement des prêtres réfractaires, agents de la contre-révolution ; un sur le licenciement de la Garde constitutionnelle, de fait la garde du roi ; un sur la constitution d'un camp de vingt mille soldats fédérés près de Paris.

Louis XVI mit son veto aux premier et troisième décrets.

En souvenir du Serment du Jeu de Paume, les faubourgs décidèrent d'organiser une journée d'intimidation le 20 juin. Les pétionnaires criaient : « À bas le roi Veto ! », « Rappelez les ministres patriotes ! », « Chassez vos prêtres ! »...

Les Tuileries furent envahies, le roi bousculé ; faible, il n'était pas pleutre. Il ne fléchit pas, coiffa le bonnet rouge, but à la santé de la nation. Mais il maintint son veto.

Quant aux Girondins, inquiets devant ce soulèvement « au moment où le peuple donnait à leur politique son couronnement logique », ils n'osèrent. Tels les Feuillants durant les mois qui avaient précédé, tels les Monarchiens à la fin de 1789, mis en présence des effets de leurs discours enflammés, à leur tour ils firent volte-face.

10 AOÛT 1792 : CHUTE DE LA ROYAUTÉ

Ce nouvel affront commis envers la personne royale suscita une recrudescence des sentiments monarchistes. Quittant son armée, La Fayette parut à la barre de l'Assemblée pour sommer de punir les responsables du 20 juin. Une motion de blâme à son endroit fut rejetée par 339 voix contre 234, mais La Fayette ne fut pas suivi pour autant, car la reine dissuada ses partisans de le suivre : « Mieux vaut périr que d'être sauvé par La Fayette et les Constitutionnels. »

Elle comptait sur les armées de François II et du général Brunswick qui bientôt réitérèrent leurs menaces par un *Manifeste* : « Ils livreraient Paris à une exécution militaire et à une subversion totale, et tireraient une vengeance exemplaire et à jamais mémorable, si à nouveau il était fait la moindre violence à leurs Majestés, le Roi, la Reine et la famille royale. »

Ce *Manifeste* mit le feu aux poudres...

Déjà, quelques jours plus tôt, le Girondin Vergniaud, plus éloquent que conséquent, avait fait planer sur le roi une terrible menace : « C'est au nom du roi que les princes français ont tenté de soulever contre la nation toutes les Cours de l'Europe ; c'est pour venger la dignité du roi que s'est conclu le traité de Pillnitz et formée l'alliance monstrueuse entre Vienne et Berlin... (...) Or je lis dans la Constitution, section I, article 6 qu'en agissant ainsi, il sera censé avoir abdiqué la royauté »...

En proclamant « la patrie en danger », l'Assemblée appelait Paris et la province à fournir des volontaires... Ceux qui venaient de Marseille rendirent célèbre l'hymne composé par Rouget de Lisle ; mais à nouveau le bras des Girondins trembla à l'idée que le soulèvement de Paris et l'action des Fédérés mettraient fin à la Constitution et susciteraient l'élection d'une Convention, comme le demandaient aux Jacobins Robespierre,

Marat et la Commune de Paris. Ce fut ainsi hors de l'Assemblée et malgré elle que les révolutionnaires les plus décidés, Jacobins et Cordeliers, se décidèrent à marcher à nouveau sur les Tuileries.

Au lendemain du Manifeste de Brunswick, aiguillonnées par les appels de Robespierre, les sections et la Commune de Paris réclamèrent la déchéance de Louis XVI.

Arrêté et destitué, Mandat qui gardait les Tuileries avec sa troupe de Suisses fut remplacé par Santerre, l'un des meneurs des faubourgs, et fut fusillé. Devant la menace, Louis XVI alla chercher refuge à l'Assemblée qui le recueillit. Les Suisses, assaillis, furent massacrés en grand nombre après une fusillade. On compta cinq cents tués et blessés parmi les manifestants.

Le 14 juillet 1789 avait sauvé l'Assemblée constituante ; le 10 août 1792 condamnait l'Assemblée législative ; celle-ci se donnait un exécutif provisoire, avec des ministres girondins et un homme nouveau, Danton, « le Mirabeau de la populace », qui devait le protéger contre les excès de la Commune.

La chute du trône, assurée par le succès du 10 août, annonçait l'avènement de la République. La journée signait aussi *la première atteinte au pouvoir représentatif*, celui de la première assemblée élue que la nation s'était donnée.

Girondins et Montagnards : la Terreur

Il est courant de considérer la Terreur de 1792-1794 comme l'ancêtre et le modèle de la terreur bolchevique. C'est d'ailleurs l'historien de la Révolution française Albert Mathiez qui, au lendemain de la chute du tsarisme, établissait le premier une analogie entre les deux révolutions en envoyant ce télégramme que nous avons retrouvé aux Archives soviétiques : « Assemblée générale études robespierristes salue enthousiasme victoire sur despotisme (...). Souhaite ardemment révolution russe trouve pour la diriger des Robespierre et des Saint-Just auxquels elle évitera double écueil faiblesse et exagération » (mars 1917). Quant aux Russes, l'exemple de la Révolution française était présent à leur esprit : les uns craignant qu'elle ne débouchât sur un Bonaparte, les autres jugeant qu'elle n'avait pas dépassé le « stade » de la révolution bourgeoise, alors qu'avec l'apparition d'une classe ouvrière, la Russie pourrait passer au « stade » suivant, la révolution socialiste.

Mais il y avait un point commun entre ces révolutions, c'est que les sociétés qui les avaient fait sourdre étaient animées, en 1917 comme en 1789, d'un profond ressentiment, et que ceux qui les ont animées ont très vite été débordés, dépassés par les soulèvements populaires.

À moins qu'ils ne les aient animés.

À la différence des crises précédentes, l'insurrection du 10 août qui voit la chute de la monarchie n'était pas dirigée seulement contre les aristocrates ou contre le roi, c'était un acte de méfiance à l'encontre des élus de la nation, cette Assemblée législative qui avait refusé de proclamer la déchéance du monarque et avait absous La Fayette hostile à cette déchéance. Le fait nouveau était qu'un contre-pouvoir, la Commune de Paris, était apparu, qui contestait à la fois l'exécutif — jusqu'au 10 août toujours aux mains du roi — et le pouvoir législatif. Cette Commune de Paris condamnait la politique conciliatrice de l'Assemblée. Elle ne mettait pas en cause sa légitimité.

En 1792, cette Commune de Paris s'est créée dans l'urgence et la colère : les armées de Brunswick avancent, la complicité du roi avec l'ennemi est éclatante, et l'assemblée ne fait rien : ce sont des orateurs du Club des Jacobins, Danton, Robespierre, Marat — bientôt dénommés « Montagnards » —, qui stigmatisent avec le plus de violence ceux qu'ils jugent responsables de la situation, les Girondins, ces notables qui ont fait la révolution mais frayent mal avec le populaire. Les Girondins sont des révolutionnaires légalistes qui répugnent aux mesures d'exception, comme les réglementations, le cours forcé de l'assignat, la limitation des libertés commerciales, la création de juridictions exceptionnelles. Il est sûr qu'en 1917 des hommes comme Kérenski leur correspondent.

Or, précisément, ce sont des mesures dites « de salut public » que demandent les triumvirs : un tribunal spécial pour juger des responsables des mille morts qu'avaient perdus les pétionnaires du 10 août. « Le peuple était las de n'être point vengé, craignez qu'il ne fasse justice lui-même. » Or, ce qui échauffe la colère des faubourgs, ce sont les menaces d'un ennemi toujours plus proche, qui vient de se saisir de Longwy. Les ministres parlent de se replier à Tours, mais les harangues de Danton retournent l'opinion :

« Il faut, dit-il, que l'Assemblée se montre digne de la nation (...), décréter que quiconque refusera de servir de sa personne sera puni de mort (...). Le tocsin qui va sonner n'est point un signal d'alarme, c'est la charge sur les ennemis de la patrie. Pour les vaincre, messieurs, il nous faut de l'audace, encore de l'audace, toujours de l'audace, et la France est sauvée. » Ce morceau d'éloquence, qui contrastait avec les propos anxieux des Girondins, souleva l'enthousiasme.

Il avait été accompagné de considérants plus inquiétants : « C'est par une convulsion que nous avons renversé le despotisme, ce n'est que par une grande convulsion nationale que nous ferons rétrograder les despotes. Jusque-là nous n'avons fait que la guerre simulée de La Fayette, il faut faire une guerre plus terrible (...). Il est temps de dire au peuple qu'il doit se précipiter en masse sur ses ennemis. Quand un vaisseau fait naufrage, l'équipage *jette à la mer* tout ce qui l'exposait à périr ; de même tout ce qui peut nuire à la nation doit être rejeté de son sein. »

Au vrai, ces propos virils étaient relayés par d'autres que tenaient également des orateurs girondins, tel Vergniaud : car une sorte d'unanimité patriotique existait, que ces appels renforçaient. Ils étaient nécessaires pour que des volontaires s'engagent : bientôt, ceux-ci remportent la victoire de Valmy. Ils étaient suffisants pour que les sections des faubourgs de Paris — Poissonnière, Luxembourg, Louvre — se précipitent dans les prisons et y massacrent les prisonniers (septembre 1792).

La tuerie dura plusieurs jours, faisant onze à quatorze cents morts. On exécuta les prêtres réfractaires, les aristocrates, dont la princesse de Lamballe qui subit d'affreuses mutilations. « Le peuple venge les crimes de trois années de trahison », écrivait l'épouse de Julien de La Drome, bientôt député à la Convention. Les autorités avaient laissé faire, Santerre le premier qui déclarait ne pouvoir faire fond de l'obéissance de ses gardes nationaux... Quant à Danton, ministre de la Justice, il ne fit pas un geste pour protéger les prisonniers. Son secrétaire Fabre d'Églantine fit l'apologie des massacres et les présenta en exemple au reste de la France. Au vrai, ce n'était pas nécessaire, s'agissant des prêtres et des ci-devant, la province avait souvent devancé Paris pour les massacrer...

Ce point-là est important parce qu'il confirme que, comme plus tard, en 1917... cette Terreur de septembre 1792 n'émane pas du pouvoir, elle vient d'en bas, comme en atteste, dès le 12 août 1792, cette décision de la Commune de supprimer tous les journaux royalistes. Or, non seulement l'Assemblée législative ne proteste pas, mais elle admet avec Cambon que « le peuple ne veut plus de royauté, qu'il faut en rendre le retour impossible ». Condorcet se déclare républicain. Et peu de voix s'élèvent contre les massacres. À l'Assemblée législative, on conteste plutôt la façon dont la Commune devient le moteur de la révolution et dont s'institue ainsi un contre-pouvoir illégitime. Ainsi, Girondins et Montagnards portent, chacun à leur manière, une part de responsabilité dans cette première Terreur.

LA CONVENTION ET LE PROCÈS DU ROI

Son mandat achevé, l'Assemblée législative laisse la place dès septembre 1792 à une Convention, c'est-à-dire une assemblée qui dispose à la fois du pouvoir législatif et du pouvoir exécutif — comme en Angleterre du temps de Cromwell après l'exécution de Charles Ier. Or, les animateurs de la Commune se retrouvent élus, à la Convention cette fois, face à une majorité girondine. Celle-ci mène immédiatement l'assaut contre les Trumvirs — Danton, Robespierre, Marat —, mais pour désarmer Paris plus que pour stigmatiser des massacres dont la responsabilité était diffuse. Le Girondin La Source avait donné le sens de cette attaque en déclarant que la France comptant 83 départements, Paris ne devait avoir qu'1/83 d'influence dans le pays. Il y avait également un conflit de classe en ce sens que si les meneurs appartenaient de fait au même milieu, ils ne faisaient plus appel aux mêmes soutiens, ni n'avaient toujours les mêmes ennemis : les Girondins visaient les prêtres, les Montagnards les accapareurs. Mais en mettant en cause à la fois les Jacobins, Paris, les sans-culottes et les Montagnards, les Girondins voulaient prévenir leur dictature. Les esprits s'échauffaient. À la tribune, Marat tira alors un pistolet de sa poche qu'il appliqua à son front : « Je dois déclarer que si un décret d'accusation est lancé contre moi, je me brûle la cervelle au pied de cette tribune. » L'effet produit fut considérable... Marat incarna cette fureur populaire qui en fit la victime de Charlotte Corday, qui bientôt l'assassinait dans sa baignoire...

On manque souvent d'observer que Marat était déjà mort quand commença la Grande Terreur.

Mais entre-temps il avait constamment joué le rôle d'un vigile ; *L'Ami du peuple* prévoit le pire afin de le prévenir : la fuite du roi, la désertion de La Fayette, la trahison de Dumouriez, etc. Il dévoile les mystérieuses pensées de l'adversaire, diffuse l'idée qu'un complot se noue contre le peuple ; le pire n'est pas que les contre-révolutionnaires sont hostiles, mais que le peuple s'est obstiné à ne pas vouloir le voir. « Il faut verser des gouttes de sang pour éviter d'en verser des flots »...

Justement lorsqu'à l'Assemblée s'ouvre le procès du roi, les accusateurs qui demandent la mort sont avant tout les Montagnards, avec Saint-Just — « du seul fait qu'il règne, Louis XVI est coupable, on ne règne pas innocemment » —, et avec Robespierre — « si le roi n'est pas coupable, ceux qui l'ont détrôné le sont ». Les Girondins demandent un vote de la nation — que l'Assemblée refuse pour ne pas se dessaisir —, puis, une fois la mort votée, un sursis qui est rejeté par 380 voix contre 310. Une nouvelle fois ils s'étaient montrés inconséquents puisqu'ils avaient déclaré la guerre pour que le roi révèle sa « trahison ». Quant au roi, que défendait Malesherbes, il ne fut pas à son aise dans cette arène, mais il montra du courage devant la mort : « Je meurs innocent et prie Dieu que mon sang ne retombe pas sur la France. »

Bientôt, lorsqu'un nouveau soulèvement parisien assaillit la Convention accusée de faiblesse lors du procès du roi, et qu'animé par le prêtre Jacques Roux ou d'autres partisans de la loi agraire — c'est-à-dire le partage des terres —, les faubourgs encerclent la Convention, l'investissent et arrêtent les députés girondins, Marat est bien présent, s'activant à désigner du doigt « les traîtres » et à sauver « les gentils » (2 juin 1793). Il est assassiné le 13 juillet.

LA GRANDE TERREUR

La chute de la Gironde suscite la révolte des provinces d'où émanaient ses députés : on l'appelle « fédéraliste » parce qu'elle anime la révolte contre Paris, identifié à la dictature des faubourgs, Montagnards ou extrémistes qui, tels Herbert, sont dits bientôt « Enragés », mais elle ne préconise pas un fédéralisme décentralisateur. Des vingt-neuf chefs de la Gironde arrêtés, beaucoup purent s'enfuir, Vergniaud menaçant même ses accusateurs de l'échafaud. Il reste que triomphait l'arbitraire, que l'idée de dictature faisait son chemin même si elle n'était pas formulée. Par exemple, Robespierre, qui, le 2 juin, avait laissé faire ce coup d'État, écrivait dans son carnet : « Il faut une volonté une. Il faut qu'elle soit républicaine ou royaliste : il faut des ministres républicains, des papiers des bourgeois ; pour les vaincre, il faut rallier le peuple. »

Figure 18 — Exécution de Louis Capet XVIe du nom, le 21 janvier 1793. Œuvre du XVIIIe siècle. (Paris, Bibliothèque nationale de France.)

Quand il écrit ce texte, Robespierre sait que les Girondins avec Buzot ont soulevé une partie de la Normandie, qu'à Bordeaux, à Lyon et en Vendée, on refuse de recevoir les représentants en mission, que l'assaut se prépare contre Paris. La majorité montagnarde de la Convention va plus loin et Danton lui fait décréter que Paris a sauvé la République. Elle décrète simultanément le partage des biens communaux, l'abolition sans indemnités des droits seigneuriaux, la vente des biens des émigrés — offensive morale destinée à se rallier les classes populaires et à assurer la débâcle du parti girondin. Désormais, lorsque se constitue un gouvernement révolutionnaire qui, pour combattre l'inflation et vaincre tous ses ennemis, institue le « maximum des prix » et met « la terreur à l'ordre du jour », la définition du contre-révolutionnaire s'élargit.

Camille Desmoulins, dans *Le Vieux Cordelier* n° 3, en frimaire an II (septembre 1793), s'inspirant de Tacite, stigmatise ce processus qui fait de chaque citoyen un suspect.

« Un citoyen a-t-il de la popularité ? C'était un rival du prince, qui pouvait susciter une guerre civile — Suspect.

« Fuyait-on au contraire la popularité, et se tenait-on au coin du feu. Cette vie retirée vous fait remarquer, vous fait donner de la considération — Suspect.

« Êtes-vous riche ? Il y avait péril imminent que le peuple ne fût corrompu par vos largesses — Suspect.

« Étiez-vous pauvre ? Comment donc, il faut surveiller cet homme de près. Il n'y a personne d'entreprenant comme celui qui n'a rien — Suspect.

Ainsi proclamée, la Terreur se dota de ses instruments que gérait le Comité de salut public : le Comité de sûreté générale, d'abord, qui est le bras de la répression, le Tribunal révolutionnaire ensuite, les représentants en mission pour la province. La loi de Prairial, au printemps 1794, supprime l'instruction des présumés coupables et fonde l'accusation des suspects sur des dénonciations. Elle est le fait de Couthon, mais Robespierre s'en fait l'avocat : « Cette sévérité n'est redoutable que pour les conspirateurs, les ennemis de la liberté. » Avec Saint-Just, l'« Archange de la guillotine », Robespierre l'« Incorruptible » devient ainsi l'incarnation de la Terreur au nom de la vertu. Il condamne ceux qui la veulent plus systématique, tels les « Enragés » derrière Hébert ; il combat également les indulgents qui derrière Danton la jugent excessive. Mais la mécanique des suspicions et des dénonciations frappe tous les orateurs des années précédentes, de Camille Desmoulins aux Girondins, aux Hébertistes et à Danton lui-même compromis dans des trafics plus ou moins licites et dont la vie privée paraît intolérable aux vertueux et aux démunis. Il est guillotiné à son tour et lance cette apostrophe : « Bourreau, tu montreras ma tête au peuple, elle en vaut la peine. »

Pendant plusieurs mois, les charrettes succédaient aux charrettes. La Terreur fit ainsi à Paris 2 625 victimes et 16 600 en France, le nombre des arrestations atteignant 500 000. À Nantes, les « noyades » organisées par Carrier firent 2 000 à 3 000 morts ; autant, les « Colonnes infernales de Turreau, en Vendée ; autant, à Angers, une commission de recensement. Tous les groupes sociaux furent frappés.

On observe qu'instituée sous l'empire de la nécessité et de la défense de la Révolution, *cette Terreur se perpétua quand le danger fut passé*, à l'heure des victoires de Hondschoote et Wattignies. Ainsi, le jeu des circonstances ne rend pas compte du phénomène — un trait qu'on retrouve lors de la révolution bolchevique puisque la terreur d'État commence avant le soulèvement des blancs et l'intervention étrangère et qu'elle se perpétue *après* la victoire des rouges...

La Terreur devient ainsi une manière de gouverner qui s'appuie sur le ressentiment populaire, que ne satisfait ni ne rassasie un changement de pouvoir. Là encore, les événements de Russie, en 1918-1921, reproduisent à leur manière ceux de la Révolution française, entre 1793 et la chute de Robespierre.

Thermidor

Il semblait que les efforts des Jacobins, du Comité de salut public et de la terreur qu'ils avaient conduite dussent avoir leur récompense : avec la bataille de Fleurus, remportée le 26 juin sur Cobourg, l'été 1794 fut bien celui de la victoire.

Figure 19 — Les noyades de Nantes. B. Carrier, membre de la Convention fut envoyé en mission pour réprimer la guerre civile. Il organisa les noyades de Nantes d'octobre 1793 à février 1794 : il fit construire des bateaux qui noyaient cent personnes à la fois. Gravure hollandaise d'après Duplessis-Bertaux reprenant une planche des *Tableaux historiques de la Révolution française*, fin XVIIIe. (Paris, Bibliothèque nationale de France.)

D'elle, on attendait qu'enfin les révolutionnaires missent fin à la Terreur, car jusque-là tout avait été suspendu à l'effort de guerre, et l'on voyait des traîtres partout : tel Robespierre qui jugeait qu'« il avait la preuve que le général Hoche en était un ». Simplement, celui-ci était suspect d'hébertisme et dans la lutte que se livraient les factions, ce type d'accusation permettait de se débarrasser de ses rivaux.

Jusque-là, le Comité de salut public en déferait au Comité de sûreté générale, mais voilà que celui-là, jugeant celui-ci trop complaisant avec les Hébertistes, s'est créé un Bureau de police rival, qui lui échappe. Amar et Vadier, du Comité de sûreté générale, et qui appartiennent à l'aile déchristianisatrice et jusqu'auboutiste des Montagnards, détestent Robespierre, pontife de la religion de l'Être suprême et jugé responsable de la double épuration des « Indulgents », tel Danton, et des Hébertistes. Ils savaient qu'au Comité de salut public, Billaud-Varenne et Collot d'Herbois partageaient leurs sentiments, face au Triumvirat Robespierre-Couthon-Saint-Just. Ce dernier disputait à Carnot la conduite de la guerre, et que les Conventionnels bourgeois jugeaient qu'il fallait en finir avec l'économie dirigée et le « foutu maximum ».

Pour ridiculiser Robespierre, ce fut Vadier qui attacha le grelot, en évoquant le procès à faire à une certaine Catherine Théot qui se prenait pour la mère de Dieu — procès que Robespierre jugeait sans objet. Au Comité, il l'emporte, mais il voulut percer l'abcès et dénoncer la conjuration qu'il voyait se nouer contre le Comité de salut public et contre lui. À la Convention, la tension est très vive, ce 8 thermidor.

Un député : « Quand on se vante d'avoir le courage de la vertu, il faut avoir celui de la vérité : nommez ceux que vous accusez... »

Le bruit d'une nouvelle épuration alarma la Convention. Robespierre n'avait pas donné de noms, une imprudence fatale. Cambon se sentait menacé, Robespierre ayant jugé que « son décret sur la finance avait été calculé de manière à augmenter le nombre des mécontents ». Tallien, rentré de mission, voulait sauver sa maîtresse, la Cabarrus, récemment arrêtée à Nevers et se sentait également menacé. Le centre de la Convention n'aimait pas ces représentants-là, mais la « Plaine » trouva en eux des alliés pour se ressaisir du pouvoir, que le Comité de salut public lui avait soufflé — et, en son sein, Carnot, Lindet, prieur de la Côte-d'Or, Barère étaient leurs hommes. Surmenés et devenus haineux, ces irritables se méfiaient les uns des autres.

Résolus à proscrire pour prévenir leur propre proscription, tous ceux qui se croyaient menacés firent bloc le 8 thermidor. Quand Saint-Just voulut lire son rapport aux Jacobins :

« C'est un décret d'accusation, lança Collot d'Herbois, tu es un lâche et un traître (...). Tu pourras nous ôter la vie mais pas tromper la vertu du peuple. »

Le soir du 9 à la Convention, Collot d'Herbois préside et donne la parole à Saint-Just. Mais Billaud-Varenne l'interrompt : « il avait promis de soumettre son discours aux deux comités », et il ajoute : « vous frémirez quand vous saurez qu'il est un homme qui, lorsqu'il fut question d'envoyer des représentants en mission en province, ne trouva pas vingt membres de la Convention qui fussent dignes de cette mission (...). Il a fait sa volonté pendant six mois, et je ne crois pas qu'un seul d'entre vous veuille exister sous un tyran ».

Cris : « Périssent les tyrans ! »

Robespierre demande la parole. *Cris « À bas le tyran ! »* Robespierre s'affaisse à son banc, Saint-Just demeure muet, pétrifié.

Vadier : « Il est le défenseur unique de la liberté (...) il est d'une modestie rare. » *On rit.* Robespierre se lève, se retourne vers l'assemblée : « C'est à vous que je m'adresse, hommes purs, pas aux brigands. »

Puis à Collot d'Herbois, qui préside : « Pour la dernière fois, Président d'assassins, je te demande la parole... »

Une voix : « C'est le sang de Danton qui l'étouffe... »

Louvet demande alors l'arrestation de Robespierre, son jeune frère demande à être arrêté aussi ; on vote que Couthon et Saint-Just le soient également. Le Bas se joint volontairement à eux. À la barre, ils sont arrêtés.

Alertée, la Commune de Paris voulut aller délivrer Robespierre et ses compagnons, mais ce fut son chef Henriot qui le fut, et son adjoint n'osa pas disperser la Convention. Au moins libéra-t-il les députés arrêtés mais ceux-ci, ayant toujours affirmé qu'ils gouvernaient au nom de la Convention n'osèrent pas prendre la direction d'une insurrection. Guidés par Barras, des gardes nationaux investirent alors l'hôtel de ville et, toute espérance évanouie, Le Bas se tira une balle dans la tête ; Robespierre, semble-t-il, voulut en faire autant et se brisa la mâchoire, à moins qu'un gendarme, en faisant irruption dans la pièce où il était, ne lui ait tiré dessus.

Le 10, tous étaient guillotinés sur la place de la Révolution ; le 11, suivit une fournée de soixante et onze, et le 12, de douze encore.

Qui pouvait croire que Robespierre et Saint-Just, après Hébert et Danton, fussent des traîtres à la Révolution ? Mais qui ne se montra pas satisfait qu'avec leur mort, la Terreur allait prendre fin ?...

Le 9 thermidor accompli, la conjuration, dépassant Robespierre et les siens, se transforma en procès de la Terreur, bientôt de la Révolution elle-même.

Après la Terreur, on mit la justice à l'ordre du jour. Par étapes, on acquitta les Nantais arrêtés par Carrier, puis on stigmatisa les terroristes avant de réhabiliter leurs victimes ou de rappeler les soixante-dix-huit Girondins qui avaient pu échapper à la guillotine et avaient condamné la « révolution » du 31 mai-2 juin 1793. On les rappela, non au nom de l'indulgence mais de la justice. Puis ce fut au tour de Collot d'Herbois et Billaud-Varenne, Barère et Vadier de passer en jugement.

Enfin, le 2 février 1795, un premier massacre à Lyon marqua le début de la Terreur blanche, signe d'un retournement complet, accompli en quelques mois.

Un débarquement anglais à Quiberon donna la main aux Chouans, solidaires des prêtres réfractaires et hostiles à la levée des 300 000 hommes, mais Hoche jeta à la mer ou captura les émigrés : la justice militaire en fit fusiller 748 dont 428 nobles. Une nouvelle guerre vendéenne commençait.

À Paris, cependant, les Thermidoriens ayant décidé que les deux tiers des futurs députés devraient avoir été membres de la Convention, les royalistes se soulevèrent. Pour résister la « Plaine » s'appuya alors sur les sans-culottes : Barras prit les choses en main et chargea le jeune Bonaparte, devenu l'amant de Joséphine de Beauharnais, sa maîtresse, de réprimer l'insurrection. Ce qu'il fit, au canon. Ainsi s'esquissait un jeu de bascule, où la Plaine s'appuyait alternativement sur la droite et sur la gauche : il allait se poursuivre sous le Directoire, ce régime issu de la nouvelle Constitution que promulgua la Convention.

Les Thermidoriens ne se contentèrent pas de disloquer le gouvernement qu'ils avaient institué, de pourchasser les Jacobins dont ils avaient été membres, de rappeler les députés qui avaient été leurs collègues et qu'ils avaient chassés. Ils mirent fin à l'économie dirigée qu'ils avaient mise sur pied et signèrent la paix après avoir fait la guerre.

Pareille escalade de la surenchère et pareil retournement ont frappé les mémoires ; jamais une assemblée ne s'était déjugée à ce point... Le terme « thermidor » a pris une connotation emblématique. Ainsi les yeux fixés sur l'exemple de 1793-1794, les révolutionnaires russes de 1917 ont été hantés par le spectre de Thermidor. Léon Trotski en a fait un thème de sa lutte contre Staline, qui, selon lui, avait joué le rôle d'un Bonaparte, mais bien avant ces années 1920, la crainte d'un arrêt et d'un retournement du flux révolutionnaire les a hantés, et leur analyse du 9 thermidor rend compte de bien des soubresauts des événements de Russie. Tamara Kondratieva en a fait l'analyse dans *Bolcheviks et Jacobins*.

La Contre-Révolution et l'Église

Dès avant les États Généraux de 1789, des forces se sont manifestées qui allaient bientôt animer la contre-révolution. Depuis l'époque de Turgot et de Calonne, un courant était opposé à toute démocratisation de la monarchie : on a pu parler d'une « prérévolution nobiliaire », voire d'une « réaction féodale » : une partie des familles nobles refuse les mélanges sociaux dans les salons — la mère de Barnave se voit refuser l'entrée dans une loge au théâtre —, seuls certains nobles authentifiés ont accès aux grades militaires, etc. Cette réaction aristocratique cherche ses marques dans l'Histoire en y enracinant les privilèges dans le passé du royaume franc.

Or les uns et les autres s'inscrivent dans une tradition d'exclusion, aussi bien pratiquée jusque-là par la monarchie contre les protestants, les Jansénistes, les Camisards, que formulée par les hommes des Lumières qui, tels Montesquieu et Rousseau mettent « hors société » ceux qui ne se plient pas à la volonté générale et deviennent ainsi des étrangers. Cette intolérance se manifeste dès le 20 juin 1789, lorsque, s'opposant au Serment du Jeu de Paume, devant l'hostilité des autres élus le député Martin Dauch a été obligé de sortir de la salle sous la protection de Bailly. Il va se retourner contre ceux qui avaient mobilisé les masses contre le roi, aristocrates en 1788, bourgeois en 1789.

On a pu dater du mois d'août 1789 la création d'une « droite » autour du président de l'Assemblée, défendant le droit à des convictions religieuses, visées par l'article 7 de la Déclaration des droits de l'homme : « Nul ne peut être inquiété pour ses opinions, *même* religieuses », ou prenant, avec Mounier et les Monarchiens la défense des pouvoirs du roi. Après octobre, le pays est divisé en deux, la « nation » contre les droites qui ont leurs clubs et leurs leaders, tels Mirabeau, d'Antraigues qui envisage une insurrection populaire du Forez au Vivarais et une évasion du roi à partir du Lyonnais dès 1790. Une puissante presse de droite, où s'illustre Rivarol, inaugure une sorte de croisade, que pourraient mener les premiers émigrés, tel le comte d'Artois, « réfugié » à Turin, et de là, à Coblence.

C'est la question religieuse qui joue les détonateurs et en même temps fusionne les différents groupes hostiles au mouvement de la révolution, d'autant que le roi est hostile à la Constitution civile du clergé, votée par une Assemblée voltairienne, en juin 1790, même si, contraint et forcé, il l'accepte.

L'Église avait été la grande perdante des décisions de 1789 puisque l'Assemblée avait supprimé les dîmes sans indemnité, et qu'elle lui fit payer le déficit, en faisant mettre les biens du clergé à la disposition de l'État, sur proposition de l'évêque Talleyrand. (Il ne s'en était pas plaint, car il recevait en échange un budget d'entretien.) Mais la condamnation de ces mesures par le pape Pie VI et l'hostilité de certains milieux catholiques — près des bastions protestants — à ces atteintes à la coutume commencent à créer un choc. La réduction du nombre des évêques de cent trente à quatre-vingt-neuf — comme le nombre des départements — parut une brimade.

Par la Constitution civile, l'ordre religieux était calqué sur l'ordre social, et désormais la légitimité de ses serviteurs devait reposer, comme pour l'État, sur leur élection. Salariés de l'État, évêques et curés furent soumis à l'obligation du serment de fidélité à la Constitution.

Il y eut entre 52 et 53 % de jureurs un peu moins de réfractaires dont le nombre grossit ensuite ; les curés prêtèrent serment plus volontiers que les vicaires, et les professeurs de collèges moins que les vicaires. Plus la ville est grande, plus il y a de réfractaires ; surtout on note que ceux-ci dominent largement dans l'Ouest, le cœur du Massif central, les périphéries du royaume, c'est-à-dire les pays d'État rattachés les derniers, tandis que le Bassin parisien et une région qui va de la Bresse au Dauphiné et à la Provence constituent les zones favorables à la Constitution civile du clergé.

Cette carte se perpétue puisque celle des curés réfractaires *correspond à celle de la pratique religieuse au milieu du XXe siècle* ; elle correspond aussi, peu ou prou, à une classification droite-gauche, les zones des réfractaires et de l'extrême droite voisinant ou cohabitant avec celles qu'avaient gagnées le protestantisme et où l'implantation cléricale et la plus émancipée, par exemple le voisinage Vendée-Poitou.

Inversement, le soupçon de contre-révolution devient désormais consubstantiel au catholicisme, parce que c'est à l'occasion de la Constitution civile du clergé que la Contre-Révolution a pris corps, que s'établit ensuite l'opposition entre parti clérical et parti laïque, mais aussi entre catholicisme intransigeant qui refuse à l'individu son autonomie publique ou privée, et catholicisme laïque qui l'accepte ou la revendique.

Les prêtres réfractaires constituèrent ainsi avec les émigrés (T. Tackett et Cl. Langlois, *Annales* 3/88) le noyau dur de la Contre-Révolution, mais de leur côté, par leur exclusivisme, les révolutionnaires extrêmes rejetèrent successivement les Monarchiens, les Feuillants, les La Fayettistes, et bientôt les Girondins eux-mêmes et jusqu'aux « Montagnards » indulgents, tel Danton, dans le camp hostile au Comité de Salut public, en en faisant les complices de l'étranger.

On retrouve cette mécanique telle quelle en Russie après 1917 où le gouvernement provisoire de Kérenski, qui a abattu le tsar, les mencheviks et même des bolcheviks sont accusés successivement par Lénine et Staline d'être les agents de la contre-révolution.

L'insurrection vendéenne illustre bien ce processus, a montré J.-C. Martin puisque les insurgés — qui défendaient leurs droits communautaires et résistaient à la levée des trois cent mille hommes continuaient à perpétuer l'héritage des révoltes rurales, ont été condamnés par les conventionnels prêts à briser toute résistance, jugée contre-révolutionnaire, aux mesures qu'ils préconisaient.

Là encore, on retrouve le même processus en Russie, où sont considérés comme méritant le goulag ceux qui ne remplissent pas les normes ou freinent, même sans le savoir, la bonne marche de l'État.

« Une nouvelle Vendée », disaient les bolcheviks des révoltes paysannes du début des années 1920.

Directoire : la grande peur des dirigeants

Les hommes qui dirigèrent la France en 1795 lorsque la Convention se sépara étaient ces mêmes Thermidoriens qui, avant d'exécuter Robespierre, avaient envoyé Louis XVI à la guillotine tels Carnot et Barras. Dans ces conditions, s'étant perpétués par la loi dite des deux tiers, on imagine qu'ils craignaient à la fois la vengeance des Jacobins et celle des royalistes. Au vrai, c'est le retour d'un gouvernement populaire qui les hantait le plus. Ainsi la peur sociale a dominé l'histoire du Directoire. Elle a servi de prétexte au 18 Brumaire, comme en 1851 elle a servi de prétexte au coup d'État du 2 décembre.

C'est ainsi que furent supprimées institutions et pratiques qui avaient servi de relais à ce pouvoir populaire : commune et mairie de Paris, publicité des débats à l'Assemblée ; les clubs ne furent pas supprimés mais leur activité réduite. La « liberté religieuse » continua à exclure de ses droits processions et sonnerie de cloches, port du costume et pèlerinages. Au fond, les Thermidoriens regardaient la Révolution et le catholicisme comme incompatibles.

En outre, l'expérience aidant, les dirigeants ne redoutaient pas seulement la démocratie et le royalisme, ils voulaient se prémunir contre tout retour à l'omnipotence d'un pouvoir centralisé.

La Constitution de l'an III avait divisé le corps législatif en deux Conseils, les Anciens, de plus de quarante ans, et les Cinq Cents, plus jeunes, qui ne pouvaient communiquer que par messages. Ceux-ci avaient l'initiative de résolutions que les Anciens transformaient, ou non, en lois. Les cinq Directeurs étaient élus par les Anciens à partir d'une liste de cinquante proposée par les Cinq Cents. Les Directeurs ne pouvaient ni ajourner ni dissoudre les Conseils, ni présenter le texte d'une loi. Les Conseils ne pouvaient pas révoquer les Directeurs. Quant aux élections, il n'était plus question de suffrage universel : se perpétuait ainsi le suffrage censitaire, bref une démocratie de notables.

Ce qui avait été prévu pour prévenir arbitraire et pouvoir absolu se révéla un facteur d'impuissance, la rivalité entre l'exécutif et le législatif aidant. Le Directoire eut ainsi son 9 Thermidor, mais inversé : le 18 Brumaire, ce coup d'État de Bonaparte qui institua la dictature.

Les auspices du Directoire s'étaient mal ouverts, par une grave crise monétaire qui descendit la valeur de l'assignat au prix de son papier. À la cherté se joignit la disette, la pénurie amenant les dirigeants à ne plus distribuer que soixante-quinze grammes de pain par jour. Dans la Seine, il y eut en l'an IV (1796) un excédent de dix mille décès. La misère faisait contraste avec le luxe que les agioteurs affichaient, et le climat de réaction qui gagnait rendait compte de l'apparition de jeunes oisifs, les Muscadins et les Merveilleuses accoutrés comme plus tard les zazous.

Dans ce climat délétère, la misère entretenait une agitation endémique : elle fut le germe d'une action ultra-jacobine d'un genre tout à fait nouveau — la conspiration de Gracchus Babeuf (mai 1796).

Ce fils de gabelous, d'une mère illettrée, autodidacte lui-même, se dit communiste et favorable à la loi agraire, c'est-à-dire au partage des terres. Il fréquente les milieux favorables au contrôle de l'économie par l'État, proche des plus radicaux des Jacobins, tels Amar de l'ancien Comité du sûreté générale ou Robert Lindet qui fréquentent le Club des Panthéonistes. Il est désespéré devant la misère croissante, devant la montée en puissance d'hommes de l'argent et de la corruption : Tallien, Barras...

PORTÉE DE LA CONSPIRATION DE GRACCHUS BABEUF

Condamnant le régime représentatif, il imagine un complot pour le renverser et forme un « Directoire secret » avec Buanarroti. Il entend assurer au peuple, et cette fois pour de bon, le pouvoir qui, depuis thermidor, lui échappe de plus en plus. Son mouvement est connu par la propagande qu'il diffuse, mais la « Conjuration des Égaux » qu'il met sur pied doit demeurer secrète, elle aussi. Carnot veut éradiquer ce courant dont il mesure les aspirations extrémistes. De dénonciation en dénonciation, les Égaux sont arrêtés. Par un coup de main, des Jacobins soutenus par des militaires essayèrent de les délivrer. La Commission militaire du Temple fit fusiller trente des accusés, dont trois anciens Conventionnels. Gracchus Babeuf essaya de se tuer et, sanglant, fut conduit à l'échafaud le 27 mai 1797. D'autres conjurés ou partisans de la loi agraire furent exécutés durant l'été.

La Conjuration avait échoué, ses membres furent exécutés. Pourtant, elle laissa sa marque dans l'Histoire. Pas tellement par son programme ni pour avoir préconisé le développement de l'industrie et de la machine pour libérer l'homme de ses durs travaux. Le rôle historique de Babeuf fut d'avoir, le premier, jugé qu'un régime représentatif ne pouvait assurer une transformation radicale de la société ou de la propriété et que la solution était de laisser un groupe restreint d'hommes déterminés à agir prendre le pouvoir au nom du peuple — le secret constituant une des données impératives du succès.

Transmises par Buanarroti, qui put s'échapper, ces idées sur les moyens d'accomplir la révolution passèrent ultérieurement à Blanqui, puis à Lénine qui s'en inspira pour écrire *Que faire ?*, en 1902, et fonder le parti bolchevique.

En 1918, le régime soviétique éleva, à Moscou, une statue à Gracchus Babeuf.

Sans conséquences immédiates, la Conjuration des Égaux n'en contribua pas moins à raviver la réaction antijacobine, elle réanima une sorte de Terreur blanche : ainsi le Directoire dut abandonner la réglementation du culte qui faisait figure de persécution contre l'Église. De fait, le régime prenant de plus en plus le visage de la corruption et de l'agiotage sous le règne de Tallien, Barras, etc., avec ses fonctionnaires non payés, on pouvait s'attendre à une réaction de l'opinion. Pour la prévenir, les dirigeants manipulèrent les élections par une sorte de coup d'État, le 18 Fructidor.

Le 18 Fructidor ressuscita une sorte de terreur jacobine, sans guillotine il est vrai, mais avec arrestations et bientôt déportations — la guillotine sèche — en Guyane. Les principales victimes furent les émigrés de retour depuis 1795 et plus encore les prêtres, neuf mille deux cent quatre-vingt-quatre ainsi furent condamnés. C'est que le mouvement anticlérical demeurait très vif, à la fois chez les notables et dans une partie des classes populaires. Avec Reubell et Barras, le Directoire invita même Bonaparte, alors en Italie, « à détruire le centre d'unité de l'Église romaine », c'est-à-dire la papauté. On jugeait qu'elle serait toujours l'ennemie de la République.

Pourtant, ces actions et persécutions-là, à la différence de l'an II, ne visaient que des personnes circonscrites : la population ne se sentait pas concernée. Par ailleurs, ayant, à nouveau, manipulé les élections le 22 Floréal — dans un sens antijacobin cette fois —, les notables thermidoriens s'affaiblissaient à force de pratiquer cette politique de bascule. Pour gouverner, les dirigeants du Directoire reprenaient certes les pratiques de la Terreur, perpétuant une sorte de régime policier, mais à la différence de leurs prédécesseurs de l'an II et de l'an III ils n'érigeaient pas ces pratiques en système (Annie Jourdan), et cette alternance que ces différents coups d'État provoquaient n'altérait pas la capacité de la société à s'exprimer politiquement. Là se trouve la grande différence avec les temps de la Convention et avec le Consulat qui va suivre.

L'idée de faire appel à un général victorieux pour se perpétuer au pouvoir traversa l'esprit de plusieurs Directeurs... Les talents ne manquaient pas, mais Pichegru était passé côté royaliste, Hoche mourut au combat ; restaient Joubert, Moreau, Jourdan ou encore Bonaparte.

Après la campagne d'Italie et son retour d'Égypte — dont on ignore les données —, et Joubert mort à son tour, Bonaparte apparaît le plus apte. Il le fut certes, pour prendre le pouvoir.

Figure 20 — Passage du Pont d'Arcole, 15 novembre 1796, Jean-Charles Pellerin (1820-1859). Image d'Épinal, vers 1860. (Paris, musée de l'armée.)

BONAPARTE EN ITALIE

Barras le premier avait fait confiance au jeune Bonaparte en lui confiant le soin de mettre un terme aux agissements des sections royalistes de Paris. Il les tira au canon et acquit le surnom de « général Vendémiaire ». Il montrait qu'il avait bien compris l'esprit thermidorien en fermant ensuite le Club du Panthéon, où les Jacobins continuaient à régner.

Carnot, le second, repéra les qualités de décision de Bonaparte : il lui confia l'armée d'Italie.

En Italie, il vola de victoire en victoire, ayant réussi d'abord à s'imposer à son armée, lui qui était si grêle d'aspect, par son endurance, son courage physique, sa fougue et sa manière de parler aux soldats. Il est partout, s'occupe de tout, et son ascendant s'exerce en quelques jours. Récompensant le mérite, payant la moitié de la solde en numéraire, il s'attache l'armée en un tournemain : Mondovi, Lodi, Castiglione, Arcole, Rivoli, autant de victoires qui expriment son génie militaire.

En même temps, il montre sa détermination : signant un armistice avec le Piémont à Cherasco, faisant payer les riches dans Milan occupé, refusant d'attaquer la papauté et préférant lui imposer une forte contribution, offrant sa démission si on ne le laissait pas faire, tirant 50 millions de ces conquêtes et en envoyant 10 au Directoire — qui n'en espérait pas tant. Mais le pillard s'annonçait...

À Lodi, il avait pris conscience de lui-même : « Je voyais le monde s'enfoncer sous moi comme si j'avais été emporté dans les airs. »

Alors que Jourdan et Moreau piétinaient en Allemagne, les succès de Bonaparte parurent encore plus extraordinaires, quand l'Autriche demanda l'armistice après la bataille de Rivoli. À Leoben, il traita avec les plénipotentiaires autrichiens, et en compensation de la Lombardie, dont il allait faire la République Cisalpine, il « cédait » Venise indépendante à l'Autriche. Ainsi, il sacrifiait les Italiens aux Allemands, et annexait à la France des territoires hors ses frontières naturelles. En y ajoutant les îles Ioniennes pour avoir un regard sur l'Orient.

L'EXPÉDITION D'ÉGYPTE

En son principe, l'expédition d'Égypte avait été imaginée pour mettre l'Angleterre à genoux, puisque, faute d'approvisionnement et d'une flotte suffisante, le projet d'un débarquement avait été jugé impraticable. Une intervention en Hanovre serait sans effet décisif et risquait de rallumer la guerre en Allemagne. Le projet égyptien apparaissait autrement séduisant. À cette date, en effet, l'Empire ottoman n'y exerce plus, croit-on, qu'une autorité nominale et on le qualifie déjà d'« homme malade ». À ces considérations s'ajoute l'idée maîtresse que par l'Égypte et Suez, dont on veut creuser le canal, on menacera l'Inde anglaise pour peu que les anciens alliés de la France y contribuent et on ruinera ainsi le commerce de l'ennemi qui, pour une bonne part, se fait avec ce pays. Talleyrand, nouveau ministre du Directoire, renoue ainsi avec les vues de Vergennes ; elles se croisent avec celles de Bonaparte, que fascine une expédition en Orient, mais aussi pour bien d'autres raisons. Chantre de « la grande nation », Bonaparte imagine d'en porter les frontières jusqu'en Orient, « car la civilisation y est absente, on l'y ramènera : plus qu'en Europe, c'est en Orient qu'on peut tout transformer, tout inventer ». On l'y ramènera, et pas on l'y amènera : car Bonaparte, bon connaisseur des choses de l'Orient — il a lu Marigny, le baron de Tott, a même écrit un petit conte arabe —, sait bien que la « civilisation » est née là-bas mais que le système despotique l'a éradiquée : les Turcs sont les pendants orientaux des aristocraties féodales d'Europe — il faut en triompher. Henry Laurens explique qu'au fond se transpose la formule de Sieyès : les nations que les Turcs ont soumises — Grecs, Arméniens, Égyptiens — sont *tout* dans l'ordre social et culturel ; elles ne sont *rien* dans l'ordre politique ; elles demandent à être *quelque chose*. Il faut aider à leur résurrection. Au nom de la civilisation, il se veut le chantre des nationalités.

Pour ce faire, il a l'appui des idéologues de l'Institut. Intellectuel, savant, tel se présente Bonaparte, dont le projet séduit d'autres milieux que celui des diplomates. Aidé par Caffarelli, il recrute les cent quatre-vingt-sept savants enthousiastes, des architectes, des dessinateurs qui l'ont accompagné dans son expédition, tels Monge, Berthollet, Joseph Fourier, etc.

Or rien ne se passa comme prévu.

L'amiral Nelson alerté chercha à détruire la flotte française, très inférieure en qualité à la sienne, mais Bonaparte le devança et arriva le premier à Alexandrie. Ainsi, la chance aidait Bonaparte qui put débarquer tandis que Nelson était reparti, le cherchant ailleurs... Là, Bonaparte lançait à ses troupes un appel devenu légendaire : « Ayez pour les cérémonies que prescrit l'Al Coran, pour les mosquées, la même tolérance que vous avez eue pour les couvents, pour les synagogues, pour la religion de Moïse et de Jésus-Christ. »

Il triomphe des mameluks près des pyramides, entre au Caire, rejette Ibrahim, l'un des chefs turcs, jusqu'à l'isthme tandis que Desaix poursuivait l'autre jusqu'à Assouan...

C'est alors que Nelson revint, détruisant la flotte de Bonaparte à Aboukir, le 1er août 1798.

Prisonnier de sa conquête, Bonaparte fait comme si de rien n'était. Il institue une sorte de protectorat, en s'appuyant sur les notables, comble l'Islam de faveurs, modernise le pays en remettant les canaux en état — installant des moulins à vent, mettant au travail ses savants qui allaient bientôt préparer une *Description de l'Égypte.*

C'est alors que l'Empire ottoman déclare la guerre à la France. Pour prévenir son action, Bonaparte va détruire en Syrie l'armée qui s'y rassemble, mais il doit renoncer à prendre Saint-Jean-d'Acre et bat en retraite... De retour en Égypte, il y bat une armée turque débarquée... à Aboukir...

La situation étant alors sans issue, en août 1799, Bonaparte abandonne son armée à Kléber et s'en retourne en France, où il débarque à Fréjus, après avoir échappé à Nelson.

Ce qu'on sut, en France, c'est qu'il avait deux fois trompé l'ennemi, conquis l'Égypte, vaincu à... Aboukir. Il revenait en héros victorieux, la très rationaliste *Décade philosophique* interprétant son retour prodigieux comme un signe du Destin.

LE 18 OU LE 19 BRUMAIRE

Au moment où Bonaparte débarquait à Fréjus, Masséna et Soult triomphaient des Russes entrés dans la coalition contre la France qui, après la deuxième bataille de Zurich, durent abandonner la Suisse qui se retrouva entre les mains des Français. Et comme en Hollande Brune n'eut pas à combattre les Anglais victimes d'une épidémie, il paraissait que la République ne courût plus aucun danger.

Sans doute les Chouans s'étaient-ils emparés de Nantes, puis de Saint-Brieuc, mais pour les politiques le vrai souci c'étaient les élections de l'an VIII — une fois de plus, il faudrait les manipuler : le mieux eût été de modifier la Constitution de l'an III pour que les sortants puissent ainsi se perpétuer. Le vieil abbé Sieyès l'avait prédit. Homme de la situation, il jugeait qu'avec l'aide de quelques militaires, l'affaire pourrait être rondement menée.

Or Bonaparte s'imposait — non pas tellement à cause de la popularité de ses victoires, car Moreau, Jourdan, etc., en avaient remporté de belles eux aussi, mais parce que le « général Vendémiaire » avait fait la preuve qu'il combattait les royalistes. S'il dénonçait un complot jacobin, il serait crédible. Talleyrand s'entremit, d'accord avec Cambacérès. En même temps, on plaça Lucien Bonaparte, frère de Napoléon, à la présidence des Cinq-Cents. Il n'y eut plus, ensuite, qu'à jouer la partie.

Le 18 Brumaire, un Ancien des Cinq-Cents, Cornet, évoqua le péril imminent d'un complot jacobin ; on vota les mesures convenues, le transfert des Conseils à Saint-Cloud, ce qui était légal, et la nomination de Bonaparte au commandement des troupes de Paris, ce qui ne l'était pas puisque cette décision aurait dû émaner du Directoire. Déjà, alerté, Bonaparte rendait visite à l'Institut, voyait des personnalités, affectait de jouer les innocents, rapporte Roederer. Jour de ruse, il ne se passe rien ; et c'est le 19 que Bonaparte arrive aux Conseils avec ses troupes « pour les protéger ». Comme la gauche résiste aux mesures préconisées la veille, il se fait interpeller, aux Anciens d'abord, où une voix invoque la Constitution : « La Constitution, vous l'avez violée, elle n'existe plus. » Aux Cinq-Cents, où la gauche est forte, le tumulte se déchaîne : « Hors-la-loi ! lui crie-t-on. De quel droit l'armée vient-elle ici ? » Bonaparte pâlit, quitte la salle, mais son frère, Lucien, le sauve en ne mettant pas aux voix la mise hors la loi et en quittant la salle. Alors les deux frères à cheval haranguent les troupes et font évacuer l'Orangerie.

Ainsi le vrai coup d'État datait du 19, mais la légende napoléonienne a réussi à le reculer d'un jour parce que la date du 18 met l'accent sur l'aspect institutionnel ou plutôt sur les initiatives prises par les Conseils : de sorte que la tradition historique a crédité le 18 d'une rupture, violente, qui a eu lieu le 19.

Sitôt après, deux commissions émanant des Conseils préparèrent une nouvelle Constitution en nommant trois Consuls provisoires pour assurer la transition. Sieyès était l'un d'entre eux, et joua le rôle de dupe, car, à peine nommé, Bonaparte prit les choses en main, l'élimina et se gagna l'appui de Roger-Ducos... que Sieyès avait désigné...

Ainsi le coup d'État de Bonaparte achevait ce que le 9 Thermidor avait inauguré, puisqu'il se fit au nom de la lutte contre la Terreur jacobine. Mais il marquait aussi l'irruption victorieuse des militaires dans la vie politique. Un précédent.

La non résistible ascension de Napoléon Bonaparte

L'homme qui allait inaugurer un régime de dictature en France — mais qui l'imaginait lorsqu'il fut désigné comme consul ? — exerce déjà une fascination dont peu d'hommes ont disposé dans l'Histoire. Au lendemain de ses victoires d'Italie, il n'avait que trente ans, et, nous dit son meilleur portraitiste, Georges Lefebvre, il est « petit et bas sur jambes, assez musclé ; sanguin, et encore sec, le corps est endurant et toujours prêt. La sensibilité et la résistance des nerfs sont admirables, les réflexes d'une promptitude foudroyante, la capacité de travail illimitée, le sommeil vient au commandement ». Le surmenage, pourtant, entraîne des défaillances qui peuvent aller jusqu'aux pleurs, et toute contrariété éveille des colères effrayantes. « Le cerveau est un des plus parfaits qui aient existé : l'attention, toujours en éveil, brasse infatigablement les faits et les idées ; l'imagination en joue, et invente, par des illuminations soudaines (...). Cette ardeur illuminée par ses yeux fulgurants, le visage encore sulfuré de Corse aux cheveux plats. »

Corse il l'est, par son sens de la famille et du clan, son mépris des femmes dont il ne supporte pas l'intelligence — Mme de Staël, qui dut finir en exil, l'apprit à ses dépens —, son autoritarisme. Mais c'est également un parvenu, qui, avec les siens, a connu la pauvreté, et, par jouissance, il aime se frotter aux milieux mondains, aux jolies femmes, se plaisant à tirer de ses succès une saveur dont il ne se lasse pas. Avec les savants, il est vraiment de plain-pied en conversation avec eux, aussi curieux et imaginatif qu'eux, ne rejetant que ces « bavards d'idéologues » qui pourtant l'ont soutenu à la veille de Brumaire. Il juge que l'enseignement et l'éducation constituent la pierre de touche des progrès d'une société, les développe, même si on peut juger qu'avec lui cet essor bénéficie au pouvoir, à sa gloire...

Or très vite, le caractère autoritaire du personnage et ses facultés de dissimulation se manifestent. À peine est-il Consul provisoire que 61 députés sont exclus, 56 Jacobins dont 20 déportés en Guyane. Lorsque est discuté, en commission, le projet de nouvelle Constitution, il fait insérer les noms des Consuls que furent avec lui Cambacérès et Lebrun, personne ne protestant contre ce coup de force qui élimine Sieyès et Roger-Ducos. Cette Constitution de l'an VIII est mise en vigueur avant même d'avoir été approuvée. Mais elle le fut et le peuple l'adopta par 3 millions de voix contre 1 562, de sorte que Bonaparte put juger que la nation (censitaire) l'avait légitimé.

Or cette Constitution devait être « courte et obscure », disait-il. Elle le fut, ce qui permit ensuite d'en modifier le fonctionnement sans difficulté. Le Premier Consul disposait de la totalité du pouvoir exécutif, sauf le droit de paix et de guerre ; il nommait ministres et fonctionnaires, sauf les juges de paix, seuls à demeurer électifs. Il ne peut être poursuivi que par le Conseil d'État, dont il nomme les membres ; et possède seul l'initiative des lois, que le Tribunat discute, sans les voter, et que le corps législatif vote, sans les discuter. Le Sénat peut annuler les lois institutionnelles mais surtout, ses membres nommés, il nomme ceux des autres assemblées. Aussi tous les membres de ces assemblées sont nommés, et se complètent par cooptation à partir de listes de notabilités élues au suffrage universel à plusieurs degrés ; mais n'eut jamais lieu ce renouvellement-là par des sénateurs que Sieyès avait choisis.

Les notables qui avaient contribué à l'ascension de Bonaparte s'imaginaient pouvoir le contenir grâce à leur présence massive au Tribunat où ils n'avaient plus à craindre le péril démocratique. Mais ils ne décidaient plus de rien. Au moins, sous la présidence de Daunou, ils pouvaient parler, ce dont l'ami de Mme de Staël, Benjamin Constant, ne se priva pas ; mais Bonaparte furieux chargea le Sénat de renouveler ce Tribunat en le débarrassant « de douze à quinze métaphysiciens bons à jeter à l'eau ». C'était un autre coup de force puisque le renouvellement eût dû s'effectuer par tirage au sort. De leur côté, les royalistes s'interrogeaient : le Consul Lebrun était presque des leurs. Et jusqu'où irait Bonaparte dans la mise à l'écart des Jacobins et des Thermidoriens ? Pour le tester, ils réclamèrent une épuration plus tranchée. Le 17 janvier 1800, Bonaparte leur répondit en supprimant d'un coup soixante de leurs journaux sur soixante-treize, puis la presse de gauche fut emportée ou censurée à son tour. Dans l'Ouest, ayant proposé une amnistie aux Chouans contre la remise de leurs armes, il ne reçut pas de réponse : Brune et Lefebvre eurent l'ordre de fusiller quiconque serait pris les armes à la main. Beaucoup capitulèrent, Cadoudal le dernier. On fusilla ainsi Frotte et ses compagnons.

Ainsi Bonaparte se révélait également « terroriste », dans la tradition de l'an II : « Robespierre à cheval », a-t-on dit.

Mais, à la différence des Jacobins, il ne faisait que des exemples.

Pourtant, le régime ne faisait pas l'unanimité même chez ceux qui en étaient les profiteurs ou les garants. Fouché, à la police, passait pour jacobin, et les moyens de son ministère lui permettaient de tenir tête au Consul. Celui-ci se demandait si on ne profiterait pas de la deuxième campagne d'Italie pour comploter et le renverser. Sa victoire à Marengo retourna la situation, ce qui retira tout espoir aux royalistes et aux Jacobins. « Vous ne devez pas souhaiter votre retour en France, écrit-il en septembre 1800 à Louis XVIII, vous devriez marcher sur cent mille cadavres. » Bonaparte est effectivement populaire. Un attentat fit vingt-deux morts à la rue Saint-Nicaise, le soir de Noël 1800. Fouché se doute que les hommes qui ont eu l'idée de lancer une machine infernale ne sont pas des « septembriseurs », des « conspirateurs »… Il expédie néanmoins cent trente individus dangereux, réputés jacobins, aux Seychelles et à Cayenne ; quand il découvre, plus tard, que les vrais coupables sont les royalistes, il n'en rappelle pas pour autant les « néo-jacobins » déportés. Aussitôt, par un sénatus-consulte, le Sénat se vit autorisé à modifier la Constitution alors qu'il en était le garant et Bonaparte se vit promu consul à vie. Les huit mille voix qui s'opposèrent au consulat à vie, plébiscité, seraient provenues des armées, où, on le sait, Moreau et Pichegru complotent…

On s'orientait néanmoins vers un régime monarchique.

Or c'est encore Fouché qui découvre un complot fomenté par Bernadotte, marié à Désirée Clary, l'ancienne fiancée de Bonaparte… dont les libelles stigmatisent ce « pygmée républicain ». Plus : le grand complot de Georges Cadoudal, avec Pichegru et Moreau, avait été aussi découvert par le même Fouché, décidément irremplaçable. L'entreprise échoue parce que Moreau refuse qu'elle débouche sur la restauration des Bourbons. Découvert, le général est exilé, Pichegru se pend, Cadoudal est guillotiné (1804).

Derrière ces complots, il y avait Louis XVIII et plus encore le comte d'Artois, mais l'enquête juge que c'est le duc d'Enghien qui aurait eu le commandement d'une expédition si le projet d'enlever Bonaparte avait réussi. Alors, la police du Consul enlève le duc d'Enghien en Bade, c'est-à-dire en terre étrangère, l'amène à Paris, le juge et l'exécute sans preuves, faisant valoir qu'il était « à la solde de l'Angleterre » et qu'il brûlait d'entrer en Alsace.

La conspiration de Cadoudal et l'exécution du duc d'Enghien firent scandale. Elles précipitèrent le mouvement qui poussait Bonaparte à se faire proclamer empereur héréditaire : la trahison était partout et le Consul pensait ainsi mettre un terme aux ambitions et aux complots. Sauf qu'il hésitait à franchir ce pas, faute d'héritier, et des conflits de famille que posait son éventuelle succession. Cette famille, gorgée de prébendes et d'honneurs, avant que ce fût de royaumes, lui causait mille soucis. La mère régnait et excitait ses fils, Louis, Joseph, Lucien, à exiger toujours plus de Napoléon. Il finit par désigner Joseph comme héritier.

Le Tribunat avait émis un vœu en faveur de l'hérédité « nécessaire ». Pour sa part, le Sénat n'avait rien dit de tel, mais ce type de manœuvre portait la marque de Bonaparte, car les sénatus-consultes et changements constitutionnels devaient émaner de cette instance-là d'elle seule. Et le Sénat n'osa pas protester.

Ce fut Talleyrand qui, avec Fesch, archevêque de Lyon et oncle de Napoléon, furent chargés de négocier avec le pape un couronnement que Bonaparte voulait semblable à celui de Pépin le Bref. Pie VII avait trouvé avantage à un Concordat signé avec lui deux ans plus tôt. Il accepta malgré les protestations indignées des royalistes, au lendemain de l'exécution du duc d'Enghien. À Notre-Dame de Paris, dans une scène fameuse qui décrit le personnage, Bonaparte prit la couronne des mains du pape et se la posa lui-même sur la tête. David a immortalisé la scène. Joseph de Maistre devait conclure : « Pie VII s'est dégradé jusqu'à n'être plus qu'un polichinelle sans conséquence. »

Ainsi la montée en puissance de Bonaparte avait pu s'effectuer grâce à la violence de son tempérament, à son intelligence instrumentale, à ses victoires — bien sûr —, à cette incroyable politique qui consistait à frapper les Jacobins pour rallier les anciens conjurés de la peur et ramener à l'obéissance les notables. Le clergé s'était soumis depuis le Concordat et il ne restait aux royalistes, à défaut de l'invasion, que l'arme du complot, de l'attentat.

On imagine que Jacobins et royalistes aient pu fulminer, que les ralliés aient fini par perdre toute capacité d'agir. L'un après l'autre, Bonaparte les avait castrés, tout en les gonflant de prébendes. Seuls avaient une existence réelle, active, voire ambiguë, ces généraux, comploteurs ou fidèles, haineux ou fascinés par le génie militaire de l'Empereur ; également ces ministres tortueux et indispensables, Talleyrand et Fouché.

Mais la nation, dans tout cela ? On constate que dans sa partie censitaire elle a bien plébiscité le Premier Consul — et c'est cette partie de la société et l'armée qui, pour lui, comptent, pas « la populace, ces vingt mille ou trente mille poissardes ou gens de cette espèce ». Le reste de la population, fatigué par la terreur, l'inflation, la déflation, aspire à l'ordre et à la paix. Pour l'ordre, elle put en apprécier la nature. Quant à la paix, il faut rappeler que la plupart des campagnes se firent hors de France et que la guerre rapporta longtemps gloire et rapines.

Aussi ne faut-il pas trop s'étonner si ce fut la bourgeoisie qui fut hostile à la politique despotique de Napoléon. Républicains et Jacobins d'un côté, royalistes de l'autre ne pouvaient se réconcilier avec ce qu'il représentait. Mais la légende aidant, et le souvenir des grognards aussi, les classes populaires eurent de l'Empereur une autre image. À preuve : quand son neveu, Louis-Napoléon, se présente aux élections en 1850 face à un Républicain — la monarchie vient d'être abattue, une fois de plus, en 1848 —, c'est lui qui est élu — et cette fois au suffrage universel.

CHRONOLOGIE

LES SIX COALITIONS CONTRE LA RÉVOLUTION ET L'EMPIRE

* 20 avril 1792	L'Assemblée législative déclare la guerre au roi de Bohême et de Hongrie, c'est-à-dire à l'Autriche seule, pas à l'Empire.
20 septembre 1792	Bataille de Valmy.
6 novembre 1792	Dumouriez vainqueur à Jemmapes, Custine à Coblence.
23 janvier 1793	2e partage de la Pologne, entre la Prusse, la Russie, la Pologne. Procès et mort de Louis XVI. L'Espagne et l'Angleterre se joignent à la Prusse et à l'Autriche. Pitt est l'âme de cette coalition.
26 juin 1793	Victoire de la République à Fleurus.
1793-1794	Sous l'égide de Carnot, victoire de Jourdan et Pichegru.
Avril-Mai 1795	Traité de Bâle et de La Haye, seule l'Angleterre reste en guerre.
Juin 1795	Débarquement anglais à Quiberon, à l'aide des Vendéens.
* Fin 1795	La guerre reprend avec l'Autriche ; la Russie se joint à cette *2e coalition* qui comprend également l'Angleterre.
5 octobre 1795	Bonaparte écrase l'insurrection royaliste du 13 vendémiaire.
1796-1797	Victoires de Bonaparte en Italie : Mondori, Lodi, Arcole, Rivoli.
Octobre 1797	Paix de Campo-Formio.
1798	Bonaparte en Égypte. Bataille des Pyramides. Nelson détruit la flotte française à Aboukir.
1799	Victoire de Bonaparte à Aboukir.
Novembre 1799	Coup d'État du 18 brumaire.
Juin 1800	Victoire de Bonaparte à Marengo. Mort de Desaix. Assassinat en Égypte de Kléber.
Décembre 1800	Victoire de Moreau à Hohenlinden.
9 février 1801	Paix de Lunéville, met fin à la 2e coalition.
1802	Leclerc met fin à l'indépendance d'Haïti. Paix d'Amiens.
Juin 1803	Camp de Boulogne pour une descente en Angleterre. Recez d'Empire : 112 petits États allemands sont restructurés.
Été 1803	Vu l'occupation du Brabant, de Hanovre et de Flessingue par la France, l'Angleterre rompt la paix d'Amiens.
1804	Bonaparte devient l'empereur Napoléon.
* 1805	*3e coalition* : Angleterre-Autriche-Russie-Suède.
Octobre	Nelson détruit la flotte française à Trafalgar.
Décembre	Victoire de Napoléon sur les Austro-Russes à Austerlitz.
Décembre	Paix de Presbourg, fin de la 3e coalition.

	L'Autriche cède Venise et la Dalmatie ; Naples est remis à Joseph Bonaparte.
Juillet 1806	Formation de la Confédération du Rhin liée à la France. François II d'Autriche renonce à son titre d'empereur d'Allemagne.
* 1806	Formation de la *4e coalition* : Prusse, Russie, Angleterre, Suède.
Octobre	Napoléon écrase les Russes et les Prussiens à Iéna. Napoléon entre à Berlin.
1807	Traité de Tilsitt met fin à la 4e coalition. La Prusse devient un État croupion. Alexandre de Russie se retourne contre l'Angleterre. Mise en place du Blocus continental auquel se rallie le Danemark.
1808	Le tsar occupe la Finlande, suédoise jusque-là. Napoléon en guerre contre l'Espagne. Congrès d'Erfurt entre l'Empereur le tsar et des souverains allemands.
1809	Espagne, capitulation des Français à Bailen. Ils entrent néanmoins à Madrid.
* 1809	Formation de la *5e coalition* : Autriche-Angleterre. Napoléon vainqueur de l'archiduc Charles à Eckmühl. Les Français entrent à Vienne. Victoire de Napoléon à Wagram. Paix de Schoenbrunn : Napoléon épousera la fille de l'empereur d'Autriche Marie-Louise.
1810	Louis Bonaparte, roi de Hollande, abdique. Napoléon annexe les Pays-Bas qui deviennent huit départements. La Russie rompt le Blocus continental.
* 1812	Formation de la *6e coalition* : Russie, Angleterre, Suède, Espagne.
Juin	Début de la campagne de Russie.
14 septembre	Napoléon à Moscou. Retraite de Russie.
Mai 1813	Succès de Napoléon à Lutzen et Bautzen.
Octobre	Défaite de Napoléon à Leipzig. « La bataille des Nations ». Traité de Valençay : fin de la présence française en Espagne.
1814	Campagne de France :
31 Mars	Les coalisés entrent à Paris.
6 avril	Abdication de Napoléon.
Mai	Traité de Paris, la France revient à ses frontières de 1792 avec Chambéry, Mulhouse et la Sarre.
1815	
20 mars-22 juin	Les Cent Jours. Napoléon quitte l'île d'Elbe.
18 Juin	Défaite de Napoléon à Waterloo. 2e abdication. Congrès de Vienne, fin des coalitions.

Les * indiquent la formation des coalitions.

Napoléon, la figure et les actes

NAPOLÉON AU MIROIR

La figure de Napoléon a tellement fasciné les hommes du XIXe siècle qu'on se représente mal quelle image de lui peut s'imposer. En France, après coup, la tradition républicaine, antimilitariste, pacifiste de la fin du siècle — revivifiée après 1914-1918 — rend compte de la place réduite qui lui est accordée, désormais, dans la vulgate des historiens ; et pour autant que l'histoire-bataille a elle aussi perdu un temps sa légitimité, on cherche en vain dans les grands ouvrages parus ce XXe siècle ce qui précisément a fait sa gloire. Dans l'*Histoire de France* d'Ernest Lavisse, Austerlitz occupe, pour l'époque napoléonienne, une demi-page sur 440, avec la phrase « Soldats, je suis content de vous. » Dans *Napoléon* de Georges Lefebvre, 585 pages, Austerlitz occupe une demi-page. Dans l'*Histoire de France* dirigée par Georges Duby, dix lignes.

Sans aucun doute est-ce en Russie que sa figure est la plus présente. Car dans ce pays Napoléon a épousé toutes les formes possibles, montre Sorokine : « Antéchrist, barbare, tyran, assassin, martyr méconnu, un des plus grands génies du monde, fantôme voguant vers la France sur un vaisseau fantôme, mystérieux envoyé du destin venu en Russie pour la réveiller et lui montrer le chemin vers un glorieux avenir, fils de la Révolution, comédien sans principes et avide de puissance, instrument d'une fatalité historique, homme de l'Autriche et de l'Apocalypse, serviteur de la bourgeoisie et empereur des Français. » Il fut ainsi un tyran perfide pour les derniers classiques russes, un héros épique pour Pouchkine, une donnée de la philosophie de l'histoire pour Léon Tolstoï dans *Guerre et Paix* ou pour Dostoïevski, une preuve pour les marxistes car selon eux son action confirme leurs thèses : le passage du régime féodal au régime de la bourgeoisie et de l'expansion capitaliste...

« Son esprit obnubilé voyait une justification dans le fait que parmi les centaines de milliers d'hommes sacrifiés les Français étaient en moins grand nombre que les Hessois ou les Bavarois », écrit Tolstoï. Ce sont bien les écrivains — de Chateaubriand à Victor Hugo en France —, aussi bien, ce ne sont pas les historiens, qui ont construit l'essentiel de sa légende — et c'est elle, fascinée par le bien, fascinée par le mal, qui a gagné le cœur des Français, pour un demi-siècle au moins.

MA GLOIRE : LE CODE CIVIL ET LES PRÉFETS

« Ma vraie gloire, ce n'est pas d'avoir gagné quarante batailles, Waterloo effacera le souvenir de tant de victoires — ce que rien n'effacera, ce qui vivra éternellement, c'est mon Code civil. » (Las Cases, *Mémorial de Sainte-Hélène*.)

Écrits durant son exil à Sainte-Hélène, ces propos n'ont pas toujours été reconnus comme valables par la tradition républicaine, hostile à l'homme de Brumaire, pour autant qu'il s'est attribué la paternité du Code civil par une loi, en 1807, alors que son élaboration avait commencé dès les temps de l'Assemblée constituante et que Portalis comme Tronchet ou Cambacérès avaient figuré ensuite comme ses principaux rédacteurs. En outre, ce Code « Napoléon » fut en retrait sur les projets de la Convention. Mais il en assura l'application.

Unifier les lois civiles, fabriquer un droit nouveau dans le but de niveler les titres et les fortunes, moduler l'égalitarisme successoral, le Code instaurait à la fois la liberté individuelle et la laïcité de la vie civile. Dans sa présentation du Code, Portalis en dégageait les idées-forces : les rapports entre la loi et la jurisprudence qui en négocient l'application ; les liens entre la famille et la société — « ce sont les bons pères, les bons maris, les bons fils qui font la bonne société » — ; le compromis nécessaire entre le droit écrit et les coutumes. Le Code revenait sur les droits de l'enfant naturel ; le droit au divorce se limitait au cas d'adultère, d'excès et injures graves ; les droits du père de famille étaient réaffirmés, sauf le droit à déshériter. Ce fut la condition féminine qui pâtit le plus de la législation, puisqu'elle demeurait inférieure au mari dans l'infidélité comme devant le divorce. Pourtant, le mariage devenait un simple contrat, les successions étaient partagées, l'État contrôlait désormais les rapports sociaux. Le Code signait le triomphe de l'uniformisation, de la centralisation : une nation, une loi, un droit. Pourtant, il était assez nuancé puisque la loi « approuvait les Bretons de respecter l'égalité, et permettait aux Basques de préserver leur amour de l'inégalité » (J. Goy). Surtout, jugé bon pour tous les Français, le Code Napoléon fut jugé valable aussi pour tous les autres Européens. Trois choses, disait Cambacérès, sont nécessaires et suffisent à l'homme en société : être maître de sa personne, avoir des biens pour remplir ses besoins, pouvoir disposer de sa personne et de ses biens ; tous les droits civils se réduisent donc au droit de liberté, de propriété et de contracter. Le Code civil les assurait.

Toujours en vigueur en France près de deux cents ans plus tard (et complété depuis par le Code rural, le Code des assurances, etc.), il a inspiré les Codes néerlandais, italien, portugais, roumain, espagnol, etc., et, en ce sens, après l'Église chrétienne il a été le principal unificateur de l'Europe.

Autre héritage de l'époque napoléonienne, ces « empereurs au petit pied » que furent les *préfets*, héritiers à leur manière à la fois des représentants en mission et des intendants d'Ancien Régime. Surtout, pour autant que la société de commis a disparu, administrer devient le fait d'un seul, et l'on distingue désormais administrer, délibérer, juger. Ils sont chargés d'assurer l'ordre en appliquant la loi, garantissent la présence de l'État, et surtout furent les principaux agents de la centralisation, un des traits originaux de la construction de la nation (sur la centralisation et ses effets, voir deuxième partie, chapitre 2)

L'HOMME EN BATAILLE

De toutes les campagnes de Napoléon, la plus illustre est celle qui aboutit à la victoire d'Austerlitz, où il triomphe des forces de deux empereurs à la fois, de l'Autriche et de la Russie. Sans doute, avant d'être l'empereur, Napoléon Bonaparte avait déjà remporté de très brillants succès. Général sans renom, il avait été nommé en Italie et « ce Corse, disait le général Suchet, n'a d'autre réputation que celle d'un bon chef de pièce (...). Il n'est connu que des Parisiens [allusion au 13 vendémiaire], et cet intrigant ne s'appuie sur rien. (...) Ne savez-vous pas ce que c'est que les Corses (...) Depuis deux mille ans, personne n'a jamais su compter sur eux ». Le général Beaulieu, un vieil aristocrate autrichien, parle de « ce blanc-bec » *(giovinastro)*. Or, en deux phrases, ce général d'alcôve cloue ses interlocuteurs. Froid, coupant, il expose les principes nouveaux de la guerre de mouvement. « Ce petit bougre de général m'a fait peur », dit le général Augereau, le vainqueur de Millésimo ; de fait, il transforme son armée, affamée et pauvre, mais révolutionnaire et nationale, en une cohorte avide, prête à tout pour le suivre car sa fougue, son intelligence et son courage fascinent. C'est au jour de Lodi, en 1796, qu'il va porter ses habits de héros : « Auriez-vous peur d'ennemis qui mettent une rivière entre eux et vous ? » Et il s'élance, l'épée haute, suivi de quatre généraux, gagnant le titre de Petit Caporal pour s'être battu au milieu de ses soldats. « Ils n'ont encore rien vu », dit-il au général Marmont. Son courage, on le réévalua encore à Arcole, mais il n'y avait pas que cela.

Si la bataille des Pyramides fut une promenade militaire, et sa fuite d'Égypte, ensuite, un épisode dont on ignorera, en France, la perversité — on ne connut que la deuxième bataille d'Aboukir —, Marengo (1800) fut une sorte de miracle. Massena était alors coincé dans Gênes ; on s'imagine que Bonaparte va renforcer Suchet qui est dans le Var pour se porter à son secours... Le coup de dés de Marengo consiste d'abord à passer par le Grand Saint-Bernard, du jamais vu depuis Hannibal, et déboucher, telle la foudre, sur Turin puis Milan. Pour y parvenir, il avait fallu démonter les canons. Mais voilà que Gênes tombe, que le général Melas trouve la riposte aux manœuvres de Bonaparte, que celui-ci perd la bataille, mais que miraculeusement Desaix et Kellermann fils retournent la situation en surgissant quand Bonaparte n'osait plus les attendre — le premier meurt au combat, l'appui du second est ignoré, de sorte que dans son communiqué Bonaparte peut s'attribuer la victoire.

Le schéma de Marengo se reproduisit deux fois : à une bataille ultime, Waterloo, mais Grouchy ne vint pas ; à une victoire illustre, Austerlitz, car en reculant, comme à Marengo, mais cette fois par feinte, pour mieux attaquer ensuite le flanc de l'ennemi, Bonaparte reprit la manœuvre mais cette fois en en étant le maître.

Il était parvenu jusqu'à Ulm, à marches forcées, alors qu'on le croyait occupé à renforcer le camp de Boulogne, mis sur pied pour débarquer en Angleterre. Mais la flotte de Villeneuve ayant été vaincue à Trafalgar, le 21 octobre 1805, Napoléon, qui a tiré la leçon de ses échecs guerriers avant même ce désastre, a fait parcourir à ses troupes sept cents kilomètres entre le 30 août et le 25 septembre, où elles arrivent à Spire. En deux jours, après la victoire d'Ulm, une de ses divisions parcourt cent vingt-huit kilomètres en deux jours. C'est cette rapidité de manœuvre qu'admire Clausewitz, qui bientôt le combat dans les rangs prussiens ; et cette faculté aussi de toujours attaquer, dont Foch fait un principe en 1914-1918. Arrivé à Vienne, qu'il occupe, il avait fait assister ses troupes au défilé de vingt-sept mille prisonniers. « De quelle ivresse nos soldats n'étaient-ils pas transportés », commente le général Marmont... À Austerlitz, ensuite, le 2 décembre, Napoléon feint d'abandonner le plateau de Pratzen pour faire croire qu'il bat en retraite. Caché par le brouillard, il dégarnit une de ses ailes, pour qu'on l'attaque puisqu'elle s'esquive. Alors Napoléon réoccupe le plateau que l'ennemi avait quitté pour réoccuper une position en hauteur et monter à l'assaut avec le gros des troupes qu'il avait dissimulé : « Soldats, avait-il dit la veille, je dirigerai moi-même tous vos bataillons. Je me tiendrai loin du feu si, avec votre bravoure accoutumée, vous portez le désordre et la confusion dans les rangs ennemis ; mais si la victoire est à un certain moment incertaine, vous verrez votre Empereur s'exposer aux premiers coups. » Et c'est quand le soleil fit craquer la brume qu'Autrichiens et Russes découvrirent la manœuvre rusée. Koutouzov et Mack étaient vaincus, la paix fut signée à Presbourg. La victoire acquise, Napoléon avait lancé aux siens : « Il vous suffira de dire : j'étais à la bataille d'Austerlitz, pour qu'on vous réponde : “voilà un brave”. »

BLOCUS ET SYSTÈME CONTINENTAL

Dans la guerre entre l'Empire et l'Angleterre, après la double défaite de la flotte française à Aboukir et à Trafalgar, ce furent le blocus que l'Angleterre exerça contre la France, puis le blocus continental que Napoléon exerça à son tour, à partir de 1806, qui constituèrent les principales figures de la lutte. L'idée des Anglais était de ruiner les ports continentaux, l'idée de Napoléon était plutôt d'interdire l'Europe aux marchandises anglaises : chacun espérant de cette politique la conclusion d'une paix avantageuse.

Mais, pour que le blocus continental fonctionnât, il fallait que l'Europe se ferme, des États pontificaux au Portugal, de villes hanséatiques à la Russie. L'Angleterre riposta en s'en prenant aux neutres : tout navire neutre en provenance du continent ou à destination de la France devait passer par l'Angleterre et y payer un droit de douane. Avec l'alliance conclue à Tilsitt avec le tsar, l'Empereur ne craignit plus personne : il déclara anglaise toute marchandise qui avait touché l'Angleterre, et comptait ainsi ruiner son économie, susciter une banqueroute, le chômage et peut-être même une révolution. Mais l'Espagne et surtout le Levant demeurèrent ouverts, l'Amérique latine aussi, et le monopole que l'Angleterre exerçait sur les denrées coloniales lui permit de résister. Duverrois, un publiciste à sa solde, écrivait, en se moquant de Napoléon :

Votre blocus ne bloque point
Et grâce à notre heureuse adresse
Ceux que vous affamez sans cesse
Ne périront que d'embonpoint.

Ce blocus obligea l'Europe, néanmoins, à chercher des substituts à ces produits coloniaux : la chicorée prit la place du café — et on le goûte toujours dans le nord de la France — ; la betterave remplaça la canne à sucre, ce qui enrichit le nord de la France et la Silésie, qui en avait trouvé le secret. Le plus dur fut le manque de coton, alors à la mode, et dont les filatures durent, en partie, se fermer : or, lainages et toiles de lin coûtaient beaucoup plus cher.

Cette autarcie irrita toutes ces victimes du blocus : armateurs et industriels, consommateurs aussi bien ; au point que Louis, frère de Napoléon et roi de Hollande, se vit fermer sa frontière parce qu'il continuait à exporter beurre et fromage, à passer par les Américains : si bien que Napoléon annexa la Hollande ; Murat, fait roi de Naples, était tenté lui aussi par la contrebande qui s'infiltrait partout.

En outre, en instituant un système de licences qui alimente ainsi son trésor, Napoléon favorise, certes, le commerce français, mais pas les autres et en 1811, devant une famine qui menace l'Angleterre, c'est la France qui fournit du blé — mais au prix fort —, toujours dans l'espoir de la ruiner. Or, il n'y avait pas de risque, mais l'Empereur ne maîtrisant pas le système des traites et des lettres de change ne pouvait comprendre que « de toutes les manufactures anglaises, aucune n'était plus importante que celle de la circulation de ses papiers de banque ».

Cette dislocation du commerce qui avait commencé avec les guerres révolutionnaires atteint, de fait, son apogée vers 1811, mécontentant cette bourgeoisie qui avait vu dans Bonaparte l'homme qui rétablirait l'ordre et mettrait fin aux menaces venues d'en bas.

La ruine de certaines activités — constructions navales, voiles et toiles, verreries —, cette désindustrialisation des régions côtières frappèrent à mort celles qui travaillaient aussi bien pour le Levant ; et F. Crouzet s'est demandé si, au XIXe siècle, le retard économique qu'ont connu, en France, l'Ouest, le Sud-Ouest et le Languedoc n'a pas tenu à l'effondrement de leurs industries traditionnelles pendant les guerres de l'Empire. Inversement, la prohibition des filés et tissus de coton britanniques permit à cette industrie-là de prendre racine dans le Nord et

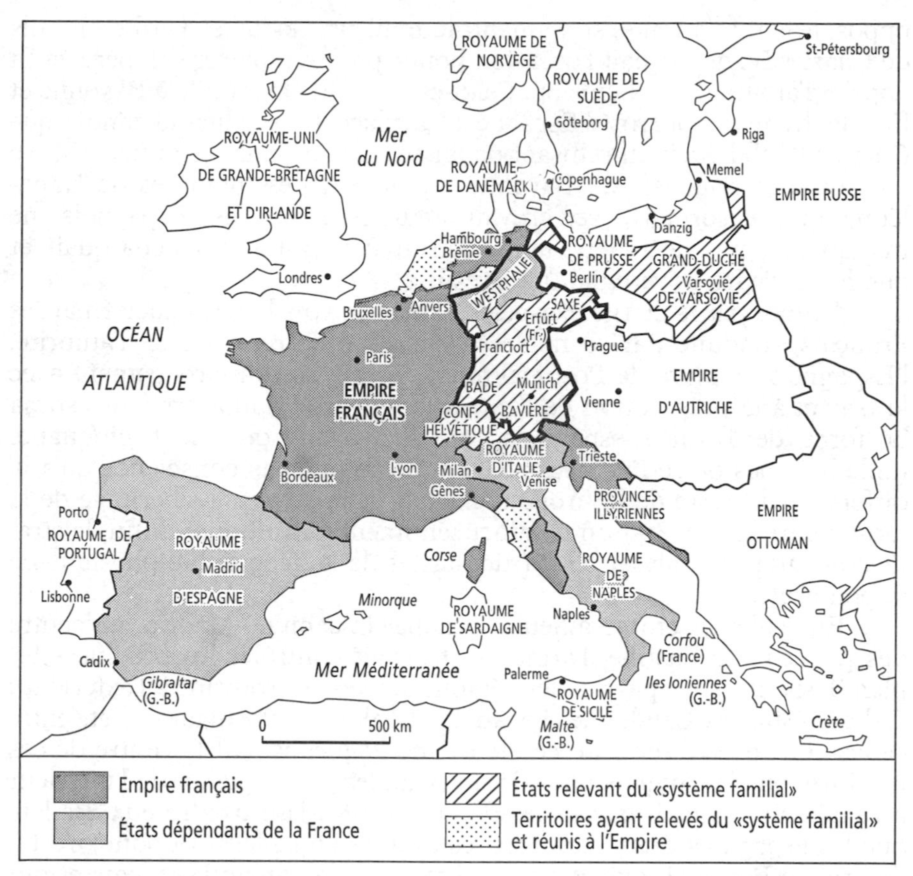

L'EMPIRE NAPOLÉONIEN EN 1811 — *Le grand Duché de Varsovie a compris successivement des territoires enlevés à la Prusse (1807) puis à l'Autriche (1809).*

l'Est. Surtout, le double blocus eut pour effet de déplacer les industries de la périphérie vers le centre de l'Europe, frappant Nantes, Brest, ou Bordeaux à l'avantage de Lyon et de la Suisse ou de l'intérieur de l'Allemagne. Même la Catalogne se convertit qui, des exportations en Méditerranée, tourna ses échanges vers le marché intérieur espagnol.

Le système continental commercial complétait le système fédératif politique que Napoléon avait institué en Europe. Or, il ne pouvait fonctionner que s'il était complet, et le Portugal demeurait ouvert à l'Angleterre. Napoléon s'accorda avec le roi d'Espagne pour le découper en trois morceaux. Il proposa l'un d'entre eux à Murat qui préféra le royaume de Naples. L'Empereur de la Révolution reprenait ainsi à son compte les pratiques de la diplomatie d'Ancien Régime. Quant à l'Espagne, plus ou moins ouverte aux marchandises anglaises, Napoléon avait deux arguments contraires pour la débarrasser du roi Charles IV : ou bien juger que ce dernier Bourbon devait déguerpir ; ou bien estimer qu'en vertu du testament de Louis XIV, un seul prince devait régner à la fois sur la France et l'Espagne. Opportunément, une querelle de famille opposait le roi, la reine, son amant, le ministre Godoy et Ferdinand, fils de Charles IV, qui jugeait l'occasion bonne pour remplacer son père, et fit appel à l'arbitrage de Napoléon. Celui-ci convoqua la famille à Bayonne et fit son frère Joseph roi d'Espagne à la place de Ferdinand tandis que Charles IV abdiquait en refusant de laisser la couronne à son fils.

Le « guet-apens » de Bayonne témoignait des manières de Napoléon, qui, désormais, se croyait tout permis. Les Espagnols ne manquèrent pas de réagir, tandis qu'au Portugal Junot débarquait et que le roi Pedro se réfugiait au Brésil.

Animée par le clergé exaspéré à l'idée de voir le pays laïcisé par les Français, conduite par sa noblesse heureuse de ressaisir de l'autorité, l'Espagne se souleva, le Portugal aussi. Tout à son rapprochement avec le tsar et à la préparation de l'entrevue d'Erfurt, Napoléon sous-estima la force de l'armée espagnole, en n'envoyant que cent cinquante mille hommes outre-Pyrénées ; surtout il ne prit pas conscience qu'à la différence du reste de l'Europe il existait dans ce pays — héritage de la lutte contre l'Islam ? — un très fort sentiment patriotique. Enfin, le stratège ne sut pas analyser les particularités de la géographie physique de la péninsule.

En voulant, comme ailleurs, occuper la capitale Madrid, au centre des plateaux de Castille, l'armée se trouvait contrôler les provinces les plus déshéritées du pays — les régions actives se trouvant à l'extérieur : Galice, Asturies, Catalogne, Levante, Andalousie, Portugal — ; et, entre celles-ci et les Castilles, un cercle de montagnes isolait le centre de ces bordures que les Anglais pouvaient ravitailler ; pour passer de l'intérieur à l'extérieur, il fallait garder les défilés : c'est à l'un d'entre eux, Bailen, que les Espagnols firent capituler les troupes du général Dupont ; c'est à l'autre, au Portugal, que Junot fut battu par les Anglo-Portugais et dut évacuer le pays par la convention de Cintra.

Napoléon vint à la rescousse de ses généraux, en réinstallant Joseph à Madrid. Sans le consulter, il abolit l'Inquisition, réduisit le nombre des couvents, saisit leurs biens. Mais l'erreur renouvelée d'une occupation de la capitale allait révéler ses effets... Ni Soult, ni Montcey ne réussirent à contrôler le pays.

Certain que l'Autriche allait faire la guerre, maintenant qu'on savait la Grande Armée empêtrée en Espagne, Napoléon quitta Valladolid pour Paris. Cette guerre avec l'Autriche, il avait espéré que le tsar l'empêcherait. Mais celui-ci resta passif. Une fois Vienne conquise, pensait Napoléon, il se vengerait d'Alexandre de Russie.

C'est au cours de ces années-là, 1808-1809, qu'un nouveau complot s'était noué, animé par Malet, Moreau, Fouché qui le sachant déjoué assura Napoléon qu'il était sans importance. Mais Malet devait passer à l'acte pendant la campagne de Russie. De son côté, Talleyrand, indispensable conseiller aux affaires étrangères, jugeait, tout en encourageant Napoléon à intervenir, qu'en Espagne on ne récolterait « que des regrets ». Estimant que l'Empereur n'avait plus le sens des réalités, il négocia en sous-main avec l'Autriche, contribua à ruiner l'alliance entre le tsar et Napoléon, complota avec Fouché pour qu'en cas de décès de Murat

Talleyrand lui succède. En 1809, c'est la rupture et le prince de Bénévent, vice-Grand Électeur et Grand Chambellan, perd ses fonctions. Il prépare la voie au retour des Bourbons en dissociant, dit-il, les intérêts de la France de ceux de l'Empereur — qui pourtant fait encore appel à ses services en 1814, pour le voir préparer son abdication. Ce double jeu, Fouché, « ministre de la Police » et duc d'Otrante, le mène de façon parallèle, négociant avec Metternich pendant les Cent Jours et préparant la deuxième abdication.

EN RUSSIE : « IL NEIGEAIT, ON ÉTAIT VAINCU PAR SA CONQUÊTE... »

« Si j'avais réussi, j'aurais été le plus grand homme de l'Histoire », témoigne Napoléon dans le *Mémorial de Sainte-Hélène*. De fait, le soutien russe n'avait pas été à la mesure des promesses de l'entrevue d'Erfurt lors de la campagne de 1809 contre l'Autriche ; Napoléon acceptait difficilement les ambitions du tsar qui visaient Constantinople, inversement la création d'une grande Pologne constituait une agression pour le tsar. La guerre n'était pourtant pas inéluctable, même si la Russie n'appliquait pas le Blocus continental.

Une alliance, un retournement, un désastre : le parallèle historique s'impose avec l'entreprise d'Hitler, même s'il paraît artificiel, tant les données fondamentales en sont différentes. Pourtant, celles de l'échec se ressemblent : une armée cosmopolite dans les deux cas — en 1812, les Français de France ne constituent que le tiers de la Grande Armée, car sont considérés comme Français les soldats des pays annexés et les autres sont Allemands, Polonais, Italiens, Portugais ; en 1941, les Allemands sont relativement plus nombreux, mais Hongrois, Roumains et Italiens sont également présents.

Ces armées cosmopolites sont moins déterminées que celles de l'adversaire qui défend le sol natal. Autre ressemblance, outre le calendrier, trop tardif — Napoléon et Hitler par mimétisme partent le 24 et le 20 juin —, la sous-estimation des distances : elles jouent contre les fantassins de Napoléon, également contre les forces motorisées d'Hitler. C'est la boue, avant le froid, qui a sauvé l'armée russe en octobre 1941 : en témoignent les images de ces troupes embourbées *puis* immobilisées par la glace. Dernière ressemblance, la tactique russe, de la terre brûlée et du recul incessant pour éloigner l'envahisseur de ses bases, l'isoler, le harceler.

Au vrai, Napoléon avait cru que les Russes l'attaqueraient en Pologne ; leurs forces étant inférieures, il avait cru, ensuite, qu'avançant en terre russe, ils commenceraient à négocier. Mais l'emporte l'idée de Rospotchine qu'en se dérobant l'espace et l'hiver seraient les meilleurs alliés de la Russie. Plus Napoléon avançait, et plus sa marge de manœuvre diminuait, faute de ravitaillement. À Vitebsk, il pensa s'arrêter, soulever des paysans, puis il poursuivit et le 5 septembre, à la Moskova, il l'emporta, perdant trente mille soldats — les Russes, cinquante mille. Arrivé à Moscou qui brûlait, il se retrouva comme en Égypte en 1798, prisonnier de sa conquête. Il se décida au retour, harcelé par Koutouzov qu'il vainquit à Malo-Iaroslavetz : mais il était trop tard, le froid frappait, et arrivé à Tilsitt le 18 octobre, la Grande Armée avait perdu quatre cent mille hommes alors que six cent onze mille avaient franchi la Vistule à l'aller.

Dans « L'Expiation », un des poèmes des Châtiments, Victor Hugo, en historien, décrit les affres de la retraite de Russie.

Il neigeait. On était vaincu par sa conquête.
Pour la première fois l'aigle baissait la tête.
Sombres jours ! l'empereur revenait lentement,
Laissant derrière lui brûler Moscou fumant.
Il neigeait. L'âpre hiver fondait en avalanche.
Après la plaine blanche une autre plaine blanche.
On ne connaissait plus les chefs ni le drapeau.
Hier la grande armée, et maintenant troupeau.
On ne distinguait plus les ailes ni le centre.
Il neigeait. Les blessés s'abritaient dans le ventre
Des chevaux morts ; au seuil des bivouacs désolés
On voyait des clairons à leur poste gelés,
Restés debout, en selle et muets, blancs de givre,
Collant leur bouche en pierre aux trompettes de cuivre.
(...)
L'empereur était là, debout, qui regardait.
Il était comme un arbre en proie à la cognée.
Sur ce géant, grandeur jusqu'alors épargnée,
Le malheur, bûcheron sinistre, était monté ;
(...)
Il [l'empereur] se tourna vers Dieu ; l'homme de gloire
Trembla ; Napoléon comprit qu'il expiait
Quelque chose peut-être, et, livide, inquiet,
Devant ses légions sur la neige semées :
« Est-ce le châtiment, dit-il. Dieu des armées ? »
Alors il s'entendit appeler par son nom
Et quelqu'un qui parlait dans l'ombre lui dit : Non.

LES ADIEUX DE LA DÉFAITE

Après coup, Napoléon a jugé que c'est la campagne de Russie qui a sonné le glas de son Empire. De fait, la Grande Armée disparue, sur le moment l'Empereur ne voulut pas mesurer l'étendue du désastre : passée la Vistule, il laissa Murat contenir les Russes, fila en France pour y reconstituer une armée. C'est le moment que choisit le roi de Prusse, poussé par le mouvement national, pour déclencher la guerre de libération, *Befreiungskrieg* ; les volontaires s'enrôlaient et le Landwehr finit par compter la moitié de l'armée d'opérations ; seuls les Polonais de Silésie et de Prusse occidentale refusèrent d'obéir ou désertèrent. Mais cette armée prussienne prenait la relève de celle des Russes et sa détermination était entière. Avec son armée réduite à cent cinquante mille hommes depuis la paix de Vienne en 1809, l'empereur d'Autriche préférait jouer les arbitres que se lancer...

Les signes de la désagrégation se multipliaient... Murat, retour de Russie, fit savoir à Metternich qu'il lui offrirait son concours s'il gardait le royaume de Naples ; à Bernadotte, on propose la Norvège et la Guadeloupe ; Napoléon lui-même confia la régence à Marie-Louise pour neutraliser l'Autriche, et essaya de se réconcilier avec le pape. Entre-temps, il avait mobilisé la classe 1813, et avec sa détermination coutumière, gagnant de vitesse ses adversaires, il remporta deux victoires sur les Prussiens, à Lutzen et Bautzen ; les Russes se retirant, il proposa un armistice. Pendant ces négociations, où l'Autriche lui notifiait d'abandonner la Pologne, de rétablir la Prusse, etc., Wellington achevait de vaincre les Français en Espagne, à Vittoria. Cela hâta la détermination de l'Autriche d'en découdre, et une grande coalition se noua alors qui comprit la Suède de Bernadotte en sus des participants habituels : au vrai, son nouveau monarque participa peu à la guerre pour ne pas avoir à combattre ses compatriotes et ainsi se faire accepter d'eux comme successeur de Napoléon si celui-ci était vaincu. À Leipzig, la « bataille des Nations », mal engagée pour Napoléon, malade, put voir chacun de ses lieutenants battus : Macdonald par Blücher, Ney et Davout repoussés par Bernadotte, Vandamme et Gouvion Saint-Cyr par Schwarzenberg. La défection du corps saxon, en pleine bataille, amena l'Empereur à sonner la retraite, mais le pont de Lindau ayant sauté trop tôt, celle-ci se transforma en débandade : Macdonald traversa l'Elster à la nage, Poniatowski s'y noya (octobre 1813). Le Wurtemberg et Bade s'unirent à la coalition, sauf Davout qui tenait bon à Hambourg ; l'Allemagne entière était perdue pour Napoléon.

Après la défaite de Russie, Napoléon revenait à Paris pour la deuxième fois en vaincu. Il y régnait déjà une atmosphère de fin de règne, le nom du duc d'Orléans circulait, les royalistes pensaient que l'heure de Louis XVIII arrivait, Joseph espérait être associé à la régente... La trahison rôdait et l'on pensait que le retour de la France à ses frontières d'antan résoudrait le problème des rapports avec la Coalition. Caulaincourt y défendait le point de vue impérial, et Talleyrand ondoyait mais se révélait toujours indispensable.

Pour rassurer l'opinion publique et la garder avec lui, Napoléon annonça qu'il rendrait publiques les conditions de l'ennemi. Puis, pour frapper un coup, il réduisit le corps législatif, et, le 1er janvier 1814, il apostropha les députés présents ; il rompait ainsi avec cette bourgeoisie qu'il avait choyée, stigmatisant ses intrigues :

« Vous pouviez me faire beaucoup de bien, et vous n'avez fait que du mal. Êtes-vous représentants du peuple ? Je le suis, moi ; quatre fois, j'ai été appelé par la nation et quatre fois, j'ai eu les votes de cinq millions de Français. J'ai un titre et vous n'en avez pas... Vous n'êtes que les députés des départements (...). Vous voulez me couvrir de boue ; mais je suis de ces hommes qu'on tue et qu'on ne déshonore pas (...). Lorsqu'il s'agit de repousser l'ennemi, vous demandez qu'on change les institutions ! (...). Mais je ne ressemble pas au roi qui existait alors. J'aime mieux faire partie du peuple souverain que d'être roi esclave. »

Ce rapprochement avec les classes populaires — avec ses soldats —, il le réitèrera une fois, deux fois encore.

Or, tant que la guerre se portait ailleurs qu'en France, il disposait d'un vrai soutien. Mais que l'Empereur veuille reconstituer une Grande Armée après en avoir déjà perdu deux — en Russie, puis en Allemagne —, voilà qui se supporte mal, et se multiplient les réfractaires.

Quand en 1814 l'invasion, foudroyante, s'abat sur le pays — par l'Est, et les Anglais venus d'Espagne par l'Aquitaine —, l'habileté tactique de Napoléon réussit à retarder les coalisés, mais pendant cette campagne de France la défaite apparaît inéluctable. Quand il quitte Paris, il ne dispose que de soixante mille hommes face à plusieurs centaines de milliers. Il court de Bülow en Blücher, de Blücher en Schwarzenberg, remporte encore des succès, mais illusoires. Le 31 mars, s'approchant de Paris, une proclamation des Alliés invite les Français à se prononcer sur le gouvernement qui conviendrait au pays. On propose l'exemple de Bordeaux qui a acclamé le duc d'Angoulême.

Les souverains avaient fait savoir qu'ils ne traiteraient plus avec Napoléon. Alors Talleyrand demanda au Sénat d'instituer un gouvernement provisoire, il se mit à sa tête et les sénateurs proclamèrent la déchéance de l'Empereur, rédigeant une nouvelle Constitution... qui leur reconnaissait l'hérédité, et rappelant Louis XVIII sur le trône. Tandis que les Alliés entraient dans Paris, à Fontainebleau les maréchaux pressaient Napoléon d'abdiquer. La troupe lui demeurant fidèle, prête à se battre encore, il hésitait... Les soldats avaient crié « Vive l'Empereur, à Paris, à Paris ! » et défilé devant lui au son du *Chant du départ* et de *La Marseillaise*. Mais quand Napoléon apprit que son cher Marmont avait accepté le principe de l'abdication et suggéré pour lui un petit territoire où il serait souverain — ce fut l'île d'Elbe —, il abdiqua.

À la garde, campée à Fontainebleau, Napoléon fit ces adieux :

« Généraux, officiers, sous-officiers et soldats de ma vieille Garde, je vous fais mes adieux ; depuis vingt ans, je suis content de vous... Je vous ai toujours trouvés sur le chemin de la gloire (...). Il me reste une mission, c'est pour la remplir que je consens à vivre, c'est de raconter à la postérité les grandes choses que nous avons faites ensemble. »

Les soldats pleuraient... Alors, « il leva sa tente qui couvrait le monde » (Chateaubriand).

« LE VOL DE L'AIGLE »

Pendant que Napoléon s'installait à l'île d'Elbe en l'organisant comme un petit État, Louis XVIII revenait sur son trône.

Il apparut aux Français comme un être d'une autre planète.

Vingt-trois ans avaient passé depuis la mort de Louis XVI et l'idée d'un retour des Bourbons paraissait incongrue : ils ne pouvaient revenir que dans les fourgons de l'étranger. « Aux yeux des masses populaires, dit Cournot dans ses *Souvenirs*, la terrible et sauvage immolation de toute une famille royale et la dispersion des ossements de ses ancêtres avaient clos les destinées de la vieille dynastie — ce qui pouvait rester quelque part de collatéraux ne comptait plus. »

Louis XVIII entra dans Paris avec, à côté de lui, la duchesse d'Angoulême, fille de Louis XVI, dont la robe était lamée d'argent, couleur de deuil, en souvenir de son père. Chateaubriand raconte : « Un régiment de la vieille garde formait la haie depuis le pont Neuf jusqu'à Notre-Dame. Je ne crois pas que figures humaines aient jamais exprimé quelque chose d'aussi menaçant et d'aussi terrible (...). Les uns faisaient descendre leur bonnet à poil sur leurs yeux, comme pour ne pas voir (...), les autres, à travers leurs moustaches, laissaient voir leurs dents comme des tigres... Quand ils présentèrent les armes, ce fut avec un mouvement de fureur, et le bruit de ces armes fit trembler. »

Au vrai, la Restauration fut accueillie dans une relative indifférence bien qu'elle apportât la paix : seul le clergé manifesta avec bruit son allégeance. Pas autant la noblesse qui jugeait Louis XVIII trop désireux d'apaiser plutôt que d'exaspérer, alors que ses proches, « qui n'avaient rien appris, ni rien oublié », ne rêvaient que vengeance, restauration de leurs privilèges, restitution des biens qu'ils avaient perdus. Le comte d'Artois, frère du roi, incarnait le retour à la pire réaction. Le drapeau blanc à fleur de lys remplaça le tricolore.

Carnot — sorti de son exil pour offrir son épée à Napoléon lorsque la France fut en danger —, Carnot écrivit un *Mémoire au roi* répandu clandestinement ; il jugeait qu'« au lieu d'avoir voulu recevoir la couronne de ses compatriotes, en préférant leur "accorder" une Charte, tout ce qui a porté le nom de patriote s'est séparé de la cause du Prince ; il faut avoir été chouan, vendéen, ou cosaque, ou Anglais pour être bien reçu de la Cour... Les trois quarts et demi de la France sont blessés ».

Sur son île, Napoléon était informé de tout cela. Sa colère était vive contre les négociateurs du Congrès de Vienne qui l'avaient privé de son fils, contre Marie-Louise qui avait déjà pris un amant, contre Louis XVIII qui ne lui versait pas sa pension. Selon certaines rumeurs, on avait l'intention de l'exiler au loin. Et puis, il n'était pas homme à se morfondre sans agir.

Le 26 février 1815, avec deux cents chasseurs corses, cent Polonais et quatre cents soldats de la Vieille Garde, il s'évade... Débarqué au golfe Jouan, il retrouva l'élan de ses grands jours : « Soldats, nous n'avons pas été vaincus (...) Votre général appelé au trône par le vœu du peuple vous est rendu (...) Reprenez ces aigles que vous aviez à Ulm, à Austerlitz, à Wagram, à la Moscova, à Lutzen, à Montmirail. La victoire marchera au pas de charge ; l'aigle avec les couleurs nationales volera de clocher en clocher jusqu'aux tours de Notre-Dame. »

Le « vol de l'aigle » dura vingt jours.

Il fait partie du roman de la nation avec ces scènes que la mémoire historique a retenues. À Laffrey, par exemple, sur la route de Grenoble, dans l'étroit défilé que le général Marchand veut barrer, seul l'Empereur s'avance et dit aux soldats qui le couchent en joue : « S'il est parmi vous un soldat qui veut tuer son Empereur, il peut le faire »...

Les soldats jettent leurs fusils ; à ceux qui l'ont acclamé et suivi : « Vos frères sont menacés du retour des dîmes, des privilèges, des droits féodaux. N'est-ce pas vrai, citoyens ? »

On crie partout « Vive l'Empereur » ; à Lyon c'est « À bas les prêtres ». Et déjà il abolit la Chambre des Pairs, licencie la Maison du Roi, proscrit la cocarde blanche. « Je le ramènerai dans une cage de fer », avait dit au roi le maréchal Ney. Devant ses soldats en révolte, il est retourné et les conduit à l'Empereur : « Je vous aime, sire, mais la patrie avant tout. — C'est l'amour de la patrie qui m'a ramené en France... » répond Napoléon.

À lui seul, il reconquiert la France, et Louis XVIII n'a plus qu'à filer, à se retrouver à l'étranger. Tous les maréchaux, sauf Victor et Gouvion Saint-Cyr, ont rejoint « leur » Empereur. Promulguant un *Acte additionnel* à la Constitution, qui, à sa façon, instaure une sorte de monarchie parlementaire, assez semblable à la Charte de Louis XVIII, il la soumet au peuple censitaire. Mais, là, on vérifie qu'avec ceux qui disposent d'un revenu, le fil d'amour est rompu : il n'y a que 1 305 206 oui, sur 5 à 6 millions d'inscrits — et 4 206 non.

Et chacun de se demander : mais que va-t-il donc faire ?

Une nouvelle fois, il voulut frapper les esprits et organisa au Champ-de-Mai une grande cérémonie. Pour entrer dans Paris, Louis XVIII avait choisi une calèche tirée par huit chevaux blancs, s'était coiffé d'un chapeau à plumes blanches, en habit bleu à épaulettes d'or. Pour venir au Champ-de-Mai, Napoléon se fit lui aussi conduire en voiture, alors que d'ordinaire il arrivait à cheval, et il vint vêtu d'un manteau de velours violet, coiffé d'une toque à plumes, ses frères vêtus de taffetas blanc, et l'Archichancelier Cambacérès d'un manteau bleu semé d'abeilles. À l'archevêque de Bourges à genoux, il jura, la main sur l'Évangile, d'observer les Constitutions de l'Empire.

Soudain, au moment de la distribution des aigles, il rejeta son manteau, s'avança vers les soldats et leur dit :

« Je vous confie l'aigle impérial aux couleurs nationales.

Jurez de le défendre au prix de votre sang... »

Dans le silence de la foule, stupéfaite, la Garde nationale puis la Garde impériale répondirent :

« Nous le jurons ! »

Chacun comprit qu'à nouveau ce serait la guerre.

On était le 1er juin 1815.

Le 15, il était déjà en Belgique, face à Wellington et à Bülow. Il gagne contre les Anglais, et Wellington commente : « Il faut que ce soit la nuit où les Prussiens arrivent », Napoléon pense de même, en attendant Grouchy. Mais c'est Blücher qui survient, et la débâcle française s'annonce que Ney essaie en vain de prévenir. Au cœur de la nuit, alors, Napoléon donne l'ordre de la retraite. À Waterloo, il a perdu.

À Paris, devant l'hostilité de la Chambre, à nouveau il se décide à abdiquer. Et, à nouveau, Louis XVIII se met en route vers Paris, où il se réinstalle le 8 juillet 1815 tandis que Napoléon, par les soins de Fouché, puis de Louis XVIII, était livré aux Anglais. Le 15, sur le *Bellephoron*, on l'exilait à Sainte-Hélène.

1941-1815 — UN PARALLÈLE PAR ARAGON

Entre mars 1814 et juillet 1815, le pays avait connu quatre régimes : la fin de l'Empire, la première Restauration, du 6 avril 1814 à février 1815, les Cent Jours de Napoléon, de mars à juillet 1815, la seconde Restauration, depuis le deuxième retour de Louis XVIII.

Ce que les maréchaux, les diplomates et les ministres avaient pu commettre comme retournements et trahisons, Aragon l'a imaginé dans *La Semaine sainte*, dont l'action se situe à Paris en 1815. On y reconnaît ces maréchaux d'Empire résignés à servir le roi, ces aristocrates revenus d'exil, et son héros Géricault — est-ce Aragon lui-même, qui ne sait où est son devoir, où est son intérêt, quelle « ligne » suivre ? Bien sûr, Géricault figure ces communistes qui, au moment du pacte germano-soviétique, ne savent à quelle fidélité ils doivent prêter serment : le parti ou la nation, et qui font un choix, un autre, oscillent encore... Comme s'il fallait trahir quelque chose pour demeurer soi-même.

Napoléon, quel grand dessein ?

Sans doute a-t-il affirmé en avoir eu un. Après coup du moins, dans le *Mémorial de Sainte-Hélène*, il affirma à Las Cases qu'il aurait voulu former une Europe « régie par les mêmes principes, le même système ; un Code européen, une Cour de cassation européenne (...), une même monnaie (...). Les enfants des princes seraient élevés en commun (...). Auraient vu le jour une université et un institut européens (...). Le projet de l'abbé Saint-Pierre, de paix perpétuelle serait ainsi réalisé (...).

« Paris aurait été la capitale du monde ».

Il explique : distribuer des trônes à ses frères, « c'était jeter des ancres de salut au fond de la mer (...), car les peuples se sentiraient plus en famille avec les sœurs et frères de Bonaparte ». Sans doute faudrait-il que l'Italie s'unifie auparavant...

Sauf qu'en guise d'unification, son premier geste, en 1802, fut de réunir le Piémont à la France...

Cet exemple, qui pourrait être suivi de bien d'autres, témoigne de l'écart qui a pu exister entre un dessein révélé après coup — ce qui ne prouve pas qu'il l'ait ou qu'il ne l'ait pas eu — et la réalité des actes.

Néanmoins, on constate qu'attaché à la tradition révolutionnaire, Napoléon n'a cessé d'en vouloir appliquer certains principes : telle la diffusion du Code civil.

Il a procédé également à des débuts d'unification administrative de l'Europe sans parler des réformes sociales appliquées jusqu'en Russie occupée, de sorte que la postérité révolutionnaire de ce pays l'a glorifié (puis stigmatisé) plus qu'ailleurs.

Ce projet global existait-il vraiment ? Disons qu'il a pu figurer parmi des objectifs divers, au moins à court terme, et qui répondaient à d'autres nécessités.

À cette date, construire l'Europe était une idée qui émanait du mouvement des Lumières ; Saint-Simon la reprend, et Kant aussi avait émis un vœu de paix perpétuelle qui accompagnerait l'accomplissement de ce projet.

Sauf qu'il n'était pas entendu par là que l'Europe se ferait sous l'égide d'un État, d'un seul. Les obstacles eussent paru insurmontables, et douteuse la légitimité du projet.

C'est pour cela, également, que Napoléon promettait que ses frères, roi de Hollande ou roi d'Espagne, demeureraient autonomes de l'Empire. Mais comme pour l'Italie Joseph refusait — en espérant régner un jour sur la France —, et Napoléon se fit aussi roi d'Italie. Il argumenta qu'en tant qu'empereur, il l'était nécessairement, ce qui était le cas au temps du Saint-Empire. En même temps, en se faisant couronner par le pape, il assurait l'empereur d'Autriche qu'il demeurait seulement l'empereur des Français, rien de plus. Ce qui, au reste, n'excluait pas que par l'intermédiaire de ses frères il eût dominé indirectement le reste des pays conquis.

Après coup, il est aisé de juger que si, effectivement, Napoléon a bien procédé, de façon consciente à une unification de l'Europe, à son uniformisation, il était illusoire d'imaginer que les rois l'accepteraient.

Se demander si cela aurait été durable relève de l'histoire-fiction. Néanmoins le processus de domination a failli se réaliser.

Comment cela s'explique-t-il ? À l'heure de la révolution de 1789 régnait l'Europe des Princes et des États. Leur rivalité avait sécrété un besoin d'équilibre, auquel les peuples étaient étrangers, alors que les philosophes préconisaient la construction d'un autre dispositif, européen et pacifique : c'était ignorer à la fois les États et les Princes mais également les peuples qui firent irruption avec la révolution de 1789. Elle fut française à l'origine, devint partiellement européenne, par contagion et attraction, et Bonaparte se situa à l'intérieur et dans le flux de ce mouvement.

Sauf que les Princes et les autres États étaient toujours là et que les conquêtes de Bonaparte puis de l'Empereur transformèrent les mouvements de sympathie à l'égard d'une révolution plus générale en une hostilité venue du peuple et qui, en Allemagne comme ailleurs, se joignit à la résistance que les Princes et les États opposaient aux conquêtes de la Révolution, du Consulat et de l'Empire.

De sorte que la politique d'expansion, libératrice pour les peuples à ses débuts, devint rapidement oppressive, et à l'expansionnisme dit « révolutionnaire » s'opposa bientôt la réaction des nations, rétives à toute uniformisation et affirmant leur identité. Les réformes opérées par Napoléon ont pu le faire apparaître, au moins un certain temps, comme l'ennemi de leurs Princes plus que des peuples — qu'ensuite il allait pressurer.

Mais les princes eux-mêmes n'étaient pas tous hostiles à Napoléon... La Suède a appelé Bernadotte sur son trône, l'Autriche ne le craignait plus comme révolutionnaire, à preuve le mariage avec Marie-Louise fille de l'empereur ; à Tilsitt, le tsar envisage une alliance avec lui. Aucun monarque ne reconnaît Louis XVIII comme souverain ; en outre, le pape, loin de l'excommunier, l'a fait empereur après avoir signé le Concordat. C'est dire que l'unité de la contre-révolution ne s'est pas vraiment réalisée entre 1804 et 1814.

S'ajoute à cette constatation le fait que bien des États jugeaient que leur ennemi principal n'était pas la France révolutionnaire ou napoléonienne et conquérante, mais bien l'Angleterre, qui avait gagné l'empire des mers à une époque où le capitalisme s'enrichit des échanges plus que des guerres. Tel est le cas de la Russie, qui, en outre, trouve l'Angleterre sur sa route en mer Baltique et en Méditerranée ; tel est le cas de la Hollande, à qui l'Angleterre souffle le commerce et bien des colonies.

Ces facteurs rendent compte des possibilités, des ouvertures dont disposait l'Empereur. Mais son tempérament exigeait des succès spectaculaires ; en outre, il jugeait que seule la victoire de ses armées consoliderait sa domination en France — plus que les réformes dont les effets ne se feraient pas sentir à court terme.

Et puis, comme la guerre était l'activité où s'exprimait son génie, qu'il disposait d'une armée plus puissante que celle de chacun de ses adversaires, il aimait cette aventure, avec ses risques — celui de la coalition, celui de l'espace russe. Il révélait par là ses traits de personnage romantique.

1789-1815
La Révolution française : quel bilan ?

Perçu comme le changement le plus radical de l'histoire du pays, la Révolution a été réévaluée dès le milieu du XIXe siècle par Tocqueville. Celui-ci montre que, loin d'être une rupture avec le passé, la Révolution trouve ses racines dans l'Ancien Régime ; ensuite que l'absolutisme de l'État, qui se perpétue et se modifie sous Napoléon, se trouve de fait dans la continuité de l'administration d'Ancien Régime qu'elle renforce, et qu'il perfectionne ; une centralisation entreprise depuis plus d'un siècle.

Retenons cette leçon qu'évaluer le bilan consiste ainsi à apprécier à la fois ce que les contemporains en ont jugé et ce qui apparaît avec le recul de l'Histoire. On se limite ici à ce premier versant[1].

Le premier résultat est politique. Avec la Révolution, en effet, la souveraineté passe du monarque de droit divin à la volonté populaire, à la nation. Mais, *au lieu de limiter les attributs de cette souveraineté, la Révolution en a critiqué les tenants* — qu'il s'agisse des dirigeants d'Ancien Régime, ou de ceux des organismes que les Conventionnels ont créés. Autre changement : cette souveraineté, désormais, comme l'État, est laïque, même si le sacre de Napoléon ou la Restauration après 1815 réaniment le rapport privilégié qu'entretiennent l'Église et l'État.

Le deuxième résultat fut la destruction des cadres juridiques de l'ancienne société corporative : les droits de l'homme impliquaient l'affranchissement des structures fondées sur la naissance ou les privilèges. Ainsi l'Église vit ses membres réduits au statut de simples citoyens, ses biens comme ceux des nobles connurent la loi commune et la condition de ces deux ordres empira gravement. Mais la haute bourgeoisie se trouva frustrée de ses aspirations à l'anoblissement, et réellement atteinte par l'anéantissement des compagnies par actions, par la disparition de la caisse d'escompte, etc., formes les plus avancées du capitalisme. En 1789, l'organisation en corps tenait une place plus fondamentale que la relation féodale. Ils ne disparurent pas vraiment, comme en témoignent les tensions entre les différentes formes d'activité ou d'organisation de chaque métier. Ces conflits prédisposèrent le monde du travail à entrer en politique. Ainsi se trouve entamée la bataille pour l'*égalité sociale*, qui, explique Tocqueville, a pour moteur l'envie, ce nouveau ressort, « car la passion de l'égalité ne peut jamais être satisfaite ».

Autre résultat, après 1815, l'irruption d'une société ouverte au talent, de *self-made-men*, de bourgeois parvenus si l'on préfère, qui conservent le modèle aristocratique, l'imitent, quitte à ce que la noblesse les regarde avec condescendance.

« Une couche géologique » sépare les capitalistes et les arrivistes de Balzac ou de Stendhal des notables de l'époque de Beaumarchais. Affairistes et « classe moyenne » apparaissent simultanément, enfants de la « Révolution française » et de la « révolution industrielle ». Pourtant, afin que la société ne se transforme pas en « grains de sable », l'Empire entend structurer d'abord la richesse, consacrer la propriété foncière ; au total, ce furent les pauvres les grands perdants. Par ailleurs, la révolution française et l'empire consacrent aussi la famille, le contrat de mariage devenant une affaire d'argent. Le Code civil fut ainsi la bible du régime, le fruit de la Révolution : il confirme la liberté personnelle, l'égalité devant la loi, la liberté de travail, la liberté de conscience et,

1. Sur la Révolution française, *Enjeu pour l'histoire*, 2e partie, p. 679.

bien sûr, la liberté de l'État. C'est à ce titre qu'il apparaît comme le symbole de la Révolution et qu'il a fourni dans toute une partie de l'Europe les règles essentielles de la société moderne.

De sorte que l'économie, la richesse ne sont plus enchâssées dans les relations sociales, mais à l'inverse ce sont les relations sociales qui désormais sont enchâssées dans l'économie, ce que Polanyi a appelé « la grande transformation ».

Pour autant que les révolutionnaires puis Bonaparte se sont méfiés de la richesse nobiliaire, et vu les convictions profondes des Constituants et de leurs successeurs, c'est à l'instruction publique qu'échoit le rôle de structurer la nation. Plus que l'instruction primaire, dangereuse pour les nantis, c'est l'enseignement secondaire et plus encore le développement de la recherche scientifique qui doivent assurer la promotion d'une société nouvelle. Gloire aux savants : à cette fin, après que la Convention eut créé l'École normale supérieure et l'École polytechnique, qu'eut été fondé le Museum d'histoire naturelle, la Révolution et l'Empire ont multiplié ces pépinières qui vont enfler le nombre de ces nouvelles élites. Alors qu'à l'époque des Lumières, idées et philosophes circulaient, désormais la science se localise et se nationalise.

L'École de Paris en médecine en constitue le fleuron, et de toute l'Europe, voire d'Amérique, on vient en prendre les leçons, pendant toute la première moitié du XIXe siècle. Ce rayonnement de la médecine et de la science françaises, de Bichat à Claude Bernard, qui se poursuit jusqu'à l'époque de Pasteur, constitue un des accomplissements de l'œuvre révolutionnaire.

Certaines disciplines se trouvent, en quelque sorte, promues ; avant tout les mathématiques qui entendent désormais à la fois rendre compte des phénomènes économiques, avec Cournot, ou avec Louis, grâce à la statistique, faire évoluer la médecine ; leur triomphe relatif atteste d'un achèvement de la laïcisation et de la scientifisation des savoirs, de leur détachement des conflits idéologiques qu'avait sécrétés la Révolution et qui s'étaient perpétués.

Ce siècle qui s'ouvrait allait incarner les noces de la science et du progrès.

En 1792, Robespierre avait annoncé que déclarer la guerre à l'Autriche, à l'Europe reviendrait à creuser le tombeau des libertés de la Révolution : les Girondins étaient passés outre pour mieux conduire le roi à se soumettre ou à trahir. Certes, l'entreprise avait abouti à la chute de la monarchie, mais elle avait aussi sécrété les guerres perpétuelles de ces monarques menacés par la puissance française, et, du côté révolutionnaire, elle avait conduit au triomphe de Bonaparte, un César conquérant. Surtout, après que la contagion révolutionnaire eut gagné l'Allemagne du Rhin, la Suisse, l'Italie, le mouvement apparut comme porteur de valeurs universelles car, partout, il faisait apparaître des nations qui se levaient contre leur tyran. « *Nation, das klingt Jacobin* : la nation cela sonne Jacobin. » Inversement les héritiers de l'« Ancien Régime », aux Pays-Bas par exemple, préféraient demeurer sous le joug de l'Autriche plutôt que de perdre leurs privilèges. C'est ainsi que la guerre civile et la guerre substituèrent le nationalisme au cosmopolitisme de l'époque des Lumières, puis à l'universalisme qu'incarnait la Révolution. Mais cet éveil des nationalités changea de signe dès que la rapine succéda à l'idéalisme comme ferment de l'expansion. En outre, enorgueillis par leurs conquêtes, les Français méprisèrent « ces nations esclaves qui n'avaient pas su abattre leurs tyrans ». En les pressurant, ils leur firent mesurer le prix de l'indépendance — de sorte que, par un retournement imprévu, ce fut le sentiment national des Allemands, puis des Italiens qui fut la réponse de ces populations à l'expansion révolutionnaire. Bientôt s'opposa à la conception révolutionnaire de la nation, reposant sur le contact et les luttes politiques, une conception globale, le *Volksgeist*, le *Kulturnation* dont la langue, les coutumes n'étaient que la manifestation, et dont Herder et les romantiques allemands furent les premiers chantres.

Grande Nation ou Europe des nationalités.

Ce fut ce dernier trait qui marqua le demi-siècle.

Lorsqu'en 1848, après la révolution de février, la question se posa de savoir si la France soutiendrait, ou non, les mouvements révolutionnaires qui se propageaient dans toute une partie de l'Europe, Lamartine, ministre des Affaires étrangères du gouvernement provisoire, s'adressa aux gouvernements étrangers :

« La proclamation de la République française (la IIe République) n'est un acte d'agression contre aucune forme de gouvernement dans le monde (...) aux yeux des véritables hommes d'État. La monarchie et la République ne sont pas des principes absolus qui se combattent à mort : ce sont des faits qui se contrastent et qui peuvent vivre face à face, en se comprenant et en se respectant.

« Revenir, après un demi-siècle, au principe de 1792, ce ne serait pas avancer ; ce serait rétrograder dans le temps. La révolution d'hier est un pas en avant, non en arrière. »

Cette coexistence pacifique, la Révolution russe allait également la proclamer, à son tour. Mais, dès la création du Komintern, en 1919, et des partis communistes, ce principe devait être tourné...

1815-1848
Une ère nouvelle pour les enfants du siècle

La chute de Napoléon s'est traduite par une rupture comme la France en a peu connu... Pendant les guerres de l'Empire, conte Alfred de Musset, « les mères inquiètes avaient mis au monde une génération ardente et nerveuse (...). Et soudain s'assit sur un monde en ruine une jeunesse soucieuse. Ils avaient rêvé pendant quinze ans des neiges de Moscou et du soleil des Pyramides ; on les avait trempés dans le mépris de la vie comme de jeunes épées (...) ; condamnés au repos par les souverains du monde, livrés (...), à l'oisiveté et à l'ennui, ces gladiateurs frottés d'huile se sentaient au fond de l'âme une misère insupportable ».

Il s'agit bien de l'apparition d'une génération, d'une génération de jeunes nés avec le siècle : la précédente avait été vidée par les révolutions et les guerres. Celle-ci est appelée à la vie de l'esprit par la paix. Les lettres et les techniques prennent la relève de la guerre et de la politique. C'est l'âge romantique, celui d'une *littérature d'idées* sans doute, mais nouvelle en ce sens que *son centre n'est plus le monarque ou le régime*, comme aux temps de Corneille ou de Racine, ou des Lumières, *mais* bien la *Révolution*, qu'on la chante ou qu'on la mette en cause ; ou bien encore c'est l'individu, son propre moi. On est pour la Révolution ou on est contre, de gauche ou de droite, ces deux partis qui apparaissent et survivent jusqu'aujourd'hui, dénommés alors « la résistance » et « le mouvement ». « Marchez, l'humanité ne vit pas d'une idée, elle éteint chaque soir celle qui l'a guidée. Elle en allume une autre à l'immortel flambeau », écrit Lamartine, qui comme d'autres pendant ce demi-siècle passe de la droite à la gauche.

Le romantisme mettait du mouvement dans le monde de l'esprit, au moment où la « révolution industrielle » en mettait dans l'économie et la société.

Plus qu'à une révolution industrielle, c'est à une *transformation des techniques* qu'on assiste pendant la première moitié du XIXe siècle : se multiplient les inventions spectaculaires, telles la machine à vapeur, qui renouvelle les transports sur terre et sur mer, la télégraphie, etc. Le développement du crédit a stimulé ces changements. Au vrai, ils masquent l'expansion plus ancienne de l'industrie à la campagne, cette proto-industrialisation qui est la marque de la France, plus sans doute que de l'Angleterre — comme aussi l'existence d'une tradition manufacturière qui date du XVIIIe siècle.

La croissance du travail industriel enchâssé dans les campagnes est un des traits de cette première industrialisation, qui précède l'émergence lente du charbon et de la vapeur, de la filature textile aussi face au tissu traditionnel des petits métiers urbains. La grande industrie avec la sidérurgie, les mines et bientôt la chimie ne triomphent vraiment qu'au troisième tiers du siècle.

Ce sont ces formes combinées qui ont constitué les sources de formation de la classe ouvrière.

La différence d'avec l'Angleterre a moins tenu à l'ancienneté de la révolution technique que ce pays incarne — car la France a tout de suite importé ces machines —, qu'au fait qu'en Angleterre une faible part de la population active était impliquée, directement ou non, dans la production agricole. En outre, l'insertion de l'économie française dans la division internationale du travail y était largement moindre qu'outre-Manche.

Il est sûr que c'est Henri de Saint-Simon qui a le mieux perçu l'avenir de ce changement, sa signification profonde. Il a compris que, plus qu'une révolution politique nationale, sa génération voyait sourdre une révolution économique et industrielle planétaire, estimant, avant Karl Marx, que ce changement devait être planifié. Surtout, il juge qu'à cette vraie révolution, il convient d'associer un nouveau pouvoir, de nouveaux cadres, ces savants, ces « industriels », et par là il entend aussi bien les ingénieurs que les ouvriers : c'est l'objet de sa parabole *montrant qui, dans une société, est utile ou inutile.* Albert Thibaudet a bien vu que Balzac, dans *La Comédie humaine*, se fait le peintre de cette nouvelle société. « Les mille réformateurs de Saint-Simon, qui sont des chefs, mènent aux mille héros balzaciens qui sont des types » : les Vautrin, les Gobseck, les Nucingen, les Rastignac tracent un tableau de la France qui rompt complètement avec celui qu'on avait avant 1789 et annonce la société du Second Empire. Il propose à la fois une image du drame de l'homme et des phénomènes de société : vieilles familles, grandes dames et nouveaux bourgeois, toujours caractères entiers — avarice chez Grandet, envie chez la cousine Bette, mystique de l'argent chez Gobseck, ambition chez Rastignac.

Il devait échoir à Zola, une vingtaine d'années plus tard, de compléter le tableau et de décrire l'ouvrier, les milieux populaires avec les *Rougon-Macquart, histoire naturelle et sociale d'une famille sous le Second Empire*, une série romanesque qui se veut scientifique, dressant le tableau des conditions de travail du mineur dans *Germinal*, de la déchéance par l'alcool dans *L'Assommoir*, par la prostitution dans *Nana*.

Contemporaine du développement du capitalisme, génitrice d'une société nouvelle, l'ère postnapoléonienne a légué à la France moderne les *bases effectives du gouvernement parlementaire*. Les Constitutions de l'époque révolutionnaire n'avaient pas eu d'application réelle ; les Chartes de 1814 et 1830 en ont une. Surtout, c'est de 1814 à 1830 que, pour la première fois, les mécanismes du droit d'initiative, de la responsabilité ministérielle, de l'équilibre entre l'exécutif et le législatif ont été expérimentés. Après 1830, sous Louis-Philippe, s'est défini un compromis entre les principes révolutionnaires et conservateurs. La IIIe République a repris cet héritage, en lui ajoutant le suffrage universel acquis par la révolution de 1848. Ainsi, le système politique en place pendant tout le XXe siècle doit une bonne partie de ses caractères à ces débuts de monarchie constitutionnelle. Pourtant, prise entre le droit divin et la souveraineté du peuple, à la différence de l'Angleterre la monarchie n'a jamais su, en France, trouver sa voie dans un système qu'elle avait institué. Elle a capoté trois fois : en 1830, en 1848, en 1873. À moins d'être républicaine, comme elle l'est devenue depuis Charles de Gaulle...

L'échec de la monarchie parlementaire (1815-1848)

Avec le régime de la Charte, la France a tenté à nouveau l'épreuve de la monarchie parlementaire. Pendant la révolution de 1789, l'exaspération des sentiments, attisée par la fuite à Varennes, avait sonné le glas d'une solution où le principe héréditaire et celui de la souveraineté nationale tentaient de coexister. En 1815, les passions sont loin d'être tombées, mais un quart de siècle de soubresauts et de guerres ont changé la donne. Après Waterloo, les monarques et négociateurs du Congrès de Vienne ont fait leur possible pour que Louis XVIII n'apparaisse pas revenu à Paris dans les fourgons de l'étranger. Sans eux, pourtant, aurait-il retrouvé son trône ? Mais, lucide, il sait prendre les distances nécessaires pour jouer, plutôt, sa légitimité. Par ailleurs, à Vienne, comme l'a bien vu Henry Kissinger[1], les vainqueurs ont su ne pas abuser de leur victoire ; l'habileté de Talleyrand a joué, certes, car il a su « ne rien demander », mais la conviction des monarques était intime : ils avaient fait la guerre à Napoléon et à la Révolution, et à eux seuls ; en bonne logique, et par calcul, ils ont ménagé Louis XVIII, leur frère. Au nom précisément du principe de légitimité, il a même été admis au sein de la Sainte Alliance...

Le résultat en est que la France a connu la paix avec ses voisins jusqu'en 1870 : cinquante-cinq ans, cette leçon que les vainqueurs de 1914-1918 n'ont pas retenue à Versailles où ils n'ont pas su ménager les vaincus.

C'est dire que ce ne sont pas les circonstances extérieures qui sont intervenues pour signer les échecs successifs de la Restauration (1815-1830) et de la monarchie de Juillet (1830-1848). Au contraire, en 1830, la France a même acquis l'Algérie. Le passé était trop présent pour que ses blessures fussent oubliées et qu'un régime de compromis, la Charte, pût fonctionner.

Après la Terreur rouge de 1794-1795, la Terreur blanche de 1815, cruelle dans le Midi, se joue comme une fête, une « farandole » qui permet tous les excès ; elle s'appuie sur le pouvoir, et, écrit Villèle, fervent royaliste, « le peuple, une fois surexcité, devient une bête féroce, soit qu'il marche sous les bannières de la monarchie ou sous les couleurs de la république ». À Marseille, les massacres de républicains ou bonapartistes ont commencé trois jours après l'abdication de

1. *The World restaured. Metternich, Castelreagh, the Problem of Peace, 1812-1822*, Londres, Weidenfeld, 1957.

Napoléon, le 22 juin ; puis sont assassinés le maréchal Brune à Avignon, le général Ramel à Toulouse... Tançant le duc d'Angoulême et les chevaliers de la Foi qui ordonnancent cette Terreur blanche, Louis XVIII signe une proclamation le 1er septembre, condamnant les excès du Midi...

Ce que les meneurs de la Terreur blanche voulaient, c'était « un roi terrible, à qui soient reconnus les mots de bonté, de clémence, de pardon », et puis renverser le ministère Talleyrand-Fouché, épurer toute l'administration mise en place par Napoléon. Mettre fin à la Charte qui fait trop de concessions aux libéraux.

Mais ces ultras sont légalistes, et ils utiliseront désormais les moyens légaux pour prolonger la Terreur blanche... Le général Mouton-Duvernet fut fusillé, ainsi que le maréchal Ney ; une loi de proscription chassa les cent cinquante-trois conventionnels régicides, dont Carnot, Fouché et le peintre David.

Parallèlement, le roi semblait vouloir ressusciter l'Ancien Régime. Il signait « car tel est notre bon plaisir » ; plus grave : les émigrés réclamaient avec violence la restitution de leurs propriétés confisquées en 1795 ; les prêtres tonnaient en chaire contre les acquéreurs de biens nationaux ; et ils refusaient quelquefois les sacrements. On mit à la retraite, avec demi-solde, les officiers de campagne napoléonienne alors qu'on réintégrait dans les cadres ceux qui avaient participé à la lutte contre la France, tel le comte de La Roche-Aymon « qui avait sauvé, en 1806, un corps prussien menacé de tomber entre les mains des Français ».

Les excès des ultra-royalistes ressuscitèrent la violence révolutionnaire. Le duc de Berry fut assassiné par un ouvrier, Louvel, qui déclara vouloir anéantir la race des Bourbons : le duc d'Angoulême n'ayant pas d'enfant, la couronne pouvait échoir au duc de Berry ; il n'avait pas encore d'enfant non plus ; mort, la dynastie serait éteinte...

« Le poignard qui a tué le duc de Berry est une idée libérale », s'écria Chateaubriand ; on accusa le Premier ministre Decazes, trop tolérant, d'être un complice de l'assassinat. Il dut démissionner devant ces propos de guerre civile...

En face, des sociétés secrètes s'organisaient, telle la Charbonnerie : républicains, bonapartistes s'affiliaient, il y avait plus de trente mille adhérents en 1820 ; parmi les chefs, on trouvait des bourgeois, tels Dupont de l'Eure, Manuel, peut-être La Fayette. La Charbonnerie organisa des conspirations militaires, avec l'aide de demi-soldes, mais elles échouèrent. C'est ainsi qu'il y eut de nombreuses condamnations à mort et que furent fusillés les quatre sergents de La Rochelle, dont le courage émut les populations et qui entrèrent dans la légende républicaine...

L'héritage du passé, les rancœurs et les soucis de revanche ressuscitèrent le climat de la Révolution ou de la guerre civile. Sans doute le roi cherchait-il l'apaisement mais la charte qu'il avait « octroyée » était d'autant moins une barrière à la reprise des hostilités politiques que, grâce aux ultras, les bonapartistes, les républicains — c'est-à-dire le pays réel — ne reconnaissaient pas ce pays « légal », c'est-à-dire les deux assemblées dont le mode d'élection et la représentativité n'étaient pas du tout démocratiques : à certaines élections, il y avait entre quatre-vingt-huit et cent mille électeurs seulement, les plus aisés, et qui devaient posséder des terres, soit mille électeurs pour un département... Peut-on parler alors d'un régime représentatif, même s'il est parlementaire ? En outre, la Charte accordait au roi l'exécutif, et le législatif était exercé conjointement par le monarque et les deux Chambres. Aucun amendement ne pouvait être adopté sans son consentement. Pour faire contrepoids à la Chambre des députés, Louis XVIII avait institué une Chambre des pairs de France, héréditaires, qu'il désignait...

Dans ce dispositif, la marge laissée à l'opinion était ainsi réduite au minimum, qu'il s'agisse du principe de sélection des électeurs ou de leur nombre, et des pouvoirs dont les élus pouvaient disposer. « Mais c'est une chambre introuvable », s'était écrié Louis XVIII, émerveillé, et néanmoins lucide et circonspect, quand il eut connaissance de sa composition. Elle fut bientôt dissoute pour mettre fin à ses excès, mais ni la gestion plus modérée du duc Decazes, soucieux d'appliquer la Charte et rien qu'elle, ni une réforme menue de la loi électorale ne calmèrent les esprits — la bourgeoisie, il s'entend. Une quarantaine d'indépendants siègent à l'Assemblée aux élections de 1819 ; parmi eux, des libéraux comme Benjamin Constant, des banquiers tel Laffitte, des bonapartistes tel Manuel — et des républicains comme La Fayette — ainsi que le général Foy dont les obsèques furent suivies par plus de cent mille Parisiens.

Le roi Louis XVIII ne manquait pas de jugement ; il avait réussi à tempérer les ardeurs revanchardes des ultras : son frère, Charles X, qui lui succède à sa mort, en 1824, représentait précisément ce courant. Pour assurer sa pérennité, son ministre Villèle fit voter la loi de septennalité qui fixait la durée d'une législature à sept ans. La réaction put triompher : sacre à Reims selon les rites traditionnels, l'université placée sous la surveillance du clergé, indemnités aux émigrés, rétablissement du droit d'aînesse, lois répressives sur la presse que Chateaubriand, peu suspect, traita de « lois vandales ». À l'opposition de gauche s'ajouta celle des députés de la droite modérée, tel Guizot, qui fonda une société. *Le Ciel t'aidera*, dont le succès fut tel qu'en 1828 les libéraux avaient cent quatre-vingts sièges, la « défection » venue de la droite soixante-quinze, et Villèle qui avait durci la loi sur la presse, seulement cent soixante-dix...

CHARLES X ET LES TROIS GLORIEUSES

Alors, soucieux d'engager le fer, Charles X appela le prince de Polignac, un ancien chouan, pour remplacer Villèle. Son ministère de combat comprit La Bourdonnaye, un des « hommes de la Terreur blanche », et Bourmont qui s'était retourné contre l'empereur en 1815.

Le commentaire que le *Journal des débats*, libéral, porta sur ce ministère constitue une des figures de rhétorique les plus célèbres de l'Histoire : « Coblenz, Waterloo, 1815 ! Voilà les trois principes, les trois personnages du ministère : pressez, tordez ce ministère, il n'en dégoutte qu'humiliations, malheurs et dangers. » Bertin, le directeur des *Débats*, poursuivi par le gouvernement puis condamné en première instance, fut acquitté en appel.

Charles X déclare qu'« il ne veut pas prévoir les coupables manœuvres qui susciteraient des obstacles à son gouvernement ». Émanant de la chambre, une adresse dite « des 221 », rédigée par Royer-Collard, lui signifie que « la Charte fait du concours des vues gouvernementales avec les vœux du peuple la condition indispensable de la marche des affaires publiques.

« Sire, notre loyauté, notre dévouement nous obligent à vous dire que ce concours n'existe pas. »

Il s'agissait ainsi toujours de la Charte, de son respect, et Polignac était nécessairement suspect de vouloir la violer : déjà il avait refusé de lui prêter serment en 1814, vu ses concessions aux parlementaires. L'appel à cet ultra parmi les ultras, membre de la Congrégation, et qui mesurait mal l'état d'une opinion qui avait vécu l'ère révolutionnaire, puis napoléonienne, voilà qui suscita la formation d'un parti ouvertement républicain, qui s'associa à ceux qui jugeaient nécessaire un changement de dynastie. Ainsi se retrouvaient, parmi les premiers, Hippolyte Carnot, Garnier-Pagès, Cavaignac plus ou moins affiliés autrefois aux sociétés secrètes, et parmi les seconds, Laffitte, Talleyrand et Thiers, historien connu pour sa célébration de la Révolution française, ainsi que les journalistes du *National*. L'homme qui s'imposait était le duc d'Orléans, Louis-Philippe.

Cette observation de Lénine a déjà fait bon usage : « Il n'est pas besoin de révolutionnaires pour que s'accomplisse une révolution : il suffit de laisser agir les dirigeants. » L'observation vaut pour 1830 : les élections ayant vu passer l'opposition de 221 à 274 députés, Polignac et Charles X décident de les casser : « Plutôt monter à cheval qu'en charrette », dit Charles X. Ils décident de légiférer par ordonnances et de modifier les lois : suspension de la liberté de la presse, modification de la loi électorale au bénéfice des seuls propriétaires fonciers, dissolution de la chambre.

Mais, mesurant mal les sentiments ou les réactions possibles du pays, forts de ce qu'ils jugeaient être leur légitimité, ils promulguent ces ordonnances en tapinois sans s'imaginer les effets qu'elles pourraient susciter : le ministre de la Guerre était à Alger, le sous-secrétaire d'État ne fut même pas prévenu ; rien ne fut prévu en cas d'alerte ; le commandant militaire de Paris était dans son département. Le roi partit à la chasse : ruse ou inconscience ?

Les journalistes réagissent aussitôt ; ils ne se laissent pas faire, et Thiers, le premier, rédige une protestation courageuse : « Il faut des têtes en bas de ce papier, dit-il, voici la mienne. » Les bourgeois de Paris suivent — exclus du droit de vote ; bientôt la capitale est couverte de barricades. Pendant trois jours — les Trois Glorieuses —, on se bat mais Marmont a autant peur des tuiles et d'un retournement de ses troupes que d'un véritable affrontement avec les insurgés. Le 29, l'armée a évacué Paris ; les émeutiers se déchaînent contre le parti prêtre, saccagent l'évêché, le noviciat des Jésuites ; le 30, un Manifeste annonce la candidature au trône du duc d'Orléans, le roi se décide à retirer ses ordonnances... Mais le mouvement est lancé et comme le duc a accepté d'être lieutenant-général du royaume, Charles X abdique le 2 et part bientôt pour l'Angleterre.

Thiers et Laffitte avaient rédigé un texte en faveur du duc d'Orléans : « Charles X ne peut rentrer dans Paris, il a fait couler le sang du peuple. La République nous exposerait à d'affreuses divisions : elle nous brouillerait avec l'Europe. Le duc d'Orléans est un prince dévoué à la cause de la Révolution. Il ne s'est jamais battu contre nous — le duc d'Orléans était à Jemmapes. Le duc d'Orléans a porté au feu les couleurs tricolores. Le duc d'Orléans est un roi-citoyen. »

Figure 21 — La Liberté guidant le peuple, le 28 juillet 1830. Huile sur toile d'Eugène Delacroix (1798-1863). (Paris, musée du Louvre.)

Tout était bien dit — le rappel à l'Histoire servait de caution sauf un silence sur l'avenir — l'organisation des pouvoirs puisqu'il accepterait la charte... Certains mots faisaient peur : « Il nous faut la chose république, et le mot monarchie », écrivait Victor Hugo. En acclamant Louis-Philippe à l'Hôtel de Ville, La Fayette avait dit : « C'est la meilleure des Républiques » ; « le baiser républicain de La Fayette en fit un roi », commenta Chateaubriand... Simplement, le roi-citoyen eut à faire quelques promesses... « Le roi règne et ne gouverne pas », expliqua Thiers.

À ces formules, seul Benjamin Constant, montre Pierre Rosanvallon, ajoute une analyse de contenu : « La monarchie n'est point instituée pour gouverner mais pour empêcher d'une part ceux qui gouvernent d'aspirer à plus de pouvoir qu'il n'en faut pour s'acquitter de leur mission, et de l'autre pour ôter à ceux qui ne gouvernent pas l'idée de se saisir du gouvernement par des moyens violents ou factieux. »

Louis-Philippe dit seulement qu'il voudrait inventer une forme politique qui ne soit ni l'Ancien Régime ni la république révolutionnaire. « Il ne remue pas, avait diagnostiqué Louis XVIII, fin psychologue à défaut de grand caractère, mais je sens qu'il chemine. » Entre un parti du « mouvement » avec Laffitte, Odilon Barrot, La Fayette, commandant la Garde nationale, à qui il confia d'abord le gouvernement, puis un parti de « la résistance » plus conservateur avec Guizot, Casimir-Perier, il ne cessa de manœuvrer, mais ceux-ci étaient plus fermes que ceux-là, et ils surent mieux s'opposer aux légitimistes mais surtout aux républicains.

Les plus exaspérés saisirent l'occasion des obsèques du général républicain Lamarque pour se heurter aux dragons, hisser des barricades, se faire écraser au cloître Saint-Merry.

À nouveau, en 1834, tandis que les canuts s'étaient révoltés à Lyon, les républicains aidèrent à Paris des ouvriers soulevés contre la dissolution d'une société de secours mutuels — et la troupe massacra tous les habitants d'une maison, rue Transnonain. Bientôt, le roi fut victime d'un attentat, dont il se sortit, mais qui fit dix-huit morts : suivirent, œuvre de Thiers, des lois répressives sur la presse, ce qui ajouta à la colère des républicains, à leur irritation grandissante.

Au fond, ceux-ci jugeaient qu'ils avaient été dupés deux fois : en 1830, lorsque, ayant largement participé à l'envol de la révolution, un monarque avait réussi à subtiliser le pouvoir, en jouant les héritiers de la Révolution... Une seconde fois, en voyant le pouvoir passer du « mouvement » à la « résistance » — et peu à peu à la répression. Parallèlement, les républicains et les libéraux voyaient les chantres d'un socialisme politique ajouter leur impatience à leur propre frustration : Cabet, Proudhon, Louis Blanc, Louis-Napoléon Bonaparte aussi bien, réclamaient maintenant, vu la crise qui s'annonçait, le droit au travail — ce qu'on n'avait jamais entendu. De sorte que l'opposition parlementaire composée de bourgeois pouvait commencer à craindre que son aile radicale ne la déborde, et Guizot ne cherchait pas à se la concilier ; par exemple il faisait entrer des fonctionnaires au Parlement — il y en eut jusqu'à cent quatre-vingt-quatre sur quatre cent cinquante-neuf députés —, surtout, il s'efforçait de détourner les notables de la politique alors qu'ils trépignaient d'en faire. « *Enrichissez-vous* », disait-il...

De fait, jamais les entrepreneurs et la bourgeoisie n'avaient été aussi riches ; chemins de fer, emprunts des communes fournissaient aux plus aisés l'occasion de s'enrichir encore. En sus, le régime achevait, ou presque, la conquête de l'Algérie, Guizot créait dans tout le pays un enseignement primaire ni gratuit ni obligatoire mais qui prévoyait la gratuité pour les indigents...

Dans ce contexte, la misère ouvrière qui s'aggravait ne semblait perturber personne. Seule commencèrent d'émouvoir l'opinion les révélations du *rapport* Villermé sur le travail des enfants[1]...

Le tableau des conditions de vie dans les usines ou à la mine ne touchera l'opinion que plus tard.

La crise économique de 1846-1847 donna à l'opposition l'élan qu'elle cherchait ; elle exigea un élargissement du corps électoral, à défaut de suffrage universel.

Elle se manifesta d'abord par une récolte qui fut mauvaise, par des inondations ravageant les pays de la Loire et du Rhône ; des émeutes dues à la disette suivirent, le chômage industriel sévit dans le Nord et en Normandie... L'opposition, qui ne disposait que de la presse pour critiquer le pouvoir, s'impatientait. Guizot finit par interdire une campagne de banquets en faveur des réformes, mais des réformes politiques, il s'entend, et pour une participation plus réelle des élus au pouvoir. Un incident s'éclata boulevard des Capucines, déclenchant la révolution de février...

Quant à Louis-Philippe, qui avait su longtemps mener sa barque, ses succès initiaux l'avaient rendu autoritaire, sûr de lui — il n'accepte plus les critiques ni même les observations. « Mais les forces lui manquèrent pour prendre une décision virile » : il abdiqua.

La lutte des classes est annoncée

1831 — LES CANUTS DE LYON

Avant que Karl Marx ne la définisse, que la Commune de Paris ne l'incarne, ce sont les canuts de Lyon, en 1831, qui ont, les premiers, levé l'étendard de la lutte des classes : « Vivre en travaillant ou mourir en combattant. » Certes, la pensée romantique et socialiste du premier XIXe siècle a bien saisi l'importance de cette révolte, sa signification. Mais ensuite sa trace a été quelque peu effacée. Ainsi, dans l'*Histoire de France* écrite par les Soviétiques en 1973, la Commune de Paris occupe soixante-trois pages et les canuts de Lyon, à peine deux.

Les ouvriers en soie gagnaient cent sous par jour en 1815 ; avec la concurrence et la crise, ils n'en gagnent plus que dix-huit en 1830 : c'est la misère. Sur la médiation du préfet, certains patrons acceptent de signer une convention de salaire minimum. Mais les autres refusent. Après l'allégresse, c'est la colère, la grève, la rixe. Descendant de la

1. Sur le travail des enfants, voir deuxième partie, p. 636 et suivantes.

Croix-Rousse, les ouvriers occupent Lyon. Le gouvernement Casimir-Perier les traite de rebelles. La répression est terrible, le tarif abrogé, le préfet révoqué.

Puis le gouvernement fait accélérer les travaux de fortifications de la ville. Des bastilles cernèrent bientôt Lyon, le fort Lamothe, le fort de Montessuy, le fort Saint-Irénée.

On ne se défendrait pas mieux contre l'ennemi. « Ainsi, des canons pour remédier aux maux de la concurrence ; (...) des soldats, pauvres armés pour combattre des pauvres sans armes... ministres, députés, pairs de France, ne paraissent pas connaître de meilleur moyen de gouvernement », a écrit Louis Blanc.

Le noble et désintéressé comportement des ouvriers insurgés a surpris et fasciné les contemporains, y compris ceux qui étaient chargés de la répression, tel Lamartine : « La ville a été prise d'assaut par quarante mille ouvriers, qui, une fois vainqueurs, se sont conduits comme des séminaristes. » À un ami, Marceline Desbordes-Valmore, qui vit à Lyon, le 29 novembre 1831 il écrit : « Les regards sont tournés vers Lyon (...) l'intérêt que vous prenez à l'humanité tout entière doit être en ce moment bien ému de pitié. (...) Que de morts innocentes (...) On commande tant d'habits de deuil que l'on tombe à genoux dans l'étonnement de n'en rien porter soi-même. Dans cette révolte immense, la politique n'a aucune part. C'est l'émeute de la faim. Les femmes criaient, en se jetant au-devant des corps : "Tuez-nous tous, nous n'aurons plus faim..." Deux ou trois cris de "Vive la République" ont été entendus, mais les ouvriers et le peuple ont répondu : "Non, nous nous battons pour du pain et de l'ouvrage." (...). Nous attendions le pillage et l'incendie s'ils étaient vainqueurs. Rien. Pas un crime de sang-froid après le combat (...). Trois cents soldats sont tombés. Le Rhône était rouge. Cette pauvre garde [nationale] avait refusé de tirer la première sur des ouvriers qui ne demandaient que de l'ouvrage. Dix ou vingt imprudents de la garde ont commencé le feu. Tout s'est mêlé alors et confondu : les femmes, les enfants et le peuple passé au côté des ouvriers, dont le courage est d'autant plus inouï qu'ils étaient exténués de faim, en lambeaux. »

Lamartine, commente : « Tout le monde sent, par instinct, que la question sociale n'est plus dans la couleur d'un drapeau. » Il s'en prend plutôt à la garde nationale, bourgeoise, dont il fait partie, et qui « s'est laissé faire la loi par la première émeute ».

En 1848, Lamartine aura mesuré la portée de l'événement, mais en 1831 il en est tout éprouvé et retourne à Milly, terre natale, assez désemparé. Les autres romantiques font une analyse plus qu'ils ne cèdent aux sentiments : « Ainsi, écrit Saint-Marc Girardin, *ce sont les vicissitudes du commerce qui règlent les destinées du monde moderne* (...). Les Barbares qui menacent la société ne sont point au Caucase, ni dans les steppes de la Tartarie : ils sont dans les faubourgs de nos villes manufacturières... (...). Notre société a sa plaie, ce sont ses ouvriers (...). Ôtez le commerce, notre société meurt... Multipliez-le, vous multipliez une population prolétaire, à qui le moindre accident peut ôter ses moyens de subsister. » Chateaubriand y voit une leçon politique plus profonde : « cet ordre [des ouvriers] annonce *la fin d'une société et le commencement d'une autre* (...). La royauté et l'aristocratie périssent (...) Le fait relatif à la société française est l'invasion prochaine de la propriété.

« Autrement dit, à la hiérarchie des rangs succède la hiérarchie des fortunes. La propriété industrielle est déjà mise en question, demain ce sera la propriété tout entière. » En 1840, Proudhon écrit : « La propriété, c'est le vol. » Metternich, le garant de l'ordre européen, juge en 1831 : « En Allemagne, nous avons encore une vive attaque de la classe moyenne contre le trône et les classes supérieures ; en France, où ces deux éléments ont presque disparu, la populace se révolte maintenant contre la classe moyenne. S'il n'y a pas de répression, cela aboutira à la décomposition de la société bourgeoise. »

Un certain nombre de romantiques ont attribué la révolte des canuts aux idées de Saint-Simon. Ce serait l'inverse qui serait plutôt vrai. C'est à partir des événements de Lyon que les saint-simoniens vont aux ouvriers. Dans son *Aperçu sur la question du prolétariat*, Saint-Simon écrivait en 1835 : « Ainsi, dans les basses régions, les vicissitudes quotidiennes des industries privées et les fluctuations du commerce universel ; et plus haut les phases de l'ordre politique, suprême régulateur de tout l'ensemble, marqueront, comme sur un thermomètre, ces degrés de hausse et de baisse de notre crise fondamentale. »

Dans l'*Anti-Dühring* (1878), Engels ajoutait que la première insurrection ouvrière qui éclata à Lyon en 1831, concurremment avec le chartisme anglais, a amené une révolution décisive dans la conception de l'Histoire : c'était la faillite des doctrines économiques libérales, affirmant l'harmonie universelle par la libre concurrence.

Entre capital et travail, la lutte des classes était annoncée...

DE LA LUTTE DES CLASSES À L'INTERNATIONALISME

L'apparition de la classe ouvrière a porté en elle une révolte qui différait des conflits sociaux traditionnels. Cette force nouvelle apparut durant le premier tiers du XIXe siècle et explosa, pour la première fois, lors de la révolte des canuts[1].

Compagnons, artisans, ouvriers, tous ruinés ou victimes de ce nouvel esclavage qui fut la révolution industrielle et ses usines, jugeaient volontiers que leurs dirigeants avaient trahi les idéaux de 1789. Grachus Babeuf fut leur modèle, et Fourier, bientôt, leur maître à penser, avant Proudhon, bien avant Marx. Les conditions de travail se détériorent, un nouveau bagne s'élabore, compagnon de la pauvreté, compagnon de la misère ; un nouveau personnage entre alors sur la scène de l'Histoire, la

1. Depuis, seule l'apparition des anciens combattants, après 1918, ou celle des jeunes, en 1968, en tant que groupes sociaux, ont constitué des phénomènes similaires, parce que nouveaux et insolites, mais ils n'ont pas eu la pérennité de la classe ouvrière ni de ses luttes.

grève, qui ressuscite après qu'elle eut été interdite depuis la loi Le Chapelier sous la Révolution, mais qui devient une arme d'une puissance jusque-là inconnue vu le regroupement des travailleurs dans les nouvelles grandes villes industrielles. Victor Hugo l'a chantée. Eugène Pottier a stigmatisé ses responsables. Dans *Courage, à la poche !*, il appelle les citoyens à se solidariser avec les grévistes de tous les temps. Un appel qui annonce les futurs accents de *L'Internationale*. C'est évidemment l'esprit de la lutte des classes qui anime les générations d'ouvriers d'après 1830. L'exploitation de l'homme par l'homme, la course au profit, telles sont les malédictions qu'on réunit à l'époque sous le terme d'usure. « Ton nom est bourgeoisie, et ton prénom usure. »

Or, pour autant que la réaction s'est unifiée sous le signe de la Sainte Alliance, et que le monde capitaliste se construit et qu'il se constitue une sorte d'Internationale libérale — en économie le cas des banques est emblématique — face et à côté d'eux le monde ouvrier et le mouvement socialiste naissant et en plein essor jugent eux aussi que doivent s'unir les travailleurs de tous les pays. Ainsi naît l'internationalisme qui, à partir de 1830, entend s'organiser ; alors que jusque-là il existait en esprit, de façon symbolique, par sa représentation politique plus que par sa fonction d'acteur social collectif : en avait témoigné la présence aux assemblées révolutionnaires de l'Américain Thomas Paine, de l'Allemand Anacharsis Cloots, qui s'est dit l'avocat du genre humain, de l'Anglais Wordsworth...

La graine a germé. En 1833, des ouvriers tailleurs proposent la création d'une « Association des travailleurs de tous les États ». L'idée d'une solidarité progresse, celle d'une coordination émerge et elle connaît quelque application en 1848. Dès 1830, la féministe anglaise Frances Wright écrivait : « Ce qui distingue la lutte actuelle de toute autre dans laquelle la race humaine a été engagée jusqu'ici, c'est qu'elle est manifestement et reconnaît ouvertement être une guerre entre classes, et que cette guerre est universelle. C'est dans le monde entier que des millions d'opprimés font cause commune contre l'oppression. »

Une première initiative était venue de William Cobbett qui tentait de constituer ce qui deviendra un syndicat, pour placer l'industrie et le capital dans les mains de ceux qui travaillent de leurs mains, les ouvriers. À son appel répondirent les ouvriers de Nantes qui écrivaient à ceux de Londres : « Relions Londres, Paris, Nantes, Porto, Cadix, Turin et tous les centres industriels du monde. » Une seconde initiative vint également d'Angleterre lorsqu'un ouvrier, William Lowett, établit un contact avec les révolutionnaires français, Auguste Blanqui et Flora Tristan ; avec Feargus O'Connor, il fonda le premier mouvement ouvrier et révolutionnaire, le chartisme « pour le renversement de la bourgeoisie ».

En 1847, à Londres, fut organisée une conférence à cette fin où Marx et Engels lurent ce qui allait devenir le *Manifeste communiste* et qui rassemblait les spéculations de Saint-Simon, Fourier et Cabet, les associant aux idées des économistes anglais, au raisonnement du chartisme, à la tactique révolutionnaire du blanquisme. Ils considéraient toutes ces tendances comme les manifestations d'un processus unique, celui de la lutte des classes qui aboutirait à la création d'un parti ouvrier pour l'abolition de la propriété, le « vol », comme disait Proudhon.

Tandis qu'à cause des progrès industriels les ouvriers se dénationaliseraient, ils demeureraient les membres de leur nation tant qu'ils n'auraient pas dessaisi la bourgeoisie de son pouvoir dans chaque pays ; alors, à leur tour, ils incarneraient la nation, et la réussite de cette révolution permettrait à l'internationalisme et à la paix de triompher.

À côté de cet internationalisme révolutionnaire qui militait pour l'organisation sociale des travailleurs de tous les pays, et à côté d'un internationalisme réformiste qui, effrayé par l'échec des révolutions de 1830 et 1848, préconisait plutôt une coopération internationale en vue d'obtenir un niveau de vie décent pour les travailleurs, apparut parallèlement un internationalisme humanitaire et pacifiste, hostile à la montée des nationalités. L'antimilitarisme lui était associé. Vrais fondateurs du mouvement de la paix, les anarchistes suivaient le Russe Bakounine qui ajouta ce point au programme révolutionnaire qui comprenait déjà : la défense de l'athéisme, l'abolition du droit d'héritage, la propriété publique des biens de production et de distribution, l'abolition de l'État, la construction d'une fédération des communes. Son programme allait ainsi plus loin que celui de l'Internationale, qui devait se fonder à l'initiative des syndicats anglais — nés entre-temps — et d'ouvriers français, tel Henri Tolain. Elle se réunit à Londres en 1864. Là, mazzinistes, marxistes, bakouninistes et blanquistes se heurtent sur la tactique — tandis qu'éclate et échoue, écrasée, la Commune de Paris, dont tous approuvent l'élan. Se croisent ainsi un mouvement ouvrier, des courants socialistes et anarchistes. Leur relation anime désormais les combats du mouvement ouvrier et de ceux qui parlent en son nom.

SOCIALISME AUTORITAIRE, OU LIBERTAIRE...

La parabole de Saint-Simon

« Nous supposons que la France perde subitement ses cinquante premiers physiciens, ses cinquante premiers chimistes, (...) ses cinquante premiers peintres, (...) ses cinquante premiers musiciens, (...) ses cinquante premiers ingénieurs, ses cinquante premiers architectes, ses cinquante premiers médecins, (...) ses cinquante premiers banquiers, ses six cents premiers cultivateurs, ses cinquante premiers fabricants d'armes, etc., faisant en tout les trois mille premiers savants, artistes et artisans de France.

« Comme ces hommes sont les Français le plus essentiellement producteurs (...) la nation deviendrait un corps sans âme si elle les perdait (...)

« Passons à une autre supposition. Admettons que la France conserve tous les hommes de génie qu'elle possède (...) mais qu'elle ait le malheur de perdre, le même jour, Monsieur frère du roi, Monseigneur le duc d'Angoulême (...) les grands officiers de la Couronne, tous les ministres d'État, tous les conseillers d'État, (...) tous les cardinaux, archevêques, évêques, tous les préfets et sous-préfets, en sus de cela les dix mille propriétaires les plus riches (...).

« Cet incident affligerait certainement les Français, parce qu'ils ne sauraient voir avec indifférence la disparition subite d'un aussi grand nombre de leurs compatriotes. Mais cette perte de trente mille individus réputés les plus importants de l'État ne leur causerait de chagrin que sous un rapport purement sentimental, car il n'en résulterait aucun mal politique pour l'État. (...)

« Par la raison qu'il serait très facile de remplir les places qui seraient devenues vacantes : il existe un grand nombre de Français en état d'exercer les fonctions de frère du roi ; quant aux dix mille propriétaires vivant noblement, leurs héritiers n'auraient besoin d'aucun apprentissage pour faire les honneurs de leurs salons aussi bien qu'eux (...)

« Ces suppositions mettent en évidence que la société actuelle est véritablement le monde renversé... puisque ce sont des hommes incapables qui se trouvent chargés du soin de diriger les gens capables » (1819).

Œuvre de visionnaire, la parabole de Saint-Simon n'est pas seulement la traduction du changement qui annonce le triomphe du capitalisme, de la production et des affaires. Elle s'accompagne d'une vision de l'organisation des sociétés qui donnerait le pouvoir aux savants. Ceux-ci formeraient, ensemble, une coopérative scientifique. Elle régnerait au-dessus des parlements et mettrait fin aux conflits entre les puissances... Prenant la relève des théologiens, c'est-à-dire de ceux qui disent la religion, les savants régneraient au nom de la science.

La doctrine de Saint-Simon visait à organiser la production, à entreprendre des grands travaux, tel que le percement du Suez, que ses disciples accompliront d'ailleurs : Enfantin, de Lesseps, le prince Napoléon... Elle jugeait nécessaire de planifier la production de façon autoritaire, une forme de socialisme qui visait « également à supprimer la misère » et dont devait s'inspirer bientôt Karl Marx.

Celui-ci reprit également cette idée de Sismondi, hostile aux théories libérales, et de Ricardo entre autres, en montrant qu'au lieu d'une sorte d'harmonie préétablie, la libre concurrence des entreprises entraîne à la fois la concentration des fortunes, la surproduction et les crises : ce qui constitue un facteur de troubles et de révolutions.

Ces théories ont connu une ère de rajeunissement, depuis la fin du XXe siècle, avec l'accélération des phénomènes de mondialisation. Elles posaient un double problème : comment organiser la production et le travail, comment prévenir les crises économiques et sociales que promettent ces développements.

À ces socialistes économistes et autoritaires, s'opposent aussitôt les socialistes antiétatistes, Fourier d'abord, qui juge éphémères les idées politiques et veut créer une société nouvelle fondée sur un système de coopératives ; on en expérimente le principe aux États-Unis, au Brésil, mais elles échouent.

C'est Proudhon, avec son aphorisme « La propriété, c'est le vol », qui représente l'opposition constante à la fois aux libéraux et aux saint-simoniens puis aux marxistes.

Il montre la nature de la plus-value que le propriétaire tire du nombre de ses employés : « L'érection de l'obélisque par deux cents grenadiers eût été impossible par l'effort d'un seul, même s'il dispose d'un temps deux cents fois plus grand. Il y a donc une force collective supérieure aux forces individuelles : la coopération des travailleurs est créatrice de valeur, et celle-ci n'est pas rémunérée. La propriété implique ainsi une appropriation individuelle des bénéfices d'un travail en commun, pour autant qu'elle fait appel à lui. » Proudhon préconise l'impôt sur les revenus et une banque du peuple pour projets collectifs ; il conteste les projets étatistes de Louis Blanc.

Plus tard, préconisant l'instauration de communes, de coopératives de production et de consommation, il s'oppose à l'hégémonie qu'exerce le pouvoir politique, car c'est l'économie qui constitue le fondement des sociétés. Posant le problème de l'avènement de la classe ouvrière à la vie politique, il juge qu'une fois qu'elle aura pris conscience de son existence et de sa place dans la société, elle créera un nouvel ordre politique comme la bourgeoisie a su le faire en 1789.

Reprenant ces idées et allant plus outre, Bakounine pose qu'il faut d'abord détruire l'État, car le despotisme ne tient pas à sa forme mais à son existence même. C'est en Italie, estime-t-il, que se trouvent les plus grandes chances d'une révolution totale, car son prolétariat en haillons est doué d'une intelligence et d'une créativité extraordinaires.

MALTHUSIANISME ET SOCIALISME

Les philosophes du XVIIIe siècle, tout entiers à la lutte contre l'absolutisme, avaient établi les fondements de la république, également ceux de la démocratie. Certes, les physiocrates, après les mercantilistes, avaient su comprendre le rôle déterminant de l'économie et des échanges dans la vie globale du pays. Mais, en 1798, les écrits de Malthus, très tôt connus en France (même s'il s'est agi de versions approximatives), ont constitué un défi tout à fait nouveau pour les révolutionnaires et pour les socialistes.

Malthus considère la population, son nombre comme la variable première du développement des sociétés, alors que les socialistes — et Marx en particulier — jugent que ce sont les modes de production.

Pour avoir considéré que la population tend à croître en progression géométrique, alors que les substances ne peuvent augmenter qu'en progression arithmétique, Malthus est ainsi apparu comme mettant en cause l'idée de la croissance, de progrès, comme le prédécesseur de Darwin et de sa sélection naturelle. Devant la montée des populations, il imagine des « freins préventifs », voit dans le mariage le rouage central d'un mécanisme régulateur des sociétés, et constate qu'il n'existe que des « freins répressifs », c'est-à-dire la guerre, voire les famines. En somme, il est à l'origine de cette idée qu'il faudrait contrôler les naissances pour assurer la prospérité des nations.

Malthus avait sous les yeux le drame de la surpopulation et de la famine irlandaises, mais il considérait que la planète tout entière était une sorte de grande île, d'autres exemples montrant que son cas n'était pas unique, et que ces phénomènes pouvaient se reproduire.

Or, comme chez Malthus, l'idée socialiste était née du spectacle du paupérisme. Mais, tandis que Malthus faisait de l'équilibre population/ressources la clé de cette misère, les socialistes cherchaient la solution dans une organisation sociale rénovée et dans celle des forces productives. Les deux visions étaient ainsi concurrentes plus que contraires, ce qui rend compte de leur antagonisme virulent. À la malédiction du péché originel, cause de la surpopulation, les socialistes opposaient la foi en la science, l'évolution, la croissance ; ils croient qu'une bonne organisation du travail permettra de surmonter la difficulté soulevée par Malthus. Mais, comme lui et sans le dire, ils ont peur du « continent noir » de la sexualité. « Pour domestiquer le désir, le travail est le plus puissant des anti-aphrodisiaques », écrit Proudhon.

À la fin du XIXe siècle, le néo-malthusianisme était devenu une théorie de la régulation des naissances. Le socialisme « scientifique » de Marx, puis celui de Karl Kautsky rompaient complètement avec toute hypothèse malthusienne : ils la jugeaient erronée, car il n'y aurait pas de problème démographique en soi, il serait lié à l'organisation économique et sociale, et dépendrait d'elle seule.

Cependant, la concurrence entre les doctrines se perpétua parce que les néo-malthusiens, jugeant que la science et l'hygiène remplaçaient désormais Dieu et la morale (sur ce point, ils étaient en contradiction avec Malthus), la restriction des naissances devenait un instrument de libération individuelle et un levier de la révolution sociale — subversif, libertaire, prônant la liberté sexuelle ; le néo-malthusianisme devint pour les marxistes une théorie de la petite bourgeoisie. « Le prolétariat veut avoir des enfants, dira bientôt Maurice Thorez, car c'est par le nombre que la classe ouvrière fera triompher la révolution. » Là où Malthus pensait « freins », les communistes pensent croissance. Là où l'on pense à une « régulation », les socialistes et communistes pensent « révolution ».

Avant 1939, il se crée ainsi un front commun contre les malthusiens et leur contrôle des naissances car on s'inquiète de la dénatalité française. L'Église est alliée des socialistes et des communistes sur ce point.[1]

1. Voir deuxième partie, chapitre 4 comment la pilule, les I.V.G. ont modifié du tout au tout les théories et pratiques sur les naissances.

Le parcours des romantiques

Comparaison vaut-elle raison ? Rétrospectivement, en tous les cas, certaines suites de la révolution de 1917 peuvent aider à saisir un des fils qui, en France au moins, rendent compte de l'action des Romantiques.

Lors du soulèvement de février 1917, poètes et artistes se rallièrent avec enthousiasme au mouvement : Blok, Maïakovski et Meyerhold, bientôt Eisenstein. Cette élite comptait accomplir sa révolution esthétique, tout comme le nouveau régime entendait réaliser la révolution sociale.

Sauf que cette dernière chassa de Russie le public cultivé qui eût apprécié des œuvres d'avant-garde. De sorte que les lecteurs-spectateurs qui eurent à en connaître — ces ouvriers et moujiks qui se substituèrent à lui — ne comprirent rien aux abstractions de ces artistes qui, pour longtemps ensuite, durent se taire.

Il en a été de même au lendemain de la Révolution française. Les auteurs des *Liaisons dangereuses*, du *Mariage de Figaro* ou de *Paul et Virginie*, qui lui survécurent, ne produisirent plus rien de notable.

Ils avaient perdu leur public...

D'aucuns émigrèrent, tels Joseph de Maistre ou Mme de Staël. D'autres écrivirent pour eux, pour eux seuls. Senancour, *Obermann*, Chateaubriand, *René* — monologues de la solitude.

Cosmopolites malgré eux, certains découvrent à l'étranger comment s'éveillent les nationalités. Joseph de Maistre en témoigne : « J'ai vu dans ma vie des Français, des Italiens, des Russes ; je sais même, grâce à Montesquieu, qu'on peut être Persan. Quant à l'homme, je déclare ne l'avoir rencontré de ma vie. S'il existe, c'est bien à mon insu. » Ainsi, ces émigrés, tous d'origine nobiliaire, réagirent contre l'universalisme des Lumières, les préromantiques cherchant, pour chaque nation, ses caractères originaux. Mais cela signifie aussi, autre forme de la réaction, qu'on se tourne vers le passé, alors qu'au nom du progrès, les hommes des Lumières se tournaient vers l'avenir.

Parmi ces émigrés de l'intérieur, Chateaubriand, ce hobereau, se rallie un temps à l'Empereur. Rêvant d'être « le Napoléon de quelque chose », il sait humer l'air du temps, se dit saisi par la foi et se fait le chantre de la religion à retrouver. Son *Génie du christianisme* (1802) devient le manifeste de ceux qui contestent l'esprit des Lumières. Bénéficiant d'un soutien officiel, cet ouvrage reçoit un écho considérable : il glorifie les accomplissements et le rayonnement du christianisme plus que sa doctrine, ses travaux et ses jours plus que son dogme. Prouver l'excellence, la pertinence et la nécessité de la religion chrétienne ne doit pas être le fait d'une nouvelle apologétique, mais d'une manière nouvelle de toucher. « Ce n'est pas dans le feuillage des bois et au bord des fontaines que la vertu paraît avec le plus de puissance ; il faut la voir à l'ombre des murs des prisons, et parmi des flots de sang et de larmes. Combien la religion est divine lorsqu'au fond d'un souterrain, dans le silence et la nuit des tombeaux, un pasteur que le péril environne, célèbre, à la lueur d'une lampe, devant un petit troupeau de fidèles, les mystères d'un Dieu persécuté. »

Malthusien, hostile à l'industrie, Chateaubriand craint qu'avec la montée démographique « ce terroir ne diminue toujours, et que ces passions qui augmentent sans cesse, n'en résultent, tôt ou tard, d'effroyables révolutions ». Un retour sur le passé, « si décrié », rappelle que le christianisme avait su s'identifier à une générosité qui, depuis, a disparu. « On dira peut-être que les causes qui donnaient naissance à la vie monastique n'existant plus parmi nous, les couvents étaient devenus des retraites inutiles. Et quand donc ces causes ont-elles cessé ? N'y a-t-il plus d'orphelins, d'infirmes, de voyageurs, de pauvres, d'infortunés ? (...) C'est une chose fort belle que ces maisons religieuses où l'on trouvait une retraite assurée contre les coups de la fortune et les orages de son propre cœur (...). C'est une politique bien barbare qui veut obliger l'infortuné à vivre au milieu du monde. »

Le Génie du christianisme figure bien le manifeste politique des premiers romantiques, la bataille d'*Hernani* représente sa bataille d'Austerlitz. « Être Chateaubriand ou rien », disait le jeune Victor Hugo. Ce que son aîné incarne, une nouvelle philosophie de l'Histoire, Hugo veut le représenter. La bataille doit se livrer au théâtre, la seule scène qui touche le grand public. Tout comme Walter Scott ou Ossian ont inspiré les romantiques français, l'introduction de Shakespeare, en 1827, crée une onde choc. Elle est à l'origine du drame ; et à Shakespeare, Stendhal comme Alexandre Dumas tirent leur chapeau. « Je reconnus que Shakespeare était aussi dramatique que Corneille, aussi comique que Molière, aussi original que Calderon, aussi penseur que Goethe, aussi passionné que Schiller... (...) Il était l'homme qui avait le plus créé après Dieu. » Victor Hugo, promu chef du cénacle romantique, jugeait, dans sa préface de *Cromwell* que le drame supprime l'arbitraire distinction des genres, donc ouvre à toutes les libertés ; il montre l'homme dans sa complexité, ces héros que mettent en scène A. Dumas dans *Antony*, Hugo dans *Hernani*.

Lors de la bataille d'*Hernani*, en 1830, où se heurtent classiques et romantiques, « on en serait venu aux mains, rappelle Théophile Gautier. Deux systèmes, deux partis, deux armées, deux civilisations même — ce n'est pas trop dire — étaient en présence, se haïssant cordialement (...) ne demandant que la bataille ». Une génération, jeune, celle de 1820-1830, contre une autre, plus âgée...

Bataille culturelle, bataille politique aussi : quelques mois plus tard, quand les Trois Glorieuses renversent le roi Charles X, Auguste Blanqui, le révolutionnaire, s'exclame : « Enfoncés, les romantiques. »

Pourtant, après 1830, ayant supplanté le classicisme, les romantiques sont à la mode. Ils le doivent souvent à leur style, la prose rythmée par exemple, en rupture avec celui de leurs prédécesseurs. Souvent, en littérature comme en art, c'est cette rupture-là qui contribue à faire passer les messages. Après la percée romantique en littérature, celle de la Nouvelle Vague au cinéma en témoigne.

Après 1830, les chantres du romantisme transférèrent leur volonté de changement du terrain de la littérature à celui de la politique. Fondamentalement, ils ne renient en rien leurs convictions religieuses, mais ils se sentent une vocation de missionnaires, au service des malheureux. Lamartine, George Sand, Hugo se tournent vers les problèmes sociaux, ou encore ils soutiennent, tel Byron, l'essor des nationalités.

Et bientôt, ils participent tous à l'aventure de la politique. En 1848, ils sont au cœur du combat, mais du côté des révolutionnaires cette fois.

1848 :
Élan et faillite de la révolution romantique

« La Première République nous a donné la terre, la Deuxième le suffrage, et la Troisième le Savoir » : ce raccourci de Jules Ferry quarante ans après la révolution de 1848 ne rend pas compte des traces qu'elle a laissées dans la mémoire des Français, qui ne réalisèrent son projet que plus tard, sous la Troisième République.

Avant tout, la révolution de 1848 fut un élan vers la justice, la liberté, la démocratie. Certes, elle fut une révolte contre le régime de Louis-Philippe, qui joua les libéraux pour prendre le pouvoir puis révéla son caractère autoritaire, et les manifestations de 1848 ranimèrent en un sens les promesses non tenues de 1830 et 1792. Mais après l'interdiction de la campagne des banquets — pour plus de liberté politique — qui amena l'abdication du monarque, l'élan enthousiaste des manifestants du 24 février marqua bien les traits du changement qu'on attendait et qui dépassait l'objet propre des manifestants de la veille.

On proclama la République et, pour bien se dissocier de 1793, on abolit la peine de mort pour raisons politiques de même que l'esclavage, on déclara la paix au monde, on proclama le droit au travail et la lutte contre la misère ; les mauvais traitements publics aux animaux devinrent un délit (loi Grammont de 1850).

Humanitaire et généreuse en son élan profond animée par les grands romantiques, tels Lamartine, George Sand et bientôt Victor Hugo, la révolution de 1848 fut aussi conduite par des avocats, défenseurs des droits de l'homme et du citoyen ; une sorte de mystique anima les chantres de cette révolution qui n'a pas d'équivalent dans l'Histoire, sauf peut-être février 1917 en Russie.

Or, ce qui fut une révolution non violente tourna court très vite pour céder la place à un régime autoritaire, conservateur. En moins d'un an, les illusions s'étaient évanouies et l'idée républicaine sombrait à l'avantage du Second Empire.

Figure 22 — Alphonse de Lamartine rejetant le drapeau rouge en 1848 par Henri Félix Philippoteaux (1815-1884). (Paris, musée du Petit Palais.)

Février 1848. Spontanément un gouvernement s'était formé à l'Hôtel de Ville, avec les élus de l'opposition. Lamartine et Ledru-Rollin l'animent déjà, ce dernier fondateur « historique » du parti républicain : se joignent à eux des libéraux du journal *Le National*, le savant Arago et des démocrates socialisants tels Armand Marrast et Flocon. Pour faire contrepoids à ces députés, situés à la gauche de la Chambre, qui constituaient néanmoins un lien avec le régime abattu, les démocrates, tel Ledru-Rollin, firent appel à Louis Blanc, chantre du droit au travail, et à un ouvrier, Albert, tout un symbole. On chante « Chapeau bas devant la casquette. À genoux devant l'ouvrier. »

Ce gouvernement incarne la Seconde République ; elle fait adopter non le drapeau rouge que souhaitaient les plus révolutionnaires, mais avec Lamartine le drapeau tricolore « qui a fait le tour du monde », auquel on ajoute le pompon rouge.

Ainsi s'opposent républicains libéraux et socialistes, Ledru-Rollin et Lamartine incarnant la conciliation, le centre. Mais l'humeur est à la joie, à la détente. « Comme les affaires étaient suspendues, raconte Gustave Flaubert, l'inquiétude et la badauderie poussaient tout le monde hors de chez soi. Le négligé des costumes atténuait la différence des rangs sociaux, la haine se cachait, les espérances s'étalaient, la foule était pleine de douceur. L'orgueil d'un droit conquis éclatait sur les visages. On avait une gaieté de carnaval, des allures de bivouac ; rien ne fut amusant comme l'aspect de Paris, les premiers jours » *(L'Éducation sentimentale)*.

Mais ces premiers jours ne durèrent pas.

Comment donc la situation put-elle se détériorer si vite ?

Dès le 28 février, une manifestation réclamait la création d'un ministère du Travail qui assurerait un emploi aux chômeurs dont le nombre ne cessait de s'accroître depuis la crise économique de 1847[1]. Grande était l'exaltation de ces manifestants qui attendaient l'instauration du socialisme — ce qui, à cette date, ne signifiait pas la nationalisation des moyens de production, mais la protection que l'État donnerait aux travailleurs.

Pour étudier et résoudre ce problème, on créa une commission dite « du Luxembourg », confiée à Louis Blanc et à Albert, dont, inquiets, les autres membres du gouvernement purent ainsi se débarrasser. Quant à la solution pratique du problème — la création d'Ateliers nationaux —, elle fut confiée à un ministre, Marie, qui n'y était pas vraiment favorable, de sorte que les travaux entrepris — de terrassement notamment — ne présentaient pas d'utilité visible et discréditaient ceux qui les accomplissaient. Ce fut l'échec.

Comme il fallait remplir les caisses de l'État, ce même gouvernement augmenta les impôts directs de 45 %, ce qu'on appela les « 45 centimes », sous-entendu par franc d'impôt, une mesure qui indisposa la droite de l'opinion. Autre maladresse, le gouvernement décida de dissoudre les compagnies d'élite de l'ancienne Garde nationale — celles des quartiers les plus aisés —, ce qui déclencha la première manifestation de droite, dite « des bonnets à poil ».

De manifestation en manifestation, l'humeur de la gauche et de la droite s'aigrissait. Pressentant que le reste du pays ne pouvait avoir connaissance des enjeux de ces joutes parisiennes, l'homme des conspirations, Blanqui, demanda le report des élections. Cet homme en noir faisait peur : « pâle, crachant le sang, il demandait calmement la tête de Lamartine, et offrait en prime celle de son frère, membre de l'Institut. Il étalait ses haillons avec un orgueil sombre, ne renouvelait que ses chaussures et ses gants qui étaient toujours noirs » (Victor Hugo).

Il obtint un report de huit jours...

Bien que Ledru-Rollin, incarnation du gouvernement provisoire, ait dit son rejet du socialisme, ce défenseur de l'ordre établi, mais généreux en projets de réformes par ailleurs, passait pour un démagogue dans les milieux bourgeois... Aux élections, l'extrême gauche fut battue

1. Voir page 271.

et certains échecs le soulignent bien : Blanqui, Raspail, Cabet ; un nouvel élu apparaît : Louis-Napoléon Bonaparte.

Certes, l'Assemblée proclama de nouveau la République, le 4 mai, mais pour effacer le 24 février, où elle était née sur les barricades... Un signe.

Ainsi légitimé, le régime n'admet plus les manifestations sacrilèges : le 15 mai, à l'occasion d'une journée en faveur de l'indépendance de la Pologne, tout se passe comme si les vaincus des élections voulaient redonner un élan aux espérances de février. L'Assemblée est envahie, Barbès escalade la tribune et lance des noms comme pour acclamer un nouveau gouvernement provisoire. Blanqui est là, mais aussi Louis Blanc, et Raspail, et Albert. Les forces de l'ordre interviennent, et ils sont arrêtés.

Est-ce le signal du reflux ? Ledru-Rollin n'est plus ministre, le catholique Lacordaire démissionne, Buchez renonce à une présidence, elle échoit à l'homme qui brisa une révolte ouvrière à Rouen. Mais l'étincelle qui déclenche la colère, c'est la dissolution de fait des Ateliers nationaux. On donne le choix aux travailleurs : l'engagement dans l'armée ou le chômage. « Ah, Monsieur Arago, lance un manifestant, vous n'avez jamais eu faim ! »

De fait, le soulèvement des journées de juin constitue le premier cas, national, d'une lutte des classes, non des ouvriers contre les patrons, tels les canuts de Lyon, mais des pauvres contre les riches. Le conflit fut acharné parce que la résolution des nouveaux dirigeants bourgeois sur des principes d'ordre, de propreté, de liberté est aussi forte que celle des révoltés qui luttent pour la justice et le bonheur...

Sauf que les chômeurs engagés dans la Garde nationale mobile tirèrent sur leurs « frères ouvriers ».

L'Assemblée jugeait le gouvernement irrésolu : elle le dessaisit et confia l'exécutif au ministre de la Guerre, le général Cavaignac : Lamartine et Ledru-Rollin se retirèrent. Ils ne revinrent plus ; la République se débarrassait de ses républicains.

Quant à Cavaignac, il réprima l'insurrection pendant les trois jours de juin où s'opposèrent le Paris de l'Ouest et celui des barricades, à l'est. Dernière incarnation de l'esprit de février, Monseigneur Affre, archevêque de Paris, voulut s'interposer : à l'entrée du faubourg Saint-Antoine, il fut victime d'un fanatique. Il tomba, un crucifix à la main : « Puisse mon sang être le dernier versé. »

La réaction fut brutale : 6 généraux, 1 600 hommes, 4 000 insurgés sont tombés, 11 000 arrestations opérées, 4 300 déportations décidées.

« Le bonnet de coton [des bourgeois] ne se montra pas moins hideux que le bonnet rouge [des prolétaires] », jugea Flaubert. « Je ne crois pas en l'avenir d'une République qui fusille ses prolétaires », écrivait de son côté George Sand. De fait, la réaction triomphe désormais sous les couleurs de la République, car l'Assemblée, qui politiquement s'était située à gauche, se révéla socialement à droite, abolissant le droit au travail, rejetant le projet d'enseignement laïque et gratuit d'Hippolyte

Carnot, proclamant la liberté du travail, c'est-à-dire le contraire du droit au travail.

Aux élections (10 décembre 1848) à la présidence de la République, la nation se vengea en élisant Louis Bonaparte par 5 millions 436 000 voix contre 1 million 448 000 à Cavaignac. L'âge romantique était passé. Ledru-Rollin recueillit seulement 370 000 voix et Lamartine, 17 000.

2 DÉCEMBRE 1851 — UN COUP D'ÉTAT, TROIS DIAGNOSTICS

La révolution de 1848 avait institué une République qui proclama la souveraineté du peuple et mit en place le suffrage universel. Mais son élan se brisa sur le droit au travail et les massacres de juin qui suivirent.

La question sociale fut le révélateur de ce que la République représentative constituait bien, par rapport à la monarchie, un changement dans les fondements de la souveraineté, mais qui ne préjugeait en rien du contenu de sa politique. À ceux qui l'avaient instaurée — en premier lieu le peuple de Paris —, la Seconde République laissa un goût de cendres.

Elle avait doté le pays d'une Constitution qui confiait l'essentiel du pouvoir à un exécutif fort. Aux élections présidentielles de décembre 1848, les républicains se divisèrent. Cavaignac incarnait la résistance à la restauration monarchique, la défense de l'enseignement laïque : il s'agissait d'un vrai républicain, mais à qui Ledru-Rollin, Raspail et Lamartine ne pardonnaient pas les massacres de juin 1848. Cette division assura la victoire du « parti de l'ordre », qui misa sur Louis-Napoléon dont Thiers disait qu'« il était un crétin que l'on mènerait ».

Or, Louis-Napoléon avait de grandes facultés de dissimulation. Il avait aussi ses idées sur l'avenir du pays, en saint-simonien convaincu. Les industriels se reconnurent en lui. Quant à la masse des électeurs — les paysans surtout —, elle ne vota pas seulement sur son nom, elle sanctionna l'impuissance des républicains, leur complaisance envers ceux qui, tel Proudhon, jugeaient que « la propriété, c'est le vol ». Une confusion s'établit, alimentée par le parti de l'ordre, entre ceux qui demandaient le droit au travail et ceux qui demandaient l'abolition de la propriété.

Le prince-président donne des gages au parti de l'ordre en réprimant une manifestation animée par Ledru-Rollin contre une intervention française à Rome en faveur du pape. Puis, il donne des avantages au clergé par la loi Falloux qui ne lui assure pas un monopole de l'enseignement, certes, mais au nom de la liberté le laisse concurrencer les écoles laïques et les instituteurs. Ainsi « Encouragé », par la loi du 31 mai 1850 le parti de l'ordre réduit la portée du suffrage universel en exigeant des électeurs trois années de domicile dans le canton — ce qui frappe les travailleurs que le développement économique oblige à changer de domicile. Le nombre des électeurs passe ainsi de 9 millions 600 000 à 6 millions 800 000.

Cette « faute », le parti de l'ordre la paye cher : car le président Louis-Napoléon fait valoir que ces « républicains » ont violé la Constitution. Il entend rétablir le suffrage universel. Lorsqu'il demande qu'on modifie la Constitution pour qu'il puisse renouveler son mandat, l'Assemblée n'accorde cette révision que par 446 voix contre 278 ; il eût fallu les deux tiers, soit 482 voix.

L'échec de la révision enlevait à Louis-Napoléon le moyen légal de rester au pouvoir. Il se décida à un coup d'État, nommant à Paris, à un grade supérieur des généraux dans la confidence : il ne tint pas compte de leurs opinions politiques, car en leur assurant une promotion il était sûr que cette faveur les attacherait à sa personne. Autres confidents, son demi-frère Morny, Persigny, Rouher. L'idée ? Arrêter les représentants les plus notables de l'Assemblée en la déclarant dissoute car, disait Morny, « on n'a plus à sévir contre des gens en prison, et des arrestations faites avec intelligence peuvent prévenir une guerre civile ». Ainsi fut fait et la nuit du 2 décembre — souvenir d'Austerlitz —, « par une opération de police bien menée », furent arrêtés au saut du lit des chefs de parti, tel Thiers, des militaires, tels Lamoricière, Cavaignac et Changarnier, ce dernier qui avait déclaré que sur ordre de l'Assemblée il arrêterait le président.

Les essais de résistance légale, à l'Assemblée, tournent dourt malgré les efforts d'Odilon Barrot. On décrète la déchéance de Louis-Napoléon, mais la force armée disperse les représentants, et le soir *Le Moniteur* publie le décret qui convoque le peuple français à un plébiscite pour une nouvelle Constitution.

Pourtant, un appel aux armes d'élus républicains appelait à la défense de la Constitution — pas de l'Assemblée, impopulaire depuis qu'elle avait supprimé le suffrage universel. Morny et le général Saint-Arnaud décidèrent de laisser tranquillement les Parisiens monter leurs barricades pour mieux ensuite « leur donner une leçon ». Pourtant, un incident éclata dès le premier jour lorsqu'une décharge tua le député Baudin. Cet épisode devait devenir célèbre, vu le témoignage de Schoelcher, l'homme qui avait aboli l'esclavage : « Juste avant, rapporte-t-il, un ouvrier aurait dit à Baudin : “Croyez-vous que nous allons nous faire tuer pour vous garder vos vingt-cinq francs par jour ? ” Et il avait répondu : “Vous allez voir comment on meurt pour vingt-cinq francs, par jour. » Et une balle l'aurait atteint. Ensuite, quand la bataille des barricades s'engagea, elle fit trois cent quatre-vingt tués, dont vingt-sept soldats, les autres, pour la plupart, ouvriers[1]. »

L'insurrection républicaine se développa plus encore en province, surtout dans les petites villes du Sud-Est et du Sud-Ouest, dans les

1. Lors des journées de juin 1848, lorsque les républicains de Cavaignac avaient tiré sur les ouvriers, il y avait eu environ neuf cents morts dans les forces de l'ordre et près du double chez les ouvriers.

campagnes aussi ; mais il n'y eut pas de jacquerie, contrairement à ce que voulut faire croire la propagande bonapartiste : sur vingt-six mille huit cents personnes arrêtées, la masse comprenait essentiellement des artisans et des professions libérales... Il y eut dix mille déportés, en Algérie surtout, ou à Cayenne, plus de deux mille huit cents internés. Victor Hugo et Victor Schoelcher s'exilèrent, stigmatisant le coup d'État.

Le parti de l'ordre, décapité à Paris par le coup d'État parlementaire, le soutint néanmoins en province par peur sociale : « Voter pour Napoléon, ce n'est pas approuver ce qu'il a fait, c'est choisir entre lui et la ruine totale de la France », disait Montalembert. Il ajoutait : « Voter contre lui, c'est donner raison à la révolution socialiste. C'est appeler la dictature des rouges à remplacer la dictature d'un prince qui a rendu depuis trois ans d'incomparables services à la cause de l'ordre. »

Lors du vote plébiscitaire, du 24 au 31 décembre, il y eut 7 439 216 oui, 646 737 non, 36 880 nuls. À l'étranger, on émit des doutes sur l'honnêteté de ces résultats ; une vérification ultérieure des procès-verbaux conservés aux archives donne 7 145 393 oui 592 609 non.

La tradition républicaine a insisté sur la répression qui a accompagné le coup d'État plus que sur les victimes de cette même République en juin 1848 qui avait fait trois fois plus de morts ; ou sur la façon dont les républicains avaient châtré le suffrage universel avant que Louis-Napoléon ne viole la Constitution à son tour.

Analysant ces événements, Auguste Comte, Tocqueville, Marx ont établi des diagnostics différents.

Le premier se réjouit de la disparition des institutions parlementaires instituées par la Charte de 1815 et ajustées en 1830. Selon Auguste Comte, le parlementarisme traduisait en Angleterre la victoire de l'aristocratie et des autres classes sur la monarchie. Pas en France, où depuis le Moyen Âge la monarchie s'est alliée aux communes et à la bourgeoisie pour réduire l'aristocratie. Combiner le parlementarisme avec la monarchie était absurde. Supprimer le parlementarisme était donc satisfaisant, même si Napoléon III gouvernait parce que cela mettait fin au « crétinisme parlementaire ». Ce diagnostic part d'une considération qui ne se veut pas antidémocratique, juge Raymond Aron. Selon Auguste Comte, c'est le monde économique qui prend désormais les commandes ; ce n'est pas la représentation des opinions politiques qui compte mais celle des forces sociales et productives. Ce qui se passe au Parlement est secondaire, sinon dérisoire.

Monarchiste accablé par le succès de la révolution de février 1848, Tocqueville se présente aux élections et figure dans le cabinet d'Odilon Barrot, au temps où Louis-Napoléon est président de la République. À la différence d'Auguste Comte, professeur enfermé dans son cabinet, Tocqueville participe aux événements. Monarchiste devenu républicain conservateur, ce grand notable voit poindre la menace de la dictature et juge ainsi négative cette révolution qui a eu pour résultat de « remplacer une monarchie semi-légitime par une monarchie bâtarde ». Il insiste sur « l'excitation d'une multitude de sans-ouvrage que pousse l'ardeur des jouissances matérielles, aiguillonnés par le gouvernement ; et décrit le malaise démocratique de l'envie qui les travaille sourdement ». Il stigmatise les socialistes « qui ont détenu une influence considérable, s'en sont servis pour terrifier les bourgeois et la plus grande partie de la paysannerie et pas assez pour s'assurer une position de puissance (...). Ils n'ont pas su s'ils joueraient le jeu de la révolution ou celui du régime constitutionnel ; puis, au moment décisif, ils ont abandonné leurs troupes, les ouvriers de Paris qui se sont battus seuls sans chefs ».

Journaliste et agitateur révolutionnaire, Marx participe aux événements révolutionnaires d'Allemagne et croit au caractère international de la révolution. Dans *La Lutte des classes en France, 1848-1850* et dans *Le 18 Brumaire de Louis-Bonaparte*, il est frappé, comme Tocqueville, par le désaveu qui atteint les chefs parlementaires de la Montagne après les journées de Juin. Comme lui, il voit dans la révolution de 1848 les promesses d'une révolution sociale, mais s'en réjouit ; et il juge normal qu'après 1789 et la défaite de la noblesse, les classes populaires s'en prennent aux notables, aux bourgeois.

Surtout, Marx montre que l'élection de Louis-Napoléon, le 10 décembre 1848, « fut le jour de l'insurrection des paysans », car Napoléon est « le seul homme représentant les intérêts et l'imagination de la nouvelle classe paysanne que 1789 avait créée ». C'est avec des drapeaux qu'elle crie : « Plus d'impôts, à bas les riches, à bas la République, vive l'Empereur. » « Élire Napoléon c'est abattre la République des riches. » « Le paysan, peu civilisé, dit Marx, préfère élire le neveu de Napoléon, un symbole, plutôt qu'un général républicain. » La classe paysanne demeure parcellaire, explique Marx, n'ayant que des liens locaux, sans communauté vraie d'intérêts qui permette une liaison nationale. « Incapables de se représenter eux-mêmes, les paysans doivent l'être par quelqu'un de l'extérieur, qui exercera l'exécutif » : ce ne peut être que Louis-Napoléon.

Cinquante ans plus tard, Lénine reprend ce raisonnement en faisant valoir que le socialisme de la classe ouvrière ne saurait sourdre des pratiques démocratiques, car les ouvriers n'ont pas les moyens de se représenter eux-mêmes. D'où la nécessité d'un parti qui les incarne et parle en leur nom. Le *Que faire ?* de Lénine est ainsi la suite du *18 Brumaire* de Marx.

Le Second Empire : quel bilan ?

La mémoire républicaine n'a pas oublié le coup d'État du 2 décembre 1851 : dans le Sud-Est — Var, Basses et Hautes-Alpes — et le Sud-Ouest — Hérault — des Associations de 2001 commémorent encore le parjure de Louis-Napoléon qui avait prêté serment que « la République démocratique serait l'objet de son culte », et avait envoyé en exil ceux qui s'étaient insurgés contre son coup d'État. Après avoir proclamé : « L'Empire, c'est la paix », Napoléon III a fait la guerre, l'a perdue à Sedan, est fait prisonnier des Prussiens, qui annexent l'Alsace et la Lorraine.

Encadré par les sarcasmes de Victor Hugo — *Napoléon le Petit* — et les diatribes de Jaurès ou de Jules Ferry — « *les comptes fantastiques du baron Haussmann* » — le Second Empire n'a guère eu d'avocats pour le défendre. Il est vrai que le monde politique et littéraire ayant été chassé du panorama, ce ne sont ni les affairistes, ni les mondains, ni les ingénieurs, amis de l'empereur, qui avaient vocation à vanter sa mémoire.

Ainsi, la tradition républicaine s'étend-elle sur l'aspect politique du régime institué par Napoléon III qui se proclame empereur un an après le coup d'État. À juste titre, elle rappelle ce qu'il a de répressif : autorisation préalable des journaux, avec « avertissement » et interdiction à la deuxième incartade, surveillance de l'université avec interdiction des cours d'histoire moderne, serment de fidélité exigé des fonctionnaires, proscription des leaders républicains, maires nommés par le gouvernement, candidatures officielles... Les circulaires aux maires constituent un morceau d'anthologie :

« Monsieur le Maire, le scrutin ouvre demain. J'ai l'honneur de vous rappeler que vous devez l'ouvrir immédiatement après la première messe — que vous avez sur les bureaux un certain nombre de bulletins portant le nom de M. de Dalmas (candidat officiel), *et pas d'autres* ; qu'il est important que des personnes intelligentes et sûres, munies du bulletin portant le nom de M. de Dalmas, occupent les abords de la mairie et protègent les électeurs si bien intentionnés contre l'erreur et le mensonge.

« Trois candidats sont en présence. M. de Dalmas, son chef du cabinet de l'Empereur, M. Le Beselm de Champsavin, M. Dréo, gendre de M. Garnier-Pagès, fondateur de la République de 1848, un de ceux qui décrétèrent l'impôt des 45 centimes dont vous avez gardé le souvenir. M. de Delmas représente le principe de dévouement au gouvernement ; seul, il peut, par sa position, favoriser le développement des nombreux intérêts de l'arrondissement. »

Une Constitution mâtinée des reliques de celle de 1848 et de l'héritage du Premier Empire stipule que le pouvoir législatif ne peut même pas amender les projets de lois émanant de l'empereur. Ce régime dit « de l'Empire autoritaire » se desserra quelque peu lorsque, soutenant le Piémont contre la papauté lors de la formation de l'unité italienne, Napoléon III s'aliéna les catholiques et qu'il jugea nécessaire d'autoriser le corps législatif à lui voter des « adresses », puis à l'interpeller. Des républicains se rallièrent au régime, tel Émile Ollivier ; et peu à peu le pouvoir représentatif retrouva des droits réels — voter les budgets par chapitre, avoir l'initiative des lois notamment.

Durant la mue de cet Empire autoritaire en Empire libéral qui dure une dizaine d'années, l'opposition avait réussi à grossir en nombre, stimulée par le monarchiste orléaniste Adolphe Thiers, qui réclamait l'octroi à la nation « des libertés nécessaires » (celle des personnes, de la presse, de renverser le gouvernement). Il s'acquit une grande popularité en annonçant inlassablement la faillite inéluctable du régime.

Un tel rejet par la classe politique s'explique en partie par son sentiment d'une véritable trahison. Le neveu de Napoléon, indépendamment de l'héritage qu'il incarnait, présentait les caractères d'un héritier de la Révolution. Autrefois, il avait adhéré à la société secrète des Carbonari, avait combattu le pape en 1831, avait tenté de renverser la monarchie de Juillet à Strasbourg en 1836, puis à nouveau à Boulogne, par un coup de main malheureux qui le conduisit en prison, au fort de Ham, d'où il s'évada en 1846. Il y écrivit *L'Extinction du paupérisme*, un texte « qui a pour unique but le bien-être de la classe ouvrière ». Résolument saint-simonien, il appartient à la famille des socialistes et il se présente comme un réformateur décidé. Il n'a rien de commun avec les notables de l'époque de Louis-Philippe... De lui, Guizot disait : « C'est beaucoup d'être à la fois une gloire nationale, une garantie révolutionnaire et un principe d'autorité. » Comme il est mauvais orateur, il parle peu et se livre encore moins, il a pris des habitudes de conspirateur — on l'appelle « le Sphinx ». Ce trait de caractère mis à part, le retournement antidémocratique qui caractérise sa prise de pouvoir apparaît comme le fait d'un renégat : exactement ce qui se passa un demi-siècle plus tard avec Mussolini. Sauf que le leader fasciste extériorisa son retournement, alors que Napoléon était un homme secret. Pour garder le pouvoir, et par amour de la gloire, il oublia ses convictions.

Pourtant, son retournement ne fut pas absolu. Dès 1852, il favorisa le développement des « sociétés de secours mutuel », quitte à les surveiller. Après avoir réprimé les grèves, il arracha au corps législatif le vote d'une loi qui les légalisait, à condition qu'elles ne s'accompagnent ni de violences ni d'atteintes à la liberté du travail (1864). C'est un grand tournant dans l'histoire du mouvement ouvrier. Si l'entreprise de séduction destinée aux classes populaires a échoué, mais en partie seulement, comme en témoignent les différents scrutins, on constate également que, contrairement à ce que l'on a longtemps allégué, « les lois sociales instituées par le Second Empire n'étaient pas en retard sur celles de la Prusse ou de l'Angleterre » (A. Plessis). Et, de fait, aux élections de mai 1870, près de 7 300 000 de voix, contre 1 500 000, approuvent le sénatus-consulte instaurant un régime parlementaire, victoire facilitée par la répression de l'opposition, sans doute, mais succès néanmoins de l'empereur qui « retrouve son chiffre de 1851 ».

Le point important est sans doute que Napoléon III fut le premier souverain qui, en France — mais en Europe aussi —, au vu de ses idées saint-simoniennes, jugea prioritaire le développement économique du pays et voulut y assurer le pouvoir des « producteurs » (et ceux-ci dans la doctrine saint-simonienne comprenaient aussi les ouvriers), jugeant que là se trouvaient les forces vives du pays, et pas dans la représentation politique. Sur les conseils de l'économiste Michel Chevalier, il força même la main des industriels en instituant le libre-échange, en 1860, qui ouvre le territoire à la concurrence anglaise et les obligea à moderniser leurs équipements. Il n'y a que ces problèmes qui lui importaient et pas les problèmes politiques. Le peu d'intérêt qu'il y attachait ressort de sa boutade : « L'impératrice est légitimiste, le prince Napoléon est républicain ; Morny est orléaniste, moi-même je suis socialiste ; il n'y a que Persigny [ministre de l'Intérieur] qui soit bonapartiste, et il est fou. » Or ce sont là ses compagnons, sa fratrie.

Ainsi ce qui compte d'abord, pour Napoléon III, c'est le mouvement des affaires, le développement de la production, la banque ; et, à côté de lui, plutôt que des parlementaires, on trouve des affairistes — qui font souvent partie de son clan — et des banquiers, des ingénieurs. Les personnages qui incarnent ce régime sont ainsi les Pereire, Fould et Rothschild, banquiers et constructeurs du réseau ferroviaire français ; le baron Haussmann qui rebâtit Paris est un des animateurs de la Fête impériale, des mondains... à côté de ceux qui assurent l'ordre, tels Rouher, Persigny.

Avec Napoléon III, c'est l'argent qui est roi, et la Bourse qui, selon Dumas fils, « devint pour cette génération ce qu'était la cathédrale au Moyen Âge ». Il encourage la révolution de la banque, celle qu'incarnent les frères Pereire, fondateurs du Crédit mobilier qui émet des actions et ne se limite pas, telle la banque Rothschild, à travailler seulement avec ses propres capitaux. Encouragée par la conjoncture mondiale, c'est bientôt pour les banques et les entrepreneurs « la fête des profits ». Stimulés par Napoléon III, les frères Pereire voient l'avenir au bout des rails ; ils sont aussi les promoteurs du système bancaire actuel ; se créent sur leur modèle la Société générale, la Banque des Pays-Bas, le Crédit Lyonnais, etc. La construction du réseau national est la grande affaire du règne, alors partagée en quarante-deux petits réseaux, auxquels succèdent bientôt six compagnies (Nord, PLM, Paris-Orléans, Midi, Est, Ouest) avec leurs gares, leur culture... Le réseau est passé en vingt ans de trois mille deux cents à seize mille quatre cents kilomètres.

L'autre programme de l'époque, c'est le bâtiment avec la reconstruction de Paris dont le préfet Haussmann est le grand architecte, entouré de Victor Baltard, d'Adolphe Alphand, mais dont Napoléon suit les travaux de très près. En province comme à Paris, jamais les affaires n'ont si bien marché : leur volume double sous le Second Empire. Mais c'est évidemment le tracé du plan de Paris, et l'« haussmannisation » qui suivit — les belles perspectives, les places rayonnantes —, qui ont marqué cette rénovation, laquelle a enrichi les propriétaires des terrains fort bien indemnisés et piétiné les locataires. Car le nouveau Paris est fait pour ceux qui ont de l'argent, et il va renforcer la ségrégation sociale, les ouvriers expulsés étant contraints de chercher un logement à la périphérie. Par la destruction de nombre de vieux quartiers, cet urbanisme « chirurgical » a certes fait des victimes, et aujourd'hui il apparaîtrait sacrilège. Son exemple n'en sera pas moins suivi à Vienne comme au Caire et plus encore à Bruxelles.

Faiseur de grands projets, Napoléon III soutint également Ferdinand de Lesseps — c'est l'impératrice Eugénie qui inaugure le canal de Suez ; il encourage aussi le jeune ingénieur Gustave Eiffel, créateur d'une ellipse aux arcs métalliques qui fit sensation à l'Exposition Universelle de

Paris en 1867. Huit rois et trois empereurs se rendent à Paris cette année-là : est-ce l'apothéose du règne ?

Contre la corruption qu'il dénonce, dans *Les Comptes fantastiques d'Haussmann*, l'austère républicain Jules Ferry écrivait, une fois le mirage de l'Exposition évanoui : « L'année 1867 a commencé la liquidation de toutes les fautes de l'Empire. Sa politique s'est liquidée au-dehors par cette double et immense déconvenue du Mexique et de Sadowa ; sa prospérité s'est liquidée au-dedans par une crise douloureuse, car les institutions financières qu'il avait créées, choyées, couvées avec le plus d'amour ont eu le même sort que sa diplomatie : après avoir fait beaucoup de bruit dans le monde, essoufflées, boursouflées, elles s'affaissent et tombent. »

Après la faillite des Pereire, la dénonciation de tous les scandales — ceux de la finance et ceux des mœurs —, les échecs de la politique étrangère sonnent, brutalement, le glas du régime. Certes, le pays s'est enrichi ; mais, chantre des nationalités, Napoléon III mène une politique maladroite qui ne fait pas partie égale avec celle de Cavour ou de Bismarck. La perte de l'Alsace-Lorraine, à la suite des désastres de la guerre de 1870-71, a fini par faire oublier que cette politique avait néanmoins agrandi le territoire par l'acquisition de la Savoie et de Nice.

CHRONOLOGIE

L'ACTION DU SECOND EMPIRE HORS DE FRANCE

1852 Création d'un bagne à Cayenne ; il reçoit 18 000 forçats sous le Second Empire.

1853 *Annam* : intervention française devant Tourane, « pour protéger les missions ».

Annexion de la *Nouvelle-Calédonie.*

1854 Intervention française en *Crimée*, alliée aux Ottomans sur la question des Lieux saints ; le tsar exigeait la reconnaissance de droits aux orthodoxes.

Au *Sénégal*, le général Faidherbe transforme les comptoirs en une vaste colonie.

1855 *Guerre de Crimée* ; victoire française sur les Russes à Inkerman et siège de Sébastopol.

1856 *Traité de Paris*, succès pour Napoléon III ; le tsar doit reconnaître l'intégrité de l'Empire ottoman, lui céder Kars, neutraliser la mer Noire.

1858 Entrevue de *Plombières* entre Cavour, Premier ministre sarde, et Napoléon III, pour préparer les étapes de l'unité italienne ; en échange de son aide militaire contre l'Autriche, la France recevra la Savoie et Nice.

Égypte : début du percement de l'isthme de Suez, action de Ferdinand de Lesseps.

1859 *Guerre de l'unité italienne* ; les Français vainqueurs des Autrichiens à Magenta et à Solferino. Armistice de Villafranca.

1860 *Traité de Turin*, la France reçoit Nice et la Savoie ; le pape Pie reçoit Parme, Modène, la Romagne, la Toscane. Cependant, les « Mille » de Garibaldi aident au rattachement de Naples et de la Sicile au Royaume d'Italie.

Algérie, accueil réservé des colons à Napoléon III, chantre d'un royaume arabe.

1862 *Annam.* L'empereur cède à la France la province de Saigon.

Mexique. Juarez ne paye pas les intérêts dus à la France.

Chine : les Franco-Anglais interviennent contre les Taipings.

1863 Insurrection polonaise, brisée par l'intervention du tsar et du Kaiser.

Cambodge : protectorat français « à la requête du roi Norodom ».

Mexique : entrée des troupes françaises à Mexico.

1864 Vaincu par une coalition austro-prussienne, le Danemark perd le Sehleswig et le Holstein : ni la France ni l'Angleterre n'ont su intervenir.

1865 Rencontre Bismarck-Napoléon III, pour négocier la neutralité française en cas de conflit austro-prussien.

1866	Guerre entre l'Autriche et la Prusse, alliée à l'Italie : victoire prussienne à Sadowa, défaite italienne à Custozza. Vers l'unification de l'Allemagne du Nord sous la domination prussienne ; via Napoléon III, l'Italie reçoit la Vénétie.
	Napoléon III et Bismarck installent Cuza Ier, un Hohenzollern, roi de Roumanie.
	Algérie : Napoléon III s'oppose à ce que Lavigerie, archevêque d'Alger, « ramène les Berbères au christianisme ». Fondation des Pères blancs
1867	Maximilien, placé sur le trône du Mexique par la France, est vaincu par Juarez et exécuté.
	Indochine : Doudart de Lagrée et Francis Garnier remontent le Mékong.
	Mentana : les troupes françaises, soutenant le pape, repoussent les Italiens de Garibaldi, ce qui empêche l'intégration de Rome au Royaume d'Italie. « Mentana a effacé Magenta », disent les Italiens, furieux contre la France.
	Napoléon III manque d'annexer le *Luxembourg* qui devient indépendant.
1869	Inauguration du canal de *Suez.*
1870	Décret Crémieux donnant la nationalité française aux juifss d'Algérie.
	Candidature Hohenzollern au trône d'Espagne. Guerre franco-prussienne.

1870 : l'humiliante défaite

Qui se doutait, à l'été 1870, que la France allait perdre deux provinces, que ses armées seraient vaincues, son empereur prisonnier et chassé du pouvoir par une révolution ? Un plébiscite venait de lui assurer un vrai triomphe, plus de sept millions de voix contre un million et de demi — et cela après dix ans de règne. « Il n'y a plus rien à faire en politique », jugeait le républicain Jules Favre : « L'Empire est plus fort que jamais », répondait Gambetta en écho. Rallié, l'ex-républicain et devenu Premier ministre Émile Ollivier ajoutait : « Nous ferons à l'empereur une vieillesse heureuse. »

Deux mois plus tard, ayant déclaré la guerre à la Prusse, celui-ci se rend aux armées pour en prendre le commandement ; à Metz, à peine arrivé, il juge : « Rien n'est prêt (...) je nous considère d'avance comme perdus. »

L'imaginaient-ils, ceux qui manifestaient leur bellicisme dans les rues de Paris, au point que l'on autorisa à nouveau ces patriotes à chanter *La Marseillaise*, interdite depuis plusieurs décennies ? L'hystérie avait gagné une bonne partie du pays ; « Vive la guerre, à Berlin », entendait-on sur les Boulevards. On se resserre autour du prince : ses ennemis ne peuvent être que des agents de l'étranger, des traîtres. À Hautefaye, une commune de Dordogne, près de Nontron, on massacre, on découpe et on brûle un aristocrate légitimiste : il ne peut être qu'un complice des Prussiens.

D'où a pu sourdre cette colère ?

On croyait l'armée prête, « il ne lui manque pas un bouton de guêtres », avait déclaré le ministre de la Guerre, le maréchal Lebœuf ; face aux républicains italiens de Garibaldi, à Rome, « nos chassepots avaient fait merveille », disait un communiqué au lendemain de la bataille de Mentana. Surtout, le pays avait conscience que la Prusse se jouait de lui.

En 1863, Napoléon III n'avait pu empêcher Bismarck de porter aide au tsar pour mieux écraser l'insurrection de la Pologne, « notre amie traditionnelle ». En 1864, le gouvernement français s'était fait manœuvrer dans l'affaire des Duchés danois que la Prusse avait annexés après un partage des dépouilles avec l'Autriche.

Bismarck s'était moqué de l'empereur, cette « grande incapacité méconnue ». En 1866, lors de la guerre austro-prussienne, Napoléon III souhaite un succès prussien, car l'Italie, ennemie de l'Autriche, pourra ainsi récupérer la Vénétie et s'achèverait ce grand œuvre de l'empereur, l'unité italienne (sauf Rome) : mais la victoire prussienne à Sadowa, si vite acquise, laisse à la diplomatie française un goût de cendres. En échange de sa neutralité, Napoléon III voudrait des « compensations », un « pourboire », dit Bismarck ; le mot est connu. Secrètement, Gramont, aux Affaires étrangères, demande le Luxembourg. Pas question de céder une terre appartenant à la Confédération germanique, fait répondre Bismarck, qui laisse croire qu'en Belgique la France pourrait obtenir quelque chose ; mais, alertée, la Grande-Bretagne s'insurge...

Ayant ainsi perdu le soutien de la Grande-Bretagne, de l'Italie — à cause de Rome —, de l'Autriche, la diplomatie française est subitement mise en face d'un défi : la candidature d'un prince Hohenzollern, Leopold, à la couronne d'Espagne.

L'affaire avait été concoctée par Bismarck avec Prim, Premier ministre espagnol, et elle devait être présentée comme une affaire de famille, Bismarck se cachant même de son roi. Le secret fut éventé, et naturellement la France protesta contre une situation qui eût reconstitué « l'Empire de Charles Quint » : par la voix de Gramont, elle comptait « sur la sagesse du peuple allemand et sur l'amitié du peuple espagnol » pour en prévenir l'issue — « sinon elle saurait remplir son devoir sans hésitation ni faiblesse ». En tant que chef de famille, Antoine, le père de Leopold, fit connaître la renonciation de son fils.

La victoire diplomatique de la France était incomplète pour autant que ce n'était pas le roi de Prusse qui avait reculé mais Antoine, un parent éloigné, et son ancien Premier ministre. Napoléon III et Gramont demandèrent puis exigèrent du roi des garanties pour l'avenir : il fallait que la renonciation émanât de Leopold, du roi de Prusse aussi. L'ambassadeur Benedetti fut chargé de l'obtenir, le roi répondant oralement que ce n'était pas son affaire. Devant l'insistance de Benedetti, qui agissait sur injonction de Paris, le roi répondit qu'il était en vacances à Ems, laissant à Bismarck le soin de lui répondre. Celui-ci donna à ce refus, « la dépêche d'Ems », une forme insultante : « Sa Majesté a refusé de recevoir à nouveau l'ambassadeur, et lui a fait dire par l'aide de camp de service qu'Elle n'avait plus rien à lui communiquer. »

C'était la guerre.

Au corps législatif, sa voix couverte par les insultes, Thiers, isolé, fut le seul à juger aberrant « qu'on soit décidé à verser des torrents de sang pour une question de forme ».

Mais l'effervescence était telle que, sauf onze voix et cinq abstentions, les crédits furent votés, le Premier ministre ayant déclaré qu'« il déclarait la guerre d'un cœur léger ».

La France s'était préparée à la guerre, mais la mobilisation et la concentration des troupes ayant été combinées, ce fut la source d'une indescriptible pagaille : « un détachement du 53e parti de Lille le 18 juillet, arrivé au dépôt à Gap le 28, fut envoyé le 30 août à Lyon... un général, arrivé à Belfort, télégraphiait "pas trouvé ma brigade, que faire ? " » (Ch. Seignobos).

Or, la guerre était pour ainsi dire finie. À Wissembourg, à Froeschwiller, à Forbach, malgré la magnifique charge des cuirassiers à Reichshoffen — « ah, les braves gens », se serait écrié le Kaiser —, bien des batailles avaient été vaillamment perdues, l'armée de Bazaine s'enfermant alors dans Metz, celle de l'empereur obligée de capituler dans Sedan encerclé.

Rien ne pouvait plus arrêter la marche des Prussiens sur Paris, où, le 4 septembre, le corps législatif annonçait la déchéance de l'empereur, avant de proclamer la République et de préparer, à Paris, sous l'égide du général Trochu et bientôt en province sous la direction de Gambetta, la continuation de la lutte, où déjà trois généraux, Faidherbe dans le Nord, Aurelle de Palladines et Chanzy sur la Loire, se préparaient à venir au secours de Paris menacé tandis que Bourbaki essayait mais en vain, de couper les armées prussiennes de leurs arrières.

La Commune de 1871, le mythe et l'histoire

Mouvement insurrectionnel et patriotique écrasé par le gouvernement d'Adolphe Thiers replié à Versailles, la Commune de Paris est apparue à Karl Marx comme « le glorieux fourrier d'une société nouvelle (...), non organisme parlementaire, mais corps agissant, exécutif et législatif à la fois ». Pour Bakounine au contraire, « la Commune a été avant tout la négation audacieuse, bien prononcée de l'État, elle s'est dite aussi fédéraliste et athée ». Près d'un demi-siècle plus tard, Lénine a repris l'argumentaire de Karl Marx pour voir dans la Commune la préfiguration d'octobre 1917, les soviets ou conseils figurant sa régénération. La tradition stalinienne l'a perpétuée : dans *La Nouvelle Babylone*, les cinéastes Kozintsev et Trauberg relatent le conflit en montrant deux mondes qui s'affrontent, l'ancien et le nouveau, c'est-à-dire la bourgeoisie et le peuple travailleur...

Son héritage ainsi revendiqué par les socialistes, les communistes et les anarchistes, le souvenir de la Commune de Paris est lié à la répression atroce, qui fit vingt mille fusillés dont la mémoire est conservée au cimetière du Père Lachaise, au mur des Fédérés. La Commune de Paris avait duré du 26 mars au 28 mai 1871.

Au vrai, l'histoire de la Commune plonge dans un passé révolutionnaire plus ancien, qui refait surface avec la réémergence d'un fort parti républicain dès la fin du Second Empire, et qu'incarne le programme de Belleville. Il s'est renforcé par l'apport du mouvement ouvrier qui, proudhonien d'inspiration, juge, avec Varlin, que « rien ne pourra se faire, comme réforme, si le vieil État politique n'est anéanti ». Cette conjonction se retrouve dans la plupart des grandes villes, qui accueillent l'exode rural et où affluent classes laborieuses et « classes dangereuses », et où de grandes grèves éclatent : Le Creusot, Lyon, Marseille, Rouen. Face à l'Empire, on peut dire qu'il existe une République des villes, qui triomphe aux élections de 1869, notamment à Paris.

Mais ces villes « ne sont que des îles dans un océan de campagnes ». C'est bien la majorité issue de ces campagnes qui, après avoir acclamé la déclaration de guerre à la Prusse le 19 juillet, proclame la déchéance de l'Empire le 4 septembre après la défaite de Sedan, Napoléon III ayant été fait prisonnier. Sur proposition de Jules Favre, la République est proclamée et se constitue un gouvernement de défense nationale dont la présidence est attribuée au général Trochu, gouverneur de la capitale. Paris se jette dans la guerre et se mobilise dans sa garde nationale tandis que Gambetta reconstitue des armées en province. Une Commune se constitue comme en 1792, qui ne se veut pas concurrente du gouvernement, comme le mythe le laisse croire en 1917, mais son auxiliaire. Il se crée d'ailleurs des communes dans toutes les grandes villes, Lyon d'abord où, sous l'égide de Bakounine, elle correspond bien plus au modèle d'un contre-pouvoir révolutionnaire, Marseille, quelques autres ; s'agissant d'autonomie municipale, la province avait bien devancé Paris.

Or, la capitale était assiégée, affamée et grelottante. L'imagerie populaire s'est rappelée que, faute de ravitaillement, on a mangé des rats ; que Gambetta part en ballon pour rejoindre les armées de province. Après la capitulation de Bazaine à Metz, on apprend, le 28 janvier 1871, que le gouvernement demandait l'armistice ; c'est la consternation, la colère, d'autant plus que Thiers, vainqueur des élections, se dit républicain, certes, mais « en attendant qu'il soit statué sur les institutions de la France ». À Versailles où s'est installée l'Assemblée nationale — un symbole —, le gouvernement supprime la solde de la garde nationale qui n'a qu'à se dissoudre, puis il abolit le moratoire des loyers pour une population qui, pendant le siège, a perdu ses revenus.

Le 18 mars, le drame éclate.

Les troupes gouvernementales escaladent la butte Montmartre pour s'emparer des canons que les Parisiens ont payés de leurs deniers et confiés à la garde nationale. Le général Lecomte, chargé de cette mission, est arrêté par les gardes nationaux et la population est furieuse, surexcitée. Ils ont arrêté aussi le général Thomas qui passait par là, mais avait participé à la répression en juin 1848. Tous les deux sont fusillés. Cet épisode a été reconstitué par un des tout premiers films historiques, en 1906.

Quartier après quartier, on se révolte, on occupe l'Hôtel de Ville ; Thiers s'enfuit à Versailles « car on ne pactise pas avec les assassins ».

Paris élit alors sa commune, puis choisit un « gouvernement d'inconnus » où l'on trouve des quarante-huitards jacobins, tel Delescluze, des blanquistes, des membres de l'Internationale, tel Léo Frankel, des jacobins, des proudhoniens. Le socialisme de cette commune reste assez confus, même s'il met à son programme la fin à l'exploitation de l'homme par l'homme ; ni socialisation des grands ateliers, ni confiscation, seulement un anticléricalisme actif qui se traduit par la séparation de l'Église et de l'État : la Commune exécute Monseigneur Darboy, archevêque de Paris. On efface de Paris tout ce qui rappelle le despotisme et les conquêtes en déboulonnant la colonne Vendôme coulée par Napoléon avec les canons conquis en 1809.

Encerclée par les troupes de Thiers, la garde nationale tente une sortie sous la direction de Louis Rossel : elle échoue. Puis les Communards espèrent un soulèvement national. Mais les mouvements insurrectionnels de Lyon et de Marseille échouent, tout comme les tentatives de conciliation tentées entre autres par une partie de la franc-maçonnerie.

La paix, signée à Francfort, donne à Thiers des troupes fraîches. On dit que Bismarck est conciliant sur la clause des effectifs autorisés par le traité, pour que Thiers puisse mettre fin à l'insurrection... Est-ce vrai ? Quoi qu'il en soit, la commune se donne un comité de salut public pour mener le combat, et nomme à la tête de ses forces un officier polonais qui s'est illustré lors de l'insurrection de 1863 contre les Russes, Jaroslaw Dombrowski ; puis, après sa mort, le vieux Delescluze. Mais « on cherche dans la terreur une sécurité qu'on ne peut trouver dans la force » ; et bientôt, après un décret sur les otages, on définit et on fusille les suspects...

Le 21 mai, la porte d'Auteuil s'ouvre aux forces de Versailles dont la marche inexorable commence. Du 21 au 28 mai, c'est la Semaine sanglante, qui fait entre 17 000 et 35 000 victimes. Après la bataille, les conseils de guerre siègent jusqu'en 1875 ; 35 310 personnes passent en jugement, 13 000 condamnés, 3 043 déportés. Au total 100 000 disparus... Et combien d'exilés...

On put croire, à Versailles, le parti révolutionnaire décapité. Une défaite, certes, mais aussi glorieuse qu'une victoire car la répression allait donner naissance à un mythe.

Mais, une deuxième fois, comme en 1848, la République était suspecte. Gambetta, Jules Ferry s'étaient tenus à l'écart ; même Jaurès demeura circonspect. Il faudra du temps pour réconcilier *La Marseillaise* et *L'Internationale*.

Les fondateurs de la République : Thiers, Gambetta, Jules Ferry, Victor Hugo

Sous le Second Empire, pour avoir été le seul du corps législatif, en juillet 1870, à demander « un instant de réflexion » à ceux qui se déchaînaient en faveur d'une guerre contre la Prusse, Adolphe Thiers apparut après coup comme le Sage qui avait tout prévu. À l'abdication de Napoléon III, à la proclamation de la République et aux élections du 8 février 1871, il fut ainsi élu dans vingt-sept départements, puis proclamé à l'unanimité « chef du pouvoir exécutif de la République française (...) en attendant qu'il soit statué sur les institutions de la France », par une assemblée qui comptait quatre cents monarchistes et deux cents républicains. Journaliste libéral au temps de Charles X, théoricien de la monarchie parlementaire, « le roi règne et ne gouvernera pas », puis, historien de la Révolution, il a montré comme ministre sous Louis-Philippe qu'il pouvait frapper à gauche comme à droite. Sous Napoléon III, il devient le chantre des « libertés nécessaires » et apparaît ainsi comme un républicain d'équilibre, sinon conservateur. En tout cas, après avoir négocié le traité de Francfort avec la Prusse et obtenu que la France, qui perd l'Alsace-Lorraine, garde au moins Belfort, fait ratifier la paix par l'Assemblée nationale malgré l'opposition des républicains intransigeants conduits par Gambetta. Par le pacte de Bordeaux (10 mars 1871), il convient de laisser en suspens la question des institutions du pays jusqu'à sa régénération. C'est alors qu'ignorant les souffrances des Parisiens victimes du siège, sous-estimant leur patriotisme, et soucieux d'assurer l'ordre, il écrase sans ménagements la Commune de Paris.

Thiers vit dans ce soulèvement une extraordinaire opportunité pour lui d'apparaître comme le garant de l'ordre après avoir été l'homme de la paix. Dès lors, ce furent les monarchistes qui devinrent les agents du désordre, maintenant que l'ordre social n'était plus menacé. La France bourgeoise et la France paysanne étaient désormais rassurées et prêtes à entrer, sous l'égide de Thiers, dans une cure de repentance et *d'ordre moral*, pour se faire pardonner à la fois les frasques de la Fête impériale et les imprudences d'un orgueil belliciste et inconsidéré. Cette expiation fut encouragée par les activités religieuses, le retour de l'ultramontanisme, la multiplication ou la régénération des cultes de la Vierge avec les pèlerinages à Lourdes, à La Salette, à Pontmain près de Laval : « De toutes parts, aujourd'hui, il n'est que bruits de miracles et de prophéties », écrit Monseigneur Dupanloup en 1874.

Ce surnaturel qui s'annonce, n'est-ce pas le retour du monarque ? Les Républicains le craignent, Adolphe Thiers y compris, mais la fusion des deux branches monarchiques échoue. Les orléanistes, héritiers de Louis-Philippe, acceptaient, certes, la prééminence du comte de Chambord qui n'avait pas d'enfant et leur laisserait la succession. Mais celui-ci affirma sa fidélité au drapeau blanc, « inséparable pour lui de la patrie absente », car, dit-il, « on n'échappe pas par des expédients à des vérités éternelles ». Pour ce légitimiste, la révolution de 1789, puis celle de 1830, ainsi que le Premier et Second Empire avaient été ces « expédients ». Cette affirmation scelle leur rupture.

Or, s'il existe un peuple légitimiste, également un peuple républicain, il n'y a guère qu'une bourgeoisie orléaniste. Thiers le sait bien qui glisse ainsi au républicanisme, tendance monarchique et conservatrice, il s'entend.

Autre incarnation de la République, Léon Gambetta, qui, sous l'Empire, s'était illustré comme avocat en se battant pour qu'un monument fût bien édifié en l'honneur du député Gaudin, mort sur les barricades en s'opposant au coup d'État du 2 décembre 1851. Orateur passionné, il est élu député de Belleville en 1869 sur un programme qui devient la Bible du radicalisme : suffrage universel, libertés individuelles, séparation de l'Église et de l'État, instruction primaire gratuite, laïque et obligatoire. Le 4 septembre 1870, juste après la défaite de Sedan, il fait acclamer la déchéance de Napoléon III et, avec Jules Ferry et Jules Favre, proclame la République. Parti en ballon de Paris assiégé par les Prussiens, il organise contre l'ennemi les armées de province qui ne peuvent s'opposer à leur victoire définitive. Là encore, il symbolise le courage, tout comme son choix d'élu de représenter le Bas-Rhin. Puis il démissionne au lendemain du traité de Francfort pour protester contre la cession de l'Alsace-Lorraine à l'Allemagne.

Les excès de la Commune de Paris, ceux de la répression l'inquiètent et il se tient à l'écart. Il souhaite que la République incarne « une couche sociale nouvelle », en l'occurrence la classe moyenne, c'est-à-dire la petite bourgeoisie, et combat vigoureusement toute tentative de restauration monarchique. En mai 1877, après qu'ait été votée de justesse la Constitution de 1875, qui restaurait la IIIe République, soupçonnant le Président de la République Mac-Mahon d'avoir dissout la Chambre pour faciliter cette restauration, il lui adresse l'apostrophe qui rendit Gambetta célèbre : « Quand la France aura fait entendre sa voix souveraine, il faudra se soumettre ou se démettre. »

Sa popularité inquiète, son autoritarisme également. Aussi le deuxième président de la République, Jules Grévy, essaie de l'écarter du pouvoir. Il finit pourtant par lui confier un ministère après sa victoire aux élections de 1881. Mais la gauche attaque Gambetta pour son soutien à l'expansion coloniale, et la droite parce qu'il veut nationaliser les chemins de fer. Il ne gouverne que quelques mois — et meurt à l'âge de quarante-quatre ans sans avoir vraiment accompli son destin.

Jules Ferry accomplit le sien, au contraire, mais ce fut le salaire d'une impopularité sans égale, comme l'Histoire en a peu connu. Sous le Second Empire, pourtant, cet avocat vosgien acquiert la notoriété en publiant dans *Le Temps* une série d'articles au vitriol, *Les Comptes fantastiques d'Haussmann*, où cet austère provincial dénonce le financement des travaux du préfet qui rebâtit la capitale ; et Jules Ferry se retrouve élu dans la sixième circonscription de Paris. Ardent républicain, il contribue, avec Gambetta, à la déchéance de Napoléon III et se retrouve, pendant le siège de Paris, chargé du ravitaillement de la capitale ; premier surnom, « Ferry la Famine ».

Hostile aux excès de la Commune, qui lui rappellent ceux des jacobins, il préconise ensuite l'expansion de la France outre-mer, ce qui permettrait de ressusciter « la grande nation ». Mais la présence d'une épouse alsacienne, une complaisance supposée avec Bismarck pour qu'il laisse la France s'épanouir outre-mer et le voilà affublé d'un second surnom : « Ferry l'Allemand ». Lorsqu'il lance, par « petits paquets », les troupes françaises en Indochine, il est combattu avec passion dans son propre camp, par Georges Clemenceau surtout, qui sonne l'hallali en 1885 après le désastre de Langson. Il se force à garder le silence pourtant sur l'essentiel : le secret d'une négociation avec la Chine qui devait aboutir à la cession du Tonkin à la France. Au « Tonkinois », troisième surnom, on reproche d'avoir trahi la cause de la revanche en « détournant les yeux de la ligne bleue des Vosges ».

Mais pour Jules Ferry l'essentiel se situait ailleurs. Sa vie avait voulu être celle d'un serment accompli. En avril 1870, quelques mois avant la chute de l'Empire, il avait prononcé à Paris un discours demeuré fameux sur l'égalité d'éducation : son but, faire disparaître la plus redoutable des inégalités qui viennent de la naissance. Idée essentielle qu'il puise aux quatre coins des traditions républicaines : les Lumières du XVIIIe siècle et Condorcet en premier lieu, qui voulait fonder l'enseignement sur une base scientifique ; ensuite la religion positive, héritée d'Auguste Comte, dont le mot d'ordre est « Ordre et Progrès », c'est-à-dire « Science et Industrie » ; mais aussi par la séparation de l'Église et de l'État, du temporel et du spirituel. L'école permettra, jugent Comte puis Ferry, de soustraire le peuple à l'influence des prêtres, mais aussi à celle des révolutionnaires. Ferry s'inspire aussi du protestantisme libéral, lui est catholique mais évolue vers la libre pensée. Comme l'enseigne Renouvier, il s'agit de pouvoir enseigner la morale sans référence à l'Évangile. C'est d'ailleurs de libéraux protestants qu'il s'entoure et c'est avec eux qu'il gouverne : Paul Bert, Waddington, Freycinet. Pour Jules Ferry, l'école est donc bien le lieu où doivent voisiner le riche et le pauvre, la démocratie étant le mélange des classes, l'égalité des chances, un idéal que défend la franc-maçonnerie à laquelle il adhère.

Dominant la vie politique de 1879 à 1885, il honore son serment de 1870, crée les écoles normales primaires, le conseil supérieur de l'instruction publique, l'enseignement secondaire des jeunes filles, institue gratuité et laïcité dans l'enseignement primaire rendu obligatoire. Instrument de civilisation, l'école doit prévenir ces conflits de classe qu'on a vu émerger en 1830-1831, et prévenir aussi les flambées révolutionnaires comme celles qu'ont animées les jacobins ou les communards de Paris.

Jules Ferry connaissait par cœur *Les Châtiments* de Victor Hugo qui, lui aussi, incarne ces idées, participe aux combats contre l'Empire qui l'a exilé en janvier 1852. Le poète avait alors écrit : « Quoi, parce que nous avons eu Napoléon le Grand, il faut que nous ayons Napoléon le Petit ? »

Au vrai, Victor Hugo avait eu un parcours politique qui l'avait conduit autrefois du royalisme intégral, rompu à l'occasion de *Marion Delorme* qui mettait en cause la monarchie, au ralliement à Louis-Philippe. Il accepte la légion d'Honneur, une nomination à la chambre des pairs et une élection à l'Académie française. En février 1848, demeuré solidaire du roi-citoyen, il refuse le ministère de l'Éducation que lui propose Lamartine.

Or, la nature du régime lui est indifférente : ce qui l'intéresse, c'est la substitution des questions sociales aux conflits politiques.

Cependant, sentant fort bien que c'est la peur du peuple qui est devenue le véritable moteur de l'action des dirigeants, il se désolidarise peu à peu des républicains quand il les voit trahir l'esprit de la République. Avant d'écrire *Les Misérables*, ayant déjà combattu la peine de mort, il s'acharne désormais contre Napoléon III, lançant, depuis son exil de Jersey, des appels prophétiques qui invitent le peuple à renverser le tyran. Dans *Les Châtiments*, il invite les abeilles d'or du manteau pourpre de l'empereur à donner l'exemple du courage :

Et percez-le toutes ensemble
Faites honte au peuple qui tremble
Aveuglez l'immonde trompeur
Acharnez-vous sur lui, farouches
Puisque les hommes en ont peur !

L'exil donne à Victor Hugo sa grandeur, car il n'a jamais été si populaire que sur son rocher. Tout le monde a lu *Les Misérables*, tout le monde récite *Les Châtiments*. Mais, en 1870, s'il s'oppose, comme Ferry et Gambetta, à l'armistice, il refuse de soutenir la commune qui lui rappelle juin 1848, « le peuple contre lui-même ». Comme Gambetta et Clemenceau, il se prononce seulement contre une répression qu'il juge inique, et en 1877, lorsque Mac-Mahon dissout l'Assemblée nationale dans la vaine espérance d'un retour du monarque, il écrit ces vers qui signent ce statut de prophète que lui reconnaît le peuple de Paris pour ses quatre-vingts ans :

Chose terrible d'être prophète
En mars 1871, je disais...
Si vous rejetez la République vous soulevez Paris
Si Paris se soulève vous l'écraserez
L'écrasement de Paris amènera le désarmement de la Garde nationale
Ce désarmement, c'est la livraison de la France à l'armée
L'armée, maîtresse de la France, c'est l'abîme
Nous y voilà...

(*Choses vues*, 1877)

Sans doute Victor Hugo n'a pas joué dans le quotidien des luttes politiques le même rôle que les autres fondateurs de la République. Mais la puissance de son verbe a donné un écho formidable aux idées qu'ensemble ils ont défendues.

Surtout, cette œuvre a survécu ; et grâce à Jules Ferry surtout, les générations suivantes se sont imprégnées, dès l'école, de son idéal et de sa générosité.

« *Enrichissez-vous !* »

DES NOTABLES AUX CAPITALISTES ET AUX AFFAIRISTES

« Enrichissez-vous par le travail, par l'épargne et par la probité. » Tel était le propos de Guizot dans un banquet offert par ses électeurs, à Saint-Pierre-sur-Dives, en 1843. Ce conseil était tout un programme, mais c'était également une réponse à ceux qui reprochaient à Guizot son conservatisme ; il confortait l'attitude de la bourgeoisie plus qu'il ne correspondait à l'humeur d'un protestant austère. Il est vrai que le roman de la nation n'a retenu que les deux premiers mots de la phrase, et que le Président de la République Armand Fallières rappela seulement ces deux mots avec une pitié scandalisée... pour stigmatiser « les vils enseignements de la monarchie ».

Mais qui sont donc ces gens qu'on invite à s'enrichir et qui s'enrichissent ; comment rendre compte de ce phénomène qui commence à se manifester au temps de la Charte, atteint son zénith sous le Second Empire et au début de la IIIe République, jusqu'en 1914 ?

Un tableau des fortunes, établi en 1870, à partir des revenus des conseillers généraux fait apparaître en tête, et sans indication chiffrée, les fortunes nouvelles du baron Rothschild et d'Émile Pereire, comme de quelques autres banquiers qui figurent parmi les plus hauts revenus ; mais ce qui frappe est bien, à côté des fortunes de l'industrie ou du commerce, nouvelles aussi — les Schneider, les Dufayel, etc. —, la présence massive, aux plus hauts échelons, des membres de la noblesse, c'est-à-dire des revenus de la propriété foncière : duc de La Rochefoucauld, duc d'Audiffret-Pasquier, marquis de Chasseloup-Laubat, etc.

Ainsi, vers le milieu du XIXe siècle, un nouveau capitalisme industriel et bancaire s'est installé à côté des grands terriens.

Les modes d'application de la Charte qui régit le pays de 1814 à 1848 stipulent que c'est la terre qui donne à la fois notabilité et éligibilité à qui paie 500 francs de cens — ceux qui s'enrichissent dans le négoce, la fabrique achètent dès lors un domaine. Mais le vrai notable ne doit pas être un enrichi, ce sont les alliances matrimoniales qui assurent sa permanence. Puissants, les notables exercent un pouvoir économique sur les paysans et les ouvriers, et leur autorité s'impose comme allant de soi, car le notable est aussi un intermédiaire dans les relations avec Paris, pour faire entendre ses revendications et celles de son petit monde. A. J. Tudesq donne l'exemple de Gaillard de Kerbertin qui n'est pas seulement le premier président de la Cour royale de Rennes, c'est un grand propriétaire, vénérable de la Loge de la Parfaite Union. Autre exemple : le sous-préfet de Gaillac, Bermond, est le fils d'un ancien membre du Conseil des anciens, député libéral en 1830, frère d'un conseiller général, et sa famille possède la deuxième richesse de l'arrondissement. Ce notable a des biens, des relations, des rentes soumises à fluctuations plus lentes que les autres revenus. Il perpétue ainsi un système conservateur alors que la société bouge...

Sans doute les nouveaux industriels ressemblent assez aux anciens marchands-fabricants, et l'écart va se creuser entre la bourgeoisie du tiers-état mais celle de la IIIe République. La réussite économique par des voies raccourcies est un phénomène relativement nouveau même si une partie de l'amertume ouvrière à la fin du XIXe siècle est provenue de cette prise de conscience qu'ils auraient beaucoup de mal à devenir chefs d'entreprise. Ce qui semblait possible au début du siècle quand le coût de l'installation était encore faible s'est avéré ensuite insurmontable. Pourtant, dans l'industrie mécanique où l'ingéniosité et l'habileté d'exécution comptent plus qu'ailleurs, des bricoleurs surdoués ont pu devenir de grands entrepreneurs, tels les créateurs des firmes Rochet-Schneider et Berliet dans la bicyclette puis l'automobile à Lyon vers 1890.

Mais s'associent bientôt à ce groupe social les polytechniciens, ces personnages nouveaux, qui passent assez vite par les écoles d'application civiles — Mines, Ponts et Chaussées — et qui contribuent à former un corps, instrument du contrôle de l'activité économique par le pouvoir central : artilleurs devenus métallurgistes tel Martin, bientôt lié aux notables de Fourchambault-Commentry. Les ingénieurs recréent des systèmes familiaux de pouvoir dans lesquels on se transmet les entreprises de père en fils ou gendre. Pourtant, la greffe se fait mal, car l'entrepreneur et l'ingénieur ou le savant appartiennent à des mondes culturels différents : un des frères Prouvost, qui fondent les grands peignages de Roubaix, n'a aucun grade universitaire, pas plus que Pierre Peugeot ou que certains Schneider. Les milieux jugent l'instruction utile peut-être pour les progrès techniques à accomplir, mais à coup sûr un polytechnicien au XIXe siècle ne vaut pas un banquier. À travers le pays ; plutôt qu'un pionnier des changements industriels, il en est seulement l'accompagnateur, la multiplication des banques locales constituant le corollaire du développement économique ; mais l'omniprésence de la Banque de France, grand organisme parisien de réescompte, cautionne leurs entreprises tout en empêchant leur regroupement. Ce sont ces banquiers qui sont les « rois » du XIXe siècle, l'industriel n'ayant pas le premier rôle dans la société capitaliste d'alors. Au sommet, la haute banque est hantée par le pouvoir, qu'elle atteint avec Laffitte et Casimir Perier sous la Restauration, Goudchaux pendant la révolution de 1848, et bientôt Achille Fould. Mais ceux qui le dominent, les Rothschild, les Talabot, les Pereire, s'intéressent essentiellement aux grands travaux d'équipement à l'échelle nationale et internationale, chemins de fer, canaux, etc., drainant l'épargne de la nation. Ainsi apparaissent les banquiers d'affaires — pas tant les Rothschild qui demeurent dans le camp des adeptes de la firme familiale — que les Pereire ou les Fould qui créent en 1852 le Crédit Mobilier en s'appuyant sur de vieilles familles de notables, les Mallet, les Seillière, etc., ou des dynasties de protestants anciennement émigrés tels les Mirabeau.

Entreprises et dynasties familiales donnent ainsi la marque de la banque comme de l'industrie, avec la fragilité que crée chaque succession, telle celle des Perret-Olivier de Lyon qui, pour des raisons d'ordre personnel, vendent leurs usines chimiques de Lyon à Saint-Gobain — de sorte que bientôt sociétés anonymes et sociétés en commandite par actions apparaissent à côté des entreprises familiales. C'est une autre histoire qui commence lorsque la formation du capital et son augmentation, le choix des membres du conseil d'administration, aboutissent à l'apparition d'un capitalisme d'un type nouveau, plus anonyme.

Cet anonymat renforce le secret dont s'autorise, en France, tout ce qui concerne l'argent, la finance. « En bouche close, n'entre mouche », disait déjà Jacques Cœur. Un des mérites de Jean Garriques a été de montrer ce que la mémoire n'avait pas retenu de l'action des « grands républicains », Gambetta, Ferry, Grévy, à savoir qu'après avoir stigmatisé le règne de l'argent sous le Second Empire, ils n'ont en rien arraché la démocratie parlementaire à ce monde des affaires : par une sorte de contrat, celui-ci a aidé la République à payer l'indemnité de guerre à l'Allemagne, à redresser les finances de l'État, pour autant que le régime les sauvait des « rouges » et des légitimistes. Mais en échange il devait répondre par le paternalisme ou la répression aux revendications de la classe ouvrière, et, au plan économique, l'État devait lui concéder des avantages dans les chemins de fer, l'équipement de la métropole et des colonies, etc. Des hommes comme Léon Say, ministre et banquier, bras droit des Rothschild, Freycinet, ministre des Travaux publics, Henri Germain, fondateur du Crédit Lyonnais, incarnent cette alliance qui se place sous le sigle du centre gauche.

L'imbrication qui s'est nouée entre milieux d'affaires et représentation politique sécrétait nécessairement, en France comme ailleurs, abus et corruption. La brigue électorale prend la relève de la candidature officielle. Dans *L'Argent caché*, J.-N. Jeanneney cite le témoignage d'Alfred Mascuraud, une ou deux décennies plus tard, président du Comité républicain du commerce et de l'industrie, qui recueillait et distribuait les fonds électoraux : « Je n'ai fait aucune écriture (...) vous ne trouverez pas trace d'une élection, il n'existe rien. Quand les élections sont faites, tout est terminé chez nous. Soyez convaincu que ce que nous avons fait, personne ne l'a jamais su. »

Plus le silence est grand, plus le scandale éclate...

Le krach de l'Union générale en 1882 avait illustré la lutte de la haute finance catholique contre la haute finance protestante et israélite : les petits porteurs furent les victimes. L'affaire de Panama, en 1892, met en cause cent quatre « chéquards » qui ont reçu de l'argent pour faire passer à la Chambre le vote d'un emprunt destiné à renflouer la Compagnie de Panama, que dirigeaient Ferdinand de Lesseps et Bunau-Varilla, qui fut directeur du *Matin*. Apparaissait aussi la complicité de la presse, qui s'était tue dans tous les camps, puisque étaient compromis aussi bien

Rouvier que Clemenceau ou Salomon Reinach : quatre-vingt mille épargnants étaient encore ici ruinés.

Ces affaires allaient constituer le terreau sur lequel allaient se nourrir l'antisémitisme, l'antiprotestantisme, l'antiparlementarisme[1]

Deuxième colonisation ou impérialisme ?

Au XIXe siècle, le nouvel essor colonial, défini comme impérialiste, diffère-t-il de l'expansion des siècles précédents ? Pas en tous points. Comme pour le Portugal au XVIe siècle, que l'expansion outre-mer détourne, après plusieurs échecs, de la lutte frontale contre la Castille ou les Maures, l'expansion française après 1871, par un transfert de même nature, vise à oublier et à effacer la défaite de Sedan, la faillite de la politique européenne de Napoléon III et la perte de l'Alsace-Lorraine. Le mot de Clemenceau, adressé à Jules Ferry, promoteur de la conquête de la Tunisie et de l'Indochine, le dit bien : « J'ai perdu deux enfants, vous m'offrez deux domestiques. »

De même, autre trait attribué à l'impérialisme, la boulimie territoriale dont le partage de l'Afrique noire, en 1885-1890, est l'expression la plus visible — cette « course au clocher » s'est manifestée bien avant l'ère dite de « l'impérialisme ». Ainsi, pour justifier l'extension de la conquête du Canada, Champlain écrivait à Marie de Médicis en 1615 : « Si nous ne nous y installons pas, ce seront soit les Anglais soit les protestants. » De même, on trouve des pionniers qui ouvrent une voie avant la conquête, tant au XVIe siècle, tel Eustache de La Fosse, qu'au XIXe siècle avec Brazza.

D'où vient alors que les contemporains, voire leurs descendants, ont pu considérer qu'une ère nouvelle s'ouvrait dans l'expansion européenne ? D'abord, se révèle une volonté d'expansion explicite alors que jusque-là celle-ci était souvent le fait des circonstances, le cas de l'Algérie se trouvant aux confins de ces deux situations. On constate ensuite que les nouvelles colonies ont été volontiers peuplées de révoltés, de prisonniers politiques, voire de bagnards, notamment l'Algérie, la Nouvelle-Calédonie, la Guyane — ce en quoi la France imitait le Portugal (en Angola surtout) et l'Angleterre (en Australie). On constate également que des institutions s'identifient à ces conquêtes : la marine à la Cochinchine, l'armée à l'Algérie. « En même temps qu'une partie de l'armée se colonialise, pour une partie de l'opinion l'idée coloniale se militarise », écrit Raoul Girardet. En outre, un glissement de sens s'est opéré depuis l'Ancien Régime : la christianisation, pour la République devenue laïque, s'identifie désormais à la civilisation.

1. Voir plus loin, deuxième partie, Les doctrines de la haine, p. 651 et suivantes.

Surtout, ce sont les motivations matérielles qui se trouvent à l'origine de la formulation qui définit cette nouvelle expansion. Elle fut énoncée par Jules Ferry lors de la conquête du Tonkin. « La politique coloniale est fille de la politique industrielle. Pour les États riches, l'exportation est un facteur essentiel de la prospérité (...). S'il avait pu s'établir entre les nations manufacturières quelque chose comme une division du travail industriel (...), l'Europe eût pu ne pas chercher au-dehors de ses propres limites les débouchés de sa production. Mais tout le monde veut filer, forger, distiller, fabriquer du sucre et l'exporter. » La nécessité commande ainsi l'expansion outre-mer pour disposer de matières premières à bon compte, grâce à la main-d'œuvre, et de marchés. « En outre, explique Jules Ferry, les races supérieures doivent accomplir leur devoir à l'égard des races inférieures non encore engagées dans la voie du progrès. » Reste l'argument nationaliste : qu'on se retire de ces entreprises, l'Allemagne ou l'Espagne nous y remplaceraient. La politique « du coin du feu » ne saurait être qu'un argument sur la voie de la « décadence ». « Rayonner sans agir, c'est abdiquer. »

Si l'appui populaire donné à l'expansion est un des traits spécifiques de l'époque impérialiste, soit que se ravive l'antagonisme franco-anglais — comme en témoigne l'incident de Fachoda en 1901 —, soit que s'approfondissent la crainte et la haine de l'Allemagne — à l'occasion de la crise marocaine de 1911 —, le trait essentiel est bien le lien qui se noue entre l'expansion et le capital financier. On le vérifie en Tunisie, au Maroc, en Indochine. Or, celui-ci peut également s'accommoder d'une mainmise sans conquête territoriale comme pour la France — mais aussi pour l'Allemagne et la Grande-Bretagne — dans l'Empire ottoman, en Chine, en Russie également. C'est la haute finance qui mène la danse dans l'annexion de la Tunisie, et en Égypte lors de la crise de 1882.

Autre différence entre l'expansion coloniale et l'impérialisme : la « révolution industrielle » donne à celui-ci des moyens d'agir qui en modifient la nature.

L'expansion première manière n'était pas tellement éloignée des colonisations de type antérieur — celle des Turcs, des Arabes, voire des Romains — en ce sens que l'écart économique, culturel était faible entre colonisateurs et colonisés. Mais cela change selon les calculs de Paul Bairoch, l'écart est de 1,9 au début de l'ère dite « impérialiste » au milieu du XIXe siècle, de 3,4 en 1914, de 5,2 vers 1950. On comprend que, pour les populations dominées, les apports de la civilisation — écoles, hôpitaux, routes, barrages, etc. — aient vite été mis en balance avec cette dégradation relative.

Ajoutons que l'écart entre les niveaux de vie n'a cessé de s'accroître depuis la fin du temps des colonies — effets du néocolonialisme économique, des effets pervers de l'indépendance qui s'est souvent limitée à un changement de souveraineté, effet, depuis, de la mondialisation.

ALGÉRIE : « ON NE SE BAT PAS, ON INCENDIE » (BUGEAUD)

Si la conquête de l'Algérie a répondu pour Charles X à des objectifs politiques s'ajoutant à des objectifs commerciaux, des milieux marseillais en particulier, la colonisation du pays appartient à une expansion de type ancien, pré-impérialiste, si l'on peut dire. Cette domination pourtant changea de nature, dans la mesure où l'Algérie fut bientôt une chasse gardée des capitaux français — privés —, mais dont l'État garantissait le profit. C'est pour cela qu'on peut contester l'opinion, largement diffusée, que les colonies et l'expansion constituaient un gouffre financier. En effet, si les colonies coûtaient cher à l'État, elles rapportaient gros aux intérêts privés de la métropole.

En outre, les dépenses contribuaient à l'enrichissement de ces citoyens devenus colons, et qui, en métropole, n'auraient pas connu les mêmes avantages.

Le fait de maintenir l'Algérie dans un état pré-industriel assurait aux capitaux placés dans l'industrie métropolitaine un débouché sans risque, étant donné le protectionnisme régnant sur ces « départements ».

La conquête s'effectua grâce à une nouvelle race de conquérants, qui, loin d'être des trognes à épée, se veulent les porteurs d'un grand dessein. Ils ont beau passer des populations entières au fil de l'épée ou les faire brûler vives — Bugeaud en Algérie, ou Gallieni à ses débuts —, ces actions ne constituent à leurs yeux que les moyens nécessaires à leur « mission civilisatrice » qui prend la relève de l'évangélisation chère aux conquérants des siècles précédents. Comme plus tard Brazza, Lyautey, Laperinne, ils constituent une sorte d'*intelligentsia* tels les révolutionnaires russes — seuls Faidherbe au Sénégal et Pavie en Indochine étant de petite extraction. Tous ont écrit des pamphlets ou des livres, et Saint-Arnaud en Algérie, entre deux douars qu'il fait brûler, lit *L'Imitation de Jésus-Christ*.

Bugeaud est sans doute le plus cohérent : il demande à Thiers qu'on lui envoie des idéologues en Afrique pour les faire tuer, « ce serait servir le pays ».

En Algérie, il triomphe d'Abdel-Kader, à qui il demanda un bakchich pour ses chemins vicinaux de Dordogne et pour ses officiers... Car le bien-être de ses soldats était son premier souci. En échange d'une discipline de fer, il laissait ensuite piller, violer — s'amuser, quoi... Au combat, il était toujours au milieu d'eux, d'où sa popularité, et le célèbre refrain :

L'as-tu vue, la casquette, la casquette
La casquette du Père Bugeaud.

Comme il n'y a d'autre intérêt en Algérie que la terre, pour que les Arabes se rendent, demandent l'aman, il n'y a qu'à la brûler. « On ne se bat pas, on incendie... On brûle tous les douars, tous les villages, toutes les cahutes... des feux qui brûlent indiquent la marche de la colonne. »

Figure 23 — L'apéritif dans les jardins du Commissariat de Ouidah (Dahomey).

Le général Pélissier enfuma un millier d'Arabes dans la grotte de Dahra en 1845.

En 1844, après la bataille d'Isly, l'essentiel de la résistance était brisée. Mais il y eut des sursauts, en 1871, et encore après...

TUNISIE-MAROC

Si l'étranger avait été hors jeu dans l'entreprise algérienne de la France, il ne l'est pas en Tunisie où les puissances européennes rivalisaient pour établir leur influence par l'intermédiaire de leurs consuls.

La méthode consistait à obtenir des concessions de travaux publics pour le pays et à laisser le bey contracter des emprunts qu'il se trouverait un jour incapable de rembourser — une méthode qui fut particulièrement opératoire en Égypte. En Tunisie, la rivalité franco-italienne est vive ; elle devient visible lorsqu'une compagnie italienne achète la concession du chemin de fer Tunis-La Goulette à une compagnie anglaise en éliminant la compagnie française des chemins de fer Bône-Guelma. Ayant réussi à faire nommer un de leurs clients Premier ministre, les intérêts français peuvent acquérir le domaine de l'*Enfida*, près de quatre-vingt-dix mille hectares. Il se forme ainsi une sorte de consortium financier où se trouvent à la fois ceux qui spéculent sur les terrains et ceux qui spéculent sur les valeurs tunisiennes. Ses membres, qui constituent un des noyaux du parti colonial, « fréquentent chez Gambetta » et ne peuvent ignorer ce qui se trame dans les milieux politiques.

Une phrase de Lord Salisbury avait produit son effet : « Vous ne pouvez pas laisser Carthage aux mains des Barbares », avait-il dit à Waddington au moment où l'Angleterre entendait se saisir de Chypre (1878). De fait, dès que l'Italie pressentit les visées françaises, elle protesta, multiplia les envois de colons, qui étaient bientôt dix mille face à mille Français, remua Bismarck et Gladstone — successeur de Salisbury —, pas mécontents que naisse une rivalité franco-italienne. Mais Bismarck pensait qu'après la perte de l'Alsace-Lorraine il serait peu habile que la France rencontrât l'Allemagne sur sa route en toute circonstance. « La poire est mûre, dit-il à l'ambassadeur de France, à vous de la cueillir. »

La Sublime Porte, théoriquement suzeraine, n'avait jamais admis, quelques décennies plus tôt, la perte de l'Algérie comme irréversible. Depuis, à partir de la Tunisie, de fréquentes incursions eurent lieu en Algérie qui visaient les colons français qui s'étendaient en tache d'huile... On en a comptabilisé 2 379 de 1871 à 1881 : ce fut la 2 380e qui fut la bonne, car elle donna le prétexte à l'armée française pour mettre fin au « danger khroumir ». La facilité du succès surprit tout le monde ; et les Allemands firent un geste pour détourner les Turcs d'une intervention depuis la Tripolitaine. L'Italie protesta, il y eut des soubresauts dans le sud du pays qui nécessitèrent une deuxième expédition, mais le traité du Bardo signé par le bey fut ratifié par la Chambre française malgré Clemenceau et grâce à Jules Ferry.

Il fut suivi, en 1883, par la convention de La Marsa qui établissait le protectorat de la France sur la Tunisie, formule nouvelle, qui était une concession à la fois aux puissances rivales et au bey, dont le gouverneur général (français) devait être le ministre des Affaires étrangères.

Dans le cas marocain, la conjoncture tunisienne se retrouve, avec deux différences toutefois. D'abord encouragée par l'Allemagne, la France voit la situation changer lorsque le Kaiser adopte une attitude différente parce que, entre les années 1880 et le tournant du siècle, ses ambitions deviennent d'autant plus impérieuses que le partage de l'Afrique noire l'a laissé insatisfait. En menaçant la France, il teste l'Entente cordiale. Autre différence, il apparaît qu'en France les intérêts économiques et financiers « en dernière analyse imposent leur volonté à l'État — alors qu'en Tunisie ils n'en avaient pas encore les moyens » (J. Thobie).

Delcassé suit de près l'aspect financier des choses : il mise sur la Banque de Paris et des Pays-Bas, le capital financier menant le jeu. L'intérêt des banques françaises tend alors à se confondre avec la politique du gouvernement. Envers le sultan, leurs conditions sont draconiennes, et d'aucunes pensent qu'une occupation militaire sera la meilleure garantie des prêts consentis. Le Comité de l'Afrique française subventionne même le général Lyautey pour que, depuis l'Oranie, il achète le concours de chefs des oasis de l'autre côté de la frontière :

Colomb-Béchar, Figuig, Berguent... « J'avance comme une vrille », commente Lyautey qui, en Algérie, est soutenu par le gouverneur Jonnart.

En Algérie, en effet, on se rappelle que l'intervention du sultan, en 1844, avait aidé Abd el Kader à se défendre contre la France et que, malgré une défaite militaire, elle avait limité l'extension du territoire de l'Algérie vers l'ouest ; mais là les frontières n'étaient pas fixées vraimente et après 1960 elles ont survécu à l'indépendance de ces deux pays...

Or, on avait l'idée que, dans ces régions, de riches mines de phosphate étaient sous roche.

Depuis 1880, à la Conférence de Madrid, la France avait dû accepter l'internationalisation de la mise en valeur du Maroc : l'Espagne, la Grande-Bretagne, l'Allemagne. Delcassé détourna l'Angleterre en lui laissant les mains libres en Égypte ; à l'Espagne, on laissa la liberté d'occuper le Rio del Oro. Il restait l'Allemagne.

Avec elle le conflit s'anime avant 1906, date de la Conférence d'Algésiras ; il s'exaspère en 1911, lorsque Guillaume II place une canonnière en face de la cité d'Agadir. Le passage de Guillaume II à Tanger assura à l'Allemagne, pour un demi-siècle, la sympathie des Arabes, le Kaiser incarnant la puissance sans colonies qui s'oppose à l'appétit des impérialistes français et anglais.

LA FRANCE EN INDOCHINE : UNE DOUBLE COMPENSATION

Au milieu du XIXe siècle, la Grande-Bretagne s'ouvre le marché chinois lors de la guerre de l'Opium : elle s'assure la base de Hong Kong (1842), puis l'ouverture de ports chinois, ce que la France obtient à son tour. Toujours au milieu du siècle, le capitaine Nevelskoj prend possession de l'estuaire de l'Amour au nom du tsar, mettant Pékin devant le fait accompli, conquête reconnue par le traité d'Aygun. Entre-temps le traité de Koldja ouvrait le Siankiang au commerce russe, premier en date des traités inégaux imposés par la Russie à la Chine.

Au même moment, la marine française, toujours pas remise de la perte de l'Inde, « s'intéresse » à l'Indochine où des missionnaires ont été massacrés « en dépit des traités ».

Vieille histoire.

Ayant aidé le roi de l'Annam, Nguyên-Ahn, à retrouver son trône, le vicaire apostolique Pigneau de Behaine attendait que la France pût devenir le protecteur de ce pays (1787). Mais les événements d'Europe avaient détourné la métropole de cette entreprise, et les successeurs de Nguyên-Ahn manifestèrent une haine féroce pour « la religion de Jésus » : « Il faut jeter à la mer tous les prêtres *européens* de cette religion. »

Cependant, toujours au nom de la défense de la religion, les Anglais et les Français étant intervenus en Chine, Napoléon III prescrivit à ses amiraux d'agir ensuite en Indochine : il bombarda Tourane, s'installa dans une partie de la Cochinchine et, en février 1859, occupa

Saigon. En 1863, l'empereur Tu Duc signa le traité qui cédait à la France les trois provinces de Saigon, My Tho et Biên Hoa. « Nous n'avons aucune intention de faire de la Cochinchine une colonie comme les Antilles ou la Réunion », avait déclaré Chasseloup-Laubat, ministre de la Marine... Les trois provinces occidentales devenant le cœur de la résistance annamite à la France, l'amiral de La Grandière les conquit à leur tour et l'empereur Tu Duc dut les céder. Simultanément, la France proposait au roi du Cambodge, Norodom, de le protéger contre l'Annam et le Siam, ce qu'il acceptait, non sans hésitation...

En vérité, trois forces animent l'intervention française en Indochine : le zèle évangélisateur, chronologiquement le premier, mais qui demeure actif pendant tout le XIXe siècle ; l'anglophobie de la marine incarnée par l'officier Garnier, qui voudrait doter la France d'un empire colonial d'Extrême-Orient équivalent à celui de la Grande-Bretagne, qui, de Birmanie, pousse vers le Siam ; enfin, l'affairisme des milieux du textile et du trafic d'armes qui, animés par un homme d'affaires, Jean Dupuis, et les soyeux lyonnais qui veulent occuper le Tonkin, et plus encore contrôler le fleuve Rouge, voie d'accès, jugent-ils, vers le marché chinois, ce grand mythe du XIXe siècle. C'est dans ce contexte qu'à la suite d'incidents divers Francis Garnier prend Hanoi, en 1873, puis trouve la mort dans un combat contre les Pavillons Noirs, et que le traité de Philastre — son successeur — aboutit à la reconnaissance définitive, par Tu Duc, de la cession de la Cochinchine, d'un protectorat sur l'Annam, de trois forts dans Haiphong et de l'ouverture du fleuve Rouge.

« La pénétration au Tonkin est une question de vie ou de mort pour l'avenir de notre domination en Extrême-Orient », jugent les milieux marchands et les amiraux de Saigon. Et Gambetta, en 1872, voit le fleuve Rouge comme un autre Suez, « une voie pour le commerce général du monde ».

D'incident en escalade, le commandant Rivière obtient d'être chargé de l'occupation totale du Tonkin, dont les richesses sont inventoriées à Paris, sur une carte distribuée aux députés par les amis de Jean Dupuis, qui vient de créer la Société des mines du Tonkin. Le commandant Rivière meurt, là même où Garnier avait succombé quelques années plus tôt. Il est ensuite décapité. Comme l'écrit Charles Fourniau : « La mort de Rivière recouvrait d'une réaction patriotique les grosses pépites de Dupuis. »

« Les vrais négociateurs avec les Chinois, écrivait Jules Ferry, alors chef du gouvernement, ce sont les beaux et bons canons. » Mais le gouvernement sous-estimait l'adversaire. Il pratiquait des envois « par petits paquets ». En fin de compte, avec vingt-cinq mille hommes, l'amiral Courbet remporta plusieurs succès, et la Chine signa le deuxième traité de T'ien-Tsin (1885), promettant de retirer ses troupes du Tonkin.

Mais, en voulant occuper Lang Son, les troupes françaises durent refluer. C'est l'échec, la panique, l'affolement, et à Paris la crise, et, sonné par Clemenceau, l'hallali contre Jules Ferry. En vérité, la Chine avait cédé, mais, l'accord étant encore secret, Jules Ferry avait dû démissionner (1885). La Confédération indochinoise était pourtant née, comprenant ainsi une colonie, la Cochinchine, et quatre protectorats, le Tonkin, l'Annam, le Cambodge et le Laos.

Si, pour les Vietnamiens, l'heure de la résistance avait sonné, il leur fallait encore quelques décennies pour pouvoir ouvertement le manifester. Vers la fin du XIXe siècle, les interférences entre les groupes financiers et industriels en voie de développement, d'une part, l'État, d'autre part, aiguisent les appétits des nations industrielles, qui veulent placer leurs produits ou leurs capitaux. La colonisation devient une des formes de cette expansion, mais l'accaparement de territoires, qui apparaît la plus sûr, n'est pas jugée pour autant être le plus avantageux dans tous les cas, et, par exemple, en France, l'expansion financière, entre 1870 et 1914, s'exerce prioritairement hors de l'empire colonial : dans l'Empire ottoman essentiellement, avant 1882, en Russie surtout, après 1891. Ce qui n'exclut pas l'idée, à long terme, ou si l'occasion s'en présente, d'une domination de caractère semi-colonial : en attestent la crise égyptienne de 1881-1882, celle des finances tunisiennes en 1882, le partage de l'Empire ottoman en 1918 et le projet de division de la Russie en « zones d'influence » pendant la guerre civile russe et l'intervention étrangère (1918-1920).

S'il n'existe pas de corrélation absolue entre l'installation politique de la France outre-mer et la courbe du commerce français, au moins observe-t-on une corrélation inverse entre la part des exportations avec l'empire et le recul des exportations totales.

Ainsi, tout comme l'expansion aux colonies devient pour la France une compensation à ses échecs après 1871, elle est également une sécurité de caractère économique et joue, là encore, le rôle d'une compensation.

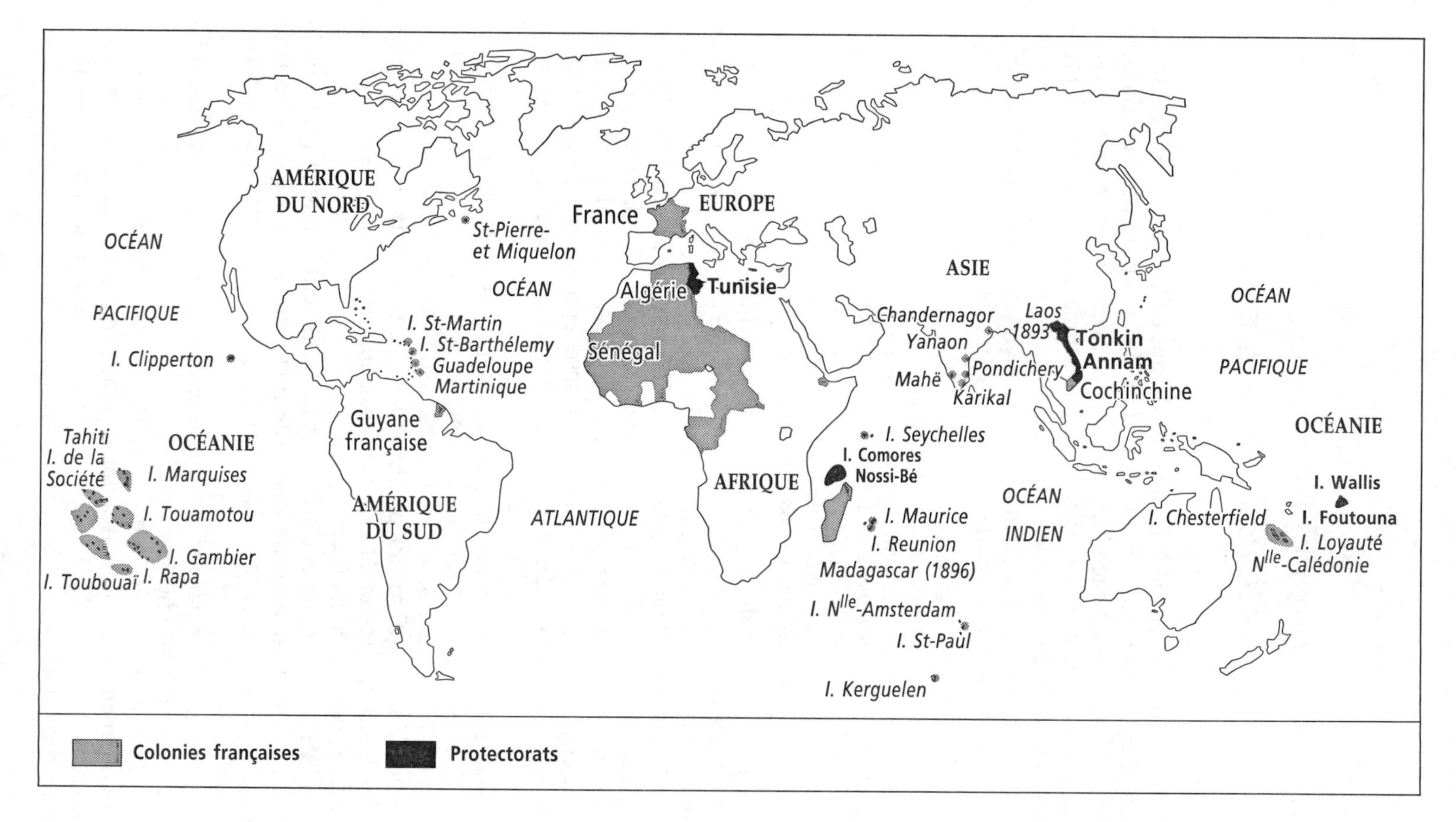

L'Empire vers 1896 — *À ces colonies et protectorats, s'ajoutent bientôt, le Maroc, et après 1919, les mandats sur la Syrie, le Liban, une partie du Cameroun et du Togo.*

Du patriotisme de la défaite au nationalisme de la revanche

La défaite des armées françaises devant celles du roi de Prusse, ce « petit État », l'humiliation, après Sedan, de la capitulation de Bazaine à Metz, la perte de l'Alsace-Lorraine surtout, voilà qui suscita un sursaut patriotique qui se transforma bientôt en nationalisme et divisa les Français — avant de les rassembler en 1914.

L'anathème jeté sur le vainqueur a nourri la littérature après 1871, tel ce poème, *La Haine sainte*, de Victor Laprade :

Que peindre et que chanter le soir de la défaite
À travers les débris de l'honneur écroulé ?
Comment cueillir des fleurs et conduire une fête
Sur un sol que les pieds du barbare ont foulé (...)
Pour être forts comme eux, redevenons barbares
Égoïstes, jaloux... Abjurons la pitié
Restons seuls, cultivant la haine à outrance !

C'est le drame du départ, celui des provinces perdues, qui suscite les récits les plus pathétiques, comme « La dernière classe » d'Alphonse Daudet dans ses *Contes du lundi* (1873).

« Ce matin, j'étais en retard, (...). Comme je traversais la place en courant, le forgeron Wachter me cria : "Ne te dépêche pas tant, petit, tu y arriveras toujours assez tôt, à ton école". J'ai cru qu'il se moquait de moi et entrai tout essoufflé dans une classe, et alors que j'avais si peur, Monsieur Hamel me dit gentiment : "Va vite à ta place, mon petit Franz"...

« Je remarquais alors que notre maître avait sa belle redingote verte, (...) qu'il ne mettait que les jours d'inspection ou de distribution des prix. Toute la classe avait quelque chose d'extraordinaire et de solennel. Mais ce qui me surprit le plus ce fut de voir au fond de la salle, sur les bancs qui restaient vides d'habitude, des gens du village assis et silencieux comme nous (...)

« "Mes enfants, nous dit-il, c'est la dernière fois que je vous fais la classe... L'ordre est venu de Berlin de ne plus enseigner que l'allemand dans les écoles d'Alsace et de Lorraine... Le nouveau maître arrive demain" (...).

« Ces quelques paroles me bouleversèrent. Ah, les misérables, voilà ce qu'ils avaient affiché à la mairie.

« Tout à coup l'horloge de l'église sonna midi, puis l'angélus. Au même moment, les trompettes des Prussiens qui revenaient de l'exercice éclatèrent sous nos fenêtres. M. Hamel se leva tout pâle. Jamais il n'avait paru si grand.

« “Mes amis, dit-il, mes amis, je... Je...”

« Mais quelque chose l'étouffait. Il ne pouvait pas achever sa phrase.

« Alors il se tourna vers le tableau, prit un morceau de craie et en appuyant de toutes ses forces, il écrivit aussi gros qu'il put : “vive la france”.

« Puis, sans parler, il nous fit un signe, “C'est fini, allez-vous-en...” »

Les témoignages des premières années après la défaite pullulent : Sully Prudhomme, Edmond About, François Coppée ; cette protestation permanente se tarit quelque peu avec les décennies qui passent, les querelles franco-françaises sur l'expansion coloniale, les scandales financiers, l'affaire Dreyfus qui pourtant met en cause un Alsacien et ranime le nationalisme... L'Alsace-Lorraine serait-elle oubliée ? Maurice Barrès en régénère le souvenir dans *Colette Baudoche*, cette héroïne de Metz, amoureuse d'un Allemand et qui, lorsqu'on commémore les morts de la guerre de 1870, s'interroge et y renonce.

« Après trente-cinq ans, est-il excusable d'épouser un Allemand ? Elle voit bien que le temps écoulé n'est pas une excuse et que les trente-cinq années ne sont que le trop long délai depuis lequel les héros attendent une réparation. Leurs ombres l'effleurent, la surveillent. Osera-t-elle les décevoir, leur faire injure, les renier ? Cette cathédrale, ces chants, ces notables, tout ce vaste appareil ébranle la pauvre fille, mais par-dessus tout la présence des trépassés. Colette reconnaît l'impossibilité de transiger avec ces morts, qui sont là, présents. »

Recouvrer ces deux provinces perdues ressuscite ainsi une veine que l'éloignement du temps avait quelque peu reléguée vu la résignation d'une bonne partie de ses populations. Le réveil patriotique et national du début du siècle relève en fait de deux courants politiques contraires mais qui se rejoignent pour donner sa force à un nationalisme régénéré.

D'une part, incarnés par les fondateurs de la République, il y a ces patriotes qui élaborent la doctrine d'une grandeur retrouvée ne s'appuyant pas sur un patriotisme hexagonal mais sur l'impérialisme colonial. Cette plus grande France se trouve glorifiée par les géographes, par les économistes, notamment Anatole Leroy-Beaulieu pour qui « le peuple qui colonise le plus est le premier peuple de la terre ». Bientôt, cette colonisation que développe Jules Ferry est considérée comme une œuvre d'humanité et de progrès, que glorifient des hommes aussi différents que Jean Jaurès, Ernest Lavisse et l'archevêque d'Alger. Certes, s'opposent à eux ceux qui, avec Clemenceau, inscrivent leur patriotisme en France métropolitaine. Mais ils se rallient à l'empire, surtout quand l'Allemagne en menace l'extension — au Maroc, au Cameroun —, et Clemenceau lui-même préface les mémoires de Pavie, *À la conquête des cœurs*, qui évoque le ralliement du Laos à la France. L'orgueil de l'œuvre accomplie outre-mer nourrit en effet l'imaginaire des Français qui, peu à peu, se rallient à l'empire ; l'énoncé des bienfaits de la France nourrit les récits de Paul d'Ivoi ou de Jules Verne, et se retrouvent glorifiés dans l'*Histoire de France* de Lavisse tous ces conquérants que furent Joffre au

Soudan, Gallieni à Madagascar, Gouraud au Dahomey, Lyautey au Maroc, et quelles que soient leurs positions politiques.

Comme l'Alsace-Lorraine, l'existence de l'empire nourrit le nationalisme français, même si à gauche on en condamne les excès, mais pas le principe, et si à droite, avec Drumont, on craint qu'il ne finisse par souiller l'identité française.

Ce qui va exacerber le nationalisme français est ce deuxième courant qui craint que le régime ne soit pas à même de restaurer le pays, de garantir la revanche. Il se nourrit de la peur que le parlementarisme ne soit pas apte à relever le défi de la démographie — par rapport à l'Allemagne, la France se dépeuple —, celui de l'économie, celui de l'élan vital. C'est le général Boulanger qui, le premier, incarne cette attitude : « on ne peut rien faire au-dehors avant d'avoir guéri la France (...) Notre pays est un malade, un affaibli auquel il faut un traitement général (...) Avant de reprendre l'Alsace-Lorraine, il faut retrouver la France (...) Oui, pour le moment, il faut avant tout un gouvernement, non une assemblée de marionnettes affolées » (1888).

Ainsi, ce patriotisme-là se retourne contre les institutions.

Paul Déroulède le chante, une partie des radicaux le proclament, et même un ancien communard comme Rochefort.

Avec Boulanger, se développe un parti national qui, devant les scandales financiers, ou autres, exige un « grand coup de balai ». Promu ministre de la Guerre, puis vainqueur à plusieurs élections avec son programme « dissolution, constituante, révision », le « brave général » Boulanger suscite l'enthousiasme. Le soir du 27 janvier 1889, la foule le presse de marcher sur l'Élysée... Craignant le risque, il préfère attendre les élections de l'automne, et tout à une aventure sentimentales, il rejoint sa maîtresse en Belgique. Celle-ci, malade, se mourait, et Boulanger se suicida sur sa tombe, le 30 septembre 1891.

L'épisode boulangiste n'avait pas duré, mais l'idée d'un sauveur, d'un parti national regroupant des gens de droite et de gauche est apparue et demeure. C'est ensuite Charles Maurras qui entend incarner ce « nationalisme intégral » qui regroupe bientôt autour de lui tous les antidreyfusards et s'avère le chantre de la lutte contre la démocratie, préconisant le retour d'une monarchie « héréditaire, traditionnelle, antiparlementaire et décentralisée ». La nation est hissée au niveau de la plus haute des réalités politiques et prime les institutions qui assurent sa survie. Il juge que le pouvoir réel est passé entre les mains des « Quatre États », « complices et tous émanant de l'étranger : l'État juif, métèque, maçon et protestant ».

À partir de 1905, et plus encore de 1911, la menace allemande rapproche ces deux branches du nationalisme. Eu égard au patriotisme qui anime les internationalistes, socialistes ou anarchistes, qui souhaitent la paix mais feront la guerre, on comprend qu'en 1914 un gouvernement d'Union sacrée, celui de la revanche, se constitue, à peine avait sonné l'appel du clairon.

L'affaire Dreyfus

« À l'extrême fin du siècle, la France, c'est d'abord l'affaire Dreyfus » (Madeleine Reberioux). Surgie en septembre 1894, elle n'éclate que beaucoup plus tard lorsqu'il est démontré que l'accusation et la condamnation du capitaine Dreyfus ont été le fait d'un procès mené hors des normes de la justice militaire, et qu'en outre l'accusation s'est appuyée sur des faux qu'elle avait fabriqués. Le scandale a couvé, puis explosé lors de la publication d'un article d'Émile Zola, « J'accuse », dans le journal de Georges Clemenceau, *L'Aurore* (13 janvier 1898). De la condamnation (1894) à la réhabilitation de Dreyfus (1906), l'affaire révéla les profondes divisions de la société française qui se manifestèrent sous la forme d'un antisémitisme, d'un antimilitarisme et d'un nationalisme exacerbés.

Ces traits apparaissent au fil des péripéties de ce drame qui, pendant un siècle, demeure un des thèmes de la guerre civile franco-française.

Vers la fin du mois de septembre 1894 arrive sur le bureau du ministre de la Guerre, le général Mercier, un bordereau adressé à l'attaché militaire allemand à Paris, Maximilien von Schwarzkoppen, dont l'auteur annonçait la communication à venir de renseignements intéressants concernant le frein du canon de 120, le plan de mobilisation des troupes de couverture, etc.

Le Service de renseignements français, dirigé par le colonel Sandheer, attribue aussitôt au capitaine Alfred Dreyfus, stagiaire à l'État-Major général, la paternité du bordereau, parce qu'il est artilleur, parce qu'il est juif, parce qu'il est de passage. Sans même être avisé de ce dont on l'accuse, il est arrêté le 6 octobre et la presse donne son nom le 31. Dès le lendemain, *La Libre Parole*, le journal antisémite de Drumont, écrit : « Haute trahison, l'affaire sera étouffée parce que cet officier est juif. » De fait, l'instruction se réduit à une enquête sur les liaisons féminines de Dreyfus, coureur de jupons avant son mariage, ce qui d'ordinaire n'est pas mal vu des militaires mais ajoute le soupçon qu'il aurait pu faire des confidences sur l'oreiller. On l'oblige à écrire une partie du texte du bordereau qu'on lui dicte pour confronter les écritures : pour un expert, il y a ressemblance, pour l'autre, il y a différence et Dreyfus a donc « contrefait son écriture ». Comme il se refuse à faire des aveux, le procès s'ouvre dès le 19 septembre et le commandant Henry, du Service des renseignements, déclare qu'il avait été averti qu'il y avait un traître à l'État-Major : « Le traître, le voici », déclare-t-il en désignant Dreyfus. En délibérant, les juges prennent connaissance d'un dossier secret, qui comprend une lettre de l'attaché militaire italien à l'attaché militaire allemand avec ce mot : « Cette canaille de D. » Le dossier n'a pas été communiqué à la défense, qui ignore son existence. Dreyfus est ainsi jugé coupable et condamné à la détention perpétuelle. Insuffisant, juge Jaurès : « Le maréchal Bazaine, condamné à mort et convaincu de trahison, n'a pas été fusillé ; le capitaine Dreyfus, convaincu de trahison par un jugement unanime, n'a pas été condamné à mort ; mais en face de ces jugements, on fusille sans grâce et sans pitié de simples soldats victimes d'une minute d'égarement ou de violence. » Clemenceau, dans *La Justice*, définit ainsi Dreyfus : « Rien qu'une âme immonde, un cœur abject. » Dreyfus est dégradé dans la cour de l'École militaire. Il part pour la Guyane et l'on entend les clameurs : « Mort aux juifs. » Comme on voit, l'indignation contre le traître est générale...«

Le capitaine Dreyfus avait toujours clamé son innocence ; son frère Lucien, sa femme Lucie et sa famille qui, Alsaciens, avaient choisi la France en 1871 ne doutèrent pas un instant de cette innocence. Ils firent enquêter le journaliste Bernard Lazare sur les conditions du procès, lorsque le lieutenant-colonel Picquart, remplaçant le colonel Sandherr au Service des renseignements, découvrit que l'écriture du bordereau était celle du colonel Esterhazy dont on avait intercepté une correspondance avec Schwarzkoppen. Mais son supérieur, le général de Boisdeffre, n'en voulut rien savoir. Pourtant, *L'Éclair* avait publié la lettre qui évoquait « cette canaille de D. », il s'avérait que des pièces secrètes n'avaient pas été communiquées à la défense ni évoquées au procès. Il y avait vice de forme.

C'est à partir de ce moment que l'affaire devint *l'Affaire*. Les délateurs de Dreyfus, ne voulant pas être démentis produisirent une lettre de l'attaché militaire italien qui accablait nommément Dreyfus. Il s'agit du « faux Henry » dont on ne découvrira la nature que plus tard. Picquart est éloigné de Paris mais la vérité commence à se mettre en marche : alerté par un journaliste, Bernard Lazare, par le frère Dreyfus et Picquart aussi, le vice-président du Sénat Scheurer-Kestner, un Alsacien, s'interroge sur les protections dont bénéficie Esterhazy. Celui-ci est néanmoins poursuivi, mais les experts déclarent que l'écriture d'Esterhazy n'est pas la sienne... Il est acquitté, aux acclamations du public, tandis qu'Émile Zola, qui commençait à s'interroger dans *Le Figaro* sur cette affaire, est prié par la direction d'arrêter sa collaboration car ses articles avaient suscité une campagne de désabonnement...

Ainsi, une opinion antidreyfusarde se constituait tandis que le gouvernement et l'armée estimaient qu'« il n'y avait pas d'affaire Dreyfus ». Le jugement avait été bien rendu : le capitaine Dreyfus était coupable ; le colonel Picquart est ainsi condamné à soixante-deux jours d'arrêt de forteresse, tandis qu'au Sénat Scheurer-Kestner n'est pas réélu vice-président.

Le fond de ce premier antidreyfusisme est la confiance qu'on veut manifester envers l'armée, à un moment où une guerre pouvant à nouveau éclater contre l'Allemagne, se constitue une sorte d'union sacrée autour de ses chefs. Là-dessus se greffe la campagne antisémite

Figure 24 — Le traître : dégradation d'Alfred Dreyfus. Le Petit Journal du dimanche, 13 janvier 1895. Or, il était innocent.

d'Édouard Drumont, celle des catholiques assomptionnistes de *La Croix*, et l'argumentaire d'Henri Rochefort dans *L'Intransigeant* : « La révision du procès Dreyfus serait la fin de la France. » D'aucuns ajoutent : « même si Dreyfus est innocent, pour l'honneur de l'armée, il doit accepter de se reconnaître coupable ».

Convaincu désormais de l'innocence de Dreyfus, Émile Zola publie son pamphlet « J'accuse », dans le journal de Clemenceau, désormais retourné par les preuves qu'on a accumulées (janvier 1898). Convaincu de l'existence d'une « juiverie financière », il était peu porté à s'intéresser au sort de Dreyfus, mais l'iniquité du procès le convainquit qu'il fallait faire quelque chose…

Voici quelques-uns des derniers paragraphes de « J'ACCUSE », la lettre de Zola

« J'accuse le général Mercier de s'être rendu complice, tout au moins par faiblesse d'esprit, d'une des plus grandes iniquités du siècle.

« J'accuse le général Billot d'avoir eu entre les mains les preuves certaines de l'innocence de Dreyfus et de les avoir étouffées, de s'être rendu coupable de ce crime de lèse-humanité et de lèse-justice, dans un but politique et pour sauver l'état-major compromis.

« J'accuse le général de Boisdeffre et le général Gonse de s'être rendus complices du même crime, l'un sans doute par passion cléricale, l'autre peut-être par cet esprit de corps qui fait des bureaux de la guerre l'arche sainte, inattaquable.

« En portant ces accusations, je n'ignore pas que je me mets sous le coup des articles 30 et 31 de la loi sur la presse du 29 juillet 1881, qui punit les délits de diffamation. Et c'est volontairement que je m'expose.

« Quant aux gens que j'accuse, je ne les connais pas, je ne les ai jamais vus, je n'ai contre eux ni rancune ni haine. Ils ne sont pour moi que des entités, des esprits de malfaisance sociale. Et l'acte que j'accomplis ici n'est qu'un moyen révolutionnaire pour hâter l'explosion de la vérité et de la justice.

« Je n'ai qu'une passion, celle de la lumière, au nom de l'humanité qui a tant souffert et qui a droit au bonheur. Ma protestation enflammée n'est que le cri de mon âme. Qu'on ose donc me traduire en cour d'assises et que l'enquête ait lieu au grand jour !

« J'attends.

« Veuillez agréer, Monsieur le Président, l'assurance de mon profond respect. »

Zola avait hésité car il s'attaquait ainsi à l'armée, à l'État, au gouvernement, à l'Église catholique. Retenant quinze lignes des trente-neuf pages du pamphlet, le ministre de la Guerre fit traduire Zola en cour d'assises pour diffamation : il fut condamné à un an de prison et 3 000 francs d'amende. Il dut s'exiler à Londres et quand il revint, il hérita de la haine de l'extrême droite nationaliste et antisémite : il avait accusé le Conseil de guerre d'avoir acquitté sciemment un coupable, c'est-à-dire Esterhazy. Clemenceau le soutint mais pas les socialistes qui, avec Jaurès, condamnaient « les écumeurs juifs qui attendent je ne sais quelle réhabilitation ».

C'est alors, coup de théâtre, que le capitaine Cuignet, attaché au cabinet du nouveau ministre de la Guerre, Cavaignac, met au jour le truquage du « faux Henry ». Le lieutenant-colonel Henry se reconnaît l'auteur de la lettre où Dreyfus est nommé et il se suicide (août 1898). Esterhazy fuit en Belgique. Mais une bonne partie de l'opinion demeure hostile à Dreyfus. Charles Maurras fait l'éloge de Henry, « ce serviteur héroïque des grands intérêts de l'État, ce grand homme d'honneur ». Quand une souscription est ouverte à sa veuve pour lui élever un « monument », l'argent afflue de la France entière.

Pourtant, la vérité avait fait son chemin et le garde des Sceaux avait demandé la révision du jugement de 1894, une Ligue des droits de l'homme s'était créée pour défendre l'honneur d'un innocent. Au procès de Rennes, néanmoins, le Conseil de guerre le condamne à nouveau, mais avec circonstances atténuantes. Le « héros » retour de Guyane avait déçu ses défenseurs. À ce procès, il parle peu, et mal, reste raide, comme hostile à tout ce bruit fait autour de lui et de l'armée : se fût-il agi d'un autre, juge-t-on, il aurait été antidreyfusard... Devant les incidents qui se multiplient, le Président du Conseil veut faire arrêter les principaux meneurs du mouvement antidreyfusard : l'un d'eux, Guérin, s'enferme avec ses partisans dans l'immeuble du Grand Occident, rue Chabrol. Cet incident dit « du fort Chabrol » donne la mesure de l'exaspération des nationalistes et des antisémites qui se battent pour « la survie des nations », fût-ce au prix d'une erreur judiciaire. Comme le dit Paul Léautaud, en versant son obole à la veuve Henry, « je participe, pour l'ordre, contre la justice et la vérité ». Au contraire, les dreyfusards expliquent que l'armée serait plus aimée si elle était juste et reconnaissait ses erreurs. Les intellectuels se divisent ainsi : Anatole France, Proust, Jules Renard défendant Dreyfus, tandis que Barrès, F. Coppée, Paul Bourget, Jules Verne se disent antidreyfusards. La France est ainsi coupée en deux, au moins ses « intellectuels » et ses milieux dirigeants. Mais, après celles des antidreyfusards, de grandes manifestations républicaines honorent à leur tour la victoire d'un parti dreyfusard qui, longtemps, n'avait guère reçu de soutien populaire (novembre 1899).

Le Président Loubet avait signé la « grâce » d'Alfred Dreyfus ; celui-ci l'avait acceptée pour pouvoir se défendre. En 1904, de nouvelles découvertes ayant permis de découvrir toute la vérité, une deuxième demande en révision eut lieu et en 1906 Dreyfus fut réhabilité. Il fit la guerre comme commandant et mourut en 1935.

Durant toute l'Affaire, l'armée avait joué le rôle d'un groupe de pression, sans menacer pourtant le pouvoir parce que celui-ci avait, depuis l'époque de Méline, manifesté une évidente « volonté d'impuissance ». Au procès de Zola, la magistrature s'était conduite comme un agent de ce pouvoir, malgré son indépendance supposée. Deux France s'étaient ainsi opposées, tels « deux chœurs tragiques » qui s'injurient, et toute une partie du pays avait participé à cette querelle, les dreyfusards devenant de plus en plus nombreux. Une caricature de Caran d'Ache, parue en 1898 dans *Le Figaro*, a illustré ce climat. Deux dessins illustrant un dîner de famille. « Surtout ne parlez pas de l'affaire Dreyfus », recommande le maître de maison pendant qu'un valet apporte la soupière. Un peu plus tard, tables et chaises se sont écroulées, les dîneurs en sont venus aux mains — « Ils en ont parlé. »

La presse, dans sa grande majorité, avait été antidreyfusarde ; or, peu à peu, elle se retourne comme les socialistes, qui, derrière Jaurès, disent désormais que Dreyfus, victime innocente, « n'est plus un officier ni un bourgeois, mais l'humanité elle-même ». Les minorités actives qui se sont opposées recouvrent-elles le pays ? En tout cas, les manifestations ouvertement antisémites ont marqué l'époque, même si, de fait, elles ont été rares. C'est la presse qui a donné le ton. Ces manifestations ont été submergées par celles que suscitent le nationalisme, et plus encore la peur que la France soit trahie. Réunies, elles ont fait descendre la vie politique dans la rue.

Le débat qui divisait la France en deux ne portait pas seulement sur l'innocence ou la culpabilité de Dreyfus ; il opposait ceux qui défendent les droits de l'individu à ceux qui font passer d'abord ceux envers la société ou la nation. Mais qu'était-ce au juste, la nation, la France ? Pour les uns, l'incarnaient son armée, son aristocratie, son Église ; pour les autres, ceux qui adhéraient à une certaine idée de la France, une certaine idée la démocratie, des droits de l'homme, de la République... La question de définir ce qui est vraiment français divise ainsi la société, plus exactement les milieux politiques, culturels et artistiques — aussi bien.

En témoigne la grande querelle sur l'identité de la *musique* qui éclate précisément à l'occasion de l'affaire Dreyfus.

Contre l'invasion de la musique étrangère, une *Schola cantorum* s'était constituée face au Conservatoire, et qui revalorise la musique chorale, et l'Église qui la sécrète. Elle a des liens étroits avec la Ligue de la patrie française, et c'est Vincent d'Indy qui en est le maître à penser et qui milite, contre Dreyfus, à côté de Lemaître, Brunetière, etc. La musique intervient ainsi dans le champ intellectuel comme un enjeu politique à part entière. On y combat autant Meyerbeer que les trois grands musiciens allemands qui dominent la culture musicale, Schubert, Beethoven, Brahms ; on y combat également la musique « italo-judaïque » de l'abbé Rossini et de quelques autres.

En face, Albert Bruneau et Gustave Charpentier, amis d'Émile Zola, incarnent une musique aux connotations sociales plus marquées et que représente l'opéra *Louise*, de Charpentier : on la définit comme dreyfusarde.

Le problème est bien que les uns et les autres se réclament esthétiquement de Richard Wagner, qui pour les premiers réintroduit des tonalités proches des chants grégoriens, et pour les seconds incarne la modernité, encore que Romain Rolland s'insurge précisément contre ce néo-mysticisme.

Les sonorités et les rythmes troubles de Claude Debussy suscitent des prises de position paradoxales : les nationalistes présentent ce novateur, cet impressionniste, comme l'héritier direct de Rameau et de Couperin. Et Claude Debussy, qui admire Wagner, accepte, par nationalisme, de passer pour un classique, « vrai défenseur du génie français », aussi bien face à lui qu'opposé à Stravinski, cet autre étranger à succès dont, à la veille de la guerre, les sonorités révolutionnaires éclatent et séduisent — à moins de dresser contre elles les chauvins.

Le projet de la France radicale et ses contradictions

Pendant une cinquantaine d'années, dès lendemain de l'affaire Dreyfus aux années 1930, une France radicale a régné, associée ou non à d'autres familles politiques existant dans le pays. Elle était enracinée à gauche. Mais alors que la gauche libérale et démocratique, elle aussi héritière des valeurs de 1789, avait lutté contre l'absolutisme monarchique, finissant par instaurer un régime fondé sur la liberté de l'individu et le contrôle de l'exécutif par le législatif — ce qui fut remis en question après 1945 —, la gauche radicale s'est définie par sa lutte contre une puissance qui lui est apparue plus redoutable, l'Église catholique.

Celle-ci, qui s'est ralliée aux forces conservatrices, est jugée coupable de maintenir le peuple dans l'ignorance, ce qui rend compte de l'hostilité des radicaux au vote des femmes, soupçonnées de demander aux prêtres leur consigne de vote. Laïcisation de l'école, séparation de l'Église et de l'État, enseignement primaire gratuit et obligatoire constituent ainsi les trois volets du radicalisme qui, héritier des idées de Condorcet, grandit dans l'idée que le progrès naîtra et se développera grâce à la science et à l'enseignement.

Aux yeux des radicaux, chantres de l'égalité, celle-ci est d'abord la possibilité pour chaque individu de s'élever dans l'échelle sociale, d'où le rôle de l'éducation. Cette primauté oppose le radicalisme aux doctrines qui enferment les individus dans des groupes : le traditionalisme et le marxisme, ainsi récusés, les radicaux n'admettant pas l'appartenance nécessaire et fatale à une classe sociale donnée. Ces conceptions ont gagné une partie du pays, le centre de gravité du radicalisme passant, au XIXe siècle, de la grande ville aux régions rurales, « le terroir remplace le boulevard, et les chefs-lieux de canton se substituent aux faubourgs ouvriers ».

Le terme était apparu sous la monarchie de Juillet où il était interdit de se dire républicain. En 1842, il est ainsi défini dans le *Dictionnaire politique* : « Doctrine de l'innovation qui prend pour base la conscience et la raison, sans tenir aucun compte du droit de possession que les privilèges établis empruntèrent au passé ». Il s'incarne en un homme, Ledru-Rollin, mais la faillite de la révolution de 1848 et son long exil intérieur sous le Second Empire réduisent son action tout en élargissant son influence puisque des croyants, tel Lamennais, se joignent à ses combats.

« Le cléricalisme, voilà l'ennemi ! », tel est le mot d'ordre lancé par Gambetta, devenu après 1870 le commis voyageur de la République, qui combine religion de la liberté et religion de la patrie. Le programme de

Belleville, élaboré juste avant le chute du Second Empire, devient la charte fondatrice de la République démocratique et parlementaire que Clemenceau défend contre le boulangisme qu'il assimile à du bonapartisme : « Si c'est le régime de discussion que vous croyez flétrir sous le nom de parlementarisme, sachez-le, c'est le régime représentatif. C'est la République sur qui vous osez porter la main » (1888). Cet éloge marque la rencontre de la tradition libérale et de la tradition démocratique, jusque-là distinctes, voire opposées, synthèse accomplie lorsque les radicaux s'organisent en parti politique, en 1901, et coordonnent les éléments dispersés qui s'en réclament, mais aussi les loges maçonniques et d'autres républicains, notamment l'armée des instituteurs et la Ligue des droits de l'homme.

Figure 25 — Marianne éduquant les enfants de la République. Allégorie du 20 mai 1880. (Paris, Bibliothèque nationale de France.) Depuis, elle a perdu sa force symbolique, également sa solennité ; est-elle encore « de gauche » ?

Aux élections, les départements ayant eu au moins un élu radical pendant six législatures forment une forteresse autour de la Méditerranée et remontent par le Rhône jusqu'au nord-est du Massif central.

À l'apogée, au lendemain de l'affaire Dreyfus, où s'était illustré Clemenceau, les radicaux avaient soutenu l'œuvre éducative de Jules Ferry et relié l'anticléricalisme, que Combes incarne par la loi de la séparation de l'Église et de l'État, à l'action à mener au plan social en créant un ministère du Travail que les ouvriers demandaient depuis 1848. À l'heure où les idées socialistes se développent, les radicaux veulent prévenir la montée du collectivisme en se faisant les chantres du solidarisme car le danger, « c'est le nuage noir formidable, venu d'outre-Atlantique, les trusts ; il fait pâlir la lumière de la liberté humaine » (Léon Bourgeois). Pour conforter la victoire des idées républicaines, les radicaux voudraient que le champ de la démocratie dépasse l'ordre politique et s'étende à l'élection des juges, qu'il s'étende également à l'impôt sur le revenu. Joseph Caillaux est le chantre de cette idée « révolutionnaire » qui passe en 1914, mais son pacifisme à l'heure de la montée des périls le met en position défensive face à Clemenceau — qui avait déjà fait tomber Gambetta, puis Jules Ferry sur le problème colonial.

À la veille de la guerre, les radicaux, depuis peu radicaux-socialistes, ont institué une culture politique qui a marqué durablement la nation, et qui s'est perpétuée jusqu'au deuxième conflit mondial. Elle s'appuie sur une presse qui se définit seulement comme républicaine, mais qui n'est pas contrôlée par le parti de la rue de Valois. Cette presse « amie » de près de quatre cents hebdomadaires locaux est omniprésente, reproduisant des positions officielles du parti. De cette multitude émergent quelques grands quotidiens : *La Tribune* de Saint-Étienne, *Le Progrès* de Lyon et surtout *La Dépêche* de Toulouse. Si la presse diffuse les idées, les comités forment la substance du parti, qui encadre le pays, et dont le nombre atteint les huit cents. Ils se rencontrent dans des cafés, véritables centres de la vie publique, et se réunissent en congrès la veille des élections, à moins d'organiser de gigantesques banquets. L'hostilité à la loi de trois ans, en 1913, l'adhésion à l'impôt sur le revenu, la défense de la laïcité suscitent les réunions les plus vivantes, qui veulent représenter le plus grand nombre possible de citoyens. Dans *Gilles*, Drieu La Rochelle a fait un tableau corrosif de ces festivités : « Dans le train, les vedettes étaient mêlées aux figurants. Les uns et les autres en profitaient pour se livrer à une vive prostitution préalable. Les présidents caressaient les militants et les militants caressaient les présidents. Les mains se cherchaient, se serraient, se quittaient lascivement désireuses d'en rejoindre d'autres. On se connaissait, on se congratulait, on se blaguait, on se soupçonnait, on se pardonnait (...). Ils étaient tous pareils, tous bourgeois de province, ventrus ou maigres (...), effarés devant le pouvoir, mais aiguillonnés par la maligne émulation (...), arrachant aux présidents avec une humble patience des bribes de prestige et de jouissance. »

Ce tableau ne rappelle pas que ce petit monde politique avait noué une sorte d'alliance tacite avec les notables de l'industrie et de la banque, se mêlant à lui et qu'en échange de leur ralliement à la République le pouvoir leur assurait expansion et honneurs — à cette date, le corps des préfets comptait quatre-vingt-huit pairs de France —, mais aussi une paix sociale dont il se portait garant.

Radicaux ou modérés étaient entièrement adossés à leur projet éducatif, et ils avaient une telle foi en l'avenir de la société, grâce à ces progrès de la science, que seuls les cléricaux et les militaires à la Boulanger leur paraissaient constituer un danger pour la République. Ayant éradiqué, sous le ministère Combes, l'enseignement des Congrégations, ils fustigent toute activité suspecte, par exemple en interdisant à l'Église de participer à la commémoration de la bataille de Bouvines, en refusant de faire de la fête de Jeanne d'Arc une fête nationale sous prétexte que la papauté prépare sa canonisation, etc. C'est dire que ce monde politique ne croit pas à la lutte des classes, qu'en esprit il la refuse, tel ce jeune député radical Édouard Herriot qui refuse d'adhérer au parti socialiste parce que, dit-il, « il ne croit pas à cette théorie dans un pays comme la France où la variété des conditions est si grande, la propriété si morcelée, l'artisanat si développé ».

Au vrai, vu de ces centres du pouvoir ou de la richesse, le pays s'éduquait à la base, prospérait au sommet, grâce à un développement industriel qui accroissait la fortune française. Ses billets étaient partout négociables à leur valeur en or, au point que les petites crises industrielles de 1900 et 1907 furent vite absorbées : « la France, c'est la caisse », aimait répéter le tsar à l'heure des emprunts russes.

Et, à cette Belle Époque qui coïncide avec le Paris resplendissant de ses expositions, de ses feux, de sa tour Eiffel, de ses talents, le monde des affaires élargit ses frontières et pénètre celui de l'art, de la peinture essentiellement, dont la France est le premier marché à l'heure de l'impressionnisme et après. Or, ce n'est plus le Paris bourgeois et à la mode, comme Gauguin l'a peint, que l'on voit mais les cocottes du Paris populiste et du Moulin-Rouge de Toulouse-Lautrec : c'est un signe de cette mobilité qui a fait passer le canal de la Bastille à l'artisan du faubourg Saint-Antoine, où, habillé en bourgeois, il va au Caf-Conc' puis à l'Opéra-Comique. De la porte Saint-Martin, la distance n'est pas plus grande que de la Bourse à la rue de la Paix ; là, les affairistes de la finance banquettent déjà avec les notables. Du haut en bas de la société, chacun veut monter, et vite, toujours plus haut.

Mais il n'y a pas que cette société-là.

Dans les campagnes, qui constituent les trois quarts de la population, il est des régions qui ont su, depuis le Second Empire, saisir les avantages des changements industriels : ainsi le Comtat Venaissin, le Vaucluse s'enrichissent à convoyer leurs primeurs dans toutes les villes greffées sur le réseau ferré ; les exploitants, a montré Mesliand, deviennent des porteurs d'actions, informés et bientôt enrichis.

Il n'en va pas de même d'autres provinces françaises que la concurrence agricole des pays neufs frappe durement : blé canadien, laine d'Australie, etc. La crise qui s'ensuit semble provenir d'une autre planète, à moins qu'il ne s'agisse de phénomènes inexplicables telle l'irruption du phylloxera, en Languedoc surtout, où la crise a frappé près de vingt ans, de 1880 à 1900, environ. Certes, techniquement, le vignoble a pu, ensuite, régénérer, s'étendre même. Mais, psychologiquement, quel drame pour ce Languedoc qui voit également disparaître la culture de la garance, périr la sériciculture à cause de la concurrence japonaise, se dévaloriser l'huile d'olive devant l'invasion de l'arachide en provenance des colonies. Or voilà que, régénéré, le vignoble répond désormais à une demande croissante, on utilise les wagons-foudres pour expédier le vin, on replante à qui mieux mieux, quand subitement les cours s'effondrent, la crise atteignant avec la même intensité grandes exploitations et petits propriétaires (Rémi Pech). Face au marasme collectif, une seule solution, l'appel incantatoire au pouvoir politique et l'émeute. En 1907, la révolte éclate, les soldats du 107e, originaires du coin, lèvent la crosse en l'air : Clemenceau, devenu « premier flic de France », réprime durement... Le 12 mai, à Béziers, cent cinquante mille viticulteurs en colère avaient chanté, sur l'air de *L'Internationale* :

La vigne, mère nourricière,
est étouffée par des fraudeurs
Le gouvernement, nos chers frères
les soutient pour notre malheur
Allons, debout, plus de paroles,
Faisons tous voir au parlement
Que leurs promesses frivoles
Ne nous ont trompés qu'un moment.

L'Internationale, on l'a chantée aussi le 1er mai 1906, « qui ne doit pas être comme les autres » : les ouvriers demandent les huit heures, ce jour où la manifestation de masse fait passer un petit frisson de peur sur l'échine des notables. Il se crée, certes, un ministère du Travail, un autre de la Prévoyance sociale, mais il apparaît clair aux ouvriers surtout que le prix de la vitalité française, il en est qui le payent, à dix ou onze heures par jour, sans congés payés, alors que le cousin de province, grâce à une petite instruction, a pu déjà obtenir un emploi sans risques, postier ou fonctionnaire. C'est dans ces années-là que Courteline a écrit *Messieurs les ronds-de-cuir*.

La colère éclate ainsi chez les électriciens, chez les mineurs, dans le bâtiment : partout, pour réprimer, le gouvernement envoie la troupe à Fourmies, et encore à Draveil notamment en 1908 puis à Villeneuve-Saint-Georges, il y a des morts : Clemenceau y gagne le surnom du « Tigre ».

Le divorce s'accroît ainsi entre le monde politique, même de gauche, tels ces radicaux, et le mouvement ouvrier, qu'il soit animé par des syndicalistes-révolutionnaires ou par des socialistes, puisque les anarchistes, avec leurs attentats à la Ravachol, se sont discrédités. En 1894, l'un d'entre eux a atteint le président de la République Sadi-Carnot.

Les uns et les autres se sont séparés depuis la charte d'Amiens, en 1906, mais grande est leur vitalité que soutient une masse de travailleurs de plus en plus déterminée : les grèves succèdent aux grèves et en 1910, pour la première fois, toutes les compagnies de chemins de fer sont paralysées.

Pourtant, leur enjeu change bientôt : c'est la menace de guerre qui passe au premier plan : « guerre à la guerre », crient, solidaires, Caillaux le radical, Jaurès le socialiste, Guesde le marxiste et Hervé, l'antimilitariste.

Mais l'internationalisme et l'esprit révolutionnaire de tous demeurent patriotiques, et jugent les militants, les adhérents : si la guerre devait éclater, ce serait la faute aux Allemands.

Lorsque la crise éclate, en juillet 1914, grande voix du pacifisme, Jaurès est assassiné.

Figure 26 — La place de la mairie de Fourmies à 6 heures du soir le 1er mai 1891 : M. le curé Mangerin portant secours aux victimes. L'armée a tiré sur les ouvriers. *Le Monde Illustré* de mai 1891.

Les dirigeants étaient inquiets des développements qu'avait pris le mouvement pacifiste ainsi que de la montée de l'antimilitarisme qui s'était manifesté au vu de l'action répressive de l'armée. Or, il n'y eut pas de déserteurs...

Ce à quoi ne s'attendaient pas ces dirigeants, c'est qu'avec l'état de guerre, ils allaient perdre une part de leur pouvoir.

Dès l'été 1914, les militaires furent les maîtres du pays. « Les préfets n'existent plus, les parlementaires sont brimés, les généraux mangent du civil. »

C'est la revanche.

Depuis Boulanger et l'affaire Dreyfus, il est une partie des cadres de l'armée qui n'attendaient que cet instant, la guerre : ils sont comblés. En quatre semaines, l'affaire est réglée. Le Président de la République, Poincaré, ne peut arriver à savoir quels étaient les généraux qui commandaient chacune des armées de la République. Lorsqu'il voulut accompagner le généralissime Joffre en Alsace reconquise, on le lui refusa. Bientôt une circulaire interdit aux préfets de téléphoner sans autorisation, même à leur ministre. Quelques mois plus tard, le Président du Conseil, Viviani, apprenait par sa fleuriste, dont le petit ami était officier d'État-Major, que le Grand Quartier général allait quitter Chantilly : « ce n'est pas agréable pour un Premier ministre », dit-il au Conseil.

Chapitre 4

LE TEMPS DES PÉRILS

Les conflits entre États-nations, leur volonté d'expansion ont abouti à la Grande Guerre qui, commencée en 1914, a pu, si l'on veut, ne s'achever qu'en 1945. En fait, gros du communisme et du fascisme, ces deux conflits mondiaux ont menacé la France dans son existence et dans son essence mêmes.

Ces guerres et révolutions ont en effet brouillé les partages politiques traditionnels : avec les clivages situés sur l'axe conservation-réforme-révolution, ont interféré d'autres clivages, situés sur l'axe bellicisme-neutralisme-pacifisme.

Ces interférences rendent compte de quelques-unes des attitudes des Français au cours de ces deux guerres.

À comparer les images de départ à la guerre en 1914 et en 1939, la différence est frappante. En 1914, l'allégresse est de mise, même si la caméra sollicite cette attitude ; en tout cas, en 1939, à la même gare de l'Est, le contraste avec ces images est saisissant ; le désespoir que ce départ suscite, ce refus de partir témoignent d'un état d'esprit différent. Or, à lire les sources écrites et les travaux qui les reproduisent pieusement, jamais le mouvement pacifiste n'avait été aussi puissant qu'à la veille de 1914 ; inversement, à la veille de 1939, il ne se manifeste guère, alors qu'en profondeur la peur de la guerre est là.

Un des traits qui peuvent expliquer cette différence est sans doute qu'en 1914, à la différence de 1939, il n'existait pas d'ambiguïté sur l'identité de l'ennemi, il était connu et il était allemand, alors que ce n'était plus le cas vingt-cinq ans plus tard.

Qui est l'ennemi, en 1939, pour les dirigeants français ? L'Allemagne nazie ou l'URSS et le bolchevisme ? La question vaut aussi pour les Anglais ; les Soviétiques ne savent pas si les coups viendront de l'Allemagne ou des puissances capitalistes occidentales ; et en 1943, les Allemands se demandent s'ils ont intérêt à signer une paix séparée avec les Occidentaux ou bien avec les Soviétiques... Quant aux nations colonisées, en Inde comme au Maghreb, elles s'interrogent : quel est l'ennemi principal, l'Anglais et le Français, ou bien l'Allemand et le Japonais ?

Quant à la France, nation coloniale après 1945, elle se demande si les coups portés à son empire proviennent du communisme ou des Américains, en voulant ignorer qu'ils viennent des peuples colonisés eux-mêmes.

La saignée de 14-18, le désastre de 1940, la perte des empires coloniaux, la mise en cause de son « œuvre », la montée en puissance d'autres pays, étaient-ils les signes d'une irrévocable déchéance ?

Non.

Car les habitants de ce pays ont su trouver des ressorts nouveaux. Mais ceux-ci fragilisent l'État-nation en inscrivant la société dans un ensemble plus vaste, l'Europe en premier lieu.

1914-1918 : la guerre patriotique

Peu de guerres ont plus marqué une génération que la Grande Guerre ; tels les « grognards » de l'Empire, les « anciens combattants » n'ont cessé leur vie durant de rappeler leur sacrifice ; ils avaient le sentiment qu'à l'arrière on l'avait mal mesuré, et, au lendemain des hostilités, le réveil fut terrible : tantôt leur ressentiment prit la forme d'un élan révolutionnaire, tantôt il se transforma en une réaction contre ceux qui avaient discrédité leur combat : communisme et fascisme naquirent ainsi, effets pervers de la guerre.

Pendant longtemps, la Grande Guerre a été un des rares conflits de l'Histoire qui ait serré les peuples autour de leurs dirigeants, l'« Union sacrée », parce que dans chaque camp ceux-ci persuadèrent les citoyens — et souvent ils avaient raison — que l'ennemi en voulait à l'existence même de la nation. Ainsi le « programme de septembre 1914 » des dirigeants allemands envisageait l'affaiblissement de la France « au point qu'elle ne puisse jamais redevenir une grande puissance » ; de leur côté, Poincaré, Delcassé et les chefs militaires français entendaient ramener l'Allemagne à sa situation d'avant 1866. Ce trait explique qu'à la différence des conflits passés — guerres de Religion, de la Révolution — aucun belligérant n'a connu de parti de l'étranger. Certes, la Grande Guerre a eu ses opposants ; ceux-ci, toutefois, n'étaient pas solidaires de l'ennemi : ils condamnaient « la guerre impérialiste » mais jugeaient légitime la défense du territoire national si celui-ci était menacé. Chaque citoyen fit ainsi la guerre avec la même conviction qu'il eût accompli une croisade ou défendu sa mère. Bien sûr, les Français tenaient cette certitude d'une lointaine histoire, enseignée et répétée par les maîtres d'école, réanimée par les rencontres sportives et les campagnes de presse. Il en allait ainsi même des leaders du mouvement socialiste, chantres du pacifisme : en 1910, Jaurès, comme Kautsky en Allemagne, mettaient l'accent sur les responsabilités, en cas de guerre, de la classe dirigeante de leur propre pays ; mais en 1914 sur la classe dirigeante de l'ennemi national. Cette croyance rend compte de l'unanimité avec laquelle les mobilisés se rendirent à l'appel — le *Carnet B*, de virtuels déserteurs, fut sans emploi. On remettait à plus tard la réalisation d'autres rêves, telle la révolution sociale, et ce départ à la guerre procura pendant quelques semaines aux appelés ce que l'existence quotidienne ne pouvait apporter ; prendre le chemin de fer, voir la grande ville : et, tout juste âgés de vingt ans, ils s'imaginaient qu'ils reviendraient sous peu au foyer, auréolés des lauriers de la victoire.

En 1914, les systèmes d'alliances rendent compte du caractère impérialiste de la guerre : la formation de la Triple Entente (France,

Grande-Bretagne, Russie) qui contrôle de vastes empires répond à la Duplice (Allemagne, Autriche-Hongrie), qui exige des compensations ; la logique de l'affrontement était liée aussi à l'inégal développement des nations, à la rivalité qui en était la conséquence, l'Angleterre voyant son avance sur les autres nations diminuer et se sentant menacée par la montée de l'Allemagne, par sa volonté de défi que stimule l'orgueil d'une réussite économique sans pareille.

La guerre résulta aussi d'un engrenage imprévisible qui a commencé dans les Balkans lorsque, le 28 juin 1914, de jeunes terroristes serbes liés à l'état-major, perpétrèrent un attentat contre l'héritier du trône, le libéral François-Ferdinand. Certes, ils s'imaginaient que cela contraindrait leur gouvernement à faire la guerre à l'Autriche qui était ainsi provoquée à attaquer. De fait, Guillaume II l'y poussa, pensant que la France empêcherait la Russie de secourir les Serbes. Il n'en fut rien, Saint-Pétersbourg mobilisa, Paris suivit, le 1er août c'était la guerre, l'Angleterre intervenant à son tour une fois la neutralité belge violée par les Allemands, qui étaient entrés en guerre entretemps.

À la fin de la guerre, en 1919, les vainqueurs jugèrent que sa responsabilité retombait sur Guillaume II ; et pour 1914, cela est vrai. Les conclusions seraient différentes si, en remontant plus loin dans le passé, on observait que le régime tsariste subventionnait les services serbes pour déstabiliser l'Autriche-Hongrie, que ni la France ni l'Angleterre n'étaient prêtes, outre-mer, à donner à l'Allemagne « une place au soleil » ; or des concessions plus larges ne risquaient pas de susciter le freinage de leur propre expansion ; mais les dirigeants craignaient plutôt les réactions des citoyens, comme elles s'étaient manifestées lors d'un conflit franco-anglais à Fachoda, car leur politique consistait à remporter des succès de prestige pour résister à la pression venue d'en bas.

La guerre commença très mal pour les Français, car, ne gardant que des troupes de couverture face aux Russes lents à mobiliser, les Allemands appliquèrent la version la plus audacieuse du plan Schlieffen, concentrant leurs efforts à l'extrême droite du front occidental, face à la Belgique, menaçant d'encerclement l'armée française orientée face à la Lorraine. L'infériorité des Français sur le terrain rend compte de défaites à Charleroi comme en Lorraine. Leur chance, a écrit de Gaulle, fut « qu'ayant mal engagé l'épée, Joffre sut ne pas perdre l'équilibre ». Les revers avaient été inattendus, le succès de la retraite fut une autre surprise. Il recula jusqu'à la Marne, calculant, en bon polytechnicien, que plus il serait près de Paris, plus le réseau ferré rayonnant en étoile lui permettrait de déplacer ses troupes plus aisément que l'ennemi. Gallieni et les « taxis de la Marne » amenèrent des renforts dans les délais prévus. Ajoutons que l'offensive russe obligea von Moltke à affaiblir son attaque : de sorte la bataille de la Marne fut bien ainsi une victoire du commandement. Les Allemands reculèrent jusqu'à Ypres, les fronts se stabilisèrent, et pour plus de trois ans commença une interminable guerre de tranchées où les soldats s'enterrèrent pour survivre. En 1915, les offensives de Champagne et d'Artois échouèrent, tout comme la tentative de porter la guerre au point faible de l'ennemi, en Turquie :

mais le débarquement aux Dardanelles n'aboutit à rien. Là aussi, les Français et les Anglais durent creuser des tranchées pour « tenir ».

Essayant de coordonner leur offensive avec les Russes — qui avaient dû évacuer la Pologne en 1915 —, les Franco-Anglais préparèrent une offensive sur la Somme grâce à leur supériorité en artillerie. Mais les Allemands voulurent les prévenir en attaquant à Verdun, « pour saigner à blanc » l'armée française. Ces deux tentatives échouèrent pareillement (voir plus loin, pour Verdun) et ce double carnage ne guérit pas le commandement français de tenter, en 1917, une nouvelle offensive au Chemin des Dames. Elle échoua. Cette fois ce devaient être les tanks qui étaient censés assurer la victoire. Ce furent ces offensives inutiles qui furent à l'origine des mutineries (voir plus loin).

Le souvenir de l'époque napoléonienne n'était pas loin et les Alliés entamèrent le blocus économique de l'Allemagne ; mais le commerce des neutres suffisait à celle-ci et, en vertu du principe « business as usual », les Anglais eux-mêmes fournirent à l'ennemi ce qui lui manquait, via les neutres Danemark et Suède. La guerre sous-marine à outrance lancée par Tirpitz échoua également : elle ne réussit pas à interrompre les livraisons américaines parce que les Anglais organisèrent des convois. Elle eut pour effet de susciter l'entrée en guerre des États-Unis, ce qui changea le cours de la guerre plus que la révolution de février en Russie, car le front de l'Est continua quelque temps à immobiliser de nombreuses divisions allemandes. En outre, l'intervention américaine amena la transformation des opérations militaires : avec elle on passa d'une guerre des effectifs à une guerre du matériel. « J'attends les tanks et les Américains », disait Pétain, successeur de Joffre et de Nivelle.

Or ce furent les Allemands qui attaquèrent en 1918 car, désormais libérés à l'est, ils voulaient jeter toutes leurs forces à l'ouest avant qu'il ne fût trop tard, alors qu'échaudés par la défaite de Passchendaele, où périrent quatre cent mille Anglais, ni Douglas Haig ni Foch, désormais au commandement suprême, n'étaient prêts à attaquer. Ils ne le furent qu'après l'arrêt de l'offensive allemande, à nouveau sur la Marne, où le recours conjugué des tanks et de l'aviation assura la victoire des Alliés.

Au lendemain de la Grande Guerre, c'est à Clemenceau plus qu'aux chefs militaires qu'on accorda le surnom de « Père la Victoire ». Il l'avait bien mérité, tant son énergie, à la tête du gouvernement depuis 1917, avait su redresser une situation morale, politique et militaire qui, au lendemain de la « défection » russe et à la veille d'une offensive allemande, semblait si compromise.

Son style faisait contraste avec celui de ses prédécesseurs : Aristide Briand, dont on ne savait trop s'il voulait la paix ou bien la guerre ; Alexandre Ribot, un élégant et suave vieillard plus belliciste que belliqueux ; Paul Painlevé, un vrai savant peu porté aux décisions rapides ou à trancher devant un choix difficile.

Georges Clemenceau était, au contraire, un bretteur, un battant, un impulsif qui avait fait preuve, vingt fois, de son énergie et de son courage dans des duels dont il sortit vainqueur. « Un général qui ne

Figure 27 — Guerre de 1914-1918. Georges Clemenceau dans une tranchée du Mort-Homme à Verdum (Meuse).

croit pas à la victoire n'est pas digne d'être caporal », disait-il de Joffre — qu'il contribua à faire limoger. Énergique, il combattit le pacifisme sous toutes ses formes, faisant même arrêter Joseph Caillaux qui jugeait que la France perdait son sang et qu'en conséquence sa victoire serait vaine. Caillaux avait raison, il n'en fut pas moins jugé pour haute trahison ; on appelait Georges Clemenceau « l'Intraitable ».

Mais il savait aussi se rendre populaire. Il fut le premier Président du Conseil depuis 1914 qui se rendit au front, dans les tranchées. Il avait pourtant soixante-seize ans, mais là, parlant aux soldats, multipliant les blagues, les mots d'esprit, il communiqua aux poilus ce supplément d'énergie qui était bien nécessaire. Il consolida ainsi le pouvoir civil dont les militaires avaient fait fi pendant les trois premières années de guerre.

Après la gloire était venue l'humiliation, la chute. « Comme Jeanne d'Arc, Clemenceau a été brûlé », disait le Premier Ministre anglais Lloyd George, « mais ce sont les Français qui ont allumé le feu ». De fait, se présentant à l'élection présidentielle en 1920, il fut vaincu par un honorable parlementaire, Paul Deschanel. Sur ce nom se coaliseront tous ses ennemis, Briand en tête, et les mânes de ceux qu'il avait abattus, Gambetta, Jules Ferry, combien d'autres...

La France donnait ainsi l'exemple de ce que peut être l'ingratitude des peuples... Sur ce terrain, pour une fois elle précéda l'Angleterre qui, en 1945, vota pour Attlee plutôt que pour Churchill qui l'avait sauvée.

Pour les gens de l'arrière, civils et dirigeants réunis, Clemenceau avait été l'artisan de la victoire. Pour les combattants, ce fut le général Pétain qui incarna leur calvaire, leurs souffrances. C'est à Verdun qu'il gagna sa popularité.

VERDUN : LA MORTELLE SURVIE DES POILUS

En février 1916, surpris par l'importance de l'attaque, le commandant en chef, Joffre, n'en comprit qu'après coup les mobiles : « saigner à blanc l'armée française » ; alors, se gardant de démunir le front de la Somme, où Foch préparait l'offensive « décisive », il donna pour instructions aux défenseurs de Verdun de « tenir ».

Enfer, dès le premier jour, la bataille fut une improvisation permanente : les premières lignes enfoncées, aucun réseau de boyaux ou de tranchées n'avait été prévu pour supporter le choc d'un deuxième assaut : il n'y avait plus de front, mais un enchevêtrement, un émiettement inextricable de positions qu'on essayait en vain de raccorder les unes aux autres et qui ont gardé leur légende : Mort-Homme, la Cote 304, la Cote de l'Oie. Isolée, bombardée souvent par sa propre artillerie, chaque unité était entièrement livrée à elle-même ; elle ne connaissait plus qu'une consigne : « tenir ». Chacune avait la conviction que le sort de la bataille pouvait dépendre d'elle seule ; jamais tant d'hommes ne furent ainsi animés, et tous ensemble, par une pareille certitude ; jamais tant d'hommes n'assumèrent cette responsabilité et avec un tel renoncement.

Sur le champ décomposé de cette immense bataille, les ordres se faufilaient grâce aux « coureurs » constamment sur la brèche. Aux hommes bombardés, mitraillés, assaillis par les nappes de gaz, ne sachant où aller ni que faire, démunis ou défaits, ils apportaient mieux que la vie, la fin de l'incertitude ; car rien ne fut pire à Verdun que l'attente obsédante de la liaison avec les vivants ; et toujours leur réponse identique : il fallait encore tenir et attendre... Quoi ? La fin du bombardement, l'heure de l'attaque ennemie, espérée fiévreusement, pour sortir de cette tranchée improvisée, et souvent mourir.

Avec ses avancées, ses îlots, ses digues et verrous formés de charniers, nul champ de bataille n'avait connu promiscuité pareille des vivants et des morts. Dès la relève, l'horreur prenait à la gorge, signalant à chacun l'implacable destin : vivant, s'ensevelir dans le sol pour le défendre ; mort, le défendre encore et y demeurer à jamais. La durée du sacrifice variait selon les bataillons ; mais qu'une part de l'effectif fût hors de combat, l'heure arrivait d'être relevé à son tour. Seule certitude, de toi ou moi, camarade, l'un doit mourir, ou tous les deux.

Nommé au commandement, le général Pétain acceptait mal la limitation de ses effectifs ; il obtint qu'on les renouvelât constamment : ce fut « le tourniquet des combattants ». Dès lors, Verdun devint la bataille de l'armée presque entière.

Ainsi, avec un matériel inférieur à celui des autres batailles, Verdun put être interprétée en quelque sorte comme une victoire du soldat. Quelle différence avec la Somme, où l'emportèrent les canons, ou avec la première bataille de la Marne, une victoire du commandement ! Si Pétain s'y illustra, c'est parce qu'il se montra soucieux du sang des fantassins, et constamment à leur écoute.

Les soldats de Verdun étaient maintenant revenus de leurs illusions de jeunesse ; ils ne s'imaginaient plus gagner la guerre en une seule bataille ; au moins avaient-ils la certitude que les Allemands ne passeraient pas. Ils avaient souffert tous ensemble pour sauver le pays, et la France tout entière avait connu leur sacrifice, la presse exaltant cette victoire plus qu'aucune autre. N'était-elle pas, à vrai dire, la première qui fût l'œuvre de toute la nation ? La France payait de plus de trois cent cinquante mille victimes l'honneur de l'avoir remportée. Voilà pourquoi, jusqu'en 1940 et après, il est des millions d'hommes qui se souviennent ; ces jours-là ils n'étaient plus « ceux de 14 », partis allégrement, mais « ceux de Verdun », citoyens et gardiens de la terre.

Si, pour les combattants, le nom de Pétain était lié à la bataille de Verdun, pour les opposants, il fut associé, en 1917 et après, à la répression des mutineries.

LES MUTINERIES DE 1917 ET LE MORAL DES SOLDATS

En avril 1917, des mutineries éclatèrent dans l'armée française ; elles suivirent l'offensive Nivelle, son échec, les lourdes pertes qu'elle avait causées : le mouvement, parti de la région de Soissons et Auberive, fit rapidement tache d'huile ; il cesse dès qu'il apparaît clairement qu'avec Pétain, qui succède à Nivelle, les attaques vaines vont enfin prendre fin. Ainsi, il est clair que ces mouvements témoignent d'une lassitude de la guerre, certes, mais plus encore d'une certaine forme de la guerre. « Nous ne sommes pas des bêtes qu'on mène à l'abattoir », disait une lettre saisie par la censure. Certes, on malmène des officiers, on crie « à bas la guerre », et on chante *L'Internationale* : on ne veut pas servir de chair à canon, pour « aider à l'avancement de ces messieurs galonnés ». Ce trait, Stanley Kubrick l'a bien identifié dans *Les Sentiers de la gloire* (1957). Il a plus de réalité que le diagnostic des chefs militaires de l'époque, par exemple Franchet d'Esperey qui écrivait à Pétain, le 4 juin 1917 : « La situation est nette. C'est une organisation générale venant de Paris sous l'instigation des Allemands tendant à livrer la France à l'ennemi. C'est au gouvernement à agir en frappant les têtes. » Au vrai, il n'en était rien, et Pedroncini a pu montrer que la propagande pacifiste n'était ni connue ni présente là où ont eu lieu les mutineries. Le nombre des manifestants n'en fut pas moins de trente à quarante mille hommes ; dix pour cent d'entre eux environ furent jugés — d'où la légende de la décimation —, cinq cent cinquante-quatre condamnés à mort et quarante-neuf exécutés. Moins élevé que celui que perpétue la tradition antimilitariste, ce chiffre n'en est pas moins considérable, eu égard au fait que ces condamnés étaient simplement de pauvres bougres qui n'en pouvaient plus. Après qu'on eut longtemps fait le silence sur ce martyre, le Premier ministre Lionel Jospin leur a rendu hommage en 1999. Certes, *Le Canard enchaîné,* créé en 1916 pour révéler les bobards, avait, depuis longtemps, dénoncé ces exécutions et les abus du commandement qui fusillait volontiers, « pour l'exemple ». Mais l'identification des mutineries au mouvement pacifiste était abusive, au moins en France ; en Russie, au contraire, en stigmatisant les excès de la discipline militaire, les soldats mettaient en cause son instrumentalisation par le commandement à des fins répressives, montrant qu'elle n'avait pas seulement pour but d'améliorer le comportement des soldats face à l'ennemi. En France ce comportement était loin d'être généralisable : comment expliquer autrement la solidarité des soldats et des officiers, après guerre, dans les défilés d'anciens combattants ? Quant au général Pétain, qui avait pratiqué une répression impitoyable mais limitée, on vit surtout en lui le militaire qui, en mettant fin aux offensives inutiles, était soucieux du sang des hommes. D'où sa popularité, à gauche comme à droite, jusqu'en 1940.

Mais sous le soulèvement de 1917 couvait une colère plus large, dirigée contre les civils, ces embusqués.

Aigris, meurtris, jugeant qu'ils avaient joué les dupes, bien des soldats nourrissent un ressentiment suri contre l'arrière. Dans les journaux de tranchée ils écrivent :

Poilu, vrai prince des combats,
Saisis en tes mains purpurines
Quelques grenades anodines
Lance-les loin, plus loin que cela,
Jusques à Lyon, Bordeaux ou Nîmes,
Par pitié ne les rate pas
Ceux de l'arrière sont les victimes...

« Ils ont des droits sur nous », déclara enfin Clemenceau, une fois la guerre finie... Or, redevenus civils, les soldats n'oublièrent certes pas les avanies qu'ils avaient connues, mais ils les refoulèrent et idéalisèrent leur existence passée dans les tranchées, les vertus qu'elles avaient suscitées. Vis-à-vis de l'arrière, où régnaient l'arrivisme, le système D (la débrouille), le luxe et les plaisirs délicats, la vie du combattant devint un exemple de solidarité virile entre les hommes qu'un idéal unique avait réunis, quelles que soient leurs convictions religieuses, leurs opinions politiques, leur race, leur origine sociale. L'esprit « ancien combattant » naquit ainsi, de rancœur et de nostalgie, avec son aspiration à la reconnaissance des autres, le besoin de se retrouver pour faire revivre cette relation incommunicable entre des êtres qui avaient vécu ensemble une tragédie.

DES TRAITÉS INCONSÉQUENTS : VERSAILLES ET LES AUTRES

On s'est souvent demandé si la peur du bolchevisme n'avait pas amené les Alliés à ménager les Allemands, à leur proposer des conditions d'armistice relativement bénignes. Certes, cette idée a effleuré Foch ou Clemenceau ; les Allemands l'ont exploitée mais rien ne prouve que cette crainte ait joué un rôle majeur.

La veille, ils n'avaient pas vu, comme Pétain ou l'Américain Pershing, l'avantage qu'il y aurait à faire sentir à l'ennemi sa défaite en portant la guerre jusque sur son territoire. Quoi qu'il en soit, le 11 novembre 1918, les vainqueurs n'eurent pas même l'idée de détruire le potentiel militaire de l'Allemagne vaincue. Ces militaires avaient conclu « un armistice entre soldats » ; l'Europe et l'Amérique étaient entrées dans l'âge industriel, mais les chefs militaires l'ignoraient toujours, et ils jugèrent qu'une nation désarmée est une nation vaincue.

Or, l'armistice signé, les vainqueurs découvrirent, en guise de peuple soumis, une nation en colère. Depuis 1914, les Allemands avaient réussi à maintenir inviolé le sol de la patrie, aussi n'eurent-ils pas le sentiment d'avoir perdu la guerre : les acclamations du public dans Berlin en liesse en attestent, lorsque les troupes y défilent, au lendemain du 11 novembre et qu'Ebert salue ces soldats « qui reviennent invaincus d'un combat glorieux ». Les socialistes consacrèrent ainsi eux-mêmes un mythe dont se nourrit, plus tard, la propagande hitlérienne.

À Versailles, dessaisi de territoires allemands, le peuple allemand, jugé responsable de la guerre par l'article 231 du traité, et ainsi condamné à payer des réparations, se crut bafoué et l'occupation de la rive gauche du Rhin mit le comble à son irritation. La duplicité des vainqueurs ajouta à leur colère puisqu'ils prétendaient s'être battus au nom de principes — les quatorze points de Wilson — qu'ils ne firent jouer qu'en leur faveur : en dépit du droit des peuples à disposer d'eux-mêmes, les Allemands des Sudètes n'étaient-ils pas attribués à la Tchécoslovaquie, les Hongrois de Transylvanie à la Roumanie, tandis que le peuple autrichien se voyait refuser le droit à l'Anschluss, le rattachement au Reich allemand...

Dans leur hâte à tenir la colère des Allemands pour un gage de victoire, les Alliés ne surent pas voir qu'ils perdaient la paix au moment où ils croyaient gagner la guerre : à part deux ou trois provinces cédées, l'Allemagne demeurait intacte, elle n'avait subi aucun dommage, et les réparations ne limitaient en rien son développement. Au contraire, la France, exsangue, meurtrie, détruite en partie jusqu'à la Somme, devait ensuite payer sa dette à l'Amérique, perdait ses fonds placés en Russie ou dans l'Empire ottoman, bref, ruinée, voyait disparaître tous les avantages qu'elle avait en 1914, face à l'Allemagne notamment.

Dès les lendemains de la guerre, quelques analystes perspicaces, tel le géographe Demangeon, surent voir que la guerre, en outre, scellait le déclin de l'Europe, la montée irrésistible des États-Unis, nouvelle puissance mondiale. Les hommes politiques étaient plutôt attentifs à cette « grande lueur à l'est », la révolution bolchevique. De fait, elle passe en Hongrie, en Allemagne, et sa progression, avec la création de la IIIe Internationale, a nourri la grande peur des bourgeoisies, des sociétés conservatrices aussi. Les diplomates, pour leur part, constatèrent aussi bien que la disparition de l'Autriche-Hongrie par le traité de Saint-

Germain constituait une grave erreur politique, puisque la France ou l'Angleterre ne pouvaient plus, face à l'Allemagne ou aux Soviets, s'appuyer désormais sur aucune puissance capable de leur faire contrepoids.

Il faut le recul de l'Histoire pour s'apercevoir que si, à moyen terme, les traités de Versailles et de Saint-Germain eurent les conséquences les plus tragiques pour l'avenir de l'Europe, à plus long terme, ce fut peut-être le traité de Sèvres qui porta en lui les effets les plus décisifs pour l'avenir du monde. À la suite de la défaite des Turcs, la domination franco-britannique sur la Syrie, l'Irak ou le Liban, au reste éphémère, libéra l'énergie considérable que sécrétaient l'islam et l'arabisme. Réunies, ces deux forces n'ont pas cessé, depuis, de lancer un défi à l'Europe, aux puissances coloniales.

Qui eût imaginé, entre 1918 et 1922, que du dernier traité de paix, celui qui suscita le moins l'émoi, pourrait sourdre, un jour, une mise en cause de la civilisation occidentale ?

1914-1918 : UNE MÉMOIRE LONGUE

En 1966, cinquante ans après la bataille, d'anciens combattants français et allemands se sont rejoints à Verdun pour commémorer leur sacrifice ; après un moment d'hésitation, ils se sont tendu la main, puis se sont étreints en sanglotant, frères retrouvés d'une tragédie comme l'Histoire en a peu connu.

Imagine-t-on aujourd'hui à Varsovie, cinquante ans après la bataille, les Polonais et les juifs, les Allemands et les Russes s'étreindre en souvenir de cet autre cauchemar ? Ainsi, deux guerres n'ont pas laissé la même trace, le même souvenir.

Il en va du souvenir de la guerre comme de la guerre elle-même : il varie selon les mémoires.

Ainsi, le souvenir des massacres d'Arménie, en 1915, renaît brusquement au début des années 1960 — après que les Allemands eurent reconnu leurs crimes contre les juifs, les Arméniens en exigeant autant du gouvernement turc. De même, les traités éteints de Trianon ou de Sèvres se remettent en fusion chaque fois qu'un conflit éclate en Orient — la Syrie les a remis en cause, puis l'Irak. En Alsace-Lorraine, ces provinces disputées, la guerre de 1914 et ses données demeurent présentes. À Metz, par exemple, en septembre 1940, les Allemands grattent l'inscription du monument aux morts de 1914-1918, et lui en substituent une autre, en allemand, dédiée à ceux qui sont morts pour le Reich. À cette cérémonie assiste une foule importante.

Le souvenir joue aussi le rôle d'une référence. L'essentiel de la mémoire historique des dirigeants de l'entre-deux-guerres — les bolcheviques exceptés... — puise à l'arsenal des expériences de 1914-1918. Qu'il s'agisse de la guerre future, de la défense du pays, des solidarités et des amitiés nouées ou dénouées, de 1918 à 1945, cette référence à 1914-1918 est constante. Elle est obsessionnelle chez Hitler, chez Pétain, chez les militaires de tous les calibres — de Gaulle excepté — ; le plan Schlieffen est aussi vivant en 1940 qu'en 1914, l'opération de von Manstein, par les Ardennes, profitant des faibles défenses du massif, se réfère explicitement à 1914-1918. Pour signer l'armistice, Pétain trouve ses références en 1918 et pour ne pas en appliquer les clauses, Hitler se réfère aussi aux mêmes événements de cette année-là.

Mais référence n'est pas mémoire. La mémoire déforme à sa manière. Elle sélectionne l'indicible, les victimes des gaz, en particulier ; elle oublie d'autres morts, victimes du typhus ou de la grippe, qui en 1918 fit presque autant de ravages à l'ouest que les grandes batailles ; comme celle des civils, cette mort fut moins noble et on n'en parle pas. Comme on parle peu des victimes de l'arrière, ou de régions occupées : femmes violées, enfants de l'ennemi...

Plus que toute autre, la France a commémoré la Grande Guerre — par des musées, des bibliothèques spécialisées (la BDIC), et il n'y a eu que l'Allemagne de Weimar pour imaginer la construction d'un musée pacifiste, l'Antikriegs-Museum de Berlin. Mais dans tous les pays cette guerre a nourri l'imaginaire des romanciers, des poètes, des philosophes, des cinéastes. De E.M. Remarque à Henri Barbusse, de Jules Romains à Bertrand Russell, on décrit l'horreur, on essaie d'analyser la nature de la guerre, alors que pour d'autres, tels D.H. Lawrence ou Marinetti, la fin de cette guerre signifie le retour au vieux système, à l'ennui et à la frustration. Exemplaire est, de ce point de vue, la réflexion de Bertrand Russell, qui juge que la pensée occidentale, avant 1914, avait surestimé le rôle de la raison et sous-estimé celui de l'impulsion. En sourdine, le vieil antagonisme entre révolutionnaires et traditionalistes se fait aussi doubler par l'antagonisme qui se développe entre bellicistes et pacifistes. Et, en 1939, il le submerge.

Ce clivage est sans doute le principal héritage que la guerre ait légué aux survivants.

L'horreur de la guerre, son absurdité constituent ainsi le thème favori des écrivains, des cinéastes. Le cri de Péguy, « Heureux ceux qui sont morts pour une si juste guerre », est certes demeuré entendu, mais il a été recouvert par la voix des chantres du retour à une humanité pacifique.

La cruauté de la guerre est, bien sûr, le premier thème du souvenir ; il s'accommode d'une nostalgie de la fraternité des combattants dans *Les Croix de bois*, de Raymond Bernard (1931). Mais l'amertume de ces combattants, la désinvolture de l'arrière, le comportement des femmes — quelquefois infidèles — constituent la principale obsession de la mémoire de l'après-guerre : de *West Front* de Pabst au *Diable au corps* de Radiguet, adapté ultérieurement par Autant-Lara, la même idée court au travers de tout un ensemble de films et de romans : typique est l'antiféminisme de *La Grande Illusion* mais on trouve le même trait ailleurs durant tout l'entre-deux-guerres. Sans doute est-ce Abel Gance, avec *J'accuse* puis *Paradis perdu*, qui a su exprimer avec le plus de force le drame de toutes les existences perdues, brisées.

Il est rare qu'on ait mis en cause, après 1945, la légitimité de la Seconde Guerre mondiale ; cette mise en cause nourrit par contre ceux qui évoquent la Grande Guerre — même après la fin du deuxième conflit mondial. Et, d'abord, on montre que ces combattants des deux camps, au fond, sont des frères — Allemands et Russes dans *Okraïna*, Français et Allemands dans *La Grande Illusion* ; leur combat était absurde, et illusoire l'idée que les peuples veulent vraiment se détruire. Le deuxième après-guerre pousse plus loin l'analyse en reprenant l'idée d'*À l'ouest, rien de nouveau* : c'est l'ordre militaire, ce sont les institutions qui produisent la mort, tantôt par ce qu'elles sécrètent de rivalités, d'envies, d'irresponsabilité (*Les Sentiers de la gloire*, *Les Hommes contre*), tantôt parce qu'elles transforment des hommes réputés libres en hilotes, et font exécuter les innocents (*Pour l'exemple*).

La guerre, fourrier de la violence totalitaire

Un des traits de la Première Guerre mondiale, en France, est bien qu'en 1914 ses participants n'ont émis aucune réserve sur son sens, au moins lorsque la guerre a commencé. Ils ont crié « À Berlin, à Berlin », alors que quelques semaines auparavant ils proclamaient aussi fort « Guerre à la guerre ». Sauf qu'une fois la guerre terminée, ils l'ont jugée absurde, imaginant qu'« on ne les y reprendrait plus » et que cette guerre « serait bien la dernière, la *der des der* ».

Faut-il rappeler ce qu'écrivait le philosophe Henri Bergson dans le *Bulletin des armées de la République*, le 4 septembre 1914 : « Le conflit actuel voit s'opposer deux forces (...) la force qui s'use (l'allemande) parce que non appuyée sur un idéal supérieur, la force qui ne s'use pas (la française) parce que appuyée sur un idéal de justice et de liberté » ? De son côté, Henri Lavedan, auteur dramatique à la mode, écrivait : « Je crois en la puissance de notre bon droit, à cette croisade pour la civilisation. Je crois au sang des blessures, à l'eau de la bénédiction, en nos concitoyens, à notre grand passé et à notre plus grand avenir ; je crois en nous, je crois en Dieu. Je crois, je crois. »

Ce mysticisme constitue un des caractères de ces années-là. Or il se perpétue après-guerre et se retrouve, *même si change la couleur de son drapeau* au sein des communautés nazies, de ces cérémonies où se chante la foi envers le Führer. On le retrouve également en URSS où le nouveau régime affirme aux citoyens qu'ils sont devenus source de pouvoir, de justice, de savoir. Il leur suffit de se montrer conformes, d'entrer au parti, ce monde des élus, de participer, de suivre les injonctions de l'État, d'un cœur croyant.

Émanant d'esprits indépendants, disciples des Lumières et d'une culture tendue vers l'exigence de scientificité, ces comportements et ces propos étonnent. Henri Bergson, encore, mais trois ans plus tard, a identifié cette fracture. « La guerre a, du jour au lendemain, fixé la valeur exacte de toutes les choses ; beaucoup de celles qui paraissaient importantes sont devenues insignifiantes, d'autres auxquelles nous pensions distraitement sont devenues essentielles : vite est tombé le voile de la convention et de l'habitude qui s'interposait entre notre esprit et la réalité : une échelle de valeurs nous apparaît sur chaque personne, sur chaque objet, sur chaque nation et sur chacune des idées qui nous donne l'indication de sa valeur absolue, en dehors de l'espace et du temps. » N'est-ce pas l'esprit qui va régner, ultérieurement, dans les régimes totalitaires, où une autre manière de penser et de vivre s'institue ? En Allemagne, une nouvelle morale se met en place, détachée du christianisme, tandis qu'en Russie, les anciennes normes sont remises en cause : on définit comme « bourgeois » les droits de l'homme issus des Lumières, au nom de la nécessité révolutionnaire et en s'appuyant sur le ressentiment des mécontents ; or celui-ci anime aussi les membres des ligues, fascistes ou non, dans le reste de l'Europe.

Autre trait. Mis à part le courant pacifiste et révolutionnaire, on peut juger que, censure ou pas, le patriotisme a « verrouillé » (Prochasson) toute possibilité de penser autrement. Joseph Caillaux l'a bien vu à ses dépens, qui, devant les pertes en hommes de son pays — une véritable « saignée » —, cherche une troisième voie entre bellicisme et pacifisme : on le considère comme un traître. Or, au sein de la société soviétique, dès les années 1920, il est difficile de penser autrement que le Parti, et bientôt, sous Staline, il est exclu de penser publiquement, avant qu'il se soit exprimé ; au reste, son analyse se veut scientifique, et, au parti communiste (plus tard en France), on n'argumente pas contre lui. Toute pensée autonome est également exclue dès que le Führer s'est exprimé : c'est seulement dans l'émigration qu'on peut penser librement. Comme Romain Rolland avait dû le faire en 1914, pour se prononcer, en Suisse, contre la guerre.

Dans ses *Carnets de guerre*, Georges Renard se rappelle comment, retour du front, « le civilisé est redevenu sauvage ». Toutes les classes sociales, tous les âges de la vie furent emportés par cet « ensauvagement » (Georges Mosse) qui s'ajoute même à une mobilisation totale de la société, des enfants, a montré S. Audouin-Rouzeau : on glorifie ces héroïques enfants martyrs qui renouent avec la tradition des faits divers miraculeux des gazettes ; on glorifie aussi ces enfants qui donnent de faux renseignements à l'ennemi en territoire occupé, etc. Cet enrégimentement se retrouve, après guerre, en Allemagne nazie comme en Russie communiste, où dénoncer ses parents non conformes est récompensé par le régime. En Allemagne nazie, à l'heure de la défaite, on mobilise au front des enfants de dix à quatorze ans.

Cet ensauvagement des individus n'est pas seulement celui des autres. Par une sorte d'acte manqué, les caméras de la guerre de 1914 ne montrent jamais des hommes en train de se poignarder, en train de mourir. Elles montrent seulement l'image des morts (à moins d'avoir été reconstituées en 1919). Les caméras nazies ont filmé les horreurs que les SS ont commises, mais ils ont *voulu les cacher* au public. Les populations ont pu ainsi se juger innocentes ou ignorantes de ces crimes auxquels elles ont souvent participé. Longtemps aussi, les communistes n'ont rien voulu connaître des crimes commis par le régime soviétique voire l'ignominie de leur propre comportement — des dénonciations entre autres. Ces continuités sont frappantes : elles font entrer la Grande Guerre dans le champ totalitaire et signent des parentés. Les combattants jugent seulement qu'ils ont été des victimes ; mais leur propre violence ils veulent l'ignorer.

La Grande Guerre a suscité également l'apparition d'une nouvelle hiérarchie du mérite que la société a admise sans murmure. En tête, à l'instituteur et au mineur se sont substitués les aveugles de guerre, victimes absolues, puis les gazés, les amputés, en queue les artilleurs, hors du danger direct, « planqués », chacun devenant l'embusqué d'un autre. Arrivent enfin ceux de l'arrière, civils et autres profiteurs de guerre que l'on voue plus ou moins aux gémonies. En France, les ligues, et ailleurs les nazis ou les fascistes, se nourrissent du ressentiment des poilus. En Russie, ce sont les soldats qui se vengent des officiers, des propriétaires, des « messieurs » — le parti comprend qu'ils exorcisent une colère qui explosera sous peu.

Les lendemains ne chanteront pas.

L'éclatement du mouvement ouvrier et la naissance du parti communiste

La guerre gagnée, les avait-on oubliées ces paroles de Jaurès : « Le socialisme ne peut accepter une parcelle de pouvoir : il faut qu'il attende le pouvoir tout entier » ? Elles dataient de 1904, lorsque la IIe Internationale avait contraint ses différents courants à s'unifier. Les socialistes se trouvaient alors à la croisée des chemins entre réformisme et révolution, entre « ministérialisme » et non-participation au pouvoir. Entrer au gouvernement relevait d'une stratégie de pénétration de l'État tout en se tenant prêt « à l'assaut » du lendemain, jugeait Jaurès ; mais pour d'autres, Lafargue et les guesdistes, cela menait à la collaboration de classes, voire à toutes les trahisons. Au Congrès Japy de 1899, le non à la participation l'avait emporté par huit cent dix-huit voix contre six cent trente-quatre. Mais l'amendement Delassalle atténua ce vote en admettant que « des circonstances exceptionnelles » peuvent modifier les perspectives. Or, si l'unité ou l'union progresse entre, d'un côté les composantes socialistes, de l'autre les syndicalistes indépendants des partis depuis la charte d'Amiens en 1906, et si les socialistes disposent d'une part croissante du pouvoir législatif au Parlement, « comme l'ombre s'allonge au déclin du jour, la prise du pouvoir paraît s'éloigner devant ces progrès (...). Le Messie n'est pas venu, le grand soir ne tombe pas » (Michelle Perrot). En dépit de son activité, la CGT demeure une force minoritaire avec à peine dix pour cent des ouvriers cotisants ; surtout, la classe ouvrière semble se dérober, qui pense à quitter sa condition plus qu'à faire la révolution. Une certaine intégration sociale est en train de s'opérer, que renforce l'école, et qui se traduit par un élan national à la déclaration de guerre : celle-ci rend compte, mieux que la trahison de ses chefs, de l'attitude du socialisme français et du syndicalisme quand sonne le premier coup de clairon.

Avec l'entrée en guerre, le mouvement socialiste et révolutionnaire perdait ainsi sa légitimité puisque, formant l'Union sacrée, tous les citoyens faisaient passer leur patriotisme avant le socialisme. Il perdait également ses armes puisqu'il n'avait pas adopté la grève générale comme force de dissuasion à la course aux armements — et déjà, en France au moins, les grèves ne progressaient plus avec la dynamique qu'on imaginait. Il perdait également ses arguments puisque le mouvement socialiste avait affirmé la force déterminante de l'ordre économique alors que la guerre avait des origines qui ne tenaient pas seulement de la rivalité impérialiste. Enfin, le mouvement révolutionnaire perdit peu à peu sa crédibilité à mesure que la guerre s'éternisait, faisant oublier jusqu'à l'idée de prise de pouvoir, de révolution. La victoire avait pris la relève.

C'est alors qu'éclata la Révolution russe.

Dans ce contexte, les premières réactions des socialistes confirment leur ralliement à l'Union sacrée : « Quelle joie, quelle ivresse, écrit Gustave Hervé (...) Qu'est-ce que Verdun, qu'est-ce que l'Yser (...) à côté de l'incommensurable victoire morale que la cause des Alliés vient de remporter à Petrograd ? Quelle force nouvelle pour l'armée russe qui va avoir derrière elle une administration moderne, probe, patriote ! Quel coup de massue pour le Kaiser, et quel exemple pour le peuple allemand ! » Sans doute cette euphorie ne dure pas, et le même Gustave Hervé a peur que « les ouvriers et soldats de Petrograd ne sabotent notre guerre de délivrance ». Mais bientôt ce sont de plus révolutionnaires qui prennent la relève des dirigeants de février 1917 et on voit dans la Russie le chantre de la paix : après l'appel du Soviet de Petrograd pour une paix sans annexions ni contributions, lorsque revient Cachin, social-patriote parti en avocat honteux des intérêts de son gouvernement, il est transformé en chantre glorieux de la patrie de la révolution. La Russie des soviets incarne désormais la paix, puis, après Octobre et Brest-Litovsk, la révolution mondiale de la IIIe Internationale, le Komintern.

En France, une fois la paix retrouvée, le problème des plus révolutionnaires est de prévenir la reprise du mouvement d'intégration de la classe ouvrière dans la société établie, afin de préserver les chances d'une révolution et l'instauration d'une société socialiste.

Or, heure de vérité, les élections de 1919, dites « bleu horizon », signent une véritable déconvenue pour le parti socialiste : soixante-huit députés contre cent deux en 1914. Sous l'égide de Boris Souvarine, Marcel Cachin, Fernand Loriot, l'idée d'une scission révolutionnaire à la bolchevique progresse, tant le réformisme apparaît sans avenir ; et de grandes grèves, en 1919 et en 1920, montrent qu'il existe un potentiel de forces combatives. De plus, la fascination qu'exercent la révolution d'Octobre, ce gouvernement des soviets dont on ne veut pas savoir qu'un seul parti le contrôle, voilà qui pousse à accepter les vingt et une conditions que met Lénine pour qu'un parti puisse adhérer à la IIIe Internationale, le Komintern.

Léon Blum met en garde ceux qui croient qu'on peut négocier ; ces vingt et une conditions forment un tout et elles généralisent pour l'ensemble du socialisme international des notions tirées d'une expérience particulière ; il critique le centralisme démocratique qui, de fait, met fin à la démocratie de bas en haut et lui substitue l'autorité de haut en bas ; il critique la juxtaposition d'organes publics et d'organes clandestins, le pouvoir occulte devant finir par l'emporter ; il critique le terrorisme[1] comme moyen permanent de gouverner. Il est battu : trois mille deux cent huit mandats sur un peu plus de quatre mille se rallient à la motion Cachin-Frossard.

À côté de « la vieille maison », naît ainsi un parti communiste.

Rien à voir avec la social-démocratie où, en principe, ce sont les militants qui déterminent la politique des dirigeants et les élisent. Cette scission est aussi un schisme.

Cette bolchevisation du parti, étrangère à la tradition démocratique, a pour effet d'en rétrécir l'audience, même si, à l'extérieur, le modèle soviétique commence à fasciner, identifié à la Terreur de 1793, à la guerre civile, et l'intervention étrangère légitimant ses violences. Les effectifs du parti communiste connaissent une chute brutale entre 1920 et 1930 qui prend fin, globalement, avec la montée de la menace fasciste en France, autour du 6 février 1934.

Jusque-là, se situant dans une position d'extériorité au pouvoir bourgeois, les communistes avaient suivi le mot d'ordre « classe contre classe », manifestant une hostilité inconditionnelle aux « social-traîtres », c'est-à-dire ceux qui, socialistes et démocrates, demeuraient fidèles, tels Léon Blum et Paul Faure, à « la vieille maison ».

Entre apogée et déchéance

LES ANNÉES FOLLES, RENDEZ-VOUS À PARIS...

Autre milieu, ici tout a commencé avec le bal des Veuves, en 1920, imaginé par ces femmes pour renaître à la vie, après la perte de leur mari. Les images cinématographiques nous les montrent là, tout de noir

1. Aujourd'hui, le terme a changé de sens : il faut comprendre la terreur d'État.

vêtues et qui s'élancent deux à deux ; à en juger par le rythme des pas, elles esquissent une valse, une valse lente d'abord, un boston. Rien à voir avec les jeunes émancipées qui, la jupe arrêtée très au-dessus du genou, s'essaient au charleston ; rien à voir avec ces couples qui s'enlacent dans un tango... Aussi la musique et les femmes, le jazz d'Amérique et la mode, tels sont les premiers éclats d'une humeur nouvelle qui éclate à Paris. « Paris, Paris tout entier », que chante Joséphine Baker, cette mulâtresse aux longues jambes, qui ranime le goût que la guerre avait fait oublier pour le monde de couleur et qu'avait peint Gauguin : dans ces cabarets tels le Bal nègre, la Boule noire.

C'est à Paris qu'on s'amuse et qu'on se retrouve dans ces milieux aisés, ou d'avant-garde, car on n'a pas oublié la gloire, qui survit, du Montparnasse d'avant-guerre, de ses fauves et du Moulin-Rouge. Celui des peintres tout d'abord, tels Van Dongen, le peintre des femmes garçonnes, Picabia, Picasso, et d'autres qui se retrouvent à La Coupole.

Mais ce n'est pas à Paris que sont nées les innovations révolutionnaires avant de s'y retrouver.

Il y a Berlin, d'abord la capitale déchue, qui invente le cabaret, avec ses spectacles érotiques, qu'imite timidement Le Coliseum, à Paris ; on y développe surtout une morale de la contestation, aux croisements du marxisme et de la psychanalyse, qu'incarnent l'œuvre de Pabst au cinéma avec *Loulou*, ou de Brecht au théâtre, avec *L'Opéra de quat'sous*. Encore plus déchue que Berlin, Vienne sécrète Freud, que les Autrichiens rejettent, mais dont les admirateurs transcrivent les analyses dans leur œuvre, tel Salvador Dali dans *Le Rêve*.

Autre foyer, l'Italie des futuristes, ce mouvement lancé vers 1912 par Marinetti et qui chante toutes les manifestations de la vie moderne, de la machine à la vitesse. Certains, tel D'Annunzio, adhèrent au fascisme mais ils chantent surtout le cinéma. Les idées passent les frontières et nourrissent, entre autres, les artistes russes, tels Kandinsky, Maïakovski ou Eisenstein, inventeurs et théoriciens de formes novatrices qu'ils dénomment « le constructivisme ».

Leurs créations, trop élaborées, ne rencontrent pas en Russie l'approbation des classes populaires, nouveaux arbitres du goût et des valeurs, au vrai traditionnels, pour ne pas dire rétrogrades. Aussi le régime les excommunie et les force au silence, ou à l'émigration.

Un grand nombre d'entre eux — Russes, Allemands, Viennois — se retrouvent à Paris où ils rencontrent les héritiers de *Dada*, ce mouvement non conformiste apparu à Zurich pendant la guerre et qu'anime le Roumain Tristan Tzara. Contre les affres de la guerre et le conformisme, la provocation est son programme : annoncé et présenté comme un grand poète, sur scène, il se contente de lire un article du journal, puis dix personnes lisent à haute voix et ensemble dix poèmes différents au milieu d'un bruit de crécelles et d'un tintamarre de sifflets ; le public proteste contre cette mystification, et les dadaïstes expulsent les spectateurs de la salle... Il s'agit de s'en prendre même au conformisme du spectacle, des institutions, de la guerre, du patriotisme. « Ouvrez les prisons, et licenciez l'armée ! », lance le premier manifeste du mouvement surréaliste, qui, à Paris, prend la relève de *Dada*. Avec Tristan Tzara, on y trouve André Breton.

Un manifeste définit les objectifs du mouvement. Il valorise les créations spontanées de l'inconscient, les jeux-exercices... À ses débuts, le mouvement critique même la Révolution russe par la voix d'Aragon qui parle de « Moscou la gâteuse », puis il se divise sur elle, ce même Aragon revenant de Moscou fasciné et s'opposant à ceux qui, au contraire, stigmatisent les excès communistes. On se divise aussi sur les concessions à faire ou à ne pas faire à l'esprit « bourgeois ». Sous la férule de Breton, Antonin Artaud est exclu parce qu'il reconnaît une valeur à l'activité littéraire, mais d'autres prennent la relève, et bientôt René Clair, Luis Buñuel révolutionnent l'art cinématographique en utilisant les possibilités nouvelles du montage, de la profondeur de champ...

Mais dès la fin des années 1920 le triomphe du fascisme en Italie, la montée des périls en Allemagne, la glaciation stalinienne, les effets de la crise en France tarissent l'inspiration de ces artistes qui pressentent la venue de la tragédie, passages troubles de dénonciations, d'excommunications qui mettent fin aux années folles.

LA FRANCE, CAPITALE : GENÈVE

Au milieu des années 1920, faute d'avoir vu la victoire fournir les fruits attendus — mis à part le retour de l'Alsace-Lorraine —, les dirigeants français reportèrent sur la Société des Nations, dont le siège était à Genève, l'espoir de ressaisir les rênes d'une politique mondiale qui, à Versailles, étaient passées entre les mains des Anglais et des Américains. Aristide Briand fut le principal artisan de cette stratégie.

La France s'était sentie isolée dans sa politique de revanche vis-à-vis de l'Allemagne, les exigences de Foch ou de Poincaré concernant la rive gauche du Rhin ayant suscité un rejet que Clemenceau avait quelque peu atténué en acceptant que son occupation s'exerce à titre provisoire.

En misant sur la durée des alliances, Clemenceau n'était guère plus prévoyant, car les Américains ne ratifièrent pas le traité de Versailles, tandis que les Anglais craignaient la volonté hégémonique des dirigeants français ; en France même, s'il existait au Parlement une majorité bleu horizon revancharde, elle rencontrait dans le pays une vive opposition.

La droite du Bloc national, furieuse de voir l'Allemagne rechigner à payer les « réparations » et contester le « diktat de Versailles », sait faire sur ce terrain l'union sacrée puisque, lorsque Klotz dit « l'Allemagne paiera », Aristide Briand ajoute, en 1921 : « Nous lui mettrons la main au collet. » À la tête de cette « union sacrée » se trouve « l'homme qui dit toujours non » à toute concession à l'Allemagne, Raymond Poincaré, revenu au pouvoir en 1922 et d'autant plus résolu à faire payer l'Allemagne que les Américains exigent l'acquittement de leurs créances sur la France.

L'Allemagne n'effectuait que parcimonieusement les livraisons de bois, de charbon surtout, dues à la France au titre des réparations. Poincaré n'accepta le principe d'un moratoire sur les règlements en or qu'en prenant un gage : ce fut l'occupation brutale de la Ruhr, que condamnent Anglais et Américains qui craignent une hégémonie française grâce au fer lorrain et au charbon allemand. Tandis que les manifestations se multiplient outre-Rhin contre le traité de Versailles — le parti national-socialiste d'Hitler naît en 1920 —, que le cours du mark s'effondre, une « résistance passive » s'organise dans la Ruhr contre les abus de l'occupation étrangère. Des incidents se multiplient, et, à la suite d'une rixe chez Krupp, treize ouvriers allemands tombent sous les balles d'un détachement français.

Tandis que les banques internationales cherchent et trouvent une solution pour sortir l'Allemagne de l'inflation, que le plan Dawes doit assurer l'échelonnement ultérieur des réparations, Poincaré ne sait pas exploiter la situation et refuse de négocier avec Berlin. En France, on juge que cette raideur n'est plus de circonstance, car la bataille de la Ruhr n'a guère apporté d'avantages. Les gens sont las des suites de la guerre, on condamne Poincaré d'avoir laissé se manifester — encouragé par le général Mangin — un séparatisme rhénan, bref la haine que les Allemands portent à la France suscite une réaction. On veut pratiquer un nouveau jeu.

Ce rejet de l'esprit revanchard et belliqueux, du boniment « bleu horizon », s'exprime aux élections de 1924 qui voient le triomphe du Cartel des gauches et du discours pacifiste qu'incarne désormais Aristide Briand.

L'idée ? Mettre fin à l'isolement de la France en reprenant les accents de 1789, en souhaitant que sa générosité éclaire le monde, en se rapprochant des Anglais et des Américains, une démarche assumée dès 1921 à la Conférence sur le désarmement de Washington, reprise par une entente entre Herriot et le travailliste Ramsay MacDonald, et surtout par Briand, artisan avec Kellogg d'un pacte de renonciation à la guerre, où les États-Unis étaient réintroduits dans le concert européen. L'autre idée : réintroduire l'Allemagne dans les négociations en l'admettant à la Société des Nations, ce qui fut fait après les accords de Locarno en 1925, où Stresemann reconnaissait les frontières allemandes de l'ouest comme définitives, tandis que les cosignataires — Mussolini, Chamberlain, Briand et Vandervelde — laissaient ouverte la question des frontières orientales. Mais surtout Aristide Briand œuvrait efficacement pour un rapprochement franco-allemand, voulant, avec son héritier spirituel, Pierre Laval, « enterrer la hache de guerre », et accomplissant à Berlin un « rapprochement historique » avec Stresemann, acclamé à la fois par les Allemands et les Français.

Entre-temps, les Alliés avaient, par étapes, évacué la rive gauche du Rhin.

Pendant ces années-là — 1924-1931 —, Briand fut bien « le pèlerin de la paix » qui réussit à redonner à la France la stature internationale qu'elle avait perdue à Versailles.

Au vrai, comme il le disait lui-même, Briand pratiquait « la politique de notre natalité », la France sortant de la guerre « saignée à blanc », et ne pouvant que préconiser une politique de longue convalescence. En outre, Briand utilisait toujours la tribune de la SDN pour défendre à la fois sa politique de désarmement, de rapprochement avec les Anglais, et de réconciliation avec l'Allemagne. Alors qu'à Paris le Cartel des gauches n'avait qu'une majorité instable, qu'à Herriot succédait Poincaré et qu'à Poincaré succédait Herriot, Briand demeurait en place, chantre d'une politique nouvelle qui redonnait à la France, grâce à ce prestige acquis à la SDN, un nouveau leadership.

Quand Aristide Briand meurt en 1932, Herriot sent bien qu'avec la crise, qui après les États-Unis frappe l'Allemagne, l'embellie du couple Briand-Stresemann, mort en 1929, était bien finie. En 1930, un vote décide de la construction de la ligne Maginot.

En Allemagne, le nazisme montait en force, après les succès d'Hitler aux élections de 1931-1932 ; et en France, l'extrême droite, sympathique à Mussolini, pointait son nez, plus ou moins couverte par les amitiés d'André Tardieu avec les ligues.

Le sort de la France, désormais, ne se jouait plus à Genève, mais à Paris, dans la rue.

SOCIÉTÉ ET ÉCONOMIE : UNE CRISE INATTENDUE

Analysant l'histoire de la France durant les années 1930, l'historien américain Eugen Weber observe que l'œuvre d'Émile Zola en fournit les aspects successifs. La série commence avec *Au bonheur des dames*, suivi par *L'Argent*, avec les problèmes monétaires, *La Curée* avec ses scandales et ses mêlées, *Germinal* avec ses conflits sociaux, pour aboutir à l'effondrement de *La Débâcle*.

Au vrai, ces épisodes se situent dans un double contexte plus large, qui les englobe. D'abord, le vieillissement du pays, ensuite, son pacifisme qui en découle pour une part.

Le vieillissement de la société française était dû, d'abord, à la disparition des plus jeunes, morts à la guerre : un million quatre cent mille avaient perdu la vie, un million avaient été gazés, défigurés, estropiés, et sur six millions et demi de survivants, la moitié étaient mutilés. Le déficit s'accentue lorsque les classes creuses arrivent à l'âge adulte : en 1936, seulement 31 % des Français avaient moins de vingt ans et 15 % plus de soixante. Ce vieillissement se greffait sur un malthusianisme plus ancien, qui n'avait épargné que la bonne bourgeoisie des riches régions rurales. Car, au total, dès 1935, les décès l'emportent sur les naissances. À ce rythme, on calcule que la population française sera menacée d'extinction avant 1980. Seule l'immigration peut compenser les pertes de la guerre et les conséquences du malthusianisme. De façon sourde, à moins que ne se proclame une politique nataliste, ce rétrécissement démographique inquiète une société qui continue à percevoir les conflits armés en termes d'effectifs, d'autant qu'il se manifeste en France plus que chez les voisins, l'Allemagne notamment.

En outre, ce vieillissement était visible à la seule allure des dirigeants, voire à l'âge des régimes. Hitler était un homme neuf, Mussolini se voulait dans la force de l'âge, Staline venait d'assurer sa prééminence, alors que les personnalités qui dominaient la vie politique française — Briand, Herriot — semblaient manquer de fougue ou de détermination. À tout le moins, la IIIe République ne pratiquait pas la mise en scène impressionnante de ses voisins soucieux de montrer leur force et leur énergie conquérante.

Quant au pacifisme ambiant, dans sa version initiale, il n'avait pas pour origine la peur d'une éventuelle défaite. Cela ne viendra qu'après l'occupation de la Rhénanie en 1936. Il héritait seulement des horreurs de la guerre sur son propre sol. Le « Plus jamais cela » des pacifistes différait du « Guerre à la guerre » des pacifistes d'avant 1914 ; il n'était pas l'apanage d'une famille politique — les socialistes et les anarchistes en l'occurrence —, mais émanait désormais de la société tout entière.

Si la peur d'une nouvelle guerre n'était pas encore celle de la défaite, le croisement allait s'opérer avec la montée en puissance d'Hitler et multiplier les pacifistes ardents.

Alors qu'une crise éclate aux États-Unis, qui se douterait, en 1930, qu'à cet apogée de la puissance française allaient succéder les temps les plus troubles ? Poincaré vient de quitter le pouvoir, son franc incarne le succès de sa politique financière, et André Tardieu qui lui succède se situe dans sa lignée. Dans tous les secteurs de production, le bilan est positif, qu'il s'agisse de charbon (55 millions de tonnes), de minerai de fer (51 millions de tonnes), d'acier, d'électricité. En outre, la France est le deuxième producteur d'automobiles du monde, derrière les États-Unis, le plein emploi est assuré, l'or afflue dans les caisses de la Banque de France : ses réserves, de 18 milliards de francs en 1927, sont montées à 80 milliards en 1930. Sans doute, la courbe de cette progression fléchit-elle et devient-elle étale, et on ne voit pas encore que cela tient autant à une perte de compétitivité qu'aux effets de la crise américaine. D'ailleurs, Tardieu promet aux Français en novembre 1929 la « politique de la prospérité ».

Or, par suite de la dévaluation de la livre sterling et des monnaies qui lui sont associées, la balance des paiements va fléchir à cause de l'accélération de la chute des exportations et même du volume de la production : celui-ci passe de l'indice 100 en 1929 à 89 en 1932. Le marasme atteint d'abord les industries textiles, à cause de la concurrence japonaise, puis la production agricole, et jusqu'à la Compagnie générale transatlantique. Bugatti, la prestigieuse marque automobile, disparaît. S'y retrouvent seulement les grands de la métallurgie, tels les De Wendel, ce « roi sans couronne » Michelin, les premiers Prisunic — des exceptions. Le premier effet de cette détérioration concerne le budget de l'État, dont les gouvernements précédents étaient si fiers, et qui d'excédentaire accuse un déficit de cinq puis de onze milliards en 1933. L'idée de Tardieu est de le compenser par une politique de dépenses susceptibles de dynamiser la vie économique : construction de routes, électrification des campagnes, pensions aux anciens combattants, bref de développer la consommation. Mais quatre postes de ressources tarissent subitement : le tourisme à cause de la crise, les Réparations depuis le moratoire Hoover que les Américains ont imposé à l'Europe, les revenus du fret, ceux des capitaux placés à l'étranger. Pour relancer les exportations, Paul Reynaud propose de dévaluer le franc : il est seul à évoquer pareil sacrilège. On préfère rééquilibrer la balance des échanges en relevant les droits de douane et en surtaxant les produits en provenance de pays qui ont dévalué. Puis on les contingente avant de prohiber ceux qui menacent le plus l'équilibre du pays, c'est-à-dire les produits agricoles, notamment le blé. Simultanément, on pratique une politique malthusienne de limitation de certaines productions, notamment la vigne avec primes à l'arrachage, et dans le domaine industriel, une loi interdisant la création de nouvelles firmes à succursales multiples pour prévenir la chute des prix du fait de la concurrence. Ces décisions s'accompagnent de toute une série de mesures de déflation qui visent essentiellement les fonctionnaires, en réduisant leur nombre et en opérant une ponction sur les traitements. En 1935, Pierre Laval passe à une vitesse supérieure en réduisant de dix pour cent les dépenses de l'État, ce qui concerne les pensions, les traitements, les emprunts, etc. — du jamais-vu, mais qui coïncide avec une reprise à l'échelon international, de sorte que la France n'en profite pas.

Au total, la politique menée par Tardieu et Laval traduit un certain malthusianisme et une peur du risque qui fait entrer la France dans une sorte d'hibernation. Sauver la valeur de la monnaie à tout prix, éviter une modernisation onéreuse apparaissent les constantes qui rassurent une société qui gère la vie économique du pays comme le budget d'une famille.

La cassure économique détermina une crise sociale et pas seulement dans les secteurs directement atteints. « Du travail ou du pain ! », tel est le cri que poussent les chômeurs en marche vers Paris, immortalisés par les actualités cinématographiques de 1932. On en compte cinq cent mille à temps plein et un million cinq cent mille en chômage partiel sur douze millions et demi de salariés. Le bâtiment et la métallurgie furent particulièrement atteints ; surtout, les victimes de la crise ne disposaient pas de caisses de réserve ni, *a fortiori*, d'assurance-chômage. La défense ouvrière était faible eu égard à cette situation qui avait fait reculer les grèves : un tiers à peine sont victorieuses contre plus d'une moitié entre 1922 et 1929. Le taux de syndicalisation est également très faible, et les organisations ouvrières nombreuses et divisées. En outre, la stagnation atteint indirectement les classes moyennes par l'appauvrissement de sa clientèle, notamment paysanne.

Le tour que la crise économique donnait aux événements laissait les dirigeants politiques sans idées, sans solution. Certes, on avait déjà connu en 1919, et encore en 1923, une crise financière, le franc s'étant deux fois dégradé avant de connaître une chute fatale en 1925, où la livre cotée en 1914 valait 42 en 1919 et 100 en 1925. Mais les causes supposées étaient visibles et on pensait que l'Allemagne finirait par « payer », ce qui redresserait la situation. Surtout, la spéculation avait joué contre Herriot au pouvoir et le Cartel des gauches : après avoir eu peur pour les valeurs de leurs bons, les porteurs avaient joué la chute du Cartel. En juillet 1926, la livre sterling atteignit 286 francs. La constitution d'un gouvernement Poincaré d'union nationale — rappelant l'Union sacrée de 1914 — ramena d'un coup la confiance. Elle permit à Poincaré de dévaluer par la loi du 25 juin 1928, ce qui coûta cher aux rentiers, mais les rassura sur leur avenir.

En 1932, au contraire, ce n'est plus la dette d'après-guerre, ni la spéculation qui frappent, et la gauche comme la droite demeurent désemparées devant une crise d'autant plus inattendue qu'elle suit de près un apogée — et surtout qu'elle va durer bien plus longtemps qu'à l'étranger, aux États-Unis et en Allemagne notamment.

La tentation fasciste du 6 février 1934

Depuis la victoire du Cartel des gauches en 1924, suivie d'une annonce d'un impôt sur le capital, le « mur d'argent » avait mis fin à cette expérience et les radicaux de Herriot pratiquent une politique de bascule entre la droite de Tardieu et les socialistes de Blum. Mais, avec la crise, et la gauche ayant gagné les élections de 1932, la droite adopte une attitude plus agressive et pour mieux mener la bataille contre les gauches, Tardieu, amer d'avoir perdu les élections, lança contre eux les ligues. Jusque-là, la droite, qui n'aimait pas le régime, ne le mettait pas en cause puisqu'elle en avait le plus souvent la direction. La situation change avec sa défaite ; elle va utiliser les ligues comme butoir pour ébranler le régime. Il y a d'abord, derrière l'Action française, Charles Maurras qui anime ses camelots du roi, violents et perturbateurs, mais affaiblis par une condamnation pontificale, en 1926, et ultérieurement par sa rupture avec le prétendant. Il y a les Jeunesses patriotes de Taittinger, Xavier Vallat, Philippe Henriot qui sont, comme les précédents, antiparlementaristes et antisémites. Les mouvements préexistent au fascisme et lui ressemblent sans être anticapitalistes. En 1928, autour de *L'Ami du peuple* se crée la Solidarité française, de René Coty, qui se donne une organisation de type nazi. Le francisme de Bucard admire et imite le fascisme italien, quitte à se faire subventionner par Mussolini, mais il dispose de peu de troupes. Ces groupements ont la caution de grands militaires, tels le vainqueur des campagnes d'Orient Franchet d'Esperey, Lyautey, Weygand — le cosignataire de Rethondes — mais pas Pétain qui gagne ainsi sa réputation de maréchal républicain ; ils ont aussi celle de nombreux académiciens. Le vrai mouvement de masse sur lequel la droite compte est celui des Croix-de-Feu, ces anciens combattants qui ont été décorés au front, également subventionnés par le parfumeur Coty et qui comptent jusqu'à cent cinquante mille adhérents. Dirigé par le colonel de La Rocque, ce mouvement a des méthodes fascistes mais idéologiquement il demeure très différent, donnant son appui à des hommes plus modérés tels Doumergue et Tardieu, ce dernier ayant comme Laval largement subventionné son mouvement. Loyaux envers ces hommes de droite, ces mouvements ne surent pas mordre sur la classe ouvrière — différence avec les fascismes étrangers, ou celui de Doriot, plus tard, qui à défaut de l'être vraiment se disent carrément anticapitalistes. Dans sa version socialiste ou radicale, la gauche considère qu'ils constituent un vrai danger pour la République, et l'action des ligues, notamment l'émeute du 6 février 1934, a contribué à l'unir dans un Front populaire antifasciste.

Quant aux intellectuels, depuis la fin de la guerre ils se situaient par rapport à la société en place qu'ils acceptaient ou rejetaient, un regard tourné vers « la grande lueur à l'est ». Désormais, on se positionne par rapport au fascisme.

Les idées fascistes en France furent le fait d'écrivains plus que de mouvements proprement politiques, mis à part le Faisceau ou le francisme de Bucard. Dans *Gilles*, par exemple, de Drieu La Rochelle, le héros exprime un refus violent de la France contemporaine et la nostalgie d'un âge d'or révolu où règne un ordre corporatiste, chrétien ou pas. *L'Ordre nouveau*, de Robert Aron, rejette aussi capitalisme et parlementarisme, tout comme les auteurs de la *Revue universelle*, tels Brasillach, Maurice Bardèche, Thierry Maulnier. Loin d'eux, mais critique aussi vis-à-vis du régime, de la répression coloniale notamment, Marc Sangnier puis Emmanuel Mounier veulent régénérer l'Église, la dégager de ses anciennes compromissions. Le refus de l'ordre établi rejoint celui de l'ultra-gauche et des intellectuels communistes aussi bien, tels que Paul Nizan, Jacques Soustelle, Georges Bataille, des surréalistes. Il existe aussi une sorte de solidarité des extrêmes, qui, a noté Henri Dubief, a pu se manifester en 1932 lorsqu'un militant communiste, E. Fritsch, a été abattu par deux policiers, ce qu'ont condamné, comme son parti, les petites revues de l'extrême droite. De même, plus tard, Romain Rolland et Vaillant — Couturier commémorent la mort des victimes du 6 février, dans un tract commun avec l'extrême gauche, Jean Giono et Ramon Fernandez, de la droite et de l'extrême droite.

Mais cette solidarité a pris fin le 6 février 1934 où, à la confusion des centres (politiques) et à celle des extrêmes (intellectuels) se substitue une clarification à partir de l'antifascisme. Elle se manifeste néanmoins le jour des émeutes où on retrouve fugitivement mais côte à côte, contre la police et le gouvernement « incapable », à la fois les ligues de l'extrême droite, les Croix-de-Feu et les groupes de l'extrême gauche.

LA JOURNÉE DU 6 FÉVRIER 1934

Les causes de l'explosion sont claires. Après celle des leaders de la droite, la faillite des dirigeants « de gauche » d'une part, et d'autre part la fascination et la peur que suscitent les réalisations du fascisme et du nazisme à l'extérieur rendent compte d'une sorte de soulèvement de colère qu'avivent les scandales et en particulier l'affaire Stavisky. Certes, il y avait eu d'autres scandales financiers depuis la fin de la guerre, mais tant qu'ils risquaient de compromettre la droite au pouvoir, complice et pour une part bénéficiaire, ces scandales n'avaient pas suscité de « mouvements d'opinion ». Ceux-ci sont le fait de la presse qui, durant les années 1930, n'est en rien motrice ni autonome — comme aux États-Unis ou encore en France dans la deuxième moitié du XXe siècle —, elle est l'instrument des organisations politiques ou des groupes financiers, en majorité à droite ou à l'extrême droite (*Gringoire, Candide, Le Journal, Le Matin,* etc.).

Ainsi, lors de l'affaire Hanau et surtout de l'affaire Oustric qui compromit trois membres du cabinet Tardieu, accusés de corruption, cette presse était demeurée discrète. Tout change avec l'affaire Stavisky, en 1933-1934, qui compromit Camille Chautemps dont le beau-frère aurait étouffé la procédure. Quand l'escroc est retrouvé par la police, mort, la gauche pense qu'elle l'a tué pour qu'il ne compromette pas Chiappe, le préfet de police, l'homme des ligues. Pour la droite, c'est Chautemps qui a donné cet ordre et avait fait ensuite assassiner le conseiller Prince chargé du dossier Stavisky, trouvé mort à son tour sur une voie ferrée...

Surtout, la droite et les ligues accablent ce « juif métèque et apatride », un de plus, puisque Mme Hanau et Oustric l'étaient également, mais la presse n'avait pas insisté sur ce point du temps d'André Tardieu.

Au contraire, l'antisémitisme xénophobe, exaspéré par l'action des ligues et de Maurras, se déchaîne alors et la crise aboutit à la démission de Camille Chautemps. *L'Action française* avait titré : « Camille Chautemps, chef d'une bande de voleurs et d'assassins ».

Le président de la République élu en 1932, Albert Lebrun, sénateur modéré, fit alors appel à Édouard Daladier, un radical situé plus à gauche que Herriot. La crise, économique, politique et sociale en même temps, rendait l'atmosphère de plus en plus tendue depuis le début de l'année 1934 : on comptabilise treize manifestations de rues, presque toutes animées par l'Action française. Les mots d'ordre sont « À bas les voleurs ! À bas les assassins ! ». Le public ne leur est pas hostile quand les Croix-de-Feu défilent. Chacune de ces sorties regroupe autour de quatre mille manifestants. Or, le préfet de police Chiappe laisse faire, sauf si des manifestants classés à gauche s'en mêlent, par exemple des fonctionnaires : le 22 janvier, on compte jusqu'à trois cent quarante-six arrestations ; pourtant il y a moins de gardes mobiles blessés qu'à l'ordinaire : treize. C'est vraiment deux poids, deux mesures. Aussi, Daladier décide de le relever — et lui offre en compensation la résidence du Maroc.

C'est l'émeute.

Le 6 février, toutes les ligues sont là, remontant ou descendant les Champs-Élysées : la Solidarité française, l'Action française, les Jeunesses patriotes, la Fédération des contribuables, les Croix-de-Feu. Mais il y a aussi l'Union nationale des combattants, plutôt de droite, et l'Association républicaine des anciens combattants (l'ARAC), proche des communistes. De plusieurs lieux on marche sur le Palais-Bourbon — la violence est au rendez-vous : quinze morts et mille quatre cent trente-cinq blessés.

Coup de force fasciste manqué, selon la gauche ; selon la droite, répression sanglante d'un État pourri à l'encontre d'honnêtes gens indignés par l'incurie des gouvernants et les scandales — ces deux interprétations l'emportant avant que Serge Berstein ne donne une interprétation moins schématique qui rende compte de plusieurs scénarios.

Pour les communistes, le gouvernement Daladier ménage les fascistes, comme l'ont fait les gouvernements précédents. Il faut le sanctionner. Les autres anciens combattants jugent que la répression est une agression contre les héros de la guerre, ce qui les rapproche des ligues. Mais les Croix-de-Feu du colonel de La Rocque reçoivent de leur chef l'ordre de dislocation lorsque les coups de feu éclatent. Il demeure légaliste — le lui reprochent ceux qui dans ses rangs veulent déstabiliser la République, et se joignent aux activistes de l'Action française. Mais ces derniers, et surtout les Jeunesses patriotes de Taittinger, envisagent réellement de la renverser et d'établir un régime de type fasciste.

Finalement, Daladier a résisté. Mais il sent bien que la police lui échappe, qui n'a arrêté aucun chef de l'émeute. La justice aussi se dérobe et l'armée demeure peu fiable. Il finit par démissionner sur les instances des présidents des deux Chambres et d'Albert Lebrun.

Le 6 février a donc réussi de façon *différée* puisque, à sa suite, la droite reprend le pouvoir sous la houlette de Gaston Doumergue, l'ancien président de la République : à ses côtés trônent Tardieu, Laval, Flandin et Herriot, caution de gauche d'un gouvernement d'union nationale. Il y a bien eu subversion du fonctionnement de la République parlementaire, puisque la droite avait perdu les élections.

Arguant de la petitesse des organisations proprement fascistes en 1934, la plupart des meilleurs historiens jugent que la France des années 1930 était allergique au fascisme. Certes, ils jugent que l'antiparlementarisme est vif et aussi l'aspiration à un pouvoir fort, tout comme la propension à l'action directe. En outre, on ne trouve pas de vision totalitaire dans les mouvements français et ils sont plus conservateurs qu'ils ne visent au changement des élites, au bouleversement social. Il demeure qu'on peut parler d'un fascisme diffus, ou, mieux, d'une imprégnation fasciste des dirigeants conservateurs aussi. En ce sens, l'époque de Vichy ne serait pas fasciste non plus — sauf sur la fin — car ses notables et technocrates n'ont rien à voir avec les plébéiens qui gouvernent à Berlin ou à Rome. On note pourtant qu'aux origines du 6 février 1934 puis à Vichy on retrouve les mêmes inspirations, les mêmes hommes : Maurras, Henriot, Pierre Laval, Xavier Vallat, et le même antisémitisme, la même haine des francs-maçons, le même antiparlementarisme — sauf chez Laval —, le même désir d'un chef.

S'il est vrai que l'enracinement républicain a été le plus fort, dire qu'il n'y a pas eu de tentation fasciste en France est un peu jouer sur les mots...

Le Front populaire

De quand date le véritable début du Front populaire ? De sa victoire aux élections de 1936 ou du 12 février 1934, lorsque, réponse à la manifestation du 6 février, une grève générale eut lieu et que, symboliquement, au cri de « Unité », on vit se fondre au lieu de s'affronter les cortèges des syndicats rivaux liés aux socialistes ou aux communistes ? Au vrai, ce qui rendit possible la victoire en 1936 fut bien la présence, au sein de ce rassemblement, de nombreuses autres formations, celles du parti radical, des chrétiens de la Jeune République, du Comité de vigilance des intellectuels antifascistes, de la Ligue des droits de l'homme, etc., soit quatre-vingt-dix-sept organisations.

Bien que l'horizon international soit sombre avec la remilitarisation de la Rhénanie par Hitler, en France, on veut tout en ignorer, tant la victoire du « peuple de gauche » apparaît devoir modifier l'avenir des Français.

En 1936, bien qu'acquise de justesse, cette victoire qui suivait celle du Frente popular en Espagne fut une vraie victoire. D'abord, parce que la participation électorale fut de 84 %, la plus forte depuis 1914 ; ensuite, parce que, en nombre de voix, la gauche l'emporta par 5,4 millions de voix contre 4,2 millions ; enfin, parce qu'au sein de la gauche, ce furent les communistes qui gagnèrent le plus de voix et de sièges — alors que les radicaux en perdaient. Avec 147 sièges, les socialistes SFIO devenaient le premier parti de France — les radicaux étaient 106, les communistes, 72. Ensemble, les gauches avaient 376 élus, les droites 222 — mais les radicaux pouvaient basculer à droite, ce qui rendit plus vulnérable la victoire du Front populaire...

Aussi Léon Blum revendiqua le pouvoir, certes, comme il était légitime, mais en indiquant, d'entrée, que faute d'avoir acquis la majorité absolue, n'ayant pas « conquis » le pouvoir, il entendait seulement « l'exercer ».

Dans le monde du travail, cette victoire fut saluée par une explosion d'allégresse. Défilés et cortèges, accordéons en tête, ne cessèrent pas pendant plusieurs semaines. Les élections avaient eu lieu le 26 avril

Figure 28 — Commémoration de la mort de Jean Jaurès (1859-1914) au Panthéon. Discours de Léon Blum. À gauche, Paul Vaillant-Couturier et Jean Longuet. 31 juillet 1936, Paris.

et le 3 mai ; le 28 mai, pour célébrer la Commune, six cent mille personnes défilèrent devant le mur des Fédérés. On chantait *l'Internationale*

On chantait aussi : *Vas-y, Léon*, de Montéhus

C'est tout l'pays qui frémit d'impatience
C'est tout un peuple qui réclame du pain
Vas-y sans peur, tente ton expérience
Nous sommes là pour faire taire les coquins

Refrain
Vas-y, Léon, défends ton Ministère
Vas-y, Léon, faut qu'Marianne ait raison

C'qu'il faut, Léon, c'est la paix dans le monde
Commençons donc à la faire chez nous
À bas l'canon, à bas l'canon qui gronde
I'faut qu'l'amour nous donne rendez-vous

C'qu'il faut, Léon : secourir la vieillesse
Pas de médailles, mais du feu et du pain
Repos aux vieux afin que la jeunesse
Puiss'travailler et n'plus tendre la main

Simultanément, des grèves avaient salué la victoire de la gauche : elles prirent naissance le 11 mai aux usines Breguet du Havre, puis toute la France fut gagnée en quelques jours, paralysant la production et le commerce car elles s'accompagnèrent de l'occupation des usines et des lieux de travail, grands magasins compris ; du jamais-vu. Il y avait jusque-là une cinquantaine de grèves par mois, il y en eut douze mille en juin.

On imagine la frayeur des patrons, les petits surtout, qui n'avaient jamais eu affaire à un tel mouvement et qui criaient à la violation du droit de propriété. Mais la jovialité des quêteurs « pour les grévistes » témoigne d'une bonne humeur qui ne menaçait personne, les travailleurs espérant seulement encaisser les bienfaits de cette victoire électorale.

Le fait nouveau était bien que les grévistes attendaient que le patronat de droit divin daigne enfin jeter un regard sur eux. Autrement dit, ce mouvement étaient spontané et s'il était évidemment soutenu par les syndicats, ce n'étaient pas eux qui l'avaient déclenché. À preuve, le comportement du service public, le plus syndicalisé de tous les groupes sociaux et qui n'était pas en grève... Devant ce désordre, qui affole les possédants — dix milliards en or massif ont déjà franchi la frontière suisse —, d'aucuns pensent à un rétablissement de l'ordre, musclé évidemment ; toujours aux affaires, l'ancien gouvernement sait-on jamais, rameute quelques régiments.

Un mois a déjà passé avant que se constitue le nouveau gouvernement que Blum n'a pas voulu former avant que le mandat de la Chambre précédente n'ait expiré. Constitué le 4 juin, il est composé de socialistes et de radicaux seulement, le communiste Thorez ayant refusé de participer au gouvernement « pour ne pas effrayer la bourgeoisie ».

Sur-le-champ, Léon Blum convoque les syndicats et des représentants du patronat pour arbitrer une négociation au sommet, une grande première comme on n'en avait jamais vu à l'hôtel Matignon. Ils sont venus, ces grands patrons, Lambert-Ribot et d'autres, blêmes et faisant le gros dos ; et les syndicats aussi sont là, sachant bien — Frachon, Jouhaux, Belin et d'autres — que si la victoire politique est un peu la leur, ils n'ont fait qu'accompagner les grèves et les occupations d'usines, que Léon Blum, d'entrée, a désapprouvées.

Autant l'accueil que reçut Blum à la Chambre avait été houleux, — « pour la première fois, ce vieux pays gallo-romain est gouverné par un juif », avait déclaré Xavier Vallat —, autant les accords Matignon se conclurent dans l'estime réciproque, même si la négociation fut pour le patronat « difficile et douloureuse ». Mesurant, enfin, le sort peu enviable de « leurs » ouvriers, les patrons acceptèrent une hausse des salaires de 7 à 15 %, la reconnaissance du pouvoir syndical dans l'établissement, de conventions collectives pour chaque industrie, la libre élection de délégués du personnel, obligatoirement français. Sitôt ces accords conclus, le gouvernement déposa un projet de loi donnant aux ouvriers quinze jours de congés payés par an, un autre fixant la durée du travail à quarante heures par semaine.

En échange des concessions obtenues dans les accords Matignon, les syndicats avaient promis que prendraient fin les occupations d'usines et que suivrait une reprise du travail.

Pourtant, au lendemain de ces accords, toute une partie du monde ouvrier et de ses organisations refuse les accommodements conclus par le gouvernement du Front populaire. « Tout est possible », avaient énoncé les trotskistes et l'aile gauche de la SFIO, les pivertistes. Non, « tout n'est pas possible », avait rétorqué Maurice Thorez, chantre d'un apaisement que Staline avait ordonné pour que le pays ne se décompose pas à l'aube d'une crise ou d'une guerre inéluctable avec l'Allemagne nazie, et qui exige une France forte, unie, capable d'accomplir l'effort de défense nationale qui s'impose.

Les grèves ne cessèrent pas au commandement, ce qui affaiblit l'autorité du gouvernement et encore l'effet pervers des quarante heures : les patrons des grandes usines expliquèrent que leur introduction freinait la reconversion de leurs entreprises, appelées à servir la défense nationale. Simultanément, l'inflation avait repris, ce qui rogna les hausses de salaires. Bref, à l'allégresse succéda le désenchantement.

La politique de Blum en Espagne ajouta au désarroi des hommes du Front populaire. Aider le Frente popular, démocratiquement élu et victime de l'agression des nationalistes du général Franco, semblait aller de soi. Mais la peur de ressusciter en France l'atmosphère de guerre civile, encore dans tous les esprits depuis le 6 février 1934, fit reculer Blum, qui, sous la pression des radicaux de Herriot et des Anglais, préconisa une politique de non-intervention en Espagne. Mussolini, Salazar et Hitler n'en envoyèrent pas moins des hommes, des armes, des avions, dont la légion Condor, tandis que Staline, peu soucieux d'aider un régime où dominaient socialistes et anarchistes, ne soutint les républicains que du bout des lèvres. De son côté, la France bloquait les armes destinées au gouvernement légal, laissant seulement s'organiser, sous l'égide de Pierre Cot et d'André Malraux, des Brigades internationales.

« Est-ce que vous croyez qu'il y ait un seul de vos sentiments que je ne partage pas ? » dit Blum, clamant son désespoir au peuple de gauche. Cet abandon n'en cassa pas moins son moral, après le premier recul de la France, aux temps d'Albert Sarraut, lorsque Hitler remilitarisa la Rhénanie.

Affaibli mais lucide, Blum activa alors les dépenses de défense nationale, mais ce fut aux dépens d'avantages que les travailleurs avaient acquis en juin 1936.

Ce premier grand rendez-vous social fut à l'origine d'une montée fantastique des effectifs syndicaux, ceux de la CGT par exemple passant d'un million d'adhérents à cinq millions. La classe ouvrière s'intégrait ainsi à la nation, au régime également — alors qu'au lendemain de la Révolution russe, en 1920 notamment, quand naquirent le parti communiste et le Komintern, n'en avait pas moins été, une tendance à la sécession s'était manifestée deux fois. Pourtant ce grand rendez-vous social de l'histoire de la France, souvenir étincelant d'une victoire populaire, allait bientôt devenir le bouc émissaire de la défaite — procès sans fondement comme Robert Frank et Jean-Louis Crémieux-Brilhac l'ont montré depuis. Mais ceux qui avaient fêté leurs premières vacances — images pathétiques de braves gens découvrant les bonheurs de la vie — ne s'imaginaient pas que, quatre ans après jour pour jour, ils se retrouveraient prisonniers derrière des barbelés. On accusa le Front populaire, ses responsabilités, et en 1941, l'évêque de Dax déclara que « l'année maudite n'avait pas été 1940, celle de notre défaite extérieure, mais 1936, celle de notre défaite intérieure ». Ainsi, Vichy fut une revanche sur le Front populaire, et aujourd'hui encore il en est qui s'interrogent, ne sachant si son triomphe illumine ou assombrit notre histoire.

Munich — le pacte germano-soviétique : Sedan et Waterloo de la diplomatie française

En 1938, la conférence de Munich et en 1939 le pacte germano-soviétique furent bien le Sedan et le Waterloo de la diplomatie française.

Sauf qu'à son retour d'Allemagne, Édouard Daladier, président du Conseil, fut accueilli par une foule en délire qui l'acclamait parce qu'il avait sauvé la paix. Il était blême, décomposé. « Les cons », dit-il, mesurant le désastre de cette capitulation.

Onze mois plus tard, la conclusion du pacte entre Hitler et Staline remplit de stupeur les dirigeants français, anglais et bien d'autres. Abasourdis, les communistes n'y comprennent rien ; mais les fascistes français non plus. Le paradoxe est bien que ce coup de tonnerre transforme complètement la carte politique du pays : les Français ont ainsi à combattre à la fois le nazisme et le communisme. Une conjoncture qui n'est rompue qu'avec l'entrée en guerre de l'Allemagne contre l'URSS en juin 1941 ; dès lors, la guerre civile franco-française peut reprendre, comme avant.

Mais entre-temps la France avait connu une déroute militaire, l'invasion, la défaite, et Pétain.

Depuis l'accession d'Hitler au pouvoir en 1933, les gouvernements français ont pratiqué une politique de poltrons. Le sentiment qui les domine est bien la peur ; une peur qui s'est amplifiée et les paralyse, mais qui n'a pas toujours les mêmes raisons. Au début du règne du Führer, devant les premières violations du traité de Versailles, à gauche et à droite, Blum ou Tardieu veulent croire que le dictateur ne durera pas. Avec la remilitarisation de la Rhénanie en 1935, les Français, tel P.-E. Flandin, pensent comme les Anglais qu'« on a peur de faire une guerre qui aurait seulement pour but d'empêcher la suivante ».

Avec l'insurrection franquiste, suite au succès du Frente popular, la tension monte en France. Pour les uns, l'ennemi principal, c'est l'Union soviétique et son allié intérieur, le parti communiste. Pour les autres, c'est l'Allemagne nazie et l'Italie fasciste qui soutiennent le général Franco. À cette date, la peur, chez Blum, c'est qu'en aidant les républicains espagnols, on ne déclenche en France une guerre civile. Aussi Léon Blum, désespéré, décide la « non-intervention » en Espagne. Pour lui, le danger principal était bien l'Allemagne nazie, aussi pour financer le réarmement de la France il modéra le coût des progrès sociaux, espérant apaiser le capital. Mais ses successeurs veulent apaiser Hitler pour gagner la confiance du capital. Au fond, pour beaucoup, « mieux vaut Hitler que Blum ». De sorte que, peu à peu, de 1936 à 1939, tandis que la masse des citoyens est d'autant plus pacifiste que le succès du Front populaire a pu donner l'espoir en une vie meilleure, les milieux dirigeants, plus divisés que jamais, retournent leurs positions face à la guerre qui menace. La gauche, naguère pacifiste, au moins jusqu'en 1935, juge qu'il faut résister à Hitler, mais qu'elle n'en a guère les moyens ; elle est soutenue à droite par quelques isolés comme Paul Reynaud et Georges Mandel. La droite, naguère belliciste et intransigeante face à l'Allemagne démocratique de Weimar, se veut plus compréhensive vis-à-vis du régime nazi, qui la fascine. Son rêve ? Retourner Hitler contre l'URSS. À gauche, des hommes comme Georges Bonnet, Marcel Déat, Jacques Doriot, qui a rompu avec le parti communiste, la rejoignent.

Avec les succès d'Hitler, l'Anschluss de l'Autriche, le pacte d'Acier conclu avec Mussolini, l'accroissement de la puissance du Reich et corrélativement le sentiment d'impréparation de la France, la peur que nourrissent les dirigeants fait bientôt place à la panique. Lorsque les Sudètes font appel à Hitler pour obtenir leur rattachement à l'Allemagne, « nous ne pouvons rien entreprendre pour aider militairement la Tchécoslovaquie », glisse Pétain à l'ambassadeur de France à Varsovie. « Notre armée de l'air sera anéantie en quinze jours », déclare le général Vuillemain, qui la commande, à son ministre, en septembre 1938. S'il est vrai qu'à l'automne 1938 le rapport des forces n'a jamais été aussi défavorable, au moins dans l'aviation, le facteur militaire n'est pas le seul à rendre compte de la politique française, à Munich et après.

Lorsque, durant le printemps 1938, la demande sudète d'un statut d'autonomie se heurte au refus du gouvernement tchécoslovaque, le gouvernement français se trouve confronté à une première épreuve, car il a signé deux traités avec Prague qui l'obligent à soutenir militairement l'État tchécoslovaque en cas d'attaque par un pays tiers. L'URSS a signé un traité similaire, mais son application est subordonnée à celle du premier. Or si le président Daladier est favorable à la résistance, son ministre des Affaires étrangères, Georges Bonnet, est hostile à toute intervention qui s'effectuerait sans le soutien de la Grande-Bretagne. Dans une *Note* du 20 juillet 1938, il fait savoir au ministre de la Tchécoslovaquie à Paris que « la France ne fera pas la guerre pour l'affaire des Sudètes ; certes, publiquement nous affirmerons notre solidarité (...) mais cela doit permettre à Prague d'obtenir une solution pacifique et honorable ».

Quant à la Grande-Bretagne, elle a fait savoir qu'elle souhaitait un référendum en pays sudète, une solution que ni la France ni Prague ne peuvent accepter tant il est vraisemblable que la majorité des Sudètes suivront les appels conjugués de Henlein, leur leader, et de Hitler :

l'inconséquence des vainqueurs de Versailles apparaît tragiquement, qui mettaient 2,5 millions de Sudètes allemands sous la domination des Tchèques tout en prétendant agir au nom du droit des peuples à disposer d'eux-mêmes... Les Anglais, en outre, se faisaient un tableau très noir de la capacité des Tchèques à se défendre en cas d'attaque allemande — ce qui ne correspondait pas à la réalité. Décidés à « sauver la paix à tout prix », couverts par les réticences britanniques, les dirigeants français en arrivent à faire pression sur Praguc pour que les Tchèques cèdent aux exigences allemandes, exprimées avec violence le 12 septembre.

De sorte que c'est Londres et Paris qui adressent un ultimatum aux Tchèques, jugés responsables de la guerre si celle-ci avait lieu...

De leur côté, les Soviétiques rappellent qu'ils sont prêts à intervenir si Paris, comme les traités le stipulent, donne l'exemple.

Ils savent que la Pologne et la Roumanie s'opposent au passage de leurs troupes pour aller soutenir les Tchèques. Mais ils ne déplacent pas de troupes vers leurs frontières, eux non plus, et ne simulent même pas la possibilité d'une action...

Chamberlain propose alors une conférence à quatre que Mussolini accepte.

À Munich, la France et l'Angleterre cèdent sur toute la ligne et les Tchèques doivent s'incliner, la rage au cœur. La Tchécoslovaquie devient un État croupion, les Polonais en profitant pour annexer Teschen.

En France, la joie populaire qui suivit l'annonce de Munich fut de courte durée. L'opinion comprit très vite que cette victoire de la paix était fugitive. Mais Munich eut ses partisans. D'abord les Alsaciens-Lorrains, derrière Robert Schuman, qui souhaitent naturellement éviter un conflit franco-allemand ; et puis la droite, avec *L'Action française* qui écrivait : « La France ne veut se battre ni pour les juifs, ni pour les Russes, ni pour les francs-maçons de Prague. » L'approbation des accords de Munich avait été massive, 535 voix contre 75, et parmi les députés de droite, un seul opposant, Henri de Kerillis, traité par ses pairs d'« agent de Moscou ».

Là se trouvait bien le secret de cette capitulation.

Thierry Maulnier l'explicitait dans *Combat* : « Une victoire de la France eût été moins une victoire de la France que la victoire des principes considérés à bon droit comme menant à la ruine de la France et de la civilisation. » Ce qui signifiait que les États totalitaires constituaient le principal rempart contre le bolchevisme.

Se rapprocher de l'Italie pour neutraliser l'Allemagne avait été l'objectif de Pierre Laval à la veille du Front populaire. S'associer à l'Allemagne pour s'opposer à l'URSS et l'orienter vers l'Europe centrale devient le but de certains dirigeants anglais ou français. Aux entretiens anglo-allemands, après Munich, succèdent les accords économiques franco-allemands célébrés à Paris « dans une atmosphère pleine de charme, de détente, d'optimisme ».

Depuis l'Anschluss de l'Autriche, Staline avait bien compris dans quel sens souhaitait pencher la diplomatie française : éviter de s'allier à lui, retourner l'Allemagne contre l'URSS — la France s'abrita derrière la Grande-Bretagne, « sa nurse », disait Hitler, pour que ses dérobades ne soient pas aussi humiliantes, mais il était clair qu'avant comme après Munich, Moscou n'avait même pas été tenu au courant par Paris des négociations qui devaient faire céder la Tchécoslovaquie. Pour se rendre auprès de Hitler, Chamberlain et Daladier avaient pris l'avion de toute urgence ; pour négocier une aide militaire avec l'URSS, la France et l'Angleterre envoient une délégation qui ne comprend même pas un secrétaire d'État, et qui fait le voyage sur un navire de croisière. « Assez joué, tout cela n'est pas sérieux », dit Staline à Molotov, qui prépare en secret le pacte qui va se conclure avec Hitler— aux dépens de la Pologne et des pays Baltes, cette fois. Pour gagner de vitesse cette coalition qui, jugeait Staline, se tramait contre l'URSS, Molotov signa un pacte de non-agression avec Ribbentrop qui garantissait l'Allemagne à l'est en cas de guerre à l'ouest.

Alors Daladier jugea qu'on pouvait enfin dire aux Russes qu'en cas de guerre franco-allemande, ils n'avaient pas besoin de l'assentiment des Polonais pour passer à travers leur territoire, mais l'instruction au général Doumenc arriva trop tard : Staline avait déjà conclu avec Hitler.

Deux mois plus tard, quand Hitler revendique Dantzig et menace la Pologne, c'est l'Angleterre —qui lui avait donné sa garantie— qui déclare la guerre à l'Allemagne. Sans débat parlementaire, la France doit suivre (septembre 1939).

Pourquoi la « drôle de guerre »

On appelle « drôle de guerre » cette phase du deuxième conflit mondial, de septembre 1939 à mai 1940, où les dirigeants civils et militaires se conduisent de telle façon qu'on ne comprend pas le sens de leur action, ou plutôt de leur inaction. Lorsque la foudre s'abat, avec l'attaque allemande de mai 1940, les soldats se battent, certes, mais les incertitudes passées minent le moral des dirigeants et de l'opinion, ce qui contribue, côté allié, à la catastrophe qui va suivre.

L'occupation de Prague, en dépit des accords de Munich, puis l'agression contre la Pologne avaient modifié les sentiments de l'opinion publique : selon un sondage réalisé à cette date, 76 % des personnes interrogées jugent qu'il faut empêcher Hitler de s'emparer de Dantzig par la force. Résignée, cette opinion comprend ses illusions d'après Munich. Elle ne suit pas Marcel Déat qui avait écrit « Mourir pour Dantzig ? » « Il faut en finir », juge-t-on, et les pacifistes de 1938 n'ont plus guère d'influence.

Aussi, une fois la guerre déclarée, la Pologne envahie, l'opinion attend qu'il se passe quelque chose après tant de reculs et d'humiliations.

Or, rien ne se passe.

Le général Gamelin fait valoir que pour aider la Pologne par les traités il n'est tenu de n'attaquer qu'au quatrième jour, à moins que ce ne soit au quinzième, selon la lecture que l'on en fait. Pourtant, le 7 septembre, les troupes françaises conquièrent la forêt de la Warndt, une dizaine de kilomètres en avant de la frontière : dix divisions participent à l'opération sur une centaine positionnées. Le 12 septembre, l'opération est interrompue, et le 16 octobre, le repli décidé, avec en sus l'évacuation de la ville française de Forbach...

C'est de cette façon que fut soulagée la Pologne.

Il était prévu un système défensif du Jura à la mer du Nord, les forces françaises n'attaquant, en direction de Mayence, que si le front oriental tenait. Sinon elles se replieraient derrière la ligne Maginot.

Or, le front oriental n'avait pas tenu ; écrasés, pris à rebours ensuite par l'invasion soviétique du 17 septembre, les Polonais étaient anéantis. Les Français se replièrent alors pour attendre les Allemands l'arme au pied.

Aujourd'hui on connaît mieux les données d'une telle attitude. Elles sécrètent en elles la « drôle de guerre » et plus tard, après la défaite, l'armistice.

Significatifs sont quelques moments de cette période.

Ainsi, dès septembre, le commandement français se refuse à bombarder l'Allemagne, « de peur de représailles et que cela retarde la concentration des troupes ».

En janvier 1940, lorsque le roi Léopold de Belgique craint une invasion allemande et qu'il signale ce risque aux Français, le général Gamelin veut entrer en Belgique mais son adjoint le général Georges l'en dissuade et avec Daladier le convainc que cela donnerait un alibi à Hitler qui pourrait alors envahir la Belgique...

Côté français, on argumente qu'il faut gagner du temps, car l'aviation ne va cesser de se renforcer ; or elle est encore trop faible pour agir. « Dans ce cas, répondent les Anglais, la France peut tenir sans notre corps expéditionnaire. Au reste, le cœur de l'empire, c'est Suez. » À une conférence interalliée qui avait eu lieu le 22 septembre et où il n'est même plus question de la Pologne, Chamberlain promet trente-deux avions à la France. Or l'aviation constitue précisément le handicap de l'armée française.

Cette donnée rend compte de la position de l'état-major : Gamelin préférerait que l'on riposte à l'Allemagne dans les Balkans, car il est persuadé qu'après la Pologne, les Allemands s'en prendront aux pétroles roumains. Il veut éviter une bataille frontale en France car il craint les raids massifs contre la population civile : les Parisiens ont reçu des masques à gaz, on se prépare à cette menace qui est prise très au sérieux, car les gazés de 1914-1918 ont marqué les mémoires... Faire la guerre dans les Balkans, en débarquant à Salonique, comme en 1915, c'est faire la guerre sans la faire vraiment, permettre un compromis, un *appeasement*.

Ni les Français ni les Anglais ne veulent consommer l'irréparable ; ils espèrent encore négocier. « Pas d'initiative intempestive », dit Gamelin, qui ajoute même : « Périssent la Roumanie, la Yougoslavie, la Finlande, si nous devons gagner la guerre. » La France entre ainsi dans la guerre à reculons et l'opinion le sent bien qui, après avoir compris la nécessité de remplir son devoir, commence dès l'hiver à sentir le découragement, l'impuissance.

Daladier était parfaitement conscient de l'impasse dans laquelle l'avait placé la déclaration de guerre. Il jugeait, comme Pierre Laval, que la Pologne ayant annexé Teschen, en Tchécoslovaquie, au lendemain de Munich, cet acte odieux délivrait la France de sa promesse d'aide. Or, voici que l'Angleterre, fidèle à sa propre parole donnée au colonel Beck, avait néanmoins déclaré la guerre, et la France avait dû suivre.

Sachant l'état de nos armements, certes en voie de rapide développement, mais pas encore opérationnels à l'automne 1939, lorsque approche l'hiver, et vu la position anglaise — déclarer la guerre et ne pas envoyer de corps expéditionnaire —, Daladier déclare à son conseiller militaire Villelume, pacifiste lui aussi : « La France fait seule la guerre » — ce qui était une manière d'oublier les Polonais et d'attaquer les Anglais — « si cela continue, je fais la paix avec Hitler ».

Or avec l'attaque soviétique contre la Finlande, les dirigeants français deviennent tout feu tout flamme. Attentistes face à l'Allemagne, contre l'URSS ils sont pris d'un coup de sang et se transfigurent en attaquants pour aider et défendre « la petite Finlande ». Le sort de ce pays suscite dans ces milieux plus d'écho que l'écrasement de la Pologne.

Pour s'en prendre à l'URSS, des plans tout prêts sortent des tiroirs : du Moyen-Orient le général Weygand veut envoyer ses escadrilles bombarder Bakou ; le commandement français entend préparer une expédition par Petsamo, en Laponie finlandaise... Cette stratégie périphérique doit priver l'Allemagne de pétrole au sud, de fer au nord. Attaquer l'URSS pour l'affaiblir et en détacher l'Allemagne, telle est l'idée...

Pour Gamelin et Daladier, elle présente en outre l'intérêt de substituer à l'attaque frontale que supporteraient les Français et dont ils ne sont pas sûrs du succès, faute de chars et d'aviation, des opérations lointaines qui, vu la nécessité de l'appel à la marine, seraient pour l'essentiel à la charge des Anglais.

Coup double !

Dans la presse, au Sénat, à force de féliciter la Finlande pour son héroïque résistance, on finit par oublier le rôle de l'Allemagne dans cette histoire.

« Mais c'est à l'Allemagne que nous avons déclaré la guerre », rappellent les Anglais au Conseil suprême interallié. Et c'est à leur tour de temporiser devant cette expédition de Norvège que les Français suggèrent pour aider les Finlandais. Fort de cette détermination antisoviétique des Français, encouragée par Pie XII et par Roosevelt, Daladier pousse les feux d'une négociation pour la paix, par l'intercession de Mussolini et de Monzie.

L'armistice conclu par la Finlande avec l'URSS, le 12 mars 1940, ruine en partie l'argumentaire d'une guerre périphérique. Les Anglais en sont soulagés. Mais en France Daladier est discrédité. Coincé entre les « durs » qui disent qu'il faut faire quelque chose, tel Paul Reynaud, et les « mous », attentistes, il démissionne.

« Gardez quelques mous dans votre gouvernement », conseille Léon Blum à Paul Reynaud, qui succède à Daladier et n'est investi que d'une seule voix de majorité. Il se sépare certes de Georges Bonnet et prend Mandel, mais il garde de Monzie... À son cabinet, il écarte Palewski, pro-anglais, et maintient Villelume, pacifiste — que plus tard de Gaulle ne réussit pas à faire écarter...

Et alors qu'on se prépare à aller en Norvège, ce sont les Allemands qui, le 9 avril, l'envahissent après le Danemark. Campagne tragique, où la Luftwaffe affirme la suprématie de l'aviation sur la marine et triomphe de la Home Fleet. Où, après avoir dit conquérir la Norvège, les Alliés ne peuvent s'accrocher qu'à Narvik. Lord de l'Amirauté, Churchill assume la responsabilité de cet échec. Ne l'appelait-on pas déjà « Mister Dardanelles », en souvenir de l'aventure manquée de 1915 ? En France, pour avoir affiché partout que « la route du fer » de Suède était coupée aux Allemands, le gouvernement Paul Reynaud se ridiculise. En Grande-Bretagne, cette défaite ne sonne-t-elle pas l'heure de Lord Halifax, l'homme de l'*appeasement*, du compromis avec l'Allemagne ? Leur roi était réservé, les Français n'entrent pas en Belgique comme le souhaitait Gamelin ; et Paul Reynaud ne l'y oblige pas. Tout se passe comme s'il n'avait été belliciste que pour prendre la place de Daladier... Il s'était voulu dur, il n'était que cassant.

Le 9 mai, avec l'invasion de la Hollande et de la Belgique, l'Angleterre, cette fois, entre dans la guerre. Mais, pour la mieux gagner plus tard à l'heure de la catastrophe, de même que la France avait abandonné la Pologne, l'Angleterre laisse la France se battre seule. Les larmes aux yeux.

La débâcle

De ce désastre, des sensations fortes sont gravées : la descente en piqué des Stukas, sirènes ouvertes, qui ont épouvanté militaires et civils ; le désordre indescriptible de l'exode, au début du mois de juin ; le défilé joyeux et vainqueur des soldats de la Wehrmacht, chantant dans les rues des villes conquises...

Tout a commencé le 10 mai 1940, quand les divisions allemandes ont déferlé sur les Pays-Bas et la Belgique, semblant répéter le plan

Schlieffen de 1914. Les forces françaises se précipitent à leur secours. Mais le cœur de l'offensive allemande — avec l'essentiel de ses *Panzer Divisionen* — se situe dans les Ardennes, que les Français jugeaient infranchissables. Au lieu d'être « pincés à la sortie », ces blindés, soutenus par les Stukas, crèvent le dispositif défensif là où s'arrête la ligne Maginot ; et, tel un fléau, se rabattent sur Abbeville, puis Dunkerque, pour enfermer les armées alliées avancées au nord et prises comme dans une nasse. Tandis que les Allemands ont déjà fait un million et demi de prisonniers, trois cent trente mille Anglais et Français leur échappent à Dunkerque, d'un rembarquement tragique. Déjà, le 15 et le 27 mai les Néerlandais et les Belges capitulent. Côté français, la ligne de la Somme ne peut être tenue, et les armées ainsi que plusieurs millions de réfugiés fuient la Belgique et le Nord de la France, et Paris à son tour ; les Allemands ont déjà atteint l'Aisne et occupent la capitale le 14 juin. Entre Seine et Loire se croisent les convois de l'exode et ceux des armées dans un inextricable désordre. Bientôt replié à Bordeaux, le gouvernement de Paul Reynaud cède le pouvoir au maréchal Pétain qui demande l'armistice (16 juin 1940).

Figure 29 — Les réfugiés sur les routes du Nord.

Cette catastrophe, rares sont les œuvres qui l'évoquent : *Week-end à Zuydcoote*, le roman de Robert Merle, adapté ultérieurement pour l'écran par Henri Verneuil, qui évoque la tragédie de l'évacuation de Dunkerque ; *Jeux interdits*, le film le plus pathétique sur l'exode, où lors d'un bombardement une fillette voit ses parents tués sous ses yeux, erre et finit par être recueillie par une famille paysanne — pour ne citer que les œuvres très populaires. Depuis, à chacun ses raisons d'analyser la défaite à sa manière.

Les uns, ajustant leur tir exclusivement sur Vichy, dissocient ce régime de ceux qui l'ont mis en place, et ne veulent pas s'attarder à un procès de la IIIe République ; d'autres transforment un désastre pour les Français en une simple bataille perdue, dans une guerre de trente ans commencée en 1914 et achevée en 1945 ; à côté de ces gaullistes, les communistes font l'impasse, pour leur part, sur l'époque du pacte germano-soviétique (septembre 1939-juin 1941) qu'ils ont approuvé, et par conséquent sur la campagne de France, qu'elle comprend. Quant aux pétainistes et à leurs héritiers, ils ont instrumentalisé cette défaite pour légitimer le régime de Vichy et stigmatiser la IIIe République, en instruisant sa condamnation dès le procès de Riom (1942) : mais alors les accusés ont pu montrer que, ministre lui aussi, le Maréchal était aussi responsable qu'eux du désastre de 1940.

Pourtant, demeure chez les contemporains l'idée que les responsabilités incombent aux politiciens, à eux seuls, et en particulier aux dirigeants du Front populaire, qui ont mal préparé le pays à la guerre. Le régime de Pétain, à ses débuts, s'est nourri de ce préjugé.

Les Allemands n'ont pas écrit de farce sur leur défaite de 1945 ; les Français les ont multipliées sur le temps de l'Occupation, *La Traversée de Paris* d'Autant-Lara, *La Grande Vadrouille* de G. Oury, etc. Sur la débâcle, vingt-cinq ans après aussi, ils se sont divertis à cette pochade satirique de Robert Lamoureux, *Mais où est donc passée la 7e compagnie ?* Sans cesse programmé à la télévision, ce film accrédite une première croyance, née de l'étendue du désastre, à savoir que les Français ne voulaient pas se battre, qu'ils ne se sont pas battus. Or, en six semaines, cent mille Français sont morts au combat, que la mémoire nationale veut ignorer et n'honore ni ne commémore comme ceux de 1914-1918 ou de la Résistance.

La mémoire collective a reproduit une autre contre-vérité, qu'à Dunkerque les Anglais se sont sauvés eux-mêmes, abandonnant à leur sort les Français. Or, sur le total de trois cent trente mille soldats passés en Angleterre, il y a eu cent trente mille Français. Il se trouve que les premiers à être embarqués furent bien des Anglais, ce qui est à l'origine de cette allégation, complaisamment reproduite.

Question : Pourquoi la ligne Maginot s'arrêtait-elle aux Ardennes alors que sur une partie de son parcours elle y doublonnait la défense naturelle que constituait le Rhin et que l'Histoire enseignait qu'en 1914, comme du temps de la Révolution française, voire sous Louis XIV, l'invasion du territoire français s'effectuait par la Belgique ?... La raison de l'arrêt de la ligne avant Sedan était que la poursuivre jusqu'à la mer du Nord eût signifié qu'on abandonnait la Belgique à son destin.

Mais les Belges rejettent au printemps 1940 une intervention que l'amiral Darlan propose pour répondre à l'invasion de la Norvège... On assura les Anglais qu'« on combattrait les Allemands en entrant en Belgique » s'ils envahissaient ce pays.

Or cela impliquait l'existence d'une force armée blindée comme le demandait le colonel de Gaulle, et d'une forte aviation, comme l'avait réclamée Pétain. Mais sauf Guderian en Allemagne, personne n'ajoutait foi aux arguments de De Gaulle et la gauche craignait que la formation d'un corps blindé ne substitue une armée de métier, propre à un coup d'État, à l'armée de la nation.

Pourtant, en 1940, la France disposait de blindés ; contrairement à une croyance née de la défaite, elle avait en effet 2 946 tanks en état de marche et les Allemands 2 977. Le char B français surclassait même le Mark allemand, mais, à la différence des Allemands, les chars français n'étaient pas, pour l'essentiel, regroupés en corps blindés ; ils étaient disséminés pour soutenir l'infanterie — comme en 1918. À ceci près qu'en 1918, l'aviation les soutenait alors qu'en 1940 non seulement elle n'exerça guère cette fonction, mais elle était très inférieure en nombre à celle des Allemands, 2 200 contre 4 500.

À ces données essentielles s'ajoutent celles de la politique et du gouvernement de l'État. Elles ont créé un climat trouble et qui, sans être défaitiste, préjuge mal de l'épreuve qui se prépare avec l'Allemagne hitlérienne.

Peur de compromettre la moindre chance de paix en attaquant l'ennemi, tentation des Anglais et des Français de faire supporter le poids des opérations à l'autre, etc., tout cela pèse, crée un climat délétère et l'opinion le sent. Cette atmosphère rend compte de l'exode fou des Parisiens, suite à un avis du gouvernement qui lui-même quitte la capitale : rappelons qu'au début de juin, on craint les gaz et plus encore les bombardements ; mais nul n'imagine une défaite aussi rapide, ni l'invasion.

Examinant les données proprement militaires de la défaite de la France, les historiens étrangers relèvent plusieurs traits particuliers. Et d'abord, qu'il est faux de croire que la France était en retard d'une guerre ; mais l'idée de ses chefs politiques et militaires d'une « bataille préparée » bloqua les initiatives quand l'ennemi attaqua là où on ne l'attendait plus — les Ardennes. Autre explication : l'organisation du commandement apparaît aussi comme un handicap fatal ; les chefs de l'armée de terre et de l'air n'étaient pas en contact constant, de sorte que l'aviation n'a pas essayé de stopper la tête des forces blindées ennemies qui avançaient dans les Ardennes, où la puissance de la Luftwaffe aida à pulvériser les défenses françaises. Les commentateurs anglo-saxons et allemands notent aussi que les longs mois de la « drôle de guerre » n'ont guère été utilisés à fortifier les frontières du pays mais à temporiser, pour attendre que l'aviation soit égale à celle de l'ennemi — en 1941. Ils y ajoutent les conflits entre dirigeants politiques et chefs militaires, ceux-ci demeurant hostiles et méfiants envers des gouvernements issus d'une majorité de gauche. Sans doute n'était-ce pas le cas du généralissime Gamelin, très proche de Daladier, mais il manquait de charisme, de dynamisme et d'autorité ; son intelligence, sa connaissance de la situation le portaient à l'attentisme ; il entra en Belgique, flairant le piège, comme obéissant à la fatalité, après qu'au printemps son adjoint, le général Georges, s'y fut opposé. « Un général qui doute de la victoire doit être fusillé », disait Clemenceau.

Ah, si le Maréchal était là, dit alors Paul Reynaud après avoir remplacé Gamelin par Weygand.

Les deux France

LES PLEINS POUVOIRS À PÉTAIN

Le 10 juillet 1940, trois semaines après l'armistice, la IIIe République sombrait à l'issue d'un vote entré dans l'Histoire : par 569 voix contre 80 et 20 abstentions, l'Assemblée nationale — Sénat et Chambre des députés réunis à Vichy — donnait « tout pouvoir au gouvernement de la République, sous l'autorité et la signature du maréchal Pétain, à effet de promulguer, par un ou plusieurs actes, une nouvelle Constitution de l'État français. Elle devra garantir les droits du travail, de la famille et de la patrie. Elle sera ratifiée par la nation et appliquée par les assemblées qu'elle aura créées ». Cette Constitution ne fut jamais rédigée.

Or le 11 juillet paraissait le premier de ces actes, qui renvoie les Chambres avec la formulation : « Nous, maréchal Pétain, chef de l'État », etc. Un mot avait disparu. Principal artisan de l'opération parlementaire du 10 juillet, Pierre Laval maugréa : « Voilà comment on assassine une République. » Assassinat ou suicide ?

En tout cas, ce qui frappe pendant ces événements, c'est bien l'absence, le silence ou l'abstention de ceux qui, jusque-là, dirigeaient cette République. L'un après l'autre, ils ont été éliminés, ou se sont évanouis. Dire les circonstances de cet effacement, c'est un peu rendre compte de l'envers de la débâcle et mieux voir comment l'ont exploitée les ennemis de la République.

Premier à disparaître, Édouard Daladier, toujours ministre de la Défense nationale lorsque Paul Reynaud lui succède à la tête du gouvernement pour donner un tour plus vif à la guerre, le 22 mars. Le 14 mai, quatorze jours après l'invasion des Pays-Bas et de la Belgique, Paul Reynaud est informé qu'à Sedan les panzers ont percé pour couper de leurs arrières les Alliés avancés en Belgique. « Gamelin a-t-il au moins donné l'ordre de la retraite ? — Non », lui répond Villelume, son conseiller militaire. Le 15 à sept heures, Daladier, qui a toujours soutenu la stratégie de Gamelin contre Paul Reynaud, téléphone à son président : « Tout est perdu. » « À dix heures, le voilà qui arrive, témoigne Dominique Leca, chef de cabinet de Paul Reynaud. D'un seul coup cet homme est devenu

(...) un pauvre homme muet, désemparé, assis dans un coin, rouge comme un mauvais élève, comme un écolier puni : on ne l'entendra plus. » Juste après, le général Gamelin explique que « de déboires en surprises, l'armée assume bien le désastre. Il est calme comme s'il analysait la bataille d'Azincourt (...), pas un mot d'espoir, il n'a plus de réserves ». Limogé, il est bientôt saisi d'une crise mystique et clame sa culpabilité.

Deux semaines plus tard, la débâcle était consommée : entre Loire et Garonne, les ministres s'étaient repliés, égarés ; ils étaient accablés. Les populations assistaient, hébétées, au déferlement d'une armée en déroute et qui pourtant s'était battue, et bien battue. Dans l'indescriptible spectacle de cet exode, où se mêlaient militaires et réfugiés, les dirigeants disputaient de la façon de mettre fin à cette catastrophe : partir en Afrique du Nord pour y continuer la guerre, tout en confiant le pays à un « bourgmestre » qui gérerait les affaires courantes ? Capituler et continuer la guerre ailleurs ? Demander l'armistice ? Sur ces routes, non loin de Bordeaux, où il rencontre son président du Conseil, le nouveau secrétaire d'État à la Guerre, le général de Gaulle, lui dit, le sentant fléchir sous les coups des partisans de l'armistice : « Je vous ai donné mon modeste concours, mais c'était pour faire la guerre. Je me refuse à me soumettre à un armistice. Si vous restez ici, vous allez être submergé. Il faut gagner Alger au plus vite. Oui ou non, y êtes-vous décidé ? »

De fait, assailli par Weygand, le successeur de Gamelin, qui exige un armistice immédiat et qu'appuie Pétain, vice-Président du Conseil depuis le 16 mai, lâché par ses ministres Paul Baudouin et Yves Bouthillier, Reynaud n'est soutenu que par Louis Marin et Georges Mandel : encore celui-ci, sentant poindre l'antisémitisme, s'efface-t-il pendant ces journées tragiques où l'on dispute de la forme à donner à la fin des combats ; il se contente d'encourager de Gaulle, cet homme neuf, à incarner la résistance, l'avenir. Comme celui-ci l'avait pressenti, plus cassant au fond qu'il n'était déterminé, Paul Reynaud doit céder « à Napoléon et à Jeanne d'Arc », comme disait Camille Chautemps, et passer le pouvoir à Pétain — qu'il avait appelé au gouvernement pour redonner du moral à la nation. Nouveau président du Conseil, il demande aussitôt l'armistice (17 juin). À Vichy, victime entre-temps d'un grave accident d'automobile, Paul Reynaud est là, certes, mais, arrivé tard, il ne participe ni au vote ni aux discussions qui l'ont précédé.

Pendant ces journées, ni Édouard Herriot, président de la Chambre et qui se fait huer lors d'un passage dans sa ville de Lyon, ni Jules Jeanneney, président du Sénat, qui se méfie de Pétain, n'ont vraiment dissuadé Paul Reynaud de lui proposer sa succession. Quant au président de la République, Albert Lebrun, il n'existait plus avant même de s'effacer : personne n'avait retenu qu'au Conseil du 25 mai, il avait, le premier, proposé de conclure un armistice. À Vichy, il dit son refus de démissionner, tandis que Herriot, lors du vote, s'abstient volontairement et que Jeanneney, qui préside, ne vote pas.

Quant aux autres parlementaires qui auraient voulu continuer la lutte en Afrique du Nord, une partie d'entre eux s'est laissé piéger en embarquant sur le *Massilia,* ignorant que le principe de la scissiparité du gouvernement entre Alger et métropole n'avait pas été retenu : ils sont vingt-sept, dont Paul Bastide, Pierre Mendès France, André Le Troquer. D'autres, à Vichy, souhaitent un avis de leurs leaders, tels les SFIO, qui se demandent où est Léon Blum : « La place de ce juif est à la morgue », lance Marcel Régis, son camarade de parti. Le climat délétère qui règne à Vichy rend compte de la suite : une partie du groupe suit Charles Spinasse, qui vote pour le Maréchal et juge que les parlementaires doivent « se crucifier ». Quant à Léon Blum, il vote contre la proposition de Laval accordant les pleins pouvoirs à Pétain, mais, cloué à son banc, il demeure silencieux. Ces dirigeants, ces orateurs de la République, paralysés par la défaite, se comportaient comme des ténors qui auraient perdu leur voix.

D'autres se sont saisis de cette défaite pour exécuter la République : Weygand, Laval, Pétain. En fait, c'est Weygand qui a cassé Reynaud en multipliant les interventions pour imposer l'armistice. « Se battre jusqu'au bout, mais nous y sommes », dit-il lorsque est perdue la bataille de la Somme. Surtout, il s'oppose à une capitulation à la hollandaise, qui a vu la reine se réfugier en Grande-Bretagne pour continuer la lutte : « Quelle analogie peut-il y avoir entre cette reine, qui représente son pays (...) et un président du Conseil, alors que la République en a connu cent en soixante-dix ans ? »

Ces propos méprisants témoignent des idées de Weygand. Elles sont confirmées par une note qu'il adresse à Pétain après l'armistice : « L'ancien ordre des choses, c'est-à-dire un régime politique de compromissions maçonniques, capitalistes et internationales, nous a conduits où nous sommes : la France n'en veut plus. » Le procès de la République y est inscrit ; seule la responsabilité du commandement militaire est escamotée. Weygand refuse également, comme Pétain, de quitter le pays, « fût-ce les fers aux pieds ». Évoquant les hommes du *Massilia,* « ils disent aux autres : crevez ! et ils se débinent », ajoute l'amiral Darlan. Weygand ne cessera pas néanmoins de combattre la collaboration jusqu'à être arrêté et déporté par les Allemands.

Laval, en revanche, veut d'emblée jouer cette carte ; surtout, il veut instituer un régime qui la favorise. Il le dit à un groupe de parlementaires dès que, le 4 juillet, le drame de Mers el-Kébir[1] lui en donne l'occasion : « De deux choses l'une, ou bien vous acceptez ce que nous vous demandons et vous vous alignez sur la Constitution allemande et la Constitution italienne, ou bien Hitler nous l'imposera. » Ces propos — où figure le principe de sa politique — inquiètent ceux qui, derrière Vincent Badie, tentent de bloquer le changement constitutionnel que Laval mène pour le compte de Pétain. Il joue de la peur qu'ont les parlementaires d'une dictature militaire à la Weygand, répète que le pouvoir

1. Voir plus loin, p. 380.

demeurera civil, qu'on ne saurait déjuger celui qui a mis fin aux combats quand les Allemands sont à Moulins. Laval sait qu'en se rendant indispensable, il débarrasse aussi Pétain de Weygand qu'il déteste et qu'il a toujours rencontré sur sa route depuis l'armistice de 1918.

Quant à Pétain, depuis que Reynaud l'a appelé auprès de lui, le 18 mai, il a joué sa partie avec un art consommé de la dissimulation. Jugeant déjà la guerre perdue, il avait cru que Reynaud faisait appel à lui pour conclure un armistice. Il ne laissa rien paraître quand Reynaud lui dit qu'il l'avait appelé pour renforcer sa détermination, et il joua si bien les potiches que le clan Weygand « espère l'amener à l'idée d'armistice ». Ensuite, Pétain laisse Weygand aller au feu, se heurter à Reynaud, menacer de démissionner quand il juge qu'on tarde trop et que le gouvernement se livre à des « manœuvres dilatoires ». Son autorité intacte, il recueille ainsi le pouvoir, son nom n'étant couvert d'aucune tache ; en 1934, il n'avait pas été un général de coup d'État et s'était abstenu de tout signe de sympathie en faveur des putschistes. Pourtant, lors de la constitution de son gouvernement, il sort de sa manche des hommes qui, tels Charles Pomaret, Adrien Marquet et Raphaël Alibert, étaient ouvertement antirépublicains, ou antisémites tel Xavier Vallat, et tous sympathisants du 6 février 1934.

Le 17 juin, il demande aux Allemands leurs conditions « de paix » — premier lapsus. À la radio, ensuite, il déclare qu'« il faut cesser les combats » — deuxième lapsus puisqu'on ne connaît pas encore les conditions de l'armistice. Il corrige : « Il faut envisager de cesser le combat. »

Mais il est pressé aussi de changer de régime. Dès le 25 mai, il dit à Reynaud, qui stigmatisait les défaillances du commandement, que « sans l'armée la reconstruction de la France n'aura pas de point de départ ». Alerté, Reynaud pense néanmoins que Pétain n'osera pas soutenir Weygand, qu'il n'aime pas. Il ose. Et le vieil homme éteint des premiers jours du gouvernement devient vif, note Edward Spears, qui représente Churchill, « comme si la défaite le réjouissait ». À William Bullitt, ambassadeur des États-Unis, il dit, le 4 juin, que si les Anglais n'engagent pas leur aviation, il faudra conclure un arrangement avec les Allemands. Et à l'ambassadeur de Franco en France, il déclare, le 5, que « Lebrun n'est qu'un serviteur des partis (...), [qu'] un coup d'État serait nécessaire s'il voulait prendre le pouvoir, mais [que] c'est une chose grave ». Deux semaines plus tard, Baudouin lui demande ce qu'il fera si Lebrun refuse de rester en France : « Je le ferai arrêter », répond Pétain.

Puis il laisse Laval régler l'autodissolution du régime : « Je ne veux pas voir ces gens-là, dit-il des parlementaires (...) Je refuse d'adresser un message à l'Assemblée », réunie en hâte à Vichy. Il donne un blanc-seing à Laval car il a besoin de lui pour se soumettre l'Assemblée, et Laval a besoin de ce blanc-seing pour s'exprimer au nom de son autorité.

Ces jours qui précèdent le vote, à Vichy, note le socialiste Paul Ramadier, « les remords montent à la surface ou du moins la peur d'avoir perdu la face. Pétain est un refuge commode pour leur lâcheté :

derrière son prestige, ils retrouvent une légitimité ». Et puis il règne une certaine peur : ceux qui voulaient résister à Hitler se savent menacés par les bandes de Doriot : Henri de Kerillis, Blum.

Laval se sent maître du jeu, soutenu par Gaston Bergery — autre adversaire du Front populaire — et par la Déclaration des soixante-neuf, proche de ses vues. Il pèse du poids du Maréchal pour faire le procès de la politique passée, prôner la collaboration et fait pression sur l'Assemblée pour qu'elle ne se perde pas dans des débats stériles, « quand les Allemands sont à Moulins ». Ainsi, Pierre-Étienne Flandin abandonne une proposition qui rendait inutile une nouvelle Constitution. Et aux vrais opposants, ces vingt-huit qui, derrière Vincent Badie, proposaient une simple suspension de la Constitution jusqu'à la paix, le président Jeanneney ne donne pas plus la parole qu'à neuf autres orateurs inscrits ; d'aucuns le lui reprochèrent ultérieurement. Mais de Gaulle, en 1945, ne lui en a pas tenu rigueur.

Au vrai, ces vingt-huit, noyau des quatre-vingts, s'opposaient à quoi ? À un coup d'État autoritaire qu'ils pressentent, à Laval, mais pas à Pétain que leur motion salue. Le refus républicain, bien étudié par Jean Sagnes, « émane des héritiers de Marc Sangnier et du Sillon plus que de ceux de Jules Guesde ou de Jean Jaurès, de Ledru-Rollin ou de Gambetta ». Parmi les 569 « oui », on compte la majorité des députés socialistes présents, des radicaux, le centre surtout (les communistes étant « déchus » depuis le 20 janvier 1940).

Et puis, que pèsent ces 569 et que pèsent alors ces quatre-vingts, voire ces vingt-huit, dont la motion ne parlait ni de l'armistice ni de la guerre ? Abasourdis par la débâcle, par le chaos de l'exode, quels sont les Français qui ne consentent pas à la défaite ? Pourtant, hormis l'Appel venu de Londres, ces quatre-vingts ont essaimé bien des graines de la Résistance : dès le 10 juillet, l'un d'entre eux, Jean Odin, sénateur radical de la Gironde, concevait l'idée d'un groupe clandestin. L'Histoire doit retenir ce nom.

LONDRES — « JE SUIS ICI POUR SAUVER L'HONNEUR DE LA FRANCE »

Juin 1940 — sur les routes de France

La débâcle était indescriptible, les armées françaises détruites ou encerclées, Paris occupé. Les ministres et le gouvernement s'étaient repliés, dispersés ; ils étaient accablés, sans espoir. Les populations assistaient, hébétées, au déferlement en désordre d'une armée en déroute. Seul l'accompagnait le vol strident des Stukas.

Sur ces routes de l'exode, pas loin de Bordeaux, Dominique Leca, le chef de cabinet du président Paul Reynaud, vient de rendre compte de la situation à de Gaulle, le nouveau sous-secrétaire d'État à la Guerre : « Alors, les paupières de De Gaulle s'abaissèrent vers moi avec mépris : "Il s'agit de savoir si on se bat ou si on ne se bat pas." »

Le 14 juin, Paul Reynaud expédie de Gaulle à Londres pour préparer le redéploiement vers l'Afrique du Nord des forces françaises encore valides, et solliciter le concours des Anglais. Cette idée de redéploiement remontait au tout début du mois, quand Weygand avait demandé à l'amiral Darlan, commandant la flotte, de transporter quatre-vingt mille recrues en Afrique du Nord, à défaut du réduit breton auquel il ne croit plus vu la puissance de la Luftwaffe. Le 12 juin, de Gaulle avait demandé à Darlan de préparer le départ de neuf cent mille hommes en quarante-cinq jours. « Trente mille hommes peuvent partir ce soir », répond Darlan à Paul Reynaud. Mais rien n'avait été vraiment prévu, et on ne trouva à faire monter à bord que des détachements isolés sans intérêt.

À l'irritation de Darlan, de Gaulle sentit qu'il n'y avait plus rien à attendre de l'amiral. Il pointe en lui l'indécis, un Gamelin de la marine. Voguant vers l'Angleterre, il jette au capitaine : « Serez-vous prêt à vous battre sous les couleurs britanniques ? » Une question qui amorce une décision prise dès qu'il touche le sol anglais : il ordonne que le *Pasteur*, qui transporte des armes en provenance des États-Unis, soit détourné vers un port anglais.

À peine arrivé à Londres, il est reçu par Churchill, qu'il a déjà rencontré et qui pendant l'exode avait perçu son intransigeante détermination. C'est au cours de cet entretien qu'est présenté à Churchill un projet inouï, concocté par des anglophiles et des francophiles de Londres — Jean Monnet, qui dirige le Comité d'achats franco-britannique, l'ambassadeur Corbin, Lord Vansittard —, un texte de cinq pages intitulé *Anglo-French Unity*, et qui avait pour but de sauvegarder la souveraineté française en fusionnant les deux nations le temps de la guerre. « Ainsi, si le territoire de la France est totalement occupé, la France pourrait continuer à se battre jusqu'à ce que les ressources infiniment supérieures des empires alliés et des États-Unis leur aient apporté la victoire. » On trouve là, dans cette *Note* préparée par Jean Monnet, l'argumentaire de l'Appel du 18 juin.

Cette initiative eut un effet désastreux et elle affaiblit encore plus Paul Reynaud. Les Anglais voulaient « réduire la France à l'état de dominion ». « On ne fusionne pas avec un cadavre », commenta le maréchal Pétain. « Plutôt une présence nazie : au moins nous saurons ce qui nous attend », commenta Ybarnegaray, gagné par l'anglophobie ambiante que sécrétait la rancœur contre un allié qui avait peu contribué à la défense commune. « Moi, je préfère collaborer avec mes amis qu'avec mes ennemis », répondit Paul Reynaud.

Lorsque, le 16 juin au soir, de Gaulle quitte Londres en avion pour retourner à Bordeaux, il ignore que le projet d'union a été rejeté et que Paul Reynaud a donné sa démission.

Cela signifie qu'il n'est plus sous-secrétaire d'État.

À Bordeaux, il décide de retourner à Londres, en avertit Paul Reynaud qui, gérant les affaires courantes, lui attribue des fonds secrets. Mais il juge prématuré de l'accompagner.

À Mme Jean Monnet qui, à son retour à Londres, lui demande quelle mission, au juste, il remplissait : « Je ne suis pas en mission, madame. Je suis ici pour sauver l'honneur de la France. »

Ce 17 juin, Churchill accepte qu'il puisse s'adresser aux Français et met les micros de la BBC à sa disposition.

Il n'en alerte ni Monnet, ni Corbin.

« Français,

Les chefs qui depuis de nombreuses années sont à la tête des armées françaises ont formé un gouvernement.

Ce gouvernement, alléguant la défaite de nos armées, s'est mis en rapport avec l'ennemi pour cesser le combat.

Certes, nous avons été, nous sommes submergés par la force mécanique, terrestre et aérienne, de l'ennemi. (...)

Mais je vous dis que rien n'est perdu pour la France.

Les mêmes moyens qui nous ont vaincus peuvent faire venir un jour la victoire.

Car la France n'est pas seule. Elle n'est pas seule ! Elle n'est pas seule ! Elle a un vaste empire derrière elle. Elle peut faire bloc avec l'empire britannique qui tient la mer et continue la lutte. Elle peut, comme l'Angleterre, utiliser sans limite l'immense industrie des États-Unis. (...)

Moi, général de Gaulle, actuellement à Londres, j'invite les officiers et les soldats français qui se trouvent en territoire britannique ou qui viendraient à s'y trouver à se mettre en rapport avec moi.

Quoi qu'il arrive, la flamme de la résistance française ne doit pas s'éteindre et ne s'éteindra pas. »

Qui a bien pu entendre cet Appel ? Peu de personnes, semble-t-il. Pourtant, il est sûr que, contrairement à une légende, il fut connu en France, parce que les journaux britanniques, notamment *The Times*, lui assurèrent une large couverture et qu'en France les journaux des régions non occupées reproduisirent l'information, notamment *Le Progrès de Lyon* et *Le Petit Provençal*. À cette date, les Français étaient toujours sur les routes de l'exode, mais ils ont appris assez largement qu'à Londres il y avait un général qui continuait à combattre aux côtés des Anglais. Et qui avait dit :

« La France a perdu une bataille, mais la France n'a pas perdu la guerre. »

Cette phrase fameuse, qui figure sur les affiches imprimées en juillet, à Londres, n'appartient pas à l'Appel du 18 juin. Elle en est le complément. Car l'Appel fut répété, renouvelé, modifié, sans cesse amélioré.

À Londres, de Gaulle savait qu'il pouvait compter sur l'appui de Churchill. Mais quels étaient les Français sur lesquels il pouvait faire fond ?

Il n'était plus sous-secrétaire d'État, mais un simple général à deux étoiles à titre provisoire : un homme seul.

Déjà, les plus influents d'entre eux se détournaient de lui. Jean Monnet, le premier, qui pourtant analysait la situation comme de Gaulle et disposait d'importants relais en Grande-Bretagne comme aux États-Unis. Il jugeait désastreuse la détermination de De Gaulle d'ancrer la renaissance française sur le sol anglais : « Son organisation pourrait apparaître comme une autorité créée à l'étranger pour la protection de l'Angleterre et de ses intérêts. » Il en voulait à de Gaulle d'être intervenu sur les ondes de la BBC sans l'en avoir informé. Peut-être eût-il voulu jouer les premiers rôles ? De toute façon, il jugeait de Gaulle trop raide et pensait qu'il se révélerait un mauvais chef. Pour l'essentiel, Charles Corbin et Alexis Léger, ancien Secrétaire général du Quai d'Orsay, partagent ses raisons.

De leur côté, les militaires multiplient les rebuffades, et le premier, le général Noguès, commandant des forces françaises en Afrique du Nord.

De sorte que, lorsque Churchill reconnaît « les Français libres », il peut dire à de Gaulle : « Vous êtes seul, eh bien je vous reconnais tout seul. »

Seul, de Gaulle part ainsi au combat, moralement soutenu par l'adhésion de personnalités de deuxième rang, alors inconnues, tel René Pleven, qui délaisse la houlette de Monnet pour suivre le Général ; quelques capitaines, tels Kœnig, de Hauteclocque — le futur Leclerc — ; des civils alors à Londres, tels le professeur René Cassin, P.-O. Lapie, Stephen-Hessel ; et bientôt quelques Français qui arrivent de métropole.

Les seules hautes autorités à le rejoindre un peu plus tard furent le contre-amiral Muselier, alors à Gibraltar, brouillé avec l'amiral Darlan, et le général Catroux, trois étoiles, que Vichy venait de destituer de ses fonctions de gouverneur d'Indochine. Modestement, il se mit sous les ordres du général de Gaulle...

Sa solitude était extrême et l'acte de rébellion insensé. Pour tous, les jours de l'Angleterre étaient comptés ; « elle aura le cou tordu comme un poulet », répétait Weygand, et tous, à Vichy comme ailleurs, étaient portés à juger de même. À moins qu'elle ne capitule avant cette défaite, ce que laissait envisager le nombre de pacifistes dans le gouvernement Churchill, tel Lord Halifax. En Angleterre même, l'opinion n'était pas préparée à l'idée d'une invasion, mais seulement à des bombardements. Or, cette invasion allait avoir lieu, et le pays n'était pas prêt à la repousser.

Au plus, certains Anglais se disaient « émoustillés » par le danger. Car l'Angleterre était seule désormais, et la guerre allait ainsi devenir une simple affaire nationale, une sorte de match de football. Le meilleur gagnerait ; ce serait nécessairement l'Angleterre, qui n'est jamais meilleure que lorsqu'elle est délivrée de ses alliés. « Maintenant que nous n'avons plus d'alliés à ménager et à flatter, écrivait George VI à sa mère, je me sens personnellement plus heureux. »

Flegme ou légèreté ?

Quand Churchill dit aux Anglais : « Je n'ai à vous offrir que du sang, de la sueur et des larmes », de Gaulle put se demander à son tour si, même dans ce pays, il ne serait pas le seul à se battre, à vouloir se battre jusqu'au bout.

Figure 30 — Churchill avec le général Sikorski (à gauche), commandant les forces polonaises, et le général de Gaulle (3 juillet 1941).

Mers el-Kébir

C'est alors que la foudre s'abat sous les pieds de De Gaulle. Churchill vient de faire couler la flotte française ancrée à Mers el-Kébir (3 juillet 1940).

L'idée allait de soi pour un Anglais qui craint que la flotte française ne passe à l'ennemi vu l'anglophobie de ses chefs. Déjà la rancœur surissait à l'encontre d'Albion, depuis Dunkerque, depuis — surtout — le refus des Britanniques d'envoyer la Royal Air Force à l'aide des forces françaises en déroute. « Cela n'aurait plus servi à rien. » Cet égoïsme sacré avait ses raisons, certes, mais qui rend compte de l'amertume des chefs militaires français. Pourtant, pas un instant, lors de la signature de l'armistice, ceux-ci n'imaginent laisser les Allemands se saisir de la flotte ; mais Churchill ne veut prendre aucun risque : qu'Hitler passe par l'Espagne, et, avec la flotte de Mers el-Kébir, il sera le maître de la Méditerranée, puisque l'Italie est entrée en guerre.

L'ultimatum que l'amiral Somerville intima à la flotte française comportait le choix entre cinq solutions : continuer la guerre avec les Anglais, rallier les ports anglais, appareiller pour les États-Unis, rejoindre les ports des Antilles, ou se saborder. Sinon, c'était le combat. L'amiral Gensoul n'informa Vichy que pour une alternative : gagner les ports anglais ou combattre. Et il fit comme s'il n'y avait à répondre qu'à cette alternative-là. En fait, rejoindre les ports des Antilles ou les États-Unis eût été contraire aux clauses de l'armistice, et, sans états d'âme, la flotte se prépara au combat, un des cuirassés réussissant à percer le blocus. Le reste fut coulé. Mille deux cent quatre-vingt-dix-sept marins français furent tués.

Les raisons de Churchill sont connues. Il n'a pas confiance dans le gouvernement de Bordeaux qui n'a pas tenu la Grande-Bretagne au courant des négociations d'armistice.

Les réactions de Vichy sont plus troubles : la colère, sans doute, qui est légitime ; mais aussi cette idée que l'agression de la flotte britannique a pour effet de libérer entièrement la politique française de ses attaches avec la Grande-Bretagne. Déjà, pour Laval et quelques autres, elle légitime la collaboration avec l'Allemagne...

Et de Gaulle ? On imagine son exaspération, sa douleur — qu'il partage avec celle des Français qui sont en Grande-Bretagne, tous indignés. Il pense alors abandonner le combat, se retirer au Canada comme un simple citoyen. Ce coup de hache l'a atteint : il n'en a pas dit un mot dans ses *Mémoires*. « 4 juillet, jour noir, le plus noir dans l'Histoire de la nation. »

RÉALITÉ OU MYTHE DU DOUBLE JEU

On a appelé « double jeu » la pratique, en sous-main, par le maréchal Pétain, d'une politique alternative à la collaboration. Son existence constitue une des grandes ambiguïtés de l'époque de Vichy. Elle pose aussi un double problème : d'abord, la réalité ou l'inexistence de cette politique ; ensuite, les effets que cette politique, effective ou non, a pu avoir sur l'état d'esprit des Français, et, doit-on ajouter, des Allemands.

Réalité ou mythe, l'idée du double jeu naît avec le renvoi de Laval. Chantre du rapprochement avec l'Allemagne par pacifisme et par ressentiment envers les Anglais qui, en 1936, ont contrecarré ses efforts pour s'allier avec l'Italie, Pierre Laval prend sur lui d'incarner la collaboration — mais après juin 1940, en accord avec le Maréchal. Avec son renvoi, le 13 décembre 1940, il a paru clair aux Français que le Maréchal s'était débarrassé de son ministre parce qu'il jugeait trop entreprenante la politique de collaboration menée par celui-ci et dont le principe avait été défini deux mois plus tôt, lors de l'entrevue de Montoire. Ce « coup d'arrêt » a largement profité à la popularité du Maréchal et le 13 décembre a longtemps été considéré comme un tournant important dans l'histoire de la collaboration. Grâce aux archives allemandes et françaises — ouvertes récemment —, il est permis de mieux savoir ce qui s'est passé. Or, le sens du 13 décembre en est quelque peu modifié.

Montoire et la collaboration

À Montoire, Laval et Pétain n'avaient pas entamé la discussion d'une façon similaire : le premier souhaita carrément la défaite de la Grande-Bretagne et sollicita la collaboration du Führer ; le Maréchal resta, au contraire, très en retrait : il constata qu'avec la tragédie de Mers el-Kébir, Londres ne se conduisait pas en allié ; à propos de la collaboration, il en accepta le principe que Hitler lui proposa ; il ne la sollicita pas, même si, au fond, il était aussi demandeur que Laval.

Pour Pétain, la collaboration était une politique imaginée entre juin et décembre 1940, dont les modalités se modifièrent ultérieurement. Plusieurs fois depuis son rappel de l'ambassade de Madrid par Paul Reynaud en mai 1940, Pétain avait pensé qu'un jour il rencontrerait le Führer et qu'ils parleraient tous deux « en soldats ». Cette négociation, il essaya de la lancer, après l'armistice, mais il fut devancé par Laval.

De sorte que, à Montoire, c'est Laval qui apparaît comme le maître d'œuvre ; bien sûr, Pétain vient négocier sur la proposition de Hitler, mais il ne joue pas le rôle d'initiateur qu'il avait imaginé et aucun gain de prestige découlant de la politique de collaboration ne pourra être engrangé par lui — ni le retour du gouvernement à Versailles, ni l'aménagement de la ligne de démarcation, ni même quelques mesures en faveur des prisonniers.

En outre, l'entourage du Maréchal insiste sur les gestes que Laval ne manque pas d'avoir envers les Allemands : cession de la participation française aux mines de Bor, restitution de l'encaisse-or de la Banque de Belgique, etc. Par ailleurs, soixante-dix mille Lorrains étaient expulsés par les Allemands vers la France.

Or, ces mesures sont prises sans contrepartie, sinon la restitution à la France des cendres du duc de Reichstadt, proposition symbolique qui allait être l'occasion d'une algarade. Laval imaginait que le retour des cendres du fils de Napoléon pourrait être l'occasion d'une réinstallation du gouvernement à Versailles, voire à Paris…

Pétain sent que, décidément, les rapports avec l'Allemagne lui échappent. En se rendant à Versailles, ne se mettrait-il pas — plus encore qu'auparavant — sous le contrôle de Laval et des Allemands ?

« Cet homme-là me trahit, je n'en veux plus », confie-t-il à qui veut bien l'entendre, de plus en plus ouvertement.

Le renvoi de Laval

Le 9 décembre, en présence du général de La Laurencie, le Maréchal décide de se séparer de Pierre Laval et il écrit au chancelier Hitler pour l'en informer. La lettre de Pétain, sous sa première forme manuscrite, disait : « Son maintien au pouvoir ne manquerait pas de susciter des difficultés et peut-être des troubles de nature à compromettre notre politique. » Cette lettre ne fut pas envoyée sur le moment.

Il y a dans l'air un peu de flottement, mais Peyrouton, ministre de l'Intérieur, sortant de son mutisme, déclare que l'arrestation de Laval ne pose aucun problème technique, il en prend la responsabilité.

Le soir même, Pétain prie tous ses ministres de signer la lettre de démission qu'il a préparée. Tout le monde signe, y compris Laval. Le Maréchal se retire quelques instants, puis revient en annonçant que seules les démissions de Ripert et de Laval sont acceptées. Réplique de Laval :

« — Il y a une erreur, monsieur le Maréchal.

— Mais non, monsieur Laval, il y a même si peu d'erreur que c'est surtout pour vous que je parle et, tenez, je vais vous dire tout de suite, c'est pour vous tout seul car je n'ai plus confiance en vous. Et puis vos amis font à Paris la plus détestable besogne, ils m'attaquent en attaquant mes ministres, j'en ai assez, j'exige votre départ. »

Là-dessus Laval répond :

« — Vous avez effacé, monsieur le Maréchal, tout ce que j'ai préparé depuis trois mois dans l'intérêt de la France. Les Allemands sauront très bien qu'en vous séparant de moi, c'est à la collaboration que vous avez voulu tourner le dos. Ils comprendront que vous êtes leur ennemi, que vous ne respectez même plus l'armistice. Vous vous lancez à la légère dans l'aventure la plus folle. Du sang peut couler, je souhaite que ce sang ne retombe pas sur vous, monsieur le Maréchal. »

Pour les Allemands, le renvoi de Laval ne fut pas une simple mesure de politique intérieure, comme l'avait prétendu le Maréchal, mais plutôt — aux yeux d'Abetz, ambassadeur d'Allemagne, de Ribbentrop et de Hitler surtout — le pire des affronts. La lettre du 10 est portée par Darlan au Führer, qui s'en montre furieux, et — ajoute Schmidt, l'interprète — « l'amiral Darlan insista alors respectueusement pour que l'Allemagne accepte de bien vouloir collaborer avec la France ». Abetz commente : « Vraiment, cela fait comprendre aux risque-tout du 13 décembre qu'ils ont commis un acte d'une imbécillité formidable. Les gens de Vichy ont vraiment oublié qu'il existait des armées allemandes... » Pourtant Hitler les ménage, car la présence de Pétain, sa flotte et ses colonies « neutres » voilent une situation qui le sert.

Les deux politiques de Vichy

À la fin de 1940, seuls les familiers du Maréchal connaissaient les données exactes du renvoi de Laval. Bientôt, le voyage de l'amiral Darlan en Allemagne, la politique de collaboration militaire ébauchée sous son égide donnèrent une dimension nouvelle aux rapports franco-allemands. Le seul opposant réel au rapprochement esquissé par Laval et Pétain, poursuivi par Darlan, était le général Weygand. Les Allemands le savaient, mais qui, en France, en avait connaissance, hors des milieux dirigeants ? Pas le public, en tout cas, qui demeurait sur l'impression du renvoi de Laval, c'est-à-dire d'un à-coup dans la collaboration.

Il reste que le mythe du double jeu commençait à apparaître, alimenté par l'amitié ostentatoire qu'à Vichy le Maréchal portait à l'amiral Leahy, ambassadeur des États-Unis. On sut également que le gouvernement de Vichy saluait l'aide américaine, et les accords de Murphy-Weygand, du 26 février 1941, constituèrent bien les premiers pas d'un rapprochement réel entre Vichy et les Américains. En rendant explicite le contrôle des Américains sur la distribution des vivres, l'accord visait manifestement à empêcher leur confiscation par les Allemands lors de leur arrivée en métropole.

À cette date, le premier trimestre 1941, le gouvernement de Vichy a bien deux politiques : l'une, qu'incarne Weygand, de résistance aux Allemands et de réarmement — moral, puis économique, puis militaire... — de l'Afrique du Nord ; l'autre, qu'incarne Darlan, et qui renoue avec la politique du rapprochement de l'Allemagne, en introduisant au gouvernement le parti de la « collaboration économique » animé par Lehideux, Bichelonne, etc., et surtout Benoist-Méchin qui va plus loin et prône une collaboration militaire. Entre les deux, Pétain oscille.

Le double jeu n'est plus qu'un masque lors de l'affaire de Syrie quand les Allemands demandent à bénéficier des aéroports français de Syrie pour aider l'Arabe Rachid Ali à chasser les Anglais de l'Irak. L'invasion de la Yougoslavie, de la Grèce — qui a eu lieu en mai et juin 1941 —, les succès fulgurants de la Wehrmacht amènent Darlan, au pouvoir, à négocier avec Hitler une politique du « donnant, donnant », que Pétain freine mal, et qui se heurte à l'opposition de Weygand lorsqu'il est question de laisser les Germano-Italiens passer leurs forces de Sicile en Tunisie.

Avec l'invasion de l'URSS, la croisade qu'elle prétend représenter, le double jeu n'a plus de réalité, Darlan imposant sa « realpolitik » de collaboration toujours plus étroite, ce qui se traduit, fin 1941, par l'éviction de Weygand. Pétain n'oscille plus.

Ce qui est nouveau, avec le retour de Laval (17 avril 1942) sous la pression allemande, s'imagine Pétain, c'est que le Maréchal peut rendre sensible le fait qu'il subit la politique de collaboration, multipliant les signes attestant qu'il n'est plus libre de ses décisions — avant de ne plus l'être de ses mouvements. Or sa manière de présenter la situation n'est qu'en partie exacte. Car dès qu'il s'agit, par exemple, de bouter de Gaulle hors d'Afrique-Équatoriale, Pétain va plus loin que Laval dans le projet d'une collaboration militaire avec les Allemands : il en va de même après le débarquement anglo-canadien de Dieppe en août 1942. Bien qu'il félicite les Allemands de l'avoir repoussé, le mythe du double jeu survit, et le rôle ambigu de Darlan en Afrique du Nord, lors du débarquement allié, le perpétue pour les Allemands, au moins, puisque l'amiral déclare en se ralliant aux Américains qu'« il agit au nom du Maréchal ».

Étant donné que le Maréchal, à la différence de Laval et de ses collaborateurs de Paris, n'a jamais dit comme Laval qu'il souhaitait la victoire de l'Allemagne, « les Français demeurent circonspects quant à son attitude véritable ». Or, réservé vis-à-vis des Allemands, le Maréchal est répressif vis-à-vis des résistants qui les combattent les armes à la main. La propagande du régime, réanimée par Philippe Henriot, manifeste clairement son hostilité envers les Anglo-Saxons et de Gaulle, naturellement. Survit seulement l'idée que le Maréchal subit la collaboration, alors qu'on ignore que le régime est à l'origine de cette politique ; que Pétain préconise seulement un non-engagement alors que ce même Maréchal bénit les drapeaux français qui combattent le bolchevisme...

De novembre 1942 à août 1944, Pétain dut demeurer tapi tandis que Laval jouait carrément la carte allemande, condamnant le « double jeu » : « Il n'existe que deux politiques, celle de De Gaulle et la mienne, ne cesse-t-il de répéter. Que l'Allemagne l'emporte et, grâce à moi, la France aura sa place en Europe. Que les Alliés gagnent, et je serai fusillé... »

C'est aussi cette différence qui, en 1943 et après, alimente le mythe du double jeu.

Pourtant les petites manœuvres du Maréchal, ses manifestations anti-allemandes qui ne sont que des espiègleries, font que Laval, Abetz veulent s'en débarrasser. Les nouvelles exigences de Hitler paraissent inacceptables. Ils pensent qu'il les refusera et ils préméditent son départ. Or, ce 3 décembre 1943, il n'a pas eu lieu, car, contre toute attente, Pétain a cédé sur toute la ligne. La proclamation annonçant son départ était prête, mais elle demeura sans emploi. Son intérêt n'en est pas moins considérable. Voilà ce texte que nous avons trouvé aux Archives nationales : « À l'origine du départ de Pétain, il y a la tragédie personnelle du vétéran chargé par son peuple, dans un moment critique, de liquider définitivement les fautes de la IIIe République, de constituer un État où règne l'ordre social, et d'assurer le relèvement de la France dans une Europe nouvelle. Le Maréchal n'a pas su venir à bout de cette tâche. (...)

« Son départ et la liquidation définitive de sa camarilla ont maintenant ouvert un champ libre à la vraie France nationale ; qui aspire à la sécurité, à la tranquillité et à la justice sociale dans une nouvelle Europe protégée contre les attaques du dehors, et qui désire une réconciliation définitive avec l'Allemagne » (signé Abetz).

À l'heure du débarquement, Pétain condamne toutes les actions armées qui pourraient émaner de la résistance et laisse agir la milice de Darnand. Il stigmatise les horreurs commises par les Allemands à Oradour, mais aussi bien les actes des maquis, sauf que dans le premier cas il ne rend pas publics ses propos et que dans le deuxième il les communique à la radio.

Été 1944, il n'y a plus d'équivoque sur la réalité du double jeu mais le mythe a quelque peu survécu avec l'idée que « Pétain fut le bouclier de la nation quand de Gaulle en était l'épée »...

RÉVOLUTION NATIONALE ET FASCISATION DU RÉGIME

Les hommes qui prennent le pouvoir en juillet 1940 entendent instaurer un régime fort. Du général Weygand à Alibert et à Pétain, ils tiennent le langage de la droite extrême, d'accord pour adopter la formule Famille-Travail-Patrie que cisèle Laval alors que Pétain y avait ajouté « Ordre ». Lorsque Déat propose à Laval de constituer un parti unique de type fasciste, le refus du vieux parlementaire est sans équivoque. Pétain juge de même avec cet argument qu'« un parti ne saurait être unique ». Hormis Laval, ils admirent Charles Maurras et l'Action française, mais politiquement leur maître à penser serait plutôt André Tardieu, mort quelques années plus tôt. De fait, le 6 février 1934, ce dernier eut une attitude ambiguë, entre les ligues et la légalité républicaine. Il en fut de même des hommes de la Révolution nationale. De son côté, Pétain prétend s'inspirer de Salazar. Sur son bureau trône un opuscule du dictateur portugais : *Comment on relève un État*. Comme lui, Pétain entend s'appuyer sur l'armée, instituer un ordre nouveau d'essence corporatiste. Avant tout, il honnit les parlementaires, et il est reconnaissant à Laval de l'en avoir débarrassé ; il déteste aussi les instituteurs qu'il juge responsables du pacifisme et du défaitisme de l'entre-deux-guerres ; plus encore, lui qui serait agnostique, il pense, comme le cardinal Gerlier, qu'« à force d'être laïcisée, la France a failli mourir ».

Hormis Laval, ces hommes sont tous antisémites et, sur ce point, Pétain est constamment poussé par son médecin, le docteur Menetrel qui, en 1943, déclare « admirer la résolution avec laquelle les Allemands mettent en œuvre l'extermination des juifs ». Cela ne veut pas dire qu'en octobre 1940, quand il prend l'initiative des mesures contre eux, Pétain ait su quel destin attendait les futurs déportés (on y reviendra, voir deuxième partie, chapitre 5). Mais, lorsqu'il nomme Xavier Vallat, « le plus vieil antisémite de France », il connaît bien ses idées : renvoyer les juifs qu'il considère comme des étrangers dans un pays où ils se regrouperaient, et attribuer le statut d'étrangers à ceux qui resteraient.

Réprouvés : juifs et francs-maçons

C'est à l'initiative du gouvernement de Pétain que, devançant le désir des Allemands, dès octobre 1940, est promulgué un premier statut des juifs. Bien que l'antisémitisme français ne se veuille pas racial mais national, c'est par un critère racial qu'est défini le juif : plus de deux grands-parents juifs ou pratiquant la religion juive, trois grands-parents juifs ou plus — même athées ou agnostiques. Ceux qui tombent sous cette loi sont exclus de la fonction publique, de l'enseignement et voient leur accès à l'Université ou aux professions libérales limité par un *numerus clausus*. En 1941 est prévue l'aryanisation des entreprises juives qui bientôt sont saisies ; en 1942, on appose la mention « juif » sur les cartes d'identité, mais Pétain ne veut pas que les juifs portent l'étoile en zone libre, ce à quoi ils sont contraints en zone occupée. Des dérogations en numerus clausus sont accordées aux anciens combattants.

Autres réprouvés, les francs-maçons, que Pétain déteste mais qu'il hésite à frapper, car, dit Abetz qui le lui demande, « il ne veut éliminer aucun groupe de Français de la communauté nationale ». Pourtant, la loi du 11 août 1941 sur les sociétés secrètes permet de dissoudre la franc-maçonnerie, puis de poursuivre les personnes ; Weygand, Darlan, l'amiral Platon, Henri Coston et Bernard Fay, fanatiquement antimaçons, poussent à des mesures extrêmes que finit par adopter Pétain. Mais son ire personnelle vise essentiellement « ceux qui nous ont mis dans le pétrin », au premier rang, les « bellicistes » — Paul Reynaud et Mandel —, puis les responsables de la défaite, en l'occurrence, selon lui, les hommes du Front populaire. Mais au procès de Riom Blum et surtout Daladier se défendent comme des lions, montrant le rôle de Pétain dans son impréparation ; et sur exigence des Allemands, le procès s'interrompt, car il se retournait contre les responsables de la défaite.

En son esprit, la Révolution nationale voulait une France « saine, disciplinée, solidaire », nourrie de valeurs traditionnelles. « La terre ne ment pas », aimait à répéter Pétain dont la faveur va à la famille traditionnelle nombreuse — il laisse prénommer Philippe ou Philippine les mères de quatorze enfants, alors que lui n'en a pas eu et qu'il a épousé une divorcée ; il remodèle l'école et s'efforce de discipliner la jeunesse, de lui donner le goût de l'effort, de la nature : les Chantiers de jeunesse sont créés à cet effet, perçus comme pétainistes mais dont les membres passent à la résistance.

En vérité, les mesures en faveur de la famille, des jeunes, n'étaient pas nouvelles — sauf la création des Chantiers ; mais le moralisme qui les accompagnait s'affirmait avec une telle force qu'on a pu croire à leur originalité — le discours nataliste et la glorification de la famille encombrant jusqu'aux écrans. *Le Voile bleu*, de Jean Stelli, où Gaby Morlay ne joue pas les femmes amoureuses ou adultères mais se met au service des orphelins, le plus grand succès commercial du cinéma français sous l'occupation, en zone libre surtout, ce qui témoigne de l'exigence de solidarité que sécrète cette période quand tant d'hommes sont prisonniers, déplacés, tels les Alsaciens-Lorrains, déportés... Réaction contre l'époque précédente, on ne voit plus guère, au cinéma, les garces, les allumeuses : ni les jambes de Viviane Romance, ni les lèvres de Betty Stockfeld ; Ginette Leclerc apparaît, mais en infirme ; René Dary a pris la relève de Jean Gabin, parti aux États-Unis, « un Gabin régénéré par la Révolution nationale » dans *Le Carrefour des enfants perdus* de Léon Joannon.

Toujours présent, par ses voyages, ses allocutions, le Maréchal mesure sa popularité, il instaure un culte de sa personne que chantent les enfants, il multiplie les attentions envers les prisonniers, qui ne

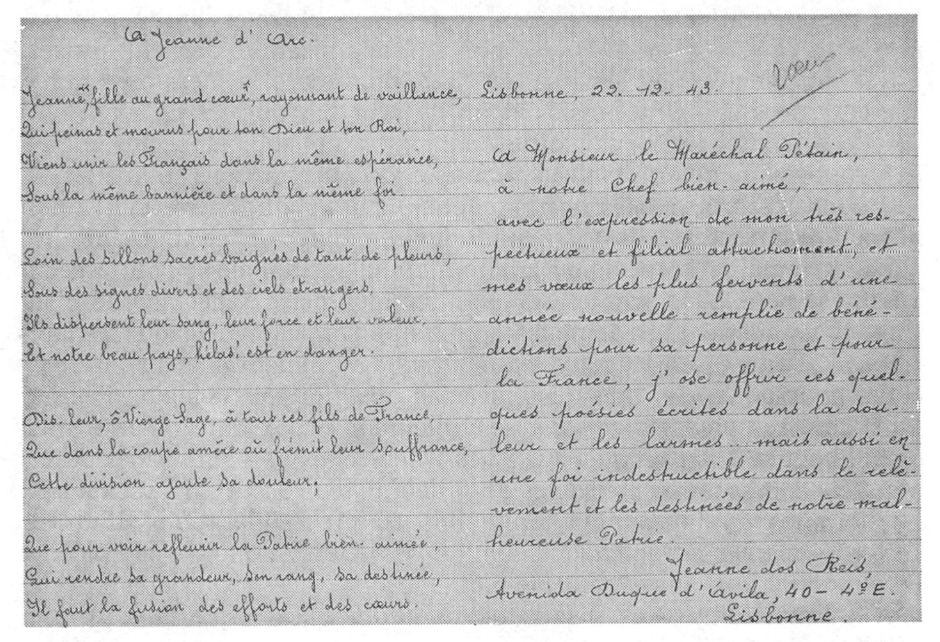

À Jeanne d'Arc.

Jeanne, fille au grand cœur, rayonnant de vaillance,
Qui peinas et mourus pour ton Dieu et ton Roi,
Viens unir les Français dans la même espérance,
Sous la même bannière et dans la même foi.

Loin des sillons sacrés baignés de tant de pleurs,
Sous des signes divers et des ciels étrangers,
Ils dispersent leur sang, leur force et leur valeur,
Et notre beau pays, hélas! est en danger.

Dis-leur, ô Vierge Sage, à tous ces fils de France,
Que dans la coupe amère où frémit leur souffrance,
Cette division ajoute sa douleur;

Que pour voir refleurir la Patrie bien-aimée,
Qui rendre sa grandeur, son rang, sa destinée,
Il faut la fusion des efforts et des cœurs.

Lisbonne, 22-12-43. Vœux

À Monsieur le Maréchal Pétain,
à notre Chef bien-aimé,
avec l'expression de mon très respectueux et filial attachement, et mes vœux les plus fervents d'une année nouvelle remplie de bénédictions pour sa personne et pour la France, j'ose offrir ces quelques poésies écrites dans la douleur et les larmes... mais aussi en une foi indestructible dans le relèvement et les destinées de notre malheureuse Patrie.

Jeanne dos Reis,
Avenida Duque d'Ávila, 40 - 4º E.
Lisbonne.

Figure 31 — Exemple d'une lettre reçue par le maréchal Pétain. Des milliers en 1941, quelques centaines en 1943.

reviennent qu'en petit nombre malgré la collaboration, envers les paysans et les artisans auxquels il s'identifie. La Charte du travail qu'il veut instituer pour construire un État corporatiste n'est qu'un demi-succès, bien que des syndicalistes, tel René Belin, l'aient soutenue, car le régime les a libérés de la tutelle des partis politiques qui sont interdits.

Un des chantres du maréchal Pétain, René Gillouin, de la droite protestante, jugeait, fin 1941, que certes la Révolution nationale avait créé un climat nouveau, institué un État autoritaire, national et social, encourageant la famille, protégeant la santé, substituant la collaboration à la lutte des classes, « harmonisant » dans l'enseignement l'esprit, le corps, le caractère ; mais au passif il jugeait qu'elle s'était fourvoyée « en voulant constituer une jeunesse civique selon la méthode totalitaire et l'esprit nietzschéen qui ne conviennent pas au pluralisme français et à la civilisation chrétienne ; en instituant une abjecte législation antisémite qui laisse une tache indélébile sur le régime nouveau ; en instituant un régime policier fondé sur la délation, la violence et l'arbitraire (...) et sous le couvert de la lutte contre le capitalisme d'avoir aggravé sans mesure la ploutocratie qui était la grande cause de ruine du régime démocratique ».

Le retour de Laval, en avril 1942, l'occupation de la zone libre après le débarquement allié en Afrique du Nord, l'arrestation de Weygand en novembre 1942, signent le durcissement de l'occupation allemande et accentuent la pression qu'exercent désormais les fascistes français, Déat, Doriot, Darnand, sur le gouvernement de Vichy ; car ni

Pétain ni Laval n'ont voulu déclarer la guerre aux Anglais et aux Américains, même s'ils la font en Tunisie.

Tandis que les contraintes du STO[1] se resserrent sur les jeunes qui ne veulent pas partir en Allemagne, les accords Bousquet-Oberg témoignent de l'ingérence de plus en plus grande de la Gestapo dans les affaires françaises. Jean Moulin est arrêté à Caluire en juillet 1943. Cependant, à la radio, c'est la voix de Vichy, avec Philippe Henriot, et non plus celle de Jean-Hérold Paquis dans Paris occupé, qui stigmatise avec le plus de virulence ces alliés « qui nous bombardent pour nous libérer ». Après qu'il eut été exécuté par la Résistance, en été 1944, la foule, nombreuse, qui assiste à ses obsèques témoigne de la popularité de ses idées, au moins dans la capitale.

Le régime se fascisait, sans le mot, et les résistants, définis comme « terroristes », devenaient, selon Vichy, les responsables de tous les malheurs du pays.

Dans ce climat de guerre civile, le régime prend peur dès qu'il apparaît que le débarquement a réussi. « Vous êtes une nation de sauvages », dit Pétain aux Allemands après le massacre d'Oradour. « Plutôt de Gaulle que Herriot », juge-t-il alors que Laval joue l'alternative inverse : tous les deux perdent cette partie de politique-fiction et sont emmenés par les Allemands à Sigmaringen, où volontairement se sont rendus Déat, Doriot et de Brinon.

Mais Hitler n'a pas voulu de ces derniers et même là, il croit que Pétain peut encore servir.

DE GAULLE, LA RÉSISTANCE ET LA LIBÉRATION...

Disposer de l'appui de Churchill, mais plus encore d'une base territoriale en Afrique-Équatoriale française, constituer un Comité national qui régnerait sans ambages sur la France libre — tels étaient les premiers résultats d'une action qui jusque-là s'était manifestée avec intransigeance. Simultanément à cette présence dans le monde qui s'impose peu à peu, l'essentiel pour de Gaulle était évidemment d'aller au-devant des Français de France.

Certes, depuis la défaite, la radio — « *Ici, Londres, les Français parlent aux Français* » — n'avait cessé de les inciter au rêve d'une victoire alliée, de la résurrection de la patrie.

Au début de 1942, si l'action clandestine s'était, certes, largement développée, on ne saurait dire qu'elle eût exercé une véritable emprise sur l'ensemble de la population.

Pourtant, lorsque l'Allemagne se retourne contre l'URSS, l'opinion se scinde de façon plus nette qu'auparavant. « Il n'y a pas que les communistes qui mettent en Moscou leur espoir de libération... hélas, note le sous-préfet des Andelys. Une seconde tendance, minoritaire,

1. Service du travail obligatoire.

voit moins mal les Allemands maintenant qu'ils combattent le bolchevisme. » Ce renforcement des extrêmes met fin à la quasi-unanimité autour du Maréchal : tandis que les seconds, derrière Déat, stigmatisent Vichy — « une clinique d'avortements » — de ne pas intervenir plus ouvertement aux côtés de l'Allemagne nazie, les premiers développent et multiplient les actes de résistance en organisant des attentats contre les occupants : ce qui modifie complètement le climat en zone occupée.

Toujours sensible à l'humeur populaire, Pétain a pris conscience de ce double mouvement. Le 12 août 1941, il diffuse un message où il dit « sentir se lever un vent mauvais » stigmatisant ces mutins que sont les gaullistes et les communistes, créant des sections spéciales de justice, exigeant un serment de fidélité aux hauts fonctionnaires et aux magistrats. Il décide de suspendre l'activité des partis politiques...

Ceux-ci, groggys depuis la défaite, commençaient à régénérer sous le manteau, en zone libre surtout, mettant en cause le régime de Vichy. Clandestin, le parti communiste était de loin le plus actif, en zone occupée particulièrement, surtout depuis qu'avec le conflit germano-soviétique, il retrouvait sa légitimité perdue depuis le pacte Hitler-Staline. Désormais, sa participation à la Résistance multipliait ses énergies.

Or, de l'autre côté de la Manche, de Gaulle s'interrogeait sur la ligne à suivre. Au vu de l'état de l'opinion en France encore majoritairement pétainiste, de la faiblesse des organisations de résistance, il avait jugé néfastes ces attentats qui portaient en eux le cycle infernal des représailles, de la prise d'otages — et bientôt l'exécution des otages de Châteaubriant en 1941 confirmait son sentiment. Par ailleurs, il lui fallait se greffer sur les mouvements de résistance, coordonner leurs actions, bref, se mettre à leur tête. Or, pour leurs dirigeants, souvent syndicalistes ou liés à des partis politiques, de Gaulle devait montrer patte blanche, manifester son esprit républicain, donner des gages.

Ce fut Christian Pineau, un syndicaliste, dirigeant de Libération-Nord, qui fut chargé de lui faire subir cet examen de passage. Il sera le premier porte-parole de la Résistance française à rencontrer officiellement de Gaulle.

Pineau observe le peu d'enthousiasme de ses camarades pour cette mission. « Ont-ils peur que leur mouvement leur échappe, qu'ils aient à obéir à des instructions venues d'ailleurs ? » se demande-t-il.

Or, ce qui le frappe quand il rencontre de Gaulle pour la première fois, c'est bien que le Général ignore presque tout de la Résistance intérieure.

Sa vision de l'Histoire est militaire, juge Christian Pineau ; sa vision de la société française le glace. Aux syndicalistes, sur demande de Pineau, il transmet ce témoignage : « Dites à ces braves gens que je ne les trahirai pas. »

L'essentiel était pourtant le message que la Résistance attendait et qui définirait la position politique de la France libre.

« Ne me demandez pas d'approuver ce que j'ai condamné maintes fois, une République sans autorité, un régime de partis. »

Au moins affirmez votre fidélité à la République et à la démocratie, lui demandent Pineau et Adrien Tixier, présents à cet entretien.

Or le texte que prépare de Gaulle condamne autant la IIIe République que Vichy. Pourtant, il évoque « l'idéal séculaire français de liberté, d'égalité et de fraternité qui doit désormais être mis en pratique chez nous ».

Simultanément, un autre pionnier de la Résistance, Pierre Brossolette, passé à Londres auparavant, avait rendu compte à de Gaulle de l'état des partis politiques en métropole.

En 1941-1942, de Gaulle se trouva alors confronté à une double approche. Celle de Pierre Brossolette qui juge que ces partis ne représentaient qu'une phase de l'histoire, qu'ils n'avaient pas la vocation à la permanence, sauf le parti communiste lié au destin de l'URSS. En outre, les événements passés les avaient déconsidérés. Étant donné que, malgré tout, leurs leaders représentaient une idée, il convenait de les rallier, aussi bien Charles Vallin à droite qu'André Philip ou Herriot à gauche, et constituer avec eux un mouvement qui serait issu de la Résistance et qui transcenderait les anciens clivages politiques.

L'approche de Jean Moulin, alors délégué de De Gaulle pour la zone non occupée, était inverse. Il jugeait que seule la prise en compte des partis en tant que tels permettrait de laver de Gaulle de toute suspicion de fascisme ou de dictature, de lui donner le brevet de démocratie dont la France libre avait besoin, notamment pour neutraliser l'hostilité de Roosevelt (Guillaume Piketty).

Avec le débarquement allié en Afrique du Nord, pour faire pièce au général Giraud et à Darlan adoptés par les Américains, l'aide des partis, que Vichy avait interdits, s'avéra une nécessité prioritaire dont de Gaulle s'accommoda : il est vrai qu'entre-temps — 1941-1942 — ces partis avaient repris consistance, celui des socialistes, en zone libre, notamment. Depuis le fort de Bourrasol, où il est interné, Léon Blum redevient un chef reconnu, car au procès de Riom il avait su montrer la responsabilité de Pétain dans la défaite, dégageant celle du Front populaire. Il se porta caution du chef de la France combattante auprès de Roosevelt, tout en écrivant à de Gaulle que « ce serait une faute de dénier la légitimité des partis quand il s'agit du socialisme pour l'admettre quand il s'agit du communisme (...) ; tout comme de considérer le communisme comme seule et unique force populaire, ainsi que vos représentants directs me paraissent enclins à le faire ».

De fait, c'était bien la principale force organisée et ses leaders jugeaient eux aussi qu'une coordination était nécessaire avec la France libre. Toute la clandestinité bruissait du projet en gestation d'un Conseil politique de la Résistance (CNR) sous l'égide du général de Gaulle. Il fallait saisir une opportunité, ce que sut faire Rémy, ce monarchiste, qui rencontra Fernand Grenier le communiste, et l'amena à Londres, à la façon dont Brossolette, un socialiste, avait amené Charles Vallin quelques mois plus tôt.

Ainsi, la nécessité amena de Gaulle à négocier avec les partis, envers lesquels il n'avait que des sentiments mitigés.

À la veille du débarquement en Afrique du Nord, de Gaulle vient de rédiger le premier Manifeste qui le noue aux mouvements de résistance. Ce tournant démocratique va jusqu'à son terme : c'est en tant que représentants des partis que se constitue sous son autorité le groupe parlementaire de la France combattante, avec vingt et un membres des anciennes Chambres de 1939 où, bien entendu, figurent ceux qui ont refusé leur allégeance à Pétain. Parmi eux, cinq socialistes, cinq radicaux, trois communistes, huit centre et droite. Le président en est le socialiste Félix Gouin.

Cette conception traditionnelle de la représentation par les partis politiques l'emporte ainsi, et elle se perpétue avec l'instauration de la première Assemblée consultative d'Alger, puis la seconde, et de l'Assemblée constituante, à la Libération.

Le gouvernement d'Alger

Lors du débarquement allié en Afrique du Nord en novembre 1942, dont de Gaulle n'avait pas été informé, Darlan avait réussi à se substituer au général Giraud pour affirmer qu'« au nom du maréchal Pétain » il se ralliait aux Américains. Dans ces pays, Weygand avait mis en application la Révolution nationale — en abolissant la loi Crémieux qui reconnaissait aux juifs la nationalité française, en internant les gaullistes et les communistes, etc. Accueillis quelques heures à coups de fusil, mais bientôt acclamés, les Américains perpétuent ainsi Vichy sous l'égide de Darlan, puis de Giraud après son assassinat à la Noël 1942. « Oui, dit Roosevelt au socialiste André Philip, (...) ceux qui m'aident sont les bienvenus ; aujourd'hui Darlan me donne Alger, je crie Vive Darlan ; si demain Laval me donne Paris, je crierai Vive Laval » (cité par J. Lacouture).

On imagine la colère de De Gaulle ; Churchill réussit pourtant à l'amener à Anfa, au Maroc, pour rencontrer Roosevelt et serrer la main de Giraud : scène que les *Actualités Paramount* ont dû refaire tant l'homme de Londres, à la première prise, avait détourné la tête en serrant la main de son rival...

Mais en métropole les mouvements de résistance sont autant indignés du choix des Américains ; glorieux évadé certes, Giraud est une créature de Pétain. Churchill convainc Roosevelt qu'il faut introduire de Gaulle dans le jeu politique à Alger, car il a pour lui la Résistance.

Le 3 juin 1943 est scellé le « mariage » entre gaullistes et giraldistes ; le Comité français de libération nationale procède à l'amalgame entre l'armée pauvre des Forces françaises libres de Leclerc, qui se battent au Tchad depuis 1940 et ont participé à Bir-Hakeim, et l'armée, riche des livraisons américaines, de Giraud, Juin, de Lattre qui font désormais figure de ralliés. Au CFLN, grâce à l'apport des représentants des partis, de Gaulle peut éliminer Giraud, dont Couve de Murville et Monnet, ses conseillers, constatent vite qu'il est incompétent. Sous la direction de Juin, les Forces françaises participent largement à la campagne d'Italie, mais c'est Giraud pourtant qui gère le débarquement allié en Corse.

Les Français sous l'Occupation

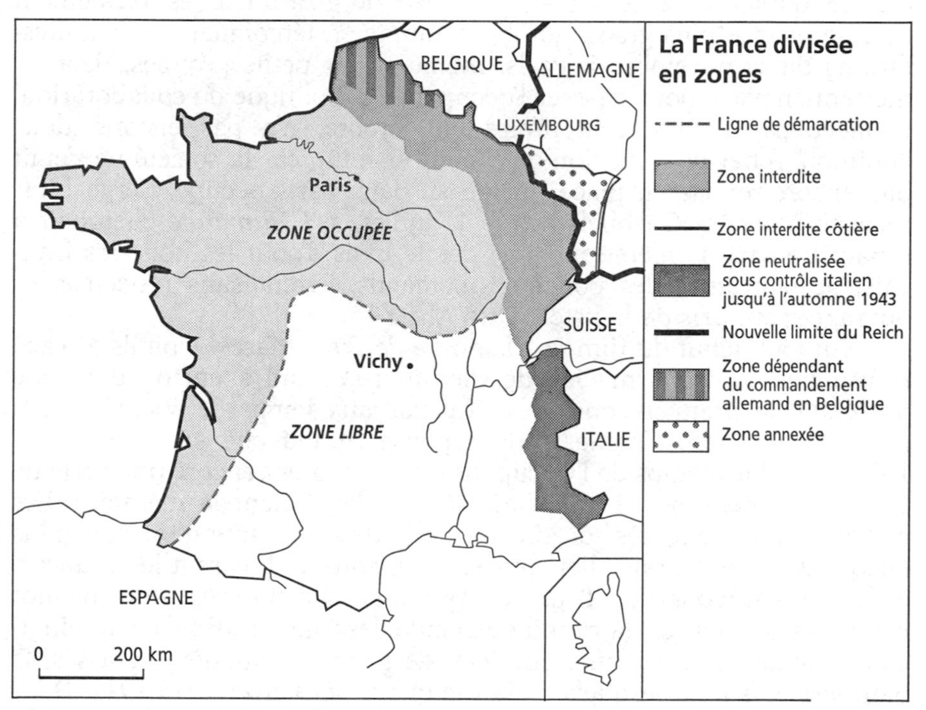

LES ZONES AU TEMPS DE L'OCCUPATION — *Après novembre 1942 et l'invasion de la zone libre les côtes méditerranéennes sont soumises à contrôle.*

La France sous l'Occupation, ce fut d'abord la dispersion de la population à la suite de l'exode, le retour chez soi par les moyens du bord, l'absence de tous ceux qui étaient morts au combat — 92 000 : plus nombreux qu'on ne l'a dit — ou faits prisonniers, soit 1 850 000. Ensuite ce fut la présence des Allemands dans les trois cinquièmes du pays et sa division : la zone annexée — Alsace et Lorraine —, la zone nord rattachée au Commandement allemand de Bruxelles — le Nord et le Pas-de-Calais —, la zone interdite au retour des réfugiés, correspondant à une huitaine de départements — Vosges, Meuse, Ardennes, etc. —, la zone occupée ; enfin la zone libre, avec sa ligne de démarcation : en novembre 1942, après le débarquement allié en Afrique du Nord, elle est occupée militairement, mais son statut — déjà violé néanmoins — demeure. Cette division en zones est très présente, et très libre apparaît la zone non occupée par rapport aux autres, ce qui rend compte, en 1940 et 1941 au moins, de la popularité de Pétain.

Cette division du pays, l'absence des hommes, l'existence d'une zone libre ont certes été les premières caractéristiques du temps de l'occupation, tant les gens sont abasourdis par le choc de la débâcle, et nourris de rancœur contre les dirigeants responsables.

À cette heure — la fin de 1940 et les débuts de 1941 —, la victoire allemande paraît irréversible —, le sort de l'Angleterre n'étant, croit-on, qu'une question de temps —, et l'idée de résistance est seulement morale pour le plus grand nombre, comme en témoignent les manifestations du 11 novembre à Paris, même si des petits groupes, déjà, se mettent en place pour chasser l'occupant. La politique de collaboration, énoncée par Pétain à Montoire en octobre, n'a pas encore, dans l'opinion, l'effet de répulsion qu'elle eut bientôt, car la société ne s'était pas encore remise en place, même si, dans Paris occupé, Serge Lifar recevait à l'opéra Goebbels dès le 1er juillet, si *L'Humanité* cherchait à reparaître dans le même mois, si dès le mois d'août les policiers français, accompagnés des policiers allemands, livrent sans réticence les ouvrages antinazis de la liste d'Otto Abetz.

Au tout début du film *Le Chagrin et la Pitié*, Marcel Ophüls a placé la réplique d'un pharmacien de Clermont-Ferrand à qui on demande quel était le premier souci des Français aux temps de Vichy, et qui répond « manger ». Raide, cette réponse fit mouche en cette année 1973, quand les temps de l'Occupation constituaient encore une sorte de tabou dont résistants et ex-pétainistes se disputaient la mémoire. Les restrictions vinrent très tôt, du fait de la désorganisation du pays plus encore des réquisitions allemandes, qui bientôt réduisirent les Français à la portion congrue. Tous les produits alimentaires sont bientôt rationnés avec cartes, la ration de viande descendant jusqu'à cent vingt-cinq grammes par semaine en 1943, de même les matières grasses, le pain, les œufs pour lesquels on fait la queue dès l'hiver 1940-1941. Dans *Au bon beurre*, écrit au lendemain de la guerre, Jean Dutourd a admirablement campé le personnage de ces épiciers et crémiers, leurs petits trafics, et le marché noir qui s'installe derrière leur caisse : alors qu'on comptait deux mille faillites par an dans cette profession avant guerre, il n'y en eut que quarante-huit en 1943. « Je leur ferai bouffer la selle de leurs chevaux », disait Goering en parlant des Français, furieux de les voir manger leurs baguettes de pain croustillant. Il y parvint presque puisque, en zone libre, au début de 1944, un des restaurants universitaires de Grenoble affichait : Jours pairs, rutabagas ; jours impairs, blettes. La pénurie s'étendit à d'autres secteurs que l'alimentation : absence de cuir et de semelles en bois pour les chaussures, jambes des femmes peintes, faute de bas, qu'ils fussent de soie ou de rayonne, ersatz à l'allemande pour d'autres produits, textiles ou autres saccharines. Les villes souffrirent plus que les campagnes, les paysans étant volontiers considérés comme de petits profiteurs de guerre. Le troc se développe, la cigarette devenant une monnaie de compte, et triomphe la débrouillardise, le système D.

« Nos meilleurs alliés » dans l'exploitation de l'économie française, selon un rapport allemand, « c'est la fatigue et l'indifférence d'une population qui ne prend pas la peine de discuter de politique et se satisfait d'avoir du pain et du travail ». Cette notation vaut pour les débuts de l'année 1941 : Philippe Burrin l'a repensée en s'efforçant de voir comment les Français se sont plus ou moins accommodés de l'Occupation. Aussi, après les réquisitions et la prise en charge directe avec résistance passive, l'exercice consiste, pour les industriels, à trouver un moyen de survivre sans apporter une aide trop importante à l'occupant ; car si, en 1941, sept mille entreprises françaises exécutent des commandes allemandes, en 1944 leur chiffre a doublé. « Plus on les aide à gagner la guerre, plus on risque de passer sous leur joug. » Pas plus que Schneider, les de Wendel et autres métallurgistes, dépouillés de toutes leurs positions, ne sont vraiment favorables à l'occupant, ni même à Vichy, tout conservateurs qu'ils sont. Ces réticences n'excluent pas la prise de profit, le souci de limiter les prélèvements de main-d'œuvre, à l'heure de la relève ou du STO, que ce soit par patriotisme ou par un intérêt bien compris — pour Louis Renault, un prélèvement de ses machines-outils est plus grave que la réquisition de ses ouvriers. Chez Michelin, on préfère sacrifier le présent, diverger d'avec la politique de collaboration économique, pour sauver l'avenir : et on repère ce que propose l'Allemagne : fournir de la gomme synthétique de buna, en échange d'une participation financière.

Le cas des industriels n'est qu'un exemple, que corrobore celui des banquiers qui trouvent dans la collaboration d'État, animée par Laval, Bichelonne, Lehideux, etc., une légitimation qui leur donne bonne conscience — mais d'autres vont plus loin, allant au-devant des Allemands tels ces chefs d'entreprise qui demandent à représenter des firmes allemandes en France, les administrateurs provisoires de biens juifs, etc.

Plus engagé est le cas de l'édition, qui fait preuve, sauf exception, d'une complaisance inégalée, soutenue en partie par la conscience des intellectuels qui la nourrirent, Robert Brasillach en tête. Inégalée ? Non : Le monde du spectacle va plus loin encore, avec cet alibi qu'être active est la forme de résistance que « la culture française oppose à l'occupation allemande ». Propos qui ne sont venus à l'esprit qu'à l'heure de la libération, car les cinéastes, par exemple, ne se posaient pas ce problème quand ils tournaient sous l'Occupation (J.-P. Bertin-Maghit et D. Deleskewicz). Il est clair pourtant que ces comportements n'impliquaient pas nécessairement une « adhésion » à la politique de collaboration. Après-guerre, comme en témoigne la lecture de *Lacombe Lucien*, de Louis Malle, mettre en vis-à-vis résistance et collaboration constitue souvent une autre manière de banaliser le comportement des Français ; ou encore de mettre en avant les nécessités de la vie quotidienne, comme claquait une des premières répliques du film de Marcel Ophuls, a pour effet de réduire leur part d'engagement pendant la guerre et de la dévaloriser. D'autres films ont eu le même effet, *La*

Traversée de Paris de Claude Autant-Lara, ayant, sur ce terrain, gagné la bataille du rire.

Collabos...

Au départ, il y a eu les trois rancis du Front commun, Bergery, ancien radical, Marcel Déat, ancien socialiste, et J. Doriot, ancien communiste, qui en 1932-1933 avaient eu l'idée, avant la lettre, d'un Front populaire — ce Front commun qui avorta du fait de son rejet par leurs partis réciproques. Ils sont solidaires d'un ordre nouveau qui a les yeux tournés vers une collaboration en sympathie avec le régime nazi plus qu'avec l'Allemagne. C'est l'inverse pour les membres du Comité France-Allemagne créé bien avant 1933 mais qui, sous l'égide d'Otto Abetz, lequel n'est pas nazi d'origine, sert désormais le Führer. Plutôt que de faire de la propagande, son idée est déjà de séduire, par des bonnes manières : grâce à lui — alors qu'il y avait en 1937 quinze ouvrages français traduits en allemand, il y en eut quatre-vingt-un en 1938 et cinquante-cinq pour les six premiers mois de 1939 —, comment ces écrivains n'auraient-ils pas considéré que l'Allemagne (nazie) est un pays civilisé ? Parmi les chantres de ce comité, on trouve l'ambassadeur à Berlin de Brinon, un vieil ami, Scapini, futur « ambassadeur des prisonniers ». Bientôt, Dietrich applique ces méthodes au cinéma, et dans un film précisément, *Nous sommes tous des assassins*, de Cayatte, on voit bien comment un musicien raté, qui saisit sa chance parce que les Allemands font jouer du Wagner, devient antisémite et collaborateur.

Allant jusqu'au bout de la collaboration, Doriot s'est inscrit comme volontaire pour le front de l'Est ; à son retour, vingt mille spectateurs l'applaudirent. Mais cette Légion française de volontaires contre le bolchevisme a reçu en tout et pour tout treize mille quatres cents demandes d'engagement en trois ans, dont la moitié a été effectivement incorporée. Les autres organisations, moins musclées que le Parti populaire français de Doriot — celle de Bucard, de Deloncle, etc. —, forment de petites contre-sociétés ; en 1944, environ douze mille hommes appartiennent à des formations de combat ; mais elles disposent d'une presse bruyante, les hebdomadaires *Au pilori, Gringoire, Je suis partout*, tirant au total à près d'un million et demi d'exemplaires. Les lire est un premier degré d'engagement.

Ces organisations, la plupart de ces journaux provenaient essentiellement de zone occupée ; en zone libre, le Service d'ordre légionnaire de Darnand, issu de la Légion française des combattants, comprend au départ quinze mille membres, plus ou moins en provenance de la droite. Faute d'armée, après l'invasion de la zone libre, Laval laisse Darnand créer à partir de là la Milice qui se charge de l'ordre et de l'encadrement politique du pays, et se veut bientôt le bras d'un parti unique — mais un parti qui n'a pas de tête, car Laval a toujours été hostile à cette idée. Son chef, pour Darnand, c'est Hitler à qui il a juré fidélité. Ils sont trente à quarante mille à le suivre, qui pour beaucoup ignorent ce serment, ou bien sont entrés à la Milice pour ne pas partir au STO, c'est-à-dire en Allemagne. Ils participent à côté des Allemands à la répression contre le maquis des Glières, dans le Vercors ; et sont l'objet à leur tour de représailles de la part des résistants. Ils incarnent la guerre civile et font l'objet d'un tel opprobre que Pétain se voit contraint — mais après le débarquement de juin 1944 — de stigmatiser leurs excès, les accusant de se comporter « comme les rouges, comme la Tchéka » — Darnand, qu'il a mis en place à l'origine, lui a dit sa surprise : « Vous êtes une girouette, monsieur le Maréchal. »

... et Résistants

Est-ce qu'écouter la radio anglaise — « *Ici Londres, les Français parlent aux Français* » — était le premier degré d'une manifestation de sentiments résistants, antiallemands, anti-Vichy, à la façon dont lire *Gringoire* signifiait qu'on avait une position très différente ?

Le grand mérite de Jacques Sémelin est d'avoir essayé de graduer les formes de la résistance civile en montrant comment elles ont servi ou non de terreau aux différentes manifestations de la lutte contre l'occupant. Quitter un café dès qu'un officier allemand y pénètre, refus anonyme de participer à des cérémonies où ils figurent, acte de sauvetage d'enfants juifs — les risques vont croissant — ; les manifestations du 11 novembre témoignent déjà, à Paris en 1940, d'une conscience collective du refus ; il y a des arrestations, le ministre de l'Éducation, Ripert, est renvoyé ; mais cela va beaucoup plus loin à Oyonnax où toute la ville fête la victoire de 1918, et tout rentre dans l'ordre le soir même, comme le 14 juillet. Les grandes grèves aussi de mai-juin 1941 et octobre 1942 constituant un degré de plus dans la révolte, même si elles disaient n'avoir que des objectifs alimentaires...

La désobéissance civile de masse, tel le refus du Service du travail obligatoire (STO), dès la fin de 1942, constitue une forme plus générale de résistance, celle qui va finir par peupler les maquis. Les actions de résistance, jusque-là l'apanage des organisations clandestines, prennent alors un caractère de masse. À Romans, par exemple, une manifestation populaire stigmatise le départ des jeunes en Allemagne, et elle bloque les trains en occupant la voie ferrée. Enfin, il est aussi des actions de résistance individuelle, que l'Histoire n'a pas comptabilisées parce qu'elles n'émanaient pas d'organisations brevetées : cheminots qui font ralentir leur convoi dans les courbes pour qu'un évadé puisse sauter du train, jeunes à qui on procure de vieux vêtements pour passer un barrage, etc.

Globalement le comportement de Vichy apparaît, comparé à celui de l'administration des autres pays, comme le plus proche des vues de l'occupant — même s'il ne le suit pas partout, mais souvent cette

Figure 32 — Guerre 1939-1945 : Maquis de Valveron. Jeunes gens de la commune de Saint-Eugène (Saône-et-Loire) fusillés le 28 mars 1944.

administration manifeste du zèle, et Hitler s'est félicité de celui de la police française.

Les mouvements de résistance, squelettiques au début, sont nés dès juin 1940. À juste titre, on attribue les débuts de la Résistance à l'appel du général de Gaulle, le 18 juin 1940 ; mais au même moment, sur le territoire national, le général Cochet lança un appel à ses troupes pour qu'elles organisent une résistance. Et le 17 juin déjà, le préfet Jean Moulin, premier résistant de l'intérieur, était torturé par les Allemands. Dès l'été, à Paris, le réseau du musée de l'Homme s'organise avec Paul Mus, Germaine Tillion, avant d'être démantelé par les Allemands en 1941. En zone non occupée, trois grands mouvements se créent : Combat est fondé par l'officier Henri Frenay, qui espère insuffler l'esprit de résister aux gens de Vichy, au moins jusqu'en 1942 ; à côté de ce mouvement plutôt démocrate-chrétien, le mouvement Libération, dirigé par Emmanuel d'Astier de La Vigerie, recrute dans les milieux socialistes et socialisants ; à partir de l'été 1941, le Front national, créé par le parti communiste clandestin, se développe dans les deux zones. C'est seulement en 1943 que l'unification de la Résistance se fait sous l'égide du général de Gaulle et de Jean Moulin.

Dans les maquis, qui se constituent avec la création du STO, se retrouve une population mélangée ; elle comprend des jeunes, des militaires de l'ancienne armée d'armistice dissoute depuis l'occupation de la zone libre, des volontaires étrangers — républicains espagnols, polonais, ces MOI que les Allemands stigmatisent par l'Affiche rouge. Dire qu'ils sont trois cent mille, plus ou moins, ne signifie pas grand-chose, car ces maquisards bénéficient du soutien de la population, à moins que leur action ne suscite des représailles. La définition des actions à commettre — sabotages, attaques armées, etc. — détermine ainsi, avec l'exécution des premiers soldats allemands, dès 1941, une source de conflits violents entre groupes de résistance, tout comme le partage des armes parachutées par Londres suscite des rivalités entre FFI, liés à Londres et aux forces gaullistes, et FTP, plutôt liés aux communistes.

Cela n'empêche pas les forces de la Résistance de se multiplier : l'évolution de la carte de guerre, certes, donne de l'espoir à tous ceux — la grande majorité des Français — qui haïssent l'occupant, mais suggérer qu'ils allaient au-devant de la victoire revient à omettre que les risques d'être fusillé sont plus grands en 1941 qu'en 1940, en 1943 qu'en 1942, et plus encore en 1944. Les otages de Châteaubriant, en 1941, ont été les premiers en nombre ; ils se multiplient ensuite.

L'opinion constate qu'en dépit des promesses, les prisonniers ne sont pas revenus, qu'au contraire les travailleurs partaient en Allemagne ; que le pays est saigné à blanc ; que les usines ferment, à moins de travailler pour les Allemands ; que l'on félicite Hitler au lendemain de l'échec britannique de Dieppe, qu'après le débarquement un maréchal de France appelle les Français à ne pas se battre, sous peine de sanctions : de tout cela, il n'y a pas d'exemple dans l'Histoire de France.

Au lendemain de la guerre, une légende gaulliste et une autre, communiste[1], ont laissé accroire que le pays entier avait été soulevé par l'esprit de résistance. Cinquante ans après, à force d'accuser la dérision de ces propos — par le roman ou par le film —, on a fini par construire une autre légende selon laquelle l'attentisme seul régnait, que les résistants n'étaient qu'une poignée, à peine plus que les collaborateurs et au fond bien inutiles. Il a fallu que ce soit l'étranger qui montre la fausseté de ces derniers propos — le général Patch, d'abord, qui débarquait en Provence le 15 août avec des plans prévoyant l'occupation de Grenoble à D + 90, c'est-à-dire en novembre. Or Grenoble fut libérée à D + 15, grâce évidemment à l'action des maquis de Provence et du Dauphiné, du Vercors aussi bien. Toujours en France, la 11e Panzerdivision allemande mit trente-trois jours pour se rendre de Strasbourg à Caen en juin 1944, alors qu'elle n'avait mis qu'une semaine pour revenir du front de l'Est et atteindre l'Alsace : cela fut le résultat du sabotage des voies ferrées par les cheminots, des routes par les résistants. Sans parler de l'action des renseignements qui furent indispensables en Normandie comme en Bretagne.

S'il est vrai qu'à cause du rôle de Vichy, et de Pétain en particulier, le pays n'a pas joué un rôle à la hauteur de l'action des Yougoslaves — car il fallait agir à la fois contre l'Allemand et contre son gouvernement, que dirigeait une gloire nationale —, cette situa-

1. Sur le comportement des communistes, cet enjeu de l'Histoire, entre 1939 et 1941, cf. p. 686 et suivantes.

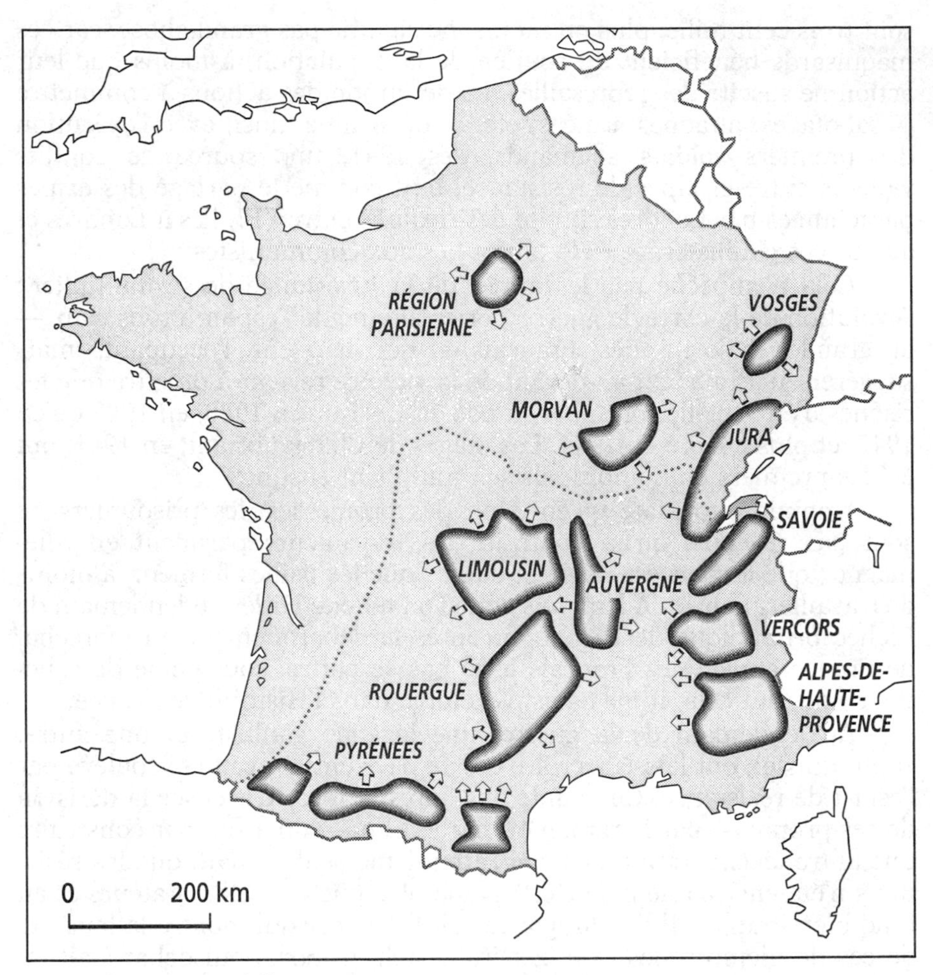

Source : d'après © musée de l'Armée.

L'ACTION DE LA RÉSISTANCE INTÉRIEURE — *Élaborée, semble-t-il, par le Bureau Central de Renseignement et d'Action, cette carte montre bien les zones que pouvait contrôler la résistance en zone non occupée. Il faudrait y ajouter les points de résistance en Bretagne.*

tion rend compte des difficultés qu'il y eut en France à apprécier ce que devait être un comportement digne des principes de la République.

Paris libéré

Une fois de plus tenu à l'écart par les Anglo-Américains d'Overlord, le débarquement en Normandie, de Gaulle peut néanmoins mettre pied en terre de France, le 12 juin 1944, entre Courseulles et Graye-sur-Mer. Mais qui est donc à même de le reconnaître ? C'est seulement à Bayeux que l'accueil est celui d'un plébiscite.

Entre-temps, dans les maquis, on attend le deuxième débarquement en Provence, prévu le 14 juillet. Ceux du Vercors, ne le voyant pas venir, en veulent à de Gaulle de les avoir « abandonnés, trahis ». Ils ignorent que ce sont les Alliés qui ont repoussé le jour J au 15 août et que de Gaulle n'en est pas même informé : mais qui aurait pu l'imaginer à écouter les appels de Londres à la radio ?

Cette fois, à Fréjus, ce sont bien les Français qui débarquent avec les Américains ; ils sont à Lyon le 2 septembre et font leur jonction avec les forces débarquées en Normandie, où figure Leclerc, le 12 septembre, à Montbard : symbole de la régénération française, lorsque *Overlord* et *Anvil* se rejoignent, ce sont des soldats de Leclerc et de De Lattre qui s'embrassent les premiers.

Pour libérer la capitale, les Américains laissèrent les blindés de Leclerc et de Kœnig aller seuls de l'avant et rejoindre Paris insurgé dont Rol-Tanguy anime les combats. Ainsi s'opéra la jonction symbolique des FFE, Forces françaises de l'extérieur, et des FFI, Forces françaises de l'intérieur.

Le 26 août, de Gaulle descend les Champs-Élysées. Jour d'apothéose. À ses côtés caracole Georges Bidault, qui a remplacé Jean Moulin à la tête du CNR : « Deux pas en arrière, s'il vous plaît », lui intime de Gaulle. Et, à Daniel Mayer, un des leaders socialistes de la Résistance : « Monsieur, quand on défile, on ne fume pas. »

« En avant, rappelle Claude Roy, couraient des camions découverts, un carnaval guerrier et tricolore, des banderoles, des drapeaux, des grappes de garçons et de filles, chemises blanches et robes claires, hérissées de fusils et de revolvers, et des tractions avant peintes de lettres énormes FFI aux portières desquelles dépassaient des canons d'armes, moitié Chicago 1930, moitié Barcelone 1936, et de belles autos noires briquées, pleines de képis sérieux, de préfets en gants blancs. C'est cela le fameux amalgame. »

Les mal-aimés de la Libération

Pourtant, ces journées triomphales laissèrent aux résistants de l'Intérieur un goût de cendres. Pour prévenir un éventuel coup de main communiste, les commissaires de la République, nommés par le gouvernement provisoire, devaient « installer le pouvoir de droit face aux pouvoirs de fait ». Le CNR en était d'accord et ses membres communistes aussi, même de désarmer les milices patriotiques. Cela fut fait sans ménagements.

Et puis surtout, les honneurs sont réservés aux forces de l'extérieur qui vont bientôt se battre, d'ailleurs, en Alsace puis en Allemagne. De Gaulle fait, certes, une tournée dans différentes villes de France, mais il tarde à venir là où la Résistance a été la plus éprouvée, Grenoble par exemple ; à Toulouse, ces honneurs vont aux officiers naphtaline, sortis des placards à la Libération, plus qu'à Ravanel, un héros des maquis de la région.

Oui, les résistants de l'intérieur, FFI ou FTP, « ces terroristes », furent les mal-aimés de la victoire.

Et puis, lequel d'entre eux avait-il jamais entonné ce qu'on leur a au moins dédié : « Ami, entends-tu le vol noir des corbeaux sur la plaine... », ce *Chant des partisans* de Joseph Kessel et Maurice Druon, alors que dans les montagnes ou dans les bois... ils n'en avaient jamais entendu la musique ni les paroles.

À L'HEURE DE L'ÉPURATION : LA RESPONSABILITÉ DES INTELLECTUELS

Ce problème de la responsabilité s'est posé, explicitement et pour la première fois, lors des procès de l'épuration 1944-1947. Ces intellectuels collaborateurs ont été poursuivis avec plus de rigueur que les dirigeants de Gnome et Rhône, qui ont fourni tant de moteurs d'avions aux Allemands et qui furent acquittés, tandis que Sainrapt et Brice, qui aidèrent entre autres à la construction du mur de l'Atlantique, furent seulement condamnés pour bénéfices illicites. Mais ils n'en remboursèrent que 1 %, et ne furent pas poursuivis au pénal. Seulement, la nouvelle France de la reconstruction avait besoin d'eux, ce qui rend compte de la mansuétude de la justice et du pouvoir. À l'époque, on jugea plutôt, à suivre Simone de Beauvoir, qu'« il y a des mots aussi meurtriers qu'une chambre à gaz ». Les intellectuels constituèrent ainsi une cible à la fois visible et vulnérable. Ce qui ne signifie en rien qu'ils étaient innocents.

Si l'idée de l'épuration des intellectuels s'énonce bien pour la première fois à Alger en 1943, *Les Lettres françaises* clandestines ayant jugé qu'avec l'élection du pétainiste Jean de La Varende l'Académie Goncourt aura « des comptes à rendre », bon nombre des épurés virtuels, qu'on juge en 1944-1945, avaient les mains sales. Au vu des excès commis à l'heure de la libération par des tribunaux improvisés, qui firent dix mille exécutions sommaires, mais que la presse, une fois le pays libéré, évalua à cent à cent cinquante mille, d'aucuns purent déclarer, lors de l'épuration, que les droits de la défense n'étaient pas suffisamment assurés.

Or, de quels « droits à la défense » avaient bénéficié les cent soixante mille déportés politiques, souvent dénoncés précisément par les « épurés » de 1944, enlevés par la police ou par la Milice, « dans la nuit et le brouillard », et à jamais disparus ? ... Au nom de la liberté retrouvée, les épurés de 1944-1945 firent un vacarme indescriptible. Ils disposaient d'avocats, de juges qui avaient siégé sous Pétain dans neuf catégories de tribunaux d'exception... Sans parler de Charles Maurras qui, depuis dix ans, lançait des appels au meurtre — « pour Léon Blum, il suffisait d'un bon couteau de cuisine » — mais qui se déclarait innocent sous prétexte qu'il était antiallemand et qui était scandalisé que des juifs qu'il avait dénoncés réclament justice. Pour sauver Robert Brasillach qui avait exigé « qu'on fusille tous les députés communistes, ainsi que Paul Reynaud et Georges Mandel », et qui s'impatientait en 1941 : « Mais qu'attend-on ? », les pétitions succédèrent aux pétitions. Le Tout-Paris intellectuel se retrouva pour défendre son enfant chéri, avec à sa tête François Mauriac, pétainiste passé gaulliste et qui anima une cabale des indulgents.

Mais il n'y avait pas eu de pétitions quand on avait arrêté ces communistes, ces socialistes, ces Espagnols, à Marseille ou ailleurs. Et il n'y avait pas eu de pétitions non plus pour protester, en 1940, contre la liste Otto, c'est-à-dire la mise à l'index d'un certain nombre d'écrivains — juifs pour un bon nombre. La tradition a retenu que Paul Claudel avait écrit une *Ode* à Pétain, avant d'en écrire une à de Gaulle. L'histoire se doit de rappeler qu'il a été le seul écrivain à protester *publiquement* contre ces mesures.

Mais il n'y a pas eu de pétition non plus, pas même d'intervention sous le boisseau « par souci d'efficacité », pour défendre la mémoire du poète Robert Desnos, de Jean Cavaillès, de Georges Politzer ou de l'historien Marc Bloch exécutés par les Allemands.

Ainsi, s'agissant de Brasillach — que « de Gaulle ne gracie pas » —, on avait transformé le délateur en victime, car, « par ses dénonciations, ses appels à l'assassinat et au génocide, il avait directement collaboré à la Gestapo » (S. de Beauvoir). D'autres intellectuels collaborateurs furent exécutés, tel le journaliste Jean-Hérold Paquis, Georges Ferdonnet, Georges Suarez, Jean Luchaire, tandis que Drieu La Rochelle se suicida ; d'autres furent condamnés à des peines plus ou moins longues, la sévérité l'emportant sur l'indulgence en 1944-1945, l'inverse les années suivantes. Le Comité national des écrivains établit une liste d'indésirables : elle comprend cent quarante-huit noms.

Des éditeurs furent également poursuivis, tels Grasset ou Gallimard ; Denoël fut assassiné après la Libération : ils avaient publié des écrivains collaborateurs et, sous le manteau, des résistants ; et Gallimard avait ouvert sa maison en 1940 aux conditions de l'occupant. Mais ont aussi bien leurs quartiers dans l'auguste maison Camus que Drieu La Rochelle, Malraux, Sartre et Jean Paulhan.

L'important, c'est que les poursuites pour collaboration s'étaient effectuées au titre de l'article 75, qui désigne « qui est coupable de trahison et susceptible d'être puni de mort ».

D'où la nature de la défense de Charles Maurras qui a toujours manifesté des sentiments antiallemands...

Or, s'agissant de la responsabilité des intellectuels, l'important est que leur défense se polarisa autour du « droit à l'erreur » dont François Mauriac se fit le théoricien, face à Albert Camus. « Nous avons joué et nous avons perdu », dit un autre. Autrement dit, s'identifiant à des savants qui se trompent, ou à des citoyens qui veulent jouir de la liberté d'expression, ces écrivains ignorent ou veulent ignorer les effets délétères de leurs écrits et leur responsabilité, qui est à la mesure de leur notoriété (P. Assouline).

À moins de juger que leur talent les place au-dessus des vicissitudes vulgaires de la politique. Bref, que leur art fait d'eux une race à part. S'il est vrai qu'au temps de l'épuration, rancœurs, rivalités et règlements de comptes sont intervenus, sans parler du terrorisme et de la pression qu'exercent les communistes — soixante-dix hebdomadaires et cinquante quotidiens en province —, il reste que les intellectuels ont refusé de se pencher sur le problème de leur responsabilité.

Ils ne sont pas les seuls.

On reconnaît la même voix qui, aux *Actualités Pathé*, vitupère les Anglais en 1940 et 1941, puis les Allemands en 1944 ; ce sont les mêmes dessinateurs qui ornent *Le Petit Nazi illustré* et les bandes dessinées d'après guerre (Pascal Ory). Ce sont les mêmes cinéastes qui, tel Clouzot, au nom de leur « art », veulent ignorer la politique et l'histoire, jouant les non-conformistes, pour mieux dissimuler leur absence de générosité, ou satisfaire leur narcissisme.

Les impératifs du pays libéré

Dans son ouvrage, *L'Ardeur et la Nécessité*, Jean-Paul Rioux a dégagé avec force ce que le gouvernement de la Libération a voulu entreprendre. Et d'abord vaincre, car l'Allemagne n'était pas abattue, et les aléas de la bataille d'Alsace, la menace d'une reprise de Strasbourg par les Allemands témoignent de leur puissance ; la confirme l'offensive que mène von Rundstedt dans les Ardennes et qui faillit rejeter les Anglo-Américains à la mer, tandis que les V-2 s'abattaient sur Londres. Pourtant, si la défaite des Allemands se fait attendre, Russes et Anglo-Américains, auxquels sont jointes les forces de De Lattre, finissent par aboutir : c'est la capitulation, à laquelle participe le commandement français. Il reste ensuite à vaincre le Japon.

De l'été 1945 à l'été 1946, la liesse qu'a connue la Libération est retombée certes, les prisonniers et une partie des déportés reviennent, mais que d'attentes devant les listes de l'hôtel Lutétia pour ceux qui ne sont jamais revenus et dont on ne sait même pas les noms.

« Ne les opposez pas les uns aux autres », titre une manchette de *Combat*. En fait, depuis longtemps le sort des prisonniers bénéficiait de la sollicitude du pouvoir, notamment sous Vichy. Chargé de les accueillir, à Vichy puis sous de Gaulle, François Mitterrand voudrait même créer un parti des prisonniers comme les Croix-de-Feu après 1918, jugeant que « les évadés sont des héros au même titre que ceux de Bir-Hakeim ». Quant aux déportés, qui donc évoque alors les camps où un grand nombre ont été exterminés, juifs surtout mais également tsiganes, slaves, etc. ? Le plus souvent, les rescapés se taisent, qui veulent avant tout réintégrer la communauté nationale dont les Allemands et Vichy les avaient exclus.

Autre impératif : survivre. Le pays a perdu près de six cent mille personnes et connu de terribles destructions. En Normandie, il ne reste que 18 % du Havre, 27 % de Caen, etc., et les ports de l'Atlantique sont très touchés aussi. Et puis, la sous-alimentation due aux restrictions des années d'occupation a affaibli une population dont un enfant sur trois présente des troubles de croissance. Sur les images cinématographiques de 1945, on voit le contraste entre les Français, très amaigris, et les Allemands qui, vaincus, paraissent fort bien portants. Or, la pénurie des transports détruits par les bombardements et les sabotages perpétue la disette en charbon, tandis que la vétusté des machines affecte la régénération industrielle. L'évaporation de la main-d'œuvre vers les villes rend plus difficile la soudure dans les campagnes, si bien que jusqu'en 1947-1948 le ravitaillement ne s'améliore pas, et le manque de lait se fait sentir tout comme la pénurie en pain : on importe de la farine américaine, mais comme par une erreur de traduction on a commandé du *corn* et pas du *wheat*, les Français ont mangé pendant quelque temps du pain jaune, du pain de maïs.

Le règne de *Au bon beurre* a duré ainsi bien après la Libération.

Autre impératif : produire. « Retroussons nos manches », dit le socialiste Ramadier ; « gagnons la troisième bataille de France », ajoutent les communistes. D'accord avec le CNR, de Gaulle rappelle que les patrons « étaient absents à Londres » ; d'autres ajoutent que la France ne sera définitivement libérée qu'après l'éviction des trusts. De Gaulle pense aussi, comme les communistes et les socialistes, que « les grandes sources de la richesse nationale doivent revenir à la collectivité ».

La nationalisation des houillères, d'une partie de la sidérurgie, du crédit, des assurances est ainsi mise en route sous son égide tandis que le communiste Marcel Paul et le socialiste Robert Lacoste essaient de placer des cadres de la Résistance ou des syndicalistes à la tête des grandes entreprises nationalisées. L'épuration étant un autre impératif, Renault comme Berliet passent sous le contrôle de l'État pour cause de collaboration.

Toutes ces mesures participent de ce qu'on a pu appeler « un anticapitalisme purificateur mâtiné de planisme technocratique » (Jean Bouvier).

Simultanément est promue une politique sociale hardie qu'incarne l'instauration de la Sécurité sociale par un grand commis, Pierre Laroque.

Enfin, autre innovation, le gouvernement de Gaulle reconnaît le droit de vote des femmes.

Cinquante ans après, on constate que toutes ces mesures, qu'on définirait comme « de gauche », n'ont pas été perçues en leur temps comme un ensemble que le général de Gaulle instituait en tant que chef du gouvernement, mais comme des conquêtes acquises grâce aux communistes ou au CNR. Surtout, on n'en a pas mesuré vraiment la valeur parce qu'elles semblaient aller de soi dans une société en reconstruction. Et puis, toute l'attention était polarisée par les effets négatifs de l'inflation, car les prix avaient triplé en deux ans quand les salaires avaient à peine doublé, si bien que le pouvoir d'achat avait ainsi diminué tandis que la durée du temps de travail avait augmenté de 10 %.

Dans ce contexte morose, à la politique de rigueur que préconisait Pierre Mendès France, de Gaulle préfère les solutions plus classiques et plus souples de Pleven : « Est-ce en ménageant les égoïstes et les cupides que nous referons la France ? interroge Mendès en démissionnant. — Non, mais le pays est malade et blessé, répond de Gaulle, il faut le ménager. »

Redonner à la France la place qu'elle avait perdue constituait cet autre impératif auquel ses armées avaient répondu pendant la campagne d'Allemagne. Il restait à participer à la guerre contre le Japon en lui reprenant l'Indochine. Sauf que ceux qui s'y engagèrent ne s'imaginaient pas qu'en guise de Japonais, ils allaient combattre les Vietnamiens. Et qui a voulu savoir que le 8 mai 1945, le jour où l'on fêtait la paix, à Constantine, suite à un soulèvement, la répression avec l'aide de l'aviation avait fait plus de quinze mille victimes ?

En conflit avec l'Assemblée consultative sur les projets de Constitution, de Gaulle donne sa démission le 20 janvier 1946. À la présidence du gouvernement il est remplacé par le socialiste Félix Gouin.

La IVe République (1946-1958)

AU CENTRE DES CYCLONES

La IVe République a laissé l'impression d'une époque d'instabilité politique et de troubles sociaux ; elle s'est achevée par une sorte de coup d'État, un coup de force, le 13 mai 1958 à Alger, et ces péripéties ont caché les transformations profondes que la société française a connues et qui ont abouti à la modernisation du pays.

Ce qui rend compte de l'instabilité particulière de l'époque, c'est que la France s'est trouvée à l'interférence de deux cyclones historiques : la guerre froide et la décolonisation. La Grande-Bretagne et les Pays-Bas n'ont eu à faire face qu'à la décolonisation ; l'Italie qu'à la guerre froide ; l'Allemagne divisée et occupée, ni à l'une ni à l'autre. Ainsi exposée, la France a connu un tangage politique qui rappelle les périodes les plus difficiles de son histoire.

La guerre froide d'abord, que prolongent en France les grèves quasi insurrectionnelles animées par les communistes et l'ultra-gauche à l'heure où le prestige de l'URSS est à son zénith. À l'autre extrême, de Gaulle, exclu du pouvoir depuis les débuts de la IVe République, comme bientôt les communistes d'ailleurs, crée le RPF pour mieux souffler sur les braises et stigmatiser les institutions.

Mais, plus encore, les guerres coloniales déstabilisent la République. En tapinois d'abord, au début des opérations de Madagascar et en Indochine ; puis, plus fortement, lorsque commence l'insurrection en Algérie après le désastre de Diên Biên Phu. La faillite de l'expédition de Suez signe celle des dirigeants de la IVe République, de Bidault à Guy

Mollet, de Pleven à Robert Schuman, sans oublier Vincent Auriol ou Antoine Pinay.

Ces événements dramatiques, qui ont abouti au 13 mai 1958 puis au retour de De Gaulle, ont masqué les bouleversements positifs que la société a connus grâce au plan Monnet, au plan Marshall et à l'instauration de la Sécurité sociale.

La France est devenue un pays moderne sans le savoir, au terme de ce qu'on appellera les Trente Glorieuses. Mais nous n'en sommes qu'à mi-parcours... Elle s'est mise aussi à construire l'Europe : où en est-on aujourd'hui ?

Ainsi, ce qui caractérise la IVe République, c'est l'impuissance et l'expansion.

QUEL RÉGIME POLITIQUE POUR LA FRANCE ?

Une fois donnée sa démission, le 20 janvier 1946, de Gaulle n'avait pas même voulu se retourner pour quitter ceux qui, ces derniers mois, l'avaient acclamé. Ses compagnons le pressaient de s'expliquer : « Vous êtes entré dans l'Histoire par l'Appel du 18 juin ; on ne comprendrait pas que vous vous en absentiez par une lettre à Félix Gouin. » Cette demande le mit en colère. Il répondit : « Seul le silence est grand, tout le reste est faiblesse. »

Au vrai, il espère et juge que la nation le rappellera. Et il ne s'installe pas loin, à Marly. À J. Jeanneney qui compare son sort à celui de Clemenceau, que les Français abandonnèrent après 1918, il apporte un correctif : « Clemenceau n'a jamais suscité de mystique. (...) Au lieu que dans tout ce que nous avons fait, nous avons été portés en avant par la grande vague de fond que j'ai suscitée, et qui dépassait infiniment ma personne. »

Et comme la vague de fond ne se manifestait pas, il stigmatisa ceux qui régnaient à sa place : « Ce ne sera pas un gouvernement d'assemblée, mais un gouvernement de brasserie. »

De fait, le gouvernement allait bien incarner la dictature des partis. À peine nommé à sa tête, Félix Gouin déléguait aux états-majors de ces partis le soin de désigner les ministres en se contentant de contingenter chacun d'entre eux. Ce dispositif dessaisissait à la fois les électeurs et le pouvoir exécutif. Les premiers, parce qu'ils ont voté pour une idée et que l'homme choisi par le parti pour la défendre ne sera pas nécessairement celui qu'ils ont désigné ; les seconds, parce que le Président du Conseil n'a pas prise sur ses ministres qu'il n'a pas lui-même choisis.

Or, au lendemain de leur suppression par Pétain, les partis apparaissaient constituer l'essence même de la liberté retrouvée : contester leur hégémonie pouvait légitimer tous les soupçons de césarisme. Certes, de Gaulle pouvait juger, et il n'était pas le seul à le penser, que pour sa part il avait restauré ces libertés ; qu'il s'était montré scrupuleux des règles de la République en allant jusqu'à n'occuper, à l'heure de la Libération, que son modeste fauteuil de secrétaire d'État à la Défense nationale qu'il avait dû quitter en juin 1940. N'empêche que le soupçon existait et se nourrissait du moindre de ses propos.

Lorsque, à Épinal, il déclare accueillir avec un « mépris de fer » les dérisoires imputations d'ambitions dictatoriales, le monde politique se délecte de la réponse que cisèle Pierre Hervé, dans *L'Humanité* : « Mépris de fer, culotte de peau, sabre de bois. »

Son refus du régime des partis puisait à un argumentaire qu'il a formulé avec force en mai 1946 :

« La France ne changera jamais. Vous avez toujours, à gauche, une masse révolutionnaire : en ce moment les communistes. Et puis vous avez toujours un certain nombre d'idéologues, de cocus et d'utopistes, qui hier étaient radicaux et aujourd'hui sont socialistes. Vous avez encore des conservateurs qui se prennent pour des progressistes : c'est aujourd'hui le MRP, à la droite duquel siège la masse catholique, traditionaliste, des propriétaires, industriels et gros commerçants, PRL (Parti républicain de la liberté) de toujours. Enfin, au milieu, vous avez un marécage sans foi ni loi (...), masse de rupture d'équilibre. (...) Voilà pourquoi la solution n'est pas dans les partis (...). Ils n'apportent autre chose que des exclusives (...). Les communistes prétendent faire échec à la réaction ; la droite prétend faire échec à la dictature de Moscou. »

Le diagnostic s'accompagne d'une prophétie.

« Personne ne fait de plan, personne n'essuie un risque. Lorsque la rafale viendra, ils se feront tout petits, comme en 40. Alors, ils n'auront qu'un seul souci : chercher, en se réfugiant sous mon aile, à demeurer intacts pour réapparaître, le danger passé. Voilà pourquoi je les laisserai aller jusqu'au fond. J'ai le temps. C'est terrible mais il faut passer par là. Ensuite, alors oui, je pourrai poser mes conditions. La dissolution est une arme terrible. »

Ces propos de mai 1946 préfigurent la situation de mai 1958. Mais quand il les émet, de Gaulle entend bousculer le MRP, l'obliger à se situer, et lui-même entend rentrer dans le jeu. Quant à ses conditions, il les formule avant que soit soumis à la nation le référendum : ce sera le discours de Bayeux (16 juin 1946).

Si de Gaulle avait les idées claires sur le problème des partis, les autres registres de l'organisation de la vie politique lui étaient moins familiers. Il avait été confronté à ce problème lorsque, au lendemain de la Libération, il avait fallu décider des formes que prendrait la restauration de la République.

Sans doute pouvait-on simplement perpétuer la Constitution de 1875, en l'accommodant de quelques aménagements qui eussent renforcé les pouvoirs du président de la République, en réduisant ceux du Sénat dont l'accord ne serait plus nécessaire pour dissoudre la Chambre. Mais une partie des membres de l'Assemblée consultative ne voulait pas de ce retour au passé, et Maurice Schumann dit à de Gaulle que son mouvement ne cautionnerait pas cette restauration « des sépulcres blanchis ». En outre, il apparaissait inconséquent que l'homme qui avait rompu avec Pétain, et aussi bien avec les assemblées, qui l'avaient investi, pût ressusciter celles-ci. Seuls les radicaux prônaient cette restauration. Mais la majorité des membres de l'Assemblée consultative y était hostile. Surtout, de Gaulle devait s'en tenir à une promesse faite à Alger dans l'ordonnance du 21 avril 1944 qui posait deux règles : qu'après la victoire, le peuple français élirait une Assemblée constituante — ce qui impliquait la fin de la IIIe République ; les électeurs seraient appelés aux urnes, ce qui allait être fait.

Une solution consistait à proposer une Constitution de type plus présidentiel, comme il s'en était entretenu avec Jeanneney, Cassin, Capitant, d'autant que Blum n'en avait pas écarté l'idée dans son ouvrage *À l'échelle humaine* qui constituait la référence au lendemain de la victoire. Mais soumettre cette Constitution au référendum eût été assimilé à un plébiscite et déjà toute une partie de la gauche se récriait.

Aussi de Gaulle avait-il choisi en juillet 1945, pour la réunion d'une Assemblée constituante, une solution conforme à la tradition républicaine, aux précédents de 1789 et 1848 ; en conformité, de plus, avec l'ordonnance de 1944. Sa convocation serait précédée d'un référendum à double entrée : 1 — Êtes-vous favorable à l'élection d'une Assemblée constituante ? 2 — Approuvez-vous qu'elle ait des pouvoirs limités dans le temps et à l'établissement d'une Constitution ? Le deuxième point souleva l'opprobre des communistes qui jugèrent, avec Roger Garaudy, que, « candidat au pouvoir personnel, de Gaulle préférait la confiance des trusts à celle du peuple »...

Les hésitations de De Gaulle sur la solution à choisir trahissaient au fond son embarras devant une situation dont il ne maîtrisait pas tous les ressorts. « Sans doute restait-il maître du jeu, a noté Olivier Guichard, mais c'est le jeu qui lui échappait. »

Or l'avenir dépendait moins, en fait, des résultats du référendum du 21 octobre 1945 (oui à la première question, avec 96 % de voix ; oui à la deuxième avec 66 %, les communistes et les radicaux ayant fait voter non) que de la composition de la future Assemblée constituante... Celle-ci était liée au mode de scrutin, également un terrain dont de Gaulle ne maîtrisait ni les arcanes ni les enjeux. Simplement, il pressentait qu'un scrutin majoritaire risquait d'accentuer la prépondérance des communistes. Le scrutin d'arrondissement incarnait la IIIe République et il lui paraissait dénué de toute utilité globale. De sorte que le scrutin proportionnel lui apparut plus équitable, précisément au plan des idées parce que de grandes options seraient en concurrence et ce mode de scrutin renforce l'emprise des états-majors de partis.

Ces élections faisaient des communistes le premier parti de France avec 26,2 % des voix et 160 sièges ; le MRP et la SFIO suivaient de près, mais l'extrême gauche et la gauche disposaient de la majorité absolue des sièges. L'Assemblée constituante élabora ainsi un projet de Constitution, mais sans en référer à de Gaulle sous prétexte que, « n'étant pas lui-même un élu, il n'avait pas qualité pour participer à la rédaction d'un texte constitutionnel »... Cette avanie, ajoutée à d'autres, avait été à l'origine de son départ. La commission chargée de préparer la Constitution rédigea un projet qui correspondait exactement à ce que rejetait de Gaulle. Le 1er janvier 1946, il avait déclaré : « Veut-on un gouvernement qui gouverne, ou bien veut-on une Assemblée omnipotente déléguant un gouvernement pour accomplir ses volontés ? » Or, malgré l'opposition des MRP et des radicaux, le texte majoritaire propose au référendum une Assemblée unique, élisant à la fois le président de la République et le président du Conseil, pouvant renverser le gouvernement par un vote de censure.

Le gouvernement pouvait dissoudre l'Assemblée, à condition de démissionner lui-même et de remettre le pouvoir au président de l'Assemblée, de sorte que celle-ci avait toujours le dernier mot.

Réagissant contre cette hégémonie de la gauche — plus, sans doute, qu'opposée à un projet constitutionnel qui donnait le pouvoir aux représentants du peuple sous une forme qui rappelait la Convention de 1793 —, l'opinion repoussa le projet par 53 % des voix contre 47 %, le 5 mai 1946. Elle confirma son sentiment lors de l'élection d'une deuxième Constituante où les deux partis de gauche n'eurent plus la majorité.

De Gaulle était peu intervenu durant la campagne, laissant le MRP aller au feu. Mais comme le MRP, après sa démission, loin de se rallier à lui, avait préféré s'associer aux socialistes et aux communistes pour demeurer au gouvernement — le tripartisme —, en arguant de l'urgence de ne pas laisser seule la gauche au pouvoir, de Gaulle, ulcéré, décida d'intervenir dans les débats qu'ouvrit la deuxième Constituante.

Son but ? À la fois affirmer sa présence et dire quel était le régime politique qu'il jugeait bon pour la France.

L'irritation, le « cancer de l'ennui », cinq mois après son départ, poussaient de Gaulle à intervenir ; mais aussi l'affaiblissement de l'adversaire principal, les communistes, qui « avaient raté deux fois leur coup » : en 1945, pour ne pas s'être saisis illégalement du pouvoir ; en 1946, pour avoir vu rejeter leur tentative légale de le prendre et de le garder, par la voie d'une Constitution qui leur en eût donné les moyens.

Il a choisi Bayeux, la ville où il a débarqué en 1944, pour énoncer les principes du régime qui conviendrait au pays et donner à cette cérémonie du 16 juin 1946 l'éclat et l'écho nécessaires. Aucun ministre n'était présent, mais le général Leclerc, le général Kœnig, l'amiral d'Argenlieu, ainsi que Maurice Schumann, Jacques Soustelle, André Malraux, René Capitant.

« C'est (...) du chef de l'État, placé au-dessus des partis, élu par un collège qui englobe le Parlement, mais beaucoup plus large et composé de manière à faire de lui le président de l'Union française en même temps que celui de la République, que doit procéder le pouvoir exécutif. »

Au chef de l'État, la mission de nommer les ministres et naturellement le premier. Au chef de l'État la fonction de promulguer les lois, de prendre les décrets, de présider les Conseils du gouvernement.

À ce trait fondamental — que l'exécutif ne doit pas procéder du législatif —, il ajoute qu'est maintenue la responsabilité du gouvernement devant le Parlement, le rôle du président étant de les « accorder ». Une deuxième Chambre est nécessaire pour représenter les collectivités locales et les élus des professions ou des activités sociales, les syndicats par exemple. Enfin, le président peut provoquer les élections par la dissolution.

Ces dispositifs n'avaient pas pour fonction essentielle de séparer seulement l'exécutif du législatif, mais d'émanciper le pouvoir exécutif en lui accordant une suprématie issue de la légitimité démocratique.

L'écho, unanime, répondit : « Bonapartisme ».

Le rejet portait sur sa personne et sa volonté de rentrer dans le jeu plus que sur le contenu même du programme de Bayeux.

À la deuxième Constituante, réunie à la suite du rejet de la première Constitution, la gauche n'eut plus la majorité et le MRP amenda l'ancien projet en accroissant un peu le pouvoir du président de la République, qui désignerait le Président du Conseil avant qu'il passe devant l'Assemblée ; et on y ajouta la création d'une deuxième Chambre, le Conseil de la République, en l'occurrence un Sénat croupion.

« Non, franchement non », n'en répondit pas moins de Gaulle, qui stigmatisa cette Constitution, acceptée, celle-là, en octobre 1946, par 36 % des inscrits contre 31 % de non et 31 % d'abstentions, c'est-à-dire, dit-il, par un tiers des Français. Désormais, il n'a de cesse de la condamner.

Pourtant, si de Gaulle est bien présent dans la vie politique française, qu'il parle ou soit silencieux, qu'il fonde le RPF pour préparer son retour au pouvoir ou qu'il s'en détache, la substance du discours de Bayeux n'aura duré qu'un seul été. Loin d'être l'étendard du régime politique qui devait, un jour, sauver le pays, le programme de Bayeux fut aussi vite enterré, tant par le MRP que par les gaullistes du RPF. Associé au tintamarre qui l'avait accompagné, il constitua un obstacle à la normalisation des rapports que les organisations politiques, même gaullistes, voulaient établir avec le Général. Seul de Gaulle se référa au contenu de ce discours, le martelant, avant que ne s'opère, après 1958, ce retournement prophétique qui le situa à la source même de la Ve République (B. Gaïti, *De Gaulle prophète de la Ve République*, Paris, 1998, 370 p.).

NI DE GAULLE, NI LES COMMUNISTES...

L'Assemblée constituante avait conduit de Gaulle à la démission. Un an plus tard, le socialiste Ramadier retirait leur délégation aux ministres communistes (mai 1947). Ainsi, ce furent les partis qui se sont débarrassés de De Gaulle, et ce furent les moins forts d'entre eux qui chassèrent le plus puissant, celui qui fascinait : le parti communiste.

Le parti avait participé au gouvernement de 1943 (Alger) à 1947 (Paris) grâce à une triple conjoncture : il anime une bonne partie de la résistance intérieure ; la puissance soviétique a pris la relève de la domination nazie ; en outre, l'URSS elle-même est au zénith de sa gloire, et après guerre sont oubliées les critiques qu'on a pu lui faire avant (l'époque des grands procès de Moscou) ou étouffées celles qui apparaissent juste après le procès que les communistes font à Kravchenko, qui dans *J'ai choisi la liberté* révélait l'existence de camps de concentration en URSS.

C'est au lendemain de la guerre que les communistes deviennent le premier parti de France ; auparavant, par l'intermédiaire de Thorez, Staline s'était opposé à une prise de pouvoir que souhaitent Marty et les militants les plus révolutionnaires, car la participation suffisait et elle ne risquait pas de susciter une intervention américaine ; et c'est une position qui ne fermait pas l'avenir. Cette attitude rend compte des concessions faites à de Gaulle lorsque le parti décida de mettre fin à l'existence de ses groupes armés.

En 1945, de Gaulle avait refusé aux communistes les postes clés qu'ils revendiquaient dans le gouvernement : l'Intérieur, les Affaires étrangères, la Défense nationale, choix qui révèle leurs arrière-pensées : car le « parti des travailleurs » ne réclamait ni l'économie, ni les affaires sociales, ni la santé... Simultanément, à l'opposé des thèses révolutionnaires, sous l'égide de Thorez il lance son mot d'ordre : « Produire, c'est aujourd'hui la forme la plus élevée du devoir de classe, du devoir des Français... pour faire échec à la réaction. » La reconstruction doit favoriser les progrès du parti, obliger les socialistes et de Gaulle à composer. On se situe dès lors en plein réformisme, même si une stratégie alternative sous-jacente, d'offensive contre la bourgeoisie sans guerre civile, devait préparer le terrain à l'Armée rouge et instaurer une démocratie populaire. À cette date — 1945-1946 —, la politique du parti devient opaque à ses militants, les plus déterminés ne comprenant pas cette politique de collaboration avec le « pouvoir bourgeois » alors que des démocraties populaires s'instituent à l'est de l'Europe.

La condamnation des grèves par le parti, sa discrétion sur les problèmes coloniaux demeurent incompréhensibles à qui ne veut pas ou ne peut pas comprendre que c'est Staline le grand ordonnateur de la stratégie révolutionnaire mondiale ; et que, pour l'instant, l'heure n'est pas venue, selon lui, de prendre le pouvoir en France.

Les communistes n'en pensent pas moins qu'ils s'en saisiront un jour. Lorsque, à la suite d'une crise, Paul Ramadier les chasse du gouvernement, en mai 1947, ils s'imaginent que c'est provisoire, et les autres forces politiques françaises — les socialistes et MRP — pensent également que ce départ n'est qu'une péripétie et que les communistes participeront à nouveau au gouvernement.

Au congrès de Strasbourg, dans une atmosphère enthousiaste, Thorez proclame qu'ils reviendront au gouvernement « dans de meilleures conditions ». Ils sous-estiment la rupture qu'impliquait le début de la guerre froide. À Fulton, en 1946, Churchill avait, le premier, parlé d'un « rideau de fer » ; puis Truman avait énoncé sa doctrine du *containment* (endiguement). Pour les dirigeants français s'ajoutait ce sentiment que l'aide américaine serait plus substantielle s'il n'y avait plus de communistes au gouvernement.

Or, juste après le congrès de Strasbourg, eut lieu à Sklarska-Poreba, en Pologne, la fondation du Kominform, où, dans l'esprit de la guerre froide, Jdanov stigmatisa la façon dont les communistes français s'étaient laissé éliminer du pouvoir et préconisa une politique de rupture avec le modèle économique et politique occidental.

Pour bien des militants, ce retour à l'opposition absolue correspondait à la vérité de leur engagement, comme ils l'avaient déjà manifesté lorsque leurs ministres avaient dû quitter le pouvoir. Mais pour la direction du parti cela signifiait qu'ils ne pourraient plus pratiquer la politique « un pied dedans, un pied dehors ».

À la grande satisfaction de sa base, il soutient les grandes grèves de la fin 1947 et de 1948, qu'il n'a pas suscitées. Contemporaines du « coup de Prague » qui porte au pouvoir le communiste Gottwald, les violences qui accompagnent ces grèves indisposent un électorat qui, peu à peu, rejette l'exemple des démocraties populaires au moment pourtant où la gloire de l'URSS et son modèle sont au zénith...

Et comme en 1913, pour les révolutionnaires et syndicalistes, « telle l'ombre qui s'allonge au déclin du jour, la prise du pouvoir paraît s'éloigner plus encore » (Michèle Perrot).

Pourtant la puissance de la contre-société communiste semblait indestructible, et irrésistible aussi la marche de l'Histoire, c'est-à-dire la victoire inéluctable du socialisme... Un an plus tôt, deux cent soixante et un parlementaires avaient donné l'investiture à Maurice Thorez et il en avait manqué seulement quarante-neuf pour qu'il devienne le premier président du Conseil communiste dans l'histoire du pays.

Entre 1947 et 1951, le parti compte, avec ses apparentés, cinq millions d'électeurs et devient le premier parti de France. Comme l'a montré Annie Kriegel, il forme une véritable contre-société qui a le sentiment de peser sur l'État. Métallos et mineurs deviennent les modèles de la lutte anticapitaliste, d'opposition au patronat, d'hostilité au plan Marshall, à l'impérialisme américain, au réarmement de l'Allemagne. Le goût pour l'action concrète, une certaine intransigeance caractérisent ce parti qui donne aux luttes politiques le caractère violent qu'elles n'ont plus dans les pays voisins. Le parti compte qu'il prendra bientôt le pouvoir.

Jamais le parti n'a semblé si fort. Il compte 814 000 membres, soit deux fois et demie plus qu'en 1937 et quatorze fois plus qu'en 1945. Surtout, il est présent dans le pays tout entier, voire plus au sud qu'au nord et, se présentant comme le parti de la « Résistance » intérieure, il s'est ainsi nationalisé. L'Union des femmes françaises regroupe plus de 600 000 adhérentes, France-URSS, 257 000. *L'Humanité* atteint un tirage de 429 930 exemplaires, et les quotidiens communistes, 876 000. Le point essentiel, mis en évidence par les travaux de Philippe Buton, est l'importance de l'électorat communiste dans les régions rurales qui possèdent des activités industrielles dans les bourgades ; également dans les milieux agricoles de tradition socialiste, notamment dans le Midi. Un autre point important est bien que, tout en se déclarant un parti ouvrier, ses dirigeants observent néanmoins, dès mai 1947, que « le PC déserte les usines » (Marcel Cachin). À Boulogne-Billancourt, chez Renault, bastion et symbole de la puissance communiste, les inscrits sont à peine un dixième des effectifs contre près du quart en

1937. Ce recul, identifié par les instances dirigeantes, n'est pas connu du public. Quant à ses causes, elles sont liées à la politique préconisée par Thorez en 1944 — « produire, savoir terminer une grève ». La réticence ouvrière envers la participation du PCF au gouvernement n'est pas un rejet, mais un avertissement dont rend compte le « soulagement » des militants de base quand les ministres communistes quittent le pouvoir.

Inaperçue du public, cette rétraction est cachée par la présence active des communistes dans la vie intellectuelle où ils exercent une sorte de dictature d'opinion. Le PC se déclare « le parti de l'intelligence française ». La gloire héritée de la Résistance, le prestige de l'URSS, la puissance du parti fascinent écrivains et artistes qu'en retour le parti « reconnaît » et valorise. À la direction nationale des intellectuels communistes se retrouvent Frédéric Joliot-Curie, Louis Aragon, André Lurçat, Roger Garaudy. Celui-ci y précise l'importance du marxisme, « mère de toutes les grandeurs de l'esprit ». Maurice Thorez se veut ainsi l'incarnation de la France entière : aussi, agir contre la classe ouvrière ou contre le parti, c'est agir contre elle. Les intellectuels sont là pour servir cette cause. Que rien n'existe en dehors du parti. Roger Pannequin en témoigne, l'ayant quitté depuis, qui découvre — alors — qu'il existe, hors du parti, des écrivains...

Monnet, Marshall, Schuman : des plans, quels enjeux ?

Entre 1946 et 1950, trois plans ont été mis en place : leur principe fut d'organiser la reconstruction de l'économie française, sa modernisation et son insertion dans un ensemble européen.

« Mon général, vous parlez sans cesse de grandeur, mais la France est un petit pays (...) parce qu'elle produit peu et que ses méthodes sont antiques... Ce pays, il faut le moderniser. » Ce propos de Jean Monnet au général de Gaulle fit mouche. Certes, de Gaulle n'éprouvait que des sentiments mitigés envers celui qui, à Londres en 1940, aurait pu être un rival, un rival dangereux à cause de ses amitiés américaines qui dataient de la Première Guerre mondiale, quand il y assurait les approvisionnements de la France. Mais il n'en avait rien été et, en 1945, après plusieurs années de collaboration à Londres puis à Alger, de Gaulle confiait à Jean Monnet le soin de constituer un commissariat au plan.

Et d'agir en conséquence.

Ce négociant en cognac, promu grand technocrate, n'avait jamais voulu être ministre parce que, selon lui, les hommes politiques cherchent à accroître leur pouvoir plus qu'à obtenir des résultats. Ainsi, il n'appartint à aucune formation mais les fréquenta toutes ; il se voulait politiquement inclassable.

Fasciné par l'efficacité américaine, il jugeait que la France devait prendre exemple sur Roosevelt, c'est-à-dire confier à l'État des responsabilités mais dans le cadre d'une économie libérale, instituer une sorte de New Deal à la française, un plan, certes, mais délimité et concret, et qui n'impliquerait pas une restructuration complète de la vie du pays, comme l'envisageait Mendès France, auquel du reste il était lié ; un plan qui ne serait pas non plus appliqué de façon autoritaire, comme en Union soviétique. Surtout, ayant vécu depuis plus de vingt ans à l'étranger, il sut faire l'état des lieux en France avec le regard d'un médecin, extérieur au sujet ; la première idée qu'il formula fut que, certes, il fallait reconstruire, mais pas à l'identique. Il jugea aussi que les carences de la vie économique héritées du passé étaient plus importantes que les destructions dues à la guerre.

La deuxième idée qu'il mit en pratique fut d'associer patrons, syndicats et fonctionnaires, et de n'entreprendre qu'après que ces trois partenaires seraient convenus ensemble de la réponse à apporter aux propositions des responsables du plan : Jean Monnet et ses collaborateurs, René Marjolin, Pierre Uri, Étienne Hirsch. De sorte que fut établie une hiérarchie des urgences qui plaça en tête la reconstruction énergétique, par le charbon et la houille blanche, la sidérurgie, les machines agricoles.

Pour faire démarrer le plan, il fallait de l'argent et les gouvernements de Félix Gouin puis de Bidault savent que la France ne peut pas s'en tirer seule. Il faut solliciter un prêt. Il s'agit là d'une révolution mentale chez les hauts fonctionnaires des Finances car il ne s'agit plus, comme après 1914-1918, de toujours sacrifier le développement économique à l'orthodoxie ou à la stabilisation financière dont on est loin. « On a dû foncer les yeux fermés, mais eût-on démarré les yeux ouverts ? » Il n'y avait pas d'autre solution : pressurer l'Allemagne ne permet pas de répondre à toutes les exigences du plan ; poursuivre l'austérité, à l'anglaise, ne serait plus accepté par l'opinion ; s'unir au Benelux irriterait les Anglais et les Allemands, sans résultat certain. Il reste donc à solliciter un prêt.

Le premier messager parti quémander de l'argent, Léon Blum, ne put s'adresser qu'à Washington. On y a de l'estime pour cette incarnation de la démocratie, mais avant de prêter les Américains veulent apurer les comptes. Sur les 3,5 milliards de dette, on en efface 2 774 millions de dollars, il en restera encore 720, on en prête 300, et pour des achats aux États-Unis 650 encore. Ce sont les accords Blum-Byrnes qui, par ailleurs, ouvrent grandes les salles françaises aux films américains. Mais cet accord est vite signé pour que ses avantages soient proclamés avant les élections, et qu'ainsi les socialistes n'aient plus à craindre les attaques des communistes.

Nous y voilà.

Car l'aide américaine n'était pas liée au départ des communistes du gouvernement Ramadier, comme on l'a dit, mais si elle les affaiblissait, tant mieux. Et les Américains firent ce qu'il fallait. Il en fut de même en Italie.

Dans le contexte de guerre froide qui se dessine, l'aide américaine s'assortit en effet de conditions qui obéissent à des motivations différentes.

Ainsi naît le plan Marshall, lancé en juin 1947, d'« aide aux peuples libres et à ceux que menacent d'asservir les puissances étrangères ». Il a été précédé d'une aide à la Turquie et à la Grèce — là contre la menace soviétique, ici contre la subversion communiste. L'aide Marshall naît de la crainte des Américains de voir la misère dégénérer, tant en Allemagne qu'en France ou en Italie, mais également en Grande-Bretagne où l'austérité frappe une population qui n'en peut plus.

Est-ce la peur d'une subversion communiste, l'occasion à saisir de dominer indirectement l'Europe, une opportunité pour l'économie américaine de s'assurer des marchés puisqu'il va de soi qu'une partie de l'aide doit correspondre à des achats aux États-Unis... ? Tous ces facteurs interviennent, et un autre encore : éviter qu'une crise, en Allemagne ou ailleurs, ne nécessite à nouveau l'envoi de « boys » en Europe — et pour la troisième fois.

L'aide avait été proposée à tous les pays, URSS comprise, et déjà Polonais et Tchèques se réjouissaient de l'aubaine, y compris les communistes de ces pays. Mais sur le rapport de l'économiste Varga, qui montre que le plan Marshall vise avant tout à sauver l'économie américaine, Molotov exprime sa réserve en demandant que cette aide soit disposée dans des accords bilatéraux et non comme un tout que les Européens doivent gérer ensemble. Il refuse également que les vaincus reçoivent autant d'aide que les vainqueurs et que l'Amérique en contrôle seule l'utilisation. Avec l'Est, c'est la rupture. Mais l'Ouest accueille le plan qui complète ce qui avait été versé auparavant. Au total, la Grande-Bretagne perçoit 33 % de l'aide, la France 21 %, l'Allemagne 12 %, l'Italie 10,5 %, le Benelux 8 %, l'Autriche 4 %, la Grèce 6 %, les pays scandinaves 3 %.

En France, les milieux financiers étaient circonspects : « La Faillite, nous voilà », disaient-ils, au vu des fonds américains. Ils se trompaient ; et ces fonds aidèrent à l'application du plan Monnet et au démarrage des Trente Glorieuses.

L'aide Marshall permit de réaliser une bonne part des objectifs du plan de modernisation. L'ECA (Economic Cooperation Administration) veillait à l'équilibre monétaire et laissait les responsables du plan agir ; mais elle les influença par ses critiques dès qu'il s'agissait d'aider une entreprise nationalisée, et elle ne poussait pas au développement des secteurs les plus avancés — pétrole, antibiotiques, aéronautique, recherche, l'électronique et l'agroalimentaire — bref, les industries d'avenir n'ont guère été encouragées par l'aide Marshall. « Les Américains ne s'intéressaient pas à la modernisation industrielle de la France, mais au développement d'une économie ouverte, compétitive, accueillante à leurs capitaux, mais subordonnée. » Programme de lutte contre la subversion, le plan Marshall fut transformé par Jean Monnet en un instrument de modernisation. Mais « dans le cocon européen » (G. Bossuat).

Jean Monnet jugeait ce cocon nécessaire depuis toujours. Il acceptait le principe d'une dépendance provisoire vis-à-vis de l'Amérique pour autant qu'elle sécréterait une indépendance économique, qui ne serait viable cependant que dans un cadre équivalent à celui des États-Unis ou de l'URSS. Ce ne pouvait être que l'Europe ; l'Europe sans l'URSS, bien entendu, une Europe associée aux États-Unis, mais autonome.

Or, plus on perdait du temps à constituer cet ensemble, et plus l'Allemagne se relevait, encouragée par les Américains qui voyaient en elle le meilleur rempart contre le communisme et l'expansion soviétique. Sans consulter ni les Français, ni les Soviétiques, ils pilotèrent la réforme monétaire allemande qui substituait le Deutschemark au Reichsmark, les Russes répondant par le blocus de Berlin. Selon la même procédure, ils contribuèrent à la naissance de la République fédérale, ce à quoi l'URSS répondit en constituant la RDA (1949). La division de l'Allemagne en deux États antagonistes s'institutionnalisait dans un climat de tension, dont on craignait l'issue. Quant à la France, elle subissait cette évolution du voisin allemand tout en continuant, comme les autres alliés, à gérer sa zone d'occupation : elle y jouait le rôle un peu désuet d'un vainqueur occupant un pays plus dynamique que soi. Et elle ne se pressait pas de donner une solution à la question sarroise, pour continuer à en exploiter le charbon, une pomme de discorde qui irritait au plus vif les Allemands.

Quelle solution trouver à ces problèmes ?

À la façon dont Truman avait dramatisé la situation régnant en Europe pour obtenir que soit votée l'aide Marshall, Jean Monnet, une fois de plus initiateur, fit un rapport alarmant sur la situation économique. Il y proposait la création de la CECA, Communauté européenne du charbon et de l'acier.

L'occasion ? La crainte que suscite la montée fulgurante de la production du charbon en Allemagne, qui a quasi doublé en un an, et qui pourrait déboucher sur un retour d'agressivité de l'économie et de la politique allemandes. L'idée ? Greffer le charbon, fondement de l'économie allemande, sur l'acier, point fort des activités de la France, pour rendre impossible un nouveau conflit. « Si le charbon et l'acier ne sont plus sous le contrôle de leur nation d'origine, celles-ci perdront le nerf de ce qui leur permettait de faire la guerre. »

Jean Monnet avait toujours eu l'idée d'associations complémentaires de ce type : pendant la Première Guerre mondiale déjà, il avait vu qu'entre Dunkerque et Douvres des navires partaient à plein et revenaient à vide : il avait été ainsi à l'origine d'un pool qui permettait aux navires de repartir à plein...

En 1950, le projet de communauté charbon-acier, cet autre pool, apparaît comme une sorte de solution miracle, en France au moins, tant les rapports franco-allemands sont mauvais, à cause de la Sarre, mais aussi à cause du comportement peu amène des représentants français dans leur zone, depuis qu'une République fédérale a vu le jour en 1949 sans que la France ait été consultée. L'irritation des Français vient, plus précisément, du fait qu'en bi-zone anglo-américaine, le général Clay agit en allié plus qu'en occupant pour greffer l'Allemagne de l'Ouest sur le « monde libre » ; mais une partie de l'opinion française — communistes et gaullistes réunis — juge excessives et scandaleuses les aides dont bénéficient les Allemands, de la part des Américains essentiellement. Jean Monnet en est bien conscient et voudrait désamorcer ce conflit franco-allemand qu'il sent renaître avec un État qui est désormais quasi souverain.

Or, en Allemagne, le chancelier Adenauer juge aussi que l'établissement d'un climat de confiance avec la France est un préalable à l'arraisonnement de la République fédérale au monde libre. Robert Schuman, qui a pris en main le projet de Jean Monnet, en parle secrètement à son « frère » en démocratie chrétienne, Konrad Adenauer, qui s'enthousiasme pour ce qui apparaît « un saut vers l'inconnu ».

Or l'idée de Jean Monnet est de substituer des accords sur une réalité économique effective à des conventions politiques, générales mais aléatoires. Certes, il aurait souhaité, à l'origine, qu'un solide accord franco-anglais, et pas seulement diplomatique, constituât le premier maillon d'une construction européenne à laquelle on aurait joint la République fédérale. Mais, bien que patronnée par Winston Churchill au congrès de La Haye en 1948, la mise en place du Conseil de l'Europe, en 1949, constitue un acte symbolique : c'est la première Assemblée parlementaire internationale de l'Histoire, mais une assemblée délibérative qui n'a aucun pouvoir. On dispute de son statut éventuel, le nombre de membres s'accroît rapidement, mais l'Angleterre s'en détache, si bien que les discussions sur la forme à donner à l'Europe s'enlisent.

Le projet de Jean Monnet est exactement l'inverse : commencer à deux sur un terrain précis et délimité. Puisque la Grande-Bretagne se dérobe, que l'urgence est de gagner l'Allemagne afin que, ralliée à l'Ouest, elle ne soit plus un enjeu de guerre froide, « Eh bien, avançons seuls ! » propose Jean Monnet à Robert Schuman. Dès lors, on se cache des Anglais, on avertit les Américains, on voit secrètement les Allemands, et la bombe explose le 9 mai 1950 sous le nom de plan Schuman. La Communauté européenne du charbon et de l'acier allait naître en une année, élargie au Benelux et à l'Italie, avec son siège à Luxembourg. Jean Monnet la préside. La CECA constituait ainsi le noyau dur d'un croupion d'Europe économique autonome au sein d'une Europe des États qui n'avait aucune consistance. La CECA devait s'élargir, dans l'idée de son fondateur, à d'autres produits — l'atome, les produits agricoles —, ce qui s'effectuera six ans plus tard avec le traité de Rome, car entre-temps la guerre de Corée et, en France, les crises de l'empire retardent la réalisation de ces projets.

Mais le point important est bien que, sous la couche friable des gouvernements et des luttes politiques, naissait et se durcissait en profondeur un noyau d'intérêts économiques de plus en plus transnationaux, et qui, sous la bannière de la construction de l'Europe, se présentait non comme une communauté d'États mais une communauté-État, et allait bientôt menacer la souveraineté de l'État-nation.

Les Trente Glorieuses

Cette expression est de Jean Fourastié pour désigner les changements extraordinaires qui ont transformé l'économie et la société françaises entre 1946 et 1975 environ... Cette métamorphose rompt avec les développements continus mais lents que le pays avait pu connaître auparavant ; elle transgresse la périodisation politique puisque cette époque née sous la IVe République voit son évolution s'accentuer encore aux débuts de la Ve République et dépasse Mai 1968.

Certes, d'autres pays — l'Allemagne surtout, la Suisse et le Japon — ont pu connaître aussi leurs Trente Glorieuses, mais le phénomène ne se retrouve pas dans l'ensemble des pays à développement équivalent : ni la Grande-Bretagne, ni l'URSS, ni la Scandinavie, ni la République argentine ne l'ont connu. Quelque-uns l'ont eu plus tard, ainsi l'Italie, puis l'Espagne. D'autres, jamais.

En leur temps, ces transformations sont apparues constituer une évolution naturelle, le pays entrant dans la société de consommation. Or, ces trente années ont marqué une rupture brutale avec le passé, proche ou lointain. Quelques exemples en témoignent.

Ainsi, la population active agricole en 1946 représente encore les 65 % de ce qu'elle était en 1700. En 1975, elle n'est plus que le quart de ce qu'elle était en 1946. Autre exemple : le nombre de personnes nourries par 10 travailleurs était de 25 en 1850, de 55 en 1946, de 260 en 1975. On mesure le changement. Les progrès de la santé, de l'allongement de la vie sont connus, mais, là encore, les Trente Glorieuses s'affirment décisives. En 1856, on comptait 232 000 personnes ayant 80 ans ou plus ; en 1946, 536 000, soit presque un doublement en un siècle ; en 1975, on en compte 1 467 000, soit presque trois fois plus en trente ans. Corollaire ? Le nombre des médecins, qui est de 20 000 en 1911, est de 29 000 en 1946 et de 81 000 en 1975.

Le changement social essentiel a été le passage des activités du secteur qu'A.G.B. Fisher puis Colin Clark ont dénommé « primaire » — celui des produits extraits directement de la nature (c'est-à-dire l'agriculture, la pêche, les mines) — vers le secteur « secondaire » (la transformation industrielle) et le secteur « tertiaire » (les services) qui va du commerce à la banque, aux soins du corps, à l'éducation, au judiciaire. Pendant des siècles, le rapport quantitatif de main-d'œuvre entre ces trois types d'activité était de 80-10-10, pour un total de 100. En 1946, il était devenu 36-32-32, et en 1975 : 10-39-51. Dans le tertiaire, le commerce demeurant stable en nombre d'actifs, le grand bond est le fait de l'enseignement, de la banque, des services médicaux : leurs effectifs se sont multipliés au moins par 5 pendant les Trente Glorieuses, plus encore pour l'Éducation nationale. Les dépenses budgétaires de l'État, des départements et des communes qui étaient de 2 millions 73 000 en 1912, de 8 milliards 26 000 en 1947, sont passées à 80 milliards 33 000 en 1971 (tout calculé en francs de 1938). On observe le même bond en ce qui concerne la durée des loisirs, la construction de maisons neuves, la proportion d'habitants passant de la campagne à la ville, en cités le plus souvent : en un siècle, les places relatives du rural et de l'urbain se sont inversées ; or, ces trente années-là, la population rurale est passée de la moitié à moins du tiers ; alors qu'entre 1925 et 1946 les deux groupes étaient demeurés à peu près égaux. Bref, le visage du pays et celui de sa société surtout ont changé en trente ans plus que pendant le siècle et demi qui a précédé.

Les données vont se modifier avec la crise de 1974 ; le chômage notamment, quasiment absent pendant les Trente Glorieuses, qui, installe durablement, dans le secondaire surtout.

Or, avant que cette crise se manifeste, ces progrès n'avaient pas été vraiment perçus comme tels par tout le monde.

D'abord, parce que ces transformations ont fait beaucoup de victimes, en dépit de la promotion du niveau et du genre de vie du plus grand nombre des Français. Ensuite, parce que les hommes et les femmes qu'elles ont sécrétés sont plus revendicatifs que leurs prédécesseurs et, en ce sens, c'est aussi bien le désir de l'amélioration de sa condition qui a pu déclencher grèves et manifestations que la revendication d'égalité, ou plus exactement la lutte contre les excès d'inégalité, et bien que ceux-ci aient été quelque peu amoindris depuis un demi-siècle. Par exemple, le traitement d'un directeur, dans un ministère, équivalait, en 1875, à 110 000 heures de ménage — contre 10 300 en 1976, dix fois moins. On retrouve une diminution des écarts dans un grand nombre de professions : enseignement, médecine, etc.

Le sentiment d'insatisfaction a été aussi fort que la prise de conscience des améliorations matérielles constatées, de sorte que la revendication n'a pas cessé de recouvrir ce mieux-vivre. Chacun juge qu'il mérite largement ce qu'il gagne sans vouloir constater qu'un Égyptien qui fait le même travail gagne cinq ou dix fois moins. Tout comme aujourd'hui, les jeunes entendent avoir autant d'argent que leurs aînés avant d'avoir rien produit.

Or, ce sont les progrès de la production, de la productivité liée à une organisation rationnelle du travail, qui ont permis le bond prodigieux des Trente Glorieuses, de la consommation, de l'amélioration des conditions de vie. Ces progrès ont été énormes pour les appareils ménagers et le confort intérieur, grands pour l'alimentation, surtout les céréales, l'élevage des poulets et du porc, pour les objets de grande série, les travaux publics. Ainsi le blé, produit de base, exigeait à la tonne 35 heures de travail en 1946, et 10 en 1975. Il rendait 9 quintaux à l'hectare au début du XIXe siècle, 15 quintaux en 1945, et 42 quintaux en 1974. Par contre, certains progrès de productivité ont été plus faibles : dans la culture des pommes de terre, le vin, l'élevage des bovins et des ovins, les produits artisanaux en petites séries. Évidemment, ces progrès de productivité ont été nuls dans les arts, la lecture, la représentation de concerts, etc. Un coiffeur ne traite, à l'heure actuelle, pas plus de clients qu'au XVIIIe siècle. Le prix du coiffeur est ainsi le même, ou à peu près, dans tous les pays du monde, un prix constant en relation avec le salaire moyen ; car la coupe de cheveux n'est pas liée aux progrès de la technique.

Ce qui signifierait que l'augmentation du pouvoir d'achat des salaires tient moins à la hausse des rémunérations qu'à la baisse des prix de la consommation, baisse due au progrès technique, aux gains de productivité qui n'ont jamais été aussi élevés qu'après 1946, et qu'à sa manière le plan Monnet a organisés et que l'aide Marshall a soutenus.

Le cycle s'est interrompu puis achevé lorsque plusieurs données ont conjugué leurs effets. D'abord, la hausse des prix du pétrole qui sonnait la fin de l'énergie facile. Puis l'engorgement du marché qui ne pouvait plus absorber une production en hausse constante d'automobiles, de réfrigérateurs, de produits alimentaires évidemment... Ensuite, l'industrialisation de certains pays du tiers-monde, qui cessent d'être acheteurs et deviennent même concurrents ; enfin, la désorganisation du commerce et du système monétaire international.

Du dispositif mis en place pendant les Trente Glorieuses, quelques éléments pouvaient, dès avant la crise pétrolière, constituer des handicaps pour l'avenir. D'abord, des coûts salariaux et des prises de bénéfices trop élevés, autant qu'aux États-Unis ou au Japon qui ont une meilleure productivité. Ensuite, une structure des échanges extérieurs peu favorable, la France exportant surtout ce que d'autres produisent également (les automobiles, par exemple) et peu dans des créneaux où la demande internationale s'accroît ; en outre, le textile et la sidérurgie subissent de plein fouet la concurrence des pays du tiers-monde. Un autre facteur de paralysie est sans doute l'abus des réglementations qui rendent difficiles les adaptations rapides au marché.

Cumulés, ces handicaps ont frappé de plein fouet l'économie et la société lorsque le processus de mondialisation s'est accéléré et accentué. La montée du chômage et des charges de l'État en ont constitué les effets les plus pervers sinon les moins prévisibles.

L'ENVERS DE L'ESSOR : LES CRISES POLITIQUES

Plus qu'aux transformations économiques et sociales en cours, les contemporains de la IVe République ont été sensibles à l'instabilité du régime et à son incapacité à régler les problèmes coloniaux.

Avec une vingtaine de gouvernements entre 1946 et 1954, la crise ministérielle a constitué une des figures du régime ; elle avait son rituel : appel à l'Élysée d'un membre du parti qui a fait chuter le gouvernement précédent, « levée d'hypothèque » par une consultation avec tel autre candidat à la succession dont l'échec semble inévitable, etc. De plus en plus fréquentes après 1948, ces crises tiennent à plusieurs données...

Déjà, le départ de De Gaulle et la fondation du RPF ont créé une force déstabilisatrice, faible au Parlement jusque-là, mais qui s'ajoutait à l'autre puissance, hostile au régime et réelle celle-ci : le parti communiste, depuis que Paul Ramadier l'avait éliminé du gouvernement. Entre les gaullistes et les communistes, la « troisième force », c'est-à-dire le parti socialiste allié aux catholiques du MRP, ne dispose bientôt que d'une étroite majorité. Or celle-ci se dissout sur la querelle scolaire, lorsque Germaine Poinso-Chapuis, première femme ministre depuis les temps du Front populaire, veut aider les écoles libres en apportant une aide aux parents qui y envoient leurs enfants : cela réveille le vieux démon de la querelle laïque, brise l'alliance URP-socialistes et Robert Schuman démissionne (1948).

Affaiblie, et pour résister à « l'alliance honteuse » des extrêmes, la « troisième force » doit s'adjoindre soit des radicaux, tels René Mayer ou Henri Queuille, soit des indépendants, tels Paul Reynaud ou Antoine Pinay. Or ce sont des libéraux, alors que socialistes et MRP sont dirigistes, de sorte que le balancier politique penche de plus en plus vers la droite. Pour se perpétuer, cette troisième force met alors en place un nouveau système électoral — imaginé par Henri Queuille —, dit des apparentements, qui permet de regrouper, au deuxième tour, des organisations politiques qui s'associent, et de donner une prime à ces formations, de sorte que sont pénalisés les extrêmes qui n'ont voulu ou pu s'associer à personne, en l'occurrence les gaullistes et les communistes. Cette « spoliation » a pour effet de surreprésenter la troisième force.

Or celle-ci a affaire à un autre défi, celui des grèves d'un type nouveau — cheminots, enseignants, postes, etc., qui défendent leur statut, ne sont en rien violentes ou révolutionnaires comme celles de 1947-1948 — et dont le modèle se retrouve en 1995. À cette cause supplémentaire d'instabilité ministérielle s'ajoute l'opposition au réarmement allemand, à l'origine des difficultés de René Pleven, Joseph Laniel, Pierre Mendès France.

Mais ce furent les problèmes coloniaux qui sonnèrent le glas du régime.

Indochine : guerre coloniale ou contre le communisme ?

La fin de la colonisation a été due à la lutte de libération de populations soumises et vaincues, à la déchéance des métropoles incapables de gérer l'immense capital qu'elles avaient accumulé, mais aussi aux pressions du monde extérieur.

En tous les cas, chaque indépendance n'a pas puisé toutes ses forces sur place seulement — sauf peut-être Madagascar — et l'exemple de l'Afrique du Nord est là pour rappeler que c'est tantôt l'islam, tantôt le sentiment d'appartenance au monde arabe, tantôt un simple patriotisme qui ont servi de levain, ou encore de levier au soulèvement populaire.

Au Vietnam, l'internationalisme a exercé plus qu'ailleurs son influence, mais décisif fut le coup de grâce que l'expansion japonaise a donné aux rêves européens en Asie du Sud-Est, une humiliation sans précédent — hormis la défaite russe de 1905 — et qui se traduit par un coup de force, le 9 mars 1945, où Tokyo exige de l'amiral Decoux, en place depuis l'époque de Vichy, sa reddition ; sur son refus, les Japonais internent les Français, et Tokyo proclame l'indépendance du Vietnam avec Bao Dai comme souverain ; il était alors réfugié au Japon. Les rois du Laos et du Cambodge proclamaient également leur indépendance.

Cependant, un autre groupe indépendantiste s'était créé sous la direction de Hô Chi Minh, membre du Krestintern — Internationale paysanne liée au Komintern —, dont le mot d'ordre était de lutter contre « le fascisme français [Vichy] et japonais ». Ainsi, s'opposent déjà le front Viêt-minh-États-Unis-Chine auquel collaborent des Français libres, d'une part et, d'autre part, des nationalistes caodaïstes, une variante du bouddhisme, liés au Japon et que soutient Bao Dai : tous luttent à la fois entre eux et pour l'indépendance.

À peine la bombe d'Hiroshima a-t-elle explosé qu'Hô Chi Minh lance le mot d'ordre d'insurrection générale... Tandis que le Japon capitule, Bao Dai abdique en recommandant à la France de reconnaître l'indépendance du Vietnam. Comme s'il sortait de terre, le Viêt-minh d'Hô Chi Minh montre sa force le 25 août 1945 : dans le gouvernement provisoire qui se constitue, avec de nombreux communistes, Bao Dai est nommé conseiller suprême. Le texte se plaçait sous l'égide de la Déclaration d'indépendance américaine et de la Déclaration des droits de l'homme de 1789 : il n'était pas question de communisme, ni de l'URSS, pas même citée. Mais le parti communiste prenait à lui seul la direction du Viêt-minh... Or cette indépendance et ce pouvoir, face à la France bientôt de retour, il restait à les conquérir.

Distinguant la colonisation — qu'il condamne — des Français à qui il dit son amitié, Hô Chi Minh craint surtout les Chinois de Tchang Kaï-chek, à qui les Alliés, à la conférence de Potsdam, ont décidé de confier le nord de l'Indochine, les Anglais laissant les Français se substituer à eux dans le Sud.

L'INDOCHINE — *À l'origine, seule la Cochinchine était une colonie. Le Tonkin et l'Annam étaient des protectorats comme le Laos et le Cambodge. Ainsi était brisée l'unité du Vietnam (Tonkin, Annam, Cochinchine) et le tout formait l'Indochine.*

Or, à Paris, on reprenait l'affaire indochinoise comme s'il n'y avait eu ni la guerre, ni la défaite, ni l'occupation japonaise ni la double proclamation de l'indépendance, ni l'insurrection générale.

Un accord est pourtant conclu, entre l'envoyé de De Gaulle, Jean Sainteny, et Hô Chi Minh : l'entrée du Vietnam, État libre, dans l'Union indochinoise, sans la Cochinchine. Mais que signifiait *Doc-Lap* : indépendance ou liberté ? « Un nouveau Munich », juge le Haut

Commissaire, amiral d'Argenlieu. Toujours est-il qu'à la conférence de Dalat, la création, par la France, d'une République autonome de Cochinchine apparaît à Hô Chi Minh une provocation, qui vise à empêcher la réunion des trois Ky, c'est-à-dire l'unité du Vietnam. Tandis que dans le Sud le Viêt-minh pratique le terrorisme contre les Vietnamiens d'accord pour une entente avec la France, le général Valluy saisit une occasion pour bombarder Haiphong (décembre 1946). Les Français sont alors attaqués, à Hanoi, quarante d'entre eux massacrés, c'est la guerre.

Des troupes françaises avaient débarqué à Saigon puis à Hanoi, mais, la situation s'enlisant, le gouvernement socialiste fait appel à Bao Dai à qui on accorde ce qu'on avait refusé à Hô Chi Minh. Mais avec la victoire de Mao Tsé-toung en 1949, le Viêt-minh peut désormais recevoir une aide directe : pour la prévenir, les Français livrent une bataille des frontières qui se termine par un désastre, la perte de Cao Bang et l'évacuation de Lang Son, « de sinistre mémoire ».

Un grand changement se produit en 1951, à l'heure de la guerre de Corée : grâce à Robert Schuman et à de Lattre de Tassigny, nommé au commandement en Indochine les Américains acceptent d'être convaincus qu'en Indochine la France mène le même combat qu'eux : contre le communisme. Comme preuve et signe de cet aspect du conflit, de Lattre associe vraiment les Vietnamiens à la lutte armée et inaugure des rapports d'un type nouveau avec Bao Dai. En retour, des armements américains et des crédits viennent à l'aide des Français, et bientôt, la guerre sert d'alibi à ces demandes, ce qui alimente à la fois le Trésor français et le trafic des piastres. Ce scandale, combiné avec la mise en cause de cette guerre par les communistes, par Jean-Paul Sartre et d'autres, suscite des manifestations à Paris comme à Marseille, où l'on cache l'arrivée des blessés d'Indochine. L'arrestation du réfractaire Henri Martin, un communiste, donne lieu également à de violentes échauffourées. On stigmatise « la sale guerre ».

Les succès de 1951 avaient été éphémères ; après la mort de De Lattre, ni le général Salan, ni le général Navarre ne sont à même de résister à la poussée viet-minh et la bataille se concentre autour de Diên Biên Phu qui tombe en mai 1954.

À la suite de l'armistice conclu en Corée, l'idée d'une négociation sur l'Indochine avait pris corps, ce que Mendès France avait suggéré dès la fin de 1950. Désigné pour former le gouvernement à la suite des échecs de Georges Bidault aux négociations de Genève, Mendès France promet de se retirer s'il n'a pas abouti en un mois. Ce pari est tenu, lui conférant la stature d'un homme d'État. À Genève, négociant carrément avec les Chinois aussi bien qu'avec le Viêt-minh et les Américains, l'accord qu'il conclut stipule que le 17e parallèle sert de ligne de démarcation provisoire entre le Nord et le Sud-Vietnam qui demeurent chacun sous le contrôle de leur propre administration. C'était la reconnaissance de fait de l'indépendance du Nord-Vietnam. Tandis qu'abdiquait Bao Dai, un catholique antifrançais, Diem, devenait le président du Sud-Vietnam. Des élections libres devaient être organisées dans le Nord comme dans le Sud-Vietnam avant 1956. Elles n'eurent jamais lieu.

Comme les États-Unis ne reconnaissaient pas la Chine communiste, les Conventions de Genève ne furent pas plus signées par eux que par les autres participants.

Les conflits se multiplient bientôt entre le Nord et le Sud, les Américains intervenaient alors dans cette guerre du Vietnam.

Au Maghreb, la politique française tétanisée

Lorsque se développe la revendication nationaliste dans les trois pays d'Afrique du Nord au lendemain de la Seconde Guerre mondiale, le trait frappant est bien l'écart qui existe entre la situation telle qu'elle est vécue au Maghreb et la façon dont on la perçoit à Paris. Sur place, les Européens de Tunisie et du Maroc craignent avant tout que le bey ou le sultan ne mettent en cause l'application du statut de protectorat, pour l'orienter, comme disent les traités, vers l'autonomie interne sinon vers l'indépendance. Et c'est bien ce que demande Habib Bourguiba, leader du Néo-Destour en 1950, qui souhaite la résurrection d'un exécutif tunisien et la réunion d'une Constituante élue au suffrage universel. On imagine le résultat puisque la Tunisie compte alors 150 000 Français, 84 000 Italiens et 3 200 000 Tunisiens. Plus d'autonomie, c'est également ce que demande le sultan qui, s'étant cru encouragé par la visite de Roosevelt en 1942, réclame désormais l'indépendance et qui, dans son discours de Tanger, en 1947, rappelle seulement l'union étroite du Maroc à l'Orient arabe — sans mentionner la France. Aussi les Français de Tunisie et du Maroc font-ils leur possible pour retarder ces échéances, et leur tactique consiste soit à vérifier que les prérogatives de la nation protectrice sont respectées, qu'aucune innovation ne les affaiblit, soit à discréditer ou à affaiblir les souverains, au Maroc surtout, et le gouvernement mixte en Tunisie.

Quant aux populations, elles sont très différentes. Au Maroc surtout, toute une partie, la majorité, obéit à ses autorités traditionnelles — pachas, caïds, etc. — ; une autre, minoritaire mais active, comprenant la petite bourgeoisie urbanisée et une partie des fonctionnaires, est beaucoup plus politisée et revendicative, animant le parti de l'Istiqlal, que dirige Allal el-Fassi. Une autre partie, pour maintenir l'unité du pays, est favorable à la France. Tous protestent contre la politique de discrimination des colons et de l'administration qui, après avoir vanté la scolarisation mise en place par la métropole, en soustrait les fruits aux Marocains diplômés : « On nous permet d'aller jusqu'à la gare, mais nous n'avons jamais le droit de prendre le train. » En 1952, sur sept cent six médecins, il y a onze Marocains et un seul architecte sur plus de deux cents Européens.

En Tunisie, les élites sont mieux parvenues à peupler les allées du pouvoir, mais elles sont aussi plus nombreuses, plus instruites, plus arabisées, plus islamisées certaines. Le contraste y est moindre qu'au Maroc entre les populations traditionnelles et qui se sont modernisées. Plus ouverte à l'Orient, la Tunisie a des liens avec l'université du Caire, et le programme de son parti nationaliste, le Destour, s'inspire en partie des réformes laïques d'Atatürk. Autre trait : la jeunesse éduquée s'oppose plus nettement aux anciens, plus vivement qu'en Algérie et au Maroc ; c'est elle qui forme les troupes du Néo-Destour d'Habib Bourguiba : on souhaite, de façon réaliste, dit-on, une monarchie constitutionnelle démocratique alors que le Vieux Destour, en exigeant l'indépendance préalable à toute négociation avec la métropole, paraissait vouloir agir hors du réel. En outre, la Tunisie dispose d'un puissant syndicat, l'UGTT.

Pourtant, à Paris, la situation n'est pas vue avec ces lunettes-là. Les Français de Tunisie y comptent moins que ceux du Maroc et ceux d'Algérie surtout, pour autant que les premiers ont contribué à une modernisation de l'équipement du pays qui est sans égale, « un nouveau Texas », et que les seconds constituent avec eux des groupes de pression économiques ou politiques très puissants. À la tête des Français de Tunisie se trouvent Antoine Colonna, agent des postes et Petit Blanc, ainsi que l'ambassadeur Gabriel Puaux. Ils ne seraient rien sans l'aide des représentants des Français d'Algérie qui, au Parlement, tiennent le haut du pavé : Henri Borgeaud, qui préside le Rassemblement de la gauche républicaine au Conseil de la République, Me Rogier, président des Indépendants, soit un total de cent onze parlementaires, parmi lesquels des ministres tels que René Mayer, L. Martinaud-Deplat, etc.

Le point important est que ce sont les représentants des Français d'Algérie qui veillent au grain pour le Maghreb tout entier, s'opposent à toute réforme en Tunisie — ou au Maroc —, qui à terme menacerait leur règne en Algérie. Lorsque, en 1950, le résident général de Tunisie, Perillier, envisage des réformes pour répondre à la pression des milieux nationalistes, L. Martinaud-Deplat, président du parti radical et un moment ministre de l'Intérieur par conséquent chargé de l'Algérie, d'elle seule, l'avertit : « Votre politique est impossible. Elle est très dangereuse. Nous ferons tout pour qu'elle n'aboutisse pas. »

La crise éclate, dans les deux pays, comme l'effet d'une conjoncture similaire. Au Maroc comme en Tunisie, les années passent depuis la fin de la guerre, aucune réforme significative n'a été promulguée et l'impatience croît dans les milieux nationalistes ; or simultanément, en métropole, aux gouvernements à dominante socialiste-chrétienne des années 1947-1950, apparemment disposés, en paroles, à réformer, succèdent des formations situées plus à droite — on est passé de Ramadier à Schuman, Mayer, Pinay — que tarabustaient les députés RPF, nombreux depuis les élections de 1951 et qui stigmatisent toute politique « d'abandon » tout en sachant bien que le général de Gaulle ne partage pas vraiment cette position : « Il sait que la IVe République (...) ne peut accomplir aucune réforme valable (...). Le redressement de la France suppose la disparition de ce régime

(...). Si les attaques des parlementaires peuvent y aider, qu'importe leur contenu » (cité *in* G. Elgey, p. 405-406).

À cela s'ajoute une politique « à la main molle », due à l'absence d'investissement des dirigeants de Paris dans les affaires du Maghreb, car ils sont captés par la politique politicienne au Parlement par la construction de l'Europe, l'armée européenne, l'anticommunisme et l'antigaullisme. Politique molle due aussi à la méconnaissance des problèmes de ces pays dont on veut croire que les dirigeants nationalistes sont manipulés par Le Caire ou par Moscou.

En témoigne la grande négligence de Robert Schuman, ministre des Affaires étrangères, qui, à Thionville, en juin 1950, devant une délégation de l'Assemblée de l'Union française, parla de « l'indépendance tunisienne ». En fait, pour cet « européen », les termes avaient peu d'importance : indépendance, souveraineté, autonomie... Les nationalistes saisirent la balle au bond... Le bey proclama « le droit du peuple tunisien à respirer l'air de la liberté », et bientôt, le Premier ministre Mohammed Chenik, tampon entre l'autorité française et le peuple tunisien, demanda « le dégagement complet de sa souveraineté », autrement dit l'autonomie interne. Les ultras donnèrent son congé au résident Louis Perillier, trop conciliant à leurs yeux. « Il ne faut rien céder (...) et que les Tunisiens le comprennent, une fois pour toutes. » Le remplace Jean de Hauteclocque, qui croit nécessaire d'arriver sur un navire de guerre... un geste symbolique.

De Paris, la lettre remise à Chenik et à Salah ben Youssef, adjoint de Bourguiba à la tête du Néo-Destour, stipulait qu'étaient « immuables » les liens entre les deux nations alors que le statut de protectorat prévoyait leur évolution. Le Néo-Destour exige alors de Chenik, qui accepte, que son gouvernement présente une requête aux Nations unies contre ce « coup de force ». La voie diplomatique, toujours, jamais la violence, répète Bourguiba.

Pour la première fois, un pays faisant partie de l'Union française faisait appel à l'ONU, sans prévenir Paris bien entendu.

Bourguiba est arrêté et envoyé en résidence surveillée à Tabarka (janvier 1952). Aussitôt c'est l'émeute, l'assassinat du colonel Durand, le ratissage du cap Bon : deux cents morts. Le bey commence une grève des signatures.

À Paris, c'est Martinaud-Deplat qui mène la danse, Robert Schuman et Pleven le laissant faire. On admet pourtant d'établir un calendrier de réformes vers l'autonomie, ce dont sont chargés Jacques Duhamel et François Mitterrand. Bref, c'est la politique du tout et de son contraire : l'Assemblée nationale y contribue, d'ailleurs, qui vote huit ordres du jour sur la Tunisie, tous rejetés. Simultanément, continuant sa route, de Hauteclocque veut déposer le bey. « Je ne l'admettrai pas », lui fait savoir Robert Schuman, qui ajoute : « Je m'excuse de tout le tracas que je vous donne » *(sic)*.

Le terrorisme, qui avait été suivi d'un ratissage, laisse la place à un contre-terrorisme colon, qui se serait organisé à la résidence même : en décembre 1952, le syndicaliste Fehrat Hached, interlocuteur du bey, est assassiné par la Main Rouge. Le cycle de violence est enclenché et on manifeste au Maroc, comme en Tunisie, à la suite de cet assassinat. C'est bientôt au tour du successeur du bey d'être assassiné — par des nationalistes qui le jugent trop francophile.

Le terrorisme et l'action des fellaghas se développent.

Au Maroc, la crise est à son zénith. Seul un changement de climat politique, à Paris, peut modifier la situation.

Ce fut Pierre Mendès France qui l'incarna, une fois conclus les accords de Genève (juillet 1954). Dans la foulée, flanqué du maréchal Juin, qui lui sert de caution, il se rend à Tunis et annonce lui-même au bey que la France reconnaissait l'autonomie interne de la Tunisie, mais refusait même à terme d'envisager l'indépendance, une concession faite aux gaullistes et que comprend Habib Bourguiba. Avec son aide, les fellaghas rendent leurs armes, et, à Paris, l'Assemblée finit par voter les accords de Carthage, après des débats houleux. On ne sentait pas moins que l'indépendance suivrait bientôt, car sur cette route le Maroc avait précédé la Tunisie, et, entre-temps, l'insurrection algérienne avait éclaté (novembre 1954)[1].

Au Maroc, avait déclaré le maréchal Juin quelques années auparavant, il faut qu'on se détourne « des combinaisons orientales », c'est-à-dire des tentations du monde arabe. Le sultan comptait plutôt sur les Américains, qui, en 1943, lui avaient fait des promesses... Mais, en 1951, Paris leur ayant octroyé des bases au Maroc dans le cadre de la guerre froide, le sultan était plus isolé ; il refuse néanmoins le projet de cosouveraineté et demande l'application du traité de protectorat. « Je lui ferai bouffer de la paille », commente le général Guillaume, successeur de Juin. Les émeutes qui éclatent, liées aux événements de Tunisie, sont réprimées par les chars. Les notables, notamment le préfet Boniface, organisent alors la déposition du sultan, avec l'aide du Glaoui de Marrakech : Mohammed V est remplacé par Ben Arrafa.

Aux yeux des nationalistes de l'Istiqlal, il était clair qu'aucun dialogue n'était possible ; et l'identification du nationalisme au communisme, pertinente en Indochine, n'était pas crédible en Tunisie ou au Maroc.

Le grand tournant avait eu lieu, comme pour la Tunisie, en 1952 : grâce aux États de la Ligue arabe, les États-Unis votèrent l'inscription de la question tunisienne à l'ordre du jour de l'ONU. Ils s'abstinrent sur le Maroc, mais l'élan était donné, et Edgar Faure sut assurer le retour du « vrai sultan ». L'enthousiasme du peuple marocain attesta que, désormais, tout atermoiement était impossible. La reconnaissance de l'Indépendance suivit.

Pour avoir joué des rivalités de pouvoir au sein du monde marocain, et à trop céder au mouvement colon sans voir que l'ONU soutenait

1. Douze gouvernements se sont succédé entre 1950, début de la crise, et 1956, date de reconnaissance des deux indépendances : G. Bidault, R. Pleven, H. Queuille, R. Pleven, A. Marie, E. Faure, A. Pinay, R. Mayer, J. Laniel, P. Mendès France, E. Faure, Guy Mollet.

la marche des nations vers l'indépendance, les dirigeants français avaient précipité l'inévitable.

1954 — L'insurrection algérienne

L'insurrection de novembre 1954 surprit les milieux politiques français prisonniers du mythe de l'Algérie, trois départements français. On appela « attentats » l'action conjuguée de l'ALN, Armée de libération nationale, dissidente du MTLD et branche armée du FLN. Les dirigeants français étaient endormis parce qu'ils n'avaient voulu entendre ni les informations sur les caches d'armes que leur adressaient les services de police ni les avertissements que leur donnaient les seuls métropolitains informés du projet politique des Algériens, c'est-à-dire leurs avocats maîtres Stibbe, Dechezelles, Vergès. Ils avaient oublié les massacres de Sétif en 1945 et savaient bien qu'à la suite de Diên Biên Phu et de l'éveil du monde arabe, l'onde de choc de l'indépendance atteignait la Tunisie et le Maroc. Mais, tétanisés à l'idée que l'Algérie pût être à nouveau concernée à son tour, ils voulaient croire que de vraies réformes auraient leurs effets. Hormis que ces réformes n'auraient jamais de réalité tant que les colons et l'administration locale, qui leur était acquise, refusaient toute concession qui pût introduire les représentants des partis nationalistes dans la machine politique du pays.

« La crise algérienne est faite dans une marmite algérienne, par des cuisiniers algériens. Entendez, bien sûr, Européens d'Algérie... Des élections honnêtes ? Foutez-nous la paix, il n'y aura pas de problème politique si vous ne les créez pas. » Ces paroles, du sénateur Borgeaud, un gros colon de l'Algérois, la plupart des Européens d'Algérie les approuvent. Certes, les communistes, nombreux en Oranie, voient les choses différemment. Ils veulent croire qu'il n'y a qu'une question sociale à résoudre, mais il faut accomplir les réformes tout de suite pour prévenir la montée du nationalisme. Seuls les libéraux à Alger comme à Oran souhaitent faire participer les musulmans à la vie politique, pour qu'ils deviennent des citoyens à part entière ; ils font dialoguer nationalistes, communistes, syndicalistes pour imaginer une solution au problème algérien. Mais la dynamique de leur mouvement, *Fraternité algérienne* à Oran, par exemple, qui surmonte la crise de 1954-1955, se brise sur la faillite de Guy Mollet, le 6 février 1956, qui détermine aussi la rupture du FLN et autres nationalistes avec tout mouvement qu'ils ne contrôleraient pas. Ainsi, se dissout bientôt le Parti communiste algérien, un exemple unique dans l'histoire.

Pour n'avoir pas su prévenir les événements de novembre 1954, le gouverneur, Léonard, est rappelé par le gouvernement Mendès-Mitterrand. Lorsque Jacques Soustelle est nommé gouverneur de l'Algérie, en février 1955, trois mois après les débuts de l'insurrection, on ne saurait dire que les dirigeants français ont une vision claire de la politique à suivre. Prudent comme son maître à penser, Queuille, qui l'avait nommé en 1951, le gouverneur Léonard, qui s'en va, n'avait pas pris la moindre initiative pour éclairer Paris sur le problème algérien. Tout juste pour l'informer qu'il se tramait quelque chose. Mitterrand n'est pas plus éclairé d'ailleurs : ministre de l'Intérieur venu sur place plusieurs fois, et entre autres pour saluer les victimes du tremblement de terre d'Orléansville, il a seulement procédé aux cérémonies traditionnelles où l'on décore ces notables que les militants dénomment les « béni-oui-oui » ; il ignore les partis politiques algériens, UDMA, MTLD, PCA. Léonard avait été très circonspect avant d'oser rencontrer Fehrat Abbas, le plus modéré des leaders nationalistes, car il savait que les colons, Borgeaud en tête, ne le lui pardonneraient pas, pas plus d'ailleurs que René Mayer, le très influent ministre radical et député du Constantinois qui disposait d'une trentaine de voix à Paris. *A fortiori*, les positions de l'ex-MTLD, dissous par Mitterrand en novembre 1954 — suite aux attentats —, ne lui sont pas plus familières que celles des groupes dissidents.

Le maire d'Alger, Jacques Chevallier, passe pour libéral parce qu'il juge qu'il faudrait lier langue avec l'UDMA de Ferhat Abbas longtemps favorable à l'intégration, mais il croit que le mouvement insurrectionnel est manipulé par les communistes — une obsession que partagent bien des hommes politiques —, alors qu'en fait les insurgés s'en méfient comme du feu. Bientôt, Soustelle partagera une erreur de même nature en étant persuadé que c'est Nasser qui dirige l'insurrection — alors qu'en 1955 il se contente d'abriter ses meneurs, voire d'entraîner quelques fellaghas et de promettre des armes. En fait, les colons croient toujours que si l'on sait contenir les Arabes — en truquant les élections du deuxième collège, en traitant en délinquants ceux qui dénoncent ces méthodes, en considérant comme tabou toute considération sur l'avenir de l'Algérie, « ces trois départements » — il n'y aura pas de problème à résoudre, les événements du 2 novembre 1954 étant le fait de quelques « terroristes qui ne représentent rien ».

À cette date, seule une minorité musulmane était prête à se rallier à la guerre, à une solution extrême. La majorité espérait encore des réformes... de vraies réformes. Les élus musulmans du deuxième collège, à vrai dire mal élus, étaient flottants ; ceux de l'UDMA n'osaient plus espérer une solution politique ; « le mouvement est lancé, nous n'y pouvons plus rien (...) maintenant ce sera l'indépendance », disait Ferhat Abbas au gouverneur Léonard au moment de son départ. Quant au FLN issu du MTLD, il est divisé, certains de ses leaders croyant qu'il est possible, encore, d'envisager des étapes négociées avec le gouvernement Mendès France. Mais au lendemain des accords de Genève sur l'Indochine en cours de négociation sur la Tunisie, Mendès France se défausse de l'Algérie sur Mitterrand, ministre de l'Intérieur. D'ailleurs, il reconnaît qu'il ne sait rien de la situation dans ce pays. Il recommande à Soustelle qu'on applique, sans fraude, le statut de 1947, et qu'on prenne des mesures pour donner du travail aux Arabes. Mais Mitterrand va plus loin, lui conseillant d'appliquer l'intégration, c'est-à-dire l'insertion réelle de l'Algérie dans le système français, ce qui impliquait, à terme, la présence de cent députés arabes au Parlement... Vu la démographie galopante au Maghreb, « ce serait bientôt Colombey-les-Deux-Mosquées », répond Charles de Gaulle à Soustelle.

Lorsque Soustelle arrive à Alger, l'accueil reçu n'est pas bon parce qu'il a été nommé par Mendès France, « qui a déjà bradé l'Indochine », et qu'on le soupçonne de vouloir accomplir des réformes politiques. Mais l'intégration, telle qu'il la définit, consolide l'insertion de l'Algérie dans la France puisque le million d'Européens d'Algérie se verrait renforcé par les quarante millions de Français face aux neuf millions d'Arabes. Et le contrôle que les pieds-noirs exercent sur les élections les rassure sur la qualité des futurs représentants de ces départements. En outre, Soustelle multiplie les initiatives qui peuvent donner satisfaction aux Arabes sans léser les Européens : destruction des bidonvilles, vote des femmes au deuxième collège, cession des terres appartenant au Domaine, etc. Il devient très populaire en peu de mois. Le FLN réagit en punissant, par le terrorisme et la mort, tous les Arabes bénéficiaires des mesures prises par le gouvernement général. Les massacres de Philippeville, Collo, El Halia font des centaines de victimes, affreusement mutilées ; ils sont attribués au FLN, même si certains de ces soulèvements ont pu être spontanés — règlements de comptes entre douars bénéficiaires et non-bénéficiaires par exemple, massacres de Français à l'occasion d'un incident. Ces tueries de l'été 1955 déterminent le retournement de Soustelle, qui se juge bafoué, tandis que le FLN excommunie ceux qui ne se rallient pas à lui — meurt ainsi, assassiné, le neveu de Fehrat Abbas. Désormais, répression et terrorisme s'étendent à toute l'Algérie, alors que déjà la guerre — comme en témoignent les images d'actualité — avait gagné tout le Constantinois et une partie de la Kabylie.

C'est au moment où, rallié aux colons, Soustelle devient populaire qu'il est rappelé, car, aux élections de janvier 1956, le gouvernement d'Edgar Faure est tombé et l'emporte le Front républicain animé par les socialistes de Guy Mollet, Mendès France et Mitterrand. Le départ de Soustelle est une apothéose, et la nomination du général Catroux suscite un violent mouvement de colère des pieds-noirs, car Guy Mollet l'accompagne du triptyque : cessez-le-feu, élections, négociations. Première capitulation, Guy Mollet remplace le général Catroux dont on sait bien à Alger qu'il vient de ramener le sultan du Maroc sur son trône, au grand dam des colons. Le 6 février 1956, Guy Mollet était venu à Alger en croyant qu'en imposant son triptyque il se rallierait les musulmans. Croyant, comme Soustelle, que le monde arabe et Nasser en particulier contrôlent le FLN, sans rendre ce voyage public, il a, en effet, envoyé son ministre des Affaires étrangères, Pineau, au Caire (en passant par l'Inde, pour cacher l'objet réel de sa tournée), pensant qu'il neutralisera Nasser pour qu'aboutisse le troisième point du triptyque. Les manifestations d'hostilité qui accueillent Guy Mollet le laissent pantois. Il ignorait tout de la situation en Algérie et ces colons qui le huent ne sont pas les notables qu'il imaginait, mais des petites gens — « Ils pourraient être mes électeurs socialistes », répète-t-il. Toute sa représentation du problème algérien en est retournée : il en ignorait la double dimension, raciste d'un côté, nationale de l'autre. En bon doctrinaire socialiste, il divisait le monde en deux : les petits et la gauche d'un côté, les gros et la droite de l'autre. À une délégation de libéraux d'Oran venus le visiter, il déclara qu'« une fois l'ordre rétabli, il organiserait des élections libres... où les musulmans pourraient défendre leurs idées, même d'indépendance », répondit-il à Marc Ferro. Il est clair qu'il ne comprenait rien à ce qui se passait. « Catroux, Mendès à la mer », criait-on sous son balcon... Humilié, furieux, il avait dû remplacer Catroux par Lacoste. Au triptyque, celui-ci substitua incontinent un diptyque : réforme et capitulation du FLN. Deuxième défaite de Guy Mollet.

Lacoste se servit des pouvoirs spéciaux pour donner une priorité absolue à la victoire militaire, « Moi, j'ai des couilles », répétait-il. Comme Soustelle, il voyait dans l'intervention des pays arabes, l'Égypte de Nasser essentiellement, la source du durcissement de la rébellion. Il ne pouvait pas imaginer que la force du FLN venait de son enracinement algérien ; il sous-estimait la capacité de ses dirigeants à utiliser le terrorisme non pas seulement contre les Français, mais aussi bien contre les organisations rivales, le MNA de Messali Hadj notamment, et contre leurs propres concitoyens, pour qu'ils sachent qui détenait le pouvoir. Bien que très minoritaire, le FLN avait déclaré accomplir la « révolution algérienne », c'est-à-dire anéantir les anciens partis qui n'existeraient plus en tant que tels pour s'intégrer dans une organisation qui s'instituait en contre-État, seul légitime à user de la violence contre ceux qui ne combattaient pas l'ennemi, c'est-à-dire la France et les Français — à moins que certains d'entre eux ne se rallient[1]... Le congrès de la Soummam (août 1956) marque un durcissement de la rébellion et le terrorisme urbain commença peu après, systématiquement à Alger, les capitulations du 6 février ayant démontré que jamais Paris n'aurait la force d'appliquer les réformes. Le gouvernement Mollet-Mitterrand-Lacoste crut frapper le FLN à la tête en montant une opération contre Nasser ; il lança alors l'expédition de Suez qui fut un fiasco. Son échec décupla la puissance dynamique du FLN. Pourtant, à Alger, si les parachutistes du général Massu détruisaient l'organisation terroriste, leur action par la torture creusait l'irréversible entre les deux communautés. Cependant, la guerre étendait son aire, le contingent français y participait désormais, et à Paris, la gauche dénonçait les méthodes de « pacification » employées par les militaires ; elle y consacrait son énergie, plus attentive à condamner les gouvernements en place — Guy Mollet, Edgar Faure, Bourgès-Maunoury, etc. — qu'à proposer une solution au problème algérien. Le confirme le Manifeste des 121, sursaut d'honneur contre la torture et les excès commis par l'armée, qui date de l'automne 1960 — du temps de De Gaulle —, plus de cinq ans après

1. Ansi, cas unique dans l'Histoire, le parti communiste algérien s'est dissous.

l'éclatement de l'insurrection ; manifeste qui demeurait muet sur la pratique du terrorisme... On reviendra sur ce problème[1].

Sous Lacoste, cependant, les opérations de guerre prennent le pas sur les autres et, avec elles, s'étend le pouvoir des militaires.

En 1958, la « pacification » semble avoir gagné la partie, sur le plan militaire tout au moins : ont contribué au succès des troupes françaises les musulmans ralliés — les harkis —, plus du quart des morts au combat. Mais cette « victoire » sur le terrain s'accompagne d'une défaite politique, car le FLN dispose désormais d'une armée moderne postée aux frontières, d'un appareil d'État organisé, d'un relais puissant chez les travailleurs immigrés en France ; enfin et plus encore, d'une quasi-reconnaissance internationale. Ce sont ces données qui rendent compte du putsch que les Français d'Algérie et l'armée vont monter à Alger pour pallier l'incapacité de Paris à régler le problème algérien et prévenir un « Diên Biên Phu diplomatique ».

LA CRISE DE SUEZ

Au plus fort de l'insurrection algérienne, la France est intervenue dans la crise de Suez, croyant qu'en participant à une expédition contre l'Égypte de Nasser, elle déracinerait le FLN de ses bases. Les dirigeants français n'avaient compris ni le sens de l'insurrection algérienne, ni la signification d'une crise qui sécrétait la naissance du tiers-monde.

L'affaire de Suez est née de l'interférence de plusieurs zones conflictuelles. En premier lieu, le champ de la guerre froide. Le régime des colonels qui a succédé au roi Farouk déclare à Eden que face à l'URSS, et à sa menace, la « solidarité du monde libre, pour lui, signifie impérialisme et domination ». Et comme les pays de l'Est fournissent des armes à la nouvelle Égypte, l'Américain Foster Dulles fait une surenchère : « Ils leur donnent des armes, je leur donnerai la prospérité. » Il s'agit de subventionner le barrage d'Assouan, mais les garanties demandées par la BIRD (Banque mondiale) sont jugées inadmissibles et Foster Dulles doit annuler le prêt. Aussitôt, devant cet affront, une foule égyptienne survoltée acclame Nasser qui annonce sa décision de nationaliser la Compagnie de Suez ; avec ses revenus, il financera le barrage. Il avait ainsi frappé... les Anglais, qui précisément venaient d'évacuer la zone du canal, mais en contrôlaient la gestion ; ils frappaient la France également, minoritaire dans la Compagnie, mais qui s'identifiait à l'œuvre de Ferdinand de Lesseps. À cette deuxième zone conflictuelle — liée à la décolonisation du Moyen-Orient —, s'ajoutait, pour la France, l'idée que de ce monde arabe venaient maintenant ses difficultés. Un des chefs de la rébellion, Ben Bella, y réside pour gérer l'envoi d'armes aux fellaghas. À un autre leader, Yazid, Nasser donne une légitimité en chaperonnant sa présence à la conférence de Bandung des peuples colonisés. Enfin,

1. Voir p. 694 et suivantes.

Nasser donne un écho à l'action du FLN par ses émissions de *La Voix des Arabes*, que grâce au transistor on écoute dans toute l'Algérie, alors que jusque-là, dans leurs gourbis, faute d'électricité, les Algériens ne pouvaient pas écouter la radio. Voilà qui rendait plus difficile pour la France de faire croire que l'insurrection se limitait à quelques attentats.

Couper le cordon ombilical avec le monde arabe et islamique est bien l'objectif des dirigeants français : l'affront de la nationalisation qu'avait accompagnée l'immense éclat de rire de Nasser répercuté au Maghreb par *La Voix des Arabes* donne l'occasion à Guy Mollet, poussé par Robert Lacoste, de « reprendre l'initiative », comme il le dit à Mendès France. L'allié possible, c'est Israël, inquiet de la montée en puissance « démesurée » de l'Égypte — grâce aux livraisons d'armes « tchèques » — que ne freine plus une présence anglaise dissuasive. Mais Ben Gourion sait bien que Eden, soucieux de garder l'amitié des Arabes, ne fera rien pour sauver Israël, désormais menacé de mort. Pour Guy Mollet, c'est différent. Contre Nasser, Israël serait un allié de revers idéal, juge-t-on à Paris. Sauver Israël, qui joue désormais le rôle de la petite Tchécoslovaquie, c'est face au nouvel Hitler exorciser Munich et pour les dirigeants français libérer la conscience coupable d'une nation qui, quelques années plus tôt, n'avait pas donné, devant le martyre des juifs, l'exemple de la générosité et du courage.

Poussé par les ennemis arabes de Nasser, Noury Saïd d'Irak notamment, Eden n'avait pas eu besoin de cet avis : « Frappez-le, frappez-le fort et frappez maintenant. » Humilié en Palestine puis en Égypte, l'héritier de Churchill voulait garder l'empire et non pas gouverner « une nouvelle petite Hollande ». Il se battrait, et Guy Mollet, lui aussi, le voulait, frappé du complexe de Munich depuis sa propre capitulation le 6 février à Alger. En outre, que Nasser ait réussi à faire fonctionner le canal alors que les « experts » européens avaient été rappelés en Europe ajouta à l'exaspération des Français et des Britanniques.

La convention de Sèvres, signée secrètement entre Ben Gourion et Bourgès-Maunoury, ministre de l'Intérieur, scelle les modalités d'une participation israélienne à une entreprise franco-anglaise, et non l'inverse comme on l'a cru après coup. Ben Gourion est prêt à intervenir « aussitôt », répondit-il à Bourgès-Maunoury. Mais Eden ne veut pas avoir l'air d'être associé à Israël contre les Arabes. Pour pouvoir jouer les pacificateurs, il propose qu'Israël attaque Nasser, que les Anglais et Français s'interposent, la France frappant l'Égypte et l'Angleterre Israël... « Trop, c'est trop », répond Ben Gourion.

Un plan Mousquetaire de coordination militaire entre Israël et les Franco-Britanniques pour reprendre le canal est ainsi mis en route. C'est alors que les Américains déclarent qu'ils ne laisseront pas rouvrir le canal à coups de canon. Ils avaient déjà dit qu'ils refusaient d'identifier leur politique à la défense des intérêts des puissances coloniales — deux prises de position qui laissent Nasser circonspect (« Je n'y comprends rien »), qui inquiètent Eden, et que ne veut pas entendre Guy Mollet.

Comme prévu, le 29 octobre 1956, les armées israéliennes du général Dayan occupent le Sinaï, surprenant les Égyptiens bientôt en débandade ; et comme convenu, elles s'arrêtent au golfe d'Aqaba. Comme prévu, la couverture aérienne anglaise se déploie ainsi que celle des Français. Ce qui n'était pas prévu, c'est que Nasser se mettrait à jouer les martyrs, se déroberait à tout combat en se repliant, en appellerait à l'ONU, tandis que l'armada en route vers Suez avançait à son propre rythme, et que seul le parachutage français permettait d'approcher du canal que Nasser avait fait obstruer...

Le coup de tonnerre fut bien qu'en accord avec l'URSS, à l'ONU, les Américains condamnèrent toute utilisation de la force au Moyen-Orient. Le deuxième coup de tonnerre fut la résolution appelant à un cessez-le-feu immédiat, qu'accompagna aussitôt une *Note* soviétique déclarant que « l'URSS était prête à utiliser toutes les formes modernes d'armes destructives s'il n'était pas mis fin à l'expédition ». Israël était menacé dans son existence même... En vérité, on sait depuis que la menace de Boulganine était du bluff, les missiles soviétiques n'étant pas à même, en 1956, d'atteindre Paris, Londres, ou Israël. Mais les Russes disposaient de la bombe et cette menace fut prise au sérieux.

Surtout, révélant une connivence entre Russes et Américains, elle mettait les Anglo-Français à nu, les ridiculisant une fois de plus alors que triomphait Nasser. Les Anglais cédèrent à l'ultimatum les premiers, puis les Français, tout prêts d'atteindre Suez. Ils réembarquèrent, la rage au cœur.

Ce désastre de première grandeur pour l'Angleterre fut un « Diên Biên Phu diplomatique » pour la France, jugea François Mauriac. Il discrédita la IVe République et irrita les militaires qui gardèrent rancune au gouvernement Guy Mollet de ne pas avoir su « aller jusqu'au bout ». Il permit à l'URSS de réprimer l'insurrection de Budapest sans que les puissances occidentales, occupées par ailleurs, aient eu la possibilité de maîtriser la situation. Surtout, pour la France, l'échec de Suez avait pour effet de décupler l'énergie du FLN et de souder le monde arabe contre elle. Au moins l'expédition avait-elle, comme le répétait Guy Mollet, « sauvé Israël » qu'avec ses forces écrasantes, Nasser eût peut-être attaqué.

Autre effet, paradoxal celui-là : de peur de devenir les instruments de Nasser et du panarabisme à son zénith, les Algériens voulurent s'en détacher et le FLN quitta Le Caire pour s'installer à Tunis, se rapprochant des foyers de la rébellion.

La montée du tiers-monde, qu'animent Nasser, Nehru et aussi Soekarno, tel est bien l'effet involontaire de l'expédition de Suez, qui signe l'avènement d'un partenaire privilégié des deux « Grands », mais aussi le déclin irréversible des puissances coloniales, la France avant tout.

Le retour de De Gaulle

LE 13 MAI : PUTSCH OU COUP DE FORCE ?

Le 13 mai 1958 fut-il un putsch, un coup d'État ? En tout cas, de Gaulle sut canaliser les événements à son avantage tout en sachant affecter jusqu'au bout de n'y avoir été pour rien. Le 8 juin 1962, il parle même publiquement de « l'entreprise d'usurpation venue d'Alger »... « Il a fallu que je finasse, explique-t-il à Alain Peyrefitte, mais je n'ai pas levé le petit doigt pour encourager le mouvement. Je l'ai même bloqué quand il a pris la tournure d'une opération militaire contre la métropole. »

De fait, le mouvement contre le régime est bien né en dehors de la métropole, et deux forces l'animaient : l'armée et les Français d'Algérie. La première, humiliée de la défaite en Indochine, de la faillite de l'expédition de Suez et qui jugeait avec colère les défaillances de ces gouvernements aux mains d'argile... L'armée a gagné la bataille d'Alger, elle juge qu'en face des fellaghas, on est au « dernier quart d'heure », et elle craint donc que l'on négocie quand la victoire est à portée de la main. On compte sur le ralliement de Lacoste, le gouverneur général de l'Algérie qui, depuis le 6 février 1956, avait substitué au triptyque gouvernemental — cessez-le-feu, élections, négociations — son propre diptyque — réforme et capitulation du FLN.

Après Suez, le FLN a gagné la bataille de l'internationalisation du conflit ; sa menace se rapproche puisqu'il déplace ses bases du Caire à Tunis et s'installe en Tunisie comme en pays conquis. Le bombardement de Sakhiet, près de Tunis où ils ont leur base, montre que l'armée française fait ce qu'elle veut, sans instruction du gouvernement, comme lors du détournement de l'avion de Ben Bella. La déchéance du pouvoir politique se manifeste une nouvelle fois quand Pleven *sollicite* du général Salan, qui commande en Algérie, ses exigences... pour en finir avec le FLN. L'idée des militaires : disposer, à Paris, d'un gouvernement fort, avec Debré, ou Soustelle.

L'autre force, ce sont les Français d'Algérie : les animent moins les notables d'hier, les Schiaffino, Borgeaud, Blachette, que des activistes pieds-noirs, des petits Blancs qui essaient d'entraîner les militaires dans un complot. Des groupements qui sortent de terre se lient avec le Dr Martin, un ancien de la Cagoule, avec le général Favre, un poujadiste qui envisage un double putsch à Alger et à Paris. On commencerait par se débarrasser du général Salan, qu'on soupçonne, à tort, de vouloir « brader » l'Algérie. Il y en a d'autres, animés par Lagaillarde, au nom des étudiants, par le colonel Thomazo, des « unités territoriales », et d'autres encore disent agir au nom de Chaban, de Soustelle ou de De Gaulle : on a pu parler des « treize complots du 13 mai » (Merry et Serge Bromberger).

Le 26 avril 1958, avec la démission du gouvernement de Félix Gaillard coincé entre les protestations de Bourguiba et l'armée qui exige des garanties et la suppression du sanctuaire FLN en Tunisie, la crise éclate, des manifestations monstres s'organisent à Alger pour empêcher la formation d'un « gouvernement de trahison ». Tandis que recommence à Paris le ballet des prétendants, à Alger Lacoste met en garde les militaires contre ce qui se prépare, un « Diên Biên Phu diplomatique ». De fait, Pierre Pflimlin, président du Conseil désigné, vient de publier un plaidoyer en faveur d'un cessez-le-feu négocié. À Alger, c'est l'émeute, la grève générale prévue pour le 13, cent mille personnes se trouvant massées sur le Forum au cri de « Algérie française ». Les paras du colonel Trinquier mettent un camion à la disposition des manifestants pour enfoncer les grilles du gouvernement général... Lagaillarde puis Massu apparaissent au balcon, celui-ci ayant accepté de devenir le président d'un Comité de salut public. Et de s'écrier : « Moi, général Massu, je viens de former un Comité de salut public, pour que soit formé un gouvernement présidé par le général de Gaulle. » La phrase lui a été soufflée par l'antenne de Chaban-Delmas à Alger, qui comprend Delbecque et Neuwirth, avant que Salan ne s'y rallie et qu'« en libérateur » arrive Soustelle pour coordonner le mouvement...

À Alger, Alain de Sérigny, directeur de *L'Écho d'Alger*, avait été le premier à mentionner le nom de De Gaulle. Mais une certaine méfiance régnait à son endroit, car les Français d'Algérie n'avaient pas oublié sa politique antipétainiste et son hostilité au général Giraud. Inversement, de Gaulle se méfiait de ces appels par des gens qu'il ne contrôle pas, tels Sérigny et Salan, ou en lesquels il n'a plus confiance, tel Soustelle. Pourtant, il décide de jouer le jeu et, bien que le gouvernement Pflimlin ait été investi par une Chambre des députés qui veut faire front à l'émeute, il fait savoir qu'« il est prêt à assumer les pouvoirs de la République ».

Dès lors, jugeant les uns après les autres — hormis Mendès France et Mitterrand — que seul de Gaulle peut résoudre le problème algérien, les leaders politiques, plus ou moins pilotés par Gaillard, se rallient ouvertement ou en tapinois : Guy Mollet et Lacoste, Vincent Auriol et Coty, et bientôt Pierre Pflimlin lui-même. Mais comme le groupe socialiste rejeta le processus que de Gaulle avait mis en route, lui-même refusant de se présenter en demandeur devant l'Assemblée tandis que la gauche manifestait à Paris au cri de « De Gaulle au musée », de Gaulle fit savoir que, puisque le Parlement ne voulait pas de lui, il le laissait s'expliquer avec les parachutistes ; ce fut l'opération « Résurrection », organisée par Massu et quelques autres, pour imposer au terme d'une marche sur le Palais-Bourbon un gouvernement de salut public.

Mais René Coty ouvre la voie à un déroulement plus pacifique. Dans un *Message* aux Chambres, il dit « s'être adressé au plus illustre des Français » ; puis, avec de Gaulle, il s'emploie à « aménager la résignation des partis », et le 3 juin enfin, Charles de Gaulle peut entrer à Matignon.

Ce n'est qu'à partir du 28 mai qu'il avait mis la main directement dans le coup de force... « pour prévenir la guerre civile et sauver les libertés républicaines », mais pour reprendre le pouvoir aussi bien...

DE GAULLE À ALGER : « JE VOUS AI COMPRIS » (4 JUIN 1958)

Le retour du général de Gaulle au pouvoir était dû aux événements d'Algérie, à eux seuls ; en métropole, à cette date, les gaullistes n'avaient obtenu que 4,4 % des votes aux élections de 1956 ; et la participation personnelle du Général au suicide de la IVe République avait été calculée au plus juste. « Conçue dans le péché, la Ve République naquit dans le mensonge » (A. Peyrefitte). Quatre épicentres avaient contribué à cette sorte de coup d'État : les militaires, fiers de leurs victoires sur le terrain — Challe, Salan —, et notamment d'avoir gagné la bataille d'Alger, tel Massu ; les activistes fascisants, tel le Dr Martin, etc. ; les gaullistes, chevilles ouvrières du 13 mai et de ses suites, avec Léon Delbecque, Michel Debré, Jacques Soustelle et Lucien Neuwirth ; enfin la masse des pieds-noirs, confiants dans l'armée et qu'incarne Alain de Sérigny, directeur de *L'Écho d'Alger*. À Paris, Michel Debré, à Alger le général Massu avaient été les coordinateurs de ces mouvements.

Mai 1958. La guerre dure déjà depuis trois ans et demi, en Algérie l'emprise du FLN s'exerce par une terreur sur les siens qu'égale celle exercée par les forces françaises de répression — ce dont témoigne l'affaire Audin, un militant communiste arrêté, torturé, disparu. Craintifs et circonspects devant cette montée en puissance d'un FLN, sachant par quelles méthodes — l'assassinat — ils éliminent leurs rivaux messalistes, les musulmans dans leur ensemble ne s'en sont pas moins radicalisés, face aux Français d'Algérie, tant leur intransigeance demeure.

Mais dans le climat tendu pour eux d'une double guerre ils n'osent pas s'exprimer. Il y a là un contraste saisissant, côté musulman, avec le tumulte politique des années précédentes et c'est du côté des Français d'Algérie désormais qu'on milite et qu'on débat — alors qu'auparavant, avant 1956, parler du problème algérien était un tabou.

De Gaulle ne sait pas vraiment à quel point et à quel prix la cause du FLN a gagné les populations algériennes. Certes, il avait déjà fait remarquer à Palewski et à Lefranc, en 1947 et 1951, quand il était passé en Algérie, que parmi ceux qui l'acclamaient il y avait peu d'Arabes... Mais depuis, la situation n'avait cessé de s'aggraver ; et surtout le fait était que ni les Français d'Algérie, ni les dirigeants du FLN n'entendaient céder sur rien.

Indépendance ou Algérie française ? Avant ces événements, de Gaulle avait dit à plusieurs de ses compagnons que l'indépendance de l'Algérie était inéluctable. Était-ce à dire qu'il avait en tête comment l'y conduire ? Ses *Mémoires*, écrits après coup, le laissent entendre mais est-ce une preuve ? Au *Daily Telegraph*, le général Massu déclare le 3 juin que « le général de Gaulle doit consentir à l'intégration (telle que l'imaginait Soustelle) car il a été porté au pouvoir par le mouvement d'Alger, partisan de cette formule ». Il dit tout haut ce que chacun pense.

Venu à Alger, le 4 juin, pour y consolider sa légitimité et y être investi, de Gaulle, saisi dans la chaudière des manifestations, lance aux Français d'Algérie : « Je vous ai compris. » Formule qui, apparemment, est sans équivoque. Pourtant, certains signes auraient pu jeter le trouble si l'on en avait perçu la cohérence. D'abord, Soustelle est absent de son premier gouvernement de transition. Dans le suivant, où figure Michel Debré, partisan de l'Algérie française, Soustelle est toujours absent — il ne sera nommé au ministère... de l'Information qu'en juillet. Et sont exclus aussi les hommes d'Alger ou ceux qui ont participé aux « treize complots du 13 mai » tels Sérigny, Delbecque, etc.

Un autre geste est significatif : le refus de recevoir à Oran, le 6 mai, le comité de salut public ; lorsqu'il s'y résout, de Gaulle dit : « Vous n'allez pas continuer à faire la révolution. » Lapsus significatif, qui rappelle les Comités de libération, âme de la Résistance, comme de Gaulle, mais qu'il avait, eux aussi, éliminés en 1944. Comme il a éliminé les hommes d'Alger. Souci de se libérer de ceux qui l'ont fait roi ? Le point qui demeure est bien que certains Français d'Algérie, pour qui de Gaulle est suspect dès le départ — à cause de son comportement contre les vichystes en 1943-1944 —, peuvent induire de ces gestes que de Gaulle les abandonne — l'armée, qui ne l'aime pas, n'ose pas le croire. Quant au troisième pilier de la restauration, les Français d'Algérie, observons que c'est juste après qu'à Oran, où la foule a crié « Soustelle, Soustelle », que de Gaulle, le lendemain, à Mostaganem, dit pour la première fois — et la seule — « Vive l'Algérie française », ce qui, dira-t-il plus tard, lui a échappé — et ce qu'il avait su ne pas dire à Alger...

Entièrement polarisés par leur action dans le pays même, ni les comités de salut public, ni l'armée qui continue à faire la guerre, ni la majorité des Français d'Algérie, qui épluchent les moindres paroles de De Gaulle sur l'Algérie, ne prêtent vraiment attention aux autres aspects de son action politique ; et notamment pas à ses propos adressés à la France d'outre-mer. Le 13 juin 1958, il dit pourtant que « nous allons vers une vaste libre communauté, établie sur le mode fédéral ; dans cet ensemble l'Algérie a une place de choix ». Il ne s'agirait donc plus de trois départements ? Lorsqu'il propose à l'Afrique noire « indépendance et association », il donne un signal que les propos tenus à Madagascar complètent : « Demain, vous serez de nouveau un État. » Ce grand voyage que de Gaulle effectue en Afrique noire, pays qu'il chérit depuis 1940, il le fait suivre d'un arrêt à Alger, comme pour montrer que le cas de l'Algérie n'est pas fondamentalement différent de celui des États d'Afrique noire — voilà qui constitue un signe de plus qu'il s'éloigne de l'« Algérie française ». À l'époque, on en a retenu surtout qu'alors que Senghor, au Sénégal, Houphouët-Boigny en Côte-d'Ivoire, et la plupart des populations faisaient un accueil enthousiaste à de Gaulle qui allait transformer la loi-cadre vers plus d'autonomie, en Guinée au contraire Sékou Touré a dit « non », car « l'indépendance ne s'octroie pas, elle s'arrache ».

Pour inviter les Français, le 28 septembre, à voter la nouvelle Constitution — largement approuvée des deux côtés de la Méditerranée —, il dit pour la première fois : « Vivent l'Algérie et la France. »

Le 28 octobre 1958, de Gaulle lançait un appel aux insurgés d'Algérie, les incitant à « la paix des braves ». Pour les Français d'Algérie, en leur majorité, il y avait là une provocation puisqu'il dénommait « braves » ceux qui étaient considérés comme une poignée de terroristes « qui ne représentaient rien ». De Gaulle s'en doutait bien, lui qui avait interdit aux militaires et fonctionnaires de participer désormais aux comités de salut public.

Mais il n'avait jamais pris la mesure du FLN, de son renforcement par la guerre, par la répression aussi bien et l'internationalisation de son combat. Celui-ci venait de constituer un gouvernement provisoire de la République algérienne (GPRA) et il lui était proposé de « sonner à la porte de l'ambassade de Tunisie pour accepter de négocier ». En plaçant Fehrat Abbas à sa tête, le FLN avait voulu montrer, certes, qu'il n'écartait pas une négociation, que l'indépendance n'en serait pas un préalable. Mais il jugeait aussi qu'ayant dit qu'il serait « lâche et stupide d'abandonner l'Algérie » de Gaulle n'avait fait aucune concession.

C'est l'échec. La guerre continue...

Les propos sur « l'Algérie de papa » (au printemps 1959), la libération de Messali Hadj[1] — une manœuvre de division, selon le FLN —, le refus de l'intégration « préconisée par ceux qui, hier, étaient contre », autant de petites phrases qui déconcertent : Soustelle pense donner sa démission, mais Debré l'assure qu'il n'y aura ni État algérien, ni négociation.

Effectivement, le 16 septembre 1959, de Gaulle proclame le recours à l'autodétermination. Exclu ainsi de la négociation, le FLN n'est pas plus satisfait que Massu, qui est relevé de son commandement, ou que les Français d'Algérie qui se réactivent, mais cette fois contre de Gaulle. Car avec un scrutin dans lequel les Arabes sont majoritaires à huit contre un, il est peu probable que l'issue en soit le choix de l'Algérie française.... C'est la Nuit des barricades, le 24 janvier 1960, où un poujadiste, Ortiz, et un étudiant, Lagaillarde, s'insurgent dans le « réduit des facultés ». On tire sur les gendarmes, mais l'armée ne suit pas. Pour mettre fin à l'émeute, de Gaulle apparaît en uniforme à la télévision et déclare qu'il ne traitera pas avec l'organisation rebelle, mais ne renoncera pas à l'autodétermination, « seule digne de la France ». Il ajoute, en s'adressant aux Français : « Eh bien, mon cher et vieux pays, nous voici donc encore ensemble, encore une fois, face à une lourde épreuve... » Il ressort de ces propos que, refusant de croire à la francisation de l'Algérie, il n'était pas question pour autant de s'en retirer. Ainsi

1. C'est au cri de « Libérez Messali » qu'avaient eu lieu les émeutes de Constantine en 1945.

rassurés, les Français d'Algérie laissent Lagaillarde se rendre, avec les honneurs.

Lors de sa « tournée des popotes », en mars 1960, de Gaulle continue à préconiser le référendum, en ajoutant qu'il naîtra ainsi une « Algérie algérienne », formule qui entraîne la rupture de Soustelle avec le gaullisme.

Parallèlement, et tandis que la guerre continue, la Fédération du Mali — Sénégal et Soudan — accède à l'indépendance, bientôt suivie par toutes les anciennes colonies françaises d'Afrique noire, ainsi que Madagascar (été 1960). Arc-boutées sur elles-mêmes, les « deux meutes », celle de « l'immobilisme stérile et celle de l'abandon vulgaire », contraignent de Gaulle à franchir une nouvelle étape et à parler non plus d'Algérie algérienne mais de République algérienne (novembre 1960). Pour consolider sa position en métropole, et déclarant que « l'assimilation est impossible », il organise un référendum sur

Figure 33 — Arrestation d'un berger « Opération H ». Bordj Okriss, octobre 1960.

l'autodétermination où les « oui » l'emportent par 15 200 000 voix contre 4 900 000 non ; en Algérie, il y a 41 % d'abstentions, 1 700 000 « oui » contre 780 000 « non » (janvier 1961).

Le GPRA ayant fait savoir que, pour lui, cette autodétermination n'est qu'une « *prédétermination* » (sic), de Gaulle décide d'envoyer secrètement son directeur de cabinet Georges Pompidou négocier avec le FLN ; pour ménager la suite des événements, il déclare, le 11 avril 1961, que l'Algérie « coûte plus cher qu'elle ne rapporte et que la France considérerait avec le plus grand sang-froid une solution telle que l'Algérie cessât d'appartenir à son domaine ».

Dix jours après, éclate le putsch des généraux — Challe, Salan, Jouhaud, Zeller —, « ce quarteron de généraux en retraite » qui stigmatisent cet abandon et veulent se battre pour l'Algérie française.

Alors, le dimanche 23 avril 1961, à vingt heures, de Gaulle apparaît à nouveau à la télévision, en uniforme pour « ordonner que tous les moyens, je dis tous les moyens, soient employés pour barrer la route à ces hommes-là ». Michel Debré invite les Parisiens à « barrer la route, à pied ou en voiture, aux parachutistes : quelques jours plus tard, le putsch s'effondre, les appelés du contingent ayant entendu de Gaulle et refusé d'obéir aux insurgés.

Surtout, Challe, n'ayant pas accepté par respect de la tradition militaire, le soutien de l'OAS (Organisation de l'armée secrète) créée ces derniers mois et animée par les anciens comités de salut public, ainsi privés de l'appui de l'armée de pieds-noirs, les putschistes ne pouvaient gagner la partie. Y participent, plus ou moins, Soustelle et Bidault.

Après la reddition de Challe, ce sont des colonels — Godard, Argoud — qui, en coordination avec un Comité de Vincennes où figurent Delbecque, J.-M. Le Pen, G. Bidault, organisent cent quatre-vingt-seize attentats ; mais ils se divisent sur le rôle à laisser à Salan, leur chef. Leur slogan « l'OAS tue qui elle veut, où elle veut, quand elle veut » dresse contre eux, en métropole, les ultimes partisans de l'Algérie française. Plusieurs attentats contre de Gaulle échouent, mais de justesse, notamment celui du Petit-Clamart (22 août 1962).

Pendant qu'avait lieu, en France, la lutte contre l'OAS, à laquelle participèrent la gauche et les syndicats et qui fit huit morts lors d'une manifestation à la station de métro Charonne (février 1962), le gouvernement négociait en sous-main, puis ouvertement, avec le GPRA.

Les 18 et 19 mars 1962 sont signés les accords d'Évian qui mettent fin à la guerre et reconnaissent l'indépendance de l'Algérie, qu'un référendum approuve par 17 millions de voix contre 1 700 000. Ses leaders (Jouhaud, Salan) arrêtés en Algérie, l'OAS décide alors de détruire systématiquement ce qui, en Algérie, pouvait servir aux Arabes[1] — ainsi, on brûle la bibliothèque d'Alger… Est-ce alors seulement la peur des représailles qui explique l'exode massif des Français d'Algérie, en juillet 1962 ?

1. Nous utilisons le terme de l'époque — on ne disait pas encore tellement « les Algériens ».

Finalement, la négociation avait précédé le cessez-le-feu, contrairement à ce qu'avait voulu de Gaulle ; et cette négociation avait eu lieu avec le FLN devenu GPRA, à l'exclusion de toute autre formation (au vrai, éliminées par le FLN). Ajoutons que le Sahara fut greffé sur l'Algérie à la suite d'une maladresse des négociateurs français (sans doute au printemps 1961) qui avaient prévu d'en discuter le statut alors que le FLN ne l'imaginait même pas puisqu'il ne faisait pas partie des « trois départements » ; mais dont de Gaulle assuma l'abandon en septembre 1961. Tous ces reculs et ces échecs ne furent pas perçus comme tels car la majorité des Français les considéraient comme inéluctables : en témoignent les résultats du référendum ; en métropole, on jugea que de Gaulle les avait débarrassés du problème algérien, et là se trouvait l'essentiel.

Mais les Français d'Algérie se jugeaient trahis...

Qu'en était-il réellement... ?

La mystification tenait à ce que les Français d'Algérie voulaient croire qu'en disant « Je vous ai compris », de Gaulle perpétuerait le statu quo. Or, ce n'était manifestement pas son intention. Dire qu'il avait prémédité une stratégie du changement est excessif, quoi qu'il en laissât accroire dans ses *Mémoires*. Qu'il ait imaginé qu'au bout du parcours, et quel qu'il pourrait être, l'indépendance viendrait est tout à fait vraisemblable, comme en témoignent les étapes de son action, même si celle-ci a dû tenir compte à la fois de la résistance des Français d'Algérie et de celle du FLN.

Mais ce qui semble assuré, c'est bien qu'*il n'imaginait pas que la solution adoptée aboutirait au départ des Français* : la preuve en est que rien n'avait été prévu pour les accueillir (voir p. 534). Sans doute, l'action de l'OAS y contribua, mais pour l'essentiel et vu l'aggravation du raidissement entre les populations d'Algérie, une cohabitation ou un partage — imaginé pendant un temps — apparurent désormais irréalistes. Là se situe la déception de De Gaulle, la colère des Français d'Algérie, qui se sentirent non seulement trahis, mais abandonnés. Il y eut, de fait, d'autres victimes, les Algériens qui s'étaient engagés du côté des forces françaises, les harkis, et qui soit devinrent, en Algérie, les victimes du vainqueur, soit, passés en France, connurent le sort malheureux des immigrés : ce sont eux qui ont le plus souffert.

La Constitution de la Ve République

À peine investi par le Parlement au lendemain de la crise du 13 mai 1958, de Gaulle recevait les pleins pouvoirs pour six mois et la mission de réformer la Constitution.

Au préalable, il avait déclaré qu'« à soixante-sept ans, il n'avait pas l'intention de commencer une carrière de dictateur ».

Parallèlement à la solution du problème algérien, de Gaulle entendit résoudre rapidement celui des pouvoirs, conformément à ses vues, que Michel Debré défendait d'autant mieux que dès 1945-1946, par conséquent avant le discours de Bayeux, il en avait été un des théoriciens. Dans la Constitution de 1958, il déplaça le président de la République du titre 5 au titre 2 (le titre premier porte sur la souveraineté) et relégua le Parlement au titre 4. Ce président serait pour sept ans l'élu des élus puisque son collège électoral comprendrait les conseillers municipaux, les conseillers généraux et les parlementaires, soit quatre-vingt mille personnes environ, alors que jusque-là il était l'élu seulement des députés et du Sénat. Ce président nommerait le Premier ministre, il pourrait dissoudre l'Assemblée nationale, recourir au référendum, invoquer l'article 16 qui lui accordait des pouvoirs exceptionnels lorsque les institutions ou l'indépendance seraient en danger.

Cette Constitution mettait ainsi fin à l'hégémonie du Parlement puisque le président de la République était seulement tenu de consulter son président s'il voulait la dissoudre, qu'il n'était plus son élu, et qu'était instituée l'incompatibilité entre les fonctions parlementaires et les fonctions ministérielles, ce qui distendait les liens entre le gouvernement et le Parlement.

Pourtant, le Parlement pouvait renverser le gouvernement par une motion de censure votée à la majorité absolue de ses membres et le gouvernement pouvait poser la question de confiance. Mais l'article 49 alinéa 3 lui permettait de faire adopter un texte sans qu'il soit nécessaire de le voter, pourvu seulement que le Parlement ne vote pas une motion de censure, cet usage étant toutefois délimité.

Quant au Sénat, il retrouvait son nom mais demeurait dénué de pouvoirs, sauf celui de retarder ou amender un texte de loi que l'Assemblée nationale reprenait ensuite à son compte.

Cette Constitution résultait, en outre, d'un compromis entre les dirigeants de la SFIO et du MRP — Guy Mollet et Pflimlin —, et de Gaulle qui acceptait que le gouvernement demeurât responsable devant l'Assemblée nationale.

Elle ne le satisfaisait pas pour autant.

Elle satisfaisait encore moins ceux qui avaient dû céder à l'urgence et qui mesurèrent la confiance que l'opinion accordait au Général en approuvant deux fois par référendum le principe d'autodétermination des Algériens puis les accords d'Évian.

Désormais, après 1958, chaque étape du règne gaulliste marque un dessaisissement de l'Assemblée, suscitant la colère des partis qui le composent. Successivement : la révocation de ministres sur décision du président de la République (la proposition du Premier ministre étant purement formelle), puis le refus, en mars 1960, de convoquer le Parlement alors que la majorité du Parlement a le droit de le demander, enfin la substitution de Georges Pompidou, un inconnu, à Michel Debré sans consultations préalables, si bien que la confiance lui est accordée de justesse. À l'exaspération des partisans de l'Algérie française s'ajoutent la fureur des « indépendants », ulcérés du renvoi de Pinay, puis la colère des MRP devant les sarcasmes du général de Gaulle à propos du projet européen.

Sentant monter cette colère des parlementaires et des partis, de Gaulle — décidément belliqueux sur ce terrain-là — joue alors la provocation en proposant au Conseil des ministres du 12 septembre 1962 que le président de la République soit élu au suffrage universel. Il invite les Français à y répondre dans un référendum, une deuxième provocation qui déchaîne la colère de tous les partis en un cartel des non qu'anime Paul Reynaud. Dessaisissement et plébiscite... le président du Sénat, Gaston Monnerville, a même parlé de « forfaiture ».

À ce défi s'opposent *tous* les partis... Des communistes aux indépendants, sauf les UNR gaullistes bien entendu. Mais, à cette date, le prestige de De Gaulle est tel, lui qui a mis fin à la guerre d'Algérie et a neutralisé les militaires qui l'avaient porté au pouvoir, que les apostrophes de naguère n'impressionnent plus beaucoup et, au référendum du 28 octobre 1962, il l'emporte par 62,25 % des voix contre 37,75 % et 23 % d'abstentions, un succès que renforcent les élections de novembre où le cartel des non est battu, le MRP disparaissant presque de l'hémicycle tandis que les gaullistes disposent de deux cent trente-trois députés, frôlant la majorité absolue. Le scrutin majoritaire à deux tours renforce leur avantage.

Les années souveraines de De Gaulle vont durer six ans. Elles ont été confortées en 1965 par sa victoire aux élections présidentielles, face à François Mitterrand, par 54,5 % des voix contre 45,5 %.

Le régime semble si bien installé que la crise de mai 1968 surprit le monde politique endormi telles les vierges de l'Évangile. Ses péripéties terminées, les « élections de la peur » remirent en selle les gaullistes, mais avec un Général affaibli et son Premier ministre, Pompidou, renforcé. De Gaulle jugea alors que, les Français « voulant plus de libertés », il fallait réviser la Constitution, indépendamment de la réforme des universités qui s'avérait prioritaire.

L'idée nouvelle est celle de la participation des Français à la vie politique : elle suppose une réforme qui donne aux conseils régionaux des pouvoirs accrus ; ensuite, une fois le principe admis, cette participation doit s'étendre à l'ensemble de la vie économique et sociale — depuis les universités jusqu'aux entreprises.

Or la réforme régionale implique celle du Sénat qui deviendrait une sorte de super-conseil régional mais privé de pouvoir législatif, sinon consultatif.

Malgré Marcel Jeanneney, malgré Pompidou, de Gaulle refusa de négocier la réforme du Sénat avec les sénateurs : « Seule l'attaque frontale est valable », dit-il. Or, cette fois, sa tactique offensive échoua parce que son référendum ne mobilisa pas les Français sur son contenu mais, tel un plébiscite cette fois, sur la personne du Général. Pompidou avait su montrer, en mai 1968, les qualités d'un leader conservateur. Et les conservateurs, en France, avaient dû, en 1945 et en 1958, s'accommoder d'une politique qui n'était pas la leur. Ils n'avaient plus besoin de de Gaulle, et avec la gauche votèrent « non » au référendum du 27 avril 1969.

Bien qu'il se soit rallié à la construction européenne, qu'il ait enterré la hache de guerre avec l'Allemagne en donnant l'accolade à Adenauer, qu'il ait refusé d'intégrer les forces françaises à l'OTAN et se soit ainsi rendu militairement indépendant grâce à la bombe A — bref, qu'il ait pratiqué une politique extérieure autonome jusqu'à la provocation... (Vive le Québec libre) et appel à la solidarité du tiers-monde à Phnom Penh —, les forces politiques ne supportaient plus son proconsulat et contribuèrent à l'échec d'un référendum que de Gaulle suscita malgré les risques encourus depuis sa fragilisation en mai 1968.

Battu par 52,4 % des voix contre 47,59 %, de Gaulle décidait de cesser ses fonctions le jour même.

L'explosion de mai 1968

L'explosion de mai 1968 constitua un phénomène totalement inattendu. Sans doute, après coup, a-t-on pu en découvrir les racines, voire les signes avant-coureurs : en novembre 1966, la publication par l'assemblée générale des étudiants de Strasbourg de la brochure situationniste *De la misère en milieu étudiant* ; en 1967, la sortie du film de Jean-Luc Godard, *La Chinoise*, qui témoigne de l'emprise des idées maoïstes sur les jeunes ; en février 1968 encore, des manifestations étudiantes quand il est question d'une « orientation sélective » à l'entrée de la faculté des sciences ; toujours en février 1968, une imposante manifestation pour protester contre l'élimination, par André Malraux, d'Henri Langlois, fondateur de la Cinémathèque, puis une agitation permanente à la faculté de Nanterre « envahie » le 22 mars par cent quarante-deux étudiants qui l'occupent ; un article de Viansson-Ponté dans *Le Monde* enfin, « La France s'ennuie », qui évoque le contraste entre une société qui évolue et un régime qui stagne...

En vérité, cette impression d'ennui émanait du discours dominant qui posait comme un dogme la stabilité de la société industrielle grâce à l'intégration de la classe ouvrière par l'action des syndicats, l'apparition d'une nouvelle classe ouvrière liée aux technologies électroniques et qui ignorerait la violence aveugle comme riposte à son exploitation ; en outre, les dirigeants politiques avaient l'idée que, grâce aux sondages, qui se développaient alors, ils pourraient mieux contrôler les tendances de l'opinion.

La révolte des étudiants venait, entre autres, de cette constatation que, plus tard, ils n'auraient pas la possibilité de jouer dans la société le rôle qui correspondrait à leurs aptitudes. Cette inadaptation des structures, qui sécrète le chômage à la sortie des universités, constitue le fond du mécontentement : s'y greffent des mesures ponctuelles irritantes, telles l'interdiction des relations sexuelles dans les dortoirs étudiants, les mesures de sélection prévues par le plan Fouchet, etc. La révolte gagne : et ce n'est pas la fermeture de Nanterre le 30 mars qui met le feu aux poudres mais bien sa répercussion directe, l'intervention musclée de la police ou des forces de l'ordre à la Sorbonne, lors d'un meeting tenu pour continuer la lutte. Déjà, quelques animateurs du mouvement émergent tels Jacques Sauvageot, vice-président de l'UNEF (Union nationale des étudiants de France), Alain Geismar, professeur de physique, membre du bureau du SNES supérieur, et Daniel Cohn-Bendit, étudiant en sociologie, cofondateur du Mouvement du 22 mars, un « groupuscule contre les groupuscules », qui manifeste très tôt son hostilité à la bureaucratie syndicale et plus encore à celle des partis, communiste aussi bien que maoïste, mais qui par l'humour et la dérision incarna bien l'esprit de Mai : « Il est interdit d'interdire », « Faites l'amour, pas la guerre ». On y reprend le slogan de Che Guevara : « Il faut s'endurcir, mais jamais se départir de sa tendresse » ; et aux forces de l'ordre, on offre d'abord des fleurs et le sourire des filles... Le mouvement est celui d'une contestation : « Mais pourquoi donc des professeurs ? » demande-t-on, certains estimant que ceux-ci étant désormais stériles et devraient céder leur place aux jeunes qui ont des choses à dire.

Plus qu'il ne propose un programme, le mouvement de Mai fait des critiques : que « l'Université fabrique des cadres flics, futurs oppresseurs des ouvriers », et il s'inspire d'Herbert Marcuse qui juge que les étudiants constituent, dans une société industrielle, la seule force de contestation disponible. Dénoncée comme un instrument de pouvoir, la Sorbonne va devenir en mai « l'université autonome et populaire de Paris ». « Nous y avons pris le pouvoir », disent les groupes qui l'occupent en partie avant que la police ne les déloge, le 3 mai, et que commencent de sérieux accrochages dans le quartier Latin.

Les premières semaines de mai, à la suite de l'arrestation de manifestants pacifiques et d'une grève de l'enseignement, les voitures flambent, les affrontements avec les CRS (« CRS... SS ! ») sont de plus en plus violents : le 10 mai est une vraie nuit d'émeutes. Il y en aura d'autres.

Mais, en ne rappelant que ces violences, les images ont donné une idée déformée de ce que fut Mai 1968.

Cette nuit des barricades de grande violence n'en marqua pas moins un premier tournant.

Figure 34 — Étudiants lançant des projectiles sur les CRS, boulevard Saint-Germain (VIe arrondissement de Paris) en mai 1968.

Jusque-là, les organisations syndicales et le parti communiste s'étaient montrés réservés, sinon hostiles : « Cohn-Bendit, cet anarchiste allemand, avait écrit Georges Marchais dans *L'Humanité*. Le préfet Grimaud n'avait pas montré, de son côté, un penchant marqué pour la répression. Pompidou et Peyrefitte prirent des mesures de détente, libérant les incarcérés et intervenant dans le sens de l'apaisement. La police y vit un désaveu. Surtout, syndicats et partis modifièrent leur attitude vis-à-vis du mouvement. Ils s'y associèrent peu à peu pour autant qu'il a répondu aux mesures gouvernementales par une escalade : l'occupation de lieux symboliques, comme l'Odéon, l'ORTF. Encore isolé le 11 mai, le mouvement est relayé par une grève générale de solidarité le 13 mai.

Ainsi, le mouvement étudiant, au lieu de susciter la naissance d'une sorte de contre-société — culturelle, comme aux États-Unis, ou politique, comme en Allemagne —, a eu, en France, un effet moteur d'entraînement. S'est greffé sur lui un mouvement social qui transforme la révolte étudiante en crise politique.

Ce mouvement social, les opposants traditionnels — les syndicats — entendent bien le gérer, le contrôler, d'autant qu'il part de la base et déborde ses cadres. Aux slogans révolutionnaires et à l'occupation d'usines, déjà le 7 mai celle de Flins, Séguy, de la CGT, répond : « Il faut un temps pour chaque chose. » Comme la plupart des cadres politiques, ou de la société, il se sent dessaisi, de même que ces maîtres à penser que les événements de Mai font blêmir, car ils n'y comptent plus pour rien : Roland Barthes, Raymond Aron... Les uns ou les autres jouent le rôle de frein, car ils ne sont pas seulement dessaisis mais dépassés.

Le fait nouveau, en effet, dans le monde du travail, était bien que le statut personnel des individus avait moins changé que la position de l'entreprise dans l'économie globale. À partir de secteurs à haute technicité, il devenait possible de paralyser l'ensemble de la production, de sorte qu'une lutte des classes d'un type nouveau apparaissait au cœur même de l'appareil de production et non à partir de ses marges les plus défavorisées comme auparavant. Or les revendications nouvelles tiennent moins au montant des salaires, au nombre de jours de congé, etc., qu'à l'organisation des responsabilités dans l'entreprise, à l'université, à la télévision, etc. Se confrontent aussi des revendications sur la gestion de la société et des revendications traditionnelles émanant de la masse des ouvriers qui, pour leur part — à la différence des étudiants —, n'attaquent pas la société de consommation —, et pour cause.

Cette diversité rend compte du fait que la formidable flambée de grèves de la deuxième moitié de mai n'ait pas pu déboucher sur un enjeu commun. Car, tandis que les revendications économiques et sociales prédominent chez les ouvriers, celles qui portent sur la gestion sont plus révolutionnaires et remettent en cause l'organisation du travail elle-même. Pour le patronat, elles n'étaient pas négociables, pas plus que pour la direction de l'ORTF l'était alors le contrôle de l'information par les journalistes ; ou au CNRS la définition des objets de recherche non par l'État mais par les chercheurs. C'est pour prévenir ce renversement de l'ordre social qu'aux négociations de Grenelle, conclues le 27 mai, Pompidou cède sur les problèmes du SMIG, qu'on augmente, du nombre d'heures de travail, etc., mais pas sur sa réorganisation comme le souhaitait Edmond Maire, qui dirige désormais la CFDT.

De sorte que les syndicats avaient transformé le conflit d'origine en un affrontement politique *mais* sur un enjeu revendicatif.

Le pouvoir était demeuré longtemps très en retrait des événements, laissant les forces de l'ordre intervenir de plus en plus rudement, malgré le préfet de police qui démissionne. De Gaulle avait refusé de prendre au tragique ces événements et, le 14 mai, il s'était envolé pour la Roumanie. À son retour, le 18, il annonce une reprise en main avec sa formule : « La réforme, oui ; la chienlit, non. » En évoquant, ensuite, l'annonce d'un référendum, il semble à plusieurs années-lumière des événements, alors que la CGT et le parti communiste, satisfaits des accords de Grenelle, veulent sortir d'un jeu qu'ils ne contrôlent pas.

Mais la base refuse de mettre fin à la grève.

Dans cette situation de vide, où le pouvoir est impuissant et la vie économique interrompue, les hommes politiques, absents de la scène jusque-là, jugent, à gauche, que leur heure est arrivée. Au grand meeting du 27 mai au stade Charlety, l'UNEF et le PSU, avec Michel Rocard, affirment la possibilité d'une solution révolutionnaire. Mendès France, présent, se tient coi. Mitterrand lui propose de constituer un gouvernement. On ne sait pas trop ce que veulent dire les communistes qui évoquent « un gouvernement révolutionnaire »...

Mais voici que le 29 on apprend que de Gaulle a disparu — il est parti à Baden-Baden tester le moral de Massu et en a prévenu Pompidou. Il réapparaît subitement pour dire sa détermination de se maintenir, de soutenir son Premier ministre, et de faire appel à ses partisans. Le 30, les fidèles de De Gaulle — Malraux, Debré, Mauriac — organisent une manifestation qui réunit aux Champs-Élysées de quatre à cinq cent mille personnes.

En un tournemain, l'initiative est passée à la droite ressuscitée qui occupe la rue. Pompidou remanie son gouvernement en éliminant les « mous », Christian Fouchet, Louis Joxe — le négociateur d'Évian —, ainsi que les maladroits, tel Alain Peyrefitte qui, quelques semaines avant ces événements mémorables, avait déclaré que ce qui lui avait donné le plus de satisfaction dans sa vie politique avait été son action au ministère de l'Éducation nationale.

Les mouvements gauchistes ont beau crier « élections-trahison », les forces traditionnelles se préparent à l'échéance annoncée, retrouvant leur tour de main traditionnel. Le raz de marée gaulliste laisse les animateurs de Mai 68 sans prise sur les événements. L'opinion était lasse, en partie affolée, les vacances approchaient. La gauche est écrasée, considérée comme complice d'un mouvement auquel elle avait été étrangère, sauf tentative, à la fin, de le récupérer.

Apparemment, le retour à l'ordre se fit sans trop de dégâts. Les cinq semaines du mouvement de Mai n'ayant causé qu'un nombre de morts très réduit, peu d'arrestations — sauf au début —, il n'y avait pas d'esprit revanchard. La réforme d'Edgar Faure proclama l'autonomie des universités, ce qui revint à ne plus laisser aux seuls professeurs en titre le monopole de l'organisation des études et à faire participer le personnel à sa gestion ; or les élections universitaires virent triompher les plus conservateurs.

Quant à la vie politique, elle reprit son cours traditionnel, avec le choix de Couve de Murville comme successeur de Pompidou, qui avait trop montré qu'il prendrait la relève de De Gaulle, si nécessaire. Le Général ne le lui a pas pardonné.

Un an plus tard, mai 68 allait prendre sa revanche en rejetant de Gaulle et son référendum.

Surtout, mai 68 laissait une trace profonde : le principe d'autorité avait été mis en cause, bafoué à l'Université, dans les partis et les syndicats, dans les entreprises, dans le monde du spectacle, dans les familles.

Ce fut cela l'esprit de 1968 ; il a survécu plusieurs décennies car « rien ne fut désormais comme avant », même si, depuis, ses leaders ont rejoint la Nomenklatura qu'ils avaient su déconsidérer et déstabiliser. Mais cette irruption de la jeunesse n'en avait pas moins changé l'humeur du pays.

UNE IRRUPTION : « NOUS, LES JEUNES... » (1968)

Comme tel, en tant que groupe social, la jeunesse s'est manifestée pour la première fois en 1968. Jusque-là, certes, des hommes jeunes avaient pu jouer un rôle éminent, et remarqué à ce titre : la plupart des révolutionnaircs français de 1789, des romantiques, étaient jeunes, et les adultes de plus de quarante ans étaient exclus du mouvement révolutionnaire de Mazzini, d'où bientôt allait naître l'Internationale.

Pourtant ces exemples ne sont pas pertinents, parce que si Bonaparte était jeune, Jaurès ne l'était pas plus que ne l'avait été César ou que ne le fut Lénine. Ils ne sont pas convaincants non plus parce que les jeunes n'agissaient pas en tant que tels ; en outre, leur importance numérique n'entrait que secondairement en ligne de compte, même si, au XIXe siècle, puis au XXe siècle, ils se regroupèrent sous ce sigle, gage de renouveau : Jeunes-Turcs, Jeune Irlande, Jeunesse ouvrière chrétienne, etc.

Comme phénomène de masse, la jeunesse, globalement considérée comme classe d'âge de dix-neuf à vingt-neuf ans, a atteint son maximum numérique en Allemagne en 1933, en Égypte en 1919, puis en 1946-1952, aux moments les plus décisifs de l'Histoire de ces pays-là ; pourtant, ces exemples ne témoignent pas d'un rôle spécifique de la jeunesse parce que les adultes étaient également concernés par la crise ambiante, qu'il s'agisse du chômage, de la révolte contre l'occupation étrangère, etc. Dans ces circonstances, comme lors des grands bouleversements historiques, les jeunes peuvent être plus actifs que le reste de la société — notamment quand ils sont mobilisés en temps de guerre —, mais leur spécificité demeure un trait secondaire : il n'y a de jeunesses communistes, de jeunesses hitlériennes ou de jeunesses catholiques que pour autant qu'il y a des communistes, des catholiques, des militants, des hitlériens.

Le fait nouveau depuis le milieu des années 1960, c'est l'existence d'une révolte spécifiquement liée à une classe d'âge. Les pays où, par rapport aux adultes et aux enfants, les jeunes ont été les plus nombreux se trouvent être le Japon (64 % par rapport aux adultes), les États-Unis (45 %), la France (44 %), l'Italie (44 %), la Grande-Bretagne (42 %), précisément ceux qui ont eu les mouvements les plus spectaculaires et les plus virulents. Sans doute, dans ces pays, l'irruption d'un grand nombre d'individus sur le marché du travail crée, en soi, un premier problème. Mais le plus souvent il a servi seulement de détonateur, car le malaise avait précédé cette entrée dans la vie : dès l'université, dès le lycée même, les jeunes gens des pays développés ont commencé à mettre en cause le fonctionnement de la société, ils se sont politisés. En 1967, à Strasbourg, la brochure de l'Internationale situationniste intitulée *De la misère en milieu étudiant* dénonçait le statut « d'une couche en voie de massification dont l'avenir ne pouvait être que d'opérer une subversion des institutions ». Une conjoncture nouvelle a grossi la contestation des jeunes et l'a rendue plus cohérente que jamais. D'abord, la publicité a donné à cette classe d'âge une identité collective en tant que nouveaux consommateurs. La radio les mobilise à l'heure de *Salut les copains*. Ensuite, la multiplication des mass media leur a donné, grâce au film, à la télévision et au disque notamment, une culture parallèle et une autre vision de la société. Aux États-Unis, le phénomène a fait irruption dès les années 1950 avec *L'Équipée sauvage* de Laslo Benedek ou *La Fureur de vivre* de Nicholas Ray qui révèlent Marlon Brando, James Dean ; en France le cinéma de la Nouvelle Vague révèle le non-dit des rapports sociaux et joue le rôle d'éducateur parallèle, grâce aux films de Jean-Luc Godard, de Claude Chabrol et de François Truffaut notamment.

Si le cinéma, plus que la télévision, vue à la maison, a joué le rôle d'éducateur, la musique a été le centre énergétique d'une sorte de contre-culture, car elle seule libérait le corps. Le rock'n roll fut le grand agent de cette révolution, grâce à Elvis Presley, puis, en France, à Johnny Hallyday, avant que la pop ne prenne la relève au temps des Beatles et de Bob Dylan. Cette musique célèbre le temps libre, exalte aussi la fin des périodes de contrainte — temps familial, école, travail —, l'évasion que suscitent à la fois des amplificateurs assourdissants, des drogues et autres substances psychédéliques, elle réunit des foules immenses dans des spectacles qui durent plusieurs jours, où se dissout l'opposition entre culture de l'élite et culture populaire et où se retrouvent des adolescents de toute origine sociale et de toute nationalité, comme à Woodstock (1969).

Grâce à la pilule, entre autres, les rapports entre les sexes ont changé. Cette révolution culturelle a mis en cause aussi bien les institutions que les guerres ou la violence révolutionnaire : « Se sacrifier à la révolution était la révolution de papa. » Cette génération consomme tout en stigmatisant la société de consommation, puis elle condamne aussi bien la répression du Printemps de Prague que la guerre du Vietnam.

Entre la non-violence des hippies ou de leurs émules et la violence des blousons noirs de nos cités, il y a un trait commun : ceux-ci, fils de travailleurs manuels, comme ceux-là, fils de managers, de cadres ou de professions libérales, reprochent aux adultes de n'avoir pas su, les premiers, transformer la société, alors qu'ils ne cessent de protester contre ses abus, et les seconds, à leurs parents, de ne penser qu'à produire ou à consommer... « Puisque vous bombardez les enfants du Vietnam en récitant la Bible, avaient dit les contestataires américains, nous serons sales mais aurons l'âme propre », ajoutent les jeunes pacifistes, de France aussi bien.

Leurs premiers contacts avec la société avaient été ceux du lycée ou de l'Université dont les programmes révèlent, par rapport à leur contre-culture, une inadaptation totale aux besoins réels de l'existence et aussi la permanence d'un système socioculturel qui perpétue la domination des classes dirigeantes. La démocratisation de l'enseignement apparaît comme un leurre puisque la sélection rejette la masse de ceux qui ne sont pas les meilleurs au moment choisi par les dirigeants : c'est-à-dire ceux qu'handicape l'absence d'héritage culturel (P. Bourdieu, J.-C.

Passeron). Ultérieurement, faute d'un recyclage possible, tout échec est, pour ceux-là, irréversible.

L'immense troupe de jeunes gens ainsi déclassés, ayant autour de vingt ans durant les années 1965-1970, a politisé sa révolte dans les lieux mêmes où, pour la première fois, elle pouvait constater que les grands principes défendus en paroles par les hommes politiques, les juges, les professeurs, se trouvaient être démentis dans la réalité. En première ligne, ces jeunes gens rencontraient leurs professeurs qui continuaient à répéter des programmes conçus à un autre âge pour une minorité, sans s'être eux-mêmes interrogés sur le contenu, l'utilité ou la signification des usages universitaires. Ils se révélaient, aux yeux de ces jeunes, des oppresseurs d'un type particulier, inconscients même de leur rôle, puisque leur autorité s'appuyait sur une possession, le savoir, qu'ils monopolisaient comme une marchandise grâce au malthusianisme des concours « pour garder le niveau ». L'Université devenait ainsi non seulement le lieu où la prise de conscience s'opérait, mais où elle devenait action politique : la nécessité d'une action globale sur la société y apparaissait comme une nécessité.

Ainsi s'explique la renaissance de tous les courants révolutionnaires qualifiés de gauchistes dans les universités des pays avancés : Berkeley, Berlin, Paris, et qui mettent en cause les formes traditionnelles de l'action politique, les partis qui les incarnaient car ils avaient prouvé leur faillite.

Changement d'époque

LES GAULLISTES APRÈS DE GAULLE

Faut-il parler de « gaullisme » ou de « gaullistes » après le départ et la mort de Charles de Gaulle en 1970 ?

Ce qui frappe dans l'héritage des forces qui se réclament du Général, c'est bien qu'elles ont, tel le phénix, sans cesse régénéré, mais chaque fois en changeant de nom. Cinq appellations de son vivant, trois après sa mort. Du RPF, créé par de Gaulle en 1947, l'URAS de Jacques Chaban-Delmas prit la relève en 1953 ; puis l'UNR de Roger Frey en 1958, l'UNR-UDT de Jacques Baumel en 1962, l'UD Ve République de Robert Poujade en 1968, l'UDR de René Tomasini en 1971, le RPR de Jacques Chirac en 1976, le RPF à nouveau souhaité par Philippe Séguin en 1998, sauf que le Rassemblement du peuple français est devenu le Rassemblement pour la France... de Charles Pasqua.

Rassembler et unir sont ainsi les deux termes qu'en alternance les gaullistes choisissent pour se représenter.

Et pourtant, hormis à l'heure de la Libération et au lendemain de la guerre d'Algérie, loin d'incarner ce rassemblement, de Gaulle et les gaullistes ont été perçus comme de droite, aussi bien en 1947 par 52 % des Français qu'aujourd'hui par 58 % d'entre eux. Une identification que les gaullistes récusent avec conviction, et qui néanmoins demeure.

À coup sûr, s'il y a là une constante, elle est paradoxale à sa façon, si l'on constate que c'est de Gaulle qui a institué la Sécurité sociale, inscrit au programme de son gouvernement la planification économique et les nationalisations, ouvert le vote aux femmes, fait aboutir la décolonisation en Afrique noire et en Algérie — toutes mesures que la gauche n'a cessé de préconiser.

Comment expliquer que ce regard paradoxal ait la vie si longue ?

Aux premiers temps du Général lui-même, ceux des lendemains de la Libération, il est sûr que les lieux communs de la tradition antimilitariste ont pu jouer, contre un général qu'on se plaît à assimiler à un Boulanger plutôt qu'à un Bonaparte. Sa mise en cause du régime des partis apparut comme le signe de son hostilité à la République — alors même qu'il l'avait restaurée. On retrouve la même inconséquence quinze ans plus tard, lors de la décolonisation de l'Afrique noire et de la paix en Algérie : prise à contre-pied, la gauche se fait violence à lui en reconnaître les mérites alors qu'elle n'a pas ménagé ses louanges à Mendès France qui avait mis fin à la guerre d'Indochine.

En ce qui concerne les mesures économiques et sociales prises en 1945-1946 (nationalisations, Sécurité sociale etc.), elles ont été perçues autant comme une volonté née de la Résistance que comme une initiative propre du Général. Ajoutons qu'à cette date, ces mesures apparaissent comme une pâle réplique du Welfare State anglais, voire du régime soviétique dont un parti communiste puissant glorifie les mérites.

La faiblesse de la droite, que compromet le souvenir de Vichy, ajoute à cette représentation qui situe politiquement le gaullisme plus qu'il ne tient compte de la nature de ses actes. Cette vision se renforce quand, avec la création du RPF en 1947, le gaullisme se présente comme un rempart contre le communisme et l'URSS.

Il a fallu que s'effondre le communisme à l'Est et que s'effrite l'État-providence pour qu'on se remémore le rôle du général de Gaulle dans son instauration, identifié aujourd'hui à une politique de gauche.

Or, ce sont précisément des gaullistes, du moins une partie d'entre eux, qui actuellement jettent cet héritage-là à la rivière.

Une contribution au débat du RPR en 1998 juge que l'État-providence a réduit l'espace de la liberté individuelle au profit de droits collectifs ou communautaires, que les débordements incessants de l'État ont conduit les citoyens à se regrouper en groupes de pression, que la privatisation doit prendre la relève des nationalisations, qu'il faut réduire le périmètre de l'État, etc. En fait, le programme de certains d'entre eux, tel Édouard Balladur, se situe à la pointe du libéralisme — à l'opposé du Général.

Les gaullistes apparaissent ainsi, après coup, plus à droite que de Gaulle — même si, aujourd'hui comme hier, cette représentation les choque, les fait taper du pupitre.

Il est vrai que la présence d'un Front national — qui récuse d'être appelé d'extrême droite — ainsi que l'existence de libéraux qui se définissent comme authentiquement tels déplacent les gaullistes vers le « centre » de l'échiquier politique — même si ce sont ces mêmes libéraux qui se veulent au centre, car il y a plus de cohérence solidaire dans l'opposition du RPR à Le Pen que chez les membres de l'UDF : tradition gaulliste et résistante oblige.

Dans les métamorphoses des forces gaullistes, un autre trait est remarquable. Depuis le départ du Général, en 1969, les gaullistes ont gardé le pouvoir jusqu'à la mort de Pompidou et ont alors perdu la présidence de la République au bénéfice de Giscard d'Estaing en 1974. En 1976, ils ont perdu le poste de Premier ministre avec la nomination de Raymond Barre. Ils ont néanmoins participé au pouvoir, de 1969 à 1981, puis à nouveau sous la première et la deuxième cohabitation, au temps de Mitterrand-Chirac et Mitterrand-Balladur. Ils l'ont retrouvé dans sa plénitude avec l'élection de Jacques Chirac à la présidence de la République, et le ministère Juppé. Depuis le départ du général de Gaulle, soit depuis une trentaine d'années, ils ont été au pouvoir sept ans totalement, et vingt partiellement.

On peut ainsi être surpris que dans le débat portant sur le renouvellement du RPR, en 1998, différentes contributions et jusqu'à la synthèse du bureau présentent la situation de la France comme si les gaullistes n'étaient en rien responsables de sa genèse.

Ils veulent apparaître comme une force nouvelle qui peut se dire œcuménique, prête à rassembler tous ceux que fascine cette régénérescence. D'où cet attachement à ce terme, « rassemblement ».

En 1947, quand de Gaulle créa le RPF, son argument pour justifier le choix de ce terme et nier que cette organisation fût un parti comme les autres consistait à faire valoir que face à un danger extrême — le communisme et la soviétisation de l'Europe —, les Français se regrouperaient sous sa houlette comme au temps de la Résistance. Cela n'impliquait pas la disparition des partis politiques puisqu'on pouvait disposer d'une double appartenance : à un parti politique et au RPF. Ainsi, Michel Debré était à la fois radical et RPF, d'autres UDSR et RPF, etc.

Cinquante ans plus tard, le choix du terme se veut un signe de fidélité envers l'héritage gaullien. Quoi de plus ? Une vocation à regrouper les forces hostiles au socialisme et au Front national, à en constituer le noyau dur ? Une volonté de ne pas se situer à droite en rappelant les actes ou les tentatives du Général, le projet de « nouvelle société » de Chaban-Delmas sous Pompidou, les discours présidentiels de Jacques Chirac sous Mitterrand en 1995, de Séguin, président du RPR... avant que les élections de 1997 et la victoire de Jospin ne l'aient pris à contre-pied et rejeté par nécessité vers un programme libéral, condition de la survie du mouvement, et une clientèle plus à droite que son discours.

L'éternel dilemme.

LE RÔLE DU PARTI COMMUNISTE : DU ZÉNITH À LA DÉCHÉANCE

Un autre des traits particuliers de l'Histoire de ce pays, au moins au XXe siècle, est bien la part que le parti communiste y a jouée, surtout après 1945. Seule l'Italie a connu, à l'Ouest, pareil défi.

Il a fallu plusieurs décennies pour que son déclin apparaisse irréversible. Certaines des données de ce déclin sont néanmoins apparues à l'heure de son zénith dès 1947 comme on a vu[1].

Inaperçue du public, cette rétraction est longtemps cachée par la présence active des communistes dans la vie intellectuelle où ils exercent une sorte de dictature d'opinion.

Lorsque, en 1950, la Corée du Nord envahit la Corée du Sud, il n'y a pas que les communistes à refuser de le croire : il ne peut s'agir que d'une provocation des Coréens du Sud manipulés par les Américains. Jamais le Mouvement de la paix ne s'est montré aussi péremptoire. Tout comme les communistes s'étaient montrés virulents contre Kravchenko, qui après Jan Valtin et avant David Rousset, avait évoqué la terreur en URSS et l'existence des camps. On pouvait, jugeaient-ils, d'autant moins donner créance à leurs propos « diffamatoires » que leurs témoins, autrefois incarcérés, disaient eux-mêmes qu'ils ne savaient pas pourquoi ils avaient été déportés. On ne peut croire non plus que, suivant l'exemple de Tito, Rajk en Hongrie et Slánský en Tchécoslovaquie ne soient pas des traîtres aussi : ils l'avouent à leur procès.

Sur injonction du Kominform, ce Komintern rétréci, le parti de Maurice Thorez, blâmé pour avoir subi son éviction du gouvernement sans réagir, retourna sa position en ranimant les luttes sociales qui furent particulièrement violentes à la fin de 1947, encore en 1948 et durement réprimées par le ministre de l'Intérieur socialiste Jules Moch ; en douze mois, on comptabilise près de trois millions de grévistes, les plus violents conflits éclatant dans les mines, où les forces de l'ordre utilisent des tanks. Mais le mouvement est brisé.

On peut voir là une première donnée qui rend compte de la stagnation du mouvement communiste, pourtant à son zénith : le parti avait retenu la bride de l'élan ouvrier prêt à tout rompre au lendemain de la Libération mais à qui le parti recommandait de « gagner la bataille… de la production ». Puis, lorsqu'il avait lâché cette bride, une défaite avait suivi, avec ce qu'elle pouvait avoir de décourageant. Simultanément, pendant ces années 1946-1950, l'anticommunisme du corps politique se durcissait au vu du « coup de Prague » et de ces procès qui se multipliaient en Europe centrale. Ces événements terribles commencent à inquiéter les Français, en particulier la classe politique qui craint qu'au pouvoir les communistes ne transforment le pays en une démocratie

1. Page 413 et 414.

populaire — alors que Staline souhaite seulement que ce ne soit pas le plan Marshall qui prélude au relèvement de la France.

Avec la mort de Staline (1953), plusieurs autres données rendent compte du tassement de la puissance communiste, celle-ci n'en demeurant pas moins la principale force politique du pays — pour autant que le gaullisme décline après l'embellie liée à la création du RPF.

D'abord, la direction du parti est secouée par la mise en accusation en URSS de Beria, puis de la personne de Staline par ses successeurs, Malenkov, Khrouchtchev, etc. Ils cachent ces faits soigneusement jusques et y compris, trois ans plus tard, la publication du rapport Khrouchtchev sur les crimes de Staline. Cette direction est également secouée par les divisions du mouvement communiste international, qui d'une part voient Togliatti préconiser « l'unité dans la diversité » des partis, bref leur autonomie vis-à-vis de Moscou, et d'autre part Mao Tsé-toung défendre le recours à la voie violente pour instaurer le socialisme. Tétanisée par le rapport Khrouchtchev, la direction du parti français s'effrite à nouveau lorsque a lieu en 1956 l'intervention militaire des Soviétiques à Budapest qui suscite le désarroi d'un grand nombre d'intellectuels, dont Picasso et Jean-Paul Sartre.

Ensuite, la faillite de la politique coloniale française, en Algérie notamment, suscite le retour du général de Gaulle au pouvoir, et la dénonciation de son « fascisme » se traduit par une défaite électorale sans précédent : en 1958, le parti communiste ne recueille que 19 % des suffrages exprimés. Plus encore, la solution apportée au problème algérien — l'indépendance — correspond, peu ou prou, à ce à quoi le parti communiste avait fini par se rallier (longtemps, il l'avait combattue, à la différence de celle du Vietnam communiste au prétexte qu'elle ferait entrer l'Afrique du Nord dans l'orbite américaine), de sorte que s'opposer à la politique algérienne de De Gaulle apparaît abscons. Les mêmes incertitudes se retrouvent lors de la crise de mai 1968 dont la direction du PC stigmatise les « meneurs » avant de se rallier à une révolte étudiante, « fille du mouvement libérateur de la classe ouvrière ». Surtout, le parti d'avant-garde est apparu dépassé, vieilli et pour tout dire déboussolé par les questions qu'a soulevées la crise et qui remettent en cause non plus seulement la stratégie globale du parti, mais le « centralisme démocratique » qui constitue son principe de fonctionnement. Sans parler des questions essentielles que Mai 68 avait abordées et qu'avait ignorées le PC (liberté sexuelle, rapport au savoir, mise en cause de l'autorité).

Avec l'intervention soviétique à Prague, l'image de l'URSS se détériore irréversiblement. Déjà les écrits de Soljenitsyne, en 1964, avaient commencé à ébranler les intellectuels, désormais méfiants à l'égard du bilan de l'expérience soviétique. Prague 1968, *L'Archipel du Goulag*, les écrits des dissidents qui se multiplient contribuent à substituer, en France, cette image du Goulag à celles du stakhanoviste et du kolkhozien qui dominaient durant les années 1950. Bien que Georges Marchais ait déclaré le bilan de l'URSS « globalement positif », l'opinion comprend de plus en plus que cette expérience communiste est, en bonne partie, une faillite et l'attraction du modèle soviétique, vive en 1950, a complètement disparu dans les années 1970. Le parti s'en détache d'ailleurs discrètement dès les années 1960, mais il demeure désormais sans amarres.

Or, et surtout, le parti communiste n'a pas voulu prendre la mesure de la formidable mutation qu'a connue la société française pendant les Trente Glorieuses. Il en a même contesté les progrès en avançant, avec Henri Claude, la théorie de la « paupérisation relative et absolue des travailleurs » à l'ère d'un gaullisme « au service des monopoles cosmopolites ». En 1976 encore, il dénonce l'existence de dix, puis de seize millions de pauvres. Parallèlement, tout en stigmatisant les fascistes et les gaullistes, il réaffirme, après 1968, la primauté de la classe ouvrière dans la lutte pour l'instauration d'une « démocratie avancée ». Or ce retour au radicalisme verbal, après ces hésitations tactiques et stratégiques, concerne une classe ouvrière en voie de réduction, où déjà les travailleurs immigrés occupent une large place.

Bref, le parti qui se veut toujours être le parti de la classe ouvrière, et qui le demeure par sa direction, voit cette classe à la fois diminuer en nombre et se dérober sous ses pas. Et le reste de ses anciens électeurs, c'est-à-dire une partie des classes moyennes et des ruraux, récuse un discours jugé excessif ou inopportun. Certes, sur cent électeurs communistes, cinquante sont encore des ouvriers en 1973 ; mais en 1988 il ne recueille que 15 % du vote ouvrier contre 21 % à Le Pen et 40 % à Mitterrand. Le Parti connaît encore quelques bons résultats électoraux mais sa participation à l'Union de la gauche et au gouvernement Pierre Mauroy lui fait perdre ses dernières dents. C'est bientôt le Front national, et ultérieurement les Verts qui devaient recueillir une partie de son héritage : il n'a que 11 % des voix en 1984, et 6,09 % en 1994. L'effondrement du communisme en URSS, en 1989, a accéléré cette chute.

Avec le recul, on peut établir le catalogue des « erreurs » qui ont conduit à cette déchéance du parti communiste français ces cinquante dernières années.

Des actes manqués en 1945-1947, qui déçoivent l'avant-garde la plus combative, déçue de ne pas participer au « grand soir ». Des inconséquences dans la politique de participation/opposition dont le sens n'apparaît pas, tant qu'on ne veut pas admettre que c'est Moscou qui en décide. Un doute de plus en plus réel sur les accomplissements du régime soviétique, dont les actes à Budapest, Prague 1968, deviennent incompréhensibles à ceux qui croyaient au dogme et à la loi du marxisme-léninisme. Surtout, le parti reste sur des positions dogmatiques et anciennes alors que la société s'est transformée, modernisée, et que grâce à de nombreux médias elle dispose d'informations qui rendent obsolète le programme du parti définitivement désorienté depuis la fin de l'URSS.

On n'a plus foi en l'alternative d'une société communiste, et le parti a perdu une partie de sa fonction tribunicienne, qu'ont captée les Verts, les gauchistes ou le Front national.

LA FIN DU MRP

Accompagnant, comme son ombre, le déclin du parti communiste, le MRP disparut à son tour. Il était né à la Libération, prenant la relève d'une droite qui s'était déconsidérée sous l'Occupation et représentant la seule force non marxiste capable de s'opposer à la gauche comme à l'extrême gauche. Mais son ouverture sociale, qu'avaient exprimée Francisque Gay ou *Témoignage chrétien,* l'avait rapproché d'un parti socialiste dont l'anticommunisme était désormais breveté. La IVe République avait vécu sous son aile car le MRP constituait l'axe de la « troisième force », et la plupart des gouvernements entre 1947 et 1958 comptèrent entre six et dix ministres MRP, en tous les cas un bon tiers de leurs membres. Ce fut sous leur égide qu'après le plan Schuman s'effectua la construction de l'Europe — en connivence avec Adenauer et De Gasperi.

Mais la rivalité avec le RPF de De Gaulle, le déclin des communistes, l'echec de Lecanuet aux élections présidentielles de 1965 (sous une autre étiquette), la mort de Schuman et le passage de Bidault à l'OAS, ou tout près, tout cela fait perdre au MRP à la fois sa représentativité et son identité. Y contribue également Vatican II qui octroie aux catholiques une liberté de choix politique au moment où la société se détache des enseignements et des traditions de l'Église.

Chapitre 5

LE TEMPS DES MUTATIONS

CHRONOLOGIE

LE TEMPS DES MUTATIONS

1973	Choc pétrolier, les pays de l'OPEP quadruplant le prix des carburants.
mai 1974	V. Giscard d'Estaing, président de la République, Jacques Chirac, Premier ministre.
	Révolution des Œillets au Portugal.
déc. 1974	Vote de la loi Veil sur l'interruption volontaire de grossesse.
	Scandale du Watergate aux États-Unis.
1975	Loi facilitant le divorce.
	Prise d'otages à Aléria, en Corse : deux gendarmes tués.
1975	Le parti communiste abandonne l'idée de la dictature du prolétariat.
	Mort de Mao Tsé-toung.
	Projet de surrégénérateur Phénix.
	R. Barre succède à J. Chirac, qui fonde le RPR et devient maire de Paris l'année suivante.
1977	*Sadate à Jérusalem : y rencontre Begin.*
1978	L'Algérie nationalise les compagnies françaises de pétrole.
	Marée noire de l'*Amoco-Cadiz.*
	Rapport Nora-Minc sur l'informatisation de la société.
	Regroupés, Peugeot et Citroën rachètent Chrysler.
	Plan de restructuration de la sidérurgie.
	Appel de Cochin : J. Chirac dénonce la construction européenne telle que la dessine V. Giscard d'Estaing.
1979	Manifestations à Longwy contre le plan sur la sidérurgie.
	Deuxième choc pétrolier.
	Le Canard enchaîné révèle les dons de diamants de l'empereur Bokassa au président de la République.
	Révolution islamique en Iran.
	Les Soviétiques envahissent l'Afghanistan.
1980	Mort de J.-P Sartre.
	Montée de Solidarnośċ en Pologne.
1981	F. Mitterrand élu président de la République. P. Mauroy, Premier ministre ; quatre ministres communistes.
	Augmentation du SMIC, du minimum vieillesse.
	Abolition de la peine de mort grâce à l'action de Robert Badinter.
1982	Naissance du premier bébé-éprouvette.
	Fin du monopole d'État sur la télévision.
	Italie : la Mafia s'en prend aux dirigeants de l'État.
1983	P. Mauroy institue le plan de rigueur économique.
1984	Manifestation pour la défense de l'école privée.
	Percée du Front national de J.-M. Le Pen.

	L. Fabius succède à P. Mauroy.
	Deux millions et demi de chômeurs.
1985	Affaire du *Rainbow Warrior.*
	Le fantaisiste Coluche ouvre les Restaurants du cœur.
	Gorbatchev et la perestroïka.
1986	Victoire de la droite aux élections législatives. J. Chirac, Premier ministre de la cohabitation.
	Attentats terroristes en France.
	Grandes grèves.
	Catastrophe de Tchernobyl.
	Guerre Iran-Irak.
1988	Réélection de F. Mitterrand. Michel Rocard, Premier ministre.
	Prise d'otages en Nouvelle-Calédonie.
	Manifestations d'infirmières ; puis des postiers ; puis des enseignants l'année suivante.
	Adoption du RMI.
1989	Affaire des foulards islamiques.
	Effondrement du régime communiste en RDA, destruction du mur de Berlin.
1990	*Dislocation de l'URSS, fin du communisme à l'Est. Réunification de l'Allemagne.*
	Invasion du Koweït et guerre du Golfe.
	Crise au RPR. Crise au parti socialiste.
	Manifestations de lycéens.
1991	Démission de J.-P. Chevènement, refusant l'intervention militaire de la France dans la guerre du Golfe.
	Édith Cresson remplace Michel Rocard.
	Affaire du sang contaminé.
	Désintégration de la Yougoslavie.
1992	P. Bérégovoy remplace Édith Cresson.
	Traité de Maastricht.
1993	Défaite socialiste aux élections, démission puis suicide de P. Bérégovoy.
	Deuxième cohabitation : Mitterrand/Balladur.
	Affaire de la corruption des matchs de football.
1994	Intervention française au Rwanda.
	Révélations sur le passé de François Mitterrand.
1995	Présidentielles : J. Chirac l'emporte sur L. Jospin. A. Juppé, Premier ministre.
	Montée des scandales sur le financement des partis politiques.
1997	J. Chirac dissout l'Assemblée pour consolider sa majorité. Cette opération se traduit par la victoire de la gauche : L. Jospin devient Premier ministre. Troisième cohabitation.
1999	Redressement économique. Succès de Martine Aubry sur les 35 heures et la généralisation de la protection maladie et la baisse du chômage.

Les mutations de l'identité

Effet des Trente Glorieuses, de la mondialisation, de la fin du temps des colonies, effet aussi de la mue démographique et culturelle que représente Mai 68, la France, de la fin des années 1970 au tournant du siècle, présente une figure entièrement nouvelle.

Politiquement, en apparence, rien n'est changé. Après la mort de Pompidou, en 1974, la droite et la gauche retrouvent sans effort apparent leurs discours et leurs gestes traditionnels, leurs rivalités et divisions internes. Aux élections habituelles — municipales, cantonales, législatives — s'ajoute, depuis la Vᵉ République, le piment nouveau des présidentielles et celui des européennes, plus anonymes : on n'a jamais tant voté. Ce jeu donne lieu à l'apparition d'une figure nouvelle de la vie politique : la cohabitation, chaque fois que divergent la couleur politique du président et celle du parti vainqueur aux élections législatives... Ainsi, de 1974 à 2000, la France a connu des régimes homogènes, de droite, puis de gauche, sous Giscard d'Estaing, avec Chirac et Barre (1974-1981), puis sous Mitterrand, avec Mauroy et Fabius comme Premiers ministres (1981-1985), puis à nouveau sous Mitterrand (II), avec Rocard, Édith Cresson et Bérégovoy comme Premiers ministres (1988-1993) ; enfin avec Chirac président et Juppé Premier ministre (1988-1993). Elle a connu plusieurs cohabitations, avec Mitterrand (I) et Chirac (1986-1988), Mitterrand II et Balladur (1993-1995), puis avec Chirac et Jospin depuis 1997. Cette alternance entre la gauche et la droite, entre la cohabitation et l'unité du pouvoir a constitué le sel de la vie politique et parlementaire. Les sondages affirment que les Français jugent que la cohabitation est une bonne chose ; les hommes politiques jugent au contraire qu'elle paralyse leur action. On constate qu'après chaque expérience homogène (1986, 1995 pour les socialistes, 1997 pour le RPR), les dirigeants en place subissent une défaite caractérisée.

Ces débats, et les rivalités au sein de chaque famille, occupent la chronique des commentateurs politiques, qui s'en régalent et ne manquent pas de les attiser. Les péripéties des rapports entre Mitterrand et Rocard, entre Fabius et Jospin chez les socialistes ; entre Giscard d'Estaing, Chirac, Pasqua, Séguin à droite constituent une partie du roman de la nation. Elles contribuent au discrédit de la « classe politique », avant que les scandales du financement des partis ne l'éclaboussent plus gravement encore. On y reviendra.

Mais le point important n'est pas là.

On constate que, de cohabitation en régime homogène, on ne distingue plus nettement — sauf dans la geste des discours — quelle est la part réelle des mesures prises par la droite et celle des mesures prises par la gauche, ni l'appréciation des uns et des autres sur ces mesures. Par exemple, il est clair que, la parenthèse de 1981-1983 mise à part, les mesures prises contre le développement du chômage s'enchâssent les unes dans les autres. Mieux : on note que l'autorisation préalable contre les licenciements abusifs, que la droite n'a cessé de combattre, est à l'origine une initiative de Giscard d'Estaing en 1975... De même, les mesures de rigueur prises par Mauroy en 1983 sont approuvées par Raymond Barre. La confusion est encore plus grande s'agissant de la construction européenne — qui, de fait, divise à la fois la gauche et la droite —, du quinquennat, etc.

De sorte que l'opposition politique gauche/droite demeure, certes, vivante et assumée à la fois par les hommes politiques et par l'ensemble des citoyens, mais elle a plus de réalité dans les polémiques électorales voire dans l'opinion et dans la lutte pour le pouvoir que dans les transformations que connaissent l'État et la société.

Nul doute qu'au terme de ces trente dernières années, la principale mutation n'ait été l'urbanisation de la société. Cette rupture de continuité a provoqué l'effondrement de la société paysanne, et aussi de l'image que le paysan avait de lui-même. Il était réputé mal produire, archaïque, et voilà qu'il produit trop ; il incarnait la nature, et voilà qu'il est désigné comme pollueur. Associée à la désagrégation de la famille, cette agonie de la civilisation paroissiale porte en elle, aussi, le déclin de la pratique religieuse. Plus exactement, l'adhésion religieuse est devenue l'objet d'un choix individuel qui n'encourt plus de sanction sociale s'il s'en éloigne. Pour se redonner une visibilité, les institutions religieuses s'efforcent de restituer leur mémoire aux populations en passe de la perdre : les protestants, en commémorant avec force l'édit de Nantes ou sa révocation, les juifs rappelant en permanence la mémoire de la Shoah et essayant de conjurer la dissolution de la communauté que sécrète la multiplication des mariages mixtes ; les catholiques en réamorçant la conscience croyante par une résurrection des pèlerinages de jeunes à Rome ou à Saint-Jacques-de-Compostelle.

Dans les villes se retrouve en effet l'essentiel de la population. La mutation qui s'est opérée voit sans cesse croître la part des salariés : ils sont passés de 70 % des actifs vers 1960 à 90 % au tournant de l'an 2000. Or, avec la mondialisation, les chocs pétroliers, la crise généralisée, la société salariale a été ébranlée, tandis que parallèlement la protection de l'État-providence s'est vue ébranlée, tout comme la pérennité des statuts sociaux.

Alors que depuis un siècle — sauf en temps de guerre — les sociétés urbaines vivaient dans un climat *offensif* de revendications — « toujours plus » —, le retournement qui s'est opéré avec la montée du chômage a placé cette société salariale sur la *défensive*, atteignant aussi bien les cadres que les ouvriers ou les employés et contraignant les syndicats à dire que « sont heureux ceux qui ont encore un travail fixe ». En 1994, le nombre de salariés occupant un emploi précaire dépassait déjà trois millions ; 31 % des femmes avaient un emploi à temps partiel : ce qui était une commodité est devenu une contrainte. Dans la grande distribution, cette situation engendre une véritable précarité : bas revenus et longs déplacements.

Désormais, l'avenir du travail est devenu aléatoire tandis qu'apparaissait une catégorie sociale nouvelle : les exclus.

Simultanement, ces chocs ont eu pour effet de multiplier les emplois instables, de modifier la part d'autonomie attribuée aux travailleurs, de développer les services centrés sur les individus plus que sur les objets, de multiplier les statuts du travail et les formations de carrière, et pour certains de jouer sur les avantages de l'assistance plutôt que de se construire une carrière.

Pour freiner cette dégradation, multiples ont été les efforts des différents gouvernements pour constituer une sorte d'économie assistée ou administrée.

Parallèlement à cette crise de longue durée qui semble avoir pris fin seulement depuis 1999, une autre transformation s'opérait, en relation indirecte avec l'urbanisation, ou avec l'éclat des événements de 1968 et les progrès de la médecine : la possibilité reconnue aux femmes de maîtriser leur fécondité. L'invention de la pilule contraceptive peut être considérée comme l'innovation qui a le plus profondément marqué la société française ces trente dernières années. Passible de la peine de mort sous Vichy, l'avortement est interdit, ainsi que la contraception, par la loi de 1920. Il faut les efforts de Lucien Neuwirth auprès de De Gaulle, puis de Gisèle Halimi et de Simone Veil en 1974 pour que soit votée, sous Giscard d'Estaing, qui se veut un président moderne, une loi l'autorisant. L'interruption volontaire de grossesse est bientôt prise en charge et entre dans les mœurs, mais celles-ci sont lentes à évoluer et on compte encore un avortement pour quatre naissances — néanmoins la loi Veil et la loi Neuwirth ont modifié du tout au tout le statut social de la femme.

Cependant, le droit à la santé se perfectionne, il devient un droit à être guéri si bien que la maladie devient un nouvel acteur social qui, aux élections de 1995, rivalise comme aux États-Unis avec les revendications traditionnelles sur les salaires ou les conditions de travail.

Mais, à côté de la médiatisation de la vie politique et de la montée des scandales, qu'elle aide à révéler, à côté de l'émergence d'un nouveau pouvoir, celui des juges, qui ébranle la classe politique, la grande mutation de cette fin de siècle se trouve ailleurs.

Effet du croisement de la construction européenne avec la mondialisation, il s'agit de l'effritement de la souveraineté nationale, des conflits que cela suscite, de la renaissance aussi des pulsions régionales qui l'accompagne. Changements plus lourds sans doute que celui de l'intégration des immigrés que la nation a toujours fini par réussir, en y mettant le temps qu'il faut.

1974 : quelle crise ?

Alors que l'explosion de mai 1968 avait réveillé le monde des dirigeants endormis sur les lauriers de l'expansion, la crise de 1974 les a surpris, certes, mais en ce sens que ni les hommes politiques ni les experts économiques n'en ont pris la mesure ou compris la portée. Selon le commissariat au plan, ou encore l'OCDE, la récession de 1974-1975 n'aurait été qu'une conjonction de hasards malheureux. Les turbulences qui ont suivi le choc pétrolier né de la guerre du Kippour — l'attaque lancée par l'Égypte et la Syrie pour récupérer les territoires occupés par Israël — et qui a amené l'OPEP à faire pression sur l'Occident en doublant, puis triplant le prix du pétrole, voilà qui avait joué les détonateurs mais, jugeait-on, nécessitait seulement une adaptation de l'économie aux nouveaux coûts de l'énergie.

À la concurrence des pays du tiers-monde en voie d'industrialisation a également été imputée cette récession qui ne devait pas durer. Ainsi, pendant deux ans, pendant dix ans, ces dirigeants n'ont pas manqué de parler de « la sortie du tunnel », des « clignotants » qui annonçaient une reprise.

En vérité, quand Georges Pompidou jugeait en 1972 que la France ne supporterait pas cinq cent mille chômeurs, il ne pressentait pas qu'il y en aurait trois millions quelque vingt ans plus tard. Mais il situait bien là où était le danger d'une crise.

La récession ayant duré, et pas seulement en France, on a évoqué une nouvelle crise de 1929. Était-ce donc une simple répétition, avec des traits quelque peu modifiés ? Ou bien l'amorce d'un désordre nouveau ? De fait, la première crise, celle de 1929, avait été créée par l'économie de marché et effacée par la guerre ; alors que la seconde était due à l'épuisement d'une période de croissance sans précédent et dont les facteurs se délitaient. Sans doute pour avoir fait le choix du « tout pétrole » et « tout pour la route » aux dépens des autres sources d'énergie, du rail et des canaux, le choc pétrolier fut plus violent en France qu'ailleurs — puisque le pays ne produisait pas de carburant, celui du Sahara appartenant désormais à l'Algérie — mais, alors que les prémices de la récession s'étaient manifestées avant ce choc, au moins aux États-Unis, la France de Pompidou paraissait s'installer dans un processus de croissance indéfinie, activant la modernisation industrielle, dégageant un excédent qui permettrait un partage plus aisé des ressources et résoudrait ainsi quelques-uns des problèmes sociaux posés par la révolte de 1968, construisant cette « nouvelle société » que préconisent Jacques Chaban-Delmas et Jacques Delors.

Le choc et l'arrêt de la croissance font porter le taux d'escompte à 11 %, ce qui fait entrer le pays dans l'ère de la stagflation : une combinaison inédite d'arrêt de la croissance et d'inflation due à la hausse du pétrole : cette inflation est de 10 %, contre 11 % aux États-Unis, 25 % au Japon et 7 % en Allemagne. L'indexation des salaires sur les prix étant appliquée depuis 1946, les coûts salariaux s'envolent. Et l'inflation devient un processus auto-entretenu. Simultanément, les capacités industrielles du pays ne sont plus utilisées qu'à 70 % en 1975, ce qui entame la rentabilité des entreprises et amorce un cycle de faillites — 17 224 en 1975 — dont sont victimes d'abord les petites et moyennes entreprises moins armées pour tenir. Brusquement, le chômage se développe et atteint en 1975 les 420 000 travailleurs — ce palier qui hantait Georges Pompidou.

La hausse des prix avait été une première réponse des producteurs aux effets combinés de la récession et de la hausse du pétrole. En France, le prix des automobiles a augmenté de près de 50 % entre 1973 et 1975, manière de compenser la réduction de la masse de profits qui résultait de la diminution du volume des ventes. Pour le gouvernement, lutter contre l'inflation a paru la condition du retour au plein emploi. Giscard d'Estaing partageait le diagnostic du chancelier Helmut Schmidt : « Les profits d'aujourd'hui sont, pour les entreprises, les investissements de demain, et les investissements de demain, les emplois d'après-demain. »

Peser sur les salaires a pour objet d'empêcher la dégradation de la situation des entreprises, et cette nécessité apparaît d'autant plus urgente que ces salaires sont indexés sur les prix. Mais jamais la consommation de produits ménagers (réfrigérateurs, machines à laver, télévisions, etc.) n'avait été aussi élevée que les dix années précédentes, de sorte qu'une baisse des salaires trop marquée eût pénalisé la production de biens de consommation. En outre, le discours sur la croissance et l'amélioration des conditions de vie, rajeuni depuis 1968, avait rendu les salariés plus rétifs encore à toute stagnation de leur pouvoir d'achat. Face aux grèves, les dirigeants voulaient prévenir toute flambée revendicative qui eût pu ranimer les flammes révolutionnaires. Équilibre difficile : l'opinion en retint la politique d'austérité du gouvernement Barre plus que le ralentissement de la montée de l'inflation, mais aussi « la chasse aux canards boiteux », ces entreprises qui ne survivaient que grâce aux subventions. Leur disparition accélère la montée du chômage.

« Peut-on se passer des travailleurs étrangers en France ? » interrogeait la revue *Entreprise* en 1973. Déjà, à la veille du choc pétrolier, cent mille entreprises françaises utilisaient des travailleurs clandestins. Leur nombre ne cesse de s'accroître les années qui suivent, à la fois pour prendre le relais des Français qui renâclent aux tâches pénibles et pour satisfaire les employeurs qui ont moins à craindre leurs exigences salariales. Les frais de santé ne concernent pas les entreprises qui cotisent de toute manière. Ce recours à l'armée industrielle de réserve des pays du tiers-monde vaut pour l'Europe occidentale tout entière puisque, vers 1970-1975, les immigrants constituent 16 % de la population de la Suisse, 6 à 7 % de la population de la France, de la Grande-Bretagne, de l'Allemagne fédérale. Mais bientôt les avantages que représente cette armée se retournent quelque peu, lorsque ses membres acquièrent des droits et alourdissent le budget de la Sécurité sociale. Leur présence, surtout celle des Maghrébins, alimente un racisme qui sécrète bientôt la montée d'une extrême droite fascisante.

À ce recours, qui apparaît une sorte d'emplâtre sur la crise, s'en ajoute un autre : l'exportation des industries vers la périphérie. Les États-Unis y ont recouru les premiers, installant en Asie orientale et en Amérique latine une partie de leurs industries manufacturières, dans ces pays où la main-d'œuvre est rémunérée six à dix fois moins qu'en métropole ou en Europe. Le Japon puis l'Allemagne ont suivi, ensuite la France. Mais au bout de quelques années un choc en retour s'est produit, ces pays — Hong Kong, la Corée du Sud, l'île Maurice, etc. — devenant à leur tour des exportateurs redoutés.

À partir du moment où, dernier recours, l'économie française, comme celle des autres pays avancés, a fait de plus en plus appel à l'automation, on a pu estimer que le pays entrait dans une phase post-industrielle... Mais le nombre des chômeurs était toujours là, atteignant bientôt le million.

En réalité, durant ces décennies, du fait de la baisse du prix relatif des biens de consommation (réfrigérateurs, télévisions, etc.), les dépenses de services, surtout celles de la santé et des loisirs, ont pris la relève des précédentes. Le redéploiement des dépenses a développé un secteur de la production qui réponde à de nouvelles demandes. Dix ans plus tard, l'exemple de l'accroissement de la flotte de plaisance et la construction de navires de croisière sont là pour assurer une minireprise, marginale, des activités des chantiers navals voués, dans l'entre-deux, à l'extinction. Cet exemple est mineur, certes, mais il rend compte d'un regain du secteur secondaire par une voie nouvelle.

Or, pour l'essentiel, deux conceptions se sont opposées pour essayer de résoudre le problème des relations sociales et économiques que soulevait la crise. Pour les uns, l'enjeu serait le retour à un marché du travail concurrentiel, solution choisie par les Américains, plus radicalement par Margaret Thatcher en Grande-Bretagne, très modérément par Raymond Barre sous Giscard d'Estaing et Fabius sous Mitterrand. Pour d'autres, l'enjeu était le retour à un synchronisme entre les effets sur la productivité des méthodes améliorées d'organisation de la production et la participation des travailleurs à la consommation de masse et donc à l'expansion générale de la production : solution choisie par la Suède, l'Autriche et, en France, par le premier gouvernement de François Mitterrand, celui de Pierre Mauroy.

Peu à peu, la critique de l'État-providence, qui provoque de trop lourds prélèvements, ouvrit une brèche aux doctrines libérales qui finirent par l'emporter. L'exaltation de l'entrepreneur aboutit bientôt à la limitation du rôle de l'État, à une liberté toujours plus grande accordée au marché, à une remise en cause des nationalisations[1].

Pour certaines industries anciennes, hier encore éclatantes, c'est le début de la fin et, pour leurs travailleurs, la déchéance qui s'annonce...

DÉCHÉANCE D'UNE FAMILLE OUVRIÈRE ET FIN D'UNE ILLUSION

La déchéance d'une famille, la voici dans cette rue des Jonquilles, près de Longwy, où Pierre Bourdieu l'a interrogée en 1992 :

« Nous sommes face à face, de part et d'autre de la grande table qui occupe presque toute la salle à manger. C'est le centre de la vie familiale : les filles y font leurs devoirs pendant que leur mère coud ou tricote. Ce petit monde chaleureux, mais comme clos sur lui-même avec sa desserte amoureusement briquée, garnie de photos des filles et de bibelots, avec son sofa aux couleurs vives, face à la télévision, ses plantes grasses, son minuscule chien entouré de tous les soins, est à l'image de Monsieur et Madame L., de leurs visages avenants, souriants et pourtant parcourus d'inquiétude, voire de craintes lorsque sont évoqués, à mots couverts, certains problèmes de voisinage. Ils sont une des dernières familles françaises à vivre dans la rue des Jonquilles. C'est Madame L. qui le fera observer, à la fin de la conversation : "Vous savez, dans ce coin-là, si on compte, oh on est sept Français, sept Français parce que, même en face, là, rien que les petites maisons, là...", pour ajouter aussitôt : "Oh, bien vous savez, moi, je sors pas beaucoup."

« Ce n'est là qu'un des signes, et sans doute le plus douloureux du déclin individuel qui a accompagné celui, collectif, des entreprises industrielles de la région. Et M. L. qui a échappé, un peu par miracle, aux grandes vagues de licenciements et qui a réussi à conserver son emploi d'agent de contrôle (du métal fini) décrit tous les signes accumulés de la dégradation de sa condition professionnelle : son salaire diminué de 30 à 40 % maintenant qu'il ne travaille plus en feux continus, donc même pendant les week-ends ; les équipes de travail amputées de neuf à quatre, bien qu'elles accueillent de plus en plus de travailleurs déqualifiés — des anciens qu'il faut recaser en attendant la retraite —, et tout cela pour une production constante voire même accrue ; les contraintes et les contrôles renforcés pour minimiser les absences, même en cas de maladie : "On ne doit pas tomber malade, il n'y a personne pour nous remplacer... Maintenant, faut demander une autorisation pour être malade... Le gars se casse un pied à l'usine, y a une voiture de l'usine qui vient le chercher à la maison... et qui le ramène tous les jours"... Les syndicats affaiblis : "On nous rabâche trop ça ; on nous rabâche trop en nous disant : Tu as du travail, estime-toi heureux... Moi ça fait sept ans que je n'ai pas arrêté pour maladie... J'ai

1. Cf. *Aux sources du modèle libéral français*, sous la dir. d'Alain Madelin, Perrin, 1997, 482 p.

arrêté au mois de septembre, j'ai fait une entérite, j'ai été pour neuf jours à la maison : quand j'ai repris le boulot, mon chef de service m'a appelé ; l'ingénieur m'a dit que j'avais mis de la mauvaise volonté... et après seulement il m'a demandé ce que j'avais eu."

« Il n'y a pas de jeunes... et parmi les raisons qu'on invoque pour expliquer leur désaffection : "À l'époque on était peut-être moins difficile que les jeunes de maintenant... On les forme trop à l'école ; on leur met trop dans la tête... et puis *il sort* avec un CAP et *il trouve* un boulot qu'est pas *sa branche*... C'est le tort des écoles." Et, en même temps, il prie pour que les gosses aillent le plus longtemps possible à l'école : "Tant que je suis à l'école, je suis pas au chômage."

« Mélange de fierté et de soumission à la nécessité », conclut P. Bourdieu.

Déchéance d'une famille, d'un groupe social aussi, qui a perdu les illusions qu'entretenaient les organisations ouvrières. Au vu de cette faillite, comment les jeunes auraient-ils pu désirer être ouvriers à leur tour ?

C'est dans ce contexte, où la désillusion le dispute à l'amertume, qu'aux élections de 1981 la gauche l'emporte, et Mitterrand donne un immense espoir...

Mitterrand : quel bilan, quel homme ?

Qu'après coup on ait pu juger que François Mitterrand a été le plus sulfureux des hommes politiques qui ont dirigé le pays est une évidence. Or son itinéraire, ses mensonges sur telle période ou tel épisode de sa vie ont pu avoir des effets qui constituent, en creux, une partie du bilan de son action politique. La sinuosité de son parcours a pu contribuer à neutraliser quelques-uns des ferments de guerre civile que sécrétait la vie politique française. Sans doute était-ce involontaire, mais, autant que l'arrivée puis l'installation de la gauche au pouvoir, ce serait l'instauration de cette paix intérieure — que consacrent l'alternance et la cohabitation, ces nouveautés — qui constituerait l'essentiel de son bilan.

La confrontation entre sa biographie et son action permet-elle de donner quelque substance à cette hypothèse ?

Ainsi, jeune homme, il participe aux manifestations xénophobes menées par l'extrême droite, déclare en 1983 qu'il y était « par hasard », ajoutant un peu plus tard que l'émotion du Front populaire l'a gagné aux idées de gauche — alors qu'en 1937 il collabore à *L'Écho de Paris*, un quotidien marqué par son hostilité à ce même Front populaire. Fait prisonnier, trois fois évadé, ce sont ses relations familiales ou liées à ce passé-là qui lui font obtenir un poste à Vichy. « À peine libéré, j'ai rejoint de Gaulle », déclare-t-il en 1965, quand il est candidat à la présidence, ajoutant : « car j'aime la liberté ». En fait, chargé du service des prisonniers, il est très lié à la Légion des combattants, à Gabriel Jeantet, ancien cagoulard, membre du Conseil de la francisque, jugeant qu'« à Vichy, on manquait de fanatisme ». Décoré, il déclare durant les années 1980 qu'il était à Londres quand il a reçu la francisque, alors qu'il l'a portée et n'a rompu avec Vichy qu'en juillet 1943, quand André Masson a obtenu le poste de commissaire aux prisonniers qu'il convoitait. À Vichy, où il était du premier cercle des dirigeants, il faisait de faux papiers pour les prisonniers évadés, le régime de Pétain mettant cette activité au crédit de son action de résistance aux Allemands, ce qui après guerre faisait grincer des dents les ennemis vrais de la collaboration et de Vichy. Parti à Londres puis à Alger, il est en désaccord avec de Gaulle sur l'action à venir des mouvements de prisonniers, mais son courage pendant la libération de Paris lui vaut d'être reconnu ; entre-temps il s'est lié avec Danièle Gouze, aux idées de gauche enracinées.

À la Libération, nommé commissaire aux prisonniers — c'est Frenay qui est son ministre —, il écrit dans *Libre*, leur journal, et publie *Les Prisonniers de guerre devant la politique*, opuscule qui vise à récupérer l'électorat prisonnier en vantant les mérites des évadés, « résistants aussi méritants que les combattants de Bir-Hakeim » et certainement plus fiables que les « terroristes de la Résistance intérieure ». Ce coup de griffe à la France libre et aux communistes — car il identifie la Résistance et les maquis aux communistes — le situe politiquement. Quand nous avons voulu l'interroger sur la signification de ce livre, il a refusé. De fait, il adhère en 1946 à l'UDSR (Union démocratique et socialiste de la Résistance), « la plus à droite des formations de gauche », ou « la plus à gauche des formations de droite », où figure René Pleven. Aux élections de 1946, ses affiches le définissent comme luttant contre « la bolchevisation de la France ». Anticommuniste, il l'est, certes, mais pas au point de refuser le ministère des Anciens Combattants que lui propose Paul Ramadier en 1947, dont Maurice Thorez est le vice-président ; il demeure dans les gouvernements Schuman, A. Marie, Queuille, Pleven où il a le portefeuille de la France d'outre-mer (1950-1951), de R. Laniel, P. Mendès France, où il a l'Intérieur, Edgar Faure et Guy Mollet où il est garde des Sceaux à l'heure de Suez...

Pendant ces années, où de Gaulle le qualifie d'arsouille, Mitterrand a renforcé son assise, « en sortant de prison, en Afrique noire, sept futurs présidents de la République » qui viennent renforcer les rangs de l'UDSR ; il démissionne du gouvernement Laniel en disant son désaccord sur l'exil forcé du sultan — ce qui lui donne sa première palme de gauche. À l'Intérieur, ayant révoqué le préfet Baylot qui prépare une provocation anticommuniste, il est victime d'un complot, forgé par celui-ci, qui laisse entendre qu'il est responsable des « fuites » dont bénéficient les communistes, soutiens d'Hô Chi Minh en Indochine. Surtout, à l'Intérieur et sur l'Algérie, il se montre le plus répressif des ministres — non par ses propos sur l'Algérie française qui correspondent à l'esprit de la plupart des dirigeants, mais pour avoir dessaisi la justice civile des procès de terrorisme au bénéfice de la justice militaire.

Son refus de démissionner, quand Savary le fait, lors de l'arraisonnement de l'avion de Ben Bella, jette un trouble sur son comportement. Pour se justifier il fait valoir qu'il a déjà démissionné une fois en 1953. Il reste ainsi solidaire de Guy Mollet.

Son itinéraire le rend suspect, et bien qu'en 1958 il se dresse contre de Gaulle, son passé vichyste refait alors surface : une partie des socialistes s'est ralliée au Général, l'UDSR n'existe plus, et, comme député de la Nièvre, il ne siège à aucun groupe, il est quelque peu récusé et se retrouve seul.

Certes, il avait tenu contre de Gaulle les propos les plus éclatants : « En 1944, [vous aviez] à vos côtés l'honneur et la patrie. Aujourd'hui, les compagnons, que vous n'avez sans doute pas choisis, s'appellent le coup de force et la sédition. » Mais une affaire trouble — un attentat vrai, faux, ou simulé, à l'Observatoire — le discrédite aux yeux de la classe politique.

Il refait surface en 1962 en condamnant le projet d'élection du président de la République au suffrage universel — « le coup d'État permanent ». Il se retrouve solitaire, compris de quelques « nouveaux » en politique et crée avec eux un petit cercle — Estier, Hernu, Dumas, Joxe, Badinter — assez consistant pour qu'aux élections présidentielles de 1965 il présente sa candidature, après l'échec de la Grande Fédération imaginée par Defferre, le « M.X » de *L'Express*. Parce qu'il était isolé, la gauche l'avait jugé peu dangereux. En son nom, sans le dire, Roland Dumas avait sondé Mendès France, incontournable et emblématique, mais, parce que juif, il se récuse comme candidat ; et pour les mêmes raisons, le socialiste Daniel Mayer ne se présente pas non plus. Au centre, Pinay s'est retiré. À la surprise de tous, face à de Gaulle, Mitterand obtient 45 % des voix : un signal que les gaullistes ne perçoivent pas.

Mai 1968 le prend de court... Comme tous les hommes politiques, sauf Michel Rocard venu d'une formation socialiste contestataire, le PSU, Mitterrand est mal à l'aise. Passée la tornade des élections d'août 1968 où la gauche est taillée en pièces, Mendès France battu à Grenoble, Mitterrand, qui, en 1965, n'a pas été récusé par les communistes, se fait l'artisan de l'Union de la gauche, avec l'idée — qui était celle des communistes vers 1925 s'agissant des socialistes — de « plumer la volaille communiste cette fois », en comptant de toute façon sur leurs voix au deuxième tour. Simultanément, pour disposer de l'appui d'un vrai parti, il s'abouche avec les leaders des deux plus fortes fédérations socialistes de la SFIO moribonde, Pierre Mauroy dans le Nord et Gaston Defferre dans les Bouches-du-Rhône. Puis il adhère au parti pour le conquérir du dedans par un discours radical de rupture avec le capitalisme ; cela lui permet d'acquérir le soutien du CERES de Jean-Pierre Chevènement et Didier Motchane. Il se fait socialiste, s'habille à la Léon Blum avec un chapeau à large bord, et, au congrès d'Épinay, l'emporte sur Savary, en ayant quelque peu forcé le nombre des mandats d'adhérents de sa convention républicaine.

Mitterrand ne s'était pas présenté aux élections présidentielles de 1969 ; face à Pompidou, Jacques Duclos et Gaston Defferre, qui accuse un grave échec. Celui-ci ainsi éliminé, après le retrait antérieur de Mendès France, Mitterrand juge le moment venu de repartir à l'assaut de la présidence de la République. Mais comme il voit pointer un rival, Michel Rocard, il s'adjoint de jeunes « sabras », des « nouveaux », pour donner une image de fraîcheur à son parti : Paul Quilès, Jack Lang, Laurent Fabius et Lionel Jospin. Il perd la bataille des présidentielles de 1974 où, au cours de leur débat télévisé, Valéry Giscard d'Estaing, plus à l'aise, lui assène qu'« il n'a pas le monopole du cœur », mais il gagne celle de 1981 en lui retournant la réplique qui fait mouche : « Vous êtes un homme du passé, lui dit Giscard. — Et vous l'homme du passif », rétorque Mitterrand. Cette fois, il a la gauche et l'opinion derrière lui, lasse du monopole que la droite exerce sur le pouvoir et irritée par les manières de Giscard, sa fausse modernité, son incapacité à surmonter la crise. Une victoire qui, avec quatre communistes au gouvernement, semble être un tournant dans l'Histoire du pays.

« Un état de grâce » s'est installé dès le changement de pouvoir, incarné par l'abandon de la peine de mort — grâce à l'action de Robert Badinter —, les mesures de relance de la consommation et les nationalisations. Mais les entreprises n'ont pas su, ou pas voulu, par hostilité à la gauche, saisir cette opportunité ; les capitaux ont fui, sans souci de l'intérêt national. Mitterrand a compris très vite que cette relance stagnait, mais, politiquement, il fallait que le changement fût sensible. Jacques Delors et Pierre Mauroy ont eu le courage de mettre fin à cette politique dispendieuse sans que des effets économiques suivent.

Ce retournement, qui était un reniement des promesses de 1981, Mitterrand l'a dénommé « une adaptation », et c'est le jeune Laurent Fabius qui a dû assumer son impopularité. Aux élections de 1986, Mitterrand a limité les dégâts en nouant une alliance locale mais « scélérate » et secrète avec le Front national et en instillant une dose de proportionnelle aux scrutins, qui a permis à Le Pen d'apparaître en force à l'Assemblée avec une trentaine de députés, réduisant d'autant la majorité du RPR et de l'UDF. La victoire de Chirac n'en était pas moins effective et il fut appelé à former le gouvernement.

Mitterrand manifestant ainsi qu'il appliquait sans détour une pratique nouvelle, la cohabitation.

Cette première cohabitation fut rude, l'atmosphère était glaciale au Conseil des ministres, où Mitterrand liquidait l'ordre du jour en une demi-heure. Le président jouait le rôle de l'opposition à lui tout seul, refusant de signer les ordonnances de privatisation que lui soumettait le ministre des Finances, Édouard Balladur, soutenant les lycéens révoltés contre la sélection, etc. Cette combativité lui valut de remporter la deuxième élection présidentielle contre Chirac. Ne pouvant rallier le centre à une nouvelle combinaison, Mitterrand appelle Rocard au poste de Premier ministre, mais il s'efforce de le marginaliser, voyant bien que celui-ci, populaire grâce à la solution record qu'il avait trouvée au problème calédonien et à l'instauration du RMI (revenu minimum d'insertion), se posait en rival pour l'élection de 1995. En faisant participer le pays à la guerre du Golfe, « sa guerre », au nom du droit, l'Irak ayant envahi le Koweït, Mitterrand relègue encore plus Rocard puisqu'il était de la compétence du président d'animer la politique extérieure du pays. Or celle-ci, à l'heure de la chute du communisme et de la réunification allemande, avait déjà relativisé l'action intérieure du Premier ministre.

Mitterrand se débarrasse de Rocard, qu'il juge sans combativité, et le remplace par Édith Cresson, volontariste et battante, mais contre laquelle se liguent tous les « éléphants » du parti socialiste qu'elle écarte, les jugeant doctrinaires. Le machisme aidant, la presse se joint à eux pour souligner ses maladresses verbales et son impuissance, soigneusement gérée par son ministre des Finances, Bérégovoy, qui convoitait le poste de Rocard et succède à Édith Cresson.

Brutalement, à partir de 1993, toute une série de scandales et de drames ternissent l'image de Mitterrand et du parti socialiste. D'abord, la publicisation, par le juge Jean-Pierre, des modes de financement occultes et illégaux du parti socialiste. C'est l'affaire Urba. Sitôt après, l'achat suspect d'American Can par Pelat — le vieil ami prisonnier — constitué en délit d'initié, auquel Bérégovoy ne serait pas étranger, et en échange duquel — assurent les organes de presse hostiles — Pelat lui aurait prêté un million pour qu'il achète un appartement. C'est peu, mais le Premier ministre en est gravement affecté et, quand les élections se révèlent un naufrage pour le parti socialiste, Bérégovoy se suicide. « Il avait été livré aux chiens », dit Mitterrand. Suit le suicide de François de Grossouvre, conseiller secret, qui sait tout de l'existence de Mazarine, fille adultérine de Mitterrand, dont il assure l'éducation et la sécurité : il semble s'être donné la mort après avoir été disgracié. Au moment où la presse rend publique la double vie privée du président et ses amitiés « faisandées », le cancer dont il souffrait se réveille. Et l'on apprend non seulement que Mitterrand en avait connaissance depuis 1981, mais que pour en cacher l'existence il avait imaginé de rendre public, tous les six mois, son état de santé, par des bulletins qui, sur ordre, n'en disaient rien... C'est alors qu'en septembre 1994 Pierre Péan publie un ouvrage sur Mitterrand qui révèle non seulement en détail son passé vichyste, beaucoup plus engagé qu'on ne le croyait, mais ses liens privilégiés avec René Bousquet, le préfet qui s'était chargé de la rafle du Vel d'Hiv sous l'Occupation... Sans doute, vers 1965, celui-ci, amnistié en 1949, l'avait aidé, grâce à *La Dépêche de Toulouse*, à monter sa campagne présidentielle... Mais la connivence était plus profonde et on apprenait que Mitterrand avait tout fait en 1989 pour briser les efforts de Me Klarsfeld afin de traîner à nouveau Bousquet en justice. Jouait ici la première strate de ses amitiés de Vichy. Sans doute, toute accusation d'antisémitisme serait sans fondement : la vieille amitié de Mitterrand pour Georges Dayan, celle plus récente avec Robert Badinter et bien d'autres en témoignent. La vérité serait plutôt que protéger Bousquet ici, donner un coup de main au Front national là pour des raisons électoralistes, garder des liens avec des hommes et des femmes de toutes tendances et qui avaient été de ses amis, voilà qui participait à une ligne constante de Mitterrand : faire coïncider son intérêt personnel avec tout ce qui permettrait de ne pas aviver les plaies de la guerre franco-française. Mitterrand a été l'homme qui a su atténuer les humeurs de la guerre civile : sa complaisance, demeurée secrète, avec le passé vichyste n'a pas manqué de surprendre ou de choquer cette gauche qu'il avait hissée au pouvoir et qui avait une autre conception de la morale.

Établir le bilan de ce double septennat change nécessairement avec le recul de l'Histoire. Alors que le caractère sulfureux du personnage et de certaines de ses pratiques laissait des cendres dans la bouche de ceux qui avaient collaboré en confiance avec lui « en ne connaissant, au plus, que 30 % de sa personnalité », cinq ans plus tard ce trait s'estompe, dans le public plus que dans la presse ou la politique. Si la personne est toujours demeurée secrète, distante, ses familiers jugent néanmoins que les rapports avec lui demeuraient simples, directs et qu'il portait une grande attention aux autres. L'amitié fidèle nouée avec les différents cercles de ses relations — des plus anciennes aux plus récentes — constitue un trait reconnu par tous, dont les effets pervers ont eu des conséquences ravageuses : qu'il s'agisse de Patrice Pelat, l'ami prisonnier et affairiste, de Hernu lors de l'affaire du *Rainbow Warrior*, voire de Bousquet, qui lui avait rendu bien des services. Cynique dans ses dénégations et retournements, Mitterrand l'a été, pour sûr. Hostile, disait-il en 1974, au cérémonial du pouvoir, qu'en fait il a sacralisé ; hostile à la Constitution, qu'il a perpétuée ; chantre d'un Programme commun que, selon certains, il n'avait pas vraiment lu et dont il se souciait peu ; démagogue socialiste voulant mettre fin au capitalisme, slogan auquel il ne croit pas — sans parler, auparavant, de ses retournements sur la question algérienne.

La tentation est grande de juger qu'il était un Machiavel sans convictions réelles, un fieffé menteur.

Il est sûr aussi qu'il aimait s'entourer d'une petite cour ou plutôt qu'il laissait se manifester des courtisans — quitte à exploiter leur veulerie.

Or les témoignages privés sont beaucoup plus sympathiques à son endroit que l'écho qu'en donnent les chroniqueurs : primesautier, gai, amateur de femmes et de beaux objets, séducteur et, avant tout, d'une fidélité en amitié à toute épreuve.

Ces traits contrastés rendent compte de ses succès, de l'aide qu'il sut obtenir des uns et des autres. Mais qu'en est-il du bilan politique lui-même ?

À son crédit, note Édouard Balladur, peu suspect de complaisance, on observe qu'en dépit du risque encouru, il se prononce pour l'abolition de la peine de mort *avant* son élection présidentielle, ce qui, pour beaucoup de ses proches, est suicidaire vu les sentiments de l'opinion à l'époque. Ainsi, il sait avoir des convictions fortes, même aux dépens de son intérêt politique bien compris. Aussi, confirment Jacques Delors,

Élisabeth Guigou et d'autres, il a des convictions européennes bien ancrées — depuis que Churchill a lancé l'idée d'Europe à La Haye en 1948. La réconciliation franco-allemande, l'accolade avec le chancelier Kohl, constituent pour lui le résultat d'une longue marche, d'un long combat — et là encore il n'a pas l'opinion derrière lui. La construction de l'Europe constitue bien, à l'extérieur comme à l'intérieur, son grand projet qui aboutit au référendum gagné de justesse, sur les accords de Maastricht. S'il a dû tourner casaque et abandonner « la rupture avec le capitalisme », passer des nationalisations aux privatisations et enterrer le projet d'un « socialisme à la française », ce sont les données de la mondialisation qui l'y ont contraint et, après coup, on peut juger qu'il n'a pas agi de son plein gré. De même, on peut penser qu'il n'imaginait pas que la libéralisation de l'économie serait à l'origine d'une telle ruine pour tant d'entreprises et leur personnel, jusques et y compris la déchéance de l'État-providence, et cela malgré les mesures de sauvetage prises par Michel Rocard.

Autant de phénomènes qui ne peuvent être imputés qu'à une erreur de diagnostic de la classe politique tout entière et des économistes qui n'ont pas perçu la profondeur et le sens de la crise. On peut juger également que, tout en soutenant Gorbatchev, il n'a pas mesuré la portée du séisme qui secouait l'URSS et les pays de l'Est, l'Allemagne notamment : mais qui donc a été plus lucide ?

Ce que l'Histoire retient aussi — et surtout — c'est que Mitterrand a su ranimer le parti socialiste moribond, regrouper la gauche divisée, vaincre la droite — quand le pays votait pour elle majoritairement jusque-là. Mais plus encore que grâce à ces quatorze années il a installé la gauche au pouvoir, cohabitation ou pas, au point qu'elle s'y trouve désormais légitimée, ce qui ne s'était pas vu depuis 1936 (et pour peu de temps alors). Surtout, elle a pu montrer sa compétence à gouverner, à stimuler l'économie contre vents et marées, ce que l'opinion rechignait à lui reconnaître. Grâce à ce double septennat, le peuple de gauche a eu ainsi le sentiment que l'Histoire avait franchi un pas, qu'il prenait sa revanche — même si les résultats n'ont pas correspondu aux espérances...

Ajoutons que François Mitterrand ne pouvait assumer la pacification de la vie politique à laquelle il a contribué, car sa légitimité ne s'appuyait en rien sur un tel projet dans un pays où l'opposition gauche/droite en constitue le sang et les nerfs. Tout indice l'évoquant eût signé son inéluctable faillite.

Apparition d'un contre-pouvoir : la justice

« On voit donc de quelle façon le pouvoir politique, étroitement épaulé par l'institution judiciaire, a tenté d'étouffer le scandale et surtout d'éviter le discrédit global de la classe politique. »

Ce jugement de l'historien Jean Garrigues ne porte pas sur les affaires de corruption des décennies Mitterrand ou Chirac, mais autour de 1892, sur l'affaire de Panama...

Or, à la différence d'aujourd'hui, ce ne fut pas la justice mais l'opposition politique qui avait dévoilé le scandale.

Et comme seul Charles Baihaut, ministre de l'Industrie, avait avoué avoir reçu un chèque, il passa seul en cour d'assises, fut condamné et, en quelque sorte, joua le rôle de bouc émissaire. Il y a très peu d'exemples où ce n'est pas une instance politique qui a jugé des infractions commises par un ministre. Or, la difficulté est bien de juger de la responsabilité pénale des ministres dans l'exercice de leurs fonctions puisque, dans un État de droit, c'est contraire au principe de séparation des pouvoirs.

Pourtant, s'il en est bien ainsi dans ce sens-là, il est clair que dans le sens inverse le pouvoir politique ne se gêne pas pour déclarer, avec Henri Nallet, ministre de la Justice en 1991 : « Les juges sont indépendants, mais les procureurs doivent obéir. » Cette obéissance était de tradition, et l'interventionnisme des gardes des Sceaux en était le corollaire : ils étaient les chefs du parquet, « ces gardiens des juges ».

Or, sous la Ve République, les magistrats sont tenus dans un mépris qui tient, entre autres, à la puissance de l'exécutif, à leur médiocre position dans l'ordre social — « les petits juges » —, aux avanies que subit leur profession. Un de ces obstacles est constitué par le privilège de juridiction, une loi de 1974 qui prévoit qu'à partir du moment où un maire est susceptible d'être inculpé d'un crime ou d'un délit commis dans l'exercice de ses fonctions, le procureur de la République doit saisir la Cour de cassation pour désigner une autre juridiction. Autant enterrer le dossier, le juge qui le connaissait étant dessaisi au profit d'un autre qui devait repartir à zéro. Ce « privilège » ne fut aboli qu'en 1993. Autre avanie, les lois d'amnistie de 1988 et 1990 qui visent à protéger les parlementaires et les maires contre les accusations de concussion qui avaient pu les atteindre. En 1989, le directeur d'une grande firme de travaux publics de Marseille explique : « Notre activité est liée au pouvoir de décision municipal, départemental, national. L'obtention des marchés dans le secteur de la construction est très souvent et trop souvent obtenu par le biais d'avantages consentis *a posteriori* et *a priori* à des décideurs (...) ; remise de fonds en espèces et facturation de prestations injustifiées (...). Il s'agit de prestations facturées par des bureaux d'études, en pourcentage du chiffre d'affaires de 1 à 3 % du montant des travaux (...). » Les bureaux d'études sont spécifiques des partis communiste et socialiste, les autres types de bureaux — communications, publicité, etc. — des partis de droite.

Ainsi, une enquête des policiers de Marseille, agissant dans le cadre d'une commission rogatoire, met au jour le système de financement occulte des partis politiques. Les premiers atteints furent les socialistes, dont Gérard Monate gère les intérêts au travers de sociétés, telle Urba-Gracco, Urba-Technic, etc. Son homologue RPR est, pour Paris, Jean-Claude Méry : autre bouc émissaire.

Ce qui met le feu aux poudres, après la loi d'amnistie, et réveille les juges, c'est le dessaisissement dans cette affaire Urba du juge Jean-Pierre dont on soupçonne volontiers les arrière-pensées politiques. Or, une partie du monde judiciaire fait corps, et ses successeurs poursuivent l'enquête jusqu'à son terme.

Pour prévenir l'extension du désastre — qui coûte aux socialistes les élections de 1993 (91 députés contre 480 à la droite) —, le garde des Sceaux Michel Vauzelles avait réaffirmé l'indépendance des juges mais délimité leur mission dans les affaires politico-financières : « Les juges auront la difficile responsabilité de faire apparaître les cas d'enrichissement personnel. » Cette distinction permet de faire un tri. Or, pour un parlementaire, l'enrichissement personnel est certes une « bavure », mais il compte moins que les avantages et pouvoirs qu'il acquiert grâce aux « bavures » de son parti, que couvre « l'intérêt national ». C'est grâce à celles-ci qu'il dispose de fonctions et attributions qui valent tous les enrichissements « personnels ». À défaut, désormais, de l'impunité.

Car, peu à peu, l'ordre judiciaire a appris le courage, stimulé par l'exemple italien de la campagne « Mains propres ». Et rien n'arrête plus l'offensive des juges — Van Ruymbeke, Halphen, etc. — dans leur lutte contre la corruption. « Ils ne prennent pas le pouvoir », comme les en accusent les hommes politiques, ils remplissent pleinement leur fonction.

Après les socialistes, ce sont les partis de droite qui en ont fait l'expérience. De ce point de vue, au RPR, le schisme entre balladuriens et chiraquiens, à la veille de l'élection présidentielle de 1995, a bien aidé la justice, car les partisans des deux rivaux ne se sont pas épargnés : en témoigne le développement pris par l'affaire des HLM de Paris. Surtout en province, avec le système qu'Alain Carignon avait institué à Grenoble, on a pu vérifier jusqu'où la puissance de groupes tels que la Lyonnaise des eaux peut gangrener la vie politique : en échange d'avantages qui pérennisent leur monopole, ils pérennisent les activités politiques de leurs obligés.

Le fait nouveau est bien que, réussissant à devenir un contre-pouvoir, l'ordre judiciaire a fini par révéler aux citoyens les dessous des rapports entre monde politique et monde des affaires.

Quelles conclusions ceux-ci en tireront-ils à l'avenir ?

L'Europe, un moyen ou un but ?

La construction européenne, une idée française à l'origine, constitue une entreprise dont le bilan prête à un diagnostic controversé.

L'initiateur en fut Jean Monnet qui jugeait que, pour mettre fin à l'antagonisme franco-allemand et contenir la remontée économique de ce voisin, il convenait d'associer ce qui faisait la force de chacun de ces pays, créer un pool charbon-acier (CECA). Implicitement, cela signifiait que des accords sur des produits se substitueraient aux négociations à objets multiples menées traditionnellement par les gouvernements. Ultérieurement des accords porteraient sur des produits agricoles, l'atome, etc.

Robert Schuman soutint le projet — qui porta son nom — et obtint l'accord d'Adenauer qui savait que la rivalité avec la France risquait de paralyser la renaissance du pays et en tous les cas toute idée de réunification de l'Allemagne. Avec le soutien de De Gasperi se constitua ainsi une sorte de Sainte Alliance de trois démocrates-chrétiens, alors au pouvoir, et qui virent dans la CECA la consolidation de leur entente, une manière de contrecarrer la puissance des communistes — on était au lendemain du coup de Prague.

Ainsi, dans sa première mouture, la construction européenne était à la fois œuvre de réconciliation et de combat.

À l'heure également du plan Marshall, les Américains virent dans la construction de l'Europe ainsi conçue un atout qui permettrait de renforcer les facteurs d'unification européenne, ce qui l'aiderait à mieux résister à l'URSS.

Pas encore géant économique, mais toujours nain politique, l'Allemagne laissait la France piloter l'élargissement de l'union. Pourtant, celle-ci s'effectuait en dehors des grands débats d'opinion : le rapprochement avec l'Allemagne, *a fortiori* son réarmement, cette autonomie naissante d'un pôle économique rencontraient l'hostilité des gaullistes et des communistes ; d'ailleurs, le projet de Communauté européenne de défense commune (CED) avait capoté. Ce fut ainsi en catimini que la relance du Marché commun put s'effectuer, sur les produits agricoles en l'occurrence : le principal négociateur français des traités de Rome, Maurice Faure, en a témoigné : sa tâche avait été facilitée parce qu'il « avait pu agir en dehors de l'opinion publique », alors préoccupée par l'Algérie (1957).

Circonspect vis-à-vis de la construction européenne qui risquait de saper la souveraineté des États, de Gaulle accepta la constitution de l'Euratom mais fit obstacle à l'entrée de la Grande-Bretagne, ce à quoi, ensuite, Georges Pompidou ne s'opposa plus.

Mais le choc pétrolier de 1973 retarda la relance et ce n'est qu'en 1984, avec la nomination de Jacques Delors à la présidence de la Commission de Bruxelles, que la construction européenne prit un nouveau départ, l'Acte de 1986 mettant fin aux barrières non tarifaires entre les pays membres du Marché commun, désormais au nombre de dix.

C'est alors qu'à ce Marché unique issu des accords de 1986 il fut proposé d'ajouter une monnaie unique et une banque centrale européenne, également des institutions à la compétence plus élargie et qui rogneraient sur celle des États membres. Mais pour l'heure c'est le budget de la Communauté européenne qui fait problème, l'Angleterre bénéficiant peu des aides compensatoires à l'agriculture et contribuant fortement au budget par les droits de douane appliqués à ses importations en produits alimentaires venus du Commonwealth. Simultanément, l'entrée de l'Espagne augmente de 30 % la production de primeurs, ce qui accentue la surproduction européenne et alourdit les dépenses consacrées aux indemnisations que commande la nécessité de limiter la production. Bientôt, c'est en France que les agriculteurs protestent, qui voient leurs prix, leurs indemnités, la hauteur de leur production contrôlés et rognés à leur tour alors qu'ils avaient investi pour produire plus ; en 1995, les dépenses en faveur des agriculteurs ont atteint jusqu'à 45 % du budget de la Communauté.

Lorsque, en 1992, Mitterrand dut soumettre le traité de Maastricht à un référendum pour autant qu'il allait créer une monnaie unique, on se trouva dans une situation, d'un point de vue historique, qui rappelait celle des Trente Glorieuses. Plus que la satisfaction des bénéficiaires du marché européen — industriels, gros céréaliers, etc. —, on entendit les protestations des victimes de la libre concurrence ou des réglementations de Bruxelles, qui jugeaient notamment que les charges sociales de certains pays membres — Espagne, Italie, etc. — étaient moindres que celles qui pesaient sur les producteurs français. Lors de la campagne pour ou contre Maastricht, les partis prirent position, et l'enjeu de la construction européenne apparut enfin, même si les données en étaient controversées. La droite et la gauche étaient divisées ; à droite, Giscard d'Estaing, Chirac, Balladur étaient pour, les centristes de Bayrou également mais Séguin et Pasqua étaient contre ainsi que de Villiers et, à l'extrême droite, Le Pen. À gauche, les socialistes étaient pour, mais Chevènement et les communistes contre. Le « oui » l'emporta de justesse par 51 % des voix ; et avec les « non », une nouvelle famille politique était apparue, les souverainistes, mais elle ne pouvait pas affirmer sa solidarité, vu l'appartenance d'origine de ses membres. On retrouva pourtant la même configuration contrastée lorsque se posa le problème du régionalisme et de la Corse.

D'autres changements étaient apparus. D'abord dans l'attitude des États-Unis qui commencent à voir dans l'Europe économique un rival dont le dynamisme s'affirme, par exemple dans la construction aéronautique, les industries chimiques, etc. L'Europe gardait cependant un relent antisoviétique, antirusse, puisque ses instances évoquaient volontiers l'adhésion de ses voisins, ex-satellites, voire d'ex-républiques, telle l'Ukraine, sans jamais évoquer l'hypothèse d'une adhésion de la Russie elle-même — comme si la Russie n'était pas aussi européenne que la Turquie, par exemple.

Autre changement, l'Allemagne tend, autant que la France, à devenir le moteur de l'Europe, alors que la France avait souhaité son intégration pour contrôler son développement. Réunifiée, elle est portée à juger que son modèle politique, régionaliste, peut faire des émules et aider à des regroupements économiques prometteurs ; se pose ainsi l'alternative Europe des nations ou Europe des régions.

Devant ces réalisations passées, et ce projet, établir un bilan est malaisé. Au pôle négatif, pour la France, on retient l'effritement de la souveraineté, qui s'effectue de façon souterraine ; mais il est sûr que la mondialisation a causé autant de dommages et d'avantages économiques que l'intégration européenne. Il est certain aussi que l'américanisation, qui a généré la mondialisation, ne risque pas de menacer l'identité de la nation et que la construction de l'Europe joue là à la fois le rôle d'une protection et d'un danger. Négatif aussi, l'anonymat des décisions prises à Bruxelles, réglementations multiples, qui sont en vérité le résultat de marchandages où les lobbies ont souvent la haute main ; négative aussi, l'imposition par Bruxelles de divers calendriers économiques ou autres, dont le respect est présenté comme impératif, alors que pour bien des victimes de catastrophes, par exemple, les gouvernements ne fixent aucun calendrier. Inversement, au pôle positif, on constate que la construction européenne a désenclavé l'économie française, plus exactement elle a dynamisé ses secteurs de pointe, qui contribuent largement à la prospérité du pays. La politique agricole commune a considérablement accru la productivité et la capacité d'exportation du pays, en outre les aides structurelles ont aidé les zones défavorisées et on comprend que Paris freine la réforme de cette politique, et que les Allemands, à qui elle coûte, ne cessent de la demander.

Dans ces conditions s'opposent ceux qui veulent freiner le transfert des pouvoirs des États à des institutions de l'Union et ceux qui jugent que seule une intégration plus poussée peut demeurer efficace ; ceux qui veulent étendre la compétence de l'Europe au domaine politique et ceux qui jugent que l'Union doit demeurer une force au service de chacun des États-nations.

Comme se le demandait Stanley Hoffmann, l'« Europe », qui avait été un moyen pour la France, deviendra-t-elle, pour elle, un but ?

Sa souveraineté ainsi rognée la France, pourra-t-elle néanmoins se redéployer dans le monde, après ce repli en Afrique, en Orient, comme à l'Est — ces dernières décennies...

II

LES CARACTÈRES ORIGINAUX DE LA SOCIÉTÉ FRANÇAISE

Ouverture

LES GRANDES CRISES : HISTOIRE DE LA FRANCE OU HISTOIRE DE L'EUROPE ?

À travers le roman de la nation, il est bien apparu que ce pays a été traversé par plusieurs grandes crises : celle de la Réforme protestante au XVIe siècle à laquelle sont associées les « guerres de Religion » ; celle de la révolution de 1789, d'où découle jusqu'à ce jour l'histoire politique de ce pays ; celle de la guerre de 1914-1918 qui a sécrété des conflits idéologiques qui ne sont pas tous éteints ; celle de notre temps.

Or, on observe d'abord que les données qui ont suscité ces crises sont autant européennes que françaises.

La Réforme puise ses origines dans une exigence religieuse qui s'exprime autant en Allemagne, chez Luther, qu'en France, en Suisse ou en Italie, chez Lefèvre d'Étaples, Calvin, Zwingli ou Valdès. Ses racines, hérétiques ou pas, remontent à plusieurs siècles, de même que la mise en cause du comportement de l'Église et en particulier de la papauté.

Et la crise qui en résulte gagne toute l'Europe catholique, Scandinavie et Grande-Bretagne comprises ; elle dure près de deux siècles et marque encore aujourd'hui la séparation entre l'Europe protestante et l'autre.

On note la même européanité dans le mouvement des Lumières qui sécrète la révolution de 1789. Lors de l'affaire Calas, Voltaire lance une souscription en Angleterre, d'abord, et il quête ensuite auprès des souverains étrangers. Diderot est également en correspondance avec les princes et philosophes de l'Europe entière ; collaborent à *l'Encyclopédie* : Maupertuis comme d'Holbach ou Franklin, le mouvement philosophique ne connaissant pas de frontières. En ce sens, la révolution de 1789, certes née en France, n'a pas de territoire propre. Elle accueille Allemands, Anglais et Américains qui siègent dans ses clubs et ses assemblées, avant qu'une guerre généralisée n'éclate. Elle se veut universelle.

À la veille du premier conflit mondial, en 1914, on retrouve la même circulation des idées au sein de l'univers des socialistes. Autour de l'Internationale gravitent des Européens de toute race, de l'Allemand Kautsky au Français Jaurès, du Russe Plekhanov au Belge Huysmans. La guerre qui éclate est européenne, mais européen aussi le mouvement socialiste qui en soutient ou en dénie la légitimité. La France est au centre des combats, elle est aussi partie prenante à tous les débats.

Le caractère européen de ces grandes crises constitue un premier trait. Le second est bien qu'elles recèlent des mouvements à la fois contraires et simultanés.

Il en va ainsi de la Réforme. En effet, la restauration catholique puise aux mêmes racines qu'elle. Ignace de Loyola et les jésuites sont contemporains de Calvin et de *L'Imitation de Jésus-Christ*.

Au XVIIIe siècle, on voit sourdre simultanément une pulsion collective de changement politique et social qui aboutit à la Révolution française, conjuguée aux prodromes de la révolution industrielle due pour une part aux savants et aux Encyclopédistes. Naît en même temps le « préromantisme », associé à une poussée de forces irrationnelles, et qui oppose l'individu à la société.

Au cours de ces deux crises, on voit que circulent les mêmes hommes et femmes, émanant, au XVIe siècle, des mêmes monastères et abbayes, au XVIIIe siècle, des mêmes salons et cénacles, et qui peuvent passer d'un camp à l'autre, ou demeurer entre les deux.

En France, la concomitance des courants socialistes et préfascistes apparaît dès l'Affaire Dreyfus ; ces ingrédients sont présents également en Italie et en Allemagne pour ressurgir en force après la révolution russe de 1917, et pour s'étendre à l'Europe entière. Or, lors de ces crises aussi, ce sont souvent les mêmes hommes, appartenant aux mêmes organisations qui, là encore, passent d'un camp à l'autre : tels Mussolini en Italie, socialiste puis fasciste, Savinkov en Russie, G. Hervé, Doriot, en France, qui font le même parcours.

À l'orée de ces trois crises, on repère encore une autre similitude : la multiplicité quasi innombrable des courants et des stratégies, tant à l'époque de la Réforme, de la Révolution, de l'élaboration du passage au socialisme, signe de leur vitalité dont témoignent encore aujourd'hui leur héritage, ces débats sur leur signification, leur légitimité.

Ces observations ne signifient pas, comme on a pu le vérifier dans la première partie de cet ouvrage, qu'en France chacune des crises, chacun des phénomènes ou de ces courants n'ait pas présenté des traits spécifiques. Elles montreraient plutôt qu'on ne saurait les comprendre sans une confrontation avec la situation dans d'autres pays.

Cette confrontation est d'autant plus nécessaire que, durant ces dernières décennies, la mutation que la France a expérimentée diffère quelque peu de celles qu'ont connues les pays voisins pourtant concernés eux aussi par les effets de la mondialisation et interpellés également par le problème de la construction de l'Europe.

Ce sont ces traits propres à la société française qu'il s'agit de dégager en vérifiant, chaque fois qu'il est possible, en quoi ils le sont vraiment.

Chapitre premier

CE PAYS ET LES AUTRES

Les données de l'émergence

Avant d'exister en tant que citoyens d'un État ou d'une nation, les habitants de ce pays se sentaient membres de la chrétienté et, peu à peu, les monarques ont contribué à dissocier leur État de son gouvernement, c'est-à-dire de celui de la papauté et de l'Église.

Leur État s'est d'ailleurs en partie construit selon le même modèle.

Puis, comme sur une plaque photographique, le visage de ce pays est apparu, distinct de celui des autres.

Ainsi, à l'issue du conflit entre Capétiens et Anjou-Plantagenêts, la France et sa sœur siamoise, le royaume anglo-normand, se sont séparées irréversiblement, ouvrant une longue ère de rivalité. En même temps étaient apparus le Saint-Empire, la Castille, etc.

C'est à travers ses rapports de voisinage et ces conflits que s'est construite l'identité de ce pays.

LA DISSOCIATION D'AVEC L'ÉGLISE ET LA PAPAUTÉ

Les relations de la papauté et de l'Église avec la royauté en France, puis avec les régimes qui lui ont succédé, constituent une trame dont la nature change à mesure que le catholicisme perd son combat frontal contre la sécularisation de la société.

Ces relations se nouent aux tout débuts de l'Histoire de ce pays.

En se convertissant au christianisme orthodoxe — et pas à l'arianisme —, Clovis conféra aux Francs un droit d'aînesse dans le monde de la chrétienté occidentale. Deux siècles plus tard, l'œuvre d'évangélisation, accomplie en coordination avec Charles Martel, grandit encore l'image du royaume franc aux yeux du pape. Ainsi valorisée, l'Église franque tendit à se poser en Église universelle, se réclamant de Rome, à ceci près que Charlemagne considéra que ce n'était pas au pape mais à lui que l'Église avait été confiée, et qu'il gouvernait en son nom.

Avec la décomposition de l'Empire carolingien, la papauté entendit exercer une sorte d'empire du monde, imposant le serment d'obédience des évêques à l'intérieur de l'Église, protégeant directement les monastères tel Cluny, jouant le rôle d'arbitre entre les souverains, etc. En outre, elle lançait la chrétienté dans les aventures des Croisades et devenait une puissance temporelle par sa fiscalité, son administration, et, pour réprimer les hérésies, elle se dota même de son propre appareil de répression, l'Inquisition.

Durant ces siècles, dans sa lutte contre l'empereur, elle aida à la consolidation des monarchies rivales, celle des Francs notamment ; or, celle-ci, bientôt émancipée, entendit frapper d'impôts le clergé et les biens de l'Église. Le pape Boniface VIII, dans sa bulle Unam Sanctam (1302), affirma le pouvoir du Saint-Siège sur les rois comme sur tous les hommes.

Philippe le Bel, roi chrétien, acceptant certes d'être consacré par l'Église, entendit, conseillé par les juristes, « séparer » l'État de cette Église.

À l'occasion de ces conflits, d'autres personnages étaient apparus : avant tout les conciles, cette autorité alternative au sein de l'Église, et les juristes qui interviennent auprès du roi de France pour rendre sa légitimité autonome du sein de l'Église et assurer sa souveraineté temporelle. À l'occasion du Grand Schisme, les rois de France ont été plus loin encore : soutenus par les parlements, ils prennent l'habitude d'agir en chefs de l'Église respectant le pape seulement comme pouvoir spirituel.

À la suite du concile de Constance, auquel participe Jean de Gerson, chancelier de l'Université de Paris, ils mettent en cause la suprématie réciproque du pape et du concile ; surtout, en France, ces débuts donnent à Charles VII l'occasion de formuler la pragmatique sanction de Bourges (1438), cette loi qui limite les prérogatives papales sur le territoire national. Elle resta en vigueur jusqu'au concordat de 1516, où François Ier obtint de pouvoir disposer des bénéfices majeurs.

L'image de la papauté et de l'Église ne sortait pas grandie de ces conflits où l'intérêt et l'appétit de pouvoir intervenaient plus que les soucis chrétiens proprement dits.

Aux temps de la Réforme, le monarque montre des tendances à la conciliation, et la papauté s'en mêle, soutenant le parti des ligueurs contre le roi Henri III.

Cette intervention marquait la première participation de la papauté à une guerre franco-française.

Pourtant, après son abjuration, le pape conforte le pouvoir d'Henri IV en lui accordant l'absolution ; mais au prix de concessions, la reconnaissance des actes du concile de Trente, sorte de charte de la

Contre-Réforme catholique. Quelques-uns de ces actes portaient sur la hiérarchie ecclésiastique.

Or cette fois ce furent les parlements qui en refusèrent le principe au nom de la pragmatique sanction de Bourges.

C'est ainsi, à partir du XVIIe siècle, que s'institue un mode nouveau de relations entre le roi et le pape, où interviennent l'épiscopat, les parlements au nom de la défense des libertés de l'Église, alors que jusque-là et depuis l'époque de Marsile de Padoue, *Defensor pacis*, il s'était agi de faire de l'Église un service public dépendant de l'État. Désormais pour l'Église, comme le dit un prélat à Louis XIV, « avoir deux maîtres [le pape et le roi] était le commencement de la liberté ».

On a appelé « gallicanisme » l'attitude de ceux qui ont voulu défendre les libertés de l'Église face à la papauté, ce gallicanisme pouvant être d'émanation royale ou épiscopale ou encore parlementaire. S'y oppose l'ultramontanisme qui rassemble les partisans de la supériorité du pouvoir spirituel du pape : ses principaux chantres en sont les jésuites ; mais les ligueurs sous Henri III et les dévots sous Louis XIII et Richelieu ont été marqués par l'ultramontanisme. Pour mieux fixer les limites de leur position, les jésuites, avec Bellarmin, rejettent la souveraineté temporelle du pape sur le souverain mais admettent qu'en certaines circonstances les sujets peuvent être déliés du serment de fidélité envers leur roi et celui-ci déposé.

À la suite d'un conflit entre Louis XIV et Innocent XI dans l'affaire de la Régale (l'extension du concordat par Louis XIV aux provinces qu'il avait conquises), Bossuet exalte l'Église gallicane, défend son roi et rappelle son indépendance au temporel ainsi que la supériorité du concile sur le pape « qui joue un rôle primordial dans la définition de la foi ». Il rappelle aussi le fait que le jugement du pape n'est pas irréformable et que l'Église gallicane dispose de libertés qui doivent être sauvegardées. En réponse à cette Déclaration des Quatre Articles (1682), le pape refuse l'investiture aux nouveaux évêques nommés par le roi et, en 1689, trente-cinq diocèses se trouvent sans pasteur. Pourtant, Louis XIV est amené à céder pour avoir l'appui du pape contre les jansénistes et les quiétistes et relativise la portée de la Déclaration.

La montée de l'opinion « éclairée » contre l'absolutisme, sous Louis XV, se traduit par une alliance plus étroite entre parlementaires et jansénistes, ce gallicanisme régénéré obtenant sa plus grande victoire contre le pape : l'expulsion des jésuites (1764).

Pendant la Révolution, la papauté ne put accepter la Constitution civile du clergé qui, d'une certaine façon, signifiait que l'Église perdait son autonomie et tombait dans l'étroite dépendance de la puissance publique : bientôt même, ce fut le Premier Consul qui fixait jusqu'aux fêtes religieuses de la nation, le 15 août et le 1er novembre... Bonaparte voulut mettre fin au conflit avec le pape Pie VII en signant le concordat qui rétablissait l'autorité pontificale dans l'Église de France, la nomination étant attribuée au chef de l'État, mais l'institution réservée au pape. Reconnaître la religion catholique « comme celle de la majorité des

Français » était l'observation d'un état de fait plus que l'affirmation d'un droit ou d'un monopole (1801).

Le sacre de Napoléon put laisser croire à une réconciliation entre la papauté et l'héritage révolutionnaire. Mais pour le Saint-Siège, la perte d'Avignon — dont les habitants avaient souverainement voté leur rattachement à la République — rendit évidente l'incompatibilité entre les principes de 1789 et la tradition qu'incarnait la papauté selon laquelle le monde politique et religieux était gouverné par Dieu et son Église comme les monarques étaient légitimés par Dieu et cette Église, même si elle acceptait de ne plus régner au temporel.

La défaite de Napoléon, identifiée à celle de la Révolution, restaure l'ultramontanisme, mais en élargissant ses perspectives, car il se transforme en un vrai système de pensée alternatif au libéralisme et à la démocratie. Rome et la papauté font l'objet d'un culte, ce qui suscite un sentiment de ferveur relativement nouveau envers le souverain pontife dont bénéficient Pie IX et Léon XIII. L'ultramontanisme, représenté en France par Lamennais, Louis Veuillot, revendique pour l'Église un droit absolu à inspirer la conduite des États dans la tradition de la Ligue car, depuis, l'Ancien Régime s'était fourvoyé, faisant le lit des Lumières et de la Révolution. De plus, à la suite de Joseph de Maistre et de Lamennais, certains espèrent reconstruire autour de la papauté l'unité de l'Europe chrétienne... Un projet que, plus tard, ne reniera pas Pie XII.

L'antipapisme, assoupi, se réveille alors, se superposant à un anticléricalisme qui pour sa part avait toujours été plus ou moins présent.

Pendant la Première Guerre mondiale, le pape avait clairement manifesté son hostilité envers l'Italie devenue anticléricale et envers ses alliés, la France par conséquent, laïque et républicaine, qui avait en 1905 séparé l'Église et l'État.

En 1917, les tentatives de paix de Benoît XV s'exerçaient en faveur de la double monarchie, catholique, et qui depuis l'époque de Metternich avait combattu l'esprit révolutionnaire, d'où qu'il vînt. Benoît XV avait comme conseiller le cardinal Pacelli, favorable à l'Allemagne et futur Pie XII. Le contexte rend compte de ce moment d'apogée conflictuel entre la société française et la papauté.

Au reste, quand le parti radical, en 1924, a pour mot d'ordre « Ni Rome, ni Moscou », René Rémond note que la Rome ainsi récusée n'est pas celle du fascisme, mais celle du Vatican. Fidélité au Komintern et fidélité au pape sont ainsi assimilées l'une à l'autre — comme une manifestation d'ingérence dans les affaires de la France démocratique et républicaine.

À vrai dire, ce rapprochement retrouve quelque légitimité au lendemain de la Seconde Guerre mondiale lorsque, sur les problèmes de la France d'outre-mer, le gouvernement français et les colons d'Indochine et d'Algérie accusent concomitamment Moscou et la papauté de faire le jeu des mouvements d'indépendance. S'agissant du Vatican, il s'agit là d'une situation nouvelle — dont l'encyclique Evangeli Praecones dite pour le Progrès des Missions (1953) donne le principe et la doctrine. Désormais, les missionnaires ne sont plus tenus en effet de servir par priorité leur patrie d'origine, ils doivent devenir les auxiliaires du clergé autochtone — doctrine énoncée par Pie XII et qui rompt avec la tradition instituée par Léon XIII soixante ans plus tôt quand l'Église se faisait l'auxiliaire de la colonisation. En effet, de fille aînée de l'Église, la France est devenue une fille laïque, donc à demi perdue, et c'est de la désoccidentalisation de cette Église que viendra pour la papauté sa survie, un processus conduit avec vigueur en Afrique noire.

Après l'époque difficile de la décolonisation, les rapports sourcilleux entre la papauté et la République prirent un tour nouveau et renouèrent avec la confiance lorsque Jean XXIII réunit Vatican II pour assurer (entre autres) l'aggiornamento des relations entre la papauté et les États.

Mais pour la partie la plus intégriste de l'Église et de ses fidèles le problème se posait autrement.

Sommes-nous chrétiens ou patriotes ? En réalité, jusqu'au premier tiers du XIXe siècle le patriotisme n'avait jamais été qu'un sentiment suspect dans le monde chrétien...

Joseph Hours rappelle que pour beaucoup seule l'Église a pu être longtemps l'organe de direction dont les sociétés humaines ne sauraient se passer. La distinction du spirituel et du temporel se trouverait respectée si les fonctions de l'État étaient détenues par des laïques (...) sous le contrôle constant des autorités ecclésiastiques. À la limite, il y aurait absorption de l'État dans l'Église. (...) À écouter Pie XII, on pourrait concevoir une Église qui ne se bornerait pas à conseiller les peuples mais qui prétendrait aussi contrôler l'exécution de ses conseils.

SŒUR ET RIVALE, L'ANGLETERRE...

Un des paradoxes de l'histoire des relations entre la France et l'Angleterre est bien que jamais le divorce n'a été aussi net, et la rancœur aussi évidente, qu'à l'heure où la Grande-Bretagne avait pour leader l'homme qui, de tous les Anglais, a aimé le plus la France : Winston Churchill.

En 1936, il écrivait : « La France a eu sa révolution il y a cent cinquante ans, lorsqu'elle guida l'Europe par des voies terribles vers l'âge moderne (...). Depuis la chute de l'Empire romain, la race gauloise s'est maintenue, envers et contre tous les nouveaux arrivants, en possession de ce qui est après tout la plus belle région de l'univers. Il faudrait beaucoup pour me convaincre que les qualités et le dévouement qui ont fait et consacré la grandeur de la France ont subitement disparu du caractère des Français. » Or c'est au temps de Churchill qu'après les drames de Dunkerque et de Mers el-Kébir, l'anglophobie est en France à son zénith et que, quels qu'aient pu être ultérieurement le retournement des sentiments devant la ténacité anglaise et la part que de Gaulle a jouée dans le rapprochement entre les deux pays, il est toujours resté une once de jalousie ou de méfiance des Français envers les Anglais et de francophobie bien administrée de l'autre côté de la Manche.

Il est vrai que ces deux nations ne sont apparues que pour se confronter l'une à l'autre.

La séparation des sœurs siamoises

Aux temps des luttes féodales, des Plantagenêts-Angevins contre les Capétiens-Franciliens, l'identité des deux « nations » n'est pas encore clairement revendiquée.

Quand le monarque anglais franchit la Manche, on dit qu'il va faire « sa » guerre, une manière de dire que ce n'est pas celle des insulaires qui ont pour ennemis les Écossais ; se distinguer du continent devient toutefois un besoin et, dans les écoles, on ressent avec colère la nécessité de faire ses études en français, alors que « les gentilshommes l'apprennent dès qu'ils peuvent parler et jouer avec un hochet ». À la fin du XIVe siècle, selon le *Polycraticon*, la langue anglo-saxonne, celle du peuple, a repris le dessus et l'anglais devient la langue de l'Église, avec Wyclif, de la littérature avec Chaucer, de la justice, de la politique. Alors qu'en Guyenne, il n'est pas question d'imposer l'anglais aux Gascons, en Normandie il n'en va pas ainsi et s'y développe l'hostilité contre ceux qu'on comprend de moins en moins. Les usages de table commencent également à distinguer les deux peuples — de la bière ou du vin, des viandes bouillies ou rôties, etc. — et, au mariage de Richard II et d'Isabelle de France, pour le dîner final, chacun fut servi selon l'usage de son pays.

En France, c'est avec la guerre de Cent Ans et Jeanne d'Arc que la conscience nationale se développe, malgré les particularismes qui existent tant en Bourgogne qu'en Bretagne. « Il faut rester chacun chez soi », dit le chroniqueur Thomas Basin. Avec la guerre, sur l'incompréhension et la méfiance, se greffa la haine. D'abord entre marins, puis entre soldats ou mercenaires ; elle est plus vive côté français, dont le pays est jugé envahi : « Je les ai en telle abomination [les Anglais] que j'aime ceux qui les haïssent et hais ceux qui les aiment », dit Jean de Montreuil en 1411.

Le premier terrain de mésentente est ainsi celui du « chacun chez soi ». Les rois de France mettent deux siècles à s'approprier les territoires du *Regnum Francorum* qui ont pu être contrôlés par le roi d'Angleterre, jusques et y compris Calais et Dunkerque.

Le deuxième terrain de conflit est celui des questions religieuses quand l'Église anglicane rompt en partie avec le pape ; si une alliance se noue entre les rois d'Angleterre redevenus catholiques et leurs commis de France, elle se rompt avec la révolution anglaise de 1688.

Dès lors, le roi d'Angleterre incarne le protestantisme ; il accueille les victimes de la révocation de l'édit de Nantes, ce grief s'ajoutant à la rivalité coloniale.

Ce troisième terrain se place d'ailleurs résolument sous cet aspect religieux au Canada où les Français s'installent pour prévenir l'arrivée des réformés et où a lieu ensuite, en Acadie surtout, une vraie guerre de

Religion. À l'origine pourtant, l'expansion coloniale française s'est faite surtout contre la prépondérance espagnole, mais la rivalité avec la Grande-Bretagne prend la relève dès le XVIIIe siècle. C'est surtout à l'âge dit « de l'impérialisme » que l'antagonisme est complètement assumé par les deux pays car, à l'époque du traité de Paris (1763), par lequel la France perdait le Canada et l'Inde, les nations n'étaient pas vraiment mobilisées l'une contre l'autre ; elles le sont désormais et l'incident de Fachoda en 1901, au-delà de la rivalité franco-anglaise en Égypte, illustre cette hostilité réciproque. Elle se perpétue en sous-main, même au temps de l'Entente cordiale, mais plus encore pendant le second conflit mondial, où les affaires de Syrie et du Liban constituent le plus grave des motifs de rupture entre de Gaulle et Churchill. S'y opposent pétainistes, gaullistes, Anglais.

Pourtant, c'est sur ce terrain colonial qu'un premier rapprochement s'effectue, à la fois contre les colonisés et les prétentions des Américains où s'opposent pétainistes et gaullistes anglais qui entendent substituer leur mainmise économique à la domination traditionnelle des « colonisateurs » ; une situation nouvelle qu'incarne la crise de Suez, où les États-Unis, l'URSS et les pays arabes sont ligués contre la France et l'Angleterre. Souvenir ultime de ce retournement, le soutien que Mitterrand apporte aux Britanniques lors de la crise des Malouines...

Autre terrain de rivalité, les effets de la « révolution industrielle », que l'Angleterre accomplit avant la France en partie grâce aux bénéfices acquis dans des échanges maritimes et coloniaux. Les décalages définitifs interviennent dès 1780 : l'Angleterre est plus urbanisée, plus industrialisée, plus riche, l'économie de subsistance y a déjà disparu — alors que la France connaît des crises, les prix y oscillant avec violence. En outre, le cadre institutionnel plus libre de l'Angleterre permet l'épanouissement du laisser-faire et une plus grande mobilité sociale. L'élargissement du marché anglais joue un rôle décisif qui permet le *take-off* que les autres pays d'Europe, France et Provinces-Unies ensuite, ne connaissent qu'ultérieurement. L'Angleterre mène désormais la danse industrielle tant par ses textiles que par ses transports maritimes à vapeur, les *steamboats*, ou ses *railways* terrestres, qui entraînent un essor fantastique de la métallurgie. La France voit ainsi sa rivale lui damer le pion sur le plan économique, la finance trônant à la City pour compléter le tout.

C'est toujours l'équilibre européen que veut assurer l'Angleterre, méfiante envers la France de Napoléon, puis envers l'Empire allemand à partir de sa vertigineuse montée en puissance entre 1871 et 1900.

Celle-ci détermine le rapprochement franco-anglais, cette Entente cordiale, honorée en 1904, et qui rend compte de l'alliance des deux pays pendant la Grande Guerre. Mais, craignant à nouveau la tentation hégémoniste des Français de la revanche, après 1918, la Grande-Bretagne sape leurs ambitions et ruine en partie leurs exigences concernant les réparations à exiger de l'Allemagne.

Un ressentiment venu de loin rétablit la méfiance entre les deux pays que tout, pourtant, rapproche face à Hitler. La politique d'*appeasement* qui mène à Munich puis à la guerre participe également de l'anticommunisme des gouvernements de Paris et de Londres qui s'efforcent de rejeter les ambitions allemandes vers l'est, mais c'est un fiasco.

Les stéréotypes

Au XXᵉ siècle, il est paradoxal qu'aux moments les plus sombres de leur histoire, les deux pays furent alliés — en 1914-1918, cn 1939-1940, en 1956 à Suez ; or la méfiance ne fut jamais aussi vive que dans ces moments-là — côté français surtout. Ainsi, c'est aux XIXᵉ et XXᵉ siècles que sont nés et reproduits tous les stéréotypes antianglais qu'avive le souvenir de Jeanne d'Arc et de Napoléon. Déjà depuis les guerres du XVIIIᵉ siècle, les Français accusaient les Anglais de se battre avec le sang des autres. Cette accusation est ravivée en 1914-1918, alors qu'en vérité, les Anglais ont comptabilisé presque autant de morts que les Français — un million face à un million trois cent cinquante mille. Les anglophobes ont fait valoir que ces Anglais sont morts, pour l'essentiel, dans la défense de leur empire : c'est en partie inexact, car sur la Somme comme dans les Flandres les Anglais ont eu autant de morts que les Français à Verdun.

À la veille de la Seconde Guerre mondiale, le cinéma reflète bien cette rancœur. Dans *La Grande Illusion*, les Anglais ne sont à leur avantage que lorsqu'ils chantent *La Marseillaise*. Prisonniers, on les voit arriver avec des raquettes de tennis — une manière de dire que ce ne sont pas de vrais soldats... Dans *Alerte en Méditerranée*, tourné en 1938, les marins français chantent des hymnes antianglais, et pas anti-allemands. Les commandants français du navire mettent sur le même plan Anglais et Allemands, alors que, à cette date, l'Anglais est allié, l'Allemand ennemi.

En pleine guerre, le ressentiment du commandement français s'alimente au peu d'efforts des Anglais pour débarquer un corps expéditionnaire substantiel, alors que les Anglais reprochent aux Français de pousser à une expédition en Norvège pour se décharger du poids de la guerre puisque c'est la flotte britannique qui en supporterait les dangers...

L'affaire de Dunkerque, les conditions de l'armistice, puis Mers el-Kébir, ajoutent à un ressentiment auquel seule la détermination de Churchill et de De Gaulle réussit à mettre fin.

Il est sûr qu'à l'heure de la victoire, les Français sont reconnaissants aux Anglais d'avoir « tenu » en 1940... Ils sont admiratifs aussi, ce qui ne va pas sans une certaine jalousie... Inversement, les Anglais jugent quelque peu arrogante l'attitude de De Gaulle et des Français qui s'installent dans une posture de vainqueurs. Quand Churchill invite les Européens à s'unir, dès 1948, c'est en pensant à la fois au danger que représente l'URSS et parce que la Grande-Bretagne n'est pas concernée. Au vrai, pour les Anglais, les trois chantres de cette Europe nouvelle — De Gasperi, Adenauer, Schuman — incarnent des pays qui respectivement ont embrassé le fascisme, le nazisme, la collaboration. Le complexe de supériorité morale des Anglais s'affirme d'autant plus que le pays a perdu une partie de sa puissance...

Francophobie des Anglais, anglophobie des Français, deux traits de caractère qui perdurent...

En France, ils s'accompagnent d'envie. Les Anglais, en effet, ont servi d'exemple aux Français tant dans la manière de financer les guerres, de développer leur agriculture puis leur empire, d'utiliser au mieux le charbon, d'inventer le chemin de fer, le steamer, l'art de préparer la viande — le rumsteck, le bifteck, le rosbif, etc. —, sans oublier le football, le tennis, d'autres sports — et le confort. Cette primauté, ils l'ont même exercée en politique, lorsque les philosophes français ont suivi les leçons de John Locke, en un temps, ajoutons-le, où les idées circulent comme jamais entre les deux pays.

Cette primauté manque s'exercer également au théâtre, comme en témoigne Voltaire. « Les Anglais avaient déjà un théâtre, aussi bien que les Espagnols quand les Français n'avaient encore que des tréteaux. Shakespeare, que les Anglais prennent pour un Sophocle (...), créa un théâtre. Il avait un génie plein de force et de fécondité, de naturel et de sublime, sans la moindre étincelle de bon goût et sans la moindre connaissance des règles (...). La plupart des idées bizarres et gigantesques de cet auteur ont acquis le droit de passer pour sublimes. Les auteurs modernes l'ont presque tous copié. »

Mais, complète Voltaire quelques décennies plus tard, « je ne pensais pas que je servirai un jour à fouler aux pieds les couronnes de Racine et de Corneille pour en orner le front d'une histoire barbare ».

En effet, à la différence de l'Allemagne de Lessing et de Goethe, la France résiste à Shakespeare. Les premiers à s'enthousiasmer, à le jouer, à le diffuser sont les romantiques qui admirent surtout la révolution dans l'art théâtral qu'impose l'œuvre de Shakespeare : « Dans le monde théâtral, tout émane de Shakespeare, dit Alexandre Dumas, comme dans le monde réel tout émane du Soleil. (...) Il est aussi dramatique que Corneille, aussi comique que Molière, aussi original que Calderón, aussi penseur que Goethe, aussi passionné que Schiller. » Et puis, dans la bataille romantique, le *Cromwell* de Shakespeare sert de porte-drapeau à la nouvelle école. Stendhal fait de l'admiration de Shakespeare le critère de l'adhésion au nouvel esprit contre lequel fulminaient les défenseurs de Racine.

Néanmoins la France résiste plus que tous les autres Européens au génie de Shakespeare. Elle y revient pourtant, et en force avec les rénovateurs de l'art théâtral, Copeau, Antoine et surtout Planchon ou Jean Vilar — qui, au Festival d'Avignon, redécouvre le message politique des tragédies de Shakespeare, *Richard II* en premier lieu, « pour rendre aux spectateurs une foi en l'avenir que pouvaient ébranler certaines œuvres désespérées de Sartre ».

Il faut ainsi attendre le second après-guerre pour que l'avant-garde engagée exploite enfin le caractère politique et révolutionnaire d'un certain nombre de pièces de Shakespeare...

FRANCE-ALLEMAGNE : NAISSANCE DE L'« ENNEMI HÉRÉDITAIRE »

L'a-t-on mesuré ? C'est la France qui a été considérée comme l'ennemi héréditaire par les Allemands, bien avant que cette relation s'inverse.

En 1948, commémorant avec éclat le tricentenaire des traités de Westphalie, le président de la République Vincent Auriol entendait rappeler surtout le rattachement de l'Alsace à la France. Cette identification était excessive : aux traités de Westphalie, en 1648, la France se voyait reconnaître la possession des Trois-Évêchés de Lorraine — Metz, Toul, Verdun — occupés de fait depuis 1552, sous Henri II, et elle recevait, certes, les terres impériales en Alsace, mais pas Strasbourg (annexé en 1697), ni dix autres villes libres. Par d'autres clauses des traités, la France et la Suède étaient garantes du nouveau statut de l'Empire et de l'empereur, *Kaiser und Reich*, pour bien signifier l'autonomie du premier vis-à-vis du second. Ainsi, l'Empire éclatait, l'empereur se repliait sur ses domaines propres, hors de l'Allemagne, notamment en Hongrie.

Or, en Allemagne, la participation de la France à la guerre de Trente Ans fait sortir le conflit des rivalités traditionnelles entre maisons, celle d'Autriche et celle de France, au point de sécréter un ressentiment de caractère national. L'annexion de lambeaux d'Alsace est le point de départ d'un ressentiment de caractère national. Le différend ne cesse ensuite de s'aggraver. La monarchie française apparaît désormais comme « une machine de proie » dont l'Allemagne est la principale victime. Car, après les Trois-Évêchés, viennent Besançon, ville libre de l'empire, puis des morceaux de Flandre, puis le rapt de Strasbourg, le tout contemporain des campagnes de Louvois, adepte de la tactique de la terre brûlée, inaugurée dans le Palatinat et dont les horreurs dépassent celles de la guerre de Trente Ans.

En Allemagne, rappelle Joseph Rovan, on dénomme *Nimmweg* la paix de Nimègue, c'est-à-dire enlèvement ; *Reissweg* ou arrachement, le traité de Ryswick, et *Vertrag zu Unrecht*, celui d'Utrecht, ou traité d'injustice.

En Allemagne, la commémoration de 1948, trois ans après sa défaite, n'a certainement pas éveillé de bons souvenirs.

Car c'est la France qui est devenue l'ennemi héréditaire des Allemands, avant que l'histoire ne se retourne. On l'ignore souverainement à Versailles, à la Cour comme en ville où, du reste, on a également ignoré les traités de Westphalie, tant les Allemands comptent peu et paraît alors prioritaire la lutte contre l'Espagne alors qu'on glorifiait le traité des Pyrénées (1659) assurant à la monarchie l'Artois et le Roussillon.

Forte et unifiée, centralisée déjà, la France et les Français ignorent l'Allemagne et le ressentiment qu'elle nourrit. L'humilie la condescendance de Louis XIV qui a pensé même en devenir l'empereur, puisque sa couronne est élective. En outre, le roi de France l'affaiblit alors qu'il a la charge, essentielle, de défendre la chrétienté contre les Turcs.

L'avènement de la révolution en 1789 modifie quelque peu la situation en mettant en relation, plus que jamais auparavant, les deux sociétés. Portées en avant par l'*Aufklärung*, les élites intellectuelles allemandes — tels F.G. Klopstock, Hölderlin, etc. — vivent avec sympathie cette mise en pratique de valeurs et idéaux qui sont les leurs. Mais il n'existe pas de situation révolutionnaire, chez eux, même si des troubles ruraux ou urbains éclatent dans les pays du Rhin, en Saxe ou en Silésie.

Avec la guerre et la bataille de Valmy, comme Goethe l'a vu, « une ère nouvelle commence dans l'Histoire universelle » et l'Allemagne est directement concernée par la Révolution ; pour elle, cela se traduit de fait, par une nouvelle occupation. La guerre révolutionnaire s'est transformée en guerre de conquête. Napoléon impose une vassalisation : annexion puis départementalisation de la rive gauche du Rhin, recès d'empire (1803) qui supprime les principautés ecclésiastiques, la plupart des villes libres et des petits États ; renforcement de cette dépendance en 1806 par la création de la Confédération du Rhin qui institutionnalise l'hégémonie napoléonienne jusqu'à l'Elbe et l'Inn. « Ma Confédération », disait Napoléon. C'est la fin du Saint-Empire, qui se conclut par l'extension de la France, désormais composée de cent trente départements et qui domine les États vassaux de Westphalie et de Bavière. Si les réformes de structure, le Code civil sont acceptés, la dépendance vis-à-vis d'un État centralisateur et autoritaire ne l'est pas : humiliée, rançonnée, l'Allemagne de Fichte appelle à la révolte, à la libération.

Pervertis par la conquête française, les principes de la Révolution sont rejetés et ce sont les réformes prussiennes qui incarnent, dès 1806, le renouveau allemand qui passe par l'unité, gage de l'identité retrouvée Vif au lendemain des conquêtes napoléoniennes, le ressentiment des Allemands s'exprime dans la poésie de Heine auquel répond Alfred de Musset : « Vous ne l'aurez pas, votre Rhin allemand. » Pour Bismarck, après 1848, lorsque réapparaît le danger révolutionnaire à la française, l'unité allemande devient l'impératif catégorique. Elle s'accomplit en 1871, lorsque enfin les provinces « arrachées » depuis les traités de Westphalie retournent à l'Allemagne. L'Alsace-Lorraine devient l'enjeu d'une rivalité à mort avec l'ennemi — héréditaire. Le « diktat » de Versailles les reprend, et pour les nazis, cette perte s'ajoute au contentieux avec un pays qui, en outre, n'a « aucune unité raciale » et incarne le désordre qu'ont instauré les principes de la Révolution.

Dans les buts de guerre de Hitler, hérités du « programme de septembre » de Guillaume II (1914), le Luxembourg, la Franche-Comté, voire une partie de la Bourgogne devaient retourner au Reich qui retrouverait ainsi les frontières du temps de Sigismond. Et la France aurait pour avenir de redevenir un pays agricole.

Il est sûr qu'en France, pendant longtemps, c'est l'Angleterre qui a incarné l'ennemi héréditaire. Morcelée, affaiblie, l'Allemagne n'existait guère et, de plus, on ne savait pas grand-chose sur elle, pas plus que sur ses principaux États. Même les ouvrages de Mirabeau sur la *Monarchie prussienne* (1788), voire ceux de Mme de Staël promis à une haute réputation n'eurent qu'une diffusion limitée.

Or, ses écrivains et philosophes deviennent l'objet d'engouement à l'heure de la révolution de 1789, lorsque *Vers la révolution perpétuelle* d'Emmanuel Kant accrédite l'idée d'un Kant jacobin et, avec, de l'universalité des principes de la Révolution. À l'inverse, les émigrés valorisent *La Critique de la raison pure*, pour montrer que cette philosophie du fait intérieur est inassimilable en France.

Cette instrumentalisation se retrouve dans le cas de l'œuvre de Hegel, bientôt des autres penseurs politiques allemands, et à la fin du XIXe siècle Karl Kautsky est considéré comme le pape de la pensée socialiste.

Cette fascination pour la pensée allemande, dont l'introduction en France avait été stimulée successivement par Mme de Staël et par Victor Cousin, interfère avec la déférence devant la science allemande, la médecine entre autres, enjeu d'une rivalité aux relents nationalistes, qu'illustre celle de Pasteur et de Koch — qui se trouve être le véritable héritier de Claude Bernard. Au même moment, Richard Wagner règne sur la musique, après tant d'autres musiciens allemands.

Ainsi se retrouve, après 1870, le syndrome de l'ennemi héréditaire.

Dans cette constellation, à côté de l'Angleterre, c'est ainsi le roi de Prusse qui apparaît marqué des premiers stigmates du mal. Lors de la guerre de la Succession d'Autriche (1740-1748), Louis XV et Maurice de Saxe sont alliés à Frédéric II qui les abandonne une fois la Silésie annexée... une guerre où l'on s'est battu « pour le roi de Prusse ». On retrouve le monarque dans toutes les coalitions contre la France pendant la Révolution et l'Empire, en dépit des compensations que Napoléon lui octroie en 1803-1805 ; surtout, après l'occupation de Berlin en 1806 et le démantèlement de la Prusse, le déclenchement de la guerre de libération, en 1813, et le rôle décisif que joue l'armée prussienne à Leipzig, lors du retour de Russie de la Grande Armée, font apparaître la Prusse comme l'État qui, avec l'Angleterre, veut la ruine de la France. À Waterloo, l'arrivée du général Blücher, un Prussien, sur le champ de bataille anéantit les dernières espérances napoléoniennes et prend une valeur symbolique. À leur tour, les Prussiens occupent Paris.

Le mythe de l'ennemi héréditaire est ainsi apparu de ce côté du Rhin, et il se développe au XIXe siècle après la guerre de 1870 où il n'est toujours question que de Prussiens. C'est après la guerre de 1914-1918 que l'Allemand prend la relève. Pendant la Seconde Guerre mondiale, c'est également l'Allemand — et pas le nazi — que stigmatisent les dirigeants et l'opinion, qu'ils soient pour ou contre la « collaboration ». Pour autant qu'au procès de Nuremberg, ce sont autant les grands chefs militaires que les dirigeants nazis qui passent en jugement, les Allemands demeurent, collectivement, simultanément admirés — pour leurs victoires — et haïs.

Pourtant, dès la fin de la guerre, un changement s'observe. Alors que la majorité des Français portent les stigmates de l'Occupation, ceux d'entre eux qui ont été prisonniers — mais pas les déportés, bien sûr — ont une vision de l'Allemagne plus favorable, un sentiment que le cinéma a exprimé avec humour et tendresse (*La Vache et le Prisonnier*, d'Henri Verneuil, 1959, avec Fernandel ; et surtout *Le Passage du Rhin* d'André Cayatte avec Charles Aznavour...). Ce sentiment antiallemand demeure pourtant très vif à la gauche de l'opinion pour autant que l'aide américaine paraît privilégier les vaincus, à moins de contribuer à reconstituer leur armée en cas de guerre contre l'URSS. Jusqu'à son retour au pouvoir en 1958, de Gaulle est également hostile même à l'unification des trois zones occupées par les Occidentaux. Pourtant, le danger soviétique, la démocratisation en profondeur de l'Allemagne déterminent un lent retournement et, en 1962, il donne le baiser de la paix au chancelier Adenauer. Mitterrand renouvelle ce geste à Verdun, avec le chancelier Kohl. Côté français, la réconciliation s'inscrit dans des échanges économiques étroits et dans une politique commune qui vise à la construction de l'Europe. Les mêmes données valent du côté allemand. Depuis les années 1980, les enquêtes d'opinion témoignent d'un rapprochement certain entre les deux pays, ces mêmes enquêtes notant au contraire que l'hostilité envers les Anglais demeure vive, même si elle n'a pas de fondement.

Briand et Laval rêvaient, en 1931, que les deux pays enterrent « la hache de guerre ». À l'aube du XXIe siècle, soixante-dix ans plus tard, on peut penser qu'il en est ainsi — bien que la réunification des deux Allemagnes, en 1989, ait pu donner quelques frissons à ceux qui, disait François Mauriac, aiment l'Allemagne au point de souhaiter qu'il en existe plusieurs.

ENTRE PARIS ET MOSCOU — CONSTANTES ET VARIATIONS D'UNE ALLIANCE

Dans le cas des rapports entre la France et la Russie, le problème posé est de savoir si les traits permanents des grandes alliances d'hier demeurent ou si, à l'inverse, circonstances et bouleversements sont susceptibles de les modifier de fond en comble ; bref, si la nature des régimes politiques, la destinée propre et changeante de chaque nation, les traditions et les nécessités de la géographie donnent à la politique d'un pays, à ses alliances, une architecture stable.

Celle-ci réapparaît souvent. Ainsi, depuis le XVIe siècle, les rois de France, plus tard la République, ont essayé de constituer et d'assurer leur assise territoriale : le problème a été de contrôler, si possible, les abords du Rhin, les passages des Alpes. De tout temps, ce projet a rencontré l'hostilité de princes ou d'États dont la puissance s'enracinait en Europe centrale et la France a toujours cherché contre elles une alliance « de revers » — les Turcs jouèrent ce rôle les premiers, puis les Scandinaves et les Polonais. À la fin du XVIIIe siècle, la Turquie et la

Suède montrant des signes évidents de faiblesse, la France accorda désormais une amitié d'autant plus vive et sincère à la Pologne qu'à la différence de ses deux autres alliés de l'Est, cet État était catholique, étroitement lié aux familles princières d'Occident : le mariage de Louis XV avec la fille de Stanislas Leszczynski en 1725 incarnait cette alliance. Dans ce contexte, la Russie s'affirmait seulement comme l'ennemie de nos amis.

Quand s'acheva le XVIIIe siècle, la diplomatie française s'interrogea pour discerner son principal ennemi sur le continent : était-ce l'Autriche, était-ce la Prusse ? Il fallut en décider car elle ne pourrait pas les opposer sans fin l'une à l'autre. La Prusse apparut plus dangereuse, plus étrangère aussi avec ses souverains protestants — sa poussée vers l'est menaçant la Pologne plus sévèrement encore que les ambitions autrichiennes ou même russes : il est significatif que la première grande alliance franco-russe ait été conclue précisément contre la Prusse, avec Élisabeth, pendant la guerre de Sept Ans. Pour en limiter les risques, détournant ainsi l'expansionnisme des maîtres de la Russie, la diplomatie française la dérouta ensuite de l'ouest vers le sud-ouest : ainsi, pour la première fois, la France abandonne la Turquie et choisit de lui substituer la Russie (1787).

Nécessité d'une alliance face aux ennemis à l'est, nécessité d'une alliance face aux ennemis à l'ouest.

Durant ces deux siècles, alors qu'elle veut contrebalancer les périls qui lui viennent de l'Est, la France cherche à sauvegarder les chances de son commerce maritime, de l'expansion outre-mer. Sur ce théâtre immense, l'Espagne, puis l'Angleterre, jouèrent le rôle d'adversaire principal ; au XVIIIe siècle, quand le territoire national ne fut plus menacé ni envahi du nord ou de l'est, les conflits maritimes et coloniaux passèrent au premier plan — ne concernaient-ils pas les catégories les plus dynamiques de la population ? Pour contrecarrer l'action des Anglais, si souvent arrivés les premiers, la diplomatie française ne disposait que de petits moyens : elle agita les indigènes de l'Inde ou d'Amérique contre ses rivaux, mais l'indépendance des États-Unis elle-même ne put apporter que de maigres résultats. La France ne contrôlait aucune des deux routes qui menaient aux Indes ou vers les Amériques ; elle en chercha une troisième, celle de la Méditerranée. À cette date, l'Angleterre n'en tenait qu'un seul verrou : Gibraltar, tandis que la France avait acquis de bonnes positions commerciales dans le Levant et les navires français pouvaient même pousser par la mer Noire jusqu'en Géorgie, alors indépendante, et en Perse. Ce commerce avec la Russie et ses voisins devint un lieu commun de la politique étrangère de la France après la visite de Pierre le Grand, qui, de son côté, désirait mettre fin au monopole que les Anglo-Hollandais exerçaient sur les échanges extérieurs de la Russie.

Ces deux axes de la politique française — contre la puissance territoriale des États centristes et contre l'hégémonie économique et coloniale du capitalisme anglo-hollandais — se croisèrent lorsque la Révolution et l'Empire se heurtèrent à la résistance conjuguée et décisive de ces deux puissances. Il y eut bien des tâtonnements et bien des hésitations dans la politique internationale, mais rien ne parut plus spontané, plus naturel, comme allant de la nature des choses, que « le baiser de Tilsit » entre Napoléon et Alexandre (1808), même si, quelques mois plus tard, le tempérament exceptionnel d'un homme allait, pour un temps, rendre illusoire la seconde alliance franco-russe.

Au XIXe siècle, ces lignes anciennes demeurent : les traités de 1815, l'existence de la Sainte Alliance figèrent un moment la carte de l'Europe. Alors la puissance anglaise apparut comme la rivale la plus dangereuse pour la bourgeoisie française : le duc de Richelieu, ministre de Louis XVIII, et ses successeurs considéraient qu'il n'y avait d'avenir pour le commerce de nos ports ni en Amérique du Sud « ni en Amérique du Nord où la communauté de langage et les liens économiques sont plus forts que l'amitié américaine ». À l'inverse, tous les espoirs sont permis à l'est où, mi-terrienne, mi-fluviale ou maritime, une route pourrait s'ouvrir vers la mer Noire, la Perse et l'Orient ; Alexandre II accueille ces idées avec enthousiasme, mais le percement du canal de Suez — est-ce fortuit ? — rend vaine cette espérance. La même entente franco-russe contre l'Angleterre se retrouva en Extrême-Orient, lors du *break-up of China* — ce partage de pays en zones d'influence à la fin du XIXe siècle. Elle donna aux rapports franco-russes une légère pointe anti-anglaise. Mais depuis quelques décennies la menace continentale se précisait à nouveau et c'est le danger le plus net pour l'avenir du pays : comme en 1814, la France rechercha désespérément le secours de la Russie après la guerre de 1870-1871. Les tsars répugnaient à une alliance formelle avec la patrie de la Révolution : ils jugèrent néanmoins que le péril allemand dépassait les dangers de la rivalité avec les Habsbourg — une situation équivalente à celle de la France en 1756 et qui aboutit après 1887 à un retour, en 1891, à une alliance franco-russe comme découlant de la nature des choses.

Quand la puissance de l'Europe centrale fut menaçante au point que la France put craindre l'anéantissement, l'Angleterre se joignit à la Russie pour y faire obstacle ; une conjoncture qu'on retrouva en 1940.

En 1918, la menace continentale apparemment neutralisée, la France se retrouve épuisée, capable au mieux de commémorer sa victoire. La Russie était devenue l'URSS, vaste menace pour « la société » — celle-ci était en France, vieillie, divisée, vulnérable. Oui, mais que l'ombre de l'Allemagne réapparaisse, gigantesque, et l'URSS, pour Louis Barthou du centre droit ou Édouard Herriot, un radical, redevient la Russie ; moment fugitif, à vrai dire, car, devenues aveugles, nos classes dirigeantes craignent l'URSS comme le diable et préfèrent toutes les compromissions à l'alliance de toujours. On sait la suite. Sauvée après juin 1940 par ses alliés, la France manqua de peu, après la Libération, de passer sous l'hégémonie anglo-saxonne. L'Amérique n'avait-elle pas pris le relais de l'Angleterre pour contester les positions françaises outre-mer en Indochine, au Maroc ou ailleurs ? L'indépendance économique et politique en péril, de Gaulle retrouva aussitôt le chemin de Moscou (1944).

Résumons-nous : pendant ces deux siècles, la défense de la terre française aura traversé des épisodes particulièrement dramatiques. L'alliance russe, alors urgente et nécessaire, imposa à la diplomatie française des choix et des sacrifices souvent douloureux voire « immoraux » aux dépens de ses alliés traditionnels. Les Russes furent chaque fois intraitables, parce que le Turc, le Suédois et le Polonais représentaient pour eux l'ennemi héréditaire tout comme l'Allemand, ensuite, assimilé aux Teutoniques. Les Turcs furent sacrifiés plusieurs fois, la France allant jusqu'à soutenir les visées russes sur Constantinople en 1914, mais en plusieurs occasions elle essaya de soutenir les intérêts de cet allié traditionnel, en bref chaque fois que les deux puissances allemandes opposées l'une à l'autre se faisaient équilibre et que l'alliance russe n'était plus aussi nécessaire. L'amitié de la Pologne valait plus cher encore ; néanmoins, elle fut victime de l'alliance russe lorsque l'existence même de la nation fut en péril — ainsi lorsque, au point le plus critique de la bataille de Verdun, le gouvernement français craignit que Nicolas II ne signât une paix séparée : pour l'en prévenir, Briand lui abandonna la Pologne (accords secrets de février 1917).

Cependant, l'Allemagne vaincue, une occasion se présenta de soustraire la Pologne au bolchevisme ; animatrice de la lutte contre le régime soviétique, la France aida la Pologne catholique et réactionnaire à refouler l'Armée rouge. À la veille de la guerre mondiale, l'aveuglement antibolchevique des dirigeants français les amena à mettre en balance l'alliance polonaise, pourtant bien incertaine, et l'alliance soviétique. En 1944, c'est encore sur la question polonaise que de Gaulle se heurta à Staline, renouant ainsi les fils d'une tradition ancienne : querelle significative au demeurant, même si elle ne pouvait pas avoir d'effet immédiat sur l'avenir de la Pologne.

À ces règles qui s'insèrent dans une longue durée s'en ajoutent d'autres qui s'expliquent par le développement inégal des deux pays depuis que l'histoire les a mis en rapport l'un avec l'autre. Jusqu'à la fin du XVIIIe siècle en effet, l'« avance » de la France sur la Russie reste sans portée, elle n'affecte ni les rapports entre les États ni les relations entre les peuples — l'heure est au cosmopolitisme européen. Ce cosmopolitisme, toutefois, ne concerne pas les autres mondes : ainsi, internationalistes et pacifistes, les philosophes condamnent chaque entrée en guerre, mais ils ne protestent pas quand la Russie attaque la Turquie ; ils félicitent même Catherine II quand elle participe au dépeçage de la Pologne. Est-ce possible ? Oui, car tout ce qui contribue à l'abaissement du catholicisme et de l'islam va dans le sens du progrès, ainsi l'affaiblissement de la Pologne et de la Turquie. Les philosophes ne cessent d'être en coquetterie avec la tsarine bien qu'ils sachent parfaitement à quoi s'en tenir sur son libéralisme. L'alliance avec un pays despotique ne paraît pas contre nature aux esprits « éclairés » : il n'y a de position idéologique pour eux que par rapport à la religion.

Il n'en va plus de même après 1789 : devenue la patrie de la révolution, la France est haïssable aux yeux des tsars et de leurs conseillers qui suspectent même Louis XVIII de goûter aux idées nouvelles. Ainsi vont les rapports entre gouvernements au cours du XIXe siècle, ils s'écartent tant qu'aucune menace ne pèse sur la sécurité ou la prospérité des deux pays. À l'inverse, peuples et oppositions fraternisent, surtout après 1848, lorsque la République puis l'Empire traquent les républicains à la façon dont la police tsariste poursuit les nihilistes. Toutefois, la tradition pousse à chérir plus que tout réfugié les Polonais, ces autres persécutés du tsarisme.

Les socialistes français, auréolés des succès de leurs ancêtres, manifestent une sympathie pleine de commisération pour les révolutionnaires russes, vaincus deux fois, en 1825 puis en 1905, symboles à leurs yeux d'un destin tragique. À cette date, ils ont bien plus foi en l'avenir de la social-démocratie allemande.

La France bourgeoise, techniquement si avancée, prospère et conquérante, adopte un comportement similaire : nécessaire, l'allié russe est mal connu, quelque peu méprisé. N'a-t-il pas tout à apprendre de l'Occident ? Pierre le Grand en avait reçu les premières leçons. Diderot enseigna Catherine, et ce ne fut pas l'armée russe qui vainquit Napoléon mais bien le froid. En 1854, si Sébastopol résiste aux assauts franco-anglais, c'est uniquement parce que la ville a été fortifiée par Todleben, un Prussien. Cette image sommaire de la Russie que donnent les manuels scolaires de l'époque, les accords économiques de la fin du siècle en renforcent l'accent ; ce sont là des traités inégaux, qui rappellent ceux que l'Occident signe avec la Chine ou l'Argentine, traités de colonisateur à colonisé. La France s'installe en Russie du Sud, en Ukraine, sur la mer Noire : le vieux rêve devient réalité, c'est le temps du mépris.

1917, les rapports s'inversent : les vainqueurs de la révolution d'Octobre n'accordent aucun avenir au mouvement ouvrier français, il n'est qu'à se rappeler le rôle subalterne que les communistes français jouent dans le Komintern ; à la désinvolture du gouvernement français vis-à-vis de l'allié russe fait suite la désinvolture égale avec laquelle, jusqu'à des jours assez récents, Moscou laisse le parti communiste français dans l'ignorance de ses projets. Autre chassé-croisé : au XIXe siècle, la révolution de 1789, l'histoire de la France étaient pour les Russes un exemple, un exemple sinon un modèle dont on connaissait les moindres détours ; après 1917, les rôles se renversent et, petit à petit, socialistes et communistes n'ignorent de l'URSS que ce qu'ils veulent ignorer, ceux-ci imitant les méthodes du parti bolchevique et rêvant d'agir à sa façon. De leur côté, les dirigeants et l'opinion soviétique n'ont plus qu'une image brouillée de la France réelle ; entre les Russes et les Français, dirigeants ou opposants, jamais l'écart et l'incompréhension ne furent aussi grands, même si la loyauté des communistes envers Moscou fut absolue et sincère, et si l'amitié de l'Union soviétique pour l'allié malheureux était elle aussi gravée dans les cœurs ou sur les tombes des combattants morts contre l'hitlérisme.

Avec nul autre partenaire, non plus, les sacrifices à consentir ne furent aussi douloureux que dans le cas des rapports franco-russes, car le renversement des rôles, dans le cours de l'Histoire mondiale, portait en lui des conséquences particulières. Jusqu'en 1917, alliée de la France républicaine, la bureaucratie tsariste devait s'abstenir de tirer ostensiblement sur les manifestants, « pour ne pas choquer nos alliés » ; de leur côté, les révolutionnaires russes devaient mettre une sourdine à leur internationalisme dès que leur pays était l'allié de la « démocratie » occidentale. Après 1917, renversement des rôles : à chaque rapprochement franco-soviétique, les possédants s'interrogent, espérant récupérer les fonds placés avant guerre en Russie ; de leur côté, la classe ouvrière et le parti communiste limitent leurs revendications et acceptent dans les faits, sinon dans les paroles, le principe d'une collaboration avec l'État bourgeois ; celui-ci va jusqu'à tolérer la présence, au gouvernement, de ministres communistes : il est vrai que l'alliance, qui est nécessaire, les rend inoffensifs.

Depuis, ces temps ont changé. Il y a d'abord ce fait de mécanique internationale : de 1789 à 1917, la France était à l'avant-garde de la révolution européenne, la Russie tsariste à l'arrière-garde ; de 1917 à 1956, l'URSS passe à l'avant-garde de la révolution mondiale, la France, par ses positions impériales, se place à l'arrière-garde. Ensuite, ces rôles extrêmes sont tenus, l'un par l'Amérique, l'autre par la Chine ; une force irrésistible rapproche ainsi les peuples situés au « centre », comme la France et l'URSS, mais ce sont de nouvelles nécessités qui les y poussent.

Avec le durcissement de la guerre froide, l'intervention soviétique à Budapest en 1956 et à Prague en 1968, l'URSS apparaît de plus en plus à la fois comme une puissance expansionniste et comme la nouvelle incarnation d'un régime totalitaire. En France, le parti communiste y perd sa force d'attraction et, depuis l'excommunication de Tito, le procès de Rajk ou de Slansky, ces nouvelles violations de la liberté au sein du camp socialiste, tous ses intellectuels l'abandonnent. Simultanément, la dissidence se fait entendre en URSS, par la plume notamment de Soljenitsyne, mais aussi grâce à Sakharov, à Zinoviev. L'Est n'est plus un modèle et même si le régime ferme peu à peu ses camps ou *Goulag*, sa faillite économique se transforme en catastrophe. Décomposé et déconsidéré à l'intérieur aussi bien, le régime soviétique fait faillite ; mais il y a beau temps qu'il ne jouait plus de rôle dans la politique française tout entière coulée dans le moule de la construction européenne.

Au point qu'on en vint à s'interroger sur l'appartenance à l'Europe de l'URSS, puis de la Russie depuis la chute du communisme. Question étonnante pour qui sait l'importance culturelle, en France, de la Russie, le pays dont les œuvres sont les plus traduites encore aujourd'hui : faut-il rappeler que Tolstoï, Tchekhov, Dostoïevski, figurent parmi les auteurs européens les plus lus et les plus joués, juste après Shakespeare ? Que la Russie, absente diplomatiquement, est présente sur nos scènes — à Avignon —, sur nos stades, nos salles de concert, nos défilés de grands couturiers. Plus elle est devenue européenne, avec sa connaissance de nos auteurs puis avec Marx, et plus on s'est interrogé gravement : fait-elle vraiment partie de l'Europe ? On ne s'était pas posé ces questions au temps des tsars...

Chapitre 2

L'UNITÉ FRANÇAISE

La greffe des provinces

La gravure qui illustre le rattachement de la Flandre au royaume, en 1660, la représente sous les traits d'une femme, telle ces reines de France mises à nu lors de leur entrée au royaume puis revêtues d'un vêtement à la mode de leur nouvelle patrie (Le Roy Ladurie).

Comment mieux évoquer le processus d'homogénéisation des mœurs et des pratiques qui aboutit à l'unification culturelle du pays et réduit ses différences ? Ce processus a été jusqu'à susciter des réactions qui, deux ou trois siècles plus tard, peuvent porter aussi bien sur la défense de « privilèges », en Alsace par exemple, la sauvegarde de sa langue, tant en Roussillon qu'en Corse ou en Bretagne, voire en Flandre. Or, aujourd'hui, d'autres minorités culturelles ont pu, à leur tour, revendiquer des « droits », les unes pour sauvegarder leur identité, les autres au contraire pour ne pas être exclues de la communauté politique au prétexte de leur origine...

Dans ces conditions, il n'est pas surprenant que le gouvernement français qui a mis sur pied le programme de décentralisation en 1981 ait été également celui qui a plaidé pour un élargissement des droits à accorder aux immigrés : il existe un lien entre la place réservée aux minorités et à l'autorité régionale. Reconnaître l'originalité de la culture des Beurs implique la reconnaissance de celle des Basques ou des Bretons...

DE L'OCCITANIE AU LANGUEDOC

La greffe des pays de langue d'oc sur ceux qui se situent entre Loire et Seine est une des plus abouties, mais également celle qui a laissé les cicatrices les plus anciennes, depuis la Croisade des Albigeois.

Figure 35 — La Flandre, sur cette gravure, est traitée comme l'étaient les reines de France, mises à nu lors de leur entrée au royaume, et revêtues, dès lors, d'un vêtement à la mode de leur nouvelle patrie. Au centre de l'image, la figure juvénile de Louis XIV. Le même traitement vaudrait pour les autres provinces rattachées… Artois, Roussillon, etc. (Paris, Bibliothèque nationale de France.)

Plus qu'une frontière linguistique, c'est une différence culturelle qui, dès les origines, a séparé les deux parties de la France actuelle. Puis, après ce traumatisme et ses séquelles, ce fut un écart économique qui destitua la position du Midi, avant que, ces dernières décennies, le rapport Nord/Sud ait quelque peu changé de signe. Il reste que, dans une partie de ces pays, la revendication régionaliste se revivifie en se nourrissant de griefs passés.

À l'époque de Grégoire de Tours (VIe siècle), l'opposition entre la Gaule du Nord, de civilisation franque ou germanique, et la Gaule du Sud, demeurée romaine par les coutumes et les mœurs, était parfaitement ressentie par les contemporains. Au VIIIe siècle encore, les Francs appelaient les Aquitains « Romani » et ceux-ci assimilaient les Germains plutôt que le contraire. La conjoncture s'inversa ensuite, car, tout en regardant du côté de la Méditerranée, les rois francs poursuivaient leur progression vers l'est, jusqu'en Pannonie aujourd'hui la Hongrie. Ils renforcèrent et préservèrent ainsi les traits originels de leur civilisation, de sorte que l'écart va se creuser plus encore entre ce monde et la partie la plus méditerranéenne de la Gaule, qui parle la langue d'oc.

Cette situation se perpétue plusieurs siècles, quelque peu transformée, toutefois, par l'afflux d'envahisseurs venus du Nord, de l'Est, ou du sud de la Méditerranée, des Normands, Hongrois et Arabes, déstabilisant encore plus les principautés nées de la dislocation de l'Empire carolingien : marquisat des Flandres, Neustrie (point de départ du duché de France), Normandie, duché de Gascogne, comté de Toulouse, comté de Barcelone, etc.

Qu'il s'agisse des derniers Carolingiens ou des premiers Capétiens, les rois disposent d'un prestige hérité du sacre, même si leur pouvoir réel, dans le cas du duché de France, ne dépasse pas le domaine royal, de Compiègne à Orléans. Mais celui des grands féodaux n'est guère plus conséquent car ils ne contrôlent vraiment qu'un territoire réduit.

Au reste, ce ne sont pas les frontières qui délimitent le pouvoir mais les droits.

À la veille de la Croisade des Albigeois (1209-1229), les rois capétiens n'exercent qu'une autorité nominale sur les pays entre Garonne et Rhône, qu'on dénomme aujourd'hui « Occitanie ». Depuis Paris, ils ont leurs regards tournés vers l'ouest, au cours de leur lutte contre les Plantagenêts, voire vers l'est, face à l'Empire. La Normandie et la Champagne constituent les marches du royaume dont l'horizon s'arrête au Massif central.

Ces pays appartiennent tout entiers au complexe féodal auquel est intégrée l'Église, et se les disputent aussi bien les Plantagenêts à l'ouest — ils menacent Toulouse en 1159 — et le royaume d'Aragon. C'est en cette occasion que, pour la première fois, les rois de France interviennent au sud du Massif central.

C'est précisément un de ces comtes de Toulouse, Raimon IV, qui a dirigé la Première Croisade, et Raimon VI, un siècle plus tard, incarne le Prince éclairé qui gère son État avec tolérance comme ces cités italiennes qui échappèrent quelque peu à l'empire de l'Église et laissèrent se développer l'art des troubadours.

À la culture à prédominance laïque de l'Occitanie s'oppose celle de la monarchie capétienne à qui le sacre de Reims donne un caractère quasi ecclésiastique : c'est l'abbé de Saint-Denis, Suger, qui remplit les fonctions de Premier ministre après qu'au Xe siècle l'archevêque de Reims, Adalberon, eut assuré la victoire des Capétiens sur les derniers Carolingiens.

Lorsque se développe l'hérésie cathare, en réaction contre le laxisme de l'Église et en rébellion contre l'illégitimité de la papauté, les évêques d'Occitanie font appel au roi de France qui condamne bien entendu cette hérésie cathare, jugeant trop molle la réaction du comte de Toulouse. La répression terrible qui accompagne l'intervention de Simon de Montfort, à Béziers notamment, et la croisade royale qui suit ont pour résultat politique le rattachement au domaine royal de la plupart des terres de Trancavel et du Languedoc. La croisade avait vu déferler vers le Midi des conquérants de toute origine, même dénommés Chevaliers teutoniques, dont les violences et les pillages s'identifiaient à une invasion étrangère, barbare pour tout dire, plus qu'à une croisade.

La Croisade des Albigeois scella l'insertion du Languedoc dans le royaume de France, mais elle inscrivit également une blessure entre le nord et le sud de territoires qui, jusqu'alors, en dépit de leurs différences, de langues notamment, n'avaient pas pris une telle conscience de la différence de leur nature.

Le ressentiment débordait des pays atteints par le catharisme. Pourtant, il n'était pas dirigé contre le roi, à preuve l'accueil réservé à Louis VIII et ses successeurs. Surtout, bien que par la suite Saint Louis ait laissé agir et même encouragé l'action de l'Inquisition contre l'hérésie, le loyalisme de l'Occitanie envers la monarchie ne se démentit pas.

Lorsque les Valois montent sur le trône, ce qui ouvre la guerre de Cent Ans, la revendication d'Édouard III met en compétition deux monarchies et le loyalisme des Occitans, voisins de la Guyenne anglaise, subit une épreuve. Or, il demeure intangible et l'intégration se consolide du fait que des Valois ne nomment pas à Carcassonne, Toulouse ou Beaucaire de simples sénéchaux de petite ou moyenne noblesse mais, au contraire, des grands, tel Jean, duc de Normandie, futur Jean II le Bon, fait lieutenant général en Languedoc, un terme qui apparaît désormais (1338-1344). La vente de Majorque au roi de France, puis de la seigneurie de Montpellier marque l'achèvement d'un processus qui aboutit à la réunion des premiers États Généraux du Languedoc, à Toulouse, en 1345.

Au ressentiment religieux qu'avait exprimé la révolte cathare, puis au ressentiment contre les envahisseurs du Nord, se substitue ultérieurement un ressentiment social, la révolte des Tuchins qui, vers 1380, exprime la colère des paysans, mais aussi des bourgeois, de certaines villes, qui se soulèvent, comme en Flandre à la même époque, contre les abus de la fiscalité nobiliaire ou royale. Cela ne met pas plus en cause le loyalisme des pays occitans envers le roi. Le Languedoc pleure tout entier quand Jean II le Bon, prisonnier après la bataille de Poitiers, est emmené en Angleterre (1356).

L'ordonnance de Villers-Cotterêts, en 1535, sous François Ier, met fin à un aspect du particularisme languedocien puisque désormais non seulement les actes de justice doivent être rédigés en français et non plus en latin, mais les actes administratifs doivent l'être en français aussi et non plus en occitan.

Additionnés, ces événements ont laissé une trace et ce n'est pas un hasard si le Midi a bien reçu le message protestant, la longue pratique de l'Inquisition ayant développé dans le Midi un anticléricalisme tenace. Mais Toulouse et Carcassonne, ralliées après les Albigeois, sont ligueuses pendant les guerres de Religion, tandis que Nîmes et l'est du Languedoc sont protestants. Du passé témoigne encore, en 1632, la révolte de Henri de Rohan, puis de Montmorency, qui trouvent dans ces régions une résistance à la centralisation monarchique. Surtout, lorsque Louis XIV révoque l'édit de Nantes, en 1685, cela déclenche une insurrection, dite

« des Camisards », dans les Cévennes, que dirige Jean Cavalier et que réprime le maréchal de Villars (1710). D'un bout à l'autre de l'Occitanie, du bûcher de Montségur à la dispersion des synodes du Désert, l'Occitanie avait ainsi été victime de l'absolutisme catholique, instrument de l'absolutisme monarchique.

Aujourd'hui, ce sont ces souvenirs qui alimentent la mémoire occitane et fournissent le thème d'un nombre indénombrable d'ouvrages et de commémorations diverses.

À la veille de la révolution de 1789, le Languedoc était la plus peuplée et la plus riche des provinces de France, nous dit Tocqueville. Les prodromes d'un déclin industriel se situent à l'époque du Consulat quand Chaptal, certes, sauve la mise de l'industrie lainière encore florissante, mais donne le coup de grâce au petit capitalisme de Lodève en favorisant les grandes commandes d'État, donc les capitalistes disposant d'un large volume d'opérations. C'est la Seconde République qui marque le tournant vers le déclin, car c'est alors que la mécanisation, désormais totale, rompt le lien entre patrons et ouvriers, radicalisant leur opposition notamment à Bédarieux et Lodève, de façon plus aiguë qu'ailleurs.

Ce déclin se greffait sur une nostalgie plus ancienne qui, au milieu du XIXe siècle, donna naissance en Languedoc et plus encore en Provence du mouvement Félibrige pour la régénération du pays et de la langue d'oc. Le poète Mistral en a été un des chantres les plus renommés. Elle s'est nourrie d'un repliement sur soi qu'accentua une évolution économique peu favorable au Midi languedocien. Il a en effet connu successivement la crise du phylloxera au début du XXe siècle, une fois, deux fois la révolte des vignerons, suivie d'un déclin qui a frappé tout l'arrière-pays depuis la fin de la Deuxième Guerre mondiale. Le haut Midi languedocien est entré dans la sphère du « désert français », perdant successivement chemins de fer, écoles, population. Certes, aux extrémités, Toulouse et Montpellier sont actifs grâce à l'industrie aéronautique et aux activités culturelles. Certes, le tourisme anime les plages ; mais, derrière, Béziers, Carcassonne, Narbonne, Sète dépérissent lentement. Et que dire des petites cités naguère florissantes, de Saint-Pons-de-Thomières à Bedarieux, Lodève, Albi ? Situé au treizième rang sur vingt-deux des régions françaises pour le produit intérieur brut, le Languedoc-Roussillon a le PIB le plus bas par habitant.

Il n'est pas étonnant que ce soit dans l'arrière-pays, au Larzac notamment, qu'on ait vu renaître un mouvement occitan durant les années 1970.

Survivance contestataire d'une région plus laïque que d'autres où, à l'entrée des cités, voisinaient les horaires de la messe, du temple et de la loge maçonnique, et qui fut longtemps le Midi rouge, aujourd'hui, à l'heure de l'Europe et de la mondialisation, l'identité y est plus valorisée qu'ailleurs. En témoignent l'attachement au rugby, dont l'implantation marque la limite septentrionale de la résistance culturelle des pays latinisés à l'influence dominatrice du Nord, et l'adhésion au mouvement des chasseurs, plus intense que dans le reste du pays.

UN CONTRE-EXEMPLE : LE CAS DU ROUSSILLON

Le contraste est significatif entre, d'une part, le destin du Languedoc, conquis par les Capétiens sur des populations, et en partie contre elles, qui gardent rancœur contre le Nord durant des siècles ; et, d'autre part, le destin du Roussillon qui ne fut pas conquis sur les populations, ni contre elles, mais sur l'Espagne, avec laquelle elles étaient en délicatesse, sinon en conflit.

Aux temps où la frontière qui délimitait le Languedoc de l'Aragon-Catalogne était fixée à Salces, dont le château veillait sur le passage entre les Corbières et la mer, une sorte de Thermopyles. Perpignan était déjà dotée, avant Barcelone, d'un consulat, de Corts (Cortès), d'institutions municipales. Pendant quelques décennies, le Roussillon s'autonomisa de la Catalogne dans un ensemble comprenant les Baléares, et même Montpellier et la Cerdagne, ainsi que le Conflent et le Vallespir. Ce petit apogée de Perpignan se situe de 1276 à 1344 et coïncide avec une prospérité commerciale et manufacturière qui tourne autour de la draperie et des échanges entre Méditerranée et pays du Nord. Récupéré par l'Aragon, désormais maître de la Catalogne, le Roussillon connaît ensuite une période noire, due à la peste et à la guerre de Cent Ans, jusqu'à ce qu'en 1493 Ferdinand d'Aragon et Isabelle de Castille effectuent une entrée triomphale à Perpignan qu'ils rattachent à l'Espagne et subordonnent à Barcelone. La greffe de l'Aragon-Catalogne sur la Castille constitue un tournant ; elle éloigne le Roussillon des centres de décision, la décadence se profile, la population de Perpignan passe de dix-huit mille à huit mille habitants en deux siècles ; peu à peu, en Roussillon, des tendances agressives se manifestent vis-à-vis de Barcelone. Cette province devient un enjeu de la lutte entre les Bourbons et les Habsbourg et, en 1640, la révolte des Catalans contre Philippe IV de Castille donne l'occasion à Louis XIII d'intervenir : en 1642 a lieu la « réduction » de Perpignan par les armées de Richelieu et en 1659 le Roussillon est cédé à la France, avec la Catalogne septentrionale.

La prise en mains est directe, sans États provinciaux — à la différence du Languedoc —, par l'intermédiaire d'un Conseil compétent pour les crimes graves, tout comme pour l'enregistrement des édits royaux. Ces conseillers sont nommés et ne sont pas propriétaires de leur charge comme les autres parlementaires du royaume. Les coutumes locales sont maintenues, y compris « l'insaculation », c'est-à-dire le tirage au sort des édiles dans un sac, mais c'est l'intendant qui désigne l'« élu » qui les présidera. La révolte des Angelets, ces faux-saulniers qui luttent contre la gabelle, trahit le mécontentement des gens de la montagne, mais elle ne dure pas.

La bourgeoisie se rallie d'autant mieux au roi de France que la noblesse a émigré en Catalogne d'Espagne ; demeure l'antipathie vis-à-vis du clergé venu du Nord. Tandis que peu à peu la langue catalane se provincialise, les élites locales fréquentent la Cour, tel le peintre

Hyacinthe Rigau (devenu Rigaud) ; elles se greffent sur le mouvement des Lumières. C'est une époque de renaissance économique également, comme dans le Languedoc voisin : les muscats de Riversaltes, de Banyuls, les grenaches, font leur entrée sur le marché et se développent les jardins, qui, depuis, font la fortune du Roussillon.

La Révolution accentue les tendances modernistes de la population, car cette fois ce sont les prêtres réfractaires qui, après la noblesse, ont émigré à Barcelone. Si la montagne du Conflent et Vallespir constitue une petite Vendée avec l'aide des Espagnols après 1793, le ralliement à la France est général sous l'Empire et par la suite : une identité gallo-catalane est en train de naître, fortement républicaine et qu'incarnent les noms de François Arago, le plus célèbre savant de la première moitié du XIXe siècle et l'un des chefs de l'opposition républicaine ; puis de François Albert, leader du peuple viticole du Languedoc, lors de l'explosion de 1907 ; enfin du maréchal Joffre, un enfant de Rivesaltes. La Grande Guerre accentue la césure entre les deux parties de la Catalogne, même si, au nord, les militants linguistiques demeurent vigilants.

Alors que le mouvement occitan, particulièrement actif durant les années 1970, concerne le haut Languedoc jusqu'au Larzac, le Roussillon demeure en retrait : tout se passe comme si la marque des origines devait le différencier à jamais du Languedoc voisin — si longtemps cathare, protestant et contestataire.

LA SAVOIE ET NICE

Le dernier des rattachements, celui de la Savoie et de Nice, n'a pas suscité d'abondants développements chez les historiens de la France contemporaine. Est-ce parce qu'il a été le fait de Napoléon III dont la tradition républicaine a été peu portée à glorifier les succès ? Est-ce parce que, pour la Savoie au moins, ce sont surtout les curés qui en ont été les chantres ?

Ce rattachement a été le résultat d'une négociation stipulant que la cession se ferait « avec le consentement des populations ».

En ce qui concerne la Savoie, la Suisse s'interposa qui, aux termes du traité de Vienne de 1815, avait obtenu une garantie de neutralité pour le Chablais et le Faucigny. Elle demanda l'annexion des deux districts : mais la population s'opposa au démembrement du vieux duché de Savoie et vota son rattachement à la France avec d'autant plus d'enthousiasme que, catholique, elle jugeait avec sévérité la politique anticléricale du roi de Piémont-Sardaigne. L'unification de la péninsule accentue le rejet, comme au Roussillon lors de l'unification espagnole au XVe siècle, car les centres de pouvoir s'éloignaient trop du cœur du pays : à Barcelone et Turin se substituaient Madrid et Rome. En 1859, une adresse des Savoyards au roi disait : « La Savoie n'est pas italienne et ne peut pas l'être. » En outre, parlant français, la population pauvre du duché avait un intérêt matériel évident à faire partie d'un pays riche. Béni par le

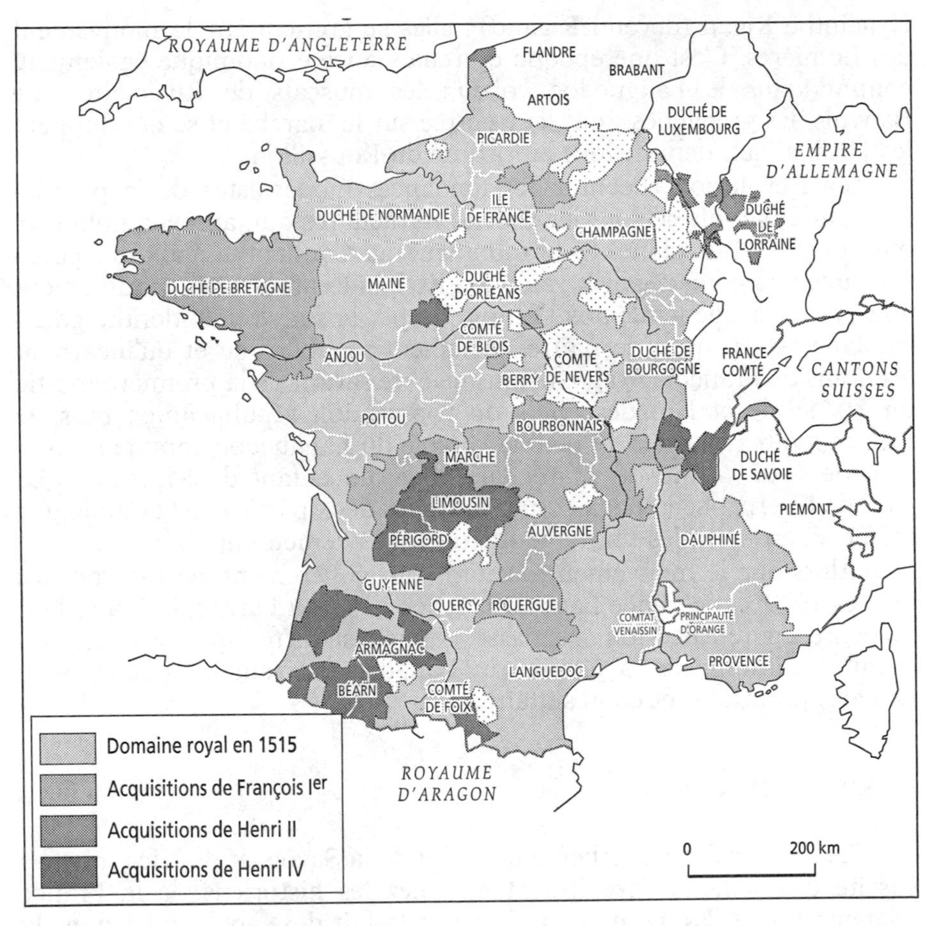

LA GREFFE DES PROVINCES — *À ces provinces, s'ajoutent ultérieurement l'Artois, le Roussillon, le Franche-Comté, la Corse, etc.*

curé, le drapeau tricolore fut ainsi salué par un vote de 130 533 *oui* contre 235 *non*. La Savoie fut ensuite divisée en deux départements.

Ce qui a changé dans la vie des Savoyards

Depuis le XVIIIe siècle, l'industrie de la soie était aux mains de la bourgeoisie des villes, telle Chambéry, et l'État piémontais surveillait de près ce produit d'exportation. La fabrique de gaze de Chambéry avait une renommée dépassant les frontières. Mais c'est au XIXe siècle que cette activité se développa, dans le Petit Bugey, le Combe de Savoie et en Maurienne, surtout après 1860.

Le rattachement à la France permet en effet à de petits ateliers ou à des particuliers de faire du travail à façon pour les soyeux de Lyon. Il y a alors près de deux mille cinq cents sériciculteurs.

À côté de cette amélioration, le rattachement s'accompagne de la ruine, bien plus grave, de certaines activités métallurgiques, tel le fer de Maurienne exploité à l'origine sur une initiative des souverains sardes (1753). On produisit à La Praz et à Arbine jusqu'à 40 quintaux de fer par jour, et la consommation de toute la Savoie était de 6 000 quintaux ; les deux principales forges en produisaient 9 500. Le développement industriel de la périphérie allait ruiner cet essor, hormis pour la Manufacture royale de Crans qui survécut à l'annexion de 1860. Mais les mines de Sixt, les forges des Bauges ont périclité dès avant le rattachement, les ateliers de Cloutiers furent ruinés par la concurrence française et anglaise.

Glorieuse exception, la taillanderie Opinel, créée à partir d'une batterie de martinets installée à Gevoudaz (Albiez-le-Vieux), s'est maintenue grâce à la fabrication de couteaux dont la notoriété n'a cessé de croître.

Mais, pour le reste, la greffe sur le pays français fut surtout profitable quand le tourisme commença à se développer. En premier lieu, ce fut la découverte de l'alpinisme et de la montagne l'été, puis l'hiver, ce qui introduisit de nouvelles pratiques : premiers ski-clubs en 1896, premiers jeux Olympiques à Chamonix en 1924, première école de ski à Valloire en 1936, puis à Megève, etc.

Aujourd'hui, il s'est créé une Ligue savoisienne qui recueille 6 % des voix et revendique l'autonomie : une étape, ou un moyen d'obtenir plus de crédits ?

La Savoie ne se sentait pas italienne. Mais *NICE* ?

L'opposition à l'annexion est animée par Garibaldi, chantre de l'unité italienne... Mais son opposition venait aussi du fait qu'il attribuait lui aussi « aux curés, à leur empereur » une annexion qui allait contre ses convictions laïques et républicaines. La preuve ? Quand Napoléon III abdique, que la France est sur le point d'être vaincue par la Prusse, Garibaldi accourt à l'appel de Gambetta et se bat aux côtés des Français qui alors se sentaient abandonnés de tous... Ainsi, il était plus italien que niçois, mais plus républicain qu'italien.

Après 1871, il s'accommode du rattachement de sa ville à la France acquise à une quasi-unanimité des votants — même si, a-t-on dit, le référendum fut quelque peu manipulé. En 1891, on lui a dressé un monument, et les catholiques y furent hostiles.

Les seuls mécontents du rattachement de Nice furent les habitants de l'arrondissement de Grasse, détachés du Var pour être intégrés aux Alpes-Maritimes et moins écoutés des autorités à Nice qu'ils ne l'étaient à Draguignan.

La population de Nice avait des sentiments plus particularistes qu'elle ne se sentait italienne ; ce fut surtout la francisation du langage qui posa problème, le Niçois ne parlant français à l'école que trente ans après le rattachement. Mais la lutte contre le « patois » ne retarda pas une intégration qui se fit rapidement...

1860. Ce qui change dans la vie du comté de Nice

À Nice, durant les décennies qui précèdent le rattachement à la France, une des activités les plus productrices est la contrebande maritime. Pendant longtemps, la région avait su sauvegarder ses libertés entre la Provence royale et la République génoise, sa capitale étant devenue le port par excellence du Piémont. Mais ses avantages vont disparaître depuis qu'en 1814 la République de Gènes a été rattachée au Piémont. Nice perd ainsi une de ses fonctions. Quant à la principauté de Monaco, voisine, bien que placée sous la tutelle sarde depuis 1817, au traité de Strepinizi, elle dispose aussi de franchises. De sorte que sur cinquante kilomètres, d'Antibes à Monaco, coexistent quatre régimes douaniers : le français, le sarde, le monégasque, les franchises niçoises. Il en eût fallu moins pour que les marins marseillais, corses, génois, catalans ne se livrent à la contrebande, principale ressource de Nice frappée par la concurrence victorieuse de Gènes. Elle est le fait d'une myriade de petites barques ou voiliers de quatre à six marins.

Cette contrebande avec la France, en coordination avec la Corse notamment, mais avec Marseille aussi, porte d'abord sur les tissus anglais, une tradition ancienne ; ensuite sur le sucre marseillais, dont les tonneaux sont en partie vidés de leurs produits et remplacés par d'autres, à moins de simuler un voyage retour ou fictif vers Barcelone. Grands consommateurs de sucre pour leurs fruits confits, les Corses ont leurs dépôts dans l'îlot de Caprera, au nord de la Sardaigne. Le tabac constitue le troisième produit de contrebande. Douanes françaises et sardes n'arrivent pas à contrôler les passeurs catalans, complices des Niçois pour multiplier les fausses déclarations : ainsi, une caisse de cigares destinée à un petit voilier, le *Saint Antoine*, est déchargée du *Saint Michel* quand les douanes sont en train de fouiller le premier.

De ces activités rend compte la condition misérable des pêcheurs ou des contrebandiers par voie de terre. Ces malheureux n'ont rien à perdre : quand ils sont arrêtés et condamnés à une amende, ils ne peuvent la payer. Un rapport du ministère des Affaires étrangères suggère qu'« il vaudrait mieux augmenter la peine corporelle », car « où il n'y a rien, le roi perd ses droits ».

Lors du rattachement, la décadence de Nice semblait irréversible ; jusque-là dépendant de la Savoie, Gènes était devenue le grand port du royaume d'Italie, retrouvant une grandeur qu'il avait perdue depuis le XVIe siècle. Et la position de Nice était trop excentrée pour lui faire concurrence.

Après 1860, le changement est spectaculaire. En premier lieu, Napoléon III amène le rail à Nice dès 1864 ; plus encore, il multiplie les subventions pour développer l'ancien comté : dix fois plus que le roi de Sardaigne. Dès lors, la spéculation commence à gagner la région dont le banquier Henri Germain perçoit l'avenir touristique. On a la mesure des dépenses effectuées à Nice : 300 millions engagés en 1912 alors qu'elles étaient de 300 000 francs en 1850-1859. « On veut ici des demeures somptueuses », comprennent les investisseurs qui attirent les touristes anglais, russes, français. L'élan est ainsi donné, dès avant 1914.

L'intégration s'est faite naturellement, même si peu à peu le capital national a submergé celui des entrepreneurs locaux, qui, néanmoins, ont gardé leur rang. Les seules victimes de cette métamorphose sont ceux qui, dans l'arrière-pays, n'ont pas profité de l'essor des hôtels et du tourisme. Les déséquilibres se sont ainsi aggravés entre la côte et l'intérieur, d'autant que, concurrencé par les « huiles à graines » en provenance de l'Empire, l'olivier a pâti. Un hectare d'oliveraie rapportait 300 francs en 1866, 15 francs seulement en 1907. Ce n'est que depuis la Seconde Guerre mondiale que, retrouvant son prestige, l'huile d'olive de Nice fait un retour remarqué sur les tables françaises. Avec les fleurs et les parfums, cette production assure à l'arrière-pays de Nice et de Grasse des ressources qui diminuent les déséquilibres.

FRONTIÈRES... AU NORD-EST : LA LORRAINE ET L'ALSACE

Ces deux provinces ne sont associées que depuis 1871 ; jusqu'alors, rien ne les lie. L'Alsace est réputée province d'Allemagne, tournée vers le Rhin ; la Lorraine est réputée française, Henri IV ayant déjà voulu y installer un parlement.

La délimitation des frontières en relation avec la langue parlée par les populations n'a jamais eu de réalité, même si Louis XIV y fait référence lors de l'annexion de la Franche-Comté. L'argument linguistique est rarissime. Il faut attendre le XIXe siècle pour qu'il apparaisse.

En ces temps-là, l'Europe ignorait les territoires nationaux ou les frontières nationales ; elle connaissait des guerres de magnificence ou dynastiques, ou des croisades. C'est seulement petit à petit, puis avec la révolution de 1789, que la notion de souveraineté de l'État a figé la notion de frontières géographiques, puis construit le mythe de leur nécessité.

Daniel Nordman donne l'exemple d'un territoire de vingt lieues carrées, entre la Sarre et la Moselle, qui, en 1737, participe des souverainetés à la fois de la France et de la Lorraine, du Luxembourg, de Trèves, de l'Empire. Sur une centaine de bourgs : 27 relèvent de Trèves, 29 de la France et de la Lorraine, 18 de la France et du Luxembourg, 10 de l'Empire, 16 sont indivis entre la Lorraine et Trèves.

Durant des siècles en effet, depuis l'époque romaine jusqu'aux XVIe et XVIIe siècles, on distinguait mal l'État des autres formes de société humaine. Il prenait place, à son rang, dans une série qui pouvait comprendre aussi bien un puissant royaume qu'une commune urbaine ou une « nation ». Le territoire de l'État n'était pas différent, en soi, de celui d'une abbaye ou d'une ville ; cet État pouvait résulter de l'agglomération de différentes seigneuries. Or celles-ci étaient moins des territoires que des ensembles de droits. Les frontières — ou plutôt les limites — étaient juridiques plutôt que spatiales. Ainsi, un même territoire pouvait comporter plusieurs souverains. La notion de souveraineté territoriale ne s'est constituée qu'assez tard, au XVIe siècle, le terme de frontière ne désignant plus, comme avant, le front militaire, mais la limite territoriale. La frontière du Rhin elle-même n'était qu'un système de places fortifiées...

Jusqu'alors on détachait des fiefs d'une couronne ; désormais, on franchit une frontière et on occupe un territoire. Le grand tournant pourrait avoir précédé la Révolution française quand les monarques acquièrent, par traité, des territoires qu'aujourd'hui on appelle « provinces »... L'Artois, le Roussillon, etc. Pourtant, dire que la France de 1789 était divisée en provinces serait excessif, voire inexact, parce qu'à cette date, le terme s'appliquait à tous les ressorts possibles, aussi bien au Gâtinais qu'à la ville de Valenciennes, au Bugey qu'à l'Armagnac. En ce temps-là, en effet, les vraies divisions institutionnelles étaient les diocèses, les généralités, les gouvernements militaires, les baillages, divisions aux limites flottantes et qui pouvaient recouvrir, ou non, des « pays ».

Une province est, de fait, un ensemble composite de lieux, places, dépendances : l'habitant n'a pas d'incertitude, il dit : « vous êtes en Rouergue ou en Auvergne, en Champagne ou en Lorraine ». Et bien que Marcilly s'appelle Marcily-en-Beauce, pour les gens du pays cette bourgade n'est pas en Beauce, mais dans le Bocage : c'est l'administration du Loir-et-Cher qui l'a appelée ainsi pour la distinguer d'un autre Marcilly en 1806. De même au XVIIIe siècle, Sierville s'appelait Sierville-en-Caux, dénomination royale, alors que les habitants parlaient des Cauchois pour s'opposer à eux (L. Febvre).

Alors à Chambéry, Jean-Jacques Rousseau assiste au passage des troupes françaises : « J'allais avec la foule des gobe-mouches attendre sur la place l'arrivée des courriers ; et, plus bête que l'âne de la fable, je m'inquiétais beaucoup pour savoir de quel maître j'aurais l'honneur de porter le bât ; car on prétendait alors que nous appartiendrions à la France, et l'on faisait de la Savoie un échange pour le Milanais. »

Cette situation, en combien de lieux n'aurait-il pas pu la connaître, l'échange de territoire étant une pratique qui dura jusqu'à l'époque napoléonienne ? Avant 1789, elle est constante. En témoigne le cas des duchés de Bar et de Lorraine, objets d'échange en contrepartie soit du Milanais (1700), soit des Pays-Bas (1735). Dans tous les cas, les sujets changent de maître, non pas pour partie d'entre eux mais tous ensemble. Dans celui de la Lorraine, comme le duc doit hommage au roi de France pour le Barrois mouvant, c'est-à-dire pour la partie de Barrois qui est dans la mouvance du roi de France, il ne peut accéder à l'Empire ; son mariage n'est possible avec Marie-Thérèse que s'il renonce à la Lorraine. Simultanément, ayant perdu son royaume de Pologne — il avait été détrôné —, Stanislas Leszczynski se trouve devenir le beau-père de Louis XV : il accepte de troquer son titre de roi contre celui de duc ; à sa mort, la Lorraine passe au roi de France. Son administration avait été confiée à un chancelier, l'intégration s'effectue ainsi sans difficulté, même si des voix expriment leur consternation. Dans les pays de Moselle, germanophones, le loyalisme envers le roi puis les régimes qui suivent ne fait pas de problème, cette région donnant le plus grand nombre d'engagés volontaires encore au temps de Louis XVIII.

L'Alsace, au cœur des conflits européens

De toutes les provinces et régions françaises, l'Alsace est sans doute la seule qui ait participé directement aux grands conflits de l'histoire européenne : ceux de la Réforme, de la révolution de 1789, de la rivalité franco-allemande.

Le rattachement à la couronne de France, entre les traités de Westphalie et l'entrée à Strasbourg, fut, pour une part, lié aux dissensions qui, en Alsace, opposaient les luthériens aux Habsbourg. « Il ne faut pas toucher aux usages de l'Alsace », disait-on à Versailles en 1701 ; on n'y applique pas l'édit de Nantes, et la pratique du *simultaneum* permet aux catholiques et aux protestants de disposer, s'il le faut, des mêmes bâtiments ; l'esprit de tolérance gagnant le XVIIIe siècle, la cohabitation des trois religions — catholique, protestante et israélite — put ainsi s'instaurer.

L'épisode révolutionnaire, indépendemment du problème des princes possessionnés, suscite une crise que crée « la guerre au patois », que défend bec et ongles le clergé catholique qui identifie francisation et laïcisation. Grâce au Concordat, Napoléon gagne la confiance de l'Église et utilise le bilinguisme pour confier aux Alsaciens de hautes fonctions au sein de l'ancien Saint Empire romain germanique.

Germanophone et francophile, telle est l'Alsace au XIXe siècle, le rattachement à l'Allemagne en 1871 suscitant à la fois une émigration partielle et une réaction d'hostilité dont témoignent les élections de la décennie 1871-1880. Le régime de Guillaume II multiplie les réformes sociales : les populations sont-elles ralliées ? Lorsque, pendant la Première Guerre mondiale, les socialistes russes proposent un référendum en Alsace pour décider de son avenir, Marius Moutet et Marcel Cachin en admirent le principe mais à condition qu'il ait lieu sous le contrôle exclusif des autorités françaises.

Redevenue française en 1918, l'Alsace garde ses coutumes, mais l'anticléricalisme de la IIIe République a pour effet de ressusciter un certain autonomisme, que l'Allemagne nazie dénomme « régionalisme » avant d'annexer la province en 1940. Dès lors, le refus de servir dans la Wehrmacht fut considéré comme une désertion, soixante mille Alsaciens réputés francophiles ayant été au préalable expulsés vers Lyon ; et comme ces francophiles étaient plus nombreux que cela, un très grand nombre furent déportés en Pologne, remplacés par des Allemands des pays baltes ou de Bessarabie.

Le drame des *Malgré-Nous* surgit, après guerre, avec le procès des responsables du massacre d'Oradour. Parmi les bourreaux du bataillon *Der Führer* de la 2e division SS *Das Reich*, il y avait un certain nombre d'Alsaciens engagés de force dans la Wehrmacht et qui proclamaient leur innocence. Qu'ils soient condamnés, l'Alsace crierait sa colère ;

qu'ils soient acquittés, le Limousin clamerait son indignation. « Frappés au cœur », les Alsaciens stigmatisèrent Vichy qui les avait abandonnés... Ce fut un des prix de la politique de collaboration. Treize de ces *Malgré-Nous* furent condamnés, et leur amnistie proclamée par le Parlement quelques jours après (1953).

L'Alsace sans identité : le regard du francophile Hansi

Du désespoir de voir l'Alsace, son pays, rattaché à l'Allemagne en 1871 témoigne l'œuvre de Jean-Jacques Waltz, dit Hansi, qui dessina une Alsace immobile, traditionnelle et rurale, réfractaire à l'occupation allemande et fidèle au souvenir de la France. Son œuvre lui valut plusieurs comparutions devant les tribunaux avant 1914, et après son deuxième rattachement au Reich en 1940, une agression de la Gestapo le laissa pour mort en avril 1941. Il en réchappa et Pétain fit mettre une voiture à sa disposition pour qu'il puisse passer en Suisse, où il trouva refuge à Lausanne. En 1951, il mourut citoyen d'honneur à Colmar. « Des petites filles, vêtues d'un corsage blanc et d'une jupe bleue, des petits garçons en costume traditionnel, une compagnie du 152e régiment d'infanterie où Hansi s'était engagé en 1914 l'accompagnent, dans Colmar pavoisé et drapeaux en berne, jusqu'à sa dernière demeure. »

Les ouvrages de Hansi sur l'Alsace sont innombrables, les plus populaires étant ceux qu'il a illustrés lui-même. Mais on peut se demander si c'est bien l'histoire d'Alsace que raconte « l'oncle Hansi ». Quand il parle de l'Alsace, il fait appel aussi bien à Jeanne d'Arc qu'à Godefroy de Bouillon. L'histoire d'Alsace, mijotée à sa manière, ressemble singulièrement à une histoire de France truffée et nappée d'une sauce alsacienne. En revanche, de l'histoire qui serait le propre de l'Alsace, on n'en trouve pas le goût. Par exemple, il n'est pas question de cette expérience politique que fut, au XVIe siècle, l'Union des villes, la Décapole de 1354, une des réussites les plus originales de l'Occident où l'Alsace fut elle-même, rien qu'elle-même. Pas trace non plus de la « guerre de liberté » que Mulhouse livra à Strasbourg un siècle plus tôt — voire du conflit avec les Suisses, un siècle plus tard.

L'histoire, chez Hansi, n'a pas pour but d'expliquer ou de retracer le passé, mais de dire du passé ce qui le réconforte. Et, ce qui le réjouit et le met en verve, c'est le désir obsessionnel de ridiculiser l'Allemand, de le pourfendre, de le bouter — et de chanter la France.

Pour Hansi, n'est Histoire que ce qui sert cette histoire. Le reste est sans intérêt. De sorte qu'il n'observe l'Alsace que selon l'axe ouest-est — pas sud-nord, en suivant le Rhin... Il est admis que ce qui vient de l'est, c'est le mal. Ainsi en va-t-il des invasions germaniques... Mais comme la plus féroce des invasions fut celle des Huns, il explique qu'« ils étaient aussi féroces que des pangermanistes ». Quant à la guerre des Paysans, avec lesquels Hansi sympathise, il omet de trop rappeler qu'elle est née à l'est — en Thuringe et en Souabe — et en fait une conséquence des malheurs de la guerre de Cent Ans — achevée presque un siècle auparavant : s'en prenant à l'Anglais, il peut faire un nouveau clin d'œil à la France

On multiplierait ainsi l'inventaire de ses diableries. Elles le conduisent, s'il le faut, à vider l'histoire d'Alsace d'une partie de sa substance. Il tait, par exemple, la floraison des *Minnesänger*, poèmes courtois du XIIIe siècle, parce qu'ils sont dits en langue allemande. Il tait Gutenberg et les liens de l'Alsace avec les grandes cités situées en aval, sur le Rhin. Dit-il seulement que l'Alsace fait partie de cette « rue des Curés », le Rhin, la *Pfaffengasse* dont l'évêque de Strasbourg fut un des Princes ? Certes pas, cela rappellerait l'insertion de l'Alsace dans d'autres espaces que ceux que Hansi hait ou révère. Rien non plus de cet itinéraire de la foi protestante, qui, de Hollande jusqu'à Bâle, font de l'Alsace et du Rhin un axe de la Réforme.

De sorte que Hansi, racontant l'Alsace, chante *Tristan et Isolde*, de Béroul, le trouvère normand, mais ignore superbement la légende des *Nibelungen*.

Chez Hansi, en ce siècle d'hystérie nationale et chauvine, l'imaginaire se travestit en récit d'histoire, et Clio s'y prête sans atours.

EN BRETAGNE, SURVIE OU FIN DU RÉGIONALISME

À la différence de la Lorraine, ou de l'Alsace, la Bretagne formait une unité homogène et elle échappa longtemps à l'absorption complète par les Plantagenêts, les Capétiens ou les Valois. La dynastie des Montfort régna sans partage depuis la bataille d'Auray, en 1364, remportée sur un neveu de Philippe VI, jusqu'à la mort de François II en 1488. Il laissait à sa fille unique, Anne, une gamine délurée, un héritage que se disputaient l'empereur Maximilien, qu'elle devait épouser, Anne de Beaujeu, régente de France depuis la mort de son père Louis XI, le roi d'Angleterre, les monarques d'Aragon et de Castille...

Entre ces factions, qui à la Cour ne cessaient de se combattre, Anne jugea, lorsqu'une armée royale s'avança jusqu'à Rennes, qu'il valait mieux rompre ce mariage qui n'avait pas le consentement de son suzerain, et épouser celui-ci, puis son successeur s'il mourait sans enfants. Elle eût ainsi pour mari, successivement, Charles VIII et Louis XII.

Ce fut la fin des guerres féodales et de l'indépendance bretonne.

Le pays connaît désormais une alternance de cycles que ponctuent des événements précis.

La date de 1675, par exemple, marque un tournant, avec ses deux révoltes : celle du papier timbré, en Haute Bretagne, révolte urbaine, antifiscale, celle des Bonnets rouges, paysans, antiseigneuriale, égalitariste avec rédaction d'un code paysan — ancêtre des Cahiers de 1789. L'introduction de l'impôt sur l'enregistrement des actes officiels, qui s'ajoute à celui du tabac, l'annonce — en outre de l'introduction de l'impôt du sel : « À bas gabelle », crie-t-on — voilà qui traduit une exaspération, avec révoltes que réprime durement la monarchie.

Ce tournant marquerait la fin de l'âge d'or de la Bretagne, inauguré en 1532 quand, en échange de la reconnaissance de ses privilèges, notamment fiscaux, la Bretagne accepte son union à la France. La décadence par étapes, depuis le rattachement par mariage en 1488, serait donc un mythe : plutôt que victime d'une entreprise systématique de destruction de sa spécificité par l'État centralisateur, les villes, les États, le Parlement ont été plus attentifs à sauvegarder leurs propres privilèges que soucieux de défendre un certain particularisme, juge Alain Croix. Jusqu'à l'époque de Louis XIV, le pays breton prospère grâce à son industrie toilière, qui exporte en Espagne et aux Amériques ; grâce aussi à l'exploitation de la mer : pêche, sel et roulage. À Morlaix et Nantes, viennent s'ajouter, sous Colbert, Brest et Lorient ; ce sont bien les toiles qui rendent compte de cette fortune.

Désormais, les difficultés ne vont que s'aggraver. Le protectionnisme colbertien, taxant les draps anglais, fait perdre aux Bretons du Léon les exportations de toiles, contribuant au déclin de Morlaix ; les guerres successives perturbent le commerce et la course pratiquée à Saint-Malo n'en compense pas les pertes. Le commerce des esclaves noirs assure, certes, la prospérité de Nantes, un des deux grands ports avec Bordeaux, du commerce triangulaire, mais le reste du pays connaît un grand nombre d'émeutes frumentaires et toutes sortes de conflits avec les intendants qui trouvent devant eux des États provinciaux combatifs et un Parlement de Rennes qui use de son droit de remontrance. Ces difficultés se traduisent par une sorte d'avant-première à la réaction nobiliaire — le Parlement exclut à la fois les roturiers et les anoblis. On comprend que ce soient les députés bretons du Tiers-État qui, en 1789, aient animé la lutte contre la noblesse et le haut clergé.

Or, avec la Révolution, la noblesse perd sa fonction hégémonique ; le clergé devient ainsi le guide d'une opinion hostile à l'anticléricalisme jacobin, et plus encore à la conscription qui, au nom de la République, appelle les Bretons à aller combattre loin de chez eux. Le refus de ce déracinement est pour une bonne part à l'origine du mouvement des Chouans. Le massacre des républicains par les Vendéens à Machecoul, les noyades organisées par Carrier, au nom de la Convention, à Nantes (1793-1794) marquent les mémoires, comme celles des Occitans après la Croisade des Albigeois.

Avec le tournant industriel du XIXe siècle, la centralisation géographique et économique liée aux réseaux de chemins de fer, le déclin des marchés coloniaux — celui des Antilles surtout — qui avaient fait la fortune de ses ports — voilà qui anime ou réanime une conscience identitaire s'exprimant désormais avec force : ruinés, cinq cent mille Bretons doivent quitter le pays. La Bretagne se trouve et se juge marginalisée, folklorisée : il faut apprendre le français si l'on veut survivre. Au lendemain des lourds sacrifices consentis en 1914-1918, une réaction s'organise contre Paris et la centralisation ; le mouvement « paysan » de Dorgères, plus ou moins populiste ou fascisant, casse l'opposition bleu/blanc qui depuis la Révolution divisait le pays. Ces « chemises vertes » sont un peu, à la paysannerie, ce qu'après la Deuxième Guerre le mouvement Poujade fut au petit commerce. Une partie du mouvement apprécie le langage paysan de Pétain, mais une autre a déjà pensé à la sécession. Au lendemain de la défaite, Hitler les cajole en promettant la libération des prisonniers bretons. En juillet 1940, ces indépendantistes espèrent que sera créée une Bretagne national-socialiste : les Allemands nomment un gouverneur militaire de Bretagne, mais finalement ils renoncent pour ne pas trop affaiblir Pétain. En 1943, se constitue même une milice pour combattre le bolchevisme, « la première formation bretonne armée depuis la dispersion de l'armée chouanne », lit-on dans Arsellier.

Au vrai, ces mouvements demeurent infra-minoritaires : avec un total de trois mille militants peut-être, mais décidés, qui diffusent leurs idées par *La Dépêche de Brest*. Malgré l'anglophobie d'une partie des Bretons, le soutien à la Résistance est incomparablement plus fort, quasi général, Dorgères y participe.

Cela n'empêche pas l'idée régionaliste de survivre et de réapparaître, alors qu'avec les Trente Glorieuses le pays s'est entièrement régénéré, en partie grâce aux coopératives agricoles et aux industries de pointe, l'électronique surtout ; mais elle n'est agressivement soutenue que par une infime minorité. En témoigne l'enquête faite à Plozevet, un bourg comme un autre au pays bigoudin. André Burguière écrit : « Les dénonciateurs de "l'ethnocide" seront déçus. La disparition du breton ne prend à Plozevet aucun tour dramatique. Pas de regret chez les blancs, pas de mépris chez les rouges. L'héritage culturel n'est jamais devenu le refuge de l'identité, ni l'objet d'un enjeu politique ou idéologique. Les Plozevetiens entretiennent avec la culture bretonne des relations sereines, affectueuses, teintées seulement d'une discrète nostalgie. Ils ont accepté le prix d'une acculturation en partie mutilante dont les bienfaits leur semblent largement compenser les pertes. Ils ont oublié le visage répressif de l'enseignement pour ne retenir que son efficacité intellectuelle et sociale. »

Il reste qu'au tournant du millénaire, les effets de la construction européenne, de la mondialisation, de l'épidémie de la vache folle et autres épizooties, créent des difficultés financières graves qui peuvent ressusciter la colère paysanne. Avec quels objectifs ?

LA CORSE, OU LA COLONISATION INVERSÉE

Plus que d'autres, le rattachement de la Corse à la France, en 1769, a fait l'objet d'une histoire officielle qui en a caché les modalités et les péripéties. Celle-ci, rapportée dans le Lavisse sous la plume de Henri Carré, dit que la Corse s'était mise sous la protection du Saint-Siège, mais qu'elle vivait en pleine anarchie, « conséquence de son état géographique et des mœurs de ses habitants » ; puis Gênes et Pise se l'étaient disputée, la première l'emportant sans jamais contrôler l'île, les révoltes, « où intervenaient des étrangers », y étant perpétuelles. À partir du XVIe siècle, les interventions militaire de la France se multiplièrent. Au

XVIIIe siècle, les Hollandais, puis les Anglais, à Minorque, soutinrent un curieux aventurier, Théodore de Neuhoff, qui prit, en 1736, le titre de roi des Corses. Une petite armée française le chassa en 1739. Par des accords avec Gênes, la France obtint d'y tenir des garnisons ; enfin, en mai 1768, Gênes vendit à Louis XV ses droits de suzeraineté. Une rude campagne contre les partisans de l'indépendance, dont le chef était Paoli, se termina par la soumission de la Corse (1769). Choiseul y vit une compensation de la perte du Canada.

Ce récit ne dit pas qu'avant tout Gênes s'oppose à l'indépendance de l'île, que Théodore de Neuhoff fut appelé par les Corses mêmes pour tenter de l'obtenir une première fois, que la peur de Paoli fait que Gênes préfère encore céder des places fortes au roi de France contre de l'argent. Mais l'essentiel est ailleurs...

Les clubs Pascal Paoli le rappellent aujourd'hui dans un contre-discours que les Français du continent ignorent. « Vaincu (en 1769), le premier État démocratique de l'ère moderne, le pays qu'admirait Jean-Jacques Rousseau, quittait les routes du futur pour entrer dans l'Ancien Régime. » Certes, l'histoire littéraire sait bien que Rousseau prépara une Constitution (démocratique) pour la Corse, mais ce savoir-là ne communique pas avec l'enseignement de l'histoire. Admiré des philosophes, Paoli avait voulu instaurer un régime républicain et démocratique, et avait doté Corte d'une université. L'achat-annexion était ainsi une régression puisque, vingt ans avant la Révolution américaine et trente ans avant la Révolution française, le paolisme avait créé la doctrine de la libre disposition des peuples par eux-mêmes[1]. Jacques Grégori écrivait dans *Populi corso* en 1970 : « Le paolisme a été la négation du colonialisme, colonialisme génois, colonialisme français, de tous les colonialismes. » Ainsi, l'assimilation de la situation de la Corse au statut d'une dépendance exploitée, « colonisée » par l'étranger, pieds-noirs et continentaux, a des précédents ; ce qui rend compte de l'identification du mouvement sécessionniste aux peuples du Tiers-Monde, aux Palestiniens en particulier. Au XVIIIe siècle déjà, n'avaient-ils pas reçu l'aide du bey de Tunis contre Gênes et les Français ? De ce passé, dont Bonaparte est exclu, alors que l'histoire officielle, en France, fait de lui un exemple, la contre-histoire en Corse fait surgir d'autres symboles : le drapeau blanc à tête de Maure, emblème de la Corse indépendante, adopté à Corte en 1762, par conséquent antérieur au drapeau bleu-blanc-rouge ; l'hymne *Dio-Vi-Savi Regina*, réintroduit par les nationalistes vers 1960, le sigle de la Corse, triangle allongé avec un trait symbolisant le cap ; la commémoration de la bataille de Ponte-Novo, des milliers de personnes prenant le deuil chaque année en souvenir de cette défaite... Ce que

1. « Rome doit rester dans Rome. » En France, l'histoire officielle fait naître la République en 1792 — la Corse ne pouvait l'avoir précédée, donc : on l'ignore. On retrouve, transposé, le même phénomène en URSS : l'histoire officielle soviétique tait que le premier parti social-démocrate bolchevisé ne fut pas le parti russe mais le parti letton, dès l'été 1917. Aujourd'hui, c'est l'historiographie de la Lettonie indépendante russophobe et anticommuniste qui, à son tour, omet de le rappeler...

cette contre-histoire omet de rappeler, c'est que le projet de Paoli visait au passage de la Corse à l'économie marchande, de type anglais, comme le régime parlementaire qu'il préconisait... D'ailleurs, Paoli appela les Anglais à la rescousse pendant la Révolution avant que l'île ne fût reprise par les Français. Dans son esprit, les libertés à l'anglaise devaient marquer la rupture avec les traditions de l'île — et ouvrir à un développement économique que l'île rejeta.

Comment rendre compte d'une explosion politique de la violence depuis les années 1970 ? Sans doute, le détour par l'appel aux fondements de la culture corse rend compte de quelques-uns des caractères sociaux de sa population. Comme dans d'autres montagnes et îles de la Méditerranée, la culture ne repose pas sur la citoyenneté mais sur la famille, l'honneur, l'échange de services. Ces montagnes et ces îles pratiquent toutes l'*omerta*, et elles ont leurs bandits d'honneur, de Fra Diavolo à Giuliano, des Khephtes à Paoli, leurs héritiers d'aujourd'hui en reprennent la pose.

La violence n'est pas apparue durant les années 1960 ; elle n'a pas cessé de régner dans l'île, à ceci près qu'elle n'avait pas de caractère politique particulier, et, par conséquent, n'était pas identifiée comme telle par les gouvernements : autour de 1890, la Corse avait encore une moyenne de soixante meurtres par an, l'année 1848 battant tous les records avec deux cent sept morts ou assassinats, en moyenne plus que Palerme ou Naples.

À l'heure de *Columba*, qu'il écrit en 1840, Prosper Mérimée constate déjà que s'opposent la tradition de la vendetta qu'incarne cette héroïne et les conceptions plus modernes de son frère Orso, un lieutenant en demi-solde qui, certes, est brave mais qui considère la vendetta comme une survivance barbare. Ce conflit entre la légalité et la coutume, entre l'*omerta* et son devoir de citoyen traverse l'histoire du pays jusqu'à aujourd'hui, mais toujours à l'avantage de la famille et du village.

Ce que le livre de Nicolas Giudici, *Le Crépuscule des Corses*, a bien mis en valeur, c'est le choc qu'a produit dans l'île le processus de décolonisation. Aux XIXe et XXe siècles, aucune province n'avait autant participé à l'aventure de l'outre-mer, qui prenait la relève de la fin, multiséculaire, de celle des Génois. « Il n'y a, sans les Corses, ni coloniale, ni colonies », disait le général Gouraud, qui les côtoya au Soudan (1898), au Maroc (1910), en Syrie (1919-1923). Ancien ministre des Colonies et gouverneur d'Indochine, Albert Sarraut jugeait que « ces Corses forment, en grande partie, l'armature splendide et forte de la France lointaine (...) Ils servent magnifiquement leur pays ». Sous-officiers, officiers, administrateurs, préfets, douaniers, les colonies offrirent à ces Corses le remède aux maux du monde rural. « Nul ne pouvait imaginer un jour la panne de cet infatigable ascenseur social. » Les premiers, les Corses s'étaient ralliés à de Gaulle, à l'armée d'Afrique, libérant le premier département français ; les seuls, ils s'opposent à de Gaulle quand il « brade » l'Algérie : c'est le seul département français à rallier la sédition d'Alger...

L'installation des pieds-noirs en Corse, durant les années 1950, apparaît comme une provocation : les premiers attentats antirapatriés interviennent contre ceux que l'OAS a accusés de désertion. Ils ont de l'argent, se font indemniser, bénéficient de prêts bonifiés, et mettent ces terres en valeur, démentant, par leur activité, l'incapacité supposée de l'île à prospérer par elle-même. En outre, identifiant les modes de vie de l'île à une culture menacée par une modernité qui aliénerait son identité, Edmond Simeoni s'insurge contre une Corse de vacanciers, ses boîtes de nuit et ses hôtels, qui cantonnerait les insulaires dans une réserve. De fait, faute d'un réseau de transport, l'île demeurait sous-développée, puisque l'argent des familles venait d'ailleurs que de l'exploitation du pays. La colère corse s'insurgea contre la colonisation économique qui s'insinuait, mais simultanément les cadres de la société, ses clans, se sont eux-même insinués dans l'État qu'ils colonisent pour en soustraire des subventions.

L'île dispose de trente parlementaires, record national par habitant. Cela transforme les institutions publiques — assemblée territoriale, Chambre de commerce — en butin. L'absence d'économie insulaire empêche les Corses de participer à une société civile pacifiée, et les luttes de pouvoir ou de clientèle sont les seules qui ont un sens et un intérêt, se substituant aux échanges marchands. Subventions, exonérations, allocations, fraude à tous les étages, a-t-on pu dire, constituent l'essentiel de l'activité : ce n'est pas de l'économie corse que vivent les Corses. D'ailleurs, sur une population d'origine corse d'un million et demi de personnes, il n'y en a pas dix pour cent qui vivent au pays... Cela n'empêche pas que le clientélisme satellise le marché de l'emploi et la fonction publique : sur trente mille fonctionnaires dans l'île, vingt mille sont Corses. « Vous prenez la place d'un Corse », devient la menace qui frappe tout nouvel arrivant. Quant aux autres originaires de Corse qui occupent tant de fonctions sur le continent, il ne leur vient pas à l'idée qu'on pourrait dire qu'« ils prennent la place d'un Angevin ou d'un Savoyard »...

Tel est le contexte d'une société qui, à partir des années 1970, a renoué, en l'inversant, avec sa tradition militaire et ses luttes de clans ; qui se juge victime alors que d'autres la jugent parasite, qui colonise les ressources du continent, après avoir colonisé l'outre-mer. La revalorisation des pratiques anciennes sert d'alibi à un nationalisme de couverture, à une violence qu'une partie de la population réprouve. Mais sans en refuser les retombées.

Il est clair que, dans l'île au moins, le problème n'est pas de restaurer l'État de droit, mais de l'instaurer. Sans que toute la population qui profite de cette subversion et des avantages qu'elle procure ne dérive en les voyant disparaître.

Car un des traits qui caractérisent la société corse est bien le monolithisme, même si des divisions s'observent quant aux pratiques de certains groupes, indépendantistes ou non. La classification par partis politiques y a moins de portée qu'ailleurs. Ce trait rapproche la société corse d'autres sociétés insulaires en Méditerranée — ces grandes îles vendues, achetées plusieurs fois dans leur histoire et passées entre les mains de multiples dominations : la Crète avant tout, aux traits si similaires dans son rapport avec la Grèce, mais aussi la Sicile à certains moments de son histoire, voire la Sardaigne.

Perçue comme réactionnaire, ou antinationale, cette résurrection de l'esprit régional, qui s'affirme aussi nationaliste — la nation corse —, est apparue comme une menace pour l'unité de l'État. Toutefois, l'écart économique entre certaines régions et d'autres a pu être tel, à l'heure des « Trente Glorieuses », qu'un livre, *Paris et le désert français*, de J.-F. Gravier, et plusieurs ouvrages d'inspiration occitane, tels ceux de Robert Lafont, ont révélé l'existence d'un problème à composantes multiples[1].

L'explosion de mai 1968 a rendu manifestes d'autres données de l'hostilité à l'État inégalitaire et centralisateur.

Or, les mesures imaginées depuis sous le nom de décentralisation, outre qu'elles ont été court-circuitées par les progrès de l'Europe et de la mondialisation qui dessaisissaient la communauté nationale d'une partie de ses prérogatives, ont émané d'une *approche centralisée*, bureaucratique et administrative *de la décentralisation*, qualifiée de jacobine.

En vérité, ce « jacobinisme » est seulement le stade suprême de l'édifice républicain, une posture « girondine » étant perçue, à tort ou à raison, comme destructrice de l'État-nation, défini comme un ensemble de citoyens et non comme un assemblage de communautés, ce qui est le cas dans l'histoire allemande.

Ici, la centralisation n'a fait que perpétuer et renforcer la sacralité du pouvoir, cet héritage multiséculaire. Dans ces conditions, une décentralisation menée d'en haut ne peut guère répondre aux aspirations politiques ou identitaires lorsqu'elles se manifestent. On y reviendra.

Les immigrés dans le creuset français

Qui donc « suce le sang et la moelle du malheureux peuple français (...) fut l'inventeur de tant (...) d'impôts qui écorchent un pauvre peuple (...) conseillers des guerres et promoteurs de tant d'infamies ? » — « L'ordure italienne », ou plutôt ceux qu'on appelle « les Italo-Galli, les Italo-Français ». Ce texte xénophobe ne date pas du XIXe ou du XXe siècle, mais de 1595, il est extrait du *Monitoriale adversos Italo-Galliam*, du juriste François Hotman. Il contient pourtant les ingrédients du discours sur les étrangers qu'on retrouve lors des grandes crises de l'Histoire : guerres civiles ou de Religion du XVIe siècle, effets pervers de la révolution industrielle à la fin du XIXe siècle, crises des années 1930 au XXe siècle, et à nouveau après 1974. Le discours coïncide

1. Ces données se sont modifiées depuis, cf. le « retournement », p. 578 et suivantes.

avec les poussées nationalistes, respectivement lors de l'affaire Dreyfus, des ligues fascistes de l'entre-deux-guerres, du Front national, qui n'abordait pas le problème des immigrés auparavant.

Pourtant, si le fait de ces mouvements migratoires n'est pas nouveau, chacun d'entre eux s'inscrit dans une configuration historique différente, de sorte que cette continuité est illusoire et qu'il s'agit chaque fois d'un problème différent. Or, les effets se ressemblent.

De fait, le territoire qui correspond à celui de la France actuelle a connu maintes conquêtes et infiltrations. Il s'est dénommé du nom d'un de ces peuples, les Francs, comme les Goths ont donné leur nom à la Gothalania ou Catalogne. Durant les siècles de l'Occident chrétien, l'identité de la nation n'était pas encore partagée, même si des signes de patriotisme s'étaient déjà manifestés, contre l'Anglais ou contre l'Allemand ; tandis que parallèlement survivait, renforcée par l'Église à l'heure de la Réforme où elle se sent menacée, la haine ou la méfiance vis-à-vis des « agents de Satan », les Musulmans et les juifs.

PRÉCURSEURS : LES ITALIENS

Au XVIe siècle, le cas des Italiens en France est significatif parce qu'il inaugure, dans une nation en voie de constitution, le premier exemple d'un rapport global entre des Français et des étrangers, perçus comme immigrés. Il constitue aussi un précédent parce qu'en fin de compte cette immigration s'est traduite, avant d'autres, par l'intégration voire l'assimilation de ceux qui sont restés en France… Or, en l'an 2000, un Français sur quatre au moins a des origines, en partie, étrangères. Le cas des Italiens, de ce point de vue, est emblématique parce que, longtemps victimes des pires sévices xénophobes, à la longue ils ont fini par être intégrés, assimilés, au point qu'aujourd'hui il n'existe plus de communauté italienne en France…

De fait, dès le milieu du XVIe siècle au milieu du XVIIe siècle, il a existé une sorte de France italienne qu'incarnent, certes, Catherine de Médicis, Concini, Gondi, Mazarin, mais aussi bien Benvenuto Cellini ou Thomas Campanella, et qui ne se limite pas à ces illustres représentants. Leur présence est le signe d'une émigration conquérante, importante surtout par ses aspects commerciaux et bancaires, et dont le premier apogée coïncide avec celui des foires de Lyon du XVIe siècle. Il ne s'agit en rien d'une migration de la misère, mais du progrès et de la prospérité, une *immigration de luxe* même, où l'aristocratie joue un rôle éminent, et qui souvent trouve en France le chemin de l'exil pour échapper aux querelles italiennes.

Ce sont les campagnes des guerres d'Italie, de Charles VIII à François Ier, qui ont contribué à lancer le mouvement, car la montée en puissance de la France semble préfigurer la constitution d'une puissance étatique qui pourrait annoncer la monarchie universelle : y trouver une place suscite une mystique du roi de France que cajolent de nombreux financiers et prélats. Ainsi se constituent des réseaux italiens, des solidarités que stimule la réussite de quelques-uns ; l'Église étant utilisée comme un instrument de patronage : J.-F. Dubost a comptabilisé cent quarante-sept évêques d'origine italienne, de 1500 à 1675, l'habit ecclésiastique protégeant des revers de fortune. Simultanément, la plupart des Grands de la finance italienne possèdent des charges à la Cour, devenant bientôt les conseillers du roi...

Une réaction était inéluctable. Dans les classes populaires, elle repose sur un mythe, la fortune bâtie à partir de rien, ce que les érudits de l'époque expriment de tout autre manière : « Ils sont venus en France sans rien y apporter, qu'une écritoire et une main de papier », « garnis seulement de plume et d'encre », ce qui témoigne de la supériorité culturelle de ces immigrés, de leur degré d'instruction, de leur connaissance de l'économie également... Situation insupportable que le bon peuple et les envieux attribuent à la perversité morale des Italiens ; qu'à leur tête incarne Catherine de Médicis. Le *Discours merveilleux de la vie, actions et déportements de Catherine de Médicis, royne mère, auquel sont récités les moyens qu'elle a tenus pour usurper le gouvernement du Royaume de France et ruiner l'État d'iceluy*, 1575, énumère ses crimes italiens, l'empoisonnement par excellence, elle qui, affirme-t-il, a ainsi fait mourir le dauphin, tenté d'agir de même à l'aide d'une pomme empoisonnée cette fois, avec le prince de Condé, et que Jeanne d'Albret l'a bien été, au moyen des artifices d'un parfumeur milanais ; cette légende qu'Alexandre Dumas développe dans *La Reine Margot*.

L'anti-italianisme prend bientôt des formes hystériques, tant à Lyon qu'à Marseille ou à Paris, et, en 1617, la dépouille de Concini, dont les libelles ont exagéré la fortune, est émasculée, dépecée, mangée, brûlée, jetée à la Seine.

Mais c'est autant l'hostilité aux phénomènes d'ascension sociale, de mobilité géographique, ou d'envieux envers la supériorité économique et culturelle qui rendent compte de cette xénophobie — qui concerne également les juifs, au XXe siècle ; elle n'exclut pas, pourtant, l'irrésistible intégration de ces Italiens, dont, aux XVIIe, XVIIIe, et ultérieurement, on connaît les origines, à moins qu'ils n'aient francisé leur nom — et après ?

Les Italiens ont joué un rôle de catalyseurs en précipitant la France, la constitution d'un monde de financiers. Mais bientôt celui-ci s'est déplacé, et l'immigration italienne s'est tarie. Quand elle reprend, au XXe siècle, celle-ci n'a plus de rapport avec la précédente et, entre Français et Italiens, les complexes se sont inversés...

Cette deuxième immigration italienne figure l'autre versant de l'installation des étrangers. À partir de 1850 environ, ils occupent des postes de travail dont ne veulent pas les Français. 63 000 en 1851, ces Italiens sont 420 000 en 1911 : avec les Polonais et les Belges, ils sont à la fois ouvriers agricoles et les « fantassins » de l'industrialisation. Ils se font une réputation comme maçons, monopolisant bientôt, dans la région parisienne, les petites entreprises de construction. Leur présence suscite des réactions de rejet dont témoignent les troubles de Marseille, Aigues-Mortes, Lyon à la fin du XIXe siècle.

D'un côté, la participation des Italiens aux grèves les intègre dans la société ; d'un autre, leur activisme politique les rend suspects auprès d'une population qui, en Lorraine notamment, est plus traditionaliste. Successivement, ils ont produit des révolutionnaires, tel Buanarroti le compagnon de Gracchus Babeuf et un des fondateurs des Carbonari, des anarchistes, tel Caserio qui assassine le Président de la République Sadi Carnot. Réfugiés politiques à l'époque du fascisme, ils alimentent les campagnes contre Mussolini. Bien qu'ils aient été à nouveau suspects lorsque le Duce entre en guerre aux côtés de Hitler, et que ce soit porté à leur débit durant les années 1950 — en dépit du comportement correct des troupes d'occupation jusqu'en 1943 —, les Italiens de France s'intègrent de plus en plus, se naturalisent et multiplient les mariages mixtes, les commerçants et artisans plus que les manœuvres. Cela rend compte de la baisse relative du nombre des étrangers italiens en France, moins de quatre cent cinquante mille autour de 1950 quand ils étaient plus de huit cent mille en 1931.

Le fait nouveau, à la fin du XXe siècle, est bien la réapparition de personnages qui renouent avec la haute tradition de la Renaissance apportant à Paris le bon goût italien, ce qu'illustre dans la mode entre autres le nom de Schiaparelli, Lina Ricci, Cardin, dans l'art celui de César.

LE CAS DES BELGES, DES POLONAIS ET DES ESPAGNOLS

Plus récente, l'immigration des Belges présente au XIXe siècle les mêmes traits que la deuxième immigration des Italiens, sauf qu'elle demeure frontalière : elle atteint 482 000 personnes en 1886, maximum historique, l'essentiel étant venu en France sous le Second Empire. Ils se partagent entre ouvriers et paysans et font tous l'objet du même rejet, « enlevant aux Français le pain du travail », des émeutes éclatant avant 1900. Mais le sort de la « petite Belgique » pendant les deux guerres atténue le regard d'hostilité des frontaliers envers les Belges qui ne sont plus guère considérés comme immigrés et dont le nombre ne cesse de diminuer jusqu'aujourd'hui.

L'immigration polonaise a elle aussi quelques traits communs avec celle des Italiens. Au départ elle fut également politique et liée à l'échec de l'insurrection de Varsovie en 1830. Elle comprend aussi des personnalités de l'élite, tel Adam Mickiewicz, le « Victor Hugo de la Pologne », Frédéric Chopin, et bientôt Maria Sklodowska, qui épouse Pierre Curie. Les sympathies de la France pour la Pologne, avant comme après la Première Guerre mondiale, orientent la deuxième émigration polonaise, celle de la misère, massive celle-là, que le gouvernement français prend en charge, de l'arrivée au départ. Ils sont près de cinq cent mille en 1931, en majorité pour un séjour temporaire, premier exemple d'une immigration par contrat de travail, qui aboutit à des départs forcés, comme celui, pathétique, des mineurs de l'Escarpelle en 1934.

Soucieux de conserver leur polonité, ces immigrés sont aussi activement catholiques, ce qui rend compte de la méfiance de leurs compagnons de travail, volontiers syndiqués et laïques ; ils se marient aussi entre eux plus que les Italiens. Leur promotion sociale se fait plus difficilement, sauf dans le sport, tels Kopa et Jazy. La troisième immigration rappelle quelque peu la première, puisque antirusse, mais également anticommuniste ; intellectuelle et politique, elle se lie aux milieux parisiens qu'illustrent la présence de Czeslaw Milosz, de l'historien Geremek et la publication de la revue *Kultura.*

C'est dans un pays qui a commencé son repli xénophobe qu'afflue, en 1938-1939, la plus grande vague de réfugiés que la France ait connue. Près d'un demi-million d'Espagnols républicains atteignent la frontière catalane, « alliés » reçus avec méfiance et internés sans grande mansuétude, à moins qu'ils n'aient été transportés en Oranie, où ils peuvent reconstruire leur vie. En France, avant l'heure de la défaite, c'est déjà le climat de Vichy avant Vichy et ce comportement révélateur marque de honte la fin de la IIIe République. En 1940, quand le maréchal Pétain se déplace, les camps de réfugiés espagnols sont sous haute surveillance, car ils comprennent « des individus particulièrement dangereux ». De fait, beaucoup s'évadent, entrent dans la Résistance où ils constituent les noyaux durs des premiers maquis de la zone libre. Jorge Semprun figure dans leurs rangs[1].

Cependant, une certaine incompréhension sépare ces Espagnols-là de la masse de ces migrants temporaires qui viennent faire les récoltes en Languedoc-Roussillon ou s'engagent, après 1960, dans la domesticité féminine. Avec les décennies qui s'écoulent, une bonne partie s'en retourne, une autre se naturalise, comme les Italiens, ou épouse des Français. Vers 1990, les « étrangers » d'origine espagnole ne sont que vingt mille, mais le Midi, de Bordeaux à Toulouse et Montpellier, est largement marqué par leur présence, qui en Roussillon est ancienne de plusieurs siècles.

De toutes les présences étrangères, celle des Espagnols, des Catalans en particulier, a sans doute le plus marqué les villes de leur empreinte, Béziers et Perpignan surtout. Au XXe siècle, leur apport à la culture égale celui des Italiens, de Picasso à Louis de Funès, de Balenciaga à Maria Casarès et Pablo Casals, en exil à Prades pendant toute la période franquiste. Elle contraste avec celle des Portugais, majoritairement paysanne, déjà venus en nombre durant les années 1950 à 1970, mais souvent clandestinement, faute d'accords de main-d'œuvre entre gouvernements. Ce furent les premiers « sans papiers » dont le sort pitoyable fut décrit dans *O Salto*, le film de C. de Chalonges, et qui ultérieurement se solidarisèrent avec ceux qui connurent la même situation. Après la « révolution des Œillets », les allers-retours se multiplient et les Portugais figurent le premier contingent d'immigrés en France, parfaitement intégrés et conservant des liens communautaires tout en se mêlant

---

1. Un *silence de la honte* règne sur ces événements, v. plus loin, p. 694 et suivantes.

de plus en plus, par le mariage, aux autres concitoyens, ou en se naturalisant.

JUIFS DE FRANCE, FRANÇAIS ISRAÉLITES ET JUIFS ÉTRANGERS

L'immigration des juifs d'Europe orientale et centrale a eu pour effet de modifier la composition de la communauté juive qui existait, en France, depuis les origines à Marseille, à Bordeaux, Avignon, en Alsace, à Paris. Sa spécificité avait commencé à s'affirmer dès l'époque de Philippe le Bel ; elle s'était élargie avec l'arrivée des réfugiés venus d'Espagne au XVIe siècle.

Il existait alors ainsi une « nation portugaise » et une « nation allemande » mais qui s'ignoraient, sauf à Paris. Les juifs n'existaient pas en tant qu'individus mais seulement comme communautés, et c'est la révolution de 1789 qui en a fait des citoyens, en restreignant leur liberté religieuse au respect des lois de la République — comme pour les catholiques et les protestants.

Les juifs sont ainsi devenus des Français israélites.

À ces anciennes communautés, en voie d'intégration et de dissolution au cours du XIXe siècle, s'est ajouté un flux important, suite aux pogroms qui se sont multipliés en Russie, en Ukraine et en Pologne après 1881, et tout autant après la guerre. Réfugiés politiques ou victimes de l'antisémitisme, ces juifs passaient par la France pour se rendre aux États-Unis, mais comme deuxième choix ou détour ; plus de cent mille demeurèrent qui voulaient vivre comme Dieu en France (Lebn vi Got in Frankraykhr). Ils furent suivis, après 1933, par ceux que persécutait le nazisme.

Alors que, depuis la révolution de 1789, les Français de confession israélite étaient, dans leur quasi totalité, intégrés dans la société et l'État, la grande vague du XIXe siècle et des débuts du XXe siècle fit apparaître les juifs comme des étrangers, parlant yiddish, artisans pour la plupart, surtout tailleurs, ébénistes, fourreurs, et comprenant bon nombre d'indigents. L'attitude des juifs assimilés vis-à-vis de ces arrivants demeura ambiguë ; pour les uns, ces immigrés représentaient ce qu'ils rejetaient, une communauté non assimilée ; pour d'autres qui s'inquiétaient de la laïcisation qui était en marche en France, ils apportaient une sorte de renfort qui permettrait de perpétuer une vie communautaire autour de la synagogue. Mais voilà que les immigrés eux-mêmes se divisaient, les uns se voulant syndicalistes ou militants plus que juifs, les autres accordant la primauté à leur judéité. L'usage du yiddish et la pratique religieuse devinrent ainsi des principes discriminatoires, les Français israélites du Midi, dits sépharades, se tenant devant ces conflits dans une sorte de splendide isolement.

Plus encore que les autres communautés étrangères, les juifs, y compris ceux qui n'étaient pas des immigrants, sont bientôt confondus par un antisémitisme militant qui explose lors de l'affaire Dreyfus et durant les années 1930. Il fait valoir que les capitalistes « juifs » — Pereire,

Rothschild — étaient désormais secondés par des travailleurs qui enlevaient leurs emplois aux travailleurs français. Les mesures prises spontanément par Vichy dès octobre 1940 s'enracinent pour une part dans ce passé-là. Mais c'est la pression des Allemands et la politique de collaboration qui rendent compte de l'extermination de dix pour cent des « Français israélites » et de quarante pour cent des « juifs » nés à l'étranger[1].

Ceux qui ont survécu retrouvent ensuite leur occupation traditionnelle et se réintègrent, tandis qu'avec la naissance de l'État d'Israël dépérit la tradition yiddish, mais régénère un certain communautarisme juif.

LES ARMÉNIENS

En un sens, la communauté arménienne de trois cent cinquante mille membres environ a mieux conservé son identité collective. Elle aussi était présente dès le Moyen Âge mais la grande diaspora a été liée aux persécutions et massacres dont elle a été victime du temps de l'Empire ottoman, l'extermination massive des Arméniens ayant voisiné le génocide lors des massacres de 1915. Les deux immigrations, confondues depuis les années 1920, se sont complètement intégrées dans la société française tout en conservant un lien communautaire qui se nourrit du légendaire national : premier royaume chrétien de l'Histoire — avant l'Empire romain —, et nation victime par excellence, les Arméniens n'ayant de cesse de faire reconnaître cette double caractéristique, la seconde surtout. Comme chez les juifs d'Europe centrale de la deuxième et troisième génération, on remarque chez les Arméniens à la fois un rejet de la condition d'ouvrier, une spécialisation dans le domaine artisanal, une inventivité et une créativité étonnantes dans le domaine artistique : aux noms de Marc Chagall, Serge Gainsbourg ou Francis Lemarque chez les premiers, répondent ceux de Charles Aznavour, Henri Troyat chez les seconds.

LES RAPATRIÉS D'ALGÉRIE

En 1962 seulement, huit cent mille sont revenus, et au total plus d'un million. Mais qui donc, parmi eux, avait jamais imaginé qu'ils quitteraient l'Algérie ?

Pas un seul.

Dix ans plus tôt, vingt ans plus tôt, les Français d'Algérie vivaient à des années-lumière d'une idée pareille. Cette idée-là n'existait pas. Sans doute les pieds-noirs d'Algérie pensaient-ils qu'un jour viendrait où, en Tunisie et au Maroc, ces protectorats recouvreraient l'indépendance. Il suffisait, là-bas, de retarder cette échéance ; mais cette issue n'était pas associée à un départ de colons, à des difficultés tout au plus.

1. Voir la section sur l'antisémitisme, p. 654 et suivantes.

Or, en ce qui concerne l'Algérie, l'idée de difficultés à venir était elle-même un tabou, tout comme aborder les problèmes du rapport avec les Arabes.

Les Européens y vivaient en dehors de l'Histoire.

Or, en même temps, en métropole, qui donc imaginait le retour massif des Français d'Algérie ? Publiquement, personne. Et, en son for intérieur, certainement pas de Gaulle, qui croyait, au contraire, que reconnaître aux Algériens leur droit à l'indépendance permettrait aux Français d'Algérie de demeurer là où ils étaient nés et de contribuer à une coopération régénérée avec les Arabes et avec la métropole.

C'est cette erreur d'appréciation qui rend compte de l'absence d'une politique de rapatriement : car en énoncer une eût signalé et signé cet échec (Colette Zytnicki). D'ailleurs, de Gaulle veut les appeler des « repliés », imagine qu'ils retourneront bientôt en Algérie ; quant aux Musulmans qui viennent d'arriver à Marseille, il faut les appeler des « réfugiés », et ils ne doivent demeurer en métropole « que s'ils sont en danger ».

Les habitants du pays ne s'appelaient pas les pieds-noirs, le terme ne s'étant popularisé qu'après coup. Il y avait les Arabes, les juifs, les Espagnols, les Maltais — voire pour les fonctionnaires les métropolitains, ou francaouis. Chaque communauté étant envieuse de l'autre, le plus souvent séparée, les Arabes surtout. Quant à ceux qui étaient venus en Algérie il y avait un siècle, un siècle et demi, surtout après 1871, et une nouvelle vague d'Espagnols à Oran après la guerre civile de 1936, ils jugeaient que l'Algérie était leur pays, ou bien parce qu'ils y étaient nés, ou bien parce qu'ils l'avaient mis en valeur. « Sans nous, ce pays n'existerait pas. »

Avant les « événements » : rapport avec les Arabes

Ainsi, par exemple, lorsque les Français arrivèrent dans les plaines du Chélif, on y cultivait le blé, l'orge, le riz. Il y avait des petits barrages, des arbres fruitiers et une industrie familiale chez les Ouled El Abbies notamment. L'élevage était pratiqué sans soin, le commerce était actif et profitait aux grandes familles, peu aux métayers (les Khammès) qui recevaient un cinquième de la récolte.

Avec la conquête française, les tribus sujettes (*raias*) ont détruit les tribus maghzen, d'origine turque et qui ne payaient pas l'impôt foncier. Ainsi les Bei Zoug Zoug se sont libérés des Ouzaghas — les gens du Dahra ont envahi la plaine, comme en Mitidja ont procédé les Kabyles. Les métis turco-arabes doivent évacuer Miliana globalement, les montagnards sont démocrates, les gens des plaines plus religieux.

L'État français s'est procuré des terres en confisquant les terres maghzen, en cantonnant les Ouled Kosseir, en transformant les propriétés collectives en propriétés individuelles. Il a ainsi disposé, dans le Chélif, de quarante mille hectares, soit un sixième du total, en laissant trois à quatre hectares à chaque famille indigène. Mais quelques riches musulmans ont réussi au passage à agrandir leur propriété.

La colonisation libre s'est ensuite installée sur les terres que l'administration cède, sous Napoléon III et la IIIe République, aux Européens, c'est la loi Warnier.

On double cette colonisation par l'établissement de villages arabes qui fourniront la main-d'œuvre. Sauf Relizane, la plupart des villages de colons ont végété pendant longtemps ; quarante-quatre villages indigènes sont tombés en ruine. La famine de 1867 a fait périr dit-on trente pour cent de la population.

Peu à peu, pourtant, la région s'équipe en voies de communication, en barrages ; entre-temps, les grandes propriétés ont absorbé les plus petites ; après le coton, elles ont essayé les arbres fruitiers, qui exigent des capitaux. En 1950, cette plaine de deux cents kilomètres n'a fixé que quinze mille Européens, les gros contingents se trouvant à Orléansville, Relizane. C'est une zone de prospérité.

La population indigène, après une chute, a vu sa courbe démographique se redresser, et les montagnards sont descendus vers la plaine où ils se sont arabisés. Fermage et travail agricole salarié ont remplacé le métayage, mais l'ensemble de la population indigène s'est appauvri. Les gourbis ne valent pas les tentes d'autrefois. En 1907, chaque Européen détenait, en moyenne, 3,8 ha ; chaque indigène, 1,14 ha. En 1950, l'Européen possède 4,7 ha, l'indigène, 0,46 (Emerit et Yacono).

Il y a donc un appauvrissement continu de la population indigène, et l'existence des bidonvilles en témoigne, à la casbah d'Alger comme au « village nègre » d'Oran. Mais les Européens ne sont pas riches pour autant, ce ne sont pas tous des colons, comme on le croit en métropole. Certes, de gros colons existent, dominent la société, ils sont producteurs de vins, d'agrumes, de céréales aussi, voire armateurs, tels les Borgeaud, les Schiaffino. Mais la plupart de ces Européens sont des « petits Blancs », commerçants ou petits propriétaires, avocats ou médecins, aisés sans doute mais plébéiens enrichis tout au plus. Aller à la plage, faire la fête, se promener sur les « allées » des cités constituent les plaisirs que l'on accorde, avec l'été, un mois en France, à Vichy ou ailleurs.

De ce monde, les Arabes sont exclus, à moins d'être les domestiques, les fatmas, ou, au travail, les dockers, les ouvriers agricoles, ils s'appellent tous Ahmed. Ce qui n'empêche pas qu'à la ferme les gosses arabes et petits blancs jouent ensemble, vont à l'école, mangent souvent à la même table. Mais ni les relations sexuelles, ni la promotion politique ne sont, ne sauraient être envisagées. « Si l'un d'entre eux entre au conseil municipal, je tire mon Mauser de la guerre de 14 », disait un garagiste. Ce divorce, ce racisme dominent largement, même si, dans les syndicats, par exemple, en principe, il disparaît. Dans les esprits, pourtant, il demeure : « Même ma Mauresque comprendrait cela », me dit un jour le secrétaire européen du parti communiste d'Oran.

Vivant sur leur planète, les Européens d'Algérie ignorent la revendication arabe. À *Oran républicain*, un des deux quotidiens de la ville, orienté à gauche, personne ne lit *La République algérienne*, le journal de l'UDMA de Fehrat Abbas, pourtant bien modéré. On compte sur l'administration pour fausser les élections, promouvoir les « béni-oui-oui », aménager le système d'exclusion des Arabes, tout en rappelant que l'Algérie constitue de vrais départements. Quiconque proteste contre le truquage électoral est dénoncé comme perturbant l'ordre public. Lorsque le terrorisme devient une réponse à cette violence, on ne peut y voir que la main de criminels de droit commun. Tout au plus on plaisante sur ce que diraient les Arabes, « la valise ou le cercueil », mais ce sont bientôt les pieds-noirs de l'OAS qui utiliseront ce slogan contre les libéraux qui préconisent des réformes...

Quand se déclenchent les premiers attentats coordonnés — ce qu'on dénommera ultérieurement l'insurrection de novembre 1954 —, les pieds-noirs se raidissent, eux qui déjà n'avaient voulu céder sur rien ; et peu nombreux sont ceux qui se rallient à une solution négociée avec les organisations politiques musulmanes — l'UDMA, le MTLD, le PCA. Plus, les extrémistes menacent ceux qui achètent des biens en métropole et qui, subitement, prévoient le pire. La reculade de Guy Mollet à Alger, le 6 février 1956, renforce cette détermination, qu'exaspèrent les concessions faites par Paris au Maroc et en Tunisie. Le 13 mai 1958 à Alger doit réitérer les succès du 6 février 1956. Lorsque, ensuite, le parcours de De Gaulle, après le « Je vous ai compris » du 3 juin 1958, révèle peu à peu une politique à l'opposé de celle qu'on exige, tout bascule. Il n'y a plus de socialistes, ou de communistes, mais une population en colère qui va bientôt s'insurger, une partie d'entre elle passer à l'OAS.

C'est le tout ou rien, la « course au suicide », juge de Gaulle.

De fait, une fois signés les accords d'Évian, elle n'imagine pas que le pouvoir passe aux Arabes. C'est le grand exode, chanté ensuite par Enrico Macias.

La foudre s'était abattue, alors que le ciel était tout bleu.

Ce départ massif prend une allure de fuite quand le gouvernement français, pour le freiner, diminue le nombre des rotations hebdomadaires de navires entre la France et l'Algérie, de seize, en janvier 1962, à trois, en avril. Les quais d'Alger et d'Oran sont pris d'assaut. Ces réfugiés, rapatriés ont le sentiment qu'on les a abandonnés, trahis, et leur haine envers de Gaulle ne connaîtra plus de répit. Ils se réinsèrent pourtant dans le Languedoc-Roussillon, en Provence, à Paris, non sans avoir reçu, mais après quelle attente, des indemnités consistantes, au moins une petite partie d'entre eux, ceux qui étaient déjà les plus aisés...

MAGHRÉBINS ET BEURS

Le cas des immigrés du Maghreb est celui qui, ces vingt dernières années, a soulevé le plus de passions, surtout depuis que le Front national s'est alimenté des craintes que cet afflux pouvait susciter au lendemain de la décolonisation. Le discours xénophobe s'en est trouvé régénéré avec l'idée que grâce aux bas salaires qu'acceptaient les immigrés algériens et marocains, les Français étaient privés de travail, ce qui accroissait le chômage ; vieil argument utilisé dès le XIXe siècle à l'encontre des Italiens alors que déjà, en vérité, les immigrés accomplissaient des tâches dont les Français ne voulaient plus. Le cas des Algériens était d'autant plus complexe qu'en tant qu'originaires des « trois départements français », leur statut de Français-Musulmans faisait d'eux une catégorie à part, bénéficiant du statut de la double nationalité depuis les accords d'Évian ; en 1974, l'arrêt mis à la politique d'immigration et, parallèlement, la crise des rapports entre Paris et Alger créèrent une situation nouvelle.

Figure 36 — Le vivier nord-africain. Marocains en instance de départ pour la France. Le 23 octobre 1947, l'AFP diffuse ce cliché, avec ce commentaire : « La France vient de faire appel à la main-d'œuvre marocaine pour travailler dans nos mines. »

Depuis une ou deux décennies déjà, à une immigration temporaire de travailleurs — qui perpétuait les courants venus du Maroc, de Kabylie ou d'Oranie dès le début du siècle — se substituait une immigration familiale, semi-définitive, puis définitive, avec l'interruption des flux liée à la montée de l'islamisme et à la guerre civile qui se développait en Algérie.

Dès lors, le discours xénophobe se nourrissait, en France, d'un deuxième argumentaire : la masse des immigrés d'Afrique du Nord, surtout Algériens, demeurant en métropole, devenait une menace pour l'identité nationale pour autant que ces immigrés-là étaient arabes, musulmans appartenant à une autre culture « évidemment inassimilables » — et qui ne sauraient même pas s'intégrer à la société métropolitaine. La crainte que ces immigrés-là ne deviennent le cheval de Troie, en France, d'un internationalisme intégriste anti-occidental prit quelque consistance lorsque le terrorisme commença à frapper, au nom de la lutte anti-impérialiste, durant les années 1980 au lendemain de la révolution islamique en Iran.

Or, la guerre civile se perpétuant en Algérie, et une deuxième génération d'immigrés demeurant en France, un changement assez net apparut avec l'existence de ces Beurs (le verlan de Reub, Arabe, en arabe). Ce changement atteste que le discours du Front national était faux sur tous les points.

Naguère, en Algérie, au discours universaliste des gens de gauche qui, de façon paternaliste, disaient aux Arabes qu'ils étaient leurs « frères », ceux-ci répondaient ironiquement qu'ils souhaitaient devenir leurs beaux-frères... De fait, et malgré les conflits puis la guerre, aujourd'hui le nombre de ces mariages mixtes avec des métropolitains n'a jamais été aussi élevé, presque autant que celui des Portugais. En outre, signe d'adaptation, les mariages des femmes musulmanes avec des métropolitains, ou pas avec eux, s'effectuent plus tardivement qu'au Maghreb, de deux ou trois ans environ.

Deuxième trait, les débats sur l'insertion, l'intégration, l'assimilation des immigrés, sur le multiculturalisme sont tenus par des Français, des intellectuels ou fonctionnaires qui sont en charge, et qui, sûrs de leur propre statut, mesurent mal que, le racisme aidant, c'est souvent dans leurs propres rangs que la couleur de la peau constitue un obstacle à la promotion d'anciens colonisés : cette discrimination est plus réelle que dans d'autres pays, l'Allemagne par exemple, où avant la loi de 1999 sur le droit du sol — cette révolution — les Länder et le Parlement comptaient des élus turcs d'origine, alors que la France ne s'illustre sur ce terrain que par des discours. Devant ce protectionnisme qui les élimine d'un grand nombre d'activités, les immigrés, algériens notamment, cherchent une issue *dans des professions peu institutionnalisées*, les médias notamment. « Quand je suis sur une scène de théâtre, je suis à quatre-vingts pour cent dans mon pays », dit Slimane Benaissa. Il en va de même pour Isabelle Adjani, Assia Djebar et combien d'autres écrivains depuis Kateb Yacine...

Ce qui signifie, contrairement aux affirmations de l'extrême droite, que *l'intégration culturelle des Algériens se fait elle aussi, et que c'est l'intégration politique et sociale qui a du retard.*

Au vrai, les attributs de leur identité en témoignent. Musulmans, ils ne le sont guère plus que ne sont catholiques les autres Français, si l'on tient compte de la fréquentation des mosquées... Et ce ne sont pas les Beurs qui demandent qu'on en construise d'autres. L'islam n'apparaît qu'instrumentalisé, dans les situations conflictuelles. En Algérie, autrefois, c'était pour rallier ces populations rurales au FLN ou MNA, récemment pour substituer une idéologie intégriste à la faillite de l'intégration politique et économique. En France, lors de l'affaire du foulard islamique, les intellectuels qui ont pris position n'étaient pas d'origine algérienne. Ces mêmes Algériens qui se disent et qu'on dit également arabes, et se mobilisaient autrefois en Algérie en faveur de Nasser, n'ont pas bougé pour soutenir Saddam Hussein, lors de la guerre du Golfe, alors qu'en Algérie le gouvernement et le FIS se mobilisaient contre les « impérialistes américains ». On peut même juger que les Algériens de France sont de plus en plus détachés de leur pays d'origine : en témoigne leur absence dans les conflits entre le FIS et le gouvernement d'Alger, même s'ils participent aux élections quand il y en a — alors qu'il y a cinquante ans, la Fédération de France du FLN était un des moteurs de la lutte politique.

Cela signifie que ces Algériens d'origine s'intègrent de plus en plus à la vie du pays, et que leur participation aux violences et autres activités urbaines s'insère dans un autre cadre, celui de leur quartier, en connivence avec les autres jeunes ; que leurs revendications — sur l'école, l'insertion, le chômage — ne sont pas propres aux immigrés, aux Beurs, mais à tous — signe incontestable, comme le prouvent les activités de SOS-Racisme, de leur lente mais irréversible intégration dans la société politique française.

POUR FINIR, UNE COMPARAISON FRANCE-ALLEMAGNE...

Il n'y a pas qu'en France que la présence des étrangers suscite interrogations et polémiques ; sauf que de ce côté du Rhin on veut ignorer que la France est depuis longtemps un pays d'immigration. Elle veut l'ignorer pour autant que depuis la Révolution elle s'est constituée en État-nation animé d'un projet politique à vocation universelle, l'étranger doit y être socialisé par l'école, l'armée et autres institutions nationales et en tant que tel disparaître. Et si, « de tous les pays européens, la France est celui dont la législation fait la part la plus grande au droit au sol, c'est évidemment parce qu'elle est la seule dont la population s'est constituée à partir de l'immigration » (D. Schnapper).

Vu le déclin démographique inquiétant depuis le milieu du XIXe siècle, en devenant français le descendant d'immigré n'échapperait pas ainsi au service militaire à une époque où la force d'une nation se mesure au nombre de ses divisions. Aussi, la loi a voulu consacrer, voire imposer cette francisation des enfants d'étrangers installés dans le pays. Par la loi de 1851, un jeune, fils d'étranger, pouvait encore répudier la nationalité française ; mais par celle de 1889, à l'heure où on pense à la revanche contre l'Allemagne, il ne le peut plus si son père est né en France.

Mais, pour autant qu'on a voulu ignorer ces données, tout comme on a voulu ignorer, à l'époque des Trente Glorieuses, que c'est la France qui a fait appel à la main-d'œuvre immigrée, c'est le comportement de ces travailleurs-là qui a été seul pris en compte, pour être stigmatisé, pour autant qu'il se différenciait de celui de la majorité des travailleurs. Cette « menace » sur l'identité culturelle de la nation a toujours été la nourriture des partis d'extrême droite, de Maurras à Le Pen.

En Allemagne, où, jusqu'aux années 1960, les étrangers étaient fort peu nombreux, on a dénommé « unsere ausländische Mitbürger » (nos concitoyens étrangers) — une dénomination étonnante —, les Turcs qui travaillent dans le pays. La notion de minorité ethnique n'est pas utilisée car elle impliquerait que ces étrangers pourraient demeurer, faire souche. Aussi ce sont moins les différences culturelles qui perturbent les Allemands que les revendications politiques et sociales des Turcs qui ne veulent pas être de simples matricules du système de protection sociale.

Or, la culture allemande, par tradition profondément marquée par le conflit qui l'a opposée au monde catholique romain, a tendance à insister sur les différences, à se séparer, voire à exclure : ainsi, Luther avait fait de la lecture de la Bible dans la langue populaire les fondements de l'Église luthérienne. Herder recommande qu'on favorise l'épanouissement de chaque culture, ce qui aboutit à l'isolement. Il en alla ainsi des réfugiés huguenots, dont la Prusse-Brandebourg favorise l'installation sans chercher à les intégrer : on les aide ainsi à fonder écoles, temples, tribunaux et ils ont pu perpétuer la culture française pendant longtemps. Plus : dans tel ou tel État, on transformait en « secte » des groupes de « vieux luthériens » non conformistes, de sorte qu'« il n'était besoin d'être un "étranger" pour devenir un apatride dans l'Allemagne de la Confédération germanique » (von Thadden). Ultérieurement, il en alla de même pour les ouvriers polonais de Haute-Silésie qui n'eurent qu'une petite place dans la social-démocratie d'avant 1914. Pour ne rien dire de la place des juifs dans la communauté allemande, et bien avant 1933.

Aujourd'hui, les Turcs ont quatre députés au Reichstag et leur insertion dans l'économie allemande commence à se structurer : ils sont les employeurs de près de cent mille Allemands. Paradoxalement, ils constituent une minorité plus organisée que celle des Algériens en France. Mais ceux-ci, on l'a vérifié, entrent mieux dans la République.

...ET AVEC LE DISCOURS RACISTE ET ANTIRACISTE AUX ÉTATS-UNIS

En ce qui concerne les discours, on note d'abord une ressemblance entre le comportement des Français et celui des Américains. S'agissant ici des Arabes, là-bas des Noirs — enquête menée chez des petits cadres et des ouvriers —, dans les deux pays racistes et antiracistes utilisent essentiellement des arguments de la morale courante. Pour expliquer les différences, les racistes américains font appel, plus que les Français aux effets des mécanismes du marché ; autre différence, les antiracistes français argumentent à partir de valeurs égalitaires, de l'idée de solidarité, pas les Américains.

Aux États-Unis, les racistes reprochent aux Noirs de ne pas vivre suivant de vraies normes, et, comme leur famille se décompose, de ne pas avoir de morale familiale ; plus encore de ne pas savoir gérer leur existence, épargner : « regardez Joe Louis ou Michael Jackson qui ont dilapidé leur argent ». Les antiracistes montrent que dans toute communauté et dans toutes les races il y a du bon et du mauvais. Alors que les arguments biologiques sont utilisés par les racistes, faisant allusion à l'intelligence des Noirs — qu'il faut éduquer —, ni eux ni les antiracistes n'utilisent d'arguments liés à la religion, ce que font les Noirs pour dire que Dieu leur a donné le même sang, deux pieds et deux mains aussi. Quant aux critères moraux, les Noirs jugent qu'ils sont à leur avantage : « plus généreux, n'ayant pas de goût pour dominer les autres, ce ne sont pas les Noirs qui utilisent des bombes pour s'exprimer ».

En France, une partie des Arabes tiennent le même discours, observant l'égoïsme individualiste des Français, notamment à l'égard des personnes âgées, et leur absence de générosité communautaire.

Quant aux antiracistes, ils ont tendance, en France, à vouloir faire passer dans la sphère publique les traits spécifiques des aspects privés de l'identité, alors qu'aux États-Unis le communautarisme constitue l'essence même de la vie du pays ; ce qui explique qu'il n'est pas dit pour les Noirs, comme en France par certains racistes, que les Arabes, parce que musulmans, sont « inassimilables » (Lamont et Thevenot).

La centralisation et les caractères sacrés du pouvoir

L'homogénéisation des hommes et des régions de ce pays constitue la sève de son histoire. Sans doute la vie est-elle différente en Alsace et au Languedoc, en Auvergne, à Paris ou en banlieue, mais ces différences, qui tiennent au climat, aux cultures, à l'histoire particulière de ces régions ou des groupes sociaux, ne mettent pas en cause le fonctionnement de l'État, ne portent pas atteinte à l'autorité de ses dirigeants. Les zones d'autonomie dont jouissent, dans leur existence quotidienne, les habitants de ces provinces ou de ces communautés n'ont pas d'enjeu politique réel. Qu'elles en aient un — en Corse, en pays occitan, etc. — et c'est la crise. Or, il a fallu les événements de mai 1968 puis l'avènement de la gauche en 1981 pour qu'ouvertement une politique de décentralisation et d'ouverture sur l'identité culturelle soit envisagée, alors que, jusque-là, les mécanismes inverses n'avaient cessé de serrer leurs étreintes. Constituées en États-nations beaucoup plus tardivement que la France, l'Allemagne et l'Italie sont moins centralisées, sans parler de l'Espagne, où Aragon, Pays Basque, Catalogne, etc., ont conservé jusqu'aujourd'hui une bonne part de leurs institutions propres.

Cette capacité de l'État, en France, à homogénéiser et à grandir son territoire — par les impôts, par la législation, etc. — est associée pour une part à la sacralisation du pouvoir, héritée de l'Ancien Régime, et aux noces de la monarchie avec l'Église, alors qu'elles ont été rompues en Angleterre à l'époque d'Henri VIII — où déjà depuis la Grande Charte de 1215, le monarque avait vu ses pouvoirs délimités —, et que dans l'Empire, la réforme luthérienne a eu pour effet à la fois de diviser les pays allemands et d'affaiblir les différentes souverainetés qui y ont cohabité. Cette sacralisation est une des données de l'absolutisme, d'autant plus affirmé en France que le monarque y disposait des forces dont aucun souverain, sauf le roi d'Espagne autrefois, n'avait eu l'équivalent.

La révolution qui éclate en 1789 ne met pas en cause seulement le pouvoir monarchique mais tout l'édifice social et juridique qu'avait institué l'alliance du trône et de l'autel. Le souffle en est tellement puissant que la nation française incarne désormais le pays des droits de l'homme et du citoyen, même si, comme l'a vu Tocqueville, en réalité « la révolution a rendu le pouvoir central plus habile, plus fort, plus entreprenant ». Au vrai, alors qu'en Grande-Bretagne le travail de démocratisation de l'État avait précédé son développement, en France, avec la Révolution, démocratisation et développement de l'État ont connu un double essor, mais le processus de renforcement de l'État s'est accéléré alors que la démocratisation a connu des avatars...

LES CARACTÈRES SACRÉS DU POUVOIR

En mai 1940, à l'heure du désastre, le Président de la République et le gouvernement encadrés par les corps se rendaient en grande pompe à Notre-Dame de Paris pour prier et qu'une messe soit dite afin d'assurer le salut de la patrie. Manifestation étonnante pour qui considère qu'étaient séparés l'Église et l'État. Or ces dirigeants, laïques et agnostiques pour la plupart, renouvelaient le geste de Louis VI le Gros, qui, lorsqu'il dut faire face à une attaque venue de l'autre côté du Rhin (1124), se rendit à Saint-Denis, prit l'oriflamme sur l'autel, offrit des prières pour la défense du règne et fit des dons à l'abbaye.

Ainsi, l'assistance divine était assurée par un don à l'Église. La différence est qu'ultérieurement le dispositif s'inversa : dès le XIIIe siècle, au lieu de donner, le roi, puis l'État ont pris : ils ont instauré un impôt pour la défense du royaume, impôt d'argent, impôt du sang. Mais dans les deux circonstances le geste avait un caractère sacré.

Payer l'impôt, assurer la défense — de son suzerain, du royaume, de sa patrie —, tels sont bien les deux sacrifices que le souverain attend de ses vassaux, puis de ses sujets : du Moyen Âge au XXe siècle, ils ont peu à peu constitué les assises de l'absolutisme, monarchique puis républicain.

Le trait n'est pas seulement français : on le retrouve en Angleterre, notamment, et des sacrifices comparables sont exigés des sujets du monarque dans d'autres sociétés, mais les données du processus en France ont ceci de particulier qu'ils sont combinés avec un centralisme que ne connaissaient pas tous les pays qui l'avoisinent.

Là se trouve précisément *la différence avec l'Allemagne*. « Alors que le principe dynastique et la monarchie en France ont joué de concert pour intégrer, jusqu'à ce qu'ils coïncident, espace de souveraineté, espace de légitimité et espace de gouvernement, l'Allemagne n'a pas pu concilier la construction étatique et l'*imperium* universel. » L'universalisme impérial, activé par la querelle des Investitures, a écrasé la royauté, les territoires — *Länder* — réalisant cette synthèse à leur profit.

En France, « la nation en est venue aussi à chausser les bottes du Prince, mais pas avant que le Prince lui-même n'ait chaussé les mules pontificales et de l'évêque ». Car, depuis le sacre des rois, le gouvernement n'est pas seulement une élection, il est un *mysterium* exercé par le roi grand prêtre et par ses fonctionnaires irrécusables. Ils survivent à la personne du monarque, assurant la continuité de l'État. Sa dignité est perpétuelle, alors que la personne qui l'incarne en est seulement l'instrument.

L'origine est chrétienne. Étienne de Tournai, un légiste, dit bien, à l'époque de Louis VII, que « double est le corps du Christ : le corps humain matériel qu'il a hérité de la Vierge, et le corps collégial, spirituel, le collège de l'Église. Un corps du Christ qu'il est lui-même, et un autre corps dont il est la tête ». Or on retrouve la même formulation, s'agissant de l'État, chez les juristes des siècles ultérieurs : « Le Roi a deux corps, l'un est un corps naturel, soumis aux passions et à la mort comme les autres hommes ; l'autre est un corps politique dont les membres sont les sujets ; (...) il est incorporé à eux et eux le sont à lui ; et ce corps n'est pas soumis aux passions et à la mort, car dans ce corps le Roi ne meurt jamais. »

De sorte, juge E. Kantorowicz, que la notion de mystère de l'État, concept et source de son absolutisme, est le rejeton d'un mélange entre le spirituel et le séculier, qui, en raison des relations multiséculaires entre l'Église et l'État, rend compte à la fois des échanges de droits honorifiques, de cérémonials et de comportements entre ces deux instances ; mais qui rend compte aussi de l'apparition de l'État absolu moderne, dès que la nation se substitua au Prince, et qui agit comme seule une Église pouvait le faire. Il en va ainsi du sacrifice de sa vie. De la même façon que l'Église établit des indulgences pour les croisés, la croisade étant considérée comme un équivalent de toute pénitence — jeûnes, aumônes, prières —, l'État moderne accorde un capital de moralité à l'ancien combattant. La mort d'un croisé au combat apparaissait ainsi comme un nouveau martyre. Et Urbain II disait également que « celui qui sera tué dans cette campagne pour l'amour de Dieu et de ses frères ne pourra douter qu'il trouvera la rémission de ses péchés ». Et pas seulement l'amour de Dieu.

Or, au Concile de Limoges, en 1031, un vassal du duc de Gascogne apprit qu'« il devait accepter de mourir pour son seigneur (...) et pour cette loyauté, il deviendrait un martyr de Dieu ». La mort du vassal pour son seigneur était l'usage — mais ce n'était pas mourir pour la Gascogne, seulement pour son duc.

Le changement vient lorsque la mort pour son pays, la *patrie, est perçue dans une perspective religieuse* et qu'on ne meurt plus seulement pour le suzerain mais pour le souverain. Depuis le XIIIe siècle, il n'est plus le roi des Français mais le roi de France, son domaine propre — domaine royal d'abord, le territoire de la France ultérieurement —, considéré comme le domaine inséparable de l'État public ; or le pouvoir du roi sur le domaine et sur le fisc n'est autre que « celui dont jouit le mari sur le domaine de son épouse », termes employés par les juristes du XVIe siècle René Choppin et François Hotman.

Une autre source de ce pouvoir est cette figure qui se précise, entre le Xe et le XVe siècle, de son enracinement, qui peu à peu prend la forme d'un arbre généalogique, ces « icônes du pouvoir » (C. Klappisch-Zuber). Ce furent les Welfes — ou Guelfes — du sud de l'Allemagne qui les premiers, ayant ancré la lignée et l'histoire de leurs terres dans un passé troyen, puis franc, antiromain, lui donnèrent cette forme d'arbre, voué à la représentation généalogique d'une famille. Les Capétiens firent de même plus tard, rencontrant cette difficulté que leur sang ne provenait pas des Carolingiens jusqu'à ce que Philippe Auguste épousât Isabelle de Hainaut et eût ainsi Louis VIII comme descendant. Ce lien du sang importait peu jusque-là car la volonté divine avait transféré la légitimité successorale d'une dynastie qui avait mal traité l'Église à une autre qui la dépassait en vertu. En témoigne l'alignement des tombes des rois — à gauche de l'axe de l'abbatiale de Saint-Denis pour les Capétiens, à droite pour les Carolingiens —, qui se rejoignaient dans les sépultures de Philippe Auguste et Louis VIII placées au milieu, ce qui confirmait à la fois cette succession et sa légitimité.

Il échut au dominicain Bernard Gui de représenter sous la forme d'un arbre généalogique la suite des rois de France, ce qui était une application à la généalogie royale d'un modèle suivi jusque-là par les clercs qui se consacraient à l'exégèse des généalogies bibliques. Le caractère sacré de la monarchie se trouvait ainsi renforcé.

DE LA ROYAUTÉ SACRÉE À LA DÉMOCRATIE

La dimension sacrée de la royauté a constitué un des traits les plus durables de l'histoire de ce pays. Est-ce une dimension inséparable de tout pouvoir monarchique ou bien est-elle attachée à une situation particulière, à des rituels bien définis ?...

En France, il apparaît qu'entre l'époque carolingienne et les temps de Saint Louis, par conséquent du IXe au XIIIe siècle, il s'est constitué une *religion royale* et que simultanément cette sacralité s'est instituée, bilan d'une politique délibérée dont l'Église a été la maîtresse et l'intercesseur. Dans ce dispositif, le monarque est désigné par la volonté divine pour accomplir sa fonction sur terre, et le modèle du Christ sert de référence centrale.

Essentiel, cet aspect de la royauté s'exprime dans la liturgie du sacre qui dit le lien du roi avec les pouvoirs surnaturels, et qui est plus que la délégation de pouvoir que représente le couronnement ; il est l'insinuation de forces surnaturelles par l'onction faite par l'archevêque de Reims. Le sacre transforme le monarque de roi par hérédité en roi par consécration religieuse.

En échange, la monarchie doit protéger l'Église et en constituer le bras séculier.

Le rôle fondateur fut celui de l'onction que reçut Pépin le Bref en 751 et qui se substitua au rite de la salutation rituelle, du *Heil* d'origine germanique. Puis, l'huile miraculeuse de la Sainte Ampoule, d'origine biblique, rattacha le souverain à la tradition orientale. Vinrent ensuite l'apport des insignes transmissibles, palmes et sceptre, et la fleur de lys, la fixation des lieux sacrés, Reims où Clovis avait été baptisé, et Saint-Denis pour l'inhumation ; enfin vint une théorie du pouvoir, formulée par Hincmar, l'archevêque de Reims, qui abolissait la frontière entre le profane et le sacré.

En faisant du roi un personnage sacré, en chargeant sa fonction d'attributs religieux, l'Église a aidé le monarque à renforcer son pouvoir, et à créer l'État, en perpétuel développement depuis.

Mais, à Reims, lors du sacre, le peuple est tenu en dehors de la cathédrale. On demande aux fidèles de croire, pas de participer.

En sorte, a jugé Tocqueville, que l'histoire de la monarchie jusqu'en 1789 a été celle de « l'avènement graduel d'une révolution sociale, la révolution démocratique ». Ce qui signifierait que la frontière entre deux pratiques du pouvoir et du gouvernement des hommes ne se situerait pas entre monarchie et république, mais entre monarchie de droit divin et monarchie constitutionnelle, car le vrai retournement est bien cette idée que le roi tient désormais de ses sujets l'autorité qu'il a sur eux, et non plus de Dieu.

C'est ce retournement qu'a opéré le mouvement des Lumières.

On rompt ainsi avec un système politique qui réfère le pouvoir au sacré, qu'il s'appelle désormais monarchie constitutionnelle ou république, qui garde néanmoins des caractères sacrés.

Depuis le XIVe siècle et les temps des juristes de Philippe le Bel, la monarchie se dégageait de la tutelle de l'Église ; au XVIIe siècle déjà, la royauté prenait des allures autant héroïques que sacrées. Dès l'époque de Louis XIII, les rois se font représenter en Jupiter, Apollon ou Hercule ; ce qui continuait à signifier néanmoins qu'ils n'étaient pas de ce monde.

C'est la fonction du monarque, seule, qui demeurait sacrée, plus que sa personne.

Ce que l'Angleterre avait signifié la première en exécutant Charles Ier, mais en maintenant la monarchie.

En 1792, les Français éliminèrent le double corps du roi ; en sa personne, Louis XVI ; et en abolissant la monarchie...

Que le régime soit une royauté ou une république, les changements, depuis 1789, n'ont pas eu pour effet de désacraliser le pouvoir, qui, sous l'égide de la nation, s'est substitué au monarque. La Marine royale est devenue la Marine nationale comme l'Assemblée du même nom, et on a crié « Vive la nation » comme on criait « Vive le roi » — le « roi Robespierre » aussi bien.

Depuis 1789, le processus de démocratisation a d'autant moins rompu les liens du pouvoir avec le sacré qu'aux temps de la religion révolutionnaire comme après, qu'en 1940 comme aujourd'hui, les dirigeants du pays maintiennent le cérémonial et les gestes qui perpétuent attitudes et croyances conformes, les commémorations aidant, au passage, à les revivifier.

En témoignent les funérailles nationales votées par le Parlement aux maréchaux de la IIIe République, y compris Joffre, un agnostique : funérailles nationales, donc religieuses. Pour de Gaulle et Pompidou, il y a eu d'abord un hommage rendu par la nation à l'homme public, puis par les siens à la personne privée. Dans le cas de Mitterrand, il y a eu simultanéité de deux cérémonies disjointes : Notre-Dame a offert le spectacle d'une cérémonie catholique à faible intensité religieuse — tout le monde était là —, tandis qu'à Jarnac se tenait une cérémonie religieuse à faible intensité catholique, dont on n'a rien vu ; et c'est au son de l'*Hymne à la joie* que le cercueil est sorti de l'église (D. Hervieu-Leger).

Ainsi se pose le problème de l'impuissance de l'idéal laïque à alimenter l'émotion des profondeurs que suscite l'amour de la nation : autant que le catholicisme, c'est le religieux qui y supplée, assurant ainsi au pouvoir la consécration de sa permanence.

ABSOLUTISME ET CENTRALISATION

Depuis la Révolution française, surtout, les dirigeants se sont donné les moyens d'asseoir leur pouvoir et plus encore d'assurer sa diffusion, en pénétrant la chair du pays jusque dans les provinces rattachées les dernières. C'est en cela qu'ils ont continué l'œuvre de centralisation accomplie par la monarchie. En outre, avec la destruction des anciennes corporations, la disparition des parlements et autres instances, l'État a pris en main l'organisation de la société, désormais composée de simples individus égaux en droits ; par leur représentation, il est censé aussi assurer l'intérêt général — un processus qui a conduit, après 1945, jusqu'à l'instauration de l'État providence.

Pour assurer l'extension de ses capacités, le pouvoir a d'abord accru le nombre des fonctionnaires des administrations centrales : ils étaient moins de cinq cents en 1789, avoisinaient deux mille cinq cents en 1850 ; la maréchaussée passait, dans le même temps, de trois mille hommes à quinze mille gendarmes en 1850 ; les agents des impôts sont déjà soixante mille en 1843, le percepteur faisant son apparition dans chaque agglomération à cette date. En 1914, un électeur sur onze était fonctionnaire. Ainsi le pouvoir fait de plus en plus sentir son omniprésence, et bientôt, ceux qui l'exercent s'enivrent de leur toute-puissance, tels des intouchables, qu'il s'agisse du ministère des Finances, des préfets, bientôt des super-P-DG nationalisés. En regard, les militants des partis politiques, voire leurs électeurs, contemplent, les yeux mi-clos, ces futurs chefs auxquels ils s'identifient, d'un cœur croyant.

Il n'est pas surprenant que, lorsque les yeux se dessillent, les simples citoyens s'en prennent alors tout à la fois au régime, à l'État, à ses fonctionnaires, à son armée. On attendait tout de lui ; en jugeant d'une même voix qu'il est partout, qu'il y a trop d'État — et que c'est intolérable.

Sous l'Ancien Régime, ce n'est pas tellement le nombre des agents de l'État qui rend compte de la nature de cette centralisation, de ses effets : pour le pays entier, le chiffre de douze mille est avancé à l'époque de Louis XIV, alors que l'Espagne en compterait soixante-dix mille : certes, ce pays dispose d'un vaste empire, mais il est moins peuplé. L'essentiel est la façon dont l'État a réduit les différents groupes sociaux. Avec chacun, note F. Braudel, la monarchie a trouvé un compromis. La haute noblesse, consubstantielle de la monarchie, fait la guerre et dispose de ces privilèges à la Cour, où elle se domestique. L'Église a été achetée par le Concordat de 1516 qui livre le haut clergé à la domination royale. Villes et bourgeoisies sont accablées d'impôts mais ont le monopole du commerce ; et la vénalité des offices aboutit à une féodalisation d'une partie de la bourgeoisie ; un office c'est une parcelle de l'autorité publique, aliénée par l'État, comme aux temps féodaux, la terre avait été donnée en fief. *L'État devient une machine à fabriquer des riches*. L'office est pour la bourgeoisie ce que la Cour est pour l'aristocratie. Sauf que bientôt, après la guerre de succession d'Autriche, il cesse d'être bénéfique au régime parce que la vénalité est trop contestée dans l'opinion. À peine la Révolution commence-t-elle qu'elle supprime la vénalité des offices...

Ainsi, absolutisme et centralisation ont eu pour effet d'*incorporer* la société — au moins sa partie la plus élevée — à l'État.

La continuité s'incarne dans un personnel dont le statut et le monde ont changé à partir de la Révolution française, mais dont l'action a eu des effets convergents et cumulatifs. Aux grands commis de l'Ancien Régime ont succédé les hauts fonctionnaires. Avant 1789, on pouvait distinguer trois types de grands commis : les officiers titulaires d'un office qu'ils avaient acheté, aux fonctions judiciaires surtout et héréditaires au prix d'un impôt, la paulette ; les intendants et conseillers d'État révocables à merci ; les commis et ingénieurs du Roy. La Révolution et le Consulat uniformisent leur statut en supprimant la vénalité, l'hérédité, le paiement par prélèvement direct. Sans doute, le népotisme et la brigue se perpétuent sous d'autres formes. Ainsi, sous le Second Empire, six préfets sont natifs du Puy-de-Dôme, parce que deux ministres, Rouher et Morny, sont auvergnats. Mais un corps unique de fonctionnaires n'en apparaît pas moins, dont la force ne cesse de s'affirmer et qui en principe doit sa position au mérite. On affirme ce principe d'Hippolyte Carnot, en 1848, à Michel Debré, en 1945, qui avec la création de l'ENA concentre encore plus le recrutement des hauts fonctionnaires, encore que l'interpénétration entre le monde des affaires et celui de l'administration s'affirme dès le XIXe siècle.

Ce sont les préfets qui représentent la figure la plus visible du haut fonctionnaire centralisateur. Sous le Consulat, en 1800, Chaptal en a défini les traits qui ont perduré pour une bonne part : « Essentiellement occupé de l'exécution, il transmet les ordres au sous-préfet, celui-là aux maires des villes, des bourgs et villages [depuis 1884 les maires ne sont plus nommés par le gouvernement mais élus par les conseils municipaux]. De manière que la chaîne d'exécution descende sans interruption du ministre à l'administré, et transmet la loi et les ordres du gouvernement jusqu'aux dernières ramifications de l'ordre social avec la rapidité du fluide électrique. »

Sans doute le préfet dit-il aussi en haut les exigences d'en bas, mais volontiers méprisant envers les hommes « qui sont des enfants » et qu'il faut savoir châtier, avec l'armée s'il le faut, mais « pour leur bien ». Surtout, il assure la bonne application des instructions du gouvernement en lui préparant de « bonnes élections », le soutien au candidat « officiel » étant public et explicite sous Napoléon III. De ce fait, le préfet est vulnérable et il chute avec les gouvernements qui l'ont nommé. L'époque n'est pas encore venue où il se veut « au-dessus et en dehors » des partis ; ce que réussissent mieux à laisser accroire d'autres hauts fonctionnaires, ceux des grands corps de l'État : Cour des comptes, Conseil d'État, Inspection des finances.

Les différentes épurations, à l'ère des révolutions entre 1800 et 1875, rendent compte de l'ambiguïté qui apparaît à l'époque de la IIIe République : coincés entre leur carriérisme et les nécessités d'une dépolitisation, les hauts fonctionnaires souhaitent être indépendants du pouvoir politique, incarner la continuité de l'État. En revendiquant, pour eux, un véritable pouvoir administratif, ils jugent au fond que les idéologies et les partis passent, mais que leur tâche d'unifier et de contrôler le pays continue.

Bientôt, au nom de la compétence, ils s'arrogent une autorité que peu à peu perdent les hommes politiques qu'usent les luttes pour le pouvoir. Les premiers signes de ce pouvoir « technocratique » apparaissent lorsque les gouvernements d'après le Front populaire font appel à des ministres « techniciens », tels Guy La Chambre, devenu ministre de l'Aviation, Raoul Dautry, aux Transports. Robert Paxton a bien montré que c'est à l'époque de Vichy que les technocrates se saisissent du pouvoir réel, dessaisissant ainsi la représentation parlementaire qui avait exécuté le « coup d'État » du 11 juillet 1940.

Tandis que de Gaulle et Debré consolident la mainmise des fonctionnaires par la création de l'ENA, qui vise à rendre l'administration indépendante des intérêts corporatifs, politiques ou régionaux, l'action de Jean Monnet, après 1946, marque certes une étape de plus dans le dessaisissement de la représentation parlementaire mais, surtout, elle traduit un changement plus radical.

Avec le plan Monnet-Schuman, en effet, le charbon et l'acier échappent par étapes au pouvoir politique au bénéfice d'une instance autonome, qui siège à Luxembourg et est gérée par des technocrates. La liste des produits dont le statut et le régime dépendent de ces instances, dites européennes, s'élargit. À Bruxelles, en l'an 2000, la Commission centralise des décisions qui « redescendent », filtrées ou non, par le pouvoir de l'État « souverain » — et ajoute une instance centralisatrice aux précédentes. Sauf qu'elle échappe au contrôle direct des citoyens.

Jusque vers les années 1960, en France, on ne pouvait tracer une route, un chemin communal, sans l'autorisation de toutes sortes d'autorités, maires, conseil général, préfet, ministères... Inversement, le pouvoir central, au nom de l'intérêt public, pouvait exproprier, quelquefois à l'avantage d'entreprises privées... Aujourd'hui, à ces contraintes centralisatrices qui demeurent, s'ajoutent celles qui viennent de Bruxelles, qui peut décider quel doit être le degré de cuisson du fromage dans la commune de Saint-Nectaire.

LA FRANCE ADMINISTRATIVE — *On peut confronter la limite des régions avec celle des anciennes provinces (jusqu'en 1789) p. 512. On observe par exemple que la région dite du Centre est une création administrative, qui soustrait Nantes à la Bretagne. Chaque région comprend deux ou plusieurs départements. Le Limousin comprend la Haute-Vienne, la Corrèze, la Creuse.*

DE GAULLE ET APRÈS : UNE DÉCENTRALISATION CENTRALISÉE

Il a fallu les événements de mai 1968 pour que le général de Gaulle et les dirigeants politiques prennent conscience de la force des sentiments d'hostilité qu'une partie de la nation entretenait vis-à-vis de l'État centralisé et de ses agents.

En 1968, le vent anarchiste qui souffle sur la société vise en premier lieu les institutions, et l'État — dont de Gaulle avait voulu assurer la grandeur et l'indépendance.

C'est ainsi que dès le 24 mai 1968, à Lyon, il déclare que « l'effort multiséculaire de centralisation, qui fut longtemps nécessaire à notre pays pour réaliser et maintenir son unité, ne s'impose plus désormais ». Il charge Marcel Jeanneney et Olivier Guichard de réfléchir à une restructuration — qu'il associe et jouxte à la participation, qui implique par ailleurs une réforme du Sénat ; mais c'est Gaston Defferre qui réalise cette décentralisation en 1982.

Comme il ne s'agit pas seulement de déconcentrer le pouvoir central, mais d'une profonde décentralisation, de Gaulle juge que seul un référendum peut en décider puisque toute la nation va être concernée. Il s'explique sur la nature de cette réforme en rappelant l'attachement des populations à leur province, l'entrée dans les mœurs du département depuis la Révolution française, mais son incapacité, à l'heure qu'il était, d'assumer les tâches du développement économique et social, « la région devenant un cadre mieux approprié que le cadre réduit du département éloigné du pouvoir central ».

Il précise qu'il ne s'agit pas de déléguer aux préfets la responsabilité des régions — ce qui serait une déconcentration —, mais de doter les autorités locales d'une compétence nouvelle pour que les affaires ne soient pas traitées de loin par des fonctionnaires de l'administration centrale, mais bien par des personnes mandatées *d'en bas* pour le faire et connaissant les gens et les choses. Les intérêts et tendances économiques ou sociaux seraient représentés par les commissions de développement économique et social et participeraient à cette instance nouvelle du pouvoir centralisé.

Ainsi, dans ces attendus, de Gaulle faisait l'économie du contentieux idéologique et politique qui avait été à l'origine de cette longue mise à l'écart du cadre de la province. Elle avait été abolie la nuit du 4 août 1789, sur l'initiative de Sieyès, comme incarnation d'une catégorie de privilèges, sa défense avait été identifiée ensuite au fédéralisme du fait de l'opposition des Girondins à la contribution jacobine, suspecte de soutenir la Restauration au travers des écrits de Benjamin Constant et de De Barante *(Des communes et de l'aristocratie,*1821*)* aux temps de Villèle, et après soupçonnée de vouloir démanteler l'État-nation, à l'heure des régionalismes. Il ne fallait pas que la régionalisation sécrète et développe l'autonomisme, un risque qui pouvait apparaître tant en Alsace qu'en Bretagne, en Corse qu'en Flandre ou en pays d'oc.

En vérité, le référendum que de Gaulle avait soumis aux Français manquait vraiment de clarté. Les hommes politiques y voyaient avant tout une opération destinée à mettre fin au Sénat, et toute une partie de la droite le combattit. Pour les simples citoyens, la « participation » à la gestion des entreprises qu'il évoquait par ailleurs, apparut une supercherie qui n'aurait pas de suite concrète Quant à la régionalisation, ou *la décentralisation,* elle *concernait,* sur le moment, plus *l'État fonctionnaire* que la société des simples citoyens.

De Gaulle fut battu et partit, ce fut Gaston Defferre qui, treize ans plus tard, fit de la décentralisation le cheval de bataille du premier septennat de Mitterrand, glorifiant l'autonomie des régions et leur liberté d'entreprendre, un projet qui, alors, apparut adapté à la nécessité de réorganiser l'espace national et sa gestion. Ainsi la France passerait de la régionalisation des plans de développement à la planification régionale.

Était-ce la mise en cause du jacobinisme ? En tous les cas, le référendum de 1969 était un « non » à de Gaulle plus qu'à la substance de ses propositions.

Dans les profondeurs, la centralisation étant alors à son zénith, on avait affaire à une société ainsi « bloquée », selon l'expression de Michel Crozier, alors qu'avec les Trente Glorieuses sa métamorphose exigeait un changement du rapport au tout-puissant État.

Durant les années 1960, le regain des mouvements identitaires, régionalistes notamment, témoignait du malaise ressenti à l'échelon local, les collectivités locales n'étant que des espaces de gestion administrative. La décision d'accorder aux élus locaux la capacité de décider localement émanait d'une réflexion qui avait eu un double foyer : d'une part, celui des régionalistes, d'autre part, celui de théoriciens de gauche qui, tel Michel Rocard dans *Décoloniser la France* (1966), visait à ressusciter les libertés locales « prisonnières de l'État capitaliste ». Dès l'arrivée de la gauche au pouvoir, la loi Defferre du 2 mars 1982 libérait les assemblées locales de la tutelle de l'État, assurait le renforcement de l'intervention économique des communes, assurait aussi l'émergence de la région tout en consacrant le statut des départements ; la loi organisait la décentralisation des compétences.

Cette émancipation des pouvoirs locaux s'est trouvée contrariée par la sclérose du système des impôts et la dégradation des finances locales, tandis que la multiplication des lieux de pouvoir a abouti à la diffusion des responsabilités, ouvrant un champ nouveau à la suspicion. La révolution silencieuse accomplie par les juges — opérations « mains propres » parentes de ce qui s'était passé en Italie — a rendu les autorités locales plus prudentes, ce qui a paralysé leur action, d'autant que l'évolution de la société aboutissait à une mise en suspicion de toutes les autorités (administratives, universitaires, médicales, etc.) susceptibles d'être l'objet d'une action en justice suscitée par un tiers, par de simples citoyens. Effet pervers de ces évolutions, à l'aube de l'an 2000, un grand nombre de maires refusaient de se représenter aux élections à venir, jugeant que désormais leur fonction était trop vulnérable, ce qui paralysait leur action.

Comparées à la situation des pays voisins, les transformations liées à la décentralisation apparaissent très réduites. L'autonomie financière des régions, en France, est une naine comparée à celle des *Länder* allemands[1], le système fédéral de ce pays permettant par ailleurs une

1. Ainsi le budget de la Bavière est de 200 milliards, celui de la région Rhône-Alpes, de 8 milliards.

intégration européenne des collectivités locales plus poussée que dans tous les autres États européens.

Rien de tout cela en France et c'est un grand débat qui s'ouvre avec les propositions de Fischer sur l'harmonisation de ces rapports en Europe — étant observé qu'à l'inverse, en Angleterre, un processus de recentralisation s'est ouvert à l'époque Thatcher (suivi par l'Irlande en 1987), quitte à laisser plus de champ au statut de l'Écosse, du Pays de Galles et de l'Ulster.

Que la décentralisation se soit effectuée de façon centralisée, on en a une preuve ultime, ces dernières années, quand les élus locaux parlent même de « recentralisation ». La suspension de la vignette, par exemple, qui rapportait 12 milliards aux départements, a constitué un révélateur, même si l'État leur offre une compensation, pour autant que l'évaluation de son montant émanait des conseils généraux et que cette part d'autonomie est ainsi réduite sinon annulée. « C'est le quatrième accroc que le gouvernement porte à l'autonomie fiscale », juge un leader de l'opposition : il s'agit de la taxe professionnelle, de la suppression de la part régionale de la taxe d'habitation, des baisses successives des droits de mutation.

Appartenant à la majorité, Pierre Mauroy, président de l'avenir de la décentralisation, est, sur ce point, d'accord avec M. Fourcade (*Le Monde* du 2 septembre 2000).

L'ESPAGNE : UN EXEMPLE ?

À la différence de la France, l'Espagne s'est constituée à partir d'États qui avaient chacun un système juridique propre. Souverain en Castille, le pouvoir du roi était limité dans les États de la couronne d'Aragon par une tradition qui s'exprime dans un ensemble de lois, les *fueros*. Les provinces basques, la Navarre, le Levante disposent également de droits particuliers. « Aucun roi au monde n'a de province comme la Catalogne, écrivait le ministre Olivarès à son roi en 1640 ; elle a un roi et seigneur mais ne le sert pas (...) Il ne peut rien y faire de ce qu'il désire (...) Sans cesse nous devons regarder si une Constitution dit ceci ou cela... »

Sans doute la centralisation a ensuite fait son œuvre, mais l'identité des entités régionales s'est perpétuée comme en ont attesté bien des épisodes de la guerre civile.

L'autonomisme renaît durant les années 1960, en Catalogne et au Pays Basque, où en 1959 est créé l'ETA (Euskadi Ta Askatasuna), indépendantiste.

Avec le retour à la démocratie, grâce au roi Juan Carlos, la Constitution de 1978 institue une décentralisation qui restitue aux communautés des droits perdus sous le franquisme ou avant.

La répartition des pouvoirs entre l'État et les communautés est sans rapport avec celle de la France parce que, hérités ou non du passé, ces pouvoirs émanent d'en haut et d'en bas alors qu'en France c'est l'État qui décentralise.

En Espagne, les communautés — Andalousie, Catalogne, etc. — ont compétence pour les travaux publics, les chemins de fer et transports, le développement économique, etc., ainsi que pour organiser leur propre gouvernement local. L'État garde la compétence exclusive pour faire respecter l'égalité entre tous les Espagnols, en matière de nationalité, émigration, immigration, sur le droit du travail, etc. Le castillan est la langue officielle, et chacune des autres langues espagnoles jouit d'un statut officiel dans les différentes communautés où elle est traditionnellement employée.

Globalement, l'Espagne est ainsi administrée à quatre niveaux : l'État, la communauté régionale, la province et la municipalité.

La différence avec les « régions » à la française est triple : les communautés ont des pouvoirs beaucoup plus étendus qu'en France, leur statut varie d'une communauté à l'autre ; toutes les dix-sept communautés n'émergent pas à la même vitesse et n'ont pas la même taille, l'Andalousie compte huit provinces, les Asturies une seule ; en outre, certaines ont adopté une voie de transformation rapide — le Pays Basque, la Catalogne, la Galicie, les Canaries, etc. —, d'autres une voie plus lente : les Asturies, les Baléares, l'Estramadoure, etc. — le frein à l'extension des compétences réside dans leur capacité financière à l'opérer.

Il reste la question basque, et le terrorisme de l'ETA, irréductible noyau dont la démocratie régnante et la décentralisation effective ne légitimeraient pas la pratique, si cette organisation se disait ou se voulait démocratique — ce qui n'est pas le cas. En s'appuyant sur une tradition antimadrilène, il s'agit, par la terreur, de se constituer en contre-pouvoir... L'Histoire a connu d'autres organisations qui, en Europe ou ailleurs, ont procédé ainsi — pour réussir ou pour s'éteindre.

Chapitre 3

DES TRAVAUX ET DES JOURS

Les mutations du travail

En premier lieu, on observe, en France, depuis les origines et comme dans le reste de la chrétienté occidentale, une évolution des moyens de travail, des modalités de sa pratique. *Depuis l'outil jusqu'à la machine*, cet itinéraire est ponctué par de grands événements : l'éducation du corps aux différents mouvements du pied et de la main, l'utilisation et la domestication de l'animal, l'adaptation du système moderne d'attelage (le collier d'épaule et la ferrure pour les chevaux, le joug frontal pour les bœufs), l'exploitation des forces naturelles (roue à eau, moulin à vent, etc.). Le moulin à foulon apparaît à Saint-Wandrille en 1086, le moulin à tan près de Chelles, la scie hydraulique au XIIe siècle, le rouet au XIIIe.

Les techniques du travail font un bond prodigieux avec l'invention de la machine à vapeur puis les développements du moteur à explosion, enfin l'introduction du robot. Cette histoire bien connue ne saurait toutefois se confondre totalement avec l'histoire des techniques parce que les façons de travailler interfèrent avec la relation de l'homme à son milieu et elles ne sont pas les mêmes au nord et au midi, en plaine et à la montagne, et parce que les progrès de la technique ne s'ordonnancent pas de la même manière dans toutes les parties du pays ou à toutes les époques de l'histoire.

Parallèle, mais pas synchrone, l'histoire des modes d'organisation du travail concerne à la fois *la division du travail et la répartition des tâches*. Cette histoire a d'abord été celle de la séparation entre travail masculin et travail féminin, qui, en partie, a survécu. Elle s'adosse ensuite à l'histoire du pouvoir et de la richesse, celle des États, bientôt celle du capital. Dès avant la révolution industrielle, Montesquieu observait qu'à travers les sociétés, « le clergé, le Prince, les Grands, quelques citoyens principaux sont devenus insensiblement propriétaires de la contrée, l'homme de travail n'a rien ». Ainsi, il a existé jusqu'à l'époque carolingienne tantôt une opposition entre travail libre et travail esclave, encore qu'il existe des esclaves privilégiés — scribes, charpentiers, etc. —, tantôt entre travail serf et activité noble, entre travail considéré comme tel et activité qui n'est pas considérée comme un travail (longtemps celle des femmes au foyer ou à la ferme, par exemple), entre travail manuel et non manuel. Tous ces modes de répartition posent une question : est-ce le caractère pénible d'un travail qui le dévalorise, ou son caractère dégradant qui interdit aux clercs les métiers qui répandent le sang tels ceux de chirurgien et de boucher qui ravalent à cause de la saleté tel celui de teinturier mais aussi ceux de jongleurs ou comédiens... Ou bien un travail est-il dévalorisé à cause du statut de ceux qui l'accomplissent ? La Grèce et la Rome antiques, l'Inde d'hier à aujourd'hui, le monde contemporain même proposent quelquefois des réponses contradictoires à cette question, qui concerne autant les captifs, les vaincus, les prisonniers de guerre, les « impurs », les pauvres, les immigrés, etc.

La révolte contre les abus liés à l'obligation de travailler — ou d'accomplir telle ou telle tâche — parcourt toute cette histoire : elle a précédé le développement du capitalisme, puis l'a recouvert. Depuis Spartacus jusqu'à la révolte des esclaves noirs, captifs des Arabes ou des Européens, depuis les jacqueries et autres « émotions populaires » antérieures à la révolution industrielle jusqu'aux grèves « sauvages » et occupations d'usines ; elles prennent des formes nouvelles avec la domination du capital, puis avec le passage de l'atelier à la fabrique et à l'usine. Le centre de gravité des émeutes populaires passe ainsi de la campagne à la ville : en France, les jacqueries et autres révoltes de croquants, de va-nu-pieds pour l'essentiel, et qui ne sont pas liées au statut du travail, laissent la place aux grèves des canuts de Lyon et bientôt aux mouvements de mineurs qui incarnent le grand changement de l'industrialisation. En Angleterre comme en France, c'est le travail des enfants qui sert de révélateur à cette exploitation de l'homme par l'homme[1].

Le caractère impitoyable de certaines conditions de travail aussi bien décrites par Dickens que par Engels ou Zola suscite un mouvement humanitaire pour que le travailleur retrouve sa dignité, sa santé aussi depuis qu'un lien est établi entre certaines maladies et l'activité de ceux qui en sont atteints. Les médecins jouent ainsi un rôle dans les mouvements en faveur de la dignité du travail — qu'ils émanent des travailleurs eux-mêmes (syndicats, coopératives, etc.) ou d'ailleurs (Églises, mouvement socialiste, anarchiste, etc.). Or, ils ne mettent pas en cause le travail en tant que tel : ainsi les luddites, en Angleterre,

1. Voir plus loin sur le travail des enfants, p. 635 et suivantes.

détruisent les machines pour assurer à chacun son travail, mais ils ne visent ni le capital, ni la propriété privée. Le droit au travail fait son apparition avec le cri « du travail ou du pain ». Mais la mise en cause de la propriété privée des moyens de production apparaîtra bientôt avec les théories collectivistes, socialistes ou autres.

Or *l'idée de travail* elle-même a évolué. Dans le cadre de la civilisation chrétienne, au Moyen Âge, une tradition le valorise, puisque Dieu se repose de son travail le septième jour, que « l'homme est fait pour le travail comme l'oiseau pour voler » selon la Bible. Mais une autre le conçoit autrement : après la Chute, le travail est présenté par la Genèse comme la punition du péché originel. Aussi, le travail qui s'impose à l'homme, celui qu'on lui impose, sont acceptés ou non selon la signification qu'ils peuvent avoir ; or celle-ci est ambiguë. D'une part, le travail implique à la fois accablement — on utilise longtemps le mot « labeur » —, peine, voire humiliation : le noble, au XVIe siècle européen, perd son statut s'il empoigne lui-même la charrue. Mais, depuis saint Paul, le travail exprime également la dignité de l'homme et surtout son indépendance, tel le moine qui, au Moyen Âge, travaille et se trouve après le saint au plus près de la perfection en accomplissant cette pénitence... Mais avec les moines mendiants, c'est la pauvreté qui incarne la pureté et non plus le travail. L'économic agricole domine, le paysan n'est pas toujours considéré comme un (vil) travailleur à la manière de celui qui accomplit des tâches « mécaniques ».

Parallèlement, une mutation s'observe qui tient à la nature du travail ; les sociétés distinguant et opposant le labeur pénible et l'œuvre régénératrice, la première impliquant la répétition et la seconde création. Il existe ainsi toute une panoplie de sociétés qui classent et hiérarchisent selon leur culture les différentes activités du travail : en Inde, le système des castes, en Occident chrétien, et en France jusqu'à la Révolution, les corporations, etc., autant de modes d'organisation qui, partout, limitent la mobilité sociale, la capacité ou la liberté de passer d'un travail à l'autre.

Dans cette histoire de l'idée de travail, le grand tournant n'est pas celui de la révolution du machinisme mais, en Europe du moins, celui de l'expansion des Lumières, lorsque les philosophes revalorisent le travail, *n'importe quel travail*, s'en prenant à l'Ancien Régime et ses oisifs. La parabole de Saint-Simon constitue le premier modèle d'une société nouvelle, désormais appelée « socialiste », qui construit l'Utopie, une organisation parfaite où tout travail est émancipateur, où le produit du travail revient à chacun selon sa peine ou selon ses besoins : Cabet, Fourier, Proudhon, Marx, Bakounine construisent ces cités futures dont l'Histoire, ultérieurement, s'est inspirée.

Ainsi, de la pénitence qu'il était pour les moines du Moyen Âge, le travail est devenu une activité qui valorise, une libération, une raison d'être. Après 1917, l'URSS et après 1949, la Chine, entre autres, ont voulu donner, au XXe siècle, un exemple de cette volonté de transfiguration. Le travail est ainsi devenu un critère de citoyenneté, qu'il prenne la forme socialiste, coopérativiste, autogestionnaire... Dans les pays socialistes, ne pas travailler vous désignait comme un être asocial, voire un délinquant. Au XXe siècle, la société française n'est pas loin d'adopter cette position, au moins pendant les périodes de plein emploi.

Cependant, parallèlement à l'opposition oisiveté/travail, apparaissait bientôt l'opposition travail/loisir. Signifiait-elle à nouveau la faillite de l'idée de travail ? Car, à l'heure du machinisme industriel, de la mécanisation des tâches, où l'homme devient lui-même robot, on en était revenu au travail aliénant, au « travail en miettes » selon l'expression de Georges Friedmann, après avoir chanté son attractivité. Ce rejet est parti, comme on l'imagine, de la société la plus mécanisée, où le taylorisme et la division des tâches étaient le plus poussés, l'Amérique. Ses « hippies » ont incarné cette mise en cause du travail organisé — et de ses zélateurs et agents permanents, l'argent, et la guerre, le profit et l'État. Ils chantent seulement le travail qui participe au plaisir de l'épanouissement de soi-même, de ses aptitudes : l'artisanat est ainsi revalorisé — et toutes les activités manuelles. En ce sens, la contre-culture américaine a établi un lien entre l'anticapitalisme de type occidental et la mise en cause de l'impérialisme telle que l'incarnait l'Inde de Gandhi — avec son rouet.

Apparemment, ces idées et ce comportement — qui, après mai 1968, ont déterminé la vogue d'un retour aux activités rurales pour certains, dans le Larzac ou ailleurs, la pratique d'un retour aux petits métiers pour d'autres — ont été sans effet sur l'évolution des modes de production, marquée par l'uniformisation des tâches à faible valeur ajoutée, et à grande échelle — sidérurgie, automobile, etc.

En fait, les tenants du « Small is beautiful » avaient eu l'intuition d'un changement majeur dans l'organisation économique, à savoir qu'à l'organisation hiérarchique du travail se substitue peu à peu un autre système, en réseau, fondé sur l'initiative et sur l'autonomie relative, mais au prix de la sécurité.

Simultanément, avec la « crise » apparue en 1973, la notion de travail s'est transformée.

Indépendamment des modifications que connaissent les différents secteurs d'activité, le lien entre les revenus et l'accomplissement d'un travail s'est dissous peu à peu, en France comme dans les pays voisins. En effet, les prestations familiales, les indemnités de chômage, les dépenses de santé constituent de plus en plus des revenus autonomes : et leur part tend d'autant plus à s'accroître que l'insécurité des emplois et le blocage relatif des salaires rendent le travail moins attractif. Il ne le demeure vraiment que pour ceux que la qualité propre de leur activité peut promouvoir, ceux qui ont un travail créatif ou bien sont responsables de leurs décisions et libres d'organiser leur temps ou la durée de leur travail. Mais les autres ? Souvent, c'est dans le temps du loisir — au reste de plus en plus long —, pendant ce temps libre que se reconstituent des liens sociaux à une époque où la cohésion collective se dissout du fait de la déchéance de la famille, des syndicats, des Églises. Ils prennent peu à peu place à côté des liens qui se créent autour du travail dans l'entreprise en déconstruction.

Enfin, en France, au tournant du troisième millénaire, l'activité, le travail et l'emploi cessent d'être équivalents comme ils l'étaient plus ou moins depuis le XIXe siècle. L'activité englobe des actions socialement utiles ; le travail comprend les activités rémunérées ; l'emploi est un travail organisé dans la durée. L'évolution du taux de chômage et sa longue résistance à la baisse — souvent on ne répond plus aux offres d'emploi — traduisent ces contradictions dans un pays qui produit de plus en plus de richesses.

Face au travail, les comportements ont ainsi à nouveau changé.

L'histoire du travail dans ce pays ne se limite pas, de fait, à celle de ses procédures, de ses moyens, de l'idée qu'on s'en fait, des formes de l'exploitation de l'homme par l'homme, des institutions que la révolte a suscitées (confréries, syndicats, partis), voire des formes de résistance que la lutte a prises (incendies, grèves, bris de machines, occupations, etc.) ou que sa glorification a suscitées (chefs-d'œuvre, fêtes du travail).

Elle examine aussi *les produits du travail*, qu'il s'agisse de l'utilisation ou de la consommation de ces différents objets. De ce point de vue, on a observé, pendant ce dernier siècle, une uniformisation de l'usage social de ces produits qui n'est pas liée seulement au fait qu'aujourd'hui domine la production de masse. À la variété des manières de travailler pour se nourrir, se vêtir, se loger ou se meubler, succède en effet une *uniformisation* liée à la dynamique du capitalisme, à la transformation des modes d'exploitation impérialistes, à l'unification des besoins et des goûts par l'enseignement et par l'école comme la pénétration des images audiovisuelles et la publicité. Or, les liens entre le travail et ses produits se sont modifiés.

Du XVIe au XXe siècle, en effet, des métiers ont disparu, d'autres ont pris la relève ; mais aujourd'hui on accomplit souvent les mêmes tâches pour fabriquer les mêmes produits à Hong Kong et à Milan, à Paris et à Barcelone. Symétriquement, des Turcs et des Indiens ou des Arabes se retrouvent à faire le même travail hors de chez eux, à Singapour ou aux usines Renault. Le travail tend à perdre toute identité.

Parallèlement, certains pays qui naguère avaient telle ou telle activité s'en sont trouvés dessaisis par un processus historique qu'ils ne contrôlent plus, par le partage mondial des activités économiques.

Pourtant, ces dernières décennies, la spécificité des types de produits prend, pour une partie, la relève de la standardisation jusque-là en progression ininterrompue, ce qui contribue à la revalorisation de certains travaux ; or, à la différence des activités artisanales d'après 1968, les produits de ce travail-là (mode, communication, haute technologie, etc.) sont intégrés dans le marché mondial...

La terre : du paysan à l'agriculteur

Un des traits de la société française est bien qu'en Occident elle est demeurée plus longtemps que d'autres une *société paysanne*. Cela ne signifie pas que la France soit restée agricole mais que, jusqu'au deuxième après-guerre au moins, le monde rural a dominé la vie du pays, imposant même quelquefois ses manières d'agir et de penser.

ANGLETERRE-FRANCE, UN CONTRASTE

De ce point de vue, la différence est grande avec l'Angleterre : dans ce pays, le paysan a disparu de la scène dès le XVIIIe siècle et même à la campagne, il n'est plus le pilier de l'agriculture. L'origine de cette différence tient en partie au fait qu'en Angleterre, le commerce maritime et fluvial s'est développé plus précocement qu'en France. La fortune des propriétaires et des grands fermiers, ainsi diversifiée, a permis d'absorber les terres des petits exploitants, de sorte que le paysan cultivateur a plus vite disparu (sauf dans les confins celtiques), alors qu'en France au contraire (ou en Allemagne de l'Ouest) ce sont les paysans qui ont fini par absorber le domaine seigneurial, et sont demeurés les piliers de l'agriculture. L'avance commerciale des Anglais, en effet, a permis aux notables de clore leurs domaines, de rendre ainsi difficile l'accès aux terres communales et autres pâturages et d'obliger les paysans à vendre leurs terres car, simultanément, le prix de leurs produits demeurait stable alors que le montant des impôts croissait. Ce mouvement des *enclosures* atteignit son apogée à la fin du XVIIIe siècle et il contraignit les paysans, une fois leur terre vendue, à devenir ouvriers agricoles ou indigents ou à chercher du travail dans les fabriques en ville.

En France au contraire, ayant acquis ou non des biens du clergé en 1791, et en tout cas renforcés dans leur identité par la Révolution et la défaite des privilégiés, les paysans n'ont pas eu à connaître de la clôture des grands domaines ni des restrictions de la libre utilisation des communaux, au moins pendant quelques décennies. En outre, ils ont participé à l'industrialisation en demeurant chez eux par le travail à domicile. Industrie et campagnes ont ainsi constitué longtemps deux mondes solidaires : un phénomène qui, pendant un siècle et demi au moins, donne son identité à l'économie française.

LES TEMPS DU MALHEUR

Avec la guerre de Cent Ans et la catastrophe démographique que provoque la peste noire concomitante, les campagnes connaissent une période très difficile, alors qu'avec le développement des villes les cultures spéculatives progressaient et que se dessinait un essor des industries rurales. Cependant, d'une région à l'autre, le tableau est contrasté. Moins assujettis à leurs seigneurs, il est des paysans qui bénéficient du recul du servage comme de l'allégement de leurs charges, mais la fiscalité royale, passagère au début, devient continue et de plus en plus lourde. Dans le Nord, une aristocratie de marchands laboureurs émerge et ce relais transforme les vieilles terres contestataires en aires de tranquillité alors qu'au sud-ouest les fureurs paysannes se perpétuent. Dès le milieu du XIVe siècle, de très violents déséquilibres apparaissent dont la peste noire accentue l'apogée mais que des symptômes de malaise interne précédaient : déficits céréaliers, disettes meurtrières, « émotions populaires » contre les lépreux et les Juifs frappent un pays atteint par l'accumulation des hommes, continue depuis le XIe-XIIe siècles. En 1250, la Beauce chartraine était déjà aussi peuplée qu'en 1850, et, autour de Paris, les campagnes du plat pays avaient entre cinquante et soixante-dix habitants au kilomètre carré ; mais le Causse comtal, si sec et dépeuplé aujourd'hui, en avait presque autant. Il y a ainsi distorsion entre cet amoncellement humain et la médiocrité des rendements agricoles. La spécialisation fut un des premiers remèdes en Artois-Cambrésis avec les céréales et les moutons, puis les plantes textiles et tinctoriales ; en Bourgogne et en Aquitaine avec le vignoble. Le perfectionnement technique est un autre remède en Flandre où la jachère recule autour des villes pourvoyeuses de déchets fertilisants. Mais le poids des péages, les risques de brigandage ralentissent le rythme de ces changements. Surtout, les exploitations sont insuffisantes vu cet accroissement démographique et les paysans doivent consacrer une partie de leur temps à la « réserve » seigneuriale pour disposer de ressources complémentaires.

Entre le milieu du XIVe siècle et le milieu du XVe siècle, la récurrence des pestes et des campagnes militaires s'ajoute à ces données pour faire de cette période *le temps des malheurs.*

Ceux-ci s'atténuent pour reprendre avec les guerres civiles et de Religion, s'atténuent au début du XVIIe siècle pour reprendre encore. Le contraste ainsi est net entre les joyeux paysans décrits par Noël du Fail dans ses *Propos rustiques* de 1547 et les « animaux farouches » de La Bruyère plus d'un siècle après et qu'expliquent maints facteurs : aussi bien le petit âge glaciaire, qui commence vers 1580, que la Fronde, les guerres de Louis XIV, les grands froids à nouveau de 1697 et 1709, toutes données qui, évidemment, ne touchent pas uniformément la France, laquelle, à cette date, est un agrégat de terroirs différents.

Ce qui les rassemble, et rend compte de la détérioration globale de la condition paysanne jusqu'aux débuts du XVIIIe siècle, c'est bien l'uniformisation lente et irréversible des charges qui pèsent sur les campagnes avec les progrès de l'absolutisme, les guerres qui les accompagnent et l'alourdissement des impôts.

Taillable et corvéable à merci

Au clergé, les paysans doivent la dîme proportionnelle à la récolte et d'environ huit pour cent. Elle pèse sur les nouvelles cultures aussi bien, que les paysans considéraient comme franches parce que inconnues de leurs pères : *dîme* du sainfoin, du maïs, des vignes en Val-de-Loire alors qu'elles courent au milieu des arbres fruitiers qui ont déjà été dîmés. La dîme pèse sur toutes les terres ; payée au curé ou à l'évêque, elle constitue la source d'une quantité gigantesque de procès : près de la moitié des doléances, en 1789, s'élèvent contre la dîme.

Au seigneur, le paysan paye naturellement l'*aide* en cas de péril, mais aussi la taille, à laquelle on a pu « s'abonner » : par exemple, en Forez, onze tailles sont perçues entre 1404 et 1434 dont six pour réparations au château, une pour frais de gens de guerre, une pour soudoyer des hommes d'armes. Au seigneur, on paye la rente foncière ou *cens* : une ferme de l'Île-de-France, à Savigny-sur-Orge, par exemple, se louait en 1524 pour quatorze muids de grain et dix-sept un demi-siècle plus tard ; à Marcoussis, elle monte de dix à quatorze. *La rente triomphe chaque fois que s'améliore la vie des campagnes.* En cas de vente, on payait au seigneur les *lods et ventes*. D'autres droits seigneuriaux étaient dus : droits personnels, dits « du seigneur », droit de *faîtage* sur les nouvelles maisons, de *bâtardie* pour les biens des bâtards morts sans enfants légitimes, etc. *Le champart*, rente proportionnelle à la récolte, était lourd en cas de pénurie ; s'y ajoutaient les droits sur les engins, telle la *banalité*, sur le moulin, le four, le pressoir ; sur les ventes, tel le *banvin*, etc.

Les *corvées* étaient considérées « comme d'abus » ; elles duraient entre trois et dix jours par an mais étaient prioritaires. Souvent s'y substituait une redevance, plus forte pour les laboureurs que pour les manœuvres, les femmes ne payant que la moitié... Il y avait également des droits sur les foires, à l'entrée, à l'étalage, etc.

Une bonne partie de ces droits étaient considérés comme « vexatoires », notamment les interdits qui pesaient sur la chasse.

Depuis Charles VI, en 1396, des ordonnances en ont fait un privilège royal ou nobiliaire, et François Ier le renforce en supprimant la tolérance qui entourait les chasses roturières. L'ordonnance des eaux et forêts, édictée par Colbert en 1669, renforce encore la répression des infractions, mais supprime la peine de mort contre les braconniers. Les paysans ne cessent de protester contre les abus du droit de chasse.

Les cahiers de doléances de 1789 condamnent unanimement ce privilège.

Quant au *droit de cuissage*, c'est un mythe : il n'a jamais existé a démontré Alain Boureau après avoir examiné les soixante-douze preuves qui sont censées en attester. Ce qu'il y a eu, ce sont des abus sexuels commis par les seigneurs ; mais il n'a pas existé de « droit » de cuissage sur les jeunes femmes avant mariage. L'existence et la survie de ce mythe traduisent la colère qui s'est exprimée contre le régime féodal.

« Corvéable à merci », le paysan voit surtout croître et se multiplier les impôts dus au roi, qui s'ajoutent à ceux payés à l'Église et au seigneur. Certains se doublent telle la dîme au clergé et le champart au propriétaire, indépendant du cens.

La fiscalité royale s'est brutalement développée après la période de paix relative du XIIIe siècle, après les règnes de Philippe Auguste et Saint Louis. Cette période calme permet à la population de s'accroître, au commerce de prospérer, à la richesse de s'accumuler. Celle des marchands, des Lombards, des Juifs, de l'Église est la première victime de Philippe le Bel, lorsqu'il a des besoins d'argent et que la frappe de l'or

Figure 37 — Les paysans accablés par l'impôt. Cette gravure de Jacques Lagnier (1620-1672) illustre un proverbe cruel : « Le Noble est l'Araignée, le Paysan la Mouche. » « Plus on a de moyens, plus on en veut avoir » indique, en haut à droite, le commentaire de la gravure.

s'épuise. Ces besoins s'accroissent avec la guerre continue dite de « Cent Ans » : il faut des ressources — ce sera l'impôt. La fiscalité royale s'étend désormais *hors du domaine royal*, devient permanente et le système de prélèvements se fixe alors dans ses grandes lignes, l'occasion en étant la rançon de Jean II le Bon, prisonnier à Poitiers en 1356, et dont on paye encore les arriérés en 1400.

Ce système repose sur trois impôts qui vont se perpétuer, et qui, vu les exemptions, pèsent de plus en plus exclusivement sur les paysans : les *aides* ou *maltotes* levées sur les objets de consommation, la *gabelle* sur le sel, et le *fouage*, par feu, qui devient la *taille*, toutes ponctions exceptionnelles au départ, mais qui deviennent ordinaires, constantes, définitives. La taille, par exemple, devient bientôt en Pays de Caux la charge essentielle qui pèse sur le paysan. Elle constitue d'ailleurs soixante pour cent des revenus du fisc sous Sully, passant de 1 200 000 livres tournois sous Charles VII (1462) à 7 500 000 en 1568, ce qui représente, compte tenu du mouvement des prix, un doublement en termes réels. En 1588, elle est passée à 18 000 000 et peut être payée deux fois pendant les guerres de Religion : au roi et à la Ligue, au hasard des luttes.

Supportée par les paysans, la taille est moins lourde dans les pays dits « de taille réelle » — surtout le Midi —, où il s'agit d'un impôt foncier sur la terre, que dans les pays dits « de taille personnelle » — au nord et les deux tiers de la France —, impôt arbitraire sur le revenu des personnes où c'est un collecteur qui procède à son évaluation. Sa venue sème la panique au village sous Louis XIII et Louis XIV surtout.

Cette « évaluation » conduit le paysan à camoufler la réalité de ses ressources, déjà faibles, en réduisant au minimum les « signes extérieurs de richesse » tels que le nombre de portes et fenêtres, de pièces d'habitation, etc. Ce trait de mentalité a perduré et il contraste avec le comportement de populations qui n'ont pas connu, pendant plusieurs siècles, ce type de fiscalité. Ajoutons que le montant de la taille est fixé par le souverain en son Conseil comme sa répartition par province et qu'à la différence d'autres impositions, il n'est pas soumis à l'approbation des États provinciaux ou généraux et n'est pas connu des parlements.

À côté de cet impôt direct, Louis XIV institue en 1695 la *capitation*, impôt par tête censé être payé par tous — sauf les ordres mendiants. Il a pour originalité d'établir une grille de classement en vingt-deux catégories instituant une hiérarchie fiscale qui, proposée par les États du Languedoc et instituée par Pontchartrain, constituait le premier essai d'un impôt général.

Les paysans étaient beaucoup plus victimes des aides, c'est-à-dire des taxes frappant denrées et boissons, le vin surtout mais aussi les cartes à jouer, le tabac, etc., qui furent très précisément inventoriées et réglementées sous Colbert. On note une absence totale d'uniformité de la façon dont elles frappaient telle province ou telle autre, étant levées en Bretagne, par exemple, au profit des États provinciaux...

Mais de tous les impôts indirects — une dénomination qui n'apparaît qu'au XVIIIe siècle —, la *gabelle* était le plus durement ressenti, à cause de la rudesse avec laquelle il était perçu par les « gabelous », de la nécessité qu'avait le paysan de pouvoir saler viande, poisson ou beurre pour les mieux conserver. Le pire fut atteint en 1702 quand fut fixée une consommation minimale de 100 livres environ, qui dépassait les besoins annuels mais dont l'équivalent devait être versé au collecteur. Le cri de « Vive le roi sans gabelle » parcourait les provinces. Impôt le plus exécré, inégal et visiblement jugé scandaleux puisque les privilégiés pouvaient bénéficier du « franc-salé », c'est-à-dire acheter seulement le sel dont ils avaient besoin et à un prix détaxé. Les abus ont atteint leur apogée à l'époque de Richelieu et de Colbert, suscitant maintes révoltes et violences paysannes, en Bretagne notamment. Jamais le sort des paysans pauvres n'a été si pitoyable. La Bruyère en témoigne :

« L'on voit certains animaux farouches, des mâles et des femelles, répandus par la campagne, noirs, livides, et tout brûlés de soleil, attachés à la terre qu'ils fouillent et qu'ils remuent avec une opiniâtreté invincible ; ils ont comme une voix articulée et quand ils se lèvent sur leurs pieds, ils montrent une face humaine ; et en effet ils sont des hommes. Ils se retirent la nuit dans des tanières, où ils vivent de pain noir, d'eau et de racines. (...) Si je compare ensemble les deux conditions des hommes les plus opposés, je veux dire les grands avec le peuple, ce dernier ne saurait faire aucun mal ; un grand ne veut faire aucun bien... Là se montrent ingénument la grossièreté et la franchise ; ici se cache une sève maligne et corrompue sous l'écorce de la politesse. Le peuple n'a guère d'esprit et les grands n'ont point d'âme. »

La Bruyère décrit la situation des plus pauvres ; d'autres réussissent à vivre moins mal.

Une famille de paysans moyens au XVIIe et XVIIIe siècle

Certes, la gabelle, la dîme, la taille, les aides et autres droits seigneuriaux ou impôts au roi, à l'Église, au seigneur, autant de charges dont le paysan moyen est accablé et qui suscitent un apogée de révoltes au XVIIe siècle... L'étau se desserre-t-il dès l'époque de Louis XV ou bien les impôts indirects prennent-ils le pas, peu à peu, sur les prélèvements directs ? En tout cas, les insurrections se font plus rares, les émeutes tenant aussi bien à d'autres choses que l'impôt...

Mais, concrètement, comment ces charges affectent-elles le revenu réel, la manière de vivre des paysans ? Sont-elles seules en cause ? L'expansion démographique du XVIIIe siècle et la parcellisation des terres qui en découle interviennent également. Les exemples dont on dispose pour apprécier ce que fut la vie d'une famille paysanne sur une longue durée sont rares. Micheline Baulant a reconstitué l'histoire d'une famille en Brie, pendant plus d'un siècle (1655-1761).

Cette famille Masclé n'appartient pas à l'élite sociale, ne comptant dans ses rangs ni riches marchands, ni avocats ; mais il ne s'agit pas non plus de pauvres paysans, ce sont des paysans moyens possesseurs d'une quarantaine d'hectares d'une terre pas très fertile et d'une ferme de quatre-vingts arpents[1], biens anciens de l'abbaye de Saint-Denis, affermés puis acquis au début du XVIIe siècle. Les inventaires avant mariage et les différents baux permettent de se faire une idée des moyens dont disposent ces trois ou quatre générations. On cultive le blé, l'avoine, les vesces, qui donnent un excellent fourrage. En 1676, l'équipement comporte une charrue, quatre herses, une charrette à herse ; la ferme abrite trois chevaux destinés à tirer la charrue, treize vaches, deux à quatre porcs. D'un inventaire à l'autre, peu de changements, sauf le nombre des objets de maison qui passe d'une cinquantaine à cent quatre-vingt-dix : avant tout, la crémaillère, des coffres, des marmites, des socles, des huches, des broches. Les problèmes de cette famille étaient avant tout des problèmes de succession, de dettes de cohabitation entre des couples issus d'un deuxième ou d'un troisième mariage, voire d'un quatrième, causes d'un endettement croissant au vu des rentes à payer aux héritiers divers, aux dots à verser. On meurt jeune, un enfant sur deux avant dix ans. Les femmes si souvent enceintes finissent par mourir d'épuisement. Le miracle ici est que la propriété se soit perpétuée si longtemps malgré les difficultés qui auraient pu la mutiler.

Petite exploitation et « économie paysanne »

À la fin du XIXe siècle, évoquant le destin des paysans, Jules Ferry leur fait dire : « La Ire République nous a donné la terre, la IIe le suffrage, la IIIe le savoir. » Sans doute, à la veille de la révolution de 1789, une mauvaise récolte, une crise de disette et de cherté des grains rendent insupportables les prélèvements seigneuriaux et ecclésiastiques, la paysannerie la plus pauvre se trouvant réduite à l'errance et à la mendicité. L'explosion qui suit les États généraux aboutit bien, avec le succès de la Révolution, à l'abolition des droits féodaux et à une redistribution des terres que suscitent la confiscation et la vente des biens du clergé. Enfin, la saisie des biens communaux, objet de tant de conflits depuis des siècles, assure à la paysannerie une amélioration de son sort comme elle n'en avait jamais connu. Or, chez les petits paysans, le souci du pain tourne à l'obsession et fait considérer comme contre-révolutionnaire la pratique des cultures fourragères à des fins spéculatives, voire le mûrier, un produit aristocratique par destination.

Pourtant, après 1795, rompant avec les principes de 1793, les nouveaux dirigeants consolident les fondements de la propriété individuelle qui, désormais, donne seule la citoyenneté à part entière. Ainsi exaltée, la propriété privée se veut progressiste et moderne, rejetant le partage des communaux pour assurer une gestion économique plus moderne. Les victimes sont les paysans pauvres, ce qui détermine

1. Un arpent équivaut à une surface de 20 à 50 ares selon la valeur des terrains.

bientôt un mouvement de migrations des campagnes et montagnes les moins favorisées par la nature. Misère et exode rural se manifestent dès avant le milieu du XIXe siècle.

Néanmoins, ce qui caractérise la société française depuis le début du XIXe siècle jusqu'aux lendemains de la Deuxième Guerre mondiale, c'est l'omniprésence et la survie de la petite exploitation paysanne, pourtant destinée, selon les économistes les plus éminents, à périr victimes de l'intégration de l'agriculture dans l'économie de marché, et donc de la concentration inéluctable des exploitations. Ces théories se sont développées sous le signe du socialisme, marxiste ou pas, et leurs auteurs se sont étonnés, voire indignés, que ne disparaissent pas plus tôt, comme prévu et comme c'était le cas en Angleterre, les petites exploitations jugées archaïques. Il est vrai que la « première » révolution agricole, à la fin du XVIIIe siècle, a peu atteint la France, moins en tout cas que les Pays-Bas ou l'Angleterre : l'outillage demeure médiocre, l'usage des engrais comme l'intégration de l'élevage aux cultures reste faible, et la réduction des jachères est encore marginale.

Figure 38 — La veillée dans une ferme du Calvados. Gravure de *L'Illustration*, 1856.

L'image de la routine l'a ainsi emporté sur celle du dynamisme de la grande culture. Or cette image est en partie une illusion. Confrontant les performances de la petite et de la grande exploitation, d'après une enquête de 1909 sur la propriété en France, Ronald Hubscher a montré que dans l'Allier, le Calvados, les Charentes, etc., non seulement la grande exploitation décline alors que se développe la petite — notamment depuis la création des coopératives —, mais qu'au sud de la Loire, loin d'être désavantagées du fait de leurs faibles moyens de production, elles réalisent d'aussi bonnes performances, et même de meilleures, dans le Vaucluse par exemple. Sans doute, au XIXe siècle surtout, quelques grands domaines d'origine nobiliaire constituent-ils bien l'exemple que l'aristocratie foncière veut donner de ses qualités innovatrices, rationalisant ses modes de production, mais ils sont minoritaires.

Ce qui domine, ce sont les petites exploitations où l'autoconsommation familiale est de moins en moins une finalité, et de plus en plus fréquent l'appel à d'autres activités.

Ce type d'exploitation correspond à ce qu'on a pu appeler « une variété avancée « d'économie paysanne », un concept opératoire pour l'économie de la France jusqu'au début du XXe siècle, mais pas après. Il répond aux critères définis par Chayanov autour de 1925 : 1) la moitié au moins de la production du pays est agricole ; 2) la moitié au moins de la population active est engagée dans l'agriculture ; 3) il existe une différence marquée entre les villes et les campagnes ; 4) la moitié au moins de la production agricole résulte du travail de ménages paysans, cultivant leurs terres principalement, avec le concours des membres de leur famille.

Le grand changement aura lieu vers le milieu du XXe siècle, quand le paysan ne peut plus, comme il l'avait fait jusqu'alors, passer d'un métier à l'autre et qu'il se transforme en agriculteur — à moins de disparaître.

LES PAYSANS, D'UN MÉTIER À L'AUTRE

Outre celui de la terre, les paysans ont toujours eu un autre travail mais celui-ci n'a pas toujours eu la même fonction : cette activité a pu longtemps concerner des métiers nécessaires à la vie de la communauté : forgerons, tonneliers, cordonniers, maçons, menuisiers. La rétribution se fait le plus souvent par échange de services. En Provence, par exemple, le paysan maçon est longtemps payé en olives, en raisin de cuve, en prêt de cheval. Mais cette activité peut également participer à l'économie de marché : tisserands surtout, cordonniers, gantiers, serruriers du Vimeu, couteliers de Thiais. Le foisonnement s'accentue avec les inventions du XIXe siècle : garde-barrières (sur les chemins de fer), lingeries du Berry depuis la machine à coudre, etc. Toutes ces activités s'exercent en alternance avec le métier de la terre, soit pendant les temps morts de l'activité agricole, soit quand l'embauche est assurée, par exemple dans les métiers de la construction dès le beau temps.

Dans ses *Mémoires et récits*, Frédéric Mistral embauche ainsi Jean Roussière : « Que sais-tu faire ? — Un peu tout, j'ai été valet aux moulins à huile, muletier, carrier, garçon de labour, meunier, tondeur, faucheur, émondeur de peupliers, et même cureur de puits. » Cette pluriactivité est plus fréquente dans les pays d'élevage et de vignes qui laissent plus de temps libre que dans les pays maraîchers. Dans les pays de petite propriété, l'objectif ultime, dès la fin du XIXe siècle, est l'entrée dans la grande industrie locale : par exemple, dans le Var, à l'arsenal de Toulon ou aux chantiers de La Seyne. On a des permissions lors de la taille et de la vendange et une complémentarité peut s'établir entre la vie aux champs et à l'usine. Paysans-artisans et ouvriers-paysans peuvent continuer à appartenir à leur groupe social d'origine ; ou bien il s'opère une rupture. Ainsi, dès 1870, dans la Nièvre comme à Carmaux, le paysan est devenu un mineur, rien qu'un mineur. Au contraire, à Thiers, le coutelier demeure un paysan.

Ces activités multiples sont à leur zénith vers 1850-1880, non par choix mais par nécessité, les moyens de production à la campagne ne suivant pas l'essor démographique. La désertification commence alors pour les pays riches — comme pour les plus pauvres, avec les départs en masse de mendiants.

Un deuxième apogée, mais plus réduit, de ces activités multiples se situe dans la deuxième moitié du XXe siècle, quand s'exprime le choix de demeurer au pays. Vers 1960, un agriculteur varois sur deux, un viticulteur languedocien sur quatre exercent plusieurs activités : tomettes, faïences, etc. Par contre, entre ces deux périodes, l'exode rural a réduit l'engorgement et on peut vivre de sa terre et d'elle seule. Ainsi, dans la vallée du Rhône, les paysans artisans avaient disparu ou presque dès la fin du XIXe siècle. C'est entre 1850-1880 et 1930-1950 que le paysan a été le plus paysan et paysan seulement. Certains, emprisonnés, s'enferment, en Vendée, mais aussi dans les forêts de Provence. D'autres ont essayé de s'ouvrir, mais, en Limousin par exemple, après avoir réinvesti dans la terre l'argent gagné ailleurs, ils ont fini par investir dans la bourgade ou dans la ville d'accueil. Première étape vers l'abandon.

Pendant les siècles qui vont de l'Ancien Régime à la diffusion des banques, les changements dans les campagnes se font grâce à l'intervention des notaires qui assurent comme courtiers, aux emprunteurs, l'interlocuteur dont ils ont besoin. On peut ainsi acquérir des terres, en moderniser l'usage. Pour les grands propriétaires qui, au XIXe siècle, se veulent éclairés par l'idéal modernisateur, les emprunts se font facilement, les notaires disposant des informations nécessaires sur les ressources de chacun. Quant aux locataires, le crédit ne s'ouvre à eux que s'ils possèdent aussi de la terre, les grands fermiers achetant de la terre, semble-t-il, pour avoir accès au crédit.

On peut confronter les formes que prennent cette aide et cette modernisation au XIXe siècle. L'Artois est la province la plus tournée vers le progrès, construisant sa prééminence sur la culture de la betterave à sucre, la construction de raffineries et la vente du sucre. La Brie se concentre sur les distilleries et la vente d'alcool. Dans ces deux cas, on a fait appel au crédit, grâce aux notaires. En Beauce, on améliore la race des moutons, on accroît les rendements en blé, on plante des cultures fourragères dans les jachères, mais sans faire appel au crédit. En Languedoc, après la crise du phylloxera, les sources traditionnelles de crédit permirent le renouvellement du vignoble.

De sorte que ce n'est pas l'absence d'établissements de crédit qui rend compte ou non du développement agricole. La présence ou l'absence d'institutions financières n'est pas un facteur autonome qui avantage ou retarde le développement agricole, explique G. Postel-Vinay.

Elles apparaissent — et il en va ainsi des banques au XIXe siècle — lorsque le besoin de leurs services se fait sentir. Un problème qui se retrouve, mais sous d'autres formes, s'agissant de l'équipement industriel du pays.

Les exclus de la terre

Chaque fois que s'est posé le problème du partage de l'héritage et de la sauvegarde des exploitations, il a existé des exclus de la transmission. Comment la loi a-t-elle modifié les rapports entre ceux qui recevaient une partie ou toute l'exploitation en héritage et ceux qui en étaient exclus ?

C'est à l'époque de la Révolution (1791-1801) que la réforme du droit a été la plus attentive à la correction des injustices que pouvaient receler les testaments ou la tradition. L'abolition des privilèges la nuit du 4 août ne concernait pas seulement ceux des corps sociaux ou des villes, mais aussi bien des simples citoyens : le droit de masculinité et le droit d'aînesse furent abolis, le droit égal des descendants fut proclamé, ce qui suscita des résistances notamment dans les provinces méridionales où la coutume était de « faire un héritier ». Mais sous le Directoire et le Consulat, Portalis chercha un aménagement qui permettrait aux juges de trouver un compromis. De sorte que se perpétua un Code civil unique mais avec des applications différentes — qui, de fait, perpétuèrent la ligne de partage entre pays de droit écrit et pays coutumiers. Tantôt les exclus sont indemnisés, tantôt ils ne le sont même pas eu égard aux traditions inégalitaires, familiales ou régionales, tantôt ils font appel aux tribunaux.

Or, plus l'État a pris conscience de la nécessité de sauvegarder la compétitivité des exploitations rurales, plus il est apparu que l'indemnisation des exclus pouvait ruiner l'héritier principal.

Après la guerre de 14-18, qui fit tant de victimes, les gouvernements de la IIIe République imaginèrent une attribution préférentielle pour protéger les petites exploitations et une indemnité étalée pour les exclus. Cette politique atteint son point ultime sous Vichy. Elle se perpétua durant les années 1960, de sorte qu'« au droit d'aînesse se substitua celui de la ruralité ».

Or, avec la détérioration de la situation des petites propriétés à la campagne, comment comparer le sort des exclus de la terre avec celui des paysans qui continuent à la cultiver ?... Dans certains cas, par exemple dans les Pyrénées centrales, les exclus sont clairement défavorisés et plus encore les veuves, à moins qu'elles aient eu des enfants. Dans d'autres cas, le destin des exclus est variable, mais rares sont les victimes absolues d'une pure décision familiale.

LA GRANDE RUPTURE DES ANNÉES 1960

La petite propriété s'était adaptée à la deuxième révolution agricole, celle du machinisme et des engrais artificiels, du milieu du XIXe siècle au milieu du XXe, pour ne succomber qu'à l'heure du plan Marshall et des Trente Glorieuses.

Deux films de Georges Rouquier décrivent bien ce changement dans un village du Rouergue, sans doute plus archaïque que d'autres. Le premier, *Farrebique*, est tourné en 1946 et il dépeint la vie d'une famille l'année où on installe l'électricité dans la ferme. Les frais qui en découlent interdisent la réfection de la maison. À peine une sortie de messe et une bourrée constituent-elles les seules excursions hors des quatre saisons de la vie de cette ferme, que ponctuent les rythmes de l'existence austère du travail des champs et de la maisonnée, où voisinent la demeure des hommes et celle des animaux, et où l'odeur de la fiente et du fumier traversent la pellicule du cinéaste. On vit là dans la saleté, sans eau courante, comme au Moyen Âge.

Trente-huit ans après, en 1984, Georges Rouquier retourne au village, et avec les mêmes interprètes, vieillis, trace le portrait de cette famille, c'est *Biquefarre* : elle a des difficultés financières et doit vendre le domaine trop petit pour que son propriétaire puisse encore l'exploiter sans perte. Un frère part à Toulouse comme jardinier... « Pour acheter du matériel moderne, il faut produire. Pour produire, il faut s'agrandir. Pour s'agrandir, il faut emprunter, c'est l'engrenage. » On vend la ferme, car on ne peut pas faire autrement, mais déjà elle n'est plus la même : on y manipule des produits chimiques, la solidarité entre les hommes a disparu. À la fin, le domaine est greffé sur d'autres, il régénère, mais le bilan est accablant : un monde et une société ont disparu...

Sans doute *Farrebique/Biquefarre* se trouve dans une région difficile et toutes les petites exploitations n'étaient pas aussi arriérées à l'aube des années 1950. Il reste que cet exode rural s'est généralisé. Et il frappe la paysannerie plus fort encore que celui qui a suivi la crise des années 1880, quand la concurrence internationale a ruiné bien des campagnes françaises.

La troisième révolution agricole — avec l'utilisation des pesticides et d'un équipement ultra-moderne, etc. — a bien abouti à une diminution du nombre des exploitations, de 2 % par an depuis les années 1960, et du nombre des agriculteurs qui, en 1974, ne sont plus que 12 % de la population active contre 25 % en 1958.

La concentration se poursuit et avec elle les progrès de la productivité, puisque la production agricole est, en 1974, le double de ce qu'elle était en 1946, mais la part de l'agriculture ne cesse de baisser dans le PNB, de 17 % en 1946 à 5 % en 1974.

La Fin des paysans, l'ouvrage au titre significatif d'Henri Mendras, est un peu en avance sur la réalité, puisqu'il date de 1967, mais annonce clairement l'avenir : en 1990, les actifs agricoles ne sont plus que 5 % de la population active. Désormais, ils se dénomment « agriculteurs », disposent d'un bagage technique, se sont endettés pour se moderniser, s'équiper, vivre comme les citadins, gérer leur ferme, s'agrandir, comme une entreprise : une vraie révolution économique et culturelle. Pourtant, de nouvelles difficultés apparaissent avec le succès : devenue largement exportatrice, l'agriculture française se heurte à la concurrence et elle est prise dans la guerre commerciale entre la CEE et les États-Unis — imposition de quotas sur le lait, puis la viande, réduction du soutien des prix qui ne sont pas compensés par les aides directes. Les principales victimes sont les petits agriculteurs-éleveurs : à l'aube du XXIe siècle, plus de 30 % d'entre eux avaient un revenu inférieur au SMIG.

D'où la colère et la violence de ces agriculteurs contre l'État qui les abandonne alors qu'ils ont fourni tant d'efforts pour se régénérer...

Une violence qui revient de loin...

Ces violences renouent avec celles des paysans d'autrefois, et ceux d'aujourd'hui en assument pour partie les excès. Jacques Le Goff a su identifier des origines lointaines et les racines de ce comportement.

Il observe que pendant plus de huit siècles, au Moyen Âge, la littérature a fait le silence sur les paysans. Pourquoi cette absence ? Parce que le travail du paysan ne rencontre plus la faveur de l'idéologie qui règne pendant ces siècles-là. Celle-ci, par son héritage gréco-romain, s'enorgueillit de l'oisiveté dans une société qui vivait du travail des esclaves ; ou bien son héritage barbare privilégie le mode de vie militaire, les guerriers francs ou wisigoths tirant du butin l'essentiel de leurs ressources. Quant à l'héritage judéo-chrétien, il met l'accent sur la primauté de la vie contemplative ; lorsque saint Benoît exige, dans la règle qui porte son nom, la pratique du travail manuel, il s'agit d'une forme de pénitence. Dans l'art figuratif, seuls le guerrier et le prêtre sont représentés et méritent de l'être. Écartés de la littérature et de l'art, les paysans réapparaissent d'abord comme païens, *pagani*, qui même devenus chrétiens demeurent des pécheurs. Ces *rustici* sont des ivrognes, des violents, des luxurieux, des lépreux et autres malades. Quelquefois, ils n'ont même pas de nom — anonymes et indifférenciés, « repoussoir de l'élite militaire ou cultivée, et fardeau de l'Église » ; les paysans ont un héritage très lourd de stigmates, même lorsqu'ils deviennent vilains, libres, on les juge « vicieux, dangereux, illettrés ».

Le paysan intériorise-t-il ces traits ? Il demeure longtemps dangereux dans la mémoire des sociétés ; et lui-même tantôt cache la violence dont la société le crédite, tantôt, au contraire, il la revendique — et elle explose.

D'une économie, l'autre

Est-ce un signe ? Entre 1750 et la fin du XVIIIe siècle, Jean-Yves Grenier comptabilise, seulement en France, quatre-vingts traités portant sur le crédit, le commerce, la production. À Quesnay, Turgot, Cantillon, s'ajoutent évidemment, outre-Manche, Adam Smith, Malthus et au

XIXe siècle Ricardo, Owen, en France Sismondi, Saint-Simon — tous ancêtres de Karl Marx.

Ainsi cette floraison apparaît, faut-il le souligner, bien avant la diffusion des grandes innovations industrielles. Elle rend compte de la nécessité ressentie de comprendre un monde incertain, aux marchés instables, aux comportements incompréhensibles, mais qui est en mouvement.

À lire ces textes, on observe que, plus que la production, c'est l'échange contrôlé par le capital qui rend compte des jeux économiques. La force des producteurs émane moins de la possession des moyens de production — qui marque les siècles ultérieurs — que de la valorisation des produits, ceux du textile en premier lieu.

Il reste que le choix d'un étalon de mesure de cette valeur n'est pas aisé puisque la monnaie est élastique, les prix sont insaisissables et qu'évolue la valeur du travail, que certaines des valeurs ne se retrouvent plus dans les prix de production. Ainsi, il apparaît que c'est la *demande* qui serait la variable susceptible d'élaborer une théorie des prix et de rendre compte des changements économiques de ce tournant historique longtemps dénommé « la révolution industrielle ».

L'industrie : révolution ou transformation

L'état de l'économie en France, et plus particulièrement dans l'industrie, a toujours fait l'objet de jugements circonspects, qu'ils émanent du pays même ou d'étrangers, tant hier qu'avant-hier. Au lendemain de la Deuxième Guerre mondiale, en 1958 par exemple, un membre de la Rand Corporation désignait la France comme « l'homme malade » de l'Europe au point de vue économique. Or, en 1819 déjà, Chaptal parlait de la « lenteur de la croissance économique » en France. Proudhon développa la même idée en 1857, et en contraste avec ce retard, Henri Hauser étudiait les progrès de l'économie allemande dès le XIXe siècle et encore plus au XXe.

Cette idée — le retard français — est ancrée au point qu'on s'interroge sur ses causes alors qu'il n'est avéré que par rapport à « l'avance » que l'économie française manifestait, à la fin du XVIIIe siècle, aux côtés de l'Angleterre. Ensuite, parce qu'on l'a associé à des défaites militaires, après 1870 notamment, lorsqu'on a jugé que la victoire de la Prusse « était celle de l'acier et du charbon ». En 1939-1940, on l'a attribué aux vices de la politique alors qu'il a été montré depuis que l'armement français était à la hauteur de celui de l'ennemi du point de vue de la qualité industrielle, s'entend. Pourtant, s'inscrire dans cette idée d'un « retard » ne permet pas de rendre compte des succès de l'effort de guerre en 1914-1918 alors que tout le nord du pays est occupé jusqu'à Noyon, et l'Alsace-Lorraine toujours allemande, ni des Trente Glorieuses après 1946 ou encore des récentes performances de la technologie à la fin du XXe siècle : aéronautique, armements, TGV, etc.

Cette manière de voir vient en partie de l'idée qu'on s'est forgée de la « révolution industrielle », qui fut plus une transformation rapide qu'une révolution et ne s'appliqua pas seulement à l'industrie mais à la banque, à des secteurs entiers de la vie agricole, etc. Perçue seulement sous l'angle de la technique, cette « révolution » est ainsi apparue décalée, en retard par rapport aux étapes que l'Angleterre avait parcourues. Celle-ci gardait le secret sur quelques-unes de ses innovations, l'exportation de certaines machines demeurant interdite jusqu'en 1843. Pourtant il y eut des fuites et la fabrique royale de coton de Rouen fut créée en 1754 par un Anglais ; ce fut également un Anglais, Wilkinson, qui réussit les premières coulées de fonte au coke, en France.

De même, encore en 1860, les Pereire se firent fournir par la Compagnie écossaise John Scott les machines et l'équipement nécessaires à la construction de cinq paquebots, avec les ouvriers et contremaîtres qui travaillent au chantier de Pencock.

Ainsi instruits, dès le milieu du XIXe siècle, les constructeurs et ingénieurs français (belges également) essaimèrent à leur tour, en Russie, en Scandinavie et ailleurs.

Simultanément, un transfert inverse s'opérait, les Français faisaient progresser les techniques de l'hydraulique, l'alternative à la machine à vapeur ; ils furent également à l'origine de matériaux nouveaux comme le ciment et le béton. Puis ce fut l'Amérique qui dépassa les Européens pour les machines appliquées à l'agriculture et la production standardisée...

Au total, ce furent bien les Britanniques qui eurent une supériorité dans les trois techniques qui étaient au centre de la première révolution industrielle : les machines textiles, la sidérurgie au coke, la machine à vapeur — avec ses usages dans les chemins de fer et sur les océans : les steamers. Mais l'économie ne se réduisait pas à ces postes-là.

À la veille de la révolution de 1789, la France était le premier pays industriel d'Europe, mais l'Angleterre la talonnait avec quatre fois moins d'habitants. Les points forts de l'industrie française n'étaient pas les mêmes : moins de charbon, de métaux non ferreux, de cotonnades, mais plus de lainages, de toiles, de soieries, de fer. Et du luxe. Les grandes unités y étaient plus rares qu'outre-Manche et déjà, vers 1790, il n'y avait que neuf mille jennies en France contre vingt mille en Angleterre. Comme grand pôle industriel, Le Creusot était une glorieuse exception alors que de telles fabriques étaient nombreuses en Lancashire. La principale différence était qu'en Angleterre on innova faute de main-d'œuvre alors qu'en France, la croissance de la production put se faire sans avoir à économiser le travail, les industries continuant d'employer la paysannerie. Ce qui, en Angleterre, contribua également à développer quantitativement la production fut le triomphe du goût bourgeois sur le luxe aristocratique, et donc une clientèle plus importante, et encore plus importante proportionnellement lorsqu'en France l'aristocratie fut décimée ou émigra.

Comme l'a bien montré Patrick Verley, la demande, celle des cotonnades en premier lieu, a bien été un moteur de la révolution technique — autant que l'inverse.

La révolution de 1789 eut des effets pervers sur l'activité économique puisqu'elle ruina la noblesse d'affaires qui constituait le groupe social le plus actif dans l'industrie — au Creusot, à Anzin —, et en renforçant la petite propriété paysanne, elle empêcha le mouvement des *enclosures* qui, en Angleterre, accrut la productivité des campagnes. En outre, on préfère acquérir des biens nationaux qu'investir dans l'industrie. Au total, le produit industriel baissa d'un tiers environ. Les guerres napoléoniennes contribuèrent à la déchéance des activités greffées sur les ports ouverts au commerce extérieur, Bordeaux et Nantes surtout. Mais la désindustrialisation atteignit les pays du Midi et ce fut désormais le Nord et le Nord-Est qui captèrent l'essentiel des nouvelles activités industrielles. Le Blocus continental continua la politique consistant à protéger le marché français et à permettre la reconversion industrielle de la France en faisant payer cet effort par les pays occupés. Ce fut l'industrie de la laine et de la soie qui en profita plus que la sidérurgie, lente à innover. Ce quart de siècle, de la Révolution et de l'Empire, « consacra le décalage » qui avait commencé à apparaître au XVIIIe siècle entre la France et l'Angleterre. Celle-ci fondait son essor industriel sur les exportations, la filature du coton, le charbon et le fer en étant les produits de base. En France, l'industrialisation s'appuya surtout sur le marché intérieur, elle nécessitait une protection puisque le secteur de pointe, le coton, subissait la concurrence anglaise.

En Angleterre, les cotonnades contribuèrent pour 46 % à l'augmentation de la valeur des exportations entre 1814 et 1846. En France, aux industries modernes de filage se juxtaposait un tissage proto-industriel, en Normandie et dans le pays de Caux par exemple, tandis qu'en Alsace progressait le tissage mécanique. Mais la différence entre les deux pays tenait surtout à l'existence en Angleterre d'une production textile ou métallurgique de masse, alors qu'en France elle était plus diversifiée, plus éclatée aussi, avec, à côté, des produits alimentaires, le bâtiment, le cuir, etc. Les biens de consommation de qualité l'emportaient face à ceux d'équipement, britanniques surtout, de sorte que ces industries à petit format assurèrent un lent développement de la richesse nationale, mais distribué largement dans le pays[1]. Il reste que, sur les produits de la grande industrie, la place de la France devait désormais rétrograder, si on compare ceux-là, et ceux-là seulement, aux performances des pays voisins. Au XIXe siècle et jusqu'à la guerre de 1914-1918, en effet, le rang de la France n'a cessé de reculer par rapport à celle de ses voisins ou des États-Unis. Elle est ainsi passée du sixième au septième rang alors qu'elle occupait la deuxième ou troisième place au début du siècle : outre la Grande-Bretagne et les États-Unis, la Belgique, la Suisse et l'Allemagne lui sont passés devant. Or un trait frappant est sans doute qu'il existe une corrélation entre cette place-là et celle que la France a occupée du point de vue de son développement agricole : car là aussi elle a reculé vis-à-vis des mêmes pays. Cette constatation révèle le rôle

1. Voir la carte, p. 575.

important qu'a pu jouer le monde rural dans le processus dit « de la révolution industrielle ».

Cette observation pourrait signifier que celle-ci n'est pas associée seulement aux innovations techniques. D'ailleurs, aucun pays à faible niveau de productivité agricole ne se trouve parmi les nations industrialisées.

Paul Bairoch a affiné les données de cette évolution pour le XIXe siècle en comparant la France à d'autres pays. En ce qui concerne le développement industriel, la consommation de coton brut par habitant en constitue un premier indice, le textile représentant plus de la moitié de l'emploi industriel total et le coton ayant pris la relève de la laine et du lin. L'Angleterre reste en tête, n'étant dépassée par les États-Unis que durant la Deuxième Guerre mondiale ; la Suisse et la Belgique viennent ensuite, ce qui traduit la précocité de leur développement industriel, la France vient en cinquième position, dépassée par l'Allemagne dès qu'elle perd l'Alsace-Lorraine. On retrouve le même classement pour la production de fonte brute par habitant, à ceci près que les États-Unis y ont dépassé la Grande-Bretagne dès la fin du XIXe siècle. « Armes de la victoire de l'industrialisation », les chemins de fer connaissent un développement similaire. Mais en ce qui concerne la consommation de houille, le recul de la France ne cesse de s'aggraver et le décalage concernant la consommation de force motrice par habitant est encore plus net. Au total, on constate qu'à la lenteur du développement industriel français doit s'opposer une précocité plus ancienne, dans ce domaine, de la Suisse et de la Belgique, des États-Unis également, voire de la Suède dont le démarrage s'est effectué dès le début et pas à la fin du XIXe siècle comme on l'a cru longtemps.

Ainsi, l'avance de la France au tournant du XVIIIe et du XIXe siècle était autant celle de sa puissance politique et de sa taille, ses voisins étant également développés ; son retard, à l'aube du XXe siècle, se manifeste dans les domaines qui incarnent la puissance industrielle cette fois, voire dans la modernisation agricole.

Les avatars de l'identité industrielle

Une des caractéristiques de l'industrialisation puis de l'industrie a été d'abord leur relation aux sources d'énergie, l'eau et le bois, abondants certes, sinon aisément accessibles, avant que le handicap d'un charbon de qualité moyenne n'empêche d'innover comme en Grande-Bretagne. L'industrie a dû également importer de la houille, les quantités se trouvant en France ne correspondant plus aux besoins : les batailles pour la Sarre après 1918 et après 1945 s'expliquent en partie par cette donnée. La dépendance en source d'énergie

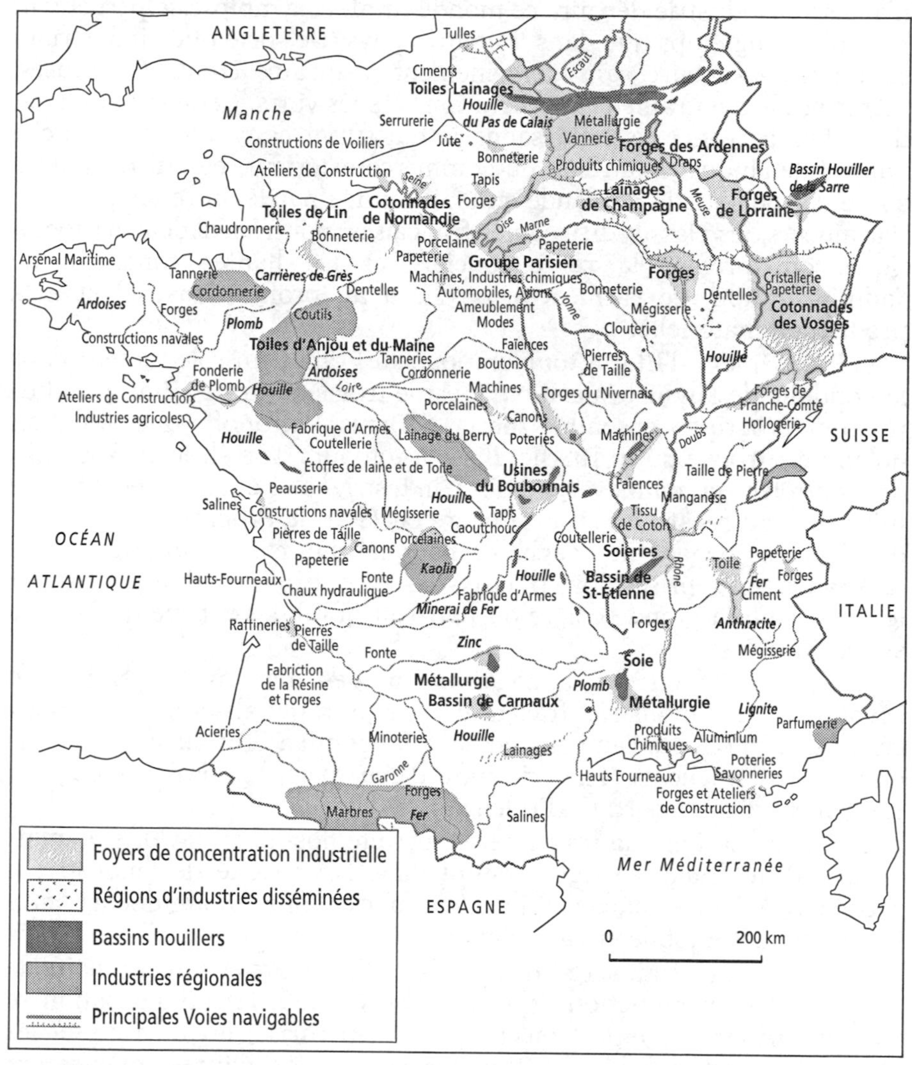

Source : Atlas Vidal-Lablache.
LA FRANCE INDUSTRIELLE AU DÉBUT DU XXe SIÈCLE — *On observe que cette carte a omis d'indiquer les sucreries et huileries de Marseille.*

s'est aggravée quand l'économie française s'est convertie au pétrole et au gaz, la perte du Sahara survenant au moment où cette relève en pétrole paraissait résoudre les problèmes de l'avenir. L'appel à l'énergie hydro-électrique puis à l'électricité nucléaire a été tardif ou contesté, l'hydro-électricité par les intérêts pétroliers, le nucléaire pour des raisons de sécurité.

Le deuxième trait qui caractérise l'industrie française a été son insertion dans le monde rural par son appel à la main-d'œuvre paysanne qui, sur place, a trouvé dans les travaux destinés à l'industrie une activité complémentaire. Si bien qu'à la différence de l'Angleterre, la France n'a pas vu l'industrie détruire ce monde rural, la symbiose se perpétuant bien plus longtemps que dans les autres pays. De sorte que l'industrialisation a pu se faire sans déracinement jusqu'aux Trente Glorieuses, même si elle a entraîné une émigration vers les villes. Cette situation eut des effets pervers : cette paysannerie qui survit constitue le débouché naturel de l'industrie au lieu du commerce extérieur, ce qui restreignit son essor puisque la demande en était limitée par les revenus paysans. Par ailleurs, les classes dirigeantes françaises, nourries d'idéal aristocratique, ont préféré la rente foncière et les hautes fonctions de l'administration, de l'armée ou de l'État au profit industriel et à la production matérielle.

Précisément, l'État a toujours joué en France un rôle moteur dans la conduite de l'industrialisation. C'est le troisième trait : État et industrie ont progressé ensemble, observe Denis Woronoff, une situation qu'on ne retrouve qu'en Russie. Il s'agit toujours d'arbitrer, de soutenir, de contrôler, et d'innover aussi. L'industrie a été une « perpétuelle mineure » au regard de l'État. Encore en 1981, le Programme commun de la gauche engage une vague de nationalisations, ce qui signifie que les grandes entreprises doivent être sous le contrôle de l'État pour servir le pays. D'où la grande colère du patronat qui, lui, veut mettre l'État à son service.

L'entre-deux-guerres a constitué un des moments essentiels de l'évolution de l'industrie française vers la rationalisation. Ses deux caractères en ont été l'autorité du chef direct qui a prévalu sur la hiérarchie fonctionnelle à l'américaine, d'une part, et les salaires au rendement d'autre part. (P. Fridenson)

L'organisation à la française n'a pas été hostile au taylorisme mais la spécificité française figure plutôt dans la capacité de l'industrie à procéder à l'interchangeabilité des fabrications, notamment entre l'industrie automobile et l'armement.

Le troisième trait serait une politique de qualité et son corollaire, le refus de la consommation de masse. Avant 1939, la rationalisation se traduit surtout par le fait qu'elle prive la maîtrise, les ouvriers et les employés de leurs habitudes transformées en procédures conçues par des spécialistes. La vocation de réguler l'ensemble passe ensuite aux gestionnaires financiers bientôt dénommés « technocrates » qui vont soumettre les pratiques tayloriennes à leur loi...

C'est dans l'automobile que ces phénomènes apparaissent avec le plus de force, où simultanément Taylor comme théoricien et Ford comme industriel servent de modèles ou de pilotes. André Citroën et Louis Renault sont fascinés par l'Amérique, leur branche de l'industrie prenant son tournant taylorien pendant la guerre de 14-18. L'ingénieur devient l'intermédiaire légitime entre le patron et l'ouvrier, introducteur de l'organisation du travail et agent de l'américanisation industrielle.

Avant que Charlie Chaplin ne tourne *Les Temps modernes*, en 1936, René Clair avait réalisé *À nous la liberté*, en 1931, qui, par sa parodie du travail à la chaîne, servit de modèle à l'auteur de *La Ruée vers l'or*. Il s'en inspira et l'en remercia[1].

Sans doute, ces dernières décennies, après les Trente Glorieuses, la crise a accentué l'internationalisation des circuits et les multinationales ont imposé une nouvelle géographie des entreprises. Les frontières de l'Europe vont-elles se substituer à celles de la France ou seront-elles emportées à leur tour par la mondialisation ?

Avec celle-ci, une force venue d'ailleurs a contraint l'industrie au changement. Les États-Unis l'ont expérimentée avec l'invasion des voitures japonaises ; puis le Japon qui a dû libéraliser son économie. Or, plutôt que de se soumettre, ces deux pays se sont adaptés.

Le paradoxe, en France, est bien que lorsque la gauche, après 1983, a voulu réconcilier les Français avec l'entreprise — « cette mal-aimée », disait Georges Pompidou —, cette réconciliation se produisit au moment où ces entreprises échappaient au pays qui les avait vues naître. Élargies à la planète, certaines d'entre elles n'étaient plus seulement françaises.

Jusqu'alors, la compétitivité de la France et celle de ses industries étaient confondues ; à partir du moment où celles-ci s'installèrent hors de la métropole — en tout ou en partie —, avec les effets sur l'emploi qu'on connaît, la solidarité qui existait entre le pays et ses entreprises s'est distendue. Celles-ci s'installent là où les infrastructures — éducation, organisation sociale, qualification — sont les plus favorables.

C'est un système social qui entre en compétition avec d'autres : « Ce qui bouge dans l'économie mondiale met en concurrence ce qui ne bouge pas ; c'est une bataille à fronts renversés. » Ce ne sont plus tant les entreprises et leurs produits, ce sont les nations qui entrent en compétition au moment où leur légitimité, leur souveraineté sont mises en cause — on y reviendra.

Or, ce sont les individus qui constituent le support du système économique et social — professeurs, médecins, juges, transporteurs — qui ont le sentiment, en partie justifié, que l'État les sacrifie : « Ceux qui défilent pour dire leur désarroi devant la mondialisation sont ceux précisément sur lesquels il faut compter pour y faire face avec succès » (Anton Brender).

Un autre trait de la nouvelle identité économique de la France est ce retournement qui a fait passer de la production de masse, emblème des Trente Glorieuses, à des activités qui reposent sur la créativité, le savoir-faire et suscitent ainsi une demande. La mode et la mécanique de précision constituent deux exemples où l'on observe que la production s'est décentrée — par exemple dans la région de Cholet dont les activités sont complémentaires de celles de Paris pour la confection des produits de haute couture, dans la Savoie pour la technologie de pointe —, à la manière de l'Émilie, de la Toscane, de la Silicon Valley.

Mais n'observe-t-on pas d'autres retournements ?

---

1. Épilogue tragique : la Tobis, qui avait réalisé *À nous la liberté*, fut rachetée par les nazis en 1936. J. Goebbels accusa Chaplin de plagiat et la lettre de remerciement qu'il avait adressée à René Clair fit de ce dernier, contre son gré, un témoin à charge, ce qui, aux yeux de beaucoup, le déshonora...

NORD-SUD : UN RETOURNEMENT ?

Au lendemain de la Deuxième Guerre mondiale, on pouvait opposer la mobilité géographique des pays « neufs » à la stabilité de la vieille Europe. Ainsi, on observait qu'aux États-Unis, le cœur des activités industrielles était passé de la côte Est à la région des Grands Lacs, puis à la Californie, tandis que pointait l'émergence du Texas. Au Brésil, plus encore, le centre nerveux et économique du pays était passé, entre le XVIIIe et le XXe siècle, du Nordeste à la région de Rio, puis à São Paulo... Rien de semblable en Europe où les zones industrielles s'étaient localisées près des gisements de charbon ou de fer, dans la capitale ou dans des grands ports — et elles n'en avaient plus bougé.

De sorte que, depuis les débuts de la révolution industrielle, et à la suite des travaux pionniers de d'Angeville, en 1836, on a pu opposer deux France situées de part et d'autre de la ligne Saint-Malo-Genève : au nord les régions développées, au sud les régions arriérées. Les premières disposent d'une alimentation meilleure, de revenus régionaux plus substantiels, de la capacité de lire, écrire, signer, sont loyalistes envers l'État, on y note l'importance des terres labourées, des animaux de rapport plus que des bêtes de travail, des céréales les plus riches, etc. Mais l'opposition prend aussi d'autres formes, avec une présence protestante forte dans le Midi (et une annexe en Normandie), peu féministe par ailleurs et que stigmatise déjà Alphonse Daudet, dans *Numa Roumestan*.

Cette opposition s'est renforcée lorsque le nord de la France, l'Est et la région parisienne sont devenus les grands pôles industriels — entre 1830 et 1960 ; elle a connu pourtant des exceptions, les industries moyennes de Saint-Étienne, Lyon, Le Creusot ou Grenoble résistant longtemps à l'absorption ou à la destruction, une fusion progressive s'opérant sous l'égide de l'État qui a imposé une sorte de régulation pour éviter des développements trop inégaux.

Avec la crise qui est apparue à la fin des Trente Glorieuses, et qui a été fatale aux industries les plus anciennes — charbon, acier, textiles —, l'industrie lourde affleure désormais à la frontière nord-est, avec une pointe en direction du centre vers Lyon ; la chimie de base (verre, caoutchouc, matières plastiques) est installée dans le Nord-Ouest et dans le Centre, enfin les biens de consommation et les industries alimentaires, ainsi que le tertiaire, atteignent le Sud et la Bretagne — Paris n'est un centre que pour la finance, la presse et l'édition. Au lieu de s'opérer à partir de la capitale comme naguère, le zonage industriel s'opère désormais à partir des frontières, comme si le centre de gravité du pays s'était élargi et déplacé. Comme si l'ordonnancement économique changeait de contexte. Dans les cadres juridiques et géographiques européens, il transgresse les frontières pour trouver ou retrouver des zones de regroupement qui n'obéissent plus aux principes anciens de la localisation industrielle.

De sorte que la ligne Saint-Malo-Genève, qui séparait en 1911 encore la France industrielle de la France agricole, s'est perpétué encore jusqu'en 1940, mais l'exode paysan et les changements industriels survenus depuis la crise de 1974 en ont modifié la donne.

C'est au moment où, vers la fin des Trente Glorieuses, la modernisation et le rééquilibrage industriel du pays semblaient en bonne voie, que la crise a modifié ce processus. En fait, le déclin brutal de l'industrie — sidérurgie lorraine, Manufrance de Saint-Étienne, textiles et charbonnages du Nord — n'a fait que suivre l'exemple de la Grande-Bretagne, du Canada et des États-Unis où l'industrie plafonnait depuis plusieurs décennies. L'industrialisation intense adoptée par la France en 1945 était de fait aussi décalée par rapport à ces pays que l'aide apportée à l'agriculture à la veille de la guerre 14-18. La crise a frappé les vieilles et grandes régions industrielles ainsi que la côte atlantique et ses chantiers maritimes : seules l'Alsace, la région Rhônes-Alpes, la région parisienne ont résisté quelque peu au reflux de la grande industrie, ainsi que quelques zones rurales, Aquitaine et Vendée, mais qui n'avaient pas connu pareil développement.

Le point important, selon Hervé Le Bras, est bien que le chômage n'est pas la conséquence directe de la désaffection industrielle. Il note que la Lorraine et la Champagne, championnes du développement industriel, ont un taux de chômage moyen alors qu'en Poitou, Bordelais, Normandie, Languedoc, où le repli industriel est moindre, le manque d'emplois est dramatique. Simultanément, on observe que si le textile n'en finit pas de mourir dans ses zones de force anciennes — Nord, Est, Alsace —, de nouvelles fabrications apparaissent dans l'Ouest ; par exemple, l'électronique où l'Ouest et le Centre voient s'accroître la part de la population qui s'y consacre.

Alors qu'au XIXe siècle, en Allemagne, la législation douanière commune, le Zollverein, a servi de levier à Bismarck pour parachever l'unité allemande, qu'en Italie, avec l'unité, le Sud est devenu un marché colonial pour le Nord industriel, — en France, l'État centralisateur a joué les régulateurs en pratiquant une politique égalitaire qui a freiné l'écart entre le Nord et le Sud. La IIIe République a ainsi atténué les disparités en créant un enseignement uniforme avec Jules Ferry, elle a désenclavé des régions éloignées grâce à un réseau de chemin de fer, et créé une apparente égalité en construisant, dans les quatre-vingt-neuf départements, le même type de mairies, de gares, de lycées ou de préfectures.

Tempérant le déchaînement des inégalités qui accompagnaient l'industrialisation, souvent à l'avantage des régions déjà les plus riches en capitaux, la République a sauvegardé l'unité politique du pays, en en évitant la dislocation. Par contrecoup, les régions non industrialisées ont conservé leur population rurale, où ont survécu leurs petites unités industrielles, qui n'ont pas émigré vers le nord ou l'est : ce sont des Belges, ou des Polonais, ou des Italiens qui ont servi de main-d'œuvre.

Mais que, depuis les années 1960, la SNCF abandonne ses lignes dites secondaires — en Languedoc, en Bretagne, en Corse —, que l'Éducation nationale ferme des collèges ou n'assure pas la promotion sociale attendue, et les raisons du raidissement réapparaissent, ressuscitant les régionalismes dans ces provinces du pourtour les plus tardivement greffées sur le centre parisien. Leur mécontentement est tempéré, toutefois, par l'apport d'un tourisme français ou étranger qui contribue à revaloriser les modes de vie qualifiés d'archaïques par les technocrates du pouvoir parisien. Il est tempéré, également, par une certaine dynamique de la déconcentration industrielle, dans la région Rhône-Alpes, à Toulouse, Bordeaux, Nantes, etc.

Un autre changement, essentiel, s'est profilé en même temps : dans les pays du Nord et de l'Est : à cause du salaire, l'industrie avait freiné l'éducation, la paie étant en concurrence avec la poursuite des études. De sorte qu'aujourd'hui la carte s'est en partie inversée. Si les gens de plus de soixante ans sont moins instruits dans le Midi que dans le Nord, c'est l'inverse pour les plus jeunes : dans le Midi, on mise sur les études pour progresser. En 1982, la France arriérée de naguère possède plus de jeunes diplômés que le reste du pays... Une sorte de rééquilibre se remet en marche.

Une autre ligne Saint-Malo-Genève surgit, mais le Nord et le Sud ont échangé leurs rôles : comme si une partie de la France obscure était désormais au nord, une partie de la France éclairée au sud.

Entre l'industrie et l'art

LA MODE FRANÇAISE MÈNE LA DANSE

C'est depuis la fin de la Régence, nous enseigne Cécil Saint-Laurent, dans son *Histoire imprévue des dessous féminins*, que les Français ont fait comprendre aux autres peuples que la mode était changement, qu'elle était tributaire du goût, comme la peinture ; et qu'ils ont imposé leurs caprices vestimentaires à l'Europe : les dessus et les dessous. Tout comme les innovations de la technique anglaise exaspéraient les Français, celles de la Parisienne étaient exécrées des Anglais puis des Américains, avant qu'ils ne les adoptent. Au XIXe siècle, les notables de Boston faisaient la traversée de l'Atlantique pour venir se vêtir à la mode de Paris. Pour vaincre la mode — qu'ils ne contrôlaient pas —, les Américains imaginèrent de rationaliser ou de masculiniser le costume féminin. Il y eut d'abord le bloomer, puis la jupe-culotte, avant que ne triomphe le jean unisex au lendemain de la Deuxième Guerre mondiale.

Le premier apogée de la mode parisienne se situa sous Napoléon III avec son inspirateur Charles Worth, un Hongrois immigré. Il habille l'impératrice, fait triompher les crinolines, développe la ligne en S, que le corset surveille. Puis la mode change et Paul Poiret libère le corps à l'heure où apparaît le soutien-gorge. Mais voilà que Paris donne à nouveau le ton d'une mode nouvelle avec la guerre, qui change les couleurs et la ligne, qui se militarise si l'on peut dire. Colette en fit la chronique d'un permissionnaire : « Je suis descendu à la gare de l'Est, ému, flageolant, sans voix, cherchant sur le quai celle dont l'image dernière, en six mois, n'a pas pu pâlir dans la mémoire : une jeune femme blonde, mince, en robe d'été, le cou et un peu de la gorge visible dans le décolletage d'une chemise de linon —, une jeune femme si femme, si faible et si brave à l'heure de la séparation. Je la cherchais lorsqu'un cri étranglé m'appela et je tombai dans les bras d'un petit sous-lieutenant délicieux qui fondit en pleurs sur mon épaule. Une capote de drap gris-bleu à deux rangées de boutons l'équipait à la dernière mode des tranchées. »

Le corps libre sous le vêtement fluide, les cheveux courts, c'est Coco Chanel qui lance la mode des années folles que Victor Margueritte décrit dans *La Garçonne*, dont la jupe remonte au-dessus du genou. Au vrai, le jazz, le charleston, le bar américain ont conquis aussi bien Berlin que Paris, mais plus que l'allemande, la capitale française est la cité cosmopolite par excellence qui crée la mode pour la femme, alors que pour l'homme c'est Londres. Le jersey fut ainsi lancé, et le tailleur Chanel, dont la clientèle est plus large que celle des autres « grands » qui, tels Worth, Poiret, Lanvin continuent à faire du modèle unique pour cliente unique. L'idée ? À chaque tissu doit correspondre un modèle, et chaque femme doit en inspirer un, celui qui s'adapte à sa ligne. Vouloir suivre la mode n'est pas digne d'une femme de qualité : elles la lancent, répètent Worth et Poiret, qui se battent à contre-courant et disparaissent avant la fin du demi-siècle, durant l'entre-deux-guerres.

L'autre nouveauté est bien qu'aux temps de Coco Chanel, la haute couture n'est plus seulement au service des notables et des princesses, et que la mode devient l'une des expressions du mouvement des arts : Jean Cocteau, Picasso et les Ballets russes s'en inspirent et l'inspirent.

La guerre, la défaite, la pénurie — faute de tissu, les robes s'étaient raccourcies —, et voilà la mode qui échappe à Paris, et les États-Unis qui entendent bien prendre la relève. C'est alors, en février 1947, qu'apparaît, fulgurante, la collection d'un couturier parisien, Christian Dior, qui rompt complètement avec ce temps des vaches maigres et propose un retour à la Belle Époque avec ses drapés, ses robes longues, sa guêpière et ses longs jupons. Scandale ! disent les Américains, surpris et furieux : nous aidons ce pays avec le plan Marshall et en guise de saines économies, il gaspille le tissu, revient au luxe des robes les plus sophistiquées. Cette mode répondait à une attente, elle exigeait aussi des moyens, et c'est la greffe de la couture sur un gros industriel, les tissus Boussac, qui ouvre une nouvelle ère qui permet à Paris de reprendre le flambeau. *Harper's Bazaar*, la revue de mode qui fait autorité, en prend acte : « It's quite a revolution, dear Christian. Your dresses have such a New look. »

L'expression fait fortune : le New Look est né. Désormais, tous les regards sont braqués sur l'ourlet, alors qu'en fait les nouveaux modèles accusent la taille, mettent en valeur la poitrine... « Nous sortions d'une époque de guerre, de femmes-soldats aux allures de boxeurs, je dessinais des femmes-fleurs, aux épaules douces », explique Dior. Le succès fut instantané et frappa l'Amérique qui industrialise la nouvelle mode — le tailleur Bar en fut l'emblème —, mais grâce aux moyens dont dispose Dior — l'industriel Boussac —, la mode Dior s'industrialise à son tour, chaque Française entend être à la mode avec un petit budget, les yeux fixés à chaque nouvelle collection sur la nouveauté à imiter...

Le retournement par rapport à l'avant-guerre est total.

Autres changements : d'abord, celui des élégantes qui incarnent la mode. Avant guerre, il s'agissait d'une clientèle de haut rang, princesses et notables du Gotha mondain. En ce temps-là, le mannequin n'est qu'une employée subalterne, comme la vendeuse, et le placier monte chez le couturier, lui aussi, par l'escalier de service. Dans l'atelier, règne sur les « petites mains » la première modéliste — ou le premier, ce que fut Dior chez Lanvin. Aux temps du New Look, la vedette passe aux stars du cinéma — ce sont elles, durant les années 1950 ou 1960, qui honorent les modèles nouveaux : Grace Kelly, Gina Lollobrigida, d'autres... avant que ce soit le mannequin qui, depuis les années 1990, devienne à son tour la star...

Autre innovation : la révolution du New Look dépasse le cadre de la robe et du tailleur. Déjà, avant guerre, les grands couturiers avaient leur parfum, leur eau de Cologne, Worth le premier ; la gamme des produits « mode » s'étend aux bas, aux gants, aux sacs et bientôt, c'est la « boutique » qui fournit tout l'accessoire, de Dior à Saint Laurent. Désormais, *Fashion means Business*...

Une analogie vient à l'esprit, insolite et sans doute inopportune : la cliente a perdu, désormais, le lien personnel qu'elle avait, autrefois, avec le grand couturier, qui est devenu une sorte de chef d'orchestre. On a pu constater la même évolution en médecine, où le patient a perdu le lien personnel qu'il entretenait avec son docteur. Au mur du cabinet du docteur Knock est accroché un tableau qui montre la courbe de la montée du nombre des patients. C'est celle du chiffre d'affaires qui figure désormais chez le grand couturier...

DE L'ART AU BUSINESS : MUSIQUE ET PEINTURE

Dans son ouvrage sur les passions françaises et qui porte sur les années 1848-1945, Theodore Zeldin s'interroge sur un contraste : pourquoi, se demande-t-il, la musique française, à la différence de la peinture, n'est-elle pas devenue internationale ? Il reprenait une question connexe soulevée en 1950 par un critique musical, Bernard Gavoty : « Les Français sont-ils musiciens ? », et aussi cette assertion de J.-J. Rousseau, dans sa *Lettre sur la musique*, en 1753 : « Les Français n'ont point de musique, ne peuvent en avoir, ou que si jamais ils en ont une, ce sera tant pis pour eux. » Propos excessifs, celui-ci comme ceux-là, puisque Couperin et Rameau rayonnaient en ce temps-là jusqu'en Allemagne du Nord, qu'ultérieurement Berlioz a permis à Franz Liszt, selon ses dires, de se révéler, à Schumann ou Wagner de lui exprimer leur reconnaissance. Et à l'heure où Romain Rolland, à son tour, se demandait « pourquoi tous les grands compositeurs français étaient étrangers » *(sic)*, il négligeait Bizet, dont *Carmen* fit le tour de l'Europe, et Claude Debussy, le plus novateur des musiciens du premier XXe siècle.

La question de Zeldin n'en est pas moins pertinente et la comparaison également — s'agissant de ces peintres, de Manet à Picasso, vendus dans le monde entier.

Évoquant la faiblesse de la musique française, J.-J. Rousseau pensait alors à l'opéra : il observait que notre langue, avec son absence d'accent et ses syllabes muettes, n'appelle pas le chant comme l'italien ; en outre, il notait que la syntaxe italienne était plus favorable à la mélodie avec son verbe fermant la phrase musicale en même temps que la cadence — les chanteurs français ne connaissaient que « le doux et le fort » alors que les Italiens disposaient de tout un clavier de nuances : largo, allegretto, allegro, etc. L'autre raison de J.-J. Rousseau, qu'il partageait avec d'Alembert, Diderot et d'autres encore, était plus politique ; elle ne portait pas sur la nature de la musique mais sur sa diffusion et sa fonction.

Au milieu du XVIIIe siècle, en effet, la gloire de Lully, apparue sous Louis XIV, était associée à la monarchie et aux cérémonies royales ; or, la croissance de Paris et le rôle déclinant de la monarchie ont suscité une réaction, le goût pour Lully participant désormais surtout d'une nostalgie pour le Grand Siècle ou de la popularité de ses mélodies au niveau populaire. La réaction fut d'autant plus vive que l'opéra italien, qui avait envahi la scène européenne, avait été *opera non grata* en France, un protectionnisme culturel dû à Louis XIV, et qui avait permis à Lully d'instaurer une sorte de « gallicanisme musical ». La grande fracture eut lieu en 1752 lorsque fut introduit l'*opera-buffa* italien dans un contexte politique particulier. « La querelle du *buffa* » avait lieu au moment où le roi et le Parlement s'affrontaient, et où la défense des Italiens devenait une lutte pour la défense des libertés...

Est-ce à partir de ce moment-là qu'une diversification des publics commence à s'opérer ? Jusque-là, on assistait au même spectacle ou concert, mais, selon son rang, pas à la même place dans la salle où il était représenté. Désormais, ceux qui s'intéressent aux progrès de la musique se dissocient de ceux qui, musique ancienne ou pas, donnent satisfaction à d'autres formes du plaisir. Ainsi en va-t-il des chorales ou des chœurs, de moins en moins nombreux en France au XIXe siècle, comme sont de moins en moins nombreux également les événements musicaux, qui ne retrouvent un apogée qu'à l'heure du Second Empire. Ce n'est plus le même public qui va au concert « classique », écouter Offenbach à l'opéra-comique, celui qui bientôt est un fervent du jazz. Ou qui suit les « progrès » de la musique que représentent, en 1894, le *Prélude à l'après-midi d'un faune*, ou les *Nocturnes*, Claude Debussy transférant exactement dans un langage musical la juxtaposition de couches colorées chez Monet, et inventant un véritable dépaysement tonal. Dans *Péléas*, la déclamation était conçue pour le faible relief de la langue française, retenant ainsi la leçon de Rousseau.

Une autre rupture, au lendemain de la Deuxième Guerre mondiale, avec la radio et le transistor, et l'industrie du disque aidant, est l'apparition de ce couple nouveau qui s'est formé, et qui a relégué la grande musique d'hier à l'illustration de spots publicitaires. La vertu des grands chefs d'orchestre est d'en assurer la survie grâce à l'existence d'un public de mélomanes avertis : on note ici en France une différence avec l'Allemagne surtout, où le festival de Bayreuth n'a cessé depuis un siècle d'attirer le public le plus composite. En France, on assiste à une certaine renaissance de ce type de manifestations, à Aix-en-Provence notamment, et l'on doit à Jack Lang d'avoir contribué à la revitalisation des événements musicaux, à la création de la Fête de la Musique. Mais le phénomène le plus frappant est sans doute l'appropriation de la musique rock, pop, punk par les jeunes, surtout depuis les années Beatles, et qui bien plus que par la télévision, avec leur walkman et l'écouteur collé à l'oreille, s'isolent d'une société dont ils veulent se sentir étrangers ; ils font le miel d'une industrie du disque plus puissante et plus prospère que jamais et qui inlassablement à la radio chante les mérites d'un nouvel album.

Ainsi les jugements sur les « incapacités françaises » portent autant sur le déclin de l'enseignement musical à l'école — les chorales naissaient le plus souvent à l'église —, sur le rejet en leur temps et au nom de la tradition des compositeurs novateurs tels Berlioz ou Debussy, sur des considérations autant politiques qu'esthétiques, et aujourd'hui sur la quasi-élimination des ondes, de la musique classique ou d'avant-garde contemporaine de Messian à Boulez — à l'avantage de la chanson.

La peinture moderne a plus de chance.

Elle est apparue à mi-chemin de Berlioz et de Debussy, au Salon des refusés, en 1863, avec *Le Déjeuner sur l'herbe* de Manet. Le contexte est institutionnel, antiacadémique, Napoléon III ayant réagi à une élimination arbitraire du Salon d'un grand nombre de peintres déjà renommés, tels Jongkind, Whistler ; à son initiative, un Salon-bis s'ouvre, dépossédant l'Institut. Parmi les toiles, *Le Bain*, premier titre du *Déjeuner sur l'herbe*, fait scandale. « Une nouvelle manière de peindre », dit Zola. Oui, la peinture commence à Manet, dira Gauguin.

La nouveauté est bien que le tableau ne renvoie qu'à lui-même et pas, comme c'était encore le cas pour David ou Delacroix, à la mythologie ou à l'histoire, fût-ce celle du passé de la peinture. Dans le temps et l'espace de leurs toiles, il y avait cet ailleurs — religieux, historique, mythique —, alors que dans *Le Déjeuner sur l'herbe* la femme nue qui nous regarde nous frappe pour qu'on la regarde en direct. À partir de cette date-là, 1863, la peinture sera essentiellement celle d'une perception, et non pas d'un imaginaire (G. Picon). Degas, Monet, Pissaro suivent. Qu'est-ce à dire, sinon que le peintre n'est plus hanté par une présence invisible, ce passé spirituel qui est son héritage culturel :

désormais, il devient impossible de peindre une femme nue en voyant en elle Vénus. L'artiste regarde la société avec son œil à lui, quitte à entrer en conflit avec les valeurs qu'elle porte : dans un portrait, le visage n'est plus celui de la personne peinte, mais celui que l'artiste a vu. Juger que l'« art » du portrait se meurt parce que la photographie, apparue à la fin du XIXe siècle, l'a tué serait n'apercevoir qu'un aspect du problème.

« Moi aussi je suis un gouvernement », disait déjà Courbet qui voulait signifier par là qu'il entend être autonome, avoir sa propre vision du monde. En ce sens, les peintres du fauvisme ou de l'impressionnisme, sans parler des cubistes puis des surréalistes, furent les ancêtres d'un certain cinéma, qui va de Jean Vigo à Godard.

Ainsi cette peinture-là portait en elle un regard révolutionnaire. Mais la société l'était-elle autant — entre 1863 et la guerre — que le regard porté sur elle par ces peintres et par les étrangers ? Ce furent ainsi des étrangers — à part le socialiste Marcel Sembat qui fit don des Fauves à Grenoble — qui achetèrent les Cézanne, les Degas, les Picasso, le docteur Barnes aux États-Unis achetant lui-même plus de quatre cents tableaux, les Russes presque autant.

Sans être pour autant tous reconnus, ces peintres n'en avaient pas moins lancé le grand marché des œuvres d'art. Un siècle après, pas moins, le public français leur rend hommage.

LA PRIMAUTÉ DE PARIS

La primauté de Paris s'est affirmée et accentuée aussi dans le domaine de l'architecture et de l'urbanisme. Le Prince et l'État centralisé l'ont toujours mis à leur service, pour graver leur postérité dans la pierre. Ce que les rois avaient inauguré avec les châteaux de la Loire ou Versailles, les empereurs l'ont repris à Paris, mais aussi le pouvoir personnel des Présidents de la Ve République, Georges Pompidou et François Mitterrand surtout. Ce que Napoléon Ier rêvait de faire de Paris grâce à Pierre-François Léonard Fontaine, c'est Napoléon III qui l'a réalisé avec Haussmann. C'est à Paris que règne le pouvoir, et que l'État passe ses commandes les plus importantes, mais l'esprit centralisateur y ajoute que le plan rénové de Rouen s'inspire de la croisée de Paris (avec la rue Thiers et la rue Jeanne-d'Arc, ex-rues Impériale et Joséphine), mais aussi ceux de Toulouse, d'Avignon, de Marseille...

Il est certes des architectes, tel Viollet le Duc aux temps de Napoléon III, qui se dressent contre cette uniformisation, mais les projets de l'urbanisme deviennent tels, après les destructions de la Deuxième Guerre mondiale surtout, que les entrepreneurs l'emportent peu à peu sur les architectes, sur la création, et que l'État ayant choisi le camp du modernisme, du fonctionnel à la Le Corbusier, l'omniprésence du béton, le quadrillage et l'obsession de la circulation imposent leur loi.

L'énormité de la ville capitale laisse pourtant une place à la commande privée au temps de l'art nouveau notamment, avec Hector

Guimard durant l'entre-deux-guerres. Mais pas seulement : dès le milieu du XIXe siècle, toutes sortes de monuments parisiens aux fonctions multiples servent de modèles au reste du pays ou à l'étranger, quelle que soit leur origine, politique ou privée : bibliothèques telle Sainte-Geneviève, conçue par Labrouste, que reproduit le Boston Public Library ; grands magasins, tel le *Bon Marché*, construit en 1876, de Boileau et Eiffel, bientôt imité par les *Galeries Lafayette* ; les gares de Paris, celle d'Orsay et de l'Est en premier, dont on retrouve le modèle à Tours et dans d'autres villes de province ; l'Opéra de Paris, de Charles Garnier, dont Théophile Gautier disait qu'il était une « cathédrale moderne de la civilisation ».

C'est encore à Paris que se construit le premier métro, les villes de province n'imitant la capitale que bien des décennies plus tard.

PARIS ET SON MÉTROPOLITAIN

Les Anglais avaient eu leur « tube » en 1863, Berlin, Vienne et New York avaient suivi. Tous ces métros fonctionnaient à la vapeur, on la remplaça dès qu'on put par l'électricité. Mais les Français en disputaient : il fallait « faire quelque chose » car l'encombrement par les omnibus à deux chevaux, à trois chevaux ou encore les tramways à traction animale encombrait les chaussées de la capitale. Et puis pour les tramways à traction mécanique, la vitesse maximum était de dix kilomètres à l'heure. Or, par anglophobie on ne voulait pas imiter le rival — « jamais les Français n'accepteraient de circuler sous la terre ». Quant à Haussmann, il s'intéressa peu à ces projets car, en surface, le métro détruirait le « beau Paris » qu'il concevait. Des maquettes montrant un métro subaérien cachant l'opéra soulevaient d'indignation. « Mais on ne doit pas cacher sous terre un si beau projet, comme si on devait en avoir honte », répliquait Garnier. En 1887 se constitua une « Ligue pour le métro aérien ». Mais la « Société des amis des monuments parisiens » s'y opposa.

Or, le vrai problème était ailleurs : les compagnies de chemin de fer faisaient obstacle car elles voulaient prolonger leurs propres lignes au sein de la capitale et prévenir ainsi toute cette concurrence qui pouvait émaner du métro. Louis Barthou trancha ces conflits en donnant à la ville le monopole de la mise en place du projet, qui elle-même confia à Fulgence Bienvenüe le soin de préparer un dispositif souterrain, avec exceptions subaériennes là où ce serait nécessaire. Le trou de la place de l'Opéra, à vingt-deux mètres au-dessous du niveau des boulevards, un des « clous » de la réussite, permit de faire passer trois lignes les unes au-dessus des autres. Jamais, de mémoire d'Haussmann, on n'avait vu pareils chantiers... En 1900, pour l'Exposition universelle, la première ligne était achevée. Bientôt la Seine était franchie... Concession à l'esthétique, on confia à Hector Guimard les extérieurs du métropolitain, où il introduisit le « newstyle », dont il ne reste que des témoins, porte Dauphine par exemple, qui avait failli être le terminus de la ligne 1. Mais la conception globale du métro était austère et fonctionnelle, un moyen de transport et cela seulement. Il faut attendre l'exemple du métro de Moscou et surtout les années 1980 avec le Réseau Express Régional pour que le métro devienne un lieu de vie, avec ses nouvelles stations commerçantes.

Lieu de vie, le métro l'avait été pour les poètes et les artistes, qui ont observé les mœurs de ses usagers depuis qu'il existe. Franz Kafka fut le premier à y discerner habitués et provinciaux et cette course de la rame « qui coule comme de l'eau dans des conduites ». Léon-Paul Fargue et Raymond Queneau, Marc Augé ont finement décrit ce qu'est le voyage individuel et collectif du Parisien, cette solitude qu'il y trouve au milieu de ses semblables, cette solidarité secrète qui se noue avec ces gens venus d'ailleurs, le souvenir que représente pour lui chaque station. Plus encore, la chanson s'est saisie du métro et le cinéma. Le métro, c'est Paris pour ceux qui n'y sont plus. La nostalgie de ses odeurs, pour Gabin dans *Pépé le Moko* ; ce ticket troué, dernier lien avec ce qu'il aime, pour Yves Montand, dans *Le Salaire de la peur*. Ayant senti l'attachement charnel des Parisiens pour leur métro, Marcel Carné et Alexandre Trauner ont reconstruit toute une station, la plus mouvementée, Barbès-Rochechouart, pour restituer au public la vérité poétique des *Portes de la nuit*.

Malgré ses grèves et son inhumanité nouvelle, liée à une technologie qui l'a privé du service de ses agents, malgré ses conflits centenaires avec le chemin de fer aux interconnexions comme le montre avec humour le film de Christian Lallier, *Changement gare du Nord* (1994) — plutôt que deux cultures, deux technocraties qui veulent s'ignorer —, le métro met volontiers hors de lui son usager. Il a fallu attendre la fin du millénaire pour que celui-ci soit pris en considération pour lui-même et pas seulement au travers des progrès du réseau, du confort, des techniques... C'est qu'à la manière de la SNCF, la RATP est surtout fière de ses exploits technologiques qui la font s'exporter au Brésil comme au Canada, au Chili comme en Chine. Et son réseau est, certes et de loin, la plus belle réussite des transports dans les grandes capitales. Comme celle de l'Airbus ou du TGV, elle contribue à modifier l'image de la France à l'étranger, à assurer la prospérité du tourisme dans sa capitale.

L'urbanisme et les autres domaines de l'art constituent bien le terrain où la centralisation et l'hégémonie parisienne ont conjugué leurs effets. Cet effet par accumulation s'est manifesté de façon symbolique dès l'Ancien Régime, lorsque, sous Louis XV, la Maison du roi confia l'essentiel de l'autorité sur l'opéra au secrétaire d'État chargé de la capitale et au Prévôt des marchands. La concentration des activités artistiques près des foyers du pouvoir, sous son égide ou non, s'est ainsi accélérée au XIXe siècle, et ainsi consolidée au XXe, de la Belle Époque aux Années folles.

Depuis le dernier tiers du XXe siècle, on observe que la position hégémonique de la capitale est quelque peu contrebalancée, même si elle continue à se raffermir. Ainsi, le comportement des Parisiens freine le déclin des spectacles, désormais concurrencés par la télévision, tandis que les métropoles régionales contribuent à la hausse de la fréquentation des trésors du patrimoine. De sorte que, si la culture de sortie décline, la consommation patrimoniale progresse, mais dans ce cadre la part de Paris est de plus en plus prépondérante : la moitié du public du théâtre pour la France entière, en 1992, la moitié du chiffre d'affaires des éditeurs avec les libraires, et 85 % des titres d'ouvrages ; et pour 8 % des fauteuils de cinéma, 24 % de la consommation nationale. La structure de la population parisienne intervient pour rendre compte de cette distorsion et de cette polarisation : plus fortunée, plus diplômée, elle concentre les cibles directes de l'offre culturelle. De sorte que, consacrant 4,6 % de son budget à la culture, mais étant plus riche, la population de Paris a des dépenses culturelles de 50 % supérieures à celles du reste du pays. Corrélativement, montre P.-M. Menger, plus des deux tiers des créateurs, français ou étrangers, sont nés à Paris ; sur six mille qui ont le statut d'auteurs, 75 % vivent dans la région parisienne ; les plus implantés sont les artistes et professionnels de l'information, 54 %, alors qu'y vivent 42 % des cadres d'entreprise et 25 % de professeurs et professions scientifiques.

Cette concentration se retrouve à Londres, mais ni en Allemagne ni en Italie ni aux États-Unis.

Effet pervers du développement de la télévision, la situation stagnante ou déclinante du spectacle reste sans effet sur le monde des artistes, qui s'accroît ; et les investissements culturels des collectivités locales, dont André Malraux fut un des promoteurs, n'ont pas abouti à une déconcentration du marché. Ces investissements ont abouti à une autonomisation des activités subventionnées, celles-ci étant moins directement en relation avec les demandes du public. L'existence de sureffectifs, d'un vivier d'artistes, de réseaux, voilà qui rend compte de la concentration des professionnels dans la capitale.

Censé arbitrer le partage de ses aides entre, d'une part, les demandes de la capitale, la considération de son rang international, et, d'autre part, l'idéal de démocratisation culturel, l'État a cédé au prestige et consolidé la position de la capitale, dont les grands travaux ont pris le pas sur les aides d'une autre nature. À l'époque de Mitterrand, par exemple, pendant le premier septennat les dépenses du ministère de la Culture sont passées, pour Paris, de 44,3 % du budget total à 57,3 % ; et pour la province, de 40,2 % à 32 %. On mesure ici le prix de l'Opéra-Bastille et de la Bibliothèque de France.

Un apogée en médecine : de l'école de Paris

Des travaux et des jours accomplis par la société française, les plus reconnus furent bien les transformations « révolutionnaires » que l'École de Paris apporta à la médecine pendant le demi-siècle qui suivit la Révolution française et en liaison avec les innovations de la Convention. C'est alors que naquit et se développa la médecine hospitalière qui rompait avec l'ancienne médecine au chevet du malade avant que cette innovation qu'incarnent des hommes comme Bichat, Broussais, Esquirol, Laennec fût elle-même reléguée à l'avantage de la médecine de laboratoire que représentent Claude Bernard puis Pasteur, qui n'étaient pas médecins traitants mais respectivement physiologiste et chimiste. Enfin, dernière rupture, la biologie moléculaire s'est constituée comme un modèle d'explication globale. Mais la maîtrise de la médecine remonte à l'École de Paris.

Jusqu'à l'apparition de l'École de Paris, l'épisode de la mort de Mazarin témoigne de ce qu'était l'état de la médecine d'alors. « Ce matin [7 mars 1661], le Mazarin a reçu l'extrême-onction et de là est tombé dans une grande faiblesse. Il a reproché à Valot qu'il est cause de sa mort. Hier, à deux heures, dans le bois de Vincennes, quatre de ses médecins, savoir Guénault, Valot, Brayer et des Fougerais alterquoient ensemble et ne s'accordaient pas sur l'espèce de maladie dont le malade se mouroit. Brayer dit que la rate est gâtée ; Guénault dit que c'est le foie ; Valot dit que c'est le poumon et qu'il y a de l'eau dans la poitrine ; des Fougorais dit que c'est un abcès de mesentère et qu'il en a vuidé du pus qu'il a vu dans les selles, et, en ce cas, il a vu ce que pas un des autres n'a vu. »

Ainsi, au témoignage de Guy Patin, ces quatre grands médecins divergent dans leur diagnostic. Au point que le grand physicien Denis Papin décide de quitter la médecine, qui n'est pas fiable, et agit de même Claude Perrault qui préfère renoncer à l'exercice d'un art à ce point conjectural et préfère s'adonner à l'architecture qu'il a également étudiée.

Un siècle plus tard tous sont d'accord : royalistes et radicaux, bonapartistes et libéraux jugent que c'est la révolution et elle seule qui a permis la naissance d'une médecine nouvelle. Son agent : le nouvel enseignement dont Fourcroy a été le chantre et que la Convention a institué en 1794.

« Il ne suffit pas de donner des leçons et de faire des cours publics sur toutes les branches des sciences de la nature et de se borner à des paroles. (...) Les élèves seront exercés aux expériences cliniques, aux dissections anatomiques, aux opérations chirurgicales, aux appareils. Peu lire, beaucoup voir et beaucoup faire, telle sera la base du nouvel enseignement. Pratique de l'art et observation au lit des malades deviendront ce qui a manqué jusqu'ici aux Écoles de médecine, une des principales parties de cet enseignement. »

Or, la condition nécessaire et préalable à la mise en pratique de ce programme était l'existence d'hôpitaux, qui précisément s'étaient multipliés entre 1775 et 1789 : Necker, Cochin, Beaujon. Surtout, il convenait de dessaisir l'Église de la gestion des hôpitaux qu'elle exerçait en des temps où l'Hôtel-Dieu et les autres étaient des institutions charitables pour vieillards, voire des institutions carcérales — pour en confier la direction à des médecins. La prise de pouvoir de Desault, un chirurgien à l'Hôtel-Dieu, était antérieure à la Révolution ; celle-ci la consacra et l'étendit à tous les établissements hospitaliers qui passèrent sous l'égide de la médecine et de la chirurgie, enfin réconciliées. En dehors demeurèrent désormais les hospices. Le rapport de Terron en 1788 sur la situation de ces hôpitaux était pitoyable. « De quatre à six malades sur un même lit, des morts mêlés aux vivants, des salles sans lumière, des convalescents mêlés aux mourants, les maladies contagieuses mêlées aux autres, les opérations au milieu de la salle, les salles où l'on trépane voisinant avec celles où sont regroupés les fous... » Certes, malgré le changement de statut, la pitié des établissements hospitaliers demeura longtemps une réalité dont on connaît encore des survivances...

Mais c'est là néanmoins que la médecine fit des progrès fulgurants, les nouveaux maîtres de l'hôpital redistribuant les malades en relation avec leurs lésions dans des salles spécialisées qui permettent l'observation comparée de l'évolution de chaque maladie.

Identifier et classer les maladies fut ainsi le premier grand progrès de la médecine qui, jusque-là, utilisait des noms communs — fièvre, épidémie, peste, etc. — afin qu'elles correspondent à un diagnostic précis lié à l'observation. L'utilisation du stéthoscope, par Laennec, incarne bien la philosophie de cette nouvelle médecine, d'observation, alors que jusque-là le symbole du médecin avait été le clepsydre ou l'urinal.

Ce furent Pinel — connu plus tard comme psychiatre — et Bichat qui furent les pères des premières nosologies, où les maladies étaient regroupées par classes, et où, parallèlement, était décrite l'« organisation » de l'homme et de l'animal avec la description des différents tissus.

Mais ce fut Broussais, médecin et chirurgien, au Val-de-Grâce, qui synthétisa ce qui devait être l'anatomie pathologique moderne. Théoriciens de la maladie, ces pionniers allaient bientôt être relayés par des médecins se voulant avant tout des thérapeutes : Bretonneau, Trousseau, plus éclectiques que leurs maîtres. Simultanément, la tendance au développement des spécialités devint l'apanage de cette école de Paris : chacune allait désormais disposer de son grand prêtre. L'origine du changement tenait sans doute à ce que les maladies n'étaient plus considérées comme des phénomènes généraux d'ordre humoral mais des affections localisées, Bichat ayant été le premier à se moquer des « universalistes » — ce qu'il avait été lui-même — pour préconiser la spécialisation qui, désormais, va parcelliser la médecine...

Apparaissent ainsi, dès 1845, à côté des officiers de santé dentistes, les obstétriciens-gynécologues, les psychiatres, les orthopédistes, les ophtalmologistes, les urologues, les vénérologues, dermatologues, pédiatres. Cette spécialisation n'existait pas encore à Londres, à Vienne, à Dublin dont les étudiants et médecins vinrent à Paris pour en connaître les données et pratiques. Déjà, Laennec comptait trois cents élèves étrangers et ce rayonnement atteignit surtout les Allemands, qui bientôt critiquèrent l'arrogance et la vanité des grands médecins français « plus théoriciens qu'efficaces », plus savants que thérapeutes et utilisant moins de médicaments, un des joyaux de l'industrie chimique allemande... Ce furent ainsi surtout les Anglais, les Américains, les Espagnols qui « réexportèrent » chez eux les découvertes des médecins français de l'École de Paris, entre autres les apports de la méthode statistique de Pierre Louis, qui permettait de systématiser les recherches de ses confrères.

Au XIXe siècle, après les déesses des Lumières et de la guerre, trois divinités étaient montées au firmament : l'industrie, la science et la médecine. Des trois, et malgré le bond accompli depuis la Révolution, la médecine était de loin la plus débile ; et la chimie mit la main dessus. « Quand nous la tiendrons, nous ne la lâcherons plus », disait Pasteur au milieu du siècle. On imagine l'accueil que, bientôt, les médecins firent à ses découvertes. Il est vrai qu'ils n'avaient pas non plus retenu l'intérêt essentiel que présentait l'œuvre de Claude Bernard, *Introduction à l'étude de la médecine expérimentale* (1865), qui se voulait physiologiste plus que médecin et dont l'œuvre révolutionnaire fut mieux apprise et plus appréciée en Allemagne qu'en France : ce fut Robert Koch, son héritier. Et non Pasteur, qui accomplit son œuvre en suivant sa propre route, différente puisqu'il se voulait également thérapeute. Sa théorie sur l'action des agents infectieux, bactérie ou virus, montrait l'inanité de la génération spontanée et donnait un fondement au principe de la vaccination.

Il s'agissait là d'un nouveau regard sur le rapport entre l'homme et la nature. Mais aussi d'une nouvelle vision de la médecine. De même qu'on assiste, à partir de la fin du XIXe siècle, à une médicalisation de la société, on peut parler d'une pastorisation de la médecine, la microbiologie transformant partiellement les pratiques médicales, les conceptions de la maladie, la prophylaxie.

Ce sont ainsi les acquis pastoriens — théorie des germes, antisepsie, atténuation de la virulence des microorganismes pathogènes — qui ont déplacé les frontières de la pratique médicale — le laboratoire ayant désormais pris la relève de l'hôpital, ou plutôt des salles. « La médecine avant Pasteur, la médecine après Pasteur, écrivait Pasteur de lui-même, pour la gloire de notre chère France. »

Il est vrai que l'apogée de Paris se situe bien à ce moment-là, qu'il s'étend à l'outre-mer grâce aux instituts Pasteur, un des alibis de la colonisation — mais dont on ne saurait pourtant contester l'œuvre sanitaire accomplie. Désormais, l'Allemagne et les États-Unis s'équipent avec des moyens toujours plus puissants que la France pour faire progresser leurs laboratoires. C'est à Paris encore que Ève Curie vient travailler pour obtenir un des premiers prix Nobel de physique en 1903, de chimie en 1911. Depuis, moins de prix Nobel ont été attribués à la France mais ils ont été obtenus avec des moyens moindres — et par conséquent un mérite plus grand pour leurs lauréats...

LA MÉDECINE CONTRE L'ORDRE JUDICIAIRE

Le monde de la science entendait améliorer à la fois la santé du corps humain et celle du corps social. Au XIXe siècle, c'est à l'ordre judiciaire que s'était frottée la science médicale. Une de ses branches, la médecine mentale, voulait prouver son aptitude à gagner sa place à côté de la justice en se portant sur la brèche dans des cas difficiles, tel celui de Pierre Rivière « qui égorgea sa mère, sa sœur, son frère... » et qu'on pouvait estimer irresponsable. La condamnation de Pierre Rivière, fou, par un jury représenta un échec pour le corps médical tout entier. Au vrai, les sommités de Paris qui s'étaient mobilisées en 1835 autour d'Esquirol ne se réunissaient pas pour un meurtrier qu'elles n'avaient jamais vu : elles faisaient une démonstration de pouvoir. Elles avaient été requises par la défense, mais aussi alertées par la presse de l'importance de l'enjeu : il s'agissait de soustraire à la justice pénale un aliéné qu'on devait séquestrer.

Or, pas plus que l'ordre judiciaire n'est favorable, au XIXe siècle, à ces interventions, pas plus il n'approuve, un siècle plus tard, la constitution d'un l'Ordre des médecins qui se doterait d'une juridiction spécifique et corporative qui lui échapperait.

Une longue guerre qui commence.

Déjà forte de ses succès, la science médicale a pris les devants en arguant de l'erreur que commettrait un juge en s'érigeant en « Sorbonne médicale ». Certes, le recours aux experts s'organise et s'institue, mais le juge s'en méfie aussi. L'ordre médical n'en estime pas moins que le tribunal ne dispose d'aucune qualification scientifique pour évaluer la compétence d'un médecin, la responsabilité d'un malade, d'un débile, voire d'un délinquant. Au nom de la science, il s'insinue dans le prétoire, affirmant son infaillibilité.

La deuxième offensive de la médecine contre l'ordre juridique porte aussi sur le problème de la responsabilité, mais elle élargit le débat et menace toute une partie de l'édifice construit par Beccaria, inspirateur du droit pénal moderne, qui recommandait de proportionner la peine au délit, non aux personnes ; de prévenir le crime plutôt que de le réprimer (*Des délits et des peines*, 1764). La formulation la plus claire de cette mise en cause émane du professeur Dally, en 1867, qui déclarait devant les membres de la Société médico-psychologique : « L'homme ne saurait être moralement responsable de ses actes, pas plus qu'il ne l'est des maladies qu'il apporte en naissant, ou qu'il a contractées dans le cours de sa vie. »

Le coupable de crimes étant irresponsable, on ne devait plus le mettre au premier rang en le jugeant, on devait d'abord protéger la société contre ses possibles méfaits. Aussi, la peine à infliger au coupable ne devait pas être proportionnée au degré de responsabilité — toujours subjectif et difficile à évaluer — mais à la quantité de mal qu'on peut redouter de sa part. Pour autant que seul un savant est à même de mesurer le risque de criminalité que fait courir un individu, il faut prévenir celui-ci de toute possibilité de nuire, même s'il n'a encore commis aucun crime... Le crime est comme la maladie, juge l'école d'anthropologie criminelle de Lumbroso — le remède doit être approprié au malade. Ainsi l'idée de purge se substitue à la notion de justice, et le principe d'élimination y trouve un fondement scientifique et social. Contre la mansuétude des juges naissait ainsi l'idéologie sécuritaire. Elle trouvait une compagne dans une certaine forme d'eugénisme qui visait éliminer les malfaisants et anormaux, tels que la science et la biologie les définissaient. On connaît l'usage qui en a été fait par les nazis.

La contre-offensive de l'ordre juridique se situa sur un autre terrain...

Le talon d'Achille du monde médical, Fourcroy l'avait identifié dès qu'il eut énoncé la première loi sur l'enseignement médical et sur l'exercice de la médecine : « Aussi honorable que la profession de médecin puisse être, elle s'accompagne de l'esprit de lucre. Elle conduit à la fortune et cela demande à être reconsidéré. De plus, l'honneur n'est pas seulement attaché à l'exemption de transactions monétaires (...) ceux qui en font commerce sont nécessairement concernés par ce préjugé. »

Certes, pendant longtemps, le médecin soigne gratuitement les pauvres, à la fois par conviction généreuse et pour maintenir son rang. Mais qu'à la fin du XIXe siècle les patients quittent la campagne pour la ville, et la situation change du tout au tout. Quelles que soient ses convictions libérales, l'intervention de l'État lui ouvre des perspectives immenses, que ce soit la clientèle ou les assurances, ou encore l'État qui le rémunèrent.

C'est alors qu'apparaît le juge, jouant le rôle d'arbitre dans les querelles d'honoraires et de responsabilité médicale, ce qui semble un outrage à la dignité et à l'honneur de la profession. L'humiliation est à son comble lorsque, usant de son pouvoir, le juge requiert le médecin comme expert ; non seulement il le commet d'office, mais, loin de le laisser se faire entendre en maître, l'ordre juridique l'oppose à un autre expert, dévaluant ainsi son savoir, sa compétence...

Mais il y a plus.

Jusqu'à la révolution pastorienne, les escarmouches entre l'ordre médical et l'ordre juridique étaient limitées aux problèmes tenant au secret médical, aux honoraires et autres fautes ou erreurs du médecin ; reconnue comme principe, la responsabilité de celui-ci était restreinte. Or, brusquement, en France du moins, dès les dernières années du XIXe siècle, la multiplication des affaires modifie le concept de responsabilité. À partir du moment où la médecine s'affirme scientifique et sûre d'elle, et où la théorie microbienne, l'antisepsie et l'asepsie — à la suite de Semmelweis — permettent d'imaginer qu'un médecin peut être aussi bien un vecteur de maladies, ce changement modifie du tout au tout le rapport entre les patients et la médecine. En cas de non-guérison, faute de condamner le microbe, le patient se retourne contre le médecin. Robert Carvais a constaté l'accroissement spectaculaire du nombre des procès à partir du moment où s'affirme cette scientificité de la thérapeutique et où commence à se dissoudre le rapport privilégié que le malade entretenait avec le médecin de famille : 0,23 de procès par an pour dix mille médecins entre 1846 et 1888, encore 2,22 entre 1900 et 1914, 55,5 en 1981. La barre de la centaine doit être franchie avec le siècle.

Autant que les progrès de la technique, l'état nouveau des mœurs avec la diffusion des connaissances médicales par la presse, la télévision, et la multiplication des actes médicaux, rendent compte de ce bond.

Surtout, entre l'ordre juridique et l'ordre médical, un acteur nouveau est intervenu, le patient. Le rejet de la passivité antérieure du patient reproduit, avec un demi-siècle de retard, le comportement des classes laborieuses face au patronat industriel. Ajoutons que, par contagion, la révolte prend la forme tantôt d'un procès, désormais d'une expertise.

Tout comme le patron ne peut plus aussi aisément licencier sans compensation, l'ordre médical, s'il ne guérit pas, doit lui aussi compenser ce manque par une indemnité. On est passé du droit à la santé au droit à la guérison.

Signe des temps, le patient trouve aujourd'hui en la personne de l'avocat celui qui, socialement, le réhabilite et aussi lui confère des droits, prenant ainsi à sa façon la relève du médecin et des syndicats. À la maladie, réponse individuelle aux difficultés sociales collectives que les pouvoirs politiques ne peuvent résoudre, correspond l'avocat ou le conseiller juridique, et la voie individuelle de défense que les syndicats ne savent plus assurer.

Instruction et santé : similitudes et contrastes

Rien n'est plus frappant, en France, que le développement contrasté de l'instruction et de la santé. La première, que l'État glorifie, et dont les chantres parcourent l'Histoire, de Fénelon à Condorcet, Guizot ou Jules Ferry ; l'autre, stimulée par les progrès de l'hygiène, qu'illustre par ailleurs le renom des grands médecins et savants, de Bichat à Laennec et à Pasteur.

Le point de convergence de ces deux activités est bien que des institutions dominantes, l'Église et l'État, les ont prises en charge avant comme après la révolution de 1789. Plus : elles ont été l'enjeu de leur rivalité, la Convention soustrayant la santé à la charité et à l'Église pour la confier la médecine. Simultanément, la querelle de la laïcité empoisonne la vie de l'école pendant plus d'un siècle, l'Église comme l'État souhaitant contrôler l'éducation et l'instruction des enfants. « Il faut instaurer une démocratie de gens bien portants, bien pensants, et bien voulants », disait Léon Bourgeois vers 1900.

Ce sont ces conflits et ces performances qui ont occupé le devant de la scène. Mais rendent-ils compte des progrès de l'instruction et de la santé ?

À la fin du XVIIIe siècle, tandis qu'émergeait la médecine clinique, s'était élaborée une politique de la santé, les maladies — et pas seulement pendant les épidémies — étant désormais considérées comme un problème de société, qui se dissociait peu à peu de celui de l'assistance. Avec la révolution de 1789, la santé, l'hygiène et le bien-être sont apparus comme un objectif politique nouveau qui s'ajoute aux autres fonctions traditionnelles du pouvoir.

Cet État hygiéniste portait en lui la coercition, alors que l'État providence portait en lui la justice distributive. Ordre médical et ordre politique s'associaient pour organiser une politique de l'hygiène puis de la santé. Un changement qui révèle une vision double, presque antinomique : celle de la mobilisation autoritaire, de la défense du sang de la nation, une hygiène qui pèse comme une force extérieure ; et d'autre part celle qui institue l'État comme protecteur et garant de la sauvegarde de ses membres (P. Rosanvallon).

Pourtant les progrès de la santé n'ont jamais concerné les dirigeants du pays autant que ceux de l'instruction. Lorsque, le 25 février 1848, les ouvriers réclament le droit au travail et le minimum assuré en cas de maladie, on retient la première revendication — c'est le décret de Louis Blanc —, on oublie le second, et ce qu'il implique. Autre signe : cent après, à côté de l'Éducation nationale, ce « mammouth », le ministre de la Santé est demeuré un nain administratif — celui de l'Hygiène, son prédécesseur, n'ayant été créé qu'en 1920, corps sans troupes, sans prestige, jusqu'aujourd'hui, constamment sacrifié sur le plan budgétaire.

Il reste que l'amélioration de la santé, l'allongement de la vie constituent un des grands progrès des deux derniers siècles. Malgré les grandes victoires de la médecine — contre les épidémies, grâce à la vaccination, aux antibiotiques, etc., on a pu juger que celles-ci n'étaient pas seules en cause, mais tout autant les changements économiques et sociaux qui rendent opératoires ces innovations médicales. Ainsi René Dubos a remarqué le premier, suivi par I. Ilich, qu'en Europe occidentale, les progrès de l'espérance de vie sont apparus dès le XVIIIe siècle, donc avant les victoires sur les épidémies ; que la diminution de la mortalité due, pour les enfants, à la scarlatine, la diphtérie, la coqueluche ou la rougeole, a eu lieu avant la prescription des antibiotiques et de la vaccination généralisée contre la diphtérie ; cet argumentaire peut être contesté puisqu'au tournant du XXe siècle, la variole ferait trois fois plus de victimes dans les pays où elle était facultative (Belgique, Pays-Bas, France) que dans ceux où elle était obligatoire (Angleterre, Suède).

Quoi qu'il en soit, le problème est bien que les progrès de la santé ont résidé tout autant dans une amélioration de la nutrition et des conditions de vie. L'interaction entre la courte longévité et ces conditions-là se vérifie surtout au-dessous d'un certain seuil de revenu, et la géographie des départements, l'inégalité de leur développement en reflètent aussi la réalité, le nombre des médecins étant lui aussi en corrélation, le plus souvent, avec l'aisance relative des populations.

En quelque sorte, les progrès de la civilisation ont porté le médecin autant que ce dernier a contribué à améliorer la santé. Une première poussée s'était située à la fin du XVIIIe siècle et au début du XIXe, période qui coïncide avec la mode nouvelle de l'hygiène, le médecin devenant la caution du bon réformateur en 1789[1]. Une deuxième poussée se repère vers le milieu du XIXe siècle, mais la population des campagnes demeure au stade prémédical. Les parties les plus pauvres de la société, ruinées par la crise démographique et agricole des années 1980, disparaissent alors peu à peu : l'amélioration de la santé s'insinue désormais jusqu'aux coins les plus reculés des campagnes, mais il faut encore près d'un siècle pour que le pays en soit pénétré tout entier.

Pour autant que la médecine n'est ainsi qu'un des facteurs des progrès de la santé, on peut se demander, de façon comparable, si l'institution scolaire n'a pas été seulement, elle aussi, qu'un des facteurs de l'alphabétisation des Français, c'est-à-dire de leur capacité à lire. C'est la question qu'a posée l'ouvrage de François Furet et Jacques Ozouf, qui observent que la chronologie et la carte de l'alphabétisation des Français sont moins subordonnées à l'évolution du réseau scolaire qu'à l'histoire du développement social. Certes, la première mutation fut religieuse, avec la Réforme protestante qui ordonne la lecture de la Bible ; elle fut technique aussi grâce à l'invention de l'imprimerie. Mais la seconde mutation est sociale et oppose ville et campagne, la première ayant plus de marchands, d'avocats, d'artisans, et moins de pauvres paysans et de journaliers : « C'est tellement vrai que la ville champignon du XIXe siècle, née d'une industrialisation rapide, “à l'anglaise”, voit reculer son niveau moyen d'alphabétisation, par suite de l'afflux massif de salariés nouveaux. Au contraire, la ville traditionnelle, à la fois marché et centre administratif qui s'enorgueillit de son tribunal et de son collège, de son séminaire est, par excellence, le pôle bourgeois de l'alphabétisation grâce à un effet d'entraînement plus ancien, et le centre culturel où lire et écrire incarnent culture et progrès[2]. »

L'inégalité sociale a souvent, aussi bien, des origines géographiques. Sans doute, on observe, au XIXe siècle et après, une croissance forte et régulière du nombre des écoliers et se réduit la disparité entre départements. L'augmentation la plus rapide se situe dans les années qui précèdent et suivent la loi Guizot, de 1837 à 1847, étant entendu que l'accroissement démographique la conditionne aussi. Il reste que dans les régions les plus pauvres, et là où l'analphabétisme était général au milieu du XIXe siècle, l'assiduité se limitait souvent à trois ou quatre mois par an, sans compter les hameaux réfractaires où les parents reti-

---

1. *Cf.* Mitchell, H., « Rationality and control in French 18th century — views on the pearentry » in *Comparative Studies in Society and History*, 21, 1, 1979.
2. Voir, plus haut, les effets sur le rapport Nord-Sud.

Source : d'après © Jean-Loup Charmet.
LA FRANCE SACHANT ÉCRIRE — *Cet état de l'instruction à la fin du Second Empire met en relief les régions illettrées qui correspondent assez à la ligne Saint-Malo-Genève signalée au début du XIXe siècle par D'Angeville. On vérifiera page 578 qu'en l'an 2000 cette ligne a perdu une partie de sa signification.*

rent leurs enfants de l'école dès l'âge de dix ans. Il en va de même dans les régions minières où on les envoie au travail très tôt. Au cœur du XIXe siècle, la région parisienne et les pays de Champagne-Lorraine sont globalement les plus instruites — en dehors de ces villes moyennes de l'ensemble du pays, la côte atlantique de Bretagne, Vendée et le Limousin sont les plus arriérés. Mais au deuxième XIXe siècle, comme on a vu, un retournement s'est profilé.

Or, depuis la Deuxième Guerre mondiale, ce sont les agents et les modes de fonctionnement de l'enseignement et de la santé qui sont contestés : en mai 1968, on met en cause l'autoritarisme du système, ses principes sélectifs, son caractère inadapté aux exigences d'une société qui s'est démocratisée. Et, depuis, réformes et contestations n'ont cessé d'alterner. Dans une société où, peu à peu, la famille traditionnelle s'est dissoute, et son cadre avec, l'école apparaît aux adolescents un espace de coercition insupportable et dont la nécessité leur échappe.

Quant à la santé, aux problèmes que posent son amélioration et son coût, elle est aussi à l'origine de grandes manifestations, enjeu de crises politiques, tout comme aux États-Unis : les citoyens prêtant plus d'attention au sort de la sécurité sociale qu'à tout autre acquis du siècle.

L'enseignement et la santé ont rejoint les problèmes du travail comme enjeux et signes des malaises de notre temps.

Civilité et manières de vivre

C'est à partir de la Cour, celle des seigneurs d'abord, celle du monarque ensuite, que se sont diffusés les usages du savoir-vivre. De fait, ce sont ceux qui n'appartenaient pas à cette Cour, à cette société aux fonctionnements si précis et si contraignants, qui ont imité les pratiques aristocratiques.

Après la Révolution, la bourgeoisie triomphante en a repris un certain nombre ; telle l'ancienne noblesse, elle n'a pas cessé d'accroître les raffinements de la vie pour conserver vis-à-vis de ceux qui n'en avaient pas les moyens la distance sociale qui devint sa raison d'être, car sont instantanément dévalués les plaisirs rares dont jouiraient de plus petits que soi...

Pour observer ce qui s'est passé en France, la table et les loisirs nous serviront de guide.

LES PLAISIRS DE LA TABLE... INDICE DE LA DÉMOCRATISATION

C'est par la table que, ces deux derniers siècles, la société française s'est démocratisée. On saisit ce parcours en constatant les écarts qui existent, au Moyen Âge et après, entre la table des paysans et celle des seigneurs, des moines ou des rois. Ultérieurement, on a même le sentiment que cet écart s'accroît au moins deux fois : d'abord à la fin du XVIe siècle, quand la gastronomie prend son essor à la table des puissants ; à la veille de la révolution de 1789 également, quand les cuisines seigneuriales rivalisent de splendeur et qu'au contraire la famine rôde dans les villes et les campagnes où manque le pain.

Le grand tournant démocratique se situe après l'époque napoléonienne, quand la gastronomie descend peu à peu dans le Tiers-État. Nostalgiques des délices dont ils furent privés, les bourgeois, puis les petits-bourgeois se délectent de ces repas, mais au restaurant, où les mariages se concluent et les affaires se nouent.

Cependant, dans l'ombre ou la colère, les laissés-pour-compte réclament « du travail ou du pain » que seul leur apporte enfin l'État-providence ; certes, aujourd'hui l'écart existe à nouveau entre le menu des restaurants du Cœur et celui des privilégiés qui se fournissent « chez Fauchon », mais la démocratisation a fait son chemin et elle concerne la grande majorité des habitants de ce pays.

Au haut Moyen Âge, c'est d'abord la forêt qui fournit avec les rivières et la mer l'essentiel de la nourriture. *Le Ménagier de Paris*, un des premiers livres de recettes, écrit au XIVe siècle, fait l'éloge du hareng, poisson beaucoup plus consommé que tout autre car il se conserve mieux, saur ou salé, puis fumé, et les interdits religieux du carême et des jours maigres interdisent la consommation de la viande. La morue séchée, préparée à l'huile d'olive (Nice) ou à l'huile de noix (Figeac), continue à constituer un de ces plats anciens encore préparés aujourd'hui. Les paysans ne consomment la viande que les jours de fête, alors que le rôti à la broche est, par excellence, le mets préféré des seigneurs — jusqu'à cent cinquante kilos par an —, de bœuf, de porc, de gibier. Pour eux, un grand prince est un gros mangeur. C'est ainsi que, en 888, Guido, duc de Spolète, incapable d'ingurgiter les multiples services de gibier et de rôtis, fut écarté du trône des Francs par l'assemblée car ceux-ci n'auraient pas pu respecter un roi frugal. Le festin est en effet un signe de puissance, et, autour de la grande table rectangulaire, sont disposés les dressoirs avec les vins, et l'eau pour le lavement des mains, charge de l'échanson. Le cerf à la Charlemagne, mariné à l'oignon, au persil, au céleri, accompagné du poulet farci aux amandes, de la tourte présentée sous forme de tour ou de château fort, constituent quelques-uns de ces plats servis dans des agapes qui peuvent durer plusieurs jours.

À l'opposition entre les repas des paysans et ceux des seigneurs s'en est ajoutée une autre, avec la nourriture urbaine dès le XIIe et le XIIIe siècles. Le symbole gastronomique de cette opposition est celui du pain blanc d'une part, des soupes bouillies et du pain noir de l'autre. Également les poissons frais, telles ces anguilles du *Roman du Renart*, et les viandes fraîches du marché s'opposent à la viande salée des campagnes dont les bourgeois veulent de moins en moins. De même, l'apparition de la viande de mouton marque la différence, puisque les villes ne la consomment pas là où elle fait partie de l'alimentation rurale voisine. L'identité urbaine se manifeste par la colère des citadins qui se révoltent lorsque la ville ne leur offre que du pain noir. Plusieurs siècles après, dans les campagnes du Midi cette fois, on note un rejet de la châtaigne. La consommer est une forme de régression. Elle n'est bonne à donner qu'aux cochons.

Quant à la table des moines, Anthony Rowley a observé que sa carte est la matrice des futurs trois étoiles du guide Michelin : de Saint-Père près de Vézelay, à Vonnas près de Cluny, à Noves et Villeneuve-lès-Avignon. Dès le XIIe siècle, les repas des moines sont l'objet d'une condamnation par Bernard de Clairvaux, de l'abbaye de Cluny : « Dans vos repas, pour vous dédommager de l'abstinence de viande — la seule chose qui vous soit interdite —, on vous sert d'énormes poissons à deux reprises. Êtes-vous rassasiés qu'on vous offre des plats préparés avec tant de soins et d'art culinaire que les premiers n'empêchent pas les nouveaux de passer (...), la variété prévient le dégoût (...). Qui dira, par exemple, toutes les manières dont vous apprêtez les œufs : on les tourne, on les détourne, on les hache, on les frit, on les rôtit, on les farcit... Chose bizarre ! À peine sommes-nous moines, nous voilà malades de l'estomac. Après ces repas, on se lève de table, les veines gonflées, la tête lourde, et pour quoi faire sinon dormir ? À moins de retrouver une servante... »

Ce qu'écrit Bernard de Clairvaux semble s'être perpétué, du moins à lire Alphonse Daudet. Dans l'une des *Lettres* de *mon moulin*, il raconte comment le révérend Dom Balaguère, tout en salive par le bon réveillon qui l'attend et où il doit consommer dindes farcies, carpes dorées et gélinottes, expédie ses « trois messes basses » à une vitesse sans cesse accélérée, substituant le Bénédicité au *Dominus vobiscum*, et dévorant les pages de son missel avec l'avidité de son appétit en surexcitation.

Il est vrai que l'année compte un grand nombre de jours « maigres », hormis les quarante jours de carême. On tolère que l'on consomme, indépendamment des poissons, grenouilles et escargots, écrevisses qui apparaissent dans des tableaux comme « La cène aux écrevisses » à partir du XIIIe siècle... également des castors, pour autant qu'on affecte de considérer qu'ils vivent dans l'eau... Pour obtenir du pape l'autorisation de consommer du beurre les jours de carême, les Normands se cotisèrent afin que soit bâtie une tour à la cathédrale de Rouen, dite la tour du Beurre, et ils obtinrent une dérogation. Celle-ci fut bientôt si fréquente que, par réaction, les églises protestantes abolirent toutes les prescriptions concernant le jeûne...

Sans doute, les chrétiens ascètes gardent-ils une certaine réserve. Selon un des hagiographes de Saint Louis, le benoît roi qui parlait de Dieu à table « mettait de l'eau dans l'assaisonnement ». « Sire, vous détruisez la saveur, vous en ôtez la délectation. — Ne vous en préoccupez pas, je l'aime mieux ainsi. » « Et il faisait cela par seule abstinence, pour refréner son appétit. »

À table, les grands changements vinrent, contrairement à une légende, non de la consommation des épices, mais de l'apport américain.

L'usage des épices, en effet, était très antérieur aux croisades ; dès l'époque romaine, on en utilisait largement certaines, notamment le poivre. La nouveauté fut sans doute qu'à la fin du Moyen Âge on commença à leur attribuer une vertu médicale, à une époque où la digestion était conçue comme une cuisson : le poivre dissipe les vents, fait uriner, supprime les frissons, la cannelle conforte la vertu du foie et de l'estomac, etc. Surtout, en provenance d'un monde raffiné, la civilisation arabe, les épices relevaient les plats de ceux qui avaient les moyens de se les offrir, les nobles essentiellement.

D'Amérique arrivent d'abord le maïs et la pomme de terre, celle-ci apparaissant à Séville dès 1573 et Olivier de Serre la signalant dans les Alpes dès 1600. Les habitants des pays céréaliers résistent à consommer la pomme de terre : cultivée en jachère, elle aussi est bonne pour les cochons... Il fallut le poids de l'autorité royale, initié par Parmentier, pour que les privilégiés consomment ce tubercule, tandis que gratin dauphinois, tartiflette et aligot aubracien faisaient le régal des montagnards depuis près de deux siècles. Alors que le maïs alimente les tables italiennes plus que françaises, la tomate, le piment, le poivron la conquièrent, *via* le Pays Basque, la région française qui doit le plus à l'Amérique et qui crée notamment la piperade. Les nouveaux plats arrivent en effet par le sud, et d'abord le haricot associé au cassoulet autour de Castelnaudary dès 1637, la sauce tomate, venue par l'Italie ainsi que la ratatouille devenue chichounet en Languedoc. Surtout, les tables aristocratiques férues de viande adoptèrent très rapidement la poule d'Inde dont la chair était très supérieure à celle des cygnes et des paons. Dindes et dindons abondent à la table de Catherine de Médicis dès la fin du XVIe siècle.

Les produits étaient américains mais les intercesseurs étaient italiens. Et lorsque la haute société s'italianise, se raffine, les Français découvrent, lors du grand voyage de Catherine de Médicis et de Charles IX à travers la France, des produits et des plats : les pâtes, les artichauts, les melons, les pâtes de fruit.

Un grand tournant vint des boissons d'origine coloniale. D'abord le chocolat, né d'une addition de sucre et de cacao, qui arrive *via* l'Espagne et dont la mode s'impose à la Cour de Louis XIV. Ensuite le café, apporté de Turquie, *via* Marseille, par des Arméniens et des Italiens. En 1672, le Sicilien Procope ouvre le premier café que les artistes de la Comédie-Française, puis les Encyclopédistes mettent à la mode : Diderot, Rousseau. À la veille de la Révolution française, il existe plus de six cents débits de café à Paris. Sa consommation connaît un succès croissant ; pas le thé, même s'il passe pour lutter contre la goutte et les indigestions. Ces boissons accroissent la consommation du sucre qui devient, sous une forme ou sous une autre, une des bases de l'alimentation urbaine.

Cette table-là est celle des gens de la ville. À la campagne, on mange de la soupe, agrémentée d'un peu de graisse ou de beurre ou d'huile selon les régions ou mieux, de lard ou de porc salé. Mais l'essentiel est le pain que l'on y trempe, rassis alors qu'il est frais dans les villes, le plus souvent du pain bis plutôt que du pain blanc. Nourriture par excellence, fait avec du seigle ou de l'orge, fabriqué en grosses roues de dix à vingt livres et protégé par une grosse croûte : on « trempe la soupe », ce qui signifie que c'est bien le pain qu'on appelle « soupe »... C'est les jours de fête qu'on consomme le porc, du salé, ou des volailles, du chevreuil ou des perdrix si l'on a pu s'en procurer. Mais c'est bien la nature du pain consommé, plus ou moins blanc, qui distingue les divers rangs de la société. Les plus pauvres ne consomment que des galettes ou des bouillies...

C'est avec la Révolution française et les transformations industrielles du XIXe siècle qu'une grande innovation apparaît : celle des restaurants. Certes, il existait des auberges, des traiteurs et des tables d'hôte, mais la déchéance de la noblesse fait perdre leur service à ces cuisiniers qui, à Paris notamment, vont assurer leur survie en se faisant restaurateurs. Ils se multiplient et au XIXe siècle la gastronomie connaît son deuxième essor. *La Physiologie du goût* de Brillat-Savarin date de 1825, les recettes d'Alexandre Dumas du milieu du siècle et *L'Almanach des gourmands* de La Reynière de 1803. L'œuvre de Balzac regorge de ces plats qui font désormais la fortune des restaurants : dinde truffée, matelote d'anguilles, rillettes de Tours, lamproie au sang...

La multiplication des restaurants n'est pas liée seulement à l'embourgeoisement de la grande cuisine : des établissements plus modestes, dont le nombre est infini, nourrissent désormais les travailleurs que la révolution industrielle a amenés dans les villes et dont l'entreprise est située loin de leur domicile. Au beefsteak-pommes frites qui incarne le repas populaire s'opposent les menus composés et réfléchis des restaurants bourgeois...

Écrivant sur l'alimentation contemporaine, Roland Barthes observait que la nourriture s'incorpore désormais à une liste de situations plus qu'elle n'est associée à sa substance : sa valeur protocolaire prend le pas sur sa valeur nutritive, au moins dès que les besoins sont satisfaits. En témoigne l'exemple du café dont la qualité originelle — du Brésil ou d'Arabie — importe moins que la fonction. Considéré à l'origine comme un excitant nerveux, sans nier ce pouvoir, on l'associe à la pause, au repos. De substance il est devenu circonstance.

Le fait est que, différent du tout au tout le menu du dîner mondain, celui du banquet républicain, du mariage, du repas galant ou du repas d'affaires sauf qu'ils s'agrémentent de ces mets de luxe, apparus successivement sur les tables : le foie gras dès le XVIe siècle en Aquitaine comme en Alsace ; la truffe, connue très tôt mais répandue au XIXe siècle ; l'ortolan qui incarne le fin du fin ; le caviar, tardivement apparu et qui se consomme dans un service en or ou en ivoire, jamais en argent car cela lui donne un mauvais goût.

Désormais, chaque produit alimentaire est ainsi doté d'un statut individuel, il est personnalisé. Le gibier, par exemple, n'est plus dès le XIXe siècle un privilège de l'aristocratie, mais il appose le signe de l'égalité conquise, voit « son attrait ne pas s'épuiser dans ce plaisir d'orgueil, car il exhale une odeur de sauvagerie et de puissance qui n'appartient pas aux autres mets » (Jean-Paul Aron). Le riz, intronisé au début du XIXe siècle, mais seulement en entremets, se répand et commence aussitôt à perdre son statut privilégié. Les légumes secs, haricots et lentilles, survivent dans les « plats paysans » mais disparaissent peu à peu de la grande cuisine où le haricot vert, l'épinard, et plus encore l'asperge prennent la vedette, celle-ci devenant une star qui humilie le poireau vinaigrette. Alors que, jusqu'à la révolution de 1789, mets et recettes, menus et manières de manger, étaient liés soit au terroir, soit constituaient une pratique aristocratique, au XIXe siècle tout bascule avec la montée de la bourgeoisie. Paris devient le centre d'où émane le pouvoir et qui sert de modèle au reste du pays.

Les banquets, par exemple ceux de « la campagne des banquets » en 1847-1848 ou celui de tous les maires de France organisé le 21 septembre 1900 par le Président de la République, Émile Loubet, popularisent et ordonnancent une grande cuisine qui tend à l'uniformisation.

Ainsi la haute cuisine ne fut pas sécrétée par les terroirs, même si, antérieurement, elle existait dans toutes les provinces ; elle acquit le statut qui a fait sa gloire universelle à partir de l'excellence de Paris, du jacobinisme régnant, de l'extension, en nombre, de ceux qui pouvaient fréquenter des parties de plus en plus fines où entrent successivement la mise en scène, le cérémonial et le beau sexe.

Au fond, la « nouvelle cuisine » triomphante des années 1980 constitue l'avatar anémique d'un phénomène apparu en plein XIXe siècle : à la façon dont naguère la poire duchesse élimina trois cents espèces de poires existant alors en France, on consomme les mêmes escalopes de saumon à l'oseille de Dunkerque à Béziers — mais aussi à Los Angeles ou Tokyo, consacrant la gloire des grands chefs français : hier, Dumaine à Saulieu, aujourd'hui Ducasse, Taillevent ou Robuchon.

Il est clair que le retour attendu de la cuisine traditionnelle ne saurait être considéré comme une réaction mais comme une plus juste évaluation gastronomique — encore ne faudrait-il pas qu'au terrorisme de la nouvelle cuisine succède un autre terrorisme...

Aujourd'hui, dans les ménages, la table se caractérise par quelques nouveaux traits. D'abord lié ou non à la diététique, l'importance des laitages, sous une forme ou sous une autre dont les Français sont les premiers consommateurs du monde. Ils le sont également pour l'eau minérale en bouteilles. Ensuite, au restaurant, une internationalisation du goût, chaque culture apportant son écot à la nourriture quotidienne : toasts anglais, rollmops baltiques, couscous maghrébin, curry indien, viennoiseries, blinis russes, chorizo espagnol, chili con carne mexicain, goulache hongroise, pizza italienne — pour ne citer qu'un exemple de chaque pays et ne pas dire le succès croissant des restaurants chinois.

Enfin la vogue des produits naturels, dits « bios », ne fait que prolonger celle des produits d'origine contrôlée : le beurre d'Isigny ou d'Échiré, le poulet de Loué qui concurrence celui de Bresse, l'asperge de Marmande, l'anchois de Collioure, l'artichaut breton, etc.

Revanche du produit sur les recettes sophistiquées et la « nouvelle cuisine ».

La montée des vins de qualité

Là encore, l'exemple est venu d'Italie, de Cosme III de Médicis : en 1716, il édicte son *Bando* qui délimite les quatre régions productrices de vin toscan. La France a suivi avec retard, mais des régions s'étaient illustrées auparavant : le vin effervescent de Champagne qu'élabore Dom Pérignon après 1680, les haut-brion du Médoc au début du XVIIIe siècle. Déjà la qualité s'identifie au prix et s'oppose à la quantité, problème permanent de la production et de la consommation du vin en France. Or, cette contradiction, Sidoine Apollinaire, évêque de Clermont, la posait dès 472...

Autrefois, les vins se conservaient mal et la révolution de la conservation est liée à celle des bouteilles de verre à bouchage efficace à la fin du XVIIe siècle. Les progrès de la vinification ont été codifiés par Chaptal, en 1801, qui dresse, en quelque sorte, un état des pratiques, mais ne recommande en rien le sucrage.

Les plaisirs gastronomiques associent bonne chair et bons vins, dès le milieu du XVIIIe siècle qui selon A. Rowley, J.-P. Flandrin, Gilbert Carrier marquent les vrais débuts de la gourmandise française.

Ces changements ont modifié le rapport des prix : leur échelle, entre vins ordinaires et vins de qualité, est passée entre 1650 et 1750 de 1 à 2, à 1 à 12. Désormais la qualité paye. Pour conserver leur avantage, les grands propriétaires nobles du Médoc désignent les bons terroirs, les « graves », seuls aptes à produire des vins de qualité, un premier édit, en 1731, interdisant les plantations nouvelles. Qualité, renommée et prix sont associés pour la première fois par Thomas Jefferson, le Président américain, deuxième ambassadeur de son pays en France, et grand amateur. Le très sélectif paradis des « grands vins », élaboré en 1855, n'accueille le saint-émilion qu'en 1955, en 1959 les graves, et le mouton-rothschild n'est hissé au rang de premier cru qu'en 1973.

Jusqu'aux années 1850 et la mise en service de la voie ferrée Lyon-Paris, le vin du Beaujolais ne se distingue pas des « grands ordinaires du Mâconnais », malgré les efforts de plusieurs associations attentives à l'exemple du « modèle bordelais ». Pays de petits propriétaires, la Bourgogne discipline mal ses manières de produire ; elle a tendance aussi à privilégier la quantité à des prix promotionnels ; elle conserve moins bien également, au moins jusqu'en 1860. Plus récente est l'époque où ses vins de plaisir prennent la relève du vin aliment et du vin rafraîchissement.

On n'a guère de bonnes statistiques pour l'époque qui précède les Trente Glorieuses. Il demeure que cette consommation ne cesse de décroître, au moins pour les vins courants, passant annuellement de 118 litres par personne en 1964 à 71 litres en 1990. L'Italien boit 63 litres, contre 100 il y a trente ans — la régression est donc moindre. L'Allemand boit désormais 15 litres, l'Anglais une bouteille de qualité pour deux de vins courants alors que le Français est passé d'une bouteille de qualité sur quatre, à une sur trois...

DE LA FÊTE AUX VACANCES

Entre la fête et les vacances, il n'y a évidemment ni vraie continuité ni substitution puisqu'aujourd'hui ces deux formes de loisir peuvent cohabiter, la pratique de la fête redevenant à la mode — ou exprimant un besoin ? — depuis les années Mitterrand, après un relatif déclin. Ce qui les rapproche pourtant est bien que ces activités marquent une rupture avec les contraintes du quotidien et des hiérarchies sociales.

Avant la révolution industrielle, la fête est la principale rupture dans la continuité du quotidien, objet de tension entre les désirs de la collectivité qui a multiplié les fêtes et la discipline imposée par les institutions. Elle figure une des formes de la résistance aux injonctions des différents pouvoirs.

Les censures ecclésiastiques sont évidemment les plus anciennes. Un exemple en est ces fêtes « baladoires » tenues les dimanches souvent associées à une foire et marquées par des danses, des jeux, etc. Elles sont interdites par un arrêt des Grands Jours d'Auvergne en 1665, à la suite de la plainte d'un curé que le procureur général du Parlement honora. Pour l'Église, il s'agit de contrôler le temps et les corps, car entre Pâques et Pentecôte cette époque est celle de la procession et non celui des tournois ou des danses de chevaux-jupons. L'Église condamne les comportements festifs qu'elle ne contrôle pas et qui s'identifient pour elle à la démesure, à la dépense irraisonnée des corps. Ces fêtes signifient licence.

Ainsi est interdite la Fête des Fous, le Jour des Saints Innocents qui, avant le carnaval, se caractérise par une inversion des positions hiérarchiques et une parodie des rituels religieux. Interdite par une ordonnance de l'évêque de Paris en 1198, elle l'est plusieurs fois encore — signe de résistance — avant de disparaître complètement à la fin du XVIe siècle.

À côté de la pression de l'Église, celle des municipalités n'est pas moins vive, notamment à l'encontre des excès du carnaval. La prise en mains municipale a une fonction politique, citadine et laïque, dont la composition des cortèges est le signe. Ainsi à Metz en 1580, la fête doit dire l'unité de la communauté urbaine et façonner une légende urbaine pour enraciner la ville dans un passé prestigieux : les notables se déguisent en David, Hector, César, Charlemagne, Godefroy de Bouillon, ce qui légitime leur pouvoir. La fête urbaine est devenue un outil politique.

Yves-Marie Bercé a établi que l'innocence des fêtes prend fin avec les conflits religieux du XVIe siècle quand, à Berne, on organise un Carnaval antipapiste. En pays protestant, certaines fêtes traditionnelles disparurent, alors qu'en pays catholique la réjouissance devenait une affirmation de catholicité. En ce sens, les fêtes traditionnelles représentaient un passé heureux, lorsque la population était encore unanime. Or la scission s'est effectuée par en haut, les exigences de la religion épurée ou de l'étatisme centralisateur ont divisé cette communauté et peu à peu privé les fêtes de la participation des élites aux réjouissances communes. Ainsi, les fêtes se composent, ou se décomposent en deux éléments : ceux de la totalité urbaine — fêtes religieuses, processions, entrées royales — et celles qui ont une origine proprement populaire et que gèrent des confréries : à Lyon, par exemple, la confrérie de la coquille organise chevauchée de l'âne et cortèges parodiques du dimanche gras. Mais peu à peu la fête octroyée, réduite à un spectacle devient la règle, à moins qu'elle ne devienne le lieu où s'affrontent les plébéiens et les notables comme au Carnaval de Romans en 1580.

Le temps de la Révolution marque une rupture, même si des fêtes idéologiquement opposées — celle en l'honneur des Suisses et celle de l'Être suprême — se ressemblent, prétendant rassembler, tout en excluant. Après 1799, la fête se raréfie et se mutile, mais les nouvelles venues, nées de la Révolution, sacralisent les valeurs émergentes et suivent l'avis de Robespierre qui souhaite « que la fête inspire à l'homme un respect religieux pour l'homme, que les fêtes nationales rendent les gens meilleurs ».

Divertissement royal, tels les Plaisirs de l'île enchantée organisés par Louis XIV, ou recueillement triste comme la Toussaint, ces fêtes échappent toutes à l'initiative des individus. Il n'en va pas de même des loisirs qu'on veut gérer soi-même, qui partent de l'individu, du désir d'organiser sa vie, de la libérer des contraintes du temps contrôlé et imposé, et qui sont à leur façon une forme de résistance ou une manière de changer de vie.

Des loisirs aux vacances

Jusqu'à la révolution industrielle, plutôt que de loisirs le paysan et l'artisan disposaient de temps libre ; ce sont les luttes prolétariennes du XIXe siècle qui ont fait des loisirs un enjeu. Discontinu, le temps de travail s'est peu à peu chronométré, et jusque-là ce temps mort, longtemps demeuré libre, celui de la fête, du jeu ou de la religion, s'est peu à peu changé de sens.

Simultanément, un modèle aristocratique ou bourgeois du loisir instituait le prestige nouveau de la villégiature, de l'excursion, du voyage touristique, les Anglais donnant ici un exemple qu'allaient suivre les bourgeois du continent et, ultérieurement, les classes populaires.

Les loisirs prirent ainsi la forme de vacances.

Le droit aux vacances a existé en France, en premier lieu, dans l'armée où les officiers ont pu en bénéficier dès le Premier Empire. Ils percevaient alors les deux tiers de leur solde pour un congé de quatre ou six mois. Puis la troupe a pu obtenir trente jours de permission. Les agents civils de l'État ont suivi dès 1853. Tandis que l'extension des congés payés gagnait en Allemagne et en Scandinavie toutes les catégories sociales, en France, il fallut attendre le Front populaire pour qu'en 1936 les congés soient saisis par la loi. Tous les salariés ayant travaillé un an sans interruption dans un établissement avaient droit à quinze jours de congés payés par an...

Jusqu'alors, le temps pour soi était occupé par diverses activités, il était symbolisé par la pêche à la ligne plus que par le bricolage ou le jardinage — « les classes dirigeantes la définissaient comme une figure dérisoire du temps gaspillé ». Elle implique une rupture absolue avec l'activité quotidienne, elle n'est en rien la démonstration d'une compétence liée à la production, elle exige une totale polarisation du temps car on ne savait même pas lire en attendant que le poisson morde. Elle est le passe-temps de gens de peu — à la différence de la pêche dite « sportive », liée à la sophistication des instruments et au progrès de la technique.

Avec l'urbanisation accélérée du second XXe siècle, le pavillon de banlieue est souvent accompagné d'un potager qui occupe un coin du jardin et que soigne celui qui dispose de beaucoup de temps libre, c'est-à-dire le retraité, alors que l'actif se consacre au bricolage, qui profite de la dignité croissante reconnue au travail manuel, alors que longtemps le terme « bricoleur » était péjoratif. « Aujourd'hui, l'atelier refuge du bricoleur s'apparente à celui du peintre et l'art du bricolage participe des balbutiements d'une vie d'artiste » (Alain Corbin).

La vraie rupture est devenue celle des vacances, identifiée à la villégiature, ou au tourisme. Ce temps-là doit être libéré des contraintes et des pressions pour penser à soi, à son corps... Il autorise le rêve qu'avait pu susciter la lecture de Bougainville, de Chateaubriand, de Jules Verne évoquant les paradis lointains...

Ce sont les « stations » qui ont mené la danse aux temps où seules l'aristocratie et la bourgeoisie peuvent s'offrir des vacances. Vichy et Aix-les-Bains apparaissent dès la fin du XVIIIe siècle, mais le grand essor date du Second Empire, où Vittel, puis Arcachon surtout illustrent l'association du tourisme et de la médecine. Le lancement spectaculaire de Biarritz par l'impératrice Eugénie en fait une plage à la mode ; suivent Dieppe, Trouville, La Baule, Deauville et Nice dont l'essor accompagne le rattachement à la France : le terme « Côte d'Azur » date du dernier quart du XIXe siècle. Avec les congés payés, ces stations se multiplient ; aujourd'hui elles s'égrènent le long de toutes les côtes. L'ancienne cure a définitivement perdu ses exigences, et les vacances se transforment volontiers en un moment de liberté sexuelle.

Dans l'alpinisme, le récit de randonnée est émotion avant d'être connaissance ; c'est l'inverse, du moins en principe, dans le tourisme lointain, à moins qu'il ne s'agisse de stimuler le rêve en imaginant le passé et en partageant le présent d'autres sociétés. Après Chateaubriand, Mérimée et Stendhal, c'est Pierre Loti qui a le mieux traduit l'intensité de ces expériences. En Inde ou ailleurs en Orient, il aime « se représenter les premiers âges du monde où tout était beau et tranquille, où les êtres et les choses avaient un resplendissement que nous ne connaissons plus ». Vision illusoire, sans doute, mais qui se perpétue avec le tourisme de masse de ces dernières décennies : s'il a régressé ici ou là depuis la montée du terrorisme, il se perpétue en Grèce et en Turquie. Les curiosités orientales offrent une prime à la découverte de civilisations inconnues ; il s'y joint le désir trouble d'expériences particulières, en Thaïlande et en Indonésie notamment. Mais c'est le soleil et le plaisir du corps épanoui qui assurent à la Méditerranée occidentale et aux Antilles une suprématie qu'aujourd'hui aucun autre rivage ne concurrence.

L'accroissement de la durée des loisirs (que permet d'atteindre ici ou là l'application des 35 heures) a permis, en France plus qu'ailleurs, le développement du sport non compétitif, dont les pratiquants, aux possibilités et performances inégales, poursuivent des fins individuelles. La régularité de ces regroupements collectifs, qui n'existait qu'aux États-Unis, est un phénomène qui a pris de l'ampleur durant les années 1970 : marathon de Paris et du Médoc, rassemblements cyclistes, Enduro du Touquet en moto, etc. (P. Yonnet).

Aux âges de la vie

L'ENTRÉE DANS LA VIE

À l'instant où l'accoucheur dit à haute voix : « La reine va accoucher ! », « les flots de curieux qui se précipitaient dans la chambre furent si nombreux et si tumultueux que ce mouvement pensa faire mourir la reine ». Grâce à Mme de Campan, on connaît ainsi le déroulement d'un accouchement dans l'ancienne France. Sans doute s'agit-il de Marie-Antoinette lors de la naissance de Marie-Thérèse de France en 1778.

Or, pour être reine on n'en est pas moins femme, et pour elle comme pour d'autres, les joies de maternité peuvent être chèrement acquises.

« Ce bruit, le sexe de l'enfant que la reine avait eu le temps de connaître par un signe convenu, dit-on, avec la princesse de Lamballe, ou une faute de l'accoucheur, supprimèrent à l'instant les suites naturelles de l'accouchement. Le sang se porta à la tête, à la bouche se tourna, l'accoucheur cria : "De l'air, de l'eau chaude, il faut une saignée au pied." Les fenêtres avaient été calfeutrées ; le roi les ouvrit avec une force que sa tendresse pour la reine pouvait seule lui donner (...). Le bassin d'eau chaude n'arrivant pas assez vite, l'accoucheur dit au premier chirurgien de la reine de piquer à sec ; il le fit, le sang jaillit avec force, la reine ouvrit les yeux... »

La reine avait pu compter sur un abondant secours. Ce n'est pas le cas de la plupart des accouchées du royaume — même si une « bonne femme » vient prêter aide, une bonne « matrone » qui ne doit pas avoir d'enfants en bas âge pour pouvoir accourir au premier appel. En Lorraine, il arrive que la communauté du village élise cette matrone en présence du curé quelque temps avant les naissances qui sont annoncées.

Mais certaines n'ont personne, telle Marie-Françoise qu'en février 1832 des paysans retrouvèrent cachée dans la loge à cochons d'une bastide : journalière sans domicile fixe, elle raconte au commissaire de police à qui elle fut livrée : « Ne trouvant pas de travail, je me livrais à la mendicité depuis quelque temps et je parcourais les environs de Marseille. Dans la journée je fus saisie dans un champ que je traversais de violentes douleurs. Les souffrances devinrent si cruelles que je dus m'arrêter à cet endroit. C'est dans ce moment que debout, appuyée contre un mur, j'accouchais d'un enfant de sexe féminin. Je l'entendis se plaindre au moment où, sortant de mon sein, il tomba par terre. Je m'empressais de le ramasser, de couper avec des ciseaux que j'avais sur moi son cordon, et de le placer dans mon tablier. Il était encore vivant et je poursuivis ma route. La fatigue m'obligea à me reposer plusieurs fois et je m'aperçus que mon enfant avait cessé de vivre (...) Craignant qu'on ne découvrît cet enfant et redoutant la honte et le déshonneur, je l'attachai sous ma robe et fis ainsi le trajet jusqu'à Auriol. » C'est là que, remarquant qu'elle perdait du sang, le commissaire la fit visiter par une accoucheuse qui découvrit le nouveau-né mort.

En ces temps-là, on oppose l'accouchement naturel — par la tête —, l'accouchement contre nature — dans les cas où l'enfant se présente mal —, ou encore « laborieux », qui exige le recours à l'instrument obstétrical. Or, la césarienne ne pouvait pas être pratiquée par les sages-femmes sur la mère vivante, il fallait que l'enfant « tombe au monde » par des voies différentes. Ainsi les médecins condamnaient la méthode « échauffante », « teinture de castor, safran, sauge, huile d'ambre, vin, vin brûlé par des aromates, café, eau-de-vie (...), vrais poisons, qui enflamment la matrice et l'empêchent de se contracter, gonflant les parties qui servent de passage, rétrécissant les voies ».

Dans l'Ancien Régime, le plus grand nombre de conceptions se situent entre mai et août, avec une pointe en décembre-janvier, correspondant assez bien avec la ruée aux autels qui a lieu en novembre et en février avant les temps de pénitence de l'Avent et du Carême conformément aux décisions du concile de Trente. Les noces n'ont jamais lieu le vendredi, jour maigre, mais plutôt le lundi ou le mardi, avant qu'au XIXe siècle, dans les villes, le samedi l'emporte. Trois grands moments marquent ce jour : la cérémonie religieuse, le repas, le bal. Longtemps, le rite de la fiancée cachée précède la marche du cortège, qui, traditionnellement arrive en retard à l'église ; après l'échange des consentements, on retourne chez le père de la mariée, et, le repas terminé, arrive l'heure du bal, ouvert obligatoirement par la mariée et son époux.

Pendant la grossesse, les interdictions les plus nombreuses sont celles qui concernent les envies, « envie de femme grosse, vive et subite », disait Littré : se gratter notamment car l'enfant pourrait porter des taches de vin ou autres marques à la naissance. Pour assurer des couches faciles, il faut porter une ceinture bénie, celle de sainte Marguerite, une des grandes patronnes des femmes en mal d'enfant. Il y a également des pèlerinages pour les femmes enceintes : ainsi soixante ou soixante-dix saints passaient à Paris au XVIe siècle pour faciliter les accouchements. Dès qu'on veut connaître le sexe de l'enfant, le procédé de divination le plus pratiqué dans les campagnes consiste, pour la mère, à se mettre debout en chemise et laisser glisser entre ses seins une pièce de monnaie : si elle tombe à droite, c'est un garçon, à gauche une fille. Ou encore on examine la lunaison. La lactation se prépare aussi et donne lieu à des interdits, le plus répandu concerne le persil, le chou, la carotte et la pervenche.

Après l'accouchement, la mère est réintégrée dans la société en suivant le scénario de la purification du Temple, emprunté aux Hébreux, auquel se soumit la Sainte Vierge. Elle va à l'église sous un voile, se fait bénir par le prêtre, d'où l'expression jurassienne « aller se faire rebénir ». Après une réception avec parrains et marraines, le mari a à nouveau accès à son épouse. Aux relevailles, célébrées sans les hommes, on fait cadeau à l'accouchée de gâteaux avec sucreries emblématiques, œufs, berceau, etc. En Provence, où la cérémonie s'est le mieux conservée, on l'exécute jusqu'au XXe siècle, et à Toulon, même si l'accouchée est morte en couches ou peu après la naissance de l'enfant.

Simultanément a lieu le baptême, rite d'introduction du nouveau-né dans la société, et que Van Gennep considère comme une invention autonome qui s'est peu à peu développée à partir du haut Moyen Âge, à partir du moment où le baptême des enfants remplace celui des adultes.

Aux XIXe et XXe siècles, l'entrée dans la vie a pu s'effectuer de façon moins douloureuse pour la mère, encore que l'ordre médical ait considéré que cette douleur était nécessaire voire utile. Ainsi, depuis quelques décennies, grâce aux progrès de la médecine, la césarienne peut se pratiquer sous anesthésie générale ou péridurale, cette dernière permettant à la mère d'assister à la naissance de son enfant.

Un des grands changements pour les femmes fut l'introduction de l'*accouchement sans douleur* autour de 1950, malgré l'obstruction dont cette technique fut victime en obstétrique.

Revenu d'un voyage en URSS où il avait été fasciné par des méthodes inspirées de Pavlov, le docteur Fernand Lamaze voulut les introduire en France. Le principe en était simple : la peur des douleurs de l'enfantement, inculquée depuis des générations, crée un réflexe conditionné de contractions génératrices de souffrances ; une instruction appropriée sur la physiologie de l'accouchement, un apprentissage de la décontraction musculaire peuvent créer des réflexes conditionnés inverses, peuvent supprimer la douleur sans anesthésie pourvu que la femme soit guidée tout au long de son accouchement. Si possible avec son mari à côté.

Manifestement le corps médical fut irrité par cette innovation qui émanait d'un de ses praticiens les plus modestes — le Dr Lamaze n'était ni médecin des hôpitaux, ni professeur. En outre, il pratiquait hors du cadre de l'Assistance publique, à la clinique des Bleuets, qui est gérée par la CGT. La diffusion de ces pratiques était orchestrée par le parti communiste, qui, au passage, chantait aussi les vertus de la médecine en URSS. Le corps médical affecta de ne pas prendre au sérieux les expériences du Dr Lamaze. On mit en doute leur validité, en laissant entendre que l'accouchement sans douleur n'est peut-être pas sans danger pour l'enfant, ce qui ne s'est pas révélé exact.

Est-ce la même connivence qui rend compte du silence qui entoure le nom et la découverte du Dr Pinkus, inventeur de la pilule, en 1953, dans toutes les histoires de la médecine — et de la résistance qu'a rencontrée la diffusion des contraceptifs ? On y reviendra.

ÊTRE MALADE ; AUTREFOIS, AUJOURD'HUI

En France comme dans tout l'Occident, durant des siècles, le christianisme a identifié le malade au pécheur. Il le sacrifia à la colère divine et, comme tous les malheureux, le malade essaie d'obtenir miséricorde. Dans sa *Prière pour le bon usage des maladies* composée en 1654, Pascal dit : « Vous m'avez donné la santé pour vous servir, et j'en ai fait un usage tout profane. Vous m'envoyez maintenant la maladie pour m'en corriger (...). Ne souffrez pas que j'use mal de votre punition. » Ainsi, les malades se définissent d'abord comme des pêcheurs, et seul Dieu peut les guérir... Toujours au XVIIe siècle, Pierre de l'Estoile l'a dit encore plus explicitement : « Je m'en prends à mes péchés et aux délits de ma jeunesse, que Dieu a voulu châtier par une vieillesse qu'il me donne maladive. »

Pourtant, pendant des siècles, prières et appels à la miséricorde ne s'opposent pas aux pratiques les plus superstitieuses ou à la magie. Comme dans d'autres civilisations, on fait appel aux saints, aux magiciens, aux prêtres et aux médecins... Et jusqu'au XVIIIe siècle, là où il n'y a pas de médecins — dans les campagnes notamment —, le devin-guérisseur cumule toutes les fonctions.

Or, peu à peu, avec le développement de l'hygiène, le médecin prend la place du prêtre, il excommunie le guérisseur, et la maladie cesse d'être un châtiment et devient une faille. Au XIXe siècle, l'élan du progrès scientifique fait du malade un objet, un champ d'expérience, et, dans l'hôpital consacré désormais à la maladie et, à elle seule, il importe moins à la science de Laennec ou de Bichat de la guérir que de l'identifier, de déterminer un cas, de faire progresser la médecine.

Enfin, au dernier tiers du XXe siècle, bilan de ces prodigieuses victoires de la médecine, de l'amélioration des conditions de vie, des avancées de l'État providence et de la sécurité sociale pour tous, le statut du malade change, de même que celui du médecin, le nombre des uns et des autres ne cessant de croître. Paradoxalement, alors que l'espérance de vie ne cesse de progresser, et de s'améliorer la santé des Français, subitement, l'apparition de nouvelles épidémies comme le sida, ajoutée à l'extension des cancers et au coût croissant des soins de santé, mettent en péril ces progrès.

De quoi était-on malade et comment se soignait-on jusqu'au développement de cette médecine scientifique apparue dans les hôpitaux de Paris au début du XIXe siècle ?

Grâce à des manuscrits latins gardés dans des monastères, soit cent dix-huit textes, allant du VIIe au IXe siècle, on peut se faire une idée des soucis de santé de la société d'Europe occidentale au début du Moyen Âge, étant entendu que l'inventaire de ces maux ne correspond en rien à la nomenclature des maladies que la médecine scientifique établit au XIXe siècle. En outre, les épidémies, événements traumatiques, n'y figurent qu'exceptionnellement. Sur 1 091 cas identifiés, les fièvres figurent

60 fois ; les troubles de l'appareil digestif 175 fois dont 18 pour la bouche et 35 pour l'estomac ; 112 pour les troubles de l'appareil respiratoire, et 137 pour l'appareil nerveux, dont 29 les migraines ; les maladies de femmes sont mentionnées 58 fois, dont 18 pour faire revenir les règles ; l'appareil urinaire est mentionné 55 fois et la goutte 57 pour les personnages de haut rang. Les maladies de la peau constituent l'une des grandes préoccupations ainsi que les parasitoses et les maladies des yeux. S'y ajoutent les humeurs, très nombreuses.

Avec le retour des croisades, la lèpre et le scorbut gagnent du terrain jusqu'à la peste de 1347 qui fait voler en éclats cette pathocénose, la « mort noire » bouleversant les idées médicales et préparant les esprits à l'idée de contagion. Mais cela ne change guère les pratiques.

Pour l'essentiel, néanmoins, se soigner autrefois repose sur trois pratiques dominantes : la purge, le lavement et la saignée, qu'accompagne l'utilisation des plantes, voire de produits chimiques. La purgation « par le fondement » vaut mieux, dit-on, que le vomissement qui se fait par un mouvement violent « contre nature ». De la purge, on dit « prendre une médecine », comme si elle contenait tout l'art de guérir. Le clystère est une injection liquide qu'on introduit dans les intestins pour les rafraîchir, « pour lâcher le ventre, pour humecter et amollir les matières, irriter la faculté expultrice, dissiper les vents, favoriser l'accouchement » ; on fait des clystères d'eau, de lait, de décoctions de certaines herbes. L'administration de ce lavement demande de l'adresse de la part de ceux qui en sont chargés, les apothicaires, ou « limonadiers des postérieurs », ou bien les servantes. La pratique est courante, et, sous Louis XIV, la duchesse de Bourgogne se fait donner un lavement par sa suivante dans un salon plein de courtisans[1]. Une épitaphe burlesque évoque l'activité de l'un de ces apothicaires spécialisés : « Ci-gît qui, pour un quart d'écu, s'agenouillait devant un cul. » Énormément utilisé aux XVIIe et XVIIIe siècles, ce « remède » sert autant à introduire diverses substances médicamenteuses qu'à faire évacuer ou assurer une bonne santé et rafraîchir le teint. Le lavement de monsieur Purgon en témoigne ; également le procès fait à ce chanoine à qui son infirmière réclamait le salaire de deux mille cent quatre-vingt-dix lavements qu'elle lui avait donnés ces dernières années.

Mais, à côté de la purge et du lavement, c'est la saignée qui constitue la manifestation la plus représentative des soins donnés aux malades jusqu'au XXe siècle. Pendant longtemps, on recommande de saigner à la langue dans les angines, à la veine frontale pour les céphalées et les épilepsies, aux veines du nez en cas d'hémoptysies, etc. Opérer avec une lancette pour expurger le sang corrompu, plus on en tire, croit-on, mieux cela vaut. Comme, à l'époque, on croit que le corps contient jusqu'à vingt-quatre litres de sang, on a tendance à trop pratiquer la saignée « jusqu'à trente fois pour une même maladie »... « Sept fois pour un rhume »... On saigne jusqu'à rendre exsangue...

1. Clystère est le mot savant, lavement le terme vulgaire, « remède » celui qu'on utilise.

Figure 39 — *La Saignée*. Gravure d'Abraham Bosse (1602-1676). (Paris, Bibliothèque nationale de France.)

C'est longtemps le barbier-chirurgien qui se charge de l'opération, puis le chirurgien seul, plus tard le médecin. Le même objectif s'obtient par la pose de sangsues, pratiquée jusqu'au XXe siècle, ou de ventouses, voire de ventouses scarifiées.

Cette perte de sang est perçue à la fois comme une purification et une vivification, mais aussi comme une garantie de bonne santé, voire comme une régulation des passions : on saigne les femmes pour qu'elles demeurent fidèles dans *Le Mesnagier de Paris*, au XVe siècle. C'est seulement à la fin du XVIIIe siècle qu'on commence à s'interroger sur l'efficacité de la saignée, sur les moments opportuns pour la pratiquer. Le grand tournant s'effectue lorsque avec la mesure de la pression artérielle son usage devient de plus en plus précis et ponctuel. Elle garde pourtant sa valeur symbolique : puisque bientôt on donne son sang pour sauver un proche ou son pays (Chantal Beauchamp)...

Indépendamment de la saignée et de la thérapeutique évacuante, l'utilisation des plantes joue un rôle exceptionnel qui se perpétue jusqu'à aujourd'hui dans la complexité des produits pharmaceutiques. Mais, bien avant leur expérimentation, ces plantes sont identifiées et largement utilisées dans un jeu infini de combinaisons qui constitue la vieille pharmacopée. Depuis la camomille jusqu'au thym et à la sauge, en passant par l'hellébore, l'angélique, l'ail ou la belladone, on cherche à identifier le rôle de toute plante ; dès le XVIIe siècle, s'y ajoutent des plantes exotiques, depuis l'opium jusqu'au gingembre, au séné et surtout au quinquina. Mais le chocolat, « qui rafraîchit les estomacs trop chauds et échauffe ceux qui sont trop froids », est également recommandé et apprécié au point, a-t-on cru alors, selon Mme de Sévigné, que « la marquise de Coetlogon en a tant consommé que, grosse, elle accoucha d'un petit enfant noir comme un diable... » Pendant tout le XVIIIe siècle, les produits animaux sont aussi utilisés, l'écrevisse contre les fièvres putrides, le poumon du renard contre les maladies pulmonaires, le ver de terre contre les ulcères, etc. Les produits chimiques prennent la relève, l'antimoine en tête, dès le XVIe siècle, dont on dit qu'il fait « vomere, cacare, sudare » ; on utilise également le mercure contre les maladies vénériennes.

Le grand changement qui marque le XIXe siècle, avec les progrès de la médecine, est l'attribution à l'hôpital d'une fonction essentiellement scientifique et médicale.

L'hôpital se réaménage de façon à devenir efficace — spécialisation des pavillons par maladie —, et à devenir « une machine à guérir » (Michel Foucault). Les patients sont examinés à partir de leur maladie, celle-ci se substituant au malade, comme principe d'organisation des soins. Certes, la médecine y gagne, puisque dans les hôpitaux la mortalité diminue, mais le rassemblement des patients dans des salles « spécialisées » fit reculer la thérapeutique individualisée, qui ne continua à exister que pour la clientèle privée. Pinel, Bichat condamnèrent les médications anciennes, « un ramassis informe d'idées confuses, d'observations puériles, de procédés décevants ». Le nombre de plantes utiles devait être réduit, la saignée et les purgations mises en cause. Avant de les utiliser, les nouveaux médecins préconisaient de les expérimenter. Sceptiques sur leur véritable capacité à guérir, les médecins veulent diagnostiquer les maladies, avant d'y songer. Leur rôle est de faire en sorte que la maladie se conforme le plus possible à son modèle théorique.

Ainsi, à l'hôpital du XIXe siècle jusqu'aux premières décennies du XXe siècle, la médecine tend moins à guérir qu'à connaître. Paradoxalement, elle semble en retrait sur celle des siècles antérieurs qui prétendait soigner sans en avoir les moyens. Comme si la médecine, en accédant à l'efficacité, avait commencé par restreindre sa portée.

Ce n'est qu'un siècle plus tard, au milieu du XXe, qu'elle dispose d'un authentique appareil de dissuasion thérapeutique : sulfamides, antibiotiques, etc.

Ce siècle de gloire, où règne la religion de la vaccination, n'est pas, pourtant, nécessairement perçu ainsi par les malades de l'hôpital. À la bonté charitable des sœurs a succédé la réglementation efficace de la science ; et, dans les salles de l'hôpital, on ne trouve pas la clientèle la plus aisée, qui, elle, se fait soigner à domicile. Désormais, au service de qui fonctionne l'hôpital : de la science ? des étudiants ? des malades ?

« Non, tu ne sais pas ce que l'on peut sentir, voir et subir dans une salle commune, témoigne une patiente ; l'air tiède, d'une tiédeur moite et chargée d'une odeur fade et écœurante de graines de lin bouilli ; les cris des malheureux qu'on opère au milieu de la salle, les infirmières qui passent et qui repassent, terrorisées par de jeunes blancs-becs qui leur parlent comme à des chiens, ces mêmes blancs-becs nous regardent nous-mêmes parce que nous souffrons comme si nous étions des moins que rien, indignes d'obtenir la moindre explication... Et puis voici, solennelle, la visite du patron, du grand patron, qui s'arrête ici ou là et fait conférence à ces blancs-becs soudain muets devant leur seigneur. Ils ne me jettent même pas un regard, car on leur a dit que je n'étais pas un cas intéressant. »

Avec la deuxième révolution hospitalière, autour des années 1970. Le malade est devenu un consommateur. Mais son admission doit s'insérer dans des dispositifs déjà institués, et le voilà qui circule entre les services, les formes de prises en charge étant liées à des données qui, certes, visent à le soigner et à le guérir, mais en tenant compte de la stratégie des services et de leurs moyens.

Autre changement : durant les dernières décennies du XXe siècle, tout un courant hippocratique a pu considérer que le principe de guérison ne saurait résider exclusivement dans le diagnostic de sa maladie et dans une thérapeutique subie par le patient ; il résiderait, au contraire, dans la participation active du malade à son rétablissement. La dyalise à domicile est l'exemple même d'un progrès important parce que, vers 1980, ses quatre-vingts manœuvres délicates peuvent être confiées à des patients qui n'avaient aucune formation.

Il semblerait naturel que pour les malades le rôle du médecin se trouve réhaussé par les progrès accomplis. Or, l'histoire des responsabilités du médecin ces deux derniers siècles montre qu'il n'en est rien. La peur de l'hôpital et de l'anonymat de ses soins dans un premier temps, et ensuite l'instauration de régimes de plus en plus étendus d'aide à la santé, ce droit partout inscrit dans les Constitutions, ont eu des effets pervers : le médecin gagne en puissance réelle sur la maladie, en argent aussi — si l'on tient compte de la multiplication du nombre de patients —, ce qu'il abandonne en pouvoir symbolique.

Il substitue la charge de prestataire de services à celles de savant, de notaire et de prêtre qu'il cumulait au XIXe siècle. Le charisme en déclin du praticien explique peut-être que les médecines marginales, qui n'ont jamais cessé de rivaliser avec la médecine officielle, n'ont rien perdu de leur impact. Surtout, cela éclaire aussi le développement inouï de la médecine mentale depuis un demi-siècle, en tant qu'elle s'est dissociée de la médecine somatique, c'est-à-dire polarisée sur le corps.

Mais c'est l'idée d'autoguérison qui est en passe de devenir la plus forte, sans que le patient cesse pour autant de consulter les différents types de thérapeutes, médecins, psychiatres, psychanalystes, et pour certains, les guérisseurs.

Aussi, le patient est passé à l'acte. À défaut de guérir, il entend gérer sa maladie, une tendance qui s'est d'abord développée aux États-Unis, où, au rayon « santé » (*health*) des librairies, s'est substitué le rayon *self-help* (se soigner). Ce marché de potions, de recettes, de médicaments bio-écologiques, de tenues vestimentaires, popularise l'idée qu'on peut atteindre à une santé parfaite : obsession du régime alimentaire, manie de la forme, recettes de longévité, contrôle des ordonnances du médecin, etc. La presse de santé, la plus lue, est plus florissante que jamais et les industries pharmaceutiques en font leur miel. Les avocats aussi, plantés au lit de chaque malade.

Au droit à la santé, en France, avait suivi le droit d'être soigné ; aujourd'hui, c'est le droit d'être guéri que défendent certains patients, ou encore des associations qui se construisent un espace public dont l'ordre politique les a exclus. Pour ceux-là, se soigner n'est plus une lutte contre la maladie ou la mort, mais une façon de les prévenir, également une manière d'exister et de vivre.

... ET LA MORT

Les changements dans le traitement de la maladie ont modifié le rapport du patient avec la mort... D'une certaine façon, le médecin ou l'hôpital se sont substitués à la famille pour assister le mourant, après que celle-ci se fut substituée au malade qui, autrefois, apprivoisait sa mort.

Ayant identifié ces trois grandes phases de l'histoire de notre mort en Occident, Philippe Ariès évoquait la fin du Père François de Dainville, ce spécialiste de la géographie au XVIe siècle, décédé en 1974. Atteint de leucémie, et conscient de son état, il était convenu avec le professeur à l'hôpital qu'on ne lui infligerait aucun traitement lourd pour le faire survivre. Pourtant, durant un week-end, voyant le mal s'aggraver, un interne le fit transporter en réanimation. Gisant sur un chariot, avec des tubes inhalatoires dans les narines, un tube expiratoire qui fermait la bouche, un bras sous perfusion, l'autre sous transfusion... « Alors, me voyant, il arracha son masque expiratoire bien que ses bras fussent attachés, et me dit ces derniers mots avant de tomber dans le coma : "On me frustre de ma mort". »

Ainsi, l'homme est privé de sa mort, alors que dans les temps anciens on l'attendait « gisant au lit malade ». Il disait sa dernière prière et ne soufflait plus mot par la suite. Surtout, la mort était alors une cérémonie publique et organisée par le mourant lui-même. Sa chambre se change en un lieu où l'on entre librement, les médecins se plaignent même, dans l'*Enquête* de Vicq d'Azyr, au XVIIIe siècle, du surpeuplement des chambres d'agonisants.

Parents, voisins, amis sont là et on amène les enfants — alors qu'aujourd'hui, on les écarte des choses de la mort. Il y avait même coexistence des vivants et des morts — alors que dans l'Antiquité les cimetières étaient situés hors la ville, ils s'en rapprochent et se trouvent bientôt accolés à l'église. Au point qu'en 1231, le Concile de Rouen interdit de danser dans les cimetières et qu'en 1405 y viennent charlatans, jongleurs et mimes. Il y avait ainsi tout un monde de vivants autour des morts : ceux qui seraient nourris, instruits, soignés par leur legs ; couturières et petits métiers liés aux funérailles, etc. Au XVIIIe siècle, cette promiscuité devient une gêne, mais pas jusqu'alors, quand on voyait les os des morts affleurer à la surface des cimetières.

La mort au lit avait la solennité des cérémonies saisonnières. On observe un changement autour du XVIIIe siècle, la mort n'est plus l'affaire de celui qu'elle concerne, de lui seul, qui exprimait ses sentiments et ses vœux dans un testament. Comme l'a montré Michel Vovelle, les clauses pieuses, les aumônes disparaissent et le testament devient ce qu'il est aujourd'hui : un acte légal de distribution des fortunes, comme si, pour le reste, le mourant faisait confiance à sa famille. Par ailleurs, l'attitude des assistants change : le deuil des proches se déploie avec ostentation. Les survivants acceptent plus difficilement qu'autrefois la mort de l'autre, et se développe ainsi le culte des tombeaux. Alors qu'au Moyen Âge, les morts étaient abandonnés à l'Église, et peu importait le lieu de leur sépulture, qui pouvait ne pas être même indiquée par un monument ou une inscription — sauf pour les grands personnages —, on constate que peu à peu on localise la sépulture du proche auquel on rend, ensuite, une visite pieuse et mélancolique. Ce tournant se situe, lui aussi, vers le milieu du XVIIIe siècle : on reproche à l'Église de tout faire pour les âmes et de se désintéresser des corps, de leur ensevelissement, de leur tombeau. On disait « pas de ville avec des cimetières » et on rasa, sans protestation, les cimetières des Innocents.

Lent changement au XIXe siècle, on proteste lorsqu'on veut regrouper les cimetières de Paris à Méry-sur-Oise ou ailleurs ; « pas de cité sans cimetière », dit-on à l'aube du XXe siècle, la crainte de la décomposition des corps et de leurs effets antihygiéniques ayant été surmontée par des études qui montrent qu'il n'en est rien. On juge au contraire qu'en fermant les cimetières de Paris, on tuerait le culte des morts. Les tombeaux ou monuments qui l'entouraient autrefois étaient minorité, réservés aux familles nobles qui affectaient à leurs morts les chapelles latérales des églises. Au XIXe siècle, l'usage s'étend, au cimetière, de dédier au mort des mausolées qui évoquent la renommée de la famille plus que la fidélité du souvenir.

Culte des morts et visite au cimetière sont ainsi des comportements d'origine récente, souvenirs attachés au corps du défunt, seule manifestation commune aux croyants et aux incroyants. Or, un des traits de ce phénomène différencie l'Angleterre de la France qui pourtant conservent les mêmes protocoles de funérailles et les mêmes habitudes de deuil. Les Anglais ignorent ces mausolées et tombes surmontées de statues.

Et voici que l'ensemble de ces comportements va s'inverser. Alors qu'autrefois la mort était annoncée et que le mourant n'en était pas privé, qu'on mourait comme on naissait en public, un retournement s'opère. Pour épargner le mourant, son entourage lui cache la vérité ; il s'agit d'éviter au mourant, mais aussi à la société, l'émotion insoutenable des affres de l'agonie ; on va à l'hôpital non plus pour guérir, mais pour mourir, car il devient inconvenant de mourir chez soi — seules les populations les plus archaïques y consentent. Non seulement on dissimule la réalité au mourant mais on la cache aux enfants et on finit par mourir presque en cachette. Il devient interdit aux vivants de paraître émus par la mort des autres et l'on dissimule sa douleur. Avec les progrès de l'incinération, s'exclut le culte des cimetières et le pèlerinage aux tombeaux ; la mort est devenue tabou. « Aux enfants, désormais initiés aux secrets du sexe, on ne dit plus qu'ils sont nés dans des choux ; mais, comme ils ignorent la mort, on leur dit que leurs grands-parents sont partis pour un long voyage. »

Chapitre 4
LA PART DES FEMMES

Statut de la femme, un « retard » français

On peut se demander à quoi tient le retard relatif de la place de la femme dans la société française, si on compare sa situation à celle des pays scandinaves, de l'Allemagne, voire des États-Unis.

Au rôle de l'Église catholique, qui affirme son infériorité, freine son émancipation successivement sur les problèmes de divorce, de l'avortement, alors que, pour leur part, les pays protestants se trouvent à l'avant-garde de cette libération ?

À l'enracinement paysan de la société, au moins jusqu'aux Trente Glorieuses, à ses traditions qui perdurent plus que chez les voisins ? Témoignerait en ce sens le cas de la Russie soviétique, où la femme a pu s'émanciper tant que les dirigeants bolcheviques étaient d'origine bourgeoise, mais une réaction s'est manifestée dès que les classes populaires des villes ruralisées se sont hissées dans l'appareil d'État, des années 1930 aux années 1970.

Est-ce l'instabilité politique d'un pays qui a connu plusieurs révolutions qui rendrait compte des réactions de chaque retour à la « normale », à une norme plutôt, ces valeurs dites familiales, qui induisent le retour de la femme à la maison ?

À moins que cela ne soit dû à une conception de l'universel qui se trouve avoir pour effet pervers la subordination des femmes, qui ne date pas de la Révolution, lui est antérieure, et qui a pu déterminer un consentement qui allait de soi. Mais pourquoi en France plus qu'ailleurs...

La part des origines chrétiennes ne vaut pas que pour la France. Elle n'en est pas moins essentielle, les Pères de l'Église ayant ancré dans les esprits l'idée de la subordination de la femme, à l'exception de Marie. Les Écritures posent l'inégalité fondamentale des sexes dans le décalage entre les moments de la création des corps. Augustin qualifie comme supérieure et originelle l'orientation de la raison humaine vers la contemplation, et comme seconde et inférieure son orientation vers les nécessités temporelles ; la première est identifiée à l'élément masculin, la seconde à l'élément féminin, l'esprit et la raison pour l'homme ; les sens dont la chair pour la femme. Avec Thomas d'Aquin, la figure est différente, mais aboutit au même effet : Dieu a créé âme et corps en un seul geste, homme et femme à l'image de Dieu, mais c'est la semence de l'homme qui détient la vertu active dans le processus des générations, l'aide de la femme étant seulement celle d'une auxiliaire. Le sens commun ajoute à ces fondements ses propres préjugés, les défauts de la femme étant énoncés de telle sorte que la subordination de la femme apparaît naturelle... La femme est ainsi Marie et Ève, rédemptrice et pécheresse, bientôt mégère conjugale ou digne d'amour courtois. Enfermée dans le corporel, elle est amenée à intérioriser cette position. « La femme est faible ; elle voit en l'homme ce qui peut lui donner force, de même que la lune reçoit sa force du soleil. C'est pourquoi elle est soumise à l'homme et doit toujours se tenir prête à le servir. » Ces propos d'Hildegarde de Bingen datent du XIIe siècle. Mais cette vision n'est pas exclusive d'une autre approche, celle de ces femmes mystiques et ascètes qui rejoignent Dieu et guérissent les malades, apaisent les affamés. Or, la contre-réforme et la monarchie absolue étouffent bientôt l'extraordinaire vitalité de ces femmes-prophétesses, catholiques ou protestantes.

De fait, le droit contribue, dès le XVIe siècle, à préciser les incapacités de la femme, tantôt dans le pays du droit coutumier en rappelant la puissance perpétuelle du père, tantôt en pointant les cas où la place de la femme est en jeu : remariage des veuves, dissimulation de grossesse, etc.

Elle doit obéir, Molière le rappelle, par la bouche d'Arnolphe dans *L'École des femmes* :

Le mariage, Agnès, n'est pas un badinage
À d'austères devoirs le rang de femme engage
Et vous n'y montez pas, à ce que je prétends,
Pour être libertine et prendre du bon temps
Votre sexe n'est là que pour la dépendance
Du côté de la barbe est la toute-puissance
Bien qu'on soit deux moitiés de la société
Ces deux moitiés pourtant n'ont point d'égalité
L'un est moitié suprême et l'autre subalterne,
L'une en tout est soumise à l'autre qui gouverne.

Dans les communautés jurées, les femmes étaient admises pourtant à exercer la maîtrise dans un certain nombre de professions, mais les communautés de brodeurs, tailleurs, pâtissiers leur sont fermées. Dans les métiers du textile lyonnais, elles occupent un rôle d'auxiliaires impayées dans l'économie familiale de l'atelier. Au XVIIe siècle, elles obtiennent un statut écrit comme coiffeuses, couturières. Mais ces ouvertures ne permettent pas vraiment de prendre place dans la tradition des métiers.

Sont-elles écartées des Académies parce qu'elles sont souvent protestantes, ou jansénistes, ou liées au mysticisme de Mme de Guyon, à moins d'écarter les femmes « précieuses » ? Des six académies royales fondées au XVIIe siècle, seule l'académie de peinture et de sculpture accueille des femmes : ni Mlle de Scudéry, auteur du *Grand Cyrus*, ni Mme Dacier, savante helléniste, ne sont acceptées. En 1669, pour la première fois, les femmes sont admises à monter sur la scène de l'académie d'opéra. Il y en aura beaucoup : ainsi c'est par la musique que les femmes se sont intégrées au monde des académies. Au vrai, les premières protestations n'avaient pas attendu : dès 1622, Marie de Gournay écrivait le premier grand texte « féministe » : *L'Égalité des hommes et des femmes*.

À l'époque des Lumières, les femmes sont apparues comme une force sociale lorsque leurs salons deviennent des pépinières d'écrivains et de savants. C'est autour de Mme du Deffand que se réunissent les premiers Encyclopédistes, Fontenelle et Montesquieu, et bientôt dans le salon de Mlle Lespinasse, demoiselle de compagnie et rivale de Mme Geoffrin, qui reçoivent d'Alembert, Condorcet, Turgot... « Ils sont les "États Généraux de l'Esprit humain" », dit David Hume.

Or, brutalement, alors qu'avec la Révolution et notamment les journées d'Octobre, les femmes du peuple participent activement au mouvement, ce sont les milieux les plus radicaux qui leur interdisent de manifester dans les rues, les cloîtrent dans leur foyer, et décident la suppression des Clubs de femmes sur proposition d'Amar, du Comité de sûreté générale — au nom de la décence, de la pudeur.

Plus qu'antiféminin, le trait se veut hostile à l'aristocratie, qui, au jugement de ses vainqueurs, avait perdu ses qualités de virilité. L'avènement du héros-citoyen est « celui, foutre, dit *Le Père Duchesne* (Hébert), de la brutalité virile du peuple » ; on écarte la femme de ces violences qui définissent le citoyen. « La Révolution donne ainsi l'occasion [aux révolutionnaires] de transformer en valeur explicite la réalité du cantonnement domestique » (Mona Ozouf).

Dès les débuts de la Révolution, Condorcet juge le premier que les hommes ont violé le principe de l'égalité des droits « en privant tranquillement la moitié du genre humain de celui de concourir à la formation des lois, en excluant les femmes du droit de cité ». De fait, les règles de la société qui avaient été dénoncées comme mauvaises ignoraient la position des femmes : chez Rousseau, elles valent pour Émile, pas pour Sophie. Car la femme incarne la nature — son statut est intouchable — et ne veut pas voir qu'il institue une subordination. Effectivement, en plaçant l'homme comme l'incarnation de ce genre humain, la loi, désormais, délimite la place de la femme, appréhendée comme fille, épouse, mère ou veuve et pas comme sujet.

Le Code civil napoléonien renforce, en 1804, l'héritage inégalitaire de l'Ancien Régime et de la Révolution française ; et, d'un point de vue civil, la femme est assimilée jusqu'en 1938 aux mineurs, aux fous et aux délinquants. Elle n'obtient le droit de vote qu'en 1944, alors que la

Nouvelle-Zélande l'a reconnu dès 1893, que dix-neuf pays suivent avant que la France ne le fasse... Les pays protestants ont donné l'exemple, Scandinaves en tête, mais la Russie communiste en 1918, la Turquie kémaliste en 1934 la précèdent.

« Destinées par la nature à des fonctions privées », les femmes demeurent ainsi en marge, même si elles participent, directement ou pas, à la vie publique. Ainsi, c'est aux temps de la France bourgeoise, au XIXe siècle, que la situation de la femme se fige, ce dont rend compte le scandale que suscite George Sand en dénonçant cette situation. Au reste, ce n'est pas en France que le « sandisme » fait des émules, mais en Allemagne, avec les écrits de Clara Zetkin, théoricienne des droits de la femme, et en Russie, avec Alexandra Kollontaï, qui dépasse les problèmes de la politique et du travail pour aborder la sphère privée, et notamment le droit à l'union libre.

Figure 40 — Les différentes positions sociales de la femme. Chromo fin XIXe. On observe, entre autres, que la servante est au-dessus de l'ouvrière et de la paysanne.

Un signe de l'exclusion : du salon au cercle

Une des formes les plus originales de la convivialité en France, qui transcrit à sa manière l'évolution sociale du pays, avait bien été l'apparition de salons à la fin du XVIIe siècle et, un siècle ou un peu plus tard, leur relève par le cercle — quitte à voir celui-ci disparaître, peu ou prou, vers le milieu du XXe siècle. *De l'une à l'autre, les femmes ont disparu.*

Les salons constituent une sorte de petite cour privée d'initiative aristocratique, le plus souvent créé par des femmes et qui retiennent autour d'elles l'élite intellectuelle. On y forge l'idéal de l'honnête homme ; avec Molière, on y critique les *précieuses ridicules*, mais les salons n'ont guère d'essor tant que règne la tyrannie des modes à la Cour à Versailles. C'est au XVIIIe siècle que, selon la tradition, les salons sécrètent ou diffusent les idées des Lumières. Ce sont ainsi les femmes du monde qui mènent le jeu littéraire et politique aussi, en un temps où Versailles perd une partie de ses attraits.

À l'absolutisme monarchique correspondait la société de cour ; qu'il se dégrade et les salons de l'aristocratie prennent la relève. À leur tour, ceux qui disparaissent ou s'éteignent, passés les moments difficiles de la Révolution, les derniers feux appartiennent au salon de Mme de Récamier, fille et femme de banquiers, et qui compta parmi ses assidus Bernadotte et Lucien Bonaparte, puis Mme de Staël et Benjamin Constant, enfin Chateaubriand à qui la lia une longue amitié, sinon plus.

Expression de la classe moyenne qui impose ses us et coutumes après 1815, le cercle devient pour la bourgeoisie un lieu privilégié de convivialité.

Le cercle, c'est le club à l'anglaise — et pas le club des sociétés populaires jacobines. Il en est la variante diluée, fermée, dont le Code pénal fixe la limite à une vingtaine de personnes sous l'Empire, et qui nécessite autorisation... Autant dire qu'à ces réunions, on se rencontre entre soi ; et, au début, selon ses opinions : Chateaubriand, par exemple, ne fréquente que des cercles d'opposition ; mais, peu à peu, ces cercles se multiplient, souvent associés aux cafés, volontiers appelés Café du Commerce, où se réunissent les notabilités qui se retrouvent, en cercles plus fermés chez l'un de ces notables, qu'on retrouve chez Balzac avec *Le Député d'Arcis*, ou *Eugénie Grandet*. En province, ils se développent sous la Restauration, s'épanouissent sous Louis-Philippe, où ils sont sous surveillance parce que le pouvoir croit y voir renaître une opposition politique.

Mais la politique n'est pas vraiment au centre de la vie des cercles. S'y trouvent plutôt les affaires, la conversation, des discussions politiques aussi, mais plutôt entre soi, ou sous la forme d'un échange de services. Comme les restaurants et la gastronomie qui l'accompagnent, le cercle, volontiers associé au café, est de création bourgeoisie, et qui en réunit, à part, une élite triée et fière de l'être. Le glissement s'observe, note Maurice Agulhon, de la fréquentation collective usuelle d'un café à la constitution d'un cercle, vers une spécialisation et une réglementation plus souple également. Au XIXe siècle, à Lyon par exemple, on compte une douzaine de cercles, quelquefois dénommés « société », ou « association », en agriculture, médecine, littérature, commerce et arts, etc., et plusieurs « cercles du commerce » où, entre soi, « on lit les journaux, on cause et on joue », à l'anglaise.

À l'anglaise aussi le fait que les femmes, à la différence des salons, en sont éliminées.

Ainsi, les lieux de rencontre ne renvoient pas seulement à des niveaux sociaux, mais aussi à des niveaux culturels. Bientôt, dans les cercles, on ne parlera plus que de ses chevaux ou de ses chiens ; et, quelque part, la démocratisation des pratiques peut en sécréter d'autres : comme le conte Maupassant, dans certaines bourgeoisies, les gens du cercle se retrouvent volontiers à la Maison Tellier.

Car peu à peu s'était composé le tableau de l'homme de progrès, ouvert, vivant dehors, cédant dans son foyer à la femme dévote, qui ne sort que pour aller à l'église, et qui devient ainsi « un agent secret du passé ».

Par contraste, l'éloge que Stendhal fait des femmes italiennes ou Gobineau des Polonaises et des Russes rend-il compte de l'idée que ces esprits forts se font de la femme française ? Si elles sont jolies, dit Stendhal des femmes italiennes, dès qu'elles sont délivrées de la jalousie de leur mère, elles oubliaient, en un clin d'œil, toute la religion ; et tout ce qu'on leur a dit est tout comme des choses excellentes mais bonnes pour les enfants (...). Dernièrement une jolie et très jeune femme de Brescia a provoqué son amant en duel. Elle lui a écrit d'une écriture contrefaite, c'était un officier, il s'est rendu sur le terrain. Il a trouvé un petit polisson avec deux pistolets qui a voulu absolument se battre... Elle n'en a trouvé que plus d'amants empressés à lui faire oublier l'infidèle. Voyez comment chaque femme ici a des manières à elle, des discours à elle. » « Quant aux Slaves, écrit Gobineau dans *Les Pléiades*, elles exercent une tyrannie sur les terrains les plus réservés à l'homme (...) Ainsi les dames polonaises sont passionnées par les questions politiques, et ne jouent-elles pas les rôles les plus décisifs dans la conspiration, les révolutions ? (...) "C'est vrai, me répondit la comtesse, et elle regarda d'un œil étincelant ; nous aimions les grandes choses, et, pour tout dire, l'héroïsme nous est familier. Nous avons envoyé nos hommes au-devant des périls et nous le ferons encore. Mais savez-vous que nous y étions à leurs côtés ?... Ce qui est grand nous plaît, et plus nous aimons plus notre penchant est invincible à y porter nos idoles". »

Au milieu du XIXe siècle, il semblerait que les femmes françaises aient abandonné tout désir de s'associer aux différentes formes de la vie publique, sans que la répression ou la contrainte aient été nécessaires. La petite élite féministe semble s'être dissoute ou résignée.

Un siècle plus tard, on observe le même décalage entre une œuvre littéraire, *Le Deuxième Sexe*, de Simone de Beauvoir (1949), son écho, ses effets autant à l'étranger, tandis que se perpétue le retard français.

En montrant qu'« on ne naît pas femme, on le devient », elle ne se contente pas de revendiquer, pour les femmes, une position égale à celle des hommes, elle met le doigt sur une différenciation des attributs qui est due à l'organisation sociale autant qu'aux différences biologiques mises en avant par la tradition...

Le retard français n'étant que relatif, on peut se demander si, plus généralement, le développement des sciences et de la médecine, leur prestige n'ont pas été à la source d'une représentation de la nature féminine qui a véhiculé une nouvelle idéologie qui a contribué à figer son statut. Les médecins de ce premier XIXe siècle se veulent aussi démographes, moralistes et, en 1829, il se crée même, à côté du parti libéral, un parti hygiéniste qui témoigne de la volonté des scientifiques d'investir l'ordre politique et social.

Or, les médecins analysent à la fois l'infériorité physique de la femme, l'anatomie révélant une prédisposition à la maternité, tout comme sa capacité à l'allaitement ; ils analysent également la femme morale entière contenue dans sa beauté et son sexe qui investissent tout son être, ce que Rousseau avait exprimé dans *L'Émile*. Les maladies des femmes, leurs névroses notamment, leurs crises d'hystérie liées soit à la débauche soit à la frustration, déterminent un discours masculin qui révèle une certaine panique devant la sexualité féminine, et légitime l'enfermement des femmes à la maison, leur vie étant « complémentaire » de celle de l'homme qui partage ainsi leur existence avec des « oies blanches ». C'est également au XIXe siècle que les larmes deviennent de plus en plus l'apanage des femmes, les hommes n'étant autorisés à les faire couler que dans des circonstances exceptionnelles.

Portés par l'autorité de la science, au XIXe siècle et après, ces dispositifs pèsent lourd dans la vision que les femmes ont d'elles-mêmes — les hommes aussi bien — et pour longtemps (Y. Kniebieler).

Pourtant, à nouveau on peut se demander pourquoi ce discours aurait eu plus d'effet en France, où le statut de la femme a conservé un long retard, qu'en Grande-Bretagne ou en Allemagne, qui ont connu un pareil éclat de la science et de la médecine.

N'est-ce pas qu'en France, pays catholique, le discours de l'Église a rejoint en ces temps-là celui de l'ordre médical...

Ou bien est-ce qu'avec la levée en masse, la conscription nées sous la Révolution, perpétuées sous Napoléon avant de s'étendre au plus grand nombre, la gloire va au soldat, depuis le grognard jusqu'au poilu de 14-18 ? La femme en est exclue dans un pays qui se veut fier de son passé militaire, incarnation de sa grandeur.

À l'instar de ce qui s'est passé en 1789-1793, les femmes sont réapparues pendant la révolution de 1848, Charles Fourier observant que « les progrès sociaux et les changements de période s'opèrent en raison du progrès des femmes vers la liberté. »

Une nouvelle fois elles apparaissent dans les combats révolutionnaires pendant la Commune de Paris, en 1871, où Louise Michel se fait tancer par le socialiste Proudhon pour lequel la femme ne peut être que ménagère ou courtisane. C'est également ce que pensent Gustave Flaubert et bien d'autres, rares étant les hommes politiques, tels René Viviani ou Ferdinand Buisson, à faire partie de la Ligue-française pour le droit des femmes.

Si le message de George Sand avait recueilli un tel écho chez les premiers socialistes, c'est sans doute qu'au lieu de préconiser l'octroi des droits politiques aux femmes, elle avait jugé qu'auparavant elles devaient obtenir des droits civils, autrement ces progrès seraient illusoires.

Cela satisfaisait ceux qui craignaient l'influence de l'Église sur le corps électoral féminin, comme il en avait témoigné par son attachement aux prêtres réfractaires, pendant la Révolution. Tel était l'argumentaire des radicaux — Jules Ferry, Clemenceau —, ce qui renforçait le discours des chantres de la lutte des classes. Les socialistes qui, depuis que Friedrich Engels avait observé la condition des ouvrières en Angleterre, avaient compris qu'on pouvait ajouter l'armée des femmes travailleuses au contingent de ceux qui protestaient contre l'exploitation dont étaient l'objet les victimes du capitalisme. Cette instrumentalisation du statut de la femme, limitant volontiers la nature de cette exploitation à sa fonction reproductrice, ignore la spécificité de la revendication féminine, dans la vie politique notamment.

Ainsi, alors que la capacité électorale était reconnue comme illusoire — « une liberté bourgeoise » pour l'extrême gauche — et qu'elle avait été condamnée par cette même bourgeoisie, qui jugeait la femme « inapte aux affaires de l'État », le vote des femmes devint un enjeu plus qu'une question de principe. Les prises de position sur le statut de la femme n'ont pas renvoyé à la reconnaissance d'un droit, mais à la prévision de comportements électoraux » (Jean-Luc Pinhol).

Ces argumentaires s'additionnaient, ce qui suscitait une démobilisation des femmes. À la veille de la Deuxième Guerre mondiale, Louise Weiss, chantre du vote des femmes, avouait que « les paysannes restaient bouche bée quand je leur parlais du vote, les ouvrières riaient, les commerçantes haussaient les épaules, les bourgeoises me repoussaient, horrifiées ».

Pourtant, pendant la guerre de 1914-1918, une nouvelle percée des femmes s'est effectuée, mais en remplacement des hommes dans les usines de guerre notamment. Leur capacité était apparue, d'évidence, mais pas reconnus leur revendication ou leur droit à se substituer éventuellement à eux, sauf dans les professions qui se dévaluaient — un trait qui s'accentue après la Seconde Guerre mondiale : successivement dans la santé publique, l'enseignement, les services. Mais elles n'y accèdent qu'exceptionnellement aux grades les plus élevés.

Un des paradoxes de la situation des femmes fut bien que la République se méfia d'elles, pour autant qu'elle les jugeait soumises à leurs prêtres, et par conséquent il fallait leur soustraire les enfants, enjeu politique essentiel, pour que l'école laïque les élève. Or ce fut dans l'enseignement précisément que se fit la percée sociale des femmes aux XIXe et XXe siècles.

D'un côté elles avaient été reléguées dans la sphère privée « pour qu'elles puissent s'occuper de leurs enfants » ; d'un autre, c'est bien en éduquant les enfants qu'elles pénétrèrent à nouveau dans la sphère publique.

C'est grâce à l'État centralisé que ce mouvement a pu s'accomplir, car les résistances à cette assimilation sont venues d'en bas, voire des enseignants hommes eux-mêmes, opposés ensuite à ce que des femmes progressent dans la hiérarchie universitaire.

En tous les cas, la revendication féminine dans l'enseignement a moins porté sur la différence de salaire que sur cet accès aux hautes distinctions.

Est-ce parce qu'il s'agit d'une activité qui renvoie au rôle traditionnel de la femme, donner la vie et éduquer, seules les institutrices et les sages-femmes sont reconnues comme exerçant des vraies métiers féminins. À Saint-Étienne, par exemple, pendant la première moitié du XXe siècle, on ne leur connaît pas de métiers industriels reconnus statutairement comme tels, ni dans la passementerie, ni dans la mine : les femmes travaillent à l'usine, certes, voire dans les bureaux, mais dans des activités non qualifiées. Et dans des métiers qui prolongent des activités ménagères.

Travail et revendication

C'est avec le développement des industries que le problème du travail des femmes a suscité une nouvelle approche : quelle est son influence sur leur corps et sur leur capacité à remplir leur rôle de mère de famille ? s'est-on demandé. La question n'avait pas été posée auparavant, pour autant que la femme, disait-on, était occupée à de multiples travaux, certes, mais sur les lieux mêmes où elle combinait activité reproductrice, charge des enfants, ménage. Cela n'empêchait pas pourtant qu'à Paris, avant la « révolution industrielle », un cinquième de la population féminine adulte gagnait sa vie : il s'agissait, en majorité, de femmes célibataires.

L'industrie amena les femmes à choisir, autant qu'il se pouvait, entre travail domestique et travail à l'usine. Le fait d'embaucher des femmes dans les usines signifiait que l'employeur voulait gagner sur la main-d'œuvre, car, avec les machines, le travail manuel demandait moins d'habileté et de force, et on pouvait utiliser des femmes et des enfants — un stratagème pour les moins payer, et les ouvriers avec... Les syndicats s'émurent, mais sur le terrain de l'inhumanité ce fut par le travail des enfants que l'opinion fut mobilisée. En ce qui concerne les femmes en effet, c'est pour autant qu'on opérait une distinction sexuée entre le travail et la maison, comme entre la production et la reproduction, qu'on légiféra. La dureté spécifique de leur travail et les inégalités de leur statut n'entrèrent en ligne de compte que par ricochet. Il en fut de même, ou à peu près, en Grande-Bretagne et aux États-Unis.

Dans les classes populaires, l'industrialisation a eu pour effet d'abaisser le statut des femmes, tant il est vrai que l'on a considéré que les machines étaient l'affaire des seuls hommes[1]. Que les femmes veuillent entrer à l'usine, voire participer à des luttes revendicatives à côté des hommes, et elles n'ont pas plus la parole en Angleterre qu'en France.

Le fait qu'elles constituent, pour le patron, une main-d'œuvre moins rémunérée retarde les mouvements en leur faveur.

---

1. Arlette Gautier a observé qu'aux Antilles, les esclaves hommes ont mobilisé la connaissance des techniques, ce qui a contribué à aggraver la subordination des femmes (*Les Sœurs de la solitude*, 1985).

Surtout, note Yves Lequin, par souci de respectabilité, d'origine bourgeoise, et qui veut que la femme ne travaille pas, on assiste à une certaine « virilisation culturelle » du travail d'usine, voire à un certain antiféminisme des ouvriers, indépendant de leurs opinions politiques.

Chaque retour à la « normale », après la révolution de 1848, après la guerre de 1914-1918, après le deuxième conflit mondial amène une rétraction, par rapport à des améliorations obtenues ou espérées vers l'égalité des droits ; le salaire, entre autres, qui demeure toujours inférieur de dix à trente pour cent à celui des hommes ; si bien que les Trente Glorieuses ont constitué une désillusion pour les femmes qui renaissent à la revendication, ce que signale l'éclat du livre étendard de Simone de Beauvoir, *Le Deuxième Sexe*, en 1949. Il est vrai que jamais la misogynie n'a été aussi vivace, au regard du cinéma au moins qui en porte témoignages : Simone Signoret (*Manèges*), Cécile Aubry (*Manon*) y assument avec talent le rôle de ces femmes perverses. Les décennies qui suivent marquent le moment où, globalement, la vie active des femmes a changé professionnellement, mais plus encore leurs perspectives de vie où est rendue possible une position nouvelle, d'individus et d'acteurs politiques à part entière. C'est le fait nouveau.

Caricaturé et diffamé dès qu'il a voulu passer à l'action politique, le mouvement féministe a été plus vilipendé en France qu'ailleurs. Dès 1789, des écrits grivois et obscènes veulent le ridiculiser en évoquant la République en cotillons. Alors qu'aux États-Unis les femmes s'organisent, au moins sur des problèmes particuliers — lutte contre l'alcoolisme, contre la prostitution —, qu'en Angleterre Stuart Mill aide le mouvement des suffragettes à poser ses jalons dès avant 1914, qu'en Allemagne, les écrits du marxiste Auguste Bebel, *La Femme et le socialisme*, montrent fortement que le travail domestique des femmes a une valeur même s'il n'est pas rémunéré, et que des lois sociales assurent à l'épouse, dès avant 1914, des droits importants, en France, non seulement la femme demeure longtemps sans protection sociale, mais les mouvements féministes sont contrecarrés par les partis politiques qui cherchent à les instrumentaliser.

Le problème qui se pose à la revendication des femmes est celui de savoir si elle doit se faire au nom de l'égalité, proclamée par la République dans son discours, ou au nom de la différence. Dans ce dernier cas, on peut définir ce que serait une politique des femmes — pensée d'amour et de paix, régénération due à la fonction de mère, etc. — et on reprend alors l'identité du groupe qu'on vous a attribué alors qu'on en refusait la définition et les caractères — infériorité physique, émotivité, etc. — que la tradition médicale, de Galien à Juan Luis Vivès au XVIe siècle et ensuite, a répétés.

Un certain nombre de moments ont marqué un passage, celui qui a modifié, en France, le rapport des sexes puis a transformé les femmes en acteurs sociaux. La loi Naquet sur le divorce, en 1884, constitua sans doute un premier tournant, et, en 1938, la fin de l'incapacité civile de la femme mariée. Ensuite, au lendemain de la Deuxième Guerre mondiale, l'invention de la pilule, par le docteur Pinkus, en 1956, est le second qui libère sexuellement la femme ; elle rencontre l'hostilité des médecins qui lui attribuent toutes sortes de maux imaginaires ; en 1974, Simone Veil défend son projet de loi sur l'avortement, qui est adopté l'année suivante.

Durant ces années 1970, les manifestations en faveur de l'avortement s'étaient multipliées, lorsque avaient vu le jour les premiers centres du planning familial. Cette mobilisation fut au zénith lors du procès de Bobigny où la jeune Marie-Claire Chevalier fut accusée d'avoir avorté (après un viol) et sa mère poursuivie pour complicité. Gisèle Halimi les défendit et créa une association pour lutter contre la loi de 1920, la libéralisation de l'avortement devenant le cheval de bataille des féministes. Ces années 1970 figurent ainsi l'apogée, en France, du mouvement féministe, dont le programme se fait plus généraliste, Agnès Varda exprimant dans *L'une chante, l'autre pas* (1979) l'utopie d'un monde meilleur où règnent la liberté et la créativité des femmes.

Ce généralisme empruntait, pour partie, aux idées et pratiques du mouvement féministe américain, aux idées de Betty Freidan et Kate Millet, aux *gender studies* qui différencient la part de la nature et la part du social dans la discrimination entre les sexes. Avec la crise économique et la montée du chômage qui ont suivi et qui frappent les femmes plus que les hommes, il s'est révélé inadapté, et la revendication sociale, sur la défensive, a dû s'efforcer de sauvegarder les acquis de la revendication féminine en matière d'emploi, avant tout. De toute façon, ces acquis n'ont jamais abouti à une réelle équité. Aujourd'hui, en l'an 2000, selon le rapport C. Génisson, la différence moyenne des salaires entre hommes et femmes est de 27 % ; et les femmes représentent seulement 7 % des cadres dirigeants des cinq mille premières entreprises françaises. Pour qu'une réelle équité soit, écrivait Françoise Giroud, il faudrait que des femmes médiocres exercent, elles aussi, d'importantes fonctions.

Pourtant, le progrès des femmes s'est faufilé jusqu'à la politique où, ces dernières années, le principe de la parité s'est posé et a été, mais partiellement, honoré par certains partis. À l'actif du gouvernement Jospin, s'est inscrite l'action des femmes ministres, pas comme alibi, mais aux fonctions les plus responsables : Elisabeth Guigou et Martine Aubry. Et plus globalement, leur participation à la vie politique des cités paraît se renforcer à chaque élection.

Le problème qui est débattu actuellement est plutôt de savoir si l'attribution d'anciennes activités « masculines » à des femmes n'est pas une perspective qui retire aux femmes la part de leur identité propre. Une fois l'équité atteinte (on en est loin...), faudra-t-il, comme en Norvège, aller jusqu'à réserver à chaque sexe une part des postes dans des activités qui semblent mieux lui convenir ?

EN FAMILLE, SOUS L'AUTORITÉ PATERNELLE...

« La naturelle révérence des enfants envers leurs parents est le lien de légitime obéissance des sujets envers leurs souverains », proclamait une ordonnance royale de 1639. Analogie banale mais qui montrait qu'à la différence de ce que fit la Révolution, la royauté ne chercha pas à affaiblir l'autorité paternelle. Elle eût souhaité la renforcer, et elle laissa à l'Église le soin de gérer moralement ce problème familial.

Or, au XVIIe siècle dans sa pastorale, l'Église n'a pas cessé de rappeler l'importance du libre consentement comme fondement légal du mariage. « Ni l'interêt, ni l'ambition, ni la sensualité : l'amour. » Creuset du théâtre classique, le théâtre scolaire pratiqué par les jésuites affirme la légitimité de l'amour en conflit avec la légitimité des parents. De Molière à Marivaux a pu ainsi cheminer une pensée qui, de façon paradoxale, note A. Burguière, devait aboutir à la légalisation du divorce, votée par l'Assemblée législative le même jour que le mariage civil. Ainsi, l'absolutisme de l'amour s'est trouvé en contradiction avec l'absolutisme paternel qu'incarnait la personne royale, ce « père du peuple », comme l'avait énoncé Louis XII en 1506.

Or, l'autorité paternelle sur la femme et la vie de famille procédait de plusieurs modèles. La plus répandue, et quasi exclusive dans le nord du pays, était la famille réduite au noyau conjugal, dont le cycle est bref puisque tous les enfants quittent le toit paternel assez tôt pour se marier, ou pour d'autres raisons. Comme les parents les ont laissés partir, ces enfants ne se sentent pas obligés de les aider dans leur vieillesse. Si l'individualisme règne, l'absence de prise en charge des parents est compensée par l'intensité des relations de voisinage, et c'est ce trait-là qui aujourd'hui n'existe plus.

Dans les régions moins ouvertes l'emporte la famille souche ou la famille communautaire. La première où les parents cohabitent avec un seul enfant marié, destiné à leur succéder, se retrouve surtout dans les montagnes, au sud de la Loire, mais aussi en Gascogne. Les autres enfants quittent la maisonnée dès qu'ils se marient, mais l'héritier a une dette envers ses parents âgés. La solidarité comme les droits d'héritage sont marqués par l'inégalité.

Au contraire, la famille communautaire, qui voit cohabiter sous la direction des parents plusieurs enfants mariés, est égalitaire en son esprit. Elle a tendance à vivre en autarcie et n'attend rien du voisinage. Sa plus grande fréquence se retrouve en Poitou, Franche-Comté, Nivernais. Le droit d'aînesse a moins pour objet de prévenir le partage des biens que d'empêcher la création de nouvelles maisons, comme le montre le cas de la Gascogne.

Or l'État monarchique n'a pas réformé le droit familial, qu'il fût romain dans le Midi, ou coutumier dans le Nord ; et l'Église, à qui ce ministère était délégué, désireuse de réconcilier la piété avec les attachements de la vie quotidienne, avait laissé émerger une éthique du bonheur, chargeant la sensibilité familiale de moralisme et d'affectivité.

De sorte que l'attachement au roi s'est modifié : au père archaïque, absolu, incarnation de l'autorité, s'est substituée la représentation d'un père bienveillant et nourricier. Du roi, on n'attend plus autorité et ordre, mais assistance et bonté. Qu'on le juge défaillant et on l'accuse d'être un mauvais père : ainsi en a-t-il été lors du complot de Famine, où on l'a accusé de spéculer alors qu'il avait seulement fait des achats de précaution (1774).

Figure 41 — Noce bretonne en Cornouailles. Festin de 2 000 personnes.

Le roi est ainsi amené à s'occuper de la famille, qui fait appel à l'État, par exemple en faisant signer au roi des lettres de cachet de famille, pour sauver ses droits ou son honneur — ainsi le jeune Saint-Just, qui volait ses parents, fut arrêté sur demande de sa mère — ; ou encore l'État intervient pour s'occuper des enfants abandonnés.

Sur la famille d'Ancien Régime, on a tout dit et son contraire. Il semble bien que la famille élémentaire a existé en France à toutes les époques et que le modèle de la Sainte Famille n'a désigné que ce type-là — père-mère-enfant —, dit nucléaire, avec ses principes chrétiens : monogamie, indissolubilité, consensualisme. L'Église s'en est portée garante, alors qu'à ses débuts elle disait sa méfiance à l'endroit de l'institution matrimoniale, qui ne serait qu'un pis-aller au regard de la continence. « Qui ne peut se contenir, qu'il se marie », disait saint Paul ;

et Grégoire de Tours, au VIIe siècle, proclame l'impossibilité de séparer le mariage du péché qui lui est inhérent. Aussi l'Église multiplie-t-elle les empêchements — concubinage, remariage des veuves, mariages consanguins, adoption. Peu à peu, l'interpénétration des coutumes germaniques et des principes chrétiens a fini par régenter les structures familiales, la famille monogame constituant la cellule sociale de base, l'Église et le pouvoir carolingien imposant une stricte monogamie pour réguler la violence sociale. Au Moyen Âge, les vies de saints présentant toujours un modèle de famille étroite.

Cette famille conjugale n'exclut pas, dans la noblesse, des groupements plus larges, de proches et de consanguins, unis par le sang ou les alliances matrimoniales. Alors que le nombre des enfants tourne autour de trois à cinq par foyer paysan, il peut y être largement plus élevé.

Jusqu'au XVIIIe siècle, dans les classes populaires, le mariage est tardif, les naissances hors mariage rares, l'allaitement est la règle, le nombre de quatre à cinq enfants tout juste suffisant pour assurer le remplacement des générations car, en 1750, à cause des maladies, sur mille enfants la moitié seulement a survécu à quinze ans. La forte mortalité suscite la rupture des unions et la fréquence des remariages, un sur quatre au moins.

Peu à peu, une différenciation de la forme des familles a constitué la réponse à l'évolution économique ou politique. Comme on a vu, à côté de la famille nucléaire, qui domine, et encore plus dans les villes, et la multiplicité des enfants au travail chez les prolétaires, la France du Midi et des montagnes connaît la famille souche qui organise la survie du patrimoine par la faveur accordée au premier héritier, et désavantage les autres qui, dans les Pyrénées, émigrent, alors qu'en Aquitaine l'emporte souvent le fils unique. Dans les pays de métayage survit aussi une sorte de famille communautaire où coexistent plusieurs maisonnées plus ou moins liées et où le revenu se mesure à la quantité de main-d'œuvre investie.

C'est le Code de Napoléon qui avait institué la famille dans son statut « moderne ». Avec lui la famille n'existait que dans le mariage et les bâtards étaient sans famille. Dans ce Code, le mariage est indissoluble, le divorce restreint puis aboli en 1816. Le rapport entre les époux est hiérarchique et inégalitaire, les lois Naquet et celles de 1938 l'ayant quelque peu réduit.

DE LA FAMILLE AU COUPLE

Depuis la fin de la Deuxième Guerre mondiale, la famille a connu des changements tels qu'on a pu s'interroger sur sa survie... Alors qu'auparavant, de Le Play à Engels, on s'interrogeait sur ses origines... Simultanément, on s'est demandé si la famille perdue n'avait pas été inhumaine — « Famille, je vous hais », disait Gide —, à moins de juger, au contraire, qu'elle était merveilleuse dans ce monde que nous avons perdu...

Ce n'est pourtant pas l'âge moyen au mariage qui permet d'apprécier ce changement : comme à la Libération, il est toujours aujourd'hui de 24/27 ans pour les femmes et les hommes, après être passé à 22/24 ans au milieu des années 1960. Seul a évolué l'âge moyen à la première maternité qui est passé de 26 ans en 1980 à 29 en 1996. Par contre, le nombre des remariages, après divorce ou décès, n'a cessé de fléchir, passant de 64 % en 1975 à 38 % seulement en 1985. Tandis que les enfants nés hors mariage représentaient 11 % des naissances en 1980, ils étaient de 37,6 % en 1995.

Le changement est évident : il reste à en définir les traits principaux.

La première évidence est que la vie du couple, dans la famille, outre le vieillissement de ses membres, a connu un double retournement. En premier lieu, ses usages ont été longtemps subis, alors que l'individu s'est peu à peu émancipé, y résistant de plus en plus... On est ainsi passé d'une famille patrimoine, censée se reproduire et se perpétuer, à une forme nouvelle où la femme, gagnant sa vie elle aussi, n'a plus eu à en connaître d'une autorité du moins qui pouvait être sans partage. Peu à peu on est ainsi passé du respect des normes de l'autorité — du père, de la famille — au respect mutuel de ceux qui la composent. Ce dernier trait est associé au fait que les conjoints appartiennent en majorité au même groupe social, faisant connaissance au travail, à l'université, aux réunions, au bal.

Un deuxième retournement s'est produit, antérieur lui aussi aux années 1950, mais qui s'est accentué et accéléré. L'union, avec ou sans mariage, a laissé de plus en plus de place au sentiment amoureux, alors qu'auparavant, elle était gérée pour une bonne part par les familles et étaient le résultat d'un calcul. Mariage d'intérêt, mariage de convenance aussi bien, l'argent n'étant pas nécessairement le principe déterminant. Dans le film *Prologue*, de Robert Spry qui date de 1969, le père de l'héroïne, apprenant qu'elle va lui présenter son conjoint, commente : « J'espère qu'il n'est ni noir, ni juif, ni musicien. »

Or, aujourd'hui, l'attirance constitue la motivation essentielle : elle commande le désir de bien vivre ensemble et non plus seulement de s'accomoder d'une vie en commun. Mais elle peut ne pas durer.

Un autre trait apparaît : les institutions collectives sont de moins en moins aptes à réglementer la vie en commun, famille ou pas. L'Église avait été la première à interférer, à contrarier les unions spontanées, le mariage de Roméo et Juliette, par exemple. Depuis, la France est le pays qui a le plus tôt et le plus nettement fait de la famille une affaire d'État — alors qu'en Angleterre c'est la question de la pauvreté, et en Allemagne, le statut de la classe ouvrière qui ont occupé le devant de la scène. Tout le XIXe siècle, individualisme, natalisme, familialisme croisent leurs feux — aboutissant en 1939 au Code de la famille qui inaugure une politique intégrée d'aide à la famille, instituée par Daladier mais que glorifia Pétain. Elle se perpétue depuis 1945, dans le système de la sécurité sociale.

L'opposition entre l'individu et la famille, marquée par la baisse du taux de nuptialité, l'augmentation du nombre des couples non mariés et des naissances naturelles, l'augmentation du taux des divorces, n'est peut-être pas aussi marquée aujourd'hui qu'on le suppose, car la famille se trouve être redevenue une valeur reconnue et on observe que peu à peu les différences diminuent entre mariés et concubins, notamment en présence d'enfants. Surtout, le fait nouveau est que les familles, recomposées ou non, monoparentales aussi bien, ne constituent plus des modèles alternatifs mais les *séquences* d'un cycle de vie familiale consécutives à une rupture du couple y compris par décès : ce sont les mêmes personnes qui, selon les étapes de leur vie, se trouvent dans l'une ou l'autre de ces situations. Autre trait : deux des caractéristiques de l'évolution actuelle vont en sens inverse. D'un côté, les liens de conjugalité deviennent de plus en plus contractuels, d'autre part, le lien de filiation est de plus en plus inconditionnel, alors que dans le passé enfants bâtards et abandonnés couraient les rues.

Irène Théry a souligné une simultanéité : c'est au début des années 1970, au moment même où les valeurs de liberté individuelle et d'égalité des sexes redéfinissent le mariage, que la nuptialité décline et le divorce augmente. C'est que les nouveaux idéaux du couple ne supposent pas d'institutionnaliser le lien, car sa légitimité doit être personnelle, pas sociale ; le concubinage n'est pas un refus d'engagement mais la définition d'un pacte privé. C'est ce phénomène qu'elle a appelé le démariage. Quant à la multiplicité des divorces, elle prend la relève d'une situation antérieure qui masquait les drames intérieurs du couple sous l'apparence de la stabilité. Par un effet paradoxal, cette multiplicité peut aboutir à une remontée de la nuptialité et des naissances, chaque couple désirant « fonder un foyer »...

DRAMES DE L'ENFANCE, UN RÉVÉLATEUR

Vu la conception sexuée qui a régné sur le rôle réciproque de l'homme et de la femme dans la famille, au travail, dans la vie politique, il s'est trouvé que c'est par le relais d'une mise en cause des drames de l'enfance que certains aspects de la vie des femmes a été reconsidéré. Le sort de ces enfants peut jouer le rôle d'un révélateur.

Ainsi en a-t-il été de leur abandon, de leur travail, des viols dont certains ont été victimes.

Au XVIIIe siècle, pour prévenir l'infanticide ou l'abandon des enfants, le pouvoir royal finança directement l'hospice des Enfants-Trouvés de Paris, et il aida des hospices similaires en province. Il s'agissait de protéger l'honneur des familles contre l'infamie de la bâtardise. À Paris, le nombre des enfants ainsi recueillis croît : 3 150 en 1740, 7 676 en 1772. Les raisons de cette progression font problème, mais il semble bien qu'elle ne saurait être imputée uniquement à l'illégitimité, ou aux facilités qu'offrait la présence de ces hospices. L'intendant d'Auvergne a noté que le nombre des abandons est en corrélation avec

Figure 42 — « Le dernier baiser ». Le tourniquet où les filles-mères pouvaient déposer leur bébé. Lithographie de Mouilleron d'après Ch. Marchal. Salon de 1859.

le prix du blé ; ainsi le mobile peut être également la misère : à preuve, on abandonne quelquefois les enfants en accrochant aux langes un billet donnant quelques indices de reconnaissance, car la mère espère pouvoir retrouver son bébé, alors qu'en fait les neuf dixièmes meurent dans les premières années… Beaucoup de femmes s'imaginent ainsi que leur enfant sera mieux traité à l'hospice que dans leur obscur réduit.

Ainsi, on accepte l'assistance de l'État autant qu'on abandonne son enfant. Le confier à l'hospice n'est plus le renoncement du désespoir. C'est attendre que le roi, l'État prennent le relais pour décharger les pauvres d'une charge trop lourde à assumer.

Si on le garde et qu'il a survécu, l'enfant est bientôt au *travail*…

Ce que j'apporte à ma mère
C'est de l'or, n'y touche pas
Vois, mes deux mains en sont pleines
C'est que pendant deux semaines
J'ai bien fatigué mes bras.

C'est qu'à présent j'ai la taille
Où chez le pauvre on travaille
Où l'on occupe son temps
Le jeu n'est plus de mon âge
Je suis un homme ; à l'ouvrage !
Depuis un mois, j'ai sept ans.

Ce poème de Théodore Lebreton, né en 1803, tireur d'indiennes à sept ans, fut publié dans la *Revue de Rouen* en 1838 ; il est l'expression de sa propre expérience. Cette *Consolation de l'enfant du pauvre* ne dit pas les conditions sordides dans lesquelles travaillent ces enfants ; pas tous, certes, mais qui demeurent toujours dures à cet âge-là, comme elles le sont pour les femmes. Des aînés témoignent des raisons de cet esclavage : « Le travail de douze heures pour des enfants de neuf à douze ans n'est pas au-dessus de leurs forces (...). Et s'ils ne travaillaient pas dès cet âge, il s'ensuivrait une grande diminution de ressources pour beaucoup de pères de famille et de femmes veuves chargés de plusieurs enfants », témoigne le filateur de laine Laurent Bietry, entré à neuf ans comme rattacheur « dans la manufacture du vénérable Richard Lenoir ».

Cet état d'esprit domine. Et l'idée, également chez de nombreux parents, que « comme j'ai travaillé, tu travailleras, mon fils ».

L'aspiration à une vie meilleure pour ses descendants met un certain temps à émerger ; c'est l'école qui y aidera. Mais le manque à gagner constitue un frein qui rend compte, également, des retards de la scolarisation, même lorsqu'elle devient gratuite et obligatoire.

C'est autour du milieu du XIXe siècle, pas avant, que le travail des enfants devient le motif central d'indignation et de pitié : Dickens a ouvert la voie avec *Oliver Twist*, Victor Hugo suit avec *Les Misérables* (1862) et Daudet avec *Jack* (1876).

Au vrai, le travail des enfants n'est pas né avec l'industrialisation : en France comme dans les pays voisins, l'enfant est ainsi au travail, soit en famille, à la campagne surtout, soit en apprentissage, comme mousse ou ramoneur, pour ne citer que les activités d'enfants les plus connues.

Les enfants sont bientôt employés dans le travail industriel pour aider à la subsistance familiale dès qu'ils en ont la capacité : « lanceurs » dans la fabrication de châles, « tireurs » dans l'indiennage, « gamins » dans les verreries, « galibots » dans les usines. La manufacture des glaces de Saint-Gobain pourtant, en 1823, fixe à dix ans l'engagement des enfants ; alors qu'Oberkampf répond aux imprimeurs concurrencés par leurs salaires, ou leur absence, par cette interrogation : « Que feriez-vous de vos enfants ? Ils sont ainsi nourris, blanchis, chauffés »...

Pourtant, un vrai tournant s'observe avec l'apparition des grandes filatures, à la fin du XVIIIe siècle. Dans celle du duc d'Orléans montée en 1790, l'effectif de quatre cents salariés est formé de quarante-cinq pour cent d'enfants de cinq à seize ans, et à égalité de veuves, incapables de gagner leur vie autrement.

Avec la révolution de 1789, les entrepreneurs sont tenus de conclure des contrats avec le ministère de l'Intérieur qui est responsable de l'assistance ; mais la révolution terminée, il n'est plus besoin de contrats, l'emploi des enfants se banalise, et Boyer Fonfrède, un ancien Girondin, propose, par prospectus, aux pères et mères de famille surchargés d'enfants de les lui confier dès l'âge de huit ans, « pour les élever dans l'amour du travail ». Leur récompense puisqu'ils ne reçoivent ni salaire ni contribution ? « À condition qu'ils aient mérité notre bienveillance, ajoute Boyer-Fonfrède, apprendre durant trois années supplémentaires un métier spécialisé (serrurier, menuisier, tourneur). » Toujours vers 1810, Jecker monte une fabrique d'aiguilles où il emploie, sur 250 ouvriers, 225 enfants de quatre à douze ans. Selon une enquête faite vingt ans plus tard, 143 000 enfants de moins de seize ans représentent environ 12 % du total des ouvriers, le textile venant en tête avec 22 %. Ils sont moins nombreux en Prusse qu'en France ou en Angleterre mais la proportion y croît plus vite qu'en France.

Ce sont souvent des médecins — en France, Perceval, puis Villermé — qui en appellent à l'opinion sur la mauvaise santé de ces enfants ; ils sont volontiers soutenus, en Alsace notamment, par les milieux catholiques qui stigmatisent ces industriels du textile, généralement protestants. La grande enquête de Villermé, lancée en 1836, n'est pas sans effet sur les lois de 1841, votées malgré ceux qui « au nom de l'industrie française protestent contre les injures dont elle a été abreuvée ». Bientôt, l'économiste Frédéric Bastiat, Victor Hugo, Eugène Sue protestent contre la façon dont on fait travailler les enfants. Désormais, on les juge « adultes » à douze ans aux termes d'un rapport de la Chambre de commerce de Mulhouse, et on s'y abstient d'employer des enfants plus jeunes. C'est en 1874 que Ambroise Joubert, industriel et monarchiste, dépose un projet de loi qui fixe à dix ans l'âge légal du travail. Il est question d'interdire le travail de nuit jusqu'à seize ans ; mais finalement l'âge d'entrée dans les fabriques est poussé à douze ans et à douze heures la durée journalière du travail. En 1892, grâce à Jules Simon, l'entrée en manufacture est repoussé à treize ans, en réduisant à dix heures la journée de travail, ces données s'associant à l'âge de fin de l'obligation scolaire... Il faut attendre 1936 pour que cet âge soit porté de treize à quatorze ans ; et 1967, à seize ans.

Dès la veille de la guerre de 1914, le vrai problème est devenu pour la législation sociale et la législation scolaire de briser la transmission héréditaire des métiers.

Mais sur ce terrain comme pour le travail des femmes la République rencontre la résistance d'un certain ouvriérisme entretenu par les syndicats et les partis, ainsi que la résistance d'une partie des familles. Et sur ces terrains, on retrouve les mêmes problèmes en Angleterre et en Allemagne, ces deux pays étant tantôt en avance, tantôt en retard sur la législation et la pratique françaises.

Viol des femmes, viol des enfants

En ce qui concerne le viol, a montré G. Vigarello, celui des femmes a longtemps été considéré comme une simple violence pareille à tant d'autres. Dans la hiérarchie des crimes, aux temps de l'Ancien Régime, après la lèse-majesté vient le vol sur grand chemin, qui menace la communauté, sa sûreté : l'atteinte aux objets peut déclencher de plus lourdes peines que l'atteinte aux personnes. Le viol suivi de meurtre, certes, est gravement puni, mais en tant que telle la part du viol est relativisée. La morale ancienne tend à détourner ce qu'il peut y avoir en lui d'atrocité, à chercher un arrangement, à tenir compte du rang des victimes, voire de leurs silences.

Est-ce dû aux nouveaux sentiments apparus sur l'enfance que s'affirment à la fois la compassion pour la victime, voire des excuses pour les coupables ? Avec l'invention de l'individu, par le droit issu de la Révolution, la victime, femme ou enfant, a droit à des égards nouveaux, mais l'idée demeure, hors domicile, que le viol d'une femme adulte est impossible s'il est effectué par un homme seul — la femme étant toujours jugée quelque part consentante. Alors qu'au contraire, l'enfant est une victime vraie. Ainsi au XIXe siècle, dans les zones urbaines, la sensibilité aux crimes sexuels sur les enfants s'avive, les cas des viols de femmes sont reconsidérés : il se maintient certes des jugements d'emblée inégalitaires, la justice prend mal en compte les troubles de la femme dominée par lesquels la violence est renforcée ; il reste que l'ascension de la place des enfants dans la conscience sociale a joué le rôle d'un révélateur, tant dans le monde du travail que dans la dénonciation du viol, prise de conscience ayant été plus forte et plus précoce dans leur cas, comme en témoignent encore aujourd'hui les réactions que suscitent les actes de pédophilie accomplis par ceux qui ont charge d'âme : ecclésiastiques ou enseignants.

Chapitre 5
LE GÉNIE DE LA GUERRE CIVILE

La France, pourrait juger un historien morose, s'est longtemps crue dotée du génie des armes : il s'agissait plutôt de celui de la guerre civile.

De la querelle des Armagnacs et des Bourguignons aux guerres dites « de Religion », elle a aussi connu maintes révolutions subverties ou non en guerres civiles : celle de 1789, avec ses terreurs ou ses réactions, celles de 1848, avec ses journées de Juin et son coup d'État, la Commune de 1871, le 6 février 1934 et cette guerre instituée que fut l'époque de Vichy. Enfin le temps de De Gaulle frôla la guerre civile.

Successivement, la querelle entre religion et laïcité, l'opposition entre la gauche et la droite, le mode réformiste ou révolutionnaire du règlement des conflits, ont croisé leurs fers pour attiser ces guerres franco-françaises. Et quel rôle spécifique, en France semble-t-il, ont joué l'existence d'un fort parti communiste et d'une armée d'intellectuels spécialisés !

Or, il se trouve qu'en 1902, le meilleur spécialiste de la Russie des tsars, Anatole Leroy-Beaulieu, écrivait sur la France un petit ouvrage intitulé *Les doctrines de la haine : anticléricalisme, antiprotestantisme, antisémitisme*. S'il y avait ajouté « l'antimilitarisme », on aurait pu observer que seule la France a vu se développer ces quatre doctrines. Ni l'Italie, qui a connu l'anticléricalisme mais pas l'antisémitisme, ni les autres n'ont eu affaire à la totalité des quatre doctrines en question. Or non seulement la France les a toutes expérimentées, mais il lui est advenu, avant comme après, de les voir se développer simultanément…

Les unes étaient anciennes, d'autres ont pu apparaître puis disparaître, mais si la conjonction des années 1900 est exceptionnelle, leur existence a marqué la vie française plus que celle des autres pays.

Ces quatre doctrines, souvent de la suspicion autant que de la haine, ont constitué en quelque sorte des ingrédients qui ont accompagné la grande division du pays entre gauche et droite, une division qui, à vrai dire, s'est imposée à d'autres pays mais que la société française continue à vivre intensément...

Ces données rendent-elles compte du fait qu'en France certains conflits se résolvent de façon plus tendue qu'ailleurs ? D'autres facteurs aident-ils à rendre compte de cette situation ?

Une constatation s'impose : la société française a furieusement rejeté l'idée de compromis. Est-ce pour cette raison qu'on s'y plaît tant à glorifier le premier d'entre eux, l'édit de Nantes ?

Or la suite de son histoire témoigne de la montée et de la continuité des attitudes intransigeantes. Passée la Fête de la Fédération en 1790 — autre moment commémoré... —, *le but des mouvements révolutionnaires* ou de leurs opposants *n'est pas de limiter le pouvoir des dirigeants, mais de le transférer, de l'acquérir.* On veut détenir le pouvoir plus qu'en définir les normes. D'où la radicalisation des luttes — qu'elles soient politiques ou autres.

Vérité hier, en 1793 ou en 1815, vérité encore au XXe siècle où gauche et droite — tels Jaurès en 1904 ou Pétain en 1940 — entendent disposer de la totalité du pouvoir...

Vérité aujourd'hui chez ceux qui disent leur hostilité à la cohabitation, qui se trouve être pourtant une des expressions de la volonté nationale.

Religion et laïcité

Au cœur de la guerre des deux France, premier conflit avant celui de la lutte des classes ou entre la gauche et la droite, la question de la laïcité plonge au plus profond de l'Histoire. Mais elle affleure encore aujourd'hui, et en toutes circonstances, qu'il s'agisse des subventions aux écoles libres ou du foulard islamique. C'est dire les passions qu'elle recèle, alors que son décor n'a cessé de changer...

Jusqu'à la Réforme protestante, la dissidence ou l'hérésie avaient constitué les premières formes de liberté d'interpréter les textes sacrés. Mais le protestantisme, avec Calvin surtout, était également une mise en cause du rapport subordonné de l'État à la papauté et à l'Église, du caractère sacré de la monarchie. Les déchirements des guerres dites « de Religion » aboutirent, en France, au compromis de l'édit de Nantes (1598) qui assure le triomphe de la paix et de la raison d'État sur la déraison belliqueuse des protagonistes.

L'État devenait ainsi le garant de la paix intérieure. Certes, la tolérance reconnue par l'Édit était restreinte aux protestants, alors qu'en

Angleterre elle existait entre protestants et qu'en Allemagne la nature de la confessionalisation variait d'un État à l'autre (voir plus loin). Il s'agit d'assigner à la religion sa vraie place à l'intérieur de l'État.

Plus tard, en s'opposant à la *Bulle Unigenitus*, les Jansénistes rappelaient le pape à la pureté de sa doctrine et Louis XIV à l'indépendance de son autorité — « du calvinisme rebouilli », disait-on.

Par la Constitution civile du clergé, en 1791, s'inspirant à la fois de l'esprit des Lumière et du jansénisme, la Révolution mit fin à la subordination de l'État à l'Église.

Désormais s'opposent, d'une part, une France catholique où le pouvoir politique vise à se dégager de l'Église et où l'on passe de cette subordination à une séparation d'avec l'État (en 1905) ; et d'autre part, des pays protestants qui ont procédé à la sécularisation des Églises, de sorte que les Églises nationales s'intègrent à la sphère publique : « Les déchirements entre tradition et modernité divisent semblablement les Églises et l'État au lieu de les mettre aux prises. »

Après la Constitution civile du clergé, la Constitution de l'an III, deuxième étape, sous la réaction thermidorienne, assure la liberté des cultes ; mais en tant qu'institution l'Église est interdite, au nom de la proscription de toutes les associations, les individus étant libres de croire, mais pas une société religieuse de s'organiser en tant que telle. Marcel Gaucher montre bien que cette interdiction concerne la pluralité sociale de la société civile, au-delà de sa diversité individuelle. Elle ne vise pas que l'Église. C'est seulement en 1884 que s'ouvre la dernière étape, l'État reconnaissant les syndicats en 1901, les associations, et en 1905, l'Église, en la séparant de lui, ce que celle-ci prend pour une agression. On admet ainsi l'existence des collectifs indépendants des groupes d'intérêt ou de pensée.

Entre-temps, le Concordat de 1801 avait constitué un premier « seuil » de laïcisation, l'Église étant consacrée en tant qu'institution socialement prépondérante, mais politiquement subordonnée. Elle passe « du dehors au dedans », n'englobant plus l'État comme avant 1789. Comme on l'imagine, ni la papauté ni l'Église n'acceptèrent de bon gré ces mesures prises par la bourgeoisie libérale.

Cette séparation et ces dessaisissements n'allaient pas sans relents d'anticléricalisme, ni la résistance de l'Église sans intransigeance. Mais à cette inversion du rapport à l'État s'ajouta la contestation des dogmes religieux par la science.

Claude Bernard, au milieu du XIXe siècle, avait distingué trois degrés dans la connaissance de l'homme : la religion, la philosophie, la science ; autrement dit, croire, raisonner, expérimenter. Or, pour Auguste Comte, un de ces états chassait l'autre, la science éliminant les deux précédents ; alors que pour Claude Bernard la science n'éliminait pas, elle complétait la connaissance.

Cette divergence a survécu.

Or, aux temps du positivisme et du triomphe de la science qui devient une religion, comme dit Renan, le monde devrait être désormais sans mystères, sinon que la religion apparaît un obstacle à son analyse. À l'État neutre entre les religions, succède l'État neutre entre celles-ci et l'absence de religion. À la liberté de croire s'ajoute celle de refuser toute croyance. L'école doit ainsi devenir une machine de guerre contre les religions révélées : la laïcité n'est plus neutralité ou indifférence et liberté, mais combat. Paul Bert représente ce point de vue. Son discours de 1881 est un peu *le catéchisme des laïcs.*

« L'enseignement laïque incite l'homme au travail et lui donne confiance dans ses propres forces, dans le progrès personnel, le progrès social, le progrès humanitaire, tandis que l'enseignement religieux le tient en défiance de lui-même, et au lieu du travail et de l'instruction, le pousse à se prosterner et à prier. (...)

« Dans le domaine moral, égale différence. En histoire, l'enseignement religieux ne juge pas les hommes par les services généraux qu'ils ont rendus au monde. L'Église se soucie peu qu'ils aient travaillé au progrès, au développement de la civilisation et à la libération de l'humanité ; non, elle les estime par les services qu'ils ont rendus à l'Église. Elle canonise Constantin, l'incestueux ; elle célèbre Clovis, l'assassin ; elle encense Simon de Montfort, le massacreur ! (...)

« Tandis que l'école dit à l'enfant : Tu as en toi un juge, développe-toi et travaille ; c'est ta conscience qui, aidée de la consultation d'autres consciences, t'indiquera la voie du bien et te protégera contre le mal, l'enseignement religieux lui crie : Tu ne le peux, car tu es gâté, dès le germe, par le péché originel, et tu as besoin, pour te relever, de la grâce ; et comme la grâce peut t'abandonner, tu as besoin du prêtre qui seul sera ta règle, ton appui dans la conduite de tous les jours. »

L'enjeu est bien celui d'une école publique laïque et, en 1904, est décidée l'interdiction d'enseigner pour les congrégations.

Le problème de l'école interférait nécessairement avec celui de la laïcité. « Sachons bien, écrivait Charles Renouvier en 1872, que la séparation de l'Église et de l'État signifie que l'État a nécessairement charge d'âmes : G. Durkheim complète : « Il ne suffit pas dans l'école d'écarter toute référence religieuse, d'opérer une séparation extérieure : il faut chercher au sein des conceptions religieuses les réalités morales qui y sont comme perdues et dissimulées (...). Il faut les dégager, découvrir les substituts rationnels de ces notions religieuses qui pendant si longtemps ont servi de véhicule aux idées morales les plus essentielles. »

Les instituteurs allaient devenir les chantres de cette morale laïque, les « soldats de la République ». Leur règne s'affirme de 1880 à 1940.

À leur foi laïque s'ajoute leur conviction républicaine : tantôt ils sont les commis voyageurs de l'irreligion et de la franc-maçonnerie, de l'antipatriotisme et du collectivisme, de l'internationalisme ; tantôt « garants de l'ordre républicain et de la paix sociale (...). Voisinent chez eux l'amour de la patrie et la passion de la paix, l'admiration pour l'œuvre coloniale et le culte de la liberté » (Jacques Ozouf). Après 1914-1918, ils sont essentiellement pacifistes, et ils ont cru, comme d'autres il est vrai, qu'en criant « à bas la guerre », on l'éviterait. Ils sont et demeurent anticléricaux, toujours en guerre contre l'école libre, ce qui a moins de sens depuis que l'Église a perdu une part de son autorité... Ainsi, ils demeurent prisonniers de certitudes anciennes et ne demeurent une force que pour autant qu'ils constituent une puissance syndicale et une clientèle.

C'est par une sorte de malentendu entretenu qu'après 1984 les problèmes de la carte scolaire réveillèrent ceux de la liberté de l'enseignement, alors qu'à l'origine était seulement en cause la liberté des parents de choisir l'établissement de leur choix pour leurs enfants, indépendamment de toute menace pour l'enseignement libre, libre et subventionné.

LAÏCITÉ ET RELIGION : LE CAS DE L'ALLEMAGNE

Dans le passé comme aujourd'hui, le problème des rapports entre l'Église et l'État, entre laïcité et religion, se pose différemment dans les différents pays européens, en France et en Allemagne notamment.

Dans ce pays, les Églises disposent d'un statut privilégié dans une société sécularisée. Cette situation, pour l'essentiel, est l'héritage de la Réforme protestante au XVIe siècle, puis de l'autorité acquise par les Églises au lendemain de la défaite de 1945 — celles-ci étant les rares institutions à survivre dans le désert moral qui suit l'effondrement du nazisme.

L'origine de cette différence avec la France tient à ce que l'État-nation ne s'est pas formé suivant le même processus : en Allemagne, en effet, les particularités d'avant l'unité étaient inscrites dans une réalité territoriale liée à la confession. Le principe *Cujus regio ejus religio*, institué à la suite des traités de Westphalie en 1648, aboutissait à la constitution d'États, les uns, à confession luthérienne, les autres à confession catholique. En outre, le calvinisme était une religion reconnue à laquelle adhéra Frédéric II. Une certaine tolérance régnait en Prusse, seul pays avec l'Autriche à ne pas participer à cette confessionnalisation de l'État.

Les Églises ne constituant pas des forces dissociées, il n'y a pas eu dans les Allemagnes de conflit comparable à celui qui a existé en France ou en Italie entre la religion et les Lumières — et pas non plus, après la Révolution française, entre le protestantisme et le développement des sciences. Par contre, à l'époque de Bismarck, une fois réalisée l'unification, le Reich est entré en conflit avec l'ultramontanisme, refusant de se soumettre au catholicisme, et ce mouvement, dit de « Kulturkampf », a connu un regain avec le nazisme.

Pour autant qu'elles avaient été quelque peu persécutées au début de l'ère hitlérienne, les Églises ont retrouvé une légitimité après 1945. En République fédérale d'Allemagne, la Loi fondamentale de 1948 évoquait « la responsabilité du peuple allemand devant Dieu et devant les hommes ». Le serment prêté par le Président de la République fédérale lors de son entrée en fonction finit par « Que Dieu me vienne en aide » — bien que le fondement de l'État ne soit pas de nature religieuse. Mais cette formule peut ne pas être prononcée. La Loi fondamentale permet aux Églises de se constituer en corporations de droit public, ce qu'elles étaient à l'époque de Weimar ; elles sont autorisées à lever des impôts avec l'aide de l'État, elles reçoivent des subventions, etc., de sorte qu'elles constituent une vraie puissance économique. Leur place dans l'enseignement est garantie, mais les enseignants ne sont pas contraints à enseigner la religion contre leur gré. Surtout, les Églises ont exercé une influence considérable dans la vie politique, bien que la CDU ne soit plus vraiment un parti chrétien, et moins encore un parti catholique comme l'était le Zentrum à l'époque de Weimar. Inversement, la social-démocratie a abandonné son anticléricalisme d'origine, déclarant au Congrès de Bad Godesberg, en 1959, que « le socialisme n'est pas une religion séculière », et donc qu'il admet le pluralisme.

Présentes dans toutes les institutions, y compris les comités de surveillance des radios et télévision, les Églises jouent un rôle sans commune mesure avec celui qu'elles tiennent en France.

La gauche et la droite

N'est-ce pas Winston Churchill qui a le mieux identifié les deux France qui, depuis que cette nation existe, se livrent une sorte de combat perpétuel ? Quand il l'écrit, en 1937, Clemenceau et Foch en seraient les figures contemporaines : « Clemenceau est une incarnation de la Révolution française à son moment sublime, avant qu'elle ne fût ternie par les boucheries abjectes des terroristes. Il représentait le peuple français dressé contre les envahisseurs, défaitistes, tous exposés au bond du Tigre. Et contre tous, le Tigre menait une guerre sans merci. Anticlérical, antimonarchiste, anticommuniste, anti-allemand : en tout cela il représentait l'esprit dominant de la France. (...)

« Mais il y avait une autre tendance et une autre France, c'était la France de Foch — ancienne, aristocratique ; la France dont la grâce et la culture, dont l'étiquette et le cérémonial se sont répandus sur le monde comme un bienfait. La France de la chevalerie, la France de Versailles et, par-dessus tout, la France de Jeanne d'Arc (...)

« Il n'y a rien de comparable à cette dualité en Grande-Bretagne ou aux États-Unis, ni même en Allemagne. C'est une lutte perpétuelle qui se poursuit sans relâche, non seulement dans les assemblées successives, mais dans chaque rue et dans chaque village de France, et dans le cœur de presque tous les français » (*The Great Contemporaries*, Clemenceau).

Ce texte est de 1937 ; il n'a cessé d'être pertinent. Il porte sur les deux derniers siècles qui ont vu se développer la guerre des deux

France : celle des citoyens rêvée par la Révolution française, celle des croyants unifiée par l'Église. L'une incarnation de la nation, l'autre qui se sent menacée par les valeurs du rationalisme ou de l'universalisme.

S'agit-il de la gauche et de la droite ? Cette coupure a-t-elle un sens ? Chaque fois qu'on se le demande, disait déjà Alain en 1931, la première idée qui me vient est que ce n'est pas un homme de gauche qui pose la question... À la même époque, Albert Thibaudet pointe des motifs d'appartenance : « Si vous croyez que la naissance, la fortune, la position sociale vous confèrent des droits au gouvernement ; si vous estimez que la société, pour bien fonctionner, exige la direction d'autorités sociales, vous êtes à droite : l'Église, de ce point de vue, est à droite puisqu'elle n'admet qu'en Dieu la source de la souveraineté. » Dans le premier numéro d'*Esprit*, en 1932, Emmanuel Mounier écrivait qu'il faudrait placer dans une double colonne les valeurs spirituelles. « La charité est à droite avec l'Académie, la religion, le ministre de la Guerre, Paul Bourget, l'âme, le latin, l'économie libérale, les notaires et les familles ; la justice est à gauche, avec Picasso, les fonctionnaires, l'hygiène sociale, M. Homais, le féminisme, la liberté et la psychologie expérimentale. (...) Mais quel est le rapport d'évidence entre le notaire et la charité, entre l'âme et la guerre, entre M. Homais et la psychologie ? »

Ainsi, un inventaire des attitudes existe, contesté ; les positions idéologiques des partis politiques sont là, elles aussi, pour semer le doute. En cette fin de XXe siècle, après l'exemple du fascisme qui ne se voulait ni droite ni gauche, les écologistes, première manière, se disaient eux aussi « ni gauche, ni droite », puis ils sont passés à gauche ; aujourd'hui, les souverainistes issus du RPR se sont également dits ni gauche ni droite, comme s'affirmaient les gaullistes d'origine : sont-ils passés à droite ? Pour accroître la confusion, faut-il rappeler que le vote des femmes a été institué par de Gaulle, le SMIG par le gouvernement Georges Bidault, le SMIC par Joseph Fontanet, sous Pompidou, la loi sur l'avortement par Simone Veil, le RMI sous Rocard — pour ne pas évoquer les lois sociales ou autres consécutives à une crise sociale et politique grave comme en 1936 ou en 1968.

Plus : le clivage gauche/droite s'est évanoui aux moments les plus dramatiques de l'histoire du XXe siècle, les dirigeants politiques n'adoptant pas le comportement qui corroborerait les idées qu'ils étaient censés incarner. Ainsi, en 1914, l'axe politique droite-gauche-extrême gauche — conservatisme, réforme, révolution — en croise un autre : bellicisme-nationalisme-pacifisme. L'antimilitariste et pacifiste Hervé s'est retrouvé belliciste, antirévolutionnaire ; alors que le « bourgeois » Joseph Caillaux se montrait favorable à un compromis pacifique. Une superposition différente, mais qui rappelle celle-ci, se retrouve en France à la veille de la Deuxième Guerre mondiale. Lorsque, menacé par l'attraction contraire du fascisme et du communisme, le monde parlementaire passe d'un jeu gauche/droite à une division pacifisme/bellicisme, l'indépendant de droite Paul Reynaud, se retrouva aux côtés du socialiste

Léon Blum et Pierre Laval de Marcel Déat, autrefois de droite et de gauche.

Autre ambiguïté à l'époque du gouvernement de Vichy, réputé pendant et après la guerre comme un régime de droite puis fascisant, alors qu'il est truffé d'hommes de gauche tels Laval et anciennement Déat, mais également le socialiste Spinasse, le radical Bergery, les syndicalistes René Belin et Georges Dumoulin. Quant à la Résistance, réputée de gauche pour l'essentiel, elle comprend aussi bien des hommes que la tradition a classés à droite, au moins en 1940, tels de Lattre de Tassigny, le PSF Charles Vallin, Jean Monnet, René Pleven, sans parler de Charles de Gaulle.

Au lendemain de la Deuxième Guerre mondiale, ce sont les partis politiques les plus portés à parler au nom des droits de l'homme, à combattre le colonialisme, qui ont fourni les dirigeants les plus répressifs : Marius Moutet en Indochine, René Naegelen et Robert Lacoste en Algérie, tous trois socialistes SFIO.

Ces contradictions, ces retournements, ces inconséquences, ces situations sont trop essentiels pour être ignorés. Constituent-ils des contre-exemples à l'opposition reconnue et instituée entre la gauche et la droite ? Constituent-ils les moments « pathologiques » qui contredisent un état « normal » ? Poser ainsi la question impliquerait qu'une nation soit un corps figé, que son avenir soit inscrit, prédéterminé.

Or les situations changent, les individus peuvent être confrontés à des bouleversements qu'ils ne maîtrisent pas et qui peuvent modifier leurs comportements plus que leurs convictions idéologiques. Faut-il rappeler celui des Français d'Algérie, d'Oran en particulier, qui votaient majoritairement communiste ou socialiste avant 1954, qui ont constitué les bataillons les plus serrés de l'OAS, et qui, de retour en France, ont suivi Jean-Louis Tixier-Vignancourt les invitant à voter Mitterrand en 1965 pour se venger de De Gaulle, et ont été nombreux, durant les années 1980, à suivre Jean-Marie Le Pen...

Mais peut-on mettre sur le même plan un comportement électoral, un engagement politique armé, et des attitudes liées aux circonstances tragiques qu'on a subies dans la vie ?

Ces réserves faites, il reste, comme disait André Siegfried, qu'« un instinct sûr nous fait connaître si telle personne est à droite ou à gauche, et de deux personnes, laquelle est à la gauche de l'autre. Mais s'il s'agit de dire pourquoi, la difficulté commence ».

Surtout, l'appartenance à la droite et à la gauche n'a pas eu le même contenu à différentes périodes de l'Histoire. Ajoutons que ce dispositif a été modifié par l'apparition du fascisme et du communisme.

En principe, la division gauche/droite date du 28 août 1789 lorsque, à l'Assemblée nationale constituante, les partisans du droit de veto à accorder à Louis XVI se sont placés à droite du bureau du président de séance, et les adversaires, à gauche. Ainsi, à la société divisée en trois ordres et disposée selon trois espaces dans l'enceinte des États Généraux s'est substituée une occupation de l'espace divisée en deux.

Cette division reflétait l'appartenance à deux conceptions de la vie politique, qui, évidemment, préexistaient à cette circonstance. Les uns, à gauche, se référant aux encyclopédistes, à Descartes, à Locke, voire à l'héritage calviniste ; les autres se réclamant de la tradition catholique ou de la réaction aristocratique.

Dès lors, la division s'opère en rapport avec le régime politique. À gauche, on est républicain ; à droite, trois courants s'ordonnent à partir de choix institutionnels : la monarchie d'Ancien Régime pour les légitimistes, la monarchie constitutionnelle pour les orléanistes, un régime autoritaire appuyé sur le suffrage universel pour le bonapartisme, venu de la gauche (R. Rémond). S'opposent aussi, simultanément, une gauche, parti du mouvement et du changement, à une droite, parti de la « résistance » (au mouvement), ou conservateur. Toute l'histoire politique du XIXe siècle procède de cette division, qu'incarne la lutte de la chaumière et du château allié à l'Église, qui survit encore dans le cœur de Pierre Mauroy en 1981.

Deuxième césure, dès la fin du Second Empire, la substance des deux partis se modifie : la République n'est plus le facteur qui les sépare, les monarchistes s'étant peu à peu ralliés. Ce sont désormais les données économiques ou sociales ainsi que le rôle de l'État qui constituent les principaux facteurs de division : au grand capital que contrôle la bourgeoisie « républicaine » s'opposent les socialistes et une partie de la gauche qui luttent contre la « réaction ». Au plan des organisations, face aux droites, il existe désormais trois gauches : celle des radicaux, celle des socialistes, celle des syndicalistes. Autour de 1900, les premiers veulent assurer l'égalité civile et politique par l'instruction qui doit garantir aux meilleurs leur promotion sociale ; à la différence des seconds, ils ne préconisent pas la révolution sociale, et ne rêvent pas du « grand soir » ; quant aux syndicalistes, ils contestent le monopole que les partis prétendent exercer sur la vie politique, et certains d'entre eux mettent en cause également sa forme parlementaire, partageant leur critique avec celle des anarchistes.

Au lendemain de la Grande Guerre et de la révolution de 1917 qui modifient les classifications, l'opposition entre gauche et droite est bien illustrée par l'analyse de Winston Churchill.

Cependant, greffés ou non sur la gauche et la droite, communistes et ligues fascistes constituent des forces nouvelles qui tirent les partis vers les extrêmes. Jamais la société française n'a été si tendue, dans son opposition à la fois au libéralisme et au régime parlementaire. Jamais la frontière entre la droite et la gauche parlementaire n'a été aussi présente qu'à l'heure du Front populaire. Passées la crise de la guerre et l'époque de Vichy, le clivage gauche/droite se reconstitue. Au vrai, apparemment marquée par le binôme gauche/droite, la IVe République connaît plutôt, avec la constitution de la troisième force (MRP + SFIO), des coalitions qui se dissolvent à mesure que s'affaiblissent gaullistes et communistes.

La rupture de mai 1958 et le retour de De Gaulle redessinent l'opposition gauche/droite, même si le fondateur de la Ve République ne se veut ni de gauche ni de droite. Il est classé à droite, comme il l'avait été par les communistes et les socialistes lors de la création du RPF, en 1946 ; et cela quelles que soient les mesures prises par son gouvernement qui pratique la décolonisation préconisée par la gauche et entamée par Mendès France, et bien que ce soit l'extrême droite, avec l'OAS, qui le combatte avec le plus de vigueur. En mai 1968, c'est le peuple de gauche qui se soulève ; et désormais, le gaullisme de Pompidou se situe bien à droite, l'opposition droite/gauche renaissant plus vive que jamais à chaque élection présidentielle. Le concept d'alternance, puis celui de cohabitation traduisent bien la survivance du binôme politique qui définit les traits permanents de la vie politique française.

Ils sont à la fois plus forts et plus faibles que jamais.

Plus forts, en ce sens qu'ils rythment la vie politique représentative, et que le Front national, qui, à son tour, ne se veut ni droite ni gauche, perd de sa substance depuis 1995 et son schisme en 1998. Plus marqués aussi, pour autant qu'avec la fin de l'Union soviétique et l'implosion du communisme, le parti de Maurice Thorez et de Marchais n'est plus, aujourd'hui, qu'une organisation qui cherche les termes de son aggiornamento et ne se différencie plus guère de la gauche classique. Surtout, l'existence d'un peuple de gauche se manifeste, vivante, chaque fois qu'une crise sociale ou de toute autre nature prend de l'ampleur, comme, par exemple, lors des grèves de 1995.

Mais cette survivance du binôme gauche/droite apparaît plus ténue, pour autant qu'elle mobilise moins, que les partis de droite sont divisés et que les thèmes des conflits se sont déplacés : il survit, certes, sur les problèmes du Pacs, de l'avortement et de la vie privée ; il disparaît sur l'Europe, la souveraineté, voire même sur celui du statut des étrangers et des immigrés.

Surtout, la division gauche/droite, toujours vraie au Parlement, vivante dans l'opinion, perd de sa substance dans la pratique gouvernementale — et plus encore dans la vie des citoyens —, sauf au moment des votes électoraux. Mais cette forme de la vie politique — face à l'activité des associations, par exemple — n'est-elle pas en train de perdre une partie de sa sève à l'heure de la mondialisation qui est celle, aussi, des exclus ?

Cette permanence de la division se retrouve à droite comme à gauche, comme en témoigne la continuité des partis politiques — même s'ils changent de nom.

Ainsi pour la gauche, on peut considérer que la Révolution française a créé les sensibilités qui se perpétuent jusqu'à aujourd'hui.

La première est celle de la gauche libérale et parlementaire, qui lutte contre le pouvoir royal, pour la liberté de la presse et la liberté économique : Sieyès et Lafayette, Barnave et Brissot incarnent cette gauche libérale, adepte du modèle anglais et qu'on retrouve après 1815, toujours avec Lafayette, Mme de Staël également, et bientôt Guizot et Thiers, dont on oublie volontiers à cause de son action contre la Commune, en 1871, qu'il incarne une gauche libérale, qui ensuite glisse inéluctablement vers la droite. Néanmoins, derrière Jules Grévy, Jules

Simon, c'est elle qui, de 1875 à 1884, organise la République et la fait adopter à une voix de majorité.

Elle institue des libertés collectives pour les syndicats, par exemple, qui grandissent à côté des libertés individuelles.

Dès la Révolution, une gauche démocrate est apparue : au nom de l'égalité politique et des nécessités de la guerre, elle refoule la liberté. Danton, Marat, Robespierre et Saint-Just en sont les figures emblématiques... Cette gauche démocrate et bientôt dictatoriale laisse en héritage l'idée de suffrage universel, une aspiration à l'égalité sociale par la démocratisation de la propriété, le désir d'une école publique gratuite, un attachement à la patrie révolutionnaire. Peut-on dire qu'elle est spartiate, plutôt qu'athénienne ?

Après la Révolution, alors que la gauche libérale et parlementaire s'en était prise au pouvoir absolu, la gauche démocratique juge que l'ennemi principal est désormais l'Église catholique. Elle juge que c'est l'ignorance qui a accouché de Louis-Napoléon, aux élections de 1848. Il faut développer l'enseignement qui doit élever le peuple ; or c'est l'Église qui s'y oppose. Laïcisation de l'école, enseignement gratuit et obligatoire, séparation de l'Église et de l'État, tel est le programme. Hippolyte Carnot, Ledru-Rollin et Edgar Quinet, pour qui « toute religion recèle des périls mortels », incarnent ce courant. Le catholique Lamennais, croyant, mais combattant le cléricalisme, le soutient. Ce radicalisme anticlérical, qui s'exprime dans le programme de Belleville, en 1869, sera appliqué vingt à trente ans plus tard par Jules Ferry. Ce courant est porté par des médecins, des vétérinaires dans les campagnes, des protestants dans les villes moyennes. Un courant qui sait se rallier les masses paysannes et les convaincre des bienfaits de la science et de l'enseignement. Léon Bourgeois en définit les principes : foi en la raison, foi dans le progrès, foi dans l'école, foi dans la solidarité nationale.

L'apogée se situe avant la guerre 1914 ; le déclin commence après 1919, malgré le succès d'Herriot lors de la formation du Cartel des gauches en 1924, et la présence au pouvoir de radicaux jusqu'à la guerre, et même un peu après. Après Herriot et Daladier, Mendès-France en est la principale personnalité. Mais son règne et sa légende ne s'associent pas à son appartenance au parti radical.

Dès la Révolution était apparue une extrême gauche socialisante chez les sans-culottes. Des hommes comme Jacques Roux, Varlet et Hébert, puis Gracchus Babeuf, avant tout égalitaires, mettent en cause la propriété privée, ils sont éliminés mais introduisent une tactique qui sera reprise à l'avenir : faire pression sur le pouvoir en le soutenant pour peser sur ses décisions mais sans y participer. Ce que les hébertistes et les Enragés ont fait en 1794, les gauches l'imitent au temps de Waldeck-Rousseau et de Combes, puis de Léon Blum à l'époque d'Herriot. C'est le cas des communistes après 1945, voire sous la Ve République.

La différence entre cette gauche-là et les précédentes est qu'elle met au centre de ses préoccupations non pas la question politique mais la refonte des structures économiques et sociales. Elle juge que l'économie ne s'ordonnance pas d'elle-même et qu'il revient par conséquent à l'État d'introduire rationalité et équité. Saint-Simon juge que l'État doit introduire l'ordre qui convient, Fourier et Proudhon font confiance à la société. Louis Blanc et, plus tard, Jaurès oscillent entre ces deux tendances. S'opposent ensuite ceux qui préconisent la formation d'un parti socialiste ouvert, donc démocratique, tel Jaurès, à ceux qui, tel Jules Guesde, estiment qu'il doit constituer une sorte d'avant-garde, un point de vue que Lénine théorise dans *Que faire ?* en 1903. La scission qui donne naissance au parti communiste, en 1920, a été due, pour une part, à cette divergence-là[1].

Affaiblis par l'éclat des succès du communisme en URSS, les socialistes adoptent les idées de planisme et de nationalisation venues à la fois de l'URSS et du syndicalisme français. La victoire du Front populaire de 1936 est bientôt suivie d'un désenchantement, mais elle laisse une trace indélébile — les cris d'« unité » rejaillissent dès après la Libération en 1946. Pourtant, lorsque se constitue le Kominform, jamais les relations entre les deux partis ne se sont faites aussi méfiantes ; les crises de 1956 (Budapest) et 1968 (Prague) creusent ce divorce.

Il revient à François Mitterrand d'avoir su ressusciter une dynamique d'union de la gauche, autour d'un programme commun qui se présente comme un projet de rupture d'avec le capitalisme...

Le bonapartisme est-il la dernière variante de la gauche révolutionnaire après 1795 ? Non, bien sûr, pour ceux qui condamnent le 18 Brumaire. Pourtant, Bonaparte est entré dans la vie politique par les gauches : ses sympathies robespierristes lui ont valu la prison et le 13 vendémiaire il écrase les royalistes ; quand il introduit le Code civil et supprime, en Europe, le régime seigneurial, il apparaît comme un « Robespierre à cheval » selon Mme de Staël. La coupure entre l'Europe de l'Ouest transformée par la présence napoléonienne et l'Europe de l'Est date en partie de ces années-là. Bonaparte s'oppose à l'extrême droite, comme il s'oppose aux Jacobins et instaure ce qu'on a pu appeler une « troisième force », rassemblant centre gauche et centre droit, mais de façon autoritaire et glissant de plus en plus vers la droite.

Est-ce la raison ? Le bonapartisme figure en bonne place dans la mémoire historique comme une variante de la droite autoritaire, et non comme une variante de la gauche. Pendant la révolution de 1848, il se présente mi-gauche mi-droite, se proposant de supprimer les partis qui divisent la nation et de réconcilier les Français en les tournant vers une œuvre commune. Alors que les notables, face à la crainte des rouges partageux, s'intitulent « amis de l'ordre » et évoquent la famille, la propriété, la religion, les bonapartistes répondent « chemins vicinaux », « voies ferrées », « canaux ». Guizot définit Louis-Napoléon comme une garantie révolutionnaire, mais aussi un principe d'autorité.

René Rémond a bien saisi la filiation, non dite, non reconnue, entre le gaullisme et le bonapartisme, étant admis que de Gaulle ne se

1. Sur la naissance de ces idées, voir p. 346 et suivantes.

réfère en rien à l'Empire, vaincu, et qu'au contraire il se réclame de la continuité de la IIIe République, en choisissant la date du 4 septembre pour son référendum de 1958 — en souvenir de la proclamation de la République en 1870.

Surtout, comme on l'a vu, n'est ni gauche ni droite, la politique sociale, la concentration des pouvoirs, le monopole de l'information, le référendum-plébiscite, qui rapprochent le régime du bonapartisme. Sans oublier, en 1958, une reprise du pouvoir dans des conditions d'une orthodoxie peu républicaine. Ajoutons que les adversaires sont les mêmes : la gauche et la droite, plus encore leurs extrêmes...

Entre l'époque de Napoléon III et celle de De Gaulle 1958, avec l'épisode « bonapartiste » du général Boulanger on constate que Boulanger ne rejette pas plus la République que de Gaulle, que son électorat correspondait assez à celui de Louis-Napoléon Bonaparte, et qu'il reçut, au départ, l'appui d'hommes de gauche tels Clemenceau et Naquet, et d'hommes de droite tels Albert de Mun et Paul Déroulède.

On retrouve les mêmes permanences dans la continuité des autres droites, celle des contre-révolutionnaires ou de l'Action française jusqu'au GRECE d'aujourd'hui, de la droite orléaniste jusqu'à Giscard d'Estaing — auquel s'ajoute ce qu'on a appelé, à tort ou à raison, « le fascisme français ».

Quoi qu'il en soit, depuis que, sous la Ve République, fonctionne l'alternance, les traits permanents des gauches et des droites ressuscitent à chaque grande élection.

Les doctrines de la suspicion et de la haine

Sans doute, ces doctrines — anticléricalisme, antiprotestantisme, antisémitisme, antimilitarisme — n'ont ni le même statut, ni la même ancienneté, ni la même audience que les grands courants de pensée. Elles partagent l'opinion avec fureur, mais pas toujours, comme on serait porté à l'imaginer, suivant un clivage gauche-droite. Lors des crises, les reclassements sont multiples : ainsi, lors de l'affaire Dreyfus, Georges Sorel est antisémite et dreyfusard ; Émile Zola est successivement antiprotestant, puis favorable à Dreyfus, etc. Mais les prises de position sont toujours passionnées, au bord de l'affrontement violent...

L'ANTICLÉRICALISME

L'anticléricalisme est un vieux sentiment, même si le terme n'apparaît explicitement qu'en 1852 pour stigmatiser la caution donnée par l'Église au coup d'État de Louis-Napoléon Bonaparte. Ce sentiment est une réaction contre le cléricalisme, c'est-à-dire l'obstination des papes et du clergé à subordonner la société civile à la société religieuse, à vouloir étendre à la société politique les règles et méthodes de cette Église, à utiliser des armes spirituelles à des fins temporelles, à se servir du pouvoir politique pour imposer sa vision morale, individuelle ou collective. Sous une forme ou sous une autre, ce cléricalisme a plusieurs siècles d'épaisseur, et ses opposants avec lui. Pour l'anticlérical, la religion doit être une affaire privée. C'est à la loi, juge l'anticlérical, qu'il revient de contenir la volonté de domination de l'Église. Car l'Église menace l'État, qu'elle soit elle-même un État dans l'État, ou qu'elle prétende juger ses actes en dépit des décisions du suffrage universel. Elle menace aussi l'unité de la nation, au XXe siècle par exemple, en encourageant l'autonomisme alsacien, ou les mouvements d'indépendance des peuples colonisés ; surtout, en 1914-1918, la papauté manifeste sa sympathie aux Habsbourg catholiques, contre les Républiques laïques, c'est-à-dire la France et l'Italie ; en 1940, l'Église tire avantage du malheur qui frappe la patrie. Enfin, l'anticlérical juge que l'Église enrobe les valeurs de la famille dans les valeurs religieuses. Sa passion évangélisatrice peut la conduire à enlever des enfants juifs pour les baptiser en secret et les élever religieusement : telle l'affaire Mortara en 1858 et l'affaire des enfants Finaly, en 1953.

Ainsi jugent les anticléricaux, il faut se méfier de toutes les tentatives de l'Église de faire patte de velours : on l'a vérifié en 1852, quand elle a trahi ses élans généreux de février 1848 ; et encore après 1930, quand finalement, en dépit de son ralliement à la République, ses dirigeants soutiennent le maréchal Pétain qui l'a abolie. « Tôt ou tard, le masque tombe. »

Or, cet anticléricalisme peut être aussi bien libéral, à la Voltaire, comme gallican ou janséniste. Il peut être réactionnaire, tel Montlosier qui, au nom de la féodalité, condamne sous Charles X « le parti prêtre », ou encore progressiste, tels ces chrétiens de gauche qui aspirent au triomphe de l'évangélisme sur les ruines d'une Église qui se compromet avec le pouvoir et la richesse. Il peut être chrétien ou athée, d'inspiration socialiste ou anarchiste et l'incarnent, successivement, des gens de robe sous l'Ancien Régime, des bourgeois à la Homais durant la première moitié du XIXe siècle, les instituteurs sous la IIIe République. Des chassés-croisés s'observent : quand la bourgeoisie affirme son anticléricalisme, les classes populaires ne suivent pas ; que par conservatisme elle retrouve le chemin de l'Église, durant la deuxième moitié du XIXe siècle, et les ouvriers des classes populaires s'en éloignent : « L'anticléricalisme est toujours le fait de la classe humiliée » (René Rémond).

Pour autant que les flux d'anticléricalisme accompagnent des manifestations du cléricalisme, leur apparition suit un parcours identifiable. Il commet ses excès pendant la Révolution, et reprend l'offensive à l'époque des Ultras, après 1825, contre les jésuites surtout, la bête noire des anticléricaux ; il est vengeur à l'époque de la Commune où le contraste est manifeste entre religiosité de l'époque de la révolution de 1848 pénétrée de ferveur évangélique et l'irréligion militante de l'insurrection de 1871.

Proudhon en formule les attendus : « L'Église aura fait en vingt ans de la France émasculée et domptée ce qu'elle a fait de l'Italie, de l'Espagne, de l'Irlande *abêtie*, armée seulement contre les libertés du monde. » Dans la presse, se déchaîne la haine contre les cléricaux, les prêtres, ce qui rend compte de l'exécution des jésuites de la rue Haxo et de la mort de l'archevêque de Paris, Monseigneur Darboy.

L'apogée de cet anticléricalisme se situe sous la IIIe République, relancé par l'appel de Gambetta : « le cléricalisme, voilà l'ennemi » ; il trouve son infanterie dans le monde des enseignants, les instituteurs surtout, qui défendent aussi le droit à ne pas croire. Toujours critique, l'anticléricalisme d'après la Deuxième Guerre mondiale perd son caractère de haine, comme en témoignent les échos du *Canard enchaîné*, ou les films de la série Don Camillo. Mais un autre anticléricalisme a pris la relève, catholique celui-là, qui stigmatise les silences du pape lors du génocide des Juifs.

L'ANTIPROTESTANTISME

Tout comme l'anticléricalisme en vis-à-vis du cléricalisme, l'antiprotestantisme oppose aux idées protestantes sa conception de la nation. La différence, c'est qu'il tend à l'exclusion... Ce mouvement, qu'on avait cru disparu grâce à l'édit de tolérance de Malesherbes, en 1787, et avec la Révolution française, réapparaît violent en 1870. Ses chantres se situent à l'Action française, où l'on explique que les protestants ont des « germes » allemands et anglais, qu'il existe aussi un protestantisme « d'alluvions », écrit Édouard Drumont, composé d'étrangers et de naturalisés de fraîche date qui opprime le protestantisme comme l'ultramontisme a opprimé l'Église catholique... Les protestants, explique Maurras, constituent un État dans l'État, et leur cosmopolitisme est aux antipodes du sentiment national. « Que les protestants s'en aillent », écrit carrément Émile Zola, en 1881. « Les races du Nord, les protestants sont l'ennemi ; elles veulent dévorer les races du Midi. » « Alors que le Juif vous pille en vous prenant votre argent, le huguenot vous trahit en mettant la main sur l'État. » « Ces protestants sont partout », et, comme, en 1880, trois des dirigeants de la IIIe République se trouvent être protestants : l'économiste Léon Say, l'ingénieur Freycinet, le diplomate Waddington, les antiprotestants jugent que la République est devenue un « fromage de Hollande » pour ces protestants qui colonisent la nation, pervertissent son âme en s'engageant en masse dans l'école laïque. Déjà, comme le prétend Barrès, ils privilégient l'individuel et l'universel au détriment de la communauté nationale.

On comprend mieux la violente et subite remontée de l'antiprotestantisme en observant que ce courant de droite juge que « le socialisme est d'exportation allemande — donc protestant ».

Les similitudes entre anticléricalisme et antiprotestantisme sont frappantes, alors que les uns sont réputés « à gauche » et les autres « à droite ». On accuse l'autre de constituer un État dans l'État, de menacer l'unité de la nation, de coloniser les hautes sphères du pouvoir. À cela s'est ajouté le fait que les antiprotestants reprennent une partie des accusations qui dataient de la Réforme, à savoir cette vocation révolutionnaire qu'on reprochera bientôt aux Juifs. Les antiprotestants ne tiennent pas compte du fait qu'il existe une droite protestante, autour de Gaston Mercier avant 1914, une Association Sully contre le Cartel des gauches et sa politique laïcisatrice, et que des intellectuels protestants de droite, tel le pasteur Soubise, ne sont pas plus révolutionnaires que René Gillouin, un des conseillers de Pétain en 1940 qui, pour sa part, réprouve son antisémitisme.

L'ANTISÉMITISME

L'extraordinaire succès de *La France juive* d'Édouard Drumont, en 1886, qu'Alphonse Daudet lance dans les milieux mondains, semble être né de la coagulation de plusieurs courants : un certain catholicisme — « qui dit juif dit protestant » — et un certain socialisme, hostile au « Juif capitaliste ». Ce succès surprend tous les observateurs de l'époque. Il va se perpétuer parce que l'antisémitisme s'est peu à peu développé sur plusieurs strates.

La première est évidemment le vieil antijudaïsme chrétien qui survit par l'enseignement du catéchisme, où, dès l'enfance, le chrétien, frappé d'horreur, s'entend dire et répéter que les Juifs ont crucifié Jésus, le premier « crime » dont on lui donne connaissance ouvertement. Cet antijudaïsme d'origine, réactivé par l'Église et par Luther à l'époque de la Réforme, est toujours vivant et réanimé par le journal *La Croix* au début du XXe siècle, mais plus du tout depuis.

Autre strate, indépendante des crimes imputés aux Juifs (l'empoisonnement des sources, la propagation de la peste, etc.), l'antisémitisme économique et politique, lié à l'accroissement du rôle des Juifs dans la vie de la nation, sous le Second Empire notamment, avec les Rothschild, les Pereire, etc. Symbolise cette présence le krach de l'Union générale, banque catholique abattue par d'autres banques rivales, et israélites, en 1882 : *La France juive* est de 1883. En 1940, l'antisémitisme de l'archevêque de Lyon, Monseigneur Gerlier, puise à ces deux strates : sa famille a été ruinée par le krach, comme des milliers d'actionnaires.

L'affaire Dreyfus élargit les horizons de l'antisémitisme. L'Affaire coagula autour de ces courants toute une famille de polémistes qui veulent réduire la part des Juifs dans la vie nationale. Comme les protestants, ils sont soupçonnés de toutes les trahisons : sauf que l'armée intervient comme partenaire de ce procès.

Un demi-siècle plus tard, à l'époque de Vichy, un homme comme Xavier Vallat, que Pétain choisit pour être commissaire général aux Questions juives, puise son antisémitisme à ces trois foyers : pour lui, les Juifs étaient théologiquement maudits, politiquement dangereux et économiquement néfastes. Naturellement, l'arrivée de Juifs à des postes de haute responsabilité, qu'ils soient de gauche ou de droite, ne fait qu'exaspérer ce courant : que Léon Blum, Jean Zay, Georges Mandel puissent être ministres est insupportable à des hommes qui tirent à boulets rouges contre la pègre et les « youtres juifs », comme leurs prédécesseurs avaient tiré sur les protestants Waldeck-Rousseau, Freycinet, etc.

Ces courants se sont élargis à tous ceux qui observent que depuis le début du XXe siècle la plupart des mouvements révolutionnaires ont été animés non plus par des protestants mais par des Juifs : Trotski, en Russie, Rosa Luxemburg en Allemagne, Bela Kun en Hongrie. Une littérature émigrée blanche, en provenance de Russie, ne manque pas d'insister sur ce point pour amener les antirévolutionnaires d'Occident à mener combat contre le bolchevisme. La propagande nazie stigmatisa à son tour le judéo-bolchevisme.

Enfin un dernier courant, plus directement associé au pacifisme français, se nourrit de cette idée que les Juifs, parce qu'ils sont des victimes, deviennent dangereux. Réfugiés d'Allemagne ou d'Autriche à l'époque nazie, ils alertent l'opinion française et la dressent contre l'Allemagne. Ils deviennent ainsi un obstacle au rapprochement franco-allemand, à la paix, alimentent le bellicisme. Tel est le point de vue de Marcel Déat qui avait pourtant signé des pétitions contre les persécutions raciales en Allemagne et en Europe centrale. Robert Brasillach et Céline se déchaînent sur ce thème dans des feuilles antisémites. Au reste, ce rôle des Juifs étrangers inquiète même les Français israélites : Emmanuel Berl les accuse de pousser à la guerre et il devient, en 1940, le porte-plume du maréchal Pétain. Ce courant s'étend à des milieux qui n'étaient pas antisémites, tel le clan des « mous » en pleine guerre, favorables à un arrangement avec Hitler avant une défaite qu'ils jugent inéluctable. Et, dans le gouvernement Daladier, Jean Giraudoux, ministre de l'Information, juge que « notre terre est devenue terre d'invasion (...) non pas par des armées, mais par infiltration (...) comme dans l'Empire romain (...). Ces centaines de mille Azkenazes échappés des ghettos polonais ou roumains [déferlent], prédisposés à l'anarchie et à la corruption ».

Ces milieux et ces courants interfèrent ; ils font bientôt la loi chez Gallimard et chez Grasset, où Vichy règne là aussi avant Pétain. Il en va de même au cinéma où, comme l'ont noté Pierre Sorlin et François Garçon, les Juifs sont les seuls Français visiblement marqués comme des étrangers, par leur aspect physique, leurs mœurs, leur parler : *Les Nouveaux Riches, Monsieur Bégonia*. Naguère, nous avons montré que l'antisémitisme latent de Jean Renoir s'est révélé dans *La Grande Illusion* où, pourtant, il avait cru, en rendant le Juif Dalio-Rosenthal sympathique, combattre l'antisémitisme : en lui faisant jouer le rôle d'un combattant de la guerre 1914-1918, il allait contre l'argumentaire de l'extrême droite française qui accusait les Juifs d'avoir été des embusqués. Néanmoins, il se trouve que dans le film Rosenthal est le seul prisonnier aux larges moyens financiers, bien que sa famille ne réside pas en France depuis longtemps. Ses camarades « s'habituent » à sa générosité mais l'antisémitisme plébéien éclate quand Jean Gabin lui dit ses sentiments, quitte ensuite à les dominer.

Un demi-siècle plus tard, après le silence qu'impose la révélation de l'ampleur du génocide, Le Pen ressuscite certains de ces composants de l'antisémitisme auxquels il ajoute que le génocide des Juifs ne fut qu'un « détail » dans la Deuxième Guerre mondiale. Puis, de même que l'antiprotestantisme s'était déplacé vers l'antisémitisme au début du siècle, le refus des Arabes, à sa fin, a pris en partie la relève du rejet des juifs.

L'ANTIMILITARISME

Volontiers associé à l'anticléricalisme, l'antimilitarisme est, à l'origine, lié plus directement à l'évolution des régimes politiques. Il apparaît à la chute de Napoléon lorsque l'ordre militaire est discrédité et que le soldat semble comme une survivance du passé, destinée à disparaître. Dans *Servitude et grandeur militaires*, Alfred de Vigny, qui n'est pas antimilitariste, évoque lui-même le caractère arriéré et barbare de l'organisation militaire. Autour de l'armée flottent les vieux drapeaux de la Révolution et de l'Empire, donc l'idée jacobine. Il est de bon ton de persifler ces militaires « garnis de leur croix, bêtes, insolents, hâbleurs et criards », écrit Stendhal, et dans les salons il n'est plus bon de se montrer habillé en militaire. « Non, le mérite militaire n'est plus à la mode », dit Julien Sorel.

L'humeur change avec les révolutions de 1830 et 1848, où le destin des peuples semble à nouveau dépendre du sort des armes. Entre 1840 et 1860, juge Raoul Girardet, s'opère un renversement décisif de la sensibilité. L'armée a joué un rôle essentiel dans la répression des insurrections, qu'il s'agisse des canuts ou des journées de Juin, ou encore des suites du coup d'État du 2 décembre. Comme le notait le colonel Aubert, dès 1839, « la liberté, jadis, se fit soldat, l'ordre sera soldat aussi ». Le parti de l'ordre fusionne avec l'armée, incarnation du nationalisme jacobin. Ce sont les socialistes, tels Proudhon et Pecqueur, et les républicains, tel Gambetta, qui proposent, sous le Second Empire, de vider « casernes et couvents ». L'armée est perçue comme une force répressive et l'ordre militaire accusé d'abrutir le soldat : ce thème du militaire abruti fit fortune plus tard des *Gaietés de l'escadron* ou du *Train de 8 h 47*. Anticléricalisme et antimilitarisme se sont alors rejoints. Ils demeurèrent longtemps associés.

Au lendemain de la défaite, lorsque le duc d'Audiffret-Pasquier aborde à l'Assemblée le principe du service obligatoire au nom de l'union nationale, il invoque 1848 et la Commune, autant que la fraternité qui a régné pendant la guerre de 1870. Jules Ferry et Gambetta, George Sand et Michelet font leur *mea culpa* d'avoir été des chantres du désarmement, d'avoir brocardé les militaires : on ne croit plus en la fraternité universelle, et l'amour de la patrie prend le pas sur tous les autres sentiments. Sully Prudhomme les exprime simplement :

Je m'écriais avec Schiller :
Je suis un citoyen du monde
... De mes tendresses détournées,
Je me suis enfin repenti
Ces tendresses je les ramène
Étroitement sur mon pays
Sur les hommes que j'ai trahis
Par amour de l'espèce humaine.

Cet élan réunit jusqu'à Jean Macé, fondateur de la Ligue de l'enseignement, antimilitariste et anticléricale de fondation.

Avec la naissance de l'esprit de revanche, renaît et grandit le prestige de l'armée et, peu à peu, le milieu des officiers devient « un vrai réseau de relations mondaines et familiales », un refuge pour l'aristocratie que favorise l'avancement par cooptation. *Naît alors cette idée, chez les conservateurs, qu'à défaut de l'Église, l'armée pourrait être un moyen de noyauter l'État, de prendre sa revanche sur la République*... À cette date c'est à la revanche contre l'Allemagne que pense Paul Déroulède, cet ancien compagnon de Gambetta, admirateur de Hoche et de Duguesclin. Mais c'est pour autant qu'il juge que le salut de l'armée — à cette fin — doit passer avant tout, que le fondateur de la Ligue des patriotes se rallie, de cœur, à l'idée d'un coup d'État militaire, celui de Boulanger. « La patrie c'est l'armée et l'armée c'est la patrie », dit Émile Faguet.

L'affaire Dreyfus éclate dans cette atmosphère électrique. Son antisémitisme se greffe sur celui qu'avait révélé *La France juive* quelques années plus tôt ; après coup, elle a pour effet de ressusciter l'antimilitarisme.

Un ouvrage de Georges Darien, *Biribi, armée d'Afrique*, avait allumé une mèche, en 1890, en dénonçant les atrocités des bagnes militaires ; d'autres écrits d'inspiration anarchiste l'accompagnent. L'arrestation du capitaine Dreyfus, ce « galonné », n'émeut pas les antimilitaristes ; mais ils se rendent compte que la réaction se profile derrière les antidreyfusards et qu'elle menace la République. En effet, les militaires récusent l'intervention des civils dans leurs affaires et fulminent à la lecture d'Anatole France, qui, dans *Monsieur Bergeret à Paris,* montre ce que trament les bureaux du ministère de la Guerre. Ultérieurement, dans *L'Armée contre la nation*, Urbain Gohier montre que « l'armée de la France moderne est entre les mains de la vieille féodalité militaire (...), étroitement unie à l'Église romaine (...). Pendant un siècle, émigrés et traîtres avaient préparé leur revanche sur les fils des sans-culottes ». Alors qu'en 1847, la promotion de Saint-Cyr comptait deux élèves sur 306 sortant de l'enseignement religieux, en 1886 ils étaient 140 sur 410. Ainsi l'antimilitarisme libertaire et l'antimilitarisme républicain se rejoignaient à nouveau.

L'enjeu en était l'armée que tous voulaient forte même si l'esprit de revanche n'avait plus partout la même vigueur et si le sort de l'Alsace-Lorraine intéressait moins. « Personnellement, écrit Lucien Descaves, je ne donnerai pas en échange de ces terres oubliées ni le petit doigt de ma main droite, il me sert à maintenir mon papier quand j'écris, ni le petit doigt de ma main gauche, il me sert à secouer la cendre de ma cigarette. »

Pourtant, c'est bien autour de l'armée que s'engage le grand débat que lance Jean Jaurès. « L'armée nouvelle qu'il préconise doit substituer un système militaire à un autre, car l'armée doit être celle de la nation tout entière. »

Au reste, dans *La Revue des deux Mondes* en 1891, comme s'il avait voulu nourrir les polémiques antimilitaristes, le capitaine Lyautey posait le problème du rôle de l'officier en temps de paix. Il lui revenait d'éduquer la nation. Mais cette conception de l'armée et de son rôle irrite les antimilitaristes, qu'il s'agisse d'universitaires qui voudraient expurger les manuels scolaires de tout récit militaire, « pour qu'on inculque à l'enfant qu'il faut regarder les armes (...) du même œil que les instruments de torture au château de Chinon » ; qu'il s'agisse de vrais doctrinaires de l'antimilitarisme, tels Gustave Hervé ou Georges Sorel, le premier qui propose de « planter le drapeau national sur le fumier des casernes », le second jugeant que le devoir premier du citoyen est de frapper l'armée, c'est-à-dire l'État en son cœur. Surtout, avec les progrès du syndicalisme révolutionnaire et le Congrès d'Amiens (1906), la grève devant devenir un soulèvement général pour détruire l'État, il faut faire abstraction du patriotisme, « cette duperie pour l'ouvrier ». Victor Griffulhes déclare : « C'est le prolétaire qui comme toujours est appelé à défendre le sol malgré qu'il n'en possède aucune parcelle (...) Le lieu où l'ouvrier travaille, là est sa patrie. » En attendant la grève générale, les syndicalistes seront antimilitaristes et prêcheront la grève militaire : en 1911, 93 bourses du travail sont considérées comme antimilitaristes, 77 seraient moins engagées.

Pourtant, leur ralliement à l'Union sacrée en 1914 se comprend pour autant qu'on jugeait, en France, que c'était l'Allemagne de Guillaume II qui incarnait le militarisme et l'impérialisme le plus dangereux et le plus agressif.

Au premier coup de clairon, le patriotisme l'emporta sur l'antimilitarisme...

Mais, une fois la guerre finie, les clivages anciens renaissent, à la fois contre le pacifisme de Briand, et bientôt à propos de la nature de l'armée, dont on se demande si elle est adaptée à une guerre future. L'accueil que reçoit *Vers l'armée de métier* du colonel de Gaulle, en 1934, se situe dans ce contexte : ce projet menacerait la démocratie, il risque de ressusciter les vieux démons de l'époque Boulanger.

Avec la guerre civile de l'époque de Vichy, l'attitude vis-à-vis de l'armée change de registre, et, bien sûr, on acclame à la fois le képi de Pétain, et encore plus les deux étoiles de De Gaulle. Mais la guerre d'Algérie avec ses horreurs cachées ressuscite contre les colonels responsables de la torture l'esprit de l'affaire Dreyfus, comme l'a bien vu Pierre Vidal-Naquet.

Le règlement des conflits sociaux

De tous les conflits français, un des plus longs, des plus durables, fut bien celui qui oppose patrons et ouvriers. Cette continuité, qui mène de la corporation à la convention collective, a été ponctuée par des heurts violents que n'ont pas connus d'autres pays, la Grande-Bretagne notamment, sauf ces dernières décennies.

Cette différence est le résultat de plusieurs facteurs.

La principale est bien que, alors qu'en Grande-Bretagne et en Allemagne, de la concentration industrielle est née très tôt une culture ouvrière marquée, entre autres, par une tradition de négociations, en France, la formation d'une classe ouvrière s'est effectuée plus tardivement à cause du long enracinement de l'industrialisation dans les campagnes. De sorte que les syndicats de métier ne sont pas parvenus à exercer leur hégémonie sur l'ensemble du monde ouvrier. La tradition d'action directe — héritage des révoltes paysannes ? — a perduré tandis que l'insertion des ouvriers dans la vie publique ne s'est effectuée, en force, qu'entre les deux guerres mondiales. C'est à ce moment-là d'ailleurs que l'attraction du parti communiste et de la CGT a joué, car ces organisations instituaient des pratiques qui paraissaient adéquates aux ouvriers pour la défense de leurs intérêts. Ce rapport privilégié entre le parti communiste et la classe ouvrière s'est noué pour trois ou quatre décennies, avec une touche révolutionnaire en 1920 et entre 1945 et 1950. Mais que changent les conditions économiques globales avec la crise de 1973, que change aussi l'image « révolutionnaire » de l'URSS, et l'éclatement social accompagnant cette crise a modifié aussi la façon dont se sont réglés les conflits sociaux.

Ainsi, en France, l'affrontement l'a volontiers emporté sur d'autres solutions, les grandes grèves ponctuant l'histoire des conflits sociaux : 1906, 1920, 1936, 1947, 1968 et 1995.

Le premier grand tournant a été celui de la révolution de 1789. Elle a détruit une forme d'organisation collective du travail pour qu'une autre prenne la relève... La relation de subordination et de dépendance s'est en effet modifiée du tout au tout.

LES RAPPORTS ENTRE PATRONS ET OUVRIERS

Jusqu'à la Révolution française, la petite entreprise est le type industriel normal. Le cadre en est une économie organisée qui s'oppose au libéralisme, lequel triomphe au XIXe siècle. Jusqu'alors, la liberté de commerce et d'industrie n'existe pas, on n'est pas libre d'exercer le métier que l'on veut, ni de choisir ses procédés de fabrication. À l'exception des manufactures, minoritaires, régies par l'État. Il s'agit, pour l'essentiel, d'une activité réglée par des corporations, l'une des formes d'organisation de la société divisée en corps : corps ecclésiastique, corps judiciaire, etc., et corps des métiers.

La corporation dispose d'un monopole qui la protège de la concurrence des négociants étrangers. À l'intérieur de la corporation englobant ceux qui ont le droit de se livrer à la profession, il existe une hiérarchie où s'inscrivent les relations de travail. En haut, les maîtres ou artisans ; en dessous, les compagnons, ouvriers formés — aujourd'hui on dirait qualifiés — ; au bas de l'échelle, les apprentis. Ces deux catégories étaient salariées.

Cette hiérarchie est le reflet de la hiérarchie féodale, la place de chacun n'étant pas immuable mais liée à un examen qu'on appelle le « chef-d'œuvre ». Le maître n'est donc pas comme aujourd'hui celui qui possède les capitaux mais celui qui a la compétence.

À ceci près que le « chef-d'œuvre » devient de plus en plus difficile à réaliser, onéreux aussi, fermant l'accès à la maîtrise, d'où le mécontentement des compagnons. Par ailleurs, le conservatisme des maîtres paralyse le progrès technique : d'où l'édit de Turgot en 1776, qui tente de supprimer les corporations, mais le mouvement de résistance qu'il rencontre le force à reculer.

À la veille des États Généraux, ce qui suscitait des émeutes, c'était le problème des subsistances et des prix, plus que celui des relations de travail. La suite des événements n'est pas liée à ces problèmes-là. Néanmoins, à peine la Révolution a-t-elle éclaté que partout les compagnons s'établissent à leur compte, en concurrence directe avec leurs anciens maîtres. Devant cette « mutinerie » qui devient collective, l'assemblée doit céder, et bientôt par la loi Le Chapelier les corporations sont abolies. Au sens propre, la société s'est « dé-chaînée », puisque les liens des individus avec leurs maîtres ont été rompus ; il ne restait en vis-à-vis que l'intérêt individuel et l'intérêt collectif désormais incarné par l'État (S. L. Kaplan).

L'organisation du travail était autoritaire et collective, l'organisation nouvelle sera individuelle et libérale.

Apparaissent alors les contrats de travail libres — à l'époque on dit des « contrats de louage » —, le travail étant loué comme un appartement, pour une durée déterminée et devenant une marchandise. Donc il ne peut être question d'une réglementation des conditions de travail ni du montant des salaires ; il y a un marché du travail, comme de n'importe quel objet.

Comme l'écrivait Cobden pour l'Angleterre, désormais, « quand deux ouvriers courent après un patron, les salaires baissent, quand deux patrons courent après un ouvrier, les salaires haussent ».

De fait, les usages et les règlements d'atelier se perpétuent ; hormis que, sous l'Ancien Régime dans le cas des manufactures, les règlements étaient imposés par le pouvoir central dans l'intérêt de la production, considérée comme un intérêt public, alors que désormais les règlements sont le fait de l'employeur dans l'intérêt exclusif de l'entreprise, de *son* entreprise. La situation des travailleurs se trouve ainsi dégradée par le jeu des principes libéraux, et pas seulement dans les grandes entreprises, étant donné la différence de puissance entre l'employeur et ses ouvriers.

Avec le développement de la révolution industrielle du XIXe siècle, un changement radical s'accomplit avec l'afflux des travailleurs vers les usines, la lente disparition des industries rurales, l'emploi croissant de femmes et d'enfants dans les entreprises, la concentration qu'animent les capitaines d'industrie creusant le fossé entre employeurs et salariés. L'explosion des canuts de Lyon, en 1830-1834, première expression explicite de la lutte des classes, témoigne d'une révolte autant psychologique ou morale qu'économique.

Cette révolte de la dignité fut suivie de bien d'autres, rendant compte de la nécessité, pour les travailleurs, de se regrouper ; rendant compte, pour l'opinion, d'une prise de conscience qu'attise la divulgation de la situation matérielle et morale des ouvriers, des conditions de travail des enfants, notamment. Ce mouvement idéologique suit, avec l'émergence des idées socialistes, de Saint-Simon à Louis Blanc. Mais c'est Sismondi qui va le plus loin dans la critique du régime de la libre concurrence, montrant les souffrances et les misères qu'il engendre, exigeant l'intervention de l'État qui doit contenir, canaliser, adapter les effets de l'économie libérée et réclamant le droit de coalition pour les travailleurs. Il est l'initiateur de l'interventionnisme social.

C'est ainsi que peu à peu vont être aux prises des collectivités ouvrières inorganiques au début, plus structurées ensuite — sous le nom de syndicats — et des groupes patronaux.

LE SYNDICALISME À LA FRANÇAISE

La spécificité du syndicalisme, en France, a tenu sa place et à son organisation plus qu'à sa nature, car celle-ci a évolué de façon assez similaire dans les différents pays de l'Europe occidentale.

D'abord il s'est agi d'une révolte instinctive qui n'a pas été nécessairement le produit de la misère physiologique mais de la volonté de protéger des droits acquis que menaçait le progrès technique.

Au XIXe siècle, les destructions de machines, en Angleterre d'abord, se sont retrouvées ailleurs ; et, au XXe siècle, en Inde, la croisade de Gandhi a procédé du même principe : le droit à la liberté de vivre au nom de la dignité du travail. Dans un deuxième stade, grâce à l'imagination de penseurs sociaux, des solutions ont été proposées pour briser le monopole du patronat et mettre fin à leurs excès : les idées socialistes et coopérativistes y ont aidé tout comme l'organisation en syndicats bien structurés : l'ouvrier ne cherche pas à devenir entrepreneur, mais il se présente comme un travailleur qui négocie le prix de sa force de travail

— comme des marchands négocient le prix de leurs produits. Ces conflits se résolvent par la négociation ou la violence.

Ensuite, a émergé une conscience de classe qui aboutit à des revendications globales telles que le salaire minimum, la mise en cause de la propriété privée, l'idée, aussi, que les entreprises ne constituaient plus désormais une fin en soi mais un moyen au service de l'intérêt général. Un siècle plus tard, l'échec du socialisme en URSS et à l'Est a modifié à nouveau l'orientation globale des luttes ouvrières, d'autant plus qu'avec l'automation et la montée de l'immigration, la structure de ce groupe social se modifiait.

Le point important, bien énoncé par Jacques Julliard, est que la situation de la classe ouvrière, au regard de l'ensemble de la nation, est toujours contradictoire. « Elle est tout à la fois politiquement intégrée et socialement marginalisée. » On ajoutera, avec Bernard Edelman, qu'elle est juridiquement domestiquée.

Il est clair, en effet, que, comme citoyens, on courtise les ouvriers. À la différence de l'Angleterre et de l'Allemagne, la mutation technique ne s'est pas faite par blocs, et le monde ouvrier ne s'est dégagé que lentement de ses origines rurales. Surtout, l'existence en France d'une bourgeoisie révolutionnaire a eu pour effet de constituer ou consolider un front qui s'est manifesté au travers de plusieurs révolutions. L'alliance politique des couches populaires avec la bourgeoisie progressiste, cette « union de la gauche », constitue une constante de la vie politique française, le « Programme commun » de 1972 ressemblant à celui de la démocratie sociale de 1849 : accroissement du nombre des fonctionnaires, nationalisations, réforme de l'enseignement, abolition de la peine de mort (pour raisons politiques en 1849).

Ce qui montre — soit dit en passant — qu'au milieu de XXe siècle ce programme n'avait toujours pas été appliqué comme ce « Front » le souhaitait. Et ce qui rend compte du fait que le socialiste Millerand avant 1914, et le communiste Maurice Thorez, en 1936 et 1945, qui disent s'exprimer au nom du mouvement ouvrier, ne jugeaient pas — indépendamment de toute autre considération — que collaborer avec la bourgeoisie, c'était trahir.

Or, autant les ouvriers étaient intégrés aux luttes politiques, autant, en tant que groupe social, ils étaient victimes d'une certaine ségrégation. Car la République ne reconnaît ni les Bretons, ni la classe ouvrière ; elle ne connaît que des citoyens. Aussi ses dirigeants sont plus que tout hostiles aux syndicats reconnus seulement en 1884, et les patrons ne les ont admis dans les entreprises qu'en 1968 — « Ici, on n'embauche pas de syndiqués », a-t-on longtemps affiché…

L'autre signe de cette marginalisation sociale est bien le retard de la législation française sur celle de l'Allemagne et de l'Angleterre. Moindre sans doute qu'on l'a dit — il y a eu de grands progrès sous Napoléon III — mais réel néanmoins et comblé seulement grâce aux grandes grèves de la IIIe République et surtout grâce aux mesures prises en 1945, à la Libération, où s'institue l'État-providence avec la sécurité sociale.

C'est seulement en 1950 qu'il a été reconnu explicitement que « la grève ne rompt pas le contrat de travail ». Cette reconnaissance signifie que certes le droit de faire grève était légal mais à condition d'être mesuré à l'aune du contrat de travail et du droit de propriété — ce qui, par exemple, rendait illégale, en cas de grève, la paralysie des moyens de production de l'usine. La classe ouvrière a dû accepter que la grève se transforme en un droit, certes, mais aussi en une pratique légale qu'elle ne peut excéder. Les ouvriers ont dû accepter également que les syndicats — ses organismes de classe — participent à cette législation.

Le croisement du mouvement socialiste et du syndicalisme n'a pas du tout engendré les mêmes réalités en France et dans les autres pays européens. En France comme en Angleterre, par exemple, le mouvement ouvrier était développé avant la naissance du marxisme, alors qu'en Allemagne industrialisation et marxisme ont grandi en même temps. De sorte qu'après 1871, syndicalistes ouvriers et militants socialistes ont été rivaux, hostiles souvent. Alors qu'en Angleterre, les syndicats ou *trade-unions* mettaient la main sur le parti travailliste, qui dépendait d'eux, et qu'en Russie ou en Allemagne c'est l'inverse qui s'est produit, les partis social-démocrates mettant les syndicats dans leur dépendance — en France, syndicats et partis socialistes ont été furieusement concurrents, particulièrement entre 1900 et 1914. La Charte d'Amiens, en 1906, affirme l'indépendance du mouvement syndical par rapport aux partis, et sa vocation réformiste ou révolutionnaire à réaliser l'objectif proclamé par la Confédération générale du travail dès 1895 : « la disparition du salariat et du patronat » L'essentiel du texte, dû à Victor Griffuelhes, un ouvrier en cuirs et peaux, est une affirmation de l'autonomie ouvrière, ce qui ne signifie pas que les travailleurs dussent agir seuls en toutes circonstances — l'alliance avec les partis politiques ou les anarchistes étant une nécessité : alliance, oui, dépendance, non, sans hostilité au socialisme non plus.

C'est ce que Jaurès a compris, lequel ne veut pas coloniser les syndicats, alors que Jules Guesde, marxiste, avec Lénine ou Plekhanov, affirme la primauté de l'ordre politique sur l'ordre syndical.

Après la révolution d'octobre 1917, le succès fantastique du parti social-démocrate (bolchevique), qui absorbe et colonise peu à peu le mouvement syndical, au reste faible en Russie, fascine le monde ouvrier, et une partie des socialistes aussi, ce qui a pour effet d'entraîner la scission du parti et des syndicats, à Tours en 1920. Il reste que la victoire du Front populaire en 1936 oblige le patronat à des concessions fondamentales, les « accords Matignon ». Au lendemain de la guerre, sous les gouvernements de Gaulle, Gouin, Ramadier, l'État institue en bonne partie le programme social du CNR (Comité national de la Résistance) et multiplie les nationalisations. Les grandes grèves qui suivent, en 1947-1948, furent autant politiques que revendicatives et n'ont guère apporté d'améliorations dans les relations entre ouvriers et patrons.

Ce sont les événements de mai 1968 qui suscitent un deuxième rendez-vous social dû au mouvement des étudiants, puis des travailleurs. Mais, s'il aboutit à des améliorations matérielles, il change peu les rapports structuraux entre patrons et travailleurs, sauf à institutionnaliser les droits des syndicats dans l'entreprise.

Cette dernière décennie, les conflits sociaux ont changé d'enveloppe et de nature. Jusqu'à la crise, les conflits du travail marquaient de leur empreinte d'autres types d'action collective, la condition salariale en formait la figure emblématique. Sans qu'ils aient été depuis en voie de disparition, ces types d'action n'exercent plus la même primauté qu'auparavant, car ils s'intègrent à de nouveaux complexes : revendication sur la parité homme/femme, lutte des sans-papiers, revendications des banlieues, etc. En outre, l'État n'occupe plus la même place qu'auparavant pour autant qu'il s'est désengagé d'un certain nombre d'activités productrices et qu'il doit assurer les fonctions de l'État providence au vu des modifications de la démographie et de l'existence d'un chômage qui se stabilise autour de dix pour cent d'actifs.

APRÈS LA GRÈVE, LA MALADIE FORME NOUVELLE DU REFUS SOCIAL

Dans le monde du travail, les formes de refus, durant ces deux derniers siècles, sont allées de la grève revendicative à la grève révolutionnaire, ou encore à l'occupation des locaux. Or le nombre de grévistes, en Europe occidentale, a commencé à baisser durant les années 1950, phénomène relayé plus tard par le nombre des grèves. À son tour, le nombre des conflits sociaux s'est aussi tassé — sauf quand pointe une colère générale comme en 1995 —, il est ainsi passé de 250 en moyenne par mois en 1984 à 123 en 1995, décembre mis à part. Et le nombre de jours non travaillés, de 1 million 300 000 à 500 000. Les conflits spécifiques liés à une firme ou à une profession sont devenus les plus importants notamment dans les transports leur forme la plus lisible, tandis qu'aux grèves d'ensemble se substituent des arrêts de travail segmentaires à un goulot d'étranglement de la production. Ces arrêts de travail sont souvent aussi efficaces depuis qu'a changé le mode de gestion des entreprises, avec la pratique du zéro-stock à la japonaise, par exemple, qui rend ces entreprises plus vulnérables. En tous les cas, les grandes manifestations ne s'accompagnent pas toujours d'un ordre de grève. Il s'agit seulement de montrer sa force pour que la médiatisation du mouvement influe sur les dirigeants. Dans les transports, elles sont de plus en plus liées au problème de l'insécurité.

Or, inversement et de façon symétrique, tandis que sauf dans les transports, la part des autres grandes grèves diminue, l'absentéisme pour cause de maladie n'a cessé de croître, comme s'il prenait la relève. En fait, le phénomène est plus complexe car la maladie correspond tantôt à une mise en cause de l'organisation du travail — c'est le type ancien, avec pour la France un absentéisme de treize à dix-sept jours par an — contre quatre aux États-Unis — ; tantôt à une réaction contre la désorganisation du travail, surtout depuis la crise qui a commencé vers 1974.

Crainte du licenciement et restructurations ont manifesté leurs effets, par exemple chez les agents d'EDF, autour de 1993, chez qui croissent le stress, et le nombre de malades.

L'instabilité, le sentiment d'insécurité ont ajouté leurs effets aux causes plus anciennes qui faisaient de la maladie et de l'absentéisme une forme moderne de défection individuelle en réponse à un malaise général.

C'est en France que, durant les années 1990, on a consommé le plus d'antidépressifs — et que croît irrésistiblement le nombre de malades.

ENTRE CHÔMAGE ET EXCLUSION : UN PARALLÈLE AVEC LES ÉTATS-UNIS

Si le terme de chômage, au sens actuel, est apparu autour des années 1870, et s'il n'est entré dans les catégories statistiques qu'en 1896, le phénomène lui-même existait bien avant, et, pour se limiter à l'ère industrielle, le droit au travail réclamé par les ouvriers de 1848 signifiait, au lendemain de cette crise en cours, que déjà le chômage existait bien... Un siècle plus tard, en 1968, était créé l'ANPE, Agence nationale pour l'emploi, ce qui attestait du caractère structurel du chômage qui réapparaissait, après un apogée en 1932, lié à la crise, « du travail ou du pain ». Il réapparaissait en force et ce malgré les réaménagements de l'après-guerre, le Plan, les Trente Glorieuses, tellement peu attendu que la Sécurité sociale n'avait pas cru devoir instituer une véritable assurance contre le chômage au vu du plein emploi qui régnait à l'époque de la reconstruction. À cette date, le chômage était encore appréhendé en termes d'assistance.

Le nouvel apogée lié à la crise de 1974 révélait le caractère particulier du chômage en France : pas seulement par son niveau qui atteignait jusqu'à 11,8 % des actifs, contre 4 à 5 % au Japon, aux États-Unis, en Grande-Bretagne — seule l'Allemagne avoisinait le sommet français. Sa spécificité tient au fait qu'il ne s'est longtemps résorbé que marginalement, et que l'utilisation des contrats à durée déterminée d'une part, l'économie de services à haute valeur ajoutée ont peu à peu éliminé, dans le privé, les travailleurs liés aux formes anciennes de l'économie industrielle. La France s'est trouvée ainsi être le pays où le travail, très productif, est le plus concentré sur une partie réduite de la population.

Par ailleurs on constate que la crise est survenue à un moment où la France, dont le niveau par tête était trente ans plus tôt à 30 % du niveau américain, était passée en 1975 à 80 %. Ainsi elle ne pouvait que développer des rythmes de croissance plus lents, et la demande d'emploi a ralenti corrélativement. Mais l'écart est grand entre le chômage qui a frappé les travailleurs qualifiés, d'environ 4,5 % en 1990, et celui qui a frappé les non-qualifiés à la même date : 20 %.

La particularité française est ici que la désaffection pour le travail non qualifié se traduit par une baisse de l'emploi, et conduit à l'exclusion, alors qu'aux États-Unis, par exemple, la même désaffection conduit à une baisse des salaires, plus qu'à l'exclusion. La différence tient, en effet, à ce qu'aux États-unis, où on perd plus vite son emploi qu'en France, le chômeur retrouve aussi un job bien plus rapidement. Il est fréquent d'être chômeur aux États-unis, mais pour peu de temps ; il l'est moins en France, mais souvent pour une plus longue durée, ou pour toujours. Aux États-Unis, la majeure partie des travailleurs qui perdent un emploi en retrouvent un autre après avoir transité par le chômage. En France, près de la moitié des travailleurs qui changent d'emploi ne transitent pas par le chômage mais vont d'un emploi à l'autre. Sur quatre millions d'emplois offerts chaque année, au tournant de ce siècle, moins d'un million sont offerts à des chômeurs, deux millions à ceux qui avaient déjà un autre emploi, un million à des nouveaux venus sur le marché du travail. À cette caractéristique se joint cet autre fait que l'ouverture au travail est moindre en France, qu'on licencie aussi moins aisément. Surtout, le fait que les salaires peuvent augmenter, même lorsque croît le chômage, témoigne du fait que les partenaires sociaux — syndicats, employeurs — négocient pour ceux qui ont un emploi, bien déterminés à les protéger, plutôt qu'à rendre employables ceux qui n'ont pas de travail ; les exclus ont ainsi plus de mal à rentrer dans le circuit, alors qu'aux États-Unis leur sort est d'accepter des salaires de misère.

La place des intellectuels dans la vie politique

La part attribuée aujourd'hui aux intellectuels dans la vie politique est-elle une particularité de la société française ? Quelle est leur place, leur rôle dans la guerre civile entre Français ?

Première surprise, si l'on compare la composition de l'Assemblée nationale en 1789 et celle de cette même Assemblée en 1945 ou aujourd'hui, un contraste est frappant. À l'heure de la Révolution française, les plus grands esprits du temps siègent, ou participent activement au mouvement, pour l'animer ou le combattre : l'abbé Sieyès, célèbre avant la réunion des États Généraux pour son opuscule sur le Tiers-État, les savants Bailly ou Condorcet, des écrivains tels Volney, Florian, Chamfort, André Chénier ; les journaux et revues ont fait connaître Camille Desmoulins, Marat, Rivarol. On cherche en vain l'équivalent, dans les Assemblées de la IVe ou de la Ve République : ni les plus grands savants, ni les plus grands écrivains, ni les prix Nobel n'y siègent. Que signifie ce changement ?

La question se poserait de façon différente dans d'autres pays. En Russie, par exemple, l'intelligentsia figure une sorte d'instance particulière, contre-pouvoir critique et moral qui, par essence, perd son autorité dès qu'elle collabore avec le gouvernement, qu'il s'agisse du tsar ou du régime soviétique. Or, en Russie comme dans d'autres pays ou en France, le propre de l'intellectuel est d'être autonome, de dire le vrai, de dire le juste, pas d'être un expert : peu importe qu'il soit écrivain ou homme de science, à condition d'être un homme seul. Mais pour que cet attribut lui soit reconnu, il faut qu'il existe un espace qui l'entende. C'est dire que la participation directe aux affaires n'est pas le seul critère de son influence, mais aussi l'existence de ce débat public.

Ainsi, au tout début du XVIIIe siècle, il y a une corrélation entre l'apparition de gazettes et des intellectuels. Sans doute, on peut considérer que les libelles du temps des guerres de Religion ou les mazarinades signalent déjà l'existence d'un esprit public, mais, dès le triomphe de l'absolutisme en France, son expression doit se réfugier ailleurs, en Hollande notamment et en Angleterre.

En France, après les guerres de Religion, avec l'intervention de Pascal et des intellectuels, le conflit des jansénistes ou des jésuites constitue une première apparition du rôle des écrivains dans le combat politique, même s'il est encore en partie enchâssé dans les problèmes théologiques... Au tournant du siècle, la querelle des Anciens et des Modernes est publique elle aussi, mais réservée à des petits cénacles littéraires. Elle a moins d'écho, et de portée surtout que la querelle dite « musicale » qui opposa Rameau à Rousseau à propos d'une œuvre de Pergolèse. Entre 1752 et 1754, plus de soixante pamphlets s'entredéchirent avec d'un côté Rameau et les chantres du classicisme, l'autre Rousseau. Pour les premiers, il existe une science du beau — trois unités pour le théâtre, perspective en architecture, harmonie en musique. Rousseau critique ces formes et types idéaux : le jardin à la française, la mécanique des sons, le misanthrope, le don Juan, etc. Selon lui, la vraie nature, c'est une pureté qui précède l'apparition des hommes, que saisit non l'intelligence, mais la sensibilité. Il faut revenir des illusions du progrès. La querelle esthétique prend ainsi une dimension culturelle, politique.

Or, cette querelle-là n'est qu'une des faces du gigantesque débat de l'époque des Lumières, que suivent toutes les gazettes dont on dispute dans les cafés et qui consacre ces écrivains qui, désormais, trônent dans les salons, et que se disputent les souverains étrangers : Voltaire, Rousseau, d'Alembert, Diderot. Les écrits, leurs idées occupent tout l'espace public et la Révolution ratifie ce sacre des écrivains.

Dès 1789, ils participent directement aux affaires de l'État, élus ou non de l'une ou l'autre des Assemblées révolutionnaires ; le sort tragique de quelques-uns d'entre eux, victimes de la Terreur — André Chenier, Camille Desmoulins —, et l'ordre napoléonien qui suit, rendent compte d'un repli des écrivains et savants qui se retranchent derrière les scrutins muets du Sénat ou dans leurs études. Ils ont formé ce que Bonaparte a appelé les idéologues, favorables à la Révolution, hostiles à ses excès ; favorables au Premier Consul, hostiles aux dérives autoritaires de l'Empire. Ces hommes — Destutt de Tracy, Cabanis, Volney — disparaissent de l'espace public et la postérité les a éliminés de la mémoire historique — bien qu'ils aient eu de forts héritiers : dans la médecine, la grande école de médecine de Paris, qu'illustrent les noms de Bichat et de Pinel ; dans les lettres, Stendhal et Balzac qui se réfèrent à eux ; en politique, la tradition républicaine des Radicaux des débuts de la IIIe République. C'est que, pour avoir soutenu Bonaparte à ses débuts et l'esprit d'ordre qu'il incarnait, ils s'aliénèrent les Jacobins ; et pour avoir été révolutionnaires auparavant, ils furent moqués par les monarchistes.

Surtout, le surgissement du raz-de-marée romantique les chassa du panorama.

Jamais les intellectuels et les écrivains ne jouèrent un tel rôle dans la vie nationale que pendant cette première moitié du XIXe siècle. Sous rude surveillance du temps de l'Empire — Napoléon n'autorise que cinq journaux en dehors du *Moniteur* officiel —, la presse renaît et s'épanouit lentement en recréant un espace à l'esprit public. On se retrouve comme aux temps des Lumières, sauf que le signe des idées dominantes s'est inversé, au moins pendant une ou deux décennies.

À tous les niveaux, les intellectuels sont là. On les trouve comme ministres de Louis XVIII, tels Chateaubriand et Tocqueville, ou encore apôtres et chantres de la révolution de 1848, qu'ils incarnent à ses débuts, tel Lamartine, ou chef du parti libéral, comme Benjamin Constant. On les trouve comme agitateurs d'opinion, tel Victor Hugo par sa préface de *Cromwell* ou la bataille d'*Hernani*, ou ces Manifestes, en principe littéraires mais où les romantiques se défendent d'être des décadents. On trouve les premiers catholiques autonomes, tel Lamennais qui fonde *L'Avenir*. On trouve enfin ces écrivains et ces savants qui, théoriciens de l'organisation économique et sociale, labourent un terrain d'où émergent bientôt les idées du socialisme français — Saint-Simon, Proudhon, Cabet — et du féminisme, un terme créé par Fourier.

Après 1851, sur son rocher, en exil à Jersey, Victor Hugo incarne bien l'intellectuel, vigile de la liberté, qui stigmatise le Second Empire et « Napoléon le Petit ».

Mais c'est avec Émile Zola, et *J'accuse*, lors de l'affaire Dreyfus, que réapparaît l'intellectuel au sens actuel du terme, écrivain s'engageant en faveur d'une cause, ici les droits de l'homme qui s'opposent à la raison d'État. Outre l'écho que rencontre « l'Affaire », le point important est que l'appel de Zola ouvre, d'une certaine façon, *l'ère des pétitions*, faisant appel à l'opinion pour défendre une cause juste, comme Voltaire l'avait fait lors de l'affaire Calas. Sauf que le mouvement est collectif et que se manifeste une « classe » d'intellectuels.

La Grande Guerre, la révolution rurale et la révolution d'Octobre marquent en effet une vraie rupture.

Alors qu'ils étaient jusque-là des faiseurs d'opinion, les écrivains et les artistes en sont réduits à se positionner par rapport à la Russie. Henri Barbusse est un des premiers ralliés, les surréalistes se divisent à ce propos, André Gide formule ses critiques, Picasso est tout acquis. Globalement, juge Julien Benda, on assiste à une « trahison des clercs » qui n'ont plus l'autonomie de pensée qui était leur raison d'être. Mais cela vaut également pour ceux que fascinent les idées du fascisme, tels Robert Brasillach, Drieu La Rochelle et Lucien Rebatet, bientôt chantres de la collaboration.

Durant l'entre-deux-guerres, c'est pour s'être positionnés « ni gauche ni droite » que la mémoire historique a gardé une petite place aux « non-conformistes », Daniel Rops, Emmanuel Mounier et la revue *Esprit*, volontiers d'obédience catholique de gauche.

À la défaite, pour la première fois se pose le problème de la responsabilité.

Mais la solidarité des écrivains envers leurs pairs — tel François Mauriac qui veut sauver la vie de Brasillach — témoigne aussi de la gêne des intellectuels et des artistes en tant que groupe social qui ressentent entre eux une certaine connivence, et se voulant eux et leur art au-dessus de la mêlée[1].

Jean-Paul Sartre, qui n'a été à la fin de l'Occupation qu'un résistant pour petit vent, s'engage furieusement dans les combats de l'après-guerre, en se situant aux côtés du communisme et de la classe ouvrière. Il apparaît l'incarnation de l'intellectuel de gauche au pouvoir, par son indépendance d'esprit qui le fait à son tour être stigmatisé par le parti communiste dont il a été un compagnon de route. Présent grâce aux *Temps modernes* sur la scène des théâtres, par ses romans, ses marches et ses pétitions, ses gesticulations révolutionnaires fascinent en dépit des erreurs d'analyse qu'il commet mais qui sont en synchronie avec l'esprit public — son éclat contraste avec le peu d'écho que rencontre la pensée de son condisciple Raymond Aron, résistant de Londres, lui, depuis 1940, et qui passe pour un homme de droite parce qu'il critique l'attitude des intellectuels impitoyables aux défaillances des démocraties, indulgents aux plus grands crimes — ceux de Staline —, pourvu qu'ils soient commis au nom des bonnes doctrines, autrement dit du marxisme, et l'utilisation de la révolution et du prolétariat comme mythes.

Durant ces années-là, en effet — 1945-1956 —, le parti communiste exerce une dictature d'opinion, une hégémonie de pensée qu'il identifie aux certitudes de la science. Voilà qui tétanise la réflexion des intellectuels que fascine aussi la montée en puissance de l'URSS. Exercent ainsi une sorte de terrorisme intellectuel ceux qui, au Parti, s'occupent de la littérature, d'art, d'histoire : Jean Kanapa, Laurent Casanova, *La Nouvelle Critique*, *Les Lettres françaises*, etc.

Le troisième homme de ce réveil d'après guerre est Albert Camus, résistant lui aussi, dont l'œuvre créatrice est mise en cause parce qu'il énonce une conception du monde en contradiction avec l'idée de progrès que portent avec eux ceux qui ont foi en l'avenir de l'homme, aux chances de la construction d'un monde meilleur, le socialisme.

---

1. Voir, p. 388.

Selon Camus, en effet, l'évolution du monde est irrationnelle alors que l'homme a un désir éperdu de clarté et que l'absurde naît de cette antinomie. Il ne peut y répondre que par sa révolte, sa liberté, sa passion. L'enfermement soviétique, ses camps sont ainsi condamnés sans équivoque.

Plus tard, il s'aliène Sartre et la gauche au moment de la crise algérienne en déclarant, après avoir défendu le droit des Arabes à être des citoyens à part entière, « qu'entre la justice et sa mère, il choisit sa mère », parce qu'il pressent que l'aboutissement de ses convictions politiques aboutira à l'expulsion des Français d'Algérie, de sa mère par conséquent, puisqu'il est lui-même pied-noir. Cette « trahison » des principes, de la doctrine lui est d'autant moins pardonnée qu'il est autonome de toute appartenance ou connivence politique.

Mais l'effet de ces querelles sur la politique politicienne est nul, les tentatives de Sartre de créer une force politique échouent, comme échoue le projet politique de Socialisme ou Barbarie, par Pierre Chaulieu (C. Castoriadis) : la création d'une nouvelle avant-garde indépendante du stalinisme et du trotskisme.

Désormais, ce fut l'anticolonialisme qui se substitua à l'attitude vis-à-vis du communisme ou de fascisme, comme principe d'identification.

La mobilisation des intellectuels contre la torture et la guerre d'Algérie ressuscitait la problématique des temps de Zola et de l'affaire Dreyfus par la double mobilisation des gauches d'un côté, des droites en voie de reconstitution de l'autre. Mais plus encore par l'appel à l'opinion puisqu'on a pu comptabiliser soixante-sept manifestes sur l'Algérie entre 1958 et 1962, et quatre cent quatre-vingt-huit au cours des deux mandats de De Gaulle : Jean-Paul Sartre et l'ancien trotskiste Laurent Schwarz figurent en tête des appelants, que suivent Simone de Beauvoir, J.-M. Domenach, d'*Esprit*, et sur la torture P. Vidal-Naquet. Sont victimes de l'OAS, pour avoir accueilli ces pétitions, *Le Monde*, l'éditeur Maspero et la revue *Esprit*.

Cette renaissance de l'activité politique, chez les intellectuels, recélait un double malentendu. D'abord, on y contestait l'armée, ou le régime qui déshonoraient la République par la guerre et la torture, plus qu'on ne prenait vraiment en compte les aspirations des Algériens. Ensuite, révoltés contre le coup d'État de mai 1958, un certain nombre d'entre eux sont pris à contre-pied lorsque c'est de Gaulle qui saisit l'initiative de proposer l'autodétermination aux Algériens, ce que n'avaient pas osé faire les derniers gouvernements de la IVe République. Et c'est lui qui pousse la décolonisation à son terme — ce qui était le programme, proclamé ou non, de la gauche, et voire de ses intellectuels.

Cette conjoncture, après 1962, rend compte du reflux, du recueillement du monde intellectuel — ce qui rappelle *mutandis mutandis* l'époque des idéologues quand régnait Napoléon voire celle du lendemain de la guerre de 14-18, où situation nouvelle, et observant les caractères idéologiques du discours historique, Lucien Febvre et Marc

Bloch créent *les Annales* pour qu'il s'appuie sur le diagnostic des sciences sociales.

Après la guerre d'Algérie, les intellectuels s'éloignent de la participation directe à la politique et s'écartent à la fois du marxisme et de l'existentialisme. L'intelligentsia cherche de nouveaux modes d'approches pour s'expliquer le monde : Lévi-Strauss, Barthes, Braudel, Lacan et Foucault, structuralistes ou non, sont devenus les nouveaux maîtres à penser.

Se détournant de nos sociétés « chaudes » engagées dans un avenir qui n'est plus déterminé, juge-t-on désormais, Claude Lévi-Strauss étudie les sociétés sans écriture pour y découvrir le non-visible de leur fonctionnement, voire des autres, celles qui ont sécrété tant d'atrocités. La quotidienneté des conduites individuelles, ou collectives, est sacrifiée à l'appareil abstrait ou illisible qui les exprime, les réseaux de parenté, par exemple, ou à l'étude des mythes, qui ignore la moindre manifestation des sentiments. On en dégage un système de signes, tandis qu'on découvre que tout phénomène social renvoie dans l'économie à la circulation des biens et des services et à l'échange des femmes de clan à clan ou de lignée à lignée. Décrypteur, Cl. Lévi-Strauss chante la geste des systèmes, pratique que Roland Barthes reprend, mais en l'appliquant aux textes dont le sens échappe en partie à leur auteur, comme échappe aux sociétés le sens de leurs actes.

Résistant aux indiscrétions triviales du vécu, l'abstraction se substitue à lui et tient lieu de paysage mental. Le signifiant et le signifié constituent les versants d'un langage, ce système formel dont le contenu a peu d'importance : le lait que j'achète le matin n'est pas le même que celui qu'on distribue aux petits affamés de l'Inde.

Structuralistes, Cl. Lévi-Strauss et R. Barthes sont proches l'un de l'autre. Mais Fernand Braudel en est moins loin qu'il ne le pense sous prétexte que ses analyses prennent la durée comme mesure des phénomènes historiques. Ceux-ci, en effet, sont décrits et approchés tels des objets des sciences naturelles, ce qui dévalorise le sujet, la conscience de l'histoire, le volontarisme, les événements. Seul Michel Foucault renvoie à la politique mais par des voies détournées et en prenant pour objet des situations aux marges de l'histoire traditionnelle[1].

Ils survivent à Mai 1968 où certains d'entre eux ont craint qu'on creuse leur tombeau. Quant aux poètes, aux écrivains, ils ont disparu. Depuis une ou deux décennies, ce sont les cinéastes qui ont pris la relève : critiques et analystes de l'ordre social, tels Godard, Chabrol, ou Corneau ; critiques et analystes de l'ordre politique surtout, tel Tavernier. Leur influence est indirecte : elle n'en est pas moins considérable. Ils sont les parrains de Mai 1968 à côté des étudiants-intellectuels, tel Daniel Cohn-Bendit.

1. Lire Jacques Revel (présenté par), *F. Braudel et l'histoire*, Hachette, 1999.

LA RELÈVE DU CINÉMA

Ainsi, les cinéastes ont pris la relève, ceux de la « Nouvelle Vague », comme les a dénommés Françoise Giroud, et à qui, le premier, Cécil Saint-Laurent attribue, dans *Les Arts*, le statut d'intellectuels. *Les Cahiers du cinéma*, en effet, sont devenus une sorte de laboratoire où ils pratiquent une critique « furieuse » des films traditionnels, qui, explique Jean-Luc Godard, font rêver plus qu'ils ne font réfléchir sur notre société. En disant que « la morale est affaire de travelings », il veut signifier que c'est l'écriture du cinéma qui en donne le sens, et qu'il convient de la changer. Avec Claude Chabrol, ce nouveau Guy de Maupassant, qui se dit sans doctrine, et François Truffaut qui joue les chefs d'école, le trio, à la suite d'André Bazin, a inventé un genre : la critique cinématographique, et produit quelques chefs-d'œuvre, respectivement *À bout de souffle*, *Le Beau Serge*, *Jules et Jim*. Pendant une dizaine d'années, après 1958, ces cinéastes éduquent socialement et politiquement la jeunesse par le film, qui le lui rend en exprimant leurs idées en mai 1968, une émancipation à laquelle ont collaboré, à leur manière, en écrivain Françoise Sagan, depuis *Bonjour Tristesse* (1954) et en actrice Brigitte Bardot, dans *Et Dieu créa la femme*, de Roger Vadim (1956). « Ne pas faire des films politiques mais faire des films politiquement », dit Godard, telle est la morale de cette Nouvelle Vague qui n'analyse pas les mécanismes de la mutation des sociétés, tel Braudel, ou les forces qui y contribuent tels des marxistes comme Wallerstein ou Eric Hobsbawn, mais qui, à l'inverse, analysent les phénomènes contemporains par le travers de l'expérience individuelle au travers d'aventures qui n'ont pas eu lieu, mais font comprendre jusqu'à quel point le déroulement historique nous échappe et comment nous agissons comme si notre vie était à nous. Avec *Pierrot le fou*, la société de consommation apparaît et nous étreint, avec *La Chinoise*, on comprend à quelles dérives conduisent les impératifs idéologiques, avec *Le Petit Soldat*, on mesure le poids de l'Histoire et la force des certitudes qu'elle a instillées dans la société entièrement subvertie par le discours des institutions — Église, partis, nation, État.

La chute du communisme en URSS a apporté un ultime démenti aux intellectuels qui, majoritairement, avaient chaussé les bottes de la théorie totalitaire pour affirmer que jamais le peuple soviétique ne bougerait du dedans. Depuis, ils sont orphelins des grandes causes, à moins de changer de statut, tels les Médecins sans frontière qui ont manifesté un engagement dont les effets politiques ont fini par se faire sentir puisqu'ils ont été à l'origine du droit d'ingérence : leur action a été reconnue du Biafra à l'ex-Yougoslavie.

Autrement, la médiatisation a modifié le cadre d'intervention des intellectuels. Ceux qui, à défaut d'être ministres, se voulaient les conseillers du Prince ont été, pour la plupart, déçus : qu'on représente Sartre et Aron reçus par le Président de la République, Giscard d'Estaing, en 1979, pour plaider la cause des *boat people* vietnamiens, comme un moment d'apogée de l'action des intellectuels donne bien la mesure de cette influence. Mais c'était avant que les médias soient devenus leurs porte-voix.

Car les causes à défendre ne manquent pas, à l'heure de la fracture sociale : des collectifs qui ont pris la défense des sans-papiers et des malheureux. Désintéressés et, ici, insoupçonnables tels l'abbé Pierre ou Coluche.

Les cinéastes et la République

« La France a de grands cinéastes, mais elle n'a pas de grand cinéma », déclarait Jean-Luc Godard. Il voulait dire qu'à la différence des États-Unis, qui avec le western et la conquête de l'Ouest ont construit un mythe de la nation, en France le cinéma n'a pas glorifié ce qui incarne l'identité du pays : la Révolution. Car non seulement les films qui en traitent sont peu nombreux, mais à part quelques exceptions, dont *La Marseillaise* de Jean Renoir, ils en stigmatisent les excès, la Terreur notamment, plutôt que de valoriser les apports de la Révolution aux droits et à la liberté de l'Homme. De la Révolution vue par Abel Gance, par exemple, dans son *Napoléon*, on a pu dire qu'elle présentait un Bonaparte pour apprentis fascistes. Le film exprime quelques-unes des idées qui constituent le noyau de cette idéologie : culte du chef, mépris et amour de la foule, hostilité envers les organisations politiques, et plus précisément les Montagnards. Dans une version de ce film, un échange entre Robespierre et Danton est significatif : à la tribune, Danton commence à s'adresser au public et dit : « Je pense que... ». Robespierre l'interrompt discrètement, lui tapote sur l'épaule et lui souffle : « Non, pas "je pense que...", mais "le peuple pense que...". » Les flèches de ce genre, à l'encontre de la gauche, ne manquent pas.

En France, avant 1940, le film historique est presque toujours inspiré d'écrivains plus ou moins liés à l'Action française : Pierre Gaxotte, Louis Madelin, Jacques Bainville. Ils attaquent en rangs serrés la légende républicaine, sur la Révolution notamment. Après la Deuxième Guerre mondiale, ce sont les aspects négatifs du régime communiste que vise le *Danton* de Wajda mais au travers, une fois de plus, des « excès » de la Révolution française. Certes, certains cinéastes, tels Enrico ou Faillevic, ont produit des films sympathiques envers la Révolution, mais ils demeurent aussi peu nombreux que les œuvres littéraires qui lui sont consacrées et ne lui sont pas pour autant favorables[1] : *Quatre-vingt-treize* de Victor Hugo, *Les dieux ont soif* d'Anatole France, *Le Dialogue des Carmélites* de Georges Bernanos...

1. On observe que le cinéma américain, largement diffusé en France, propose des films en grande majorité hostiles à la Révolution, ce qui conforte le sentiment d'hostilité qu'on peut éprouver à son endroit (voir le bel ouvrage de Sylvie Dallet).

Muet sur la Commune de Paris (sauf avant l'époque sonore), le cinéma français n'a évoqué ni la révolution de 1830, ni celle de 1848. Hormis Méliès en 1899, l'affaire Dreyfus, non plus, ne l'a guère inspiré.

La victoire de la gauche républicaine et du Front populaire en 1936 inspire toute une série de films qui mettent en scène la classe ouvrière. Mais à part *Le Crime de monsieur Lange* de Jean Renoir qui, à la veille de cette victoire, évoque avec sympathie la création d'une coopérative ouvrière, les autres films qui figurent des ouvriers sont bien ambigus sur le sort qui leur est réservé. René Clair, déjà en 1931 dans *À nous la liberté*, les avait représentés moutonniers et plutôt lâches ; plus, quand leur patron escroc, Raymond Cordy, leur fait don de son entreprise, à l'autogestion qu'ils auraient pu instituer, ils préfèrent une vie peinarde, vont à la pêche et jouent aux cartes. Surtout, pendant la grande époque où le cinéma met en scène des ouvriers (1936-1939), celui qui incarne leurs vertus, Jean Gabin est toujours un perdant, même dans *La Belle Équipe* où sa « belle idée » d'association entre copains échoue. Il meurt dans *La Bête humaine*, il meurt dans *Le jour se lève*. Et là où sans être un ouvrier on l'identifie aux classes populaires, dans *Quai des Brumes*, il est abattu. Comment mieux exprimer le peu de confiance que l'on a envers les groupes sociaux qui sont censés incarner la défense de la République ?...

À part *L'Espoir* d'André Malraux (tourné avant guerre mais monté seulement en 1945), le cinéma français n'a pas produit avant 1940 un seul film antifasciste — à la différence du cinéma américain. Les cinéastes n'entendent pas s'engager politiquement : ils se veulent artistes, seulement artistes. Par exemple, Jean Renoir a réalisé successivement un film colonialiste (*Le Bled*, 1929), un film de commande communiste (*La vie est à nous*, 1936), un film « Front populaire » (*La Marseillaise*, 1938), et deux chefs-d'œuvre à l'idéologie ambiguë (*La Grande Illusion* et *La Règle du jeu*). Puis il part chez Mussolini pour tourner *La Tosca*, qu'en fait réalise Koch, la guerre ayant éclaté...

Après avoir échappé, sous l'Occupation, à la tentation fasciste, le cinéma français d'après-guerre réalise près de deux cents films sur l'Occupation : sa guerre de Sécession. Dans le flux de l'idéologie dominante gaullo-communiste, il a produit des films à la gloire de la Résistance, comme *La Bataille du rail*, avant de s'en détacher. Effet ou non des *Cahiers du cinéma* ou de la Nouvelle Vague, des cinéastes français se sont déclarés auteurs, avec leurs propres vues sur la société et sur l'Histoire, se voulant des analystes de leur temps plus que des artistes de genre. C'est ainsi que Jean-Pierre Melville et Alain Resnais ont réalisé, sur la guerre et l'Occupation, des films qui s'inspiraient des valeurs du patriotisme républicain. Tandis que *Le Chagrin et la Pitié*, de Marcel Ophuls, mettait à mal la légende gaullo-communiste, se multipliaient les films qui, se plaçant au cœur de la société, dépolitisaient le comportement des Français sous l'Occupation. Ainsi *La Grande Vadrouille* de Gérard Oury et *La Traversée de Paris* de Claude Autant-Lara, deux des plus grands succès du cinéma français, recréaient avec verve, sous le ciel de l'Occupation, des situations et un esprit courtelinesques. Plus explicitement problématique, et tragique cette fois, *Lacombe Lucien* de Louis Malle renvoyait dos à dos les divers comportements adoptés sous l'Occupation, en négligeant les valeurs collectives qui pouvaient susciter un engagement et constituaient l'esprit de la nation.

De démystification en démystification, exploitant l'hostilité croissante du public envers l'État, la politique et les institutions, le collectif des cinéastes a ainsi peu ou prou contribué à déconsidérer les grands engagements qui font le citoyen. Pour cette époque de l'Occupation qui n'a pas engendré de mythe de la collaboration, il n'a fait que détruire le mythe de la Résistance.

On retrouve le même problème, cette fois idéologiquement inversé, lorsque le cinéma français évoque le reflux colonial. Plus de soixante films ont été produits sur la guerre d'Algérie ou sur l'Afrique noire. Et plus que le sort des Arabes ou des Africains, c'est l'armée qui est mise en cause. De Vauthier à Tavernier, mais aussi à Godard ou Corneau, le procès est instruit, réanimant un certain antimilitarisme.

De sorte que par une entrée ou par une autre, dans le cinéma français, la République est souvent perdante. Les films, dans leur majorité, sont critiques sur les conditions de sa naissance sous la Révolution, à moins de montrer qu'ensuite ses serviteurs en bafouent les principes.

Le passé, enjeu politique

En France, ces dernières décennies, la place du passé dans la vie du pays est devenue une sorte de phénomène historique ; et sans que l'expression ait été à ce jour employée, je dirai que ce passé est devenu une sorte de force, un enjeu, comme il existe des forces économiques ou autres.

Sans doute, en France, le poids du passé « qui ne passe pas » est-il moins lourd qu'en Allemagne mais l'époque de Vichy n'est pas la seule à figurer sur la sellette. Une des particularités de la France est bien que l'Histoire et la mémoire y sont constamment convoqués à témoigner, et qu'elles figurent parmi les enjeux disputés de la vie sociale et politique, régénérant à chaque occasion — commémoration, procès, anniversaire — le génie de notre guerre civile. Le succès des *lieux de mémoire* de Pierre Nora, en est un témoignage. Mais le phénomène n'est pas nouveau. « L'histoire est devenue chez nous une sorte de guerre civile en permanence », écrivait déjà Fustel de Coulanges en 1874.

Sa querelle s'alimente à plusieurs foyers, jamais éteints, qui appartiennent à la tradition chrétienne comme à celle de la République, ou de la nation. Et ce génie s'exaspère lorsque sont abordés des problèmes aussi anciens que la naissance de la France, le rôle de Jeanne d'Arc, l'affaire Dreyfus, la Révolution, Vichy et le sort des Juifs, les violences commises aux colonies, etc. Et plus encore lorsque se soulèvent des problèmes qu'on a tus.

DÈS LE XVe SIÈCLE, JEANNE D'ARC, ENJEU DES PASSIONS FRANÇAISES

À l'origine, le cas de Jeanne d'Arc est soulevé par les conseillers du roi : au XVe siècle, ils ne sauraient admettre que le triomphe de Charles VII soit dû à une sorcière ou même une sainte. Il s'agit, pour le monarque et ses légistes, de trouver un fondement national, pas d'Église, à sa légitimité. On tait le témoignage de Haillan qui explique comment « le miracle de cette fille fut supposé, apposté, machiné, par des hommes de guerre avisés (...). Telle était la force de la religion et de la superstition ».

La version pieuse sur Jeanne naît avec les *Annales* de Belleforest, bien après sa mort. « Dieu a choisi cette pauvre bergère pour qu'elle soit l'instrument de sa volonté », car, nous dit Mezerey au XVIIe siècle, qui est très informé, « Il veut sauver le dauphin »... La monarchie une fois tombée, ce qui gêne désormais les catholiques, c'est Rouen, le procès par l'évêque Cauchon, le bourreau de Jeanne. On le retranche souvent des illustrations, a noté Christian Amalvi ; demeure ainsi seul responsable de sa mort l'ennemi de toujours, l'Anglais — devenu, depuis, protestant. Ce qui gêne les laïcs, ce sont les « voix » de Domrémy ; dans les illustrations de leurs ouvrages, on supprime saint Michel ; on dit qu'elle a eu des « voix intérieures », qu'elle a « cru entendre des voix ».

Voltaire, dans *La Pucelle d'Orléans*, transforme l'aventure de Jeanne d'Arc en une bouffonnerie, sa monture n'étant qu'un âne ailé, « Pégase aux deux longues oreilles », la Pucelle sacrifiant sa virginité à Dunois, à moins de succomber à la concupiscence de son âne. Deux siècles plus tard, parodique à son tour, Eugène Ionesco, en 1967, me disait vouloir écrire un livre sur Jeanne d'Arc, pour montrer qu'incarnant la nation, elle était à l'origine de tous les malheurs que la France et l'Europe avaient connus depuis...

La querelle de Jeanne d'Arc explose au milieu du XIXe siècle avec la publication de l'*Histoire de France* de Michelet en 1841 : au tome 5, la Pucelle est présentée comme le symbole du peuple écrasé, mis à mal par l'Église, abandonnée par son roi, une sainte, mais laïque. Les travaux de Quicherat, un élève de Michelet, permettent d'étayer cette thèse. Pour les catholiques, il s'agit d'éviter qu'elle devienne une machine de guerre aux mains des rationalistes, des protestants, des laïcs de tout poil. L'offensive est menée par Monseigneur Dupanloup, évêque d'Orléans qui, le 8 mai 1869, jour d'anniversaire de la libération de la ville par les troupes de Jeanne d'Arc, évoque pour la première fois la sainteté de la pucelle. Pour canoniser un serviteur de Dieu, on peut le béatifier en régularisant des dévotions anciennes ; or il n'y avait jamais eu de culte de Jeanne d'Arc, les monarques qui ont succédé à Charles VII n'ayant jamais honoré l'héroïne. Il était encore plus difficile pour l'Église de canoniser Jeanne d'Arc comme martyre puisque c'est elle-même qui l'avait condamnée comme hérétique. Reste à prouver sa sainteté par sa vertu et ses miracles. Le procès en canonisation se mit ainsi en place, où ne doit pas transpirer que l'Église a eu sa part de responsabilité dans sa mort ; cette récupération a lieu après que le comte de Chambord eut renoncé au trône. La religion du Christ-Roi et de la papauté devient ainsi un recours pour les monarchistes, qui font appel à Rome afin que Jeanne, d'héroïne patriotique, devienne une sainte catholique, fidèle au pape, victime d'une perversité gallicane avant la lettre et des Anglais protestants, de sorte que Léon XIII a pu dire : « Jeanne est nôtre... »

C'est à partir de ces années-là — les débuts de la IIIe République — que le culte de la « bonne Lorraine », qui était jusqu'alors « de gauche » — fille du peuple, héroïne de la patrie, martyrisée par l'Église —, revendiquée par Charles Péguy et Jean Jaurès au nom de tous les morts pour la République socialiste universelle, va devenir également un culte « de droite », la Pucelle étant brandie comme un symbole de la France contre les ennemis de l'intérieur. Cet accaparement par les cléricaux détermine chez les libres penseurs un retour aux moqueries voltairiennes. Henri Martin avait même fait de cette Lorraine une Celte représentant le fonds gaulois démocratique... La droite catholique en fit ainsi une « pure » Française, ni protestante, ni franc-maçonne. À l'heure de l'affaire Dreyfus, on suppute même que Cauchon avait des origines juives... Peu à peu « fétiche entre la main des évêques et des généraux », la gauche abandonne Jeanne d'Arc à la droite.

Ernest Lavisse, qui écrit aux temps de l'Entente cordiale et veut réconcilier les deux France, et aussi avec l'Angleterre, fit du procès de Jeanne l'œuvre du « méchant » évêque Cauchon, mais, pour soutenir la Pucelle, un moine intervient lorsqu'elle monte au bûcher, où avant de mourir elle dit : « Jésus ». Or aucun témoignage n'est resté de la mort de Jeanne d'Arc, et cette apparition d'un moine est pure imagination.

Cette querelle dure toujours, ravivée par chaque sortie de film sur Jeanne d'Arc. Mais aujourd'hui le débat sur Jeanne d'Arc n'a pas la vivacité qu'il avait sous la IIIe République, comme en témoigne l'affaire Thalamas en 1904, lorsqu'un professeur fut blâmé pour avoir corrigé la copie d'un de ses élèves qui avait écrit que « Jeanne d'Arc avait ramené la France au Christ ». Les instituteurs s'émeuvent et le Conseil municipal de Paris dénonça ces fonctionnaires « dévoyés (...) qui diront demain que le drapeau n'est qu'une loque, la patrie une utopie ». Les socialistes s'émeuvent à leur tour, rappelant que Jeanne était « fille de France, alors que la patrie des réactionnaires, c'était Rome, l'Église, le Vatican... »

Occasion manquée en 1880, les républicains n'avaient pas voulu faire du 8 mai une fête nationale, de peur qu'elle ne soit détournée par le clergé. Elle le devient en 1920 sur proposition des amis de l'Action française, Maurice Barrès en tête. La Chambre « bleu horizon » vote le projet après que le pape Benoît XV eut canonisé Jeanne d'Arc. Ce processus de récupération s'achève sous Vichy, où la Révolution nationale exalte non la guerrière, mais la terrienne, la catholique, l'anglophobe. Certes, la Résistance l'invoqua aussi, notamment de Gaulle et Aragon, mais la gauche a commis l'erreur d'abandonner ce terrain, de sorte qu'avec Le Pen, la date de la commémoration est déplacée du 8 mai — anniversaire de la victoire alliée — au 1er mai — fête des Travailleurs — pour retrouver les racines populaires du culte que la République avait instruit puis abandonné.

AU XVIIIe SIÈCLE : SIGNIFICATION DE L'HISTOIRE DE LA NATION

L'interrogation sur la nature de la nation française est ancienne elle aussi. Elle comporte l'idée de droits, la nation étant un ensemble de citoyens alors que le royaume est un ensemble de sujets.

À la veille de la Révolution, cette interrogation sur la nation prend la forme d'une analyse de l'histoire du pays par un noble et un ecclésiastique, Boulainvilliers dans son *Histoire de l'ancien gouvernement de la France* (1727) et Mably, avec *De la manière d'écrire l'histoire* (1783). Le premier se veut le champion de l'aristocratie, le second de la démocratie, mais tous deux, ont montré François Furet et Mona Ozouf, observent que l'histoire de la nation est celle de l'avilissement de la liberté politique. Pour en rendre compte, l'un et l'autre rejettent dans l'insignifiance « la succession des faits d'armes et de guerres, les caprices et les préjugés », pour ne retenir que l'essentiel : la source de l'autorité, l'étendue et les bornes du pouvoir, les règles et les principes du gouvernement de la France. Loin de découper l'Histoire en périodes, comme l'avait fait Voltaire, ils montrent l'un et l'autre une décadence. À l'origine, le rude compagnonnage des Francs, leur soin jaloux à sauvegarder leurs libertés servent à mettre en évidence la montée du despotisme. Mais les conclusions de l'un et de l'autre sont opposées. Pour le comte de Boulainvilliers, c'est l'Histoire qui fait surgir l'inégalité, car la conquête rend nobles les vainqueurs, ignobles les vaincus. Mais l'Histoire a des retours et elle pourrait défaire ce qu'elle a fait : c'est la race qui va assurer la durée et la distinction des statuts. Les nobles sont supérieurs aux roturiers, mais égaux entre eux. Cette société ne doit pas connaître de ducs et de pairs, recréer des inégalités. Surtout, elle ne doit pas admettre d'adjonctions, ce qui serait une altération ; elle doit donc prévenir toute irruption de faux égaux — bourgeois ou magistrats. Philippe le Bel est ainsi le grand destructeur de l'histoire de ce pays parce que, le premier, il s'est attribué la puissance d'anoblir le sang des roturiers. Il a mis de l'égalité dans l'inégalité et de l'inégalité dans l'égalité en instituant des pairs de France.

Mably juge, au contraire, que la hiérarchie sociale n'a pas de fondement historique. Il conteste l'hérédité pour les rois comme pour les roturiers. Le malheur vient de la fixation des classes sociales en ordres fixes. Le grand destructeur de la société française est ainsi Clotaire II pour avoir introduit un ordre privilégié dans la nation en instituant l'hérédité des bénéfices. Aux origines de la nation, Mably ne trouve pas trace de féodalité : le roi est un capitaine plus qu'un monarque, et seule une Assemblée a le pouvoir de faire les lois. Ainsi, pour lui, l'inégalité n'est pas le fruit de la conquête, car la fusion des vainqueurs et des vaincus s'est opérée, l'inégalité est la perversion même à laquelle il faut mettre fin.

Le point commun de ces deux analyses de la nation et de son histoire est bien que l'un au nom de l'aristocratie, l'autre au nom du Tiers-État condamnent également la monarchie absolutiste.

LA RÉVOLUTION FRANÇAISE ENJEU POUR L'HISTOIRE

Rupture vécue comme telle dans la vie du pays, la révolution de 1789 a été perçue, dès ses origines, comme un événement dont la portée pouvait être universelle. Il en avait été ainsi, quelques siècles plus tôt, de la Réforme protestante ; puis il en sera également ainsi de la révolution de 1917 — qui prit 1789 pour référence — pour l'imiter, la critiquer ou la condamner —, de sorte qu'ensuite le destin du régime communiste raviva la querelle sur la Révolution française, ses enjeux, sa signification.

Rupture, la révolution de 1789 en fut bien une ; non seulement parce que ces événements furent vécus comme tels, mais parce que les problèmes que se posèrent les hommes de 1789 constituent la matrice de la vie politique en France jusqu'au XXe siècle finissant. En ce sens, on a pu se demander si la révolution de 1789 était vraiment terminée. En tous les cas, les premières analyses qui portèrent sur son sens et son déroulement demeurent toujours vivantes : celle de Burke, qui aborde la signification sociale et politique de l'événement, celle de Fichte qui se place du point de vue des individus, celle de Tocqueville, plus tardive, qui l'évalue du point de vue du destin de l'État.

Chez Edmond Burke, la mise en cause de la Révolution est radicale en son principe. Ses *Reflections on the Revolution in France* datent en effet de novembre 1790, c'est-à-dire *avant* la chute de la monarchie et la Terreur. Ce qui fait son intérêt est que Burke n'est pas un conservateur : il a soutenu le droit des Irlandais de pratiquer la religion de leur choix, il a compris la révolte des Américains et prône la réconciliation entre la Grande-Bretagne et les États-Unis. Ce qu'il conteste aux révolutionnaires français, c'est le projet de « refaire le pays à neuf », et d'agir comme si la civilisation française, si élevée, n'était pas le produit du passé. « C'est la coutume qui donne à une société ses valeurs », la détruire, c'est aussi détruire la société. La condamnation vise ainsi les droits de l'homme qui impliquent que tous les hommes sont semblables ; ce sont les droits des gens, dans leur variété et leurs liens sociaux, qu'il faut assurer, juge Burke, qui prévoit que cette conception des droits de l'homme ne peut qu'exaspérer la passion de l'égalité, que faire triompher la loi du nombre, celle de la rue. Au citoyen abstrait correspondra, prévoit-il, un État abstrait ; une tyrannie qui en aura chassé une autre. E. Burke se fait ainsi le théoricien de « l'effet pervers », montrant que le volontarisme produit des résultats non projetés ; il préconise des réformes au goutte-à-goutte, à l'anglaise, vraies garantes de la liberté

— omettant d'ailleurs de rappeler qu'en 1642, les Anglais avaient coupé la tête à leur roi Charles Ier.

C'est un point de vue inverse, prorévolutionnaire, qu'adopte Fichte. « Nous ne sommes pas des castors, juge-t-il. Nous devons prendre en main notre propre destin. (...) Nous ne trouvons dans l'histoire du monde que ce que nous y avons mis nous-mêmes (...). C'est ainsi que la Révolution française me paraît être un riche tableau sur ce grand thème : les droits de l'homme et la dignité de l'homme. C'est grâce à l'activisme révolutionnaire que la France délivre l'humanité de ses chaînes matérielles. Le corollaire de ces observations sur l'émergence de l'individu, c'est, sans doute, la dévalorisation de la tradition, la délégitimisation de l'État — bref de tout ce qui aliène la lutte pour l'accomplissement d'un idéal moral. Or la Révolution a donné l'exemple, en créant les institutions qui doivent permettre à l'homme de s'accomplir. » Favorable à la Révolution jusqu'en 1799, il s'en détache lorsque son expansion, avec Napoléon, se transforme en conquête. Il juge que la France, qui a usé ses forces dans cette explosion, n'est plus à même de poursuivre ou de répandre le projet de régénération qu'incarnait la Révolution : c'est désormais à l'Allemagne de reprendre le flambeau.

Tocqueville juge en 1852 que l'État construit sur l'égalité des citoyens s'est renforcé, qu'en un sens il y a continuité de Louis XIV à Bonaparte, et que la Révolution a seulement modifié les instances qui incarnent l'État sans modérer leur capacité d'agir. Alors qu'au contraire, en Grande-Bretagne, elles ont été réduites sans que soit mis en cause le principe monarchique. Ces observations ont un envers : que la Révolution a eu lieu avant 1789 en ce sens que la dépossession politique de la société par l'État constitue la caractéristique de l'absolutisme, et qu'ainsi la société de 1789 n'était aristocratique qu'en apparence puisque le roi redistribuait les titres de noblesse, désormais vides de capacité politique ; et ce sont ces apparences qui alimentaient la passion des rangs et des places, créant une société que, selon le mot de Mirabeau, animait seulement du haut en bas de l'échelle « une cascade de mépris ». Comment la révolution de la liberté, circonscrite à 1789, fut remplacée par la révolution de l'égalité, ces deux principes étant contradictoires, telle est bien l'énigme que pose le déroulement des événements.

L'ensemble de ces considérations s'accordaient à juger que la révolution de 1789 avait marqué le triomphe de la bourgeoisie. Avec le développement de la classe ouvrière et les théories socialistes, celles de Marx en particulier selon lesquelles le sens de l'Histoire est déterminé, la classe ouvrière accomplira l'étape suivante. En 1917, les révolutionnaires lisent la leçon de 1789, en retiennent surtout que Thermidor annonce Bonaparte et qu'il faut radicaliser le lutte des classes pour prévenir cette évolution : bien des faits, en effet, de Février à Octobre, rappellent et semblent répéter 1789 et 1793. Cette autre histoire est pourtant différente : néanmoins, l'échec du régime soviétique ressuscite l'ensemble des critiques adressées aux révolutionnaires de 1789-1799 ; et c'est ainsi que Burke et Tocqueville ont retrouvé une actualité ; plus que Fichte, évidemment...

SIGNIFICATION ET PORTÉE DE L'AFFAIRE DREYFUS

Charles Péguy fut un des tout premiers à juger que l'affaire Dreyfus « immortalisait » la séparation des deux France. En effet, comme l'a écrit Jean-Denis Bredin, « elle traçait une ligne de partage entre deux mondes, entre deux systèmes de pensée : ceux qui font de l'individu la mesure de toute chose, de la patrie, de la famille, de la propriété, de l'humanité, de Dieu ; de l'autre, ceux qui posent et servent des valeurs supérieures à l'individu : Dieu, la Patrie, l'État, l'armée, le Parti, l'Église ».

On note que l'antisémitisme ne figure pas dans cette analyse parce que s'il fut bien le détonateur qui fit exploser l'affaire et ajouta à son caractère passionnel, les deux parties de la France en présence ne se divisaient pas nécessairement selon ce critère. La presse nationale et antidreyfusarde n'était pas forcément antisémite — en témoigne *Le Petit Journal* qui tirait à un million d'exemplaires — et elle n'avait pas la même inspiration que *La Libre Parole* de Drumont ou *La Croix*, le journal des Assomptionnistes. Et de même que bien des antidreyfusards n'étaient pas antisémites — tels Brunetière, Leroy-Beaulieu —, il y eut inversement des antisémites dreyfusards, tel Georges Sorel...

Notons aussi que la postérité de l'Affaire met en cause le mythe de la continuité des deux France : cinquante ans plus tard, parmi les dreyfusards, on trouve des collaborateurs : écrivains tels Alphonse de Chateaubriant, Alain, Abel Hermant ; hommes politiques tels P. Laval, de tradition dreyfusarde. Est-ce lié à la corrélation entre pacifisme et dreyfusisme ? Au cœur de l'Affaire se trouvait le nationalisme : toucher à l'armée était affaiblir l'État à un moment où le conflit avec l'Allemagne est une question de vie ou de mort. Même si Dreyfus est innocent, l'armée ne saurait être coupable sans affaiblir la confiance du pays, elle ne saurait être non plus faillible sans mettre en doute ses capacités, disent les antidreyfusards, il doit donc être sacrifié. De sorte que c'est la publication de l'Affaire, son écho, ses rebondissements que combattent les antidreyfusards, tel le colonel Pétain, qui explique : « Nous ne pouvions, comme officiers, donner tort aux tribunaux militaires. Mais nous sentions que le problème était mal posé. J'ai toujours cru pour ma part à l'innocence de Dreyfus. Mais pourquoi cet animal s'est-il aussi mal défendu ? »

Au reste, dans l'armée, comme le montrent les premières manifestations d'antisémitisme avant l'affaire Dreyfus, l'hostilité à ces manifestations antisémites l'emporte, comme en témoignent les obsèques grandioses du capitaine Armand Mayer tué lors d'un duel contre le marquis de Morès en 1892, de même que les promotions d'officiers de confession israélite. Mais la vague d'antisémitisme qui submerge la France lors de l'Affaire finit par briser la solidarité interne de l'armée, si bien que la souscription en faveur de la veuve du colonel Henry — qui s'était suicidé après qu'on eut découvert qu'il avait forgé un faux témoignage contre Dreyfus — exprime l'adhésion massive des militaires et parmi eux le futur général Weygand.

De sorte que, effet pervers, l'innocence reconnue du capitaine Dreyfus accroît l'antisémitisme qui passe, peu à peu, au centre d'une affaire de justice et d'honneur auquel il n'était qu'accessoirement associé à ses débuts. Et c'est sous ce signe que se perpétue l'antidreyfusisme.

Au lendemain de l'Affaire, Charles Maurras, figure de proue des antidreyfusards, jugeait que ses conséquences « ne furent pas seulement anticatholiques, antihéréditaires, antipropriétaires. Elles furent surtout antipatriotes et antimilitaristes ».

L'affaire Dreyfus avait vu les idéaux entrer en force dans la vie politique et la prégnance des idéologies dans les affrontements politiques. Des intellectuels en devenaient les porte-drapeaux. Ils sonnaient l'alarme, à gauche comme à droite, à l'appel des ligues — la Ligue des droits de l'homme, la Ligue des patriotes. Elle donna à la droite, grâce à l'antisémitisme, l'opportunité de devenir une force socialement diversifiée. Elle donna à la gauche la même possibilité, mais grâce à l'antimilitarisme plus qu'à la lutte des classes. Elle magnifia la guerre civile.

Est-ce l'antisémitisme ? Est-ce l'antimilitarisme ? Il reste qu'objet privilégié de la guerre franco-française, l'affaire Dreyfus est demeurée un sujet tabou au cinéma. Certes, en 1899, Méliès a réalisée une fiction de quinze minutes d'inspiration dreyfusarde, qui montrait bien l'affrontement des deux France. Après la réhabilitation en 1907, Lucien Monguet et Ferdinand Zecca ont réalisé une autre *Affaire*, favorable au capitaine, mais réduite à une intrigue d'espionnage. Dans aucun de ces deux films n'apparaît l'aspect antisémite de l'Affaire.

Et puis, le silence : pas un film sur l'affaire Dreyfus, ni au cinéma ni à la télévision de 1908 à 1974.

Plus, en 1905 les films de Méliès et de Nonguet furent interdits d'écran, car ils étaient critiques à l'égard du commandement de l'armée française : si Dreyfus est innocent, c'est bien que l'état-major est composé de faussaires et de menteurs. En 1930, la censure refuse le *Dreyfus* du cinéaste allemand Richard Oswald ; le même sort frappe un *Dreyfus* anglais de F. W. Kraemer et M. Rosmer ; surtout, *La Vie d'Émile Zola* de W. Dieterle, le grand cinéaste antifasciste, est interdit par le gouvernement Daladier en 1938.

Or, non seulement les cinéastes français n'ont pas protesté contre ces mesures de censure, mais ils se sont abstenus de prendre la relève. Il faut attendre la reconstitution documentaire de Jean Cherasse en 1973, *Dreyfus ou l'intolérable vérité*, et le *Zola* de Lorenzi à la télévision, pour que réapparaisse cette affaire, écartée pour raison d'État, et parce qu'elle inscrit l'antisémitisme dans un passé qui précède le nazisme, autant que parce qu'elle met en cause l'honneur de l'armée.

Y A-T-IL UN FASCISME FRANÇAIS ?

Les incertitudes et les désillusions de l'après-Première Guerre mondiale, qui, à gauche, ont radicalisé une partie du mouvement ouvrier et amené la scission des communistes d'avec les socialistes en

1920, eurent leur pendant à droite, où se coagulèrent des forces animées du même mépris et de la même haine que celle des extrémistes de gauche envers le régime parlementaire mais qui partaient d'horizons différents et qu'on a pu dénommer la « droite révolutionnaire ».

Le paradoxe est bien qu'après le faux coup d'État manqué du 6 février 1934, la gauche s'est mobilisée au titre de la lutte contre le fascisme (« Le fascisme ne passera pas »), alors que les analyses historiques ultérieures, reposant essentiellement sur une vision parlementaire de l'histoire politique, ont nié ou fort relativisé l'existence d'un fascisme français, car seuls les petits partis de Bucard et Valois se disent tels.

En minimisant cette réalité, on a pu faire apparaître que les excès du régime de Vichy étaient le fait des Allemands, d'eux seuls...

D'où le scandale qu'a soulevé Zeev Sternhell, plus ou moins relayé par B.-H. Lévy, quand il affirme l'enracinement d'une forme de fascisme à la française qui ne dit pas son nom, et qui remonte à l'autre avant-guerre.

Le cas de Mussolini, même s'il n'est pas l'exemple dont se réclamaient ces courants, permet de saisir la mécanique de coagulation qui a pu s'opérer en France. Socialiste, dirigeant de ce parti avant-guerre, Mussolini est frappé par l'impuissance de la classe ouvrière à réaliser la grève révolutionnaire qui devait abattre le régime parlementaire et accomplir la révolution. L'entrée en guerre, pour laquelle il combat, le convainc que la révolution naît de la guerre grâce à ces hommes neufs que sont les combattants, pour grand nombre d'ailleurs issus des campagnes. Son socialisme s'associe ainsi au nationalisme de D'Annunzio, belliciste lui aussi, et c'est ensemble qu'ils organisent, en 1922, la Marche sur Rome. Mussolini a entraîné avec lui une partie des bataillons ouvriers qu'il conduisait avant son retournement et là s'est situé, pour des anciens amis socialistes, sa grande « trahison ».

En minuscule, Gustave Hervé, en France, a accompli le même parcours : minuscule parce que antimilitariste lui aussi avant 1914, G. Hervé n'exerçait de direction sur aucune des fractions socialistes ; demeuré un homme seul, il n'a entraîné personne avec lui lors de son retournement en 1914 également.

Inversement, en France, les éléments nationalistes d'avant-guerre formaient une sorte de parti intellectuel qui a constitué l'aile marchante de l'antiparlementarisme et de l'antilibéralisme, indépendamment des marxistes, de Jules Guesde. Albert Thibaudet a le premier noté, dans une histoire de la littérature, que derrière les idées de Maurice Barrès, socialiste de 1892 à 1897, se retrouvent comme préfigurée une manière de mystique national-socialiste, fort antisémite, et qui est née sur les marches de la Lorraine... Au même moment, Ernest Renan juge qu'« énervée par la démocratie, démoralisée par la prospérité même, la France a expié de la manière la plus cruelle des années d'égarement ».

Dans ce florilège, s'insèrent des jugements de Taine d'où sourd aussi l'obsession de la décadence, qui nourrit les intellectuels des années 1930 et bientôt la réflexion de Pétain. Il existait ainsi, en 1913, écrit Drieu La Rochelle, à proximité de Maurras et de Péguy, « la nébuleuse d'une sorte de fascisme ». Quant à ceux qui, après guerre, empruntent le terme de « faisceaux », tel Georges Valois, ils se réclament de Georges Sorel, qui « absorbe et dépasse démocratie et socialisme ». Il existe alors des jeunes gens, épris de violence, qui rêvent de combattre sur deux fronts, capitalisme et socialisme, pour prendre leur bien des deux côtés. Or, tandis que Lénine se repose sur la classe ouvrière et rejette la « bourgeoisie », G. Valois voudrait combiner ces deux classes ennemies. C'est l'échec.

Mais ces troupes, qui dans l'entre-deux-guerres reprennent les appels des ennemis du régime parlementaire à l'abattre, à vaincre le socialisme aussi, sont composées à la fois d'anciens combattants et d'étudiants pour l'essentiel. Ils comprennent les Croix-de-Feu relevant de la droite catholique, les Jeunesses patriotes de P. Taittinger, nationalistes et conservatrices. Leurs maîtres à penser sont aussi bien des intellectuels, tels Drieu La Rochelle ou Thierry Maulnier, que des militants politiques appartenant à de petits groupes. *Faisceau*, de Georges Valois, *Francisme* de Marcel Bucard qui se réclament du fascisme italien ou de Georges Sorel ; mais c'est l'*Action française* de Charles Maurras qui constitue le foyer le plus puissant et le plus cohérent d'opposition dès que la gauche est au pouvoir : Brasillach l'a quittée parce qu'elle était trop traditionaliste et que son projet étatique ignorait la nécessité d'un « plan », comme Henri de Man l'avait proposé. Dans leur hostilité à Daladier en 1934, au Front populaire en 1936 et après, on retrouve, associés sinon alliés, à la fois ces éléments de l'extrême droite et des hommes de gauche, les « rancis du Front commun », le radical Bergery, le socialiste Déat, le communiste Doriot, qui précisément au début des années 1930 avaient préconisé un Front des gauches mais que leurs partis respectifs avaient écartés — quitte à réaliser leur projet en constituant le Front populaire en 1936... Des trois, seul Doriot correspond à ce qu'a pu être Mussolini vingt ans plus tôt : il dispose d'une assise ouvrière large, et il la fait passer d'un extrémisme à l'autre... Mais le « magnétisme nazi » les attire désormais plus que celui de Mussolini.

La violence exprimée de ces hommes et de ces groupes, à la fois dans *L'Action française, Gringoire, Candide, Je suis partout* et bientôt *L'Œuvre,* qui monopolisent les tirages de la presse hebdomadaire et quotidienne entre 1936 et 1940, permet de considérer que Vichy a existé avant Vichy, et que la défaite a mis au pouvoir des hommes et des courants qui exerçaient déjà une sorte de dictature d'opinion : antiparlementarisme et antisémitisme en constituent les deux caractéristiques essentielles.

Également le pacifisme.

Quand le régime de Pétain se déclare l'héritier d'une doctrine, il s'agit de celle de Salazar ou de Barrès, l'auteur préféré du Maréchal : restauration des traditions, promotion de la profession comme instance représentative, autonomie des provinces et décentralisation, hostilité aux francs-maçons, aux partis politiques et aux « métèques ». Il s'affirme étranger au fascisme parce que, malgré l'insistance de Marcel

Déat, il se refuse à créer un parti unique... Mais la Milice joue bientôt ce rôle. Par ailleurs, en ouvrant les routes du pouvoir aux technocrates — tels Lehideux et Bichelonne —, le régime opère cette substitution, aux dépens des parlementaires, que Robert Paxton a repérée le premier ; or, elle a pour modèles les régimes fascistes. Vichy en diffère pourtant dans les intentions au moins, sur un point qu'a mis en valeur René Gillouin, le conseiller de Pétain jusqu'en 1942 : « Sous un régime démocratique et libéral, le pouvoir est relatif et limité ; sous les régimes totalitaires, il est absolu et illimité ; sous le nouveau régime français, il est à la fois absolu et limité. » Mais surtout Pétain, tel Maurras, juge le régime différent d'une dictature totalitaire parce que, selon eux, le totalitarisme est une subversion et une dérive de la démocratie, alors que le pouvoir doit venir d'en haut et être exercé seulement par des notables — et des technocrates (on disait alors des « techniciens »).

Il reste qu'après 1942 le régime se « fascise », même si les pouvoirs de Déat sont quasi nuls, et si Laval, républicain, se veut hostile à cette dérive : sa politique de collaboration incarne le régime et couvre les excès de la Milice de Darnand. Or, il demeure une communauté d'idées entre Pétain, Darnand et Déat, comme en témoignent les entretiens entre ces hommes durant le printemps 1944. Avant que, par opportunisme, Pétain ne désavoue les actions de la Milice et se sépare de Déat.

Qu'on juge qu'en France le régime de Vichy ait été fasciste ou fascisant est une querelle qui importe moins, au fond, que d'observer que pour ses victimes l'étiquette importa peu.

LE NÉGATIONNISME, AVATAR ANÉMIQUE DU « FASCISME À LA FRANÇAISE »

Par anticommunisme, par antiparlementarisme, le fascisme « à la française » avait vu se regrouper, de 1936 à 1945, des hommes d'extrême droite, des anciens communistes et socialistes rancis, quelques regroupements explicitement fascistes et des hommes venus de l'ultra-gauche qui se rallièrent à Vichy essentiellement par pacifisme. Or, après guerre on retrouve les mêmes ingrédients dans la constellation négationniste. Elle ne représente qu'une poignée de sympathisants dont les propos sont relayés par les dirigeants du Front national ; mais ce sont les médias qui ces dernières décennies, ont donné de l'écho à leurs thèses, alimentant un faux débat.

Maurice Bardèche, l'ami de Brasillach en avait été la première figure dans *Nuremberg ou la Terre promise*, paru en 1948. Il s'étonne que subitement « on ait découvert en 1945 ces camps dont personne n'avait entendu parler ». Et pour cause puisque les responsables en cachaient l'existence... Il accusait ainsi les Juifs, devenus dénonciateurs, d'avoir « inventé » tout cela pour qu'apparaisse la monstruosité des Allemands — ainsi devenus, sous sa plume, des victimes... Et, pour leur défense, il déclare qu'il adhère au fascisme : un geste symbolique en 1948.

Il restait aux négationnistes à prouver que le génocide des Juifs n'avait pas eu lieu. Selon Bardèche, à Auschwitz « on n'avait gazé que des poux », et on exagérait les atrocités commises, « qui sont le fait de déportés », pour mieux cacher les crimes du communisme. (Katyn)

Avec Paul Rassinier, déporté lui-même, et anarchiste, la raison du mensonge des Juifs est évidente : « Il ne faut pas oublier que c'est pour se procurer des fonds nécessaires à l'édification de l'État d'Israël (indemnisations allemandes proportionnées au nombre des victimes juives) que ce mensonge a été commis. »

Entre-temps, Robert Faurisson, qui s'affiche apolitique, avait rendu publique son « enquête » visant à montrer que les chambres à gaz étaient un mythe, qu'Hitler n'avait jamais ordonné l'extermination des Juifs, etc. Son argumentation s'appuie sur une étude des textes, des photographies, etc. Il veut ignorer que les Allemands ont détruit volontairement ces traces en 1945, que l'extermination a pu avoir lieu sans qu'aucun ordre écrit d'Hitler fût nécessaire, comme en témoignent les protocoles de la Conférence de Wannsee en 1942, etc. Étant donné que la démonstration de Faurisson se présente sous les traits d'une analyse érudite de documents, que des chiffres excessifs du nombre des victimes juives auraient été lancés en 1945-1946, des « révisionnistes » de l'ultra-gauche, autour de La Vieille Taupe de Pierre Guillaume, reprennent l'argumentaire antisioniste, au nom de la défense des Palestiniens et de l'instrumentalisation de la Shoah. Ils obtiennent la caution de l'Américain Noam Chomsky au nom du droit des chercheurs à faire la critique des sources. Les médias ne manquent pas de donner de l'écho à ce négationnisme alors qu'ils relèguent à la rubrique des comptes rendus de livres les travaux qui annihilent ces allégations. Au tournant de l'an 2000, les travaux de P. Vidal-Naquet et l'enquête de De Pressac, un ancien négationniste qui, preuves à l'appui, reconnaît s'être trompé, ont réussi à ne plus mettre en doute l'existence de ces chambres à gaz ni l'extermination collective qui les ont accompagnés.

Sans doute, y a-t-il eu quelques négationnistes en Grande-Bretagne, aux États-Unis, mais pas un courant à foyers multiples comme en France. Il n'a pas réussi à créer vraiment un doute sur la réalité du génocide. Mais il a contribué à faire se rejoindre, par un lien ténu, antisémitisme et antisionisme, jusque-là dissociés.

LES COMMUNISTES ET LEUR ENTRÉE EN RÉSISTANCE

Le comportement des communistes français, de la signature du pacte germano-soviétique (23 août 1939) à l'invasion de l'URSS par les nazis (21 juin 1941), n'a cessé, pendant cinquante ans, d'alimenter les polémiques. On accuse ce parti de n'avoir combattu les Allemands qu'à partir de juin 1941 et d'avoir été auparavant aux avant-postes de la collaboration, à l'exception de quelques individus. « Calomnie », a écrit Vercors, le poète, en s'adressant au général de Gaulle · dès août 1940 il y avait des communistes résistants...

En août 1939, l'annonce du pacte frappa les communistes comme la foudre. Ils se l'expliquèrent comme une tactique de Staline pour gagner du temps, mais aussi comme une victoire de la paix, puisque, selon eux, la capitulation de Munich avait pour but ultime de dresser l'Allemagne contre l'URSS. Les annexions qui suivirent (pays baltes, Pologne orientale, Bessarabie) étaient le prix à payer. Mais pour l'opinion, en France, ce pacte privait la France de son allié de revers. On y voit, au contraire des communistes, l'annonce de la guerre. Dès que la guerre a commencé, Daladier met leur presse hors le loi. Elle juge, dans les *Cahiers du bolchevisme* clandestin, que les Anglo-Français sont les principaux responsables de cette guerre impérialiste, « voulue par les deux cents familles ». Lorsqu'à la chambre des députés, le Président Édouard Herriot envoie son salut aux armées et que tous les députés se lèvent, les communistes demeurent assis, ce qui suscite injures et bagarre générale. Ils sont déchus de leur mandat. Il y a bientôt trois mille quatre cents arrestations.

Au lendemain de la défaite, pour rendre compte de l'attitude du Parti, il faut tenir compte de plusieurs données. D'abord son appartenance au Komintern : c'est Moscou qui décide de la « ligne » en fonction de sa stratégie qui vise à l'accomplissement de la révolution mondiale... Thorez, Marty, Fried sont les représentants français de son état-major et toute mise en cause détermine l'exclusion ou la mort. Ainsi, Marcel Guitton a désavoué le Parti et l'a quitté pour avoir approuvé le pacte ; en 1941, il est assassiné. Or, le diagnostic de Staline et de Dimitrov, président du Komintern, est clair : comme en 1920, c'est l'Angleterre l'ennemi principal, avec ses complices, Paul Reynaud notamment — aussi les communistes réclament son juste châtiment. C'est également le point de vue des Allemands qui, plus tard, accusent les juges du procès de Riom de faire celui de la défaite française et pas de la responsabilité de la guerre.

La deuxième donnée est la tentation des communistes d'identifier la situation de la France vaincue à celle de la Russie en 1917-1918, puisque l'ennemi est le même, l'Allemagne. Dans la vacance du pouvoir, consécutive à cet effondrement, il est des communistes qui croient qu'ils peuvent se frayer une voie et se saisir du pouvoir. Après tout, les bolcheviks n'étaient guère plus nombreux, le 27 février 1917 à Petrograd, que les communistes en juin 40 : de l'appareil, il ne reste que Jacques Duclos, Tréand et Jean Catelas. D'où l'idée d'utiliser tous les moyens légaux pour exister, et le 17 juin, l'ambassade d'Allemagne dans Paris occupé fait connaître à Tréand sa bonne volonté à l'égard des communistes. Ils adressent une demande de reparution de *L'Humanité* et dans un rapport de Duclos au Komintern durant l'été, il n'est à aucun moment évoqué d'organiser la moindre résistance à l'occupant. Or, en juillet, de Moscou, Thorez fait savoir qu'il faut au contraire organiser une « résistance passive ». En France, sitôt après, un texte de Duclos, dit du « 10 juillet » mais écrit plus tard, stigmatise « l'impérialisme allemand de vouloir réduire la France en esclavage ». Duclos s'est aligné.

Ainsi, à l'envolée collaborationniste de juin, qu'incarnent Tréand et Duclos, Moscou substitue ensuite une autre ligne, plus résistante, mais toujours dans le cadre d'une lutte pour la paix. En septembre 1940, un article de Thorez, « Les vrais traîtres », valorise la dimension des luttes sociales par rapport aux luttes nationales ; en outre, on renvoie de Gaulle et Laval dos à dos, « à la porte, les forbans de Vichy ! Thorez au pouvoir ! », conclut un tract d'octobre 1940.

Mais, petit à petit, dès après Montoire, le parti communiste attaque simultanément Vichy et les Allemands. En février 1941, un communiste, Politzer, dans une brochure du parti, attaque le nazisme, pour la première fois depuis le pacte... Le parti n'en continue pas moins à stigmatiser aussi « de Gaulle », ce réactionnaire.

Autre donnée : à l'époque, très peu de gens ont connaissance des faits et des textes que nous venons de produire. La répression, l'exil des leaders, les soldats prisonniers, ont démantelé la machinerie du Parti, ses réseaux. Il ne serait resté à Paris, après juin 1940, qu'une poignée de militants... Selon un comptage effectué par Stéphane Courtois, sur 81 communistes ayant des responsabilités, 23 ont été arrêtés, 24 mobilisés ou requis, 12 se sont retirés, 7 ont quitté le parti, 8 sont clandestins. On manque d'informations sur les 7 derniers.

C'est dire que dans l'état de déliquescence où se trouve le parti communiste la nécessité de se reconstituer prend pour lui la forme d'un acte de résistance : et ce sont ces activités-là qu'il met ensuite au crédit d'une lutte anti-allemande ; ce qui ne l'empêche pas d'avoir une humeur de plus en plus anti-allemande. L'attaque contre l'URSS, en juin 1941, est pour le Parti à la fois un cauchemar — la patrie du communisme est menacée — et un soulagement, le pacte n'ayant jamais été accepté au fond des cœurs communistes.

Évoquant le rôle du Parti pendant ces années-là, le général de Gaulle écrivait : « Comment contester que sous réserve de ce que firent des individualités, leur parti, jusqu'en 1941, ne s'engagea pas dans la lutte (...). Ils ont servi la France, mais ils n'ont pas servi qu'elle, et même ils n'ont pas servi elle d'abord. » Ce diagnostic est globalement juste, avec deux réserves pourtant. La première est bien, comme l'ont révélé les archives soviétiques ouvertes depuis 1992, que les initiatives de Duclos et Tréand, durant l'été 1940, n'ont été approuvées ni par Thorez, ni par Staline, ce qui signifie que ce n'est pas Moscou qui a télécommandé un certain nombre d'actes de collaboration avec les Allemands. Surtout, indépendamment des actions individuelles de résistance anti-allemande avant juin 1941, on doit considérer que le pays profond n'a rien connu de ces différentes prises de position, de sorte que les Français qui avaient une sensibilité d'extrême gauche, électeurs communistes ou non, ont commencé à résister spontanément — des cheminots, des mineurs, des intellectuels —, indépendamment du pacte ou du Parti qui en avait assumé les termes mais avec lequel ils n'avaient plus de lien réel.

Après juin 1941, c'est une autre histoire qui commence, celle de la lutte armée sur injonction du Komintern. Dans les huit jours, *L'Humanité* clandestine lançait un premier appel à l'action terroriste. Puis le Parti allait, sans de Gaulle, puis avec de Gaulle, monter en puissance et bientôt se placer à la tête de la Résistance intérieure pour se proclamer plus tard « le parti des quatre-vingt mille fusillés ».

Effacer le passé

Comment, après guerre, présenter le comportement du Parti à l'époque du pacte ? Dès le 24 août 1944, pendant que Paris se soulève, *L'Humanité* lance sa bataille sur la mémoire... « Après cinq ans, *L'Humanité* reprend sa place au combat. »

L'argumentation développée est la suivante : « En août 1939, seuls les communistes défendent le pacte germano-soviétique, garantie de paix et de victoire. Le gouvernement belliciste et pro-allemand veut créer les conditions d'une guerre germano-soviétique. Le gouvernement soviétique déjoue la manœuvre en concluant le pacte du 23 août. »

Rien n'est dit de la cession à l'URSS des pays baltes et de l'est de la Pologne, ni de l'aide économique de l'URSS à l'Allemagne en guerre contre la France...

Au reste, « qui a vaincu la Wehrmacht ? L'URSS » ; ce que prévoyaient les communistes, alors que la presse bourgeoise disait que l'Armée rouge était une armée de cinéma, et que l'aviation soviétique n'existait pas...

Ainsi, le présent sert à justifier le passé.

Et pour faire oublier le « ni Londres, ni Berlin » de la période juillet 1940-juin 1941, on évoque les luttes ouvrières, notamment celles des mineurs du Nord, témoignage de la continuité entre les revendications économiques et la résistance politique ; « c'est en octobre 1940 que furent arrêtés Timbaud, Michels, Poulmarch ».

Puis, un argumentaire inverse est mis en place. Lors de la commémoration des vingt-huit fusillés du Mont-Valérien, le 8 octobre 1944 au Père-Lachaise, le passé est appelé à la rescousse. On y rend hommage à Paul Vaillant-Couturier et à Henri Barbusse aussi bien, associant ainsi le responsable communiste des affaires étrangères au moment du pacte germano-soviétique, le fondateur des comités antifascistes et les victimes de la terreur nazie. En outre, le Mur des Fédérés ravive la mémoire de la Commune de Paris et de la guerre civile entre bourgeois et prolétaires...

La plupart des autres commémorations de la fin de 1944 sont caractérisées par une hégémonie croissante du parti communiste qui, au travers des syndicats, ou tout seul, met en place une mémoire communiste qui capitalise, à côté des gaullistes, les combats de la Libération et célèbre le sacrifice de ceux qui s'y sont consacrés.

INDOCHINE — ALGÉRIE : ENJEUX DE MÉMOIRE

Les guerres de la décolonisation constituent un des enjeux principaux des conflits de mémoire. Depuis une vingtaine d'années, il n'est pas une occasion que la presse ait manquée pour laisser croire qu'on nous a menti, qu'on nous a tout caché. Qu'il s'agisse des massacres de Sétif, en 1945, de ceux de Madagascar, de la guerre d'Indochine ou d'Algérie, des événements sanglants du métro Charonne, le procès est toujours le même. Certes, la France ne commémore pas plus la révolution algérienne que Diên Biên Phu ou les accords d'Évian. Mais ne pas se remémorer ces faits ne signifie pas nécessairement qu'on les a tous cachés. Il est vrai que leurs dirigeants ont alors grossièrement menti aux Français. Deux mois avant Diên Biên Phu, en 1954, René Pleven, ministre de la Défense nationale, déclarait aux actualités cinématographiques que « l'adversaire n'avait pu, jusqu'ici, atteindre aucun de ses objectifs essentiels ». L'année suivante, s'agissant de la lutte armée contre le FLN, le gouverneur de l'Algérie, Robert Lacoste, assure que l'on en est au « dernier quart d'heure ». Sur le moment, on a masqué le nombre des morts de Charonne tout comme celui des victimes de Madagascar ; quant aux massacres de Sétif, les communistes d'alors en avaient défini les victimes comme les membres d'« un complot fasciste ». Il a fallu attendre un demi-siècle pour que soit produit et passe à la télévision un film sur Sétif, *Un certain 8 mai* ; autant pour évoquer les événements de Madagascar, moins pour la guerre d'Indochine. Et, contrairement à une légende, il y a eu foison de films sur la guerre d'Algérie... Mais le vrai problème n'est pas, quoi qu'on dise, celui de la censure — même si celle-ci a existé, gardant secrets des documents, retardant la diffusion des films. Le vrai problème est bien que sur la guerre, la guerre elle-même, seuls les films de Schoendorffer qui glorifient les combattants de la guerre d'Indochine ont eu un large succès, alors que sur la guerre d'Algérie la vraie censure a bien été celle du public : aucun des cent films les plus regardés par les Français entre 1973 et 1993 ne concerne la guerre d'Algérie.

À la veille des guerres de la décolonisation, l'idée qu'on se fait de l'Indochine est assez vague : « Voyez-vous, dit Goupil-Tonkin à Muguet qu'il veut séduire, l'Indochine est baignée par l'Irraouady, le Mékong et le fleuve Rouge. Elle comprend la Birmanie, le Siam, la petite Cochinchine française, le Vietnam, le Laos, et tout le haut Tonkin (...). Paris, ce sont des gens tristes sous un ciel gris. Là-bas, il y a le soleil, la couleur, toutes les couleurs... Le rouge le vert, le jaune, l'outremer ; ah l'outremer. »

Cette réplique de Le Vigan dans *Goupil mains rouges*, le film de Jacques Becker en 1942, est la plus vivante image-souvenir que le cinéma ait conservé : on y observe que le Vietnam est nommé mais dissocié de la Cochinchine et du Tonkin, bref qu'on y nie ou ignore l'existence d'une nation qui s'appelait « l'Annam », le Vietnam et qui a été divisée en trois provinces... Au lendemain de la Première Guerre, les images de l'Indochine sont très floues : à part l'Exposition coloniale de 1931, qui se souvient de *Fièvre* de Louis Delluc, de *Tih Minh* de Louis Feuillade ou de *Tau*, de G. Ravel... films muets des années 1920... que troublent toujours une « Orientale ». On se rappelle mieux « Ma Tonkiki, ma tonkinoise », chantée dès l'époque de la conquête. Les films réalisés par les cinéastes d'Albert Kahn ou de Pathé — mais qui les a vus en leur temps ? — portent un regard de colonisateur. « Le paradis terrestre est placé sous la protection de la France. » Le pays fascine, les habitants en sont absents, à moins qu'on ne les montre enfin encadrés pour entrer dans la civilisation occidentale : à l'exotisme sordide des quartiers indigènes s'oppose la luminosité des constructions européennes. Les images confirment les écrits qui présentent l'Annamite comme « dissimulé, menteur, fourbe, hypocrite, trompeur, voleur », pour reprendre les termes du Révérend Père C. E. Bouillevaux. Ces qualificatifs n'ont d'ailleurs rien d'original, on les retrouve sous la plume du Hollandais J. Siberg qui a construit une théorie de la paresse « indigène » aux Indes néerlandaises voisines. Vu les bienfaits supposés de la colonisation, on n'imagine pas que se développe une forme de résistance à l'occupant, à preuve l'acharnement des paysans du delta tonkinois décrits par Pierre Gourou.

Pourtant, très vite, le regard du métropolitain et celui du colon divergent : « Ne vous laissez pas impressionner par la misère, ici c'est un genre », lit-on dans *Mort en fraude* de Jean Hougron. Le roman est de 1954. Marcel Camus en tire un des premiers films sur la guerre d'Indochine, en 1957, onze ans après ses débuts, trois ans après les accords de Genève... Mais il s'agit de la découverte de cette civilisation des paysans de Cochinchine, ainsi revalorisée, plus que de la guerre qui leur est étrangère alors que l'action se situe en 1950 — à la façon d'une catastrophe naturelle. Film anticolonialiste à coup sûr parce qu'il révèle des traits de la domination française, mais qui reste en dehors du conflit armé alors que dans le roman de Jean Hougron, Horcier, le héros joué par Daniel Gélin, qui trouve refuge auprès d'une Eurasienne, voulait libérer le village du Vietminh.

Depuis 1957, la filmographie sur l'Indochine compte quatorze films produits en France : c'est peu, et moins encore si l'on note que les plus récents — *L'Amant*, de Jean-Jacques Annaud d'après Marguerite Duras et *Indochine* de Régis Wargnier constituent des événements médiatiques plus qu'une analyse des données de la guerre. Seuls les films de Schoendorffer, telle *La 317e section*, en 1965, ressuscitent le point de vue des combattants français, en rendant un vif hommage à l'ennemi. À leur différence, le documentaire d'Henri de Turenne, *Vietnam*, avec des photos, des actualités et des interviews, veut faire œuvre d'histoire, n'hésitant pas à montrer les cruautés de la conquête — les rebelles décapités en 1880, le bagne de Poulo-Condor, etc. — et à s'interroger sur la politique française depuis 1945 : savions-nous ce que nous voulions ? Dans *Vietnam la première guerre*, de Danielle Rousselier, s'exprime à la fois le point de vue du colonisé et du colonisateur.

Tous ces films des années 1990 représentent, certes, l'Indochine, et sa guerre. Mais derrière se profile aussi l'Algérie.

Dans sa représentation avant guerre, l'indigène n'apparaît pas, à moins qu'il ne s'agisse de documentaires exotiques sur les souks et sur la vie des nomades, là où l'œuvre de la France n'a pas sa place. Mais dans le cinéma-cinéma, de fiction, le trait est bien que le colonisé est absent, que l'action se situe en Algérie ou au Maroc. Ainsi, dans *Le Bled* de Jean Renoir (1929) — film à la gloire de la conquête de l'Algérie, autant que dans *Le Grand Jeu*, de Jacques Feyder (1934), voire dans *Pépé le Moko* de Julien Duvivier (1936) où la Casbah est un décor et derrière l'Arabe, comme l'a observé Pierre Sorlin, on vise les Juifs. Il n'y a pas d'acteurs arabes : Anabella joue la Mauresque dans *La Bandera* et Dalio l'Arabe, dans *L'Esclave blanche* (1939). Tout amour entre un Français et une indigène est nécessairement honteux, comme dans *Bourrasque*, de Pierre Billon (1935).

Il faut attendre *Goha*, de Jacques Baratier (1957), pour qu'apparaisse un film tourné au Maghreb et dont les acteurs, pour la première fois, sont arabes — l'histoire poétique d'une liaison qui finit tragiquement. L'action se situait à Kairouan, mais la guerre et ses conflits sont absents du film. On note d'ailleurs que, de 1945 à 1951, à regarder les actualités françaises, rien ne laisse supposer que les mouvements d'indépendance sont en marche dans les trois pays du Maghreb. Ni Bourguiba ni Allal Al Fassi, ni Fehrat Abbas ne sont montrés (il existe des scènes avec Bourguiba, mais non utilisées — les « NU » de chez Pathé), ni évoqués le Destour ou l'Istiqual ou l'UDMA, sans parler du PPA de Messali-Hadj. Les métropolitains ne connaissaient ainsi que la version rose de la situation en Algérie, au Maroc, les festivités en constituant le lot commun, cérémonies, inaugurations, etc.

Mais les actualités ne font que refléter ce que la presse écrite énonce, ce que les dirigeants veulent qu'on croie. De 1945 à 1954, « on nous a bien menti », et plus sur le Maghreb que sur l'Indochine, où, dès 1947, il apparaît que des opérations militaires sont bien en cours, et qu'Ho Chi Minh mène la lutte contre le « colonialisme ».

Avant le conflit, seul René Vautier présente en 1955 les caractères du colonialisme en Algérie, mais son film est d'abord interdit. Il faut attendre *La Guerre d'Algérie* d'Yves Courrière, en 1972, pour que les événements soient analysés, mais peu de choses sont dites ou montrées sur les origines de la guerre, et pour cause, puisqu'il s'agit en grande partie de documents d'actualités... *R.A.S.* d'Yves Boisset (1973) dévoile les mensonges des hommes politiques français, tandis que René Vautier analyse le comportement des appelés et la solidarité qui les anime au moment du danger indépendamment de leurs opinions politiques. *Avoir vingt ans dans les Aurès* de R. Vautier était une fiction, *La Guerre sans nom* de Bertrand Tavernier est une enquête sur les sentiments et la vie des appelés. Ce dernier film date de 1991. Il a ainsi fallu attendre trente ans pour que les témoins parlent. Encore s'agit-il de la guerre. Quant à la torture qui l'a accompagnée, elle a été évoquée et stigmatisée depuis l'Appel des 121 et *La Question* de L. Heynemann (1977), mais c'est moins le problème colonial que la morale de la République et de l'armée qu'elle met en cause. Telle une autre affaire Dreyfus, comme l'a bien vu Pierre Vidal-Naquet.

Les films sur la guerre d'Algérie ont eu moins de spectateurs qu'ils n'ont suscité d'écho — d'incidents même comme *La Bataille d'Alger*, film italo-algérien favorable au FLN. On observe un phénomène inverse pour les films de la nostalgie — celle des pieds-noirs, qui ont dû quitter « leur pays », tels que les représente Alexandre Arcady. Pourtant, la réalité du régime colonial commence à apparaître durant les années 1980 — à condition d'évoquer aussi l'avant-guerre.

L'enjeu de mémoire est trop lourd pour les spectateurs... mais l'heure n'est pas encore venue de briser certains tabous, comme notamment le sort des harkis, une honte pour la République.

AUX COLONIES, LA VIOLENCE IGNORÉE

En l'an 2000, venant à la suite de témoignages émanant d'Algériens victimes de la torture, des militaires de haut rang, tel le général Massu, ont reconnu ces faits, les associant néanmoins aux nécessités de la lutte contre le terrorisme. Ces faits n'étaient pas inconnus, et, durant la guerre elle-même, des voix s'étaient élevées pour stigmatiser de tels actes, qu'à l'époque niait l'autorité militaire.

Or la torture ou d'autres sévices étaient déjà pratiqués *avant* la guerre d'Algérie, par la police notamment, et, selon les Algériens, le terrorisme avait été une réponse à cette violence à la répression — violence d'État, violence du colonisateur.

Au binôme terrorisme/torture, le colonisé oppose le trinôme répression/terrorisme/torture.

Sans doute ces dispositifs ne signifient en rien que la colonisation se limitait à ces excès du colonialisme ; leur mise en parallèle signifie seulement qu'il ne faut pas faire silence ni sur les violences qui ont précédé la guerre ni sur celles de la conquête ; ou plutôt que, celles-ci étant identifiées et connues on les relègue dans le passé, *comme s'il s'agissait d'une autre histoire* — à moins de les nier, ou de feindre de les avoir ignorés ou de les légitimer.

On a dit avec quel entrain Bugeaud brûlait les douars et comment Gallieni passait les Malgaches au fil de l'épée. Or ces violences étaient connues, bien connues. En 1841, Tocqueville concluait d'un voyage d'enquête en Algérie : « Nous faisons la guerre de manière beaucoup plus barbare que les Arabes eux-mêmes (...). C'est, quant à présent, de leur côté que la civilisation se rencontre. » « Il faut anéantir tout ce qui ne rampera pas à nos pieds comme des chiens », écrivait le lieutenant colonel de Montagnac en 1843. À Madagascar comme l'entrée des villages du Tonkin, quarante ans plus tard, des témoins ont vu cent fois « des piquets surmontés de têtes sans arrêt renouvelées, les exécutions se faisant presque journellement ». En Afrique noire, l'horreur accompagne les « progrès » de la colonne Voulet-Chanoine. Aux Antilles, les révoltes de Noirs ont été accompagnées de massacres aux temps de Bonaparte.

Tous ces faits n'ont pas été cachés. Sur l'Algérie révoltée, en 1870-1879, par exemple, le manuel Malet-Isaac écrivait, en 1953 : « La Kabylie se souleva pour la guerre sainte. La répression fut prompte et rigoureuse : exécution ou déportation de chefs, lourdes amendes et confiscation de terres. La révolte écrasée, on travailla à franciser l'Algérie par tous les moyens. Et la colonisation européenne se développa aux dépens des indigènes. » Plus, on les illustre : en 1894, *L'Illustration* présente une photographie, avec cette légende : « Groupe étrange et éminemment suggestif de treize têtes de pirates décapitées ». Aux enfants, dans *Les Aventures du capitaine Ratapoil*, on raconte : « Un jour, ayant à lui seul capturé vingt bédouins qui avaient voulu surprendre le poste, Ratapoil les fit agenouiller devant lui à la file, puis, se servant de son sabre comme d'une faux, il abattit d'un seul coup les têtes des vingt moricauds, ce qui les contraria beaucoup » (cité par Alain Ruscio).

Ainsi, ces faits, quoi qu'on dise, étaient connus, plus ou moins assumés et publics. Mais il était entendu que leur existence en était niée si les énoncer avait pour but de mettre en cause l'ordre colonial, et plus encore si cela montrait l'écart qui existait entre le discours des métropolitains sur « l'œuvre du colonisateur » et la réalité des actions commises par ceux qui étaient censés la permettre.

En outre, il était admis que refuser les commandements de la nation civilisatrice, c'était faire preuve de barbarie, à moins de considérer que son pays a tort, ce qui n'est pas convenable en un temps où règne l'idéologie de l'État-nation. Le gouvernement peut avoir tort, mais pas le pays.

D'ailleurs, outre-mer, une solidarité se noue entre les colonisateurs ; ils se considéraient volontiers comme les seuls habitants dignes de ce nom. Au fait, les Arabes en ont-ils un, sauf Ahmed ? Fatma ?

Même leurs défenseurs ne s'aperçoivent pas qu'ils ne leur en donnent aucun. Albert Camus, par exemple, dans *L'Étranger* : l'Arabe qui est tué dans ce roman n'a pas plus de nom que ceux qui parcourent *La Peste*, qui se situe à Oran.

Dans la vie courante, pour le colon, ils ne comptent pas non plus : tel médecin a-t-il une bonne clientèle ? « Oui, mais ce sont des Arabes. » Au cinéma, ils disparaissent également.

Ainsi, la violence commise envers le colonisé est une violence contre personne. Contrairement à ce que l'on se plaît à répéter, elle n'est pas cachée ou ignorée, on veut l'ignorer.

Les silences du déshonneur

1939 : LES RÉFUGIÉS RÉPUBLICAINS ESPAGNOLS

Les yeux s'en sont détournés, ils ont été des victimes invisibles... Ce trait, juste pour les Juifs pendant la guerre, ne vaut certes plus aujourd'hui, où leur génocide a été instruit, analysé, soumis à repentance. Mais il a existé d'autres victimes anonymes : celles que des luttes coloniales ont révélées.

Oui, d'autres forfaits ont été commis, déshonorants et qui demeurent la honte de la République. Car Vichy a existé avant Vichy... Le décret du 21 janvier 1939 a institué des camps pour étrangers indésirables, tel celui de Rieucros transformé en camp de femmes en octobre 1939 avant d'être transféré à Brens, près de Gaillac, en février 1942.

Et ceux réservés, en 1939, aux réfugiés espagnols.

La guerre civile espagnole était alors complètement intégrée aux luttes internes de la politique nationale. La droite française soutient Franco et la gauche les républicains. Dès 1937, des réfugiés basques affluent, des instructions sont là, qui, très vite, oublient les soucis humanitaires des premières semaines. On les fait retourner en Espagne par les Pyrénées orientales. À cause du précédent sarrois en 1935, on évite de les regrouper dans des camps, mais dès l'automne 1937 Marx Dormoy, ministre de l'Intérieur d'un gouvernement Front populaire, demande à la police d'établir « un barrage infranchissable » ... Surtout, on montre le peu d'empressement des populations d'accueil à aider les réfugiés, souvent choquées par la passion politique de leurs hôtes.

Mais c'est le grand exode de 1939, la retraite, la *Retirada,* qui suscite cette attitude de rejet que les actualités cinématographiques ont conservée, gendarmes et policiers parquant les réfugiés — vieillards, malades, blessés aussi bien — comme du bétail... « Les Français avaient de nous une opinion extrêmement négative. Ils étaient influencés par la propagande en provenance de l'Espagne franquiste et par les journaux et la radio qui menaient une campagne insidieuse », témoigne David Grauda. Certes, *Le Populaire* ou *L'Œuvre* parlent de l'Espagne martyre, des « combattants de la liberté » soutenus par François Mauriac, Jacques Maritain, le cardinal Verdier — pour ne citer que des écrivains catholiques... Mais ces organes de presse pèsent peu à côté du *Matin*, du *Jour*, de *L'Époque* qui évoquent « les épaves humaines », « les dangereux envahisseurs », les torrents de laideur, ou *Gringoire* et *Candide* qui parlent des « bêtes carnassières » de l'Internationale, de « la lie des bas-fonds et des bagnes », de « l'armée du crime qui est en France ».

De sorte que l'« obsession » du ministre de l'Intérieur est d'assurer la sécurité intérieure, et les dispositions reflètent la peur du déferlement plus le souci d'hospitalité. À la gare de la Tour-de-Carol, « on aurait dit une vaste infirmerie. Des hommes, des femmes, des enfants, des vieillards étaient couchés sur le ciment. Beaucoup priaient tout haut les yeux tournés vers le ciel. Tous semblaient épuisés... Des enfants mutilés se traînaient sur le quai à la recherche de leurs parents... les litières étaient rouges de sang, il y avait de nombreux amputés », témoigne Antoine Miro.

Puis ils furent internés dans des camps — Argelès, Lurs, Chaumont... où ils demeurèrent sous l'Occupation.

Sans doute, les autorités avaient été débordées par les événements et le nombre. Mais le problème n'était pas là. Le gouvernement du Front populaire comme ses successeurs traitaient leurs alliés, les républicains espagnols, réputés ou non communistes ou anarchistes, comme des délinquants.

Et la guerre n'était pas encore déclarée que sous Daladier l'esprit Vichy régnait avant Pétain. À Marseille, par exemple, où beaucoup de réfugiés essaient de s'embarquer pour le Mexique, « ils retiennent l'attention de nos services, dit le rapport de police de la fin 1940. Certains ont pris une part non seulement militaire mais aussi criminelle dans les événements de leur pays (...). Leur maintien en liberté peut présenter un grave danger pour l'ordre social. Ils ont été confiés à l'autorité militaire ou mis au camp d'internement de Saint-Cyprien ».

Ce sont ces Espagnols qui, les premiers, ont combattu le fascisme, que la IIIe République parque dans des camps — où Vichy les maintient.

L'EXTERMINATION DES JUIFS : QUI SAVAIT, ET QUOI ?

À Paris, le 17 juillet 1942, 12 884 personnes sont arrêtées, femmes et enfants en majorité, transportées en autobus au Vélodrome d'Hiver, de là au camp de Pithiviers puis de Drancy, dernière halte avant Auschwitz. Effectuée en zone occupée par la police française, cette rafle est l'un des épisodes les plus odieux de la collaboration : il renvoie à l'antisémitisme profond des autorités de Vichy et à leur volonté de garder le contrôle de l'administration en effectuant elles-mêmes les arrestations, comme l'a montré le déroulement du procès Papon, respon sable à Bordeaux de l'arrestation et de la déportation des Juifs. La responsabilité des dirigeants est établie, mais que savaient les victimes ?

La difficulté de saisir la réalité de ce qui s'est passé tient à plusieurs facteurs[1]. Pour la majorité d'entre les victimes, la conscience de leur identité s'est modifiée en soixante ans. Aujourd'hui, avec l'existence de l'État d'Israël, le regain des croyances religieuses et la remise en mémoire de l'Holocauste, l'identité juive d'une partie de ces victimes s'est ravivée quand elle n'a pas pris le dessus sur d'autres traits de leur citoyenneté. Était-ce le cas durant les années 1940 ? La formulation actuelle de la déportation et du génocide ignore souvent la distinction entre Français et étrangers qui était à la fois le fondement de la politique de Vichy et l'expression de l'identité d'une partie de ses victimes. Pendant la guerre, un bon nombre de Français que les nazis ont définis comme juifs ne se sentaient pas tels, regardant la religion israélite, que beaucoup ne pratiquaient pas, comme une sorte d'archaïsme en voie de disparition. Les citoyens ne considéraient certainement pas qu'ils appartenaient à une race juive, même si pour ceux qui étaient laïques un sentiment de solidarité existait vis-à-vis de leurs « coreligionnaires » étrangers victimes du régime nazi et s'ils se sentaient concernés par

1. Cf. Lucette Valensi (dir.), « Présence du passé, lenteur de l'Histoire. Vichy, l'occupation, les Juifs » in *Annales*, 1993, 3.

Figure 43 — Arrivée d'un convoi de déportés au camp d'Auschwitz. À peine sortis des wagons, où ils ont voyagé dans d'indescriptibles conditions, les déportés sont triés comme du bétail. Une grande partie des femmes et des enfants seront dirigés vers les chambres de la mort, les hommes jugés valides pour le travail (à droite), vers des camps de travail.

l'antisémitisme ambiant. Ils rejetaient même l'idée qu'ils puissent eux-mêmes appartenir à la même communauté que ces immigrés venus de Pologne ou d'Allemagne. Depuis la guerre, l'opinion d'un grand nombre d'entre eux a varié. Et ce changement dans la perception de leur propre identité a déterminé une révision des souvenirs de cette époque.

Un autre facteur contribue également à obscurcir le problème de savoir qui, exactement, avait connaissance du sort ultime des déportés, et quel était leur sort. À mesure, en effet, que depuis une trentaine d'années, chez les survivants ou parents des victimes, l'identité juive prend le pas sur les autres — au moins dans la revendication que la lumière soit faite sur l'époque de Vichy et la responsabilité de chacun dans le drame —, on voit se multiplier les écrits et témoignages sur cette époque et sur la déportation. Entre 1945 et 1948, toute une série de témoignages et récits ont été écrits : Annette Wieviorka en comptabilise près de cent cinquante. Puis ces textes ont disparu presque complètement avant de se multiplier depuis une vingtaine d'années : près d'une centaine entre 1987 et 1991. Ce flux multiplie les informations, ce qui a pour effet indirect de rendre peu plausible le témoignage de ceux qui ont pu déclarer qu'entre 1940 et 1945 « on ne savait rien ». Sans doute les dirigeants savaient-ils, ou encore ne voulaient-ils pas savoir après 1942, qu'au bout de la déportation il y aurait extermination, génocide.

Ces dirigeants politiques ou administratifs en ont bien été informés. Mais les victimes ? Se demander si c'est la croyance d'hier — on savait peu de chose — ou celle d'aujourd'hui — on savait tout — qui est juste est ainsi une vraie question. Les étrangers et les immigrés les plus récents, avaient sans doute, une plus juste appréhension des périls que les Français israélites.

Autre conséquence de l'afflux d'informations : depuis la « percée » historique faite par Robert Paxton en 1973, on insiste sur la responsabilité des autorités françaises dans la déportation plus que sur les exigences des Allemands, sur la pression qu'ils ont exercée. *A contrario*, on rappelle moins fortement qu'en « zone libre », même après novembre 1942 quand elle fut occupée par les Allemands, le régime de Vichy a refusé de faire porter l'étoile jaune aux Juifs, qu'ils fussent étrangers ou français ; ou encore que, s'il est responsable de l'arrestation de Juifs français en zone occupée — et vingt mille ne sont jamais revenus —, les quatre-vingt mille autres Français définis comme juifs ont été sauvés sans l'aveu du régime de Vichy, grâce néanmoins à l'existence d'une zone libre et pour une bonne part grâce à la solidarité d'une partie de la population, notamment le bas clergé.

La responsabilité du génocide a aussi dérivé, en partie, des Allemands vers Vichy, comme on peut juger par le parcours, emblématique, du titre d'un livre de Georges Wellers. En 1946, l'auteur, qui avait vécu en zone occupée, avait choisi : *De Drancy à Auschwitz* (éditions du Centre) ; en 1973, Fayard republie le livre, complété, avec le titre *L'Étoile jaune à l'heure de Vichy. De Drancy à Auschwitz*, ce même livre, est réédité en 1991, aux éditions Tirésias-Michel Reynaud, avec le titre *Un Juif sous Vichy*, ce qui est contestable puisque Georges Wellers ne fut jamais en zone libre.

Ainsi la mémoire « historique » évolue, et pas seulement la mémoire individuelle... La force de ces dérives rend difficile un diagnostic sur un aspect de la question qui a été posée, pas sur la responsabilité des dirigeants — c'est elle qui rend compte de l'existence d'un mouvement de « repentance » sur ces problèmes, lié à la montée de l'idéologie des droits de l'homme, puissante ces dernières années. Continuité républicaine ou pas, entre la IIIe République et l'après-guerre, Jacques Chirac a bien été le premier président depuis 1945 à reconnaître publiquement la culpabilité de l'État à l'époque de Vichy et à rompre le silence du déshonneur.

LES HARKIS ET AUTRES VICTIMES DU FLN

Le drame des harkis entache le régime de celui qui entendait incarner l'honneur de la France. De Gaulle pourtant n'était pas dans une ignorance absolue de ce qui pouvait survenir... À un député du deuxième collège, qui avait eu cinq parents assassinés par le FLN et qui lui disait que dans une Algérie indépendante, il souffrirait, de Gaulle répondit : « Eh bien, vous souffrirez. »

Mais ce ne sont pas seulement ces élus, sans doute « mal élus », qui ont souffert ; ce sont tous ceux qui, anciens soldats de la Deuxième Guerre mondiale, ou engagés dans l'armée comme d'autres avaient été dockers, ou devenus supplétifs (harkis) pour se défendre contre les attentats ou le chantage terroriste du FLN — tous ceux qui ont combattu dans les forces du « maintien de l'ordre », ou encore ceux qui participaient à la gestion du pays — fonctionnaires, infirmiers, etc. — qui se sont sentis menacés et que la France aurait dû protéger, question d'honneur. Soit autour de deux cent cinquante mille hommes, un million avec leur famille, dont quarante-cinq mille harkis (plus leur famille, selon les estimations).

Les accords d'Évian garantissaient la sécurité des biens et des personnes après la guerre ; aussi la France limita le nombre des musulmans menacés et autorisés à venir en France : à la fin de 1963, ils étaient entre cinquante et soixante-dix mille.

Or, selon les estimations, au moins cent mille furent massacrés durant les années qui suivent l'indépendance.

D'autres purent venir en France ultérieurement mais leurs conditions d'accueil furent tellement ignominieuses que des révoltes éclatent, en France, en 1975 puis en 1991, où ils étaient parqués… Le terme de harki refait surface. Mais le sort de ces combattants, s'il sortait de l'ombre, ne tenait pas compte d'une histoire dont l'essentiel avait été tu.

Le drame des harkis n'est, en effet, que la partie émergée — mais aujourd'hui seulement — d'une vérité historique que la mémoire s'est cachée.

D'abord, pour autant que les iniquités du régime colonial donnaient une légitimité à la révolte des musulmans d'Algérie, que les méthodes du maintien de l'ordre, avec sa pratique des sévices, avaient de quoi indigner la conscience républicaine en métropole, notons qu'on a voulu ignorer que dans leur lutte ces victimes se transformaient en oppresseurs et en assassins. En effet, le terrorisme n'a pas frappé seulement, dès 1954, que les représentants de l'autorité, ou d'autres Européens, mais des musulmans aussi bien, et le plus volontiers ceux qui ne souscrivaient pas aux différentes campagnes de soutien financier aux organisations armées, ceux qui avaient pu être UDMA ou demeuraient messalistes ; également ont été frappés de simples citoyens qui militaient pour devenir des citoyens à part entière… Dire qu'il s'agissait d'un « parti français » est un anachronisme, car, à cette date, toute une partie de la population musulmane n'imaginait pas possible la réalisation de l'indépendance ; elle se voulait républicaine et démocrate, et menait son combat par des voies pacifiques autant qu'elle le pouvait contre les pratiques de l'administration, pour la défense de l'identité arabe dans le cadre des partis, des syndicats, etc.

Or, tandis que d'un côté le FLN considérait comme traîtres tous ceux qui ne se ralliaient pas à lui, et qu'en France les défenseurs des droits des Arabes — y compris à l'indépendance — ont dénoncé les pratiques et les excès du colonialisme, d'un autre côté ces mêmes métropolitains ont voulu ignorer les crimes commis par le FLN contre ses rivaux, quitte à considérer comme suspects ceux qui souhaitaient demeurer dans une orbite française. Or ces musulmans-là étaient nombreux, même si, à tort, ils comptaient sur la métropole pour obliger les Français d'Algérie à accepter une véritable intégration.

Le 31 décembre 1956, quatre mille cent quarante-neuf musulmans avaient déjà été assassinés par le FLN, selon des sources françaises, chiffres qu'on peut à bon droit suspecter, car certains peuvent avoir été victimes, aussi bien, des forces de répression ; mais qui ne doivent pas non plus être niés par principe. Car nul ne peut nier qu'après 1962 les musulmans ont compté un très grand nombre de victimes.

Bientôt culpabilisés d'être désignés comme des « traîtres » aussi bien par le FLN puis le GPRA que par le silence des défenseurs français des droits de l'homme, les victimes désignées à la vindicte des vainqueurs n'ont guère trouvé comme défenseurs, s'ils avaient été militaires, que quelques-uns des officiers français qui ont choisi de violenter les consignes pour les ramener en métropole. Car ces Algériens qui avaient cru que la France instaurerait la démocratie et qui, ayant servi dans les hôpitaux, les universités, les administrations, l'armée en espérant d'elle une juste promotion civique et sociale, sont devenus, avec les accords d'Évian, les témoins gênants d'une espérance trompée. Et la France profonde, avec ses dirigeants en tête, a tout fait, avec eux, et en connivence avec le régime d'Alger, pour que cet abandon et ces crimes fussent ignorés.

Chapitre 6

LA FRANCE AU MIROIR

La France et les Français au miroir des autres

C'est aux XIVe et XVe siècles, on l'a vu, que se développa, en France, une sorte de sentiment national, de patriotisme. Ce que les Français pensaient d'eux-mêmes, et ce que les autres pensaient d'eux, contribua à la définition d'une sorte de conscience de leur identité.

Ainsi, au XIVe siècle, selon Jean de Hesdin, le Français se présente lui-même par un certain nombre de traits :

Tempérance dans la nourriture
Élégance dans la tenue
Bienveillance de l'indulgence
Douceur du langage,
Dans les paroles, la vérité,
Dans les actes, la loyauté,
Dans les cœurs, la fidélité,
L'énergie dans le travail.
L'agilité du corps.

Sans doute, l'Italien Pétrarque était-il plus nuancé : « Les Français sont des gens qui ont coutume de s'amuser des plus petites et frivoles choses. Ce sont des hommes légers et gais, de relations faciles et agréables. Les joies, ils en font volontiers leur affaire. Quant aux soucis, ils les écartent en riant, en chantant, en buvant. »

L'image de la France dans le monde, c'est son œuvre culturelle, sa tradition historique — et pas seulement ses produits, ses exportations...

De la présence de son œuvre culturelle témoigne le succès de ses peintres, impressionnistes et autres Fauves dont on a parlé, également la diffusion de sa littérature · en atteste la bourse des traductions, analysée par Daniel Milo, qui permet de vérifier, au XXe siècle, quels sont les auteurs les plus lus hors leur pays d'origine. Si la palme revient, pour l'ensemble du demi-siècle 1932-1977, à Shakespeare, on compte une moyenne de quatre auteurs français parmi les quinze les plus traduits du monde entier : Dumas, Balzac, Jules Verne et Georges Simenon se retrouvent dans cette liste, à ces bonnes places, de dix ans en dix ans. Mais ni Molière, ni Racine, ni Voltaire, ni Rousseau n'y figurent ; derrière les premiers, cités un peu plus loin, on trouve Victor Hugo, Maupassant, Zola et, en 1977, Goscinny, l'auteur d'*Astérix*.

Quant au rayonnement de la langue, il est pris en charge par l'Organisation internationale de la francophonie qui réunit cinquante-cinq pays francophones, ou dont une partie de la population est francophone, comme le Québec, qui, avec les pays d'Afrique noire, défendent les positions de la langue française avec plus de conviction, semble-t-il, que la métropole.

Est-ce seulement l'effet de la réduction de la place de la France dans le monde ?

En tous les cas, pour une bonne part des étrangers, la France est d'abord le pays des droits de l'homme, de la révolution, et sont familiers ces hymnes qui l'incarnent, *La Marseillaise* et *L'Internationale*.

Le pays de La Marseillaise *et de* L'Internationale

Patrie des révolutions, la France est bien reconnue comme telle : on lui emprunte les deux hymnes qui la chantent : *La Marseillaise* et *L'Internationale*. Patrie des guerres civiles aussi, la France a même enfanté un combat que ces deux chants se sont livrés entre eux, quitte, une fois, deux fois, à se réconcilier...

Mais leur signification a changé.

Le chant de Rouget de Lisle, institué hymne national par le décret du 26 messidor an III (1795), scelle l'alliance de la patrie et de la République, de la nation et de la révolution. *La Marseillaise* garde ce caractère républicain et révolutionnaire quand le pays de Vaud se soulève contre les Bernois, ou lorsque le conseil des cinq-cents essaie de s'opposer au coup d'État du 18 Brumaire. On retrouve ce trait pendant les révolutions de 1830 et 1848 du seul fait que la Restauration a proscrit *La Marseillaise* et que Louis-Philippe la tolère. Pourtant, dès qu'on dresse un monument à Rouget de Lisle, sous Louis-Philippe, *La Marseillaise* tend à devenir un hymne officiel. Puis, de marche patriotique elle devient un hymne nationaliste dès 1870. Réduite au rôle de fond sonore lors du centenaire de la révolution de 1889, elle est devenue un chant de guerre. Du coup, lors des grèves, plutôt que *La Marseillaise*, on chante *La Carmagnole*.

En effet, une autre révolte couvait, celle d'un groupe social nouveau apparu au début du XIXe siècle : la classe ouvrière. C'est l'esprit de la lutte des classes qui l'anime, et elle veut l'internationaliser, comme une réponse à la solidarité des dirigeants de la Sainte-Alliance. En tant qu'organisation, L'Internationale devint une réalité. Eugène Pottier, artisan et franc-maçon, écrit son hymne. Mais il demeure inconnu au lendemain de la Commune inconnu jusqu'à ce qu'un autre artisan de Lille, Pierre Degeyter, en compose la musique. Le succès est foudroyant, le parti ouvrier français l'adopte, puis Karl Liebknecht et le groupe Spartakus en Allemagne et, dit la légende, Lénine à son tour… ainsi le chant de Pottier et Degeyter devient-il l'hymne de la Deuxième Internationale.

Comme on s'insurgeait contre la violence de ses appels, Jean Jaurès rappelle que les paroles de *La Marseillaise* sont tout aussi cruelles. « Qu'un sang impur abreuve nos sillons », n'est-ce pas une parole de Barnave, un mot terrible de Saint-Just : « Qu'importe que l'étranger perde des millions d'esclaves. Nous, nous perdons des hommes libres » ? Mais dans sa défense de *L'Internationale*, Jaurès ne relève pas la phrase qui fit scandale : « Ils sauront bientôt que nos balles sont pour nos propres généraux. » L'hymne est chanté néanmoins, jusqu'au jour où, en juillet 1914, au premier coup de clairon c'est *La Marseillaise* qui retentit. *L'Internationale* est oubliée ; si ce n'est pas *La Marseillaise* qu'on chante en France, c'est *La Madelon*.

Or, retour aux sources, *La Marseillaise* réapparaît à Petrograd, lors de la chute du tsarisme en février 1917. À chaque progrès de la lutte contre l'Ancien Régime, elle est scandée, ce qui définit bien son sens : la lutte contre les tyrans. Mais que vienne de France ou d'Angleterre une délégation socialiste saluer le succès de cette révolution, et c'est *L'Internationale* qu'on chante… Durant l'été 1917, lorsque les soldats russes se révoltent en France, au camp de La Courtine, ils chantent également *L'Internationale*, hymne de la fraternisation aussi, entre Russes et Allemands. Pourtant, que la menace pèse sur Paris en 1918 et, avec l'esprit patriotique, revient *La Marseillaise*, comme disait le chansonnier Montéhus :

Nous chantons La Marseillaise
Car dans ces terribles jours
On laisse L'Internationale
Pour la victoire finale,
On la chantera au retour.

L'apothéose de *L'Internationale* se situe lorsque, devenue hymne officiel de l'Union soviétique, progresse l'idée de la révolution mondiale pour la création du Komintern ; *L'Internationale* allait devenir l'hymne ; des partis communistes, mais aussi des socialistes qui ainsi dessaisi rappelaient que Degeyter avait été des leurs.

Simultanément, en France, *L'Internationale* devient l'hymne de l'unité entre les partis ouvriers et *La Marseillaise* redevient, comme en

1849 et en 1880, un hymne nationaliste que chantent notamment les anciens combattants de 1914-1918. En 1934, à l'heure du 6 Février et de la montée du fascisme, le poète communiste Aragon insère une strophe de *La Marseillaise* dans *Hourra l'Oural*, un poème en l'honneur de l'URSS, dont la violence dit bien quel schisme divise les Français :

Après quatre ans de Marseillaise *avec*
Les pieds dans la merde et la gueule dans le sang
Marseillaise *de Charleroi*
Marseillaise *des Dardanelles*
Marseillaise *de Verdun*
Je salue ici
L'Internationale *contre* La Marseillaise
Cède le pas ! O Marseillaise
À L'Internationale *car voici*
L'automne de tes jours, voici
Qu'un sang impur abreuve nos sillons
On va bien voir quel est le plus rouge
Du sang bourgeois ou du sang de l'ouvrier
Debout, les damnés de la terre...

Mais avec le « grand tournant » de leur politique à l'instigation de Staline, en 1936, les communistes « réhabilitent » *La Marseillaise* par la voix de Maurice Thorez, ce qui indigne l'ultra-gauche Maurice Dommanget, d'autant plus qu'en Espagne les Républicains entonnent *L'Internationale*.

Staline substitua un hymne patriotique à *L'Internationale* pendant la Deuxième Guerre mondiale, le chant de Degeyter demeurant celui du parti communiste mais plus celui de l'État.

Avec les événements de Budapest, mais surtout de Prague, en 1968, le mythe de l'URSS s'effondre, et avec lui, celui de *L'Internationale* s'écorne. Pourtant, plusieurs foyers l'animent encore. Et d'abord le foyer populaire, tant son élan demeure intact, en dépit des vicissitudes de l'histoire. Ainsi, à Paris, en mai 1968, avant Prague, les jeunes l'entonnaient, par dérision, devant la tombe du Soldat inconnu. Au fond des cœurs, l'hymne est prêt à sourdre dès que la rue s'anime, par exemple à Paris lors du grand mouvement de grèves de décembre 1995.

Le deuxième foyer demeure celui du monde communiste qui se juge victime de l'impérialisme : la Chine de Mao, Castro, qui en font un hymne quasi officiel. Aujourd'hui, en 2000, le Vietnam rend la connaissance de *L'Internationale* obligatoire. Dans ces pays, l'hymne garde son accent belliqueux. Mais les socialistes — troisième foyer — n'entendent pas abandonner cet enfant dont ils se jugent les géniteurs. En 1995 encore, au Congrès de l'Internationale socialiste, on chante *L'Internationale*, et Pierre Mauroy donne l'exemple.

Simultanément, les régimes oppressifs, nés pourtant au son de *L'Internationale*, ont sécrété une révolte au nom de la liberté, de sorte qu'à nouveau *L'Internationale* a pu sourdre, mais de leurs cachots, de leurs prisons... Dans *Ici et ailleurs*, Jean-Luc Godard et Anne-Marie

Mieville ont fait entendre les sonorités de *L'Internationale* dans leur double parcours, celui de l'espoir, celui du désespoir.

Mais toujours dans l'esprit de la Lutte finale.

1930 — Friedrich Sieburg : « Dieu est-il français ? »

Durant l'entre-deux-guerres, ce jugement d'un Allemand eut plus d'écho en France que *Mein Kampf*, sorti quelques années plus tôt et auquel on n'avait guère porté d'intérêt... En 1940, avant de rencontrer Hitler à Montoire, Pétain demande qu'on lui en communique la substance, car, pas plus que d'autres, il ne l'avait jamais lu. Au contraire, tout le monde avait entendu parler de *Dieu est-il français ?* qui avait bénéficié d'une préface de l'éditeur Bernard Grasset. Le titre était flatteur et le contenu séduisant. Friedrich Sieburg s'essayait à comprendre l'histoire de la France à un moment où, 1930, les habitants de ce pays, leurs dirigeants surtout, sortis vainqueurs de la guerre, manifestaient une arrogance qui nourrissait outre-Rhin la haine que trahissaient déjà les écrits de Hitler.

Le texte de Friedrich Sieburg prenait les allures d'un éloge ; mais qui sait lire entre les lignes découvre le fiel que but inconsciemment son premier préfacier — mais pas le second, Laurent Dispot en 1991... — et qu'autrefois avalèrent les Français...

« J'écris sur la France parce que je préfère le progrès des idées à l'idée de progrès (...), parce qu'il a été fait au monde un pays qui oppose une résistance tenace au perfectionnement social, afin que le bonheur de l'homme ne lui soit pas sacrifié (...). Parce que les Français ont l'ordre dans la tête, mais des gares pleines de désordre (...), parce qu'on ne sera pas d'accord sur ce qu'est le paradis, tant que la France opposera son idéal de bonheur personnel aux diverses concessions du bien-être collectif qui animent les autres pays (...). Parce que le Français constate de temps à autre qu'il s'est mis en retard, qu'il prend son élan pour rattraper le temps perdu, mais qu'il bavarde en route avec des amis de rencontre, et finalement se plaint que les autres aillent trop vite (...), parce que nous ne pouvons pas renoncer à notre avenir du seul fait que la France n'est pas disposée à se détacher de son passé (...). Parce que la France tient tout progrès technique ou social réalisé dans un autre pays pour une offense personnelle, et à juste raison ; car comment les gens s'avisent-ils de travailler à une réfection du monde, alors qu'ils ne se sont même pas complètement assimilé les idées de la grande Révolution ? »

Y est-on ? Pas tout à fait encore.

Impressionné par le fait qu'avant-guerre des langues multiples invoquaient Dieu, se conviaient à protéger le tsar, le roi, l'empereur, Friedrich Sieburg estime qu'« on discernait sans peine l'embarras du ciel devant l'assaut de ces invocations simultanées, car il ne pouvait échapper à personne que chacune de ces prières prétendait être seule exaucée et tentait d'exclure les autres (...) Or il ne resta plus qu'un seul chant, doublement dévorant, il est vrai, et où Dieu ne figurait pas — le chant ne lui consacrait même pas un souffle. Il semblait que Dieu n'eût jamais existé : c'était *La Marseillaise* (...), le chant sans Dieu ne semblait avoir besoin d'aucune force que celle de la patrie... Et pourtant, il n'est pas autre chose que la répétition des prières que Jeanne de Domrémy prononçait pour elle-même au bord de son ruisseau. Par le premier et pieux du mouvement de ses lèvres, elle avait créé la patrie ».

Relier Jeanne à *La Marseillaise*, tel est le propos de Sieburg. Tout chemin menant au cœur de l'être français doit partir de Jeanne d'Arc... Mais c'est pour ajouter cette phrase de Jeanne : « Ceux qui font la guerre au saint royaume de France font la guerre au roi Jésus. »

Voilà pourquoi, explique Friedrich Sieburg, il est si difficile de vivre en paix avec la France bien que ce pays prétende aimer la paix par-dessus tout... Jeanne combattait pour la chrétienté, la France de *La Marseillaise* défend la civilisation et l'humanité. « Mais jamais la France n'a demandé son consentement au reste du monde ; elle a toujours estimé que tous les peuples devaient se féliciter de cette hégémonie (...) et Jeanne ne s'est pas davantage demandé, lorsqu'elle a fait du roi Jésus l'allié de la France, si d'autres peuples chrétiens ne pourraient pas, aussi bien qu'elle, prétendre à la faveur de Jésus... » « Toute doctrine nationale accuse une tendance au prosélytisme, ajoute Sieburg : Jeanne elle-même, la plus douce de toutes les saintes, cette touchante figure de pucelle, faite de fleurs et de chants d'oiseaux, cette enfant qui vécut du pain de la prière, ce rire innocent du ciel, Jeanne elle-même a recommandé une campagne contre les Hussites, et a proposé aux rois ennemis de s'entendre pour combattre les Sarrasins. »

On a compris la forme du procès.

Pour la France, juge Sieburg, la civilisation doit fondre les éléments libres d'une vie obscure et confuse en une société, en un peuple : elle ne doit ni faciliter les irruptions dans l'infini, à quoi en Allemagne les invite Wagner, ni rendre possible l'existence unique et chargée de tragique du génie qui ébranle la vie courante. Voilà pourquoi elle écarte Napoléon, « son seul génie au sens cosmique du terme ». Il compromettait la continuité de la civilisation, il jetait un instant le pays au bord de l'abîme. Il flattait la vanité française mais il blessait une nation vouée au maintien des biens de l'Humanité...

Car entrer en relation avec la France revient à confesser, ou bien que l'esprit français est le seul vrai, ou encore à accepter d'être relégué dans une seconde zone.

Écrit en 1930, réédité sous l'Occupation, le livre de Friedrich Sieburg juge que la France ne comprend pas les signes du temps. Elle sent chanceler sa suprématie civilisatrice... L'avenir est pour elle une menace et elle veut s'en préserver derrière le bouclier des traités de paix. D'où cet avertissement, en forme de menace attristée : « Car si nous décidions, nous Allemands, quelque jour à mettre la France à l'écart, ce qui politiquement serait possible, ce pays en son genre deviendrait à jamais une sorte d'île ou de parc d'Indiens pour esprits humanitaires, ou de jardin d'acclimatation pour les biens les plus sacrés. La France serait la dernière à se vouloir ainsi reléguée au rôle de paradis fermé. Mais le reste du monde subirait une perte mortelle de sourire, de chaleur et de vie intérieure. »

Le regard des Arabes

Quelques années avant les « événements », sollicité par *Paris-Normandie*, un chroniqueur avait écrit sur l'Algérie un article qu'il avait intitulé « Deux peuples qui se haïssent et qui s'adorent... » Les témoignages recueillis depuis confirment le caractère contrasté du regard que les Arabes portaient sur les Français d'Algérie, même si, avec la guerre et ses suites, la balance des sentiments a pu se modifier...

Voici Hélène Cixous qui nous conte son histoire de gamine. Elle a gardé en elle le premier regard de haine que lui a porté un petit yaouled, vu de ces cireurs de chaussures... On venait de lui en offrir une belle paire, toutes blanches, à elle qui habitait rue Philippe, une rue étroite du quartier juif « où se mêlaient les eaux humaines et les urines »... Elle s'en allait toute fière de ses sept ans, les pieds « brillants comme si elle avait le front ceint de lauriers... ».

Elle raconte : « C'est alors (...) que retentit sec et omineux le bruit de marteau du Juge suprême (...) Les petits cireurs ne lancent pas leur cri vers les fenêtres, comme les porteurs d'eau. Ils ne criaient pas, ils n'appelaient pas, ils tapaient. Ils frappaient leur boîte en bois à petits coups secs avec la tête des brosses (...) La boîte rendait un son têtu, impératif (...), la boîte aboyait : Ici ! Et le soulier obéit, nez baissé. Viens ici. Couché. Stop. L'ordre m'atteignit (...). Et je vis le visage du petit cireur, et dans ses yeux le scintillement je le reconnus : c'était la convoitise, de la haine, la première lueur du désir. En tremblant je mis mon pied sur la boîte comme un violent coup de brosse me l'ordonna (...) Ce que je ne savais, c'est la forme que prendrait le coup. Alors, le petit cireur sortit une de ses boîtes de cirage, l'ouvrit, frotta sa brosse sur la pommade rouge vif et enduisit ma sandale blanche d'une grosse couche de sang épais. »

Les sentiments qu'exprime ce petit yaouled n'en excluent pas d'autres, dont témoigne Mohammed Dib. De toute sa petite enfance il n'a jamais vu un Français — si, un médecin une fois qui sentait l'éther ; et puis un jour il fut obligé d'aller à l'école : « enfants nous avions très peur des Français, nous ne nous approchions jamais... Pourtant là, je fus de but en blanc enfermé, mais avec trente autres comme moi. (...) Le maître incarnait une sorte de croque-mitaine débonnaire, avec sa grosse moustache. Il faisait toujours trembler, mais de moins en moins fort, puis plus du tout ».

Dans la cour, raconte Mohammed Dib, il n'y avait que des Algériens — mais à l'époque, c'est-à-dire vers 1930, il ignorait ces mots : Algérie, Algériens, Al Djazair. « Personne ne nous en avait parlé ou dit la signification, ni nos parents à la maison, ni qui que ce fût dehors. C'est l'école qui allait nous l'apprendre ». Et l'enfant Dib découvre que le « père » Souquet est le meilleur des hommes, « qui ne finissait jamais sa classe sans une histoire drôle, mais drôle à nous faire hurler de joie ».

Cette vision, attendrie, du maître français, combien de petits Arabes ne l'ont-ils pas conservée ? On la retrouve dans *La Dernière Image*, le film de Mohammed Lakhdar Hamina, réalisé en 1986, et qui ressuscite l'amour de ses jeunes camarades pour leur institutrice française, pour leur école aussi, un espace de liberté et de bonheur où ils pouvaient s'épanouir...

Sans doute, ensuite, l'école une fois passée, le regard sur le Français change.

Ce gamin de Saint-Eugène, à Alger, est d'abord sensible à la discrimination dont il est l'objet chez ses cousins, arabes aussi, mais plus riches. Ils avaient des toupies, un yo-yo, pas lui... À l'école, il restait au cours de six heures. Lui devait sortir à quatre, et à la maison il n'avait personne pour l'aider car sa mère ne savait ni lire ni écrire en français. Il n'a pas obtenu le certificat d'études, a dû quitter l'école. Et là « mon premier patron m'a fait trier les clous et les pointes... J'en bavais, tous les jours, je devais trier des clous. Ce patron, monsieur Antoine, me donnait 4 francs par jour (...) Pendant deux ans, j'ai gagné 4 francs par jour (...), et il fallait que je porte des outils qui pesaient des fois une vingtaine de kilos (...) Quand mon copain Pierre m'a dit qu'il gagnait 6 francs par jours et que j'ai demandé de l'augmentation à mon patron, il m'a dit : “D'accord, mais tu sais il faut que tu travailles plus que cela.” Et il m'a fait faire les courses le dimanche matin. » Et, raconte ce jeune Arabe, « voilà qu'un jour, je me rappellerai toujours, le colonel Pitard, qui était un ami du patron, a dit une chose qui m'a vraiment vexé. Il a dit : “Pourquoi vous le laissez travailler ici ? C'est comme cela qu'on apprend à travailler. Il faut lui défendre d'entreprendre du travail au dehors, parce que lorsqu'il saura se débrouiller, il partira et il vous laissera tomber.” Alors le patron m'a enlevé ma clef et je n'ai plus pu travailler pour moi (...) Alors un jour qu'il m'avait traité de voleur : “pourquoi vous me traitez de voleur ? lui ai-je dit. — Parce que tu m'as volé un bout de bois. — Je ne sors pas d'ici, je n'ai pas pu vous voler un bout de bois.” Alors, j'ai eu l'idée de tuer mon patron (...) J'ai fait le geste, quoi, alors qu'il était baissé ; j'ai pris le marteau et j'allais lui foutre un coup sur le crâne... Je ne sais pas ce qui m'a retenu (...). Beaucoup plus tard, je lui ai dit : “Monsieur Antoine, vous m'aviez promis une augmentation." Alors il m'a dit : "Eh bien, l'augmentation tu l'auras sur la peau de mes couilles." Alors je l'ai quitté le même jour.

« Il fallait que je fasse du "travail arabe" comme ils disaient. Les Arabes n'étaient bons que pour faire les manœuvres, toutes sortes de corvées, ou alors travailler comme dockers (...).

« Un jour, le maire d'Alger il est venu, et il a demandé qui avait ce travail. Le chef me dit : "Il y a le maire qui vient te féliciter, habille-toi." J'ai refusé et je suis resté en habit de travail. Il y avait le maire. Je les vois toujours devant moi, ces cloches-là. Il y avait toute la smala. La commission, comme ils disent. Alors, il me dit : "C'est vous qui avez fait ce travail, je tiens à vous féliciter. — À force d'entendre les félicitations, les poches sont pleines, elles débordent." Il dit : "Qu'est-ce que cela signifie ?" Je réponds : "C'est qu'on est mal payé. Je me fous des félicitations. Ce qui compte c'est le beefsteak."

« Un jour, j'ai vu que sur ma carte d'identité, c'était marqué "Français Musulman, non naturalisé". Et quand on m'en a refait une en 1951, c'était marqué "Français Musulman" tout court. Même que j'ai demandé qu'on mette "Non naturalisé", mais ils n'ont pas voulu » (témoignage paru dans *Socialisme ou Barbarie*, 1959).

Révolté, le jeune va à des réunions où on proteste contre cette discrimination, ces mesures. Mais il n'adhère pas, tout en participant aux grèves.

Dans *Les Damnés de la terre*, Franz Fanon a su dire avec force que « le regard que le colonisé jette sur la ville du colon est un regard de luxure, un regard d'envie. Rêves de possession : s'asseoir à la table du colon, coucher dans le lit du colon, avec sa femme si possible. Le colon ne l'ignore pas. "Ils veulent prendre notre place". C'est vrai, il n'y a pas un colonisé qui ne rêve au moins une fois par jour de s'installer à la place du colon ».

An 2000 — les Anglo-Saxons : une nouvelle révolution française

Au tournant de l'an 2000, la presse anglo-saxonne s'est résolue à faire un constat, qui, admet-elle, a surpris le monde des affaires : l'économie française lui apparaissait transfigurée, comparée à sa situation il y a dix ou vingt ans, et *Newsweek* faisait même sa couverture sur cette « révolution française ». Le *Financial Times* du 23 février 2000, par exemple, montrait, premier signe de cette renaissance, que la France était en train de se substituer à l'Allemagne comme moteur de l'économie européenne. Depuis cinq ans, notait ce journal, le taux de croissance de la France dépasse celui de son voisin, les investissements étrangers y sont proportionnellement à peu près le triple. Cela tient en partie au fait que l'Allemagne a une économie plus dépendante que la France de ses exportations, ce qui explique qu'elle s'accommode d'un euro faible ; que le coût de la réunification continue à grever également son économie qui hérite en plus d'une main-d'œuvre venue de l'Est et peu qualifiée. En outre, vu les accords globaux conclus entre les entreprises et les syndicats, le marché du travail est peu flexible alors qu'en France l'interventionnisme pratiqué par le gouvernement Jospin-Aubry a pu aider à son aménagement, à associer la flexibilité des horaires du travail à sa durée. Ainsi, le coût horaire d'un ouvrier français tourne autour de 18 dollars, à peu près comme aux États-Unis, au Japon ou en Grande-Bretagne, contre 28 dollars en Allemagne, où les salaires sont donc plus élevés de 30 % à 50 % selon les calculs du *New York Times*. De sorte, conclut le *Financial Times*, qu'en Europe, au modèle allemand pourrait se substituer le modèle français, ce à quoi on ne s'attendait certainement pas durant les années 1980 — quand la France paraissait irrévocablement vouée à l'inflation et à une étatisation contre-productive.

Mais aux raisons qui rendent compte des difficultés de l'Allemagne s'ajoutent des données propres à la France et qui expliquent son dynamisme rénovateur. A joué l'introduction des trente-cinq heures, par exemple, juge *The Times* du 11 novembre 1999, qui avait hérissé le patronat, au point que l'opinion finissait par être sceptique sur leur opportunité. Sans doute, à l'origine, ce projet avait pour but essentiel de réduire le chômage en aidant à créer des emplois nouveaux. De ce point de vue, les résultats sont modestes, très modestes même si l'introduction des trente-cinq heures a freiné le mouvement des licenciements. Mais il y a eu des conséquences bien plus positives à d'autres égards : débloquant les relations entre les partenaires sociaux, contraignant entreprises et salariés à restructurer leurs rapports et leurs modes de fonctionnement, bref à dynamiser des rapports sociaux qui semblaient stagner à jamais, en gelant les salaires et en octroyant des avantages fiscaux les trente-cinq heures ont pu aider certaines entreprises à redémarrer sur des bases nouvelles. Autre effet, indirect celui-là : on constate moins d'absentéisme dans les entreprises, les bénéficiaires des trente-cinq heures ont peu à peu reconstruit leur vie quotidienne, choisissant quelquefois d'allonger ou de restructurer leurs congés, ce qui a donné un élan supplémentaire au tourisme et aux dépenses afférentes, et stimulé l'économie.

Autre versant de cette révolution française, l'agressivité nouvelle de ses grands managers, qui permet d'affirmer, selon *Time*, qu'une nouvelle France prend corps. La privatisation totale ou partielle de grandes sociétés, comme Airbus ou France-Telecom doit aboutir nécessairement à accroître la participation financière des Français dans les entreprises. Et de citer le cas de Jean-Marie Messier qui contrôle l'ancienne Générale des Eaux rebaptisée Vivendi, qui a su varier ses activités jusqu'au portable et à la télévision, et qui incarne cette nouvelle race d'entrepreneurs qui n'ont rien à envier aux Américains. *Newsweek* pointe encore l'existence d'une nouvelle classe de jeunes qui, loin de Polytechnique et des grandes écoles, créent des start-up, remplaçant les étudiants faméliques qui vivaient dans des chambres de bonne...

Newsweek parlait de « révolution », *Time* de « renaissance », et les autres analystes observent que ce trait ne concerne pas seulement l'économie ou la finance : l'optimisme qui a pu réapparaître se nourrit d'informations qui, additionnées les unes aux autres, ont un effet multiplicateur — une victoire en Coupe du monde de football, la construction du *Queen Mary II* à Saint-Nazaire, les succès d'Airbus, la renaissance du théâtre et l'irrésistible progression du tourisme étranger en France.

Un bilan à s'en étourdir. Si ces diagnostics n'émanaient de milieux qui veulent ignorer qu'il reste encore beaucoup à faire pour résorber plus encore le chômage et réduire une fracture sociale devenue problème national.

STOCK DES INVESTISSEMENTS DIRECTS À L'ÉTRANGER

PAR PAYS D'ORIGINE, en % du PIB

	1960	1980	1990	1998
FRANCE	6,8	3,6	9,2	15,9
JAPON	1,2	1,8	6,8	7,1
ROY.-UNI	14,9	15	23,4	35,9
ÉTATS-UNIS	6,3	8,5	7,8	11,5

Source : *World Investment Report*
Alternatives économiques, 189

Origine géographique des 500 premières multinationales *en 1999,* en % :
États-Unis 43 %
Europe 31,6 %
Japon 15,4 %
Autres 9 %

On définit la multinationale comme une entreprise avec une maison mère contrôlant au moins 10 % du capital d'entreprises filiales situées en dehors de son territoire d'origine.

EST-CE LA FIN DE L'EXCEPTION FRANÇAISE ?

La société française change mais le monde également, alors que l'organisation de la vie politique reste figée.

Sans doute la nécessité d'une mutation constitue un des leitmotives des discours ; or, dans leur passion de bien faire, les hommes politiques n'ont rien trouvé de plus qu'une modification de la durée du mandat présidentiel, un changement dans le calendrier électoral, que sais-je encore ?

Ils ne se sont pas aperçus que les principes qui sont à l'origine de l'organisation de nos institutions datent de l'époque de Locke et de Rousseau alors que n'avait pas eu lieu la révolution des médias, pour ne pas évoquer seulement l'accélération de la mondialisation, la transformation de la finance, les progrès de la science, etc.

Les progrès de la mondialisation ont contribué à la mise en cause du Welfare State, faisant passer la revendication sociale de l'offensive à la défensive, faisant disparaître aux plus malheureux l'horizon d'un monde meilleur, tant s'accroissent les inégalités, non seulement entre les pays riches et les autres, mais à l'intérieur des pays riches eux-mêmes, et en France aussi bien. L'effondrement du communisme à l'Est a déconsidéré l'argumentaire des partis de gauche, assurant la victoire de l'idéologie de marché sur celle d'une économie contrôlée par l'État. Mais l'État lui-même a été atteint, quels que soient ses gouvernants, de sorte qu'à la politique et à ses serviteurs on a ainsi soustrait une part de leur action économique, l'État perdant sa maîtrise, en matière de propriété nationale (privatisation) et d'orientation générale (fin de la planification), également en matière de contrôle de la régulation (dans la banque). L'idéologie dominante a émancipé le marché de la tutelle démocratique centralisée qui aujourd'hui, apparaît une dictature contreproductrice (Boltanski et Chiapella), au point que l'idée que le pouvoir puisse se saisir de l'appareil économique apparaît scandaleuse, illégitime — alors qu'au XIXe siècle ce projet incarnait un avenir d'où seraient éradiquées les grandes injustices qui commandaient l'inégalité des fortunes et qu'il corrigerait les mécanismes qui commandent à la redistribution des richesses.

Aujourd'hui, c'est un socialiste, le Premier ministre lui-même, L. Jospin, qui déclare que « l'État ne peut administrer l'économie ». La légitimité des dirigeants ne vient plus de la recherche des équilibres sociaux mais de la performance économique, dessaisissant les députés, le monde politique d'une partie de ses compétences. Il est sans recours devant la fermeture d'une usine et la loi du marché, mais aussi devant certaines réglementations qui émanent de Bruxelles et dont on ignore l'origine : que, dans un cas ou l'autre, des députés de partis opposés manifestent ensemble contre cette situation témoigne bien de l'impuissance de la représentation politique, du dessaisissement qu'induit la construction européenne — quels que soient par ailleurs les avantages ou désavantages qu'elle suscite.

En outre, on constate une emprise croissante des réalités financières. Le point central, montre André Orléan, c'est qu'il y a un changement radical avec l'époque passée en ce sens que le cours boursier n'est pas l'expression d'une grandeur objective, en l'occurrence la profitabilité des entreprises, par un calcul de leurs gains à long terme, mais une structure qui a pour but de créer des consensus au sein de la communauté financière. Autrement dit, la finance est devenue une puissance autonome d'évaluation et non le reflet des grandeurs qui lui préexisteraient. Le fait nouveau est ainsi que le pouvoir financier a la capacité d'imposer à l'économie ses évaluations, car les anticipations des agents financiers ne sont plus tournées vers l'économie réelle mais vers les anticipations des autres intervenants. On retrouve une logique similaire dans les grands médias, où la contrainte concurrentielle conduit les acteurs à rechercher non l'information ou l'émission la plus juste ou la meilleure, mais celle qui est apte à capter l'intérêt du public tel qu'on peut l'anticiper. Et devant ce mode nouveau du fonctionnement financier, les forces économiques ou politiques se sentent dessaisies et insuffisantes, comme elles le sont devant « le pouvoir audiovisuel ».

Le monde politique n'est donc plus nécessairement un recours. Il n'est plus, non plus, un repère.

On observe en effet que la révolution médiatique a modifié le rapport entre l'homme politique et le citoyen. Jusqu'aux années 1960, les dirigeants politiques et les militants des partis constituaient les instances qui informaient les citoyens des problèmes du jour, de leur enjeu. C'était encore plus vrai au début du XXe siècle, quand la masse des citoyens, dans les campagnes surtout, recevaient leur instruction politique de la bouche de l'instituteur, du notable, du curé ou du député. Aujourd'hui, ils se jugent informés et compétents sur bien des problèmes grâce à la radio et à la télévision.

Il est clair en outre que les militants sont devenus, comme aux États-Unis, de simples supporters, à moins qu'ils n'entrent en politique pour faire carrière. Ils ne jouent plus, de toute façon, le rôle de courroie de transmission qu'ils exerçaient jusqu'alors. C'est l'invasion médiatique qui a changé les rôles — indépendamment de la déception qui a pu détourner les simples citoyens du discours militant dans les milieux ouvriers notamment. Aujourd'hui, le discours politique sur la société passe par la télévision qui instruit, bien ou mal, les citoyens sur certains problèmes, c'est-à-dire sur ceux qu'elle juge porteurs d'audience. L'homme politique est ainsi dessaisi de son rôle. Ce sont les experts que les médias convoquent et qui se substituent, pour une part, aux militants, de sorte que les partis politiques ont un rôle médiatique réduit à la portion congrue, pour autant qu'ils n'ont pas su s'adapter à cette nouvelle communication, sauf à croire qu'il suffisait de la contrôler. À cet autre dessaisissement s'ajoute celui des sondages. Ils laissent supposer acquise l'opinion d'une partie de la société sur telle ou telle réforme, si bien que le monde politique, qui s'attribuait une vocation à proposer ou à soumettre des réformes, s'aperçoit qu'il est amené à suivre au fil de l'eau les options choisies par les médias, et qu'en outre on lui reproche alors de ne pas s'intéresser aux vrais problèmes que se pose la société.

Le dessaisissement connaît d'autres figures.

Ainsi, l'ordre juridique soustrait à la vie politique des secteurs qu'elle contrôlait jusque-là. Il ne s'agit pas seulement de l'offensive des juges qui a mis à nu les perversions du système. Le point important est que ce pouvoir politique qui contrôlait l'ordre judiciaire en dépit de la séparation des pouvoirs a perdu la main. Déjà l'émergence du Conseil constitutionnel constitue un de ces freins, parmi d'autres, qui réduit le pouvoir de la représentation démocratique, mais il en est d'autres pour autant que l'ordre juridique devient une instance d'arbitrage dans un nombre croissant de conflits qui jusqu'alors relevaient de la compétence politique. L'arbitrage entre les acteurs sociaux peut demeurer son apanage mais les recours aux tribunaux ne cessent de s'étendre.

À ces soustractions de compétence s'ajoute celle qu'induisent les progrès de la science et de la technique médicale. On a pu voir les effets pervers qu'ont suscités ces innovations lors de l'affaire du sang contaminé qui, de façon inique, à coup sûr, a contribué, autant que la brigue ou la corruption, à entacher l'image des hommes politiques alors qu'elle était le résultat de l'industrialisation des moyens médicaux. Le même désarroi se manifeste vis-à-vis des diagnostics portés sur les origines de la vache folle, etc. Échaudés, les hommes politiques multiplient les applications du principe de précaution, ce qui ajoute au sentiment de leur impuissance.

Ainsi, les forces nouvelles qui ont émergé depuis plusieurs décennies ont, chacune, soustrait une partie de leur compétence aux partis et aux hommes politiques qui, depuis le XIXe siècle, faisaient la loi et l'appliquaient sans limite et sans partage. Ceux-ci avaient déjà perdu leur monopole idéologique pour autant que leur rayonnement s'appuyait sur leur sens de l'Histoire. Or, aujourd'hui, avec la faillite des idéologies, cette autorité leur échappe encore plus. Ils ne sont plus les prophètes des temps nouveaux. Le monde politique juge ainsi volontiers que la société qui les boude se dépolitise. Il se trompe. Elle met en cause un système représentatif qui apparaît essentiellement comme une technique pour prendre ou garder le pouvoir : « Nous respectons vos droits », semblent dire les dirigeants ; « mais c'est nous qui les définissons, et ensuite laissez-nous gouverner seuls et tranquilles ». Or, les citoyens ne sont pas dépolitisés autant qu'on veut le dire : en témoigne la multiplicité des associations et autres ONG qui constituent autant de micro-contre-pouvoirs actifs et efficaces.

Seulement, l'unité nationale que des institutions prétendaient incarner est affaiblie, autant par sa désacralisation que par le jeu des exigences de la construction européenne ou par les effets de la mondialisation ; le retour au local est une autre manifestation du droit à la différence, à une capacité de participer de façon autonome à la vie du pays, sans l'interférence autoritaire du centre.

Ni recours, ni repère, le monde politique est ainsi dessaisi par en haut, contesté par en bas, cisaillé de profil. Il règne de moins en moins, et le gouvernement administre autant qu'il arbitre, évitant les débats qui peuvent menacer son existence. On constate qu'il suscite, certes, bien des débats politiques de haute volée, par exemple sur le statut des immigrés, la réforme judiciaire, l'éthique, etc. ; mais sur ces terrains les décisions sont difficiles à prendre et leur exécution encore plus — autre grief de la société.

Il est vrai qu'en France, les positions de critique extrême, émanant d'un bord ou de l'autre de l'opinion, ont longtemps paralysé la recherche d'un consensus que les Américains et les Anglais notamment ont su instituer comme un objectif, et depuis deux siècles. Ces positions-là disparaissent, mettant fin aux traits les plus saillants de l'« exception française ».

À l'aube du XXIe siècle, la pratique de la cohabitation a atténué les antagonismes élémentaires qui marquaient la vie politique de ce pays. Cette pratique a-t-elle mis fin à cette « exception française » qu'était le climat permanent de guerre civile ? Ce changement s'ajoute aux précédents pour laisser à croire aux hommes politiques que leur fonction a perdu sa raison d'être ; et il est vrai que le bilan dressé ici constitue bien un diagnostic qui impose une réévaluation de la part du politique dans la vie du pays.

Or, il nous semble que seules la prise en compte effective des nouvelles forces — les médias, la science, la finance internationale — et la construction de l'Europe peuvent poser les problèmes dont l'enjeu est à la hauteur de ceux des époques révolues. Mais à condition aussi que se régénèrent des circuits plus effectifs entre le pays réel — avec ses communes, ses cantons, ses associations et autres institutions de la société civile — et une représentation nationale qui, politiquement, donne volontiers l'impression de faire chambre à part.

SÉLECTION BIBLIOGRAPHIQUE

La liste des travaux consultés étant considérable, nous devons nous résoudre à ne citer que les auteurs auxquels nous sommes le plus redevables.
Cette sélection comporte onze sections :
1. Réflexions sur l'Histoire.
2. Les temps de la Gaule et de chrétienté.
3. Les temps de la monarchie absolue.
4. Le temps des révolutions et des empires coloniaux.
5. Les crises du XXe siècle.
6. Les travaux et les jours de la société française.
7. Greffe des provinces ; creuset des populations.
8. Histoire, croyances et représentations.
9. Pour une comparaison avec les pays étrangers.
10. Grandes collections, ouvrages généraux
11. Revues.

1. Réflexions sur l'Histoire

BOUTIER J. et JULIA Dominique (dir.), *Passés recomposés. Champs et chantiers de l'Histoire*, Paris, *Autrement*, n° 150, janvier 1995.
BRAUDEL Fernand, *Écrits sur l'histoire*, Paris, Flammarion, 1969.
CERTEAU (de) M., *L'écriture de l'Histoire*, Paris, Gallimard, 1975.
FEBVRE L., *Combats pour l'histoire*, Paris, Armand Colin, 1962, rééd. 1992.
FERRO Marc, *L'histoire sous surveillance*, Paris, Calmann-Lévy, Folio-Gallimard, 1985-1992.
FURET François, *L'atelier de l'historien*, Paris, Flammarion, 1983.
GINZBURG Carlo, *Mythes, emblèmes, traces. Morphologie et histoire*, Paris, 1989.
HABERMAS Jürgen, *Écrits politiques*, Paris, 1990.
HARTOG François, *Le miroir d'Hérodote*, Paris, 1980.
KOSELLECK Reinhart, *Le futur passé. Contribution à la sémantique des temps historiques*, Paris, Éditions de l'EHESS, 1979-1990.
LEFORT Claude, *L'invention démocratique*, Paris, Fayard, 1992.
LE GOFF Jacques et NORA Pierre, *Faire de l'Histoire*, Paris, 3 vol., 1974.

LEPETIT Bernard (dir.), *Les formes de l'expérience*, Paris, 1995.
MOMIGLIANO Arnaldo, *Problèmes d'historiographie ancienne et moderne*, Paris, 1983.
NOIRIEL Gérard, *Sur la crise de l'histoire*, Paris, Belin, 1996.
NORA Pierre (dir.), *Les lieux de mémoire*, 7 vol., Paris, Gallimard.
REVEL Jacques et WACHTEL Nathan, *Une école pour les sciences sociales*, Paris, Éditions du Cerf et EHESS, 1996.
RICŒUR Paul, *Temps et récit*, Paris, Seuil, 1983.
VALENSI Lucette, *Fables de la mémoire. La glorieuse bataille des trois rois*, Paris, Seuil, 1992.
VERNANT Jean-Pierre, *Mythe et pensée chez les Grecs. Études de psychologie historique*, Paris, La Découverte, 1996.
« Le temps désorienté », in *Annales, Histoire, Sciences sociales*, 6, 1995.

2. Les temps de la Gaule et de chrétienté

LE GOFF Jacques, SCHMITT Jean-Claude (dir.), *Dictionnaire raisonné de l'Occident médiéval*, Paris, 1999.
ALEXANDRE-BIDON D., *La mort au Moyen Âge*, Paris, Hachette Littérature, 1998.
ARNALDI Girolamo, « Église et papauté », *in* LE GOFF J. et SCHMITT J.-Cl. (dir.), *Dictionnaire raisonné de l'Occident médiéval*, p. 322-345.
BADIOU Alain, « L'insoumission de Jeanne », in *Esprit*, Paris, déc. 1997, p. 26-33.
BARTHÉLEMY Dominique, *La mutation de l'an mil a-t-elle eu lieu ? Servage et chevalerie dans la France du* X^e^ *et* XIe *siècles*, Paris, Fayard, 1997.
BARTLETT Robert J., « Technique militaire et pouvoir politique, 900-1300 », in *Annales, ESC*, Éditions de l'EHESS-Armand Colin, 1986, Paris, p. 1135-1161.
BASIN T., *Histoire de Charles VII et de Louis XI*, Éd. Ch. Samaran, Belles Lettres, 1963.
BEAUNE Colette, *Naissance de la nation France*, Paris, Gallimard, 1985.
BLOCH M., *Les caractères originaux de l'histoire rurale française*, Paris, Armand Colin, rééd. 1952.
BLOCH M., *Les rois thaumaturges. Étude sur le caractère surnaturel attribué à la puissance royale particulièrement en France et en Angleterre*, Préface par LE GOFF Jacques, Paris, Gallimard, 1924, rééd. 1983, 1998.
BOUREAU Alain, *Le simple corps du roi. L'impossible sacralité des souverains français,* XVe-XVIIIe *siècles*, Paris, Éditions de Paris, 1988.
BOUREAU Alain, *Le droit de cuissage : la fabrication d'un mythe*, Paris, Albin Michel, 1995.
BOUREAU Alain et INGERFLOM Claudio Sergio (dir.), *La royauté sacrée dans le monde chrétien*, Paris, Éditions de l'EHESS, 1992. Notamment les articles de BOUREAU Alain, LE GOFF Jacques, GUÉRY Alain, REVEL Jacques.
BOUYSSOU Pierre et Sophie, « Le combat de Montgey », in *La revue du Tarn*, été 1977, p. 177-187.
CARTELLIERI Otto, *La cour des ducs de Bourgogne*, Paris, Payot, 1946.
COMMYNES P. (1445-1509), *Mémoires*, Éditions Ph. Contamine, Imprimerie Nationale.
Concile de Clermont et l'appel à la croisade (Le), Préface de DUBY Georges, École de Rome, 1997. Notamment les articles de FLORI J., JEANS, KEDAR Bl., RILEY-SMITH B. L.
CESAR, *Guerre des Gaules*, Éd. C. Goudineau, Imprimerie Nationale, 1994.
CONTAMINE Ph., *La guerre au Moyen Âge*, Paris, PUF, 1980.
COULET Noël, « Le malheur des temps, 1348-1440 », *in* Duby, *Histoire de France*, tome 2, p. 1-41.
DAWSON Christopher, *Les origines de l'Europe et de la civilisation européenne*, Paris, Rieder, 1934.
DHAENENS Albert, *Les invasions normandes. Une catastrophe ?*, Paris, Flammarion, 1970.
DUBY G., *Le temps des cathédrales. L'art et la société (980-1420)*, Paris, 1976, rééd. Gallimard, 1996.
DUBY G., *Le dimanche de Bouvines, 27 juillet 1214*, Paris, 1973, nouvelle édition, Gallimard, 1997.
DUPRONT Alphonse, *Le mythe de croisade*, 4 vol., Paris, Gallimard, 1997.
DUVAL Paul-Marie, *Les dieux de la Gaule*, Paris, Payot, 1976, rééd. 1993.
ERLANDE-BRANDEBURG Alain, « Le Moyen Âge », in *Encyclopaedia Universalis*, Le grand Atlas de l'architecture mondiale, 1982.

ERLANDE-BRANDEBURG A., *La cathédrale*, Paris, Fayard, 1990.

État angevin (L'). Pouvoir, culture et société entre le XIIe et le XIVe siècles, École française de Rome, 1998. Notamment les études de BRESC H., LA RONCIÈRE Charles M. (de), GILI Patrick, COULET Noël.

FAVIER Jean, *Philippe le Bel*, Paris, Fayard, 1978, 1998.

FAVIER J., *La guerre de Cent Ans*, Paris, Fayard, 1980.

FAVIER Jean, *Charlemagne*, Paris, Fayard, 1998.

FLORI Jean, *Chevaliers et chevalerie au Moyen Âge*, Paris, Hachette Littérature, 1998.

FOSSIER R., *Enfance de l'Europe, X^e^-XIIe siècles. Aspects économiques et sociaux*, 2 vol., Paris, PUF, 1970-1982.

FOURQUIN G., *Les campagnes de la région parisienne à la fin du Moyen Âge*, Paris, 1962.

GASPARI Françoise, *Crimes et châtiments en Provence au temps du roi René*, Paris, 1989.

GAUVARD Claude, *La France au Moyen Âge du Ve au XVe siècles*, Paris, PUF, 1997.

GOUDINEAU Christian, *César et la Gaule*, Paris, Errances, 1990.

GRÉGOIRE de Tours (? 538-594), *Histoire des Francs*, Éd. R. Latouche, 2 vol. 1963.

GUENÉE B., *Histoire et culture historique dans l'Occident médiéval*, Paris, Aubier, 1981.

GUERREAU A., *Le féodalisme. Un horizon théorique*, Le Sycomore, 1980.

HENIGE David, « He came, he saw, we counted : the historiography and demography of Cesar's gallic numbers », in *Annales de démographie historique*, 1998, p. 215-243.

HINARD Fr. (dir.), *Histoire romaine*, 2000.

HOWARD Michaël, *La guerre dans l'histoire de l'Occident*, Paris, Fayard, 1988 ; *War in European History*, Oxford, 1976.

« Jeanne d'Arc. Une passion française », numéro spécial de *L'Histoire*, Paris, 1997. Notamment les articles de BEAUNE C., CONTAMINE Ph., CHIFFOLEAU J., GAUVARD Cl.

JORIS André, « L'essor du XIIe siècle », *in* DUBY G. et WALLON A. (dir.), *Histoire de la France rurale*, p. 229-257.

Journal d'un bourgeois de Paris, 1405-1449, Livre de poche, 1990.

KANTOROWICZ Ernst, *Les deux corps du roi : essai sur la théologie politique au Moyen Âge*, trad. Gallimard, 1996.

KANTOROWICZ Ernst, *Mourir pour la patrie : et autres essais*, Paris, PUF 1984.

KENDALL P. M., *Louis XI*, Paris, Fayard, 1974.

KRUTA V., *Les Celtes*, Paris, PUF, 1976.

KLAPISH-ZUBER Christian, *L'ombre des ancêtres. Essai sur l'imaginaire médiéval de la parenté*, Paris, Fayard, 2000.

KRUMEICH Gerd, *Jeanne d'Arc à travers l'Histoire*, Paris, Albin Michel, 1993.

LE GOFF J., *La civilisation de l'Occident médiéval*, Paris, Éditions Arthaud, 1964.

LE GOFF J., *Un autre Moyen Âge*, Paris, Gallimard, 1979.

LE GOFF J., « La ville médiévale », *in* DUBY Georges (dir.), *Histoire de la France urbaine*, tome 2, p. 9-25, 189-404.

LE GOFF J., *La naissance du Purgatoire*, Paris, 1991.

LE GOFF J., *Saint Louis*, Paris, Gallimard, 1998.

LE ROY LADURIE Emmanuel, *Montaillou, village occitan de 1294 à 1325*, Paris, 1975.

LEWIS A. R., *Le sang royal. La famille capétienne de l'État*, Paris, Gallimard, 1981.

MENANT François et MARTIER Hervé, *Les Capétiens. Histoire et dictionnaire*, Paris, Robert Laffont, 1999.

MONNET Pierre, *La notion de Patria depuis Kantorowicz* (manuscrit), Mission française à Göttingen, 1997.

MARKALE Jean, *Charlemagne et Roland*, Paris, Pygmalion, 2000.

MUSSET Lucien, *Les invasions : les vagues germaniques*, Paris, PUF, 1969.

NEVEUX Hugues, *in* DUBY G. et WALLON A. (dir.), *Histoire de la France rurale*, tome 2 (1340-1560), p. 5-159.

NORBERG Dag., « À quelle époque a-t-on cessé de parler latin en Gaule ? », in *Annales* ESC, n° 2, Éditions de l'EHESS-Armand Colin, Paris, 1966, p. 346-357.

PERNOUD Régine, *Jeanne d'Arc*, Paris, Seuil, 1959.

PIRENNE Henri, *Mahomet et Charlemagne*, Paris, 1939.

RENER-CHARDAVOINE Monique, *La croisade albigeoise*, Paris, Gallimard, Archives, 1979.

RICHÉ Pierre, *Éducation et Culture dans l'Occident barbare du VIe-VIIIe siècles*, Paris, Seuil, 1995.

RICHTER Michaël, « À quelle époque a-t-on cessé de parler latin en Gaule ? », in *Annales ESC*, n° 2, Éditions de l'EHESS-Armand Colin, Paris, 1983, p. 439-449.
ROUCHE Michel, *Clovis*, Paris, Fayard, 1996.
ROUCHE Michel, *L'Aquitaine des Wisigoths aux Arabes (418-781), Naissance d'une région*, Paris, EHESS, 1979.
ROUSSELLE Aline, *Croire et guérir, La foi en Gaule dans l'Antiquité tardive*, Paris, Fayard, 1990.
SCHNÜRER G., *L'Église et la civilisation au Moyen Âge*, tome II, Paris, Payot, 1935.
SUGER (1081-1151), *Vie de Louis le Gros*, Éd. H. Waquet, Paris, 1964.
THEIS L., *L'héritage des Charles. De la mort de Charlemagne aux environs de l'an mil*, Paris, Seuil, 1990.
THEIS Laurent, *Clovis*, Bruxelles, Éditions Complexe, 1996.
TREVOR-ROPER Hugues, *The Rise of Christian Europe*, London, Thames and Hudson, 1965.
WERNER Karl-Ferdinand, *Les origines. Histoire de France*, tome 1, Paris, Fayard, 1984.

3. Les temps de la monarchie absolue[1]

AGERON Charles-Robert, COQUERY-VIDROVITCH Catherine, MEYNIER Gilbert, THOBIE Jacques, *Histoire de la France coloniale*, tome 1, Paris, Armand Colin, 1990.
BARNAVI Élie, *Le parti de Dieu. Étude sociale et politique des chefs de la Ligue parisienne, 1585-1594*, Bruxelles, Nauwelaerts, 1980.
BARNAVI Élie et DESCIMON Robert, « La Ligue à Paris (1585-1594), une révision » et « Des divergences fondamentales », *Annales ESC*, n° 1, Paris, Éditions de l'EHESS-Armand Colin, 1982, p. 72-112 et 122-129.
BEHRENS C. B. A., *The Ancient Regime, London 1787* (traduction *L'Ancien Régime*), Paris, Flammarion, 1969.
BELY L. (coll.), *1648, la paix de Westphalie*, Paris, Imprimerie nationale, 1998.
BENICHOU Paul, *Morales du Grand Siècle*, Paris, Gallimard, 1948.
BÉRANGER Jean (coll.), *1648, la paix de Westphalie*, Paris, Imprimerie nationale, 1998.
BERCÉ Yves-Marie, *Histoire des Croquants*, Paris, 1974, Seuil, rééd. 1986.
BERCÉ Y.-M., *Naissance dramatique de l'absolutisme (1548-1662)*, Paris, Seuil, 1992.
BILLACOIS François, *Le duel dans les sociétés françaises du XVIe et XVIIe siècles : essai de psycho-sociologie historique*, Paris, Éditions de l'EHESS, 1986.
BLUCHE Francis, *Louis XIV*, Paris, Hachette Littérature, 1999.
BRAUDEL Fernand, *La Méditerranée à l'époque de Philippe II*, Colin, 1948.
BRAUDEL Fernand, *Civilisation et Capitalisme*, Paris, 3 vol., Colin 1979.
BURKE Peter, *The fabrication of Louis XIV*, Yale University Press, 1992.
CHARTIER R., *Les origines culturelles de la Révolution française*, Paris, Seuil, 1999-2000.
CHAUNU Pierre, *Église, culture et société. Essais sur la Réforme et la Contre-Réforme*, Paris, Sedes, 1981.
CHAUNU Pierre, ESCAMILLA Michèle, *Charles V*, Paris Fayard, 2000.
CHAUNU P., FOISIL M., NOIRFONTAINE F. (de), *Le basculement religieux de Paris au XVIIIe siècle*, Paris, Fayard, 1998.
CORNETTE Joël, *Le roi de guerre. Essais sur la souveraineté dans la France du Grand Siècle*, Paris, Payot, 1993.
CORNETTE J. (dir.), *La France de la monarchie absolue, 1610-1715*, Paris, Seuil, 1997.
COTTRET M., *Jansénisme et lumières. Pour un autre XVIIe siècle*, Paris, Albin Michel, 1998.
CROUZET Denis, *La nuit de la Saint-Barthélemy. Un rêve perdu de la Renaissance*, Paris, Fayard, 1994.
DELUMEAU Jean, *La peur en Occident (XIVe-XVIIIe siècles)*, Paris, Fayard, 1978.
DELUMEAU Jean et WANEGFFELEN Thierry, *Naissance et affirmation de la Réforme*, Paris, PUF, 1998.
DESCIMON Robert et JOUHAUD Christian, *La France du premier XVIIe siècle, 1594-1661*, Paris, Belin, 1996.
DESSERT Daniel, *Argent, pouvoir et société au grand siècle*, Paris, Fayard, 1984.

1. Voir également section 6.

DESSERT D., *Colbert ou le serpent venimeux*, Bruxelles, 2000.
DEYON Pierre, *Le mercantilisme*, Paris, Flammarion, 1969.
DEYON Solange, « Le jansénisme », *in* BURGUIÈRE A. et REVEL J., *Histoire de France* (3).
DUPRONT Alphonse, *Qu'est-ce que les Lumières ?*, Paris, Gallimard, 1996.
ELIAS Nicolas, *La société de cour*, Paris, 1974.
ESMONIN E., *Études sur la France des XVIIe-XVIIIe siècles*, Paris, PUF, 1992.
FARGE Arlette et REVEL Jacques, *Logiques de la foule. L'affaire des enlèvements d'enfants, Paris, 1750*, Paris, Hachette, 1988.
FOHR Robert et MIGNOT Claude, « La Renaissance, le Classique et le Baroque », in *Atlas architecture mondiale*, p. 264-314.
FUMAROLI Marc, *La diplomatie de l'esprit. De Montaigne à La Fontaine*, Paris, 1994.
GARRISSON Janine, *L'homme protestant*, Paris, Hachette, 1980.
GARRISSON J., *L'Édit de Nantes et sa révocation. Histoire d'une intolérance*, Paris, Seuil, 1985.
GARRISSON J., *Les protestants au XVIe siècle*, Paris, Fayard, 1988.
GARRISSON J., *Royaume, Renaissance, Réforme, 1483-1559*, Paris, 1991.
GAXOTTE Pierre, *La France de Louis XIV*, Paris, 1946.
GEREMEK Bronislaw, *Truands et misérables dans l'Europe moderne (1350-1600)*, Paris, 1980.
GIESEY Ralph, « Cérémonial et jouissances souveraines en France, XVe-XVIIIe siècles », in *Annales ESC*, Éditions de l'EHESS-Armand Colin, Paris, 1987.
GOUBERT Pierre, *Louis XIV et vingt millions de Français*, Paris, 1966.
GOUBERT Pierre, *Le siècle de Louis XIV*, Paris, Éditions De Fallois, 1996.
HALEVY Ran, « Les origines des Lumières. Un nouveau regard », in *Annales ESC*, n° 3, Paris, Éditions de l'EHESS-Armand Colin, 1982, p. 489-493.
HILDESHEIMER F., *Richelieu. Une certaine idée de l'État*, Préface de MOUSNIER R., Paris, 1985.
JOUANNA Arlette, *Le devoir de la révolte. La noblesse française et la gestation de l'État moderne, 1559-1661*, Paris, Fayard, 1989.
JOUANNA A. *et al.*, *Histoire et dictionnaire des guerres de religion*, Paris, Robert Laffont, 1998.
JOUTARD Philippe (dir.), *Historiographie de la Réforme*, Delachaux et Nietlé, 1977. Notamment les articles de N'GUYEN, ESTEBE Jean, GARRISSON Janine, JOUTARD Philippe.
KOSSMANN Ernst, *La Fronde*, Leyde, 1954.
LACHIVER Marcel, *Les années de misère : la famine du temps du Grand Roi*, Paris, Fayard, 1991.
LEBRUN F., *La puissance et la guerre, 1661-1750*, Paris, Seuil, 1997.
LE ROY LADURIE E., *Le carnaval de Romans. De la Chandeleur au mercredi des Cendres, 1579-1580*, Paris, Gallimard, 1979.
LE ROY LADURIE E., « Auprès du Roi », in *Annales ESC*, Paris, Éditions de l'EHESS-Armand Colin, 1983, p. 21-41.
MINARD Philippe, *La fortune du colbertisme. État et industrie dans la France des Lumières*, Paris, Fayard, 1998.
MORINEAU Michel, « Conjonctures économiques et marché mondial dans l'émergence des nations-États », in *Nations, nationalisme, transitions, XVI-XXe siècles*, Éd. Sociales, p. 179-257.
MOUSNIER R., *L'homme rouge ou la vie du Cardinal de Richelieu (1585-1642)*, Paris, Robert Laffont, 1992.
MOUSNIER R., *Les institutions de la France sous la monarchie absolue*, 2 vol., Paris, PUF, 1980.
NEWTON William R., *L'espace du Roi. La cour de France au château de Versailles*, Paris, Fayard, 2000.
ORSENNA Éric, *Le Notre*, Paris, 2000.
POUSSOU Jean-Pierre, BONNICHON Philippe, HUETZ DE LEMPS Xavier, *Espaces coloniaux et espaces maritimes au XVIIIe siècle*, Paris, Sedès, 1998.
REDDY W. M., *Money and liberty in Modern Europe. A critique of modern understanding*, Cambridge, 1987.
RETZ, Cardinal de, *Mémoires*, Éd. M. Allem, Gallimard, 1956.
RICHET Denis, *De la Réforme à la Révolution. Études sur la France moderne*, Paris, 1991.
ROCHE Daniel, *La France des lumières*, Fayard, 1993.
ROCHE Denis, *La culture des apparences. Une histoire du vêtement, XVIIe-XVIIIe siècles*, Paris, Fayard, 1989.

ROCHE Daniel, *La ville promise, Mobilité et accueil à Paris (fin XVIIe-début XIXe siècle)*, collectif, Fayard, 2000.
SABATIER Gérard, *Versailles ou la figure du roi*, Paris, 1999.
SAINT SIMON, *Mémoires*, Paris, Éd. Yves Coirault, Gallimard Pléiade.
SHLUHOVSKY Moshé, « La modification des saints de la Fronde parisienne d'après des mazarinades », in *Annales, Histoire, Sciences sociales*, n° 2, Éditions de l'EHESS-Armand Colin, Paris, 1999, p. 353-374.
WALLERSTEIN Immanuel, *The Modern World System*, Academic Press, 3 vol., 1974-1989.
ZYSBERG A., *Les Galériens, Vie et destin de 60000 forçats sur les galères de France, (1680-1748)*, Seuil, 1991.

4. Ère des révolutions et des empires coloniaux[1]

Affaire Dreyfus (L'), présentation par Michel WINOCK, Paris, nouvelle édition Seuil, 1998. Notamment les articles de VAÏSSE M., BOULANGER J. F., BIRNBAUM P., Mitterrand H., ORY P., PROCHASSON C., SAND S.
AGERON Charles-Robert, *Politiques coloniales au Maghreb*, Paris, PUF, 1973.
AGERON Charles-Robert, COQUERY-VIDROVITCH Catherine, MEYNIER Gilbert, THOBIE Jacques, *Histoire de la France coloniale*, 2 vol., Paris, Armand Colin, 1990.
AGULHON Maurice, *1848 ou l'apprentissage de la République, 1848-1852*, Paris, Seuil, 1973, rééd. 1992.
AGULHON M., DÉSERT Gabriel (par), DUBY G. et WALLON A. (dir.), *Histoire de la France rurale, 1789-1914*, 4 vol., Paris, Seuil, 1976, 1992, 1997.
BACZKO Bronislaw, « Lumières » p. 776-785, « Thermidoriens », p. 425-438, *in* FURET F. et OZOUF M. (dir.), *Dictionnaire critique de la Révolution française.*
BAIROCH Paul, « Le bilan économique du colonialisme », in *History and Development*, p. 29-42.
BAKER Michael Keith, LUCAS Colin, OZOUF Mona, FURET François (ed.), *The French Revolution and the creation of modern political culture*, Oxford, Pergamon Press, 1987.
BENOT Yves, *La Révolution française et la fin des colonies*, Paris, La Découverte, 1989.
BENOT Yves, *La démence coloniale sous Napoléon*, Paris, La Découverte, 1992.
BERGERON Louis, *Les capitalistes en France, 1780-1914*, Paris, Gallimard, coll. Archives, 1978.
BLUCHE Frédéric et RIALS Stéphane (dir.), *Les révolutions françaises : les phénomènes révolutionnaires en France du Moyen Âge à nos jours*, Paris, Fayard, 1989.
BOBRIE F., « Finances publiques et conquêtes coloniales. Le coût budgétaire de l'expansion française, 1850-1913 », in *Annales ESC*, n° 6, 1976, p. 1225-1244.
BREDIN Jean-Denis, *L'affaire*, Paris, Fayard, 1993.
BURKE E., *Réflexions sur la Révolution de France* (1790), Paris, Hachette, 1989.
CARMONA Michel, *Haussmann*, Paris, Fayard, 2000.
CARON François, *Histoire des chemins de fer en France, 1740-1883*, Paris, Fayard, 1999.
CARRET Georges, « La révolution de 1830. Le poids décisif du facteur maintien de l'ordre », *in* BLUCHE Frédéric et RIALS Stéphane (dir.), p. 303-327.
ESPAGNE M. et WERNER M., « Le transfert de la culture allemande en France », in *Annales ESC*, n° 4, Éditions de l'EHESS-Armand Colin, Paris, p. 969-993.
« Faut-il réhabiliter Napoléon III ? », *L'Histoire*, n° 211, Paris, juin 1997. Notamment les articles de GARRIGUES J., PLESSIS A., GAILLARD J.-M., DEMIER Fr., BOURILLON F.
FOURNIAU Charles, *Les combats franco-vietnamiens en Annam et au Tonkin*, thèse-Aix, 1983.
FURET François et OZOUF Jacques (dir.), *Lire et écrire : L'alphabétisation des Français de Calvin à Jules Ferry*, 2 vol., Paris, Éditions de Minuit, 1977.
FURET François, Ozouf Mona, *Dictionnaire raisonné de la Révolution française*, Flammarion, 1988.
FURET F., *Penser la Révolution française*, Paris, Gallimard, 1978.
FURET François et OZOUF Mona, *Dictionnaire critique de la Révolution française*, Paris, Flammarion, 1988.

1. Voir également section 6

GAILLARD Jeanne, *Communes de province, Commune de Paris, 1870-1871*, Paris, Flammarion, 1971.
GAILLARD J.-M., *Jules Ferry*, Paris, 1989.
GARRIGUES Jean, *La République des hommes d'affaires, 1870-1900*, Paris, Aubier, 1997.
GÉRARD Alice, *La Révolution française. Mythes et interprétations, 1789-1970*, Paris, 1970.
GIRARDET Raoul, « Pour une introduction à l'histoire du nationalisme », in *Revue française de sciences politiques*, Paris, 1958.
GIRARDET R., *L'idée coloniale de la France, 1871-1962*, Paris, La Table Ronde, 1972.
GIRARDET R., *La société militaire de 1815 à nos jours*, Paris, Plon, 1953 ; nouvelle édition complétée, Perrin, 1998.
GUENIFFEY Patrice, *La politique de la Terreur. Essai sur la violence révolutionnaire (1789-1794)*, Paris, Fayard, 2000.
HOBSBAWN Éric J., *L'ère des révolutions*, Paris, Fayard, 1969.
JEISMANN Michaël, *La patrie de l'ennemi*, 1997.
JOFFRIN Laurent, *Les batailles de Napoléon*, 2000.
JOURDAN Annie, *L'Europe de Napoléon*, Paris, Flammarion, 2000.
JULIEN Ch. A. (dir.), *Les techniciens de la colonisation*, Paris, PUF, 1947.
LAURENS Henry, *L'expédition d'Égypte, 1789-1801*, Paris.
LEFEBVRE Georges, *Napoléon*, Paris, PUF, 1947.
LEFEBVRE G., *La Révolution française*, Paris, PUF, 1951.
LENTZ Thierry, *Le grand consulat, 1799-1804*, Paris, Fayard.
MARTIN Jean-Clément, *Contre Révolution, Révolution et Nation en France*, 1789-1799, Paris, 1998.
MARSEILLE Jacques, *Empire colonial et capitalisme français*, Paris, 1985.
MARX Karl, *La guerre civile en France* (1850-1859), Éd. Sociales, 1953.
MATHIEZ Albert, *La révolution française*, 3 vol., 1922-1924.
MAYEUR Jean-Marie, *La question laïque, XIXe-XXe siècles*, Paris, Fayard, 1997.
MAYEUR J.-M., *La séparation de l'Église et de l'État (1905)*, Paris, 1966, Julliard.
MAYEUR J.-M., *Les débuts de la IIIe République 1871-1898*, Paris, Seuil, 1973. *Mémoires d'Outre-Mer. Les colonies et la Première Guerre mondiale*, MICHEL Marc, BEKRAOUI Mohammed, ALLAIN J.-C., DUBOIS Colette, MEYNIER Gilbert, Péronne, 1996.
MERRIMAN John, *The agony of the Republic, 1848-1851*, Newhaven, 1978.
MORAZÉ Charles, *Les Bourgeois conquérants*, Paris, Armand Colin, 1957.
NORDMANN Jean-Thomas, *La France radicale*, Paris, Gallimard, 1977.
PETITEAU Nathalie, *Napoléon. De la mythologie à l'Histoire*, Paris, Seuil, 1999.
PLESSIS Alain, *De la fête impériale au mur des Fédérés*, Paris, Seuil, 1973.
RANCIÈRE Jacques, *La nuit des prolétaires*, Paris, Fayard, 1981.
RÉBERIOUX Madeleine, *La République radicale, 1898-1914*, Paris, 1975.
REID R., *Families in Jeopardy. Regulating the social body in France, 1750-1910*, Stanford, 1993.
REVEL J., « Marie-Antoinette dans ses fictions : la mise en scène de la haine », *in* GODET Martine (dir.), *De Russie et d'ailleurs. Feux croisés sur l'histoire, Hommage à Marc Ferro.*
RIOT-SARCEY Michèle, *Le réel et l'utopie*, Paris, 1998.
RIOUX Jean-Pierre, *La révolution industrielle*, Paris, 1971-1989.
ROUGERIE Jacques, *La Commune de 1871*, Paris, 1988.
RUDE Fernand, *C'est nous les Canuts*, Paris, Domat, 1954.
SCHAUB Jean-Frédéric, « Révolutions sans révolutionnaires ? Acteurs ordinaires et crises politiques sous l'Ancien Régime », in *Annales. Histoire, Sciences sociales*, c/r de IBANEZ RUIZ J. J., Paris, Éditions de l'EHESS-Armand Colin, 2000.
SOROKINE Dimitri, *Napoléon dans la littérature russe*, Paris, 1974.
TACKETT Timothy, *Comment les députés de 89 sont devenus révolutionnaires. Par la volonté du peuple*, Paris, Albin Michel, 1997.
THOBIE Jacques, *Ali et les quarante voleurs*, Paris, Messidor, 1985.
TOCQUEVILLE Alexis, *L'Ancien Régime et la Révolution*, Paris, 1856, rééd. Gallimard, 1952.
TULARD Jean, *Napoléon ou le mythe du sauveur*, Paris, Fayard, 1987.
VALENSI Lucette, *Le Maghreb avant la prise d'Alger*, Paris, 1969.
VERLEY Patrick, *La révolution industrielle*, Paris, Folio-Gallimard, 1997.

VERLEY Patrick, *L'échelle du monde. Essai sur l'industrialisation du monde*, Paris, Gallimard, 1997.
WALTER Gérard, *La conjuration du 9 Thermidor*, Paris, Gallimard, 1974.
WALZER Michaël, *Régicide et révolution. Le procès de Louis XVI*, Paris, Payot, 1989.
WEBER Eugen, *La fin des terroirs, 1870-1914*, Paris, 1983.
WINOCK voir *L'affaire Dreyfus*, et plus loin, les *Intellectuels*.

5. *Les crises du XXe siècle*[1]

ALBERT Michel, *Le pari français*, Paris, Seuil, rééd. 1985.
ALBERT J.-P., voir *Penser la défaite*.
AMOUROUX H., *La grande Histoire des Français sous l'occupation*, Paris, 10 vol.
ANDRIEU Claire, *La banque sous l'Occupation : paradoxes de l'histoire d'une profession 1936-1946*, Paris, Presses de la FNSP, 1991.
ARON Raymond et FURET François, *L'Allemagne nazie et le génocide juif*, Paris, 1985.
ASSOULINE Pierre, *L'épuration des intellectuels*, Bruxelles, Éditions Complexe, 1985.
AUDOUIN-ROUZEAU Stéphane, *L'enfant de l'ennemi 1914-1918. Viol, avortement, infanticide pendant la Grande Guerre*, Paris, Aubier, coll. historique, 1995.
AUDOUIN-ROUZEAU Stéphane et BECKER Annette, *14-18, retrouver la guerre*, Paris, Gallimard, 2000.
AZEMA Jean-Pierre, *De Munich à la Libération, 1938-1944*, Paris, Seuil, 1979.
AZEMA J. P. (dir.), *Jean Moulin face à l'Histoire*, Paris, Flammarion, 2000.
BARTHAS Louis, *Carnets de guerre, tonnelier 1914-1918*, Paris, Maspero, 1978.
BÉDARIDA François, *La politique nazie d'extermination*, Paris, 1989.
BÉDARIDA François et AZEMA Jean-Pierre (dir.), *Vichy et les Français*, Paris, Fayard, 1992.
BENOT Y., *Massacres coloniaux, 1944-1950 : la IVe République et la mise au pas des colonies françaises*, Paris, La Découverte, 1994 et 1995.
BERSTEIN Serge (dir.), *Les cultures politiques en France*, Paris, Seuil, 2000.
BERSTEIN S. et MILZA P. (dir.), *L'année 1947*, Paris, Sciences Politiques, 2000.
BERTIN-MAGHIT Jean-Pierre, *Le Cinéma français sous l'Occupation*, Paris, Olivier Orban, 1989.
BITSCH Marie-Thérèse, *Histoire de la Construction européenne de 1945 à nos jours*, Bruxelles, Éditions Complexe, Questions à l'Histoire, Paris, 1996 et 1999.
BOULANGER Pierre, *Le cinéma colonial. De « L'Atlantide » à « Lawrence d'Arabie »*, Préface de HENNEBELLE Guy, Paris, Seghers, 1975.
BURRIN Philippe, *La France à l'heure allemande, 1940-1944*, Paris, Seuil, 1995.
CAZALS R., voir *Penser la défaite, et Traces de 14-18*.
CHARLE Christophe, *La crise des sociétés impériales, Allemagne, Grande-Bretagne, France, 1900-1940*, Essai d'histoire sociale comparée, Le Seuil, 610 p.
COHEN-SOLAL A., *Un jour, ils auront des peintres*, Paris, NRF, 2000.
COINTET M. et J.-P. (dir.), *Dictionnaire historique de la France sous l'Occupation*, Paris, 2000.
COLOMBANI Jean-Marie et ELGEY Georgette, *La Cinquième ou la République des phratries*, Paris, Fayard, 1999.
COURTOIS Stéphane et LAZAR Marc, *Histoire du Parti communiste français*, Paris, PUF, 1995.
COURTOIS Stéphane et RAYSKI A., *Qui savait quoi, l'extermination des Juifs*, Paris, 1987.
CRÉMIEUX-BRILHAC Jean-Louis, *La France libre. De l'appel du 18 juin à la Libération*, Paris, Gallimard, 1998.
DARD Olivier, *L'Occupation, l'État français et les entreprises*, Paris, 2000.
DEBON André et PINSON Louis, *La résistance du bocage normand*, Paris, Tirésias, 1988.
DELARUE Jacques, *L'OAS contre de Gaulle*, Paris, Fayard, 1981.
DEVILLERS Philippe, *Histoire du Vietnam de 1940 à 1952*, Paris, Seuil, 1952.
DREYFUS-ARMAND Geneviève et GERVEREAU Laurent (dir.), *Mai 68. Les nouveaux étudiants en France et dans le monde*, Paris, BDIC, 1988 (photos et affiches).

1. Voir également section 6.

Droit antisémite à Vichy (Le), *Le Genre humain*, Paris, Seuil, mai 1996. Notamment les articles de GROS Dominique, LOCHAK Danièle, PRÉCLOUX Robert.
DUBIEF Henri, *Le déclin de la IIIe République*, 1929-1938, Paris, 1976.
DUMOULIN DE LA BARTHÈTE Henri, *Le temps des illusions*, Paris, 1947.
DUQUESNE J., *Les catholiques français sous l'Occupation*, Paris, 1966.
DURAND Claude, « Ouvriers et techniciens en mai 68 », in *Anthropos*, Grèves revendica tives ou grèves politiques, Paris, 1971, p. 7-161.
DUROSELLE Jean-Baptiste, *Politique étrangère de la France. La décadence (1932-1939)*, Paris, Seuil, 1981, 1983.
DUROSELLE J.-B., *Politique étrangère de la France. L'abîme 1939-1944*, Paris, Imprimerie Nationale, 1982, 1986 ; nouvelle édition, Seuil, 1990.
ELGEY Georgette, *Histoire de la IVe République*, 4 vol., Paris, Fayard, 1965-1997.
FAVIER Pierre et MARTIN-ROLLAND Michel, *La décennie Mitterrand*, 3 vol., Paris, Seuil, 1990.
FLEUTOT François-Marie, *Des royalistes dans la résistance*, Paris, Flammarion, 2000.
FOLCHER Gustave, *Carnets de guerre. Paysan languedocien (1939-1945)*, présenté par CAZALS Rémy, Paris, Maspero, 1981.
FOURASTIÉ Jean, *Les Trente Glorieuses*, Paris, Fayard-Pluriel, 1979.
FRANK Robert, *Le prix du réarmement allemand*, Paris, 1982.
FULCHER Jane F., *French cultural politics. From Dreyfus affair to the first W. W.*, Oxford, Oxford University Press, 1999.
FURET François, *Le passé d'une illusion*, Paris, Laffont-Calmann-Lévy, 1995.
GARÇON François, *De Blum à Pétain. Cinéma et société françaises, 1936-1940*, Préface de FERRO Marc, Paris, Éditions du Cerf, 1984.
GOLDMANN Annie, *Les années folles*, Paris, Casterman, 1994.
GREILSAMER Han, *Blum*, Paris, Flammarion, 1996.
GROSSER Pierre, « L'entrée de la France en guerre froide », in BERSTEIN S., et MILZA P. (dir.), *L'année 1947*, p. 167-189.
HERVIEU-LEGER D., « Une messe est possible. Les doubles funérailles du Président Mitterrand », in JULLIARD J. (dir.), *La mort du roi. Essai d'ethno-politique comparée*, Paris 2000.
HALÉVY Élie, *Histoire du socialisme européen*, Préface de ARON Raymond, Paris, 1948.
HARBI Mohamed, *Archives de la révolution algérienne*, Paris, Jeune Afrique, 1981.
HOBSBAWN Eric J., *L'âge des extrêmes*, Paris, Éditions Complexe-Le Monde Diplomatique, 1999.
HOFFMANN Stanley, *Sur la France*, Paris, Seuil, 1976.
HORNE J.-N., *Labour at war, France and Britain 1914-1918*, Bedford, 1995.
JAECKEL E., *La France dans l'Europe de Hitler*, Paris, Fayard, 1968.
JAUFFRET J.-C et VAISSE M., *Militaires et guérilla dans la guerre d'Algérie* (collectif), 2001.
JEANNENEY Jean-Noël, *L'argent caché, milieux d'affaires et pouvoirs politiques dans la France du XXe siècle*, Paris, Seuil, nouvelle édition, 1983.
KASPI André, *La libération de la France (juin 1944-janvier 1946)*, Paris, Perrin, 1995.
KASPI A., *Les Juifs pendant l'Occupation*, Paris, Seuil, 1991.
KEDWARD H. R., *Résistance in Vichy France*, Oxford, 1978.
KERSAUDY F., *Churchill and de Gaulle*, London, 1981.
KLARSFELD Serge, *Vichy-Auschwitz*, Paris, Fayard, 1985.
KOTEK Jean et RIGOULOT Pierre, *Le siècle des camps*, Paris, J.-C. Lattès, 2000.
KRIEGEL Annie, *Aux origines du communisme français*, Paris, 1966.
LABORIE Pierre, *Vichyssois, Résistants et autres dans le Lot de 1939 à 1944*, Paris, Éditions du CNRS, 1980.
LABORIE P., *L'opinion française sous Vichy*, Paris, 1986.
LACOUTURE Jean, *Ho Chi Minh*, Paris, 1967.
LACOUTURE J., *De Gaulle*, 3 vol., Paris, Seuil, 1985.
LA GORCE P. Marie (de La), *La République et son armée*, 1975.
LAVABRE M.-Cl., *Le fil rouge*, Paris.
LACOUTURE Jean, *Mitterrand. Une histoire des Français*, 2 vol., Paris, 1999.
LEFRANC Georges, *Les gauches en France*, Paris, Payot, 1973.

Mai-juin 1940, défaite française, victoire allemande sous l'œil des historiens étrangers, VAÏSSÉ Maurice (dir.), Autrement, 2000. Notamment les articles de MULLER K. J., SHOWALTER D. E., DOUGHTY R. A.
MARE André, *Carnets de guerre*, 1996 [sur 1914-1918].
MARRUS R. et PAXTON Robert, *Vichy et les Juifs*, Paris, 1981.
MENY Y. et SOREL Y., *Par le peuple, pour le peuple : le populisme et les démocraties*, Paris.
MILWARD Alan, *The New Order and the French Economy*, Oxford, 1970.
MILWARD Alan, *The reconstruction Western Europe*, London, 1984.
MITTERRAND François, *Les prisonniers de guerre devant la vie politique*, Paris, 1945.
MOLLER Herbert, « Youth as a force in the modern world », in *Comparative studies in society and history*, X, 1967-1968, p. 237-260.
MOSSE G. L., *Fallen soldiers. Reshaping the memory of the world wars*, Oxford, Oxford University Press, 1990 ; Traduction : *De la grande guerre au totalitarisme*, Hachette, 1989.
MURACCIOLE J.-Fr., « 1940, l'abîme », *in* RIOUX J.-P., SIRINELLI J.-P. (dir.), *La France.*
NICK Christophe, *Résurrection, naissance de la Ve République. Un coup d'État démocratique*, Paris, Fayard, 1998.
NOGUÈRES Henri, *Histoire de la Résistance en France*, 5 vol., Paris, 1967-1982.
NOGUÈRES Henri, *La vie quotidienne en France au temps du Front populaire*, Paris, Hachette, 1977.
NORA Pierre, *Les Français d'Algérie*, Paris, 1961.
NOWICK Peter, *L'épuration française, 1944-1949*, Paris, 1985.
ORY Pascal, *Les collaborateurs, 1940-1945*, Paris, 1976.
PAXTON Robert, *La France de Vichy*, Paris, Seuil, 1973-1977.
PERVILLE Guy, « Terrorisme urbain pendant la guerre d'Algérie », in P. Jauffret et Vaisse, p. 447-469.
PESCHANSKI D., *Vichy, 1940-1944*, Paris, Éditions du CNRS, 1986.
PEDRONCINI Guy, *Pétain, le soldat, 1914-1940*, Paris, Perrin, 1998.
PEDRONCINI G., *Les mutineries de 1917*, 1967.
Penser la défaite, Pré-actes du Colloque de l'Université de Toulouse-Le Mirail, 20-21 mai 1999. Notamment les articles de ALBERT J.-P., MARTIN J.-C., CAZALS R., ZYTNICKI C.
PÉAN Pierre, *Une jeunesse française*, Paris, Fayard, 1994.
PLEYNEL Edwy, *Mitterrand, la part de l'ombre*, Paris, 1993.
PERROT Michèle et KRIEGEL, Annie, *Le socialisme français et le pouvoir*, Paris, EDI, 1966.
PEYREFITTE Alain, *C'était de Gaulle*, Paris, Éd. De Fallois-Fayard, 2 v.
POIDEVIN Raymond, *Robert Schuman. Europe nouvelle*, Paris, 1986.
POIROT-DELPECH Bertrand, *Papon, un crime de bureau*, Paris, Stock, 1998.
POZNANSKI René, *Être Juif pendant la Deuxième Guerre mondiale*, Paris, Hachette, 1994.
PRESSAC J.-C., *Auschwitz, technique and operation of the gas chambers*, New York, 1989.
PROCHASSON Christophe, *Les intellectuels, le socialisme et la guerre, 1930-1938*, Paris, 1993.
PROCHASSON Christophe et RASMUSSEN, *Au nom de la patrie, les intellectuels et la Première Guerre mondiale*, Paris, 1996.
PUDAL Bernard, *Prendre parti, pour une sociologie historique du PCF*, PFNSP, Paris, 1989.
RÉMOND René, *Les droites en France*, Paris, 1982.
RIGOULOT P., *La tragédie des Malgré nous*, Paris, 1990.
RIOUX J.-P., *La France de la IVe République. L'ardeur et la nécessité, 1944-1952*, Paris, Seuil, 1980.
ROBRIEUX Philippe, *Histoire intérieure du Parti communiste*, tome 1 : 1920-1945, Paris, Fayard, 1980.
ROSZAK T., *Vers une contre-culture*, Paris, Stock, 1970.
ROUSSEL Éric, *Jean Monnet*, Paris, Fayard, 1996.
ROUSSO Henri, *Le syndrome de Vichy*, Paris, 1987.
RUSCIO Alain, *La guerre française en Indochine*, Paris, 1992.
RUSCIO A., *Le credo de l'homme blanc*, Paris, 1995.
SAUVAGEOT J., GEISMAR A., COHN-BENDIT Daniel, DUTEUIL J.-P., *La révolte étudiante. Les animateurs parlent*, présenté par BOURGES Hervé, Paris, Seuil, 1968.
SCHNAPP Alain et VIDAL-NAQUET Pierre, *Journal de la commune étudiante (novembre 1967-juin 1968)*, Paris, Seuil, 1969 et 1988.
SORLIN Pierre, *La société française*, 2 tomes, Paris, 1971.

SCHWABE Klaus, *Die Anfänge Schumann Plans, 1950-1951*, Baden-Baden, 1988.
SEMELIN Jacques, *Sans armes face à Hitler. La résistance civile en Europe 1939-1945*, Paris, Payot-Rivages, 1989.
STORA Benjamin, *Imaginaire de guerre, Algérie-Vietnam en France, aux USA*, Paris, La Découverte, 1997.
TOURAINE Alain, *Le mouvement de mai ou le communisme utopique*, Paris, Seuil, 1968.
Traces de 14-18, Actes du Colloque de Carcassonne, CAUCANAS S. et CAZALS R., Carcassonne, Les Audois, 1997.
ULLMANN Bernard, *J. Soustelle*, Paris, Plon, 1995.
VAÏSSE Maurice, *La grandeur, la politique extérieure du général de Gaulle*, Paris, Fayard.
VIANSSON-PONTÉ Pierre, *Histoire de la République gaullienne*, 2 vol., Paris, Fayard, 1970.
WAILLY Henri (de), *L'effondrement, 1940*, Paris, 2000.
WALTER G., *Histoire du Parti communiste français*, Paris, 1948.
WIEVIORKA Olivier, « Du bon usage de l'anticommunisme », in Azema, *Jean Moulin*, p. 362-374.
ZYTNICKY Colette, Communication au colloque de Toulouse, 1998, *Penser la défaite*.

6. *Les travaux et les jours de la société française*

ACKERKNECHT Erwin Heinz, *La médecine hospitalière à Paris, 1794-1848*, Paris, Payot, 1986.
AGIER Michel, *L'invention de la ville*, Paris, Éditions d'archives contemporaines, 1999.
AGULHON Maurice, *Le cercle dans la France bourgeoise, 1810-1848*, Paris, 1977.
ARIÈS Philippe, *Essais sur l'histoire de la mort en Occident du Moyen Âge à nos jours*, Paris, Seuil, 1975.
ARON Jean-Paul *Le mangeur au XIXe siècle*, Préface de FERRO Marc, Paris, 1973 ; nouvelle édition, Payot, 1989.
AUGÉ Marc, *Un ethnologue dans le métro*, Paris, Hachette, 1986.
BAIROCH P. « Les trois révolutions agricoles du monde développé », *Annales ESC*, 1989, 2, p. 317-355.
BAIROCH Paul, *Victoires et déboires III. Histoire économique et sociale du monde du XVIe siècle à nos jours*, Paris, Gallimard, 1997.
BARTHES Richard, « Pour une psycho-sociologie de l'alimentation contemporaine », in *Annales ESC*, Éditions de l'EHESS-Armand Colin, 1961, p. 977-986.
BAULANT Michèle, « La Calabre de père en fils. Un siècle de la vie d'une ferme, 1655-1761 », in *Annales ESC*, n° 1, Éditions de l'EHESS-Armand Colin, 1985, Paris, p. 33-52.
BEAUCHAMP Chantal, « Fièvres d'hier, paludisme d'aujourd'hui », in *Annales ESC*, Paris, Éditions de l'EHESS-Armand Colin, 1988, p. 249-275.
BECCHI Egle et JULIA Dominique (dir.), *Histoire de l'enfance en Occident du XVIIIe siècle à nos jours*, tome 2, Paris, Seuil, 1998.
BERCÉ Yves-Marie, *Fête et révolte. Des mentalités populaires du XVIIe et XVIIIe siècles*, Paris, 1976 ; nouvelle édition augm. Hachette, 1994.
BERGERON Louis, *Les capitalistes en France, 1780-1914*, Paris, Gallimard, coll. Archives, 1978.
BOISSONAT J., *Le travail dans vingt ans*, Paris, Odile Jacob, 1995.
BOLTANSKI Luc et CHIAPELLO Ève, *Le nouvel esprit du capitalisme*, Paris, NRF, coll. Essais, 1999.
BOURDIEU P. (dir.), *La misère du monde*, Paris, Seuil, 1993.
BOURDELAIS Patrice et RAULOT Jean-Yves, *Histoire du choléra en France. Une peur bleue, 1832-1854*, Paris, Payot, 1987.
BRENDER Anton, *La France face à la mondialisation*, Préface de STRAUSS-KAHN Dominique, Paris, La Découverte, 1998.
BURDY J.-P., DUPESSET M., ZANCARINI-FOURNEL, « Rôles, travaux, métiers des femmes à Saint-Étienne, 1900-1950 », in *Industrialisation*, p. 75-101.
BURGUIÈRE André et al., *Histoire de la famille*, Paris, Armand Colin, 1986. Notamment les articles de BURGUIÈRE A., CUVELLIER J.-P., GUICHARD P., FOSSIER R., BRESC H., TOUBERT P., LEBRUN F., SEGALEN M.
CARMONA Michel, *Haussmann*, Paris, Fayard, 2000.

CARON François, *Histoire des chemins de fer en France, 1740-1883*, Paris, Fayard, 1999.
CASTEL Robert, *Les métamorphoses de la question sociale*, Paris, Fayard, 1995.
CETTA Gilbert et TADDEI Dominique, *Réduire la durée du travail. De la théorie à la politique*, Paris, Livre de Poche, 1997.
CHASSAGNE Serge, « Le travail des enfants au XVIIIe et XIXe siècles », *in* BECCHI E., JULIA D (dir.), *Histoire de l'enfance en Occident du XVIIIe siècle à nos jours*, p. 224-273.
COHEN Daniel, *Richesses du monde, pauvreté des nations*, Paris, Flammarion, 1997.
COHEN Yves et PESTRE Dominique, « Histoire des techniques », in *Annales. Histoire, Sciences sociales*, n° 4-5, Paris, Éditions de l'EHESS-Armand Colin, 1998.
CORBIN Alain, *Le miasme et la jonquille*, Paris, 1982.
CORBIN A., *L'avènement des loisirs, 1830-1960*, Paris, Autre, 1995.
DARMON Pierre, *La longue traque de la variole. Les pionniers de la médecine préventive*, Paris, Perrin, 1986.
DEWERRE Alain, *Le monde du Travail en France (1800-1950)*, Paris, 1989.
DION Robert, *Histoire de la vigne et du vin en France, des origines au XIXe siècle*, Paris, 1959, réimp. 1990.
DODIER Nicolas et CAMUS Agnès, « L'admission des malades. Histoire et pragmatique de l'accueil à l'hôpital », in *Annales. Histoire, Sciences sociales*, n° 4, Éditions de l'EHESS-Armand Colin, Paris, 1997, p. 733-765.
DONZELOT Jacques, *L'invention du social*, Paris, Fayard, 1984.
DUBET François et MARTUCELLI Danilo, *Dans quelle société vivons-nous ?* Paris, Seuil, 1998.
EWALD François, *L'État providence*, Paris, Grasset, 1900.
FARGE Arlette, « Les artisans malades de leur travail », in *Annales ESC*, Paris, Éditions de l'EHESS-Armand Colin, 1977, p. 993-1007.
FARGE A., *Vivre dans la rue*, Paris, 1979.
FAURE Olivier, *Histoire sociale de la médecine*, Paris, Anthropos, 1994.
EDELMAN Bernard, *La légalisation de la classe ouvrière*, Paris, 1978.
FOUCAULT Michel *et al.*, *Les machines à guérir aux origines de l'hôpital moderne*, Bruxelles-Liège, P. Mardaga, 1979.
FOURNIER Jean-Yves, « Les absences au travail », *Économie et statistiques*, n° 221, 1989.
FRIDENSON Patrick, « Un tournant taylorien de la société française, 1904-1918 », in *Annales ESC*, Paris, Éditions de l'EHESS-Armand Colin, 1987, p. 1898-1939.
FRIDENSON Patrick, *Histoire des usines Renault. Une naissance d'une grande entreprise, 1898-1939*, 1972.
GARRIER Gilbert et PECH Rémy, « Genèse de la qualité des vins. L'évolution en France et en Italie depuis deux siècles », in *Bourgogne Publications*, 7157, Actes du Collège de Fiesole 1991, Chaintré, 1994.
Grèves revendicatives ou grèves politiques. Acteurs, pratiques sens du mouvement de mai, Paris, Anthropos, 1971. Notamment les articles de Claude Durand et Daniel Vidal
GELIS J., LAGET Mireille, MOREL M.-F., *ENTRER dans la vie, Naissances et enfances dans la France traditionnelle*, Paris, 1978.
GODELIER Maurice, « Aide-mémoire for a survey of work and its representations », *Current Anthropology*, XXI (6) : 831-885, 1980.
GOY Joseph et G., DICKINSON J.-A. (dir.), *Les exclus de la terre en France et au Québec, XVIIe-XXe siècles*, Québec, Septentrion, 1998.
GRENIER Jean-Yves, *L'économie d'Ancien Régime*, Paris, Albin Michel, 1999.
GREW R., HARRIGAN P.J., WITHNEY J. B., « La scolarisation en France », in *Annales ESC*, n° 1, Paris, Éditions de l'EHESS-Armand Colin, 1984, p. 117-159.
GRMEK Mirko D., *La révolution biologique*, Paris, Payot, 1990.
GUERRAND Roger-Henri, *L'aventure d'un métropolitain*, Paris, La Découverte, 1986.
HABAKKUK H. John, « La disparition des paysans anglais », in *Annales ESC*, Paris, Éditions de l'EHESS-Armand Colin, 1965, p. 649-665.
HATZFELD H., *Du paupérisme à la sécurité sociale, 1850-1940*, Paris.
« Health and wealth », in *Daedalus*, Fall 1994.
HEERS Jacques, *Fêtes de fous et Carnavals*, Paris, Fayard, 1983.
HEMARDINQUER Jean-Jacques, « Pour une histoire de l'alimentation » (recueil de travaux présenté par), in *Cahiers des Annales*, n° 28, Paris, 1970.

HERZLICH Claudine et PIERRET Janine, *Malades d'hier, malades d'aujourd'hui*, Payot, 1984.
« HISTOIRE des techniques », Y. COHEN, D. PESTRE, *Annales*, 4-5, 1998.
HUBSCHER R.,« La petite exploitation en France au XIXe et XXe s. », *Annales*, 1985, 1, p. 1-33.
HUDEMANN-CALIXTE Simon, *La conquête de la santé en Europe*, 2000.
Industrialisation et sociétés, FRIDENSON Patrick (dir.), Paris, Éditions de l'Atelier, 1997.
JORLAND Gérard, *Les paradoxes du capital*, Paris, Odile Jacob, 1995.
KAPLAN Steven L., *La fin des corporations*, Fayard, 2001.
JULLIARD Jacques, *Autonomie ouvrière. Étude sur la syndicalisation d'action directe*, Paris, 1988.
KNIEBELER Y., « Les médecins et la nature féminine au temps du Code civil », in *Annales ESC*, n° 4. Paris, Éditions de l'EHESS-Armand Colin, 1976, p. 824-844.
LAROQUE Pierre, *La Sécurité sociale de 1944 à 1951*, Revue française des affaires sociales, 1951.
LE BRAS Hervé, *Les trois France*, Paris, Odile Jacob, 1986.
LEBRUN François, *Se soigner autrefois. Médecins, saints et sorciers aux XVIIe et XVIIIe siècles*, Paris, 1981, rééd. 1995.
LEBRUN François, *La vie conjugale sous l'Ancien Régime*, A. Colin, 1975-1998.
LECUYER B. P., « L'hygiène en France avant Pasteur », *in* SALOMON-BAYET Cl. (dir.), *Pasteur et la révolution pastorienne*, p. 65-139.
LENIAUD Jean-Michel, *Les bâtisseurs d'avenir. Portraits d'architectes, XIXe-XXe siècles*, Paris, Fayard, 1998.
« Le Mariage, Règles et pratiques », *Annales de démographie historique*, 1998, les articles de Agnès WALSH et Maurice GARDEN.
LE ROY LADURIE E., *Le carnaval de Romans. De la Chandeleur au mercredi des Cendres, 1579-1580*, Paris, Gallimard, 1979.
LE ROY LADURIE E., *in* DUBY G. et WALLON A. (dir.), *Histoire de la France rurale*, tome 3.
LEVI G. et SCHMITT Jean-Claude, *Histoire des jeunes en Occident*, Paris, 1996.
MARJOLIN Robert, *Le travail d'une vie, 1911-1986*, Préface de BARRE Raymond, 1986.
MEDA Dominique, *Le travail, valeur en voie de disparition*, Paris, Aubier, 1996.
MENGER Pierre-Michel, « L'hégémonie parisienne. Économie et politique de la gravitation artistique », in *Annales ESC*, n° 6, Paris, Éditions de l'EHESS-Armand Colin, 1993, p. 1565-1603.
MERRIMAN John, *Aux marges de la ville. Faubourgs et banlieue en France, 1815-1870*, Paris, Seuil, 1994.
MOLLAT Michel, *Genèse médiévale de la France moderne*, Paris, Arthaud, 1977.
MULLER Florence, *Une histoire de la mode*, Paris.
MORELLE Aquilino, *La défaite de la santé en France*, Paris, Flammarion, 1996.
MOULIN Anne-Marie, *L'aventure de la vaccination*, Paris, Fayard, 1996.
NOIRIEL Gérard, *Les ouvriers dans la société française, XIXe-XXe siècle*, Paris, 1986.
Ouvriers de banlieue XIXe-XXe siècles, GIRAULT J. (dir.), Éditions de l'Atelier, 1998.
OZOUF Jacques, *Nous, les maîtres d'école*, Paris, Julliard, 1967.
OZOUF Mona, *Les mots des femmes*, Paris, 1995.
ORLÉAN André, « Réflexions sur le capitalisme financier », in *Esprit*, novembre 2000.
PERROT Jean Claude, *Genèse d'une ville moderne, Caen au XVIIIe siècle*, Paris, Mouton, 1975.
PERROT Michèle, *Les femmes ou le silence de l'histoire*, Paris Flammarion, 1998.
REVAULT D'ALLONES Myriam, *Le dépérissement politique. Généalogie d'un lieu commun*, Paris, Aubier, 2000.
RIFKIN Jeremy, *The End of Work*, New York, G. P. Putman.
PINHOL Jean-Luc, « Les hésitations de la démocratie », *in* LEQUIN Y., *Histoire des Français*, tome 3, Paris, Armand Colin, 1984.
POSTEL-VINAY Gilles, *La terre et l'argent. L'agriculture et le crédit en France du XVIIIe siècle au début du XXe siècle*, Paris, Albin Michel, 1998.
PROST Antoine, *L'enseignement en France, 1800-1967*, Paris, Armand Colin, 1968.
PROST A., *Éducation, société et politiques, Une histoire de l'enseignement de 1945 à nos jours*, Paris, 1992, rééd. 1997.
RAUCH André, *Le premier sexe. Mutations et crise de l'identité masculine*, Paris, 2000.
RAUCH André, *Vacances et pratiques corporelles*, Paris, PUF, 1988.
RINAUDO Yves, « Un travail en plus : les paysans d'un métier à l'autre, vers 1830-1950 », in *Annales ESC*, n° 2, Paris, Éditions de l'EHESS-Armand Colin, 1987, p. 283-303.

RONSIN, LE BRAS, ZUCKER-ROUVILLOIS, *Démographie et politique*, Dijon, 1997
ROSANVALLON Pierre, *La crise de l'État providence*, Paris, 1994.
ROSSIAUD Jacques, *La prostitution médiévale*, Flammarion, rééd., 1990
ROWLEY Anthony (dir.), *Les Français à table. Atlas historique de la gastronomie française*, Paris, Hachette, 1997.
SAINT-LAURENT Cécil, *Histoire imprévue des dessous féminins*, Paris, Herscher, 1986.
SALAIS Robert et STORPER Michaël, *Les mondes de production. Enquête sur l'identité de la France*, Paris, Éditions de l'EHESS, 1993.
SALOMON-BAYET Cl., *Pasteur et la révolution pastorienne*, Préface de ALWOFF Norbert, Paris, 1986.
SCOTT Joan, « La travailleuse », in *Histoire des femmes*, tome IV, p. 419-445.
SOUYRI Pierre, *La dynamique du capitalisme au XXe siècle*, Paris, Payot, 1985.
Syndicalisme révolutionnaire et communisme, présenté par J. Maitron et Colette Chambelland, Archives Monatte, Maspero, 1968.
TOPALOV Christian, *Naissance du chômage, 1840-1910*, Paris, 1994.
THEPOT André, *L'ingénieur dans la société française*, Éditions ouvrières, 1985.
THÉRY Irène, *Couple, filiation et parenté aujourd'hui. Le droit face aux mutations de la famille et de la vie privée*, Paris, Odile Jacob-La Documentation française, 1998.
THÉVENOT Laurent, « La politique des statistiques : les origines sociales des enquêtes de mobilité sociale », in *Annales ESC*, n° 6, Paris, Éditions de l'EHESS-Armand Colin, 1990.
VERLEY Patrick, *La révolution industrielle*, Paris, Folio-Gallimard, 1997.
VERLEY P., *L'échelle du monde. Essai sur l'industrialisation du monde*, Paris, Gallimard, 1997.
VIGARELLO Georges, *Le sain et le malsain*, Paris, 1993.
VIGARELLO G., *Histoire du viol, XVIe-XXe siècles*, Paris, 1998.
Villages désertés et histoire économique (XIe-XVIIIe siècles) (in), Paris, Sevpen, « Le cas français, vue d'ensemble », PESEZ J.-M. et LE ROY LADURIE E., p. 127-253, 1965.
VOVELLE Michel, *Mourir autrefois*, Paris, Arthus, 1974.
WIEVIORKA Michel, *Commenter la France*, L'Aube, 1997.
WORONOFF Denis, *Histoire de l'industrie en France du XVIe siècle à nos jours*, Paris, Seuil, 1994.
YONNET Paul, *Travail, loisir, temps libre et lien social*, Paris, Gallimard, 1999.

7. Greffe des provinces, creuset des populations

ABRY Christian, DEVOS Roger, RAULIN Henri, COLLOMB Gérard, *Les sources régionales de la Savoie*, Paris, Fayard, 1979.
Alpes Maritimes (Les), Intégration et particularismes, Actes du Colloque de Nice, Centre d'histoire du droit. Articles de CASTELLA Paul, RINAUDI Yves, GONNET Paul, BIDEGARAY Christian.
ARZALIER Francis, *Les perdants. La dérive fasciste des mouvements autonomistes et indépendantistes au XXe siècle*, Paris, La Découverte, 1990.
AMSELLE Jean-Loup, *Vers un multiculturalisme français, L'empire de la coutume*, Flammarion 1996.
BERGRES Jean-François, *Guillaume Tell*, Paris, Fayard, 1988.
BIDEGARAY Christian, « Sur un Niçois mythique. Garibaldi », in *Alpes Maritimes (Les), Intégration et particularismes*, p. 307-341.
BURGUIÈRE André, *Les Bretons de Plozevet*, Paris, Flammarion, 1975.
CADÉ Michel, *Guerre et révolution en Roussillon, 1793-1795*, Perpignan, Presses Universitaires de Perpignan, 1999.
CASTELLA Paul, « L'intégration économique du Comté à la France », in *Alpes Maritimes (Les), Intégration et particularismes*, p. 395-404.
CERTEAU (de), JULIA (D.), REVEL (J.), *Une politique de la langue. La révolution française et les patois*, Gallimard, 1975.
CHARLE Christophe, *Les hauts fonctionnaires en France au XIXe siècle*, Paris, Gallimard, coll. Archives, 1980.
CROIX Alain, *L'âge d'or de la Bretagne, 1532-1675*, Rennes, 1993.

DEWITTE Philippe (dir.), *Immigration et intégration. L'état des savoirs*, Paris, La Découverte, 1999.
DOTTELONDE Pierre, *La revendication corse*, thèse, Paris, FNSP, 1984.
DUBOST Jean-François, *Les Italiens en France aux* XVIe *et* XVIIe *siècles (1570-1670)*, thèse de doctorat d'histoire à Paris-I, 1998.
FAUCHOIS Yann, « Centralisation », *in* FURET Fr. et OZOUF M. (dir.), *Dictionnaire critique de la Révolution française*, p. 653-663.
GASTANT Yvan, *L'émigration et l'opinion en France sous la Ve République*, 2000.
GENDRE et JAVELIER F., *École. Histoire de France et minorités nationales*, Lyon, 1978.
GIUDICI Nicolas, *Le crépuscule des Corses*, Paris, Grasset, 1997.
Grand livre de l'oncle Hansi (Le), TYL Pierre-Marie, FERRO Marc, VUG Toni, KLEIN Georges, Paris, Herscher, 1982.
GREEN Nancy, *Les travailleurs immigrés juifs à la Belle Époque. Le « Pletzl » de Paris*, Paris, Fayard, 1985.
Histoire de l'immigration en France, GERVEREAU L., MILZA P., TEMINE E. (dir.), Paris, BDIC, Somogy, 1998.
GONNET Paul, « Les réactions grassoises à l'incorporation dans le nouveau département ». Cf. *Alpes Maritimes*, p. 17-27.
IZQUIERDO J.-M., *La question basque*, Paris, 2000.
JOHNSON Christopher H., *The life and death of industrial Languedoc, 1700-1920*, Oxford, Oxford University Press, 1995.
JULLIARD J. (dir.), *La mort du roi. Essai d'ethno-politique comparée*, Paris, Gallimard, 1999. Notamment les contributions de BOUREAU A., HERVIEU-LÉGER D., REVEL J.
LE ROY LADURIE E., « Les minorités périphériques », *in* BURGUIÈRE A. et REVEL J., *L'État et les conflits*, p. 459-633.
LEUILLOT P., *L'Alsace au début du* XIXe *siècle*, 1959.
MEYER J., *La noblesse bretonne au* XVIIIe *siècle*, Paris, 1966.
NOIRIEL Gérard, *Population immigration et identité nouvelle en France*, Paris, Hachette, 1992.
NOIRIEL G., *Le creuset français*, Paris, Seuil, 1994.
NORDMANN Daniel, *Frontières en France de l'espace au territoire,* XVIe-XIXe *siècles*, Paris, 1998.
OHNET Jean-Marc, *Histoire de la décentralisation française*, Paris, Livre de Poche, 1996.
SCHNAPPER Dominique, *La France et l'intégration. Sociologie de la nation*, Paris, Gallimard, 1995.
TRESSE René, « La contrebande maritime au port de Nice au début du XIXe siècle », in *Annales* ESC, n° 2, Paris, Éditions de l'EHESS-Armand Colin, 1964, p. 225-237.
WEIL Patrick, *La France et ses étrangers*, Paris, Calmann-Lévy, 1991.

8. Histoire, croyances et représentation

Algérien raconte sa vie (Un), in *Socialisme et barbarie*, n° 28, Paris, juillet-août 1959, p. 10-40.
AMALVI Christian, *De l'art et la manière d'accommoder les héros de l'histoire de France*, Albin Michel, 1988.
ARON Jean-Paul, *Les modernes*, Paris, Gallimard, 1984.
ARON Raymond, *Les étapes de la pensée sociologique*, Gallimard, 1967.
ARON Raymond, *L'opium des intellectuels*, Paris, 1955.
BAECQUE Antoine (de), *La Nouvelle Vague*, Paris, 1998.
BAUDEROT Jean (dir.), *Religions et laïcité dans l'Europe des 12*, Paris, Syros, 1994.
BAUDEROT Jean et ZUBER Valentine, *Une haine oubliée. L'antiprotestantisme avant le pacte laïque, 1870-1905*, Paris, Albin Michel, 2000.
BELMONT Nicole, *Mythes et Croyances dans l'ancienne France*, Paris, 1973.
BERSTEIN Serge (dir.), *Les cultures politiques en France*, Paris, Seuil, 2000.
BONNET Marie-Jo, FAURÉ Christian, « Femmes », *in* BELY L. (dir.), *Dictionnaire de l'Ancien Régime*, p. 536-540.
BOULANGER Pierre, *Le cinéma colonial*, Paris 1975.
CABANEL Patrick, *Les protestants et la République*, Bruxelles, Éditions Complexe, 2000,
BURCH Noël, SELLIER Geneviève, *La drôle de guerre des sexes du cinéma français (1930-1956)*, Préface de PERROT Michèle, Paris, Nathan, 1997.

CADÉ M., *L'Écran bleu. La représentation des ouvriers dans le cinéma français*. Perpignan, Presses Universitaires de Perpignan, 2000.
CHEVALLIER Pierre, *La séparation de l'Église et de l'école, Jules Ferry et Léon XIII*, Paris, Fayard, 1981.
CIXOUS Hélène, « Pieds nus », *in* SEBBAR L. (dir.), *Une enfance algérienne*, p. 53-65.
COURTOIS Stéphane, *Le PCF dans la guerre. De Gaulle, la Résistance, Staline*, Paris, Ramsay, 1980.
DALLET Sylvie (dir.), *La Révolution française au cinéma*, Paris, 1984.
DIB Mohammed, « Rencontres », *in* SEBBAR L. (dir.), *Une enfance algérienne*, p. 107-119.
DOMMANGET Maurice, *De La Marseillaise à L'Internationale*, Paris, 1938.
DREYFUS-ARMAND Geneviève, *L'exil des Républicains espagnols en France*, Paris, Albin Michel, 1999.
DAVIE Grace et HERVIEU-LÉGER Danièle (dir.), *Identités religieuses en Europe*, Paris, La Découverte, 1996.
FLEURY-VILLATTE Béatrice, *La mémoire télévisuelle de la guerre d'Algérie, 1962-1992*, Paris, L'Harmattan-INA.
FRODON Jean-Michel, *La projection nationale. Cinéma et action*, Paris, Odile Jacob, 1998.
FURET F. et OZOUF J., « Mably, Boulainvilliers. Deux légitimistes de la société française au XVIIIe siècle », in *Annales ESC*, n° 3, Paris, Éditions de l'EHESS-Armand Colin, 1979, p. 438-451.
GARRISSON Janine, *L'homme protestant*, Paris, Hachette, 1980.
GAUCHET Marcel, *La religion dans la démocratie. Parcours de la société*, Paris, Gallimard, 1998.
GRMEK M. D., voir BIRABEN J.-N.
GUSDORF G., *La conscience révolutionnaire. Les idéologues*, Paris, Payot, 1978.
HAMOUNOU Mohand, *Et ils sont devenus harkis*, Préface de SCHAEFFER Dominique, Paris, Fayard, 1993.
HARTOG François, *Le XIXe siècle et l'histoire*, Paris, 1988.
HUPPERT G., *L'idée d'histoire parfaite*, Paris, 1973.
IGOUNET Valérie, *Histoire du négationnisme en France*, Paris, 2000.
INSDORF Annette, *L'Holocauste à l'écran*, Cinémaction, Paris, Éditions du Cerf, 1985.
KRAMER L. S., *Thresfold of a New World. Intellectuals and the exile experience in Paris 1830-1848.*
KRUMEICH Gerd, *Jeanne d'Arc à travers l'Histoire*, Paris, Albin Michel, 1993.
LEROY-BEAULIEU Anatole, *Les doctrines de la haine. Antisémitisme, antiprotestantisme, anticléricalisme*, Paris, 1902.
LINDEPERG Sylvie, *Les écrans de l'ombre. La Deuxième Guerre mondiale dans le cinéma français, 1944-1969*, Paris, Éditions du CNRS, 1997.
MAYEUR Jean-Marie, *La question laïque, XIXe-XXe siècles*, Paris, Fayard, 1997.
MILO Daniel, « La bourse mondiale de la traduction, un baromètre culturel ? », *Annales*, 1984, p. 92-115.
MILZA Pierre, *Fascisme français, passé et présent*, 1987.
MILZA P., *Mussolini*, Paris, Fayard, 1999.
NAMER Gérard, *Batailles pour la mémoire. La commémoration en France de 1945 à nos jours*, Paris, Papyrus, 1983.
ORY Pascal et SIRINELLI Jean-François, *Les intellectuels en France. De l'affaire Dreyfus à nos jours*, Paris, 1986.
OZOUF J., voir FURET Fr.
Oublier nos crimes, NICOLAIDIS D. (dir.), Paris, Autrement, 1994.
OULDRAOGO J.-M., « Église et État en Allemagne. La difficile laïcisation d'une société sécularisée », *in* BAUDEROT J. (dir.), *Religions et laïcité dans l'Europe des Douze*, p. 15-29.
PARIS Edmond, *Le Vatican contre la France*, Paris, 1957.
POULAT Émile, *Liberté, laïcité. La guerre des deux France et le principe de la modernité*, Paris, Éditions du Cerf, 1987.
POUTHIER Jean-Luc, « Émergence et ambiguïtés de la culture politique démocrate-chrétienne », *in* BERSTEIN S. (dir.), *Les cultures politiques en France*, p. 285-315.
PRESSAC J.-C., *Auschwitz, technique and operation of the gas chambers*, New York, 1989.

RÉMOND René, *Religion et société en Europe*, Paris, 1999.
ROUSSO Henri, *Un passé qui ne passe pas*, Paris, 1990.
SAPIRO Gisèle, *La guerre des écrivains*, Paris, Fayard, 2000.
SEBBAR Leïla (dir.), *Une enfance algérienne*, Paris, Gallimard, 1997.
SIEBURG Friedrich, *Dieu est-il français ?*, Préface de DISPOT Laurent, Paris, Grasset, 1930, rééd. 1991.
STERNHELL Zeev, *Ni droite, ni gauche. L'idéologie fasciste de France*, rééd. Bruxelles, Éditions Complexe, 2000.
VALENSI Lucette, « Présence et passé. Lenteur de l'Histoire », in *Annales ESC*, n° 3, Paris, Éditions de l'EHESS-Armand Colin, 1993.
VIDAL-NAQUET Pierre, *La torture dans la République*, Paris, 1972.
VIDAL-NAQUET P., *Les assassins de la mémoire*, Paris, 1987.
VOVELLE M., « La Marseillaise », *in* NORA P. (dir.), *Les lieux de mémoire*.
WIEVIORKA Annette, *Déportation et génocide : oubli et mémoire (1943-1948). Le cas des Juifs en France*, thèse de doctorat d'histoire, sous la direction de KRIEGEL Annie, Paris-X, 1985.
WIEVIORKA A., *Ils étaient Juifs, Résistants, Communistes*, Paris, Denoël, 1987.
WINOCK Michel, *Les intellectuels dans la vie politique*, Paris, 1997.

9. Pour une comparaison avec des pays étrangers

Un certain nombre de travaux cités sont construits sur un projet comparatiste, le *capitalisme* de Braudel, la *révolution industrielle* de Verley, etc. Sans parler des histoires de l'Europe.

Nous indiquons ici d'autres ouvrages ou articles qui suscitent une réflexion comparatiste ou qui se veulent comparatistes.

BEAUR G., *La terre et les hommes. France et Grande-Bretagne XVIIe-XVIIIe siècles*, Paris, Hachette, 1998.
BERELOWITCH André, *La hiérarchie des Égaux, la noblesse russe d'Ancien Régime XVIe-XVIIe siècles*, Paris, Seuil, 2001 (pour une comparaison avec la Cour de Versailles)
COHEN Jane L. et ARATO Andrew, *Civil Societies and political theory*, MIT, 1992 (sur les transformations internes des forces sociales et politiques aux États-Unis, en France, en Europe centrale, depuis la fin de la Deuxième Guerre mondiale).
COLLEY Linda, *Britain, Forging the Nation*, Yale Univ. Press. 1992, v. p 342.
COSANDEY Fanny et POUTRIN Isabelle, *Monarchies espagnole et française, 1550-1714*, Paris, Atlande, 2001.
CROUZET François, *De la supériorité de l'Angleterre sur la France. L'économique et l'imaginaire, XVIIe-XIXe siècles*, Paris, Perrin.
DAVIDSON Alistair, *The invisible State, The formation of Australian State*, Cambridge, 1992 (sur le rôle du droit dans la construction des États).
DUFOUR Gérard et JEAN-FRANÇOIS, *L'Espagne, un modèle pour l'Europe des régions ?*, Paris, Folio, 2000.
ESPAGNE M. et WERNER M., « Le transfert de la culture allemande en France, 1750-1914 », *Annales ESC*, 1987, 4, p. 969-993.
FABRE Daniel (dir.) *L'Europe entre culture et nations*, Éd. de la MSH, Paris, 1996, notamment Althade, C. Bromberger, D. Fabre, Centlivres.
HABBAKUK, JOHN H. , « La disparition du paysan anglais », *Annales ESC*, 1965, p. 649-665.
KASTORIANO Riva, *La France, l'Allemagne et leurs immigrés*, Paris, 1990.
KONDRATEVA Tamara, *Bolcheviks et Jacobins*, Paris, Payot, 1988.
LAMONT Michèle et THÉVENOT Laurent, *Rethinking comparative cultural sociology*, Cambridge Univ. Press, 2000 (sur la rhétorique du racisme et de l'antiracisme aux États-Unis et en France).
MORIZET Jacques et MOLLER Hörst, *Allemagne-France. Lieux et mémoire d'une histoire commune*, Paris, Albin Michel, 1995, p. 230.
THADDEN Rudolf von, « Allemagne-France. Comparaisons », *Le Genre humain*, 1989, p. 63-73.

10. Grandes collections, ouvrages généraux

Dictionnaire raisonné de l'Occident médiéval, LE GOFF Jacques et SCHMITT Jean-Claude (dir.), Paris, Fayard, 1999.
Dictionnaire de l'Ancien Régime, BÉLY Lucien (dir.), Paris, PUF, 1996.
Dictionnaire critique de la Révolution française, FURET François et OZOUF Mona, Paris, Flammarion, 1988.
Histoire de France, MICHELET Jules, 1882.
Histoire de France, LAVISSE Étienne (dir.), 1911, 25 vol.
Histoire des femmes, DUBY Georges et PERROT Michèle (dir.), Paris, Plon, 5 vol.
Histoire de la France urbaine, DUBY G. (dir.), Paris, Seuil, 4 vol.
Histoire de la France rurale, DUBY G. et WALLON A. (dir.), Paris, Seuil, 4 vol.
Histoire des systèmes politiques, DUVERGER M. et SIRINELLI J.-F. (dir.), Paris, PUF, 3 vol.
Histoire générale du XXe siècle, DROZ B. et ROWLEY A., Paris, Seuil, 4 vol.
Histoire de la population française, DUPAQUIER Jacques (dir.), PUF rééd. Quadrige, 1995.
Les lieux de mémoire, NORA Pierre (dir.), Paris, Gallimard, 7 vol.
Nouvelle histoire de la France moderne, Paris, Seuil, 5 vol.
Nouvelle histoire de la France contemporaine, Paris, Seuil, 8 vol.
Peuples et civilisations, Paris, PUF, 22 vol.
BERSTEIN Serge et MILZA P., *Histoire de la France au XXe siècle,* Bruxelles, Éditions Complexes, 1995.
BRAUDEL Fernand, *L'identité de la France,* Paris, Flammarion, 1986.
BURGUIÈRE André et REVEL Jacques (dir.), *Histoire de France,* 4 vol., Paris, Seuil, 1989.
CARBONELL Ch.-O., *Une histoire européenne de l'Europe,* 2 vol., Paris, 1999.
DUBY Georges (dir.), *Histoire de la France des origines à nos jours,* Paris, Larousse, 1970, rééd. 1999.
FEBVRE Lucien, *L'Europe. Genèse d'une civilisation,* Préface de FERRO Marc, Cours du Collège de France 1944-1945, Paris, 1999.
GAILLARD J. M. et ROWLEY A., *Histoire du continent européen,* Paris, Seuil, 1998.
MARSEILLE Jacques, *Nouvelle histoire de France,* Paris, Perrin, 1999.
SIRINELLI J. F. et COUTRY D., *Histoire, La France et les Français,* Encyclopédie Bordas, 4 vol., 1999, illustré.

11. Revues

Annales ESC, puis *HSS,* Ed EHESS-Armand Colin.
Annales de démographie historique.
Autrement, Paris.
Communications, EHESS.
Comparative Studies in Society and History, Mouton.
Daedalus.
Le Débat, Gallimard.
L'Histoire.
Historiens et Géographes, Paris.
The Lancet, BOSTON.
Problèmes politiques et sociaux, La documentation française.
Revues Françaises des Affaires Sociales, Paris.
Revue Française de Science Politique, Paris.
Revue d'Histoire moderne et contemporaine, Paris, PUF.
Vingtième Siècle, Paris.

Index des noms

Cet index comprend :
- — les noms de personne,
- — les œuvres (romans, films, chansons, etc.), en italique,
- — les provinces et régions, en gras.

A

À bout de souffle 672
À l'Échelle humaine 409
À l'Ouest, rien de nouveau, de E.M. Remarque 343
À la conquête des Cœurs, d'A. Pavie 317
Annales (les) 671
À nous la liberté de René Clair 576, 674
Abbas, Fehrat 431-432, 441, 534, 692
Abbé Pierre 673
Abd El Kader 309, 312
Abelard, Pierre (1079-1142) 58
Abetz, Otto 383, 385, 394, 396
About, Edmond 317
Adages d'Érasme 122
Adalbéron de Laon (1030) 86, 507
Adèle de Champagne 79
Adenauer, chancelier 418, 447, 460, 480, 494, 499
Adjani, Isabelle 140, 536
Adrets (baron des) 139
Aegidius (646) 40
Aetius (390-454) 39-40
Affre Mgr (1793-1848) 10, 284
Agenais 146
Agesilas de Corneille 183
Agrippa d'Aubigné 139, 145, 152
Agulhon, Maurice 623
Aiguillon (duc d') 210
Aistulf, roi des Lombards 45
Alain 645
Alamans 51
Alaric (370-410) 40
Albe (duc d') 140
Albert François 511
Albert, « l'ouvrier » 282, 284
Albigeois 60, 81-84, 505, 507-508
Alerte en Méditerranée 494
Alcuin (732-804) 45, 48, 52
Alembert (d') 198, 583, 621, 667
Alexandre I de Russie 243-244, 248, 250, 501
Alexandre VI Borgia, pape 122, 133
Alfred le Grand (849-899) 56-57
Alibert, Raphaël 386
Aliénor d'Aquitaine (1122-1204) 58, 77-79, 96, 114
Allal el Fassi 426, 692
Alphand, Adolphe 291
Alsace 12, 54-55, 100, 157, 159, 178, 182, 185, 215, 218, 240, 289, 300-301, 307, 317-318, 496, 505, 515, 517-519, 571, 573, 579, 602, 657
Amalvi, Christian 10, 33, 676
Amar 226, 232, 621
Ammien, Marcellin (340-400) 26, 36-37
Anastase, empereur romain d'Orient (430-518) 41
Andromaque de Racine 183
Angelets 510
Angevins (dynastie) 59, 77, 117
Anjou 27, 79, 81, 87, 89-90, 98, 118
Annaud, Jean-Jacques 691
Anne d'Autriche 158, 163-165
Anne de Beaujeu 519
Anne de Bourg 123, 137
Anne de Bretagne 122, 519
Annunzio, d'348, 683
Anti-Duhring, de F. Engels 273
Antoine de Bourbon 137, 140
Antoine, théâtre 495
Antony d'Alexandre Dumas 280
Antraigues (d') 229
Aquitaine 30, 51, 62, 77, 80, 128, 579, 602, 632
Arago 282, 284, 511
Aragon, Louis 257, 349, 414, 704
Arcady, Alexandre 692
Argenlieu, amiral 410
Argent caché (l') 306
Argent (l') 351
Argoud colonel 443
Ariès, Philippe 616
Arioviste (Ier siècle av. J.-C.) 30
Armagnac 94, 516
Armée contre la Nation 657
Armorique 40, 43
Arnaud-Amalric, abbé de Citeaux 81
Arnauld, « le Grand » 183-184, 193
Arnault de Pomponne 183
Aron, Raymond 287, 450, 669, 672
Aron, Robert 355
Artaud, Antonin 349
Artevelde, Jean d' 102-103
Arthur de Bretagne (1187-1203) 80-81, 102
Artois 79-80, 96, 118, 133, 135, 169, 516, 567
Artois comte d' 208-209, 217, 229, 240, 255
Arzellierf 521
Assouline Pierre 403
Astérix 28, 702
Astier de la Vigerie, Emmanuel d' 398
Atatürk, Kemal 427
Atlee, Major 361, 390
Attila (395-453) 26, 39
Au Bohneur des Dames 351
Au bon beurre 394, 405
Aubert, colonel 656
Aubry, Martine 463, 629, 710
Audiffret Pasquier (duc d') 304
Audin 439
Augé, Marc 587
Augereau, général 246
Auguste (63 av. J.-C.-14 ap. J.-C.) 48
Augustins (ordre des) 76
Aurelle de Palladines 297
Auriol, Vincent 496
Autant Lara, Claude 342, 370, 396, 674
Auteroche (comte d') 197
Auvergne 60, 75, 167, 516

Aventures du capitaine Ratapoil (les) 694
Averroès (1126-1198) 59
Avicenne (980-1037) 58
Avoir vingt ans dans les Aurès 692
Azincourt 98, 106, 108, 562
Aznavour, Charles 499, 531, 604

B

Babeuf, Gracchus 232-233, 273, 528, 649
Badie, Vincent 374, 376
Badinter, Robert 462, 473-474
Baïhaut, Charles 478
Bailly 208-209, 216, 229, 666
Bainville, Jacques 673
Bairoch, Paul 308-309, 574, 693
Baker, Joséphine 348
Bakounine 196, 275, 277, 297-298, 555
Balenciaga 529
Balladur, Édouard 455-456, 463-464, 474, 476, 481
Baltard, Victor 291
Balzac, Honoré de (1799-1850) 33, 144, 264
Bandera (la) 692
Bara (ou Barra), Joseph (1780-1793) 10, 33
Barante 548
Barbès 284
Barbier, Edmond Jean-François 197
Barbusse, Henri 336, 342, 668, 689
Bardèche, Maurice 355, 685-686
Bardot, Brigitte 672
Barère de Vieuzac, Bertrand (1755-1841) 55, 227-228
Barma, Claude 92
Barnave 203, 210-211, 216, 229, 703
Barras 228, 231-234
Barre, Raymond 456, 462, 464-465, 469
Barrès, Maurice 317, 323, 653, 677, 683-684
Barrois 109, 518
Barrot, Odilon 270, 286-287
Bar-sur-Aube 74
Barthes, Roland 450, 602, 671
Basin, Thomas 492
Basques 50, 245
Bastiat 637
Bastide, Paul 374
Bataille d'Alger (la) de Pontecorvo 692
Bataille du Rail (la) 674
Bataille, Georges 355
Baudin, député 286, 291, 300
Baudoin, comte de Flandre 69
Baudouin, Paul 373, 375
Baudricourt, seigneur de 109, 118
Baumel, Jacques 454, 456
Bautru 159
Bayard (1475-1524) 122, 126, 133
Bayle 198
Baylot, préfet de police 472
Bayrou 481
Bazaine, général 296, 298, 316, 320
Bazin, André 672
Béarn 144, 167, 176
Beatles (les) 453, 584
Beauchamp, Chantal 613
Beauharnais, Joséphine de 228
Beaujon (hôpital) 589, 599
Beaulieu, général 246
Beaumarchais 201
Beaune, Colette 16-17
Beauvoir, Simone de 403, 624, 628, 670
Bebel, Auguste 628
Beccaria 592, 602
Beck, colonel 367
Becket, T 76
Becker, Jacques 690
Bedford, duc de 95
Beethoven 324
Begin 462
Beguins 127
Bela Kun 655
Belin, René 360, 387-388, 646
Bellarmin 489
Belle Équipe (la) 674
Belle Jardinière (la) de Van Loo 187
Belleforest (annales de) 676
Ben arafa 429
Ben Gourion 435
Benaissa, Slimane 536
Benbella, Ahmed 434, 437, 473
Benda, Julien 668
Benedek, Laslo 453
Benedetti, ambassadeur 296
Benjamin de Michel Deville 186
Benoist-Mechin, Jacques 384
Benoît 490
Benoît IX, pape (1033-1044) 71
Benoît XV 677
Béranger de Tours 67-68
Béranger Henri (1780-1857) 33, 602, 623, 668, 702
Bercé, Yves-Marie 674
Beregovoy, Pierre 463-464, 475
Bergery, Gaston 376, 396, 646, 684
Bergson, Henri 343-344, 363
Béria 458
Berl, Emmanuel 655
Berliet 305, 405
Berlioz 583-584
Bermond, sous-préfet 304
Bernadotte, général 239, 253, 259, 623
Bernanos 673
Bernard, Claude 498, 589, 591
Bernard, Gui 542
Bernard VII d'Armagnac 105
Bernard, Raymond 342
Bernard, roi d'Italie (818) 53
Bernon, abbé de Cluny (927) 61
Bernstein, Serge 357
Beroul et Thomas 58, 519
Berry 27, 108, 167, 566
Berry, duc de 105-107, 266
Bert, Paul 302, 644
Berthollet 235
Berthou, Louis 501, 586
Bertin-Maghit Jean-Pierre 395
Berulle 161
Besne 143
Bête humaine (la) 674
Beze, Théodore de 138, 146
Bichat 261, 589-590, 611, 614, 668, 702
Bichelonne 384, 395, 685
Bidault, Georges 401, 406, 415, 425, 429, 460, 645
Bienvenüe, Fulgence 586
Bigot, Charles 33
Billaud-Varennes 226-228
Billot, général 322
Biribi, armée d'Afrique de Georges Darien 657
Bismarck 293-296, 299, 301, 497, 579
Blachette 437
Blanche de Castille 85
Blanche, épouse de Charles IV 92
Blanqui, Auguste 233, 274, 280, 283-284

Bloch, Marc (1886-1944) 63-64, 403, 672
Blok 279
Blondel, Robert 108, 124
Blucher, général 253-254, 256, 498, 571
Blum, Léon 347, 354, 358-362, 368, 374, 376, 387, 391, 402, 409, 415, 473, 646, 649, 655
Boa Dai 423-425
Bochmer, joailler 200
Bodin Jean 124, 139, 148, 160
Boisdeffre, général de 320, 322
Bokassa 462
Bolcheviks et Jacobins 229
Boltanski, Luc et Chiapella 714
Bonaparte (1769-1821) 70, 220, 228-229, 232-236, 246, 257, 452, 489, 522, 650, 668, 673, 680
Bonaparte, Joseph 240, 243, 250, 258
Bonaparte, Louis 240, 243, 248
Bonaparte, Lucien 237, 240, 623
Boniface préfet 429
Boniface VIII, pape (1294-1303) 71, 86, 91, 126, 488
Bonjour tristesse 672
Bonnet, Georges 363, 368
Bonnets rouges 519, 630
Borcé, Y. 180, 605
Borgeaud, Henri 427, 430-431, 437
Boscawen amiral 191, 195
Bossuet Jacques-Benigme (1627-1704) 10, 173, 177, 183, 195, 489
Botticelli, Sandro (1444-1510) 21, 133
Bouillé, général 214-217
Bouillevaux 691
Boulanger, général 318, 327, 330, 511, 651, 657-658
Baulant, Micheline 563
Boulez, Pierre 584
Boulganine 436
Boulainvilliers 678
Boulogne 30, 180
Bourbon, connétable de (1527) 10, 122
Bourbonnais 77, 167, 109, 276
Bourbons 51
Bourdaloue 173, 183
Bourdieu, P. et Passeron, J.-Cl 454, 470-471
Boureau, Alain 560
Bourgeois, Léon 327
Bourgès-Maunoury 433, 435
Bourget, Paul 323
Bourgogne, Bourguignons 10, 72, 77, 87, 94, 105-109, 111-114, 117-118, 124, 134, 139, 150, 165
Bourguiba, Habib 426-429, 438, 692
Bourlasque de P. Billon 692
Bousquet, René 389, 475-476
Boussac, Marcel 581-582
Bouthillier, Yves 373
Bouvier, Jean 405
Boyer-Fonfrède 637
Brahms 324
Brando, Marlon 453
Brantome 145
Brasillach, Robert 355, 395, 402, 403, 655, 669, 684
Braudel, Fernand 545, 671-672
Brayer 589
Brazza, Savergnan de 307, 309
Brecht, Berthold 348
Bredin, J.-D. 682
Breguet 359
Brender, Anton 577
Bresse 169, 605
Bretagne 12, 34, 40, 81, 96-97, 103, 105, 108, 112, 117-118, 130, 150, 153, 167, 169, 180, 245, 505, 519-521, 562-563, 578, 597
Breton, André 349
Bretonneau 590, 600
Brezé 208
Briand, Aristide 335-336, 349-352, 354, 502
Briçonnet, Guillaume 133
Brinon, Fernand de 389
Brisson (président) 149
Brissot 216-217, 648
Bromberger, Merry et Serge 438
Brossolette, Pierre 391
Broussel (conseiller) 163
Brune, général 236, 239
Bruneau, Alfred 324
Brunehaut 51
Brunetière 324, 681
Brunswick, duc de 219-221
Brutus (15-42) 33, 441
Buanarroti 232-233, 528
Bucard, Marcel 354-355, 683-684
Bûcher de Montségur, de Z. Oldenbourg 84, 359, 658, 663, 677, 703
Buchez 284
Buckingham duc de 161
Bugatti 352
Bugeaud, général 309, 695
Bugey 140, 512, 516
Bullitt, William 375
Bulow, général 254, 256
Bunau-Varilla 306
Bunuel, Luis 349
Burguière, André 521, 632
Burke, Edmond 679-680
Burrin, Philippe 395
Buisson, Ferdinand 625
Bussy 190
Buzot 224, 227-228, 567
Byrnes E 415
Byzance 11, 52, 68-69

C

Cabet 270, 274, 284, 555, 668
Cabinet des Antiques (Honoré de Balzac) 33
Cabochiens 94
Cachin, Marcel 346-347, 413, 517
Cadoudal 239-240
Caffarelli 235
Cahiers du cinéma (les) 672, 674
Caillaux, Joseph 327, 329, 336, 344, 645
Calas, affaire 198, 485, 668
Calderon 280
Caligai, Leonora 156
Calonne 202-203, 229
Calvin, Jean (1509-1564) 12, 119, 123, 128, 131, 160, 193, 485-486
Cambacérès 237-238, 245, 256
Cambon 222, 227
Campanella, Thomas 526
Campan, Madame de 608
Camus, Albert 403, 669-670, 694
Camus, Marcel 691
Canard enchaîné, le 339
Caninius 32
Cantillon 570
Capétiens 46, 57, 59, 71, 77, 89, 92, 487, 507, 510, 519
Capitant, René 410
Caran d'Ache 323
Cardin, Pierre 528

Carignon, Alain 479
Carloman 45
Carmagnole (la) 703
Carné, Marcel 587
Carnot, Sadi 220, 226-227, 231-232, 234, 242, 255, 266, 268, 285, 528, 545
Carnot, Hippolyte 649
Carolingiens 42-43, 45-47, 50, 53, 60, 65, 507, 692
Carré 521
Carrefour des Enfants perdus (le) 387
Carrier 225, 228, 520
Carrier, Gilbert 604
Cartellieri, O. 115
Cartier, Jacques 119, 123, 129, 188, 343
Carvais, Robert 593, 599
Casals, Pablo 529
Casanova, Laurent 669
Casarès, Maria 529
Caserio 528
Casimir Perier, Jean (1847-1907) 270, 272, 305
Cassien, Jean (360-435) 42
Cassin, René 213, 379
Catelas, Jean 687
Cathares 59, 81-84, 88
Catherine de Médicis 105, 121, 124, 137-138, 140, 143, 145, 526-527, 601
Catherine de Sienne 104
Catherine, fille de Charles VI 106-108
Catherine, impératrice de Russie 503
Catinat général 184-185
Catroux général 379, 432-433
Cauchon, Pierre, évêque de Beauvais 110, 676-677
Caulaincourt 253
Cavaignac, général 284-286
Cavaillès, Jean 403
Cavalgnac, fils 322
Cavalier, Jean 509
Cavour 293
Cayatte, André 396, 499, 571
Céline 655
Cellini, Benvenuto 526, 576
Cerdagne 118, 157, 510
Césaire d'Arles (469-542) 43
César, Jules (102-44) 27-34, 452
Cesar, Swelteva 528
Chaban-Delmas, Jacques 438, 454, 456, 467
Chabrol, Claude 453, 671-672
Chagall 531
Chagrin et la Pitié (le) 674
Chahine, Youssef 70
Challe général 439, 443
Chamberlain, Neville 364-365
Chamberlain, A. 350
Chambord, comte de 300, 677
Champagne 60, 64, 74, 77, 79, 91, 101, 107, 118, 507, 516, 579, 597
Champlain 186, 188, 307
Chanel, Coco 581
Changarnier, général 286
Changement, gare du Nord 589, 592
Chanson de Roland 47, 50
Chansons de geste 48, 50
Chant du départ 254
Chanzy, général 297
Chaplin, Charlie 577
Chaptal 509, 545, 571
Charlemagne (742-814) 20, 44-45, 47-53, 60, 114, 134-135, 156, 488
Charles 60
Charles Ier d'Angleterre 162-163, 222, 680
Charles II d'Espagne 184
Charles IV le Bel (1294-1328) 59, 71, 76, 92-94, 96
Charles V le Sage 94, 98, 101-105, 115
Charles VI 94-95, 103, 560
Charles VII 95, 106-113, 115, 117, 488, 562, 676
Charles VIII (1470-1498) 67, 90, 119-120, 122, 133-134, 519, 526
Charles IX 124, 137, 140-141, 144-145, 147, 149, 601
Charles X (1757-1836) 15, 267-269, 280, 300, 309, 652
Charles X, Bourbon (1590) 150
Charles X 124
Charles d'Albret 106
Charles d'Anjou, frère de Saint Louis 89
Charles d'Espagne 249-250
Charles de Valois 93
Charles le Chauve 45, 54, 56, 60
Charles le Gros (839-888) 46
Charles le Mauvais 101
Charles le Simple (879-929) 46, 56, 89
Charles le Téméraire 114, 117-118, 122
Charles Martel (688-741) 42, 45, 51, 488
Charles Quint 118, 123, 134-135, 296
Charles, 3e fils de Louis le Pieux 53
Charles, archiduc (1808) 243, 568
Charpentier, Gustave 324
Chartier, Alain 108
Chartier, Roger 195, 214, 274, 276-277, 287-288
Chartreuse de Champinol 114
Chartreux 132
Chasseloup-Laubat 304, 313
Châteaubriand, René 254-255, 266, 269, 273, 279-280, 607, 623, 668
Châtiments, de Victor Hugo 302-303
Chaucer, Geoffroy (1340-1400) 21, 494
Chaunu, Pierre 134
Chautemps, Camille 356, 373
Chayanov 566
Che Guevara 448
Chénier, André 666-667
Chenik, Mohammed 428
Cherasse, Jean 682
Chevalier, Marie-Claire 629
Chevalier, Michel 290
Chevaliers de la Table ronde 98
Chevaliers teutoniques 59, 82
Chevallier, Jacques 431
Chevènement, Jean-Pierre 463, 473, 481
Chiappe, Jean 356
Childeric (436-481) 38, 40
Childeric III (en 755) 45, 51
Chinoise, la de J.L. Godard 447, 672
Chirac, Jacques 454, 456, 462, 464, 478
Choiseul 190-191, 522
Chomsky, Noam 686
Chopin, Frédéric 528
Choppin, René 542
Choses vues (V. Hugo) 303
Chrétien de Troyes (1135-1190) 59
Christine de Pisan 113-114
Christophe, Colomb 122

Chronique de Grégoire de Tours 40
Chroniques de Charles VI 105
Churchill, John, duc de Marlborough 185
Churchill, Winston 336, 340, 368, 375, 377-381, 389, 392, 412, 418, 435, 477, 491, 494, 644
Ciceron (106-43 av. J.-C.) 29-30
Ciompi 102
Cisterciens 127
Citroen, André 576
Cixous, Hélène 707
Clair, René 349, 364, 576-577, 674
Clary, Désirée 239
Claude, Bernard 261, 641
Claude, Henri 459
Claudel, Paul 403, 443
Clausewitz 247
Clay, général 417
Clémence de Hongrie 92, 94
Clemenceau, Georges (1841-1929) 10, 33, 301, 303, 307, 317, 407, 626, 644, 651
Clément, Jacques 149, 154
Clément V, pape de 1305 à 1314 72, 91
Clément VII 104
Clermont, Tonnere 212
Clisson (connétable de) 103-104
Clive 190
Cloots, Anacharsis 274
Clotaire II (584-628) 678
Clotilde, épouse de Clovis 40
Clovis (466-511) 15-17, 33, 38-41, 51, 54, 487, 543, 644
Cluny 61-62, 488
Cnut (995-1035) 57
Cobden 660
Cochet général 398
Cochin (hôpital) 589
Cocteau, Jean 581
Coetlogon, Madame de 614
Cœur, Jacques 115-116, 306
Cohn-Bendit, Daniel 448-449, 671
Colbert 167-168, 173-175, 180-181, 187-188, 520, 560, 562-563
Colette 581
Colette Baudoche 317
Coligny 130, 138, 139-143, 145, 176
Colin Clark 419
Collot-d'Herbois 226-228
Colomba de P. Mérimée 523
Colonna (famille des) 91
Colonna, Antoine 427
Coluche 463, 673
Columban (saint) 42
Combes 326-327, 649
Commynes, Philippe (1445-1509) 21, 117-118, 122, 133
Compagnie de Jésus v. Jésuites
Compagnie du Saint Sacrement 177, 182
Complainte des bons Français 109
Compte rendu, de Necker 201
Comte, Auguste 286-287, 302, 644
Concini, 155, 158-159, 526-527
Condé, famille des 139
Condé, prince de 157, 163-166, 173
Condorcet 199, 207, 222, 302, 584, 594, 621, 666
Conflent 511
Conradin 89
Consolation de l'enfant du pauvre 636
Constant, Benjamin 239, 267, 270, 548, 623, 668
Constantin (280-337) 26, 34, 37, 40-41, 53, 71
Constantin III 38
Contes du Lundi (les) 316
Contrat social 200
Copeau, Jacques 495
Coppée, François 317, 323
Corbin, Alain 607
Corbin, ambassadeur à Londres 377-379
Corday, Charlotte 223
Corneau, Alain 671, 675
Corneille, Pierre 164, 173, 183, 193, 196, 263, 280, 495
Cornet 237, 257
Cornette, Joël 166
Corse 12, 514, 521-524, 527
Cosme III de Médicis 603
Coston, Henri 387
Cot, Pierre 361
Coty, René 354-355, 438, 456
Coucy, sire de 77
Couperin 583
Courage, à la poche 274
Courbet 313
Cournot 255, 261, 678
Court, Antoine 178
Courteline, Georges 329
Courtois, Stéphane 688
Couthon 218, 225-227
Couve de Murville 393, 451
Cremieux (décret) 294
Cremieux, loi 392
Crépuscule des Corses, (le) 523
Cresson, Édith 463-464, 475
Crime de Monsieur Lange (le) 674
Crise de la conscience européenne, la 195
Critique de la raison pure (E. Kant) 195
Croix, Antoine 520
Croix de bois (les) 342
Cromwell, Olivier 162
Cromwell, préface de 280, 495, 668
Crouzet, Denis 120
Crouzet, François 248
Crozier, Michel 549
Cuignet, capitaine 322
Curée, la 351
Curie, Marie, née Slodowska 528, 591
Cuza Ier, roi de Roumanie 294

D

D'Angeville 578
Dacier, madame 621
Dada 348-349
Dada 12, 667
Dayan général 435
Dayan, Georges 475
Dagobert, roi de 622 à 639 51
Dainville, François de 616
Daladier, Edouard 356-357, 362-363, 365-368, 371-372, 387, 633, 649, 682, 684
Dali, Salvador 348
Dalio 655
Dallet, Sylvie 714
Dally, professeur 592
Dalmas de 289
Dame de Montsoreau (la) d'Alexandre Dumas 144
Dîme Royale de Vauban 184
Damnés de la terre (les) 709
Dampierre, comte de 216
Dante 89, 126
Danton 220-222, 224-228, 230, 649, 673

Danton d'A. Wajda 673
Darboy, Mgr 298, 653
Darlan amiral 370, 374, 377, 379, 383-385, 387, 391-392
Darnand, Joseph 388, 396-397, 685
Darwin 277
Dary, René 387
Dauch, Martin 229
Daudet, Alphonse 578
Daunou 239
Dauphiné 94
Dautry, Raoul 546
David 240, 584
Davout, général 253
Dawes 350
De bello Gallico (César) 27
De Gasperi 460, 480, 494
De Lattre de Tassigny 425
De Monzie, Anatole 368
De Republica (Ciceron) 30
Dean, James 453
Déat, Marcel 363, 365, 386, 388, 390, 396, 646, 655, 684-685
Débâcle, la 351
Debré, Michel 439-441, 443, 445, 451, 456, 545-546
Debussy, Claude 324, 583-584
Decameron 122
Decaux, Alain 84
Decazes, duc 266-267
Dechezelles, Yves 430
Décoloniser la France de Michel Rocard 549
Decoux amiral 422, 429, 472
Defensor Pacis, de Marsile de Padoue 72
Deferre, Gaston 548-549
Deffand, Mme du 195, 621
Defferre, Gaston 473-474
Degas 584-585
Degeyter, Pierre 703-704
Deyon 194
Déjeuner sur l'herbe (le) 584
Delassale, amendement 345
Delbecque 438-440, 443
Delcassé 311-312, 330, 333
Delescluze 298-299
Deleslewicz, Didier 395
Deloncle, Eugène 396
Delors, Jacques 467, 474, 476, 481
Demangeon 340
Deneuve, Catherine 186
Denoël, éditions 403, 469, 669-670, 672
Député d'Arcis, (le) 623
Dernière classe, la, d'Alphonse Daudet 316
Dernière Image, (la) 708
Deroulède, Paul 318, 651, 657
Des délits et des peines 592, 602
Desaix, général 236
Desault 590, 599, 604
Desbordes-Valmore, Marceline 272
Descartes, René 198-199
Descaves, Lucien 657
Deschamps, Eustache 114, 157
Deschanel, Paul 336
Desmoulins, Camille 13, 208, 224-225, 666-667
Desnos, Robert 403
Destutt de Tracy 667
Deuxième sexe (le) 624, 628
Diable au corps, le 342
Dialogue de Maheustre et de Manant 151
Dialogue des carmélites (le) 673
Dialogue en forme devision nocturne (Marguerite de Navarre) 129
Dib, Mahommed 707-708
Dickens, Charles 554, 636
Diderot, Denis 195, 485, 503, 583, 601
Diem Ngo Dinh 425
Dietrich 396
Dieu est-il français ? 705
Dillon, général 218
Dimitrov, Georges 687
Diocletien, (emp. 285-313) 26
Diodore de Sicile (Ier siècle av. J.-C.) 28
Dion, Cassius (né en 155) 32
Dior, Christian 581-582
Diovi Savi Regina hymne corse 522
Dispot, Laurent 705
Divine Comédie de Dante 126
Dix-huit brumaire de Louis Bonaparte, le, de Karl Marx 288
Djebar, Assia 536
Dom Pérignon 604
Domat 193
Dombrowski, Josef 299
Domenach, Jean-Marie 670
Dominicains 59, 76, 82
Domitius, Ahenobarbus (IIe siècle av. J.-C.) 30, 378
Dommanget, Maurice 704
Dorgeres, Henri 520-521
Doriot, Jacques 355, 363, 376, 388, 390, 396, 486
Dormoy, Marx 695
Dostoïevski 244, 504
Doudart de Lagrée 294
Doumergue, Gaston 355, 357
Dreyfus (film) 674, 682
Dreyfus, Alfred (1859-1935) 196, 319-324, 326, 330, 486, 526, 651, 654, 657-658, 668, 670, 674, 676-677, 681-682, 692
Dreyfus ou l'intolérable vérité 682
Droit des magistrats sur leurs sujets de Theodore de Bèze 146
Drouet, maître de poste 215
Drumont, Edouard 319, 321, 653-654, 681
Druon, Maurice 92, 401
Du Bois abbé 173
Du Rouvre 167
Dubief, Henri 355
Dubos, René 595
Dubost, J.-F. 527
Duby, Georges 27, 62, 244
Duc d'Angleterre 254, 266
Duc d'Anjou, petit-fils de Louis XIV 184
Duc d'Autriche 80
Duc d'Orléans 203, 207, 253, 268-269
Ducasse, Alain 603
Duchesse d'Angoulême 255
Duclos, Jacques 474, 687-688
Dufayel 304
Duguesclin (1320-1380) 50, 94, 98, 103, 657
Duhamel, Jacques 428
Dulles, Foster 434
Dumaine 603
Dumas, Alexandre 92, 140, 144, 200, 280, 495, 527, 602, 702
Dumas fils 291
Dumas, Roland 473
Dumoulin, Georges 646
Dumouriez, général 218, 223, 242
Dunois 676
Dupanloup, Mgr 300, 676
Dupleix 190

Duplessis-Mornay 152, 175
Dupont, général 250
Dupont de l'Eure 266
Duprat, Antoine 133
Dupuis, Jean 313
Durand colonel 428
Duras, Marguerite 691
Dürer, Albrecht (1471-1528) 21, 48
Durkheim 6, 644
Dutourd, Jean 394
Duvergier de Hauranne 193
Duvivier, Jean 692
Dylan, Bob 453

E

École des femmes de Molière 183, 620
Edelman, Bernard 662
Eden, Anthony 434-435
Edouard le Confesseur (1002-1066) 57
Edouard II d'Angleterre 93
Edouard III 92, 96, 98, 106
Edouard III, roi d'Angleterre (1317-1377) 77, 92-93, 97-98, 508
Edowic 38
Égalité entre les hommes et les femmes (l') 621
Eginhard (770-840) 48
Eisenstein S. 279, 348
Elgey, Georgette 427
Éloge de la folie d'Érasme 122, 127
Embarquement pour Cythère (l') 186
Emerit et Yacono 533
Émile (l') 625
Encyclopédie (l') 173, 197
Enfantin 276
Engels, Friedrich 273-274, 554, 626, 632
Enghien (duc d') 240
Enrico, Robert 673
Épernon duc de 150, 152
Équipée sauvage (l') 453
Érasme 122, 128
Eric 40
Ermentaire 55
Ermite, Pierre (l') 68
Esclave Blanche (l') 692
Esclaves gaulois (les), de H. Béranger 33, 523
Espoir (l') 674
Espremesnil d' 203
Esprit 669-670
Esprit des lois 198
Essais de Montaigne 124
Esterhazy, colonel 320, 322-323
Estier, Claude 473
Estoile, Pierre de *(l')* 146
Et Dieu créa la femme 672
Ethelred, roi d'Angleterre 57
Étienne, Marcel (1315-1358) 10, 94, 101-102
Étienne Marcel de Saint-Saens 101
Étienne, pape 45
Étranger (l') 694
Eugénie Grandet 623
Eugénie, impératrice 291, 607
Europe 10, 311, 313, 319-322, 326-327, 329, 335-337, 339-340, 349, 372
Exercices spirituels d'Ignace de Loyola 132
Extinction du Pauperisme, de Louis Napoléon 290

F

Fabius, Laurent 463-464, 469, 474
Fabre d'Églantine 222
Faguet, Émile 657
Faidherbe, général 293, 297, 309
Fail, Noël du 559
Faillevic 673
Falaise 81
Fallières, Armand 304
Falloux 285
Farge, A. 170
Fargue, Leo Paul 587
Farouk, Farouk, roi d'Égypte 434
Farrebique-Biquefarre 569
Faure, Edgar 429
Faurisson, Robert 686
Favier, Jean 48, 108
Favre, général 437
Favre, Jules 295, 298, 301
Favre, Maurice 480
Favre, Paul 347
Faÿ, Bernard 387
Febvre, Lucien 20, 516, 674
Felibrige (mouvement occitan) 83
Femme et le socialiste A. Bebel 628
Fenelon, François (1651-1715) 198, 594
Ferdinand d'Aragon 118, 133, 510
Ferdinand d'Espagne 250
Ferdinand de Habsbourg 135
Ferdinand de Styrie 156
Ferdinand III 157
Ferdonnet, Georges 403
Fernandel 499
Fernandez, Ramon 355
Ferro Marc 433
Ferry, Jules 281, 289, 292, 299, 301-303, 306-308, 311, 313, 317, 326-327, 336, 564, 579, 594, 626, 649, 656
Fersen, comte de 200, 215-216
Fesch, archevêque de Lyon 240, 266
Feuillade, Louis 690
Feyder, Jacques 140, 692
Fichte, Johann 319-320, 497, 679-680
Fin des Paysans, la 569
Finaly, enfants 652
Fischler, R 550
Fisher, AGB 419
Flagellants 94, 103, 105-106, 113, 126-127
Flandin, P.E. 357, 362, 376
Flandres 20, 59, 505, 507-508
Flandrin, Jean-Louis 604
Flaubert, Gustave 283-284, 625
Flesselles, prévot des marchands 209
Fleury cardinal 189
Flocon 282
Flore, Joachim de 127
Florian 666
Floyrac, Esquius 90
Foch, général 247, 335, 337, 340, 343, 349, 644
Fontaine, Pierre-François 585
Fontanet 645
Fontenelle 621
Ford H 576, 581
Fosse, Eustache de la 307
Fossier, Robert 72-73
Foucault 176, 614, 671
Fouché 239, 241, 250-251, 257, 266
Fouchet, Christian 448, 451
Fougères, Étiennes de 64
Fougorais 589
Foulcois, Guy 89
Fould, Achille 291, 305
Fouquet 167, 170
Fourastié, Jean 419

Fourcade, M 550
Fourcroy 589, 593
Fourier, Joseph 235, 273-274, 276, 555, 625, 650, 668
Foy, général 267
Frachon, Benoît 360
Fragonard 186
France juive, (la) 654, 657
France, Anatole 323, 657, 673
Franche-Comté 72, 112, 133-134, 182, 630
Franchet, d'Esperey 338
Franciscain 59, 76, 80, 127
Franco général 361-362, 375, 695
Franco-Gallia de F. Hotman 146
François de Guise 123, 139
François Ier (1494-1547) 54, 120, 122-123, 125, 129-130, 133-135, 138, 146, 169-170, 488, 508
François II 121, 123, 137
François II de Bretagne 519
François II, empereur 218-219, 243
François-Ferdinand 334
Francs 17, 33, 39, 45, 53, 678
Frankel 298
Franklin, Benjamin 485
Fredegonde 51
Frédéric Barberousse (1122-1190) 48, 71
Frédéric II de Prusse 498, 569, 645
Frederic II Hohenstaufen (1194-1250) 69, 71
Frégédaire 16
Freidan, Betty 629
Frenay, Henri 398, 472
Freud, Sigmund 348
Frey, Roger 454
Freycimet 302, 306, 653, 655
Fridenson, P. 576
Fried 687
Fritsch E. 355
Froissart 100
Frossart, L. O. 347
Frotté 239
Fumaroli 137
Funès, Louis de 529
Furet, François 210, 596, 678
Fureur de vivre La 453
Fustel de Coulanges (1830-1889) 54, 677

G

Gabin, Jean 387, 587, 656, 674
Gaillard, Felix 438
Gainsbourg, Serge 531
Gaïti B 411
Galien 628
Galliéni, général 309, 318, 334, 693
Gallimard, Gaston 403
Gambetta, Léon 33, 245, 297-298, 300-301, 303, 306, 311, 313, 325, 327, 336, 376, 513, 653, 656-657
Gamelin général 366-368, 371-373, 377
Gance, Abel 297, 342, 673
Gandhi 154, 556
Ganelon 50
Garaudy, Roger 409, 414, 416
Garibaldi 293-295, 513
Garnier, Charles 586
Garnier, Francis 294, 313
Garnier-Pagès 268, 289
Garrigues, Jean 306
Garrisson, Janine 141, 176
Gascons 50, 60, 87, 96, 507, 630
Gaston d'Orléans 167
Gaston de Foix 133
Gaston, frère de Louis XIII (Monsieur) 158
Gauchet, Marcel 643
Gaudri, évêque de Laon 74
Gauguin 328, 348
Gaule 16-17, 33-34, 43, 491, 494
Gaulle, Charles de 33, 264, 334, 342, 368, 371, 373, 376-381, 384-385, 389-393, 398, 400-401, 403-412, 414, 427, 432-433, 437-447, 450-451, 454-456, 458, 471-473, 480, 499, 501-502, 534, 544, 546-549, 645-647, 650-651, 658, 663, 670, 678, 688, 698
Gautier, Théophile 586
Gautier, Arlette 627
Gauvard, Claude 105
Gaxotte, Pierre 673
Gay, Francisque 438, 460
Geismar, Alain 448
Gengis, Khan 59
Génie du Christianisme 279-280
Genisson, *rapport* 629
Gensonné 217
Gensoul amiral 381
Geoffrin, Madame 621
Geoffroy de Bretagne 79-80
Georges général 366, 372
Georges VI 379
Geremek, B 529
Gerlier cardinal 386, 654
Germinal 351
Gerson 104, 488
Geste des Ducs de Bourgogne 113
Gibbon, Edward (1737-1794) 34
Gide, André 632, 668
Gilles, de Drieu La Rochelle 327, 355
Gillouin, René 388, 654, 685
Giono, Jean 355
Girard de Vienne 48
Girardet, Raoul 307, 656
Giraud général 391-393, 438
Giraudoux, Jean 655
Girondins 217-219, 221-225, 261
Giroud, Françoise 629, 672
Giscard d'Estaing, Valery 456, 462, 464-466, 468-469, 474, 481, 651, 673
Giudici, Nicolas 523
Giuliano, de Sicile 523
Glaber, Raoul 58, 62
Gladstone 311
Glaoui de Marrakech 429
Gnome et Rhône 402
Gobineau 624
Godard colonel 443
Godard, Jean-Luc 447, 453, 585, 671-673, 675, 704
Godefroy de Bouillon (1061-1100) 66, 69, 518
Godeheu traité de 190
Godoy 250
Goebbels Joseph 577
Goering maréchal 394
Goethe, Johann (1749-1832) 280, 495, 497
Goha de Jacques Baratier 692
Gohier, Urbain 657
Gondi, Paul de 163-165, 526
Gonse, général 322
Gorbatchev 204, 463, 477
Goscinny 702
Gottwald, Klement 413
Goubert, Pierre 168
Goudchaux 305
Gouin, Felix 392, 407, 663

Goupil mains rouges, de Jacques Becker 690
Gouraud, général 318, 523
Gournay, Marie de 621
Gouvion Saint-Cyr, général 253, 256
Gouze, Daniele 472
Goy, Joe 245
Grammont, loi 281
Gramont 296
Grand cyrus (le) 621
Grand Ferré 94, 98-99
Grande Illusion, la 342-343, 494, 655, 674
Grande Vadrouille (la) de G. Oury 674
Grasset, éditions 403, 655, 705
Grauda, David 695
Graudière, amiral de la 313
Gravier, Jean-François 525
Grégoire de Tours (538-594) 40-41, 506, 632
Grégoire VII, pape (1073-1085) 58, 62, 70, 183
Grégoire XI 104
Gregoire, abbé (1750-1831) 55
Grégoire-le-Grand (590-604) 37
Gregori, Jacques 522
Grenier, Fernand 391
Grenier, Jean-Yves 570
Grevy, Jules 301, 306, 648
Griffuelhes, Victor 663
Grimaud préfet 449
Grimm 195
Grossouvre, François de 475
Grouchy, général 247, 256
Guadet 217
Guderian général 371
Guenault 589
Guenée, Bernard 10
Guerin, Jules 323
Guerre sans nom (la) 692
Guerreau, Alain 65
Guesde, Jules 329, 345, 650, 663, 683
Guibert de Nogent 74
Guibert de Tournai 86
Guichard, Olivier 409, 548
Guigou, Elisabeth 477, 629
Guillaume d'Orange 140
Guillaume d'Orange (Geste ou cycle de) 48-49, 58, 72
Guillaume d'Orange, Stathouden 182, 184-185
Guillaume de Tolède 83
Guillaume des Alouettes 99
Guillaume général 429, 432-433, 451, 472
Guillaume II 312, 334, 517, 658
Guillaume le Conquérant (1027-1087) 57-58
Guillaume, Pierre 686
Guimard, Hector 586, 587
Guise 137-143, 145, 149
Guise (duc de) 124, 139, 148-149
Guizot 267, 270, 594, 596, 650
Gustave-Adolphe (1594-1632) 11, 156, 180
Gutuater 29, 32
Guyenne 21, 81, 96, 98, 106-108, 112, 117, 165
Guyon, madame 621

H

Habermas 201
Habsbourg 652
Hached, Fehrat 428
Hachette, Jeanne 118
Haig, Douglas 335
Haillan 676
Hainaut 54, 73, 79
Haine sainte, la, de Victor Laprade 316
Halifax Lord 368, 379
Halimi, Gisèle 466, 629
Hallyday, Johnny 453
Halphen, juge 479
Hanau 356
Hanriot 227
Hansi 518-519
Harold (1022-1066) 57
Haroun Al Rachid (765-809) 48
Hauser, Henri 571
Haussmann 291, 586
Hautecloque, Jean de 428
Hay lord 197
Hebert 225-226, 228, 621, 649
Heine, Heinrich 498
Helvètes 28
Henlein 363
Henri Ier, roi de France (1008-1060) 58
Henri II 121, 123, 135-137, 140, 148, 163, 169
Henri II Plantagenet (1133-1189) 77, 96
Henri III 121, 124, 488-489
Henri III Plantagenet 87
Henri IV (1553-1610) 10, 119, 121, 124, 139-141, 144-145, 147-156, 166, 169, 175, 488, 515
Henri IV, roi de Germanie (1050-1106) 58, 71
Henri le Jeune, fils de Henri II Plantagenet 79
Henri V d'Angleterre 95, 106-107
Henri VI d'Angleterre 95, 107-108, 111
Henri VI de Shakespeare 107, 139-141, 144
Henri VII, empereur d'Allemagne (1211-1242) 80
Henri VIII d'Angleterre 130, 135, 539
Henri-Germain 306
Henriot, Philippe 354, 358, 385, 389, 684
Henry, commandant 319, 322-323, 681
Heptameron (l') 119
Herder 262, 304
Hernani, de Victor Hugo 280, 283, 668
Hernu, Charles 473, 476
Herriot, Edouard 328, 350-352, 354, 356-357, 361, 373, 389, 391, 501, 649, 687
Hervé, Gustave 329, 346, 486, 645, 658, 683
Hervieu-Leger, Daniele 544
Hesdin, Jean de 701
Hessel, Stephan 379
Hildegarde de Bingen 620
Hire (la) 110
Hirsch, Étienne 415
Histoire imprévue des dessous féminins, de Cecil Saint-Laurent 580
Histoires, de Raoul Glaber 58
Hitler, Adolf 13, 251, 341-342, 350-352, 358, 362-363, 365-367, 374, 381-384, 389, 398-399, 493, 497, 521, 686, 705
Ho Chi Minh 423-424, 472, 692
Hobsbawm, Éric 672
Hoche, général 226, 228, 233, 657
Hoffmann, Stanley 482
Hohenstaufen 89
Hohenzollern (candidature) 294, 296
Holderlin 497

Hommes contre, les, de Rosi 343
Honorius 38
Hoover 353
Hospitaliers (ordre des) 91
Hotman, François 146, 525, 542
Hougron, Jean 691
Houphouët-Boigny 440
Hourrah, l'oural 704
Hours, Jean 491
Hubscher, Ronald 565
Hugo, Victor-Marie (1802-1885) 12, 244, 252, 269, 280-281, 283, 287, 289, 302-303, 636-637, 668, 673, 702
Hugues Capet (941-996) 46, 58, 60, 89, 93, 236-240, 242, 247-248, 258, 261
Hume, David 621
Huppert, Georges 10
Hussein 536
Huy 73
Huysmans, Camille 486

I

Ibrahim, général turc 236
Ilich, Ivan 595
Imitation de Jésus-Christ 128, 486
Innocent III, pape (1160-1216) 59, 71, 80
Innocent XI 489-490
Innocent III 81
Institution chrétienne 119, 123, 130-131
Internationale (l') 274, 299, 338, 702-705
Introduction à la Métaphysique d'Aristote 122
Ionesco, Eugène 676
Isabelle de Castille 118, 510
Isabelle de France 21
Isabelle de Hainaut 542
Isabelle dite Isabeau de Bavière 106-108
Isabelle, fille de Philippe de Bel 92-93
Isidore de Seville (560-635) 43
Ivan IV (1530-1584) 11
Ivoi, Paul d'317

J

J'accuse, d'Abel Gance 342
J'accuse, d'Émile Zola 319
Jack, d'A. Daudet 636
Jackson, Michael 538
Jacques II d'Angleterre 184
Jacques III d'Angleterre 185
Jakovlev 204
Janequin, Clément 134
Janine, Garrisson 143
Jansenius 161, 182, 193-194, 214, 489
Jaurès, Jean 289, 299, 317, 320, 322-323, 329, 333, 345, 376, 452, 486, 650
Jazy 529
Jdanov 412
Jean de la Croix 132
Jean de Vienne 97
Jean Ier, roi de France, dit le Posthume (1316) 59, 73, 92
Jean II le Bon 94, 98, 101, 112, 508
Jean Sans Peur 94
Jean XII 127
Jean XXIII 491
Jean, duc d'Alençon 110
Jeanne d'Albret 137, 145, 527
Jeanne d'Arc (1412-1431) 10, 95-96, 98, 100, 107, 110-114, 134, 328, 336, 373, 492, 494, 518, 644, 675-677, 706
Jeanne la Folle 118
Jeanne, épouse de Philippe V 92
Jeanne, fille de Louis X 93-94, 103, 106-108, 110
Jeanneney, Jean-Noël 306
Jeanneney, Jules 373, 407
Jeanneney, Marcel 447, 548
Jean-Paul II 41
Jean-Pierre, juge 475
Jean-sans-Terre (1167-1216) 77, 79-81
Jeautet, Gabriel 472
Jecker 637
Jefferson, Thomas 604
Jésuites 124, 132, 154, 156, 193, 214, 269, 489, 653
Jésus-Christ (4 av. J.-C.) 15
Jeux interdits de René Clément 369
Joannon, Léo 387
Joffre, général 317, 334-337, 544
Joinville (1225-1317) 59, 88
Joly de Flemy 202
Jongkind 584
Jonnart 312
Jordanis 39
Joris, André 72
Jospin, Lionel 339, 456, 463-464, 474, 629, 710
Joubert, général 233
Jouhaud général 443
Jouhaux, Léon 360
Jour se lève (le) 674
Jourdan, Annie 233, 237
Jourdan, général 233, 235
Joxe, Pierre 451, 463-464, 473-475, 477, 549
Juan Carlos 553
Juarez 293-294
Judith 53
Juillard, Jacques 662
Juin général 392-393, 429
Jules et Jim 672
Jules II, pape 133
Julien de la Drome 222
Junot, général 250
Juppé, Alain 456, 463-464
Juvenal des Ursins 105

K

Kafka, Franz 587
Kahn, Albert 690
Kanapa, Jean 669
Kandinski 348
Kant, Emmanuel 195, 258, 498
Kantorowicz 541
Kaplan, SL 660
Kautski, Karl 278, 333, 486, 498
Kellermann, fils du vainqueur de Valmy 246
Kellogg, Frank 350
Kelly, Grace 582
Kerenski, Alexandre 230
Kerillis, Henri de 364, 376, 706
Kessel, Joseph 401
Khrouchtchev 458
Kissinger, Henry 265
Klappisch-Zuber, Christiane 542
Klarsfeld, Serge 475
Kléber, général 10, 236, 242
Klopstock, FK 497
Klotz 349
Kniebeler, Yvonne 625
Knock, de Jules Romains 582
Koch 498, 591
Koenig général 379, 401, 410
Kohl Chancelier 477, 499
Koja 529
Kollontai, Alexandra 622
Kossmann, Ernst 162
Koutouzov, général 247, 252
Kozintsev et Trauberg 297
Kraemer, FW et Rosmer, F 682

Kravchenko, Viktor 411, 457
Kriegel, Annie 413
Kubrick, Stanley 338

L

L'Amant de Marguerite Duras et J.-J. Annaud 691
L'Astrée (Honoré d'Urfé) 163
L'Utopie Thomas More 122
L'Éducation sentimentale 283
La Boétie 146
La Bruyère 170, 178, 196, 559, 563
La Chambre, Guy 546
La Fayette 199, 207, 211, 214-216, 218-219, 221, 223, 648
La Fontaine 170, 183
La Franciade 124
La Garçonne 581
La Laurencie général 383
La Motte, madame de 200
La Reynie, intendant de police 182
La Renaudie 139
La République, de J. Bodin 124
La Rochefoucault, marquis de Talhouet 173, 193, 304, 313
La Source 222
La Traversée de Paris 370, 396
La Tremoille 108, 150
Labrouste 586
Lacan, Jacques 671
Lacarry, père 17
Lacombe Lucien 675
Lacordaire 284
Lacoste, Robert 405, 433-435, 437-438, 646, 690
Lacouture, Jean 392
Lachiver, Marcel 179
Laennec 589-590
Lafargue, Paul 345
Laffemas, Barthelemy d' 174
Laffite, banquier 267, 269-270, 305
Lafont, Robert 525
Lagaillarde 437-438, 441-442
Lagny 74
Lakhdar Hamina, Mohammed 708
Lallier, Christian 587, 589-590
Lally, Tolendal 190
Lamarck général 270, 361, 457, 472
Lamartine, Alphonse de 216, 262-263, 668
Lamaze, Fernand 610
Lamballe, princesse de 222, 608
Lambert-Ribot 360
Lamennais 490, 649, 668
Lamoignon, garde des Sceaux 203-204
Lamont, Mich et Thevenot, Laurent 539
Lamothe 216
Lamoureux, Robert 370
Lancaster 112
Lancelot 59, 561
Lanfranc, abbé 54
Lang, Jack 474, 584
Langlois, Henri 447
Languedoc 28, 72, 81-82, 103, 176, 508-511, 567, 579
Lanvin 581-582
Laperrine, général 309
Lapie, P. O. 379
Laprade, Victor 316
Laroque, Pierre 405
Las Cases 257
Lattre de Tassigny, général de 392, 646
Launay, de 208-209
Laurens, Henry 235
Laval, Pierre 350, 353, 355, 357-358, 367, 372, 374-376, 381-386, 388, 392, 395-396, 646, 688
Lavedan, Henri 343
Lavigerie, cardinal (1825-1892) 10, 294
Lavisse, Ernest (1842-1922) 9, 85, 244, 317, 521, 677
Lawrence, D. H. 342
Lazare, Bernard 320
Le Barzy, Charles 149
Le Bas 227-228
Le Beau Serge 672
Le Bled de Jean Renoir 674, 691
Le Bras, Hervé 579
Le Brun 174
Le Chapelier 216, 274, 660
Le Cor (d'Alfred de Vigny) 50
Le Goff, Jacques 43, 76, 88-89, 570
Le Nain 183
Le Pen, Jean-Marie 443, 456, 459, 462, 474, 481, 537, 646, 656, 678
Le petit Français (Charles Bigot) 33
Le Play 632
Le Prince 122, 160
Le Tellier 167, 177, 183
Le Troquer, André 374
Le Vigan 690
Le Voile bleu 387
Leahy, amiral 384
Lebœuf, général 295
Lebreton, Théodore 636
Lebrun, consul 238-239
Lebrun, Albert 356-357, 373, 375-376
Leca, Dominique 372, 376
Lecanuet, Jean 460
Leclerc général 379, 401, 410
Leclerc, Ginette 387
Lecomte et Thomas, généraux fusillés 298
Ledru, Rollin 282, 284-285, 325, 649
Lefebvre d'Étaple 122, 129, 485
Lefebvre, Georges 238-239, 244
Lefranc, Pierre 439
Léger, Alexis 379
Lehideux, François 384, 395, 685
Lemaitre, Jules 324
Lemarque, Francis 531
Lénine, v. Ilitch 192, 231, 233, 268, 288, 297, 347, 452, 650, 663, 684, 703
Lenoir 190
Léon III, pape (795-816) 52
Léon IV, pape (847-855) 67
Leon X 122, 124, 126-127, 149-151
Léon XIII 490-491
Leonard de Vinci 122
Leonard, gouverneur 430-431
Léopold de Belgique 196, 366
Leopold, empereur 217-218
Lequin, Yves 628
Leroy-Beaulieu, Anatole 317, 639
Leroy-Ladurie Emmanuel 505
Les Amours, de Ronsard 123
Les Cathares, Alain Decaux et S. Lorenzi 84
Les Misères du Temps de Ronsard 123
Lescot, Pierre 647
Lespinasse, Mademoiselle de 621
Lesseps, Ferdinand de 276, 291, 293, 306, 434
Lessing 495
Leszczynski, Stanislas 500, 516
Lettres persanes 198

Levelsky, colonel 312
Lévi-Strauss, Claude 671
Levy, Bernard-Henri 683
Liaisons dangereuses (les) 279
Liebknecht, Karl 703
Lieux de Mémoires 677
Lifari, Serge 394, 401
Limes 19, 35, 66
Limousin 80, 110, 567, 597
Lindet 227
Lionne, Hugues de 167
Littré 609
Lindet, Robert 232
Lloyd, George 336
Locke, John 196-198, 212, 495, 647, 713
Lolobridgida, Gina 584
Lombardie, Lombards 45, 92
Lomenie de Brienne 203-204, 648
Longueville (duchesse de) 164-165
Lorenzi, Stello 84, 682
Loriot, Fernand 346
Lorraine 40, 54, 87, 114, 140-141, 150, 153, 172, 184, 289, 300-301, 307, 317-318, 496, 515-516, 519, 571, 579, 597, 608, 657, 677
Lot, Ferdinand 34
Lothaire 54
Lothaire I (795-855) 45
Loti, Pierre 607
Loubet, Émile 323
Louis, Blanc 270, 272, 277, 282-284, 650, 661
Louis d'Orléans 94
Louis de Bourbon 105
Louis, J. 261, 290, 497
Louis, Joe 538
Louis le Germanique (804-876) 54
Louis le Pieux (778-840) 45, 53
Louis VI le Gros (1081-1137) 58, 65, 74, 77, 540
Louis VII le Jeune (1120-1180) 58, 74, 77-79, 541
Louis VIII (1187-1226) 59, 77, 82, 85, 97, 508, 542
Louis X le Hutin (1289-1316) 59, 92-93
Louis XI 117-119, 122, 133-134, 169
Louis XI (1423-1483) 21, 106, 114, 116, 118, 519
Louis XII 120, 122, 133, 519, 630
Louis XIII 156, 158-159, 176-177, 489, 510, 543, 562
Louis XIV (1638-1715) 55, 148, 155, 157, 161-163, 166-170, 172-173, 175-176, 178, 180, 182-185, 189, 193, 195-198, 249, 370, 489, 496, 508, 515, 520, 562, 583, 606, 680
Louis XV 173, 183, 186, 192, 199, 489, 498, 500, 516, 522, 563, 587
Louis XVI (1754-1793) 10, 200, 203-204, 207-208, 211, 214-217, 219-220, 223, 231, 242, 254-255, 543, 600, 646
Louis XVIII (1755-1824) 239-240, 254-256, 259, 265-267, 270, 501-502, 517, 668
Louis, Pierre 591, 601
Louise de Savoie 135
Louise, de G. Charpentier 324
Louis-Napoléon (Napoléon III) 241, 270, 276, 284-296, 298-301, 303, 307, 312, 511, 513-514, 584-585, 649-651, 662
Louis-Philippe 264, 268-271, 281, 290, 300, 302, 548, 623, 702
Louvet 227
Louvois 167, 176, 182-184
Loyola Ignace de 123, 132, 486
Luchaire, Jean 403
Lulli 173, 583
Lumbroso 594
Luna, Pierre de 104
Lurçat, André 414
Luther 538
Luther, Martin 122, 126, 128-131, 160, 485
Lutte des classes en France, la, de Karl Marx 288
Luxembourg 114, 183, 515
Luxembourg, maréchal de 182, 184
Luxembourg, Rosa 655
Lyautey, général 309, 311, 318, 658

M

Mably, abbé 196, 678
Mac Mahon, général 301, 303
Macdonald, général 253
Macé, Jean 657
Macias, Enrico 534
Mack, général 247
Mâconnais 61
Madelin, André 470
Madelin, Louis 673
Madelon (la) 703
Maginot, André 351
Mahomet (570 ou 580-632) 67
Maïakovski 279, 348
Maillotins 94
Mainbourg, Louis 69
Maine 81, 89, 98, 122
Maintenon, madame de (veuve Scaron) 183, 185-186
Maire, Edmond 450
Mais où est passée la 7e compagnie ? 370
Maison Tellier (la) 624
Maistre, Joseph de 240, 279, 611
Malade imaginaire, le, de Molière 183
Malenkov 458
Malesherbes 178, 180, 195 223, 653
Malle, Louis 675
Mallet 306
Mallet de Pan 200
Malraux, André 361, 447, 674
Malthus 277-278, 570
Man, Henri de 684
Mandat 220
Mandel, Georges 363, 368, 373, 402, 655
Manès 36
Manet 584
Mangin, général 350
Manuel 266-267
Mao Tse Toung 424, 458, 462
Marat, Jean-Paul 215, 218, 220-223, 649, 666
Marchais, Georges 449, 458, 648
Marchand 255
Marco Polo (1254-1324) 59
Marès, Jean de 103
Margolin, Pierre 415
Margot, la reine 140-141, 145
Marguerite d'Autriche 135, 139
Marguerite de Navarre 129
Marguerite de Valois 141, 145
Marguerite, épouse de Louis X 92-93
Marguerite, Victor 581
Mariage de Figaro 201, 279
Marie, André 429, 472-473
Marie de Médicis 155-156, 158-159, 307

Marie Stuart 123, 140
Marie Thérèse d'Espagne 182
Marie Tudor 136
Marie, ministre 283
Marie-Antoinette 200-201, 203, 215, 217, 608
Marie-Louise d'Autriche 243, 253, 255, 259
Marie-Thérèse d'Autriche 200, 516
Marie-Thérèse d'Espagne 157
Marie-Thérèse de France 608
Marigny 235
Marillac 158-159, 161, 176, 396
Marin, Louis 373
Marinetti 342, 348
Marion Delorme, de Victor Hugo 302
Maritain, Jacques 695
Marivaux 186-187, 630
Marmont, général 246-247, 254, 268
Marmousets 104
Marot, Clément 130
Marquet, Adrien 375
Marrast, Armand 282
Marseillaise (la) de Jean Renoir 673
Marseillaise, la 218, 254, 295, 299, 702-704, 706
Marseille (Massilia) 26, 28, 30, 33-34, 61, 181, 527, 575
Marshall plan 407, 413, 416-417, 458, 480
Marsile de Padoue (1275-1342) 72, 489
Martin Dr 437, 439
Martin, Henri 425
Martin, Henri, écrivain 677
Martin, industriel 305
Martin, Jean-Claude 231
Martinaud-Deplat 427-428
Marty, André 412, 687
Marx, Karl 196, 264, 271, 273, 285, 297, 498, 504, 555, 571 680
Mascuraud, Alfred 306
Maspéro, François 670
Masséna, général 236
Masson, André 472
Massu général 433, 438, 439, 441, 451, 693
Mathurins (Cloître des) 104
Matthieu, Paris 88
Maugeou, chancelier 197
Maulnier, Thierry 355, 364, 684
Maupassant, Guy de 624
Maupertuis 485
Mauriac, François 403, 436, 451, 669, 695
Maurice de Saxe 197, 498
Mauroy, Pierre 459, 462-465, 469, 473-474, 550, 647, 704
Maurras, Charles 318, 322, 354, 356, 358, 386, 402, 537, 653, 682-685
Manstein, general von 342
Maximes, de la Rochefoucault 173
Maximien (250-310) 36
Maximilien 118, 122, 133-135, 519
Maximilien d'Autriche, empereur du Mexique 294
Mayer, Armand 681
Mayer, Daniel 401, 473
Mayer, René 427
Mazarin 155-156, 161-165, 167, 170, 179, 193, 526, 589
Mazarine, fille de François Mitterrand 475
Mazzini 452
Mein Kampf 705
Melchiorisme 131
Méliès 674, 682
Meline 323-324
Melville, Jean-Pierre 674
Mémoire au roi, de Carnot 255
Mémoire pour l'année 1661 166
Mendes France, Pierre 374, 405, 415, 422, 425, 429-433, 435, 438, 451, 455, 472-474, 648-649
Mendras, Henri 569
Menetrel docteur 386
Menger, P.M. 588
Mercadier 80
Mercator, Isidor (1512-1594) 53
Merci 157
Mercier, Gaston 654
Mercier, général 319, 322
Mercœur, duc de 153
Mérimée, Prosper 523, 607
Merle, Robert 369
Mérovée (458) 40
Mérovingiens 40, 43, 45, 50, 53, 60
Mery, Jean-Claude 479
Meschinot, Jean 115
Mesliand 328
Messali, Hadj 433, 441, 692
Messian, Olivier 584
Messier, Jean-Marie 710
Messieurs les Ronds de cuir 329
Metternich 251, 253
Meung, Jean de 26, 59
Meyer, Jean 188
Meyerhold 279
Mezerey 676
Michel de l'Hospital 121, 123, 139
Michel, Louise 625
Michel-Chevalier 290
Michelet, Jules 90, 98-99, 104, 112, 144, 181, 183, 656, 676
Michelin 352, 395, 599
Michels, Charles 689
Mickiewicz, Adam 510, 528
Mieville, Anne-marie 705
Millet, Kate 629
Milo, Daniel 702
Milocz, Czeslaw 529
Minnesänger 519
Mirabeau 207-208, 211, 214-215, 220, 229, 498, 680
Mirabeau, banquier 306
Miro, Antoine 695
Miroirs (des Princes) 86
Misérables, les, Victor Hugo 303, 636
Mistral, Frédéric 566
Mitterrand, François 404, 428, 430-433, 438, 446, 451, 456, 459, 462-464, 471, 473-478, 481, 493, 499, 544, 585, 588, 646, 650
Moch, Jules 457
Mohamed V, sultan du Maroc 429, 432
Moi, Pierre Rivière 592, 602
Molay, Jacques de 90-91
Molet, général 250
Molière 173, 182-183, 196, 280, 495, 620, 630, 702
Molina, Giovanni di 110
Mollet, Guy 406, 429-430, 432-433, 435-436, 438, 445, 472-473, 534
Molotov 365, 416
Moltke, général 334
Momigliano, Arnoldo 10, 392
Mommsen Théodore (1817-1903) 54
Monate, Gérard 479
Monet 584
Monge 235
Moniage Guillaume 72-73

Monnerville, Gaston 446
Monnet, Jean 377-379, 393, 407, 414-418, 421, 480, 546, 646
Monsieur Bergeret à Paris 657
Montagnac (de), colonel 693
Montaigne 124
Montalembert 287
Montand, Yves 587
Montcalm 190-191
Montcey, général 250
Montehus 703
Montesquieu, Charles de Secondat (1689-1755) 11, 34, 193, 196-199, 279, 554, 621
Montfort, dynastie des 519
Montlhéry, sire de 77
Montlosier, comte de 652
Montluc 138, 145-146
Montmorency 137-138, 141, 508
Montpensier (Melle de) 165
Montrevel, maréchal 178
Montsabert 203
Moreau, Jeanne 140
Moreau, général 233, 235, 237, 239-240, 242, 250
Morès, marquis de 681
Morgues, Mathieu de 161
Morlay, Gaby 387
Morny, duc de 286, 545
Mort en fraude 691
Mortara (affaire) 652
Motchane, Didier 473
Malet-Isaac 693
Moulin, Jean 389, 391, 396, 398, 401
Mounier, Emmanuel 355, 645, 669
Mounier, Jean-Joseph (1758-1806) 203, 207, 210-212, 214, 229
Moutet, Marius 646
Mumurra 31, 295
Mun, Albert de 651
Murat 252
Murat, général 248-249, 252-253
Murphy général 384, 390
Mus, Paul 398
Muselier amiral 379
Musset, Alfred de 262
Mussolini, Benito 290, 350-352, 354, 361, 363-364, 368, 486, 528, 683-684

N

Naegelen, René 646
Nallet, Henri 478
Napoléon 107, 189, 242-244, 246-256, 258-259, 262, 265-266, 288, 290, 299, 373, 382, 490, 494, 497-498, 501, 503, 517, 625, 632, 656, 670, 680, 706
Napoléon d'Abel Gance 673
Naquet, loi 628, 632
Narbonne, ministre de la guerre 217
Nasser, Gamal Abdel 13, 70, 432-436, 495
Navarre général 425
Necker 169, 201-202, 208-209, 211, 214, 230
Necker (hôpital) 589, 599
Nehru, Pandit 436
Nelson, amiral 236, 242
Neuhoff, Theodore de 522
Neuwirth, Lucien 438-439, 466
Nevski, Alexandre 59
Newton 196, 198
Ney, général 253, 256, 266
Nguyen-anh, roi de l'Annam 312
Nibelungen 39, 519
Nice 511, 513-514
Nicolas II 204, 229
Nicomède 164
Nivelle, général 335, 338
Nizan, Paul 355
Noailles, duc de 176
Noailles, vicomte de 210
Nobel (prix) 591, 602
Nogaret (1260-1313) 71, 91
Noguès général 379
Nonguet, Lucien et Zecca, Ferdinand 682
Nora, P. 677
Nora, S., Minc, A., (rapport) 462
Normands, Normandie 56-57, 60, 64, 507, 573
Norodom, roi du Cambodge 293
Notker le Bègue (940-1008) 47
Noury, Saïd 435
Nouvelle Babylone, la 297
Nouvelles Ecclesiastiques 194, 621, 660

O

O Salto de Christian de Chalonges 529
O'connor, Feargus 274
Oberg 389
Oberkampf 636
Obermann, de Senancour 279
Obsèques de la Lionne, de La Fontaine 170
Odilon, abbé de Cluny 61
Odin, Jean 376
Oldenbourg Zoé 84
Olivarès 161, 550
Oliver Twist 636
Ollivier, Emile 289, 295
Omayiades 45
Opera de quat'sous 348-349
Ophüls, Marcel 394-395, 674
Opinel 513
Orich, roi scandinave 56
Orléan, André 714
Ortiz 441
Ory Pascal 404
Ossian 280
Oswald, Richard 682
Othon IV de Bourgogne 92
Otton IV de Brunswick (1174-1218) 81
Oustric 356
Ozouf, Jacques 596, 644
Ozouf, Mona 621, 678

P

Pabst 342, 348
Paine, Thomas 274, 704
Painlevé, Paul 335
Palatine (princesse), Madame 172
Palewski, Gaston 368, 439
Pamiers 91
Pannequin, Roger 414
Pantagruel de Rabelais 123
Paoli, Pascal 522-523
Paquis Jean-Herold 403
Paradis perdu 342
Pardaillan de M. Zevaco 144-145
Paris 39, 56, 74-75, 81, 94, 101, 155, 182, 195, 203, 585-586
Paris et le désert français 525
Paris, frères 187
Particelli d'Emery 163
Pascal III, pape (1164-1168) 48
Pascal, Blaise 173, 193, 611, 667
Pasqua, Charles 454, 464, 481
Pasquier, Étienne 9-10
Passage du Rhin (le) 499

Pasteur, Louis 261, 268, 589, 591
Pastoralet 113
Pastoureaux (mouvement des) 85
Patch général 399
Pathé 690
Patin, Guy 589
Paul et Virginie 279
Paul III 132
Paul, Marcel 405, 655
Paulhan, Jean 403
Pavie 122, 309
Pavlov 610
Paxton, Robert 546, 685
Pays-Bas 114, 134-135, 146, 177-178, 197, 261
Pean, Pierre 475
Pech, Remy 329
Pecqueur 656
Pedro, roi du Portugal 250
Pedroncini, Guy 338
Peguy, Charles 342, 677, 681, 683
Pelat, Roger-patrice 475-476
Peléas et Mélisandre 584
Pelissier, général 310
Pépé le Moko 587, 692
Pepin le Bref (714-768) 45, 48, 51, 240
Perceval 59, 637
Père Joseph 156
Pereire 291-292, 304-305, 530, 572, 654
Pergolèse 667
Périgord 80, 87
Perillier président général 427-428
Perrault, Claude 589
Perret-Olivier 306
Perrot, Michèle 346, 413
Pershing, général 340
Persigny 286
Peste (la) 694
Pétain, général 33, 98, 335, 337-338, 340-342, 354, 362-363, 369-376, 381-391, 397, 399, 402-403, 408, 472, 518, 521, 633, 652, 654-655, 658, 681, 683, 685, 705
Petion 214-215
Petit soldat (le) 672
Pétrarque 104, 701
Peugeot, Pierre 305
Peyrefitte, Alain 437, 439, 449, 451
Peyrouton, Marcel 383
Pflimlin, Pierre 438, 445
Phèdre, de Racine 183
Philip, André 391-392
Philippe de Dreux 80
Philippe II, Auguste (1165-1223) 59, 70-71, 77, 79-82, 542
Philippe II, roi d'Espagne (1527-1598) 67, 135, 140-141, 148-151, 170, 188-189
Philippe III le Hardi (1245-1285) 59, 112, 114
Philippe IV d'Espagne 157, 510
Philippe IV le Bel (1268-1314) 17, 488, 561, 678
Philippe V (1294-1322) 59, 68-69, 92-93
Philippe V d'Espagne 184
Philippe VI de Valois (1293-1350) 59, 77, 93-94, 96-98, 519
Philippe le Beau 118
Philippe le Bon 106, 110, 113-115, 117
Philippe, duc de Bourgogne 94
Pic de la Mirandole 122
Picabia 348
Picardie 28, 72-73, 118, 156, 174
Picasso, Pablo 348, 458, 529, 581, 585, 645, 668
Pichegru, général 233, 239-240, 242
Picon, Gaetan 584
Picquart, colonel 320
Pie VI 215, 230
Pie VII 240, 489
Pie IX 490
Pie XII 367, 490-491
Pierre-le-Grand 11, 168, 500, 503
Pierrot le fou 672
Pigneau de Behaine 312
Piketty, Guillaume 391, 394
Pinay, Antoine 422, 427, 429, 446, 473
Pineau, Christian 390-391, 432
Pinel 590, 600, 614, 636, 654, 668
Pinhol, Jean-Luc 626
Pinkus, docteur 610, 628
Pirenne, Henri (1862-1935) 34, 52
Pissaro, Camille 584
Pitt William 242
Pivert, Marceau 361, 403, 410
Plakhanov, Georges 663
Planchon, Georges 495
Plantagenêts 71, 77, 79-82, 93, 98, 487, 507, 519
Platon amiral 387
Plekhanov, Georges 486
Plessis, A. 290
Plessis-Praslin Monseigneur de 165
Pleven, René 379, 405-406, 422, 428-429, 472, 646, 690
Poincaré, Raymond 330, 333, 349-352, 354
Poinso-Chapuis 422
Poiret, Paul 581
Poitou 27, 64, 81, 98, 138, 150, 165, 167, 230, 579, 630
Polanyi, Karl 261
Polignac, prince de 267-268
Politzer, Georges 403, 688
Pomaret, Charles 375
Pompée (106-48) 33
Pompidou, Georges 443, 446-447, 449-451, 464, 467, 480, 544, 577, 585, 645, 648
Poniatovski, général 253
Ponson du Terrail 145
Portalis 245
Portes de la nuit (les) 587
Posidonios (135-45 ?) 28
Postel-Vinay, G. 567
Postumus (+267) 26
Pottier, Eugène 274, 703
Pouchkine 244
Poujade, Pierre 521
Poujade, Robert 454, 463-464, 474, 481
Poulmarch 689
Pour l'exemple, de Joseph Losey 343
Prélude à l'après-midi d'un faune 583
Prestley, Elvis 453
Prieur de la Côte d'Or 227
Prim, premier ministre espagnol 296
Prince Eugène 185
Prince noir 98
Prochasson 344
Prologue de Robert Spry 633
Propos rutiques 559
Proudhon 270, 275, 277-278, 285, 297, 625, 653, 656, 668
Prouvost, frères 305

Provence 28, 60, 89, 115, 118, 123, 130, 150, 230, 514, 566-567, 610
Provinciales, les, de Pascal 182, 193
Prudhomme, Sully 314, 656
Psaumes (Clément Marot) 130
Puaux, Gabriel 427
Pucheu 98
Puvis de Chavanne (1824-1898) 40

Q

Quadrilogue invectif 109
Quai des brumes 666, 674
Quarante-cinq (les) 149
Quatre Sergents de la Rochelle 266
Quatre-vingt-treize de V. Hugo 673
Que faire ?, de Lénine 288, 650
Queneau, Raymond 587
Quercy 146, 167, 180
Quesnay 570
Question (la) de L. Heynemann 692
Queuille, Henri 422, 429, 431
Quicherat 676
Quilès, Paul 474
Quinet, Edgar 649

R

Rabelais, François 123
Rachid, Ali 384
Racine 173, 183, 196, 263, 495, 702
Radiguet, Raymond 342
Ragnar, Lodbrok 56
Raimond d'Aquitaine 78, 507
Rais, Gilles de 110
Rajk, L. 457, 504
Ramadier, Paul 375, 405, 411-412, 415, 422, 427, 472, 663
Rambervilliers, Alphonse de 153, 170
Rameau 583, 667
Ramel, général 266, 648
Ramsay, Macdonald 350, 687
RAS d'Yves Boisset 692
Raspail 284-285
Rassinier, Paul 686
Ravachol 329
Ravaillac, François 152-154
Ravanel, Serge 401
Ray, Nicolas 453
Raymond VI de Toulouse 82, 84
Raynal, abbé 195
Rebatet, Lucien 669
Régent, le 186, 189
Regis, Marcel 374
Règle du Jeu (la) 674
Reichstadt duc de 382
Reinach, Salomon 307
Reine margot (La) d'Alexandre Dumas 144-145, 527
Remarque, E. M. 342
Remi, évêque de Reims (437-533) 40-41, 67-68, 71, 75, 90, 105
Remond, René 490, 647, 650, 652
Rémy colonel 391
Renan, Ernest (1823-1892) 683
Renard, Jules 323
Renart, Georges 344
Renaudot, Theophraste 160
Renault, Louis 395, 413
René, de Châteaubriand 279
Renoir, Jean 655, 673-674, 691
Renouvier, Charles 302, 644
Resnais, Alain 674
Restif de la Bretonne 186
Retz, cardinal de 163
Reubell 233
Rêve le, de Dali 348
Revel, J. 53, 671
Reynaud, Paul 353, 363, 368-369, 372-377, 382, 387, 402, 422, 446, 645, 687
Ribbentrop, von 365, 383
Ribot, Alexandre 335
Ricardo 276, 571
Ricci, Nina 528
Richard Cœur de Lion (1157-1199) 59, 65, 77, 79-80
Richard II (1367-1400) 21, 492
Richard II de Shakespeare 495
Richard-Lenoir 636
Riché, Pierre 47
Richelieu 155-162, 167-168, 176, 179, 193, 489, 501, 510, 572
Richemont 108
Richer 60
Rigaud, Hyacinthe 511
Rioux, Jean-Pierre 404
Ripert, ministre de l'Éducation nationale 383, 397
Rivarol 229, 666
Rivière, commandant 313
Robert d'Artois 85
Robert II d'Artois 92-93
Robert le Coq, évêque de Laon 101
Robert le Pieux (970-1031) 58, 60, 86
Robert, fils de Charles d'Anjou 89
Robertiens 46, 60
Robespierre, Maximilien 216-217, 219-220, 239, 543, 606, 649-650, 673
Robuchon 603
Rocard, Michel 450
Roche-Aymon, comte de 266
Rochefort, Henri 318, 321
Rochet-Schneider 305
Rocque, colonel de la 355, 357
Rodin, Auguste 98
Roederer 237
Roer, Alexandre de 48
Roger-Ducos 237-238
Rogier, Maître 427
Rohan, Henri de 508, 698
Rohan, cardinal de 200
Rol Tanguy, général 401
Roland 12, 50, 217
Rolland, Romain 324, 344, 355, 583
Rollon (860-933) 56
Romains, Jules 342
Romance, Viviane 387
Romanov 170
Rome 11, 27, 52, 104
Ronsard, Pierre de (1524-1585) 123, 661
Roosevelt, Franklin 367, 426
Rops, Daniel 669
Rosanvallon, Pierre 270, 595
Rossel, Louis 299
Rossini 324
Rostopchine 251
Rothschild 291, 304-306, 531, 654
Rouergue 146, 180, 516
Rouget de Lisle 218-219
Rouher 286, 291, 545
Rouquier, Georges 569
Rousseau, Jean-Jacques (1712-1778) 12, 196, 200, 214, 516, 522, 538, 582-584, 601, 621, 625, 667, 702, 713
Rousselier, Danielle 691
Rousset, David 457
Roussillon 28, 55, 100, 103, 118, 146, 169, 505, 510-511, 516
Roux, Louis 55

Roux, Jacques 218, 223, 649
Rovan, Joseph 496
Roy, Claude 401
Royer Collard 268
Rubens 114
Ruée vers l'or (la) 577
Rulhière, Claude de 197
Rundstaedt, général von 404
Ruscio, Alain 694
Russel, Bertrand 342
Ryswick, traité de 184

S

Sadate 462
Sagan, Françoise 672
Sagnes, Jean 376
Sainrapt et Brice 402
Saint Augustin (345-430) 26, 37, 42, 67, 620
Saint Benoît 42, 51, 61, 76, 570
Saint Benoît d'Aniane 61
Saint Bernard (de Clairvaux) 58, 76
Saint Boniface 42, 51
Saint Culomban 61
Saint Denis 74
Saint Éloi 51
Saint Étienne de Caen 56
Saint Germain en Laye 185
Saint Honorat 42
Saint Jacques de Compostelle 48
Saint Just 223, 225-228, 631, 649, 703
Saint Louis 10, 59, 70, 82, 85-89, 91, 148, 375, 508, 542, 561
Saint Marc, Girardin 272
Saint Paul 631
Saint Pierre, abbé 257
Saint Simon, duc de 172, 184-185, 258, 264, 266, 273-276, 389, 650, 661, 668
Saint Simon 555, 571
Saint-Arnaud, général 286
Sainte Blandine 36
Sainte Corneille (monastère de) 99
Sainte Geneviève 10, 39
Sainte Geneviève, abbaye de 76, 79
Sainte Thérèse d'Avila 132
Sainteny, Jean 423
Saintonge 87
Sakharov 204, 504
Sakou-Touré 441
Saladin 80
Saladin, film de Youssef Chahine 70
Salah Ben Youssef 428
Salaire de la peur (le) 587
Salan général 425, 437-439, 443
Salazar 361, 386
Salisbury, Lord 311
Sand, George 281, 611, 622, 625, 656, 668
Sandheer, colonel 319-320
Sangnier, Marc 355, 376
Santerre 220, 222
Saône 40
Sarraut, Albert 361, 523
Sartre, Jean-Paul 403, 425, 458, 462
Satire Menippée 151
Sauvageot, Jacques 448
Savonarole 122, 133
Savinkov 486
Savoie 12, 136, 140, 150, 184-185, 511-512, 516, 577
Say, Léon 306, 323, 653
Scapini, Georges 396
Scheurer-Kestner 320
Schiaffino 437
Schiaparelli 528
Schiller 280
Schlieffen, plan 334, 342, 369
Schmidt chancelier 468
Schmidt, Paul 383
Schnapper, D. 537
Schneider 304, 395
Schoelcher, Victor 286-287, 291
Schœndorffer 690-691
Schomberg, maréchal de 158
Schubert 324
Schuman, Robert 364, 406, 418, 422, 425, 427-428, 460, 472, 480, 494, 546
Schumann, Maurice 407, 409, 410, 583
Schwartz, Laurent 670
Schwarzenberg, général 253-254, 284
Schwarzkoppen, Maximilien von 319-320
Scott, John 572
Scott, Walter 280
Scudéry, madame de 621
Seguin, Philippe 110, 454, 464, 481
Ségur, comte de 197, 202
Seigneley 189
Seignobos, Charles 296
Seillière 306
Seize les 148-149
Semaine sainte, la, de Louis Aragon 257
Semelin, Jacques 397
Semmelweis 593
Semprun, Jorge 514, 529
Senghor, Leopold 440
Sentiers de la Gloire (les) 338
Serigny, Alain de 438-440
Servan 217
Servet, Michel 123
Sévigné, madame de 614
Shakespeare 107, 280, 495, 504, 702
Siberg, Jean 690-691
Sidoine, Apollinaire (432-480) 38, 43, 604
Sieburg, Friedrich 705-706
Siéyès, abbé (1748-1836) 17, 207, 214, 235-237, 548, 648, 666
Sigismond 114, 118, 497
Simenon, Georges 702
Simon, Jules 637, 649
Sismondi 101, 571, 661
Sixte IV 127
Slansky, R. 457, 504
Sluter, Claus 114
Socialisme ou Barbarie 670, 709
Soekarno 436
Soissons 40
Soljénitsyne, Alexandre 458, 504
Somerville, amiral 381
Sorel, Agnès 117
Sorel, Georges 651, 658, 681
Sorlin, Pierre 655, 692
Soubise, pasteur 654
Soult, général 236, 250
Soustelle, Jacques 355, 410, 430-433, 437-443
Souvarine, Boris 346
Souvenirs de Cournot 255
Spartacus 554
Spartakus 703
Spears, Edward 375
Spinasse, Charles 374, 646
Spinoza 199
Staël, madame de 217, 220-228, 231, 238-239, 261, 279, 373, 498, 623, 650

Staline 229, 231, 344, 361-362, 365, 390, 412, 458, 502, 669, 687-688, 704
Stavisky 356
Stelli, Jean 387
Stendhal 280, 495, 607, 624, 656
Stibbe Maître 430
Storch 199
Strabon (63 av. J.-C.-20 ap. J.-C.) 27-28
Strasbourg 178, 182, 184, 404, 515-519
Strawinski 324
Stresemann 350-351
Stuart, Mill 628
Suarez, Georges 403
Suchet, général 246
Sue, Eugène (1804-1857) 17, 230, 637
Suétone (70-122) 48, 242
Suger, abbé (1081-1153) 74-75, 507
Suisse 11, 44, 54, 118, 122, 130, 178, 199, 511-512
Sulla ou Sylla (138-78 av. J.-C.) 28
Sully 152-153, 176, 562
Surena, de Corneille 183
Swift 196
Syagrius 40, 41
Sylvestre II, pape (999-1003) 71

T

Tacite 224
Tackett, T. et Langlois, Cl. 230
Taillebourg 85
Taillevent 603
Taine, Hippolyte 683
Talabot 305
Talbot 112, 117
Talleyrand, évêque d'Autun 207, 212, 230, 235, 240-241, 250-251, 253-254, 265-266, 268
Tallien 227, 232-233
Tanguy de Chatel 106
Tard-avisés, révolte des 180
Tardieu, André 350-357, 362, 386
Tartuffe, de Molière 182
Tavernier, Bertrand 186, 671, 675, 692
Taylor 576
Tchang-kai-Tchek 423
Tchekov, Anton 504
Templiers, ordre des 59, 90-93
Temps modernes (Les) 576
Tenon 590, 599-600, 629
Thadden, Rudolf von 538
Thalamas (affaire) 677
Thatcher, Margaret 469
Theis, Laurent 60, 140
Theodoric, roi des Ostrogoths (455-526) 38
Theot, Catherine 220, 227
Théry, Irène 634
Thevenot, v. Lamont
Thibaudet, Albert 264, 645, 683
Thiers, Adolphe 268-270, 285-286, 289, 296-300, 648
Thobie J. 311
Thomas d'Aquin (1225-1274) 59, 620
Thomazo colonel 437
Thorez, Maurice 267, 278, 360, 412-414, 648, 662, 689, 690
Tillion, Germaine 398
Tilly général 156, 176-177
Timbaud, Jean-Pierre 689
Tirpitz, amiral 335
Tite-Live (59 av. J.-C.-17 ap. J.-C.) 27
Tito maréchal 457, 504
Tixier, Adrien 391
Tixier-Vignacourt 646
Tocqueville, A. de 259, 272, 281-282, 284, 287-288, 302, 509, 543, 668, 679-680, 693
Todleben 503
Togliatti, P. 458
Tolain, Jean 275
Tolstoï, Leon 244, 504
Tomasini, René 454
Torcy 184
Tosca (la) (de Koch) 674
Tott, baron de 235
Toulouse-Lautrec 328
Touraine 87, 122
Tournai 541
Tournemine, père 17
Tourville, amiral 184
Toussaint-Louverture 192
Tragédie de l'empereur Charlemagne (Tchiloli) 47
Traité des Trois Imposteurs 199
Trajan (53-117) 36
Trauner, Alexandre 587
Traversée de Paris (la) 674
Tréand 687-688
Trinquier colonel 438
Tristan et Iseult 58, 183, 519
Tristan, Flora 274, 435
Trochu, général 297-298
Trois cent-dix-septième section (la) 691
Troisvilles, capitaine des mousquetaires 158
Tronchet 245
Trotski, Leon 204, 655
Trousseau 590, 601
Troyat, Henri 531
Trudaine 174
Truffaut, François 453, 672
Truman, Harry 412, 417
Tsara, Tristan 348-349
Tu Duc, empereur d'Annam 313
Tuchins 94, 102, 105, 108, 114, 117, 203, 508
Tudesq, A. J. 304
Turenne 156-157, 163, 165, 173, 182
Turenne, Henri de 691
Turgot 199, 201-202, 229, 570
Turreau 225

U

Une chante, l'autre pas (l') 629
Urbain II (1042-1099) 58, 67, 541
Urbain IV pape 89
Urbain VI 104
Uri Pierre 415

V

Vache et le prisonnier (La) 499
Vadier 226-227
Vadim, Roger 672
Vaillant-Couturier 355, 689
Valdès, ou Valdo Jean 58, 82, 130, 251, 485
Valensi, L. 696
Valerien (+260) 36
Valéry (Saint) 42
Vallat, Xavier 354, 358, 360, 375, 386, 654
Vallespir 510-511
Vallin, Charles 391, 646
Valluy général 424
Valois 508, 519
Valois, dynastie des 59
Valois, Georges 683-684
Valot 589
Valtin, Jan 457
Van der Weiden 114
Van Dongen 348
Van Eyck 114
Van Gennep 610

Van Ruymbeke 479
Vandamme, général 253
Vanderwelde 350
Varda, Agnès 629
Varende, Jean de la 402
Varga, Eugène 416
Varlet 649
Varlin 297
Vauban 167, 177, 182, 184
Vaudreuil, marquis de 192, 201
Vautier, René 692, 675
Vauzelle 479
Veil, Simone 462, 466, 645
Vendée 224-225, 228, 230-231, 511, 579
Venette, Jean de 100
Vercingétorix 10, 17, 29, 31-33, 50, 54, 176
Verden 52, 54, 60
Verdier, capitaine 695
Vergennes 235
Vergès, Jacques 430
Vergniaud 217, 219, 221, 223
Verley, Patrick 572
Vermandois 64, 77, 80
Verne, Jules 317, 323, 702
Verneuil, Henri 369, 499
Veuillot, Louis 492
Vianson-Ponte Pierre 447
Vicq d'Azur 616
Victoria, reine 170
Vidal-Naquet, Pierre 658, 670
Vie de Saint Louis, par Joinville 59
Vie est à nous (la) 674
Vigarello, Georges 638
Vigie, Marc 190
Vigny, Alfred de (1797-1863) 50, 656
Vigo, Jean 585
Villars, maréchal de 172, 178, 509
Villèle, duc de 265, 267
Villelume colonel 367-368, 372
Villeneuve, amiral 247
Villermé 271, 273
Villermé, *enquête* de 637
Vincennes 90
Vincent d'Indy 324
Vincent de Paul 10
Viollet le Duc 585
Visconti, Valentine 133
Vita Karoli, d'Eginhard 48
Vivarais 180
Vivès, Juan Luis 628
Viviani René, président du Conseil en 1914 625
Volney 666-667
Voltaire 144, 162, 172-173, 183, 185-186, 191, 193, 195-200, 214, 485, 495, 667-668, 676, 702
Voulet-chanoine 693
Vovelle, Michel 617
Vuillemain général 363

W

Waddington 302, 311, 653
Wagner, Richard 324, 396, 498, 583, 706
Wajda, Anton 673
Waldeck-Rousseau 649, 655
Wallenstein général 156
Wallerstein, Immanuel 189, 672
Wargnier (loi) 533
Wargnier, R 691
Warwick 111, 116-117
Washington, Georges 214
Watteau, Antoine (1684-1721) 186
Weber, Eugen 351
Weber, Max 129
Week-end à Zuydcoote 369
Weiss, Louise 626
Wellers, Georges 698
Wellington, général 253, 256
Wendel de 352, 395
West Front 342
Weygand, général 354, 367, 372-374, 377, 379, 384, 386-388, 392, 681
Whistler 584
Widukind (785) 45, 51
Wievorka, Annette 697
Wolfe, James 191
Wordsworth 274
Woronoff D. 576
Worth, Charles 580-581
Wrangel 156-157
Wright, Frances 274
Wycliff, John 102, 492

Y

Yacine, Kateb 536
Yazid 434
Ybarnegaray 377
Yolande d'Aragon 108
Yonnet, Paul 608
York 112

Z

Zacharie, pape (741-752) 42, 51
Zay, Jean 655
Zeldin, Theodore 582
Zeller général 443
Zetkin, Clara 622
Zevaco, Michel 144-145
Zinoviev, A. 506
Zola de S. Lorenzi 682
Zola, Émile 264, 319-324, 351, 554, 584, 651, 653, 668, 702
Zwingli 122, 129, 485
Zytnicki, C. 534

Index thématique

Agriculture 28, 72, 140, 178-180, 248, 328-329, 420-421, 558-570
Alimentation 394, 404-405, 598-604
Anticléricalisme 233, 325, 508-509, 642, 651-653
Antisémitisme 319-322, 386, 654-656
Arts 74-75, 115, 135, 170, 186, 324, 582-586
Augustinisme 37
Banque, finances 187, 201, 291, 304-308, 352, 356, 395, 567-568, 711, 714
Centralisation 102, 160, 169, 245, 539-540, 544-553
Chansons, hymnes 49, 83, 329, 339, 359, 702-705
Charte 74, 81, 101, 145-146, 266-267, 287, 640
Chômage 283, 353, 467-471, 579, 665-666
Cinéma 342, 369-370, 387, 672-675, 690-693
Colonisation 188-192, 307-316, 689, 694
Commerce 28, 73-74, 115-116, 179, 247-278, 351-352, 419, 452
Communistes 345-347, 390-391, 411-414, 457-459, 686-689
Constitutions 212-213, 231-232, 238, 289, 408-411, 445-447
Corporations 260, 386, 659-660
Couronnement, sacre 40, 52, 240, 540-543
Crises économiques 271, 328, 352-354, 467-470
Croisades 20, 67-70, 79, 81-84, 88, 446
Décentralisation 544-553
Décolonisation 422-436, 439-445, 523-524, 689-693, 698
Droit, juristes 90, 102, 111, 146, 198, 205, 208, 245, 478-479, 568, 592-594
Droite-gauche 645-651
Église 40-41, 52-53, 65, 70-72, 81, 88, 104, 125-133, 193, 229-291, 640-644
Enseignement 47-76, 261, 302, 327, 580, 596, 641-643
Épidémies 100, 126, 611-616
Europe 414, 480, 482, 485-486, 716
Famille 387, 464-467, 563, 620, 629-634
Femmes 140, 466, 608-611, 619-639
Fêtes 604-608
Fonctionnaires 537, 548
Franc-Maçonnerie 195, 279, 387, 493-539, 558, 643-644, 666
Gallicanisme 194, 489
Gauche, voir droite
Gaullisme, Gaullistes 407-410, 454-457
Grèves 359-361, 411-414, 663
Guerres 30-33, 43, 54-57, 65-67, 77-81, 96, 133-136, 180, 182-185, 234, 246-247, 251-252, 256-257, 333-335, 337-338, 424, 431-443
Historiographie 9-10, 676-694
Immigration 526-539
Impôts 63-64, 162-163, 283, 560-562
Industrie 174-175, 248-249, 263, 395, 405, 512-579, 709-711
Islam 67-70, 534-537
Jésuites 132, 143, 189
Juifs 386-387, 530-531, 686, 696-698
Langue (problème de la) 34, 43-44, 54-55, 57, 492, 505-506, 517, 521
Lumières 196-199, 214, 279, 667
Massacres, violences 51-52, 135, 139, 141-143, 208-210, 221-299, 344-345, 396-397, 517-518, 523, 693-694, 698
Médias 714-715
Monachisme 41-43, 61-62, 76 127, 599-600
Mythes 15-17, 41, 47-48, 144-145, 244, 518-520
Occitan (mouvement) 83-84, 505-510
Ouvriers 271-275, 470-628, 659-666
Parallèle avec d'autres pays : Allemagne 525, 537-538, 540, 549-550, 643 ; Angleterre 21, 169, 191, 197, 540, 558, 570-573 ; Espagne 550-551 ; États-Unis 538-539, 665-666 ; Russie 143, 196, 204, 211-212, 225, 228-229, 231, 288, 522
Partis politiques 325-328, 422, 460, 645-651
Paysans 179-180, 558-559, 563-564, 566-567
Peuplement, population 28-29, 72, 100, 178-181, 421, 464-467
Plan 404-406, 414-418
Protestants 125-133, 176-178, 653-654
Religieuses (pratiques) 29, 131-132, 465-467
Santé, médecine 588-595, 611-616
Théâtre 107, 170, 173, 279-281, 495, 504, 582-584
Travail 43, 450, 553-557, 635-637, 665-666

Chronologies

600 av. J.-C. — 476 A. D. Des Gaulois aux Francs 26

713-987. Le temps des Carolingiens 45

987-1328. Le temps des Capétiens 58

1226-1270. L'époque de Saint Louis 85

1476-1598. L'époque de la Réforme et des guerres de religion 122

1618-1648. La France et la guerre de trente ans 156

1792-1815. Les coalitions contre la révolution et l'empire 242

1851-1870. L'action de Second Empire hors de France 293

1974-2001. Le temps des mutations 462

Remerciements

Mes remerciements vont nécessairement aux deux premiers lecteurs de ce texte, Christine Murco qui a eu la tâche impossible de le décrypter et Gérard Jorland celle de le nettoyer, de le réduire, de l'affiner. Ils vont également à ceux qui travaillent quotidiennement avec moi, et m'ont aidé ou encouragé de mille façons à en achever l'écriture : Marie-Pierre Thomas et Nadja Vuckovic.

J'exprime aussi ma gratitude à l'équipe de la fabrication, et tiens à lui tirer mon chapeau : elle est à nulle autre pareille.

Table des matières

Histoire de la France et roman de la nation ... 9
Quand commence l'histoire de la France : Clovis ou Vercingétorix ? ... 15
L'Apparition de la France ... 19

I
LE ROMAN DE LA NATION

Chapitre 1 : LES TEMPS DE L'ÉGLISE ... 25

L'invention de la Gaule ... 27
Pourquoi la conquête ?, 29 — Vercingétorix, l'histoire et le mythe, 31

La grande mutation ... 34
De la romanisation à la désintégration de l'État, 34 — La part du christianisme, 36 — Les barbares : invasion ou pénétration ?, 37 — Les noces de l'église et de la monarchie : Clovis, 40 — Les moines, la conversion des barbares (Ve-VIIIe siècles), 41 — À quelle époque a-t-on cessé de parler latin ?, 43

Charlemagne et les Carolingiens ... 47
Charlemagne, la légende et l'histoire, 47 — Grandeur et décadence des carolingiens, 51 — Verdun : la troisième naissance de la France, 53 — La langue et l'identité de la nation, 54 — La portée des invasions normandes, 55

Désintégration de l'empire, vitalité de la foi ... 60

Système féodal, régime seigneurial ... 62
Les changements dans l'art de la guerre, 65

Montée en puissance de la papauté ... 67
L'appel à la croisade, 67 — Le roi de France entre le sacerdoce et l'empire, 70

L'essor des campagnes et des villes à l'heure des cathédrales ... 72
Émergence d'une culture urbaine, 75

Capétiens contre Plantagenêts (XIIe-XIIIe siècles) ... 77
La croisade des albigeois (1209-1244), 81 — Le Nord contre le Midi, 83

Pourquoi « Saint » Louis ? 86
Le frère de Saint Louis roi de Naples : Charles d'Anjou et les vêpres siciliennes, 89
Philippe le Bel et les templiers : Une « affaire » au Moyen Âge 90
Le sang impur des « Rois Maudits », 92
Guerre de Cent Ans ou cent ans de calamités 96
Crécy, les bourgeois de Calais, Poitiers, le Grand-Ferré, 96 — La grande peste, 100 — Étienne Marcel, 101 — Le royaume déchiré, le royaume dépecé, 102 — Jeanne d'Arc, patriote et martyre, 107
L'Occident, capitale Bourgogne 112
De la France des princes à la France du roi 115

Chapitre 2 : LES TEMPS DE LA MONARCHIE ABSOLUE 119
Une ère nouvelle ? 119
Les sources de la révolution protestante 125
Entre Réforme et Contre-Réforme 129
Les rois de France et l'Empire de Charles Quint 133
Guerres civiles ou de Religion 137
La Saint-Barthélemy (1572) 141
Vérité historique et mémoire romanesque, 144
Le royaume démantelé, la royauté contestée 145
La Ligue : Vervins et l'édit de Nantes 148
L'assassinat du « Bon Roi Henri IV », 152
De la monarchie absolue à la Révolution française 155
La journée des Dupes, intrigue de Cour ou crise politique ? (1630) .. 158
Richelieu, du roi-État à l'État-roi 160
Quel sens avait la Fronde ? (1648-1652) 162
Louis XIV, « l'État, c'est moi » 165
Le contraste avec l'Angleterre, 169
À Versailles, la Cour 170
Voltaire : « Le génie n'a qu'un siècle... », 172
Le mercantilisme de Colbert 173
De la persécution des protestants à la révocation de l'édit de Nantes 175
Les misères du Grand Siècle 178
Les quatre saisons de Louis XIV 181
1715 Comme si une ère nouvelle commençait... 186
L'argent du magicien John Law, 187
Pourquoi des colonies ? 188
L'aventure, la traite ou la morue ?, 188 — La rivalité franco-anglaise : un mythe ?, 189 — *1715-1789 : crise de conscience à la française*, 192 — La part des jansénistes, 193 — L'apparition d'une vie publique, 194 — « On pensait comme Bossuet, on pense comme Voltaire », 195 — *La mise en cause de l'« Ancien Régime »*, 197 — Le discrédit des monarques et des grands, 200
Crise financière : la brèche 201

Chapitre 3 : LE TEMPS DES RÉVOLUTIONS ET DES EMPIRES COLONIAUX 205
Les révolutions de 1789 206
La Déclaration des droits de l'homme et du citoyen 212
La chute de la monarchie 213
La fuite à Varennes, 215 — Le piège de la guerre, 217 — 20 juin : journée contre « le roi Veto », 218 — 10 août 1792 : chute de la royauté, 219

Girondins et Montagnards : la Terreur 220
La convention et le procès du roi, 222 — La Grande Terreur, 223
Thermidor 225
La Contre-Révolution et l'Église 229
Directoire : la grande peur des dirigeants 231
Portée de la conspiration de Gracchus Babeuf, 232 — Bonaparte en Italie, 234 — L'expédition d'Égypte, 235 — Le 18 ou le 19 Brumaire, 236
La non résistible ascension de Napoléon Bonaparte 237
Napoléon, la figure et les actes 244
Napoléon au miroir, 244 — Ma gloire : le Code civil et les préfets, 245 — L'homme en bataille, 246 — Blocus et système continental, 247 — En Russie : « il neigeait, on était vaincu par sa conquête... », 251 —Les adieux de la défaite, 252 — « Le vol de l'aigle », 254 — 1941-1815 : Un parallèle par Aragon, 257
Napoléon, quel grand dessein ? 257
1789-1815 La Révolution française : quel bilan ? 259
1815-1848 Une ère nouvelle pour les enfants du siècle 262
L'échec de la monarchie parlementaire (1815-1848) 265
Charles X et les trois glorieuses, 267
La lutte des classes est annoncée 271
1831 — les canuts de Lyon, 271 — De la lutte des classes à l'internationalisme, 273 — Socialisme autoritaire, ou libertaire..., 275 — Malthusianisme et socialisme, 277
Le parcours des romantiques 279
1848 : Élan et faillite de la révolution romantique 281
2 décembre 1851 — Un coup d'État, trois diagnostics, 285
Le Second Empire : quel bilan ? 288
1870 : l'humiliante défaite 295
La Commune de 1871, le mythe et l'histoire 297
Les fondateurs de la République : Thiers, Gambetta, Jules Ferry, Victor Hugo 299
« Enrichissez-vous ! » 304
Des notables aux capitalistes et aux affairistes, 304
Deuxième colonisation ou impérialisme ? 307
Algérie : « on ne se bat pas, on incendie » (Bugeaud), 309 — Tunisie-Maroc, 310 — La France en Indochine : une double compensation, 312
Du patriotisme de la défaite au nationalisme de la revanche 316
L'affaire Dreyfus 319
Le projet de la France radicale et ses contradictions 325

Chapitre 4 : LE TEMPS DES PÉRILS 331
1914-1918 : La guerre patriotique 333
Verdun : la mortelle survie des poilus, 337 — Les mutineries de 1917 et le moral des soldats, 338 — Des traités inconséquents : Versailles et les autres, 339 — 1914-1918 : Une mémoire longue, 341
La guerre, fourrier de la violence totalitaire 343
L'éclatement du mouvement ouvrier et la naissance du parti communiste 345
Entre apogée et déchéance 347
Les années folles, rendez-vous à Paris..., 347 — La France, capitale : Genève, 349 — Société et économie : une crise inattendue, 351
La tentation fasciste du 6 février 1934 354
La journée du 6 février 1934, 356

Le Front populaire 358
Munich — le pacte germano-soviétique : Sedan et Waterloo de la diplomatie française 362
Pourquoi la « drôle de guerre » 365
La débâcle 368
Les deux France 372
Les pleins pouvoirs à Pétain, 372 — Londres — « je suis ici pour sauver l'honneur de la France », 376 — Réalité ou mythe du double jeu, 381 — Révolution nationale et fascisation du régime, 386 — De Gaulle, la résistance et la libération..., 389 — À l'heure de l'épuration : la responsabilité des intellectuels, 402
Les impératifs du pays libéré 404
La IVe République (1946-1958) 406
Au centre des cyclones, 406 — Quel régime politique pour la France ?, 407 — Ni de Gaulle, ni les communistes..., 411
Monnet, Marshall, Schuman : des plans, quels enjeux ? 414
Les Trente Glorieuses 419
L'envers de l'essor : les crises politiques, 421
Indochine : guerre coloniale ou contre le communisme ? 422
Au Maghreb, la politique française tétanisée 426
1954 — L'insurrection algérienne 430
La crise de Suez, 434
Le retour de De Gaulle 437
Le 13 mai : putsch ou coup de force ?, 437 — De Gaulle à Alger : « je vous ai compris » (4 juin 1958), 439
La Constitution de la Ve République 445
L'explosion de mai 1968 447
Une irruption : « nous, les jeunes... » (1968), 452
Changement d'époque 454
Les gaullistes après de Gaulle, 454 — Le rôle du parti communiste : du zénith à la déchéance, 457 — La fin du MRP, 460

Chapitre 5 : LE TEMPS DES MUTATIONS 461
Les mutations de l'identité 464
1974 : quelle crise ? 467
Déchéance d'une famille ouvrière et fin d'une illusion, 470
Mitterrand : quel bilan, quel homme ? 471
Apparition d'un contre-pouvoir : la justice 478
L'Europe, un moyen ou un but ? 480

II
LES CARACTÈRES ORIGINAUX DE LA SOCIÉTÉ FRANÇAISE

Les grandes crises : histoire de la France ou Histoire de l'Europe 485

Chapitre 1 : CE PAYS ET LES AUTRES 487
Les données de l'émergence 487
La dissociation d'avec l'Église et la papauté, 487 — Sœur et rivale, l'Angleterre..., 491 — France-Allemagne : Naissance de l'« ennemi héréditaire », 496 — Entre Paris et Moscou — constantes et variations d'une alliance, 499

Chapitre 2 : L'UNITÉ FRANÇAISE 505

La greffe des provinces 505

De l'Occitanie au Languedoc, 505 — Un contre-exemple : le cas du Roussillon, 510 — La Savoie et Nice, 511 — Frontières... au nord-est : La Lorraine et l'Alsace, 515 — En Bretagne, survie ou fin du régionalisme, 519 — La Corse, ou la colonisation inversée, 521

Les immigrés dans le creuset français 525

Précurseurs : les Italiens, 526 — Le cas des Belges, des Polonais et des Espagnols, 528 — Juifs de France, français israélites et Juifs étrangers, 530 — Les Arméniens, 531 — Les rapatriés d'Algérie, 531 — Maghrébins et Beurs, 534 — Pour finir, une comparaison France-Allemagne..., 537 — ... et avec le discours raciste et antiraciste aux États-Unis, 538

La centralisation et les caractères sacrés du pouvoir 539

Les caractères sacrés du pouvoir, 540 — De la royauté sacrée à la démocratie, 542 — Absolutisme et centralisation, 544 — De Gaulle et après : une décentralisation centralisée, 547 — L'Espagne : un exemple ?, 550

Chapitre 3 : DES TRAVAUX ET DES JOURS 553

Les mutations du travail 553

La terre : du paysan à l'agriculteur 558

Angleterre-France, un contraste, 558 — Les temps du malheur, 558 — Les paysans, d'un métier à l'autre, 566 — La grande rupture des années 1960, 568

D'une économie, l'autre 570

Les avatars de l'identité industrielle 574

Nord-sud : un retournement ?, 578

Entre l'industrie et l'art 580

La mode française mène la danse, 580 — De l'art au business : musique et peinture, 582 — La primauté de Paris, 585 — Paris et son métropolitain, 586

Un apogée en médecine : de l'école de Paris 588

La médecine contre l'ordre judiciaire, 592

Instruction et santé : similitudes et contrastes 594

Civilité et manières de vivre 598

Les plaisirs de la table... indice de la démocratisation, 598 — De la fête aux vacances, 604

Aux âges de la vie 608

L'entrée dans la vie, 608 — Être malade ; autrefois, aujourd'hui, 611 — ... Et la mort, 616

Chapitre 4 : LA PART DES FEMMES 619

Statut de la femme, un « retard » français 619

Un signe de l'exclusion : du salon au cercle, 662 — Travail et revendication, 627 — En famille, sous l'autorité paternelle..., 629 — De la famille au couple, 632 — Drames de l'enfance, un révélateur, 634

Chapitre 5 : LE GÉNIE DE LA GUERRE CIVILE 639

Religion et laïcité 640

Laïcité et religion : le cas de l'Allemagne, 643

La gauche et la droite 644

Les doctrines de la suspicion et de la haine 651

L'anticléricalisme, 651 — L'antiprotestantisme, 653 — L'antisémitisme, 654 — L'antimilitarisme, 656

Le règlement des conflits sociaux 659
Les rapports entre patrons et ouvriers, 659 — Le syndicalisme à la française, 661 — Après la grève, la maladie forme nouvelle du refus social, 664 — Entre chômage et exclusion : un parallèle avec les États-Unis, 665
La place des intellectuels dans la vie politique 666
La relève du cinéma, 672 — Les cinéastes et la République, 673
Le passé, enjeu politique 675
Dès le XVe siècle, Jeanne d'Arc, enjeu des passions françaises, 676 — Au XVIIIe siècle : signification de l'histoire de la nation, 678 — La révolution française enjeu pour l'histoire, 679 — Signification et portée de l'affaire Dreyfus, 681 — Y a-t-il un fascisme français ?, 682 — Le négationnisme, avatar anémique du « fascisme à la française », 685 — Les communistes et leur entrée en résistance, 686 — Indochine-Algérie : enjeux de mémoire, 689 — Aux colonies, la violence ignorée, 693
Les silences du déshonneur 694
1939 : Les réfugiés républicains espagnols, 694 — L'extermination des juifs : qui savait, et quoi ?, 696 — Les Harkis et autres victimes du FLN, 698

Chapitre 6 : LA FRANCE AU MIROIR 701
La France et les Français au miroir des autres 701
Le pays de La Marseillaise *et de* L'Internationale 702
1930 — Friedrich Sieburg : « Dieu est-il français ? » 705
Le regard des colonisés 707
An 2000 — les Anglo-Saxons : une nouvelle révolution française 709

Est-ce la fin de l'exception française ? 713
Sélection bibliographique 768
Index des noms de personnes, des provinces et régions, des œuvres (romans, écrits divers, chansons, films, etc.) 735
Index thématique 754
Chronologies 755
Remerciements 757

DU MÊME AUTEUR

SUR LA SOCIÉTÉ RUSSE ET SOVIÉTIQUE

La Révolution de 1917, nouvelle édition, Paris, Albin Michel, 1997.
Des soviets au communisme bureaucratique, Paris, Gallimard, coll. « Archives », 1980.
L'Occident devant la révolution soviétique, Bruxelles, Complexe, 1980.
Cinquante idées qui ébranlent le monde. Dictionnaire de la glasnost, collectif, en co-direction avec Youri Afanassiev, Paris, Payot, 1989.
Nicolas II, Paris, Payot, 1990 ; rééd. 1991.
Les origines de la Pérestroïka, Paris, Ramsay, 1990.
L'État de toutes les Russies (sous la dir.), Paris, La Découverte, 1993.

SUR LE CINÉMA ET LES MÉDIAS

Cinéma et Histoire, Paris, Denoël, 1976 ; rééd. revue, Paris, Gallimard, coll. « Folio », 1993.
Analyse de film, analyse de sociétés, Paris, Hachette, 1976.
Film et Histoire (sous la dir.), Paris, Éd. de l'EHESS, 1985.
Révoltes, révolutions, cinéma, en coll. avec Ch. Delage et B. Fleury-Vilatte, Paris, Éd. du Centre Pompidou, 1989.
L'information en uniforme, Paris, Ramsay, 1991.

SUR LA PHILOSOPHIE ET L'ENSEIGNEMENT DE L'HISTOIRE

Comment on raconte l'histoire aux enfants à travers le monde entier, Paris, Payot, 1983 ; rééd. Gallimard, coll. « Folio », 1986.
L'Histoire sous surveillance : science et conscience de l'histoire, Paris, Calmann-Lévy, 1985 ; rééd. Gallimard, coll. « Folio », 1987.

SUR LA FRANCE ET LE XXe SIÈCLE

La Grande Guerre, 1914-1918, Paris, Gallimard, 1968 ; rééd. coll. « Idées », 1984.
Suez, Bruxelles, Complexe, 1981.
Revivre l'Histoire, en coll. avec Cl. Babin, Éd. Arte/L. Levi, 1995.
Pétain, Paris, Fayard, 1987 ; rééd. 1993, 1994.
Questions sur la Deuxième Guerre mondiale, Paris, Casterman, coll. « XXe siècle », 1993.
Histoire des colonisations, des conquêtes aux indépendances (XIIIe-XXe siècles), Paris, Le Seuil, 1994.
L'Internationale, chant de Pottier et Degeyter, Paris, Éd. Noesis, 1996.
Dix leçons sur l'Histoire du XXe siècle, Éd. Vigot, coll. « *Essentiel* », 1997.
Les Sociétés malades du Progrès, Paris, Plon, 1999.

Crédits photographiques

Diaf/Rosine Mazin : fig. 4 ; Bibliothèque nationale de France, Paris : fig. 1, 3, 6, 7, 8, 35 ; Jean-Loup Charmet : fig. 14, 17, 19, 25, 26, 38, 40 ; Marc Garanger : fig. 33 ; Giraudon : 5, 9, 12, 15, 16, 21, 39 / Lauros-Giraudon : 11, 18 ; Keystone : fig. 29, 30 ; Magnum Photos / Bruno Barbey : fig. 34 ; Musée de l'Armée, Paris : fig. 20 ; Photothèque des musées de la Ville de Paris : fig. 2, 13 ; Roger-Viollet : fig. 10 / Collection Viollet : fig. 22, 42 / Harlingue-Viollet : fig. 27, 28 / LL-Viollet : fig. 23 / LAPI-Viollet : fig. 32 / ND-Viollet : fig. 41 ; Sygma / L'Illustration : fig. 24.
Droits réservés : fig. 31, 36, 37, 43.

Ouvrage publié sous la responsabilité
éditoriale de Gérard Jorland.

Impression réalisée sur CAMERON par

BUSSIÈRE CAMEDAN IMPRIMERIES

GROUPE CPI

à Saint-Amand-Montrond (Cher)
pour le compte des Éditions Odile Jacob
en mai 2001

N° d'édition : 7381-0927-1. N° d'impression : 012457/4.
Dépôt légal : avril 2001.

Imprimé en France